ルクリュの19世紀世界地理
第1期セレクション1

東アジア
清帝国、朝鮮、日本
（第7巻）

エリゼ・ルクリュ著
柴田匡平訳

古今書院刊
2015

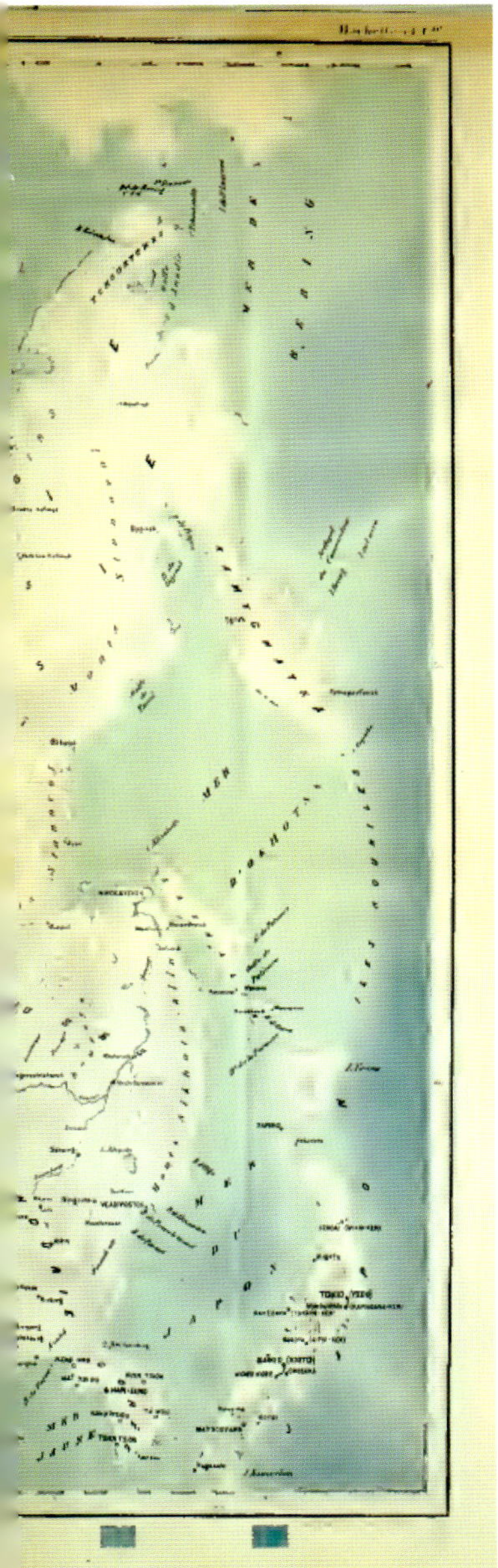

口絵解説

原著各巻には、小縮尺の多色刷り地方図や主題図が綴じ込まれている。大きさと縮尺はさまざまで、頁番号は付されていない。第７巻には７葉がみられるが、はじめの２葉は図版番号もなく、あるいは前年に刊行された第６巻アジア地域ロシア向けに用意されたものかもしれない。

本シリーズはデジタル化されたファイル群をインターネット上で取得したものを底本とするが、これらの大型地図は必ずしも精細度が良好でなく、また、経年変化による色焼けや退色もみられる。このため原寸再録ではなく、縮小した口絵の形で紹介するにとどめる。ただし本文中の地図類はほぼ原寸での再録を心がけた（訳者）。

口絵１　アジア・ロシアおよび中国モンゴル

Hachette et Cie
MONGOLIE
CHINOIS
TIBET

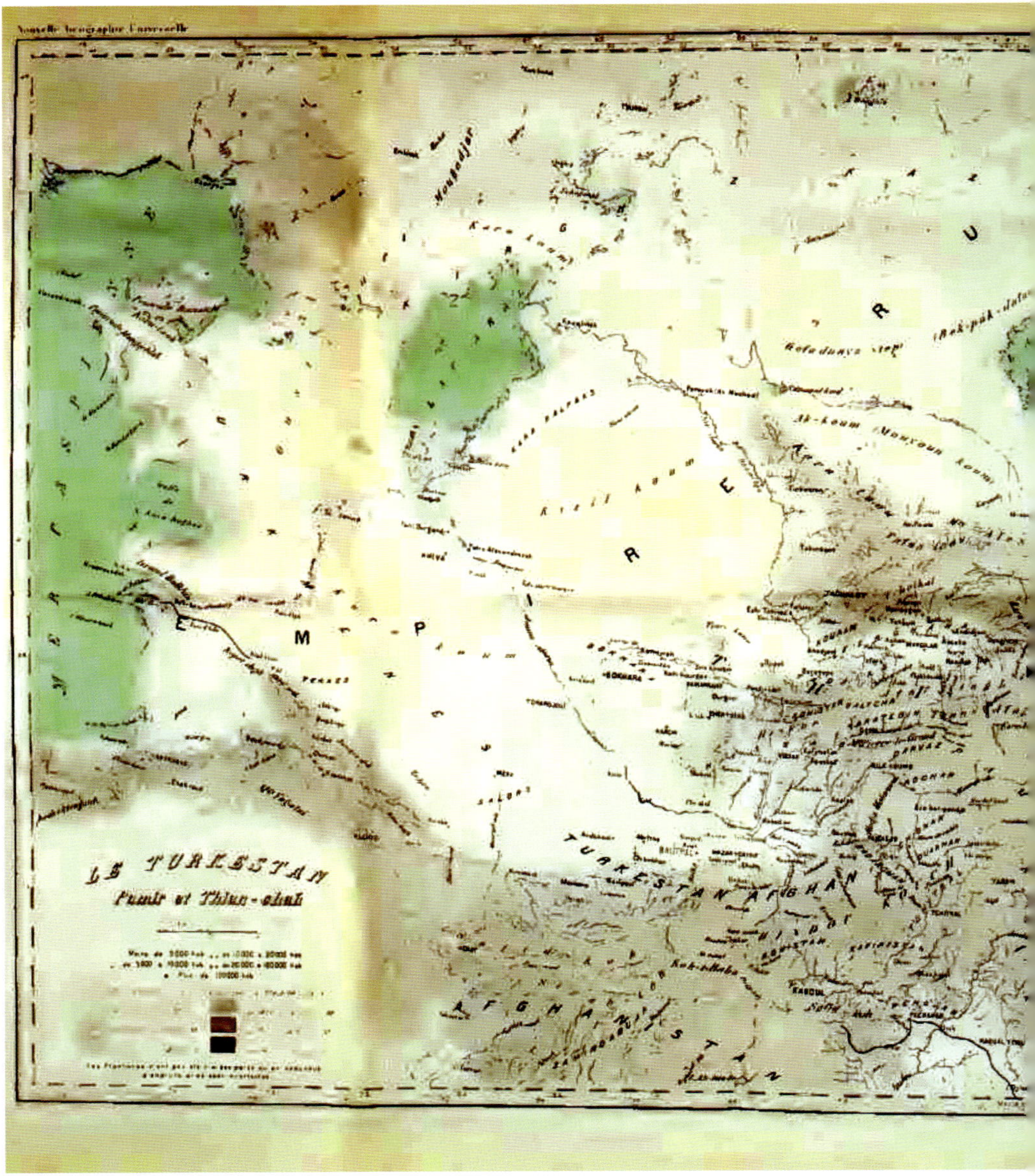

口絵２　トルキスタン（パミール高原と天山山脈）

SES ENVIRONS

...r, Möllendorff et Fritsche.

SLOM

PEKING ET SES
118°
Tsingpei
Fort de
D'après Bretschneider, Möllendorf

口絵３　北京周辺

U YANGTZE KIANG

Hachette et Cie Paris.

Imp. Fra lier

de 50 metres et plus

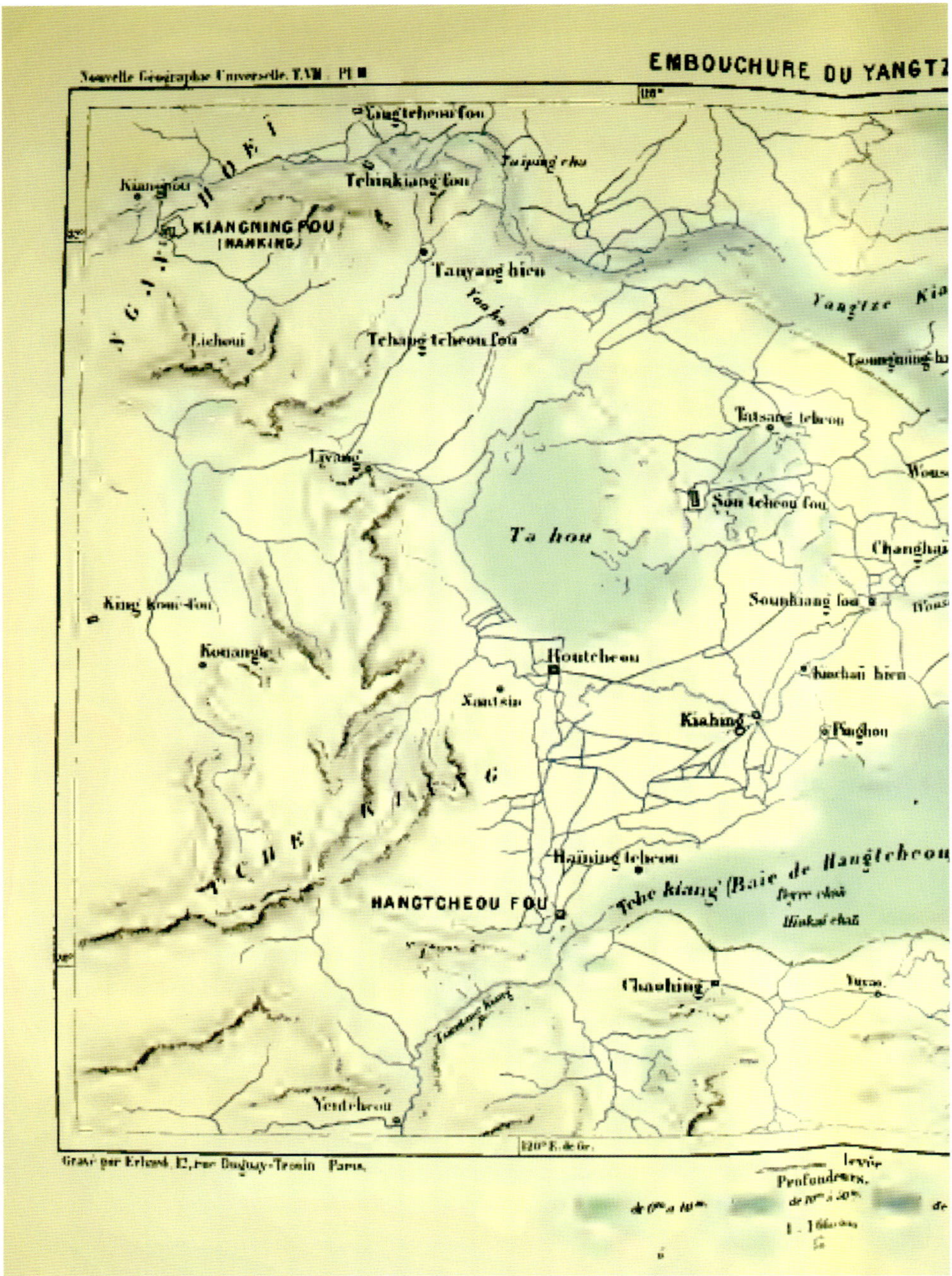
EMBOUCHURE DU YANGTZ
KIANGNING FOU
(NANKING)
Tchinkiang fou
Tanyang hien
Tchang tcheou fou
Taitsang tcheou
Sou tcheou fou
Ta hou
Changhaï
Sounkiang fou
Houtcheou
Kinchan hien
Kiahing
Haïning tcheou
HANGTCHEOU FOU
Tche kiang (Baie de Hangtcheou
Chaohing
Yentcheou
Yangtze Kia
T C H E K I A N G
Profondeurs

口絵４　揚子江河口

ÈRE DES PERLES

Hachette et Cie Paris

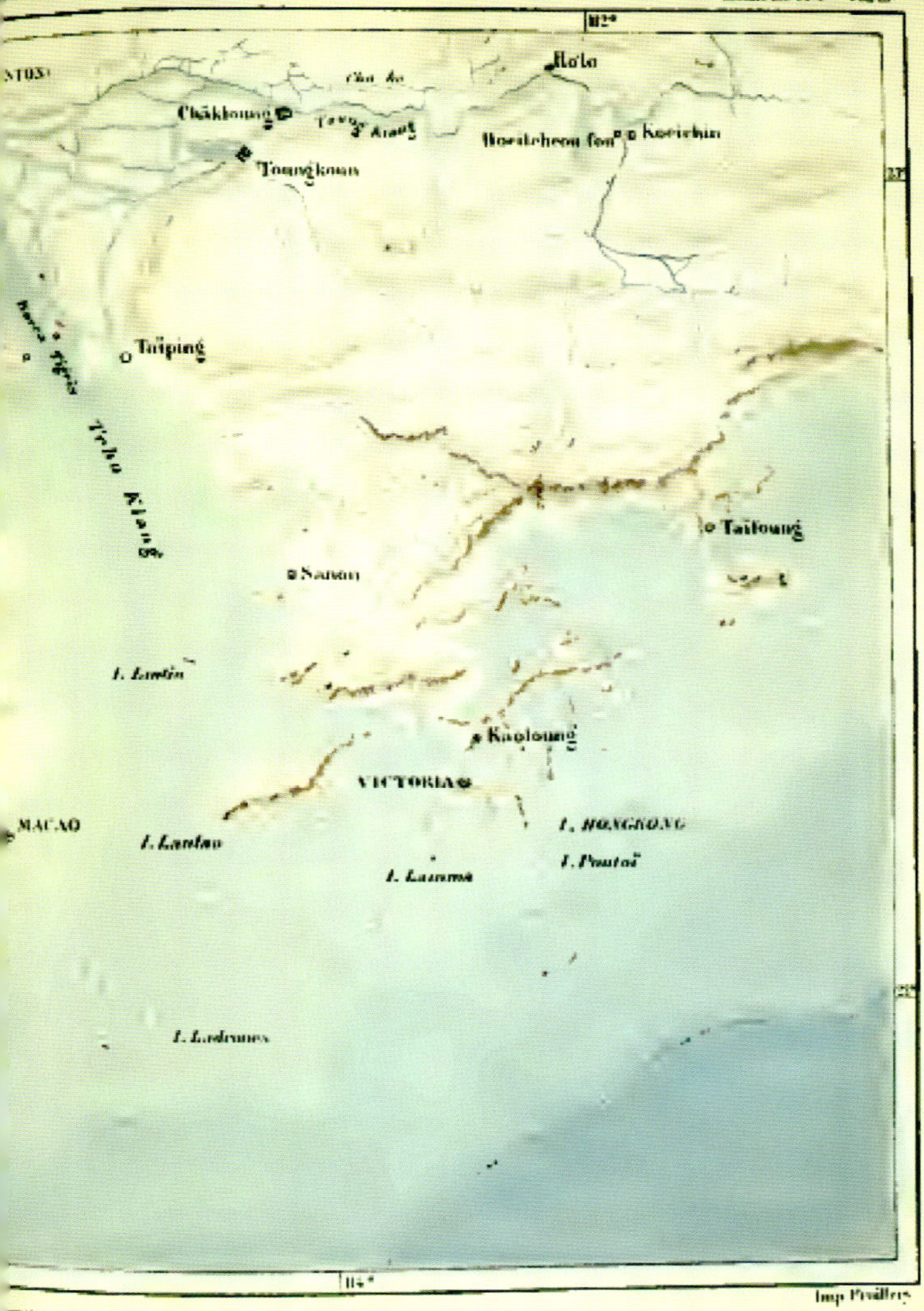

CANTON ET L
Sanchoui
Chahing
Chaho
PATCHANG
Chuntak
Hokchan
Saioui
Kiang
Hoiping

口絵５　広州と珠江

OHOSAKA

Hachette et Cie

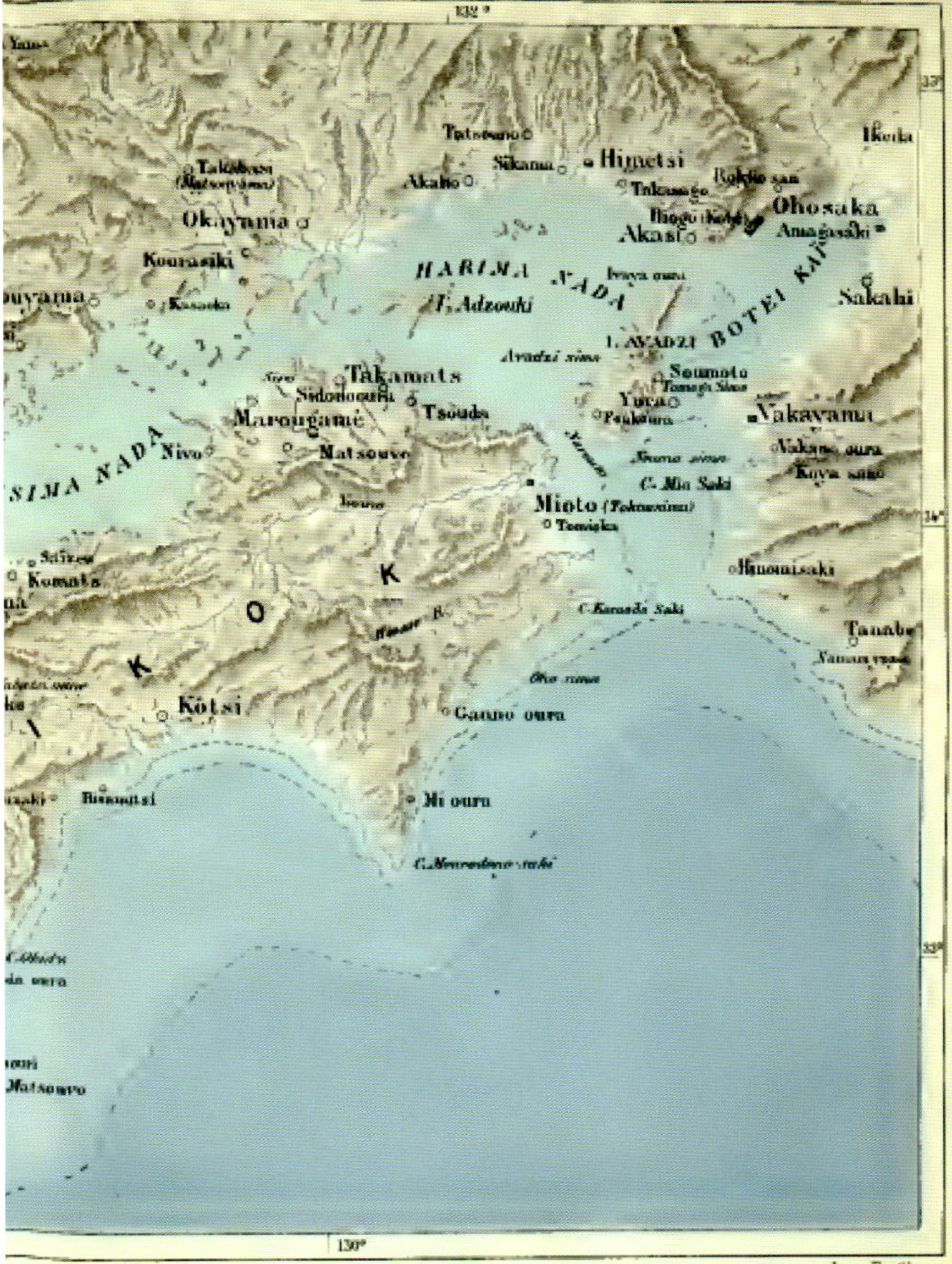

Imp. Fraillery

...ndeurs

...0 à 100m | de 100 à 1000m | de 1000m et plus

...1,600,000

50 | 100 Kil

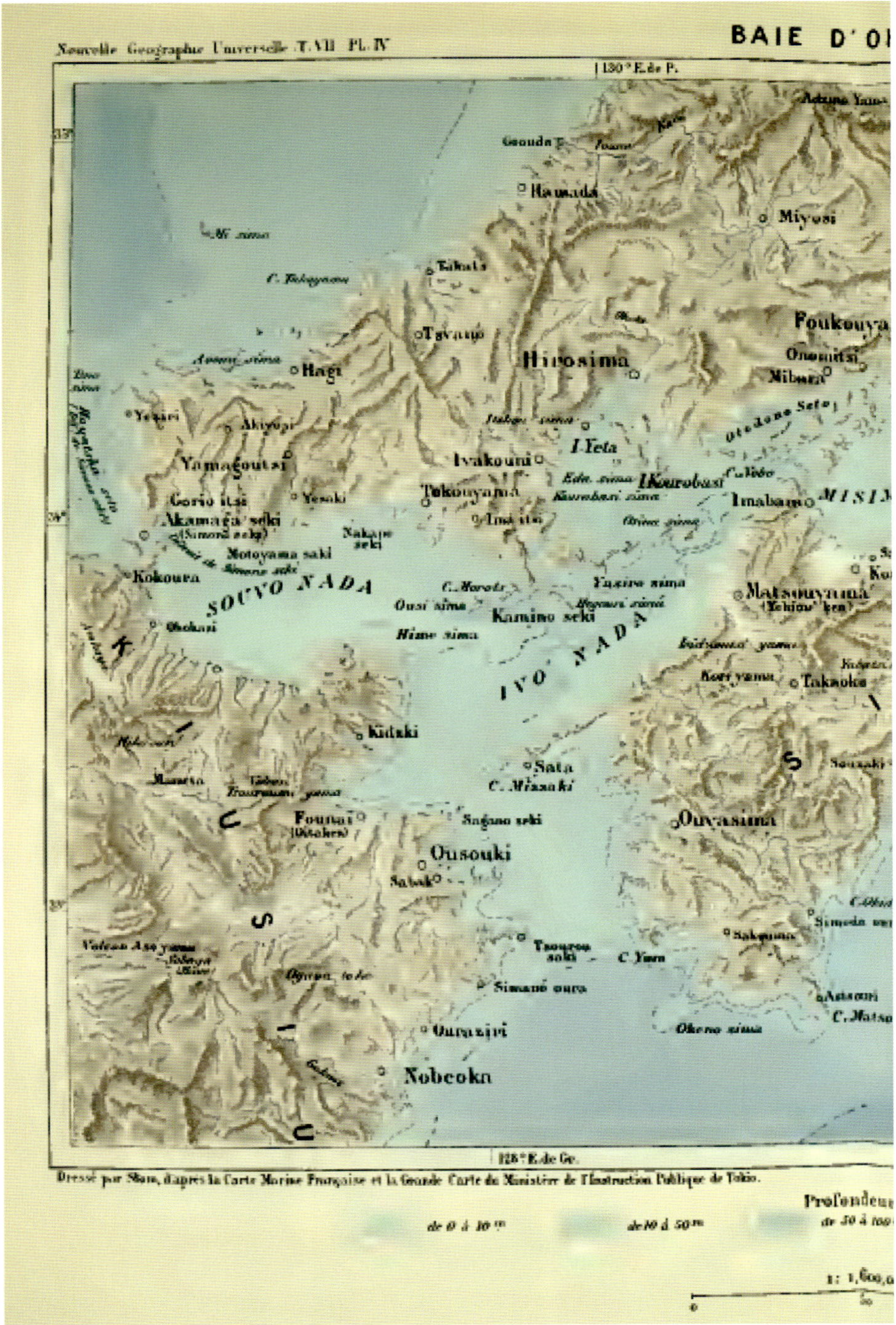
Nouvelle Géographie Universelle T. VII Pl. IV
BAIE D'O
Hamada
Miyosi
Hiyosi
Hagi
Hirosima
Foukouya
Onomitsi
Mibara
Yamagoutsi
Akamaga seki
(Simono seki)
Motoyama saki
Kokoura
SOUVO NADA
IVO NADA
Kamino seki
Imabaru
Matsouyama
Takaoka
Kitaki
Sata
C. Misaki
Sagano seki
Founai
Ousouki
Ouvasima
Nobeoka
Simano oura
K
I
U
S
I
U
Dressé par Sliom, d'après la Carte Marine Française et la Grande Carte du Ministère de l'Instruction Publique de Tokio.
Profondeu
de 0 à 10 m
de 10 à 50 m

口絵６　大阪湾（瀬戸内海）

KIO ET SA BAIE

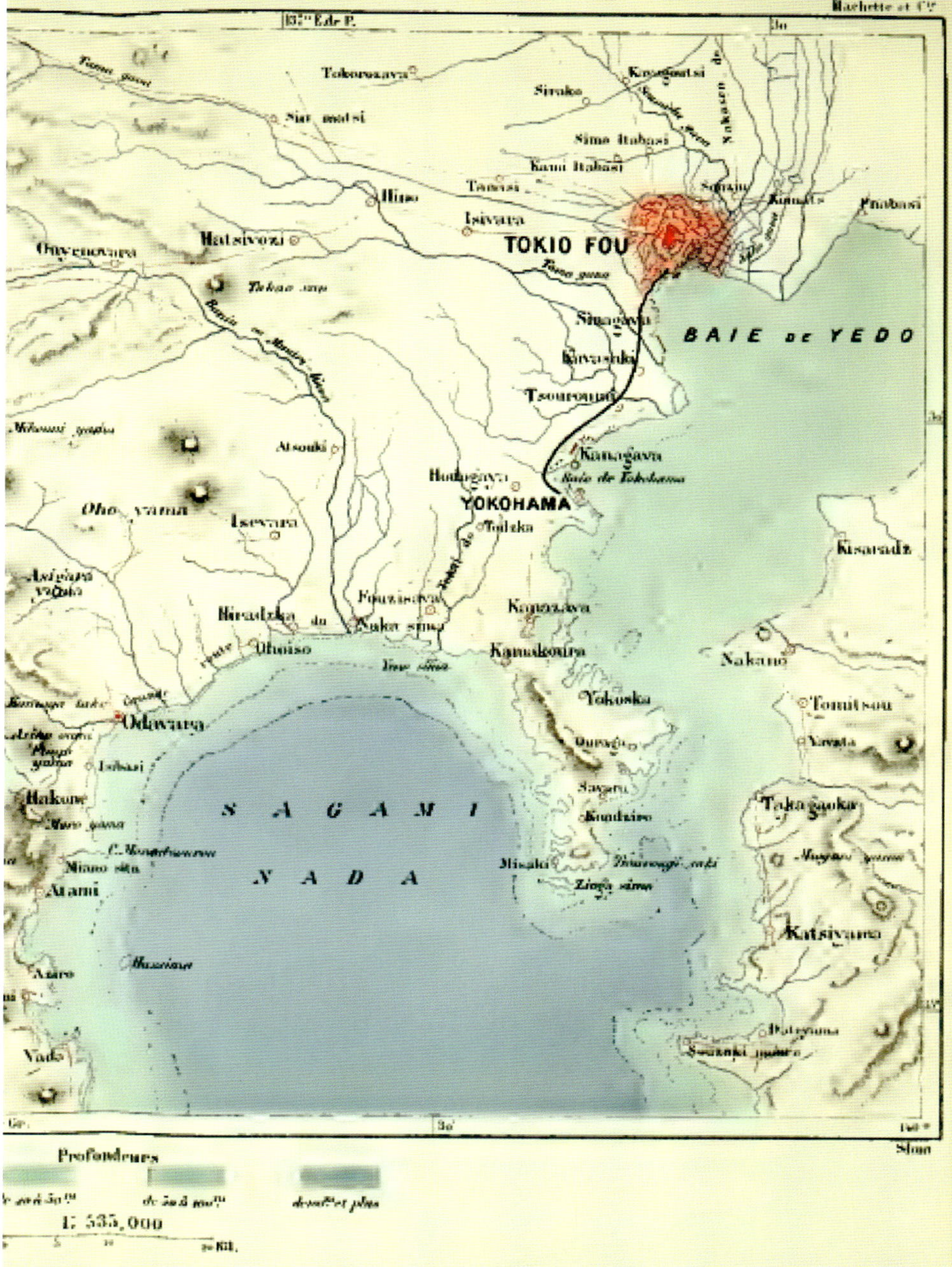

TOKIO ET SA
Nouvelle Géographie Universelle T.VIII. Pl. V
Nirazaki
KOFOU (YAMANASI-KEN)
Itsikava
Arizava
Yamanaka
Fousi san
Gotemba
Fouzi
Yosivara
Kanbara
Misima
Hakone
Atami
TAGO OURA
YENO OURA
Profondeurs

口絵 7　東京とその湾

古今書院創立百周年記念事業

ルクリュの19世紀世界地理第1期セレクション　◎印

柴田匡平訳

			原著刊行年	頁数
◎4	第1巻	南ヨーロッパ	1875年	1012頁
	第2巻	フランス	1881年	960頁
	第3巻	中部ヨーロッパ	1878年	982頁
	第4巻	北西ヨーロッパ	1879年	970頁
	第5巻	スカンジナビアおよびヨーロッパ・ロシア	1880年	944頁
	第6巻	アジア・ロシア	1881年	918頁
◎1	第7巻	東アジア	1882年	885頁
◎5	第8巻	インドおよびインドシナ	1885年	982頁
	第9巻	前アジア	1884年	951頁
	第10巻	北アフリカ第1部	1885年	658頁
◎2	第11巻	北アフリカ第2部	1886年	915頁
	第12巻	西アフリカ	1887年	747頁
	第13巻	南アフリカ	1888年	878頁
	第14巻	太平洋および太平洋諸島	1889年	1004頁
	第15巻	北アメリカ	1890年	721頁
◎3	第16巻	アメリカ合衆国	1892年	846頁
	第17巻	メキシコ、中米、西インド諸島	1891年	932頁
	第18巻	南米アンデス地域	1893年	846頁
	第19巻	南米アマゾン、ラプラタ地域	1894年	821頁

エリゼ=ルクリュ『新世界地理—大地と人間』

アシェット社、1875-94年　全19巻

◎のあとの数字は刊行順を示す

目次

第四章　モンゴル　136

第五節　満州

第五章　中国　239

第一節　総説　239

第二節　白河流域、北直隷省［河北省］　303

謝辞

訳者あとがき

索引

図版一覧

挿画一覧

第一章　総説

極東の自然境界

アジア大陸［ユーラシア大陸］は大ぶりな地理的相貌によって自然区分される。広大なロシアの領土がウラル・カスピ地方の沈降部と、アライおよび天山山脈の諸峰から満州の沿岸山地にのびる諸山系の北側斜面を含むことは、すでにみたとおりだ［原著前巻］。南と西では、インド方面のふたつの半島［インドシナ半島とインド亜大陸］や、イラン高原、前アジアも、雪山の障壁や、湾や、海による明確な境界線をそなえる。東でもこれと同様に、朝鮮と、近傍の群島と、外周一万キロにおよぶ高原や台地が囲む、ひとつの孤立した円形劇場を、中国が形成する。満州からインドシナにかけては、シャンヤン・アリン［長白山脈］、小興安嶺、大興安嶺、ヘンテイ山地、タンヌ・オラ山脈、エクタグ・アルタイ［モンゴル・アルタイ山脈］、天山山脈、ツン・リン［コングール山脈］、ヒマラヤ山脈、そしてガンジスが貫流する半島［インド亜大陸］の諸河川が通過する未開の山々の、大陸的な高峰が半円形に連続し、アジア大陸の四分の一を占める中国帝国になった。日本は「日出ずる国」の名称を得たが、旧世界全体でみれば、中国も東に向いている。その全般的な傾斜は河流が示すとおりに、太平洋に向いているからだ。中国と日本は当然に西洋人から極東の名称を奉られたが、その名称はインドシナやフィリピン、スンダ列島まで広がる。

中国大陸の海岸線

アジア大陸西部、とりわけ、アジア大陸に属する半島群の一集団ともみなし得るヨーロッパにくらべ、東の諸国は恵まれた点もあるが、文明の地としては大きな不利もある。西洋と東洋のあいだに最も目立つのは海岸線の違いだ。

小アジアとヨーロッパの沿岸では、陸地が多くの半島に刻まれて、地中海や大西洋に伸び、それが二次的に分節している。さらに、それらの半島からは大きな島々や群島が飛び出すか、または沖合に散らばっている。カール＝リッター〔ドイツ人地理学者 Karl Ritter 一七七九―一八五九〕ほかの地理学者はヨーロッパを、四肢のよく発達した体にたとえたのであり、言ってみれば鈍重な旧世界の体重の外側で動き回れるように見える。だが満州からコーチシナにかけての沿岸だと、大陸の胴体から突き出す大型の半島は朝鮮しかなく、海の名称にふさわしい湾は、黄海だけが唯一陸地に貫入する。たしかに台湾島と海南島というふたつの大きな島と、堂々たる日本列島が、中国沿岸の沖合で太平洋の波に洗われてはいる。だがキクラデス諸島やスポラデス諸島、ギリシャやイタリア、イギリス諸島、スカンジナビア、さらにはそれ自体が広大な半島であり、海風が雨と、温暖な大気を各地にもたらすヨーロッパと比較すると、これら東洋の半島や島は何ほどのこともない。

河川の機能

したがって、中国の住民が到達した高度の文明は、外方に豊富な分節をそなえる国土からは説明できないが、河川が部分的に海の代わりを演じた。狭義の中国の輪郭にほとんど凹凸はないが、航行可能な大河の群れが国土を涵養し、その支流や水路でもって内陸を島々や半島に分割し、ヨーロッパがそなえる交通の容易さという利点を与えている。エーゲ海やティレニア海のように、揚子江と黄河は食料品や人間の運搬を担い、いろいろな住民が接近しあって共通文明に達する機能を果たしたのである。かつての中国のもうひとつの利点は、温暖な風土でたった一人の土地保有者のもとにあるうち、最大の耕作地域を保持した点だった。現在では、北米やヨーロッパで実りをもたらす土地もそれとおなじくらいに広いが、当時は森林に覆われ、艱難辛苦の開墾をまつ状態だったのである。中国は農業の好適地として随一の広大な黄土地帯を擁し、農耕がもたらす穏和な慣習が発達するのも自然だった。黄土地帯につらなる他の農業地帯群も、別個の土壌や気候、動植物種をそなえるため、文明生活はおいおいモンゴルの孤絶した地方から、トンキン湾沿岸まで広がるにいたった。作物は膨大に多様化し、省と省のあいだに交易が行われたので、各地でなされ

る改良は全国に広まった。地方が征服されるたび、文明は中国人自身のもとでも、隣接諸国でも、やすやすと拡大していった。東アジアを西洋世界に比較すれば、狭義の中国が地理的統一性の点でどれだけヨーロッパと違うかが理解される。揚子江が縦断するインドシナ国境地帯の平野まで、北から伸びる黄土地帯には、ひとつの自然的な住民の重心があるので、この「中央の華」の内部に文明が発達したのも当然であり、それはのちに日本や台湾にも広がった。これに対し、小アジアからイギリスやアイルランドにかけての西洋世界の多様な諸国は、どれほど個別的でばらばらに構成されることか。ギリシャをヨーロッパの他地域から隔てる山岳地はまだ完全には知られていないし、イタリアはアルプス山脈の壁による明確な限界がある。イベリア半島北部はピレネー山脈によってイタリア以上に閉じられている。フランスは大西洋と地中海のふたつの流域に分かれる。グレートブリテン島は穏やかな波と霧に囲まれる。こうした地理上の個別性は、ヨーロッパの全国民がひとつの上位文化を形成できるようになる先に、各自が特殊な文明を工夫せざるを得なくしたのではあるまいか。これらの自然的な障碍は克服できぬものではないが、中国東部の諸領域よりはヨーロッパ各国のあいだで大きかった。だが、政治面の中央集権化を妨げたこれらの障碍は、転じては国同士の諸関係を促進したため、西洋の諸民族の率先性を保持し、他の人種に対する教師を作り上げたのである。

中央アジアと東西

中国では南北交通は容易だったし、この偉大な土地の住民が太平洋の細長い近海を経て、台湾や日本に帆を向けるのも、べらぼうな苦労というほどではなかった。それとうらはらに、東アジア世界は西に向かっては、ほとんど完全に閉鎖されているように見える。先史時代に中国人やインド人、バビロニア人、アラブ人の祖先が隣り合って生活し、ひんぱんに交流したのは事実である。これらの民はおなじ天文学的概念を引き継ぎ、知識や物事の考え方も、細目にいたるまで一致するからだ★。しかし、ひとつの共通文明を示すこうした近隣関係は、今日では無人の乾燥地である中央アジアが、反対側の斜面に住む人々の接近を許し、旧世界が湿潤だっ

★ Gaubil, Biot, Weber, Lassen, Whitney, etc.

た時代にしか存在しなかった。現在では砂地が包囲し、オアシスがわずかな人口を擁するだけになったタリム〔塔里木〕盆地も、当時はアーリア世界に属し、住民はインド文明と結びついていた★。パミール高原の両斜面に集まっていた諸民族が平野に向かって前進せざるを得なくなり、いまは羊飼いだけが横断するステップ地帯や無人地帯が彼らのあいだに広がるにつれ、文明の炉心は離れ離れになった。中国の都心はだんだん太平洋に接近し、反対側ではバビロニア、小アジア、さらにギリシャへと、逆の動きが起きていった。両者はお互い孤絶し、大陸の東側斜面と地中海側斜面のあいだの交易関係や思潮の交換は、何世紀も存在しなかった。旧世界の両端の住民は、川や湖、高原や山々、森や沙漠の向こうに、自分たちと違う人種が暮らしているというぼんやりとした噂を知るだけで、想像力のいたすところ、遠隔の人々は奇妙な、あるいは恐るべき怪物へ変容していった。ふたつの文明は大陸の両側で発達したが、お互いを知ることも、相互の影響もないままだった。推移は平行したものの、まるで違う星で生まれたかのように、両文明はまったく独自だったのである。かつて中国南部が、陸続きである西洋の諸地域よりも、南洋に遠く散らばる島々とのあいだに強く結ばれた時代があったのは疑いない。南沿岸部の人種的な特質には、大洋の諸地域に住むいろいろな部族との混交がみられるからだ。

とはいえ、中国世界を取り囲む高原や山地は、大きな裂開がないほどに連続しているわけではない。南方に向かって開く狭間や、北に伸びる隘路があり、雪の山脈もまったく人を寄せ付けぬものではない。アルタイ山脈、天山山脈、コングール山脈、崑崙山脈、南嶺山脈のどれにも、疲労と寒気に立ち向かう商人たちが命がけで横断する小道がある。これらの高山の斜面や高原は標高三〇〇〇メートル、ときに四〇〇〇メートルにも達するが、生活する住民はおり、反対側の斜面に向かうあいだ、あちこちで人間に出会うし、居住の痕跡や、通過の跡もみられる。だが、山岳民は習俗の面でも政治的状態でも未開なため、粗度の高さ〔いわゆる摩擦係数〕とあいまって、民族どうしの交流に対する障碍でもある。西洋のヨーロッ

★ Pierre Abel-Rémusat, *Histoire de la ville de Khotan : tirée des annales de la Chine et traduite du chinois,* Paris: Impr. de Doublet, 1820; Ferdinand von Richthofen, *China: Ergebnisse eigener Reisen un darauf gegréndeter Studien,* D. Reimer, 1882.

挿画Ⅰ　揚子江。彌灘《ミタン》の峡谷。ジョン＝トムソン氏の写真をもとにテイラー筆

パ人が、航海を通じて東洋の沿岸部住民とじかに接触し、旧世界に一定の統一性が固まる以前には、揚子江流域とアム川［アム・ダリヤ］流域のあいだの高原地帯に住む未開の住民を越え、直接の交易関係が実現されたのは、アジア大陸の人類が大きく動揺した時期か、中国国家が最大の拡張を遂げた時期に限られる。こうした時期には強い緊張があったため、両者をへだてる厚い空気の層をこえて、金属から金属へと火花が飛ぶように接触がなされた。だがこうした発光がお互いの住民を照らし出すのは、何と少なかったことか。中国民族の生活にはかすかな影響しか及ぼさず、中国は数千年にわたり他の人間世界から完全に隔てられ、自らの基盤のみを掘り下げながら孤独な発展を続けた。

インド世界との交通

国外にある振動の中心が初めて国内に大きな革命をもたらすのは、ヒンドゥー系の諸宗教が導入されたときである。古代の老子［紀元前六世紀か］の教条は解釈がすこぶる困難だが、ヒンドスタン地方からの借用を含むことは、ほぼ疑いを容れない。いくつかの戒律の形式はヒンドゥー教の聖典と同一だし、人間性への好意と、万物に

対する寛容の念に全体がいろどられているからだ。そもそも老子は、美徳の模範や従うべき先例として、中国史上の人物を誰ひとり挙げておらず、教えの全体が何ら伝統的な自国の過去と結びついていない★。そして諸説の一致するところ、老子は西域に赴いており、天に上ったのもホータン［于闐。現シンチャンウイグル自治区内］の山中からと伝えられる。

中国とヒンドスタンを隔てる山々や高地、そして未開の住民による障壁の踏破は困難なため、交通はオクソス川［アム川のギリシャ語名］流域を経る迂回によってなされていた。仏教の伝播も直行にはよらず、南側からではなく、西の境界から中国帝国に浸透したのである。中国が強大で、平和的な支配をおよぼしたもろもろの時期には、タリム盆地が国土に含まれたため、パミール高原の通路を経て、オクソス川流域と自由な交易がおこなわれた。当時の商人は、ギリシャ商人も知っていた有名な「シルクロード」をたどった。南アジアの珍奇な品々のいくつかは、シルクロードほか高原の道筋を経てもたらされていたし、壮麗なガンジス川地方の物語や神話も、同時に伝承していった。仏教の諸典礼を身につけた巡礼者が入国したのもおなじ経路である。三〇〇年にわたる布教活動ののち、この新しい信仰は孔子の母国でも確立し、紀元六五年に公認された［『後漢書』巻四二、楚王英伝の記述か］。仏教のもつ宗礼の荘厳さや、豊かな寺院装飾、水面に花開くスイレン［睡蓮］が象徴する詩情は中国の民の気に入るところで、雪の山々や高原がへだてる南方の美しい国々に展望を拡大した点でも、喜ばれたのである。だが仏教は、中国人の生活の根本をほとんど変えなかった。典礼は変わったが、基底はおなじままだった。聖なる図像が何であれ、祖先を敬う信仰が保持されたからである。悪鬼を祓うために伝統的な手順を墨守する信仰は、何世紀にもわたり「漢族」に引き継がれた。

海上交通

だが少なくとも、仏教への改宗時期にあたり中国がヒンドスタンとのあいだに樹立した諸関係が、完全に途絶することはなかった。以来ヨーロッパ人にとって、中国は世界の果ての、そのまた外側にあるものではなく

★ Stanislas Julien, Pauthier, etc.

なった。中国南部、とりわけトンキン湾とインドのあいだの海上交通も行われた。すでに紀元前二世紀には、ひとりの皇帝〔始皇帝。前二五九―前二一〇〕が「不死の妙薬」を採取すべく、南方の島々に船団を派遣していたのである。後世になると、ほとんど征服意図をもたぬ船団がブッダの聖なる品々や聖典、彫像を求めてセイロンに派遣され、絹織物や陶器、彩陶品の花瓶などと引き換えに、豪奢な布地や宝石、貴石類を持ち帰った〔明代の鄭和（一三七一―一四三四）による大航海〕★。外交使節たちもこの経路をたどった。わけても紀元一六六年には、中国側の年代記〔後漢書西域伝など〕がいう「大秦」、つまりローマからも、安敦（アントン）、すなわちマルクス＝アウレリウス＝アントニヌス〔第一六代ローマ皇帝 Marcus Aurelius Antoninus 一二一―一八〇。ただしローマ側には使節を送った記録がない〕の派遣した使節が到来した★★。

玄奘三蔵の探険

一連の災害や激しい革命ののち、七世紀に中国帝国が国力と拡張の活力を取り戻し、栄光のなかにあるころ、ヨーロッパはちょうど野蛮に逆戻りし、最も低調な時期を迎えた★★★。探険行が盛んに行われたが、当時率先したのは中国側である。玄奘三蔵〔六〇二―六六四〕による中央アジア経由の巡礼は、マルコ＝ポーロ〔一二五四―一三二四〕に至るまで匹敵するものがなく、真に現代的な意味の探険家だった。唐の年代記に収められた彼の記述〔大唐西域記〕は中世における中央アジアおよびインドの地理について多大の価値をそなえ、ヨーロッパ知識人の高い評価を受けている★★★★。彼らは他の中国語文献のおかげで、旅人が「龍」の襲撃にさらされる「氷の山々」も含め、玄奘の経路をほぼ確定できた。龍はおそらく吹雪の渦を擬象した神秘の動物であろう。当時の巡礼僧とおなじく玄奘も、仏教がまだ導入されたばかりのチベットの高原部を迂回し、オクソス川とアフガニスタンの平野からインド入りしている。だが、彼が帰国してから二〇年ほどのち、六六七年と六六八

★ Pauthier; Emerson Tennent; Bretschneider, etc.
★★ De Guignes; Reinaud; Klaproth; Rémusat; Bretschneider, etc.
★★★ Wells Williams, *Middle Kingdom,* New York and London: Wiley and Putnam, 1849.
★★★★ Stanislas Julien, *Histoire de la vie de Hiouen-Thsang et de ses voyages dans l'Inde, de-puis l'an 629 jusqu'en 645,* Paris: Impr. impériale, 1853; Vivien de Saint-Martin; Cun-ningham; Richthofen.

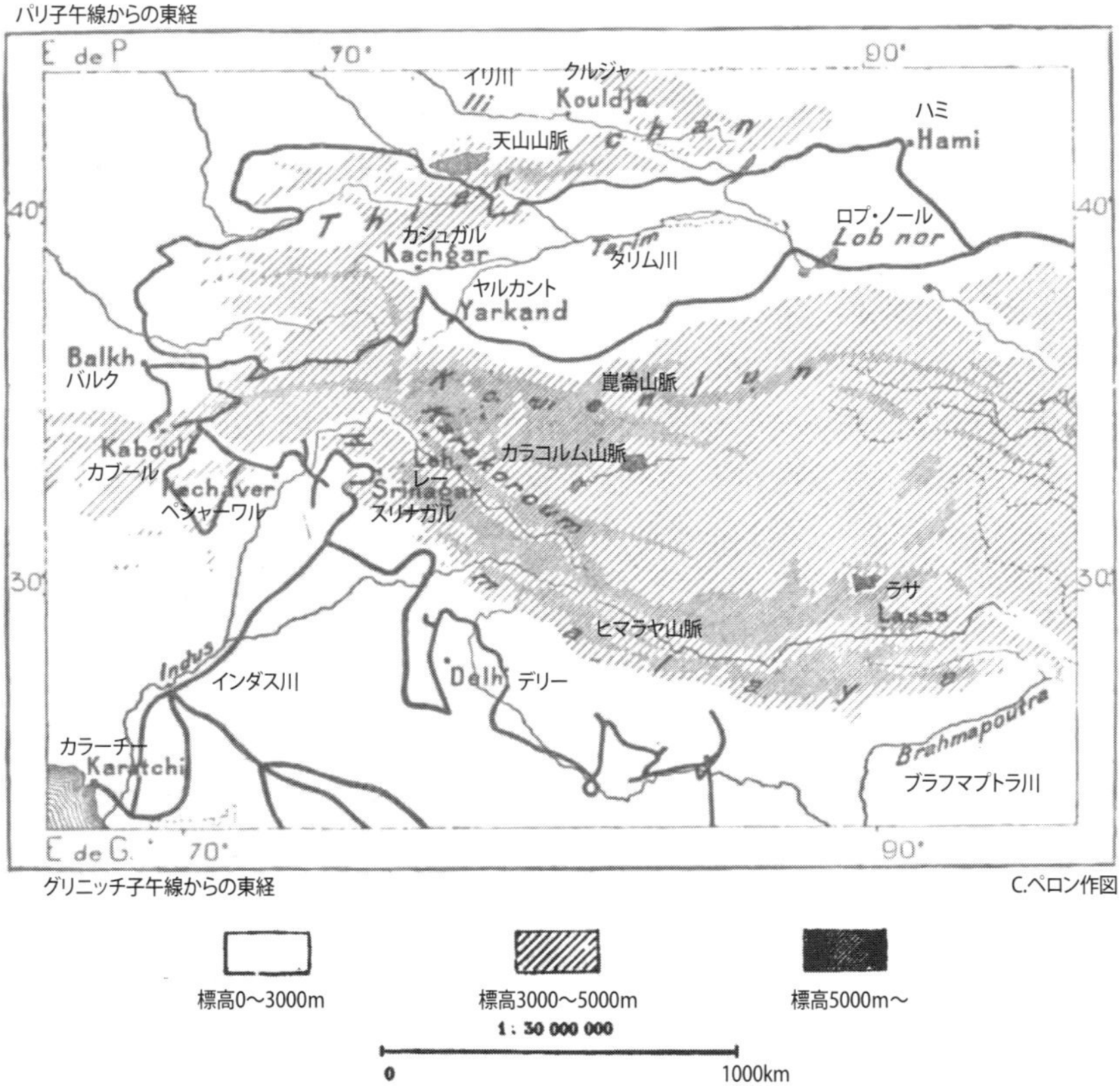

図１　玄奘三蔵の経路

年には、中国の軍勢がチベットとネパールを突破し、インドに直接なだれこんで、六〇〇を超える市邑を奪取した。当時の中国帝国［唐］は、東アジアの低地部全域に加え、属国を合わせると、周囲の山々や高原の外側斜面のすべてを含み、カスピ海地方まで伸びたのである。ネストリウス派の宣教師たちが中国史にキリスト教をもたらすのも、この時期だった。

モンゴル帝国

アジア大陸西側と地中海沿岸でのイスラームの進展は、当然のことながら中国を孤立させ、長期にわたりヨーロッパとの通信を不可能にした。だが北方のモンゴルのステップ地帯では、さまざまな戦士部族が征服を準備し、ドニエプル川まで進出を果たしたので、旧世界全域にわた

り旅人の経路が開かれた。すでに中国の諸皇帝は北方の民から自衛するため、ステップ地帯と耕作地域のあいだに数千キロにおよぶ壮大な「万里の長城」を建設済みだったが、それを再建し、さらには二重化した。ふたつの自然と、敵対するふたつの社会を隔てて構築されたこの障壁は遊牧民を押しとどめたので、彼らは眼前に大きく開いた西に向かうこととなり、やがてすべての民が移動を開始するに至った。四世紀と五世紀にはこれら征服者の軍団が西洋に甚大な衝撃を及ぼし、フン族の名称が与えられたのである。十二世紀にも類似の移動があり、あらたなアッティラ［フン族の王、四〇六頃―四五三］が指揮するモンゴル人が到来した。アジア大陸の東斜面から西斜面へと容易に入り込めるジュンガル地方の隘路部を掌握したチンギス＝ハン［モンゴル帝国初代皇帝、一一六二頃―一二二七］は、手始めに西側諸国を襲うこともできたであろうが、後顧の憂いを断つために、まず万里の長城を越えて北京を陥落させたのち、西洋の諸王国に軍団を差し向けた。モンゴル帝国はかつて存在した最大の帝国で、急速な征服により、太平洋沿岸からロシアのステップ地帯までを含んだのである。

ヨーロッパ人が中国世界の存在を学んだのは、こうした東洋の到来者からである。両者のあいだは武装闘争だけではなく、外交使節だの、協定だの、共通の敵すなわちイスラーム勢力への対抗同盟だのも含む関係だった。タタール語の名詞キャセイはいまもロシア語の「キタイ」として残っており、いずれも長いあいだ東アジアの帝国を指す言葉だったのである。カラコルムやモンゴルにある大ハンの宮廷に伺候した教皇とフランス王の使節たち、すなわちプラノ＝カルピニ［教皇インノケンティウス四世が派遣したフランチェスコ会修道士 Giovanni da Pian del Carpine 一一八二―一二五二］やリュブリキ［ルイ九世が派遣したフランチェスコ会修道士 Guillaume de Rubrouck 一二二〇頃―一二九三頃］ほかの人々は★、これら遠国で目の当たりにした驚異の事物を語った。モンゴルの大ハンの宮廷の富にあずかろうと、こうした外交使節の道筋をたどったヨーロッパの職人や商人のうち、本当の中国の姿をヨーロッパに明らかにしたのがマルコ＝ポーロである。以後、中国は決

★ D’Avezac, *Recueil de Voyages et de Mémoires publié par la Société de Géographie,* vol. IV.

定的に既知の世界に仲間入りし、人間世界の協調の一翼を担い始めた。

大航海時代

マルコ＝ポーロはまず地中海沿岸から発する経路をへて、西から中国に到達し、国内を渉猟したが、コロンブス［Cristoforo Colombo 一四五一頃―一五〇六］はさらに大胆だった。ジパングの金鉱をへてキャセイ沿岸への到達を目論んだ彼は、偉大なヴェネツィア人がたどったのと逆方向へ、丸い地球に帆を張ったのである。途中の新世界の海岸で止まったため、コロンブスは日本にも中国にも至らなかったが、東アジアへの旅は成功したと長いあいだ信じようとし、また人にもそう信じさせたがった。そのいっぽう地球一周航海の企ては続き、ついにマゼラン［Fernão de Magalhães 一四八〇―一五二一］に同行したエルカーノ［Juan Sebastián Elcano 一四七六―一五二六］が、地球の円周上に自船の航跡を残してポルトガルの出港地点に帰還した。大洋はすべて征服され、ホーン岬や喜望峰からの航海者たちは、中国の港で落ちあうようになった。外国人の入国に対する北京の政府の抵抗にもかかわらず、もはや帝国は事実上開放されていた。大航海時代における海洋の決定的な征服から二世紀半後になると、中国も日本も定常的にヨーロッパ商人の訪れるところとなり、両国は貿易港を大きく開き、ヨーロッパの国民が邸宅を構え、西洋建築からなる市街を設ける一片の土地を沿岸のあちこちで譲渡せざるをえなかった。征服が始まったと言ってよいであろう。

ロシアの南進

すでに中国領内におけるヨーロッパ人の力は、首都の一時的占領と王宮での掠奪により露わになっている［一八六〇年の英仏軍による北京侵攻と、円明園の掠奪および破壊を指す］。さらに、内乱に対抗する清朝政府に英仏が供与した支援において、その力はいっそう明白である。ヨーロッパ人の部隊が白河［海河］付近の城砦群を蹂躙して天津を占領し、皇帝［咸豊帝一八三一―一八六一］が北京を脱出せざるを得なくする一方で、別のヨーロッパ人部隊［洋槍隊］は上海の市門から太平天国の叛徒を駆逐し、海との連絡を遮断していた。いっぽうロシアはウルガ［現ウランバートル］に軍を駐留させ、ドンガン人［東干族］を抑え込んでいた。おそらくこうした西洋列強の支援が清朝を救ったのである。帝

国の一体性は保持されたが、それはヨーロッパ人がそこに利益を見出していたからだ。彼らが拱手傍観するだけで中国は二つ、あるいは三つ、さらには南部、中央部、北部、西部の四つに分裂しただろう。現在このアジアの帝国が一体性をそなえることに、西欧諸国が何ら危険を感じていないのは確かである。だがその一方では、べつの大国が中国の北方に拡張し、国境地帯に重圧を加えつつある。隣国ロシアは約八〇〇〇キロにわたって中国に隣接するが、その国境線の半分以上は、かつて「天子」に服属した諸国の内部に引かれている。ロシアが一時期併合したクルジャ「イリ地方」は数年前まで清国に属し、同国はこの地の委託に同意するにあたり、一部を確保せずにはおかなかった。トランスバイカル地方もかつては清領だったし、アムール川河谷も、トゥングース人がトナカイの群れに草を食ませる北辺に至るまで、清国だった。しかし現在は、フランスよりも広いその左岸全域がシベリア州に統合されている。最後に、満州沿岸部から朝鮮国境までがロシア領になり、蒸気船なら二日で日本沿岸に達するその南部港湾の一帯に「ピョートル大帝湾」の名称が与えられた。まるでツァーリ［ロシア皇帝］たちの帝国が、西とおなじく、東側にも拡張しようとしているかのようである。外交上のささいな悶着が突発し、ロシアが中国沿岸で軍事演習による国威を見せようとするなら、適当な朝鮮沿岸の港を奪取し、ウラジオストクよりもさらに強力な軍事基地を設けるのに、何の苦労もないだろう。そこを根城に遊弋すれば、黄海の入り口と、揚子江河口、そして日本列島の諸海峡を支配できるのである。ロシア財政は破綻し、大衆はどん底の貧困にあえぐ生活で、いくつかの州は定期的な食料不足や飢饉のもとにあるが、同国の資源は強大な攻撃力の充実に振り向けられている。首都から八〇〇〇キロの距離にあっても、その軍事力は日中両国の自領および自国海域での軍事力をしのぐ。国土防衛のいろいろな支度や、鋼鉄製の大砲をそなえた砦や、防柵にもかかわらず、おそらく北京はかつて英仏に対したときと同様に、ロシアのなすがままになるだろう。首都である北京は、モンゴル人の侵入や中国住民の蜂起にそなえ、城砦をほどこした近隣の山々が北西を防御するいっぽう、補給物資を運ぶ大運河に近く、いったん緩急あれば同胞の救援にかけつける満州諸部族からも遠くない軍略上の適地を占め、最も外にさらされた位置にある。だが、モンゴル人や太平天国以外の複数の敵が帝国の安全を脅かし

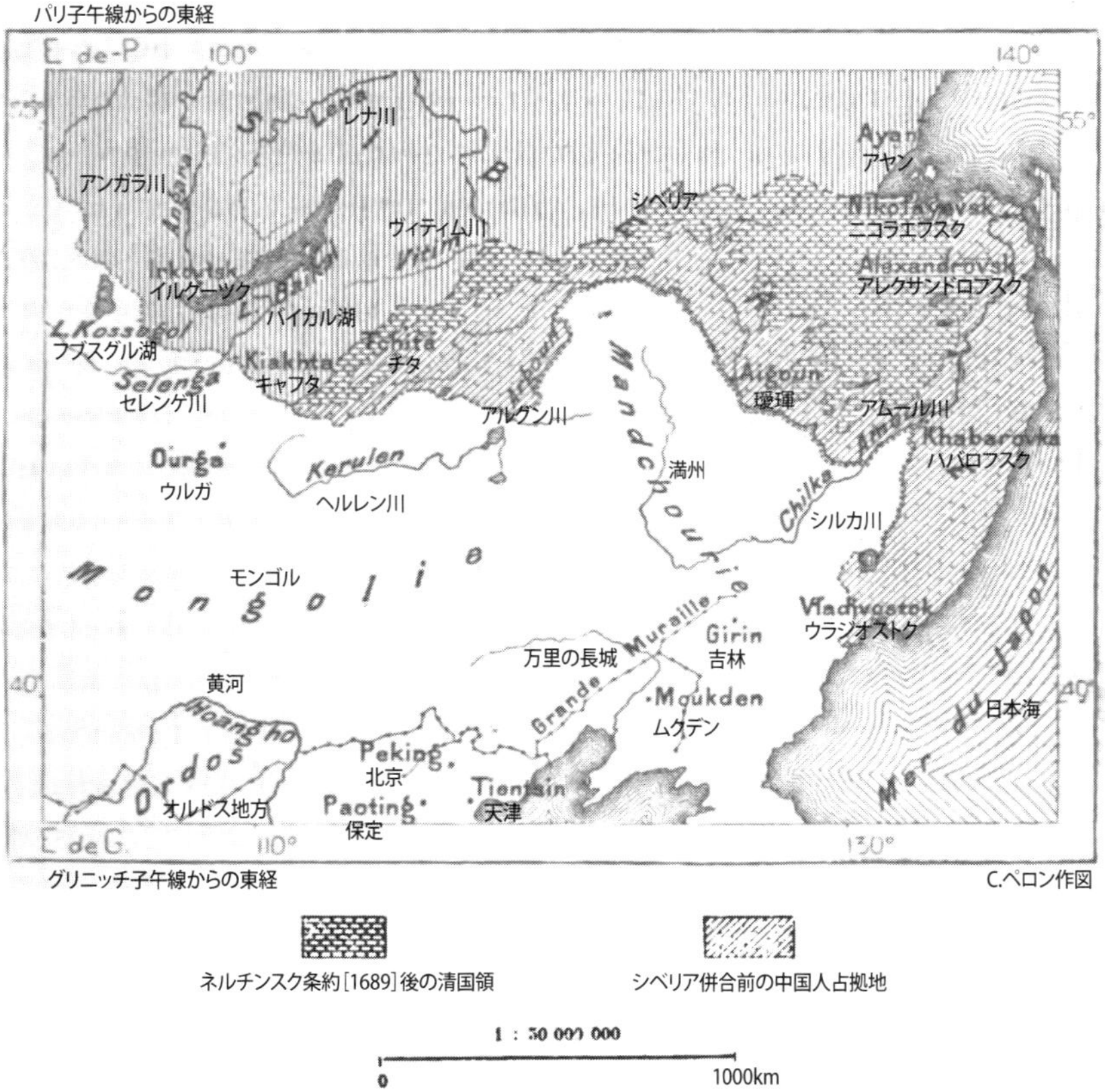

図２　ロシアによる中国の蚕食

ている現在、ツァーリの派遣軍が上陸するのは北京のすぐ近くになるだろう。新式装備をどれほど備えても、また「常勝軍」がどれほどヨーロッパ式に訓練されたとしても、鉄道の軍事利用をないがしろにする限り、清国政府が勝利を収めるのは困難であろう。だがそのことはまもなく学ぶだろうし、狡猾な同盟体制における変化が、諸帝国の勢力均衡を失わせる可能性もある。

移民の影響

ヨーロッパ列強に対する日中両国の関係が、どのような政治的、軍事的運命をもたらすにせよ、ひとつ確実なのは、東洋と西洋の諸国民がもはや一体である点である。食料品や商品の交易、文明化した白人によるモンゴル地方への旅行と、中国人や日本人による欧米への旅行、恒常的

な移住により、諸文明は相互に貫入しつつある。大砲がなしえなかったことを、自由な交易がまったく別次元の効果でもってなしとげ始めているのだ。政治境界も、多様な言語、伝統、法律、習慣も、両者が接近するのを部分的にしか妨げない。中国や日本の都市にヨーロッパ人区画が建設される一方では、米国やペルー、オーストラリアに中国人の集落が立ちあがり、ニューヨークやロンドンには中国人の両替商が開店する。こうした外面的な変化は、もっと基底での変容に対応している。商品とおなじくらい思潮面での交換もなされているからだ。西洋人と東洋人はお互いを理解するに至り、共通点も知るようになった。世界は、諸文明が地理的にはっきりと区分できる流域に孤立し、より優れた文明と混交せずに発達するには、狭くなったのである。かつてヨーロッパと東アジアの民は隔絶した世界に生きていた。いまや米国への移民はもうひとつのヨーロッパを作り上げたので、中国の国民は、新旧両大陸のふたつのヨーロッパに挟まれている。彼らのもとには東西からおなじ模範や思潮が到来する。民族から民族へ、陸や海を通りぬけて地球の円周を伝う滔々たる流れがあるのだ。

東アジアがヨーロッパ世界に決定的につながったことにより、人類が入り込んだばかりのこの歴史的時期は、事件に満ち満ちている。ちょうど水面が重力の作用で水平になるように、各地の労働市場の諸条件も平準化の傾向をみせている。人間は単に両手をもつひとつの商品とみなされ、その意味では労働の産物と何ら変わらないとされる。すべての国の産業はますます激しい競争に巻き込まれ、原材料と、それを変容する働き「手」を最低価格で買い入れることで、安価に生産しようとしている。だが、たとえばニューイングランド地方の強大な製造業は、極東よりも器用で質素、ひいては安価な労働者を、どこで見出せるだろうか。コムギ［小麦］や食肉をまるで工場のように生産するミネソタ州やウィスコンシン州の大農場は、西江や揚子江沿いの労働者の群れよりも従順、かつ入念で、世話を焼かせない者を、どこで見出せるだろうか。中国と日本の労働者はその仕事ぶりと器用さ、呑みこみの早さ、整理整頓と節倹の気質でもって、外国人の嗟嘆するところだ。港湾地帯の工場や兵器廠でもっとも微妙な作業は中国人労働者にあてがえばよいのであって、彼らは常にその期待を裏切らない。中華帝国の農民も、その仕事ぶりを目の当たりにした

者すべてが一致して証言するのは、大農場の重いくびきのもとにあるヨーロッパ諸国の農民よりも知的で、教養があり、旧弊にとらわれないという点である。臨海部の在外商館近くに住む中国人の畑作農民が農法をまったく変えないのも、外国人がより優れた営農を教えられないからなのだ。

黄色人種の労働と白色人種のそれとのあいだの闘争は、世界を二分する争いになりかねない紛糾点で、すでに地球上のいくつかの場所で始まっている。ヨーロッパとアジアからの移民が出会う新興地域がそうだ。カリフォルニア州でも、オーストラリアのニューサウスウェールズやクイーンズランド、ヴィクトリアでも、白人労働者は中国人労働者と仕事を争奪せねばならず、通りでも、店でも、農場や鉱山でも、しばしば殺人の流血騒ぎが発生した。これは人種間の憎悪というよりも、賃金面の争いが大きな原因である。この戦争はすでに一〇年にわたっており、一回の組織的な会戦よりも多くの人命が失われた。白人労働者が追いつめられるにつれ、いっそう過激になったのである。現在までのところ、カリフォルニア州やオーストラリアの植民地では白人労働者が優位に立ってきた。かれらは立法機関の大半を牛耳ることとて、低賃金に利害をもつ産業人や農場主、事業家を圧服し、中国人クーリー［苦力］の移入を非常に困難にする法律に投票させて、権利のない別個の抑圧された階級に仕立て上げている。だがこの戦いには別の方策もある。中国人労働者はあるところでは打ち負かされても、資本家や審議会の支援のおかげで、別のところでは勝利を収められるからだ。白人労働者にとって工場が貧窮と死であるというなら、中国人労働者が彼らに替わって工場に入り込むことにどれほどの意味があるだろうか。そもそも白人労働者の報酬を引き下げさせるために、出稼ぎ中国人がヨーロッパやアメリカの製造業者のもとで働く必要はない。ヨーロッパ世界と相同の産業、たとえば毛織物や綿産業、が極東に樹立され、中国なり日本なりの製品がヨーロッパ製よりも安価に販売されるだけで、ことは足りるのである。この競争は海を越えた国のあいだでなされており、すでにいくつかの品目ではヨーロッパ製品の失地が起きているではないか。つまり経済の観点からすれば、ふたつの民族集団が決定的に接近したのは、甚大な重要性をはらむ事実なのである。たぶん遅かれ早かれ均衡は達成され、人類はこの星全体を平穏に共有するという新たな運命に

適応するすべを知るだろう。だが紛争の時期においては、大きな災厄が予想される。一〇億人近い人間が直接に関与する闘争だからだ。戦士の数では、ヨーロッパおよびアメリカの文明世界と、東アジア世界はほぼ拮抗する。対立する利害に突き動かされ、どちらからも数億人が対峙している。共通の連帯が生み出す優れた利点の理解にはまだ程遠いのだ。

中国と西洋

東洋と西洋の対立は、単に卑近な利害だけが理由ではない。それは思想や習慣が対照的であることにも由来する。中国人とヨーロッパ人のうち、お互いの人柄を尊敬しあう人々でも、考え方はおなじではない。義務についての両者の観念は、正反対ではないにせよ、少なくとも違ってはいる。この対照性は諸民族の内部でも、多少は意識的な形で見出される。交易や教育、そしてぽつりぽつりとみられる混交による結びつきが、この対照性を部分的には解消するだろう。諸文明は相互に影響するだろうが、それは外面を通じてのみならず、本当の原動力である性向や思潮を通じてでもある。西洋人は前向きなのに対し、中国人は後ろ向きだとはよく言われるところだが、あまりに一般化した断言である。世界のどの国の社会も、運命を改善するために弛まず働き、自らを革新し続ける集団と、将来への不安から伝統のなかに逃げ込む集団の、ふたつに分解しているからだ。中国における多くの内戦、とりわけ最近の太平天国の乱は、旧套を墨守し、黄金時代を過去に求める公式の世界の下に、未知への冒険に身を投じるのを恐れぬ、熱情的な社会があることを証明している。中国の統治機構は、何世紀にもわたり伝統的な諸形式のなかで存続するのに成功し、タタール人［モンゴル人］による征服や内乱がもたらした災厄も、社会の外枠をほとんど変化させなかったが、東洋の分厚い民族の塊が、いまやヨーロッパ文明の産業面の方式や実務のみならず、むしろ人間の文化についての新たな概念を学ぶ必要に直面していることは、いささかも嘘ではない。産業面の方式や実務は、彼らの理想像を転位する傾向がある。彼らの存在そのものに値段をつけるからだ。

だがその一方で、白色人種の文明化した民族の理想像も、同時に転位するのではないだろうか。ふたつの要素が接

近すれば、両者は同時に変容する。ふたつの河流が合わされば、きれいな水の川は、泥を運ぶもうひとつの川によって汚れ、混合した流れとなって下ってゆき、原初の色合いを回復することはない。だが両文明の接触は一方を高め、他方を低める結果になるだろうか。東洋にとっては進歩、西洋にとっては退歩になるのだろうか。これからの世代は、ローマ世界の文明が闇に閉ざされてゆく一方で、蛮族たちが新たな光のなかに生まれてくるのを経験した中世人と、似たような時代を耐えねばならぬ運命だろうか。不幸の預言者たちはすでに警戒の叫びをあげている。リヒトホーフェン〔ドイツ人地理学者、地質学者 Paul Wilhelm Ferdinand von Richthofen 一八三三―一九〇五〕やアルマン＝ダヴィッド〔フランス人宣教師、博物学者 Armand David 一八二六―一九〇〇〕、ヴァシリエフ〔ロシア人中国学者 Vasily Pavlovich Vasilyev 一八一八―一九〇〇〕など、中国の諸省を何年も経めぐり、大海の波浪のような人々をかき分けてきた旅行家たちは、この巨大な帝国の内部で膨張する群衆への恐怖感を抱いて帰還した。征服者たちがこの大群衆に規律を与え、ヨーロッパ世界に立ち向かわせたならばどうなるのか、彼らは怖れとともに自問する。これらの群衆があらたなチンギス＝ハンの指揮下に置かれれば、ヨーロッパの諸民族とおなじ武器をそなえ、いっそう団結して、あらたな形のモンゴル襲来が再開されるのではないかと言うのである。「生存闘争」において中国人が容易にわれわれの主人になるのを懸念する著作家たちは、ヨーロッパ列強が既成事実に立ち戻り、いったん開いた門戸をふたたび閉ざして、中国人を古来の孤立と無知のなかに押し戻せとさえ唱えている。中国の民が阿片にまどろみ、自らの力に思い至らぬのを歓迎する著作家もいる。ヴァシリエフ曰く「阿片がなければ、中国は遅かれ早かれ全世界に溢れかえり、ヨーロッパとアメリカを抱擁して窒息させるだろう」。

だが、東洋と西洋をふたたび引き離そうとするには、もう遅いだろう。チベット、朝鮮、そしていくつかの山岳地方を例外として、東アジアはもはや開かれた世界の一部である。世界史のなかへ五億人を合併したことによる全人類への結果はどのようなものになるだろうか。これ以上に重大な問題はない。未来文明の発展にかくも大きな役割を果たすであろう東アジアと、その「黄色い」住民の研究は、したがって、最大限に重要なのである。

第二章　チベット

第一節　総説

「中華」地域の外側にも大清帝国は広大な領域を含み、その合計面積は狭義の中国よりも広い。すなわちチベット、タリム盆地、クク・ノール［青海湖］流域、バルハシ湖［カザフスタン］に向かう峡谷の上流部、ジュンガル、モンゴル、満州、台湾島および海南島である。また属国として朝鮮半島に加え、ヒマラヤの南斜面にあるネパールとブータンという、少なくとも地理学的にはヒンドスタン平野にある両国ですら、属国として主張している。そもそも清の宗主権を承認している各国の地形や土壌、住民の制度や習慣には、明確な違いがある。これらのうち最近ではチベットが外国からの影響に対し、最もよく自らを防御してきた。ほとんど接触できない国家という点で、チベットはかつての中国と同様である。その意味では、他の東アジアの諸王国ほぼすべてが喪失した伝統を、いまも代表すると言えるだろう。

チベットの範囲と名称

チベットという名称は大清帝国の南西部のみならず、チベット起源の住民が居住するカシュミール王国の半分以上も含む。「小チベット」と、村落をとりまく果樹にちなんで「杏のチベット」と呼ばれる地方は、ヒマラヤとカラコルムの雪山のあいだで溝のように開く深い峡谷群からなる。ヒンドスタン平野に向かい傾斜する両地域はインド亜大陸［原著は常にインド半島と表記するが、慣用に従い亜大陸で統一する］の歴史の年輪のなかにだんだん包摂さ

れたが、狭義のチベット、すなわち東部にある「第三のチベット★」は、別個の運命をたどった。これは「大チベット」と呼ばれるが、カシュミール王国の一部をなすラダック〔羅多克〕地方も「大チベット」と呼ばれるため★★、用語体系に大きな混乱が起きている。そもそも、非常に異なる自然と政治状態にあるふたつの地域にヨーロッパ人が用いるチベットという言葉は、住民自身の知るものではなく、外国産の用語で、通常はその由来の説明に努めるところである★★★。ヘルマン＝シュラーギントワイト〔ドイツ人探検家 Hermann von Schlagintweit 一八二六―一八八二〕はこの言葉にチベット古語の「力」すなわち固有名詞としての帝国の意味を見ている★★★★。十七世紀の宣教師たちも同様の説明で、イタリア語で「強力な」を意味する「ポテンテ」でもってこの郷国を指している。いずれにしろ、現地住民は現在自分たちの高原に「ブー〔ポー〕・ユル」という名称しか冠していない。つまり「ブー国」であり、ヒマラヤ南麓の一国家に対しヨーロッパ人が用いているヒンドゥー語の名称であるブータンの、おそらく類語であろう★★★★★。中国人はチベットをシー・ツァン〔西蔵〕、つまり西のツァンの名称で呼ぶ。これは主たる地域であるウイ・ツァン（ウェイ・ツァン）に対するものだ。ウイ・ツァンはウイ地方とツァン地方から構成されるので、全体で固有名詞としてのチベットになる。住民は中国人にとっては吐蕃（トゥ・ファン）、すなわち「原住民のファン」であり、四川省や甘粛省の西蕃（シー・ファン）、すなわち「西のファン」に対比される。モンゴル人はチベット北部に住む諸部族にちなんでタングートの郷国と呼び、

★ 三つのチベットとは、言いかえるとウイ地方［ウー地方］、ツァン地方、カム［喀木］地方である。Alexander von Humboldt, *Asie centrale*, 3vols, 1843.

★★ *Ibid. t.*1, *p.*14; Carl Ritter, *Die Erdkunde Asien, Kleinasien, Arabien, Reimer,* 1837; Naïn-Singh, Trotter, "On the Geographical Results of the Mission to Kashgar, under Sir T. Douglas Forsyth, in 1873-4", *Journal of the* [*Royal*] *Geographical Society,* 1877, *pp.* 287-291.

★★★ Julius Heinrich Klaproth, *Description du Tibet*［traduite partiellement du chinois en russe par le P. Hyacinthe Bitchourin, et du russe en français par M.***; soigneusement revue et corrigée sur l'original chinois, complétée et accompagnée de notes par M. Klaproth］, Paris: Imp. royale 1831; Ritter, *op.cit.*; Brian Houghton Hodgson, *Essays on the languages, litterature and religion of Nepal and Tibet,* London: Trübner & co, 1874.

★★★★ Hermann von Schlagintweit, *Reisen in Indien und Hochasien,* Jena: H. Costenoble, 1869-80, *vol.*III.

★★★★★ Klaproth, *Notes à la Breve noticia del regno del Thibet, del Fra Fr. Orazio della Penna*, 1835.

前世紀のロシア人もそれに倣ったが★、通常は「バラン・トラ〔博拉塔拉〕」の名称でチベットを指した。これは「右側の国」の意味で、左側の国を意味するジェグン・トラとの対である。ジェグン・トラはのちにジュンガルになった★★。

地勢

チベットは中国の人口稠密な地帯の西にあって、天山山脈のモンゴル側の最初の岬角から、ツァンポ川〔ヤルンツァンポ川、雅魯蔵布江〕、サルウィン川〔タンルウィン川、怒江〕、メコン川がインド洋に向けて流れ出すヒマラヤ山脈東部の隘路群にかけ、半径八〇〇キロの広大な半円形を山々がなす地域の、ほぼ半分を形成する。この半円形を二分してそそりたつのが崑崙山脈で、その両側の地域はふしぎなほど対照的である。北側は、タリム川ほかの河川が砂の中に消えてゆく閉じた盆地であり、南側はチベット高原が立ちあがる。諸大陸の内部にある最も深い窪地のひとつの横に、地球上で最大の隆起がそそり立つのである。

政治境界による凸凹を無視すると、チベット全体は、旧世界で最も範囲が明確な自然地域のひとつである。北西では、ラダック地方とカシュミール地方の峡谷地帯が、皺のように刻む山塊にもたれかかるチベットは、アジア大陸最大の分水界である崑崙山脈とヒマラヤ山脈のあいだへ、南東および東にだんだんと広がってゆく。三角形をなすチベットの地塊を南北から睥睨するこれらふたつの巨大な山脈は、パミール高原とならんで、麓の住民からは「世界の屋根」、「天空への階段」、そして「神々の御座所」とみなされている。陽光に輝く雪の王冠を遠望すると楽園に見え、両山脈はまるで別世界の縁部をなすかのようである。だが、まれに登攀を試みる人々は、そこが酷寒と、吹雪と、餓えの郷国であることを思い知る。チベット高原は周囲の平野から四〇〇〇〜五〇〇〇メートルほども高い巨大な台地で、面積の過半を閉鎖水系群が占める。横たわる湖沼はおそらく内海の名残で、かつては溢流が、縁部の山脈の

★ Nikolaï Mikhaïlovitch Prjevalski, *Mongolie et pays des Tangoutes*［traduit du russe］, Paris: Hachette et Cie., 1880; Henry Yule (ed. and tr.), *The Book of ser Maro Polo, the Venetian concerning the Kingdoms and Marvels of the East,* 1871.

★★ Julius Klaproth, *Asia Polyglotta,* Paris: Bei A. Schubart, 1823; Ritter, *op.cit.*; Yule; etc.

隘路から流れ出ていたものだ。高原の東端は、西にそびえる山塊からわずか一二〇〇キロの距離にあり、ぎざぎざに刻まれた縁部が南西から北東に走る。この山岳地帯の西でチベット高原は東と南東に傾き、河谷を隔てる多くの山脈に分断されている。だが、この東側の境界は深山幽谷と広い森林からなり、人煙まれで食糧が欠乏するため、こちら側からチベット高原に至るのは、どの方向からよりも困難だ。さらに今日では、清朝当局の敵意がこうした障碍に付け加わる。今世紀を通じ、チベット政府が自国民の政治的孤立を続けるうえで、他のアジア諸国以上の成功を収めるとすれば、それは主に地勢と土壌の性質のゆえである。チベットはアジア大陸の中央にそびえたつ城のようなもので、インドや中国、日本よりも容易に入国を禁じることができるからだ。

チベットの探険

チベットの大半はまだ探険されていないが、入国が禁じられていなかった時代に国内を渉猟したカトリック宣教師たちの経路だけは、確実に描くことができる。十四世紀前半にはすでにフリウーリ地方〔イタリア北東〕の修道士オドリコ＝ダ＝ポルデノーネ〔フランチェスコ会修道士 Odorico da Pordenone 一二六五?／一二八六―一三三一〕が中国〔唐〕からチベット入りし、ラサで暮らしている。その三世紀後には、ポルトガル人宣教師アンドラーデ〔イエズス会司祭 António de Andrade 一五八〇―一六三四〕が、一六二五年と一六二六年の二度にわたりチベットに入国し、仏教の高僧たちの歓迎を受けた。一六六一年には別のイエズス会神父グルーバー〔オーストリア人聖職者 Johann Grueber 一六二三―一六八〇〕とドルヴィル〔ベルギー人聖職者 Albert d'Orville 一六二一―一六六二〕が中国〔唐〕からヒンドスタンに赴く際にラサを通過している。十八世紀になるとトスカーナ人デシデッリ〔イタリア人イエズス会聖職者 Ippolito Desideri 一六八四―一七三三〕や、ポルトガル人マノエル＝フレイレ〔イエズス会聖職者。デシデッリの同行者〕ほかがインドからチベットの首都を訪れた。だがそのときすでにカプチン会修道士たちは、二一年以上をチベットで過ごしたオラシオ＝デラ＝ペンナ〔イタリア人聖職者 Francesco Orazio Olivieri della Penna 一六八〇―一七四五〕の指導のもと、ひとつのカトリック布教団を樹立していた。この時代のチベット政府は、いまは厳しい監視下にあるヒマラヤ山中の峠を通って、外国人が自由に入国するままに

していたのである。ある聖職者探険家も数年をラサで生活し、クク・ノール経由で中国に赴いたのち、ラサ経由でヒンドスタンに戻った。このオランダ人探検家ヴァン＝デル＝プッテ［Samuel van der Putte 一六九〇—一七四五］が教養をそなえ、優秀な観察者だったことはよく知られている。惜しいことに彼は、未整理で理解も行き届かない自分の書き物が誤謬を広める結果になるのを懸念して、記録や地図を処分してしまった。今日伝わるのはいくつかのメモと、一葉の地図の原稿だけで、ゼーラント州ミデルブルフの博物館が秘蔵する★。

これらの経路が天測によったにせよ、羅針儀とクロノメーターによる測量によったにせよ、数はまだ微々たるものだ。英領インド政府が派遣したイギリス人探検家とインド人官僚が訪れたのは南西部と、ネパールとシッキムの北部にあるツァンポ川の上流域に限られる。南東部はフランス人宣教師たちが渉猟したが、北東や北からチベットに至る最近の試みはすべて失敗している。「バイカル横断者」と呼ばれたパスキエヴィッチや、「アムールの」を冠されたムラヴィヨフ［ロシア軍人 Nikolai Nikolaevich Muraviyov-Amurskii 一八〇九—一八八一］を真似たシュラーギントワイト兄弟［長兄ヘルマンと四男 Robert 一八三三—一八八五］は、チベットの山々を走破したことを永遠に記念しようと、「崑崙横断者（ロシア語でザクーンルンスキー）」なる奇妙な呼称を自分たちの名前にくっつけたが、実際に目にしたのはその東端にすぎない。ロシア人プルジェーヴァルスキー［ポーランド出身の探険家 Nikolaï Mikhaïlovitch Prjevalski 一八三九—一八八八］は、ついにチベット心臓部に到達できぬまま引き返すこと二度に及んだし、ハンガリー人ベラ＝セーチェニー［探険家、地理学者 Béla Széchenyi 一八三七—一九一八］も、歩みを返さざるをえなかった。英印の測量技師たちがまだ訪れていない全域にわたり、現在のチベットの諸地図は、イエズス会士から天文学を学んだふたりのチベット人ラマ僧が、康熙帝［清朝第四代皇帝一六五四—一七二二］の命により行った測量結果にもとづき、博学なるダンヴィル［フランス人地理学者、地図作成家 Jean Baptiste Bourguignon d'Anville 一六九七—一七八二］が作成したものにすぎない。だが、ヒマラヤ山

★ Clements R. Markham, *Narratives of the Mission of Bogle to Tibet, and of the Journey of Thomas Manning to Lhasa,* London: Trübner and co., 1876, *p*.lxiv.

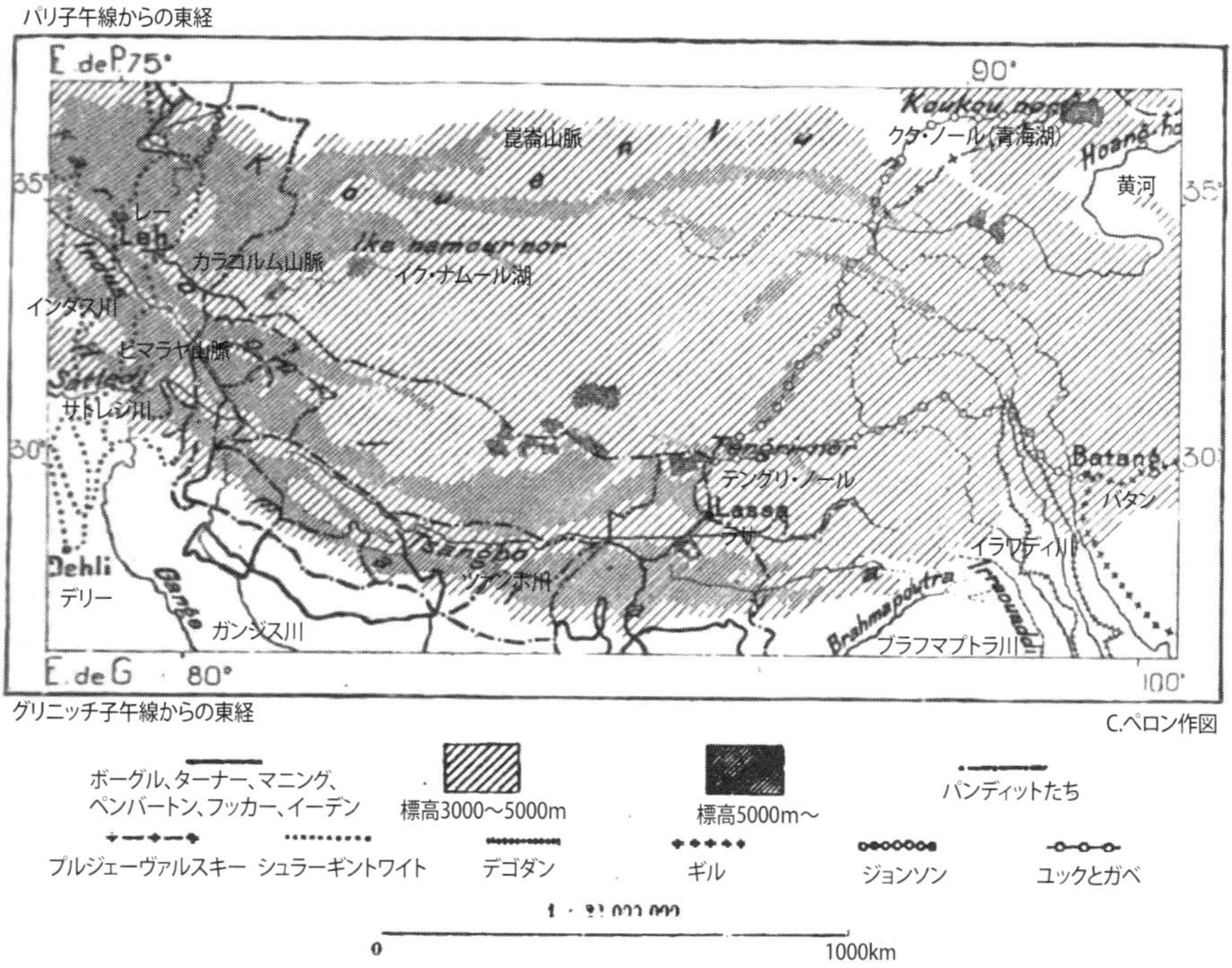

図3　チベット探検の経路

中で行われた測地作業のおかげで、以後の探査に向かう支持点が得られた。一八七七年には諸峰を北側の基部から測量するため、技師ライアルがサトレジ川の上流峡谷に入り込むのも許可されたので、そこから見える峰々はすべて三角測量網に組み入れられた★。現在の諸地図は必ずや将来の作業によって修整が加えられるだろうが、精度面の限界を踏まえた暫定的数値では、クク・ノール［庫々諾爾、青海湖］の盆地を含むチベットの面積はほぼ一七〇万平方キロと推定される。すなわちフランスの三倍だが、しばしばチベット領とみなされる周囲のいくつかの独立領域と、カシュミール地方および四川省におけるブー人［チベット人］の居住区域を追加すれば、総面積は二〇〇万平方キロを超える★★。

★ B. C. Ryall, *Abstract of the Reports of the Surveys in India for 1877-1878.*
★★ Behm および Wagner によるチベットとクク・ノール地方の面積は168万7898km^{2}で、クク・ノール地方を除外すれば約 140 万 km^2 である。

第二節　自然

チベットの地域区分

カシュミールのマハラジャ諸国に属する西部の山岳地帯を除外すると、チベット、すなわちブー・ユルは自然的に三つの地帯に区分される。北部の湖沼がちな台地〔蔵北高原〕と、ヒマラヤ山脈の北斜面をサトレジ川とツァンポ川が反対方向に流れる南部の高い峡谷地帯〔蔵南縦谷〕、そして諸河川が種々の流域に分断する南東部〔四川・西蔵峡谷、川蔵峡谷〕である。

崑崙山脈

このうち最大なのは北部だが、住民は他の地域にくらべ大幅に少ない。カラコルム山脈の東側延長部を南限とする閉鎖水系の集まりで、北は壮大な崑崙山脈に支えられている。高原の縁部にある崑崙山脈は、チベットとタリム盆地を隔てる障壁であり、ヒマラヤ山脈よりもはるかにアジア中央部の分水界とみなすべきだろう。ヒンドゥークシュ山脈の突起がパミール高原の東に伸びた山脈であり、前アジアの「隔壁」へと直接に接続して、アジア大陸の分水嶺の東半分を構成する。この分水嶺は西から東へと不均整に伸び、あるときは平地に沿う縁部の山脈だったり、褶曲して稜線が並行したり収束したりする山並みだったり、またあるときは明確な山容に立ち上がったりする。崑崙山脈および中国内部に向かって東に伸びる山々は、全体として、西側の「隔壁」をなす山脈群ほどには、アジア大陸の中央軸としての正則さを具備しないとみてよいだろう。とはいえ、チベットと中国の山岳体系は不明な点が多く、確実なことが言えるほどには知られていない。崑崙山脈とその東への延長部を単一の稜線とみなせば、パミール高原にある根元から、黄河と揚子江の間にあるその末端支脈までの全長は、約四〇〇〇キロと推定しうる。だが多くの裂開部や方向の変化、断裂や隆起の錯綜、多種多様な崩壊により、この山系は多数の山脈に分裂している。すでに古代中国に崑

崙の名称を冠せられた山塊は、歴史時代に至っても、黄河源流から遠くない場所に立ち上がる壮大な山岳集団である。だが、地理学者たちがこの名で呼ぶようになった山系の中核部を指していたとはみなせないだろう。地理学的な知見が西に向かって進むにつれ、崑崙（クンルン、クルクン）の名称も西に移動したからだ。現在この名はカシュガル地方からの古代ヒンドゥー移住民がアネウタ、サンスクリット語ではアナヴァタプタと呼んでいた山脈に用いられている。サンスクリット語の呼称の意味は「光の当たらない」で、つまり酷寒と影の山地である★。タタール語の名称カラングイ・タグ、すなわち「暗い山地」と同義だ★★。

崑崙山脈の標高と地質

おそらく崑崙山脈にヒマラヤの最高峰の高さに達する山頂はなく、カラコルム山脈にも及ばないだろう。両端部で行われた測量や、未踏査の箇所について旅行家たちが収集した情報、さらに中国の地図や文献の記述からみても、チベット北部に世界最高峰の山々が存在するとは考えられない。ジョンソン［イギリス人旅行家 William H. Johnson 一八八三没］、プルジェーヴァルスキー、モントゴメリー［イギリス人測量技師 Thomas George Montgomerie 一八三〇―一八七八］、リヒトホーフェンらは、チベット領内の崑崙山脈に標高七〇〇〇メートルに達する峰は皆無だとみている。ただし領外のカシュミール地方とヤルカンド地方のあいだになると、七三〇〇メートルを超える峰がいくつかある★★★。チェルチェン・ダリヤ［車爾臣河、且末河］の源流部に向かって立ちあがるトゥグズ・ダヴァン［ダヴァンは峠］の山塊では、かつて中央アジアの古代内海があった沈降部［タリム盆地］に向かって段々状に低くなってゆく山々や台地が、狭義の崑崙山脈から枝分かれする★★★★。うち北側のものがアルティン・タグ、すなわち「黄金の山」の山脈［アルチン（阿爾金）山脈］で、その階崖はロプ・ノール近傍まで至る。この稜線の標高は四〇〇〇メートルほどで、その南にはふたつの山脈［ホフシル（可可西理）山脈とバインハル（巴顔喀拉）山脈か］が並行して立

★ Humboldt, *Asie centrale, op.cit.*
★★ Rémusat, *op.cit.*
★★★ George Henderson & Allan O. Hume, *From Lahore to Yarkand,* London; L. Reeve & Co., 1873.
★★★★ Prjevalskiy, *Voyage au Lob nor* (en russe).

ちあがり、崑崙山脈は揚子江源流部近くのグルブ・ナイジまで、よどみなく西から東への方向を辿る。ツァイダム［柴達木］盆地に住むモンゴル人の言うところでは、この稜線は連続し、多くの箇所で永久雪線を超える★。崑崙山脈は主峰の高さではヒマラヤ山脈に及ばないが、そのかわり、平均高度や、山腹をえぐる狭間の標高ではヒマラヤをしのぐ。そもそも崑崙山脈はかなり古いようで、ヒマラヤ山脈がまだ存在する前の地質年代に由来するため、頂部が次第に均され、その石屑が水流や風によって周囲の底地や高原に広がっているのはまったく自然である。インドとタリム盆地を隔てる山々をすべて横断したストリチカ［チェコ出身の古生物学者、地質学者 Ferdinand Stoliczka 一八三八―一八七四］は、この地帯で最古の岩石はまったく崑崙山脈のものであると認めている。崑崙山脈はとりわけ閃長片麻岩からなり、最新の堆積物も三畳紀に属すのに対し、ヒマラヤやカラコルムの成分は、古生代の基盤から始新世の表土までの一連の土壌を含むからだ★★。崑崙山脈は高地が褶曲した最初のものであり、南方の高地群がそれに引き続いて形成されたことは、一般に認められているところである★★★。

崑崙山脈の山容

南北の山脈についての比較調査と気象現象の対照性は、崑崙山脈の全体的な山容に多様性はなく、ヒマラヤ山脈のような崇高さもそなえないことを証明している。崑崙山脈には鋭くそそり立つ稜線も、深く刻まれた裂け目も少なく、麓の狭いオアシス群やゴビの砂地のうえに長い城壁のように立ちあがっており、雪の斑紋もぽつりぽつりである。平均標高の高さにもかかわらず、雪や氷の豊富さではヒマラヤ山脈と比較にならない。ただし中国の記録によれば、東部には正真正銘の氷河があるかもしれない。またカラ・カシュ川の上流峡谷の東にもあるらしい。さらには、高地部の窪地を移動しない氷の堆積が満たしていたり、温泉を源流とする氷の層が、広大な面積に広がるものもある★★★★。崑崙山脈の斜面にぶつかる北風は、すでに北アジアを通り抜けるさいに乾燥するので、凝縮した

★ Prjevalski, *Mongolie et pays de Tangoutes*, *op. cit.*

★★ Ferdinand Stoliczka, *Records of the Geological Survey of India*, *vol*. VII.

★★★ Ferdinand von Richthofen, *China, Ergebnisse eigner Reisen und darauf gegründeter Studien*, 1877 et seq.［リヒトホーフェン『支邦（Ⅰ）― 支邦と中央アジア ―』望月勝海・佐藤晴生訳、東亜研究叢書第 14 巻、岩波書店、1942、323―324 頁。なおルクリュが本巻で参照したのは第 1 巻と思われる］

★★★★ Henderson, *op.cit.*

挿画II　カラ・カシュ川の上流峡谷
1870年のイギリス探険隊ヘンダーソンによる写真をもとに、テイラー筆

水蒸気をほとんど運んでこない。インド洋からの大気の流れにしても、雨や雪のほぼ全量をヒマラヤ山脈や、ブータンおよびチベット南部の山脈群で吐き出してしまう。このため、崑崙山脈の稜線上を通過する大気に湿気はほとんどない。山奥の圏谷に端を発する小川も、流路の全般にわたり細い流れにすぎず、あちこちで砂地や沼に消えてゆく。

崑崙山脈からタリム盆地への河流

カシュミール地方の北にある崑崙山脈の西端部は、狭義の崑崙山脈ほど流水に乏しくない。この地帯の山頂部とそれを支える高原はチベットよりもかなり狭く、雪や氷が豊富なため、カラコルム山脈の北側斜面に結構な河川が形成される。それらは崑崙山脈の隘路から流れ出し、ホータンやカシュガルの平地を蛇行してゆく。ヤルカンド・ダリヤ［ヤルカンド川］はすでにその時点で強大な川に成長を遂げ、まさにヒンドゥークシュ山脈と崑崙山脈の諸峰が出会う分厚いパミール高原の南東部を貫流する。その東

で崑崙山脈は深さ三〇〇〇メートルの隘路を開き、ホータン・ダリヤ〔ホタン川〕の最大支流であるカラ・カシュ川を通過させる。ホータン・ダリヤ自体も崑崙山脈の主軸の南側に源流があり、長いあいだ横谷を蛇行したのち、ひとつの裂開部を切り開くようにして北側に出てくる。だがチベット高原の北において、他の流れと合流し、ある程度の距離をもって平地を流れる河川に姿を変えるのは、ホータン・ダリヤの東にあるチェルチェン・ダリヤだけである。今日ではすっかり弱々しいにせよ、長年にわたりこれらの河川は、人々がチベット高原からタリム盆地に降りてゆく戸口を彫り抜き、その岩屑を掃き出す膨大な侵蝕作業を行なったのだ。縁部の山脈のいくつかの箇所では、これらの水流の降下率があまりに僅少なため、山中の地域におけるふつうの道とほとんど変わらぬ傾斜になっている。ホータンの現地住民の言によれば、傾斜があまりにゆるやかで、山容が丸いため、乗り物に乗ったままで横断できる場所も、いくつか崑崙山脈にあるという★。モントゴメリーが派遣したインド人測量技師のひとりは、チベット高原西部のホータンからケリヤ川の河谷を上り、崑崙山脈のかなり背後にある高原部の屋根、標高四八七五メートルの地点に達するのに、何の苦労もなかった。東側からチベット高原に至る通路も多く、ジュンガル人は何度もロプ・ノール南方に横たわるステップと沙漠を横断し、チベットに侵入している。ラサに向かうモンゴル人巡礼もこの道を伝うのである。

蔵北高原

チベット北部の高原は大部分が無人で、まれに羊飼いが訪れるにすぎず、大清帝国の高地部のなかで最も知られていない地方のままである。ほぼ沙漠からなるこれらの空間に立ち上がる岩山や、沈降部に水を湛える湖沼の位置は、古代中国の記録によってしか地図に示せない。そもそもチベット人自身、酷寒と吹雪のこの地帯のうち、知るのは南部だけなのである。高原を遊弋するのはテュルク系やモンゴル系の遊牧民で、アム・ダリヤ川とタリム盆地のあいだに立ち上がる分水界〔パミール高原〕での「パミール」と似た、風雪からかくまわれた牧草地を指す「サング」を宿営地に選ぶ★。テュルク系の諸部族は通称ホル、あるいはコルの名で知られ、

★ William H. Johnson, *Journal of the Geographical Society,* 1867.

チベット高原の西部と南部、インダス川の上流峡谷をみおろす山々の縁部とツァンポ川上流支脈のあいだに暮らす。ソク人と呼ばれるモンゴル系部族は、チベット北東の湖や山のほぼすべてを命名した。かれらの宗礼は大半がシャーマニズム〔巫術〕だが、チベット人が常用する呼称はカシュ・レン、すなわち「ムハンマドの人々」である。おそらくこれが一帯の名であるカッチの由来だろう。また、同地に居を定めたふたつの主な部族集団の名にちなみ、「ホル・ソク」地方とも呼ばれる★★。

中国の地図に表された形状から判断すると、カッチ高原〔蔵北高原〕に散在する多くの湖のうち、最大なのは西にあるナムールの湖群で、イク・ナムールと、バクハ・ナムールと思われる。この広大な湖性の盆地を構成する水面と、部分的に冠水した土地は、南西から北東へ二〇〇キロ以上にわたり伸びている。不確実な記録にもとづく大ざっぱな輪郭のため、これらの水盆の形状と寸法は不明だが、とにかくカッチ高原のかなりの部分は、ツァンポ川が流れる沈降部と平行する形で、北西から南東に一連の湖性盆地が占めることは分かっている。一八七四年にはパンディットのナイン＝シン〔インド人探検家 Nain Singh Rawat 一八三〇―一八九五。パンディットは英領インド当局が巡礼や僧侶に偽装して現地調査に送りこんだインドやネパール出身者を指す〕が、それらのうちかなりの湖を訪れた。いくつかはさらに大きな水盆の残余に過ぎず、縮小して泥沼になっているものもあった。そうした水面は厚板状の塩が覆い、人夫がそれを割って採塩する。塩湖もあるし、塩味がする程度の湖もあるが、大半は完全に淡水が流れ出す湖である。一帯の平均標高は四五〇〇～四八〇〇メートルだが、傾斜はほぼどこでもきわめて穏やかであり、パミール高原や崑崙山地のいくつかの地点と同様に、砲兵隊が車両で通過することが完全に可能である。

ダングラ・ユム・ツォとタルゴット・ヤプ

この地方で最大の湖のひとつはダングラ・ユム・ツォ〔唐古拉悠穆錯、当惹雍錯〕、すなわち「母ダングラ」と呼ばれるものだ。中央部が狭くなっており、ほとんど二つの水面に分かれるように見えるこの湖は全周

★ Naïn-singh; Trotter, *op.cit.*
★★ Markham, *op.cit.*

図４　ダングラ・ユム・ツォとタルゴットの山々

三〇〇キロを下らないが、一帯の、さらにはラサからもやって来る信心深い仏教徒は、季節によっては八日間から一二日間もかけてしばしば同湖を一周する。南に立ち上がる大きな山はタルゴット・ヤプ、すなわち「父タルゴット」と呼ばれ、地元民は同山とダングラ・ユムが大地の祖先だと考えている。周囲の山々はタルゴットとダングラの娘たちとして命名されているのである。この山と湖の周囲を完全にひとめぐりする巡礼「コルラ」には一カ月ほどを要するが、日常の罪業を

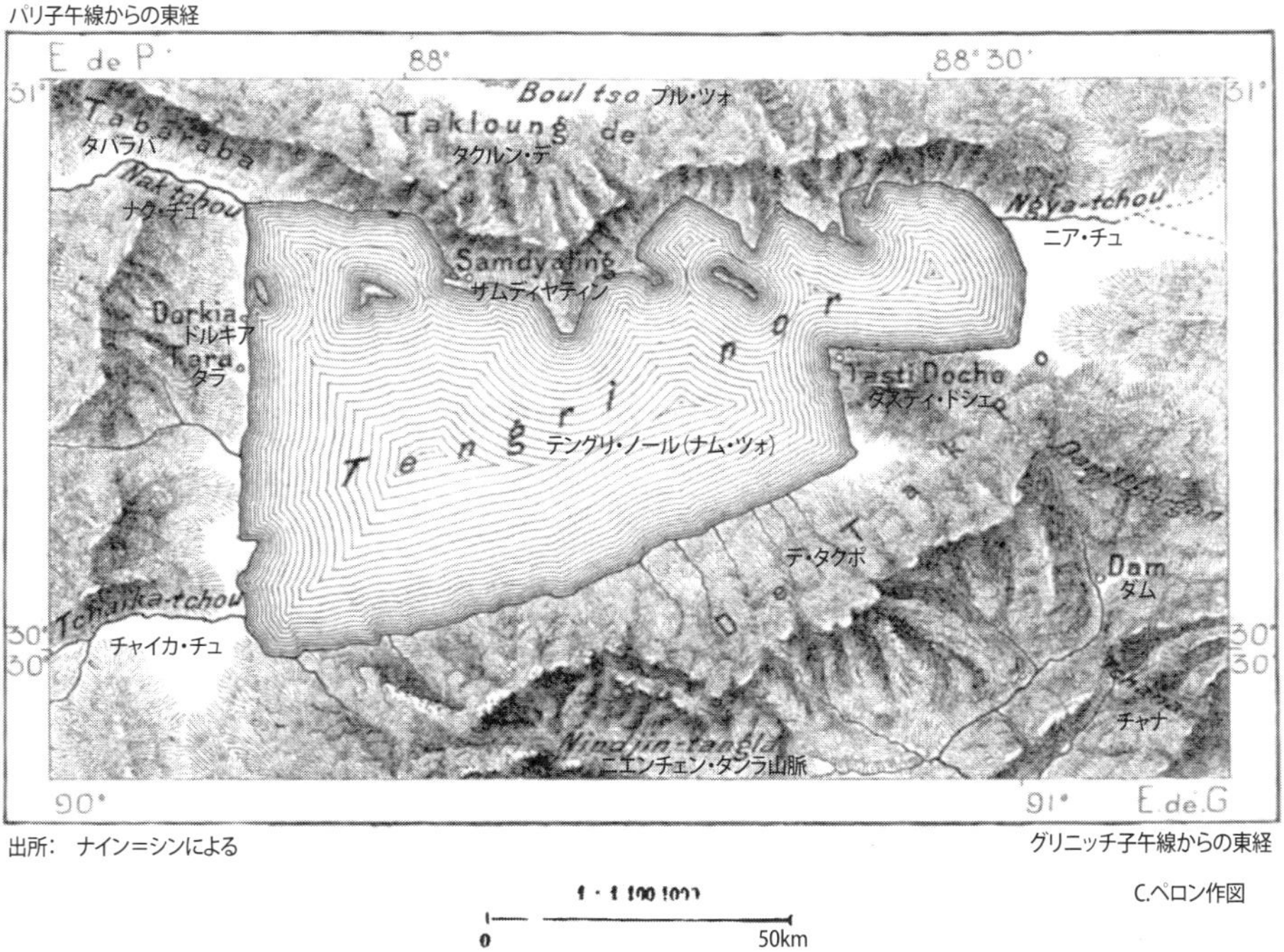

図5　テングリ・ノール

ぬぐい去るうえでは最も効験あらたかな行為とされる。コルラを二度勤めれば一人を殺したことも埋め合わされ、「父」と「母」を廻ること三度に及べば、親殺しさえ赦されるとされる★。

テングリ・ノール

ダングラ・ユム・ツォの東には、チベット高地の他の部分よりも多くの湖が連続し、大多数はその溢流を北に流すため、北にはチベット高原南部で最大の湖沼、チャルグート・ツォ［シリン・ツォ（色林錯）か］があると言われる。そして同湖そのものも、インド洋に向けて下る大河のひとつの支流だという。チャルグート・ツォほど大きくはないが、カッチ高原の南東隅にあるテングリ・ノールは、ラサから一〇〇キロほどと近いため、近代の旅行家たちにより探査されている。南西から北東に伸びた形で、長さ八〇キロ、幅二五～四〇キロである。一八七二年に

★ Naïn-singh; Trotter, *mémoire cité.*

訪れたパンディットは北岸を踏破するのに一四日間を要した。水深は不明で、ほぼ常に快晴の空を映す同湖は、テュルク語［モンゴル語］の名称テングリ・ノールと、チベット語ナム・ツォ［納木錯、ナム湖］が示すように、文字通りの「天空の湖」である。旅の苦労や周囲の盗賊をものともせず、毎年数千人の巡礼がドルキアの僧院や半島部の僧院を訪れる。それらの僧院からは、青々とした湖面の先に、南と南東に遠く雪山が望まれる。信徒にとって、この聖なる地方ではすべてが至福の眺めだ。この岩の割れ目は神が開いたものだし、あちらにある人造の粘土の山は急に裂け、祈りの法悦のなかで死んだひとりのラマ僧がそれを伝って昇天したものなのである。岩の中の化石ですら神聖で、すっかり雪に覆われた主たる聖山ニエンチェン・タンラ峰［念青湯拉山］につき従う「三六〇峰」の遺物として、人々は持ち帰る★。

ブル・ツォ

かつては、テングリ・ノールは流入する水量を相殺する蒸発量をそなえると信じられていた。しかしこれは誤りである。一八七二年に同湖を一周した旅行家は排水路を目にしなかったが、湖面同様に氷の板で覆われていたためだった。テングリ・ノールの排水路は北西隅にあり、チャルグート・ツォから発する川に合流する。テングリの近傍には温泉があるほか、北の沈降部には湖面六〇平方キロのブル・ツォ、すなわち「硼砂の湖」が広がる。信心深さと商売気をかねそなえた巡礼たちはブル・ツォの岸辺で硼砂を仕入れ、低地チベットで売り払ったり、ヒマラヤの向こう側まで送ったりする。かつてヴェネツィアものと呼ばれた硼砂はブル・ツォ産で、ヴェネツィアで精製していたのである。

チベット高原東部

こうした風解性の化合物は、カッチ高原における雨や雪の少なさを証拠立てるものだが、この注目すべき地方が始まる付近のすぐ東になると、水流があらゆる方向から流れ込み、強大な河川群を形成する。こうした対照性が生じるのは、カッチ高原の縁部をなす山々が、南と南東からの海風に面する斜面でしか水分を受け取ら

★ Cl. Markham, *Journal of the Geographical Magazine,* 1877.

ないためだ。中国の諸地図が示すところでは、インド洋に流れ込む多くの河川も揚子江も、カッチ高原に源流があるとしているので、明らかにこれらの山々はいくつかの山塊に分かれる。屋根部の隆起を、いくつかの侵蝕谷がはっきりした山脈に分断しているのだが、この屋根はどこもかなり高いため、両斜面にかなり大きな気象の差を引き起こすのである。だが、これら屋根部の山々が単一の縁部山脈に属し、諸河川の上流部がその山脈をぽつりぽつりと分断しているのか、それともチベット高原の東端を見下ろす複数の稜線に属するのか、まだ皆目知られていない。リヒトホーフェンは前者の仮説を採り、ひとつの横断的な山脈がチベット南部の山々と崑崙山脈を連結させているとする。彼はテングリ・ノールの南側、チベット高原の南東隅にたちあがる山岳集団［ニエンチェン・タンラ山脈］の名称に従い、この仮説的な山脈に「タング・ラ」の名称さえ与えている★。しかし諸河川の上流について多少とも知られているところに従えば、チベット高原と低地の中間にある諸山脈は、広くて深い沈降部が隔てる平行した稜線を形成しており、いずれも南西から北東に走るようである。チベットからモンゴルに向かう隊商が辿る道は、これらの多様な稜線を次々に越えてゆくという［現在ではタングラ（唐古拉）山脈はニエンチェン・タンラ山脈のさらに北、チベット高原中央部の山脈を指す］。

ニエンチェン・タンラ山脈

クク・ノールからラサに向かった宣教師ユック［フランス人神父、探険家 Évariste Huc 一八一三—一八六〇］とガベ［フランス人宣教師、チベットでのユックの同行者 Joseph Gabet 一八〇八—一八五三］が艱難辛苦して越えたタン・ラ山脈［ニエンチェン・タンラ山脈］は、これらの並行する山脈のうち最も南にあり★★、その東端は、リヒトホーフェンがチベット高地の縁部山脈の始点とみなす地点でタング・ラ山脈とつながる。両者の名称は同一にも見えるのであって、河谷によって現地住民はいろいろな発音をする。ユックはタン・ラがおそらく「地球上の最高地点」だと述べているが、プルジェーヴァルスキーは大清帝国東部への三

★「ラ」は通例は「峠、通路」の意味だが、チベット東部ではしばしば山々や山脈全体に冠せられる。

★★ Huc, *Souvenirs d'un voyage dans la Tartarie, le Thibet, et la Chine pendant les années 1844, 1845 et 1846,* 2 vols., Paris: A. LeClère & Co., 1850.

度目の旅行にあたり、この恐るべき山腹を登攀し、標高五一二〇メートルの測定値を得た。これは通行路になっている他の峠よりも一〇〇〇メートル低いのである。頂部の台地にも木質で背の低い草の株が育っており、ラクダ［駱駝］が食む。タン・ラ山脈は下段の山々をすべて見下ろすが、山容は穏やかで整っており、地平線に屹立する尖峰の群れとは対照的だ。南側の基部には多くの温泉が岩の水盤に沸き立ち、合流して、黄金色の小石からなる河床をもつ川を形成する。濃い湯気が間断なく立ちのぼり、白い雲のように凝縮するのを風が運んでゆく。場所によっては閉じ込められた水蒸気が激しく噴出し、巨大な水柱がそれに続く。ちょうどアイスランドの間欠泉［ストロックル間欠泉など］やアメリカ合衆国の国立公園［イエローストーン国立公園］の間欠泉における水柱と似ている。

蔵南縦谷

チベット民族がゆっくりと形成され、耕作が発達してきたのは、チベット南部の都市群が樹立された高地だ。そこはカッチ高原の南に伸びる比較的にかくまわれた沈降部である。日常的に「チベット」の名称が指すのは、このトランスヒマラヤの高地部のみである。インド洋ないしペルシャ湾方向に流れる水流と、逆方向のベンガル湾に向かう水流はあっても、これは一個の縦谷である。囲りをとりかこむ山々のいたすところ、地上における最大、かつ最も壮大な縦谷で、ヒマラヤの稜線と平行に弧状に伸びる。いささかも通常の平地ではないし、カッチ高原の南西と南の限界になる単なる裂開でもない。それはひとつの山岳地方であり、山塊と峰々の列の大半がヒマラヤと同方向に向かう。

ガンディセ（岡底斯）山脈

この狭義のチベットの沈降部を北から見下ろす山脈は、同時にカッチ高原の南側縁部を形成しており、カラコルム山脈の延長部ともみなせる。カシュミールおよびラダック地方の東にあるこの分水嶺は、ヒマラヤと平行に南西に屈曲する。左側［北側］には小さな支脈をいくつか突き出すが、それらは高原の中に姿を消してゆく。いっぽう主脈はツァンポ川の支流や、いくつかの閉鎖水系や、東部では大型の水流に深く刻まれ、さらには横断されたりしながら、テングリ・ノールの南にあるタン・ラ［ニエンチェン・タンラ山脈］に連続する［ガンディセ（岡底斯）山脈］。この山脈の背後［北

側〕にもいくつかの高い山塊があるが、ダングラ・ユムを見下ろすタルゴット・レーの山塊は、探険家ナイン＝シンがヒマラヤ以北の高原地帯で最も高い山岳集団と考えるものだ。さらに東にも、大型湖ニアリン・ツォ〔Nyaring tso, i.e., Ngangla Ringco?〕の水が麓を洗うギャカルマの山塊があって、ニアリン・ツォの一支流であるドゥンフ川の峡谷によって南側の縁部山脈〔ガンディセ山脈〕から隔てられている。ともかく、ツァンポ川の流れに沿う標高六五〇〇～七〇〇〇メートルの峰々はまだ決定的な呼称が与えられておらず、いろいろに呼ばれているが、どれを選ぶべきだろうか。シュラーギントワイト兄弟のように、ヤルカンド・ダリヤの上流河谷カラ・カシュミール地方を分離する稜線をとくに指すテュルク語、カラコルムを当てるべきだろうか。あるいはホジソン〔イギリス官僚、博物学者、民族学者 Brian Houghton Hodgson 一八〇〇―一八九四〕が提案するように、テングリ・ノール近くの壮大な山であるニエンチェン・タンラと呼ぶのがよいだろうか。だが同名を用いれば、チベットの地名体系に無用の混乱を招くかもしれない。これと同様に、チベット語の「ガングリ」すなわち「雪の山」を当てようとしても、すでにチベット西部の多くの峰がこの名称で呼ばれている。クラプロート〔ドイツ人東洋学者 Julius Heinrich Klaproth 一七八三―一八三五〕はガング・ディス・リの名称を提案し、マーカム〔イギリス人地理学者、探険家 Clements Robert Markham 一八三〇―一九一六〕はそれを採用している〔これが現呼称ガンディセと同義で、以下「ガンディセ山脈」と訳出する〕。だがペーテルマン〔ドイツ人地理学者、地図作成家 Augustus Heinrich Petermann 一八二二―一八七八〕ほかの地理学者たちは、チベット高原南部にある山脈群を単に「ツァンの山々」と、それが北風から防護するチベットの地方名によって呼んでいる。

アイラ・リギュ

「ツァンの山々」ないしガンディセ山脈と、ヒマラヤのきらめく山頂群のあいだには、もうひとつ別の稜線があり、両側に氷河を配する。これはトランスヒマラヤ山脈と呼べるだろう★〔現在ではトランス・ヒマラヤとはガンディセ山脈からニエンチェン・タンラ山脈にかけての総称として用いられる〕。このためチベット南部の沈降部は、東西

★ Markham, *op.cit.*; Markham, *Tibet.*

に伸びるふたつの縦谷に分断され、両者は平行した二次的な沈降部になっている。まん中の山脈はラダックの「小チベット」地方の山々から連続し、独自の高い「ラングル」すなわち恒常的に冠雪した山頂をそなえつつ、サトレジ川河谷の南、さらにはツァンポ川河谷の南に至る。ヒマラヤほどの標高はないが、分水嶺としての役割は甚大で、河川が横断する隘路はヒマラヤよりも少ない。このトランスヒマラヤ山脈は、八〇〇キロ近くにわたりツァンポ川を完全に他の水流から遮断する分水界であるのに対し、南側の高い山脈〔ヒマラヤ山脈〕は、もっと深い裂け目をそなえるため、稜線の北側に開いた流域に端を発する数本の河川が、ガンジス平野方向に流れ出るのを許すからだ。ただし、これら高山地帯の水流がすべて海への道を辿るわけではなく、ふたつの縦谷に挟まれた高原部の広い凹地には、チョムト・ドングやパルグ・ツォといった、排水路をもたぬ湖沼がみられる〔両湖とも不詳〕。あるヒンドゥー人パンディットの報告によると、チョムト・ドングの水はまったく清らかな淡水なので★、最近まで排水路があったことを示すと思われる。一帯の山々はどれも横断可能で、モンブラン峰〔標高四八一〇メートル〕よりも五〇〇メートル、ないし一〇〇〇メートル以上高い切れ込みからでも大丈夫だ★★。

カイラス山

★ Montgomerie, *Mitteheilungen von Petermann*, 1875.

★★ ガンディセ山脈およびトランスヒマラヤ地帯の諸地点の標高。（単位m）

湖性高原	トク・ヤルン（居住されている世界最高地点）	4980（？）
	タルゴット・ヤップ（タルゴット・レー最高峰）	7500（？）
	ダングラ・ユム湖［唐古拉悠穆錯］	4600（？）
	ギャカルマ峰	6430
	テングリ・ノール［ナム・ツォ（納木錯）］	4693
ツァンポ川	マリアム・ラ（マリアム峠）	4725
	コモラング・ラ	5721
	カイラス山、またはティセ山	6700［6656］
	ニエンチェン・タンラ山	7192（？）、7280（？）、7625（？）［7111］
	同山西の峠	5760
	バクナク峠（ラサ北方）	5440
トランスヒマラヤ	ジャングラチェ南西の「ラングル」の雪峰	7520
	トゥンルング・ラ	5630
	ラグルング・ラ	4940
	カンバ・ラ（ラサ南西）	5240
	パルティ湖［ヤムドク湖（羊卓雍錯）］	4125
	コロ・ラ（パルティ湖西方）	5100

サトレジ川とツァンポ川が生まれる地方は、ブラフマンや仏教徒の聖地のひとつである。諸民族の崇拝が、地理学的な観点からみたこの地域の重要性に起因するのは確実だ。ヒマラヤ山脈をガンディセ山脈に連結し、かつそれを通じチベット高原全体にも連結する横屋根は、はるか遠くでさまざまな国を貫流してゆく二大河川の谷をつなぐ必須の通路であるのみならず、世界最大の高原であるチベット高原が、世界最高峰のヒマラヤ山脈に連結する根元でもある。両者を隔てる屋根の北西には、チベット人のいうティセ山［カン・リンポチェ］、ヒンドゥー教徒のいうカイラス山［カイラーシャ・パルヴァタ］が、ガンディセ山脈の他の山々から孤絶してピラミッド状に立ちあがる。山頂部は崩れたパゴダのような形であり★、ヒンドゥー教徒がそれを遠望すると、跪拝し両手を空に差し上げること七度にわたる。彼らにとって同山はマハーデーヴァ［シヴァ神］、すなわち偉大なる神の座所である。人々は西に向かって段々に立ちあがる峰々はすべてオリュンポスと考え、それぞれの神のめくるめく光明を見たのだが、カイラス山はその筆頭で、最も傲然としている。古代ヒンドゥー教徒にとってはムル山で、世界を象徴する蓮華の雌蕊を意味した★★。チベットのラマ僧も、この聖山をあがめる点では、ヒンドゥー教のヨーガ行者にいささかも引けをとらず、最も勇敢な者たちは数日をかけて、雪と、崩落の堆積物と、岩場を通り抜ける巡礼を行なう★★★。カイラス山の四面は「ひとつが金、二つめが銀、三つめがルビー、四つめは瑠璃」とされ、すでに紀元前二世紀には、チベット高原最初の仏教僧院が麓に建立されている★★★★。ヒンドゥー教の説話は細部ではかなり相違があるが、カイラス山の近傍あるいはその山腹に、四頭の神獣が飛び出してくる神秘の洞窟を求める点で一致する。すなわち象、獅子、牝牛、そして馬（孔雀という説話もある）で、四大河川であるサトレジ川、インダス川、ガンジス川、そしてツァンポ川［ブラフマプトラ川］の象徴だ。これらの強大な河川は、同一の峰の山腹で生まれるわけではないにせよ、じっさい南北一〇〇キロもないと思われる空間に端を発する。アラクナンダ川やカルナリ川［格爾納利河］

★ Ryall, *op.cit.*
★★ Moorcroft, *Asiatic Researches,* XII; Ritter, *op.cit.*
★★★ Naïn-Singh, Trotter, *op.cit.*.
★★★★ Christian Lassen, *Indische Altherthumskunde,* Bonn :［s.n.］, 1847; Emil Schlagintweit, *Buddhism in Tibet,* London: Trübner, 1863.

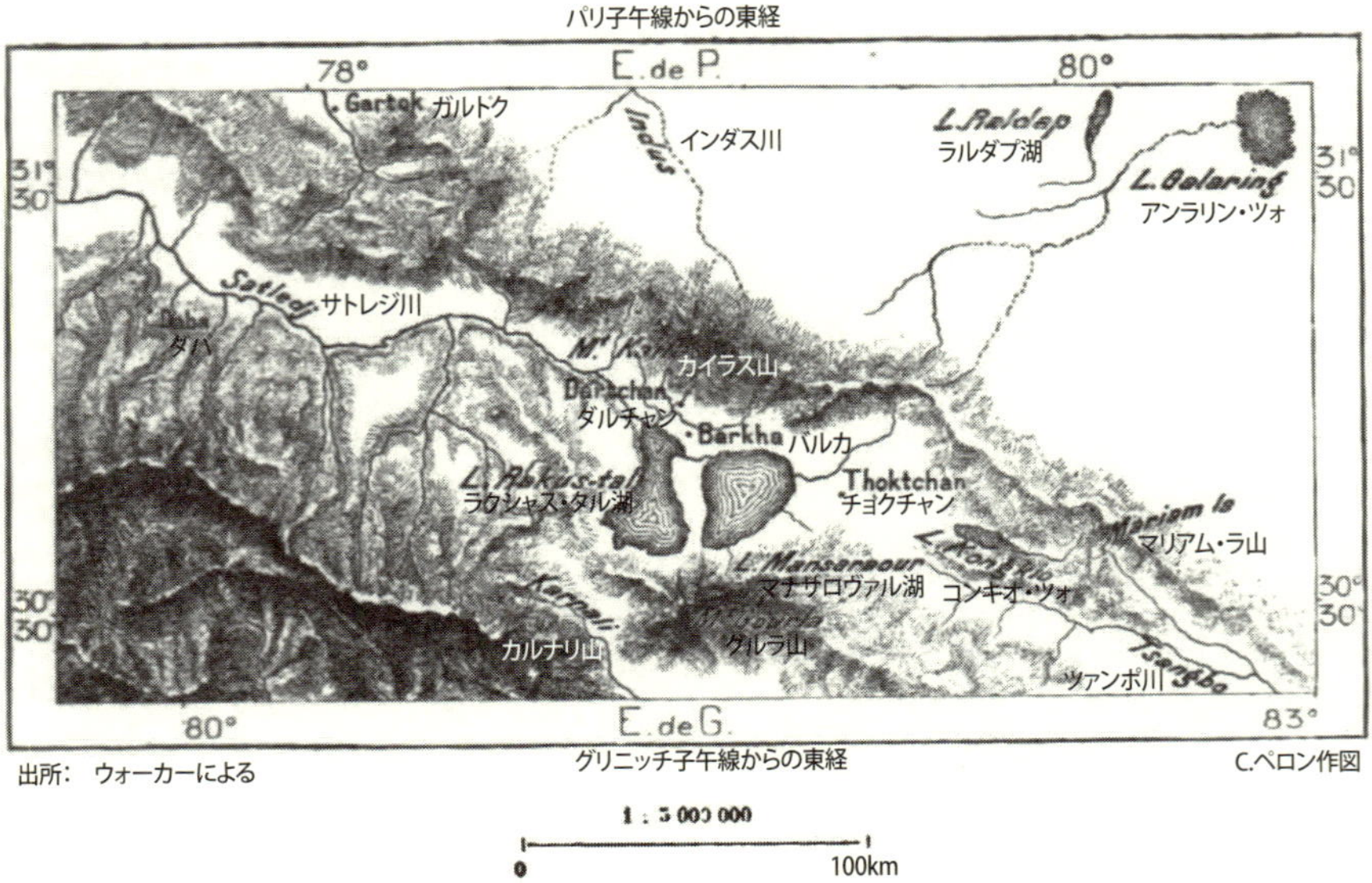

出所：ウォーカーによる

図６　カイラス山と四大聖河

ほか、ブラフマンにとって至高の河川であるガンジス川を形成する多くの流れが出現するのは、ヒマラヤ山脈のインド側斜面であり、インダス川が受け取る最初の水分はガンディセ山脈の北側の融雪だ。だが、壁になっているふたつの山系が隔てる両地点のあいだに、サトレジ川とツァンポ川が逆方向に流れる深い沈降部が開いている。

　ふたつの流域の分水界であるこの屋根はヒマラヤ山脈とガンディセ山脈を横につないでいるが、相対的には低いものである。比高二〇〇〇メートルのカイラス山［標高六七一四メートル］などの峰々や、上方三〇〇〇メートルにさえ達するグルラ山、ないしマンダータ山［グルラ・マンダータ山、標高七七三九メートル］の麓にふくらむこの峠は、近傍の隆起部の群れと見分けがつかず、分水界を認めるのは困難である。持ちあがったこの屋根よりもわずかに低い場所には、いくつかの湖沼がある。屋根部を越える両側の傾斜は穏やかだ。おそらく古代の地質時代には、ヒマラヤ北側斜面に沿うこの三日月型の沈降部全体が冠水していたのであって、今日あちこちに散らばる湖沼は、この大型山岳湖の残余にすぎない可能性がある。かつては湖だったこの長谷は、ダングラ・ユムからテングリ・ノールに至るカッチ高原［蔵北高原］南部の一連

パリ子午線からの東経

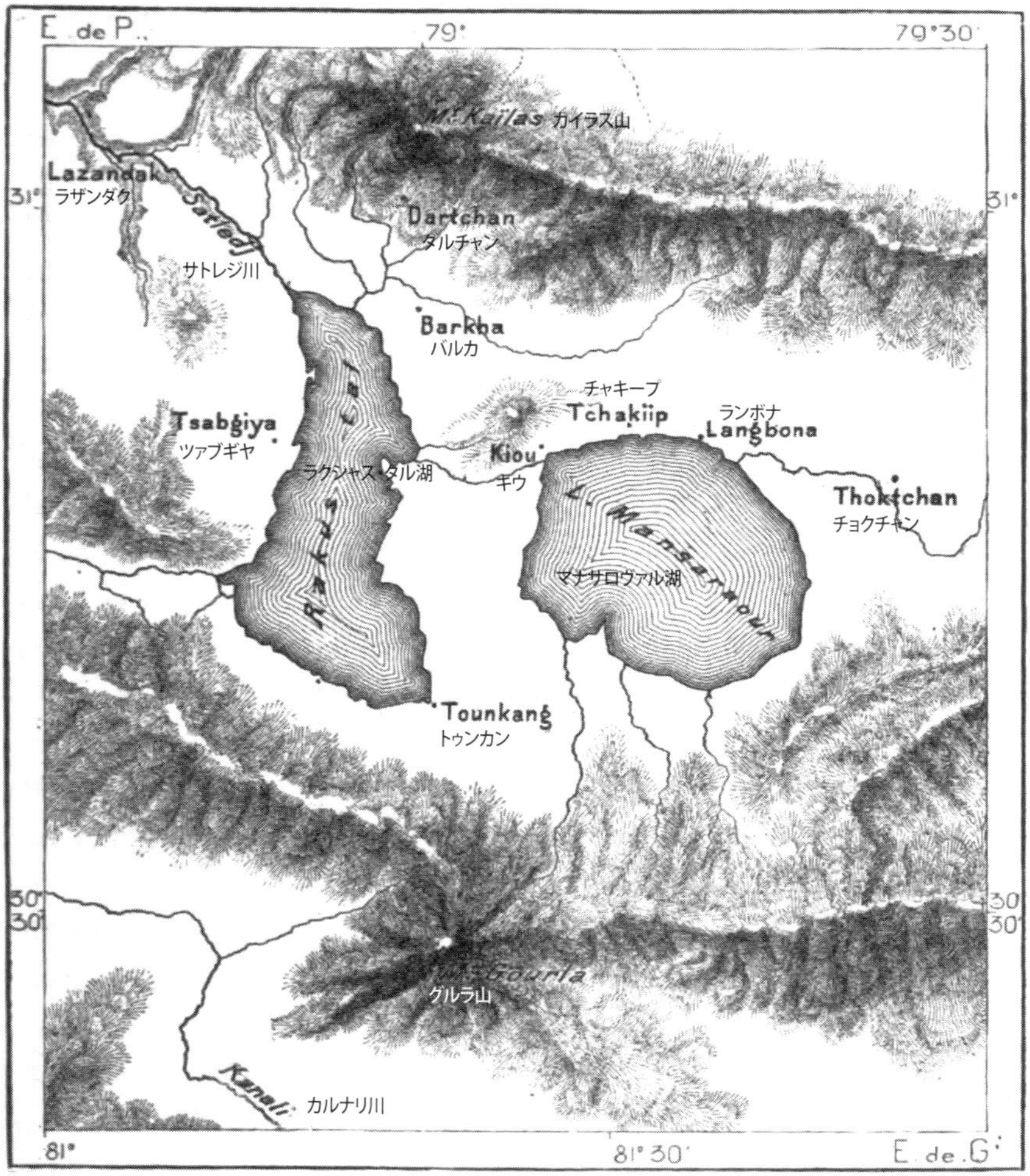

出所：　ムーアクロフト、ストレイチー、諸パンディットの探検による

グリニッチ子午線からの東経

1 : 720 000

C.ペロン作図

0　25km

図 7　マナサロヴァル湖の屋根

の湖沼と、注目すべき平行性をそなえて同方向に発達する。またこの沈降部では、逆方向に流れるふたつの河川が誕生する。ひとつがインダス川で、もうひとつは、たぶんサルウィン川を形成する神秘の水流だ。

ラクシャス・タル湖とマナサロヴァル湖

サトレジ川の水流が流れ出すのは、蔵南縦谷の傾斜がゆるやかな半分においてである。屋根部近くの最初の段丘上にはコンキオ・ツォ（チョ）という湖がある。これは排水路をもたぬ水盆で、閉鎖水系にあるほぼすべての湖沼の例にもれず、塩湖である。周囲にもいくつか塩水の沼沢があるが、この谷における二大水盆であるマナサロヴァル湖［マバム・ユムツォ、瑪蒡雍湖、瑪那薩羅沃池］とラクシャス・タル湖は淡水湖だ。両者はひとつの恒常的な小川でつながり、サトレジ川に至高の流れをもたらす。というのもマナサロヴァルはヒンドゥー神話における「マナサ・サロヴァラ」で、「ブラフマー神の息吹から作られた★」ものだからだ。幸福の生き物としてあがめられる数千羽のハクチョウ［白鳥］が青い水面を遊弋する。周囲の丸丘のあちこちには巡礼の小屋がある。危険な旅と気象にもかかわらず、これらの篤信者は、この恐るべき無住の地に数カ月にわたり滞在する。旅の途中で死ぬ者も、自分の遺灰が「この世で最も聖なる」水面に撒かれると知っており、それは至高の褒賞なのだ。かつてはガンジス川もマナサロヴァル湖が水源と言われ、イエズス会士の記述や★★、ダンヴィルが作製した地図によって、ゆるぎない事実とされた。しかしムーアクロフト［イギリス人探検家 William Moorcroft 一七六七—一八二五］が、ガンジスの水源はヒマラヤの山々の外側斜面に端を発することを確認している。これほどの高地でも軍事部隊による凄惨な戦闘があった。一八四一年十二月、清国軍はカシュミールのドグラ人を潰走させ、インド内チベット人地域のレーまで追跡したのである［一八四一年五月—一八四二年八月の森巴戦争］。

サトレジ川源流部

★ Hermann von Schlagintweit, *Reisen in Indien und Hochasien,* 4 vols, Jena: H. Costenoble, 1869-80; なおムーアクロフトによれば、「マナッサ・サルアル」は単に神聖な湖の意味である。チベット人による呼称は「ツォ・マパング」。

★★ Jean-Baptiste Du Halde, *Description de l'empire de la Chine,* Paris: P. G. Lemercier, 1735.

ラクシャス・タル湖はチベット人には「ラナグ・ランカ〔ランガ・コ、拉昂錯〕」だが、同湖を抜け出たばかりのサトレジ川（サトラデュ、サタドル）は、夏の終わりには干上がることがある。恒常的な流れはもっと下流にあり、堆積物をかき分けるようにして一条の水流をなすあたりだ。河谷は標高四五〇〇メートルだが、温泉がみられる点で注目される。硫黄泉もあれば石灰水のものもあり、沈殿による巨大な岩の基盤ができあがっている。場所によっては、湯気を立てる温泉が形成したトラバーチンしか見当たらない。チベットは火山岩からなる場所が皆無だが、国内にある他の多くの例と同様に、地面からも水蒸気や硫黄臭い噴気がほとばしる★。

ダバ

サトレジ川上流の傾斜の小ささは、その国内流路の全般にわたる。ヒマラヤ山脈の隘路部からヒンドスタンの平地に流れ出す地点の近くでも、両岸の段丘面は四五〇〇メートルを保持し、三〇〇キロ上流のマナサロヴァル湖の屋根と同高度だ。一帯は上流と同様の無人地帯で、植生もまれである。ただし谷底は深く、サトレジ川は湖を起源とする段丘に、深さ四〇〇～五〇〇メートルの侵蝕谷を彫り抜いたが、それでも基盤岩に達していない★★。その支流も、本流と同様に岩盤や粘土層を貫いて流路を作らねばならぬこととて、一帯は巨大な峡谷群に刻まれている。住民はわずかで、激流の岸辺や石ころだらけの斜面に、仮小屋や定常的な住宅を設けている。サトレジ川のチベット国内河谷における主邑であるダバ〔達巴村〕も、サトレジ川の一支流を見下ろす、深さ一〇〇メートルほどの岩と粘土の壁に張り付いている。水流や雪によりこの峡谷の横壁は、塔や城砦、ピラミッド、オベリスクのようにも見える奇妙な形状に刻まれており、最も堅牢な箇所には、手掘りの洞窟が開けられている。これがダバの人々の住居や穀倉だ。いくつかは二層の住居で、赤っぽい階崖のあちこちに白い正面が交じる。高台はラマ僧の居住区で、一種の城砦になっており、岩壁を伝って至ることはできない。下手の区域に設けられた唯一の戸が通路である。ダバは冬季には完全

★ William Moorcroft, “A Journey to Lake Mànasaròva in U’n-dès, a Province of little Tibet”, *Asiatick Researches, vol*.12, London: John Murray, 1818, *pp*.380-536.

★★ Schlagintweit, *op.cit.*

に無人になり、雪が谷間を埋め尽し、洞窟の家々も吹雪の中に見えなくなる。春になると、泥や石の混じる雪崩の残雪を掃き出して洞窟の入り口にたどりつくのだ★。雪崩に混じっている岩屑は、第三紀や第四紀の時代に巨大湖に堆積したもので、今ではすっかり砕けているが、多くの化石や、大型脊椎動物の骨格を含む。すなわち、岩や泥土が内海を埋め立てるのに要した時間にわたって、ひとつの動物相が発達し、そして消滅したのであり、ヒマラヤの壁がいまやサトレジ川の急流群を通す裂け目から、その残余が吐き出されたのである。

インダス川源流

ガンディセ山脈の北に端を発するいくつかの河川は、かつて現地住民によってシンド川、すなわちインダス川の主な水源とみなされた。名称も神秘的なもので、「センゲ・カバド」すなわち「獅子の口から出てきた川」や、「シンギ・チュ」すなわち「獅子の流れ」とも呼ばれた。後者は古代サンスクリット語の「シンハ」で、今日はそれが少し変化している。英印の測量技師たちの探険により、インダスの本当の源流は、これらの川のうち最も東に生まれ、マリアム・ラ山の北斜面に近いことが確定された。インダス川がカシュミール王国に入る前に合流するうち、これが最長、かつ最も水量の豊富な川である。ガルトゥング川、すなわちガルトクの川もチベット国内でインダスに合流し、その水量をほぼ倍増させる。

パンゴン・ツォ（班公錯、澎公湖）

氷河期のあとに湖が形成された時代このかたの乾燥により、多くのチベットの淡水湖は、群小の塩水性の沼沢地に縮小し、高原の多くの窪地が塩と硝酸塩のエフロレッセンスで覆われた。かなりの数の河川も涸れ、インダス川に水を流し込んでいた多数の峡谷が内陸流域になった。インダス川北方、ルドク〔ルト（日土）〕地区には注目すべき例がある。平均標高四二〇〇メートルのこの高原には、インダス川と平行して全般に同様の屈曲をみせながら伸びる谷がある。最初は北西に向かうが、次いでインダス同様に斜めに西に切れ込み、山間の狭間を形成したのち、ふたたび北西に向かう。谷の大半は冠水しているが、スカンジナビア内陸の多くのフィ

★ Moorcroft, *op.cit.*; Bennett, *Journal of the Geographical Society.*

ヨルド〔沈降谷〕と同様に、谷底の幅や岬角の突出に応じ、横幅が広がったり狭まったりしている。おそらく横谷からの流れが運搬してきた堆積物や崩落により、三つの水盆に分かれており、標高も違う。上流のものはノー湖で、隊商の宿営地の名称からそう呼ばれる。まん中の湖がツォ（湖）・モグナラリ、すなわち「山々からの淡水の湖」で★、下流の湖よりも一二～一五メートルほど高い。下流の湖はやや小さく、地元では同名で呼ばれるが、排水路がないため、やや塩水湖になっている。塩分濃度は一・三パーセントで、黒海とほぼおなじである★★。ただし化学的組成は異なり、硫酸ナトリウムと硫酸マグネシウムが海塩と同量に含まれる。英印の探険家たちによってこの湖はパンゴンの呼び名で知られるようになったが、これは同湖の北端が入り込んでいるカシュミールの州の名である〔現在では両湖はつながり、三湖ともパンゴン・ツォと呼ばれる。湖面標高は四二五〇メートル〕。湖岸の岬群やかつての排水路があった峡谷部には、水面跡の線と、淡水性の貝類の層が明瞭に認められ★★★、湖面がかつては現在の平均水面（標高四一四九メートル）よりも七四メートル上方にあったことが知られる。塩水湖でなかった当時の水深は現在の倍以上あったと思われる。というのも、トロッター〔イギリス工兵隊士官、探険家 Henry Trotter 一八四一―一九一九〕とビッダルフ〔イギリス軍人、植民地行政官、博物学者 John Biddulph 一八四〇―一九二一〕による最深部の水深は四三メートル、ヘルマン＝シュラーギントワイトによれば五一メートルだからだ。ふたつの湖の合計面積は五四三平方キロに過ぎないと見積もられているが、現在は干上がった三〇キロほどの谷や、タンクセ川を経由してシャヨク川、すなわち「雌のインダス」に流れ込んでいた当時は、倍以上の面積があったはずである。岩場を掘り抜く激流は湖面とともに少しづつ低下してゆき、現在の湖面よりも四七メートル上方まで下がったとき、排水は止まり、蒸散量のほうが大きくなった湖は少しづつ縮小していったのだ。湖岸に残る砂は南風が補足し、北岸の砂丘を形成したり、岩場の

★ Schlaginweit. ナイン＝シンによれば正しくは「モ・ニャ・ラリン」、すなわち「女性の長く細い湖」である。*cf. Journal of the* [*Royal*] *Geographical Society of London,* 1877 [H. Trotter, “Account of the Pundit's Journey in Great Tibet from Leh in Ladákh to Lhása, and of His Return to India viâ Assam”, *Vol*. 21, *No*. 4, *pp*. 325-350?].

★★ Frankland; Henderson, *op.cit.*

★★★ Godfrey Thomas Vigne, T*ravels in Kashmir, Ladak, Iskardo, the Countries adjoining the Mountain-course of the Indus, and the Himalaya, North of the Panjab,* London: Henry Colburn, 2nd ed., 1844.

挿画Ⅲ　パンゴン・ツォの湖岸。1871 年のイギリス探険隊の宿営。ジョージ＝ヘンダーソンとアラン＝ヒュームの報告から抜粋した写真をもとに、テイラー筆

上に堆積して砂地となった。北風は湖面同様に表土も凍結する冬季に卓越するため、南風ほどは砂を補足しなかったのである★。

ツァンポ川

チベット中心部のウィ地方とツァン地方を貫いて流れる国内随一の河川がツァンポ川（ツァンプ、ツァムボ、ザンボ、サンポ、サムボ）である。これは聖なる川の意味で、上流ではしばしばヤル・ツァンポ、すなわち「上ツァンポ」と呼ばれる。インダス川やガンジス川とおなじく、同川も神秘の動物に比せられており、「孔雀の川」あるいは「馬の川」の呼称もある。ある説話では「一頭の軍馬の口から流れ下る」とされる。雪解けの小川がサトレジ川に流れ込む例の低い屋根の反対側がツァンポの源流部だが、主な支脈は、ヒマラヤ山

★ H. H. Godwin-Austen, “On the District of Lake Pangong, in Tibet”, *Journal of the* [*Royal*] *Geographical Society of London,* 1867 , *pp*.32-33.

パリ子午線からの東経

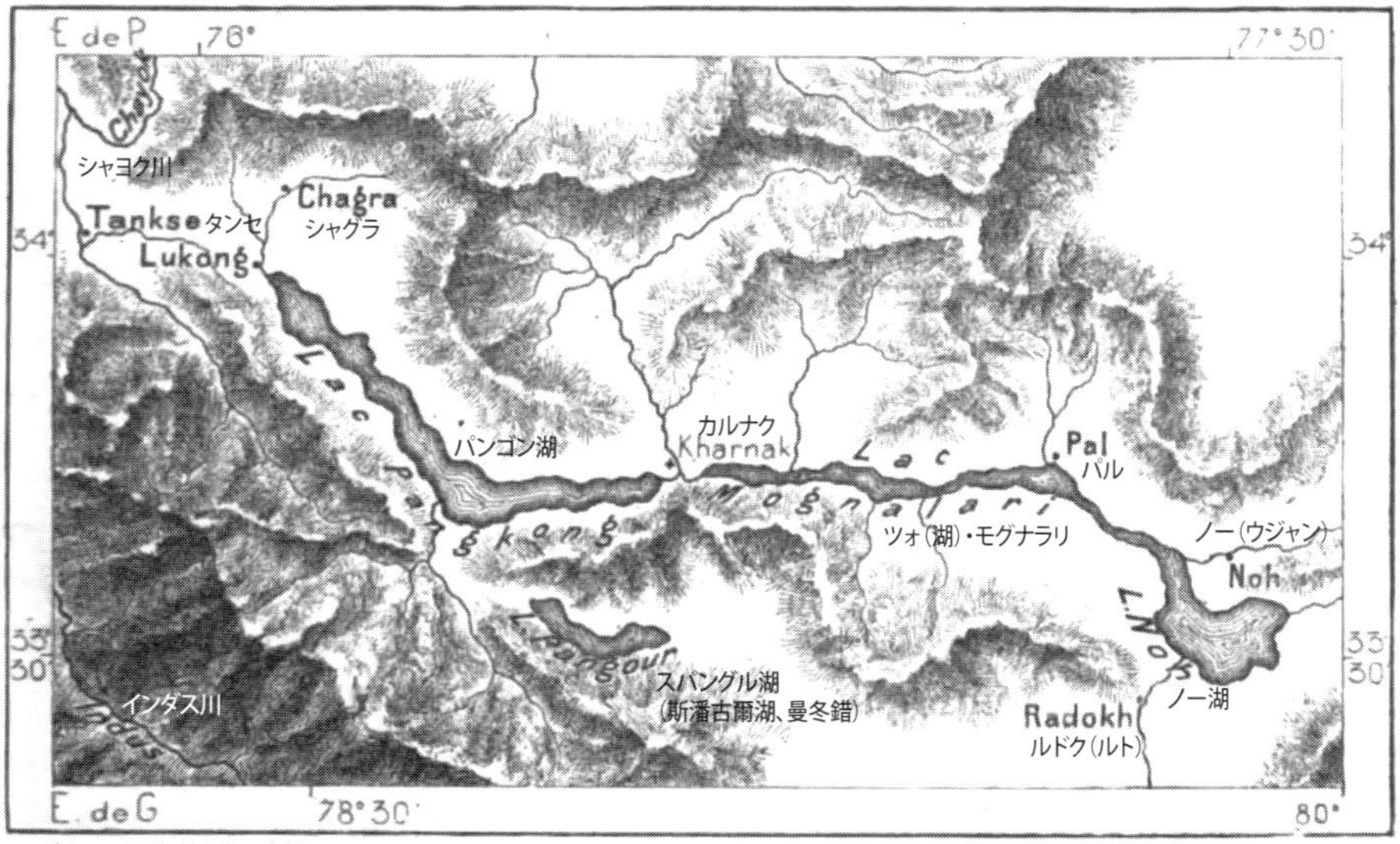

グリニッチ子午線からの東経

C.ペロン作図

出所：　ウォーカーによる

1 : 1 000 000

0　50km

図 8　パンゴン・ツォ

脈の氷河の圏谷群から下る小川の群れである。壮大なカラコルム山脈からは、それに平行するコモラン山脈［ラダック・レインジか］によって隔てられるため、この方面からは上流が細い小川をいくつか受け取るだけである。ここではまだ川らしい姿にならぬまま、非常に傾斜の小さな平坦部を流れるため、流速は小さく、横に広がってしまう。だがひとつの僧院の近く、マリアム・ラ山の小道が谷間の行きどまりに至る付近ではもう航行可能で、商品を積んだ船が遡上する。川をなだめるため、舟を出す前に人々は必ず一枚の銭を投げ込む★。四五〇〇メートルと推定される標高で船舶が航行する川が、地球上にほかにないのは確実である★★。下流も何か所かは航行可能で、皮革で覆った一種の筏が用いられる。だがそれ以外の地点では、急湛と砂洲の

★ Markham, *op.cit.*

★★ Hermann von Schlagintweit, *Reisen in Indien und Hochasien, vol.*III, *op.cit.*

せいで船舶は無理であろう。段丘や岩の岬角によって川幅が狭くなる場所には、吊り橋が掛けられている。だが探険家は舟で渡河するほうを好み、風に揺れるこの軽い構造物を利用する者はめったにいない。

ヤムドク湖

チベット領内でツァンポ川が水を受け取る支流はすこぶる多い。南からはヒマラヤ山脈やトランスヒマラヤを発する支流があるし、北はガンディセ山脈、さらには高原部からも、縁部山脈の切れ目を通じ、水流を受け取る。こうした北からの流れのひとつが、テングリ・ノール近くのカランバ・ラ山に端を発するナムリン川だが、この川が通過する温泉地帯は最も興味深いものだ。硫黄分を含む二本の水柱が間をおいて一八メートルの高さに噴出するのだが、夏場を除き、噴出口の周囲に崩れ落ちると縁石状に凍りつき、高い氷筍を形成するのである★。この流域付近の大半の湖沼は、堆積物で埋まるか、排水路によって空になるかしたが、まだ大型湖も残っている。なかでもヤムドク湖［羊卓雍錯］、ないしパルティ湖は、ダンヴィルにならい地図上ではほぼ正則な環状で表示されており、まるで城を囲む堀のようである［これは誤りで、図

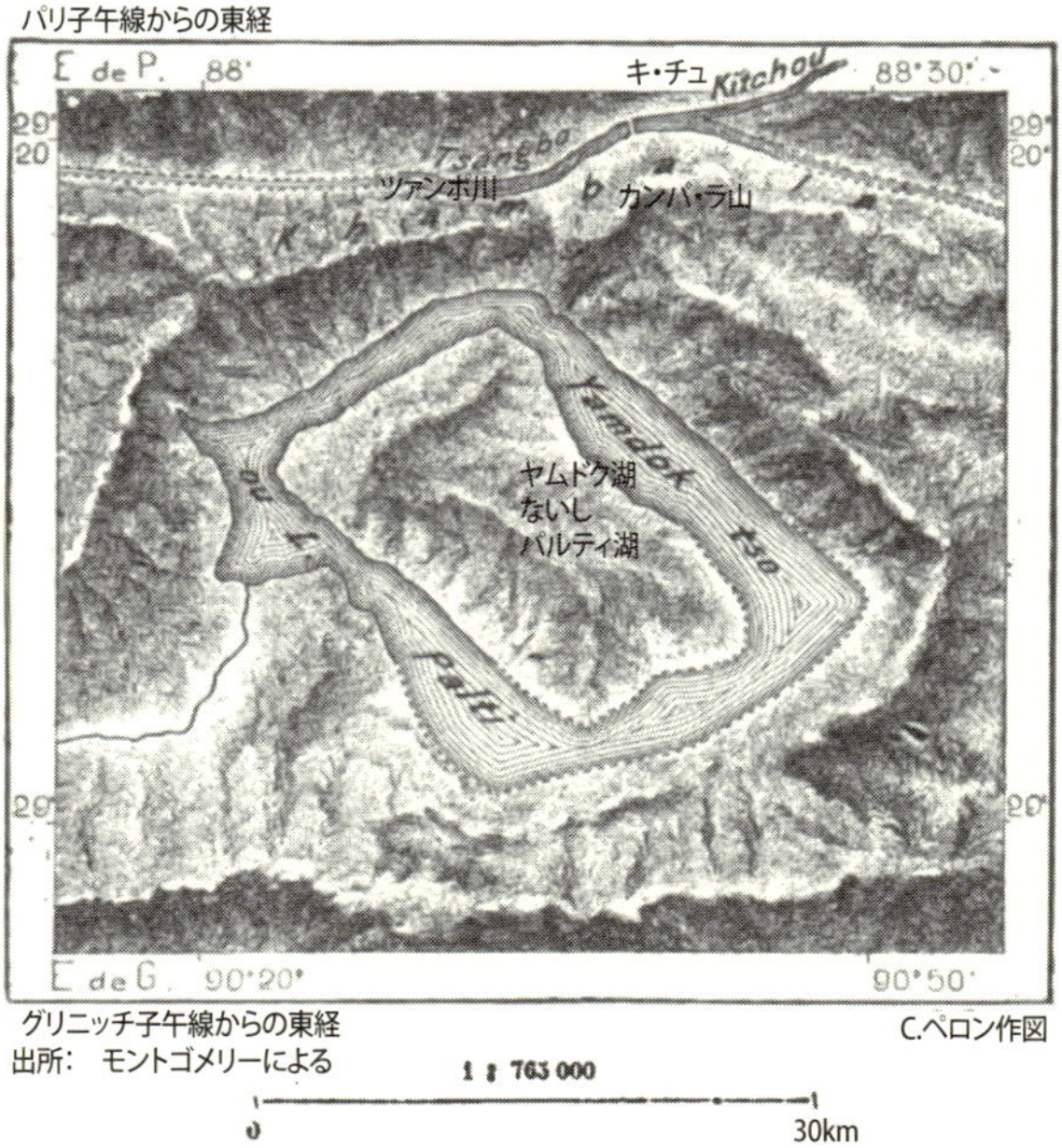

図9　ヤムドク湖

★ *Geographical Magazine,* 1875; C. R. Markham, "Travels in Great Tibet, and Trade between Tibet and Bengal" *Journal of the* [*Royal*] *Geographical Society, Vol.* 19, *No.* 5, 1875, *pp.*327-347 ; Konrad Ganzenmüller, *Tibet,* Sttutgart: Levy & Müller, 1878.

9も不正確である〕。湖内の島はいくつかの記述ではむしろ半島として提示されており、標高四一一四メートル〔四四四一メートル〕の湖面からさらに七〇〇メートルの高さにそびえ立つ。マニング〔イギリス人医師、旅行家 Thomas Manning 一七七二—一八四〇〕によれば★、湖水はやや塩分を含むが、彼に随従して北岸をめぐったパンディットによると、まったく清らかな淡水だという。非常に深いと言われるこの神秘の湖は、北にあるカンバ・ラの高い山塊によってツァンポ川から隔てられているが、西岸にある排水路を通じ、ツァンポ川に流入しているのか、それとも完全な閉鎖水系なのか、知られていない。

ツァンポ川の探険

この湖の北東でツァンポの本流は、ラサ〔拉薩〕を涵養する別の「聖なる川」であるキ・チュ〔ラサ川、拉薩河〕と合流する。これより少し下流、ツァンポ源流から一〇〇〇キロほどのチャタン〔扎嚢〕から先が未探険の土地だった。一八七五年には、ここでツァンポを渡河したパンディット、ナイン＝シンは、峡谷が五〇キロほど東に向かったのち、青い山肌の間を南東に消えてゆくのを望見した。その後一八七七年には、ハーマン技師〔インド測量局副局長〕の指示を受けたひとりの英領インド人探険家が、さらに三〇〇キロ下流までツァンポ川を辿った。この旅行家はＮ‐ｍ‐ｇの略称でしか氏名が知られていない〔シッキム州出身のラマ僧パンディット、ネム＝シン Nem Singh〕。彼はナイン＝シンが遠望した谷の終端部まで川を沿ったが、深い峡谷を避けるため、迂回して山岳を伝わねばならなかった。だが川岸を離れてから三二キロの地点でふたたびツァンポ川を見出し、同川がいったん北に屈曲したのち、もとのように東および南東に向かうことを確認した。とうとう先に進めなくなった地点でＮ‐ｍ‐ｇは、山々の壁のなかに南東に開く隘路を目にしたが、チベット人が彼に語ったところによれば、ツァンポ川はこの隘路から流れ出たのちに野蛮人の国を通り抜け、その後はイギリス統治下の地域に入るという★★。

ツァンポ川の流路

★ Markham, *op.cit.*

★★ Black, British Association, 1879; Walker, *Asiatic Society's Journal,* 1879.

チャタンでのツァンポ河谷の標高は三四〇〇メートルもあるが、ここまでの集水域はすでに二〇万平方キロと、水量はローヌ川やライン川に匹敵する。ナイン＝シンがこの川を目にしたのは比較的に渇水期だったが★、それでも川幅は三〇〇〜四五〇メートルと述べており、その報告による水深と流速から推定すれば、この時期のツァンポの流量は毎秒八〇〇立方メートルを少し上回る★★。だが五月から七月にかけての増水期に水没する川岸は、渇水期の河床から数キロの幅に広がる箇所もある。また地元住民の言では増水位が五メートルに過ぎないことを考えれば、最大流量が数千立方メートルに達するのは確実で、あるいは二万立方メートルに上るかもしれない。チャタンの下流、チベット東部でもツァンポ川は多くの豊かな河流を受け取るし、地球上で最も湿潤な地方のひとつを貫流することとて、膨大な水量をインド洋に運び込む。だが地図上ではこの強大な河川は消えてしまうように描かれている。というのも、ツァンポ川がどの川に流れ込むのか、知られていないためで、イラワディ川［現エーヤワディー川］からブラフマプトラ川まで諸説がある。旅行家フランシス＝ガルニエ［フランス軍人、探険家 Marie Joseph François (Francis) Garnier 一八三九―一八七三］は、ツァンポ川が通るチベット南東部は、彼自身が中国やインドシナの随所で目にした石灰質で鍾乳洞だらけの山々が占めており、ツァンポ川は一部が地下水流となって、いくつかの流域に分かれてゆくという仮説さえ提示した★★★。だが、チベット東部の地質についてわずかに知られている点だけでも、この仮説とは逆のように思われる。石灰岩は雲南省の境界部にしかみられず、それ以外の一帯は種々の結晶岩から構成され、それを氷河性の粘土が覆うからだ★★★★。

いずれにせよ、探険家はおろか、彼らが質問した現地住民のなかにさえ、ハーマンが派遣したN‐m‐gの到達点から下流のツァンポ川を辿った者は皆無なため、地理学者たちはこの大問題について、仮説を示すことしかできない。チベットの谷を抜けたこの聖なる川はどうなるのだろうか。一七二一年に康熙帝の命により地図を作製した宣教師レジス［フランス人イエズス会宣教師 Jean-Baptiste Régis 一六六三／

★ *Proceedings of the London Geographical Society,* 1877. [Trotter, *op.cit.*]

★★ Robert Gordon, *Report on the Irrawaddy river,* Rangoon: P.W. Secretariat Press, 1879-1880. モントゴメリーによれば、流量は毎秒 681 〜 995m^3。

★★★ Lettre à Henry Yule, *Geographical Magazine,* March 1874.

★★★★ Charles H. Desgodins, *Mission du Thibet de 1855 à 1870,* Verdun: impr. de Ch. Laurent, 1872.

六四―一七三七〕は「この川がどこに流れ出るのか、確実なことは皆無」と述べており、ベンガル湾の「アラカン山脈方面、あるいはムガル国のガンジス河口付近★」に流れるとしか知り得なかった。ダンヴィルはこれらのラマ僧による地図と、宣教師たちがもたらした記録にもとづき、ツァンポ川は従来通りアヴァ王国においてイラワディ川に連続するものとして描いた。逆にレンネル〔イギリス人地理学者、海洋学者 James Rennell 一七四二―一八三〇〕はツァンポをブラフマプトラ川と同定し、この仮説が最も広く受け入れられている。何人かの地理学者はこれはもう最終的に決着を見た問題ではないかと考えており、ユール〔スコットランド出身の旅行家、東洋学者 Henry Yule 一八二〇―一八八九〕は決定的証拠と彼がみなす事実を挙げている。一八五四年に、二人のカトリック宣教師が高アッサム地方からチベットに入国を試み、ミシュミ人の一部族に属する現地住民に殺害された。当時清が併合していたあるチベットの県に住む司教の記述によると、この事件を彼に報じたチベット人たちは、起きた場所はツァンポ川の北を流れる「イラワディ川の支流」であるガクポ川、ないしカンプ川のほとりであると語った。ところが報復のため下手人を襲撃したイギリス軍分遣隊はロヒト川、すなわちブラフマプトラ川沿いに赴いたのだから、宣教師たちが殺害されたのがその辺りであることは確かである。以上からユールは、ロヒト川はガクポ川の下流であり、ツァンポ川の東で湾曲し、いわばその内側にツァンポを包み込んでいると結論する。したがってツァンポ川がイラワディ川に向かうことはありえず、ダンヴィルやクラプロートの仮説は決定的に覆るという★★。とはいえ、河川の名称もあまり心得ぬ無学な人々がもたらしたあいまいな噂が、地理学的にそれほど確実性を与えるものか、疑問を呈することは可能だろう〔ユールの論拠はともかく、ツァンポ川がブラフマプトラ川上流である点ではレンネルの説が正しかった〕。

レンネルの仮説に与する人々は、アッサム地方〔アソム州〕でブラフマプトラ川にツァンポの水を流し込む主たる支流はどの川なのか、長きにわたり議論を重ねた。ディホン川なのか、ディバン川なのか、それともスバンシリ川、あるいは別の河川かが問題になった〔ディホン川（ディハン川）がそれである〕。多くの地理

★ Du Halde, *op.cit.*
★★ Henry Yule, "Introductory Essay" in William John Gill, *The River of Golden Sand,* London: J. Murray, 1880.

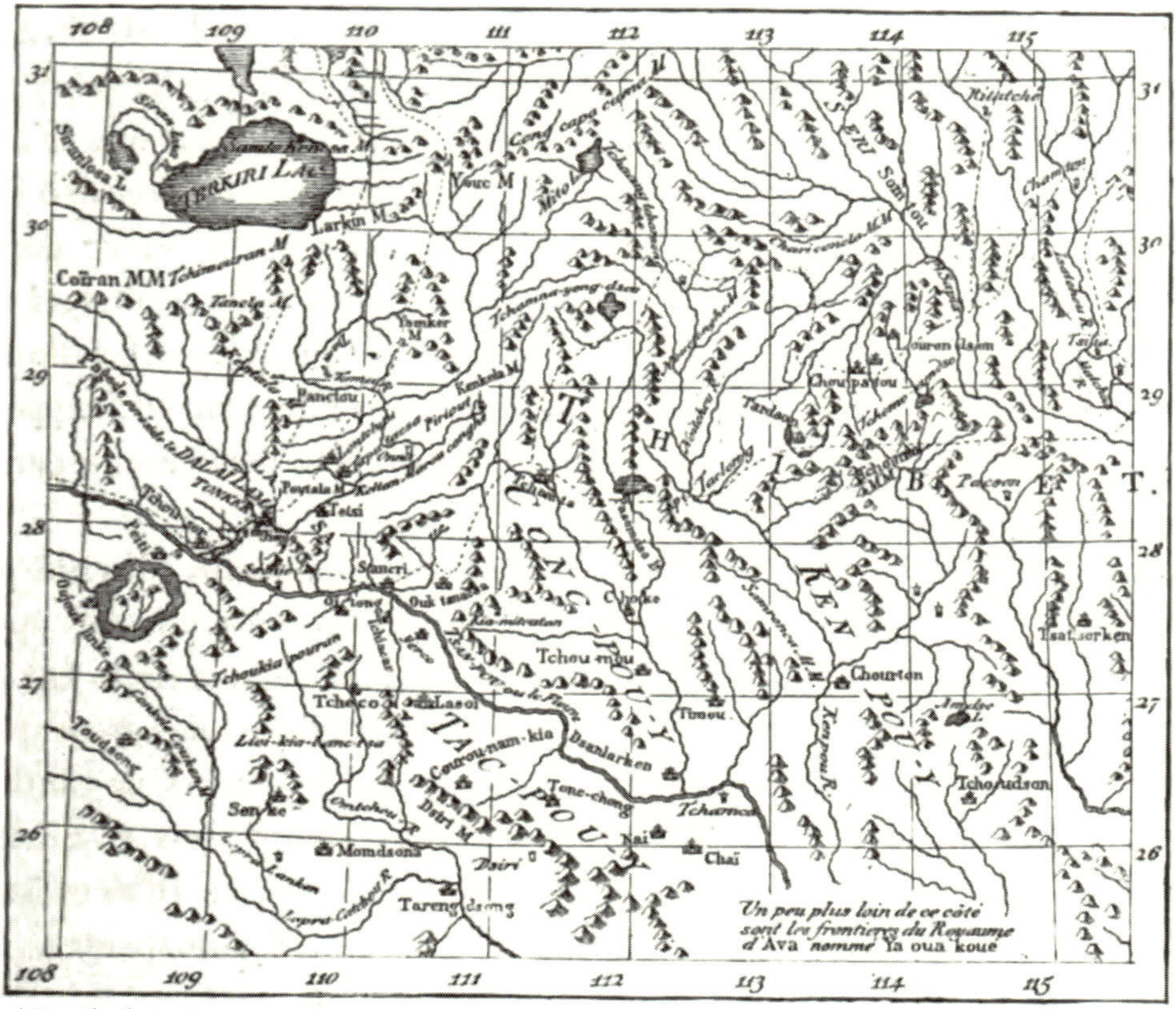

出所：　ダンヴィルによる　　C.ペロン作図

1度当たり20リーグ

図 10　中国の諸文献によるツァンポ川の流路

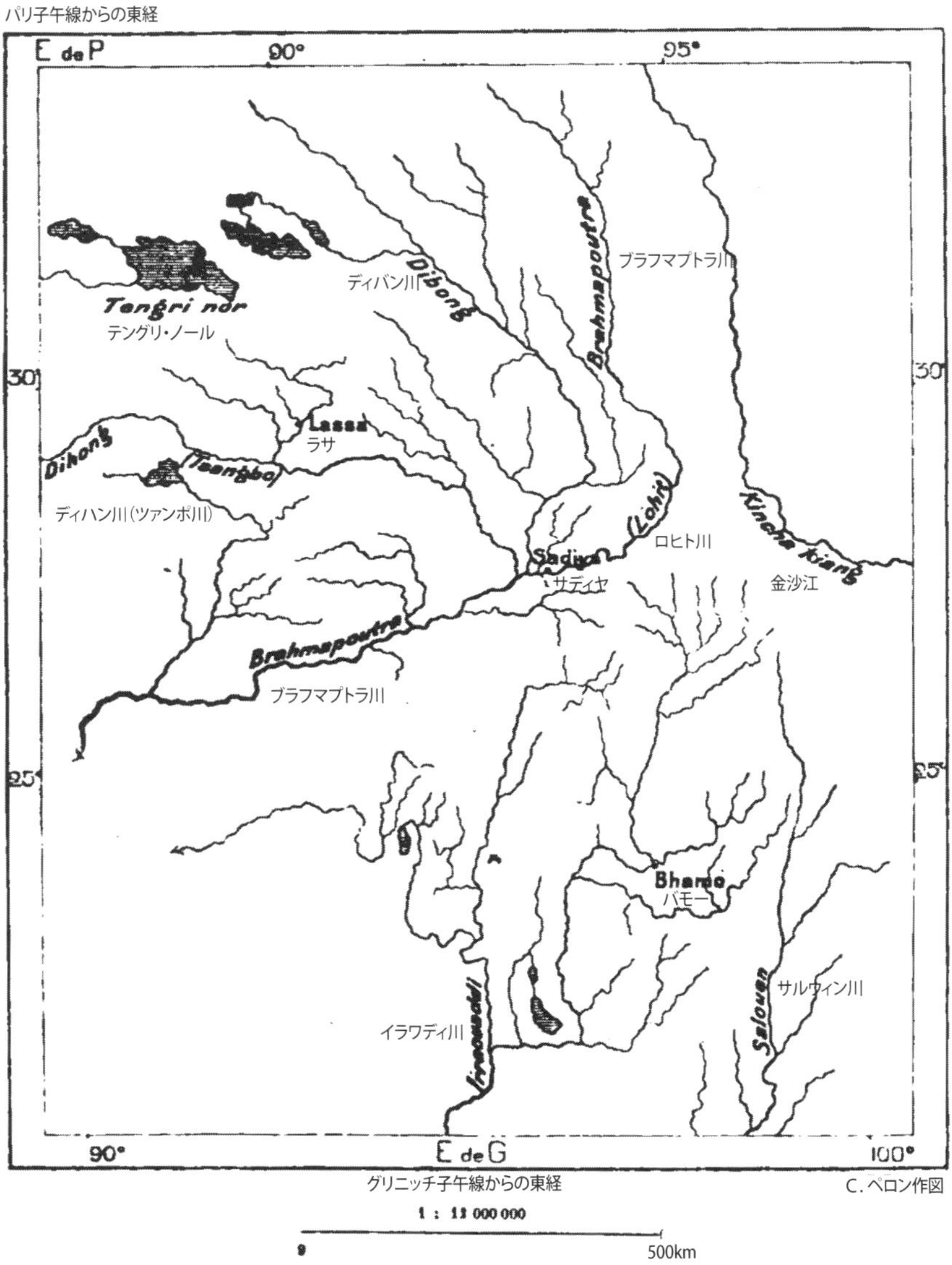

図 11　ヘルマン＝シュラーギントワイトによるツァンポ川の流路

学者、すくなくともイギリス人地理学者の大半は、ウィルコックスとバールトンが一八二五年と一八二六年にディホン川下流から登攀して、これがブラフマプトラ川の主たる支脈であることを確定したとして以来、ファーガソン★〔イギリス人建築家 James Fergusson 一八〇八―一八八六か〕やゴードン〔イギリス軍人、探険家 Thomas Edward Gordon 一八三二―一九一四〕★★を除いて、ディホン川という見解に傾いている。だが、ブラフマプトラ川がチベットの聖なる川のインドにおける延長部だという仮説を証明済みとして提示した当時、両河川のあいだで未踏の地域は直線距離で五〇〇キロを下らず、中間に立ちあがる山岳地帯もまったく未知のままだった。そもそも、ウィルコックスが持ち帰った情報は、ふたつの川が同一だとする彼の見解を正当化するには、まったく不十分だった。まず彼は、ディハン川がツァンポ川よりもはるかに多くの水量をそなえることを証明せねばならなかったはずである。アッサムほど雨量の多い地方では、河流はみるみるうちに増大するからだ。だがウィルコックスは、彼が辿りついた地点のディホン川は幅一〇〇ヤード（九一メートル）で、流れは穏やかだと述べるにとどまる。「非常に深い」はずだと彼が考える水深については、紐に小石を結びつけて計測しようとさえしていない。

今日では、この問題はもっと狭い地域内の話になっている。ウオーカー〔インド測量局長 James Thomas Walker 一八二六―一八九六〕の計算によると、英領インドの探険家N‐m‐gによるツァンポ川の最終到達地点と、ディホン川沿いに登攀された最高地点のあいだの直線距離はぴったり一五五キロで、水面の高度差は約二二五〇メートルらしい。もしツァンポ川とディホン川が連絡しているなら、この間の流路延長をおよそ二〇〇キロとみて、降下率は一〇〇分の一になる。これは中流部では世界の河川に類のない傾きであって、山中の急流における谷でしか見出されない。たしかに宣教師たちが持ち帰ったあいまいな話では、チベットの水を低地部に持ち込む急湛や瀑布があるらしいが★★★、地元民の言うところがどの河川や小川のことなのかは分からない。そしてアジア大陸のこの地方において、一気に、あるいは段々に数百メートル

★ James Fergusson, “On Recent Changes in the Delta of the Ganges”, *Quarterly Journal of the Geological Society,* January 1863, *vol.* 19, *pp.*321-354.

★★ Gordon, *op.cit.*

★★★ Desgodins, *Bulletin de la Société de Géographie.*

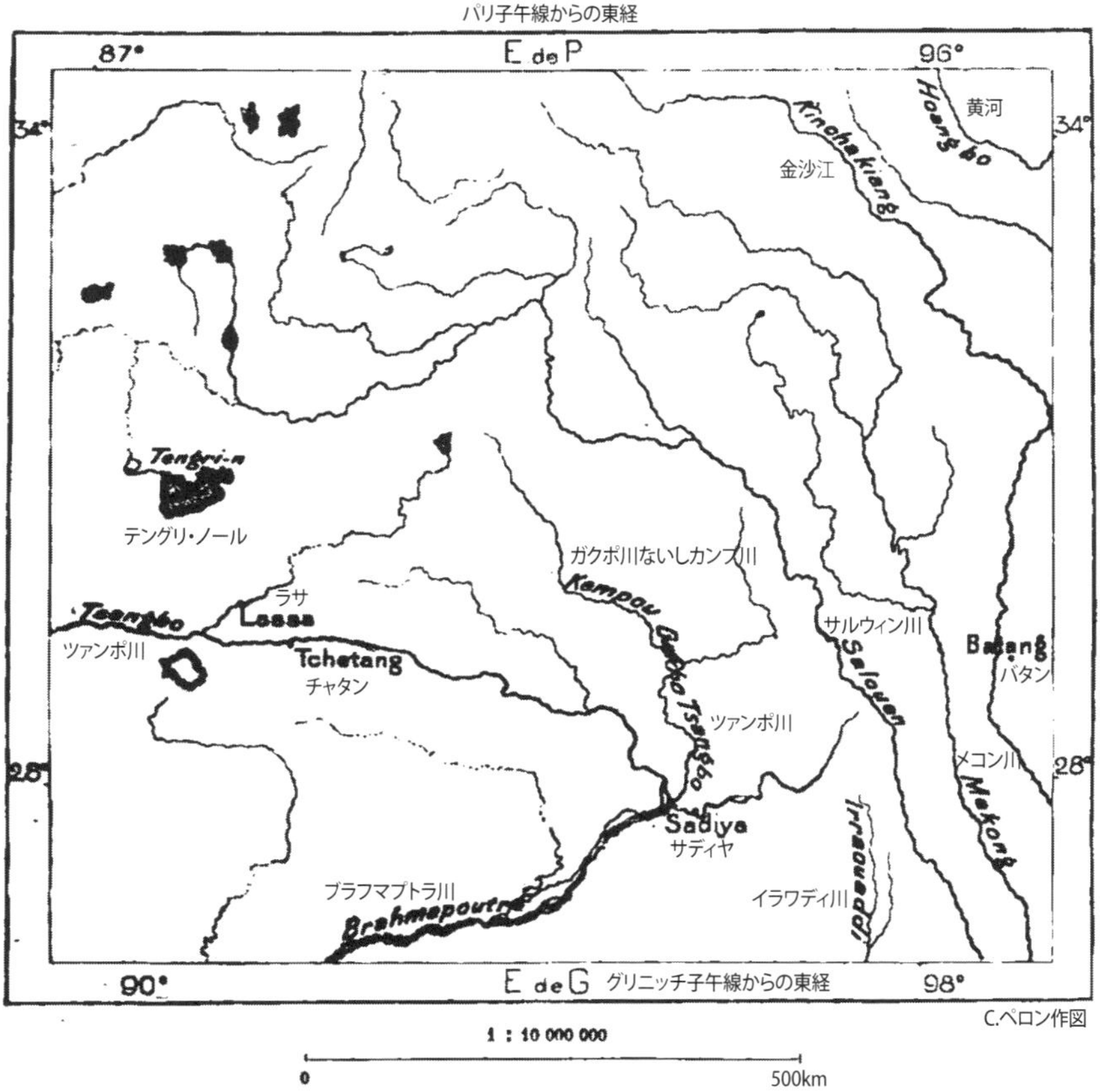

図 12　マーカムによるツァンポ川の流路

を下るようなナイアガラの存在は、いまなお全く報じられていないのである。

そもそも近年にブラフマプトラ川とその支流で行われてきた精確な流量測定の結果は、レンネルやウィルコックス、ウオーカーらの仮説を支持するようには見えない。少なくともチベットの地図に、ツァンポに替わって確定的にディハン川やブラフマプトラ川と記載したのは誤りである。スバンシリ川にせよ、ディボン川にせよ、あるいはブラフマプトラ川上流部にせよ、流量はチャタンにおけるツァンポ川よりもはるかに小さく、まして三〇〇キロ下流ならばなおさらだ。ウッドソープの測定によ

る降雪期のディホン川の流量は毎秒一五五〇立方メートルで、水位が上昇し始める時期である。増水期に冠水する砂洲の面積をもとに推定すると、氾濫時の流量は一万〜一万二〇〇〇立方メートル内外であろう。だがこの量は、概念上、トランスヒマラヤの山脈における流域が供給する分に相当するに過ぎない。いくつかの谷では一万五〇〇〇〜一万六〇〇〇ミリと、世界最大の降水量をもつこの地方も、平均降水量は四〇〇〇ミリであり、ガロ・ヒルズ〔メーガーラヤ州内〕の谷間で計測された自然流出高は、一平方キロ当たり五〇〜七五リットルと算出される。したがってディホン川の流量に達するには、二万〜三万平方キロの集水域があれば足りることになるが、ツァンポ川の河谷とディホン川のそれとの間にある空間は、この大きさの集水域をひとつ包み込むのに十分である。ヒマラヤとトランスヒマラヤの間を西流し、下流は未探査のロプラ・コ・チュ〔スバンシリ川上流部〕の流域も、これに含まれる。

その一方、ツァンポ川の概算による流量と、イラワディ川の精確な流量を比較すると、このビルマの河川がツァンポの延長であるとし、ダンヴィルが複製した中国の地図は正しく思われる。ウィルコックスが旅行家の証言として語ったところでは、バモー〔現ミャンマーのカチン州内〕におけるイラワディ川は「ひとつの小川」に過ぎないというが、増水期には三万立方メートルの流量がある。この地点では河口デルタの約三分の二の平均流量なので、九〇〇〇立方メートルをめったに下回らないことになる。たしかに十一月から六月にかけての乾季のイラワディ川下流部は毎秒二〇〇〇立方メートル、ときには一三五〇立方メートルまで落ち込むが★、その時期には雲からの水分を受けないので、上流から下流まで蒸発により縮小するのである。だが、ブラフマプトラ川流域よりも年間降水量がはるかに小さく、おそらく一三〇〇ミリを超えないと思われる地方にあるバモーで、なぜイラワディ川がこれほどの流量に達するのか、理由があるはずだ。この流量ならば、かなりの流出高をそなえた範囲が必要だが、大半の地図では、イラワディ川流域の北部は、円形劇場形のビルマ国境ですっぱりと限界になっている。ウィルコックスとバールトンはビルマ領内の水源近くで、彼らがイラワディ川と呼

★ Gordon, *op.cit.*

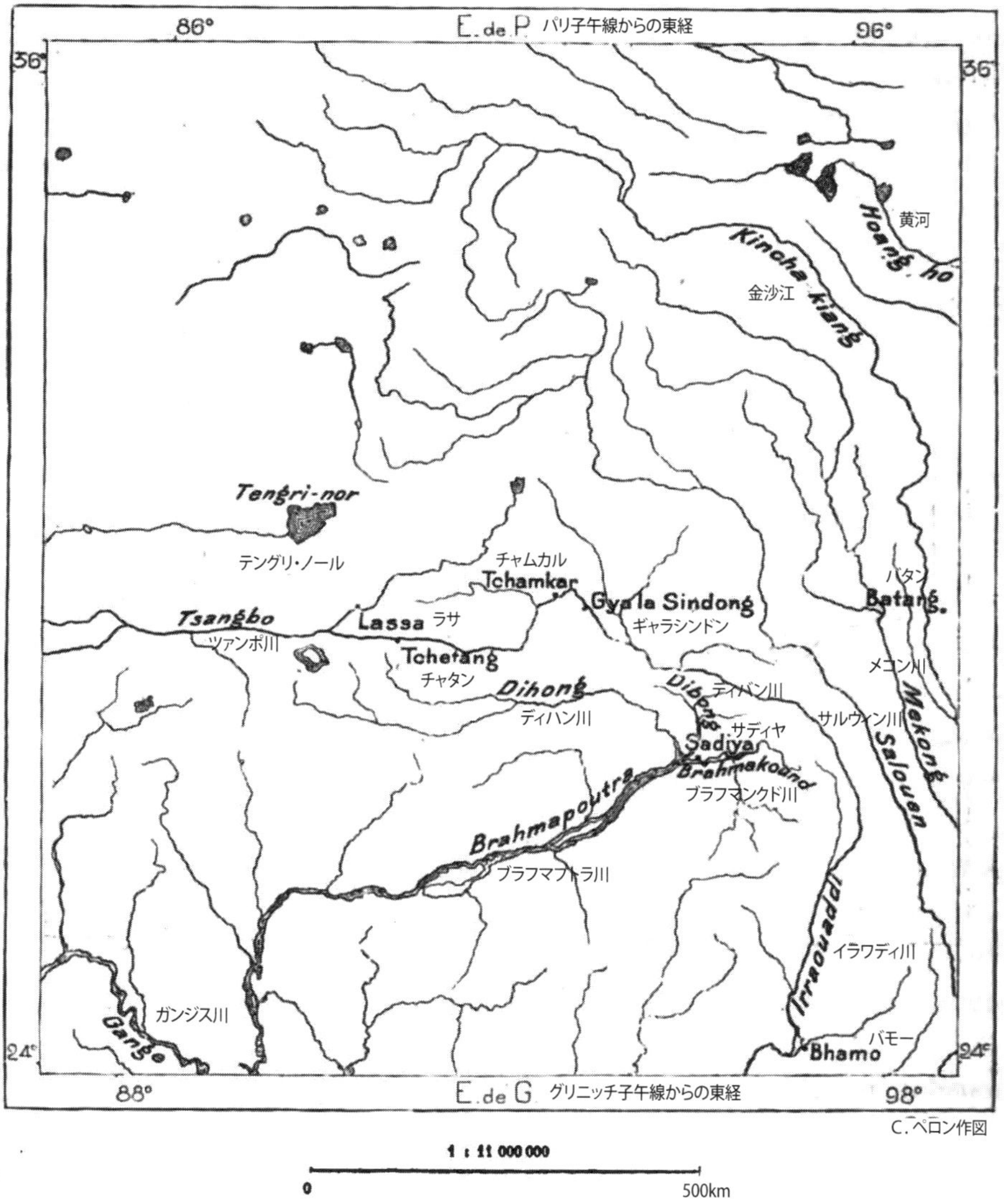

図 13　ゴードンによるツァンポ川の流路

ぶ急流を目にしてはいるが、だからといってそれがイラワディ川であるとは言えないだろう。彼ら自身、おなじ流域にある東の大きな流れについて耳にしたのだが、そこに到達しようとは試みなかった★。

Ｎ‐ｍ‐ｇがツァンポ川が姿を消してゆくのを見た隘路の下流で、同川がどのように蛇行しているにせよ、証拠のないままに主張を述べるべきではない。インド測量局の気配りにより、チベット高原からベンガル、あるいはビルマの平野に向け、流した番号付きの木片や樹木の輪切りが流れ着くのを待つべきだろう★★。アジア大陸のこの地方は、ともかくもナイル河、ザンベジ川、ニジェール川、コンゴ川の流域に分けられるアフリカ中央部よりも未知のままである。レンネルやウィルコックスほか、地理学者たちの根拠薄弱な仮説群は、少なくともブラフマプトラ川やイラワディ川の流域をめぐる議論の混乱に拍車をかける結果となった。古代中国の地理学者には解決済みだったかもしれぬ問題は、ふたたび我々を五里霧中の中に引き入れたのである。アッサムとチベット間の経路が開かれ、国境付近の未開のアボル人［アディ人］や清国の役人が探険家たちを通過させ、森や沼や山々を越えて、平地から高原地帯に登攀できるようになることを期待しよう。

四川・西蔵峡谷あるいは川蔵峡谷

ツァンポ川が流れる沈降部の北で、チベット高原は水流による無数の河谷に刻まれる。この現象は大まかには、粘土質の段状地の縁部に、急湛が深い雨谷を掘ることで発生する。ベンガル湾から吹きこむ南のモンスーンは、ヒマラヤ山脈のなかの大きな開口部を経由し、カッチ高原が夏場に形成する吸引源に向かって容易に遡る。このため高地部の東斜面は、この大気の流れがインド洋上で吸い上げた潤沢な雨を受け取る。だが乾燥した土壌と薄い空気、夏の酷暑と冬の酷寒により、これらの高地はほとんど到達不可能だ。峡谷地帯のほうも、錯雑とした地形や、断崖絶壁や、急流や河川、森林、そして林間の空き地に住む未開の住民のせいで、渉猟するのはきわめて困難である。公式にはこの地域の大半はチベットに帰属し、他の

★ *Ibid.*; Yule, *op.cit.*; R. Wilcox, *Memoir of a Survey of Assam and the Neighbouring Countries: Executed in 1825-6-7-8; Asiatic Researches, vol*. XVII.

★★ Walker, *Mittheilungen von Petermann, op.cit.*, II, 1881.

地方と同様に行政府が設けられている。しかし一帯のいくつかの民は正真正銘の独立状態にあり、無数の小さな流域に分断されたこの地方は、かつていかなる組織的な征服軍によっても占領されたことがない。未開、あるいは半ば文明化したこれらの居住民が、チベットなり清国なりの宗主権を承認したのも、食糧を交易するためである。この迷宮のような峡谷地帯では、いかなる大規模な政治的まとまりも形成されえなかった。住民が群れをなして集まったり、厳密な意味で国家の核として機能する都市を樹立できるような大型沖積平野は、一帯に皆無だからである★。

この入所困難な地帯を横断した旅行家は主に宣教師たちだが、大半は辿った経路を地図上に落としこめなかった。スイスアルプスの一五倍というこの山の迷宮は、これからも長期にわたり知られざる地帯のままだろう。現在試みることができるのも、まだ稜線の全般的な方向くらいのものである。クク・ノールまでニエンチェン・タンラ山脈と平行に並ぶ峰々は、ほぼ南北に走る山脈に連なってゆき、最後はリヒトホーフェンのいうインド・チャイナ山系を形成するビルマや、インド亜大陸の諸地方に姿を消してゆく。ふたつの山系は交差しており、その交差点には、上流からの河流が流れ出る多くの亀裂が形成されている。旅行家たちの経路や、彼らが描いた茫漠たる地図と、中国の諸文献から判断できる限りでは、カム地方［チベット東部］の諸河川の峡谷群が、山々の全般的な方向性をよく示しているようである。これらの水流はいずれも、当初はニエンチェン・タンラ山脈など高原部の外周をなす稜線と平行し、北東に向かう。ついで、西に向かう出口を見出すと、インド・チャイナ山系の狭く深い峡谷を通って、だんだんと南に曲がってゆく。最新のツァンポ川探検者［N-m-g］が認めたように、同川もディホン川なりイラワディ川なりを経て南の平野部方向へ曲がる前には、いったん北東に向かっている。諸地図を比較した結果では、サルウィン川とメコン川も同様の曲線を描くが、半径はツァンポよりもはるかに大きい。揚子江もメコン川と平行に発達しつつ、数百キロを南下したのち、ある山中の隘路によって突然東に方向を変え、狭義の中国に入り込んでゆく。地球上の他

★ Richthofen, *China*, *op.cit*.［『支邦（Ｉ）』前掲書、369-370 頁］; Desgodins, *La mission du Tibet, op.cit.*

のいかなる地域においても、別々の海に流れ込む独立した河川群が、かくも近距離の峡谷で並走する例はない。イラワディ川と揚子江はおなじ山岳地帯の水を受け取り、長いあいだ仲良く旅するが、海岸部に形成する河口は少なくとも九〇〇〇キロは離れている。これほどの距離に分かれて海に注ぐ河川も、チベットの一部ではお互いあまりに近い河谷を走るため、一見すると一つの河川の並流とも思いかねないほどである。ユールはその様子を、古代ギリシャ人がユピテル神の雷霆に与えた形状になぞらえている★。

サルウィン川

チャルグート湖から流れ出し、テングリ・ノールほか、カッチ高地の南東角にある大半の湖沼の排水も受け取る河川は強大なもので、「ナプ・チュ」、あるいはユックやパンディット、ナイン＝シンには「ナク・チュ」と呼ばれる。だが平野部へ出てゆくと、通り道の先々で、岸辺の住民の言語に従い頻繁に名称が変わる。フランシス＝ガルニエが指摘するように、中国全域にわたり河川名はつねに地方的だが、チベットのこの部分はその傾向がさらに強い。一〇〇〇キロ以上のあいだ同一名称のままで流れる川はないのである。「ナプ・チュ」は「カラ・ウス」、「オム・チュ」、「ニエン・キオ」、「怒江（ヌー・キアン）」、「潞江（ルー・キアン）」、「ルーツェ・キアン」に変化する。こうした多種多様な呼称と、探査の困難さがあいまって、地理学者たちはこの川を緯度も経度もあちこちに飛びまわらせることになった。シュラーギントワイト兄弟はこれをディボン川であるとし、ペーテルマンもこの仮説に従った。しかしディボン川はアッサム地方にあり、ディホン川とブラフマプトラ川の合流点より少し上流で、ディホン川に合する。いっぽうデゴダン〔パリ外国宣教会の宣教師 Auguste Desgodins 一八二六—一九一三〕は「ルーツェ・キアン」の中流河谷を四〇〇キロほども辿り、同川がたしかにブラフマプトラ川の東を流れていることを認め、これをサルウィン川と同定した★★。デゴダンはまた、瀾滄江（ランツァン・キアン）ないしキンロン・キアン〔九龍江か〕、すなわち「大きな龍の川」が、メコン川であることを疑わず、この見解はメコン川へのフランス調査団の作業によって確認された。だがシュラー

★ Yule, *op.cit.*
★★ Desgodins, *op.cit.*

ギントワイトやキーペルト〔ドイツ人地理学者 Heinrich Kiepert 一八一八—一八九九〕、ペーテルマンらは、ブラフマプトラ川に対する熱心な愛好の念から、瀾滄江もその支流だとしていた。彼らはロヒト川、すなわち「赤いブラフマプトラ川」が瀾滄江だと考えたが、現在はロヒト川の集水域が、ヒマラヤに連なる高地の南斜面のほぼ全域であることが知られている。またユールにより、ツァンポ川の北方の谷を並走する小河川ガクポ川が、ロヒト川であることも知られている。

瀾滄江

チベットの高原部から下る河川は、いずれも山岳地帯から低い平野部に出てくる際に深い亀裂を通らねばならないが、最も荒々しい峡谷を通過するのはたぶん瀾滄江である。川面の標高が二二五〇メートルであるイェルカロでは、随所にわたりほぼ垂直な岩壁が数百メートルも立ちあがる。阿墩子（アテンツェ）の南になると、峡谷の底に道を辿ることができず、瀾滄江の上方四五〇メートル、ときには六〇〇メートルの高さまで登らねばならない。この高さからだと瀾滄江は小川に見え、石を投げれば、張り出した岩にぶつかりながら水流まで落ちてゆく。クーパーが友人の名をとって「ホッグ峡谷〔ムーン・ゴージとも〕」と名付けた谷は正真正銘の亀裂で、幅は二〇メートルもなく、岩の出っ張りや突起が視線をさえぎる場所では、完全にくっついているようにさえ見える。幅が最も小さくなる箇所では、岩に斜めに打ち込んだ杭が支える一種の渡し板の通路が、絶壁に設けられている。状態はかなり劣悪で、虫の食った板のあいだから、下方の黒々とした谷底に白く奔騰する水の渦が見える。隊商がこの狭い足場を通過する際には、峡谷の出口に先触れを送り、反対方向からやってくる旅人が入ってこないようにするのである。何か所かでは絶壁の両側にしっかりした高台があるので、谷渡しが設けられている。これはコロンビアの「タラビタス」や、かつてサン・ギレム・ル・デゼール〔南仏エロー県〕近くのエロー川峡谷を渡るのに用いられた「綱」や★、ドゥエロ川〔スペイン源流、ポルトガルではドウロ川〕を渡る羊飼いや密輸商人が利用する架線★★と同類である。バンブーの繊維で編んだ一

★ Renaud de Vilback, *Voyages dans les départments formées de l'ancienne province de Languedoc,* Paris: Delaunay, 1825.
★★ Onésime Reclus, *Notes manuscrites*.

挿画Ⅳ　瀾滄江の流れ。ホッグ峡谷［ムーン・ゴージ］
Cooper, *Travels of a pioneer of commerce*（1871）の版画をもとに作画

本の簡素な綱が、かなりの傾斜をもたせて谷を渡されており、おなじくバンブーで編んだ環を綱に通して、荷の自重でもって反対側まで滑らせるものだ。動物や人間が渡るときには、革製の頑丈な留め具にゆわえつけ、あっという間に谷を渡る。戻ってくるには、もっと上の平場に上ってゆき、そこから斜めに渡された別の綱を用い、ふたたび転瞬のうちに深淵を越えるのだ★。目もくらむこうした懸張物の高さは、場所によりさまざまである。

気候変動

こうした深い溝の多くが、水流による侵蝕をこうむり、中央アジアの低地や黄河流域の広大な地域を占める黄土地帯と似た岩屑の堆積を生んだことは、まず間違いない。リヒトホーフェンは、現在の怒江や瀾滄江、金沙江を隔てる山脈群は、かつて東に伸びていたカッチ高原の微弱な残余にすぎないとさえ考えている。だが侵蝕作用がどのようなものであったにせよ、一帯に大きな気候変動があった指標も見出されている。ヨーロッパの氷河性の粘土層と似た赤っぽい粘土の地層や、峡谷に置き去りにされた岩塊の堆積のほか、とりわけ並列した堰堤の形に残り、そこから河流が出口を開けたに違いない堆積群は、かつて氷河がかなり低い箇所、チベット東部の流域まで降りていたことを示すように思われる★★。

降雪と乾燥

氷河が下流の谷間や圏谷から山頂方向に後退したとしても、現在のチベットの気候は、その隣人たちがひとしなみに呼ぶ「雪の王国」という言葉が、あますところなく示している。ターナーによると、ブータンの住民は単に「ピュエ・コアシム」すなわち「北の雪」と呼ぶ★★★。平野部の住民がチベットの方向を眺めれば、いつも山頂は白いので、常時厚い積雪に覆われていると想像しがちである。しかし、ヒマラヤ山脈とトランスヒマラヤの二重の稜線の北側にある高原部では、極度に乾燥した大気

★ Huc, *op.cit.*; Thomas Thornville Cooper, *Travels of a pioneer of commerce in pigtail and petticoats,* London: J.Murray, 1871.

★★ Desgodins, *Bulletin de la Société de Géographie*, août 1879.

★★★ Samuel Turner, *An Account of an Embassy to the Court of the Teshoo-Lama, in Tibet,* London: G. and W. Nicol, 1800.

が広がり、標高の高さを相殺する。何カ月も一片の雪も降らないのであって、わずかな水分が雪に姿を変えても、すぐに風がそれを沢筋に運んでいく。夏場ならたちまち太陽が溶かしてしまう。チベット南東隅での永久雪線は標高五六七〇～五七三〇メートル付近で、モンブラン山頂よりも九〇〇メートル高い★。標高五九七五メートルのカイレイ峠においてさえ、フォーサイス〔英領インド行政官 Thomas Douglas Forsyth 一八二七—一八八六〕はむき出しの岩を見出している。ヒマラヤ山脈の南側斜面では、北のチベット側よりもはるかに下まで、厚い雪の層を風が運んでくる。このため、北にあるチベット高原の色々な稜線を越える高い峠よりも、ヒマラヤ越えの通路のほうが早く閉鎖される。薄い積雪のおかげで、カシュミールからヤルカンドへは真冬でも通行可能だ。チベットのいくつかの地方では空気の乾燥があまりに強烈なので、木の戸や柱が割れないように布でくるまねばならないほどである。多くの旅人はあかぎれを防ぐため、顔面に黒い塗料を塗りたくる習慣がある。高原を横断中に斃死した動物も少しづつ乾燥してゆく。最も困難な通路のいくつかでは、こうしてミイラ化したヤクや、ウマ〔馬〕やヒツジ〔羊〕が道端に見られる。一頭が仆れると、隊商の人々はその肉を切り取るが、最上の肉切れは茂みの枝に串刺しにして、他の隊商がやってきたときの食料にそなえる習わしがある★★。

寒気と薄い空気

この地方の平均標高はアルプスをはるかにしのいでも、相対的な積雪量は小さい。だが、気象が厳しくないわけではない。ユック、プルジェーヴァルスキー、ドルー〔イギリス人地質学者 Frederic Drew 一八三六—一八九一〕ほかの旅行家は、耐えねばならなかった恐るべき寒気について語るが、酸素不足による苦痛もそれに加わった。高地の鞍部や高峰の通路では、薄い空気が登攀をいちじるしく苦しくする。人間のみならず動物も「高山病」になるのであって、中国の著作家たちによれば「地面から立ちのぼる瘴気により」しばしばラクダ〔駱駝〕が出し抜けに倒れ込む。一八七〇年二月にラサを出立した三〇〇人強の隊商は吹雪で千頭

★ H. von Schlagintweit, *Reisen in Indien und Hochasien*, *op.cit.*
★★ T. D. Forsyth, *Journal of the Geographical Society,* 1867.

のラクダを喪失し、目的地に到着するまでには、さらに五〇人を遺棄せねばならなかった★。冬季は河川も湖沼も氷結するのであって、高原部だけでなく、高原を源流とする峡谷でも同様だ。河水が自由に流れる岸辺に至るには標高二四〇〇メートル、ときには二一〇〇メートルまで下らなければならない。七月から八月にかけてのあいだでも、隊商は峠付近で水流が凍りついているのを見出すことがよくあり、飲むには雪を溶かすしかない。風の一吹きで大気が冷え込むと、河川の流れも湖沼の水面も、急速に氷に姿を変える。長い房毛が白っぽい氷に覆われるヤクは、不規則な氷のせいで四肢が重くなり、脚を広げて歩む。ユックは、ムルイ・ウス川上流の結氷部を渡河するさいに、川を横切るように並ぶ大小五〇個ほどの黒っぽい物体を目にした。近づいてみると、それは野牛の群れで、流れを渡る最中に急に氷に閉じ込められたものだった。透明な氷を通し、水泳姿勢が完全に見えた。立派な角をそなえた見事な頭部は氷上に突き出ていたが、眼球はワシ〔鷲〕やカラス〔鴉〕についばまれていた★★。

澄んだ大気を通し放射される太陽熱も、高原地帯を冷却するふしぎな作用があり、燃料がほぼ皆無なため、寒気は旅行家たちにとっていっそう恐るべきものとなる。よほど恵まれた宿営地ならばともかく、ぽつりぽつりと散在する藪地さえ、見つけるのは大変な苦労だ。チベット人が「キエワ」と呼ぶヤクの糞はどこでも大事に取っておかねばならない。幸いにも、夜間はほぼ常に静穏だ。寒気が行き渡るため、大気の流れを引き寄せる吸引源がないせいである。だが日中は太陽が高原に照りつける一方、窪地は影になって冷気が残るので、強風が地表を舐め、粉雪の渦を巻きあげる。この地吹雪の恐怖はどの旅行家も語るところだ。低地部のいくつかの地方では、耕作者は初冬になると畑を冠水させ、風による侵蝕から耕作土を保護する。また冠水は土壌の肥沃度も増す★★★。

チベット東部の気候

チベット高原は全体的に、高い山塊と縁部の山脈という限界が画然としており、乾燥した厳しい気候と、

★ Prjevalski, *Mongolie et pays de Tangoutes, op.cit.*
★★ Huc, *op.cit.*
★★★ Turner, *op.cit.*; Konrad Ganzenmüller, *Tibet,* Stuttgart: Levy & Müller, 1878.

寒暑の差によって、他と区別される。インド洋から運ばれる雨や雪は少なく、南のモンスーンの勢力も、ヒマラヤの峡谷部で吹雪や驟雨のなかに消耗する。唯一、上空の反対貿易風だけは、カンチェンジュンガ〔標高八五八六メートル〕ほかのヒマラヤの巨峰からたなびく雪の噴出となって姿を見せる★。ただし、ベンガル湾の広大な半円が迫るチベット東部は、すでにインド諸地方の気候に属する。山々の切れ目は西よりもかなり低く、この地方に入り込む風は、とりわけ八月、九月、十月も含む「イール」すなわち「雨季」に大量の雨を降らせる★★。この地方に隣り合って生まれる河川は、いずれも雪解け水よりもはるかに多くをこの豪雨から受け取るが、とくに雨が豊富なのが四月と五月だ。雨はヒンドスタンの低地平野よりもチベットの高地部で早く降り始めるが、その原因は、高所では大気の流れがより急速に冷却され、水蒸気が凝縮するせいである★★★。

植物

カム地方の西におけるチベット高原の標高はあまりに大きいため、高木性の植生は窪地にしかみられない。うまくかくまわれた底にあるヤナギ〔柳〕やポプラ、数種の果樹が目にできるすべてである。それ以外の場所では、いじけたり、地面を這うような低木くらいしかなく、人の背丈を超える樹木はまったくない。それでもナリ地方の標高四一〇四メートルにあるマンナン寺の周囲には、ラマ僧の耕作による美しいポプラ林が生育する★★★★。四〇〇〇メートル以上で風にさらされる高原部の大半では、錐のように細くて固いイネ科植物の類くらいしかなく、ラクダの蹄に刺さり込むため、その足を血だらけにする★★★★★。だが四五〇〇メートルの標高でも、根および匍匐する幹が木質の「ヤバゲレ」という植物が横ざまに生育しており、空気の乾燥や土壌の塩分のせいで草が生えない場所でも目にすることがある。ゴッドウィン＝オーステン〔イギリス人測量技師、地質学者 Henry Haversham Godwin-Austen 一八三四―一九二三〕は、標高五五〇〇メートルのチャンチェグムの高原でこれが大量に生えているの

★ Henry Francis Blanford, *Reports on the Meteorology of India, 1875 and 1876,* Calcutta: Office of the Superintendent of Government, 1877 *et seq.*〔to 1892〕.
★★ Cambell; von Klöden, *Osterreichische Monatsschrift für den Orient,* 1881.
★★★ Gordon, *op.cit.*
★★★★ Emil Schlagintweit, *op.cit.*
★★★★★ Huc; Prjevalski.

を見出している★。またパンディット、ナイン＝シンは、モンテ・ローザ〔スイス・イタリア国境、標高四六三四メートル〕とほぼ同標高の四六四〇メートル以上の地点でオオムギ〔大麦〕の畑を目撃した。ダングラ・ユム湖があるオンボの盆地は、全域が緑の鉢のようになっており、あちこちの「サング」は繊細な芝草が覆って、「イングランドの牧草地とおなじくビロードのよう」である★★。チベット人がいまも住む最も寒い地方ではめったに穀物が実らないため、住民の主な食料資源は、家畜の乳と肉以外にない。だが南東斜面の峡谷は高地部よりもかなり低く、雨水が多いので、広大な森林に覆われており、世界で最も森林化された地方のひとつだ。大木のひとつはセイヨウヒイラギガシ〔原文 "chêne à feuilles de houx"。*Quercus ilex* か〕だが、生育の仕方はヨーロッパの同種とはまったく違い、マツ〔松〕ほど高くはならぬものの、幹は劣らず太く、はるかに豊富に葉を茂らせる★★★。

動物

チベットの高地部に、ヒマラヤ山脈の南斜面を覆う森のよそおいはないが、動物相の豊かさでは奇妙な対照をなしており、森林がないにも拘わらず、野生動物や家畜は多様である★★★★。チベットは動物種が発生した中心地のひとつと動物学者たちは考えており★★★★★、モウコノロバ〔蒙古野驢馬〕、ロバ〔驢馬〕、ヤク、多種多様なヒツジ〔羊〕、数種のアンテロープ、ガゼル、ノロ〔獐〕などからなる豊かで特殊な動物相をそなえる。ナイン＝シンは二千頭を数えるアンテロープの群れが進むのを目にしたが、鋭い角が銃剣のように日の光にきらめき、遠目からはまるで数個師団の兵士が行進するかのようだった。まったく緑のない空間でもこの動物に出会うことがあってびっくりするが、彼らは高原の牧草地をすべて知悉しており、毎年数千キロを走破して順番にそこを訪れるのである。シュラーギントワイト兄弟は標高五九四〇メートルでヤクを見たし、五四八〇メートルの粘土質の土地でもタルバガン〔モンゴルマーモット *Arctomys bobac, Marmota sibirica*〕は巣穴を掘る。獲物を襲うのはキツネ〔狐〕

★ Henry H. Godwin-Austen, *Journal of the Geographical Society,* 1867.
★★ Naïn-singh; Trotter, *op.cit.*
★★★ Huc, *op.cit.*
★★★★ Turner; Hermann von Schlagintweit; Prjevaliski.
★★★★★ A. Milne-Edwards, *Bulletin de la Société de l'Acclimatation,* 2e série, *tome* IX.

挿画Ｖ　ベリエ・マクホル［Bélier Markhor］、アルガリ［*ovis ammon*］、サイベリアン・アイベックス［*ibex sidirica*］、オヴィス・ナフラ［*ovis nahura*］
写真や博物館展示の個体をもとに、R．ヴァレット筆

やジャッカル、野犬、そしてチベットの四足動物すべてと同様に毛の長いシロオオカミだ★。テングリ・ノールの近くには極地地方のものと似たシロクマ［白熊］がいて、ときに家畜に甚大な被害を及ぼす★★。チベット東部になると動物相は高原部よりもはるかに豊かだ。群れをなして草を食むスイギュウ［水牛］をオオヤマネコ［大山猫］やヒョウ［豹］が狙う。二六〇〇メートル以上の高地斜面にはジャコウジカ［麝香鹿］が生息する★★★。低地部の森にはサル［猿］やリス［栗鼠］、小型の野ブタが棲み、クマ［熊］がトウモロコシ［玉蜀黍］の農園を荒らす★★★★。哺乳類にくらべ鳥類は少ないが、生育する高度は驚くべきもので、カッコウ［郭公］が標高三三〇〇メートル、ヒバリ［雲雀］が四五〇〇メートル、それ以外の種も五五〇〇メートルで発見さ

★ Prjevalski; Hodgson.
★★ Naïn-Singh; Prjevalski.
★★★ Frederick Markham, *Shooting in the Himalayas: A journey of sporting adventures and travel in Chinese Tartary, Ladac, Thibet, Cashmir etc.*, London: R. Bentley, 1854.
★★★★ *Annales de la propagation de la foi,* juillet 1842

れている★。狭義のチベットでは、渡り鳥の経路以外の場所では、鳴き声が愛玩される鳥の声を聞くことはない。目撃されるのは頭上を滑翔する猛禽類やワシ〔鷲〕、動物の死骸を漁るハゲワシ〔禿鷲〕、そして金属的な響きの鳴き声が極地地方のカラス〔corbeaux polaires〕と良く似たカラスである★★。東部の森林にはキジ〔雉〕もみられる。何種類かのトカゲ〔蜥蜴〕やヘビ〔蛇〕は標高四六三〇メートルの地点まで姿を見せるし、もっと高い高原部の湖沼でも魚が棲む。アルプスにおける魚の高度限界は二一三〇メートルなのに対し、シュラーギントワイトは標高四二四〇メートルのツォ・モグナラリにおいて、海から遡上するサケ〔鮭〕のように上流の淡水湖で産卵するために、毎年遡上するサケの仲間を見ている★★★。ナイン＝シンによればキアリン湖およびその排水路、そして標高四五七〇メートルのテングリ・ノールにも魚影が遊ぶという。さらに高い海抜四六四七メートルにあるマナサロヴァル湖でも、風が小蝿の群れを運んでくると、マス〔鱒〕が湖面から跳ね上がる★★★★。塩水湖にも、新たな環境に適応した淡水魚がみられるのである。

家畜

チベット人は自分たちの地方の動物をいくつか飼いならした。ヤクとインド産のコブウシ〔瘤牛〕を交配してゾーを作ったが、野生のヤクが黒毛なのに対し、ゾーの毛並みは種類によって千差万別である。ゾーは四世代目になると先祖がえりする★★★★★。ヤクはいつまでも少し反抗的だが、チベット人の駄獣で、高原の旅に伴う。だがヒツジほど寒気と疲労に強くないため、最も高い峠越えにはヒツジを利用して荷を運ぶ。平均でヒツジ一頭当たり八～一二キロの荷を担い、餌は道端の草だけである★★★★★★。一六〇〇キロにわたるナイン＝シンの旅につき従ったのもこうしたヒツジだ。ウマやモウコノロバはチベット人にとってこの上ない乗り物であり、質実さと持続力は注目すべきものだ。だが最も大切な家畜はヤギ〔山羊〕で、外側の羊毛の下にある短い綿毛「パシュム」はカシミヤ織りのショー

★ Henderson & Hume, *op.cit.*
★★ Manning; Markham.
★★★ H. von Schlagintwit, *Reisen in Indien und in Hochasien,* III.
★★★★ Moorcroft, *op.cit.*; Ritter, *Asien, op.cit.*, *vol.*III.
★★★★★ Desgodins, *La mission du Tibet, op.cit.*
★★★★★★ Naïn-Singh; Trotter, *op.cit.*

ル原料としてたいへんな高値がつく。イヌ〔犬〕は大柄で獰猛だが、狩りには使われず、もっぱら家屋や家畜、とくに荷運び用のヒツジの番犬だ。インドに連れてゆくと衰弱してしまうが、いくつかの犬種はイギリスで完璧に風土に適応した★。

第三節　住民

身体的特徴

カッチ高原のホル人（テュルク人）とソク人（モンゴル人）★★、そしてカム地方の多様な独立系の諸部族を除けば、チベット住民の大半は、いわゆるモンゴル系人種〔モンゴロイド〕の同一集団に属する。小柄だが肩と胸は幅広く、腕とふくらはぎの太さはインド人と不思議な対照性をみせる。だがインド人と同様に手足は優美で繊細だ。大半は頬骨がせり出し、鼻の付け根は深くくぼんでいる。眼は黒く、やや切れ長で、口は大きく、唇は薄い。茶色の頭髪が広い額にかぶさる。ヨーロッパ同様にチベットでも、金持ちにみられる最も繊細な白い肌から、風雪に耐えた羊飼いの黄身がかった赤銅色まで、あらゆる色合いの肌がある。ただし非常に若いうちから皺が寄り、若者でも皺の多い顔面である★★★。高地部の峡谷の多くでクレチン病患者がみられるほか、高原部ではハンセン病と恐水病がかなり一般的だ。

気質

チベット人が天分に恵まれた民族のひとつであるのは間違いない。彼らの国に入り込んだ旅行者は、ほぼ例外なくその優しさや人間らしさ、正直な言動、威厳を称える。実力者の威厳はわざとらしさがないし、市井の人々も別に努力せずとも威厳があるのだ。強健で胆力があり、生来陽気で、音楽や踊り、歌を好むのであって、率先の精神さえあれば他民族の手本になるであろう。だが彼らはやすやすと他人に従い、ヒ

★ Henderson & Hume, *op.cit.*
★★ Csoma de Körös, Klaproth, Hodgson.
★★★ Ryall, *op.cit.*

ツジの群れのようになってしまう。ラマ僧の言は彼らにとって法律だ。まったくの他所者である中国人の意向にさえ汲々とする。これほど親切で歓待の念にあふれた国民が、国境を監視して旅行家を捕縛するようになったのも、このせいである。ただし清国との国境地帯、すなわち彼らを掠奪する部隊や、彼らを抑圧する清国の役人の通り道である東部は、多少とも混交した民族からなり、他の地方のチベット人ほど好ましい気性ではないらしく、陰険で怠惰だと言われる★。高原部の住民については、カムパ人とカムバ人の区別に注意が必要である。カムパ人はインダス川の上流河谷の住民で、ラダック地方のチベット人に似ており、いつも陽気で楽しげにし、他人からみれば言語に絶するような赤貧を、驚くべき平静さで堪える。ただし宗教心は乏しく、誰ひとり子供を僧院に送らない点は、他のチベット人と非常に違う★★。カムバ人はラサの東にあるカム地方からの移住者で、宿営地から宿営地へとカシュミール地方まで托鉢して歩く。いくつかの集団は放浪生活を放棄し、ところどころで農耕民になった。

言語

ブー・ユルの住民は大昔から文明化されてきた民である。高僧がラマ僧を剃髪するさいに一個の「雷石」を用いるなど、石器時代が宗教儀式に保持されてきたのは本当だ★★★。人類史におけるこの時代はまだチベット高原で続いており、多くの宿営地の羊飼いが石の鍋を用いる★★★★。だがそれは彼らが極端に人里離れて暮らすからであって、銅鍋や鉄鍋を知らぬわけでは全然ない。金属製の器具を入手できる者は喜んでそうする。手職や知識の点で、チベットの住民は、アジアの諸民族でも最も文化的に進歩した集団のひとつだ。いくつかの点では、チベットの国民大衆はヨーロッパの多くの国よりも文明的である。というのはブー・ユルのいくつかの地方では、読み書きが普及しているからだ。書物はきわめて廉価なので、最も貧しい掘っ立て小屋にさえも見出される★★★★★。ただし、書物のもつ通力のゆえに所持されている場合があるのも本当である★。ケルシュ＝ショーマ〔ハンガリー人東洋言語学者 Kőrösi Csoma Sándor

---

★ Desgodins, *op.cit.*
★★ Frederic Drew, *The Northern barrier of India,* London: Edward Stanford, 1877.
★★★ Markham, *op.cit.*
★★★★ Naïn-Singh; Trotter, *op.cit.*
★★★★★ Hodgson, *op.cit.*

(Alexander Csoma de Körös) 一七八四―一八四二〕やフーコー〔フランス人チベット学者 Philippe Édouard Foucaux 一八一一―一八九四〕、シーフナー〔エストニア生まれドイツ系言語学者 Franz Anton Schiefner 一八一七―一八七九〕、ヤシケ〔ドイツ人宣教師、東洋学者 Heinrich August Jäschke 一八一七―一八八三〕の研究により、チベット語の自由な発達の歴史は、現在の中国語よりも長期にわたることが判明している。単音節を示す文字は他のアジア系言語とはまったく違うもので、すでにほぼ失われてしまった。僧侶たちが十二世紀以来定めた公式言語は、書き言葉としては存続しているが、日常の話し言葉の用語は少しづつ多音節に姿を変えてゆき、多様な声調によって単音節を別々の意味に用いるのも廃れつつある。意味を喪失した古語は語幹に接続し、名詞の格や、動詞の叙法と時制を形成するのに使われる。冠詞は同音異義の名詞を区別するのに用いられる★★。多様な字体は、最初の仏教伝道者たちがブー・ユルに持ち込んだサンスクリット語書物のデーヴァナーガリー文字から派生したものだ。何世紀も前に定められ、かつ厳密に保持されてきた正書法が、これほど現在の発音と異なる言語はほとんどない。かなりの文字は書かれても発音されないか、文字の示すところとは全く違う発音になる。「dbjous」は単に「ウ」と発音されるのだ。

少数民族、中国からの移民

方言は多く、相互の違いが大きい。ブー系の住民は現在のチベット国境をかなり越えて、西はカシュミール地方へ、南はブータン、東は四川省に入り込んでいる。ただし東部の諸地方や北方の高地部に居住し、あるいは遊弋する民は多様な人種に属し、多少とも混交している。南のミシュミ人やアボル人などの部族はアッサムの住民と起源をおなじくする。東南部の他の部族としてはアルー人、パイ人ないしギオン人、テル人、ルムプ人がいて、外国語とすこぶる混合したチベット語方言であるメラム語を話す★★★。甘粛省に隣接する北東部に住むアムドアン人は、ほぼ全員が母語とチベット語を知っている。旅と出稼ぎの民であることとて、彼らの呑みこみの早さと仕事への熱意は図抜けている。高等教育機関の教師やラマ僧はほ

★ Desgodin, *op.cit.*
★★ Jäschke, *Zeitschrift de deutschen morgenländischen Gesellschaft,* XXIV.
★★★ Desgodin, *op.cit.*
★★★★ Hodgson, *op.cit.*

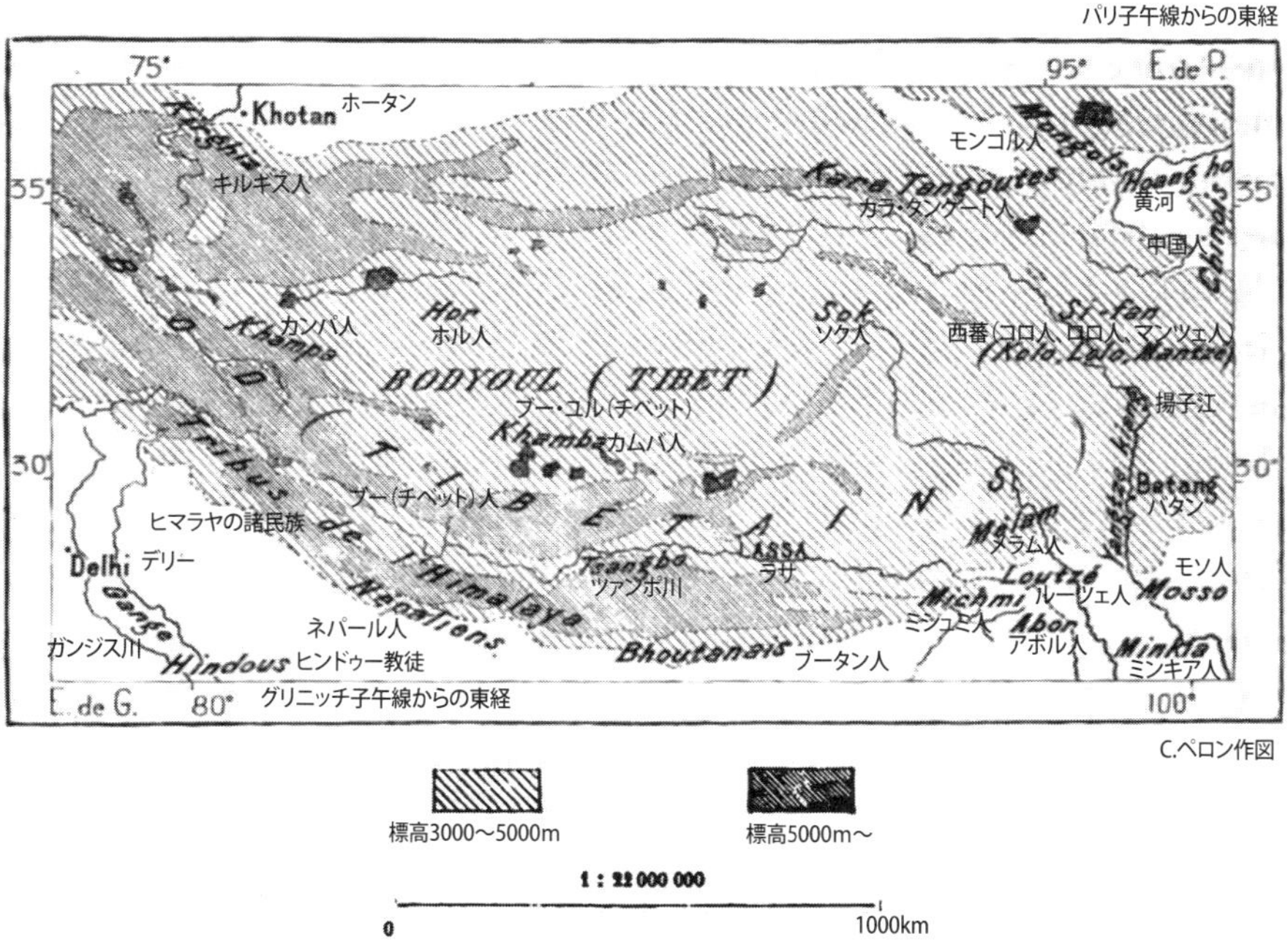

図14　チベットの諸民族

ぼ全員がこの部族に属し、チベットの高級官僚も同様だ★。カム地方の西、四川省との国境の両側には半ば未開の民がいて、「ロロ」ないし「コロ」「イ（彝）族」、「マンツェ〔蛮子〕」、「リス〔傈僳族〕」、「シー・ファン〔西蕃〕」、「ギャルン」など、正確な意味は皆無の呼称がいろいろな集団に冠せられている。うちいくつかは明らかにチベット語の方言を話すが、別起源の言語を話す民族もある★★。だが、この地帯の多様な部族を中国人やチベット人が指し示す呼称の大半は、単に暫定的にのみ受け入れられるものであり、曖昧な異名や、当事者が怒りをもって拒絶する侮蔑的な表現があることに留意せねばならない★★★。　四川省に隣接する地帯や、チベット国内の大都市では中国の影響がだんだん感じられるようになっている。中国人女性の入国は完全に禁じられているため、チベットの高地に居住したり渉

★ Hodgson, *op.cit.*
★★ Yule, in Gill, *op.cit.*
★★★ Francis Garnier, *Tour du Monde,* 1873.

猟する出稼ぎ移民も、高官も、兵士や商人も、現地の女性を一時的に妻帯する。すでに国境区域の住民はかなりの比率で混血児が占めており、それぞれの境涯により、おいおいチベット人あるいは中国人に仲間入りしてゆく。

ネパール、ブータン、カシュミールからの移民

チベットの都市に住む外国人は中華帝国からの移民にかぎらない。山岳を越えて到来したネパール人やブータン人もラサには非常に多く、金属細工や繊細な宝石細工、鋳物、鍋釜の製造にたずさわる。彼らは隔てられた区域に生活し、特殊な典礼でもってチベット人とは一線を画すが、地元の大きな祭礼には他の仏教徒とともに参加する。ラサにはムスリムもいる。大半はカシュミール地方からの移民の子孫で、カッチ人と呼ばれており、高いターバンと長いあごひげを貴族然としてそなえ、つねに重々しい口調で話す。ムハンマドの律法を固守し、自分たちのモスク以外の宗教施設には絶対に足を踏み入れない。一線を画した生活を営み、同胞以外とはまったく通婚しない。布地の大店を構えるのは彼らで、貴金属の相場取引も行う。ラサに特別な知事をもっており、彼の司法管轄下にあるが、その権限はダライ＝ラマのしもべ達も承認している★。

チベット仏教

チベットが信徒数でキリスト教と第一位の座を争う宗教の中心地であることはよく知られている。チベット人は最も熱心な仏教徒だが、その信仰は仏教以前の宗礼や、風土や、生活類型、周囲の国民との関係などの影響により、シャカムニ［前五世紀頃］の古い宗教とは外見しか似ていない。インドからの布教者がチベットの住民を改宗し始めたのは、やっと五世紀になってからである。ただしその三世紀前には最初の試みがなされている。当時のチベット人の宗礼は中国の道教に似たもので、湖沼や山々、樹木など、自然の諸力を示す事物に、供物と祈祷を捧げるものだった。このボン信仰ないしプン・ボ信仰を、仏教という新宗教が全国規模で代替するには二百年が経過し、ようやく六九八年に最初の寺［ラサのトゥルナン寺（大昭寺）。二〇〇〇年に世界遺産登録］

★ Huc, *op.cit.*

挿画VI　シガゼの僧院［タシ・ルンポ寺］　ターナーをもとに、テイラー筆

が建立された。その百年後には各地に宗教建築や僧院がそびえるようになり、仏の教えは「日光のごとく」チベット全土を照らした。それは教権政治の黄金時代で、モンゴルの歴史家サガン＝セチェン〔薩嚢徹辰 Sayang Sečen 一六〇四―没年不詳〕によれば「僧侶たちへの底なしの尊宗が、幸福の精神と似た至福の念を人々に与えた〔岡田英弘訳注『蒙古源流』刀水書房、二〇〇四年、五四頁の「僧を坐らせて、それらを無量に敬い祭って、仏法をはなはだ持ち上げ行い、すべての雪のある地方を教え養ったのにより、その時にチベット国民の幸福は天人たちとおなじになった」とおなじ箇所か〕。だがこの著作家によれば「それに続き、良き考えや善行への愛好は夢のように忘れ去られた〔前掲書五五頁「黒い法で昼も夜も過ごし……仏法を大いに滅ぼしていた」とおなじ箇所か〕というから、仏教に先立つ色々な信仰が完全に打破されたわけでもないようだ。仏教がふたたび力を得て再興されるのは十世紀末だが、すぐに分裂する結果になった。その四百年後、チベット仏教は宗教面の革新を迎える。修道僧ツォンカパ〔チベット仏教最大の学僧 Tsong-kha-pa 一三五七―一四一九〕が新たな戒律を体系化し、典礼を変更した。その弟子たちが「黄帽派」すなわちゲルク・パ〔ゲルク派〕で、国内で支配的な宗教勢力である。これに対し昔からの宗派である「赤帽派」すなわちドゥク・パ、ないしシャマル〔十三世紀に発足したカルマ・カギュ赤帽派〕はネパールとブータンに勢力を保持した。ただし両宗派にとって、また国内にある七つの他の宗派にとっても★、赤は寺や僧院向けの聖なる色であり続けた。宗教建築は一般的にピラミッド形に建てられるが、北面は緑色、東面は赤色、南面は黄色に塗装し、西面は塗らずに白いまま残す定めになっている〔内壁や欄間は方角別に塗り分けられる例があるが、外壁は違うし、方角別の色も原著は不正確である〕。

転生

改革者ツォンカパはその弟子たちによって仏の化身、つまり人間の姿をまとう生きた仏とみなされた。彼は死ぬことはなく、「クビルガン」すなわち「転生せる仏」の顔立ちをそなえる肉体から肉体へと乗り換えてゆき、シガゼ近くのタシ・ルンポにある聖なる僧院において、タシ＝ラマ〔パンチェン＝ラマ〕として永続する。チベッ

★ Emil Schlagintweit, *op.cit.*

ト人の崇拝において彼に匹敵する化身仏がダライ＝ラマ、すなわち「大海の猊下」で、仏の座を確立するに至った経緯は諸説ある。十五世紀とも十六世紀ともいわれるが、中国皇帝あるいはモンゴルの大ハーンの勢威をふるうためモンゴル人が来襲したのち、ラサの聖職者君主が、代々転生してゆく不死の仏たちと同格の地位を得たという。第三位の序列に置かれる化身仏はモンゴルのウルガ［ウランバートル］のそれである。他にも何人もの転生僧がいるほか、パルティ湖［ヤムドク湖］の南岸にある僧院の座主も、神聖な仏とみなされている★。

在家

ヒンドゥー教徒と同様の高踏な思索が自然に致すところ、チベット人仏教徒のあいだには稀に神秘主義的な性向を抱く者もいる。彼らは原初の伝道者たちが教えた教条に忠実で、一切の輪廻転生からの解放によって、あるいは己の内なるすべての物質的な要素の消滅や★★、不変なる仏の懐に再生することによる、理想の完成を至高の目的とする。学僧たちでさえ、多種多様な信徒をまず三種に分け、聡い者、普通の知力の者、凡庸な者とし、凡庸な者は正確な戒律に従うだけで義務を果たすとするのである。だが多くのラマ僧［ラマは指導的立場の僧を指すが、原著ではチベット僧の意味で用いている］や住民にとって、仏教は魔法にほかならず、悪鬼を遠ざける効用以外のものではない★★★。

六字真言

大半のチベット人の生活は、祈りの形式による降臨と祓いのなかで過ぎてゆく。間違いなく最もひんぱんに繰り返される祈りは、魔力をそなえる六音節の言葉［観音の六字真言、六字大明王陀羅尼］「オン・マニ・ペメ・フン」で、多くの注釈者が「蓮華の宝珠よ、幸いあれ」と訳すが、翻訳不可能とする向きもある。各語とも特別な効験をそなえた聖なるもので、モンゴルやチベットの幼児が最初に習う言葉だ。かれらが発声する祈りはこれだけだが、ひっきりなしに唱える。言葉の由来も精確な意味も心得ないが、それは全

★ Giorgi, *Alphabetum tibetanum*; Manning; Bogle; Markham, *Tibet.*
★★ Emil Schlagintweit, *op.cit.*
★★★ Cosomo de Körö; Vsasily Vasilyev, *Buddhismus*; Emil Schlagintweit, *op.cit.*

挿画Ⅶ　岩に彫りつけられた祈りの言葉［観音の六字真言オン・マニ・ペメ・フン］
フッカーとシュラーギントワイトをもとに、スロム筆

く問題ではない。仏教の根幹は、唯一無二の救済の方法だからである★。信者がこれにどれほどの価値を置くかは、ペテルブルグで印刷した六字真言一億五〇〇〇万枚と引き換えに、知識人シリング＝フォン＝カンシュタットがシベリアのブリヤート人仏僧から、一巻の聖典を授けられたことでも知られる★★。六字真言は家屋や寺の壁にも、道の傍らにも、随所でみられる。巨大な仏像の横の裸岩にも大きく彫りつけられているし、道沿いの石塀すなわち「マネ」の積み石は、ひとつひとつにこの言葉が刻まれている。いくつもの教団が、もっぱらこの聖なる句を山々の横壁に彫りつける目的のためだけに設立された★★★。誰もが衣服や腕、あるいは喉元に金銀や金属細工のお守りを身につけ、その中には経文とともに聖僧の遺物や歯、毛髪、爪などが収

★ Köppen, *Ueber Lama-Hierarchie und Kirche;* Jules Rémy, *Pèlerinage d'un curieux au monastère de Pammiantsi,* etc.
★★ Emil Schlagintweit, *op.cit.*
★★★ Bogle, *Mission to Tibet;* Huc, *op.cit.*

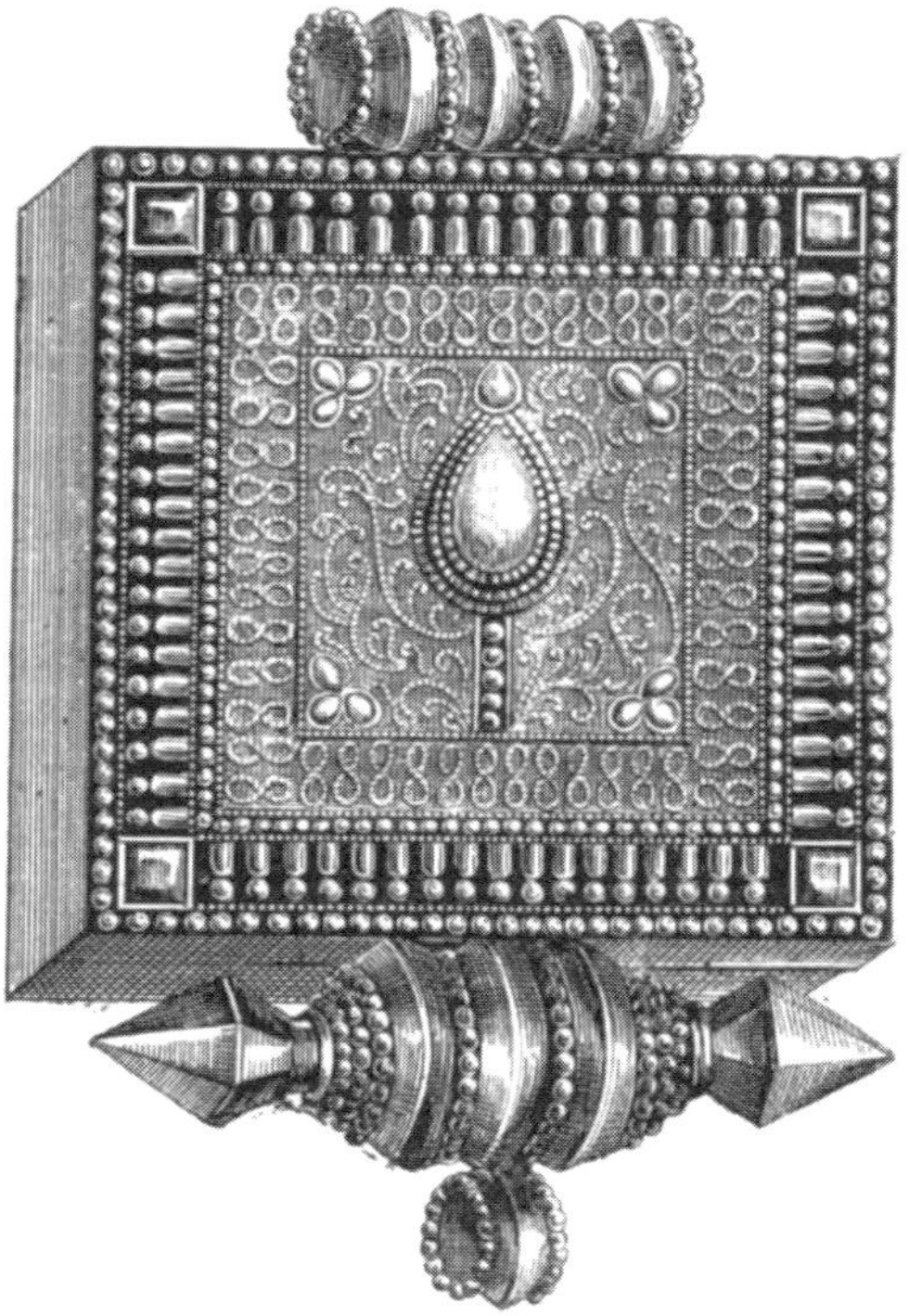

挿画Ⅷ　チベットのお守り
フッカーをもとに、ゴンツヴィラー筆

められている★。仏教が卓越する諸国では日本を例外★★として用いられる経典筒「コルロ［マニコロ、マニ車］」ないし「コルテン」がこれほど普及している地域はない。筒が一回転すれば、万物を通覧する天に向け、人間の運命を支配する絶対の文言の集まり［経文］を示すことになる。風や水といった自然の力さえも、筒を回すのに利用される。キルギス人やブリヤート人、トゥングース人など、中央アジアおよび北方アジアの住民と同様に、チベット人も峠という峠に幟のついた旗竿を立てる習慣があるが、それにも例の真言が記されており、はためくたびに、いわば空気の波動がそれを唱えるのである。こうした「ラプチャ」と呼ばれる幟旗のひとつは、標高六〇〇〇メートルを超えるグンシャカル山の頂きでも目にされている。また巡礼は、峠の一番高い場所にアンモナイトの化石を供え、悪霊が近付かぬよう、大型の野生のヒツジであるアルガリの骨や頭骨を添える★★★。

図像と典礼、カトリック教会との類似性

仏法僧を示す黄金色の図像の大半は、ヒンドスタンに見られる仏像を十世紀にわたり複写してきたもの

★ Hooker, *Himalayan Journals.*
★★ Léon Metchnikov, *Notes manuscrites.*
★★★ Hermann von Schlagintweit, *op.cit.*

で、顔立ちはチベット人の典型とは何ら類似性がない。その顔立ちにせよ姿かたちにせよ、ひとつの象徴的な意味合いがあり、変更を加えることは不可能なのだ★。チベット風の図像は下位のもので、とりわけ彩色したバター［ヤクの乳から製する酥油］の小像によく見られる。ラマ僧はこうした小像の製作に卓越する。だが、最上位の仏像はインド起源であるにせよ、典礼の全体はローマ・カトリックに属するとみてよいかもしれない。すでに宣教師たちはかなり以前から、仏教の勤行とカトリックの儀式の甚大な相同性に注目したが、その大半は、ほとんど同一とも言える宗礼上の外見に、キリスト教の神を猿真似しようと試みる悪魔の所業を見たのである★★。他方では、仏僧たちが古来の儀式を放棄したのち、たまたまヒンドスタンと関係があったキリスト教徒の儀式を単に換骨奪胎したのだと証明しようとする試みもなされた。しかし現在では、相対的に新しいこのふたつの宗教が、いずれもかなりの部分をアジア［ユーラシア］の古い諸信仰に依拠しており、新たな神々を称える際にも、おなじ儀式が何世紀も続けられてきたことが知られている。西洋とアジア中央部というこれほど異なる風土で平行する変遷が起き、仏教とカトリック教の外面的な諸形式が、大括りにも、また細目においても、類似性を保持してきたのは、さほど驚くべきことではない。仏僧もカトリックの祈祷僧も剃髪するし、金糸で縫いとりした長衣をひるがえす。両者とも断食［潔斎］し、黙想し、贖罪の苦行を自らに課し、信徒の告白を聴き、聖者にとりなし、聖遺物を訪れるため長い巡礼の旅に出る。カトリック修道士同様に、ラマ僧も、独身たることは称賛される事柄に過ぎなかったものが、規則となった。そして寺院のかたわらには、自らの救済のため労働することをもっぱらとする種々の共同体が男女別に設立されたのである。宗教施設の内部配置もそっくりだ。カトリック教会とおなじく、チベット寺院には祭壇もあれば燭台もあり、鐘や聖遺物箱、清めの水や聖水を納めた壺がある。司式するラマ僧は、祭服と袖なしマントを着用し、僧帽を冠り、杖をたずさえる。そして祭壇に礼拝し、聖遺物の前にぬかづき、歌唱の音頭をとり、連祷を誦し、衆生にとっては外国語で神の言葉を語り、死者の平安のための供物を懇請し、行列を先導し、祝福や祓

★ Hodgson, *op.cit.*
★★ Huc, *op.cit.*

魔の言葉を発する。それを囲む唱歌隊の子供たちは、五本の鎖で吊るした香炉を振って撒香し、信徒たちは数珠やロザリオをつまぐるのだ★。

チベットの仏教聖職者は主に長男が募集されるが★★、別の点でも、現在はともかく、中世のカトリック聖職者には似たところがある。すべての科学は仏僧が源であり、僧院に印刷工房がある。聖典であるカンギュル〔甘珠爾〕とテンギュル〔丹珠爾〕の三三七巻が初めて印刷されたのは前世紀だが〔チベット大蔵経最古の木版印刷は一四一〇年の永楽版〕、これ以外の用語辞典や百科全書、種々の科学の書籍も、仏教信仰に沿うものしか発刊しないよう、気が配られている。魔力を克服する技を教授する多くの書物も同様だ★★★。ラマ僧はまた「凌ぐ者なき」存在として司法権力を行使し、十分の一税や自らの商業活動をつうじ国家の富をかき集めた。そもそもの仏教は平等の宗教で、カースト廃絶を唱えて貧民を引き寄せたにもかかわらず、僧侶の支配は諸カーストを再構築する結果になった。ラマ僧の指揮に誰もが従う。信仰にもとづく団結は各僧院の周囲で完全なものだ。だからチベット聖職者層の改宗は、全国民、および国境の外側に住む数百万人の仏教徒の改宗にいたると思われる。カトリック宣教師たちにとって、ラサ到達は「偶像の王冠への攻略」であり、「勝利すれば、高地アジアの笏杖を手中にする」ものだ。西洋の教えがこの東洋の教えに取って代わるように、周到な用意が整えられるだろう。カトリック教会が現地の聖職者団体を形成するばあい、独身の定めと位階制に即したラマ僧部隊を指揮下に収めることができるだろう。教会組織の序列については、潔斎と、祈祷と、学修に身を捧げてきた多くの僧院がすでにある。カトリックの盛儀を展開するうえでも、長きにわたり荘厳な儀式を執行してきた寺院群がすでにあるのだ★★★★。世界中をみても、カトリック教が住民に作用しうる手がかりがこれほど整っていた場所は、ケチュア人が住む南米高地くらいしかない。だからこそマーカムは、エクアドルやペルーのアンデス住民が手職の面でも食事面でも、また習俗や習慣の点でも、新世

★ Huc, *op.cit.*: Friedrich Max Müller, *Essai sur l'histoire des religions,* Paris: Didier et Cie., 1872 (2e éd.)

★★ Emile Schlagintweit, *op.cit.*

★★★ Eugène Burnouf (tr.), *Le Lotus de la Bonne loi,* Paris: Impr. nationale, 1852.

★★★★ *Annales de la propagation de la foi,* novembre 1853.

界のチベット人だと指摘するのである。ケチュア人とブー人［チベット人］はともに峠を崇拝し、聖なる石を積んだ小山に祈りを捧げるのであって、信心はおなじである★。

カトリック教会の布教

今世紀には、チベットに地歩を得ようとする宣教師たちの多くの試みがなされたが、すべて失敗した。ユックとガベは一八四六年にラサに滞在したが、許されたのは二ヶ月間だけだった。その後チベット入国を試みた他の宣教師たちは命を落としたが、南東部では何人かが幸運に恵まれ、一八五四年になると、下流はサルウィン川と呼ばれる河流の左岸から遠くないボンガの森の中で、小さな営農入植地を樹立するのに成功した。彼らを助けた中国人移民は多くの奴隷を所有していたこととて、森林開拓や建築に使役し★★、宣教師たちはかなり大きな村を樹立するに至った。僧院は司祭館に、寺院は教会堂に衣替えし、改宗したラマ僧たちが聖具納室係の役目を果たすようになった。だが繁栄の期間は短く、様々な有為転変ののち、ボンガの宣教師たちはチベットを離れざるを得なくなり、居館には火が放たれた。彼らは四川省のチベット国境近くで再興を果たしたが、もう禁制の境界を越えようとはしない★★★。

ボン教ほか

少なくともチベット中央部のチベット人僧侶はほぼ全員が「黄帽派［ゲルク派］」に属するが、ある程度の「赤帽派［カルマ・カギュ派］」も見られる。後者は独身の誓いを立てぬこととて、他の宗派からは一般に軽蔑されている。仏教よりも古いプン・ポ、ないしボン・パ［ボン教］も完全には姿を消していない。とくに南東部や、サルウィン川の西にある小王国ポミには、今もいくつかの僧院がある。ボン教では男女一対の偉大な神仏の存在を信じ、両者のあいだから精霊や人間が生まれ出たとする★★★★。だがボン教はだんだん仏教に接近してしまい、現在はその一派にほかならない。オンボやダングラ・ユム周辺の山岳民もボン教徒であるらしく、他のチベット人仏教徒とは異なる儀式を行なう。祈りの言葉や経典筒

★ Markham, *op.cit.*
★★ *Annales de la propagation de la foi,* juillet 1866.
★★★ Desgodins, *La mission du Tibet, op.cit.*
★★★★ *Ibid.*

に記すのも「オン・マニ・ペメ・フン」ではなく、独自のマニ車と数珠を用い、チベット仏教の正統とは逆回り〔左回り〕に進む★。他には、雲南省やアッサム地方、ビルマとの国境付近に住むいくつかの半未開の部族が、いまも物神崇拝を行なう。サルウィン川である「ルーツェ・キアン」の名称の由来となったルーツェの民がそうだ★★。彼らがとくに崇拝するのは悪霊が住む樹木や岩で、「ムモ（ムルミ）」と呼ぶ呪術師にお祓いを頼む。呪術師たちは太鼓をたたき、香を焚いて剣を振り回し、悪霊を祓うのである★★★。

チベット人の食事

高原部のチベット人の主な栄養源は、オオムギ〔大麦〕の粉末に加え、乳とバターである。だが動物を殺すなかれというブッダの第一の教え〔不殺生戒〕や「動物の肉を食うのは兄弟の肉を食うことだ」という宗教格言とはうらはらに、チベット人の大半は、ラマ僧でさえその質素な食事に家畜の肉を添えるのを気にしない★★★★。食肉処理に代々たずさわる人々を蔑視し、中心市街から離れた区域に追いやることで良しとするのである。羊飼いや猟師ともなれば、まったく気にかけない。「世界最良★★★★」と言われるチベット産のヒツジが最もありふれた皿料理の食材で、冬場には冷凍して全身を保存する。野山の獣を追う猟師は弓矢や投げ槍、火縄銃でもって獲物をしとめる。ジャコウジカは、臍近くの嚢が彼らのたつきにとって非常に高価な物質〔麝香〕をもたらすので、それを捕えるには罠をしかける。国内で狩りの対象にならない唯一の動物が「御釈迦様の乗り物★★★★★」であるシカである。ツァンポ川の河谷を北から見下ろす高原地帯では、動物の血液も住民の食べ物だ。喉を切り裂かれた動物の傷口から流れる血を舐めようと、羊飼いが急いで地面に口をつけるのをナイン＝シンは数度にわたり目にしている。離乳期には血液の味を学ぶのであって、穀物が欠乏する高原部では粥を作るのもままならぬ母親が、チーズとバターに血を混ぜたものを食べさせるか

★ Naïn-singh; Trotter, *op.cit.*
★★ Durand, *Annales de la propagation de la foi,* 1865.
★★★ Desgodins, *La mission du Tibet, op.cit.*
★★★★ Emil Schlagintweit, *op.cit.*
★★★★★ Turner, *op.cit.*
★★★★★★ Desgodins, *Bulletin de la Société de Géographie,* août 1879.

らだ★。プルジェーヴァルスキーはまた、この地方のウマは肉や凝乳も餌としてあてがわれると述べている。

婚姻制度

チベットの住民はシンハラ人やモンゴル人、中国人と同様に仏教徒だが、仏教がほとんど変化させなかった民族的な諸習慣において、他国の同宗者とは画然とした違いがある。南部チベットの住民は、および人種的に類縁である隣国ブータン人も同様だが、現在も一妻多夫制を営む点がそうだ。これは遺産の分割を避け、おなじ屋根の下に暮らしつづけるためである★★。長兄は自分だけでなく兄弟全員の名のもとに婚約者の両親のもとに赴き、バターの一片が新郎新婦の額にそれぞれ貼り付けられると、婚儀は家族全員にとって有効となる。兄弟全員が一人の娘と契りを結ぶのであって、列席者はその証人となる。僧侶は女性のいる場から身を遠ざけておくことになっているため、この純粋に世俗の儀礼には何ら関与しない。こうした集団婚から生まれた子供たちは、兄弟の長兄を父と呼び、それ以外は叔父とみなす。ただし尋ねられた母が本当の父親を告げるばあいは別である★★★。しかし旅行家たちの言うところでは、こうした一妻多夫制の家庭内で夫婦関係をめぐるいざこざが起きた例は皆無である。男たちは競ってサンゴ〔珊瑚〕だの琥珀だのを妻に贈り、彼女はそれでもって衣服や髪を飾る。チベットの婦人はたいへん尊重されており、家事に熱心で、家の中を整理整頓しておく。戸外での男の労働も手伝うのであって、野良仕事もするし家畜の世話もする。ただし彼女の仕事は、兄弟の労働と同様に、家族全体に属する。こうした一妻多夫の世帯がある一方で、富者は中国人やムスリムの習慣を豪勢に模倣し、複数の妻をもつ。彼女たちは一つ屋根の下に同居するばあいもあるし、別宅を構えることもある。だが一妻多夫制と一夫多妻制は、どちらも人口の増加をさまたげる結果になる。住民のかなりの部分がかくも厳格な独身の定めのもとにある地方では、婚姻に関するはっきりした決まりは全くない。一妻多夫の集団に属

★ Naïn-singh; Trotter, *op.cit.*
★★ Desgodins, *op.cit.*
★★★ Orazio della Penna, *Breve notizia del regno del Tibet dal fra Francesco Orazio della Penna di Billi, 1730,* Impr. royale, 1835; Markham, *op.cit.*

する女性でさえ、一家の外に別の夫を選ぶことも慣習的に認められているのである★。

中国と同様にチベットでも礼儀作法はすこぶる大事である。知人に出会うと何度も挨拶し、舌を見せ、右耳に触る。ときには白または桃色の絹のスカーフを交換することもある。これには聖なる文様や花々を表す刺繍がほどこしてあり、書簡や物品を送るさいにも、祝意のしるしとして添えられる。ラサほかの都市部の上流階層の婦人は真珠や、本物あるいは偽物のトルコ石や、貝殻、銀などで作られた優美な冠でもって頭を飾る。ユックの記述によると（ただしイギリス人旅行家は否定する）、女性は一種の黒いワニスで顔を塗りたくり、見目を悪くして外出するものとされるらしい。彼の言うには、慣習の力が強いため、いかなる女性も顔を汚すことなく外出は許されない。だが黒く塗った油脂は、チベット高地部の寒気がもつ極度の乾燥によるあかぎれから皮膚を保護する効果があり、これは純然たる衛生上の用心なのかもしれない★★。

葬礼

この国においてはすべての儀式が決まりごとのなかにあり、生活のあらゆる出来事における衣服の形と色が、厳格な慣習によって定められている。喪に服する一年間のあいだ、男性は絹の衣服を着用しないし、女性は宝石を身につけない。誰かが死ぬと、幸せな転生を容易にするため、人々は急いでその頭頂部から毛髪を引き抜く★★★。遺族は少なくとも数日、富裕なら数週間ものあいだ遺骸を保持し、その後僧侶が埋葬するか、火葬するか、水流に投じるか、あるいは岩の上に放置して犬や鳥などの肉食獣に食わせるべきかを決定する。そのばあいは原初の要素に回帰するのを早めるため、骨を砕き遺体を刻む習慣がある。動物が仕事を済ませると、残りを拾い集めて水流に投じる。そのさい、指骨を保存して糸を通し、数珠にしたり、脚や腕の骨でもって祈祷僧を呼ぶ笛に用いることもよくある。シュラーギントワイト兄弟によれば、遺骸を動物に食わせる習慣は、チベット西部ではほぼ完全に消滅したが、それ以外ではまだ一般的だ。

★ Drew, *op.cit.*

★★ Hokker, *op.cit.*

★★★ Orazio della Penna, *op.cit.*

ただしチベットではほぼ必ず坐った状態で土葬される僧侶は別である★。カム地方のキアンカには「喉切りの谷」と呼ばれる葬場［鳥葬台］があり、ラマ僧が祈祷するあいだに解体にたずさわる職人が遺骸を刻んで、ハゲワシ［禿鷲］が仕事をしやすいようにする。ハゲワシは葬儀に慣れているため、群衆のまん中に降りてきて、最も強い個体が眼球をついばむが、他のハゲワシも周囲にむらがり、臓腑を割いて肉を腹いっぱいに詰め込む。遺体がすっかり形をとどめなくなると、ひとりのラマ僧が頭蓋を小さく割り、一個の平石の上で残り全部を刻む。それもすぐにハゲワシが食べてしまう。その間、単調な祈りの声に、羽ばたきとくちばしの鳴る音が伴うのだ★★。ただし、チベット以上に死者が敬われる国はほとんどない。追善供養は盛大なもので、通りがかりの人々もすべてお斎に招かれる。夜になれば家々には灯りがともり、山々でも薪に点火し、峰から峰へと炎が照応する。寺院も煌々と輝き、銅鑼の音と読経の声が響き渡る★★★。

第四節　都市と集落

人口

宣教師オラシオ＝デラ＝ペンナによれば「王のしもべたち」が行なった公式の人口調査では、前世紀［十八世紀］の総人口は三三〇〇万人で、うち六九万人が武器を所持していたようである★★★★。この原典がどのようなものかは不明だが、クラプロートはこの統計に言及しつつ、実態に近い数字として五〇〇万人を提示している。ベーム［ドイツ人地理学者、統計学者 Ernst Behm 一八三〇―一八八四］とワグナー［ドイツ人地理学者、地図作成家 Hermann Wagner 一八四〇―一九二九］はロシア参謀本部と同様に最大六〇〇万人とみるが、いろいろな地理学者が最近提案した一一〇〇万人という数字と、最小値の三〇〇万人とのほ

★ Emil Schlaginyweit, *op.cit.*
★★ Durand, *op.cit.*
★★★ Turner, *op.cit.*
★★★★ Orazio della Penna, *op.cit.*

ぼ平均という以外には、さしたる根拠を挙げていない。そうなると平均人口密度は平方キロ当たり四人まで上昇するが、分布は非常に偏っている。カッチ高原〔蔵北高原〕はほぼ無人で、南西のユンド地方ないしナリ地方（ニャリ、グナリ・コルスム〔阿里地区〕）には小さな住民集団しかいない。東部のカム地方も森林や山岳、峡谷など、人を寄せ付けぬ地帯のせいで分布は不均等である。最も稠密なのはツァンポ川中流沿い、支流群の谷をもつ南の二地方、すなわちツァン地方とウイ地方（ウー〔現在はこの呼称〕、ユ、ウェイ）だ。

サトレジ川上流部

ダバほか、サトレジ川上流の「都市」や村落の大半は、一年のうち一定期間は放棄されることが知られている。国内で通年にわたり居住される最も高い村がプラン〔普蘭〕で、標高四二五五メートルにある。その北西には、ダバとおなじく地区の首府であるツァパランがサトレジ川よりもかなり高い場所、標高四七五〇メートルにあるが、冬は無人で、夏場の住居も一五軒ほどにすぎない。もうひとつの首府であるタクラ・カル〔テグラ・カル〕の城砦はすでにヒマラヤの南斜面にあり、ネパール人にとってのカルナリ川の主支流マプ・チュ、すなわち「大河」の右岸にある。この砦は二五〇〇メートルの高さの岩を掘った洞窟や通路からなり、半世紀前にトーチカに貯蔵された穀物は、乾燥した空気のせいで、今も完全な保存状態と言われる★。タクラ・カルの西にそびえるシトリン・ゴンパ〔シャンブリン・ゴンパ〕はユンド地方最大の僧院で、巨富をもってチベット、ネパールに著名である〔一九六七年に中国人民軍が砲撃し廃墟となった〕。

インダス川上流部

サトレジ川上流とおなじく、インダス川も、ヒンドスタンに流れ出す直前の低い谷間はともかく、上流部はほぼ全面的に無人である。だがチベット南西の州における一時的な首府がみられるのはこの地域で、ガルトゥング川河畔のガルトクがそうだ。この呼称は「高地の市場」の意味で、おそらく市が催される世界最高地点である。粘土と日干し煉瓦の小家屋の群れの傍らに、都市並みの天幕村が八月から九月にかけて立ちあがる。天

★ Ryall, *op.cit.*

幕をみれば商人の出身が分かるのであり、黒い毛がついたままのヤクの皮で作ったチベット人の天幕は、インド人の白い幕舎と対照をなす。カシュガル人ほか、テュルク人のユルト［獣皮テント］は、色鮮やかなフェルトの装飾で際立つ★。だが冬になると、この「高地の市場」の町は完全に放棄され、風と吹雪のなすがままになる。商人は故郷に戻り、わずかな住民もガルグンザ村に降りてしまう。ガルグンザはガルトゥング川がインダスに合流する地点の上流沿いにあって、もっとうまくかくまわれているからだ。モグナラリ湖［パンゴン・ツォ］に近いルドクは、砦と一棟の僧院を囲む小屋の集まりにすぎない。

砂金

ガルトクやガルグンザの小家屋は窪地に身を寄せ合うようにして建っているが、それよりもはるかに高く、インダス川上流の河谷を東から見下ろす高地部のいくつかが「黄金への渇望」から入植されている。金探しが群がるこの地方は古代からサルトル、すなわち「黄金の郷国」の名称をもち、昔からこの高価な金属が採取されていたと考えられている。学者たちは、ヘロドトスが語る金を掘り上げるアリ［蟻］の地方★★、また中世の伝承では恐ろしいグリフォンが金を守る地方★★★はこの地であるとみなした。砂金の採取は厳しい風土のせいで長いあいだ放棄されたが、前世紀の半ばに、チベット政府が国庫のため再開した。通年にわたり人間が住むという点では、トク・ヤルンの洗鉱場が、おそらくチベットの人里のうち最高地点である。英領インドのパンディット達によれば標高四九八〇メートル、すなわちモンブラン山頂よりも二〇〇メートル近く高い場所にあるので、空気の濃度は海面のほぼ半分である。採掘者が最も多くなるのは、間断ない雪の寒冷地になる冬場で、風雪を避けて穴の底に設けられる天幕は六〇〇軒に達するが、黒い毛皮の頂部しか見えない。この蟻塚のような天幕村は夏になると半減するが、理由は近傍の泉群がまったく塩辛くなってしまうせいである。この水は凍らせて純化しないと飲めないのだ。地表を掘ると随所で塩や硼砂が見出される。ほかにも洗鉱場はいくつかあるが、いずれもトク・

★ H. von Schlagintweit, *op.cit.*
★★ Hérodote, Livre III, 102［ヘロドトス『歴史』松平千秋訳、岩波文庫、上巻、408 頁以下］
★★★ Frederik Eginhard Schiern, *Über den Ursprung der Sage von den goldgrabenden Ameisen,* Kopenhagen: G.C. Ursin, 1873.

ヤルンに比べかなり貧弱で、ナイン＝シンによると、実際にある程度の採算性をそなえるのは、おなじ高原のかなり東にあるトク・ダウラクパだけである。チベット西部の金産出高は全体でも年間二〇万フラン程度にすぎず、ガルトクの市場を経由してヒンドスタン地方に仕向けられる。

シガツェほか

ツァンポ川河谷の最も高い集落群には、宿駅や僧院しかない。寒気が厳しいため、定常的な人口をもつ村落は設置できなかったのである。それでも、シンプロン峠［スイス・イタリア間、標高二〇〇五メートル］やゴッタルド峠［スイス国内、標高二一〇六メートル］の倍も高い谷間に正真正銘の邑が連続し始めるのであって、ドグトル地区の首府であるタドゥムは標高四三二三メートルにある。またネパールからギロン［吉隆］経由で至る道と、同じくニャラム［聶拉木］経由で至る道が合流する地点にある商業都市ジャングラチェは、四二三六メートルだ。おなじくガウリ・サンカル山［ネパール国境、標高七一四五メートル］の麓に開く高い谷にあるティングリ［定日］、ないしディングリは、ヒマラヤ越えの通路を扼す国境の都市で、五〇〇名の清国守備隊が城砦に駐屯する。シガツェ［日喀則］ないしディガルチはツァン地方の首府で、標高三六二一メートルと、チベットにしては相対的に低く、プナン・チュ［年楚河か］の横谷を占める。階崖がめぐるひとつの高台がシガツェを見下ろし、タシ・ルンポ、すなわち「積善の栄光」の寺院と家屋が円形劇場形にそびえ立つ［タシ・ルンポ寺（扎什倫布寺）］。生き仏であるタシ＝ラマ、ないしパンチェン＝リンポチェ、すなわち「至高の学匠★」の居館であるこの聖域は全周二キロほどで、宮殿や記念建築物を三〇〇棟以上の建屋がとりかこむ。僧院には三〜四千人の僧侶が生活し、その金色の鐘楼群や紅い壁は、下手に暮らし市場に群がる住民が仰ぎ見るところだ。

ギャンツェほか

一帯にあるシガツェ以外の都市の大半でも、軒の低い質素な家屋の集まりを、壮麗な宗教建築が見下ろす。これらは宮殿にして城砦、寺院、僧院でもある。ツァンポ川をはさむ北側にあるナムリン［南木林］、すなわち「天

★ Edward Paske, *Buddhism in the British Provinces of Little Tibet,* 1877; Markham, *Tibet*.

の庭園」がそうだし、シガツェとタシ・ルンポの南西、シッキム地方との国境近くにあって、ヒマラヤの扶壁の麓にあるシャキア・ジョング［甲措雄郷か］も同様である。シガツェとおなじ河谷の南東にあるギャンツェ［江孜］は、ブータンとの交易と地場産業の中心地として重要な都市である。特産の毛布は非常に暖かくて手触りがよく、すこぶる柔軟だ。ティングリ同様に、ここにも強力な清国守備隊が駐屯する。いつの日か、インド政府はシッキム地方のダージリンから荷車の通れる道を着工するだろうが、その終点はシガツェになるに違いない。

ラサ（拉薩）

ラサ★はウイ地方の首府であると同時に、チベットの首都にして大清帝国すべての仏教徒のメトロポリス［カトリック教の首都司教座］でもある。呼称は「仏の座所」の意味だが、モンゴル人にとっては「モルケ・ジョ」すなわち「永遠の楽園」の意味だ。ラサおよびその周辺には二万人の僧侶がいると推定され★★、在家の人口を上回る。チベット全土はおろか、国境の向こう側からも巡礼僧の群れが毎年この「仏教のローマ」に参詣する。市街からダライ＝ラマの宮殿に至る二本の街路は並木道で、長い数珠をつまぐる篤信者が引きもきらず往来する混雑のなかを、立派な馬具をつけたウマに乗り、壮麗な衣服をまとう宮殿付きの高僧が、、昂然と通り過ぎてゆく。主権者が居住するポタラ宮［布達拉宮。一九九四年に世界遺産登録］は城砦と寺院と僧院がひとつの全体をなし、一個の金張りの丸屋根が覆い、四囲をめぐる列柱も金色である［記述不正確と思われるがママ］。現在の建物は、十八世紀初頭にジュンガル人が破壊したものを康熙帝のはからいによって再建したもので、チベットやモンゴル、中国の信徒が寄進した財宝が満ちている。この「ボダ・ラ」すなわち「補陀落山」は、七世紀から東アジア［ユーラシア東部］で最も尊宗される場所である★★★。日が傾き、この聖なる山［マルポリ山］の姿がまだ青い空にくっきりと残る頃になると、住民は露

★ チベット国境に布教し、ブー・ユルの方言について最も高く評価される論文集を出版したヤシケは、常用される「イラッサ」、「イルアッサ」、「ラッサ」といった呼称は現地の発音を表示しないという。

★★ Campbell, *Journal of the Asiatic Society of Bengal*; — *Österreichische Monatsschrift für den Orient.*

★★★ ヤシケによると、ポタラの名称はサンスクリット語の起源があり、「港」の意味があって、インドからの巡礼がもたらした伝承に符合するかもしれないという。Jaschke, *Zeitschrift der morgenländischen Gesellschaft,* XXIV.

パリ子午線からの東経

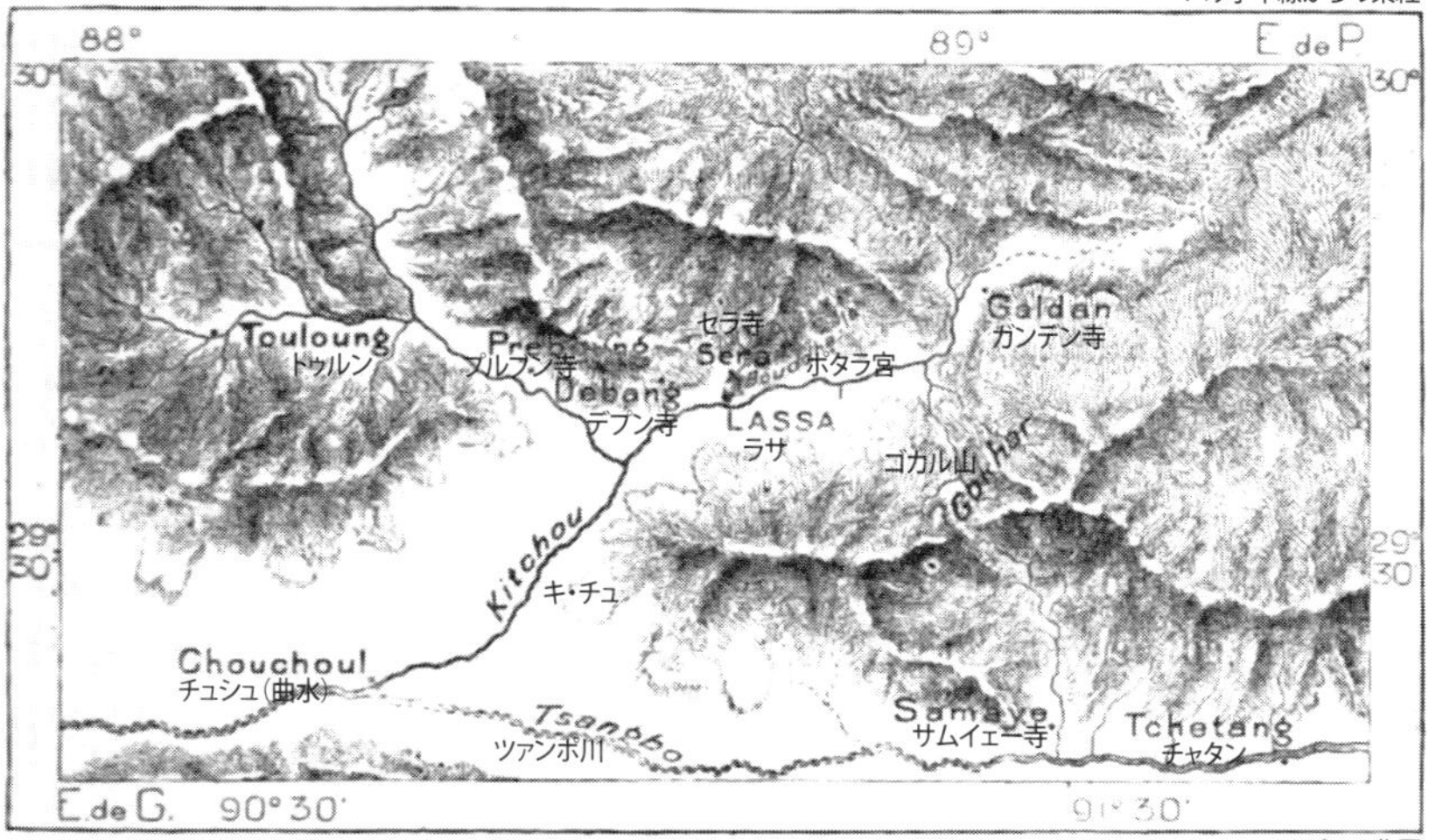

グリニッチ子午線からの東経　　C.ペロン作図

出所：ナイン＝シンによる

1 : 1 325 000

0　50km

図 15　ラサ

台や、路上や、公共の場所に集まり、跪拝して読経を始める。町の全域から重々しい音響がポタラ宮に向かって立ちのぼる★。

市街はツァンポ川の大型支流のひとつ、キ・チュ川［拉薩河］の右岸にあって、この聖なる山の南方に広がる。標高三五六六メートルと、ピレネー山脈最高峰よりもさらに一五〇メートル高いが、緯度は低く、かくまわれた場所にあるため、緑に囲まれる利点をそなえており、大木が茂る庭園群が葉陰と花々のベルト地帯になっている。街路は広く、整然と引かれており、石や煉瓦、あるいは土壁の家屋の大半は漆喰で白塗りされている。ひとつの区画は、ウシやヒツジの角を重ねた土台の家屋しかない。交叉する角のあいだにモルタルが詰められ、家屋はまったく驚異的な外観を示す★★。

ラサ周辺の邑や村も、工房や市場よりは「ゴンパ」すなわち僧院が重きをなす点は首都と同様である。正月になると、徒歩や、ウマやロバ、ウシに乗った僧侶が経典や調理器具をたずさえ

★ Huc, *op.cit.*

★★ *Ibid.,* Campbell, *op.cit.* et *mémoires cités.*

挿画Ⅸ　17 世紀のポタラの僧院（ポタラ宮）
キルヒナーが *China illustrata* で複製したグリューバーの素描をもとに、テイラー筆

て入市し、大小の街路や広場、中庭はどこも天幕で埋め尽くされる。目に入るのは僧侶だけで、在家の住民は消えてしまったかのようであり、役人もお手上げで、宗教関係者が市域のあるじだ。これは六日間にわたるが、その間に僧たちはムルの僧院に赴いてその印刷工房で聖典を買い求め、元の僧院へ帰ってゆく。そして市街はもとの様子に戻るのだ★。

大半のゴンパは小家屋が単に寄せ集まったもので、狭く曲がりくねった小道が、祭壇と経堂のある中心建築に向かって収束してゆく。だがラサ近郊の三〇の僧院のなかには、何世代にもわたる参詣者の布施によって正真正銘の宮殿をなすに至ったものもある。市街の西六キロにあるデプン寺［哲蚌寺］には、八千人が居住するらしい。さらに遠方にあるプルブン、すなわち「一万個の果物」の僧院は、年に一度ダライ＝ラマの御姿を拝し、彼自身の口から聖典の講義を受けるために到来するモンゴル人僧侶を受け入れる。五五〇〇人が暮らすセラ寺［色拉寺］の

★ Huc, *op.cit.*

名声も引けをとらない。チベット仏教の改革者ツォンカパが滞在した〔初代座主〕ことで著名なガンデン寺〔甘丹寺〕はラサの北東五〇キロほど、おなじくキチュ川の河谷をみおろす丘の斜面にあって、三千人以上のラマ僧が暮らす。これらはいずれも貴金属や貴石に黄金をほどこした多くの仏像を擁する。サムイェー寺〔桑耶寺〕は、現地住民の言によるとシャカムニ自身の創建にかかり、チベット全土に最も有名で、かつ最も広大にして豪奢な僧院のひとつである★。全長二・五キロの高い防壁が環状に取り囲み、建物の内壁は壮麗な字体で記されたサンスクリット語の経文が埋める。ここにはチベット政府の財宝とともに、貴石や珍奇な布地に覆われた純金の図像が数多く収められている。巷の言によれば、サムイェー寺の座主は墓の向こうまで通力を発揮し、死者の魂に因果応報を及ぼすという★★。

チャタンおよびチョナ・ジョン

サムイェー寺はツァンポ川の北二キロにあって、南岸に建つ重要都市チャタンの西四〇キロほどにあたる。チャタンはブータン、アッサム方面に向かう商人の出発点だ。その方向にある中継地チョナ・ジョング〔ネドン（乃東）か〕には市場があり、チベット人が塩や綿布、硼砂を持ち込み、粗い布地や米、果物、香辛料、染料と交換する。ナイン＝シンはチョナ・ジョングが国内最大の商業地だと考えている。ここを通過する隊商の数は、チベットのヒンドゥー地方における大型市場であるレー〔現インド〕よりも多いが、レーで取引される物品のほうが高価なのは本当だ。

チャムドおよびマルカム

チベット東部地方は住民が狭い山中の峡谷に広く散在するため、都市はわずかしかない。最大なのはカム地方の行政上の首府でもあるチャムド〔察木多、昌都〕、ないしツィアムド、あるいはチャムトである。名称は「二つの路」の意味で、二本の道路ないし水流の合流地点を指すが、じっさい同市は瀾滄江、すなわちメコン川を形成する二つの支流の合流点に位置する。かなり広い市域をそなえ、千人以上の僧侶が住む大きな僧院が

★ Naïn-singh; Trotter, *op.cit.*
★★ Rapports des Pandits, *Mittheilungen von Petrmann, vol*. 1868.

ある。南には、ある程度の規模をもつキアンカ、ないしマルカム［芒康］が、「砂金の川」すなわち金沙江の支谷にある。その南方の瀾滄江河畔では非常に大量の塩井が採取される★。

第五節　物産

特産品

チベットの農業といえば家畜以外はほとんど皆無で、ほかに小規模な産業がいくつかあるだけである。仮に通商面での関税障壁や政治面の障壁をめぐらさずとも、同国が外国と活発に通交するのは難しいかもしれない。主な産業は羊毛の紡ぎと、毛織物の機織りである。この原材料がチベットほど豊かな国はほかにないが、大半が国内の住民向けで、粗い布地から最高の軟らかさと手触りをもつものまで、あらゆる種類の毛織物が製造される。高僧向けの「チュル」ないし「プル」という赤布は薄くて丈夫なため、タタール地方［モンゴルと満州］や中国の市場では目の飛び出るような値段で取引される。チベット人は男女ともに大半が熟練した編み手なので、自分の衣服はすべて自分で編む。自家用の品々に関する工芸を別にすると、チベット人は寺院や、僧院を美麗にするための技芸に没頭する。人形師や装飾職人は、仏像に供えるバター製の小像や造花［酥油花］、飾り作りに極度の精妙さをみせる。また線香の製造にも多くの職人が雇われている★★。

茶葉の対外依存

簡素な住まいと質素な生活類型にもかかわらず、チベット人はいくつかの工業品目を外国に求めざるを得ない。通商面で平野部の諸地方に完全に依存するのが茶葉である。これはチベット人に欠かせぬ食品で、最近は清国が独占するため、チベットはこの強大な隣国に求めざるを得ず、ひいてはさ

★ チベットの主な都市の在家人口（概数）は以下の通り。ラサ（15000）、シガゼおよびタシ・ルンポ（14000）、チャタン（13000）、ギャンゼ（12000）、チョナ・ジョング（6000）、キロン（4000）、シャキア・ジョング（3000）、チャムド（2000）、ニラム（1500）、ティングリ（1500）。

★★ Huc, *op.cit.*

まざまな条約を結ぶことにもなった。茶は清国にとって、武器よりも強力な征服の道具だったのである★。「ラマ僧を茶に招く」という俚諺は、チベットの主君たちが清国高官から購入したことを想起させるものだ★★。こうしたわけで、北京政府はアッサム地方の茶葉が入り込まぬよう、チベットの通商路を最大限の綿密さで監視している。だがアッサム産は中国から輸入する屑葉よりも人気がなく、価格も低い。それでも独立王国ポミの勇敢な冒険者たちは、インドとの自由交易という自分たちの権利がむざむざ奪われるままにはすまさず、アッサムからこの禁制品を輸入しており、その量は年を追って増加している★★★。清国からチベットへの茶葉輸入量は年間五〇〇〇トン（イギリス人ベイバー〔北京駐在イギリス公使館員、東洋学者 Edward Colborne Baber 一八四三—一八九〇〕によると四〇〇〇トン）と見積もられ、国内の末端価格では七～九〇〇万フランに達する★★★★。

毛織物の輸出、貨幣

ヒンドスタン地方との交易はごくわずかである。ブー・ユルの高原の住民が英領インドに求めるのは、極めて少量の工業製品や食品にすぎず、輸入もネパールやカシュミール経由である。だがインドのイギリス人に対しては、輸入額の一〇倍にのぼる品目を直接に仕向ける。すなわち、チベットの高価な毛織物は、ヒマラヤ山脈の峠やヒンドスタン平野の港を通って、リーズほかブリテン諸島の工業都市まで届いている★★★★★。こうしたわけで、結構なイギリスのルピー貨がチベットのラマ僧院の宝物室に貯まっている。チベット人が「托鉢ラマ僧のカネ」と呼ぶこれらの貨幣は、だんだん国内商業で「磚茶〔茶葉の塊〕」や、昔からの八花弁文様の銀貨〔一四銀貨（タンカ・ティク）〕に取って代わりつつある。これは一種のフィオリーニ銀貨〔中世フィレンツェで鋳造された百合模様のコイン〕で、一個ないし数個の花弁に割って用いてきたものだ。少額取引の決済には一般に

★ Cooper, *op.cit*.
★★ Hilarion, *Arbeiten der russischen Gesandtschaft in China, vol*. I.
★★★ Chauveau, *Annales de la Propagation de la foi,* 1871.
★★★★ Desgodins, *op.cit.*; Yule, *op.cit.*
★★★★★ 1878-79 年度のチベットと英領インドとの貿易額は、チベットの輸入が 36 万 5000 フラン、輸出が 375 万フラン、合計 411 万 5000 フラン。*Bulletin Consulaire, Journal officiel,* 3 June, 1881.

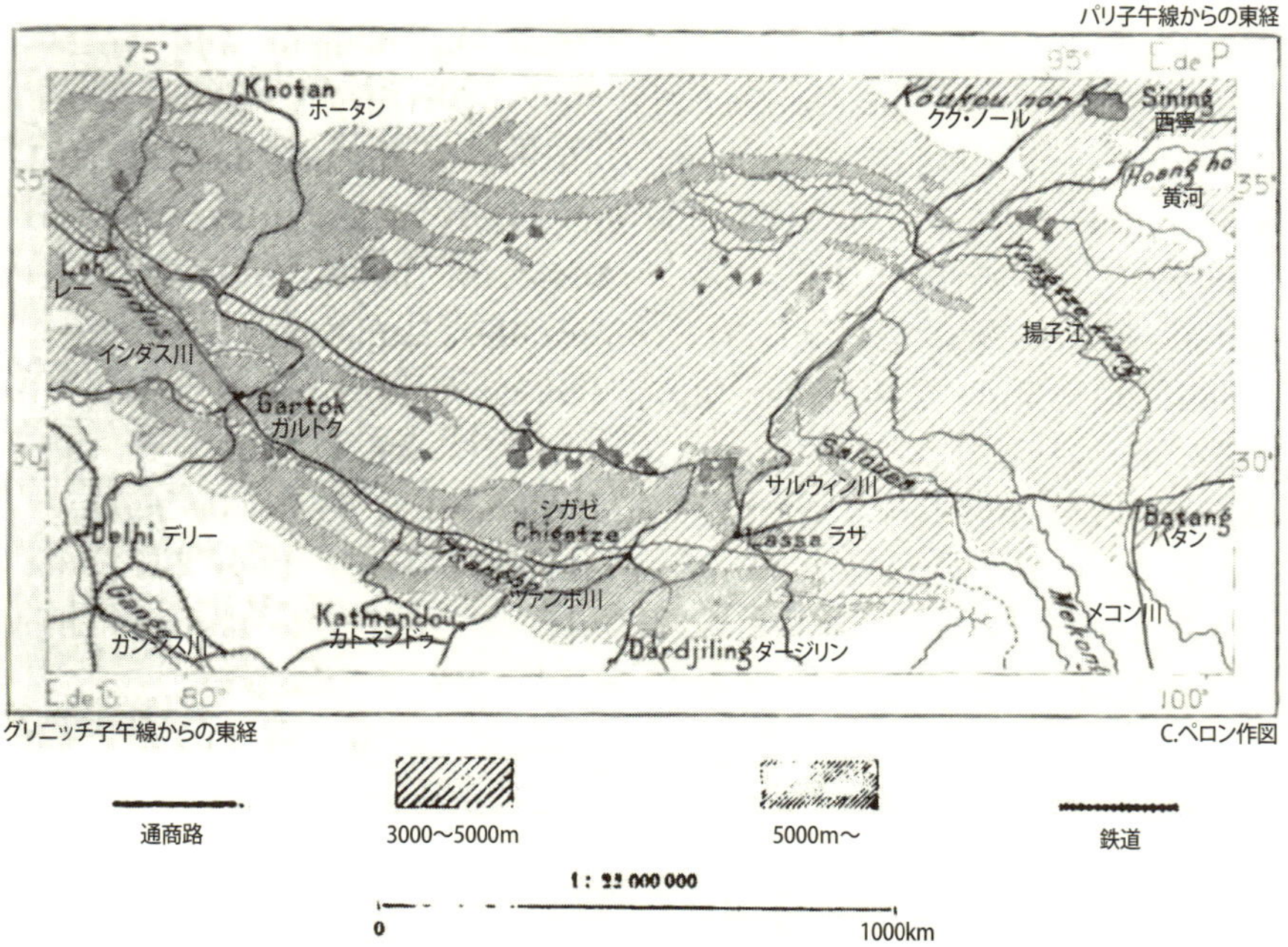

図16　チベットの通商路

縫い針が用いられる★。巨額の取引では清国同様に銀塊［銀錠］を利用する。

通商路

チベット人は生来の商人だ。誰もが商いにたずさわるのであって、しばしば分業もなく、入手した物品は何でも扱う。どの住宅も店舗であり、僧院は物品の集散機能をもつ。どの僧院にも「ガルプン」と呼ばれる取引担当者がおり、一団の部下を指揮し、商品の運送用の駄獣の群れをもつ。隊商はヤクや荷を担うヒツジを追い、津々浦々をめぐる。最も交通量が大きいのはラサからタツィエンルウ［打箭爐、現カンディン（康定）］から四川省を経て中国に至る道だ。もうひとつは、ラサ北東をモンゴル経由で中国に向かう道である。他の通商路はアッサムやブータンに向かい南下するか、南西へネパールに至る下りの道だ。またガルトクおよびレーへと東［ママ、西］に向かう道もあり、ヨーロッパ向けの物資は恐らくこの

★ Gill, *op.cit.*; Cameron, *Exploration,* 9 déc. 1880.

道が最大である。かつてこれを辿る隊商は三年置きだったが、マーカムによれば現在は毎年行われている。レーを出立するのは四月で、絹織物やショール、サフランなどを積み込む。ラサに到着するのは翌年一月で、宿場であるガルトク、マナサロヴァル湖、タドゥム、シガツェでは数週間にわたり市を催す。ラサ到着後は年の前半を滞在し、清国からの茶葉や羊毛、崑崙山脈のトルコ石を仕入れる。レーに戻るのは出立から一年半後だ。この隊商が通過する地区は荷運びのヤク三〇〇頭と、隊商の構成員の食糧を、いずれも無償で供出することになっている★。南側の国境地帯では、直近のチベット側の「ゾンポン［ゾンの座主］」が通行可の宣言を発しないかぎり、隊商は通過できない。この山岳地帯の近傍で戦争や革命などが勃発したり、ヒンドスタン側での伝染病の蔓延といった例外的事態の際には、通行に望ましい時期かどうか、ラサ政府がじきじきに商人に指示する権限をもつ。峠の向こうで行われる商いの利益はほぼ全額が僧院にもたらされるからだ。この高利の取引は国民の貯蓄に流れ込むが、最後は豪奢な布地や貴金属、あらゆる種類の装飾に姿を変える。チベット国民は赤貧のなかにあるが、僧侶というひとつの民族全体を、豊穣と富貴のなかに養っているのだ。

第六節　行政

統治機構と対清関係

外見上のチベット政府は純然たる教権政治である。ダライ＝ラマの別称ギャルパ＝リンポチェ★★は「威厳の至高」ないし「財宝の君主」の意味で、全権力を手中にする。王であり仏でもあって、臣民の生命と財産の支配者としての権力の歯止めは、自らの善意のみである。とはいえ、通常の意思決定は古来からの慣習に従うし、そもそも自身の偉大さそのものが、人々を直接に抑圧するのを妨げる。ダライ＝ラマは国家の崇高なる精神的問題にのみ傾注すべきこととて、狭義の行政事項は摂政が取って代わる。摂政は三人の高僧か

★ Trotter, *op.cit.*
★★ デゴダンによると「グニエル＝オラ＝サン＝ポ＝キェ Gniel-ora-sin-po-kié」。

らなる最高諮問会議のなかから清朝皇帝が選抜する★。この最高行政官は「ノマカン（ヌムシェン？）」あるいは「ギャルポ（ギャルチュ？）」と呼ばれるが、他のすべてのチベット人同様に、ダライ＝ラマのしがない召使とみなされている。ノマカンは自ら行政をつかさどることもあるし、「カスタク」または「カロン」と呼ばれる四人の大臣、および一七人のその下僚を通じ運営することもある。他の役人はほぼ全員がラマ僧階層から選抜され、大臣が指名する。だが政府の傍らには「キリチャイ」あるいは「アンバン〔昂邦〕」と呼ばれる一人、ないし二人の中国人駐在官〔駐蔵大臣〕がおり、重大な事態の際には清朝皇帝の意向を伝達する。康熙帝が定め、後継者たちが順守してきた原則は、チベットの国事のうち、総合政策および戦争についてはすべて北京の政府と協議せねばならないが、領内の特殊な利害や現地の治安は、ラサとタシ・ルンポ寺、および多少とも独立した多様な地方の当局に帰属する、というものだった。文官は全員がチベット人である。

清国君主の影響力は政治情勢や宮廷の陰謀、国民感情にしたがい強まったり弱まったりしたが、通常は決定的な影響力を保持し、対立する諸派は最高裁定者として清朝皇帝の代理人に訴える。チベットの政府機構において最も深刻な危機は、ダライ＝ラマが現し身を脱ぎ捨て、幼児のそれをまとい遊ばされる際の時期である。最も修行の高みに達した「クトゥクトゥ」と呼ばれる僧正たちが参集して継承者の選定手続きに入り、一週間にわたり絶食したまま祈り続けたのち、くじ引きで次のダライ＝ラマが決定される。だが、この一見偶然に見える方式を命じたのは清国の外交使節である。一七九二年、この選定手続きに対し清国〔乾隆帝〕は壮麗な金の壺を贈り、壺から引き当てられた札に記された氏名をもって次代の君主とするよう定めた〔金瓶儀礼〕。これが贈られて以来、大清帝国に敵対的な家系からの候補者が選出されたことは一度もないのである★★。そもそもダライ＝ラマがその権威を回復するには、清国皇帝の正式な署名をそなえた証書が必要とされる。教皇にして王であるダライ＝ラマとその大臣は、全員が北京から年俸を受け取るし、国璽も北京が交付する。チベットの高官が帽子につける小さな珠は、大清帝国が授けた顕職であることを明示する徽章だ★。

★ Campbell, *Österreichische Monatsschrift für den Orient*, 1881.
★★ Hilarion, *Arbeiten der Russischen Gesandschaft zu Peking über China, vol.*1[4?].

万事はラサの宮廷を満足させるべく、巧妙な工夫が施されているのである。たしかにラサの宮廷は三年ごと、あるいは五年ごとに荘重な外交使節を北京に派遣することになっている。使節は一種の貢納である贈り物をたずさえてゆくが、それは一般の人々がもたらしたものだ。そして「天子」から受領する素晴らしい返礼については、自分たちで仕舞い込んでしまう。ダライ＝ラマの国庫は毎年二五万フランづつ増加するが、彼がそれに手を付けることができるのは戦時だけである★★。

租税と刑罰

税率を固定する法律はまったくなく、慣習と高官の意向のままに決められる。全土はダライ＝ラマに属し、住民は一時的な所有者なのであって、本当の所有者が占拠を黙認しているに過ぎない。同様に家屋や家具、というより何もかもが普遍的な所有者のものであって、課税や賦役によってその一部しか取り上げないことに、臣民は感謝せねばならないのである。どのような仕事であれ、お上が要請すれば誰も免れない。高官たちが最もしばしば宣告する刑罰が全財産の没収で、受刑者は土地建物を放棄して天幕暮らしとなり、少なくとも年に数回は、指定された地区内で物乞いして歩かねばならない。この司法罰としての乞食は「チョンロン［流刑者］」と呼ばれるが、あまりに多数なので、ひとつの社会階層を形成する★★★。裁判では小役人が審問し、彼らは罰金刑や禁固刑、笞刑を宣告する権能をもつ。その上役は位階に従い、流刑や、手または足を斬る刑、目を刳り抜く刑、死刑に処する権限を慣習的に、あるいは主君から授けられている。だがブッダの戒律を厚く遵守することとて、ラマ僧たちは臣民の「殺生」に及ぶことを嫌い、罪人が餓死するままに放置する以上には踏み込まない★★★★。ラサでは「正義」を行なう権利が毎年正月にデプン寺で競売にかけられる。ラマ僧のうち対価を負担できるほど富裕な者が判事として告示される。彼自身も一本の銀の杖［錫杖か］をたずさえ、ラサの住民に自分の新たな威厳を宣言しにやってくる。富裕な職人たちはそれを聞きつけると争って逃げ出す。二三日間にわたり、こ

★ Desgodins, *op.cit.*
★★ Campbell, *mémoire cité.*
★★★ Desgodins, *op.cit.*
★★★★ Markham, *op.cit.*

の判事は望みのままに罰金を科し、その利益を懐に入れるからだ。

行政区分

ラダック地方の領土がカシュミール王国の一部になり〔一八四六年〕、清国政府がバタン〔巴塘〕、リタン〔理塘〕、アテンツェ〔阿墩子〕をはじめ、チベットのいくつかの地区を切り離して四川省と雲南省に併合して以来、西蔵すなわち狭義のチベットはナリ、ツァン、ウイ、カムの四地方のみとなったが、それは領域の半分程度にすぎない。服属した地方の中にも、完全にラサから独立した飛び地状の公国がいくつかあり、独自の行政を運営して、清国皇帝とも直接にやりとりする。とくにポミの「王国」の住民はダライ＝ラマへの尊宗おさおさ怠らぬものの、通商の自由を奪われることには一切耳を貸さず、またその権利を守るすべも十分にそなえる★。こうしたわけで、チベットは錯雑たる多くの地区に分かれており、その住民は司法制度も違うし、お互い敵視しあうこともある。北京政府はこうした地方間の対立を綿密に維持する。チベットの諸地方にさえ色々な手法で介入するが、とりわけナリ地方では権威の確立を追求した。皇帝のおひざ元から最も遠い地方のことゝて、昔の独立精神が覚醒せぬよう、また十七世紀前半にここを掌握していた隣国ラダックの王国が再奪取を企てぬように★★、権力を掌握していることを感じさせるのがとくに大事だからである。地租の一部は清国皇帝に属し、その使節〔駐蔵大臣〕は自分たち、および随員全員の用に供する賦役を課す権利がある。また北京宮廷の承諾なしには、いかなる貨幣の鋳造も許されない。公式には、清国政府にとってチベットは四川省の一種の属領であって、ラサが受領する命令も、四川省が仲介するのである。

軍隊

チベットの兵役可能な住民は全員が一種の国民軍を形成し、国土防衛にあたるものとされているが、常備軍は満州人やモンゴル人、テュルク人の外国人兵士からなる部隊しかない。馬肉やモウコノロバの肉を嫌がらぬことゝて、糧食が容易なため清国政府は彼らを好むのだと説明されているが、本当の理由は、外

★ Chauveau, *op.cit*.
★★ Hermann von Schlagintweit, *Reisen in Indien und Hochasien, op.cit.*

国人なので隊長の命令一下、チベット人を殺戮するのをためらわない点である★。こうした兵士ならば少人数で十分なので、守備隊の大半は一五人程度の規模にすぎない。キャンベル［イギリス人医師 Archibald or Arthur Campbell 一八〇五―一八七四］によると、総兵力四千名のうち半分がラサに、四分の一がシガツェに駐屯し、残りはティングリ、ギャンゼほか、国境警備の拠点や幹線道路上の都市に配置されている。清国政府は、同国の支配には、チベットの民衆自身に先んじてニュースを知り、遅滞なく自らの意思を伝え、革命騒ぎを防止するのが何よりも重要であることを、完全に理解しているからだ。駅伝の中継地は注目すべき規則性と伝搬速度をそなえる。ラサとガルトクのあいだは一三〇〇キロで、一般の旅人なら二カ月を要するが、皇帝の使者は三〇日、ときには二二日間で走破する。昼夜兼行で馬を駆るのであり、馬を乗り換えるか食事以外には乗りっぱなしである。不測の事態にそなえ二名の騎馬武者も、それぞれ乗り換え用の二頭の手綱を引いて使者に随行する。こうすることで、山中の険阻な道以外は全力疾走で進むのだ。道中で休息するために脱衣しようと使者が考えぬよう、出発にあたりひとりの高官がその衣服を封緘する。封を破ってよいのは飛脚便の受取人だけである。この気の毒な使者は、旅の終点ではまるで幽鬼のように見える。人里離れた地方では、道沿いの集落に代わり、宿駅の天幕「タルツン」が設けられている。

★ Desgodins, *op.cit.*

第三章　中国トルキスタン［東トルキスタン］――タリム盆地

第一節　自然

名称

アジア中央部にある低地は、かつて天山山脈と崑崙山脈を隔てた古代の内海がほぼ完全に干上がったものだが、世界で最も多種多様な名称で呼ばれる地域のひとつである。自分たちの山岳地帯からこの平地を見下ろす住民は、テュルク語やガルチャ語、モンゴル語、チベット語それぞれに特定の呼称でもってこの地を指す。諸民族はこの地方からの出口を求めたため、征服や移住が非常に頻繁に行われ、その有為転変に続くあれこれの支配はこの郷国のみならず、周囲の領域にも及んだ。近年の住民は自国を指すさい、通例は「アルタイ・シャール」すなわち「六都」を用いたが、現在は「七都」を意味する「ジタイ・シャール」が取って代わった。しかしこの呼称は、山麓に広大な半円形をなして広がる居住地域にしか適用されない。中国名の「天山南路」は天山山脈の反対側、北に伸びる「天山北路」の対語だが、少なくとも地理学的な呼称として正確である。かつてヨーロッパでこの地方を指すのに用いられた「カシュガル王国」は、その「バダウレト＝ハン」であるヤクブ＝ベク［コーカンド・ハン国出身の軍人Ya᾿qūb Beg 一八二〇頃―一八七七］の樹立した独立国が存在しなくなって以来、用いる理由がない。いわゆるホータン王国の名も、この都市が首都の座を失ってからは放棄せねばならなかったからだ。今世紀半ばまで用いられた「小ブハラ」は、古代におけるブハラによる宗教的支配を根拠とするが、この都市は山岳や高原の反対側にあるものだし、すっかり衰微して、

パミール高原および天山山脈の西側斜面における主都の座をタシケントに譲った。ただし「東トルキスタン〔現在はこの呼称〕」および「中国トルキスタン」の名は今もタリム盆地に用いられる。これは住民の言語がテュルク語で、かつ清国政府がこの地を再び服属させたからである〔一八七七年にヤクブ＝ベクの乱を鎮定〕。

探険

中国トルキスタンは今世紀半ばに至ってもほぼ完全に忘却のなかに埋もれていたが、通行路として常に甚大な重要性をそなえた。中国からヤクサルテス川〔シル・ダリヤ〕およびオクソス川〔アム・ダリヤ〕流域に至る諸道も、さらにはペルシャ、インド方面に向かう諸道も、パミール高原の東麓にある都市群を必ず宿駅にするからである。ギリシャ人商人と中国人商人はこのシルクロード上で会合したし、仏教の布教者やアラブ人商人、偉大なるヴェネツィア人マルコ＝ポーロや、中世のヨーロッパ人の旅人も、中国トルキスタンのオアシスに休息し、そこから東の砂の地帯や、あるいは西の高原沙漠へと、つらい歩みを再び踏み出したのである。だが昔の記録は今世紀初頭にはすっかり忘れ去られ、タリム川とその支流が流れるこの沈降部は、大陸内部の全域を占めると信じられた広大な「タタール高原」の一部とみなされていた。パミール高原の東に開くこの巨大な窪地の真実の形状が周知されるには、中国研究者たちが天山南路地方に関する中国語諸文献をヨーロッパに示すのを待たねばならなかった。

シュラーギントワイト兄弟のひとりアドルフ〔ドイツ人植物学者、探険家 Adolf von Schlagintweit 一八二九—一八五七〕は、インド経由でタリム盆地に入り込んだ今世紀最初のヨーロッパ人である。彼は一八五七年にカラコルム山脈を横断して東トルキスタンの平地に下り、カシュガル〔喀什噶爾〕まで進んだが、その君主ワリー＝ハン〔Wali Khan 生年不詳—一八六五〕の命令により殺害され、彼の記録や収集品は科学から失われた。その八年後にはジョンソンがホータンの川と一帯の沙漠地帯を訪れ、通商面の利害と英露の外交戦が引き起こしたイギリス系の諸探険の先陣を切った。一八六八年になると茶園主であるショー〔イギリス人探検家 Robert Barkley Shaw 一八三九—一八七九〕がこの平地の通商路の探査をイギリス政府から請け負ういっぽう、ヘイワード〔イギリス人探検家 George Jonas Whitaker Hayward 一八三九

―一八七〇〕がロンドン〔王立〕地理学協会からとくにこの高原地帯を訪れるよう使命を受けた。ヘイワードはアドルフ＝シュラーギントワイトと同様の運命に見舞われたが、ショーはもっと幸運で、この地方の交易に関する多くの情報を収集し、インドに持ち帰った。彼は新たな旅の準備に着手したが、それはカシュガル地方の君主ヤクブ＝ベクに対する新規の派兵、というよりむしろ公式使節の道案内に選ばれたからである。使節となったフォーサイスはヘンダーソン医師を伴ったが、ヤルカンドを越えなかった。だがその三年後にはゴードン、ビッダルフ、トロッター、チャップマン、ベリュー〔イギリス軍医、著作家 Henry Walter Bellew 一八三四―一八九二〕、ストリチカといった多くの探険家が続々と現地入りし、作業を手分けしたこととて、平地のうち肥沃な地帯は南から北まで、すなわち崑崙山脈から天山山脈まで、踏査された。西も「世界の屋根」はオクソス川の上流峡谷まで登攀された。いっぽうロシア人も手をかねていたわけでは微塵もなく、一八五八年にはワリハーノフ〔カザフ民族出身のロシア軍人、探険家 Tchokan Valikhanov 一八三五―一八六五〕、一八六七年にはオステン＝サッケン〔ロシア人探険家、政治家 Fyodor Romanovich Osten-Sacken 一八三二―一九一六か〕が、いずれも天山山脈を横断してカシュガルの平地部に下りている。一八七六年にはクロパトキン〔ロシア軍人、日露戦争時のロシア満州軍総司令官 Alexeï Nikolaïevitch Kouropatkine 一八四八―一九二五〕が別の経路を辿り、テレク・ダヴァン峠〔現キルギスタン・中国国境、「ダヴァン」は峠〕から東トルキスタンに入って、天山山脈沿いにその南側支脈の麓にあるカラシャル〔エンキ（焉耆）〕の湖〔バグラシ湖〕まで至った。彼の経路を最近さらに東に進んだレーゲル〔ロシア人医師、植物学者、考古学者 Johann Albert Regel 一八四五―一九〇九〕とクロパトキンのおかげで、中国人による天山南路方面への軍事的、商業的遠征が常に辿った「帝国の道」が明らかになったのである。天山山脈の北側にあるクルジャ〔イーニン（伊寧）〕と天山南路を結ぶ道も、ムシュケトフ〔ロシア人地質学者、探険家 Ivan Vasil'evich Mushketov 一八五〇―一九〇二〕の諸経路ほかによって連絡した。最後にプルジェーヴァルスキーは沙漠のただ中に進み入り、天山山脈とアルティン・タグ〔アルチン（阿爾金）山脈〕のあいだにあるタリム盆地の東部全域を探査した。だが崑崙山脈の麓地帯と、マルコ＝ポーロやベヌト＝デ＝ゴエス〔ヨーロッパ人として初めてインドから中国に到達したポルト

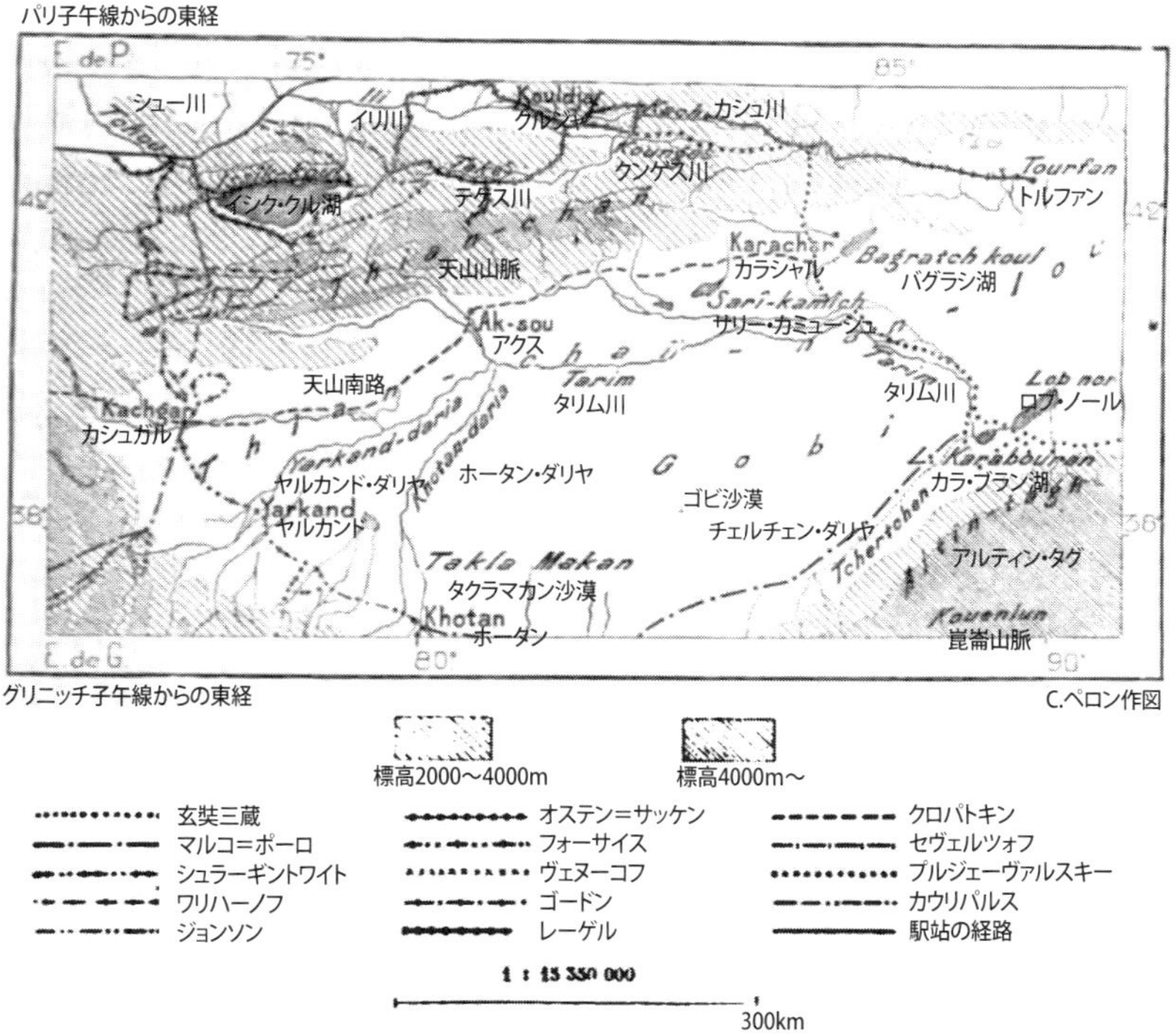

図 17　天山南路

ガル人イエズス会修道士 Bent de Goes 一五六二―一六〇七］が渉猟した地方はまだ現代の旅行家に閉ざされている。砂と餓えのせいで、これからも長きにわたりそのままだろう。

面積

さまざまなイギリスやロシアの探険家たちが調査した境界からみると、中国トルキスタンの面積は一二〇万平方キロ近くになり、クロパトキンによれば一〇〇万人もいるかいないか、フォーサイスの推定ではわずか五八万人という人口からすれば、広大なものである。フランスの倍ほどの広さをもつこの地方は、［直径］二五〇〇キロの半円形の中にヨーロッパの二線級都市、たとえばナポリやリヴァプール、グラスゴウ程度の人口しかいない。中央アジアは乏水地帯で、泉が涸れる場所からすぐに沙漠が始まるからだ。この巨大な競技場のような地帯をとりまく山岳の頂部は、雲海に達する高さだが、山肌を流れ落ちる水のすべてが谷の出口に到達するわけでは

ない。とはいえ、円形劇場のように取り囲む山々からの小川が多数合流するので、正真正銘の流域盆地を構成する。収斂する谷間や支脈の多さからいえば、タリム川はインダス川と張り合おうとするかに見える。カラコルム山脈を境にする両側の高原群には一種の対称性があり、気象条件の差から生じる違いは膨大である。

ホータン・ダリヤ

ホータン〔和闐、和田〕の東では、ほとんど雪のない崑崙山脈やアルティン・タグの山腹を下る水流のうち、タリム盆地の中央にある水盆〔ロプ・ノール〕まで到達するのはチェルチェン・ダリヤだけと思われる。これが最も水量が大きく、タリム川に合してロプ・ノール〔羅布諾爾〕に至る。ホータンの諸オアシスを涵養し、タリム川の主な支流たるホータン・ダリヤを形成する河川群は、かつて翡翠の川としてアジア全域に極めて著名だった。中国の年代記の著者たちが繰り返し述べるには、この地の川は三つの水流からなり、それぞれ特別な色の翡翠〔玉〕が川底を下るという。東に流れるのが「碧玉河」、まん中が「白玉河」、そして西が「墨玉河」である。そのうち少なくとも二つは古来の名称をテュルク語に保持しており、白玉河を意味する「ユルン・カシュ〔玉龍喀什河〕」と、墨玉河を意味する「カラ・カシュ〔喀拉喀什河〕」と呼ばれる。水量は後者のほうが豊富だ★。カラ・カシュ川の源流はカシュミール地方で、崑崙山脈よりもかなり南、カラコルム山脈の稜線に連なる相対的に低い峰や丘が見下ろす高地〔現アクサイ・チン（阿克賽欽）〕である。この標高五〇〇〇メートルを超える地帯には湧泉が多く、カラ・カシュ川は、行く手に立ちはだかる山々を鋭角に切り裂きつつ、一連の横谷を辿って下りてくる。そして崑崙山脈の北麓が内側に抱く谷を一〇〇キロ以上にわたり流れたのち、シャイドゥラ〔賽圖拉〕の隘路から北東に抜け、ホータンの平地に出てくる。

カラ・カシュ川上流部

カラ・カシュ川の上流河谷の東には、インダス川流域からタリム川のそれに赴く旅行家たちが通る平地があり、大半は塩などの風解に覆われる。かつて一帯を冠水させていた湖は吐水しきったか、あるいは少しづつ乾

★ Rémusat, *op.cit.*

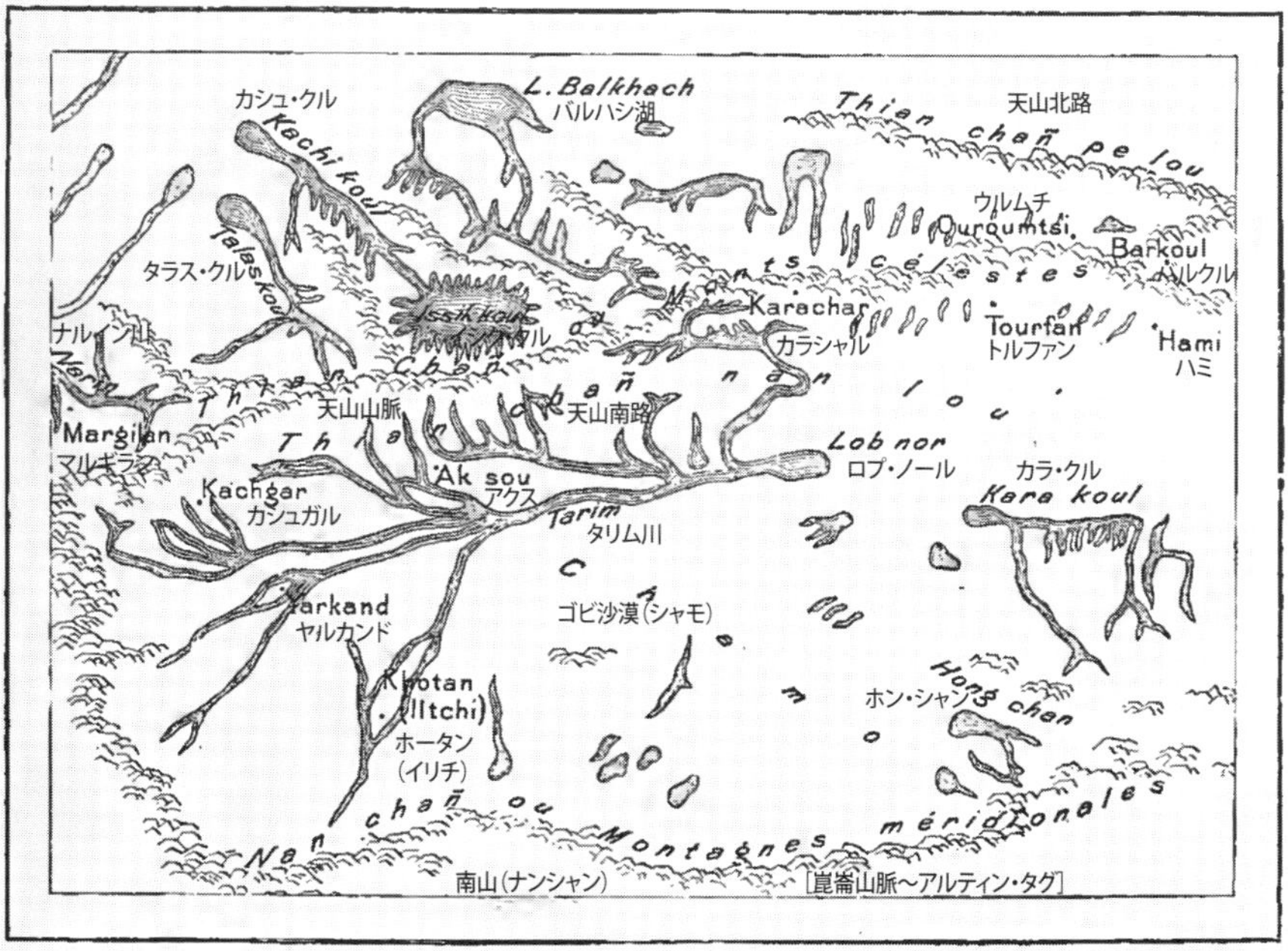

出所: アンボー=ユアルによる

図 18　中国の地図をもとにした天山南路

燥してしまい、その後に旧湖底を流れた河川群も、移動する砂に取って代わられた。ここには深いクレバスが散在し、雪のように白く細かい硫酸マグネシウムが詰まっていて、風が巻き上げる。深いくぼ地には、厚板状の氷の下に塩泥の沼沢があり、標高五四〇〇メートルまで温泉がみられる。湧出口は二重の輪になっており、内輪は石灰質の凝固物、外輪は水分の凍った氷だ。深さ一メートル、直径二メートルほどの完全に円形の小ポノール〔吸い込み穴〕が、数平方キロにわたり見られる場所がいくつもある。こうしたポノールのいくつかは降雨の後に泥を噴出し、ときには水が大量に奔出する。ヘンダーソンはこれが正真正銘の火山性の泥とは考えず、豪雨の後や融雪期に地下の泥が崩落し、深いところにある地下水が地表に上ってくるものではないかとみている。こうした場所の下方にあるカラ・カシュ川の岸にも、同種のポノールがみられる地点が数か所あるが、こちらは穴の周囲に塩のクラスト〔殻〕をそなえる。これら

挿画 X　カラ・カシュ川の上流河谷
1870 年のイギリス探険隊におけるヘンダーソンの写真をもとに、テイラー筆

はカラ・カシュ川と通じており、水位は夜間に凍結して低下し、日中は雪や氷が溶けるため上昇する。このため、一日のあいだに満水と空の状態を往復する。カラ・カシュ川は塩水のため、蒸発すれば白っぽい層を残すわけで、水位の上下動の痕跡である★。

カラ・カシュ川下流の西

カラ・カシュ川の下流の西には、一筋の砂丘群を隔てていくつかの小河川が連続するが、いずれも砂地やヤシル・クルの沼沢地に姿を消してゆく。これらの水流は、行く手を阻む障害物を掃き出して流路を開くには弱すぎるのだ。これは水源が雪深いカラコルム山脈の山中ではなく、崑崙山脈に連なりはするものの、高原部の外側にある扶壁にしか見えぬほど低くなっている北斜面にあるせいである。標高三三〇〇メートルまでほぼ完全に粘土層で覆われている。この土の塊から立ち上がる峰々だけは恐らく氷河期のものである。隊商がこの山地を

★ Henderson & Hume, *op.cit.*

辿ると、ヤクの歩みで濛々たる土埃が舞い上がり、お互いの顔も見分けられぬほどだ。下方では、平地に突き出た丘陵を砂が多い、風がそれに皺模様をほどこす。インドから中国トルキスタンに向かう幹線は、この粘土質の山地をサンジュ峠［標高五三六四メートル］で横断し、カラ・カシュ川が山岳部から抜け出るさいに大きく北東に屈曲する箇所を避けている。地元住民はこの峠を英雄ロスタム［ペルシアの叙事詩シャー・ナーメに語られる英雄］の通力で出来上がったとしているところを見ると★、到達が困難なのであろう。

ヤルカンド・ダリヤ

中国トルキスタンの南西角に生まれる水流は、恐らくタリム盆地のなかで最も長く、かつ水量が豊かである。これがヤルカンド・ダリヤ［ヤルカンド川（葉爾羌河）］で、とくに上流部はしばしば「ザラフシャン」すなわち「金の採れる川」と呼ばれる。実際にも、サマルカンドの川とおなじく水中の砂には砂金が混じるが、それ以外にも、支流とともにヤルカンドの田園を肥沃にする点で貴重だ。この命の川が育む果物や穀物は、東トルキスタンの住民の四分の一以上を養う。水源はカラ・カシュ川とおなじく大清帝国の外側にある。源流のひとつは、山脈全体にその名が冠されたカラコルム峠（標高五五五〇メートル）の斜面にある。カラ・カシュ川源流と同様に、幅が数［キロ］メートルの稜線がタリム川とインダス川の流域を隔てており、巨大なチベット高原がそこから東に向け広がる。アジアのこの地方にあるすべての山岳体系が通常そなえる方向に沿い、ヤルカンド・ダリヤはまず北西に流れる。つまりカラコルム山脈と、それに伴走するもっと低い北の山脈群に平行して流れながら、河谷の南側斜面の氷河から多くの支流を受け取って太ってゆく。同川を涵養する雪と氷の峰々のひとつが、ガウリ・サンカル山のみに高さを譲るダプサン［チョゴリ（K２）、標高八六一一メートル。ガウリ・サンカルをしのぐ］だ。カラ・カシュ川同様に、ヤルカンド・ダリヤも、前山の隘路から平地に抜け出るさいには、すでに大きな水流である。だが山岳地帯から出てきた後は、灌漑水路への分水や蒸発により、急速に縮小する。それでも増水期には、ヤルカンド近くを通る主流が幅六〇〜一四〇メー

★ W. H. Johnson, “Report on his Journey to Ilchí, the Capital of Khotan, in Chinese Tartary”, *Journal of the* [*Royal*] *Geographical Society of London, vol*. xxxvii, 1867, *pp*.1-47.

トルに達し、渡渉できる箇所は皆無になる。全体の流路の形がカラ・カシュ川と似ている点は注目される。最初はどちらも並走する山脈のあいだを、北西に開いた褶曲のひとつに沿って進む。ついで北や北東に蛇行し、古代の内海だったゴビ沙漠の低地へ流れ出すのだ。

コングール山脈とカシュガル・ダリヤ

パミール高原から流れ下るタリム川の支流群が重きをなす河川になるには、源流部の雪の地方での流路延長が足りない。これらの支流が流れ出す山々は平地のすぐ西に、まるで正真正銘の世界の限界のように立ち上がる［コングール山脈（公格爾山）］。ある中国の古文書は、パミール高原の縁にあるこれらの峰が「千里」、すなわち五〇〇キロの高さをもつと述べるが★、ツン・リンの峰々が「諸天に達し」、人間を寄せ付けぬ山々のひとつであることの表現にほかならない。注釈者の多くが「タマネギ［玉葱］の山々」と呼び、レミュザ［フランス人東洋学者 Jean-Pierre Abel-Rémusat 一七八八―一八三二］の翻訳では「青い山々」は、タガルマ［塔合曼］の峰が見下ろすアジア最高の山塊のひとつから前方に張り出した岬角部である。パミール高原の東斜面は、オクソス川上流を形成する多くの河川が流れる西斜面と対照的に、すこぶる峻嶮である。そのため、山頂部の万年雪が生む河流はすぐに平地に下るが、熱心な耕作者たちが待ってましたと灌漑水路網に分水してしまう。パミール地方からヤルカンド・ダリヤに結合する河川はひとつだけで、カシュガル・ダリヤ［喀什噶爾河］である。これはキジル［克孜爾］・アルト、すなわち「赤い峠」の麓、アライ山脈とトランスアライ山脈のあいだにある「赤い谷」が源流だ。同川の主な支流はふたつのキジル・スー、すなわち「赤い水」のひとつで、こちらはロプ・ノールに向けて流れるが、もうひとつのキジル・スーは反対にアラル海へ向かう★★。パミール高原東部の山々はしばしばキジル・アルトの名で呼ばれる。ショーはキジル・タグ、すなわち「赤い山々」と呼ぶのもよく耳にした。

タリム川とバグラシ湖

★ Rémusat, *op.cit.*

★★ Fedtchenko, *Voyage au Turkestan* (en russe). [Henri de Saussure, *Voyage au Turkestan de A. P. Fedtchenko,* 1874?]

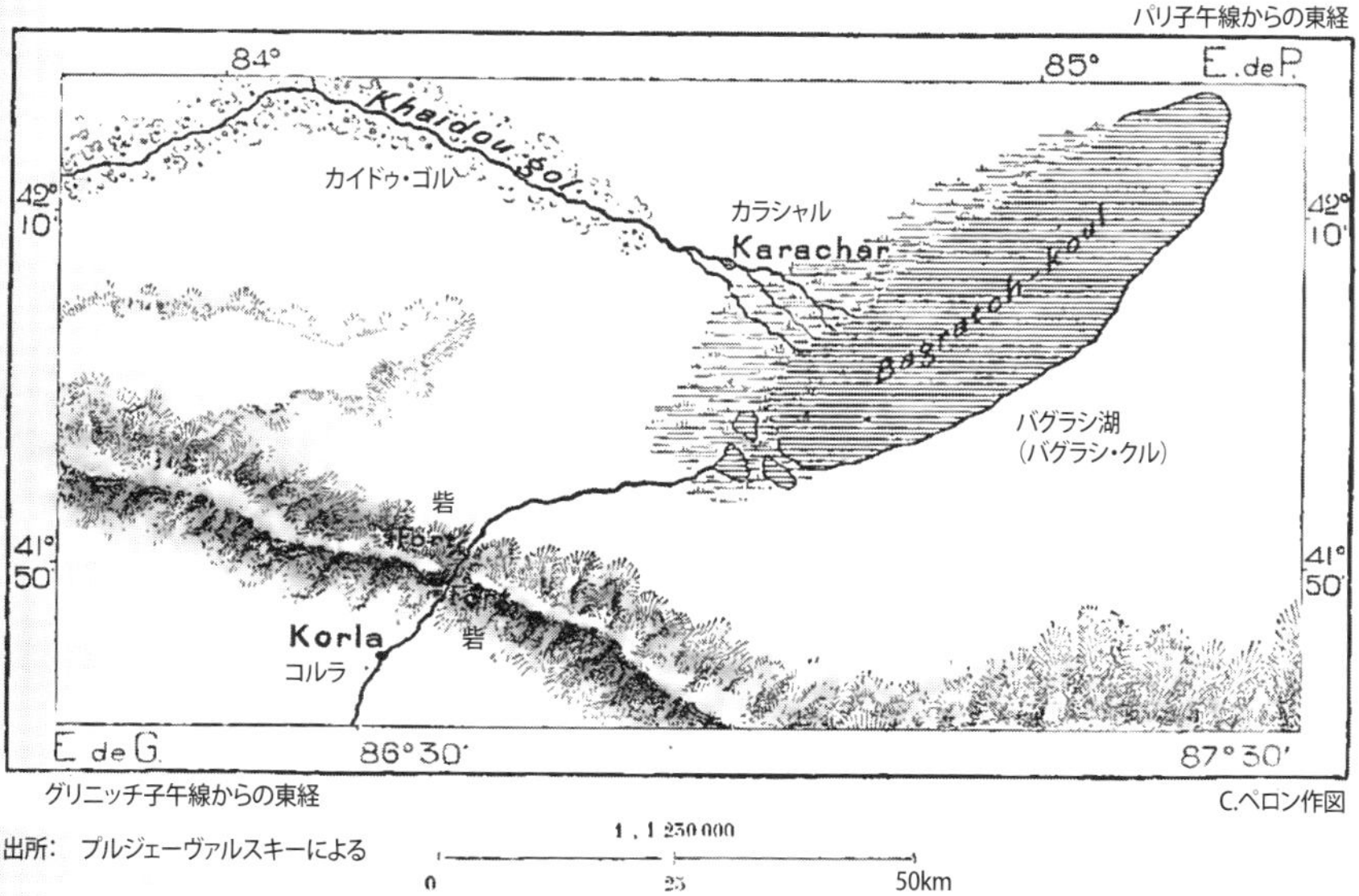

図 19　バグラシ湖

カシュガル・ダリヤと合流したヤルカンド・ダリヤは、アクス・ダリヤ〔阿克蘇河〕とともにホータン・ダリヤと合同する。アクス・ダリヤはその前に天山山脈から流れる別の川タウシュカン・ダリヤの水を受け取る。これらの河川が合流する地点から先がタリム川（タリム・ゴル〔塔里木河〕）である。古代ギリシャの地理学者たちが、中国からの道を辿るに違いないと考えたオエシャルデス河だ。だが現地住民が「タリム」の名を用いることはまれで、プルジェーヴァルスキーによると、どこまで流れても常にヤルカンド・ダリヤと呼ぶ。タリム川は天山山脈の南側扶壁群から離れて流れ、多くの支流に分かれる場所もいくつかあることとて、発達できる距離はドナウ川に匹敵するが、このヨーロッパの大河のように河口に近付くにつれて大きくはならない。その逆に、北方の山々が送り出す「ダリヤ」をぽつりぽつりと受け取るにも拘わらず、少しづつ衰弱してゆく。コク・スーはババ・クル、すなわち「女たちの湖」に、もうひとつの別の川はサリー・カミーシュ、すなわち「葦の生えた黄色い沼〔黄水溝か〕」で終わってしまうが、これらの河川の東にあるカイドゥ・ゴル〔开都河、かつて流沙河と呼ばれた〕は★、「ユルドゥズ」

すなわち「星々」と呼ばれる草地の圏谷群から下りてくるもので、タリム川まで到達できる水量をそなえる。しかしこれも山中の隘路をいくつか越えたのちには、途中の大型の水盆で停止する。この湖性の水盆は深くて魚が棲み★★、さまざまな名前で呼ばれる。すなわち「ボグラ・ノール」、「ボステン・ノール」、「バガラシュ・クル」、「バグルチ・クル」、「カラシャル・クル」、あるいは単に「デンギス」つまり「海」である［バグラシ（博斯騰）湖］。バグラシ湖を抜けるとカイドゥ・ゴルはハイディン・クワまたはクンチュ・ダリヤ［孔雀河］に名前が変わり、クルク・タグ湖の山脈を非常にせまい隘路で通り抜ける。かつては大きな防砦が設けられていた鞍部で、今も粘土の砦がある。幅一〇キロほどだが、中央アジアに数多い「鉄門［鉄門関］」のひとつで、かつて両トルキスタンを所管する総督が駐在したフシエンの町があったのも、この要衝の近くだ★★★。

ロプ・ノール

クンチュ・ダリヤを受け取ったあとのタリム川は、天山南路の最も低くなった場所に向かうにつれ、流速が小さくなる。ロプ・ノールへの流入口に近いアブダリの村付近での平均流速は毎秒八〇センチ程度にすぎず、流量は七五〜八〇立方メートルとみられる★★★★。アブダリ村でのタリム川は、ロプ・ノールと同水系に属するカラ・ブラン、すなわち「黒い嵐」の葦沼を抜けてきたばかりで、ようやく一本の水流の姿を取り戻すと、今度はすぐに天然や人工の灌漑水路に分かれ、カラ・ブランよりも背の高い葦原の中に姿を消す。この茂みに入り込む漁師は、水面から六メートルも突き出たイグサ［藺草］の幹を目にする。タリム川の航行可能な水路がだんだん狭まるこの第二の湖がチュク・クル（大きな湖）、あるいは現地住民の呼び名ではカラ・クルチャンである。これとカラ・ブランとを合わせ、水が溜って蒸発してしまう一帯全域を指す名称がロプ・ノール［羅布泊］である。東の水盆はおそらく二〇〇〇平方キロを超える広さと思われ、たとえばレマン湖［スイス・フランス

★ 大半の地図では「ゴル gol」と「グル göl」を同義として区別せずに用いるが、誤りである。「ゴル」は川を意味するモンゴル語なのに対し、「グル」はテュルク語で「湖」の意味であり、「クル koul」と同義である。Grigoryev, *Supplément à la Géographie de Carl Ritter* (en russe).

★★ Prjevalskiy, *Du Kouldja au Lob nor* (en russe).

★★★ *Geographical Magazine,* Sep. 1878.

★★★★ Prjevaliski, *op.cit.*

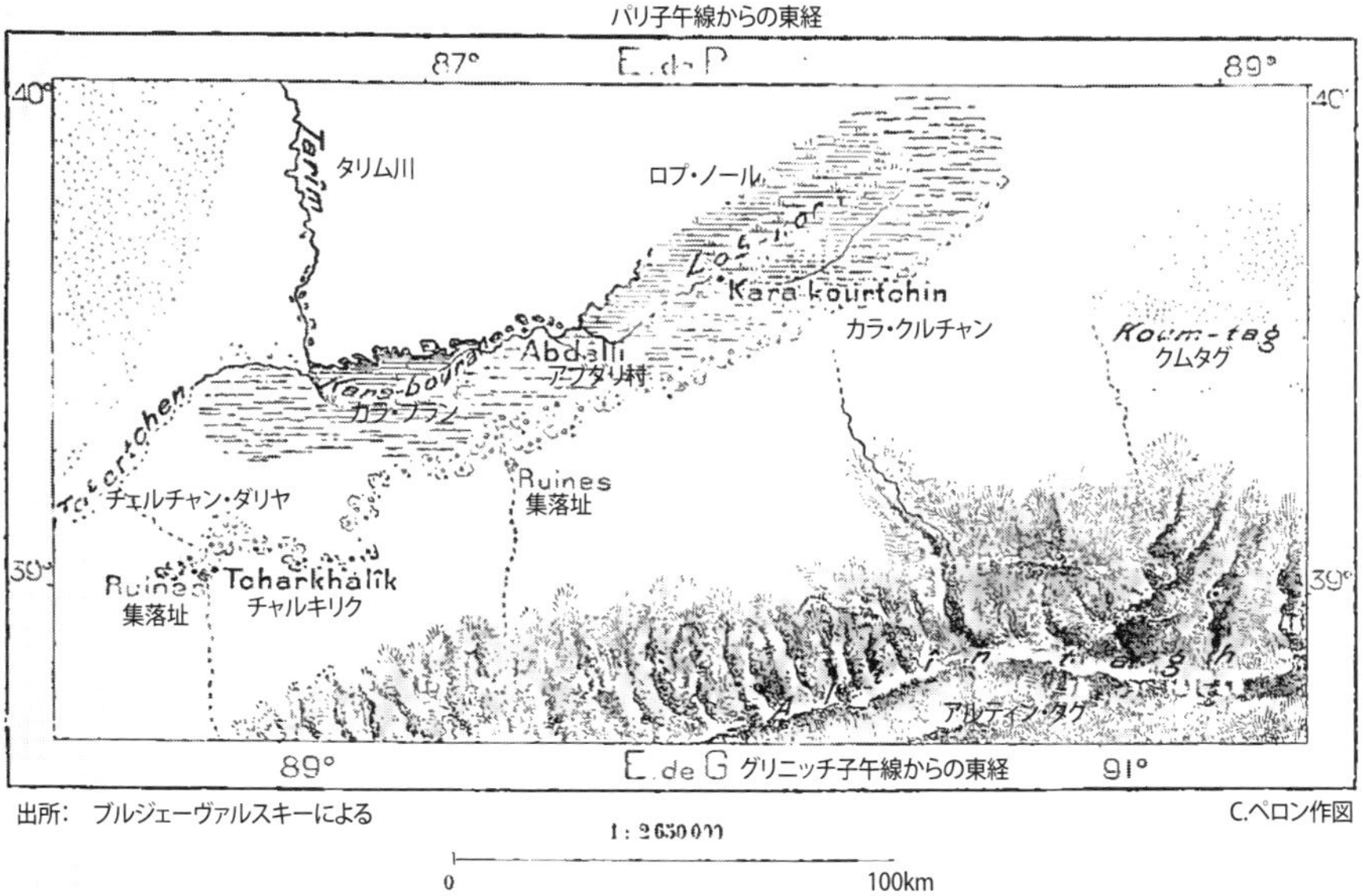

図 20　ロプ・ノール

国境」の四倍だが、水量は全く違う。ロプ・ノールの大半は沼地で、高い岸辺の南部だけが平均水深二メートルに達する。最も深い地点は四メートル以上の水深がある。湖の中央にさえ一条の陸地があり、背の高い葦原に隠れるように漁師の村がいくつかある。このおかげでカラ・クルチャンの小家屋は、とくに春に平地を通過する東や北東からの嵐を心配せずに済む。他方、カラ・ブランの水面はこの暴風で逆巻き、いつもの岸辺から二〇キロほど先まで広がることがある。「黒い嵐」と呼ばれるゆえんだ。

ロプ・ノールは明らかに、伝承や歴史文書が言及し、かつタリム盆地全域と、東ではモンゴルの高原の麓まで、明瞭な痕跡をみせる古代の内海の微弱な残余だ。リヒトホーフェンが研究した西海（シー・ハイ）は現在の中国人が呼ぶ瀚海（ハン・ハイ）すなわち「乾いた海」で、実際の輪郭をかなり正確に調べることができる。有史以前には、この古代の海は崑崙山脈と天山山脈の山系と平行に、すなわち西南西から東北東に向かって広がり、面積二〇〇万平方キロに及んだことが知られている。その最深部、すなわち現在のロプ・ノールが所在する標高六七一メートルの地点では、少なくとも九〇〇メートルの水深をそなえたことも

分かっている。つまり中央アジアの住民が歴史の曙にあったころには、この窪地に正真正銘の海がいくつか残っていた。天山南路や天山北路、すなわち天山山脈の両側には巨大な湖性の水盆が存在し、現在我々が目にする平地に散在する小さな湖沼群は、その残余なのだ★。中国トルキスタンや中国西部の民間伝承は、異口同音にこの盆地にあった湖沼群の衰微を語るが、おそらくこうした水域の消滅を説明するために、一本の地下水流がロプ・ノールの溢水を運び、三〇〇〇メートル高い場所にある黄河の源流で土中から噴出していると想像したのであろう★★。ロプ・ノールの縮小により、水分はだんだん濃縮したにも拘わらず、古代の海盆の全域にみられる湖沼の大半のように完全な塩湖にならなかった点は、最も注目される。現在のロプ・ノールは新鮮な淡水だが★★★、たぶん下流の平地で場所を変えたためと思われる。つまり既に塩が覆っていた土地から、まだ塩分のない箇所へと移ったのであり、かつて堅固な地表に生育したギョリュウ［御柳］の幹も残っている。現地住民の言によると、タリム川は今世紀半ばにかけてだんだん水量が減少したので、それに応じて湖面も低下しただろう。だが一八七〇年頃にタリム川が増水すると、湖岸の一部は、塩分が溜まった湖底の先へ延びていった。風解と乾燥により、湖畔はほぼどこも塩分土壌であることを証するが、南部だけはギョリュウの列があって、かつて湖岸だったのが知られる。ロプ・ノールはタリム川同様に二種の魚が豊富だ。住民は人工の水路と潟でもってこれを捕える。増水期に入り込んだ魚は、水位が低下すると出られなくなるからだ。こうした漁の仕掛けは、タリム川が周囲の平地よりも高い場所に河床を形成する［天井川］ため、いっそう容易である。すべての河川とおなじく、増水期のタリム川は岸をかさ上げする堆積物を運んでくるが、もうひとつの原因に比べれば、その作用は微々たるものだ。それは沙漠の風が運ぶ土埃や砂丘の砂で、葦の茂みが押しとどめると、かなりの量が堆積して、新たな砂丘を形成する。こうして川岸も、河床も、葦の沼も、少しづつ周囲の窪地

★ Richthofen,China, *op.cit.* ［『支邦（Ⅰ）』前掲書、145—159頁］

★★ Joseph de Guignes, *Histoire Générale des Huns, des Turcs, des Mongols, et des autures Tartares Occidentaux, &c,* Paris: Desaint & Saillant, 3 vols, 1757; Rémusat, *op.cit.*; Camille Imbault Huart, *Recueil de documents sur l'Asie centrale,* Paris: Ernest Leroux, 1681; Richthofen, *China, op.cit.* ［『支邦（Ⅰ）』前掲書、387—388頁］

★★★ Prjevalski, *op.cit.*

★★★★ *Ibid.*

から高くなってゆく。窪地のほうは砂がなくなるわけだ★。これが、タリム川と、その延長に他ならないロプ・ノール自体が、位置を変える理由の説明である。中国の古地図では、ロプ・ノールを現在の場所よりもかなり北に示すが★★、流域から流域へと移るのはまったく可能なのである〔現在では、ロプ・ノールは出現と消滅を繰り返しても、流域自体は変わらないとされる〕。

ロプ・ノールと天山南路の北部にある湖沼群は、形状や位置に一種の対称性がある。ババ・クル、サリー・カミーシュ、バグラシ湖、そして最近レーゲルが発見した湖は、いずれも山脈の基部に沿って南西から北東へ同一方向に伸びており、モンゴルから中国トルキスタンに入り込む隘路のたぐいの入り口にあたる。タリム川はこれら二つの湖沼地帯を結ぶ。つまり天山山脈からアルティン・タグまで一本の水の線が形成され、沙漠を横断しているわけで、すでに修道士リュブリキも旅行記でこの地理学的事象を指摘している〔「ルブルクのウィリアム修道士の旅行記」、森雅夫訳『中央アジア・蒙古旅行記』光風社選書、一九八九年、二〇九頁下段〕。

タクラマカン沙漠

沙漠や未墾地の空間が中国トルキスタンに占める割合はまだ大ざっぱにしか算定できないが、住民の労働のもとに置かれ、播種される田園部をはるかに上回るのは確実である。緑の空間はほぼ例外なく水流に沿う数百メートルの細い帯状で、最大でも数キロである。その向こうに広がる無人の地帯はほぼ全域が未踏査だ。ゴビの名称は東トルキスタンでは知られておらず、タリム川下流がモンゴルの沙漠地帯を隔てるとはいえ、ここはすでにその一部である。ホータン以北でホータン・ダリヤよりも東の砂の地方には、テュルク語の「タクラ・マカン」の名称が冠せられている〔以下「タクラマカン」と表記〕。北風の猛威にさらされ、海原の波浪のように前進する砂丘が高さ六〇〜一〇〇メートル、ときには一五〇メートルに立ち上がる地帯だ★★★。ヨーロッパ沿岸の移動性の小砂丘には、タクラマカン沙漠で目にする高さに達するものは絶無だろう。だがホータン・ダリヤの西になると砂丘は高い丘のような様相を失い、高さ三〜六メートル

★ *Ibid.*
★★ D'Anville, Klaproth, Richthofen〔『支邦（Ⅰ）』前掲書、39—40 頁か〕.
★★★ Johnson, *Journla of the* [*Royal*] *Geographical Society of London, vol.*XXXIX, 1869.[or, W. H. Johnson ,*op.cit*.?]

の移動する小丘にすぎず、北西から南東に進む。それでも、なかには三〇メートル以上の高さをそなえ、正則な三日月形に発達するものもある［バルハン砂丘］。両端の角状の突出部は移動性が大きいので、本体よりも長い★。オアシスでも、また崑崙山脈やパミール高原の前山の山麓でも、微細な塵が青空を見えなくするので、まじかに沙漠のあることが感じられる。太陽が鮮明に見えるのは夜明けから数時間にすぎず、東風が吹こうものなら、一日中その姿は見えなくなり、屋内では真昼間でも灯りが必要だ。ヤルカンドの郷国を一月半にわたり旅行したヘンダーソンは、大気中に漂う微細な塵の霧に阻まれ、一度も大山脈を遠望できなかった。どうかするとすぐ近くの小丘も見えなくなり、一帯の全般的な起伏を推量することさえできなかったのである。暴風が運ぶ大量の砂は耕地にとって致命的だが、触っても分からぬほど微細な粉末状になって降る塵は、土壌を非常に肥沃にする。これはホータンや東トルキスタンの豊穣な田野に適合した土壌改良剤で、種々の肥料の代わりになる。現地住民は豊かな実りを沙漠の砂に帰するが、あながち的外れではない★★。

中国トルキスタンの無人地帯は全域が砂丘に覆われるわけではない。とくに砂丘が占めるのは、北風がそれを押しつけた南部と南西部である★★★。沙漠地帯にもアラル海の周囲と似た正真正銘のステップ地帯があり、黄色、ないし赤みがかった表土が、定常的な風のもとにある波浪のような長い波動をなす。砂が磨滅させた白い岩は、遠くからは崩れた大きな建物のように見え、古代の湖底には塩の層がみられる。崑崙山脈の基部の広大な沙漠の地表には礫しかない。今は放棄された交易路が縦断していた一二〇〇～一三〇〇年前には、崑崙山脈に最も近い場所の住民が、ウマ［馬］に木靴を履かせ、ラクダ［駱駝］は足に牛皮を巻いて、滑りやすい小石の上を歩ませる工夫を隊商の商人に教えた★★★★。古代中国の諸年代記は、これらの礫の土地や「砂の川」の恐怖を述べている。ロプ・ノールの東に広がる沙漠地帯は悪霊が空中を飛び、龍が隠れ棲む土地であって、道しるべは骨しかないというのだ。

★ Bellew; T. Douglas Forsyth, “On the Buried Cities in the Shifting Sands of the Great Desert of Gobi”, *Journal of the* [*Royal*] *Geographical Society of London, vol.*XLVII, 1877, *pp.*1-17.
★★ *Ibid.*; Johnson; Richthofen.
★★★ Kouropatkin, *Kachgarie* (en russe).
★★★★ Rémusat, *op.cit.*

砂は旅人を嘲弄する声を発し、恐怖で満たす。砂は「歌う」かと思えば、雷鳴のように怒号し、あるいは鋭い口笛を発するが、振り向いてもその源は分からない★。こうした記述が、熱に浮かされた旅人の想像の産物である可能性はたしかにあるが、シナイ半島や、アフガニスタンの山々や、アラビアやペルーの山中を探検した人々と、海岸部を研究する多くの博物学者が語る砂の「音楽」を、中国トルキスタンの砂丘も奏でるのが、あり得ないとは言えないだろう★★。探険家レンツ［ドイツ人地質学者 Oscar Lenz 一八四八―一九二五］も最近トンブクトゥに赴いた途次に、この熱された砂の声を耳にしている。

ホータン王国の強盛期［一世紀頃か］には、今日のような広大な地域を砂が征服していなかったのは確実だが、当時すでに耕作地帯の近傍には迫っていたと思われる。諸年代記の語るところでは、ホータンの町の西を北西に流れる大河が完全に干上がったため、クルティウス族の一人の高官が河の龍に身を捧げ、畑を涵養し作物を育む水が再び流れるようになった。だがホータンの北にあった「ホ・ラオ・ロ・キア」と呼ばれる都市は、神々の使者を追い返した報いに、砂の雨によって滅んだという。全市が砂に埋まり、いまでは渦巻く土埃の堆積しかない。宝物を掘りだそうとすると恐ろしい風が巻き起こり、道に迷うと述べている。ジョンソンが伝える別の伝承では、タクラマカンの砂によって一日のうちに三六〇の市邑が埋まった。人々の言うところでは、羊飼いはこれらの町の場所を知っているが、残骸から掘り出す金貨や貴重な品々を一人占めするために、口外しないのだという。ジョンソンが訪ねることのできた廃墟はひとつだけで、ホータンのすぐ近くにあり、茶葉の塊［磚茶］が時折り見つかると聞かされた。これは交易品として一定の価値があったものだ。ほかにも時々はギリシャやビザンツの貨幣とか、ヒンドスタン地方の婦人が今日も身につけるものと似た金飾りが見つかる★★★。ケリヤ［拘彌、于田］近くのもうひとつの都市址では、いくつかの仏画や、ハヌマーン［インド神話の猿面の神］の銀の小像が出土した。中国トルキスタンは、世界中で遺跡が最も長期にわたり持続する場所のひとつだ。降雨がほぼ皆無なことと、乾燥した空気、冬

★ Yule, *The Book of Ser Marco Polo, op.cit.*
★★ Rémusat, *op.cit.*; Hiouen Thsang; Marco Polo; Ritter, *Asien, op.cit.*
★★★ Johnson ,*op.cit.*

季の降雪が年に一度か二度しかないため、日干し煉瓦の城壁は八百年前のまま、まるで取り壊された翌日のように残っている★。砂もまた、覆った建築物を完璧に保存するのであって、砂丘が移動して古い建築が姿を現すと、埋まったときのままの状態であり、中に入るのに何の苦労もない。

東トルキスタンの植物

中国トルキスタンの乾燥気候のもとで、植物相が極めて少数の種から構成されるのは理解できるものだ。花咲くステップと、その近傍以外の平地に植物はない。アシ［葦］や川岸の背の高い草のほか、高木としては一種の野生のオリーブで「ジダ」と呼ばれるグミ［茱萸］やギョリュウ［御柳］、最大のものは幹が八〜一〇メートルの高さに生育するポプラ、こういったところがタリム盆地の主な自生植物である。水流の近くは何といってもポプラが多く、北米ユタ準州の「グレート・ベースン」の高原から移入されたと聞いても信じるかもしれない。そこでも湿気のある底地には「コットンウッド」、すなわちポプラの株が見られるからだ★★。カシュガル地方のポプラ［*populus diversifolia*］は現地では「トグルク」ないし「トゥグラク」の名で知られるが、奇妙な樹木である。いじけて曲がりくねり、たいていはうろ［洞］になっているが、ラテン名が示すように、葉の形と大きさは千差万別だ。灰色の土埃や白い塩分の裸地にまばらに生え、樹液は塩辛く、幹の割れ目の周囲に塩の結晶がみられることもある★★★。これが倒れるとまったく腐らない。砂が幹を覆い、乾燥して砕けた葉が塩気のある土埃に混じるまで、そのまま横たわる。沙漠では、ギョリュウほかのまれな樹木の大半は、周囲の砂を風が運び去っても、絡み合った根が砂を保持して少しづつ形成する小さな丘の上に生育する。枯れ木の残骸からは新たな木が生まれてゆき、丘はだんだんと根の堆積そのものになる。住民はそれを伐採して薪に用いる★★★★。

作物

★ Forsyth; Henry Walter Bellew, *Kashmir and Kashghar,* London: Trübner & Co., 1875; Bellew, *Journal of the* [*Royal*] *Geographical Society of London, op.cit.*
★★ Richthofen, *China, op.cit.*［『支邦（Ⅰ）』前掲書、256 頁か］
★★★ Prjevalski, *De Kouldja au Lob nor* (en russie).
★★★★ Henderson & Hume, *op.cit.*

中国トルキスタンの菜園農家や耕作者は、灌漑によって、野生の植物にくらべはるかに豊かな作物種を住居のまわりにそなえる。小集落は常にクルミ〔胡桃〕の樹陰のもとにあるし、ホータンやヤルカンド地方の菜園はどれもクワ〔桑〕の木立をそなえる。果樹園ではナシ〔梨〕やリンゴ〔林檎〕、モモ〔桃〕、アンズ〔杏〕、オリーブ、蔓植物のブドウ〔葡萄〕が枝をからませ、とびきりの果物をもたらす。色々な形のカボチャ〔南瓜〕が木々から吊り下がり、農家のさまざまな用途に供せられる。地面ではアサ〔麻〕やワタ〔棉〕のほか、コメ〔米〕、トウモロコシ〔玉蜀黍〕、アワ〔粟〕、オオムギ〔大麦〕、コムギ〔小麦〕といった穀物が栽培され、その横にはウリ〔瓜〕が生育する。都市も農村もすっかり緑に埋もれている。街路には格子棚が設けられ、ブドウなどの蔓植物が葉を茂らせ、花を咲かせ、実をならせて通行人に緑陰を提供する。家屋は背が低いが、芳香を発する花々がバルコニーを飾り、庭ではバラ〔薔薇〕が鮮やかに咲き誇る。ポプラでさえ、これらのオアシスに育つものは自然林のそれと不思議に違っており、いくつかは胴回りが三メートルに達する巨木になる★。恐るべき無人の沙漠から抜け出てきたばかりの旅人は、こうした葉陰や香わしい庭を見て、楽園に足を踏み入れたのだと納得する。

野生動物

植物の世界と同様に、タリム川とその支流沿いの野生動物の世界は種が貧弱である。イノシシ〔猪〕やノウサギ〔野兎〕を除いて四足動物はまれだが、それでも河畔の藪地にトラ〔虎〕やヒョウ〔豹〕、リンクス、オオカミ〔狼〕、キツネ〔狐〕、カワウソ〔川獺〕を見ることがある。もっと開豁な空間にはアカシカ〔赤鹿〕やアンテロープが棲む。中央アジアのこの地方に固有の種はなく、いずれも天山山脈の峡谷部にもみられる。鳥類も相対的に少なく、プルジェーヴァルスキーはわずかに四八種を挙げるのみだが、うち二種は固有種だ。ロプ・ノールの沼沢では年に二度、「数百万羽」の渡り鳥に休息地を提供する。冬のロプ・ノールにおける動物相は極めて貧弱だが、二月には疲れた鳥たちが雲霞のように訪れ、氷上や葦の茂みに翼を休める。秋にも、三〇種ほどからなるおなじ鳥たちの群れが再来する。インドとシベリアを往復する渡り鳥にとって、ロプ・ノールは中継地

★ *Ibid.*

になっており、平地と荒涼たる山岳のあいだにこの緑のオアシスがなければ、数千キロに及ぶ旅を果たせないと思われる★。ロプ・ノールに着いたときは疲労しきっており、湖畔に滞在するあいだも鳴き声を立てぬからである。他の場所ではあれほどかまびすしい大群も、ロプ・ノールでは重く押し黙ったままだ。注目されるのは、南からではなく西南西から飛来する点である。あえてチベット高原を縦断するのではなく、西に大迂回して、ヒマラヤとカラコルムの幅が最も小さくなる箇所で山越えし、ついでホータンからロプ・ノールへと、崑崙山脈の北麓を沿うのである。シベリアやアルタイ山脈の峡谷部からの復路でも、おなじ道を辿る。

野生の駱駝

最近プルジェーヴァルスキーが野生のラクダ［フタコブラクダ *Camelus ferus*］を目撃したのはロプ・ノールの近くである。中国の年代記は必ず野生のラクダに言及するし、中国トルキスタンやモンゴルの現地住民も旅行家に語ってきたにもかかわらず★★、大半の博物学者はその存在を疑問視してきた。現在、野生のラクダがみられるのは、とくにロプ・ノールの東にあるクムタグの砂沙漠である。まれにはタリム川下流やチェルチェン・ダリヤの近傍でも目にする。多いのはアルティン・タグの高地部で、ヤクやノロバ［野驢馬］とともに生息する。二〇年ほど前にはすこぶる頭数も多かったが、ロプ・ノールの猟師が沙漠地帯まで追跡するようになってから激減した。だが大変に用心深い動物で、風下なら数キロ先からでも人間の臭いを嗅ぎ分ける。追われていることに気づいたり、火薬の発砲音を聞きつけると、数時間にわたりひたすらまっすぐに走る。野生のものと家畜化したラクダにはいくつか解剖学的な違いがあるほか、毛並みの色合いと体格にも差がある。隊商のなかには本当に大きな個体もみられるが、野生のものはすべて小柄だ。だがプルジェーヴァルスキーが発見したラクダをどう分類すべきだろうか。原生種に属するとみるのか、それともかつてラ・カマルグ［ローヌ川河口部］にみられたウマ［馬］や、フォークランド諸島［アルゼンチン沖合の英領］

★ Prjevalski, *De Kouldja au Lob nor* (en russe).
★★ Ritter, *Asien, op.cit.*

のウシ〔牛〕のように、逃げ出した家畜が野生化したものと見るべきだろうか。プルジェーヴァルスキーは正真の原生種だと考えており★、たしかにロプ・ノール流域の住民はラクダを家畜にしない。他の中国トルキスタンでラクダを目にするのは、ホータンからハミ〔哈密、クムル〕にかけて、ヤルカンドとカシュガルを経て並ぶ一連のオアシスにおいてだが、頭数は少ない。

家畜

荷運びはほぼすべてフェルガナ地方〔現ウズベキスタン〕から輸入した頑丈なウマでもって行われる。小柄なウマもいて、質実で元気があり、よく言うことを聞くので乗り物に用いられる。こちらは大半が天山山脈の南側峡谷、とりわけアク・スー〔阿克蘇、以下「アクス」〕が原産だ。ヤクは少なくとも夏の暑い平地では生活が難しいらしく、中国トルキスタンの都市に連れて来るのはもっぱら食肉用である。パミール高原や天山山脈の斜面でキルギス人が飼うヒツジ〔羊〕やヤギ〔山羊〕はチベット産と同種で、すばらしく繊細な毛をもたらす。ショーによると「世界最高の羊毛」はチベットではなく、トルファン〔吐魯番〕のものだという。

第二節　住民と物産

住民の起源

中国トルキスタンの住民が、はなはだ人種的に混交していることは明瞭である。昔の地名や、仏教に帰依する時期のホータン王国に関する中国の諸年代記の記述からみて、同国の住民の少なくとも一部は、ヒンドゥークシュ山脈の反対斜面にいるアフガン人やペルシャ人と同様に、「アーリア系」の言語を話す民族の出自だったとみてよい。現地住民が自らの栄光を再発見し、民族の象徴とみなす伝説的な英雄たちは、まさに「アーリア系」のロスタムやアフラースィヤーブ〔ロスタムの敵手としてペルシアの叙事詩シャー・ナーメに語られるトゥラーン

★ Prjevalski, *De Kouldja au Lob nor* (en russe).

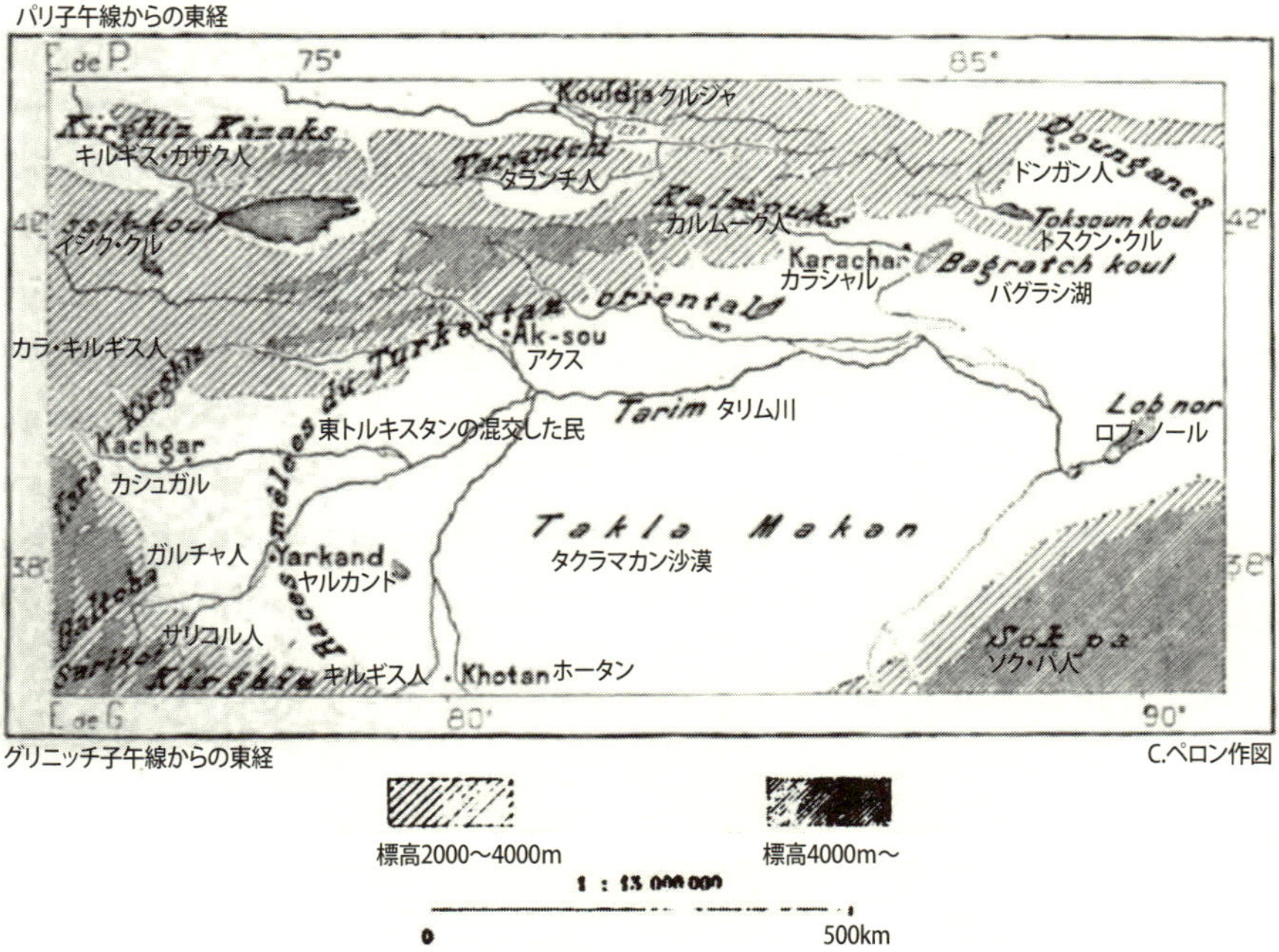

図 21　中国トルキスタンの住民

国王」である。岩や峡谷、絶壁など、自然の驚異はどれもこうした神話上の人物のいさおしに帰せられている。彼らは中央アジアのシャルルマーニュ〔フランク王国カール大帝、七四二―八一四〕やローラン〔シャルルマーニュの聖騎士とされる伝説的英雄〕なのであって、中国トルキスタンの伝承では、マケドニアのアレクサンドロス大王よりもたびたび登場する★。アレクサンドロス大王は「ハズレ・シカンデル〔イスカンダル〕、すなわち聖アレクサンドロス」であって、「イスラームを広めるため★★」中国を征服したことになっている。今日では、ペルシャ系の諸民族と疑問の余地のない類縁性を保っているのはガルチャ人だけで、アム・ダリヤ上流河谷の住民と同胞である。ロシア領トルキスタン〔西トルキスタン〕やブハラ地方のガルチャ人とおなじく、彼らも貴族的な堂々たる風采をそなえ、簡明にして直截な精神の持ち主であり、昔ながら

★ Forsyth [Bellew?], *Kashmir and Kashghar op.cit,*
★★ Robert Shaw, *Visit to High Tartary, Yârkand and Kâshgar,* London: John Murray, 1871.

の伝統を保持する。とくに、火炎と太陽を崇拝するのがそれだ。ガルチャ人はテュルク語話者であるキルギス人のただなかに散在する小集団だが、まだかつての言語を保持する者も残っている。ヤルカンド・ダリヤの支流であるサリコル川上流の谷間は、イラン国境から一二〇〇キロの距離にあるが、いまだにペルシャ語が話される。だがこの高い峡谷に住む小規模なアーリア系の民は、ヤクブ＝ベクが武力づくでカシュガルの平地に移住させたため、姿を消す危機に見舞われた★。平地部の「テュルク人」のなかにも「アーリア人」と呼ぶにやぶさかでない典型的な相貌をそなえる人々を多く目にする。とくに、ロシア領トルキスタンの南西角にあるサンジュの山麓部がそうだ。ヤルカンドを訪れた旅行家たちは、顔立ちといい、ピンクがかった白い肌といい、通行人の多くはどこがイギリス人と違うのかと訝しんだのである★★。ショーはごつごつした顔の輪郭という点からみて、ヤルカンドの住民は米国人に似ていると感じた。彼らは豊富な髭を蓄えるが、生粋のテュルク系はいつも薄いあごひげだけである。

大きな湾の内部で潮流が回流するように、世界で最も高い三つの高原が半円形に取り囲むこの巨大な平地でも、多様な民族が、商業に引き寄せられたにせよ、戦争で敗走し、あるいは征服者として到来したにせよ、無限に混じり合ってきた。東トルキスタンのサルタ人［撒爾塔、ドンシャン（東郷）族とも］すなわちタランチ人には、ペルシャ人、アラブ人、チベット人、キルギス人、カルムイク人、あらゆる部族のモンゴル人やテュルク人、ヒンドゥー教徒、中国人の特徴がみられる。一八六三年に中国人が追放されたさい、そして「常勝軍」による一八七七年と一八七八年の再征服のさいのように大量虐殺が行われたときにも、抑圧する側とされる側の憎悪は、人種間の憎悪と表面的にしか一致しなかった。数年前には、カシュガル住民から中国系の姓名をもつ人々を分離する試みがなされたが、顔立ちや髭の具合いが「中華帝国の子★★★」に完璧に似た多くの人物はそれよりもずっと多く街中に見られたのである。中国トルキスタンの住民内部に認められる唯一の判然とした対照性は、人種ではなく、生活類型や職業、生活する風土である。

★ *Ibid.*
★★ Henderson & Hume, *op.cit.*
★★★ *Ibid.*

挿画 XI　中国トルキスタンの住民。　典型と衣装
チャップマンの数葉の写真をもとに、ロンジャ筆

平地部の農耕民や高地の牧草地における牧羊民は、民族的出自が何であれ、キルギス人か、あるいはカラ・キルギス人すなわちカルムイク人であり、これだけがこの地方で唯一画然とした二階層である。オアシス周辺の洞窟や砦址を根城とする盗賊「ドンラン」はとくにキルギス人の出身が多い★。

　農耕地帯の住民はお互いを区別するさいに民族名にはよらず、出身都市の名前を用いる。すなわち住所にのっとり「ホータニー」、「ヤルカンディー」、「カシュガーリー」、「トルファーニー」、「タリムツィー」などと呼ぶ。ただし習慣や政治的境遇に由来する一種の集団的な愛国心もある。レーゲルによれば、彼らが中国人の再来を許容した大きな原因は、ヤクブ＝ベクが外国の出身で、取り巻きを西サルタ人で固め、「心は常にマルギラン〔現ウズベキスタン、フェルガナ州の都市〕にあった」からである。崑崙山脈の麓から天山山脈東部へと、南西から北東に向かうにつれ、住民の外観は遷移してゆく。前者

★ Shaw, *op.cit.*

ではアーリア系の顔立ちが卓越するが、後者ではモンゴル系が最大多数を占める。だがこうした混交は、眉目秀麗な国民を形成するには至らなかった。タリム川とその支流沿いの住民の大半は、粗野な顔立ちである。平地部でも周囲の高原部でも甲状腺腫が広く見られ、ヤルカンド地方では三人に一人に達する★。風とまぶしい陽光と塵の地方のことゆえ、眼炎もすこぶる多い。

言語

この郷国の言語は、タシケントとほとんど変わらぬトルコ語方言で、ロシア領トルキスタンからの移住者は数週間で流暢に使いこなす。唯一の違いは、ヤルカンドの人々が変形した中国語の言葉や、いくつかのタタール系［モンゴル］の用語を用いる点である。後者は古来の交易関係を示す言語学上の特異性をそなえ、オレンブルグ［ロシア内］からタリム盆地に伝わったものだが、シル・ダリヤ川やアム・ダリヤ川の地方に痕跡を残していない。中国トルキスタン全域にわたり言語は同一で、人種面での統一は言語にも及んだのである。ただし、この言葉はまだ何ら文学面での重要性をもっておらず、詩人も散文作家もいない。書籍も全域にわたり非常にまれである。

外国人、信仰、刑罰

天山南路の都市に居を構える外国人の大半はフェルガナ地方の出身で、通例は「アンディジャニー」と呼ばれる。コーカンド［フェルガナ州の州都］方面からの移住者が辿る道は、すべて昔の首都アンディジャンに集まるからだ。ヒンドゥー教徒は主要な都市の市場でしか見られないが、カシュミール地方の出身者はかなり多い。バルティスターン地方［カシュミール地方北部］からのチベット人入植者もいて、ヤルカンドの近傍でタバコ［煙草］やウリ［瓜］の栽培にたずさわる。最近までユダヤ人はこの郷国ではほとんど知られていなかった。ヤクブ＝ベクがブハラのエミルとして「信仰の守護者」になり、彼の王国への入国を禁じたからである。だが中国人が一帯を再征服して以来、ロシア領トルキスタンの多くのユダヤ人家族が、パミール高原の東側に移住している

★ Marco Polo; Henderson, *op.cit.*
★★ *Revue de Géographie,* nov. 1878.

★。中国トルキスタンの住民は熱心なムスリムで、異教の外国人をまったく歓迎しない。ヤクブ＝ベク治世下での外国人に対する法、とくに中国人に対するそれは「改宗か死か」だった。カルムイク人だけは曖昧模糊とした宗教で、近隣のすべての民の迷信と多くの共通点をそなえるため、その物神崇拝を保つことができたのである。カトリック教だろうとギリシャ正教だろうと、教会に画像や彫像を設置するキリスト教徒に対し、カシュガル地方の住民は深刻な恐怖感を示す。だがプロテスタントに対しては、自分たち同様に聖画像を認めない者であるとして、程度の低いムスリムとみなしている。戒律を遵守するには至らぬものの、イスラームの大家族の一員ではあると考えるのだ★★。ヤルカンドの住民はすこぶる信心深く、沙漠でも町の中とおなじように礼拝する。街道筋には石で四角く囲った小さな場所があり、モスクと同等の聖なる尊宗の場になっている。通りすがりの者は浄めの水の代わりに砂を用い、石の列の前にぬかづくのだ。だが、これほど宗礼を厳守するにもかかわらず、阿片や「ナシャ」を服んで思考を鈍磨させる者が何千人といる。ナシャは大麻とタバコを混ぜたもので、酩酊状態を引き起こす。盗みやこそ泥は、商人がその商売上で犯す以外、この地方では非常にまれである。隊商が一頭の駄獣を失うと、その荷物を道の傍らに置き去りにし、帰路に拾い上げることができるのであって、誰かが持ち去る懸念はまったくない。ヤクブ＝ベクの時代の盗人に対する裁判は簡明なものだった。初犯なら単に譴責するだけで、再犯者は棒による笞刑である。三度目になると両手を切断する。四度目は首をもって贖わせた。

工芸と交易

ショーは中国トルキスタン住民の暮らしぶりをインドよりもはるかに上だとみているが、それでも貧しい地域である。家屋は練り土で建てられ、漆喰も施されていない。どこからでも入り込む塵が粗末な家具を覆う。サマルカンドやブハラの記念建築のようにアラベスク模様の彩釉タイルで装飾された建築址は、大きな都市でも数えるほどしかない。中国風の建築についての記述や、砂に呑まれた家屋の基礎から出土する多く

★ *Revue de Géographie,* nov. 1878.
★★ Henderson, *op.cit.*

パリ子午線からの東経

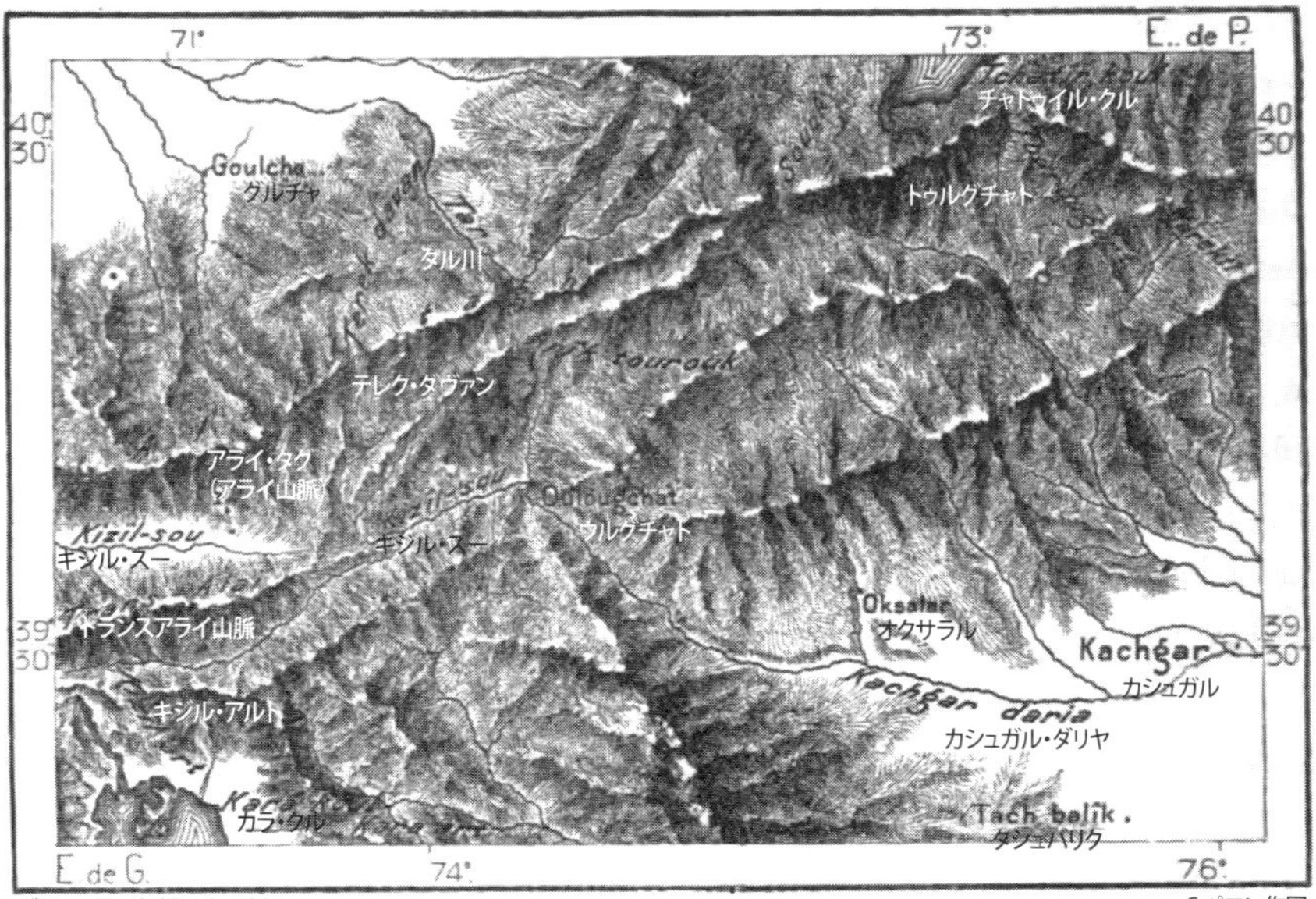

グリニッチ子午線からの東経　　C.ペロン作図

1 : 2 500 000

0　100km

図 22　カシュガルからフェルガナ地方への経路

の優美な貴重品が、現在の住居には見当たらないことから判断すると、工芸は後退したように思われる★。地場の工芸品には絹布や綿布、羊毛地、絨毯、履物、馬具があるが、大半はみるべきものがない。金属鉱床は豊かだが、必要とする銅製品や鉄製品の多くを外国に求めざるを得ず、上質の布地も同様だ。現在、中国トルキスタンの住民に多様な商品や食料品を最も多く販売するのは、フェルガナ地方経由のロシアで、ヒンドスタンからの輸入ははるかに少ない。大きな原因は土地の起伏と民俗的な諸条件に求められる。カシュガルからアンディジャンを経てロシアに向かう北方では、隊商は容易な峠をひとつ越えるだけで済むのに対し、ヤルカンド・ダリヤからインダス河の平野に至る道は、四〇〇キロ以上の高原地帯を渉猟し、標高五〇〇〇メートルを超える峠をいくつも越えねばならな

★ Forsyth, 1877, *op.cit.*

い。加えて東西両トルキスタンの住民、つまり「アンディジャーニー」と「カシュガーリー」は言語や宗教、習慣が同一である。両者は同胞であり、ヒンドゥー教徒を清浄でないとみなし、またチベット南部の住民を粗野だとみなして恐れる。またインドと東トルキスタン間の交易は、カシュミールのマハラジャが駄獣一頭当たりで徴収した法外な税により、長いあいだほとんど禁止同然だった。その後イギリス政府の苦情で関税は改定され、カシュミールの税関における輸出品への税率は、従価五パーセントに固定されている。

交易路

クロパトキンは天山山脈とその西側延長部、つまりアライ山脈を越える隊商が利用する経路は、バグラシ湖とカシュガル・ダリヤのあいだに一三を数えるとしている。現地住民は当然それ以外にも知っているにもせよ、これらの道はいずれも夏場は騎乗のまま、あるいは駄獣が通れるもので、少なくともカシュガルからトゥルグ・アルト（標高三五〇〇メートル）とテレクティー峠（標高三八四〇メートル）経由でナリーンのロシア軍の砦に至る小道を、荷車の通れる道路に整備するのは容易だと思われる。通年にわたり通行可能なのは有名なテレク・ダヴァン、すなわち「ポプラの峠」のみである。標高三一四〇メートルにあるこの峠は、有史以来、中央アジアの征服者の大半が通過した。だが真冬になると、時にはあまりの積雪のため、隊商には案内人が必要になる。それを助けるのがカラ・キルギス人の部族であるサルトラル人で、峠近くに生活し、上り下りの運送にたずさわる。彼らはチベット産のヤクを飼っており、峠に追いながら雪を踏み固めさせ、隊商のウマの通り道を作るのだ★。タリム盆地におけるロシアの領域群を通る鉄道が引かれるなら、たぶんフェルガナ地方からカシュガルの平地に至る区間は、テレク・ダヴァンかスオクの鞍部の下か、あるいはその近くの隘路を通るだろう。中央アジアのふたつの沈降部が互いに最も接近し、天然の経路が最もうまく連続して、ヴォルガ川の沿岸部から黄河まで、一本の大縦断路を形成するからだ。だが、タリム川地方はまだ鉄道建設どころではなく、ホータンからハミへと、砂の地帯を回り込みながら山麓を伝う周回路でさえ、都市の近傍でようやく幹線道路らしく

★ Kouropatkin, *op.cit.*

なるにすぎない。最もよく整備されたヤルカンドの近傍では幅約一〇メートルに達し、通行のせいで磨り減って、地面よりも一メートル以上も低い道を、三頭曳きの馬車が早足で行き交う。だがそれ以外の場所では、砂に覆われ、道筋も定かでない小道にすぎない。

第三節　都市と集落

チェルチェン（且末）

タリム盆地を首飾りのように取り囲むオアシス群は、崑崙山脈の中央部の麓から始まる。それはマルコ＝ポーロとベヌト＝デ＝ゴエス以後、おそらく目にしたヨーロッパ人はいない都市で、チェルチェン、チャルチャン、チャルチャンド、チャトチャンと呼ばれる。位置は大まかにしか分かっておらず、ホータンやコルラ〔庫爾勒〕、チベットのいくつかの都市からの所要日数で推定するしかない★。ホータンや中国が服属させるにはあまりに到達が困難なこの都市は、ロプ・ノール方面に下る流れ〔チェルチェン・ダリヤ〕のほとりにある。周辺でコムギ〔小麦〕とトウモロコシ〔玉蜀黍〕が栽培されているが、ヤルカンド地方のようにコメ〔米〕やワタ〔棉〕はないところをみると、おそらく標高一八〇〇メートル付近に所在すると考えられる。地元民がジョンソンに語ったところでは家屋が五〇〇軒ほど、プルジェーヴァルスキーの得た報告ではわずか三〇軒にすぎない小さな都市である。

ホータンの玉

チェルチェン以西の崑崙山脈の麓にはナヤ（ニア〔民豊〕）、ケリヤ、チラ〔策勒〕といった都市や村が、畑作灌漑に十分な水流が山からあるたびに点々と連続する。かつて一帯の名称でもあったイリチ〔伊里斉〕、ないしホータン王国の首都は、かなり大きな川〔ホータン・ダリヤ〕のほとりにあり、地区の首府もそこに設けられ

★ Johnson, 1867, *op.cit.*; Yule, *The Book of Ser Marco Polo, op.cit.*; Forsyth, 1877, *op.cit.*

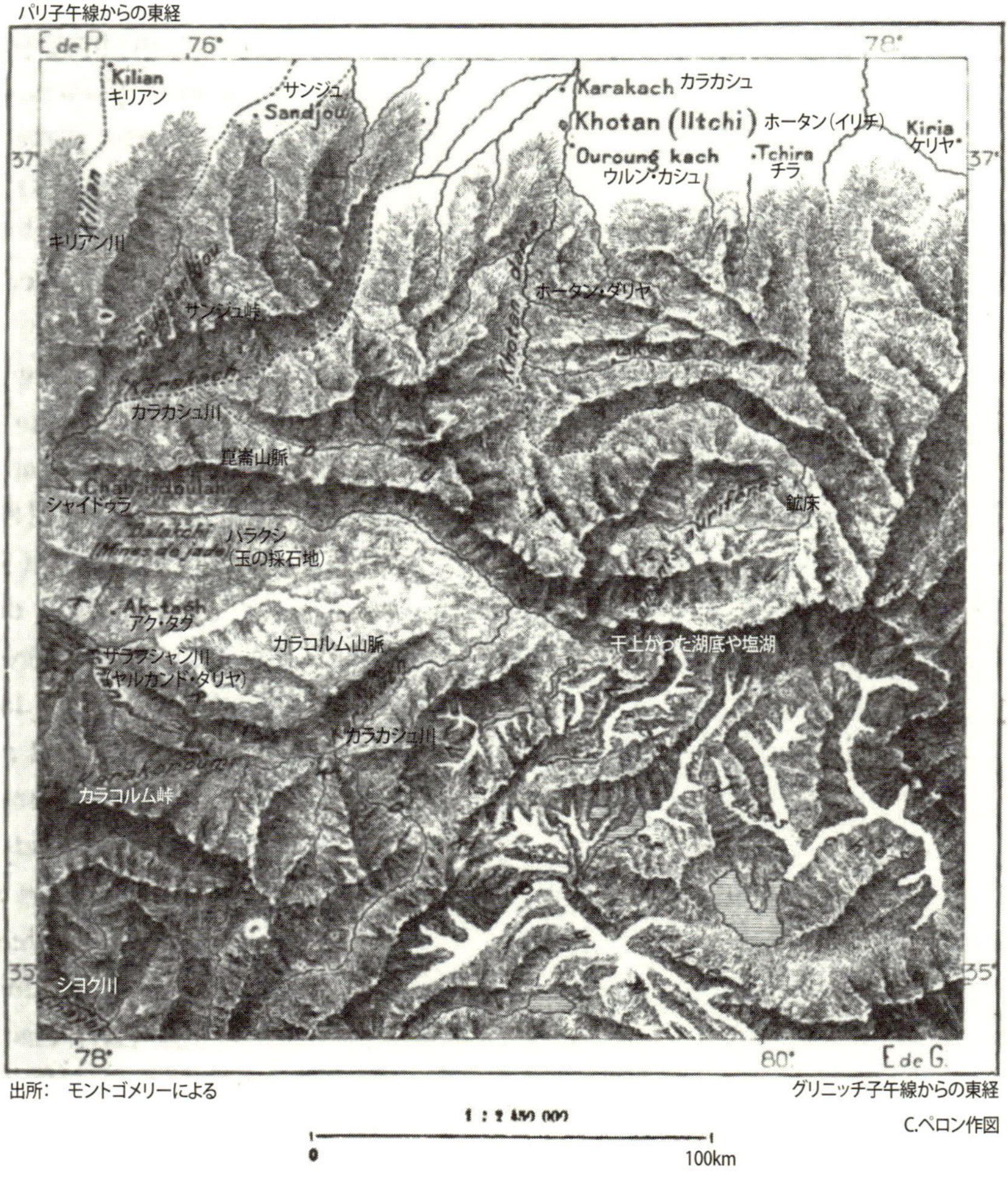

図 23　ホータンとその南の高原部

ている。ホータンという都市名は、アラビアやペルシャの著作家たちが最も頻繁に言及するもののひとつだ。それは周囲の山地に棲むジャコウジカがもたらす貴重な麝香のせいで、オリエントの詩人たちはその芳香と、美しい黒色を好んで比喩に用いた★。中国でもホータンは劣らぬ名声をそなえ、ユ・ティアン〔于窴〕と呼ばれた。名称の由来は川で採取される「玉《ユ》」、すなわち翡翠で、かつては全く特別な通力をそなえるものと考えられたからである。中国では「深遠なる真実」とも呼ばれ、翡翠に寄せた呪術的な力を反映した呼び名だ。『礼記』は徳を玉にたとえて曰く、「玉の色の穏和で柔らかく、光沢のあるのは仁に似ている。玉の体のきめが細かくて堅いのは知に似ている。角があっても物を傷つけないのは義に似ている。これを垂らすとまっすぐ落ちるのは礼に似ている。これをたたくとその声は澄んで高く、長く続いてぴたりと止まるのは楽に似ている。疵があっても美質を覆い隠すことのないのは忠に似ている。玉の彩色が四方に輝いているのは信に似ている。玉気が白気のようであるのは天に似ている〔市原亨吉・今井清・鈴木隆一訳注『礼記』全釈漢文大系、集英社、下巻、一九七九、五〇八頁。孔子の言〕」。この貴石は古人が碧玉として列したもののひとつで、マルコ＝ポーロは碧玉と玉髄の分類名称でもって玉の種類に言及している〔愛宕松男訳注『東方見聞録1』東洋文庫一五八、平凡社、一九七〇、一一八頁〕。アジアに限らず、ヨーロッパ諸国のいずれでも発見されている美しい軟玉の斧は、その切れ味や肌理の細やかさ、磨かれた輝きだけが珍重の理由ではなく、そこに神秘的な通力のしるしを見たからである。それはちょうど、古代ギリシャ人が青銅の武器について褒め称え、中世の遍歴騎士が鋼鉄の剣を称えるのと同様だった。古代の墳墓や湖上都市で見出された軟玉を埋蔵する山岳地は、ヨーロッパに全然発見されておらず、考古学者たちは、われわれの祖先が用いていた斧の原産地を、中央アジアの山岳地帯に求めざるを得なくなっている。じっさい中国の諸記録では玉の産地として天山山脈、コングール山脈、崑崙山脈を挙げている。また高ビルマ地方でも見出されるが、最大の埋蔵量をもつのは崑崙山脈で、この丸石の寸法も、量も、その河流が一番である★★。だが最も貴重な種類である白玉はホータン地方にしか存在せず、

★ Rémusat, *op.cit.*

★★ Stoliczka; Ferdinand von Richthofen, *Verhandlungen der Gesellschaft zur Eurdkunde*, 1874, nos. 6 et 7.

かつて大陸の末端まで、部族から部族へと伝来したものに違いない★。この観点からみれば、ホータンは非常に重要な商品において、正真正銘の世界の中心だったと言える。ホータン王国の繁栄期には、玉の採集は増水期の後に、君主が宗教的な儀礼を行なって開始した。最良の石は王の眼前で国庫に納められたのである。近年には中国人がホータン山中の採石場で直接の採掘に乗り出していた。カラ・カシュ川がシャイドゥラの隘路から平地に出ようとするバラクシの近くに広大な採石場を設け、閃長石や雲母片岩を切り出して玉を採取するもので、この地方がヤクブ＝ベクの支配に下るまで行われていた。周囲には玉の破片が散乱する★★。

ホータン王国

ホータンという名前は、サンスクリット語で「大地の乳房」を意味するらしい「クスタナ」に由来すると信じられている。おそらく、あらゆる類いの穀物をもたらす肥沃な土壌の謂いであろう。ある奇妙な伝承では、地面からミルクが吹きだし、神性をそなえる幼児を養ったという。キリスト教紀元の初めのホータンは強力な帝国の首府として、かなりの都市だった。中国の諸年代記によると、漢代には八万五〇〇〇人の住民と三万人の軍をそなえた。住民はすべて仏教に帰依し「幸福だった」が、すぐに現在のチベットのような聖職者の位階集団が支配するところとなった。ホータンの南方、五〇里の場所に建てられた大僧院に三〇〇〇人の僧が集団生活を営んだほか、平野部各地に一三の僧院があって多くの僧が暮らし、小さな僧院に至ってはその数さえ知れなかった。ホータンの王が首都から周囲の寺に詣でるさいには、仏画の前を裸足で歩み、無冠のまま手に香水や花々を持って、大僧正のもとに赴いた。一帯の国民も極度に礼儀正しく、跪いて挨拶するのが作法であり、手紙を受け取るときには、まず差出人への従順を示すため、頭上に押し頂いた後に開封したのである。

ホータン

★ Hermann von Schlagintweit, *Reisen in Indien und Hochasien, op.cit.*

★★ Cayley, “The jade quarries of Kuenlun”, *Macmillan's Magazine*, *vol.*xxiv, Oct. 1871, *pp.*452-456; Forsyth, *op.cit.*

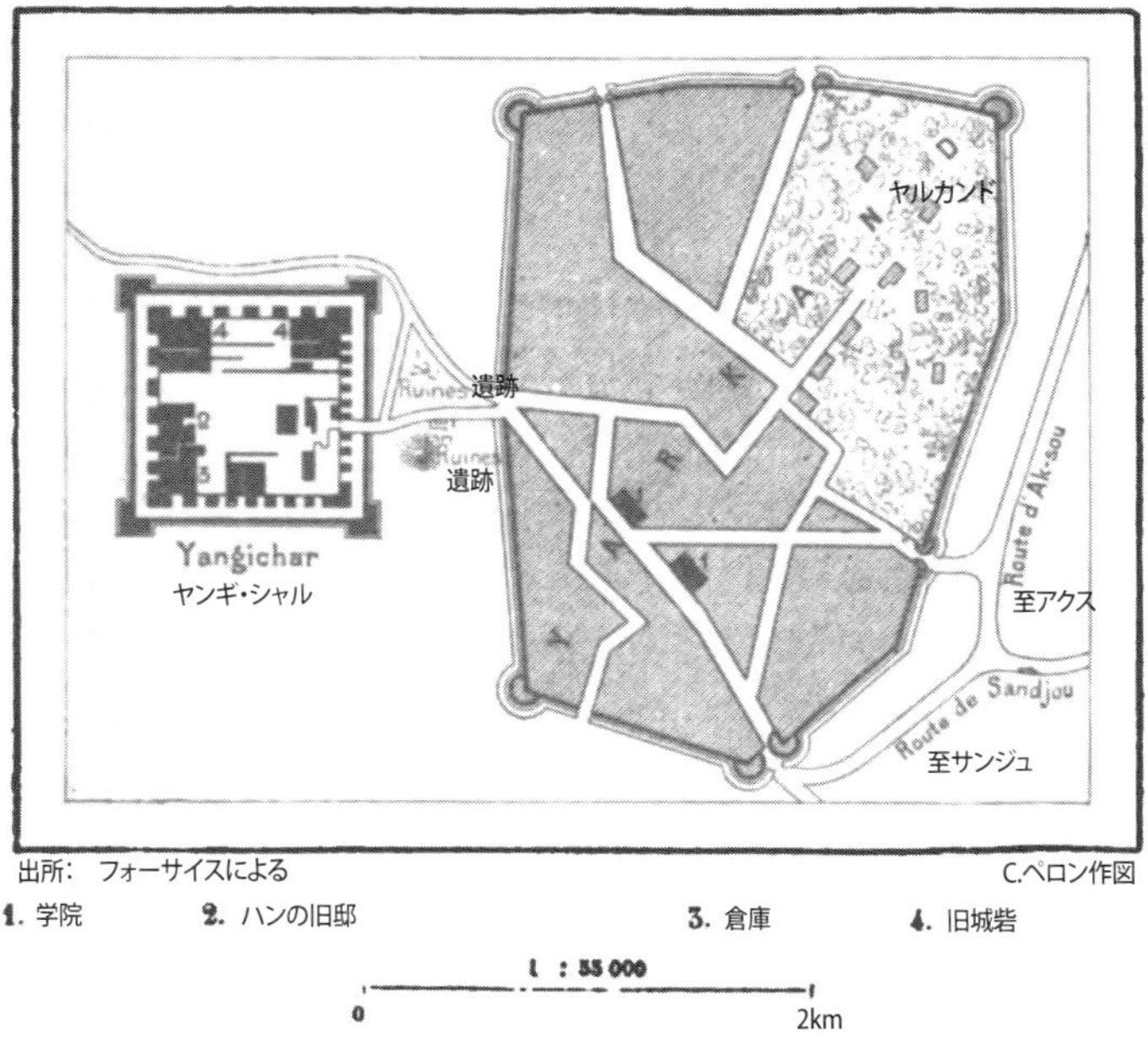

図 24　ヤルカンドとヤンギ・シャル

中国人によるホータン地方の征服と★、その後のモンゴル人の侵入により、同市の商業的重要性は衰微したが、一帯の他の都市のように放棄されることは全くなかった。位置を変えたのはもっぱら砂のせいである。一八六三年にはホータンの住民が清国に対する反乱〔ドンガン人の乱、回民蜂起〕の口火を切り、虐殺が起きた。だが二年後にジョンソンが同市を訪れたさいには「一大工芸都市」に映った。産品としては銅壺、絹織物、フェルト地、絹や羊毛の敷物、粗い綿布、さらにはクワ〔桑〕の繊維を漉いた紙さえある。周辺はジョンソンが「インドをはるかに上回る」とみた地域で、とくに絹や綿を産し、南方に立ち上がる産地には金から鉄鉱石まで、大半の金属の鉱床のほか、アンチモンの鉱床と石炭層、岩塩、硫黄、硝石の堆積層までそろっている。だが金以外はほとんど採掘されていない。ジョンソンによれば、ケリヤ近傍の採掘地

★ Grigoryev, *op.cit.*

挿画 XII　ヤルカンドの街角
チャップマン氏の写真をもとに、プラニシュニコフ筆

帯には三〇〇〇〇人が働いており、プルジェーヴァルスキーの情報では年間産出量は八六〇キロほど、二七五万フラン内外に相当する。こうした豊富な資源と、すばらしい大量な果実のおかげで、ホータンの郷国は相対的に人口稠密である。近くを流れる「白玉河」すなわちユルン・カシュ川と、カラ・カシュ川の河畔にはそれぞれ同名の都市がある。また南の峡谷ではタクが、都市と呼べる規模をもつに至った。

ヤルカンド

タリム盆地南東［ママ、南西］の隅にあるサンジュは、沙漠に姿を消す小さな流れのふもとにある。灌漑水路に沿って数キロにわたり家屋が散在するので、村とみなされている。だがジョンソンによると七〇〇〇軒もあり、人口の点では多くの都市に引けをとらない。西にあるキリアン［克里陽］、北東にあるピアルマ［皮亜勒瑪］、北のグマ［固瑪、ピシャン（皮山）］、北西のカルギリク［イェチェン（葉城）］とポスカム［沢普］は、ときに都市と呼ばれることもあるが、大きな村、

あるいは集落の集合である。この一帯はタリム盆地随一の豊かさなこととて、有名な最大都市ヤルカンドがここに創建されたのも自然である。何人かの著述家は同市の人口を一〇万人以上とするが、フォーサイスは六万人程度とみており、うち八〇〇〇人ほどが外国の出身だという★。市街は曲がりくねった街路やよどんだ水路で迷宮のようだが、中央にあるバザールではこれら多様な人種を目にする。中国風の屋根をもつ側防塔をそなえ、高い絞首台の足場を載せた大きな壁が市街を囲み、西側にあるヤンギ・シャル、すなわち「新市街」の砦と補完しあう。ヤンギ・シャルは、ヤルカンド住民の蠢動に睨みを利かせるため中国人が建てたものだ。中国トルキスタンの都市にはほぼすべてヤンギ・シャルがあり、主に役所と兵舎で構成される。

カシュガル

ヤルカンドから第二の首府であるカシュガルに至る道は、ショーが訪問したいくつかの小さな金属精錬施設の近く、山麓の「新城」ヤンギ・ヒッサル［イェンギサル（英吉沙爾、英吉沙）］を通る。そして塩分のしみついた砂地に消えてゆく多くの小水流を越えたのち、ヤルカンド同様にカシュガルを監視する「新市街」すなわちヤンギ・シャルに至る。カシュガルはその八キロ西方にあり、厚い土壁に囲まれる。近傍にはティムール［ティムール朝創始者 Tamerlan 一三三六―一四〇五］が破壊したといわれる都市址がある。カシュガルはヤルカンドのように肥沃な農業地帯の中央にあるわけではないが、通商の観点からは、ヤルカンドよりも好適な位置を占める。というのも、テレク・ダヴァン経由でフェルガナ地方に至る道路を扼し、天山山脈のいくつかの横断路もここを終点とするからだ。したがって交易面では集散地であるとともに、第一級の戦略的要地でもあって、かつての君主たちが築いた城砦が周囲の丘にみられるのも不思議ではない。英雄ロスタムの生誕地という伝承をもつ軍都だ。周辺の大きな村であるタシュバリク［タシュマリク］、ファイザバード［伽師］、そして巡礼が群れをなして詣でるモスクをそなえたアルトゥシュ［アルツシ（阿図什）］は粗い布地を産し、年間二〇〇〜三〇〇万フランの輸出高をもつ。ヤクブ＝ベクの時代には、アルトゥシュの北方でロシア領トル

★ フェルガナ地方出身者が 3000 人、バダクシャン地方出身者が 2000 人、バルティスターン地方出身者 2000 人、カシュミール地方出身者 1000 人、ドンガン人 500 人。

キスタン方面に向かう隘路に強力な城砦が設けられていた。これはタシュ・クルガン、すなわち「石の岡」と呼ばれ、中央アジアに頻繁にみられる城砦名である。

マラルバシ、ウシュ・トルファン

カシュガル東方のマラルバシ〔瑪喇爾巴什〕も重要な砦で、カシュガル・ダリヤとヤルカンド・ダリヤの合流点に近く、タリム盆地の主要都市に至る諸道の交差する場所にある。しかし住民は少なく、商業活動もほとんどない。北西のウシュ・トルファン〔烏什〕は都市の扱いだが、貧しい農村で、スナルグロフによれば家屋は一〇〇軒ほどしかない。だが砦には二〇〇〇人の守備隊が駐屯し、標高四五〇〇メートル〔四二八四メートル〕のベデル峠を経てイスシク・クル湖〔伊斯色克庫爾、イシク湖〕の谷に至る道を監視する。この峠は真夏でもしばしば「黄色い雪」で閉塞するが、雪の色は明らかに微生物に由来するものだ。

アクスほか

天山山脈の南麓を走る天山南路で最大の都市は「白い水」を意味するアクス〔阿克蘇〕だ。今は市街の西一六キロを流れるアクス川の、旧河道を見下ろす高い丘陵の麓にある城砦化された都市である。アクスの先〔東〕にある中国トルキスタンの都市群、すなわちバイ〔バイチェン（拝城）〕、サイラム〔賽里木〕、クチャ〔庫車〕、シャヒヤル、ブグル、コルラ（クルラ、クルリア）、カラシャルは、天山山脈の扶壁から南方一〇〇キロの沙漠地帯を流れるタリム川からは離れている。いずれの都市も、清水を灌漑用の溝でもって畑に導くのが容易な谷間の出口に位置する。工業的、商業的な重要性はなく、羊毛やニワトリ〔鶏〕、そして「パント」と呼ばれ、そのゼラチンが中国ですこぶる珍重されるアカシカ〔赤鹿〕の角の移出にたずさわる★。

ロプ・ノール流域

タリム川下流のロプ・ノール流域に都市は皆無だが、古代都市の遺跡は多い。プルジェーヴァルスキーは、現在は哀れな追放者の村であるチャルカリク近くで、そうした残骸の堆積を三か所訪れている。ロプ・ノール

★ Kouropatkin, *op.cit.*

の南西、三日行程の地にある「クク・ノール」と呼ばれる都市址は川の分流の中に埋もれており、枯れ木の森の向こうにある城壁が遠くから見える。羊飼いたちがその中にある一堂の寺院を訪れると、古代の仏像と思われる等身大の黄色い像が台座の上にある。地元民の語るところでは、この像と寺の内壁は真珠や貴石、金銀の塊で装飾されているが、触れようとすると、何者とも知れぬ見えない手に打擲されるという★。現在のタリム川沿いの住民は数百所帯だが、水路脇の茅屋に住んでおり、財産は小舟と漁網しかない。死者は小舟に横たえられ、上からもう一艘の小舟をかぶせて棺とする。あの世でも漁ができるようにと、生前に用いた漁網の半分が添えられ、残り半分は遺族が形見とする。だが湖は住民の必要に潤沢に応じており、訪れたプルジェーヴァルスキーが金銭を渡そうとしても、彼らはかたくなに拒んだ。

ロシアからの移民

ロシアの狂信者たちがタリム川の河畔に隠れ住んでいるという噂はかなり前から広まっており、同地の住民はすべてこうした移住者だという見方までなされていた★★。だがプルジェーヴァルスキーがこれが虚言であることを証明した。「タリムツィー」は相貌の点でまったく「アーリア系」ではあっても、タリム盆地の他のサルタ人に似ているからである。ただし、沐浴すれば罪を洗い流し、あらゆる富貴を約束する奇跡の「白い水」を求めたロシアの離教者が、この物寂しい地方にやってきたのは確実である。最初は若者たちが到来し、掘っ立て小屋を建て、入植の下準備を行なった。その翌年、幼児や老人、女性とともに移住者の一団が姿を見せた。だがロプ・ノールの湖畔に探し求める楽園を見出すことはできず、間もなくウルムチ方面へと北に去った。以後、この神秘主義的な巡礼たちの行方は知れない★★★。

★ Forsyth, 1877, *op.cit.*
★★ Grigoryev, *op.cit.*
★★★ Prjevalski, *op.cit.*

第四節　行政区分

中国トルキスタン、ないし天山南路地方は一〇の大きな地区に区分される。すなわち南西から順にホータン、ヤルカンド、ヤンギ・ヒッサル、カシュガル、ウシュ・トルファン、アクス、バイ、クチャ、コルラ、カラシャルである。加えて、カルギリクとマラルバシ、サリコル川沿いのタシュ・クルガンが下位の行政区分の首府だ。三つの軍司令部がカラシャル、ホータン、ヤルカンドにあり、一般行政の役所も同様である。だが住民の多寡や行政上の位置にかかわらず、七つの都市は特別な威令をそなえるとみなされている。すなわちホータン、ヤルカンド、ヤンギ・ヒッサル、カシュガル、ウシュ・トルファン、クチャ、カラシャルが「七都」つまりジタイ・シャールである★。

★ 中国トルキスタンにおける人口6,000人以上の主な都市や村は以下の通り。
ヤルカンド60,000人(Forsythによる)、カシュガル50,000人(同前)、ホータン40,000人(同前)、サンジュ35,000人（Johnson)、アクス20,000人（Kouropatkin)、ケリヤ15,000人(Prjevaliski)、ヤンギ・ヒッサル10,000人（Forsyth)、カルギリク10,000人（同前)、コルラ6,000人（Regel)。

第四章　モンゴル

第一節　クク・ノール地方［青海省］

位置

チベットの北東に広がる面積三〇万平方キロほどの山岳部は、しばしばチベットの一部とされるが、ブー・ユルとは全く別個の地方である。政治的にはダライ＝ラマよりも清国皇帝に従属し、交易面では、ツァンポ川の大峡谷よりもはるかに甘粛省とつながりが強い。クク・ノール流域とツァイダム盆地の南は、三重の山脈が壁となって、チベットの居住地帯から隔てられている。全体がゴビ沙漠と、モンゴル人の遊弋地帯に向かって北西に傾斜する。高原と内陸流域、横断の困難な山地からなるこの郷国は、しかし、無人のゴビ沙漠や、甘粛省の居住された平野部と同一の自然区分に属するとはみなせない。この地帯の地理情報は貧弱だが、それが許すかぎりにおいて、別途に検討せねばならぬものである。

地勢

ロプ・ノールの東にあるアルティン・タグとチャメン・タグを分断する広い切れ目は、ツァイダム盆地がロプ・ノールやタリム川下流とつながる場所である。その東にも崑崙山系に属する別の稜線群があり、チベット高原に突き出している。東チベット［カンゼ・チベット族自治州］の河川が生まれるのはこれらの山列のあいだで、ムルイ・ウス川は下流で金沙江および揚子江になるし、瀾滄江はメコン川になる。狭義のチベットの境界線であり、謎に包まれたナプ・

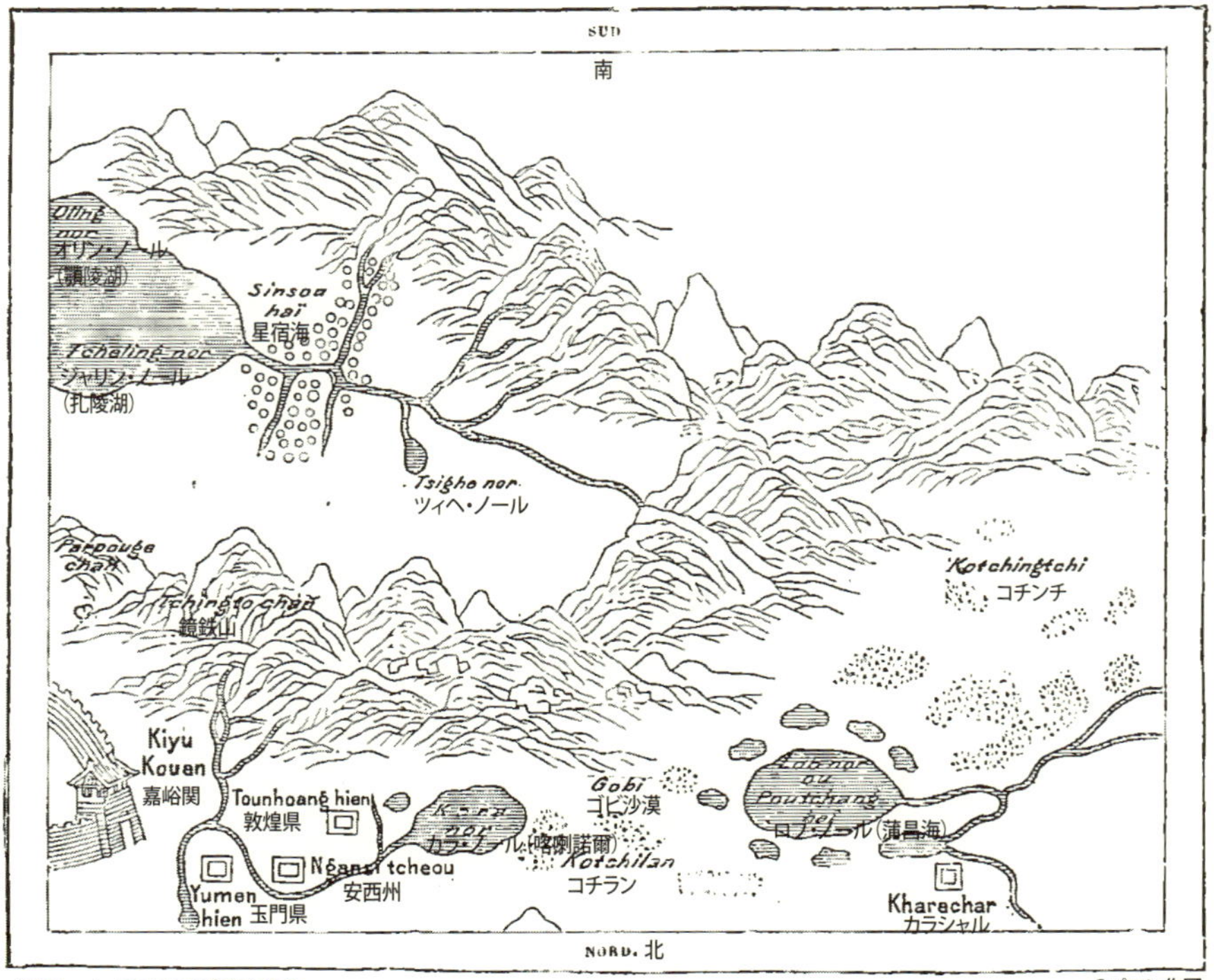

出所：メーチニコフの翻訳による　　C.ペロン作図

図25　ある中国の地図による黄河源流

チュはルーツェ・キアン［怒江］としてサルウィン川上流と考えられている。これらの山々とその峡谷群は、高原部を抜けたのち、北西から南東に向かう。ツァイダム盆地の全般的な方向も同様で、それを形成したのは、ひとつにはタリム川下流の谷間であり、もうひとつは、黄河源流のある湖沼地帯だ。黄河の源流は、ロプ・ノールから流出した水が再び噴出したものという、古代中国の地理学者たちが異口同音に繰り返した説は容易に理解できる。中央アジアのこの地帯は、平地と高い峡谷が一列をなし、山岳や高原に向かって開いているからだ。初期の旅行家たちは、ロプ・ノールと黄河のあいだがどう傾斜しているか、見当がつかなかったと思われる。しかし地形全体の様相には強い印象をもったはずだ。にもかかわらず中国の諸地図（南を上とする）は、ロプ・ノールが中央沈降部を占める

平地と、黄河が誕生する「星々の海〔星宿海〕」のあいだにひとつの山壁を描いている。

祁連（チーリェン）山脈

だが実際には、タリム盆地から黄河まで縦走するこの低地の北方に、いくつかの山脈が立ちあがり、最も起伏の激しい地方によってチベット高原に連続する。この連結部では、黄河がすさまじい峡谷を切り開いて流れ下る。この黄河の諸支流の流域は、中央にある湖にちなんで「クク・ノール水系」と呼べるだろう。北にはナン・シャン〔南山〕、またはシウェン・シャン、ないしチーリェン・シャン〔祁連山脈、以下この表記〕が大まかには西から東に向かい、アルティン・タグをツァイダム盆地以東へ延長するように見えるとともに、甘粛省モンゴル地域の高原の上方にあるクク・ノール地方の限界を画している。エジン川〔額済納河、弱水。上流は黒河〕の源流付近のいくつかの峰は、標高四二〇〇メートルと推定される万年雪の線を超え、最高峰の群れは五四〇〇メートルに達する。だが、プルジェーヴァルスキーがフンボルト〔ドイツ人地理学者 Friedrich Heinrich Alexander von Humboldt 一七六九—一八五九〕とリッターの名を付けた西側の諸山脈は、三三〇〇メートルほどしかないようだ★。タングート人の「アムヌ」すなわち聖山のひとつであるコンキル山が見下ろす祁連山脈の南には、チェトリ・シャン〔大通山脈か〕が立ちあがる。これは北をタトゥン・ゴル〔大通河〕川の峡谷が画し、南はクク・ノールの盆地に開く。この内海の向こう〔南〕には、プルジェーヴァルスキーが「クク・ノール南の山地」と呼ぶ多くの山脈に分枝する〔青海南山ほか〕。いずれも金属資源が豊富で、かつては大量の金が採取された。しかしドンガン人の反乱以後、多くの洗鉱場が放棄されている。

動植物

これらの多様な山脈の両斜面では、クルジャ地方における天山山脈の両側斜面や、シベリアにおけるアルタイ山脈の南北峡谷と同様の対照性がみられる。すなわち祁連山脈の北面が豊かな森林をそなえるのに対し、南面の森林量は少ない。クク・ノールをはさむふたつの山脈の向き合った斜面も同様で、気候や外観〔景観〕、植

★ *Conférence de Prjevalskyi*, le 23 mars (11 mars) 1881.

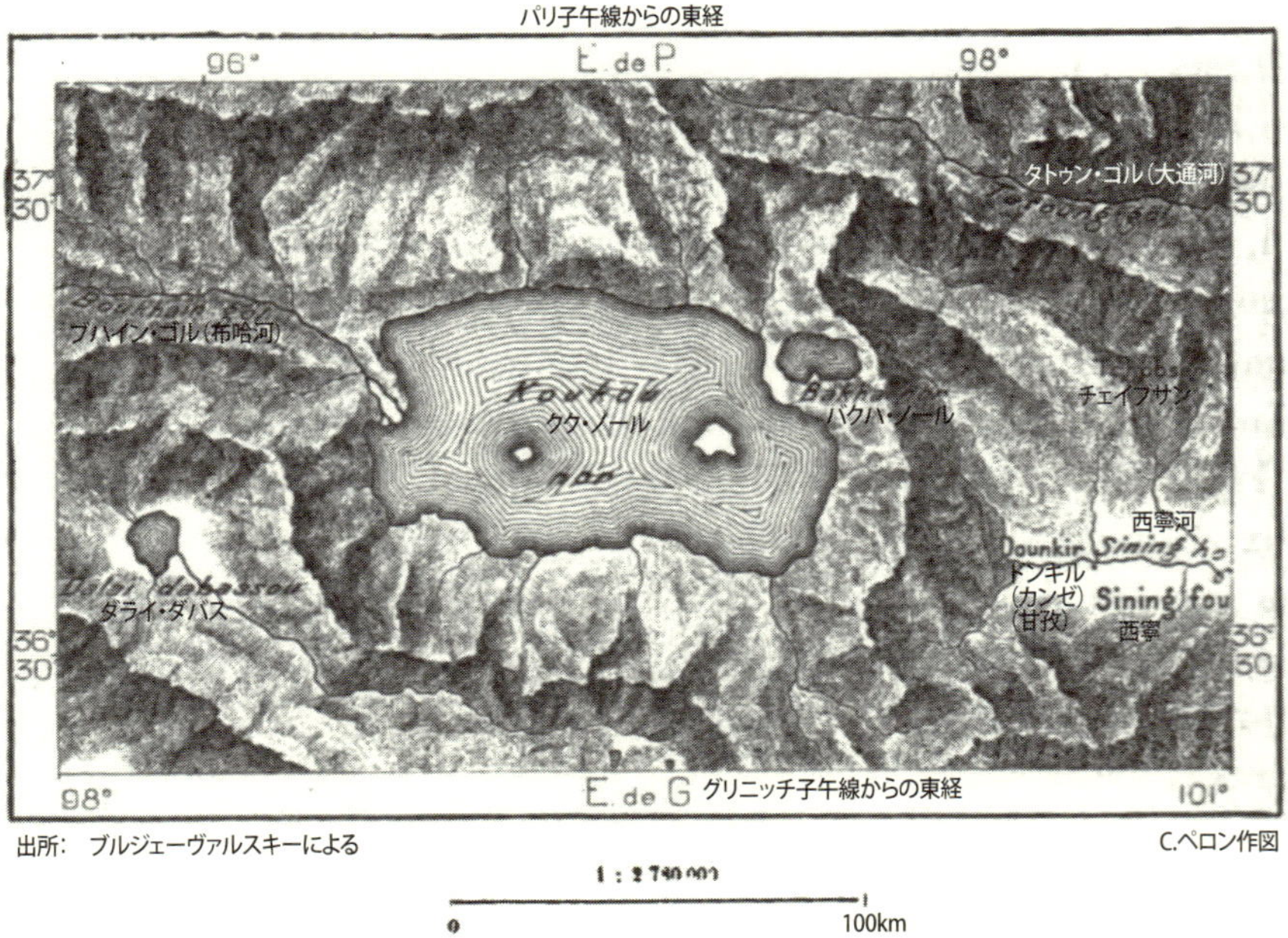

図26　クク・ノール周辺

生は対照的だ。北斜面は植生土をそなえ、水流と美林がある。南斜面は粘土質の土壌で、雨谷は石の河原だ★。だが北方のステップ地帯や、南方の高原地帯と比較すれば、この地域の植物相は極度に種類が豊富である。標高三〇〇〇メートルまで針葉樹やヤナギ［柳］、特有の赤い幹のカバノキ［樺］ほかの森林が広がる。下生えや高山性の草原には、ロドデンドロン［ツツジ属］やスイカズラ属の固有種もみられる。クク・ノール周囲の山地は薬用になるダイオウ［大黄］の一大産地で、西寧（シーニン）の中国人商人が非常な高値で買い取る。山中の動物相も驚くほど豊かで、プルジェーヴァルスキーは四三の新種を発見している。

クク・ノール

クク・ノールはその名が地方名［青海地方、一九二八年に青海省設置］にもなっており、チベット人にとってはツォ・ゴンポで、中国人にとっては青海（ツィン・ハイ）、つまり「青い水の湖」だ［青海湖］。じっさい「絹の如きたおやか

★ Prjevalskiy, *Mongolie et pays des Tangoutes, op.cit.*

な」美しい群青色で、湖面に映る薄雲の白さが引き立てる。輪郭は東西に伸びる卵形で、地元民によれば、徒歩で一周するのに一五日、騎乗なら一週間というから、湖岸の全長は三五〇〜四〇〇キロと推定される。湖面はおそらく五〇〇〇〜六〇〇〇平方キロで、レマン湖の一〇倍に当たる。現在の湖岸からかなり離れた場所にいくつも古い土手が見つかることから考えると、かつては現在よりもはるかに大きかった。多くの河川が流入するが、最大なのは西岸のブハイン・ゴル〔布哈河〕である。だが流入量が蒸発量を相殺するには至らず、排水路はなく、湖水は塩分を含む。湖中の南東には周囲一〇キロほどの結構大きな島〔海心山か〕がある。言い伝えによると、同島はクク・ノールの水が噴出していた湖底の亀裂の蓋であり、一羽の怪鳥が天の高みから落としたおかげで、世界は水没を免れたという。この孤島には一〇人ほどのラマ僧が生活する僧院があるが、夏は湖面が荒れて舟が往来できぬため、外界から完全に遮断される。僧たちがこの牢獄のような島から外出して托鉢し、バターや小麦粉などを仕入れるのは、湖面が凍結する十一月中旬から三月末までの冬季に限られる。魚は非常に多く、数種があると湖岸の住民はいう。だがプルジェーヴァルスキーは全く魚群を目にせず、自身では一種類しか獲れなかった。その身は非常に美味だが、卵は有毒である。湖面の標高は三二〇〇メートルで、森林限界よりもかなり低い。周囲のステップ地帯では、水流のある各所に厚い藪が茂る。

ツァイダム盆地

黄河上流部の西の高原部の窪地には、クク・ノールよりも小さな湖がいくつかあるが、最大の内海は消滅した。チャイダム〔原文はこの表記に統一してある〕、ないしツァイダムの平地は、かつて北は祁連山脈、東はクク・ノールの山塊、そして南はブルハン・ブダイ山脈〔布爾汗布達山〕を限界とした巨大な古代湖の湖底である。現在は、南東から北西に向かう大きな川バヤン・ゴル（豊かな川、の意）ないしツァイダム川が走る。同川の全長は四〇〇〜五〇〇キロに達する可能性があり、プルジェーヴァルスキーが渡渉した地点の川幅は四三〇メートル以上だった。だが沙漠に近付くにつれ、だんだん水量が減ってゆき、かつてツァイダム湖がロプ・ノールとつながっていた切れ目にほど近いダブス

ン・ノール〔達布遜湖、東達布遜湖と西達布遜湖がある〕の沼沢群のなかに消えてゆく。ツァイダム盆地の東部は全域が塩水の沼沢地で、雪のような風解物をそなえるだけの沼地もあれば、結晶が厚いスラブ状に覆う沼もある。逆に北西部は、固い粘土質の土壌ないし礫の地面しかない。沼沢地の樹木や、干上がった土地にわずかに見られる草がツァイダム盆地の植生のほぼ全部だが、ニトラリア・ショベリ〔*nitraria schoberi*〕の藪が見られる。これは高さ二メートルほどに育ち、漿果は甘みと塩味をともにそなえ、一帯の動物と人間が最も好む食料のひとつだ。住民はこれを秋に収穫するとオオムギ〔大麦〕の粉と混ぜる。植物相とおなじく、ツァイダム盆地の動物相も、種は少ない。おそらく沼沢地に立ちのぼるイエカ〔家蚊〕の大群のせいで、羊飼いやヒツジ、野生動物が周囲の山に身を避けるためだろう。盆地を横断するさい最もよく目にするのはアンテロープの一種、オオカミ〔狼〕、キツネ〔狐〕、ノウサギ〔野兎〕である。モンゴル人の説話では、西の無人地帯に野生のラクダが遊弋する。ツァイダム盆地に入り込むのは猟師や羊飼いの遊牧民だけだが、農耕は不可能ではないと思われる。バヤン・ゴルの豊かな水は土地を肥沃にするものだし、最大標高でも三〇〇〇メートル以下で、ゆるやかに西に傾斜し、西端はおそらく標高一〇〇〇メートルもないからだ。プルジェーヴァルスキーがこの平地を横断したさいには、多少のモンゴル人がオオムギやコムギを作付していた。ドンガン人の反乱のせいでいつもの食糧調達ができなくなり、耕作に手を染めざるを得なくなったからである。バヤン・ゴルと、もうひとつの川の合流点に近い盆地中央部には、昔の都市址があり、一帯の歴史における大きな変化を物語る。今は牧羊民のユルト〔宿営地〕しかみられないこの郷国にも、さまざまな定住民がいたのだ。

星宿海

高地ステップ地帯であるオドゥンタラの北には、バヤン・ゴルと黄河の分水界がある。ジャリン・ノール〔扎陵湖〕やオリン・ノール〔顎陵湖〕の溢流が黄河に注ぐこの地方は、モンゴル人と中国人の聖地だ。少なくとも近年にこの星宿海（シンスー・ハイ）すなわち「星々の海」を訪れたヨーロッパ人旅行家はいない。プルジェーヴァルスキーは一回目の旅行では東側から接近できず、二回目の探険では反対方向から試みたが、やはり到達できなかった。だがモ

ンゴル人は毎年八月に星宿海の草原を訪れ、これらの聖なる水源の近くで神をあがめる。いずれも雪のように純白な一頭のヤク、一頭の馬、そして五頭の羊が僧たちによって供えられる。一頭一頭に捧げ物を担わせ、頸に赤いリボンを付けたのち、山中に放してやるのだ★。

ブルハン・ブダイ山脈

オドゥンタラのステップ地帯の西には、峻嶮なブルハン・ブダイ山脈(仏様の山、の意)が始まる。これはチベット高原のこちら側〔北〕の隅にある壁で、高さがほとんど変動しない不毛の山脈だ。斜面は、一様に単なる粘土質や礫岩、斑岩の岩壁で、高原部の限界を形成する。ひとつの谷、というよりは狭い切れ込みが、この山壁と別の稜線を分離する。こちらの稜線も不毛で、灰色や黄色、赤みがかった岩からなるが、峰のいくつかは万年雪の上に立ちあがる。これがシュガ〔修溝か〕の山地だ。その向こう側のチベット方面にはゆるい丘陵や小山脈が点在する高原沙漠が広がり、ぽつりぽつりと亀裂がみられる。そうした亀裂のあるものは小石が詰まり、あるものは砂や、塩気のある白い土埃で埋まっている。標高四三〇〇〜四五〇〇メートルにゆるやかにうねるこの高原は、旅行家にとっては恐怖と死の地方だ。だからその南縁をなすバヤン・ハル山脈〔巴顔喀拉山脈、バインハル山脈〕を横断し、ムルイ・ウス沿いの牧草地をなす急な階崖群を降りるのは、大いなる歓喜である。ムルイ・ウスはすなわち揚子江上流だ。クク・ノール地方の公式な境界はシュガの稜線だが、しばしばバヤン・ハル山脈や長江の峡谷まで、さらにはカラ・ウス〔サルウィン川上流〕まで〔南に〕引き下げることがある。いずれにせよ、これほど広漠とした無住の空間をもつ地方の境界線は、まったく名目的なものにすぎない。

住民

クク・ノール地方の人口は一五万人と推定されるが、同湖以西に広がる地方の住民を最大で二万人に達するとみた数字である。宿営地が相互に往来できるのは青海湖の北、および東の平地部と、タトゥン・ゴル〔大通河〕の峡谷に限られる。ドンキル〔甘孜(カンゼ)、以下この表記〕方面の中国との境界付近では人口密度が高く、

★ *Ibid.*

ドンガン人の破壊を受けなかった地区はすばらしい耕作地帯だ。これらの峡谷地帯の先住民はタングート人やダルデス人だが、すでに中国人の入植者が入り込んでいる。ダルデス人は中国人に似ても似つかぬ農耕民だが、宗教や生活習慣、習俗は中国風である。プルジェーヴァルスキーによると、その言語は「中国語とモンゴル語、そして未知の言葉の混成と思われる」。

モンゴル人とタングート人

最も定住性が高い部族はモンゴル系だが、人種の代表としては物悲しい存在である。タングート人に抑圧されても沈黙のうちに服従しており、かつてこの郷国のあるじだった先祖の活力はみられない。クク・ノールのある君候はプルジェーヴァルスキーに語って曰く、「彼らの前歯を抜き、四つん這いにさせれば、ウシ〔牛〕のようなものだ」と。タングート系の征服者は大半がカラ・タングートの家系、すなわち「黒いタングート」に属する剽悍で誇り高い男たちで、みずからの力量に満々たる自信がある。人種的、言語的にはチベット人に属し、中国人には狭義のチベット人と一括して西蕃（シー・ファン）として知られる。モンゴル人とは相貌も習俗もはっきりと違う。眼は黒く、大きく開いており、瓜実顔で、頬骨はあまり突き出ておらず、かなり豊かな黒い髭をそなえる。鼻はまっすぐか鷲鼻だ。プルジェーヴァルスキーは、ロシア南部のツィガン人〔ロマ人〕に驚くほど似ていると考えている。モンゴル人は穏和だが、タングート人は戦士だ。モンゴル人は無限な不毛の沙漠を愛好するが、タングート人は谷間や、山岳部の湿り気のある牧草地を好む。モンゴル人はラクダを乗用にするが、タングート人はヤクを連れ歩き、その鼻孔に大きな木環を通して乗り物にも用いる。モンゴル人は歓待の念に富み、喜んで他所者をもてなす。タングート人は自分の天幕から遠ざけようとし、宿泊者に高額を支払わせる。カラ・タングート人は貪欲で投機家であり、ささいな品物でもあくなき交渉の種だ。盗みや掠奪に専心するのはお手の物で、一〇人ほどの男たちが徒党を組み、年の数カ月間は隊商やモンゴル人の宿営地を掠奪する旅に出る。獲物をたずさえて帰郷すると、これらの英雄たちはまず犯した暴力や流血沙汰の赦免を求める。すなわち青海湖の聖なる湖畔に赴き、漁師が捕えた魚を買い取ったり、あるいは取り上げて、湖水

に帰すのである★。こうした善行の積み重ねにより、犯した数々の罪はめでたく帳消しになるのだ。

タングート人の習俗

寇掠をことする民にふさわしく、タングートの若者は妻にしたい娘を略奪する習慣を今も保持するが、それは名目上のことで、拐した相手の両親に対し、トルクメン人やキルギス人の「カリーム」に相当する身代金を支払わねばならない。南方のチベット人のような一妻多夫制はタングート人のあいだで全然行われていないが、一夫多妻は許されており、家畜の大保有者は新たな花嫁とヤクやヒツジを喜んで交換する。ただし女性が奴隷扱いされることは一切ない。婦人は家事や家畜の世話をするが、外出は自由で、長い時間をかけて髪を整える。三つ編みにしてガラス細工やリボン、真珠、金属板の髪飾りで化粧するのだが、家の中を優美にする術はほとんど知らない。タングート人の大半はヤクの毛を梳いた黒い天幕に居住する。煙り出しの穴が頂部に開いており、しばしば雨が吹き込む。寝るときには竈のかたわらの枝草の束の上か、地面に直接横たわるが、汚物や料理のあとの水も平気だ。

信仰

クク・ノール地方のモンゴル系とタングート系の住民は、いずれもモンゴル人やチベット人同様に熱心な仏教徒で、定められた宗教行事を几帳面に遵守する。寺院や聖地の周囲をめぐる行列をしばしば執り行うし、ラサに向かう隊商には毎年多くの篤信者が参加する。ある僧院には一人の生き仏がおり、地域全体の尊宗を集めるが、清国当局はその選出に容喙する必要を感じなかった★★［クンブム・チャムパーリン寺か］。だが、このタングート人にとっての僧正にチベットのダライ＝ラマほどの威光はなく、クク・ノール地方の僧院は、どれも聖なるポタラ宮の末寺である。かなり多くのラマ僧が天幕暮らしで、僧伽に属する者でもしばしば部族から部族へと移り住む。僧が死ぬと埋葬の栄に浴するが、在家の死者はチベット同様に地面に捨て置かれ、肉食獣や猛禽類の餌になる★★★。

★ *Ibid.*

★★ O. Hilarion, *Arbeiten der Kaiserlich Russischen Gesandtschaft zu Peking über China,* vol.I, Berlin: Heinecke, 1858.

★★★ Prjevalskiy, *Mongolie et pays des Tangoutes, op.cit.*

物産

クク・ノール地方およびツァイダム盆地のステップ地帯の住民には、牧畜のほかに産業はないが、頭数は非常に多い。所有者はヤクを数百頭、ヒツジは何千頭と所有する。商品の価格は家畜の頭数で表示され、西寧府や中国との境界上にある甘孜の中国人商人から調達する必需品も、生畜ないし屠畜でもって支払う。購入するのは小麦粉や煙草、布地、茶葉、ダイオウ〔大黄〕などだ。清国政府はこれらの品目を通じ、一帯の誇り高いタングート人に対し、直接の権力を及ぼすには至らぬものの、少なくとも宗主権を少しづつ確立することができたのである。シベリアの縁辺部からチベット高原に赴くモンゴル人巡礼の隊商はクク・ノールを中継地とし、これもカラ・タングート人の郷国を中国世界に結びつけるのに寄与してきた。旅に適した季節は、夏の雨が終わった秋で、まだ冬の嵐が始まる前だ。このため夏が終わると、モンゴル人の隊商群は早々とクク・ノールの会合点に到来し、一六〇〇～一七〇〇キロにわたり山岳と絶壁を踏破する厳しい旅にそなえ、家畜に体力をつけさせる。クク・ノールや、最も近い中国都市である甘孜を出立するのは常に九月で、二ヶ月後にラサに到達する。ラサには三ヶ月にわたり滞在し、チベットの産品をたずさえて二月に出発する。モンゴルと甘粛省を長期にわたり荒廃させたドンガン人の反乱期には、こうした参詣と商取引の両面をもつ巡礼行も途絶し、ダライ＝ラマが三年置きに清国皇帝に差し向ける公式使節団さえ、旅行をとりやめた。

行政区分

ツァイダム盆地やクク・ノール地方のタングート人が、ダライ＝ラマという精神面での君主と、清国皇帝という世上の君主とひんぱんに通信できたのは、こうした隊商によるものである。西寧府の北方七五キロにあるチェイブサン、ないしチュブサンの僧院は、黄河の支流である小河川ブグク・ゴルを見下ろす岩場の上にあり、一帯の首府とみなせる。プルジェーヴァルスキーによれば、青海地方は行政上は二九の「フシュー」すなわち「旗」に分かれ、うち五つがツァイダム地区、一九がクク・ノールおよびその北方峡谷地区、そして五つが黄河の南地区を構成する。西寧には、タングート人が清国政府の介入を望む際に接触する役人たちが駐在する。

第二節　甘粛省モンゴル地域★

位置

ヤルカンドの近傍に始まるタクラマカンの砂沙漠から、大興安嶺が東を画する高原地帯まで、南西から北東に向かって横たわる沙漠地帯は、しばしば一様な外観〔景観〕と地表の傾斜、風土と乾燥の地方だと想像されがちだが、微塵もそうではない。これがひとつの明瞭な自然地域であるのは、その平地が東西南北を囲む高山地帯や、南東の豊穣な田園地帯と対照をなすからである。だがアジア大陸の直径の半分を占めるこの巨大な広がりの内部には多様な場所が連続しており、ゴビ沙漠と混同するのは誤りである箇所もいくつかある。祁連山脈とハミの山々を分離する幅五〇〇キロの地方はまったく狭義の沙漠ではない。たしかにこれはタリム川下流部の無人地帯につながるし、恐れられているゴビ沙漠東部の高原部にも至る。またこの平地のなかには、かつてモンゴルの内海が満たした平行な窪地群もあれば、水

★ 中国の固有名詞を満足できる方式で写すのは非常に困難である。中国語の発音がわれわれと違うだけでなく、ヨーロッパ各国の旅行家や地理学者の母語における正書法が別々だからである。ヨーロッパ人は当然その耳に聞こえた通りの中国名を自国語で再現しようとするのであって、中国について語る著者の国籍に注意し、彼らの示す各々の名詞をそのまま採用するか、あるいは変えるかせねばならない。地名に関し、すべての音に対応する記号群をそなえた統一的な表記法が存在せぬあいだは、フランス人ならばこう発音するはずだというフランス語風の表記を採るのが便利である。その際には、フランス語にない発音について特別に示さねばならない。中国語にはロシア語やテュルク語、モンゴル語と同一の喉から出る種々の気音があるが、「kh」の二文字で一括できる。「kh」ほど強くない発音は「h」とするが、発声の単なる中断は、Fo’kien〔福建〕のように省略符号を用いる。「ñ」はスペイン語から借用したもので、中国語でも同音である。「ng」は鼻音で、かなり多くの言葉がこの音で終わる。「eu」はフランス語の発音と混同を避けるため、「ö」で代替するのが便利と考えた。「w」はレミュサから採ったもので、大半のフランス人中国学者は南仏における子音の「v」、ならびに中国北部の二重母音「ou」と同音を表すのに用いている。したがって「w」は、ドイツ語における「w」のように発音されることもあれば、英語の「w」と同音のこともある。そもそも発音は地方により異なるため、それを正確に表記する規則を樹立するのは不可能である。中国における地名の多くはマンダリン（官話）でわれわれに伝えられるが、すべてをこの正書法に沿って写そうとすれば、「ペキン」の代わりに「ベイジン」、「マカオ」の代わりに「マング」、「アモイ」の代わりに「ヒアムン」、「ホンコン」の代わりに「ヒアンキアン」と表記せねばならなくなる。[（　）は原著表記の音写である]

中国語では複数の音節で構成される固有名詞を、われわれは一語でもって書き表しており、原初の構成要素の意味は話し言葉では閑却される。「ペキン」や「シャンハイ」は純粋に地理的な意味をそなえ、「北の王宮のある都市」だとか「上の方にある海」ないし「外海」の意味をいちいち想起しないで用いている。ただし、固有名詞の大半に続く一般名詞で、はっきりした意味をなお保持する言葉は切り離して表記する。河川を意味する「ho〔河〕」と「kian〔江〕」、山を意味する「shan」、墳墓を意味する「miao〔廟〕」、橋を意味する「kiao」、行政用語としての「fou〔府〕」および「hien〔県〕」である。

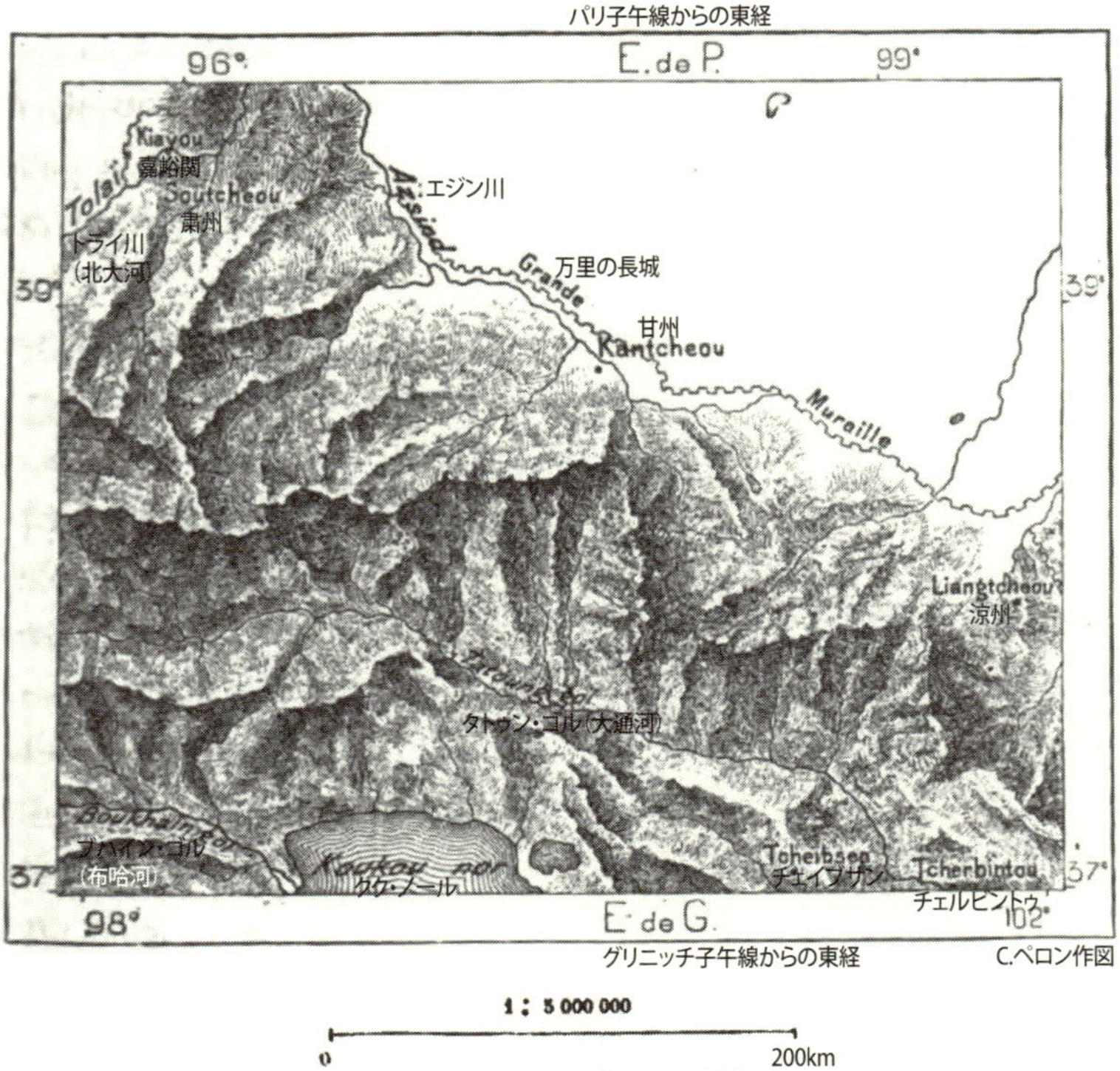

図 27　万里の長城の西端付近

も緑も見当たらず、砂塵が渦巻く中間的な小型の「ゴビ〔モンゴル語で普通名詞の沙漠〕」もある。だが、祁連山脈や近傍の山地から下るいくつかの河流は北上するだけの水量をそなえ、緑の川岸のまま、天山山脈の低い岬角部の基部まで到達する。これらの河川が走る「沙漠」はタリム川が流れるタクラマカン沙漠や、ロシア領トルキスタンの「赤い砂地〔キジルクーム沙漠〕」と「黒い砂地〔カラクーム沙漠〕」のような死の世界とはまったく別だ。地面からあまり深くないところに水があるし、窪地には湧水がある。こうした泉の近くには牧草地が遠くまで広がり、いくつかの場所では見渡す限りに植生が覆い、野生動物の群れが潤沢な餌を見出している。地面はしっかりしており、馬上にせよ馬車にせよ、往来は容易だ。河畔のあちこちには、宿泊施設や村はもとより、バザールと地場産業をそなえ、樹林

や畑地が囲む正真正銘の都市すら創建できたのである★。

気候要因

このような中央部にある大沙漠が中断する原因は、アジア大陸の輪郭と起伏に求められる。この地方の南方では、半径一五〇〇キロ以上の半円形をなすベンガル湾がアジア大陸塊に深く切れ込んでいる。ガンジス水系の両半島［インドシナ半島とインド亜大陸］の間に入り込むこの巨大な水盆のおかげで、甘粛省をインド洋から隔てる空間が半分に短縮されている。このため、海の水蒸気が充満した大気は、風によってクク・ノール以北まで運ばれ、多少の水分を降らせる。そもそもブラフマプトラ川河口部からモンゴルの無人地帯まで、チベット東部の山岳を通過する風は、チベット中央部の西にある標高四五〇〇~五〇〇〇メートルの高原や、七〇〇〇メートル級の縁部山脈のような障碍にはぶつからない。カム地方の稜線は西部ほど高くはないし、多くの通路を提供するが、そうした風の通り道は南北方向になっているため、谷筋に吹き込む南風は容易にクク・ノールの山地までさかのぼる。ブラフマプトラ川流域にべらぼうな降水量をもたらす南西モンスーンは、バヤン・ハル山脈を越える際にも、まだかなりの水分を保持するため、四月から秋の終わりにかけ、降雪や降雨をもたらす。プルジェーヴァルスキーは四月を通じ雪が毎日降るのを見ている。したがって、祁連山脈の以北に至っても、雲は一定量の雪や雨を降らせ、山中には正真正銘の河川が誕生し、遠く平地まで流れ出るのは驚くにあたらない。とはいえ、これらの河流のうち海に到達するものは皆無で、湖や葦原の中にある塩水の沼沢に消えてゆく。ロプ・ノールの方向に西流する安西（アンシー）の川［疏勒河］はカラ・ノール、すなわち「黒い湖」の窪地で停止して蒸発してしまう。もっと大きなエジン川（アズ・シンド［原文はこの表記］、エジナ、エジネイ）は雪の山々［冷龍嶺山脈か］の水を受け取り、万里の長城の北でほぼ同規模の河川である粛州（スーチュウ［酒泉］）のトライ川［北大河］と合流する。こちらは古文書では「金の川」と呼ばれた。その先になると同川もだんだん細ってゆき［弱水］、沼沢に枝分かれして、最後には沙漠の縁辺でソゴ・ノー

★ Sosnovskiy, *Journal of the* [*Royal*] *Geographical Society of London,* 1877; Piasetskiy, *Voyage en Chine* (en russe).

ルとソボ・ノール［ガシュン・ヌールか］の中に消えてゆく。

河西回廊

ゴビ沙漠を二分して流れる河川群を生むモンスーンの効果のおかげで、中国人は帝国の西部地方と祁連山脈から天山山脈までを通行する経路を容易に保持できた。隊商も軍隊もこの自然の経路を辿ったのである。それは黄河が西部で大きく屈曲する地点にある蘭州府（ランチュウ・フ）を発し、クク・ノールの盆地が隠れる山地を横断して北方の平地に下ったのち、嘉峪関（キアユ・クワン）で万里の長城を通過し、ハミのオアシスへと北西に向かう。この歴史的経路はハミで天山山脈の東部稜線の両側に分枝する。ひとつはタリム盆地に進み入るもので［天山南路］、もうひとつはジュンガル地方に至り、ヨーロッパに属するロシア世界の山々の西側斜面に下りてゆく［天山北路］。中国がこの地方を征服したのは二千年前だが、沙漠を二分し、黄河の河畔から天山山脈まで縦走するこの比較的に肥沃な地方を保持するのがいかに重要だったか、理解するのは容易である★。だからこそ、万里の長城の外側にあり、黄河の河谷からは高山地帯で隔てられているにもかかわらず、甘粛省に併合されたのだ。前世紀に至ってさえ、天山山脈南麓にあるハミ地区とピーチャン［善鄯］地区は、帝国の不可分の一部として甘粛省に併合されている。標高およそ三〇〇〇メートルのウス峠（ウス嶺）が通る分水界をなす山脈の北西には★★、場所によっては幅五〇キロもない一種の地峡のような居住地帯がある。遊弋する遊牧民にちなんで「甘粛省モンゴル地域」と呼べるであろう北西部と、甘粛省の中国地域とをむすぶ地帯だ。甘粛省のふたつの地域をつなぐこの隘路は、片側が山地、片側が沙漠である［河西回廊］。東にある中国の堅固な城壁と同様に「長城」と呼ばれる粘土の城壁の残骸がある地点が★★★、この長い列における耕作地の北限で、かつ、甘粛省モンゴル地域の入り口にある最初の都市群の北限でもある。その先には、中華帝国にとって古来の敵であった遊牧民に対する防壁はない。この外側の甘粛省の面積は四〇万平方キロと見積もられるが、住民はおそらく一〇〇万人に

★ Ritter, *Asien, op.cit.*
★★ Piasetskiy, *Voyage en Chine* (en russe).
★★★ Ritter; Huc; Prjevalskiy; Piasetskiy; Kreitner.

達しないだろう。住民が大きな入植地に集住するのは南部の諸都市と、天山山脈の麓に位置するオアシス群だけだからである。

中国系の住民

一大戦略要地であるこの地方は何度も争奪されたので、住民の起源はすこぶる混交せざるを得なかった。ウイグル人やウスン人といったテュルク系の諸部族や、種々の盟旗のもとにあったモンゴル人、チベット系のタングート人、そして東方から到来した文明化した中国人が、ゴビ砂漠と雪山を分かつこの通路の保有をめぐり、ひんぱんに干戈を交えた。遊牧民の戦士部族にとって征服事業は時間がかからないものだった。侵攻してすべてを破壊したら、あとは平地のステップ地帯か山岳部の峡谷地帯に引き上げたのである。中国人はもっと鈍足だが、執拗だった。間をあけてぽつりぽつりと創建した守備隊の都市は、やがて耕作者の入植地を取り囲んだ。一帯は少しづつ居住されてゆき、無人の荒野を突っ切って道が出来上がっていった。蛮族が戻ってきて襲撃し、畑に火を放ち、城砦を攻略して市街を荒らし回ることもあったが、一帯に中国人が立ち帰りさえすれば、道路と軍事拠点からなる戦略的連絡網の再建に時間はかからなかった。ムスリム住民反乱軍と清国政府軍のあいだで最近の一〇年以上にわたった戦乱は甘粛省北部の諸都市を荒廃させ、大半はがれきの山と化した。だが中国人耕作者の移住のおかげで、これらの都市は少しづつ再建されるか、あるいは近傍に新たな市街ができつつある。

モンゴル系の住民とウスン人

この草原地帯を遊弋するモンゴル人は、大半がカルムイク人の類縁にあたるオイラト系の大氏族に属する。一五〇〇年前にはこの地方がウスン人によって居住されたことが知られているが★、彼らは東方の低い鼻と頬骨の突き出た人々とは異なり、くぼんだ眼窩とまっすぐな鼻梁をそなえ、ゲルマン人種だとする説もある。中国人が「馬のごとき顔」と呼んだ彼らは、しかしモンゴルの諸部族によってだんだん西に追いやられ、天山山

★ Humboldt, *Asie centrale, op.cit.*

挿画 XIII　甘粛省。蘭州近くの城郭化した村
ピアセツキーをもとに、Th. ウェーベル筆

脈やタリム盆地に移った。この地方を渉猟したプルジェーヴァルスキーは、ロシア中部の同国人と極度の類似性をもつ農民に数多く出会っている。

涼州、甘州、粛州

ふたつの甘粛省をつなぐ回廊には、東から西に主な都市が連続する。涼州（リアンチュウ〔武威〕）、甘州（カンチュウ〔張掖〕）、粛州といった城郭都市は、最初の開拓が始まった二千年前に創建された。うち甘州と粛州は合わせて省名にもなった。甘州は近年の内戦による惨禍からの復興が最もめざましい都市のひとつで、緑の田園のなかに新築の家屋が輝く。涼州は今も繁多な都市で、清潔さと手入れの良さでは中国にほとんど並ぶ都市がないが、賑わいと豊かさを呈するのは、いちばん奥まった区画だけである。一列目と二列目の城壁にはさまれた市街の半分は残骸の山にすぎない。城壁の上から眺めると、小川の縁や谷間、岡の上に立ちあがる小砦の多さに驚かされる。これらの小砦はまだ新しく、ドンガン人の反乱の後にこの地方に戻ってきた農民の住居である。新たな災難に

対する備えであって、その中に閉じこもれば襲撃者の波を無事にやり過ごせるのではないかと期待しているのだ★。粛州はトライ川の河畔に建てられた都市で、かつては帝国防衛の最前線だった。だが一八七二年に中国人が同市を奪還したのち、家屋は一軒も残らなかった。広大な都市の跡地の中央にいくつかの壁が立ちあがるのみで、まだ樹木も生えていないのがいっそう物悲しさをそそる。

嘉峪関、敦煌

トライ川の反対岸、すぐ西の隘路にはかの有名な嘉峪関、すなわち「玉の門」がある［原著は玉門と嘉峪関を混同していると思われる］。ホータンの貴重な石材を集めにゆく中国人商人が通る道に至ることが名称の所以だ。だが一般に信じられているように、この関所は沙漠の入り口にあるわけではなく、前後の沿道には高木や草むらがなお見られる。水流も豊富で、小川の岸辺にはポプラやシダレヤナギ［枝垂れ柳］が生育する。最初のヨーロッパ人旅行者マルコ＝ポーロがロプ・ノールとチェルチェン経由でこの道を辿った二百年後には、ポルトガル人宣教師ベヌト＝デ＝ゴエスも、ホータンからの道を通って甘粛省の南部に入った。しかし彼は粛州までしか進めず、一六〇七年に同地で死没し、その手記は同行者であるアルメニア人イサクが保管することもできなかった。しかしイサクのほうは北京まで達したのである。粛州は周囲のモンゴル人住民向けの大きな市場町で、安西や瓜州（クアチュウ）、「砂の都市」を意味する沙州（シャチュウ［敦煌］）も同様だ。沙州はじっさい西の沙漠地帯からの砂丘に包囲されているが、一五〇〇年前のホータン王国の繁栄期には、タリム盆地に向かって広がる礫と砂の土地を縦断する隊商の集合地点として、甘粛省随一の重要性をもっていた。

玉門関、安西

ハミに至る道沿いにある玉門関はドンガン人が完全に掠奪したが、まだ大木の林の中にその塔がそびえる［市街のある玉門と混同か］。天山山脈に向かい北上する道沿いの前哨都市である安西も多少の緑に囲まれるが、こちらは内戦で完全に壊滅し、見られるのは煉瓦の山や寺院の残骸、仏像の破片のみである。樹林は手入れされぬ

★ Piasetskiy, *op.cit.*

ため砂の侵入を押しとどめることができず、砂丘が城壁のあちこちに迫っており、多くの入植者が再建にあたらなければ同市は消滅の危機にある。天山山脈に向かう北方は狭義の沙漠地帯で、「天空の紫色と混じる水平線」の広大な地帯である。旅行家が足を踏み入れるのを恐れるたぐいの地帯ではないが、ハミのオアシスまでのあいだに出会うのは、小川や泉のほとりの宿営地と、破壊された都市の残骸だけだ。チュクル・ゴビの東方にもいくつかの定常的な村落や都市址がある。そのひとつは、マルコ＝ポーロのいうエチナ市〔『東方見聞録1』前掲書、一三六頁〕である可能性があり、その名は今はエジン川として残っている。

ハミ（哈密）

ハミ（カミ、カミル〔クムル〕）はマルコ＝ポーロが「カムール〔『東方見聞録1』前掲書、一二五頁〕」の名で記述した市邑で、都市になるのが必然であるとされるもののひとつだ。すなわち地理的位置が都市となる行く末を示しており、掠奪や破壊に遭っても、おなじ場所あるいはそのすぐ近くに再生するに違いないものだった。沙漠に向かうにせよ、あるいはそこから抜け出てきたにせよ、ハミのオアシスは、隊商や軍隊の回復と、物資調達のために滞在せねばならぬ場所だった。東から到来したにせよ西からにせよ、征服者はまずハミの郷国に確固たる勢力を築き、その資源を掌握してからでないと、征服事業を推進できなかったのである。戦略地点として、中央アジア地帯においてハミ以上に重要な場所はない。天山山脈の稜線が一本に収束し、その東端の岬角部がゴビの砂と礫のなかへ降りてくる場所に近いし、山麓のあちこちに延びる緑地帯は古来の経路だ。ひとつが「南の道」すなわち天山南路で、もうひとつは「北の道」天山北路だが、両者が収斂する地点はハミの田園部である。こうしたわけで、この都市の名は常に東洋史に鳴り響いたが、大都市になったことは一度もないようである。この地方では、大都市を生むような広い耕作地帯を周囲にそなえられぬからだ。だがムスリムによる近年の反乱では深刻な被害を受け、稲作地やブドウ畑、そして美味なウリ〔哈密瓜〕をもたらす畑がしばしば荒らされた。

ピーチャン、トルファン

パリ子午線からの東経

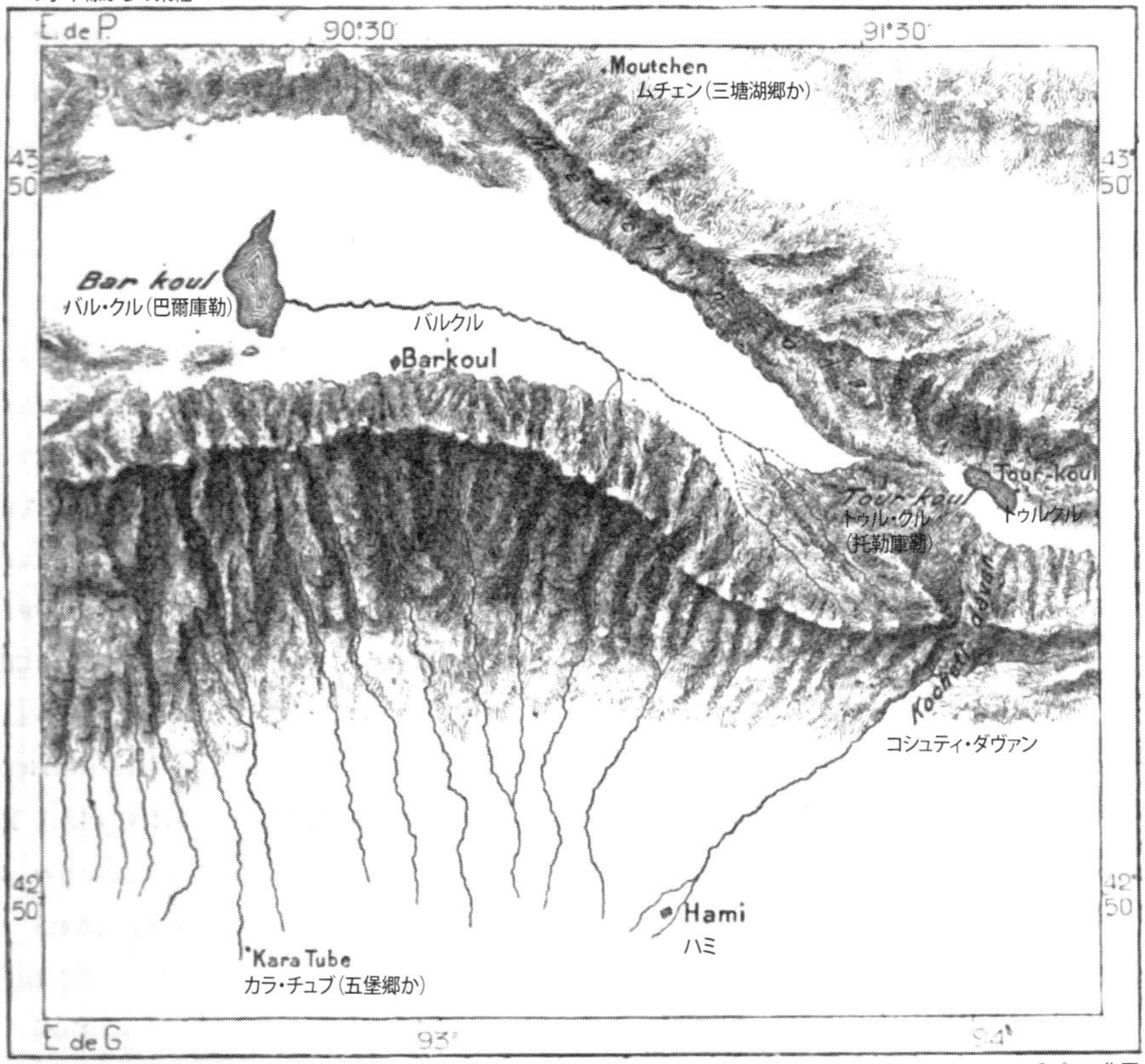

グリニッチ子午線からの東経

C.ペロン作図

出所： ラファイレフによる

1 : 1 500 000

0 50km

図 28　バルクルとハミのオアシス

ハミのオアシスの西にあるピーチャン〔闢展〕（ピジャン〔原文はこの表記〕、ピチャン）とトルファンの二都市は今日ではかなり衰退している。どちらも非常に肥沃なオアシスにあり、素晴らしいワタ〔棉〕やゴマ〔胡麻〕、コムギ〔小麦〕、多種の果物、とりわけ美味なレーズンを産する。このブドウの幹は北風が痛めぬように、横倒しにして育てられる★。北方には、天山山脈に属する峰々の階崖が、すでに威圧的にそそり立つ。この地方はしばしば中国人旅行家たちが通過し、その美しさは彼らが色々と語るところだが、現代の博物学者で訪れたのはレーゲルだけである。だが、古代の年代記が語る自然の珍奇さからみて、これ以上に探査されるべき中央アジアの地区はわずかしかない。ハミとピーチャンのあいだには、孤立した円錐形の山がある〔丘陵地であって円錐形ではない〕。火州（ホチュウ）ないし火焔山（ホーイェンシャン）と呼ばれ、千年ほど前に溶岩や火山灰、噴煙を噴き上げたもので、かつて住民は塩化アンモニウムを採取しに赴いた★★。これ以外の一帯の山々のうち、トルファンの西にある峰のひとつは、全面的に瑪瑙石の砂利でできた段丘が重なる上にそびえる。この聖なる山は「周囲二〇里」で、草木はまったくなく、「功徳によって不死を得た一〇万の羅漢の遺骨★★★」である瑪瑙のせいで光り輝く。トルファンは「王宮」の意味で、ドンガン人すなわち叛旗をひるがえしたムスリムに対し、一八七七年に清国が最後に奪還した都市である。歴史は一五〇年ほどしかなく、四世紀前に破壊された「旧トルファン」は現在よりも五〇キロ西にあった〔南東六四キロにある高昌故城か〕。そこには高さ一五メートルの城壁が残っており、かつては住居として用いられた。地下は二層あるいは三層の回廊で、内装の痕跡がいくつか残っており、ローマ建築を想起させる。周囲に立ちあがる塔もおなじ様式で、レーゲルは今日のドンガン人の先祖と彼が考えるウイグル人の遺跡ではないかとする。遺跡のあちこちに中国の陶器や、小さな仏像が見出される。旧トルファンにはひとつの壮麗なミナレット〔エミン塔か〕やサマルカンドのものと同様式の建築群もみられる。近傍にはマザールのモスクがあり、「メッカよりさえも神聖」とされるが、地元の言い伝えによると、ひとつの礼拝堂はネストリウス派が起源である。清国による征服の

★ Regel, *Russische Revue*, 1880, no.3; Regel, *Petermann's Mittheilungen,* VI, 1880.
★★ Klaproth; Stanislas Julien; Humboldt, *Asie centrale*; Ritter, *Asien.*
★★★ Amyol, *Mémoires concernant l'histoire de Chine,* t. XIV; Ritter, *Asien,* t.I.

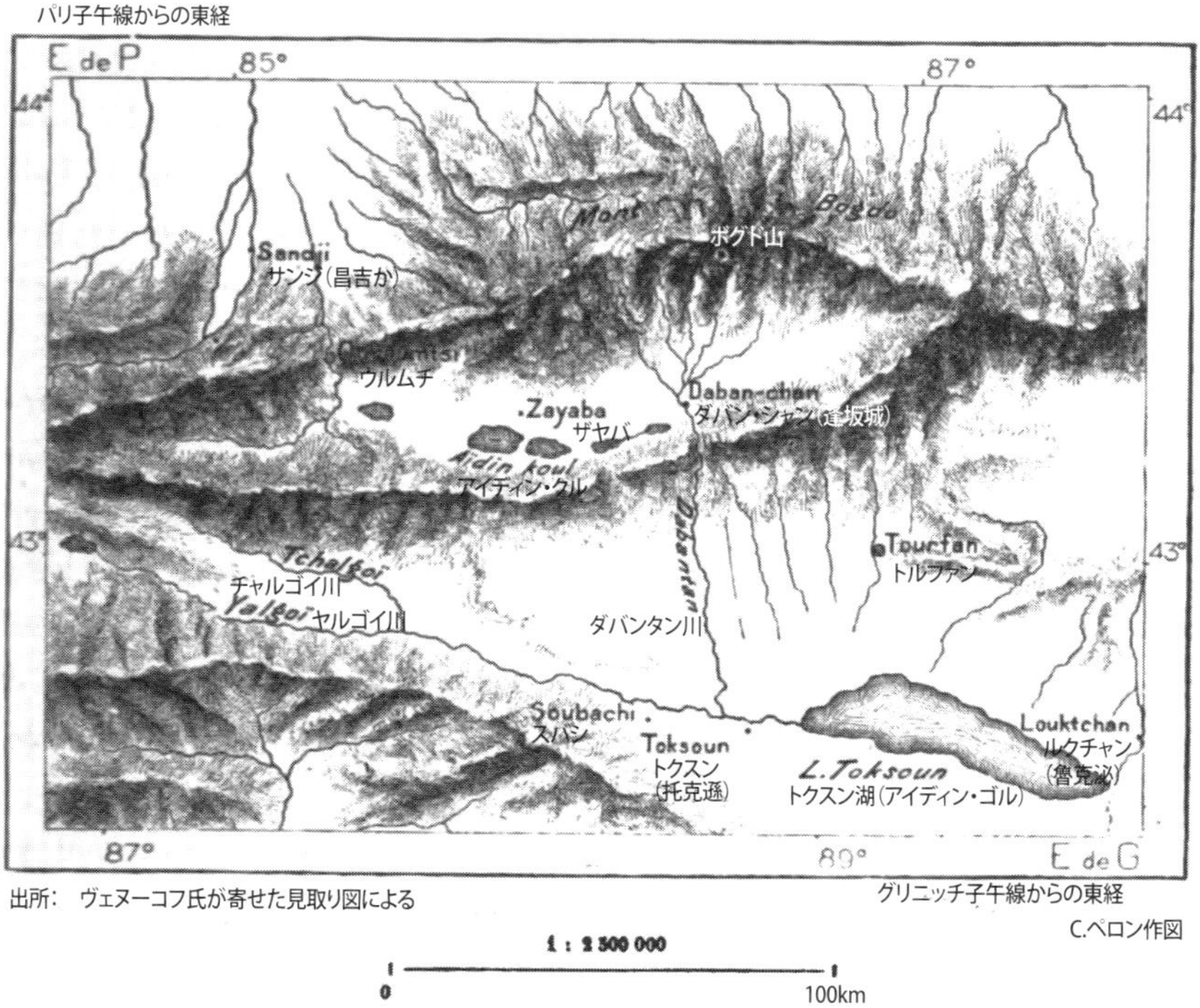

図29　ウルムチ、トルファンと近傍の山地

前にヤクブ＝ベクが創建したいくつかの小砦は、村や町になった。うち最大なのは、トルファンの西にあるトクスンである。

バルクル

天山山脈の南側斜面の諸都市と同様に、北側斜面にある都市群も、ウルムチのある谷まで甘粛省に属する。バルクル［巴里坤、バルコール、バリクルとも］は、北方の沈降部を占めるバル・クル（バル湖）が名称の由来で、戦略的にはハミを補完する位置にある。ハミからジュンガル地方の平地につながる道の最初の軍事拠点にして、最初の市場だからだ。南麓の諸道がハミのオアシスに収斂するのとおなじく、北側の諸道は、中国人にとっては鎮西府（チンシ・フ）であるバルクルで合流する。これは「非常に大きな都市」で、ふたつの城砦が睥睨し、果樹園や畑地に囲まれる。ハミとバルクルを結ぶ三つの峠のうち★、コシュティ・ダヴァンでさえ、麓の

★ *Iz'vestiya Roussk. Geograf. Obchtchestva,* 1874.

オアシス群よりも一五〇〇〜一七〇〇メートル高い標高二七三四メートルにある★。だがもっと西のコンゴル・アジガン山地の雪の山中を通る経路にくらべれば楽なものだし、天山山脈の東端部を回り込もうとすると、沙漠地帯のただなかを突っ切らねばならなくなる。

ウルムチ

バルクルがハミに対応する都市であるのと同様に、グチェン〔古城、奇台〕とピーチャン、ジムサル〔吉木薩爾〕とトルファンも天山山脈の両側で照応する。だがこの付近の天山山脈は稜線が二列になり、峰々は高く、山塊も大きくなるので、両斜面のあいだの交通は容易ではない。さらに西に向かうと、山列同士が接近し、基部の高原も縮小するため、まるで急な崖に囲まれた大きな湾のような平地が、山系の奥深くまで横たわる。両側は黒々とした森林をそなえた山麓だ。この円形劇場のような低地にあるのが有名な都市ウルムチ（ウムルチ、ウムリチ〔烏魯木斉〕である。中国語では迪化城（ティフア・チュウ）ないし「赤い寺」を意味する紅廟（フンミアオ）で、漢代にはすでに設置されていた。かつてのモンゴル人やテュルク人にとってのビシュバリクである。同市は歴史のさまざまな時期を通じ甚大な重要性をそなえ、幸運な位置のおかげで、戦火のたびに再興された。テュルク系ウイグル人の首府として、天山山脈の南北に広大な王国を封された君侯たちの王宮として機能し、「五都」を意味するビシュバリクの名を得た。十二世紀のヨーロッパの年代記作家たちが「プレスター・ジョン」と呼ぶ君主たちの一人の首都がウルムチだったと思われる。前世紀にはすでにかなりの人口を擁し、甘粛省北部における中国人入植地の筆頭の地位にあった。人口二〇万人とも言われたが、最近の戦乱でドンガン人がほとんど全住民を殺戮し、その後は自分たちが虐殺された。ウルムチはふたつの街区にはっきりと分かれる。川の右岸にあって商人の住む旧市街と、左岸の新市街すなわちマンチュー〔満州城〕である。戦火に見舞われたにもかかわらず、現在のウルムチは天山北路とチュグチャク〔楚呼楚、塔城（ターチョン）〕経由でロシアと大きな交通量があり、トルキスタンや中国東部との直接交易にもたずさわる。こちらはある古代湖の旧湖底経由

★ Sosnovskiy, Rafaïlov, *Carte de la Mongolie nord-occidentale.*

で、まだいくつかの沼沢が残り、中央にはダバンシャンの町がある〔天山峡谷〕。レーゲルの測量によると、ウルムチとトルファンのあいだの屋根の最低標高は一二〇〇メートルしかない★。この通路の近くに荒削りな二体の像があり、非常に尊宗される。トルファンと同様にウルムチにも硫黄泉があり、近傍には、火山活動なのか石炭の鉱脈のせいか不明ながら、地元では「燃える平地」の名で知られる燃える土地があって、鳥もその上空を避ける。夏は風解物で白くみえ、冬は雪景色の中でそこだけが灰色だ。さらに西には「灰の溝」の名をもつ深い谷間があって、人間も動物も近寄ろうとしない★★。レーゲルは最近の旅行でこうした自然の驚異を訪れることができなかった。市街の北東にはボグダ・オラ、すなわち「仏の山」の主峰が四〇〇〇メートル級に立ちあがる〔博格達山、標高五四四五メートル〕。墳丘で構成されると言われており、じっさい複数の火山の塊のように見える。ピアセツキーは同山を遠望したが、迂回して調査することはできなかった。だがウルムチの住民は、市街を見下ろすこれらの峰々のひとつに毎年赴いて、霊山への供え物を捧げる★★★。

第三節　ジュンガル地方および中国イリ

位置

ジュンガル地方が、中国世界と西洋世界を結ぶ戸口として大きく開いていることは、よく知られている。「瀚海」のかつての湾で、甘粛省モンゴルの北に湾曲し、アルタイ山脈の南麓と天山山脈のあいだを西に向かって広がってゆき、二本の腕のように分かれる。分かれた箇所は地質年代には水流があったもので、のちに諸民族の移住や、歴史的な交易経路になった。二本の通路に共通する入り口になる東の回廊は、かなりの部分が散在する沼沢地で占められており、古代の海の様相をわずかに保っている。沼

★ Regel, *Petermann's Mittheilungen*, VI, 1880; — *Izv'estiya Rousskavo Geogr. Obchtchestva,* 10-22 mars 1881.
★★ Klaproth; Ritter; Humboldt.
★★★ *Izv'estiya Rousskavo Geogr. Obchtchestva*, octobre 1872.

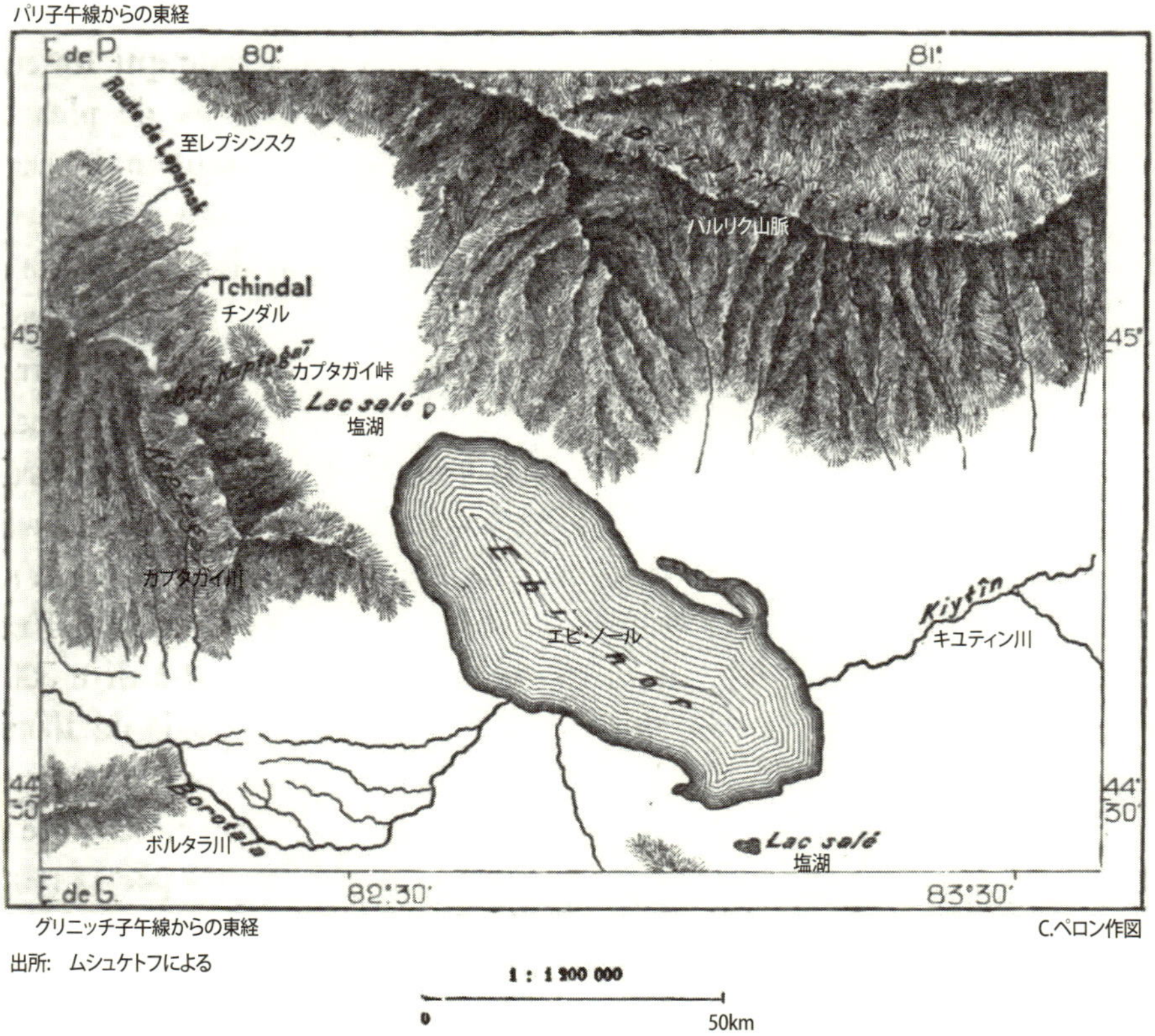

図 30　エビ・ノール湖

沢地はふた筋の皺のようになっている。ひとつは北西に延び、その内部にウルングル川が蛇行する。そして同名の湖［烏倫古湖、キジル・バシュ］から先は、黒イルティーシュ川［額爾斉斯河］として続いてゆく。もうひとつは、天山山脈の山系に属するクイトン［奎屯］やイレン・ハビルガンの山々［タルキ山脈］の麓を西に伸びてゆく。北側の川筋はシベリアの大河イルティーシュ―オビ川の最上流で、固くなった粘土質の土壌のステップ地帯のため、最も通行が容易だ。ソスノフスキーが示す最高地点でも七六五メートルにすぎない。それに対し、南の川筋ははるかに深くえぐられており、底地には形のはっきりしない沼や水流が続く。これらの水を受け取るのがアヤル・ノールとエビ・ノール［艾比諾

爾、艾比湖〕で、ロシア領内〔現カザフスタン〕のアラ・クル〔アラコリ湖〕ほか、かつてバルハシ湖につながっていた湖群へと続く。こちらの道はレプシンスクからウルムチに至るもので、辿るのに苦労はなく、両側の平地の平均標高は二〇〇～二五〇メートルである。斜面を越える屋根はジュンガルのアラ・タウ峠とバルリク山のあいだにある広い裂け目で、渦巻く風だけが難物である。イルティーシュの川筋と南の川筋、すなわち天山北路のあいだには、ジャイル山の稜線やバルリク山、タルバガタイ〔塔爾巴戛台〕山脈、サウル山などの東の岬角がところどころに突き出す。これらの山々は、大海を見下ろす半島のようにステップ地帯に立ちあがる。この中間地帯に三つめの経路があり、南北のそれほど開豁ではないが、交通量は最大で、チュグチャクはこの道沿いにある。

中国にとってのジュンガル地方

タリム盆地の天山南路に対語をなす天山北路という名称自体、玉門から甘粛省モンゴルを斜めに突っ切り、ハミ、バルクル、そしてウルムチに至るこの歴史的な道を、中国人がどれだけ重視したかの証拠である。城砦や軍事開拓地〔屯墾区〕がぽつりぽつりと管制するこの帝国の道は、東から西へ進んで、北をジュンガルのアラ・タウ峠の山地、南をボロ・コロの山々〔婆羅科努山脈〕にはさまれた三角形の高原に至る。その先はタルキ〔塔爾奇〕山脈の隘路（標高一九〇九メートル）、またはその隣りの通路を南下するだけで、クルジャの豊かな谷間に入り込む。これはもうアジア大陸の西側斜面で、アラルとカスピ両海の低地部に向かうどの道路ともつながっている。つまり、黒イルティーシュ川の川岸からイリ川〔伊犁河〕の河畔まで、約五〇〇キロの幅をそなえて大清帝国をぐるりと囲むこの高原と山岳の半円形は、通行の容易な河谷や鞍部が随所で四通八達する。フン族にせよ、ウイグル人にせよ、あるいはモンゴル人にせよ、侵入経路はすでに天然のものが通じていたのであり、アジア大陸の西側斜面に中国人が唯一保持する諸地区、すなわちイルティーシュ川の高地峡谷と、その向かいにあるイリの郷国を奪取するさいに通過したのも、この地方だった。

ロシアにとってのジュンガル地方

ロシア人のほうは、シベリア侵入の初期〔十六世紀〕から、アルタイ山脈と天山山脈のあいだに中国への道がある

ことを承知していた。当時彼らは「キタイ」の大型湖をこの低地で探しており、この名称は中華帝国全域を指す言葉にもなったのである。だがロシア人が南の隣国と通商友好関係を樹立するため最初に辿ったのは、この道ではなかった。帝国の首都である北京は、中国の中央部から相当に離れた場所に位置するため、もっと離れた別の経路をたどらざるを得なかったからである。それは東モンゴルの標高一二〇〇メートルを超える寒冷な高原部を縦走し、キャフタ〔恰克圖〕から北京に至る道だった。現在では、シベリア西部からジュンガル地方と甘粛省北部を経由して「華国」に直行するほうが交易上どれだけ望ましいか、認識されている。ザイサン〔齊桑〕の前哨点から、中国の本当の中心とみなせる漢口（ハンカウ〔武漢〕）まで、旅人が遭遇する障碍はないからだ。全長四三五〇キロのうち、馬車が通れない区間は二七〇キロにすぎず、それでさえ駄獣にとって申し分ない道である。この経路でゴビ沙漠の無人地帯を横断するには八日間の行程で済み、それ以外は随所の宿駅に定住民がみられる★。それに対し、〔豆満江〔中国・北朝鮮国境〕からキャフタ経由で漢口に至るには七四三五キロの道程、すなわち黒イルティーシュ川の河谷とハミのオアシスを経由するよりも三〇〇〇キロ長くなる。また種々の旅行記により、高原部を横断するこの経路がどれだけ難儀かは、よく知られている。この直行路は一四〇日の行程だが、北京方面に向かう隊商が通常利用する迂回路の二〇二日に比べても、さして短縮されない。いっぽう、ロシア領内のアルタイ山脈の峡谷を登攀して国境線の峠に向かい、ホブドやウリアスタイ〔オリヤスタイとも〕方面へと南下する経路は、ハンガイ〔杭愛〕山脈の南麓を迂回するもので、商人も利用するが、最も踏破が困難で、通過する諸地方は最も地味が乏しく、住民も少ない。こちらが国際交易の大動脈にならないことは明白だ。カレーから上海に至る大陸横断鉄道の敷設地点を決定するなら、それはジュンガル地方の戸口のひとつを通り、甘粛省モンゴル地域と蘭州府を経由することになると言ってよいだろう。ロシア人も同様で、この経路の周辺を保持することに多大の重要性を見出しており、ドンガン人の反乱のあいだ清国政府が管理をゆだねた物資集散地クルジャ〔伊寧〕の返還を了承したのも、当該鉄道がロシアによる商業流動に沿うものとする、

★ Sosnovskiy, *Journal of the [Royal] Geographical Society of London*, 1877, *op.cit.*

という条件下であった〔一八八一年二月のイリ条約〕。クルジャの領域は、ジュンガル北部とタリム川の谷のあいだに突き出す角地のようになっており、中国にとっては、ここを保持せぬ限り、ジュンガル地方のステップ地帯からカシュガルやヤルカンドのオアシス群に至るには、天山山脈の東を大回りせねばならなくなるものだ。

ジュンガル地方とイリ地方

天山山脈とアルタイ山脈にはさまれた中国の外地は、自然的にボロ・コロの稜線によって二つの地域に画然とわかれるが、両者の面積と人口はかなり不均等である。ひとつがジュンガル地方で、もうひとつはイリ地方である★。モンゴルの広がりの大半と同様に、ジュンガルの平地群は黄色や赤味がかった粘土の単調な空間で、やせた藪地しか緑はない。流水のたもとにポプラやヤマナラシ〔山鳴らし〕が葉陰を細々と落とすだけである。この単調な様相が美しい絵画的な情景で中断するのは、高山地帯の近傍に限られる。アルタイ山脈の中国側部分は全般にすこぶる険しい様相を見せ、南方に向いた階崖の大半は陰気な裸地だが、谷筋には森林や草原、花咲く斜面もあり、あちこちの雪渓が、褐色の岩場や谷間の緑と対照をなす。ジュンガル地方の南にはクイトン、ボロ・コロ、タルキといった縁部の山地が北面を見せることとて、アルタイ山脈よりもはるかに森林量が多い。場所によっては山腹の全面がマツ〔松〕に覆われる。ジュンガル地方のうち最も美しいのは、南西角のサイラム・ノール〔賽里木諾爾、賽里木湖〕の湖水が占める低地である。同湖はジュンガル地方最大のものではなく、面積ではエビ・ノールやアヤル・ノール、ウルングル湖〔烏倫古諾爾〕に劣るが、非常に深いといわれる。モンゴル人が「大湖」の名を冠したのもそのせいだ。中国人のほうはもっと詩情豊かに「太湖」と呼ぶ。森に覆われた山々のあいだに巨大な火口のような口を開けているが、湖面の高さは、イリの谷間を帝国の道が下ってゆくタルキの屋根よりも一〇〇メートルほど低いにすぎない。同湖の溢流はタルキの峠の地下を流れ下り、クルジャの田園部を豊かにうるおすと考えられている★★。だとすると、

★ 推定される面積と人口は、ジュンガル地方が 30 万 km^2 で 30 万人、イリ地方が 6.5 万 km^2 で 14 万人である。

★★ Mouchketov, *Zapiski mineralog. Obchtchesva*, 1877.

これはジュンガル地方の反対側の端にあるウルングル湖、すなわち「赤頭の鮭」を意味するキジル・バシュと類似する現象である。こちらの地下水流はミロシュニチェンコが発見したもので、溢流をカラ・イルティーシュ川に運ぶ★。

クルジャ地方［イーニン（伊寧）］

最近ロシアが獲得したクルジャ地方が、中央アジア屈指の美郷のひとつであることはよく知られている。それは天山山脈の東部をすべて含み、五〇〇〇～六〇〇〇メートル級、さらには七二〇〇メートルの雄大な峰々と、氷河が流れる峡谷、繊細な芝草の広大な平原、マツ［松］やリンゴ［林檎］の森林、そして河流や灌漑水路が極めて豊穣な収穫をもたらす平地をそなえる。かつて湖だったテケス川［特克斯河］の谷間、またクンゲス川やカシュ川［喀什河］の谷間は、標高のせいでかなり人口は少ない。ほぼ全住民はイリ川［伊犁河］中流部が涵養する田園部に集中する。イリ川はそれからロシア領に入り、北西に転じて、バルハシ湖に流れ込んでゆく。

ジュンガル人

ジュンガル人、すなわち「左側の民」は、民族としてはもう存在しておらず、この名称も彼らがかつて勢威を振るった中心部の地名として残るだけである。モンゴル系の祖先をもち、オイラト人すなわち「四色」の集団に属したジュンガル人は、同人種の諸部族のうち、最後に中国から独立した帝国を樹立するのに成功した。彼ら以外のモンゴル人がすべて服属し分断された十七世紀末に、ジュンガル人が創建した王国は短期間のうちにアジア最大の国家のひとつに成長した［ジュンガル帝国］。君主は百万の兵を擁したといわれる。ハミの山地からバルハシ湖地方までの全域はそのもとに降り、カシュガルやヤルカンド、さらには西トルキスタンの諸都市も貢納した。君主［グーシ＝ハン Güsi Qayan 一五八二―一六五四］はチベットの奪取を望み、その軍勢は三度にわたる攻撃のすえ、一七一七年にラサを陥落させ、聖なるポタラ宮を手中にした。康熙帝がチベットの地図を作製するために派遣した二人のラマ僧が、ラクダにつながれてジュンガル地方に連れ去られた同宗者の運命を

★本シリーズ第6巻『アジア地域ロシア』［1881年刊］参照。

挿画 XIV　典型と衣服。ドンガン人とタランチ人
ド＝ウジュファルヴィ氏の寄せた複数の写真と、シュイレル著
『トルキスタン』所載の一葉の版画をもとに、プラニシュニコフ筆

逃れるには、大変な苦労があった。だがこのモンゴル人帝国では内訌や紛争が相次ぎ、清国に対抗できなかった。ジュンガル人は二度にわたり清の派遣軍を壊滅させたが、一七五七年には三度目の派遣軍が再征服に成功し、全土は乾隆帝の名のもとに平定された。シベリアに難を逃れるか、天山山脈を越えて西トルキスタンに運よく逃げ込んだ者以外、モンゴル人は容赦なく虐殺された。一〇〇万人の老若男女がこの民族的な惨禍で落命したのである。ジュンガル人の呼称すら消滅し、隠れ家を提供したカルムイク人の山岳諸部族のあいだにその痕跡がかすかに残るのみである。しかし言語や信仰が共通するため、混交が急速に進んでいる。廃墟となった諸都市は軍の駐屯地や、中国とモンゴル各地から送られた流刑囚の入植地にとってかわられた★。それに加え、荒廃した田園部にも新たな住民が

★ P. de Mailla (tr.), *Mémoires concernant l'histoire, les sciences, les arts, les mœurs, les usages, &c. des Chinois*, Paris: Nyon; Klaproth; Timkovskiy; Ritter.

パリ子午線からの東経

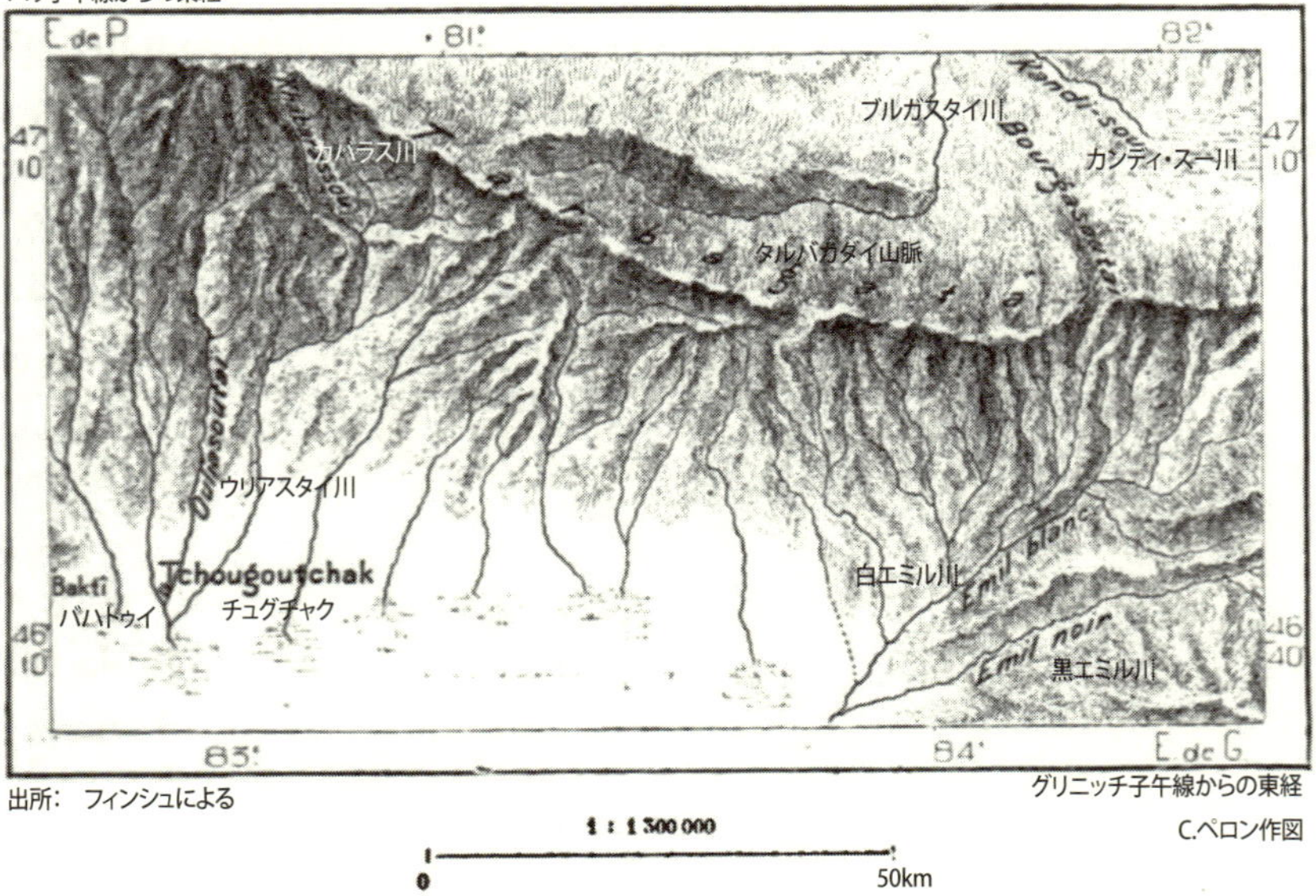

出所：　フィンシュによる

グリニッチ子午線からの東経

C.ペロン作図

図31　チュグチャクとタルバガタイ山脈

早々と到来し、居を定めた。一七七一年には、ヴォルガ川のステップ地帯を遊弋するトゥルグート人につらなるカルムイク人が、ツァーリの派遣した非道な監視役に耐えかね、まだ民族の伝統が残るジュンガル地方の平地に帰還しようと決断した。三〇万人のカルムイク人がカスピ海西岸を出立したが、ウラル川を越え、エンバ川の沼沢地と、トルキスタンの沙漠地帯を抜ける八ヶ月の困難な逃避行のあいだに、数千人が死亡した。それでも清国側の記録では、移住者の大群が天山山脈やタルバガタイ山脈、アルタイ山脈の麓に広がるステップ地帯に到達しただけでなく、清国軍が勝利したさいに境界線の向こう側へ追いやった多くのモンゴル人もこれに倣い、先祖伝来の土地への帰還に参加したという。どうやら五〇万人ほどが、バルハシ湖から人煙稀れなゴビ沙漠までの空間に再入植したようである。こうして乾隆帝は、モンゴル諸部族の主君たることを誇るに至った。

ドンガン人の乱

だが人種的、宗教的な相違と、さらには清国による抑圧への憎悪は、さらなる虐殺を呼ぶことになる。ジュンガル帝国が破壊されてから一世紀後、イリ川流域の農耕

民が清国の役人と、満州族の兵士に対する反乱を起こした。この闘争に参加したのはドンガン人、すなわち一帯のムスリム定住民と、タランチ人だけである。ドンガン人は、ティムールが同地を通過したのち同地にとどまった兵士の子孫を自称し、タランチ人は、タリム盆地方面から移住した入植者を一括して指すと理解されている。北方のステップ地帯にいるキルギス・カザク人や、天山山脈の峡谷のカラ・キルギス人、すなわちブルト人〔天山キルギス人、クルグズ人〕は、いずれも遊牧生活を営むこととて、この闘争には関与しなかった。平地部の農業者と、都市に住むその支配者たちの戦争は、最初はどちらにも強いためらいがあったが、年を追って暴力化してゆき、ついに一八六五年には中国人や満州族、そして東方から到来した軍事的入植者に対する見境いのない皆殺しに至った。助命されたのは若い女性だけで、奴隷にされたのである。清の将軍たちが暫定的にクルジャ地方を委託したロシアの進駐に及んで、ようやく殺戮は終息したが、生き残った住民は一割もいなかった。クルジャ地区の二〇〇万人のうち、残っていたのは一三万九〇〇〇人足らずで、大半はドンガン人とタランチ人だった。クルジャとその近傍で死を免れた中国人や満州人、軍事的入植者の子孫であるソロン人〔索倫族、エヴェンキ人（鄂温克族）〕は一握りにすぎなかった。今度はムスリム叛徒のほうが清国の報復を恐怖する次第になったので、ロシアは新たな協定〔イリ条約〕でクルジャを返還するにあたり、ドンガン人とタランチ人の避難先として、同地の北西隅を保持したのである。だが、イリ川流域の気候や沃土、豊かな自然は多くの利点をもち、一八六五年の大虐殺にもかかわらず、いまだに北方のジュンガル地方よりも人口は稠密だ。ジュンガル地方は面積では五倍だが、住民は倍に満たないと思われる。

ジュンガル盆地北部、チュグチャク（塔城）

ジュンガル地方北部、すなわちウルンググル川流域と黒イルティーシュ川沿いの地域に、狭義の都市はない。ただし、隊商が宿駅や出発地として利用する二つの地点が一定の規模をそなえるに至った。かつて中国人が保持し城砦化した邑であるウルングル湖南岸のブルルトカイ〔福海〕と、黒イルティーシュ川の支脈にあり、ホブドの高原へ登ってゆく裂開部の入り口に位置するトゥルタ、ないしトゥルトゥである〔アルタイか〕。ロシア人商人たちはトゥルタを物資

集散地とし、モンゴルとの交易に利用している。ジュンガル地方で最もにぎわう市場町はチュグチャク〔塔城〕で、タルバガタイ山脈の麓、アラ・クル湖に流入するエミル川〔エジン川、額敏河〕流域にある。バクティの国境監視所から一八キロしか離れておらず、シベリア側に向いた斜面に位置することとて、チュグチャクはロシア人商人にとって中継地点たる多大な利便性を提供する。また同市はロシア領内であるかのように、清国官僚の不当な収奪からもよく保護されている。加えて、チュグチャクはシベリアの諸都市と取引を行なうヤルカンド人や、カシュガル人の隊商が二〇〇年このかた辿ってきた道沿いにある。これらの商人は「小ブハラ」からやってくるというので、通称ブハラ人の名で知られる。彼らはタリム盆地からオビ川流域に向かうにあたり、天山山脈の中央部を横断する迂回路をとり、バルハシ湖を回り込んだのち、タルバガタイ山脈を越えてイルティーシュ川の峡谷を下る道を選んだ。西の大沙漠地帯とキルギス人の盗賊を避けられるし、家畜の牧草も随所で得られるからだ。前世紀半ばにロシア政府は、他の経路での独占を確実にするべく、この通商路の封鎖を望み、タルバガタイ山脈を通る旅人の通行を拒否した。ダイオウ〔大黄〕の輸入を試みた者は死刑とさえ布告されたが★、習慣の力は強く、チュグチャクはかつてない量の隊商の会合点に成長した。一八五四年に同地からロシアに輸出された茶葉は一六〇万ルーブルにのぼり、人口は三万人に達したのである。ドンガン人の乱によって廃墟になったものの、チュグチャクは自発的および流刑囚の入植者により、少しづつ住民数も回復している。市街は粘土の小家屋の広大なスプロールで、中国人、満州族、モンゴル人、キルギス人、タランチ人など、雑多な民族の移住者が集まる区画に分かれる。周囲の畑は完璧に灌漑され、近傍では石炭も採掘されている★★。コクペクティやセミパラチンスクと連絡するカバラス峠は馬車が通行可能で、標高二八七四メートルの屋根には隊商宿さえある。チュグチャクの南方、ロシア国境近くにあるエミル川とその沼沢地の通行は、サルリータムの砦が警護する。

ジュンガル盆地南部、マナスほか

★ Schrenck, *Beiträge zur Kenntniss des Russischen Reiches*, von Baer und Helmerson, vol. VII; Potanin, *Zapiski Roussk. Geogr. Obchtchestva*, I, 1867.

★★ Otto Finsch *et al., Reise nach West-Sibirien im Jahre 1876*, Berlin: Erich Wallroth, 1879.

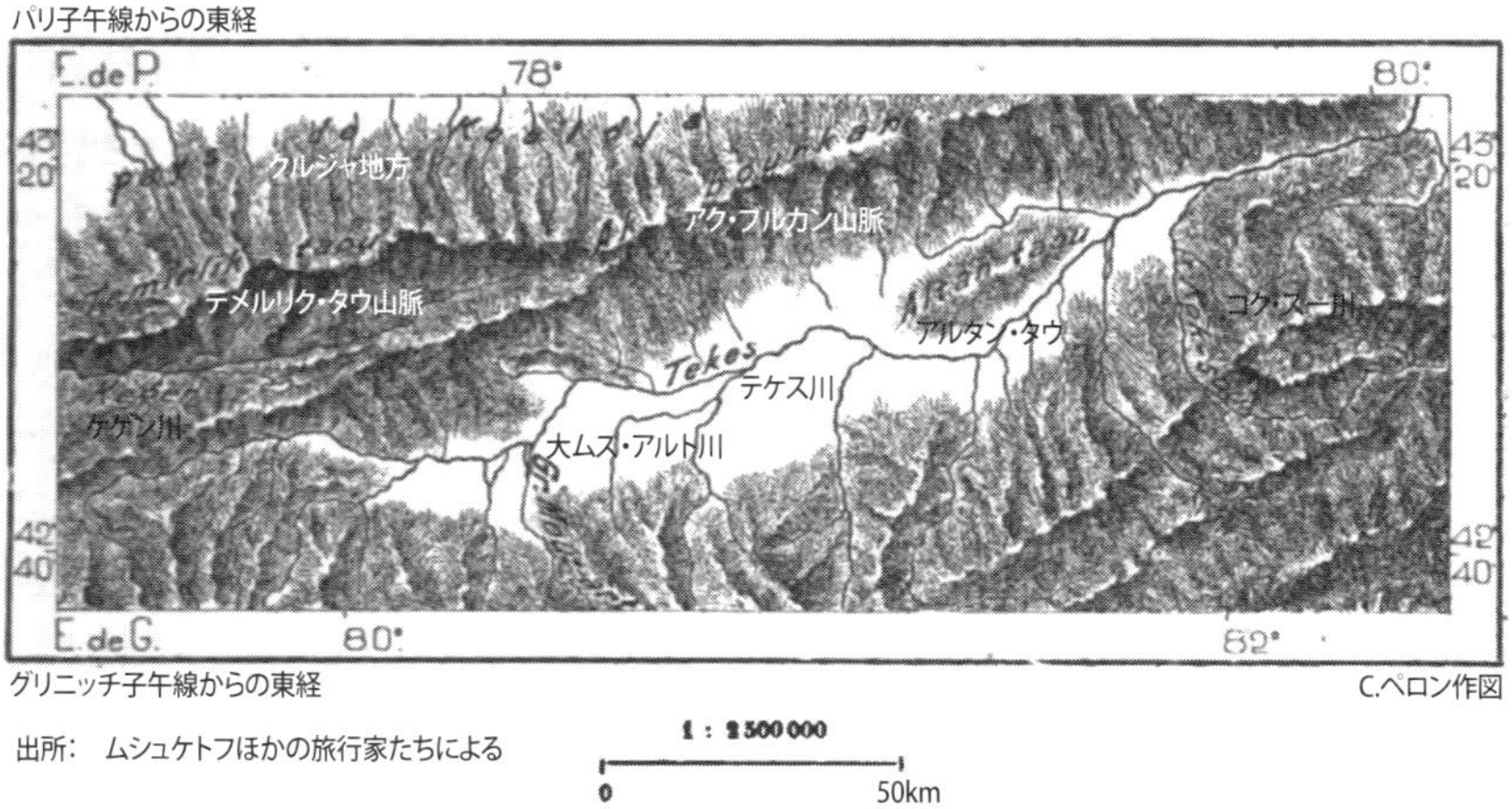

図 32　テケス川の河谷

ジュンガル盆地南部、ウルムチの西にあるマナス［瑪納斯］、クイトン、カルカラ・ウス［烏蘇］、シーホー［石河子］、ジンホー［精河］といった都市はすべて軍事哨戒地点で、万里の長城の外側にある入植地の大半と同様に、流刑囚が生活する。ロシアによるクルジャ占領期を通じ、これらジュンガル盆地南部の地点には、かなり多くの守備隊が駐屯した。ジュンガル地方とイリ川峡谷を結ぶ通路群を監視するため、エビ・ノールとサイラム・ノールの間には本格的な軍事部隊も編成されたのである。現在では狭義の入植により、一帯の人口は著増している。とくにマナス以東がそうで、天山山脈以北のジュンガルで最も肥沃な地方である。金の洗鉱場や石炭層、岩塩、そしてシーホーのそばで見出されるとレーゲルが語る原油は、入植者に将来の工業的繁栄を約束するものだ。南にはタルキ峠ほか、多くの裂開があって、中国人がクルジャの田園部に降りてゆくのは簡単である。ただし、ジュンガル盆地南部は明らかに地理的にモンゴルとは別の地方に属する。これはアラル・カスピ流域の一部であって、その方向つまり西に大きく開いている。そこからロシア軍が再来するのには何の障碍もなく、また勝手知ったる道でもある。

クルジャ（伊寧）

イリ川流域のうち★、近年の戦乱に生き残った唯一の都市が

★ 本シリーズ第 6 巻［アジア地域ロシア、1881 年刊］ではイリ地区を清国に返還する条約が締結される以前だったので、同地をロシア領として記述してある。

クルジャであることはよく知られている。これは旧クルジャ、ないしタタール・クルジャ、寧遠（ニンユアン）、クレンとも呼ばれる。方形の城壁の内側には一万人ほどが生活し、ポプラの緑地帯が旅人の目から隠す広大な郭外町に取り囲まれている。建築したのは中国人であるにも拘わらず、城郭の内側はロシア領トルキスタンの都市の風情があり、二〜三の建物が東方からの征服者の存在を想起させるにすぎない。家屋は練り土で、粘土の屋根が覆い、アラル川流域の都市群におけるウズベク人やサルト人の住居に似る。住民の大半はムスリムで、最大の宗教建築もモスクだ。ジュンガル人の帝国が破壊されたあとで設立された小規模な中国人キリスト教徒の共同体もある。旧クルジャは地場産業の町で、製粉業や食用パテ〔麺類か〕の工房群のほか、製紙業者が一軒ある。よく耕された広い畑地と豊かな田園の一部は、ロシア行政下でケシ〔罌粟〕栽培に利用された。公式には、阿片の製造と輸出は一八七八年まで禁じられたが、すでにその四年前には、この禁制の植物の作付面積は三〇〇〇ヘクタールを突破し、クルジャから大清帝国に輸出する阿片は一〇〇万フランに達しつつあった★。春先にはカシュ川とイリ川の合流点の下流一〇〇キロにわたり、粘土の小家屋の灰色がかった壁の横手に、ケシの紅い花が咲き乱れる風景が随所に広がったのである★★。

クルジャ以西

旧クルジャの西になると、戦火の悲惨さが目の当たりにされる。ドンガン人の農民が暮らす小都市である綏定（スイディン〔水定〕）はまだ存続しているが、人口一五万人ともいわれたバヤンダイ〔清水河か〕は、ニレ〔楡〕が囲む壁面があちこちに残るのみだ。一七六四年に満州族が創建し、一帯の首府とした都市は、新クルジャ、満州クルジャ、イリ、恵遠（ホイユアン）など、色々な名で呼ばれたが、いまでは瓦礫と人骨が取り囲む城砦にすぎない。その先にも破壊された市邑が連続する。すなわちチンチャ・ホジ、アリム・トゥ、チンパンジ、優美なモスクが残るコルゴス〔霍爾果斯〕、アッケント、ジャルケント（ザルケント）などだ。灌漑水路は残骸で閉塞し、沼沢地に変わったが、瓦礫の山のあいだに小家屋がちらほらと建てられつつある。

★ *Tourkestanskiya V'edomosti,* 29 juillet 1889.

★★ Delmar Morgan, *Proceedings of the* [*Royal*] *Geographical Society of London,* March 1881 [Morgan, E. Delmar, 'Dr. Regel's Expedition from Kuldja to Turfan in 1879-80,' PRGS 3-6, June 1881, *pp.* 340-352?].

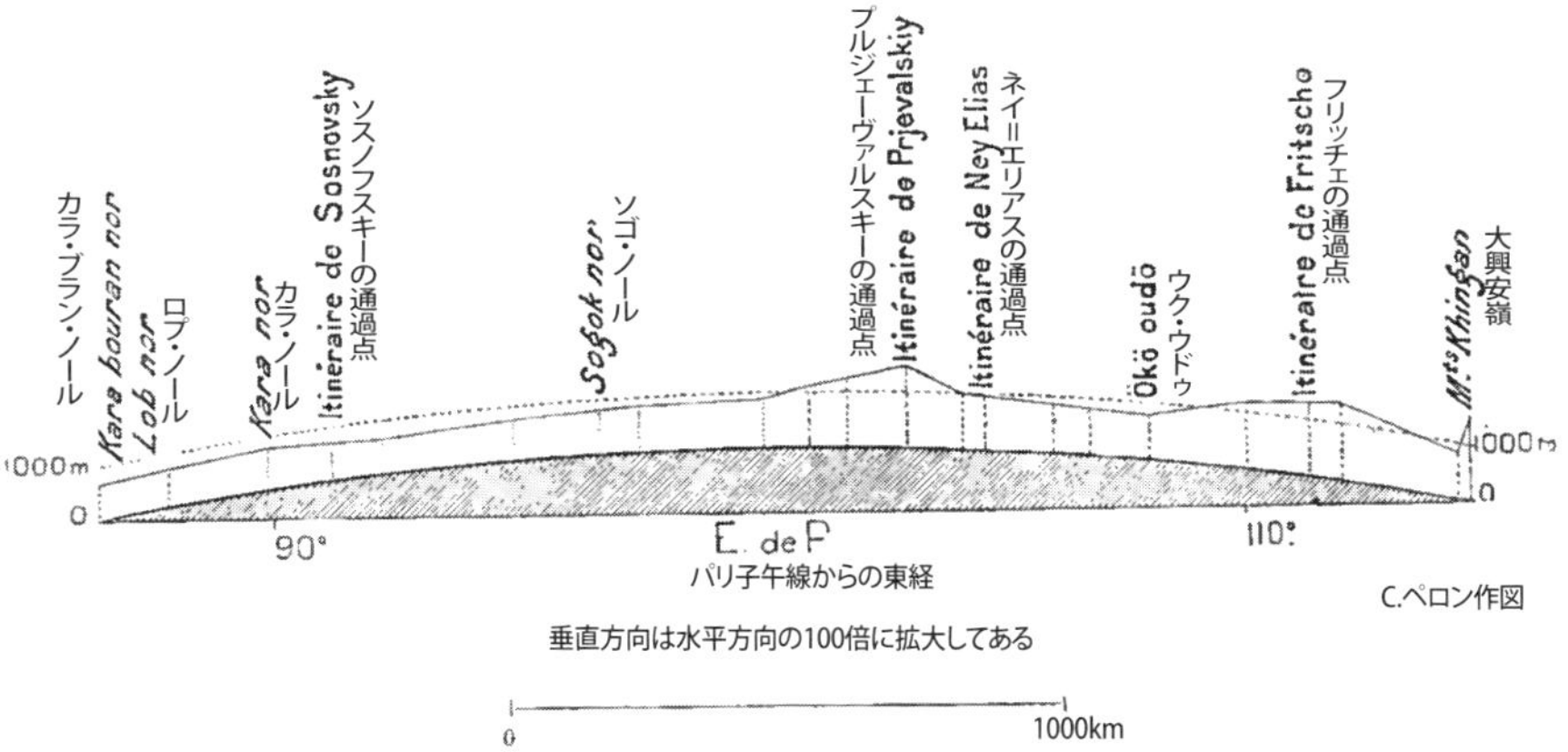

図 33　ゴビ沙漠の東西断面図

温暖な気候帯にあって極地風からかくまわれた好適な位置を占め、水と天然の産物がこれほど豊かな郷国は、人口の面でも、また産業や商業の面でも、大きな重要性を取り戻さずにおかないだろう。イリ地方には金、銀、銅、鉛、鉄、黒鉛の鉱脈があるし、石炭層はすでに採掘されているが、それ以外にも大量の石炭が炭鉱関係者を待っている。谷間には豊かな温泉が湧き出す。カシュ川の河畔やテケス川の盆地は、ハン・テングリ峰、すなわち「諸天の王」の尖り頭巾のような山頂［汗騰格里峰、海抜六九九五メートル］が見下ろす山々と氷河の基部にある。その壮大な眺望は中央アジア随一である★。

第四節　北モンゴルおよびゴビ沙漠

モンゴルの範囲

モンゴル人が遊弋するこの広大な地方は、それだけで狭義の中国とおなじくらいの面積があるが、さらにジュンガル地方、甘粛省モンゴル地方の平地部、タクラマカン沙漠をそなえるタリム盆地を加えると、大清

★ ジュンガル地方および清国領ジュンガル地方に属するイリ川流域の都市の人口は以下の通り。旧クルジャ（15,000 人）、綏定（4,000 人）、チュグチャク（4,000 人、1880 年）、マナス（3,000 人、1878 年、レーゲルによる）、カルカラ・ウス（1,500 人？）、シーホー（2,500 人。レーゲルによると 1878 年には 1,000 人）、ブルルトカイ（1,700 人、1875 年、ソスノフスキーによる）、トゥルトゥ（1,700 人？）

帝国の半分に達する。「天子」に属する巨大な領地の半分づつのあいだにみられる対照性は全面的だ。気候でも、土壌の性質でも、住民の生活類型でも、これほど鋭い差異をみせる国は地球上にほとんどない。中国は世界中で最も丹念に耕作され、諸産業が発展し、富裕な地域のひとつで、多数の住民が押し合いへしあい生活する。それに対し、いわゆる「外モンゴル」［北モンゴル］は地球上で最も居住されていない空間のひとつであり、完全に無人の土地によって中国から広大な面積にわたり隔てられている★。ただし南東部をはじめ、ちらほらと入植が行われたことで、「内モンゴル」と呼ばれる一部が中国につながっており、中国人が「草地（ツァオティ）」と呼ぶ狭義のモンゴルよりもはるかに人口稠密である［南モンゴル］。民族学的な観点からみれば内モンゴルは中間地帯だが、高原の棚をなす斜面を含むので、地質学的にはモンゴルの一部である。これはステップの自然境界で、花崗岩質の縁部を溶岩が被覆し、ゆるやかにうねる巨大なナップとなってひろがっており、はっきりと判別される。この縁部は間をおいて水流が刻み、太平洋に流れ出す諸河川に向かう恒常的、あるいは季節的な支流の群れが、溶岩も流し去った。つまり高原部は外に向かって開く谷間に縁取られており、そこに中国人農耕者が入り込んだのである。正真な意味の内モンゴルが始まるのは、雪解け水や雨水が外側に流れ出ることができず、水溜りとなって留まるか、あるいは小川のますますみやかに蒸発してゆく高原地方である★★。

　したがって、中国の歴代政権がモンゴルと中華のあいだに構築した連続的な城壁は、自然的にすでに分離していた両地方のあいだに、目に見える境界を打ち立てたにすぎなかった。土壌と気性条件の差異は住民にも反映し、［自然］地理的な対照性は民族的なそれ［人文地理］によって完璧である。中国世界の歴史においては、これこそが最大級に重大な事実であり、ひいてはヨーロッパにおける有為転変にも甚大な影響を及ぼしたことは、よく知られている。さまざまな闘争の余波は、平和的な移住にせよ、武装侵入にせよ、西洋の末端まで感得されたからだ。

★ ベームとワグナーによるモンゴルの面積は337万7283km^{2}で、推定人口は内モンゴル、外モンゴルともに200万人、人口密度は1.2人／km^2。

★★ Friedrich von Richthofen, “Letter by Baron Richthofen on the Provinces of Chili, Shansi, Shensi, Sz'-Chwan with Notes on Mongolia, Kansu, Yünnan and Kwei-Chau”, *North-China Herald*, 1872.

地勢

地表の粗度［いわゆる摩擦係数］は大きいにせよ、自然地域としてモンゴルとゴビ沙漠を中国から分離するのは、地勢よりも気候条件によるところが大きいと言ってよい。万里の長城の北でも南でも、平地や谷間、高原や山岳、流水や湖はみられる。一本の河川、すなわち黄河は、モンゴルと中国の両方に属しさえする。大きく湾曲して北上する中流部が、オルドス人の領域とモンゴルの他の地域を分離しているからだ。だが全般的にモンゴルとゴビ沙漠は、中央がくぼんだ広大な高原として描写できる。この高原は南西から北東に向かって段状に立ちあがり、西部の平均標高が八〇〇メートル程なのに対し、東部では一二〇〇メートルを越える。周囲は山脈や山塊が広く縁取る。北西にはアルタイ山脈とサヤン［薩彦］山脈がある。北はムンクー・サルディク［標高三四九二メートル］の山岳群や、バイカル湖地方の山地、ヘンテイ山地だ。東は境界をなす大興安嶺である。南東には、北京の平地をみおろす雪縞の山々［八達嶺］と、黄河が貫く山地がある。そして南方には、祁連山脈を経て崑崙の山系に連なる山々がある。従ってモンゴルが開いているのは、ジュンガル地方の隘路とタリムの内陸流域に向かう西だけでである。

アルタイ山脈

アルタイ山脈が最も優美な谷間や美しい隘路を開くのは、モンゴルに面する側ではない。南側の階崖は、麓の平地がそもそも高いため、相対的に穏やかである。永久雪線はもっと高く、ミロシュニチェンコによれば約二六〇〇メートル、ソスノフスキーによれば二七五〇メートルだが、ホブド付近の西部を除き、その高さに達する峰々はほとんどない。ステップ地帯や沙漠地帯から風が運ぶのは乾燥した空気だけである。この中央アジア地域で最も高湿な大気の流れは、いちばん近い海、すなわち北極海からの北東風で、雨を降らせ、緑をもたらす。だがそれを受けるのはアルタイ山脈の北側に限られ、南斜面は不毛だ。稜線の両側におけるこうした対照性は随所に鮮烈である。北側は鬱蒼とした森林なのに、南側はかろうじて藪がみられるだけだ。

エクタグ・アルタイ山脈

アルタイの山系からモンゴルの領域に派生するふたつの主要な山脈が、エクタグ・アルタイ山脈〔モンゴル・アルタイ山脈〕とタンヌ・オラ山脈〔唐努山脈〕である。エクタグ・アルタイ山脈はときに「大アルタイ山脈」とも呼ばれ、黒イルティーシュ川とウルングル川の流れに平行し、北西から南東へ展開する。いくつかの峰は雪線を超えるため「エクタグ」すなわち他のテュルク諸語で「白い山」を意味する「アク・タグ」の名称を得た。ただし峰々のあいだにはかなり深い切れ込みがあり、ロシア商人がイルティーシュ川からホブドの高地に向かうさいの山越えには何の苦労もない★。かつてロシアの探検家たちは、アルタイ山脈がイルティーシュ川源流部の北にある沙漠地帯で終止すると記述したが、近年のポターニン〔ロシア人探険家 Grigory Nikolayaevich Potanin 一八三五—一九二〇〕による複数の旅行により、まったくそうではないことが示された。エクタグ・アルタイ山脈の稜線は、ホブドの経度をはるかに越えて南東に伸びており、東に折れ曲がってアルタイ・ヌル〔ゴビ・アルタイ山脈〕として高原地方の南限になっている。三〇〇〇メートル級の峰がいくつかあるが、最近までその存在は知られていなかった。ホブドからバルクルに至る道が通るオルン・ダバ峠の標高は二八二〇メートルを下回らない★★。エクタグ・アルタイ山脈の東には、同山脈やタンヌ・オラ山脈と平行に、つまり北西から南東に、いくつかの山脈が、高原に半ば食い込むように並ぶ。だが侵蝕によりあらゆる方向に刻まれ、不規則な山塊の群れになっている。旅行家たちの証言によると、アルタイ山系の最高地点はこの中にあるらしい。ホブドからビイスクに向かったネイ＝エリアス〔イギリス人探検家、地理学者 Ney Elias 一八四四—一八九七〕は、標高二七一三メートルのバヤン・インギル峠でここを越えたが、そのすぐ北に立ちあがる冠雪した頂きは三六〇〇メートル、つまりアルタイ山脈のロシア領側にある巨峰ベルーハ山を二五〇〇メートル上回る最高峰のように見えたという★★★〔ベルーハ山は標高四五〇六メートルで、アルタイ山脈最高峰〕。ペヴツォフによると、一帯の最高峰はアルティン・ツィツィクと呼ばれる山で、おそらくネイ＝エリアスが語るものと同一である★★★★。

★ Sosnovskiy, *Izv'estiya Roussk. Geogr. Obchechestwa*, 1876.
★★ *Mittheilungen von Petermann*, mai 1881.
★★★ Ney Elias, "Narrative of a Journey Through Western Mongolia, July 1872 to January 1873", *Journal of the* [*Royal*] *Geographical Society,* 1873, *pp*.108-156.
★★★★ *Tourkestanskiy V'edomosti*, 8 avril 1880.

タンヌ・オラ山脈とハンガイ山脈

ホブドの高原の東にあるタンヌ・オラ山脈はアルタイ山脈からかなりの距離まで東に伸び、セレンゲ川を形成する諸河川の水源部まで至る。ペヴツォフの証言によれば、タンヌ・オラ山脈の稜線も永久雪線の下限を超えるが、両側の斜面にある河谷や平地からの立ち上がりは微弱である。とくに西側からみると、山列がいくつかの流域に分断する麓の標高が大きいせいで、何ということもない尾根にしか見えない。タンヌ・オラ山脈が縁部をなす高原は、南部では二〇〇〇キロ以上の平均幅があり、ハンガイ山脈という別の山地で終止する。ペヴツォフやシシュマレフ、ネイ＝エリアスがその南麓沿いを走破している。山腹は森林で、豊富な泉群が湧き出し、三〇〇〇メートル級の雪の峰々が睥睨する。ハンガイ山脈とアルタイ・ヌル山脈のあいだは平均標高一五〇〇〜一八〇〇メートルのステップ地帯で、ところどころを小川が切り分ける。

ウブス湖ほか

モンゴル側のアルタイ山脈がなす広大な四角形のなかにある高原の底地は、すべて湖である。いずれも排水路をもたぬ内陸湖で、タンヌ・オラ山脈がアルタイ山脈から分離する核に近いウブス・ノール〔烏布沙泊、以下ウブス湖〕は、大清帝国最大の湖のひとつである。巨大な円形劇場のように取り囲む山地から多くの河川が流入し、湖面は三〇〇〇平方キロを下らない。おなじ高原にある他の湖も塩湖で、ウブス湖ほどの広さはないが、主なものが属する水系はもっと大きい。セレンゲ川の源流が生まれるハンガイ山脈〔原文はタンヌ・オラ山脈としているが誤りと思われる〕の北斜面の反対側、南麓に端を発する一条の流れは、はじめのうち南西に向かって沙漠に流れ込もうとするが、次いで北西に転じ、ウリアスタイの台地に沿って流れる。そこからの流れと合したのち、ザブハン川〔匝盆河〕の名を得て、ウブス湖の流域を画する山々の南にある塩水の沼沢地に姿を消してゆく。ホブドの湖、ないしハル・ウス湖、すなわち「黒い水」は、エクタグ・アルタイ山脈の水を集めたホブド川やブヤント川の流入先で、一本の排水路を通じ、ザブハン川と連絡する。ホブドの高原で最も低い場所にあるキルギス・ノール〔奇爾吉茲泊、ヒアルガス・ヌール湖〕でも標高一〇〇〇メー

トル以上、おそらく一一〇〇メートルにある。ハル・ウス湖は標高一一五六メートルだが、この高度にあっても、なお流水の河畔にはポプラやヤマナラシ〔山鳴らし〕がみられる。それ以外の場所に樹木はまれである。これら山がちの地方の植生はステップと似ており、風解塩のせいで底地は白々としているが、よく涵養された斜面ならば美しい芝地がちらほらとみられる。

イェニセイ川方面

タンヌ・オラ山脈の東のモンゴルは、北極海側の斜面にまで広がる〔現在はタンヌ・オラ山脈以北はロシア領〕。イェニセイ川とセレンゲ川はシベリア方面の河川に流れ込むが、にもかかわらず、どちらも上流の集水域はモンゴルに属する。「草地」の遊牧民はもちろん版図を可能な限り牧草地帯の全域に広げようと試みた。南方の自然的な限界は沙漠、北限は森林地帯だったわけだが、その中間地帯は何らかの方向から河川が流れており、彼らの家畜が遊弋する。イェニセイ川流域でモンゴルをロシア領から隔てる〔西〕サヤン山脈の主軸、エルガク・タルガクは「森」を意味する「タイガ〔針葉樹林帯〕」の名さえ冠せられ、モンゴル側斜面の牧草地と対照をなす森の山肌を見せる。ただしモンゴル側の山腹もまるっきり樹木がないわけではなく、シベリアのヒマラヤスギ〔cèdres de Sibérie〕やカラマツ〔唐松〕の群落があるほか、ポプラとヤナギ〔柳〕が川岸に生育する。この地方はモンゴルとシベリアの自然が遷移する場所だが、分かっているのは、イェニセイ川を形成する「ケム」と呼ばれる諸河川のさまざまな谷が、すべて〔西〕サヤン山脈の内部にある狭い戸口に収束し、同川はそこから峡谷をいくつも縫ったのち、シベリア地方の開けた平野に流れ出るということだけである。本当の境界線はこの流路である。

フブスグル湖

イェニセイ川のモンゴル地域は全体に傾斜が強く、小さな湖沼水系しかないが、セレンゲ川上流の東はかなり傾斜が小さくなり、水流が広がって湖を形成する。最大なのはフブスグル湖で、青い湖面にムンクー・サルディク山のピラミッドのような山容と、そのカラマツ林や、赤っぽい階崖、雪の王冠を映す聖なる湖だ。これはホブド高原の湖群

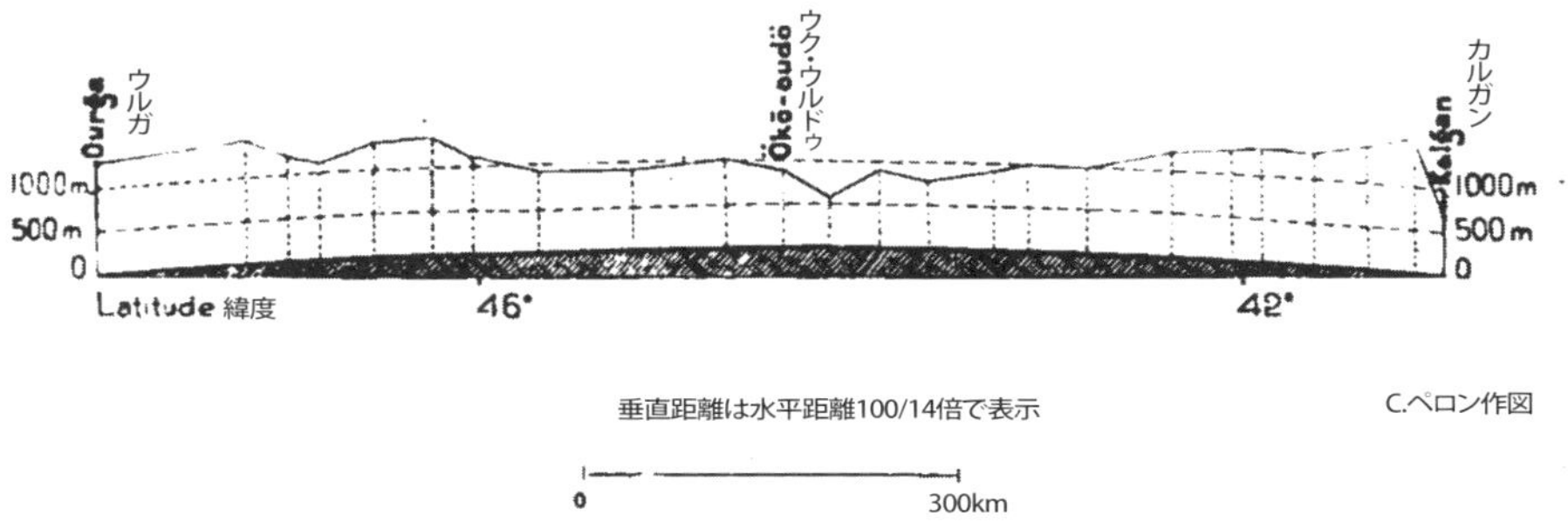

図 34　ウルガからカルガンまでのゴビ沙漠の断面図

のような閉鎖水系ではなく、淡水湖で、セレンゲ川に合流するエク・ゴルを通じ、一〇〇本の河川が運ぶ水に流れ込む。タンヌ・オラの南端からヘンテイ山の山塊まで広がる半円形の領域全体は、この集水域に含まれる。ヘンテイ山の山塊はロシア人がヤブローノヴィ・クレベト、すなわち「林檎の山脈」と命名した稜線の終端をなす山々だ。だがその東の北東モンゴルも、アムール川流域に属するとみなせる。オノン川と並流するヘルレン川「克魯倫河」は、かつてハイラル川と合体していた内海「ダライ「フルン・ノール、呼倫湖」」に流れ込む。つまり、ヘルレン川はアムール川の上流であるアルグン川「額爾古納河」の主な支流のひとつである。ダライは春の増水期になると低い場所にある湖岸が冠水し、ハイラル川に流れ込む。

ゴビ沙漠の気候

モンゴルのこの地方はロシア領側に傾斜しており、その南方にゴビの無人地帯がある。いくつかの隊商路が通っているが、恒常的な居住地は皆無だ。ゴビとは「砂の沙漠」の意味で、中国語では「シャモ（沙漠）」であり、大興安嶺からセネガル川まで斜めに伸びる旧世界の乾燥地帯の東端を形成する。ホータン地方のタクラマカンや、トルキスタンのキジルクーム、アククーム、またペルシャやシリア、アラビアの沙漠、そしてサハラの大沙漠と同様に、ゴビ沙漠も乾いた風の流路にあり、大気の動きがもたらす雨水は極めて少ない★。冬

★ ゴビ沙漠の南北における降水量は、ウルガ（北緯 47 度 55 分）が 259 ミリ、シヴァンツェ（北緯 40 度 59 分）が 464 ミリ。

挿画 XV　ゴビ沙漠の眺め
ピアセツキーをもとに、プラニシュニコフ筆

期に卓越する北西風は北極海の氷塊の表面を掃いたのち、三〇〇〇キロ以上にわたりシベリア諸地方を通過してからサヤン山脈の斜面に行きあたるので、モンゴルの高原にはまったく湿気を運んでこない。氷のように冷たく乾燥した風であって、顔面を防護するフェルトの覆面をしないと、旅人の皮膚はひび割れを起こす★。夏には風の流れが逆転し、南東のモンスーンが卓越するが、太平洋で得た雨雲は、狭義の中国と沙漠の高原部を隔てる山並みと、それに平行する段丘で水分を放出してしまう。とはいえ、ゴビ沙漠の東部や粘土質の高原では、夏に驟雨が降り注ぐこともあり、一時的な沼沢や湖水がちらほらと形成される。しかしこれらは間もなく蒸発してしまい、塩辛い土埃しか残らない。高原の土壌に水分の痕跡がなくなると、モンゴル人は一日限りの水流が地表に刻んだ雨谷の窪みを掘り、わずかな浸透水を見出そうとする。

★ Raphael Pumpelly; Potanin; Russell-Killough.

だが、トーラ川〔トゥール川〕とヘルレン川以南の、大興安嶺と甘粛省モンゴル地方のあいだには、黄河に至るまで恒常河川は皆無である。その面積は一二〇万平方キロで、フランスの倍以上だ。ゴビ沙漠の高原で蒸発が急速なのは、厳しい冬の風と夏場の高温が原因である。ゴビは寒気においてシベリアに属し、暑気はインド並みだからだ。ときにこの較差は数時間で現れ、半日もあれば寒暖計の上下は摂氏四〇度に達する。プルジェーヴァルスキーは三月十六日に、モンゴル南東の山岳部で日陰の気温二〇・五度を観測したのち、同夜半には氷点下一八度を得た★。

ゴビ沙漠の標高

モンゴルの強烈な冬の寒さは★★、すさまじい北西風とあいまって旅人を襲うため、古代の地理学者たちがゴビ沙漠の標高を実際の倍以上に見積もったのも無理はない。しかし海抜二五〇〇メートルを超える地点は皆無である。一八三二年のファスとブンゲ〔ドイツ人植物学者 Alexander Georg von Bunge 一八〇三―一八九〇〕以後、フリッチェ、プルジェーヴァルスキー、ネイ＝エリアスらも、ゴビ沙漠の平均標高は一二〇〇メートルほどしかないことを見出している。だが地表は全然一様ではなく、規則正しい傾斜もないまま、巨大に波打っている。最も高い丘は一四〇〇メートル、ときには一五〇〇メートルにも達するのに対し、最近の地質年代にはまだ塩水が溜まっていた沈降部は海抜九〇〇メートル、あるいは八〇〇メートルを越えない。白々とした道が蛇行する黄色っぽい広がりのただ中には、板皐や岩場が姿を見せるが、起伏は小さく、眺望の単調さをいささかも妨げない。地平線のもやにかすむ広大な円に溶け込む単調な平地の雄大さを損なうだけである。ゴビを横断中は来る日も来る日もおなじ眺めであり、裸地と藪地、雨谷と丘陵が、果てしなき大海の波のように連続する。

ゴビ沙漠の地形と植生

★ 1872 年 3 月の最高気温は 22℃、最低気温は − 20.5℃、較差 42.5℃、4 月の最高気温は 21℃、最低気温は − 16℃、較差 47℃、5 月の最高気温は 40℃、最低気温は − 2℃、較差 42℃。*Mongolie et Pays des Tangoutes,* 2e vol. (en russe)

★★ ゴビの南北の気温は以下のとおり（単位℃）。

	年平均気温	7 月	1 月	最高気温	最低気温	較差
ウルガ	12.9	17.6	− 27.8	34	− 48.2	74.2
シヴァンツェ	2.8	19.5	− 16.7	32.8	− 31.1	63.9

ゴビ、すなわち「沙漠」は、隅々までその名に値するわけではない。いささかも「砂の沙漠」ではなく、最も低い部分のあちこちに砂の帯が伸びるだけである。こうした砂地帯を四世紀末の仏僧法顕〔三三七—四二二〕は「沙河（シャホ）」すなわち「砂の川」と呼んだ★。こうした低地にはいくつかの砂丘が移動するが、なかには草や藪がだんだんと集まって固定化した丘も見られる。ゴビ東縁にあるドロン・ノール〔多倫爾諾〕近傍の無数の砂丘がそうで、いくつかはコナラ〔小楢〕やシナノキ〔科木〕、カバ〔樺〕の大木さえ生えている。狭義のゴビ沙漠の地表はほぼどこも赤っぽい砂利からなり、石英や瑪瑙、カルネオル〔carnéoles 紅玉髄か〕、玉髄の小石が散らばる★★。窪地には塩類のほか、モンゴル人が「グチル」と呼ぶ硝酸カルシウムのエフロレッセンスがみられる。ラクダはそれをよく知っており、立ち止まっておいしそうに舐める★★★。ステップ地帯に草はまれで、草叢のあいだはどこも黄味や灰色、赤味がかった土壌である。粘土質の低地にはモンゴル人が「ディリス」と呼ぶ植物〔*lusiagrostis splendens*〕が生える。鉄線のように細く固い小枝をもち、藪をなすもので、ロシア領トルキスタンの粘土質のステップ地帯でもおなじみの植物種だ。かくまわれた穴の中以外に樹木はない。沙漠の両端にあるカルガンからウルガ〔庫倫〕まで、七〇〇キロ以上の空間にわたり、パンペリー〔アメリカ人地質学者、探険家 **Raphael Pumpelly** 一八三七—一九二三〕はたった二本のいじけた木しか目にしなかったし、ラッセル＝キルー〔トゥルーズ生まれの探険家、登山家 Henry Patrick Marie, Count Russell-Killough (Henry Russell) 一八三四—一九〇九〕が目撃したのも五本にすぎない。ニレ〔楡〕のみじめな若木もちらほらとあり、モンゴル人がそれを見つけると、自分の天幕をしつらえるよりも先に近寄ってしげしげと眺めるが、木を傷めてしまうのを怖れ、一切手を触れようとはしない★★★★。強い風に加え、土壌が貧弱なために、丈の低い柔らかな草以外の生育は阻害される。干乾びた植物を風が引き抜き、海面の泡のようにステップの地表を転がしてゆく。チベットの高原地帯と同様、この地方の遊牧民も家畜の糞だけが燃料だ。

★ Humboldt, *Asie central, op.cit.*
★★ Raphael Pumpelly, *Geological Researches in China, Mongolia, and Japan, during the years 1862 to 1865*, Washington City: Smithsonian institution, 1866; Richthofen; Prjevalskiy; Russell-Killough.
★★★ Prjevalskiy, *Mongolie et Pays des Tangoutes, op.cit.*
★★★★ Hyacinthe Bitchourin; Richthofen.

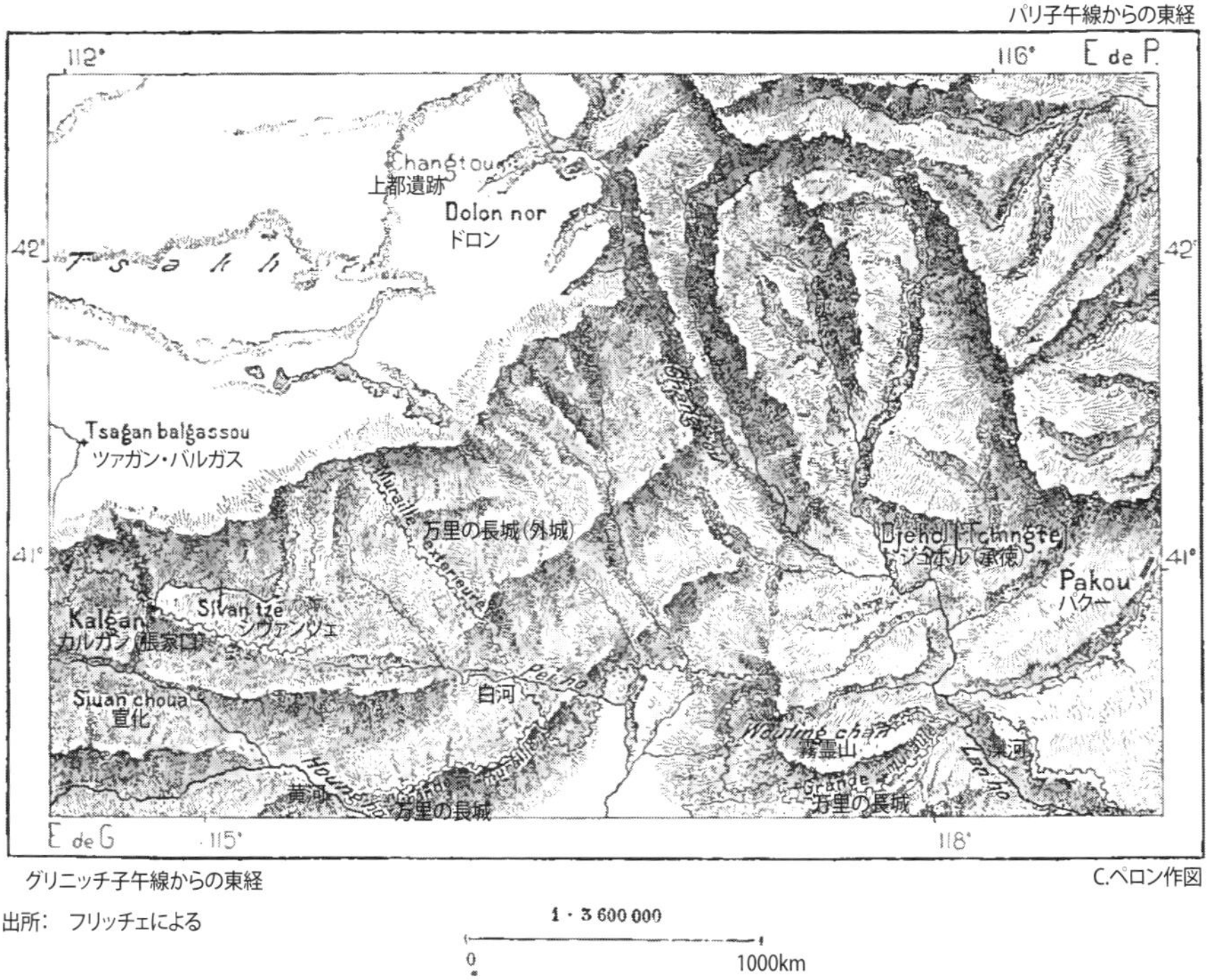

図35　モンゴル高原の南東端

宿営地の住民が友人か他所者の近づくのを見ると、急いで「アルゴル」と呼ぶ糞を手にした女性を彼のもとに行かせる。夜の薪に必要だからで、客を迎える仕来たりである★。

ゴビ沙漠の動物相

植物相と同様に、ゴビの動物相も貧弱である。シベリアとおなじくステップの随所でラゴミスという小柄なノウサギ〔野兎〕の巣穴が見出される。ネズミ〔鼠〕ほどの大きさで、常に物見高く、またびくびくしており、旅人が通りかかると地下の穴から飛び出してきて眺めるが、近づくと逃げてしまう。オオカミ〔狼〕やキツネ〔狐〕、猛禽類に狙われており、警戒を怠らない。最大の哺乳類はゼレン〔ロシア語〕、すなわちモウコガゼル〔*Procapra gutturosa*〕で、おそらく脚の早さで

★ Timkovskiy; Michie; Prjevalskiy; Russel-Kioough.

匹敵する動物はいない。瀕死の重傷を負い、一本の脚が折れてさえ、速力は最良の馬を凌ぐ。近づくには計略が必要で、撃ち倒すには心臓か頭部、あるいは脊柱に命中させねばならない。大半のガゼルの群れは三〇〜四〇頭からなるが、数百頭、さらには千頭近い大群も見られる。鳥類のうち最も一般的なのはハゲワシ〔禿鷲〕で、余り物を狙って隊商に随いてくる。カラス〔鴉〕も同様で、ラクダの瘤に平気で舞い降り、血が出るまでつつきまわす。ステップ草原の上空に舞うヒバリ〔雲雀〕はヨーロッパのものと同様に美しい鳴き声だが、他の鳥の鳴き真似も上手で、その変奏曲さえ歌う。沼沢地の岸辺には、葦林のなかに多くのカモ〔鴨〕が営巣するが、寒い冬場に耐えないので、中国南部へと下ってゆく。春になると、待ち切れずに高原を越えようと大群が飛んでくるが、寒風に押し戻され、下流の平地に難を避ける。そこに南からの渡り鳥もやってくるため、数は膨れ上がる。大気が穏やかになると一斉に飛び立ち、空を暗くしながら、生まれ故郷の水辺に戻るのだ。

大興安嶺

ゴビの高原を東に画する高地の両側はまだ完全には踏査されていない。しかし長い縁をなす一本の山脈が、満州の平野群と東ゴビ、ないし小ゴビと呼ばれる低いステップの段丘地帯を見下ろすことは知られている。これが大興安嶺で、アルグン川まで北に伸び、同川ついではアムール川を、スタノヴォイ山脈の並走する山列群に向かって大きく迂回させる。フリッチェによるとこれらの山並みのうち二五〇〇メートルを超えるものはなく、万年雪の雪線にさえ至らぬようである。前世紀には宣教師ジェルビヨン〔フランス人イエズス会士 Jean-François Gerbillon 一六五四―一七〇七〕とフェルビースト〔フランドル人イエズス会士 Ferdinand Verbiest 一六二三―一六八八〕が、大興安嶺の南端を、標高四五〇〇メートルに達するペチャ山地として言及した。だがフリッチェとプルジェーヴァルスキーは、縁部をなす大興安嶺がこの地点ではまったく微弱な隆起にすぎないことを確認している。最高地点でも海抜二〇九一メートルと、ゴビのステップ地帯から四〇〇〜五〇〇メートルほど高いだけだ★。高原の縁部をなすこの山脈の西側に一般的なのは、丸くなった頂部と、森林植生をもたぬ斜面である。だが反対側になると、少なく

★ Fritsche, *Izv'estiya Roussk. Geogr. Obchtchestva*, 1878.

ともモンゴル高原の南東地方は、扶壁のあいだに開く谷間が緑で覆われている。高原の縁部をなす尾根はまるで軒先のように急に終止するが、その高みからはふたつの自然の対照が一望される。北と西には、単調な裸地のステップ地帯がゆるやかにうねってゆく。南と東は段々状に降りてゆく丘陵地で、岩場や森林を切り分ける隘路や峡谷が並び、遠くの平野には、木々のあいだを縫って蛇行する河川群が見える★。

陰山山脈

北京の北方にゴビの高原を画する稜線は片麻岩質で、ところどころ溶岩が被覆し、南西に伸びてゆく。中国語、モンゴル語で種々の名称があり、黄河が最も北上するあたりでは同川と平行する。この山脈群の総称が陰山（インシャン）山脈で、黄河の屈曲点の北西にあって塩分を含むアラシャンの沙漠地帯で終止する〔阿拉善高原〕。これは花崗岩や片麻岩、斑岩の岩山で、頂部は二〇〇〇～二七〇〇メートルに達する。いくつかの峰には、古代の氷河跡と思われる研磨された表面をもつ羊背岩が認められる★★。陰山山脈の峰々は、豊富な水と豊かな植生をそなえ、モンゴルの大半の山地と一線を画す。渤海湾によって内陸深く入り込む黄海が十分な水分を供給し、草や低木、巨木が豊かである。牧草地はアルプス同様のまぶしい緑で、春には色とりどりの花が咲き乱れる。岩場にはハシバミ〔榛〕やノバラ〔野薔薇〕、野生のモモ〔桃〕、メギ〔目木〕、スグリ〔須具利〕といった低木がある。もっと高い森林圏になるとヤマナラシ〔山鳴らし〕やシラカバ〔白樺〕、アカカバ〔赤樺〕、カエデ〔楓〕、ニレ〔楡〕、ハンノキ〔榛の木〕、ナナカマド〔七竈〕、野生のスモモ〔李〕がみられる。全体として陰山山脈の植生は、古代の内海だったゴビが隔てるシベリアとよく似ているが、主に南斜面の森林はシベリアほど丈が高くなく、繁茂は弱く、樹液も少ない。いくつかの山腹では中国人が完全に森林を伐採してしまい、多くの谷間で枯れた幹がまばらに見られるだけである。

陰山山脈の牧草地にはアンテロープの大群が仏教の僧院近くを走りまわる。チベットとおなじく、モンゴルのラマ僧もこの動物の血を流すことを禁じているからだ。山中では、ヒツジの一種アルガリがアンテ

★ Timkovskiy; Richthofen; Russell-Killough.

★★ Prjevalskiy, *Mongolie et Pays des Tangoutes, op.cit.*

ロープの群れに混じっていることもあるし、家畜に紛れ込んでいることさえある。飼いならすのは容易かと思われるが、今のところモンゴル人は狩りの獲物として見るだけである。地元民の言によれば、ヒョウ〔豹〕やトラ〔虎〕の棲む谷間もあるらしい。だが中国とモンゴルのあいだの障碍をなすこの山地では、とりわけ住民の言うところを鵜呑みにはできない。ある山頂には石になったゾウ〔象〕が立っているとモンゴル人は言う。またある峰はチンギス＝ハンの王冠で、その洞窟には銀塊が山と積まれ、妖霊たちが魔法の扉の小窓から覗かせるが、その扉を開けられるのは英雄だけだとも語るのである。

オルドス（鄂爾多斯）高原

陰山山脈および黄河の北側屈曲部の南にも、モンゴルの一部が存在する。黄河の広い谷間の肥沃な田野と、中国人住民を擁する都市群によって隔てられてはいても、地表の様相と住民の点で、オルドスの高原はゴビと同一の自然地域に属するからだ。それはシベリア地方におけるミヌシンスクのステップ地帯が、イェニセイ川右岸にある平地によってあちこち補完されているのと同様だ。フランスでも、ガスコーニュのランド地方は、ジロンド川河口の北でハリエニシダと霧の地帯により、サントンジュ地方へと連なっている。オルドス、ないしオルトス高原は平均標高が一〇〇〇メートルを超え、面積一〇万平方キロを上回る四角形をなしており、三方を黄河に囲まれ、南は、南麓が狭義の中国に属する山地を限界とする。住民はまれだが、谷底を占める「緑の草原群」と区別して自分たちの領域を「灰色の草原群」と呼ぶ。北方にある狭義のモンゴルの高原地帯よりもはるかに乾燥した土壌で、砂地と粘土質だが、塩分が浸透しており、耕作にはまったく不適である。黄河の河谷のすぐ南には、高さ一五～三〇メートルの粘土質の急崖があり、おそらく川岸だったと思われるが、これが沙漠地帯の始まりを示す。その南でクズプチ、すなわち「首飾り」の砂丘地帯に入る〔庫布斉砂漠〕。遠望するとじっさい真珠が一列に並んでいるように見えることが名称の由来だ。円頂をそなえるこれらの砂丘は大半が一二～一五メートルほどの高さしかないが、いくつかは三〇メートルに達して他の砂丘を見下ろす。一帯は一様に黄味がかった単調な色合いで、まれなオアシスを除き、薄青い空の下の砂地しか目

に入らない。ほとんど地面と見分けがつかない灰色や黄色の皮膚をそなえ、あらゆる方向にかすかな足跡を残すトカゲ〔蜥蜴〕以外は、動物も植物も皆無である。高原の中央付近にある沼沢地ダブスン・ノール〔達布遜湖〕は硝石エフロレッセンスの混じった岩塩の広大な貯留地で、地面の隆起に似た円丘群に取り囲まれている。地表と紛らわしい塩分の殻が随所にあり、うっかりすると踏み抜いて底の軟泥にはまり込む★。旅人はカシュガル地方の沙漠地帯と同様に、この恐ろしい孤絶のなかで叫び声を聞くと言う。それはチンギス＝ハンがある戦闘において喉を掻き切らせた中国兵たちの叫びで、通りすがりの者に助けを乞うているようにも、また呪っているようにも聞こえる。言い伝えによると、風が砂を吹き飛ばし、銀の壺がいくつも出現することがあるが、それに手を触れると生命を落とすため、近づいてはならないとされる。また別の伝承では、この砂丘地帯はチンギス＝ハンが黄河の流路を迂回させるために築いた城壁の跡だとも言う★★。庶民の想像のなかでは何もかもがチンギス＝ハンの事績なのだ。この征服者が死去したのもオルドスにおいてであり、遺骸は銀製と木製のふたつの棺に納められ、黄絹の天幕のなかに安置されていると人々は言う。そして彼の一族も、尊宗の念を示すため、しかるべき距離を置いて、周囲一〇キロの地点に埋葬され、かつてはこの「太祖」の祖霊に対し、一頭の羊と一頭の馬が毎夜供えられたとされる。

オルドス一帯には都市址がいくつか見られる。黄河から三〇キロ南の砂地のただなかには、長さ八キロ以上の辺をもつ厚さ一五メートルの城壁があるが、大半が砂に埋もれ、井戸も閉塞している。今日では、黄河の谷間をのぞくオルドス高原の大半が無住の地である。反乱を起こしたドンガン人はオルドスのモンゴル人の宿営地さえ破壊したため、放棄された家畜は野生に戻ってしまった。ウシ〔牛〕は長きにわたる隷属がもたらした愚鈍さを失い、わずか二〜三年で自由な生活の作法を完全に取り戻したのである。人間が近づくと全速力で逃げるので、狩人はアンテロープ猟並みの苦労をしないと捕えられなかった★★★。ステップ地帯にはラクダやウマも野生化した群れが暮らすが、ヒツジはオオカミに食われてしまった。プル

★ Huc, *op.cit.*
★★ Prjevalskiy, *op.cit.*
★★★ Prjevalskiy, *De Kouldja au Lob nor, op.cit.*; Prjevalskiy, *Mongolie et Pays des Tangoutes, op.cit.*

挿画 XVI　万里の長城。甘粛の関門の眺め
トムソンの写真をもとに、テイラー筆

ジェーヴァルスキーによる一八七一年の旅行のさい、オルドス地方を訪れていたのは、同地に特有な植物のひとつであるカンゾウ［甘草］を採集に来た商人だけだった。

アルブズ・オラと賀蘭山脈

黄河が北上する部分の右岸近くには砂地の上に一脈の丘陵地が立ちあがり、南に向かいゆっくりと発達して、最後には正真正銘の山地になる。これがアルブズ・オラで、その最高峰はチンギス＝ハンの鍛冶匠が鉄床にしたという伝説がある［烏海市西の桌子山（ズオジ・シャン）か］。黄河はここで狭い峡谷を通るが、アルブズ・オラは対岸のさらに高い賀蘭山脈［原文は阿拉善山脈と呼ぶが、賀蘭山脈と訳出する］につながる。賀蘭山脈は南西に伸び、急な階崖でもって平地を睥睨する幅の狭い壁のような山容で、高さは一様だが、万年雪の高さには至らない。最も高いふたつの峰が標高三〇〇〇メートルのズンブルと三四〇〇メートルのブグトゥ［賀蘭山か］である。かつて賀蘭山脈はモンゴルの内海の中央

部にある孤島だったが、今は南北とも砂地のなかに終止している。麓には弱々しい小川の群れによるオアシスと牧草地の細い縁がある。水が乏しいため植生は非常に貧弱だが、高い場所の斜面にはマツ〔松〕やモミ〔樅〕、ヤナギ〔柳〕、ヤマナラシ〔山鳴らし〕の樹林があり、ジャコウジカ〔麝香鹿〕やアイベックスのほか、とりわけアカシカ〔赤鹿〕の群れが多い。山頂からの眺望は壮大なもので、一方には黄河の河谷部の町々と耕作地、輝く河水が、他方には無限の沙漠が一望される。

トランスオルドス

オルドスの砂地は黄河の以西にもつづいており、さらに植物の少ない荒涼たる沙漠地帯である。ここは「瀚海」の南の湾だった場所で、水や牧草地はなく、渦巻く砂嵐のせいで、ゴビのなかでも旅人が最も恐れる部分だ〔ウラン・ブー沙漠〕。このトランスオルドスの沙漠は、陰山山脈の南側階崖と賀蘭山脈の山地北端のあいだに口を開く一種の隘路から、エジン川および甘粛省モンゴルのステップ地帯まで、切れ目なく連続する〔ウラン・ブー沙漠からテンゲル（騰格里）沙漠〕。幅五〇〇キロのこの空間で目にするのは砂地と、山地近傍の礫地帯と、塩分を含む粘土質の地面だけである。このうち、塩分を含む土壌にはロシア領トルキスタンとおなじサクサウル〔ヒユ科〕のかさついた叢や、とげのある茎をそなえたスルキル〔*Agriophyllum gobicum*〕がある。モンゴル人はスルキルの小さな種子でもって一種の穀粉を作る。これらの植物の大半は、風が根元の砂を吹き飛ばして、根が地表から突き出したようになっている小さな隆起の上に生育する。トランスオルドスの沙漠で最も深いくぼ地は標高九四〇メートルにあり、ジャラタイ・ダバスの塩湖が占める〔吉蘭泰塩池〕。四方五〇キロ以上にわたり厚さ一〜二メートルの塩の層に囲まれており、場所によってはあまりに純度が高いため水に見える。水面に見間違えた白鳥が群れをなしてそれにぶつかることがあり、憤慨の鳴き声をあげてすぐに飛び去ってゆく★。

万里の長城

かつて「長城」は、モンゴル人の領域と狭義の中国の正確な境界だった。東側は黄海の北端にある遼東半島

★ Prjevalskiy, *op.cit.*

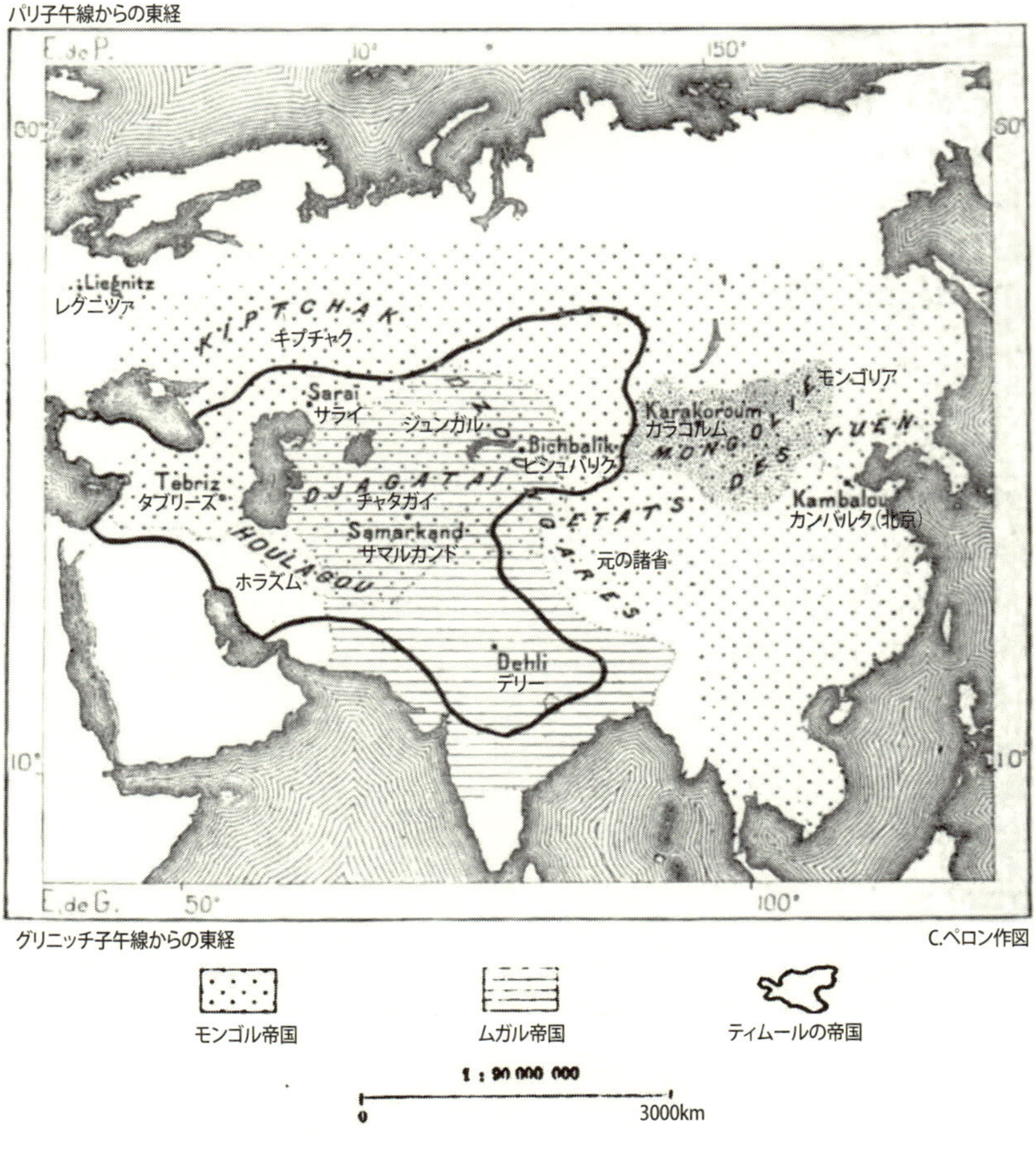

図 36　モンゴルの侵攻と後継者たちの征服

まで達する。中国語では通例「万里長城（ワンリーチャンチェン）」と呼ばれるこの城壁は、名称通りなら地球の全周の八分の一に達する五〇〇〇キロには及ばないものの、総延長は三三〇〇キロ以上に達する。これは蛇行部の長さや、山西省と北直隷省［河北省］の北方各地にとくに多い二重三重の城壁をすべて含む。平均の城壁の高さを八メートル、幅を六メートルと小さめに見積もっても、一億六〇〇〇万立方メートルほどの体積に達する壮大な石造建築だ。人間がなしとげた大事業のひとつとして、大運河と並び称せられるのも理解される。諸国はまだ城砦だの、防壁だのの建設を止めたわけではないが、それをさて置いても、この「世界の不思議」を無益な浪費として、エジプトのピラミッドに比する著述家たちもいる。たしかに、二一〇〇年前に始皇帝が長城建築のため数百万人の人夫をモンゴル国境に送ったさい、数十万人が工事で落命したのは間違いないだろう。だが彼らの築造物が甚大な軍事的重要性をそなえたのは確実で、モンゴル人の先祖である匈奴は、自分たちの版図を画する長城で征服軍をとどめねばならぬこと、数世紀に及んだ。長城に間をおいて設置されたのろし台は、接近する騎兵部隊の発見を遠隔地から報じ、自然の通路は、すべて軍が駐営して警備に当たった。門には必ず守備隊がいたので、近傍にまもなく都市が出来上がり、周囲の住民に市を提供するとともに、ステップ地帯に入り込む道も、こうして準備されたのである。城壁の内側で中国人は自分たちの民族的統一を強め、のちに天山山脈やパミール高原を越えて外界と接触するための力を結集することができた★。最後にチンギス＝ハンが打ち破り、その戦略的価値がなくなるまで、万里の長城は一四〇〇年にわたり中華帝国を防御したのである。

現存の長城はさまざまな時代のものだ。暑気がだしぬけに氷点下に移行するようなモンゴルの極端な気候のもとでは、通常の建築物の大半は、砕片になってしまうのに長年月を必要としない。始皇帝は釘の先が入るほどのひびを残した人夫は死刑と布告したという年代記の記述にもかかわらず★★、当時の箇所が現存するかどうかは疑わしい。半島状をなすオルドス高原から黄海まで、長城の東半分はほぼすべて五世紀の建築

★ Richthofen, *China, op.cit.*; Ritter, *Asien, op.cit.*
★★ Panthier, la Chine.

にかかり、十五世紀から十六世紀にかけての明代には、北京平原の北西を防護する二重の城壁が二度にわたり建て替えられた。正則な基部と花崗岩の美しい外装をもち、建築学的な価値をそなえる箇所は、いずれも十四世紀以後のものである★。支配者の交代や歴代政権のきまぐれ、国境地帯での戦さの変遷にともない、城壁は場所が変わってゆき、放棄される箇所もあれば、強化される地点もあった。北京北方の長城は今も完全な保存状態だが、西の多くの地方、ゴビ沙漠の限界部では単なる粘土の壁にすぎず、かなりの場所ではその痕跡すら見られない。かつての防壁の残骸として、沙漠に門が建っているだけだ。とはいえ、首都から非常に遠隔の地でも、標高二〇〇〇メートル級の山頂にまでこの城壁は連なっており、断崖絶壁さえ物ともしなかった。あらゆる障碍を乗り越え、あるいは迂回して、ヒツジの通る小道すら敵に残さなかったのである★★。いっぽう、モンゴル北部のトランスバイカル地方には、チンギス＝ハンに帰せられる別の城壁があり、これも農耕民と、その隣人である遊牧民のあいだの数百年来の闘争を想起させることが知られている。

モンゴル人の意味

かつて中国人がこれほど巨大な防衛用の構築物で自衛せねばならなかったモンゴル人は、民族的な斉一性をそなえた民ではない。ひとりの征服者は彼らを単一の軍勢に統合できたが、自分たちのステップ地帯に戻ったのちは、またもや部族に分派したのであり、その後は判然と区分できる集団同士の内紛のおかげで、中国人はハルハ・モンゴル人やオイラト人、ジュンガル人に勝利し、ロシア人はカルムイク人やブリヤート人を隷従できた。そもそもモンゴル人という名称は、二世紀にわたった彼らの政治支配のあいだ、最も多種多様な人種に対し適用されたのである。すなわち、チンギス＝ハンとその後継者たちによる中華帝国からヨーロッパ心臓部まで至った戦勝と征服に加わった民は、すべてモンゴル人だった。チンギス＝ハンの一族が絶えたのちでさえ、サマルカンドを居城とし、東からの征服者たちが軍勢

★ Hyakinth Bichtouin (Monk Hyakinth), *Denkwürdgkeiten über die Mongolei*, Berlin: C. Reimer, 1832; Emil Bretschneider, *Die Pekinger ebene und das benachbarte gebirgsland*, Gotha: Justus Perthes, 1876.

★★ Prjevalskiy, *Mongolie et Pays des Tangoutes, op.cit.*

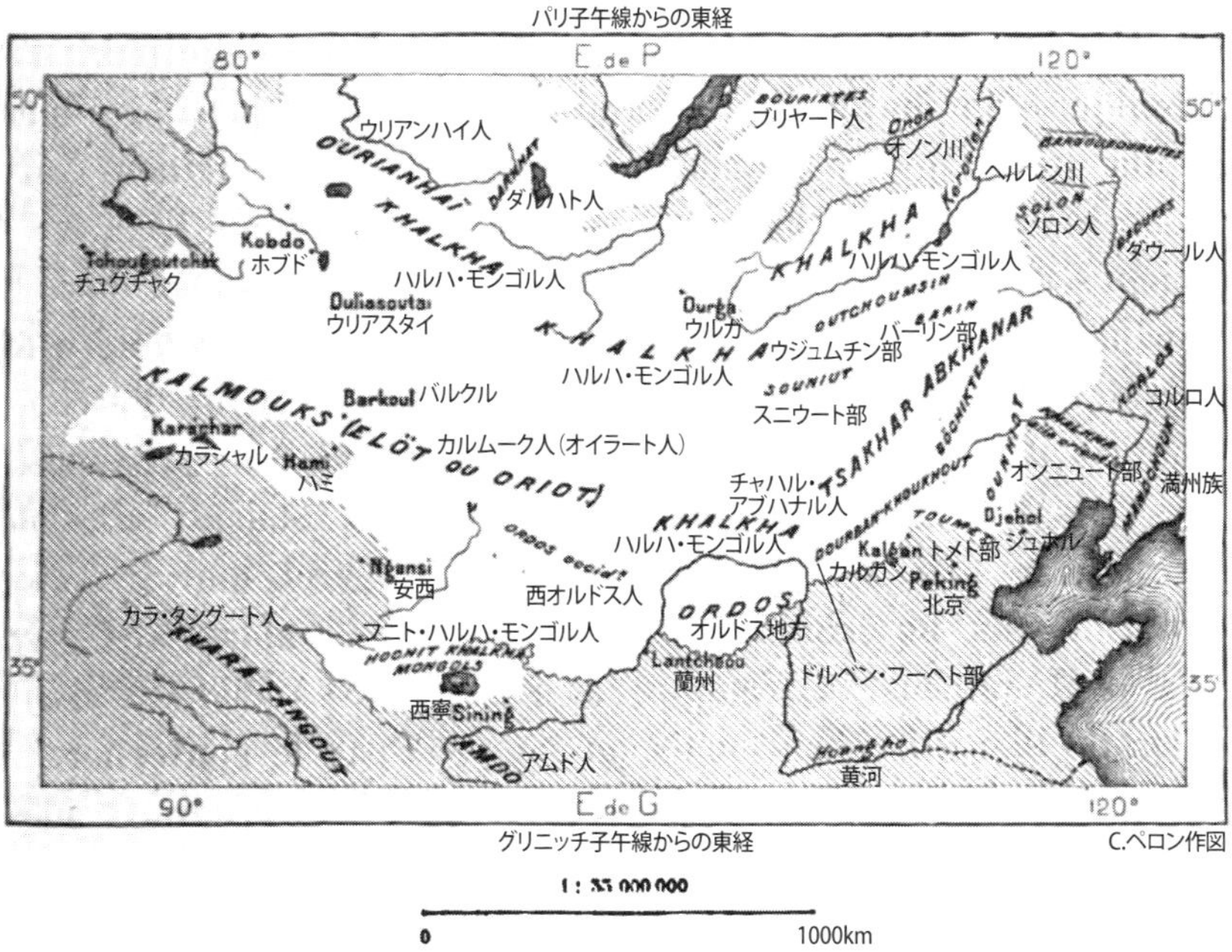

図 37　モンゴルの諸住民

を催した地帯に対する、西アジア世界からの逆流を示したティムールの大帝国は、おなじくモンゴル人とされた。後代には、デリーで戴冠したバーブル［ムガル帝国初代皇帝 Ẓahīr al-Dīn Muhammad Bābur 一四八三―一五三〇］とその後継者たちも、もはや軍勢にモンゴル人はいなかったにもかかわらず、「大モンゴル［ムガル］」の名称を得ている。遠い祖先への誇りだけが、自ら選んだ称号の所以だった。十七世紀末に樹立されたジュンガル帝国は間違いなくモンゴルを起源とするが、中央アジアの平地や高原地方の外には出なかった。

タタール人という呼称

中世にはモンゴル人はタタール人ないしタタ人と混同されていた。タタール人は十二世紀に陰山山脈の峡谷部に住んでいた弱小の民で、諸民族の紛争による混乱のなか、その名前がついにはモンゴル人、満州族、テュルク人のほか、アジアと東欧の遊牧戦士部族すべてに当てはめられたものである。チンギス＝ハンとその配下は、モンゴル七盟のうちの一盟の、そのまたひとつの部族にすぎ

ないタタ、あるいはタタールの名を誇ることは一度もなかった。自身の尊称は青モンゴル〔ボルギジン・キヤト氏か〕で、それは「天空の聖なる色が群青」であり、彼ら自身が大地のあるじであることにちなんだ。タタールの名が轟いたのは、一般に彼らがモンゴル侵入軍の前衛を担ったことと、〔ギリシャ〕神話の地獄タルタロスと語感が似ていたためである。聖王ルイ〔フランス王ルイ九世、一二一四—一二七〇〕曰く、「くよくよすることはない。彼らがここまでやって来たら、われらは彼らが出てきたタルタロスまで押し戻すか、さもなくば彼らがわれら全員を天国に昇らせるかなのだから★」。今日では、ごく一般的な意味以外にモンゴル人をタルタルと呼ぶことはないし、その隣人である満州族にも適用しない。シベリア地方や天山山脈、パミール高原、トルキスタン、コーカサス、そしてヨーロッパ・ロシアのテュルク系住民にのみ、特有な呼称として用いられる。

モンゴル系の諸部族

征服期よりも以前のモンゴル諸部族は、現在モンゴルと総称される広大な領域のうち、北部と東部だけに住んでいた。一帯の水流や湖沼は神として尊崇され、山々には峰ごとに伝承があり、ハン、すなわち王の称号をそなえていた★★。屯墾した満州族ほか、種々のモンゴル人が生活するのは、こうした昔のモンゴル人の領域の北東端である。彼らは多少とも混交し、中国人がその帝国の西部に樹立した軍事的入植地に多くの人数を供給している。モンゴル人という呼称もそうだが、ハルハ人も一人の昔の首長が名称の由来で、北部ステップ地帯に生活し、人種的に類縁関係にあってロシアに帰属するブリヤート人に隣接する。チャハル人は八部族がモンゴル高原南東部、中国に最も近いステップ地帯におり、清国政府がとくに北方のモンゴル人に対する国境警備の任に当てている〔蒙古八旗〕。オルドス人は現在ほぼ壊滅したが、かつてはその名を与えた河流からなる半島状の土地〔オルドス高原〕に住んでいた。その西のオイラト人は多かれ少なかれテュルク系の住民と混交し、アルタイ山脈や天山山脈のカルムイク系遊牧民を含む。最後に、イェニセイ川上流部に

★ Rémusat; Klaproth; Ritter.
★★ Rastan, *Reisen in China.*

はテュルク系の起源をもちつつ、すこぶるモンゴル化したウリヤンハイないしドンヴォ人と、ドルハト人がいる。一般的にはモンゴル系住民は東のハルハ人、西のオイラト人、シベリア地方のブリヤート人に大別される。だが、唯一の現実的な区分は「フシュー」すなわち「旗」である。これは戦さや同盟の有為転変に従い、種々の旗の部族が強弱さまざまな連合体に結集したものだ。

モンゴル人の身体的特徴

民族の典型を最も純粋に保持しているのはハルハ・モンゴル人のようであり、チンギス＝ハンの子孫である「タイジ（太子、台吉）」の家系を含むことで、他のモンゴル人に対する一定の優越性を自認する。民族学者は通例「モンゴル人種」の名称を東アジア諸民族の総称として用いるが、その記述する「モンゴル人」に極東で最も似ていないのが、ハルハ・モンゴル人である。ハルハはまったく黄色ではなく、褐色の肌である。オスチャーク人［ハンティ人］や中国人のような外貌を与える切れ長の目ではまったくなく、ヨーロッパ人同様に大きく開いている。ただし顔面は広く平らで、頬骨は突き出ている。髪は黒く、あごひげは薄い。これらはモンゴル人種の一般的な特徴だが、ひげを抜く習慣はモンゴルではかなり広く見られるので、身だしなみの作法の結果をもって、生来の特徴と考えれば誤りになるだろう。ヨーロッパ人が東洋人を最初に知ったのはモンゴル人を通じてだったから、これら異国の侵入者の顔かたちのうち、西洋で美しいと考えられていた典型像から最も対照的な部分に注目したのはまったく自然である。顔面が見慣れぬものであればあるほど、西洋人の目にとってそれはアジア的、かつモンゴル的ということになった。よく中国人がヨーロッパ人をひとからげに「紅毛夷」と呼ぶのも、これと同様である。

モンゴル人と乗馬

モンゴル人は一般に中背でがっちりした体格である。極端な寒暑に耐えて立ち向かうのに慣れており、ヨーロッパ人ならば大半が死んでしまうような疲労も苦にしない。ウマやラクダに十五時間乗りっぱなしでも文句ひとつ言わないが、ゲル［天幕］から百歩ほど歩かねばならないとなると、うめき声を上げるかもしれない。歩行する習慣がない

せいもあるが、下馬して自分の足で立っているのを見られるのはとりわけ恥辱だからである。高い場所から自分たちの土地、つまりステップを眺めまわすのが大事なのだ。ウマがかくも有用で大事にされるモンゴルにおいてさえ、乗り物を所有する幸せが手に入らぬ人々もいる。いくつかの地区ではウマは贅沢な家畜で、貴族の天幕近くでしか見られない★。だが牧民の誰もが自分のウマをもてる幸運な地方では、平地をギャロップで疾駆する。宿営地の中で、自分のゲルから隣人のゲルまで数メートルしかなくとも、騎乗してたいへんな速歩で行かねばならない。自分の足で立って行う運動を軽蔑することとて、モンゴル人はまったく踊りというものをしない［この記述は誤りで、男子はモンゴル相撲（ブフ）の鍛錬にいそしむし、民族舞踊もある］★★。だが反抗的な種馬を制御したり、競馬の騎手を務めたり、全速で走る馬上で最も危険な早技をこなす名手として知られる。モンゴル人の競馬がヨーロッパ都市並みの観客のもとで行われることはめったにないが、競技の参加者ははるかに多い。若輩にせよ壮年にせよ、勝者の栄誉を狙わぬ者はいないからだ。モンゴルの活仏が再臨した一七九二年には、三七三二頭が出走した★★★。

モンゴル人の気質

ウマを御する達人にして、アジア大陸の征服者たちの子孫たるモンゴル人が、政治的にこれほど零落し、言ってみれば旧世界に何らの影響も及ぼさぬことは驚きである。全体としてみると彼らは怠惰になり、最近もドンガン人の烏合の衆を前にして、数千人が算を乱して逃亡し、彼らをいっそう勢いづかせた。モンゴル人は敗北し、まとまりを失って散逸した民族であって、自らの弱さを認めている。「草地」を横断するロシア人旅行家たちに対する彼らの卑屈な態度は、教皇使節ヨハンネス＝デ＝プラノ＝カルピニ［一二四六年にイノケンティウス四世がカラコルムに派遣したイタリア人フランチェスコ会修道士 Iohannes de Plano Carpini 一一八二—一二五二］に対するグユク＝ハン［モンゴル帝国第三代皇帝 Kouyouk khan, Güyük Khan 一二〇六—一二四八］の返書とあまりに対照的である。すなわち曰く「神の命令に非ずして、何びと

★ Losev, Lomonosov, *Expédition des frères Boutin en 1871*.
★★ Prjevalskiy, *Mongolie et Pays des Tangoutes, op.cit.*
★★★ Peter Simon Pallas, *Description du Tibet, tr. avec des notes par J. Reuilly*, Paris: Bossange, Masson et Besson, 1808.

かおのれのみの力によりて、いかでかこれを殺し、これを奪うをえんや。〔中略〕神の力によりて、日の昇るところより、日の沈むところまで、すべての領土は朕に与えられたり。神の命令によらずして、何びとかいかでこれをなすをえんや★」。モンゴルのハン達の勅令はすべて「長世（とこよ）の天の力★★」の名のもとに発せられたのであり、カーライル〔スコットランド人歴史家、哲学者 Thomas Carlyle 一七九五―一八八一〕など近代の理論家たちよりも前に、これらアジアの皇帝たちは権力のこうした定型表現を見出していた。

そもそもモンゴル人が世界史に関与したさいの活力の源泉は、単に彼らの勇気や規律、征服欲のみならず、生来そなえる平等意識と、それまでに達成した文明上の進歩にも由来する。モンゴル人は、中世の年代記が通例示すような野蛮人では微塵もなかった。第一に、彼らはその輝かしい勝利の歩みにおいて打ち負かした諸民族の大半よりも、自由という巨大な優越性をそなえていた。モンゴル人の法典であるヤサ〔大法令〕の定めにより、年に一度の「宴の日」であるトイ〔クリルタイ〕に参集が義務付けられていた。全員の前で君候たちは、あらゆる犯した権利の侵害や、統治の誤りを弾劾された。集まった戦士たちは司令官の罷免を宣言することさえできたのである。服属させられた諸民族も、戦さの後では、ムスリムやキリスト教徒の征服者が当時の被征服民にみせたよりも、はるかに尊重の念をもって処遇された。チンギス＝ハンの側近は曰く「馬上天下を獲る、馬上これを治むる能わず」と。モンゴルの君主は、あらゆる人種と言語からなる臣民内部の紛争事案を裁定する際に、注目すべき平等性を発揮したし、無税の土地を与えられた人々のなかには、帝国を構成したあらゆる民族の姓名が見出される。宗教面でも尋常ならざる寛容をそなえ、カトリック宣教師の驚きと憤慨を買った。ハンの一族や将軍のあいだにはムスリム名もキリスト教徒の名もみられた。大幹部の一覧をみれば、ジャンとか、ニコラとか、ジョルジュ、マルコといった名前に出会うのである★★★。

★ Jean du Plan Carpin, *Recueil de Voyages et de Mémoires publiès par la Sociètè de Gèographie de Paris*, Paris: Bertrand, tome IV.［和訳は佐口透編『モンゴル帝国と西洋』平凡社、1970、61―62 頁より］

★★ Rastan, *Reisen in China, op.cit.*　［佐口、同前］

★★★ Henry Hoyle Howorth, *History of the Mongols from the 9th to the 19th century,* London: Longmans, Green and Co., 1876; Léon Cahun, etc.

モンゴル人社会の階層性

だが戦に疲れ、その暴力で倫理も低下したモンゴル人は、まもなく蛮風へと逆戻りした。大半のモンゴル人が今も正邪の感覚や、一視同仁の精神、異邦人に対する歓待の念や、「仲間」と呼び掛ける自分と対等な人々に対する親愛の情を保持しているのは間違いない。だが彼らは非常に怠惰で、言語に絶する不潔さと、胸が悪くなるような貪食をみせる。奴隷制が入り込むのを許したため、捕虜の子孫である多くの家族が、族長の家畜の番をする境遇に落とされている★。主人は彼らを劣った存在とは見なさぬにせよ、生殺与奪の権を握り、通常は善意をもって取り扱うこともない。モンゴル人が牧草地の分割を考えもしなかったのは本当である。空の大気や湖水と同様に、牧草地は全員に属し、収穫後の畑地はすぐに共同体に返還される。だが家畜を所有せぬ者にとって、畑地の一時的な所有や、ステップを遊弋する権利が、いったい何の役に立つだろうか。家畜を所有する貴族やラマ僧たちこそが、ひいては地主でもあるのだ。ウルガの大僧正だけでも一五万人が生活する領域を保持しており、住民は彼の奴隷なのである★★。

モンゴル人の生業と食事

中国人にならって耕作に出精するモンゴル人はかなり少なく、ほぼ全員が家畜の世話にたずさわる。家畜はとりわけラクダ〔駱駝〕や尾の太いヒツジ〔羊〕、ウマ〔馬〕、そして有角動物からなる。モンゴル人どうしが出会うと、常にまず家畜の様子を尋ね合うのであって、彼らにとって家族よりも大事なのだ。家畜を所有できぬほど天に見放された人間が存在するとは理解できぬため、ロシア人旅行者がラクダもヒツジも持たないと語ると、冗談だろうという顔をする。家畜の世話はもっぱら女性と子供に委ねられ、知恵と優しさをもってその仕事を果たすので、男たちはほかの作業に取り組む時間がたっぷりある。家財道具をはじめ、鞍などの馬具一式、武器、刺繍された衣服、天幕用のフェルト、ラクダの毛を撚った紐類さえ製作する。だが、必須の食糧や商品は中国人やロシア人の商人に頼らざるを得ない。とくに必要なのが茶葉である。冷水は体に

★ Bitchourin, *op.cit.*
★★ Prjevalskiy, *Mongolie et Pays des Tangoutes, op.cit.*

悪いとして絶対に飲まないので、茶葉を煎じて雌馬の乳から作る「クミス」と混ぜたもの［スーティ・ツアイ］が日常の飲料だが、健康を害するロシアの蒸留酒を混ぜることも多すぎる。固形食品はほぼすべて動物の肉で、ヒツジ肉やウマ肉、ラクダ肉に穀物から作った一種のパテをまぜるだけである。鳥肉や魚肉は、大半が本心から怖がる。

モンゴル人の言語

モンゴル人の言語はウラル・アルタイ系諸民族の言葉に連なり、多くの語幹がテュルク諸語と共通するが、内部ではかなり異なる方言に分かれる。ハルハ人、ブリヤート人、オイラト人はお互いの言葉を完全に理解することはできない。そもそもこれらの方言には多様な起源の言葉が混入し、境界付近では満州や中国、チベット、テュルク系の用語が純粋なモンゴル語を損なっている。モンゴル語は一二〇〇年にわたり書き言葉をもつが、すでに当初から中国語の表意文字を借用していた。この文字は十二世紀に別の文字に替えられ、中国の古典の翻訳に用いられた。不幸なことにこれらの典籍はすべて失われ、どのような文字だったかも知られていない★。征服期になるとモンゴル人はとつぜん東アジアの住民と接触せねばならなくなり、隣人と交通するため自分たちの文字よりもよく知られた表記を必要とするようになった。そこで借用したのがテュルク系ウイグル人の表音文字である。だが最終的に広まったのは、ひとりのラマ僧［パクパ一二三五—一二八〇］が一二六九年に発明した民族的な表記法で、彼はその功により「国師」の称号を授けられた。法典類や布告、辞典や暦、そしてとりわけ宗教的著作など、現在のモンゴル文献のすべてはこの文字で記されてきた［パスパ文字］。モンゴル人が文字を書く際には、黒く塗った木簡に砂あるいは灰を引いたものに、毛筆を走らせる★★。

チベット仏教

典礼書は「エネルカク」すなわちチベット語で記されている。チベット語はモンゴル人が仏教に帰依した

★ Bitchourin, *op.cit.*

★★ Henry Russell-Killough, *Seize mille lieues à ravers l'Asie et l'Océanie*, Paris: Hachette, 1864 (1er tome).

さいに聖なる言語になったもので、ちょうど同時期のチベット人にとって、サンスクリットが長いあいだ聖なる言語だったのと同様である。自分たちの宗教について、単なる空虚な儀式以外の意味を知ろうと欲したモンゴル人僧侶は、モンゴルで「タングート」と呼ばれたチベット人の言語を学ばざるを得なかった。その一方、経典の単なる誦唱に研究関心がとどまる僧たちにとっては、意味が理解できぬほど有難味が増した。カルムイク人のラマ僧院のいくつかでは、カンギュル〔甘珠爾〕とテンギュル〔丹珠爾〕に五万フランを支払うほどだった★。シベリアのブリヤート人もカンギュル一部のために七千頭の牛を差し出した★★。モンゴル人にとってチベットは聖地であり、ラサのダライ＝ラマはモンゴルのタラナス＝ラマ（ジェプツォン＝ダンバ、ギトン＝タンバ）よりも尊いとされる。ジェプツォン＝ダンバもダライ＝ラマ同様の「ブルハン」すなわち「活仏」で、十六世紀半ば、ないしもっと昔から、さまざまな姿で転生していると考えられている。死ぬたびにチベットで転生するとされ、僧侶たちの荘重な使節団が幼童を探しに赴く。このモンゴルの大僧正はかつては中国国境近くのフフホト（呼和浩特）に住んでいたが、康熙帝と上席権を争ったのち暗殺され、帝の命令により、北モンゴルのウルガに転生すべしとされた★★★。それ以後は、「活仏」の候補者名は前もって北京の外事裁判所〔理藩院か〕に送られねばならなくなっている★★★★。

モンゴルの主な神仏は、チベット人のそれとおなじくヒンドゥー起源だが、民族的な起源をもつものもある。これらは序列が低いけれども、尊宗の度合いは劣らない。たとえばヤマンダガ、すなわち「雄山羊の顔」は、じっさい雄山羊あるいはスイギュウ〔水牛〕の頭部をそなえ、人間の頭蓋骨の頸飾りをして火炎を吐き、二十の手にはひきちぎった人体の部位や武具を握る〔大威徳明王〕。その姿は深い青色に塗られ、その妻は薄い青である。ほかにも家屋内には、サモイェード人〔ネネツ人〕に見られるような、木や布で作った素朴な復讐の神仏や悪鬼の像がみられる★★★★★。モンゴル人は

★ Emil Schlagintweit, *Buddhism in Tibet, op.cit.*
★★ Karl Friedrich Köppen, *Die Religion des Bouddha*, Berlin: F. Schneider, 1859.
★★★ Schiefner; Vasilyev; Huc.
★★★★ Hilarion, *op. cit.*
★★★★★ Peter Simon Pallas, *Sammlung historischer Nachrichten über die mongolischen Völkerschaften*, Frankfurt und Leipzig: Johann Georg Fleischer, 1779.

挿画 XVII　モンゴルの沙漠地帯。ラマ僧の墓廟と宿営地
パラスとピアセツキーをもとに、プラニシュニコフ筆

非常に信仰心が篤く、罪業の赦しを得るためにはいかなる辛苦や贖罪もいとわない。土埃や泥のなかに体を投げ出しながら一歩づつ進むやり方［五体投地］でラマ僧院への巡礼を行なうことさえある。財産のうち最も明るい品はまずラマ僧に差し出されるのであって、モンゴルにそびえる寺院や僧院は、これら信徒がいかに惜しげもなくお供えするかの絢爛たる証左だ。「みほとけ」の名のもとにラマ僧が托鉢して歩けば、必ず大歓迎される。その持ち歩く有難い鉢はたちまち金塊や銀塊で満たされてしまい、すぐ寺に戻るのだが、その後には寺院を建立するための供物を担った駄獣の一隊が従うといった具合だ。すなわち、同国の本当の主人は僧侶であり、唯一労働を免れ、安楽な生活が保障されている。そのためには、寺院で定刻に鳴りわたるホラ貝の音に従うだけでよい。こうして、僧籍に入ることで貧窮を免れ、あるいは奴隷の境涯から脱する者の数は、世界のどの国の聖職者の比率

よりも、チベットよりさえかなり高い。人口の三分の一が「白い人」すなわち剃髪したラマ僧からなると言われる。家族の少なくとも一人が僧院に身を置かぬ世帯はほとんど見られず、いくつかの地区では、両親が子供は全員がラマ僧の黄色や赤色の僧衣を着るものと定め、種族を継承し家畜を育てるべき「黒い人」すなわち有髪の者がまったく見られぬことさえある。外形的な宗礼がこれほど遵守される国もないのであって、量目をごまかし偽物を売りつける国境付近の中国人でさえ、チベット人とモンゴル人の聖句である「オン・マニ・ペメ・フン」を記した包み紙を用いる。そして旅人に法外な宿泊料の勘定書を渡すときも、ぬかりなくこの文句を唱える★。清国政府は狭義の中国内の僧侶にはほとんど関与しないが、モンゴルのラマ僧院の大半に対しては、その収入を保証して保護を与えている。清朝歴代の方針はラマ僧を増やし、もって人口の自然増加を抑制し、代々の敵手の宿営地を平和な僧院に置き換えることだからだ★★。しかし習俗の違いや利害の対立により、民族的な憎悪はまだ続いている。モンゴル人諸部族のほとんどすべての蓄えは、中国人商人や金貸しの金庫に消えてゆき、ラマ僧はそれを経由するにすぎないからだ。

民間信仰

モンゴルの僧院には一万人に達する僧侶が生活し、さまざまな位階に属するが、宗教関係者のすべてがそこに押し込められているわけではない。かなり多くのラマ僧が家族のもとで暮らしており、遊行する者もいる。正式な宗教に属さない巫術師も、大半の部族で尊宗を保持してきた。家畜に降りかかる災厄を避けるとか、好天に恵まれるとか、雨乞い、雲や風、旅の経路、病人の快癒、健康な人を病に落とすため、さらには「体内の魂魄の場所を変える」ために頼られるのは彼らである。シャーマンという呼称自体、当初はヒンドゥー語〔サンスクリット〕の「シュラマナ」ないしその中国語への転写である「沙門（シャマン）」として、仏教徒を意味する「サマナ〔パーリ語〕」に適用されるものだった★★★。このこ

★ S. W. Bushell, “Notes of Journey outside the Great Wall of China”, *Journal of the* [*Royal*] *Geographical Society*, 1874, *pp*.73-97.

★★ Huc; Richthofen.

★★★ Pallas, *op.cit.*　〔現在は、シャーマンはトゥングース系の巫術師を語源とする説が有力である〕

とが証するように、そこには自然の諸力に対する古い崇拝と、チンギス＝ハンの死後に導入された仏教とのあいだの、あらゆる段階が見られる。仏の戒めとは正反対に、動物を犠牲にささげる習慣さえまだ行われている★。チベットとおなじく婦人、とりわけ寡婦は瞑想の生活に熱中するが、厳密な意味での共同体［僧伽］を形成するほど数は多くない。なお前世紀の終わりごろからは、中国人の流刑囚や植民者がいくつかのモンゴル部族にキリスト教を布教している。

モンゴル人の習俗

満州族、中国人、チベット人、テュルクの影響下にあったため、モンゴル人の習俗にも他民族のものが見出される。満州族はモンゴル人に対し、中国人に対してと同様に、「尾」のような一筋を残し、あとの毛髪を刈るように義務付けた［辮髪］。十七世紀半ばに一夫一婦制を課したのも満州族で、それ以前のモンゴル人は、ムスリムの隣人たちのように複数の妻をめとっていた。子供の結婚は、星占いによって幸せを占ったのち、前もって親が決めるのは中国人と同様である。結納はキルギス人と同様で、モンゴル人の男性婚約者はトルクメン人よろしく花嫁を奪う模擬行為をする。慣習的に認められる妾は中国同様に単純に金銭づくで売買され、その子供は正嫡子よりも権利が制限される。埋葬法は中国風が卓越し、君候や妃のばあいには棺に納めて埋葬され、定められた時期に家族からの供物が捧げられる。僧侶の遺体は火葬され、遺灰の上に小さな塔や石の山が築かれる。しかし、貧しいラマ僧や一般人の遺体はチベットの風習にならい、地面に捨て置かれて野獣の餌食とされる。年老いた物乞いや病人がフェルトの切れ端に横たわると、嗅ぎつけたイヌ達が天幕の入り口にやってくる。そして遺骸を宿営地の外へ運ぶ葬列に随いてくるのだ★★。その余り物でも十分なカラス［鴉］は、めったにモンゴル高原を離れない。中国人は「モンゴル人の墓」を意味する「韃子棺材（ターヅェクワンツァエ）」の名をこの鳥に冠している★★★。

★ Rémusat, *op.cit.*

★★ Prjevalskiy, op.cit.

★★★ Armand David, *Journal de mon troisième voyage dans l'Empire chinois*, Paris: Hachette, 1875, tome I, *p.*118.

中国人の入植

中国人に対するモンゴル人生来の嫌悪にもかかわらず、「草地」に優越することになるのは中華帝国の文明であろう。というのも、すでに南からの移住者がますます北方に足を踏み入れ、数的優勢は増す一方だからだ。北京の北東、約五万平方キロに広がり、モンゴル高原から渤海湾に下ってゆく流域にあるジュホルの直轄地区［承徳直隷州］は、すでに隅々まで中国人耕作者が入植し、暴力的な紛争にも拘わらず、古来の所有者たちは北方に追いやられてしまった。ジュホルは今や承徳府（チェント・フ）という中国名をそなえ、周囲の土地もモンゴル名を喪失し、南からの移住者による中国名が冠せられている。一七九二年には、中国人移住者はすでに四七万七〇〇〇人だったが、一八二七年にはほぼ倍増し、八八万四〇〇〇人になった。旅行家たちの記述によれば、今日ではかなり大きな人口に達している。ジュホルの市域が行政的観点からのみモンゴルの領域であるのは本当で、じっさいにも、モンゴル高原の海側斜面に位置する。だがすでに高地部でも中国人の入植と、農業的な征服が始まっている。

「草地」のうち、孤絶したゴビ沙漠の北方に広がる「外モンゴル」と区別して「内モンゴル」と呼びならわされている部分は、上述のように過半が中国化している。かつては万里の長城が正真正銘の限界で、民族分類上の境界線は、政治上の分断ラインとかなり正確に対応しただけでなく、さまざまな結晶岩が形成する地質学的な区分にさえ対応していた。だが、彼らを押しこめる長城の内側では窮屈になった中国人は、かなり以前から長城を越え、モンゴル高原の南斜面にある肥沃な谷間すべてと、交易に好適な位置のすべてを占拠するようになった。「化外」、すなわち「関の外」と総称された土地はこうして中国人の領域になっており、山西省や北直隷省に最近編入されて狭義の中国に取込まれたのも、故なきことではない。「化外の地」への入植は、康熙帝が犯罪者や政治犯を流刑に処し、城砦を建設させた数地点から始まった。これは強制移住だったが、少しづつ自発的な入植がそれに合流するようになり、とりわけ十九世紀半ば以後に勢いが増した。モンゴル人の領域への移住におけるひとつの大きな原因は、ケシ［罌粟］栽培が大目に見られたことにある。税あるいは上納金として一ヘクタール当たり八〇フランほどを納めれば、中国人農民

はこの禁制の植物の種子を植えてもよかったので、安価に阿片を収穫できた。たしかにお役人は毎年やってきて銅鑼を打ち鳴らし、ケシ栽培の禁止を布告するけれども、彼らの巡行は収税を容易にする以外の目的はなかったのである★。今日ではこれらの地域には人がひしめいており、狭義の中国の内部にさえ、これほど活気に満ちた都市群や、活発な商い、多くの旅人が往来する道路はほとんどない。モンゴル高原を下ってくると、その対照は瞠目すべきものだ。陰鬱な孤絶がだしぬけに豊かな耕作と美麗な町々、騒然とした人波に変わる。

モンゴル人の変容

この人種間闘争にあたり、当初はどちらの民族も相手と交わろうとはしなかったように見える。中国人は、満州では自分たちの言語と習慣を押しつけて地元民と急速に同化したが、モンゴル人を変容させるのはかなり時間がかかっている。まだ地元民の所有にかかる土地に中国人入植者が村落を樹立すると、モンゴル人は注意深く自分の宿営地をそこから遠ざけ、ウマやヒツジとともに未墾地に移ってしまい、文明の外側に身を置くからだ★★。そもそもモンゴル人は皇帝の兵士として、お召しがあればすぐに出立せねばならぬため、俸給と自らの家畜からの収入だけで生活するものとされ、農耕が禁じられている。多くの部族は、侵入者の生活類型を採用するよりも、沙漠に向かって後退するままに甘んじ、中国人との縁組はモンゴルの血脈を変質するものとして、恥辱と考えられている。だが「化外の地」における中国人の暮らしはすでに百年に及び、その緩慢な作用は、ついに最も近くに住むモンゴル系住民の特徴や習俗を変化させることになった。中国人入植者とモンゴル人の母親のあいだに生れた「エルリツァ」と呼ばれる混血児は★★★、いくつかの部族でかなり多数に上る。とりわけ、「隣国の人々」を意味するチャハル・モンゴル人はほぼ中国化し、中華帝国の諸習慣を模倣することが上品とされ、同胞のような野性的な自由よりも大都会での生活を好む★★★★。古来からの敵意がそのま

★ Elias, *op.cit.*; David, *etc.*
★★ Elias, *op.cit.*; Richthofen.
★★★ Adolph Bastian, *Peking* [*Reisen in China von Peking zur Monglischen Grenze und Rueckkehr nach Europa*, Jena: Hermann Costenoble, 1871?]
★★★★ Prjevalskiy, *op.cit.*

まの強さを保っているのは北モンゴルに限られる。もしロシアが望めば、こうした北モンゴル人の反漢感情を利用するのは容易と思われる。「草地」の征服は、ロシア軍にとって演習みたいなもの［抵抗に遭遇しない］にすぎないかもしれない。

清国との関係

モンゴルの静謐な保持を確実にするために清国が今日までとってきた政策は、モンゴル人を敵対する部族に分断し、帝室と縁組させて族長の虚栄心をくすぐることに他ならなかった。君候はほぼ全員がチンギス＝ハンの子孫か、あるいはそう自称し、ヨーロッパの王や公爵、伯爵、男爵に相当するさまざまな代々の称号をもつ。彼らは現地の瑣末な事項については権力を保持したが、重大事案はすべて中国人公使［庫倫辦事大臣か］に諮る義務がある。それ以外の事柄についてもじっさいにはウルガの大僧正に依存しており、「聖なる大クレンの弟子」を称するのは名誉である。君候は毎年総会を開催する。その主宰者は互選されるが、清国政府の批准が必要だし、総会の決定は清国行政官に提出されてしかるべき承認を経てからでないと、法的効力はない。清国皇帝は君主にして判事でもあり、気に入らぬ族長を罷免できるが、後継者はおなじ一族から選ばれるのが慣例だ。族長たちは年金を受領するので、独立性は表向きにすぎない。その金額は位階に応じ年七五〇フランから二万フランとさまざまで、皇帝の意向による昇進、降格によって上下する。モンゴルが清国財政へ寄与するには程遠く、逆に清国にとって毎年かなりの負担になっている。というのも、ラクダやヒツジの遊牧民に課される税は、君候とラマ僧のもとに貯め込まれるからだ。これらの封臣が定期的に荘重な使節を「天子」に差し向け、贈り物を捧げるのは本当である。だがそれに対する絹織物や衣類、宝石からなる返礼のほうがはるかに多額だ。モンゴル人は清国に対し何ら直接の貢納を行なわないとされているが、軍役は負っている。十八歳から六十歳までの男子はすべて清国騎兵に所属する。ただし君候たちはほとんど閲兵もしなければ兵員管理も行わない。ムスリムによる反乱が如実に示したように、蒙古軍団は建前にすぎず、動員できるのはせいぜい一割であろう★。

★ Bitchourin; Timkovskiy; Prjevalskiy.

地域区分と軍制

外モンゴルの大半を占めるハルハ人の郷国は四つの「ハナト」に区分される。北はトゥシェート〔土謝図汗部〕、東はセツェン〔車臣汗部〕、中央のサイン・ノヤン〔賽音諾顔部〕、西のジェサクト〔札薩克圖汗部〕である★。伝統的に諸部族は季節の移牧にあたりこれらのハナトの境界を越えてはならないとされる。南モンゴルと東部も同様に区分されている。すなわちスニウート部〔スニト部〕、グシクタン部、バーリン部、ナイマン部、ホルチン部およびハラチン部、ウジュムチン部、オンニュート部、ジャルート部、トメト部、アバガナル部、そしてチャハル人の八旗〔蒙古八旗〕であるドゥルバン部〔ドルベン・フーヘト部〕である。行政区分は軍管区に一致している。中隊は一五〇名の兵士からなり、六個中隊が一連隊となる。「フシュー」すなわち「旗」を構成する連隊数は地域により異なるが、この区分が諸部族の自然な集合体と最もよく対応する。一定のフシューが集まったものがアイマクで、規模と勢力はさまざまだ★★。

ホブド、ウリアスタイ

モンゴルで人口の大きい都市はしぜんに南東部、すなわち中国人が居住する「化外の地」に集まっているが、「草地」の北部にも、道路が収束し交易の中心地として一定の重要性をもつ都市がいくつかある。大きなカラ・ウス湖の西岸近く、モンゴル・アルタイ山脈の標高一二〇〇メートル以上の高原に位置するホブドもそのひとつだ。これはアルタイ山脈の鉱山地帯や、イルティーシュ川上流からやってくるロシア人商人の集散地だが、バルクルへ南下する途上にある鉱山地帯の市

★ Timkovskiy; Klaproth; Samuel Wells Williams, *A syllabic dictionary of the Chinese language*, Shanghai: American Mission Press, 1874; Bastian, *op.cit.*

★★

地域		部（アイマク）	旗（フシュー）
ハルハの郷国、すなわち北モンゴル		4	86
モンゴル東部		25	51
チャハルの郷国		1	8
アラシャン（阿拉善）		1	3
ウリアスタイ	ウリヤンハイ人の郷国	1	17
	ホブド	11	31
オルドス		1	7
計		33部［ママ］	172旗［ママ］

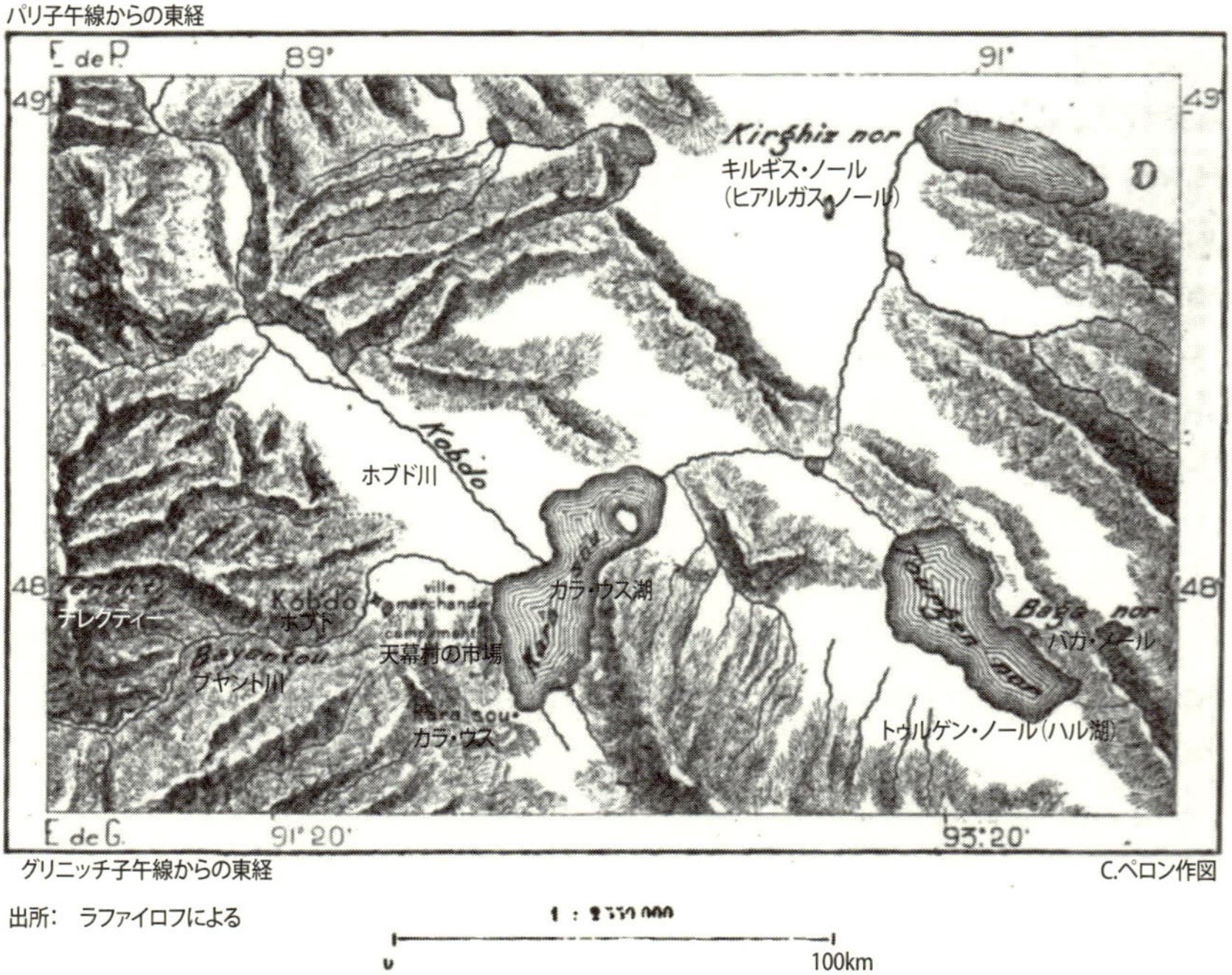

図38　ホブド高原

場でもあった。それは沙漠のただなかに立ちあがる小さな丘陵地にある金鉱脈で、ドンガン人の乱の以前には、清国政府の国庫向けに定常的に採掘されていたものだ。ホブドと同一の高原だが、東にもっと遠いウリアスタイも交易地である。どちらも、役所があって兵士が駐屯する城壁をめぐらせた区画［八旗城］と、中国人商人が居住し城壁のない売買城（マイマ・チェン）すなわち商取引の街区をそなえる。樹林の周囲にはモンゴル人がちらほらとゲルをしつらえる。ホブドもウリアスタイも一八七〇年にはドンガン人の乱でひどい災厄をこうむった。人口六〇〇〇人を数えたホブドは完全に破壊されたし、ウリアスタイも郭外町が灰塵に帰した。ホブドの南二〇〇キロにあったチャハル・ツィン［察哈爾鎮］は地上から姿を消した。それでもこの地方の交易は大きな重要性を取り戻し、ホブドだけでも、中国人商人が毎年甘粛省に送るヒツジ

パリ子午線からの東経

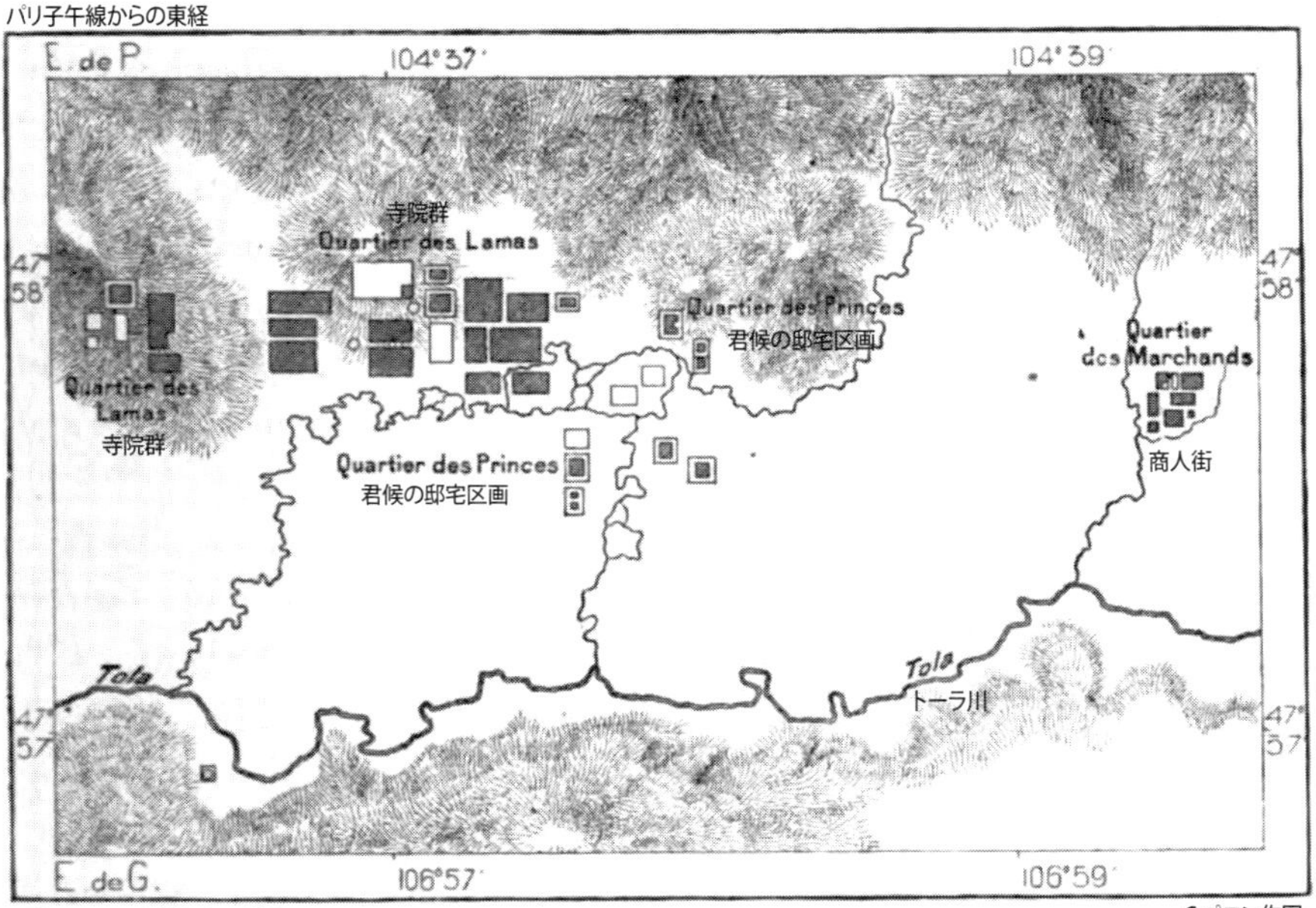

グリニッチ子午線からの東経

C.ペロン作図

出所：　ヴェヌーコフ氏の寄せた地図による

1 : 45 000

0　2km

図 39　ウルガ

は二〇万頭に達している。しかし人口の成長は緩慢だ。モンゴル人は旅の途中に立ち寄るだけだし、中国人は女性の同伴が禁じられているため、恒常的な入植地を樹立できずにいるからである★。

ウルガ（ウランバートル）

北モンゴル全域の真の首都はウルガである。モンゴル人にとってのボグド・クレン、ないしタ・クレンで、「大営」あるいは「禁裏」の意味である。モンゴルのシベリア側斜面、トーラ川流域にある。トーラ川はオルホン川を通じセレンゲ川と合し、バイカル湖に注ぐ。ウルガ北方にはゆるい傾斜の丘陵があり、ところどころモミ［樅］が覆う。いっぽう南の正面には比高六〇〇メートルの正真正銘の山岳の階崖が立ち上がり、ハン・オラ、すなわち「帝王の山」と呼ばれてきた。毎年この山の精霊に

★ *Isv'estiya Roussk. Geogr. Obchtchestva*, 1874, no.1.

はおごそかに犠牲が供えられる★。ウルガの市域はかなり広い。狭義のクレンはモンゴルの「活仏」ジェプツォン＝ダンバの三つの宮殿のひとつを擁し、トーラ川の北二キロの地点に広がる。寺院の黄金の屋根が睥睨し、一万人以上と思われるラマ僧の天幕や粘土の茅屋がひしめく小道や広場の迷路になっている。医術、仏教理論、天文学の学部からなる一種の大学もおなじ区画にある。その東にある売買城すなわち商人街には、四〇〇〇人ほどの中国人商人が住み、ブリヤート人のラクダ御者によるロシアからの隊商が寄宿する。ここではモンゴル語と種々の中国語方言やシベリア系言語が混合した特殊な商業言語が話される★★。最近出来上がった新しい区画にはロシア領事館があり、茶葉ほかの食料品が預け入れられる★★★。この領事館は一八六一年に設置され、モンゴルを横断する科学的、あるいは商業目的の探険は大半がここで準備された。平地の一部は中国人の野菜農家によって素晴らしい畑地に変貌した。三年ごとの九月にはモンゴル全土を対象にした大掛かりな市が開催され、二〇万人が宿営する。

交易路と駅伝制度

ウルガはモンゴルで最も多くの交易路が収束する都市である。キャフタと北方の国境にある売買城、そして万里の長城の門のひとつ［大境門］にあるカルガン［張家口］とを結ぶ茶の道にあるほか、ウルガは定期的な駅伝［ジャムチ］によってホブド、ウリアスタイ、甘粛省や満州の諸都市にも連絡する。ただし駅馬に年間を通じ新鮮な飼葉を確保するため、経路は季節によって変わる。これらの交易路には間を置いて一五～二〇ほどのゲルからなる宿駅が設けられ、清国政府の俸給を受けて監督する駅長が駐在し、［鑑札を所持する］旅行者に替え馬と宿泊を無料で提供すべしとされる。ロシアと清が一八五九年および一八六〇年に結んだ条約の定めにより、ペテルブルグ政府はキャフタからウルガ経由で、天津までの駅伝を自前で整備する権利を獲得した。ウルガ、カルガン、北京、天津にはロシア

★ Printz, Radlov, Matousovskiy, Ney Elias; *Supplément à la Géographie de Carl Ritter,* par Semonov et Potanin (en russe); *Journal of the Geographical Society*, 1873.
★★ Bichtouin, *op.cit.*
★★★ 1880 年のウルガにおける茶葉の取扱量は 25 万 2995 箱。

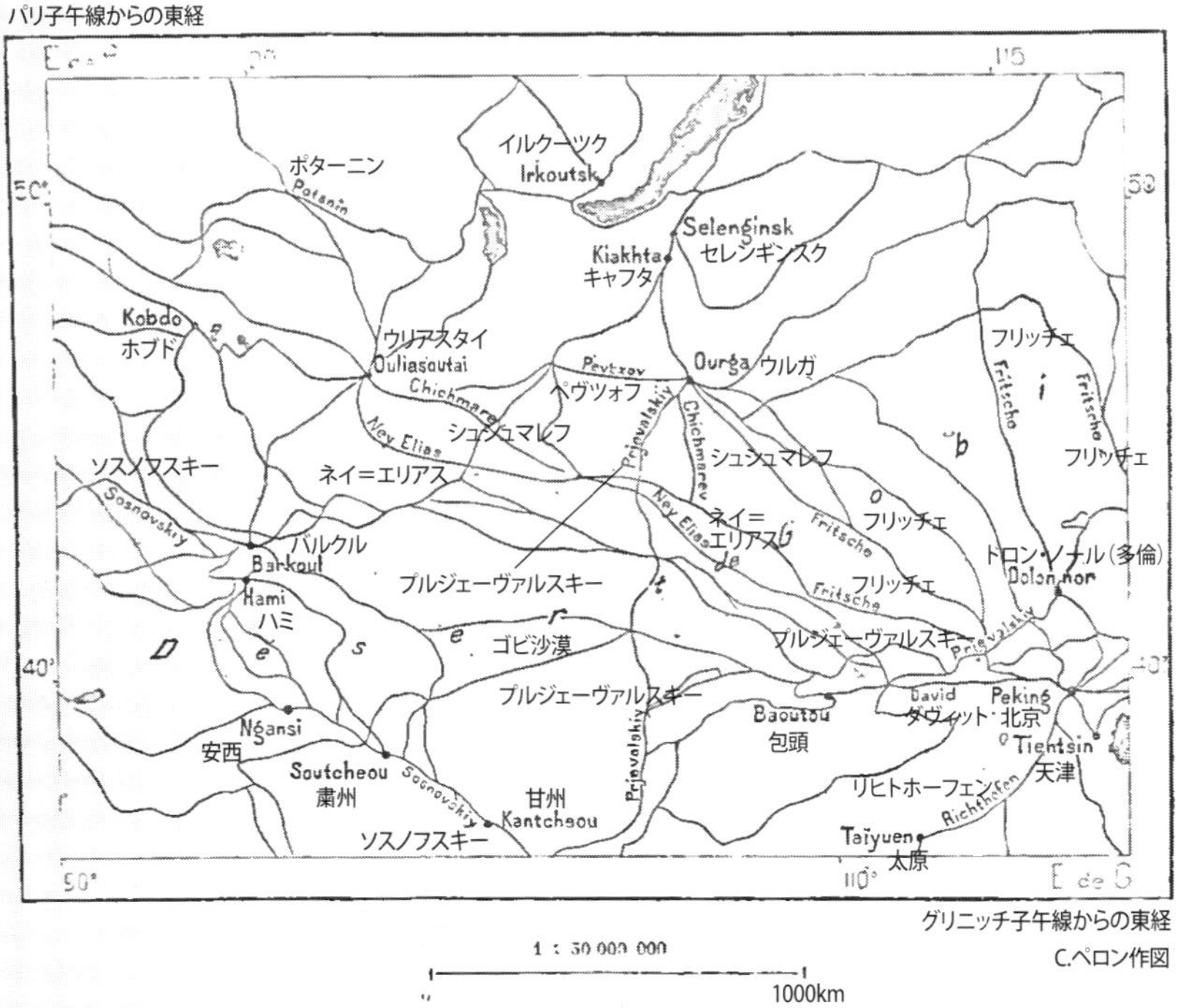

図40　モンゴルの道［と探険経路］

人官僚が駐在し、商品ならば月一回、旅行ならば一〇日ごとの出発を世話する。平均の所要日数は二週間だ。

カラコルム

モンゴル人の広大な帝国の旧都カラコルムは、近代都市ハルハとおなじ流域盆地にある。モンゴル諸君主の主な居所が、三〇〇年にわたりセレンゲ川上流の単調な平原のど真ん中にとどまり続け、大河のほとりとか、沃地とか、もっと美しい地方への遷都が行われなかったことは、人々をしばしば驚かせる。しかしモンゴルの征服者たちにとって、中国の平地に向かうにせよ、西アジアに向かうにせよ、生まれ故郷のステップ地帯はただちに軍勢を催せる場所だったのである。だが征服事業が終了し、巨大帝国が東西いくつかの領域に分割された十四世紀初頭には、首都としてカラコルムを保持する理由はなくなり、北京やサマルカンドが取って代わった。八世紀の中国

側の年代記にはすでに「ホラン」ないし「コラン」すなわち「黒い宿営地」を意味する「カラ・クレン」が言及されており、おそらくチンギス＝ハンは主な宿営地のひとつを同地に設けたと思われる［カラコルムはテュルク語で「黒い砂礫地」の意味］。帝国の首都になったのは一二五四年にウゲデイ＝ハン［モンゴル帝国第二代皇帝 Oktaï-khan, Ögödei 生年不詳―一二四一］が城壁を築かせてからである。ロンジュモー［十三世紀のドミニコ会修道士 André de Longjumeau 生没年不詳］やリュブリキが、栄光の絶頂にあるモンゴルのハンに会見したのはこの都市で、君主の周囲にはあらゆる民族の仏教徒やムスリム、キリスト教徒がひしめいた。パリの親方職人ギヨームは庭園を装飾し、銀の受け盆に葡萄酒や馬乳酒（クミス）、蜂蜜酒、米酒が流れ込む優美な泉を製作した★。だが、カラコルムはついに大都会に成長しなかったのであり、中国側の記録によるとその城壁は全周五里、つまり二キロほど、マルコ＝ポーロによると三マイルにすぎず［『東方見聞録1』前掲書、一三七頁］、城壁内の大半は広大な前庭や広場が囲む宮殿や寺院で占められた。城壁の外には中国人の住む売買城とムスリム住民のバザールからなるふたつの市街があったが、これらもさほど大きくはなかったようで、リュブリキが述べるには「サンドニの街ほど立派ではない」。したがってハン達が放棄したあと、この「黒い宿営地」が多くの都市のあいだに姿を消すのも不思議ではない。長いあいだ、この旧都の位置を知っているのはハルハ人の遊牧民だけだった。ダンヴィルはカラコルム址をゴビ沙漠の縁辺部、クルガン・ウランの塩湖近くとさえしたが、レミュザはウルガから南西四〇〇キロほどのオルホン川源流付近と、かなり北に考えた。じっさいにもそこから近く、オルホン川が横断する平地にあり、河岸の南東一〇キロほどの地点でパドーリンが発見した［ウルガ駐在ロシア領事パドーリンがこのとき発見したのは八世紀のウイグル国の首都址で、カラコルムの位置が確定するのは一九一二年］。一辺が五〇〇歩の女牆《ひめがき》をもつ城壁の址の内側に、いくつかの残骸がみられる★★。

ヘルレン、ハイラル

★ Guillaume de Rubruk, édition d'Avezar, *Recueil de Voyages et de Mémoires publiés par la Société de Géographie*, tome IV. ［酒の呼称は佐口、前掲書、304 頁に倣う］

★★ Robert Mitchell, *Geographical Magazine,* June 1874.

ウルガの東、ヘルレン川とハイラル川の流れる地方は一部が満州の行政管区で、人口の多い都市は皆無である。アイマク（部）の首府および行商人の会合点として一定の規模をもつ邑がいくつか存在するにすぎない。こうした市場町のうち最も賑わうのはヘルレン〔克魯倫、現チョイバルサン〕とハイラル〔海拉爾、現フルンボイル〕で、それぞれが位置する川と同名である。どちらの邑にもラマ僧院が創立され、交易による利益を得ている。

フフホト

「タタール人を食う」と言われる中国人が多くの入植地や工業都市を樹立し、今や行政上は山西省や北直隷省に併合された南モンゴルでは、当然に交易も活発である。こうした市場町のひとつがサラチ〔薩拉斉、現包頭〕で、黄河の北東の大屈曲部に近く、同河に合流する川のほとりにある。その東には帰化城（クェイフワ・チェン）が、モンゴル高原の下にある丘陵地のひとつを占める。オルドス地方を囲んで流れる黄河が南に曲がる地点にあり、同河に向かって南西に下る小さな流域にある。モンゴル人にとってはフフホト（呼和浩特）、すなわち「青い都市（城）」で、ウリアスタイやホブド、ジュンガル地方からの交易路が至る市場町だ★。モンゴルのあらゆる都邑と同様、フフホトも双子都市で、軍事・宗教の街区と商業街区は、広場や畑地で隔てられている。現在ウルガに君臨する大僧正も、前世紀末まではここに居所があった。今もひとりのクビルガン〔転生僧〕がフフホトに生活しており、国内きっての学院群もある。ユックによればこの聖都の学院や僧院には二万人の学僧やラマ僧がひしめく。交易地としてはとりわけ家畜の商いが盛んで、主産業には大理石と石炭の採掘のほか★★、鞣革とラクダの毛織物がある。ロンドンやニューヨーク市場向けに天津へ仕向けられる原糸は、ほぼ全量がフフホトから送られており、年間にラクダ二〇万頭分の剪毛量と見積もられる★★★。フフホトはモンゴルから天津に送られる商品の最大の集散地だが、その際には万里の長城の外列にある「戸口」

★ Elias, *op.cit.*

★★ Arman David; Émile Blanhard, “II. Un voyage de Pékin à l’ourato en Mongolie”, *Revue des Deux Mondes,* 15 mars 1871, *pp.*368-394.

★★★ *Oesterreichiche Monatschrift für den Orient*, 1881.

である中国都市カルガン〔張家口〕を経由する。また漢口〔武漢〕とシベリアのあいだで取引される茶葉の塊〔磚茶〕も、漢江の河谷から山西省、フフホトを経由する★。

カラホト、ツァガンホト

フフホトの東〔ママ、西〕、内モンゴルの河谷部を見下ろす丘陵の縁部には今も大きな都市址が残る。すなわち「黒い都市」を意味するカラホト（黒城、黒水城）と、「白い都市」ツァガンホトである。カラホトのほうがはるかに古く、ツァガンホトはモンゴル帝国の首都として十四世紀初めに創建された★★。マルコ＝ポーロが横断したチャガン・ノール〔『東方見聞録1』前掲書、一六六頁〕がこれである★★★。ツァガンホトとおなじ区域、東に三〇キロの地点にはシヴァンツェの村があり、モンゴルにおけるカトリック宣教団の本拠地である。司教区内のモンゴル人カトリック教徒は一八七五年で一万二〇〇〇人と推定される。

ドロン

フフホトに劣らぬ重要性をそなえるのがドロン・ノール（多倫）で、モンゴル高原の南東角、標高一二〇〇メートル以上にあり、ごくわずかな立ち上がりをみせる尾根が大興安嶺山脈の始まりを告げる。ドロンはまた、「草地」から黄海沿岸に下る最も容易な経路のいくつかを扼している。モンゴル名のドロン・ノールは「七つの湖」の意味で、今は沙漠の砂で閉塞した沼沢地に由来する。中国人は康熙帝が建立した寺にちなみ、喇嘛廟（ラマ・ミャオ）すなわち「ラマ僧の寺院」と呼ぶ。城壁はないが、モンゴル高原の都市すべてと同様に、寺院と商店の二つの判然と分かれた区画から構成される。のんびりしたモンゴル人の牧民を出し抜くことで富貴を企てる山西省出身の中国人が特に多く、商業は盛んで人口も多いが、ドロンは製造業の邑でもある。金塗りの鉄や銅の仏像ほか、モンゴルのラマ僧院や寺院向けに、あらゆる類いの装飾品を熟練の技で製作する。ウルガの大寺院で目にする高さ一〇メートル以上の荘厳な仏像〔ガンダン寺の観音菩薩像か〕は、ドロンからゴビ沙漠を越えて運ばれたものだ★★★★。

★ Richthofen, *Letters on Chili, Shansi, etc., op.cit.*; Clement Allen, *Commercial Reports on China*, 1879.

★★ Bitchourin, *op.cit.*

★★★ Ritter, *Asien, op.cit.*; Yule, *The Life of Marco Polo, op.cit.*

★★★★ Huc; Prjevalskiy; Bushell.

上都

ハンの居所として「白い都市」とカラコルムに取って代わったのが上都（シャンドゥ）すなわち「上流の宮廷」である。フビライ〔モンゴル帝国第五代皇帝、元朝世祖 Koublaï, Qubilai, Khubilai（クビライ、ホビライ）一二一五—一二九四〕が造営した大理石の王宮と竹の王宮はマルコ＝ポーロが記述するところだ〔『東方見聞録1』前掲書、一六九頁以下〕。ドロン北方、約四〇キロの無人の土地のただ中にあり、通常モンゴル人は「一〇八寺の市邑〔ジャオ・ナイマン・スメ・ホトン（百八廟城）〕」と呼ぶ。かつてこの地にみられた宗教建築の数にちなむ呼び名で、一〇八は聖典カンギュルの巻数や数珠の同数である。だがそれらの建物は今日では残骸のみで、市域を囲んだ二重の城壁を草や藪が覆う。都市址の外には小さな僧院がひとつと、河畔〔閃電河〕にいくつかのモンゴル人の天幕があり、住民のすべてだ。北と西に向かう草蒸した城壁が囲む区域は面積一二平方キロを下らず、おそらくマルコ＝ポーロの語る見事な庭園の址であろう。だがこの博識なヴェネツィア人が描写した人工の水流や噴水、草原や森林はもう見られない★〔二〇一二年に世界遺産登録〕。

承徳ほか

これに劣らず広大だったのが、内モンゴルの下手にあったジュホルの庭園である。ここは野生動物が豊かな森林地帯で、モンゴル高原から満州の防御柵まで広がる谷間や、丘陵からなる数万平方キロの土地を含んでいた。康熙帝に貢納された一万頭の純白の馬が飼育されたのはここである。この選び抜かれた群れの雌馬の乳を、皇帝とともに飲む権利があったのは、彼の一族とひとにぎりの寵臣だけだった。ジュホルないし承徳府は、文献によっては「ジュホ」すなわち熱河とも呼ばれる。園内に湧いていた温泉が由来だ。のち一帯は中国人と定住モンゴル人が急速に農地化し、承徳府はその首府である。有名になったのは北京の宮殿を模して一七〇三年に建造〔が決定〕された避暑山庄による。これは主に象嵌細工の木材で建てられ、多くの工芸がほどこされている。八里橋（パリ・キアオ）の戦い〔一八六〇年九月二十一日〕ののち、列強連合軍が首都

★ Bushell, *op.cit.*

を陥落させたさいには、皇帝〔咸豊帝〕一族の避難先になった。敷地内で最大の寺院〔普陀宗乗之廟〕はラサのポタラ宮を模したもので★、「タシ・ルンポ」と呼ばれるもうひとつの寺院〔須弥福寿之廟〕はシガゼにそびえるチベット寺院のようすがである〔避暑山庄全域は一九九四年に世界遺産登録〕。承徳の東百キロほどにあるパコウ（八溝）ないし平泉県（ピンチュアン・ヒェン）は長さ八キロの街道町で、両側に野菜畑と果樹園が並び、内モンゴルの養蚕業の中心だ★★。シラムレン川〔西拉木倫河、遼河上流〕の流域にあるウラン・ハダ、ないし赤峰県（シーフォン・ヒェン）も商業都市で★★★、トラ〔虎〕などの獣皮を求める毛皮商人がよく訪れる。ここはすでに人煙まれな北方の縁辺部だが、それでも僧院がいくつかある。この内モンゴル北部にあるゲゲン・スマ、すなわち活仏の寺の僧侶は五〇〇〇人を下らない。

★ Edkins, *North China branch of Asiatic Journal*, 1874.
★★ Alexander Williamson, *Journeys in North China, Manchuria and Eastern Mongolia,* London: Smith, Elder & Co., 1870
★★★ モンゴルの都市と推定人口は以下の通り［単位万人］。

北モンゴル	ホブド	0.3	1868年、ネイ＝エリアスによる
	ウリアスタイ	0.3	
	ウルガ［現ウランバートル］	3	1870年、プルジェーヴァルスキーによる
	ヘルレン［現チョイバルサン］	1.3	1871年、ロセフによる
	ハイラル	0.3	
南モンゴルおよび山西省併合地域	フフホト	3	1870年、ユックによる
	ドロン・ノール（喇嘛廟）	3	1870年、フリッチェによる
内モンゴル、北直隷省併合地域	ジュホル（承徳府）	4	1866年、ウィリアムソンによる
	パコウ（平泉県）	2	
	ハダ（赤峰県）	1	

第五節　満州

範囲

清国の満州領は境界がはっきりしている。それはロシア政府が定めた境界線と、アムール川〔黒竜江〕、およびその支流ウスリー川〔烏蘇里江〕だ。南東には山岳や無人の空間、そして杭からなる防壁があって、満州領と朝鮮を隔てる。南は黄海の水が遼東将軍〔将軍は軍の位階にして管区〕を洗う。だがモンゴル方面に向かう西には、何ら自然境界がない。大興安嶺山脈の西、「草地」の北東部は満州に帰属するが、森林と沃地からなるシラムレン川の上流部は、全域が内モンゴルになった。かつて「柳の柵」といえば、モンゴルのこの部分と南満州を分断する線を意味したが、はるか以前から消滅している。康熙帝治下の植樹の名残りとして地元民はあちらこちらの緑地を指し示すが、奉天将軍〔瀋陽〕や、吉林将軍の内部にある往古の境界線の両側にある林をみても、どのような配置だったかは見当がつかない。かつて中国人や日本人、朝鮮人は熱心にこれを真似たが、こうした樹林と杭からなる障壁には、何ら戦略的理由が無かった可能性が高い。というのも、防衛の役に立ったためしが皆無だからである。ただし、これは国の周囲をめぐる魔術的な外縁で、精霊が守護するとは考えられていた。大興安嶺山脈という自然境界の両側からは、満州人の諸部族もモンゴル人の諸部族も数々の侵入を行なったので、今日モンゴルと満州のあいだに存在する慣習的な境界線が形成された。だが、満州人もモンゴル人も中国人の前に後退せざるを得なくなるに及んで、両者のせめぎあいは全く無意味になった。中国人は南から北上を続け、すでに住民の最大部分を占めるに至っている。満州にその名を与えた人々はおそらく住民の十二分の一とみてよい★。

地域区分

満州は、自然的にはふたつの背中合わせの流域に分かれる。ひとつが、アムール川に向かって北に下り、オ

★ メドウズによる満州の面積は 95 万 km^2、人口 1200 万人、人口密度は 13 人／km^2。

ホーツク海に至る流域である。もうひとつは南向きで、遼東地方と朝鮮の湾に向かう。両者を隔てる屋根は低く、西では、随所が「草地」とおなじ様相をみせる東ゴビの緩斜面のステップ地帯を通じ、モンゴル高原に連なる。この屋根は広大な無人の地で、ぽつりぽつりと散在する窪地に大興安嶺山脈からの水流が流れ込み、排水路のない沼沢を形成する。だが、この屋根が隔てる北満州と南満州の差異は絶大である。北満州はシベリア世界の一部なのに対し、南満州は、気候の点でも、農耕や住民の点でも、中国に属するからだ。

大興安嶺山脈、五大連池

大興安嶺山脈の東側を嫩江から眺めると、分厚いモンゴル高原が麓に食い込む西側にくらべ、威圧的な山容だ。かつてこの山脈の走る線に口を開けた火山群が円錐形の頂部をみせ、それに迫る峡谷を嫩江の支流群が深く刻み、鬱蒼たる巨木の森が迫る。嫩江が流れる平地部にも旧噴火口が立ち上がり、かつては火口湖だったが、いまは干上がっている。メルゲン［墨爾根、嫩江鎮］とチチハル［斉斉哈爾］のあいだで嫩江に合流するヌモル川［訥漠爾河］の支流ウデリンの河谷にある火山性の孤丘群は、満州人によってウユン・ホルドンジ、すなわち「一〇の孤丘」と呼ばれる［五大連池］。一七二〇年に一帯を激しい揺れが襲ったのち、翌年初めに大きな噴火が発生して一年間続き、その翌年にも小噴火があった。一連の噴火現象は、清国が断続的に派遣した五回の調査によって完璧に記述されており、発生した事象に疑問の余地はない。ナポリ湾北岸のモンテ・ヌオヴォ［一五三八年九月二十九日から翌月十日にかけての噴火で形成］の出現に関する諸記述は、ウユン・ホルドンジについての中国人調査官たちの精確さにはるかに及ばない。蒸気と溶岩が噴出する地表の裂け目の上に、ふたつの岩屑の円錐丘が立ち上がってゆき、地表からの高さは二五〇メートル以上になった。火口の全周は一キロ以上で、四つの溶岩流が数キロ先まで流出し、うちひとつはウデリン川をせき止め、大きな湖を形成した。もうひとつの溶岩流は、さらに水流の中に入り込んで一本の長い突堤状になり、水蒸気は数カ月にわたり渦巻いた★。嫩江を遡上したパルラディ＝カファロフ［ロシア正教修道士、中国学者 Piotr Kafarov “Palladius” 一八一七―一八七八］は「一〇の孤丘」

★ Vasilyev, *V'estnik Roussk. Geogr. Obchtchestva*, 1855; Semonov, *Supplément à la Géographie de Carl Ritter* (en russe), *vol.*1.

の近くを通過したが、迂回してそこを訪れることはできなかった。彼の案内人たちは中国名を硫安山(ルユアン・シャン)、すなわち「硫黄の山」と言うと教えたし、じっさい多くの硫黄を埋蔵するが、清国は採掘を禁じている。河谷内に見られる他の丘も明らかに火山由来だが、活動が観察されるかをカファロフは知り得なかった。この点で「一〇の孤丘」は満州で唯一の事例であり、大洋から一〇〇〇キロ以上の内陸に存在する火山活動として、注目すべきものである。モンゴルのステップ地帯の麓にみられるいくつかの内陸流域の塩水湖が、溶岩の噴出をもたらす地下の化学作用を、海水の代わりに行う可能性を示すからだ。

小興安嶺山脈

嫩江が端を発する流域の北にある山岳地帯は、モンゴルの大興安嶺山脈と、ロシア人が通例は「小ヒンガン」と呼ぶ山脈［小興安嶺山脈］の連結部である。後者は満州人にとってのダウセ・アリンだ。この連結部はモンゴル語、満州語、中国語でさまざまに呼ばれる。ここを横断したカファロフは常に「ヒンアン・アリン」という名を聞かされており、「ヒンガン（興安嶺）」と同名と思われる。アムール川がある斜面側では、通常は「イリュキ・アリン」と呼ばれる［伊勒呼裡山脈］。小興安嶺山脈にはメルゲンとアイグン［璦琿、黒河市］を結ぶ横断路があり、交通量は多い。この経路の最高地点には、大森林地帯の林間地に一刹の中国寺院があり、帝国全土からあらゆる民族の参詣者を受け入れる。この聖域を警護するのは「中華」からの流刑囚で、安全な通行を確保し、道案内の任を負う。山道はときに危険で、雪解けや、大雨の降る春先には通行不可能になるからだ★。ロシア人旅行家たちは小興安嶺山脈の標高を計測していないが、彼らの記述からみると、一五〇〇メートル級の峰は皆無の可能性が高い。同山脈は、嫩江とスンガリ川［以下、松花江］が形成した広大な半円形のなかを、南西から北東に走り、アムール川の流路の北で、ブレヤのシベリアの山々に達するが、北部の最高地点ラガル・アウルでも標高一〇五〇メートルにすぎない。

長白山脈

★ Palladius, *Zapiski Roussk. Geogr. Obchtchestva*, 1871.

満州の主たる稜線はシャン・アリン、ないしシャンヤン・アリンで、中国人は通例は長白山（チャンペイ・シャン）と呼ぶ〔原著はモンゴル語名で表記する箇所もあるが、以下長白山脈と訳出する〕。白く輝く石灰岩と、氷雪の山頂が呼称の由来だ。松花江の水源近くにある高峰群は三〇〇〇〜三六〇〇メートル級で、永久雪線を超える★。全体は北東から南西へと規則正しく発達し、アムール川とウスリー川の合流点から、黄海の中ほどに突き出す老鉄山（ラオティ・シャン）の半島〔遼東半島突端〕に至る。約一五〇〇キロに及ぶ長大な山脈で、主たる稜線はひんぱんに名称を変え、多くの支脈に分枝するが、方向は一定で、西の大興安嶺山脈や、東のロシア沿海地方にあるシホテ・アリン山脈〔シホテアリニ山脈〕など、周囲の大型山脈と平行する。長白山脈は一部が火山性と思われ、中央部に高さ八〇〇メートルの内壁に囲まれた湖があって、おそらく往古の火口が冠水したものだろう〔天池〕★★。満州の詩人たち、とりわけそのひとりとして高名な乾隆帝も、長白山脈を先祖の聖地として歌い上げ、その牧草地や森林、泉、河川と、吸い込む空気と天からの光は、世界で最もうるわしいとした。

広寧山脈

長白山脈と、大興安嶺山脈のあいだの平野部に立ちあがるもっと小規模な山脈群も、東アジアのこの部分にみられる隆起部や褶曲部のほとんどと同様に、同一方向に向かう。こうした稜線のうち、最も正則なひとつが、遼河（リャオ・ホ）★★★の河谷を西から見下ろし、万里の長城の最後の城塞が波に洗われる地点〔老龍頭〕まで、遼東湾の西に伸びる山脈である。この沿岸山脈は種々の名で呼ばれるが、北端近くでは、山麓のとある谷に位置する都市名〔広寧県、現北寧〕から広寧山脈（クアンニン）と呼ばれる。近くにはいくつかの死火山がそびえる。長白山脈とおなじく、広寧山脈も満州を鎮護する山地として、いつの時代にも崇められてきた。この山々が大地を押さえつけることで一帯が安定するだけでなく、不思議な力によって住民にもその地を保有させるのだと、古来信じられてきたからである。すでに周の

★ Williamson, *op.cit.*
★★ Archimandrit Pallaidus, Delmar Morgan (tr.), “An Expedition through Manchuria from Pekin to Blagoveschensk in 1870”, *Proceedings of the* [*Royal*] *Geographical Society*, 1872, *pp.*142-180.
★★★ Liao ho ないし Liao he。華北では ho ではなく he が河を意味する。

時代〔紀元前十一—八世紀〕には、この山脈の高峰のひとつである医巫閭山（ウリウ・シャン）が、帝国の七つの守護神のひとつだった。後代の諸王朝の皇帝たちも、広寧の諸山を中国諸州の守護神に数え、供物を欠かさなかった。最高峰の頂部には、中国史家たちが最も著名とする公のひとり、耶律倍〔耶律突欲、八九九—九三六〕が、書物と原稿に囲まれて人生の最も長い一時期を過ごした庵がいまもあるとされる。

松花江と遼河

満州最大の二河川は、水量こそ違うが、流路の対称性において相似する。お互い逆方向に流れるが、どちらも不思議なほど正則な半円を描くのである。松花江の最大支流である嫩江の上流は、遼河の上流部であるシラムレン川に照応するし、松花江の下流〔ハバロフスク下流のアムール川〕は、遼河が海際でみせる蛇行とよく似た河道をたどる。両者のあいだには、黄土が覆う東ゴビの高台があって、排水路のない水盆が散在する。この高台は周縁部がだんだん侵蝕され、谷が枝分かれしている★。

松花江

スンガリとは「乳の川」の意味で、白い河水が由来だ。満州人と中国人は、同川がアムール川〔黒竜江〕とともに形成する流域の最大河川とみなしている。じっさい大興安嶺山脈と小興安嶺山脈に平行し、北東アジア全体の軸に沿う河谷をもつ松花江は、文句なく主軸をなす河川である。しかし、おそらく流路の長さでも、水量でも、アムール川に及ばない。わずかに長白山脈の雪解け水がある夏だけは、アムール川を上回る。また松花江が運ぶ濁り水は、合流するとアムール川の透明度を損ない、全体が白っぽくなるので、見た感じでは優勢に思われるのである。松花江は随所で川幅二キロ以上に及び、泥土の両岸には無数のツバメ〔燕〕が営巣する。増水期には動く海のようになり、あちこちの島にノガン〔野雁〕やハクチョウ〔白鳥〕、カモ〔鴨〕の群れが避難する。運河の小舟も、しっかりした岸を求めて右往左往する。ただし、歴史的な運送路としての役割は、ロシアの小舟が太平洋方面と結び、シベリア東部をロシア帝国にもつなぐアムール川のほうが大きい。だが、アムー

★ Richthofen, *China, op.cit.*

ル川の水運が正真正銘の無人地帯を通過するのに対し、松花江は少なくとも中流部では田園部を流れる。交易量も劣らず大きく、繁多な都市では、停泊した舟のあいだを通るのも苦労する。キール（竜骨）が一メートルの舟なら、吉林からアムール川の砂嘴まで、少なくとも一五〇〇キロにわたり航行可能だ。最大支流である嫩江も、おなじく喫水一メートルの舟でチチハル上流まで遡上できるし、吉林と三姓（サンシン〔依蘭〕）のあいだで松花江と合流するフルハ川〔瑚爾哈〕、ないし牡丹江（ムタン・ホ）も、船舶航行が可能だ。だが、こうした水運は地方的な重要性しかない。というのも吉林と三姓のあいだで松花江は大きく西に迂回し、運送に多大な時間がかかるため、ほぼすべての発送が陸路の直行便を利用するからだ★。一八六四年に初めて松花江を遡上した蒸気船には、探険家ウソルツェフとクロポトキン〔ロシア革命家、地理学者、社会学者、生物学者 **Pjotr Aljeksjejevich Kropotkin** 一八四二―一九二一〕が乗船した。

遼河

シラムレン、すなわち「黄色い川」は、モンゴル高原に端を発し、大興安嶺山脈の東基部がよりかかる沙漠の高台の南に延びる。渇水期に航行可能になるのは、いまや完全に中国化した遼東将軍に、遼河の名で流れ込む下流に限られる。下流は、喫水三メートル近くまでの船舶を受け入れる水深がある。潮汐で水位が三・五メートル上昇するので、砂洲を越えて営口（インコウ）まで遡上できるからだ。同川が運搬する堆積土により、遼東湾に平地が形成された。有史時代にいたっても、田園部は下流へと進み、現地の伝承によれば、かつては牛庄（ニューチュアン）が遼河の河口だった。何世紀もかけて河口が海に向かって前進するにつれ、牛庄は内陸に取り残されてゆき、沼沢地が囲んだが、それもゆっくりと耕地に変貌したのである。沖積土は、たぶん一帯の上昇にも助けられ、遼東湾の底に洲や小島を形成するに至り、航行はかなり危険である★★。遼河の河谷は、歴史的にいつも重要な経路だった。中国に侵入する満州人が黄海沿岸に下るさいも、中国の軍勢が松花江流域や朝鮮国境に向かって北上するさいも、ここを通ったのである。ゆえに歴代皇帝は、常に

★ Williamson, *op.cit.*

★★ A. Michie, “Narrative of a Journey from Tientsin to Moukden in Manchuria in July 1861”, *Journal of the* [*Royal*] *Geographical Society,* 1863, *pp.*153-166.

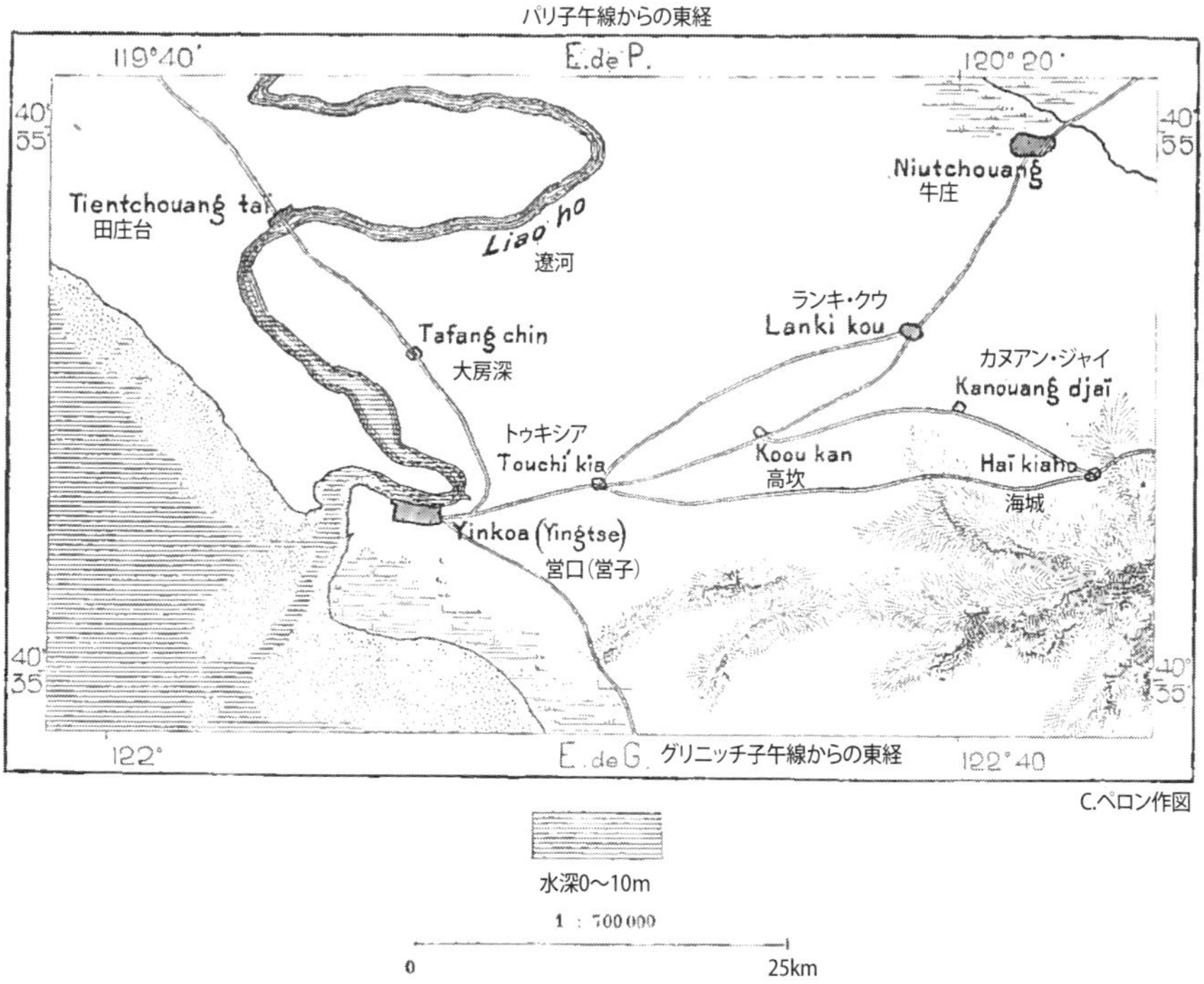

図 41　遼河の河口部

注意深く監視させ、ムクデン〔盛京、奉天、のち瀋陽〕近くにみられる城壁や城砦の址は、正真正銘の軍事的重要性をそなえていた★。現在では、遼河の河谷は格別な政治的価値をそなえるに至った。というのも、満州地方にとって唯一の海への出口を提供するからだ。短慮のせいか、それともロシアの意向に逆らうには国力が弱すぎると感じたのか、いずれにせよ清国政府は、朝鮮以北の太平洋岸の港湾をすべて手放した〔一八六〇年の北京条約〕。このため、松花江流域がロシア以外の国と交易するには、すべて遼河を経るか、もしくはロシア領〔沿海地方〕を通るかしかない。だが、北満州が日本海方面に向かう最良の出口はまさにここ、すなわちピョートル大帝湾の沿岸で、

★ Palladius, *Zapiski Roussk. Geogr. Obchtchestva*, *vol.*IV, 1871; Richthofen, *Letter on the provinces of Tchekiang and Nganhwei.*

中国を監視するためロシアが海軍基地〔ウラジオストク〕を設けた場所である。

植物相

満州の様相はすこぶる多様で、沙漠もあれば草原もある。田園地帯も鬱蒼たる森林もある。大興安嶺山脈の東に、シラムレン川から小興安嶺山脈の扶壁まで広がる一〇万平方キロほどの空間は満州に属し、ときに東ゴビとも呼ばれる。南東に壁のように立ちあがる長白山脈が、太平洋の雨季モンスーンの通過を押しとどめ、水分を吐きだしてからでないと先に進ませないため、その進路にある土地は乾燥し、降雨は塩水の沼沢になる。冬場はさらに乾燥した北西風が吹く。このステップ地帯から、モンスーンがどっと驟雨を降らせるおかげで植物が力強く繁茂する地方まで、気候と土壌のあらゆる段階が観察される。松花江流域には、アムール川沿いと似た広大な草原が広がり、草は三メートルもの高さに生い茂って、低木の葉にからみあう。野生動物の辿る道以外は、斧でもって道を切り開かねばならない。北満州の山々は大半が頂部まで森に覆われる。山肌のあいだの谷も森林が埋め、コナラ〔小楢〕やニレ〔楡〕、ヤナギ〔柳〕が大きく育ち、日光も射さぬぶあつい樹冠のもと、何時間も暗い道を辿らねばならない。いくつかの山頂からは、谷や山を越えて地平線まで広がる樹海が望見される。こうした植生は松花江流域に何か所かあり、マレー諸島の島々にも比せられる。いっぽう南満州では、沃地のほぼすべてを耕作が征服し、森林は松花江流域ほど鬱蒼たるものではない。西朝鮮湾と遼東湾のあいだに突き出す半島〔遼東半島〕の山岳は、大半がむきだしの山肌と稜線である★。湾の浜辺には多少の移動砂丘さえみられる。

動物相

満州は、中国領の部分であれロシア領の部分であれ、植物相でも動物相でも、シベリアから狭義の中国に移行する圏域である。両者に対応する樹木や低木、丈の低い植物種があり、あちこちの様相はヨーロッパを思わせる。家屋の周囲にみられる果樹や穀物、野菜ほかの耕作植物も、こうした外観に寄与する。だが満州

★ Williamson, *op.cit.*

の最大部分は自然のままで、いまも野生動物はきわめて豊富だ。叢にはヒョウ［豹］が隠れるし、「大王」と呼ばれるアムールトラも一帯を疾駆し、村内の道ですら住民を襲うことがある。頭から尾の先まで三メートル近い大物を含め、町で毎年売り買いされる虎皮の量から判断すると★、この獰猛なネコ科動物はまだ絶滅には程遠い。オオカミ［狼］も非常に危険な動物で、各地でひんぱんに人間を襲うと言われる。ギャロップでヒツジの群れを横切りながら、ヒツジには目もくれずに羊飼いに飛びかかるのも何度か目撃されたらしい★★。他の野生動物としてはイノシシ［猪］、クマ［熊］、キツネ［狐］、ヤマネコ［山猫］、テン［貂］も地方によってかなり一般的である。北部の森林地帯では、猟師がダマジカやアカシカ、リス［栗鼠］を追うほか、満州人の帽子を飾るクロテン［黒貂］が今も見つかる。西のステップ地帯には、アンテロープの群れが遊弋する。中国人入植者の平和的侵入にもかかわらず、今日でも満州はすぐれて狩猟の地であり、猛獣の襲撃を恐れた昔とおなじく、狩りはひとつの宗教的行為とみなされている。狩りを心得ぬ者は不信心なのだ★★★。鳥類は、大半が西ヨーロッパと同類の種に属し、かなり多い。とりわけ鳴禽は大群をなして飛び回る。人里近くには多くのカラス［鴉］がみられるが、満州人は自分たちの祖先の使いと考えており、毎日供え物をする。この騒々しい貪食家たちは、それをたちまち平らげてしまう★★★★。水流の動物相もすこぶる豊かで、漁だけで生活している場所も多い。松花江の三姓よりも下流にはサケ［鮭］が豊富で、魚体も大きく、漁民はその皮で夏服を仕立てる。女性たちが刺繍をほどこし、よく似合うものだ。中国人が魚皮韃子（ユイピー・ダーツ）、すなわち「魚皮の人々」と呼ぶ彼らはトゥングース系のゴリド人［ナナイ人、ホジェン族］で、ウスリー川や沿海地方にも住む。

満州人の起源

今日の満州人が、自分たちの先祖とするのは女真族（ヌーチェ［ジュルチン］）である。それらのう

★ *Ibid*.; Huc; Palladius.
★★ Huc, *Voyage dans la Tartarie, op.cit.*
★★★ Carl Osipovich Hiekisch, *Die Tungusen : eine ethnologische monographie,* St. Petersburg: Buchdruckerei der Kaiserlichen Akademie der Wissenschaften, 1879.
★★★★ Palladius, *Zapski Roussk. Geogr. Obchtchestva*, 1871.

ち、長白山脈のとある峡谷に生活していた一部族の名称が、現在では民族全体に冠せられるようになった。近隣をすべて征服し、満州諸部族の長となった太祖〔清朝初代皇帝ヌルハチ、一五五九―一六二六〕は、臣下はすべて彼の部族名のもと平等であると宣言した妙策のせいで中国〔明〕に連勝し、一六四四年には征服した★。だが征服の結果、満州族も変容をこうむった。ソロン人〔索倫族、エヴェンキ人〕やダウール人〔達斡爾族〕、マネグル人、オロチョン人〔鄂倫春族〕など、諸河川のほとりを遊弋するトゥングース系の数部族をのぞき、もはや満州人の遊牧民はいない。彼らは「西のタルタル人」を意味する西韃子（シー・ダーツ）の対をなす者として、東韃子（トゥン・ダーツ）、すなわち「東のタルタル人」と呼ばれた。だが満州一帯は、今や清国の一九番目の省にほかならない。嫩江の上流河谷でさえ、満州人は少しずつ中国人の影響を受け、移動生活に終止符を打った。南からの移民と同様に、彼らも「ファンザ〔家屋を意味する坊子（ファンジ）の訛音〕」に生活し、耕作地を所有して通常はそれを中国人に貸し出し、余所者とは中国語で会話する。満州族のうち古来の習俗を最もよく保持するのがソロン人、ないしサロン人である。仏をまったく崇めず、祈祷者はシャーマンだけで、聖なる小丘の麓を回りながら呪文を唱え、祓魔の儀式を執り行う。死者は火葬に付し、遺灰を皮袋に詰めて木の枝に吊るし、風に揺れるようにする★★。ダウール人は現在最も剽悍、かつ酷薄な満州人とされるが、ソロン人とは逆に熱心なチベット仏教の信者で、家族ごとに僧をもっている。

満州人の特徴

人種面での混交により、中国中央部よりも背が高く、頑健な住民が形成されたため、侵入者たちと、今なお現地人に分類されている人々との相貌は非常に似通っている。相手が中国人なのか満州人なのかは、現地住民に聞かないと分からない。また、満州在住の中国人女性は、非常に多くが纏足を行なわないため、足の形から婦人の民族を見分けるのも無理である。清帝国の北部住民のうち、満州人はその礼

★ Plath, *Geschichte der Mandchurei*; Castren; Ritter, etc..
★★ Noirjean, *Annales de la Propagation de la Foi*, 1878.

挿画 XVIII　典型と衣装。満州人の大臣と八旗の長
トムソンの写真をもとにプラニシュニコフ筆

儀正しさと品の良さ、見知らぬ人間への親切で際立つ★。中国を征服した人々の子孫であるにもかかわらず、漢族に対し出自を誇ったりせぬたしなみの良さをそなえており、この点では、人種的な兄弟分ではあっても、権力の行使に思いあがった横柄な清国の役人たちと、ほとんど似ていない。ソロン人やダウール人ほか、北満州の人々は楽しげで、溌剌としており、シベリアのトゥングース人と同様に勇敢である。また他国民の考えに対する理解と、環境変化への適応が素早い点では、日本人にも似ている。今日の満州では、人種よりも宗教の違いが、大きな差異になっている。村落や街区の大半にムスリム住民がみられ、いくつかの場所では、人口の三分の一さえ占めるからだ。彼らは人種的には中国人だが、別個の区域に居住し、別宗教の同国人とはまったく交わらないため、正真正銘の氏族を形成する。清国皇帝はムスリムの冠婚葬祭に補助金を与えている。軍事的には、満州人は八個の旗に編成され、「八旗」と呼ばれる［満州八旗］。一八七三年に至っても武器は弓矢だけで、兵士は軍事行動よりも、狩猟に動員されるほうが多い。毎年二四〇〇頭のアカシカと、ある程度の数のクロテン［黒貂］を納めねばならないからだ。軍においてさえ、満州族のなかに中国人の要素が混じり込んでいる。征服期に山東省出身の多くの移民が兵籍に編入されたからで、これらの軍事的入植者は「旗人」と呼ばれる★★。

満州人の言語

判然と区分できる民としての満州民族と、その言語の保持は、近い将来でさえ、かなり危ういように見える。満州人の子供で通学する者は、ほぼ全員が中国語の教育機関に登校し、孔子の四書や礼記を学ぶからだ。また、満州の地名の大半は中国式に表記される。帝室が満州出身であるために特殊なやり方で学ばれていなければ、おそらく書き言葉としての満州語は消滅していただろう。これは清国の古典言語のひとつで、上位の官職の候補者に学習が義務付けられており、中国の歴史や文芸にたずさわる知識人にとって、ほぼ必須である。清朝が中国統治を始めた一六四四年以後、最も重要な中国語の著作は、征服者の言語に翻訳された。

★ Palladius; Williamson; Huc.

★★ Noirjean, *Annales de la Propagation de la Foi,* 1874.

そしてこれらの翻訳により、原典の困難さを解決したのである。というのも、満州語は話し言葉で、形態と統辞が規則的なため、非常にわかりやすいからだ。他のトゥングース起源の言語とおなじく、単音節ないし二音節の語基で構成され、接尾詞でもって意味が変化する。十二世紀から十三世紀にかけ、満州人の祖先である女真族は金朝を樹立し、中国語から文字を借用した。だが、十六世紀末からはモンゴル語起源の文字を借用したため、ネストリウス派が中央アジアに持ち込んだアラム文字の派生形を用いることになった★。康熙帝は、中国語起源の言葉を注意深く除外した満州語用語集を編纂させている。最初の満州語辞典は、前世紀の末にひとりのヨーロッパ人、アミオ［フランス人イエズス会修道士 Jean Joseph Marie Amiot 中国名銭徳明、一七一八—一七九三］が出版した。その後はドイツ語やロシア語、フランス語でも満州語辞典が出版されている。

中国人の入植

清国の外延部での他の領土とおなじく、満州でも中国人の入植は、流刑囚や軍事施設から始まった。こうした種類の最初の入植地は、万里の長城のすぐ外側に設けられたが、いまではロシア国境近く、北部の森林や草原地帯のただなかへと、囚人や犯罪者、政治犯の大半が送り込まれている。チチハルは大物、とりわけ秘密結社の構成員として危険とみなされる人々の、主な流刑地だ。カファロフが一八七〇年に同市を通過したさいには三千人の流刑者が暮らしていたが、月に一度か二度出頭すれば、あとは好きなときに働き、居所の選択も自由だった。北満州にはかなり多数のムスリムも収容されているが、自発的に移住してきた同宗者とは一線を画して暮らし、自前のモスクや学校もある★★。こうした新たな要素は地元民の変容に寄与し、ますます中国内部の住民に近いものにしている。だが、自発的にせよ強制にせよ、満州に流れてきた人々は、平和的に溶け込むよりも先に、恐るべき徒党を結成することが多かった。ウスリー川上流、ロシア国境近くの「赤ひげ」を意味する紅胡子（フンフーヅ）もそのひとつで、ロシア人であれ中国人であれ、近傍の平和的な入植者すべての敵になった。密輸でもよって入手した高性能の武器により、正真正銘の一大勢力となって「仇を討つぞ！」と

★ Zakharov, *Dictionnaire mandchou-russe*; Schott, *Kitaï und Karakitaï.*
★★ Palladius, *mémoire cité.*

記した紅旗を掲げる城砦を建てめぐらせたのである。相当な兵力の部隊を差し向けねばならぬこともしばしばだった★。

中国人入植者の出身地

遼東地方の中国人住民は出身地に関わらず「マンジ」と総称される。主に山東省、山西省、北直隷省の出身だが、満州北西部には、康熙帝が十七世紀に放逐した雲南省出身者の子孫も多い。最大なのは山東省からの移住者で、定住農耕の階層を形成し、満州全域にわたり彼らの方言と習慣が卓越する。山西省からの移住者は行商や商店経営、担保貸し、金融にたずさわる。言語の習得能力は注目すべきもので、余所者との取引のさい、相手の言葉を話せないことは絶対にない。使用するのをいさぎよしとしない唯一の言語が満州語だが、かつてこの地方のあるじだった人々は中国語を話すようになったので、実益もないのである。山西省からの移民は、満州の富を一手に獲得するに至っている。その家屋は満州の習慣にしたがい、どれも平らな屋根だが、彼らが最もひんぱんに跪拝する屋内の祭壇には、富貴の神である老爺（ラオイェ〔関帝〕）と財神（ツアイキン）が祀られる。貪婪な中国人がこれらの神々に捧げる祈りは効験あらたかというものであって、労働によるせよ、あるいは暴利によるにせよ、わずかな期間のうちにすべては彼らの所有になってしまう。だが、満州を

挿画 IXX　年配の満州族の婦人
トムソンをもとに E. ロンジャ筆

★ Aulagne et Noirjean, *Annales de la Propagation de la Foi,* 1876; Busse, *Golos,* 1880; *Globus,* août 1880.

ついの住みかと考えているわけではなく、死に臨んでは、遺骸を故郷に還すよう依頼する。

満州の農産物

南満州の温暖な気候と肥沃な田園は、農産物の大きな多様性を保証するものである。中国人はブタ〔豚〕を育て、コムギ〔小麦〕やオオムギ〔大麦〕、モロコシ〔高粱〕、アワ〔粟〕ほかの穀物を植えつける。野菜としては、食用油の原料になる「黄豆」（大豆 *soya hispida*）が収穫される。大豆油の搾りかすはケーキ状にして中国に仕向けられ、肥料に利用される。冬の寒さにもかかわらず、夏の暑さを利して入植者たちはアイ〔藍〕の一種やワタ〔棉〕、ブドウ〔葡萄〕の耕作にいそしむが、ブドウの幹を目にできるのは夏場に限られる。十月末から四月初めまでは溝の中に横倒しにし、土や藁で覆うからだ。また、種々のカイコ〔柞蚕〕を飼育するため、クワ〔桑〕やナラ〔楢〕を植える。カイコは高価な繊維をもたらすだけでなく、至高の珍味ともされる★。モンゴル内の同胞とおなじく、満州の中国人農民も、阿片の禁令を無視しており、他の作物に混じって随所にケシ〔罌粟〕畑が広がる。最後に、満州のタバコ〔煙草〕、とりわけ吉林産は銘品として帝国中に知られる。満州人は喫煙の習慣を日本人から学んだのだが、それを征服期に中国人に伝えたのちも、帝国内で最大の喫煙家であり続けた。ウスリー川の河谷では、何人かの中国人入植者が高麗ニンジン〔*panax ginseng*〕を栽培する。満州人は「オロタ」すなわち「植物の筆頭」と呼ぶ★★。中国人も満州人も、活力を取り戻し病を癒すうえでこれに勝る草根はないとしており、金満家がおなじ重さの金でもって代価を支払う。かつてその採取は満州人の独占とされたが、主な理由は、最もニンジンが豊富な森にはヤナギ〔柳〕の囲いがほどこされていたので、そこに「マンジ」が入り込まぬようにするためだった。だが現在では逆に、栽培であれ「ニンジン獲り」であれ、この貴重な根を入手するのはマンジだけになっている。天然物は栽培された品よりもはるかに珍重される。

醸造業と鉱業

★ De la Brunière, *Annales de la Propagation de la Foi,* juillet 1844.
★★ Jartoux, *Lettres édifiantes et curieuses,* tome XVIII, 1781.

最近まで、ある程度の規模をそなえる地場産業は、大豆の搾油と蒸留酒［白酒（パイチュー）］だけだった。中国人が入植した地方の外側、北部の大森林地帯の近くにさえ、背の高い煙突をそなえた小家屋を見出してびっくりするが、高粱を原料とする蒸留酒の醸造場である。満州人は男女ともしばしばこのリキュールを、彼ら自身の表現によれば「善悪をわきまえなくなるまで」呑む。金鉱は何千人という労働者に職を提供しており、公式報告によると、今世紀半ばに綏芬河上流のワンラグの洗鉱場では三万人以上が雇われていた。南部に見出される石炭と鉄鉱石の鉱床も、大きな経済的重要性を約束するものだ。帝国に編入されたのが最後ではあっても、遼東地方はすでに多くの内部の省よりも豊かであり、その好適な商業上の位置のせいで、近い将来に外国資本による資源開発が容易になるのは間違いない。

瑷琿（黒河市）

恐らく暗い色の河水のせいで中国人が黒竜江（ヘルン・キアン）と呼ぶアムール川の右岸には、満州にはひとつしか都市がない。それが瑷琿で、アムール川沿いで群を抜いて最大の人口である。郭外町や畑地を含め、河畔に九キロの長さに延びている。その先の川岸にも、サハリン村まで樹陰に囲まれた村落や茅屋の群れが連続する。サハリン村は、瑷琿の北方四〇キロほどに位置するロシア都市ブラゴヴェシチェンスクに向かいあう。瑷琿は、満州側のアムール川地区［瑷琿鎮］全域の首府であるのみならず、シベリア側に住むダウール人や満州人、中国人すべての主都ともみなされている。彼らはロシア人地主を注意深く避けており、瑷琿のアンバン［清国の外延部諸地方での駐在官、昂邦章京］への納税を続けてさえいるからだ。しかし軍事的観点からみると、有事の際にロシアに抵抗する前哨点としては、帝国中央部から離れ過ぎている。満州の他地域や北京と連絡するには小興安嶺山脈を越えるしかないが、その一方、ロシアの蒸気船はアムール川のどこの岸辺にも、容易に部隊を輸送できるからだ。市街の周囲には簡単な防柵が一か所あるが、残りは並木である。

メルゲン（墨爾根、嫩江鎮）、チチハル

メルゲンは、瑷琿が帝国の残り部分とつながるのを仲介する都市で、嫩江上流に位置し、森林を伐採したすこぶる

肥沃な土地にある。カファロフが旅行した一八七〇年には、まだ北満州のこの地域に中国人移民の流れは及ばず、伐採工事に続いた高い死亡率のせいで健康に悪い場所とみなされていたため、杭で囲った内側にごく少数の住人がいるだけだった。中国人による入植は、当時まだブフイ〔卜奎〕、すなわちチチハルをほとんど越えなかったのである。チチハルは満州北部の省〔黒竜江将軍〕の首府であり、今も部族として一括されている満州人を指すブトハン人に対する行政中心地でもある。毎年六月には、これらの地元民は五五〇〇枚のクロテン〔黒貂〕の皮を納めにやってくるので、それを機会に大きな市が催され、多数の中国人商人が押し寄せて、地元の産品を小舟に積み込んでゆく。ブトハンの名は、メルゲンとチチハルの間に位置する軍事拠点ブトハ〔布特哈〕に因む。満州人、ソロン人、そしてダウール人（タウリ人）の三個大隊からなる現地人部隊の演習地だ。

吉林

松花江の上流河谷はチチハルの省よりも南にあって、もっと中国に近く、はるかに人口が多く、その首府も大きな都市である。満州の三つの省〔東三省〕のひとつの首府である吉林は、松花江の右岸にある高い森の丘陵群が円形劇場形に囲む中央にあり、すばらしい立地だ。この地点で松花江の川幅は三〇〇メートルだが、林立する杭の上に建てられた木造の水上家屋や突堤によって、あちこちが狭くなっている。吉林は船廠（チュアンチャン）の中国名を与えられたが、松花江を航行する船舶をここで建造するからである。市街は全域が角材や板で舗装され、用材が至る所に積み上げられて通行を邪魔し、川面も筏が埋め尽くす。近傍にある金鉱ではひんぱんに暴力沙汰や殺人が発生するが、当局は奇妙なほど酷烈に弾圧する。カファロフが吉林をおとずれたさいには、血糊のついた首級を載せた杭が立ち並ぶ小道があった。

プトナ（松原市）

嫩江と松花江、ないしギリン・ウラ〔吉林烏拉〕の両大河が合する沼沢地の平原に立ちあがる都市はない。土地があまりに低く、瘴気があり、河道がひんぱんに変動するため、定住して都市を樹立することができなかったのである。

合流点付近には村落群しかない。旧プトナ〔伯都訥站〕を引き継いだプトナ〔伯都訥新城、扶余鎮〕が、両河水運の市場だが、旧プトナよりも合流点から遠く、三〇キロ以上南、ギリン・ウラの右岸の高台にある。通例は「新城（シンチェン）」と呼ばれる。かなりの交易量をもつが、とくに中国との幹線道路沿いにある南の寛城子（クアンチェン・ツェ〔長春市寛城区〕）の邑とのあいだが盛んである。これは上都とも呼ばれ、東ゴビのステップ地帯の西を遊弋する全モンゴル諸部族にとって天然の首府だ。しかし一帯で最大の交通路は、松花江に向かいまっすぐに北上する道で、沿道には宿屋が並び、荷駄の列がひっきりなしに行き交う。途次にはクユ・シュー〔肇州か〕、ラリン〔拉林〕、アジュ・ホ〔阿什河、ハルビン〕といった都市が並ぶ。なかでも群を抜いて人口の多いアジュ・ホはほぼ全員が満州人で、松花江の支流アジュ

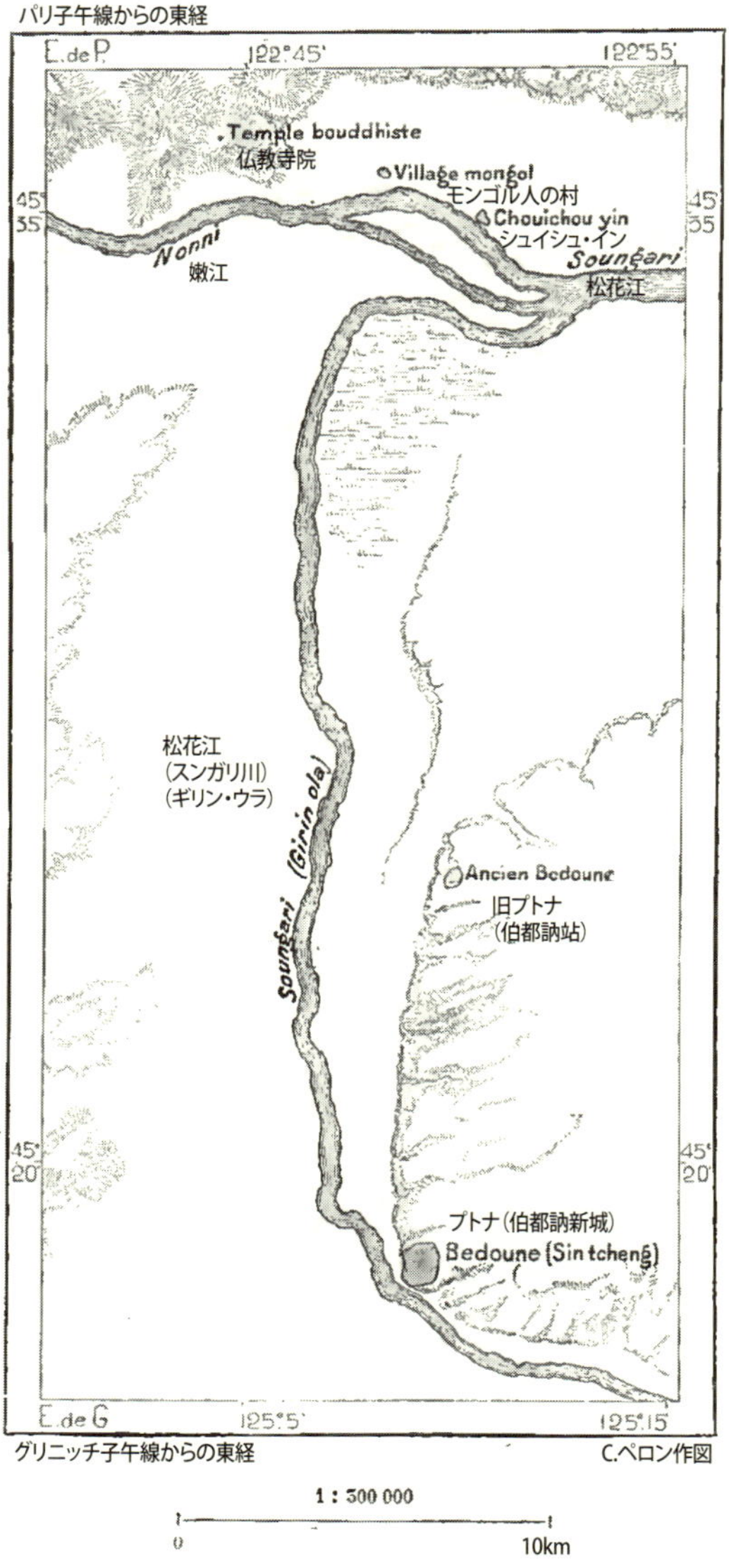

図42　嫩江と松花江の合流点

川が名称の由来だ。西の双城堡（スワンチャン・プ）も満州人の都市である。アジュ川との合流点の向かいには、別の川が松花江に流れ込む。これがクラン川［呼蘭河］で、これら三つの川が合する地点を見下ろして呼蘭城（クラン・チャン［ハルビン市呼蘭区］）がある。

三姓（依蘭）ほか

　松花江流域で最北の中国人都市が、フルハ川すなわち牡丹江と、クン・ホ［倭肯河か］の両川にはさまれ、もうひとつの河川が流れ込む向かい側の右岸にある三姓だ。満州人にとっての旧イラン・ハラ、すなわち「三つの家系」であり、多少の城壁址がかつての位置を示している。四つの谷が合流し、交易地として申し分ない位置にあるため、気候さえ別物ならば第一級の重要性を獲得することだろう。だが三姓はまともに北風を受けるし、夏のモンスーンが大量の雨を降らせて松花江の岸辺を泥沼化し、宿営地が冠水するので、岸辺の住人は山の谷へ難を避けねばならない。このため、「長毛子」や「短毛子」ほか、満州族系の狩猟民が持ち込む毛皮を買い取る簡素な市場にとどまった★。その下流は、松花江下流域の泥濘の河畔に足を踏み入れるのが困難なせいで、中国人定住民はまだ寥々たるものである。ただし、かつてのゴリド人の村である旧スス、ないし単にススは、ロシア人に対する中国人の前哨点になった。三姓よりも上流の牡丹江河谷には多くの入植者が住みついており、長白山脈からの水流が涵養する肥沃な田園部の中央に、大きな都市である寧古塔（ニングダ）が設置された［牡丹江市寧安］。寧古塔は満州ロシア領地域や日本との交易において、満州の清国領で最高の立地である。そこに集まる道は長白山脈を容易に峠越えし、東や東北に下って、綏芬河や豆満江（トゥメン・オラ）の河谷に至るからだ。寧古塔の周辺地方にとって自然な港はピョートル大帝湾の良港群だが、ロシアが沿岸を占拠した後の税制のせいで、国境地帯の人口は減少する結果になっている。このため、寧古塔と綏芬河上流の金鉱をつなぐ経路は放棄されてしまい、かつては多くの車両が往来したところも、まれにラバ［騾馬］の荷駄隊が通るだけだ★★。豆満江の小さな支流に望む琿春（フンチョン）が、太平洋に最も近

★ Franclet, *Annales de la Propagation de la Foi,* 1869.
★★ Bosse, *Golos,* no.35, 1880.

い中国人都市であり、輝かしいダンヴィルの名を冠した湾から三〇キロほどしか離れていない。なおダンヴィル湾は現在の地図ではポシェト湾に置きかえられた。

鉄嶺ほか

吉林から盛京に至る幹線道路は、火山性の山である大孤山（タク・シャン）の麓を通り、茶啊沖（カリチュン〔長春の古称〕）、開原（カイユアン）、鉄嶺（ティーリン）などの大きな都市を通過する。鉄嶺は、鉱物資源が非常に豊富な丘陵地が名称の由来で、満州におけるバーミンガムやシェフィールドとも言うべき都市だ。市内では鉄床を打つハンマーの音が随所に響く★。遼河から三キロほど離れているため河港があり、中国人の舟運がきわめて盛んだ。

盛京（瀋陽）

満州の南斜面における主な市邑は、東三省の首都として北京と同等の行政次元にある盛京（ムクデン）で、中国人は瀋陽（シンヤン）ないし奉天（フンティエン）と呼ぶ。遼河の東支流が涵養する非常に肥沃な田園部のまん中にあり、樹木はない。満州語のムクデンは「花咲く土地」の意味だが、住民は誰もその名を用いず、通常は単に首府を意味する「鎮（ツィン）」ないし「京（キン）」と呼ぶ。現王朝の皇帝たちの祖先が住んだ土地として聖地とみなされており、乾隆帝曰く「動物における龍虎のごとく、すべての都市から一線を画す」。粘土の城壁が一八キロにわたり外縁をめぐるが、その内側に五キロに及ぶ煉瓦の城壁があり、櫓をそなえて、中心部〔瀋陽故宮〕を防御する。街路は北京よりもはるかに清潔に保たれるが、北京同様に商店が立ち並び、朝から晩まで人波が絶えない。北には工業地区の郭外町である北関（ペクワン）があり、朝鮮から輸入した金が精製される★★。

帝国内の都市でもとりわけ優遇されることとて、盛京は行政機関、とりわけ儀典に携わる省庁からは、首都とおなじ等級に位置付けられている。西には清朝を顕彰して建立された富裕な仏寺があり、市街をはさん

★ Pallaidus, 1872, *op.cit.*
★★ Michie, *op.cit.*

でその反対側、城壁から北東五キロの地点には、現在の帝の祖先の墓を擁する聖域がある〔北陵〕。厚く茂った木々の向こうに寺院群の紅い屋根が見えるが、外国人や俗界の地元民は誰ひとりこの墳墓に入ることを許されず、違反すれば死刑に処せられる。東の山中にある衰微したヒンキンにも満州の君主の墓地があり、おなじく歴代皇帝の尊宗を受ける〔東陵〕。最後に、ハンカ湖〔興凱湖〕ないし太湖（タ・フ）も、現在の皇帝一族の先祖の領土だったと思われ、ロシア政府もその北岸を清国に残した。ただし、それと引き換えに、貴重なポシェト湾をやすやすと獲得したのである。前世紀でさえ清国皇帝は自王朝の聖地である盛京に詣でる義務を欠かさず、一八〇四年に至っても嘉慶帝〔清朝第七代皇帝一七六〇―一八二〇〕はこの務めを果たした。しかし以後は「聖顔」すなわち皇帝の絵姿が一〇年ごとに盛京に送られるようになった。その際には沿道の通行はすべて道の脇に降りねばならないので、これ幸いと道路のかさ上げ工事が行われる。

遼陽、海城、牛庄

盛京の南では、海への道は満州で最も人口稠密な地帯のひとつを通り、都市スプロールがひしめく。遼陽（リャオヤン）は市壁と高い仏塔〔白塔〕で遠くからでも分かる。これはかつての都だが、現在は家具や棺桶の製造が著名だ。その南、ワタ〔棉〕の農園が非常に多い地区にあるのが海城（ハイチュン）で、近傍の温泉が有名である。その次に姿を見せるのが牛庄で、大型の郭外町に囲まれ、かつての橋の下には河水がなく、陸地になっている。周囲は葦原や塩気のある砂地で、最近に海が後退した証左だ。

営口

牛庄はもはや遼河の港ではないが、その機能を引き継いだ都市が牛庄と呼ばれることも一般的である。だが港は牛庄の四四キロ南西、かつてその前港だった田庄台（ティエンチュアン・タイ）の人口稠密な市街と、河口のあいだにある営口、ないし営子（インツェ）である。年に五カ月は凍結するが、ヨーロッパ貿易に開放されており、近年最も交易量が成長した港のひとつだ。輸出品はとくに綿や生糸、麻、大豆油、石炭である★。港の標識

★ 1864 年の営口の貿易額は 1700 万フラン、1879 年は 5476 万 4000 フラン。同年の船舶交通量は 708 隻、総トン数 32 万トン。

設置や照明設備、湾内の整備工事が実施される前には、大型船はこの危険な岸辺にあえて近づこうとしなかった。冬場になると水路は結氷するので、あらゆる類いの物資は荷車で運びこまれ、その数は一日三〇〇〇台と推定されている★。

石炭

南満州は全域にわたり石炭が豊富である。最大の埋蔵量が見出されるのが、盛京の南東にある丘陵地帯で、全域と坑道近くに設置された金属精錬工場群に燃料を供給する。そうした工場のひとつには二〇〇〇人以上が働く。この石炭は日本産よりも良質で、カーディフ産の最良品に匹敵すると言われ、黄海の蒸気船が運送する★★。

遼東半島西岸

遼河の河口の南東には、遼東湾の東に突き出す半島の西岸に、都市や商業港が連続する。海から少し離れた丘の上に絵のような美しさを見せる蓋州（カイチュウ）は、家畜市場であるとともに、山地と平野の物産の交易地でもある。それ以外の小都市も綿や石炭、銀鉱石の商いにたずさわり、周囲の田園には、この地方の繁栄の評判に惹きつけられた海峡［渤海海峡、当時は直隷海峡］対岸の山東半島からの移住者が住みついている。遼東半島の突端部は深い湾が多く、そのひとつは一個の長大なフィヨルドを形成する。これは沿岸部を探検したイギリス人により、ポート・アダムスの名を与えられた［ポート・アーサーすなわち旅順口の誤記か］。地区内にある石炭鉱床のおかげで、近い将来重要になるだろう。金州（キンチュウ）は、遼東半島が花柄のように細くなり、老鉄山の半島を大陸につなぐ地点に位置し、東西両岸に港をそなえる。

遼東半島東岸

黄海に向かう側の岸辺には、貔子窩（ピツェ・ワ）や大沙河（タチャン・ホ）など、ジャンク船が立ち寄る港がいくつかある。とりわけ朝鮮国境地帯の大洋河（タヤン・ホ）は、同名の河川の河口部に位置して往

★ Herbert Allen, *Commercial Report*, 1879.
★★ Williamson; *North China Herald*; *Économiste français,* 3 février 1877.

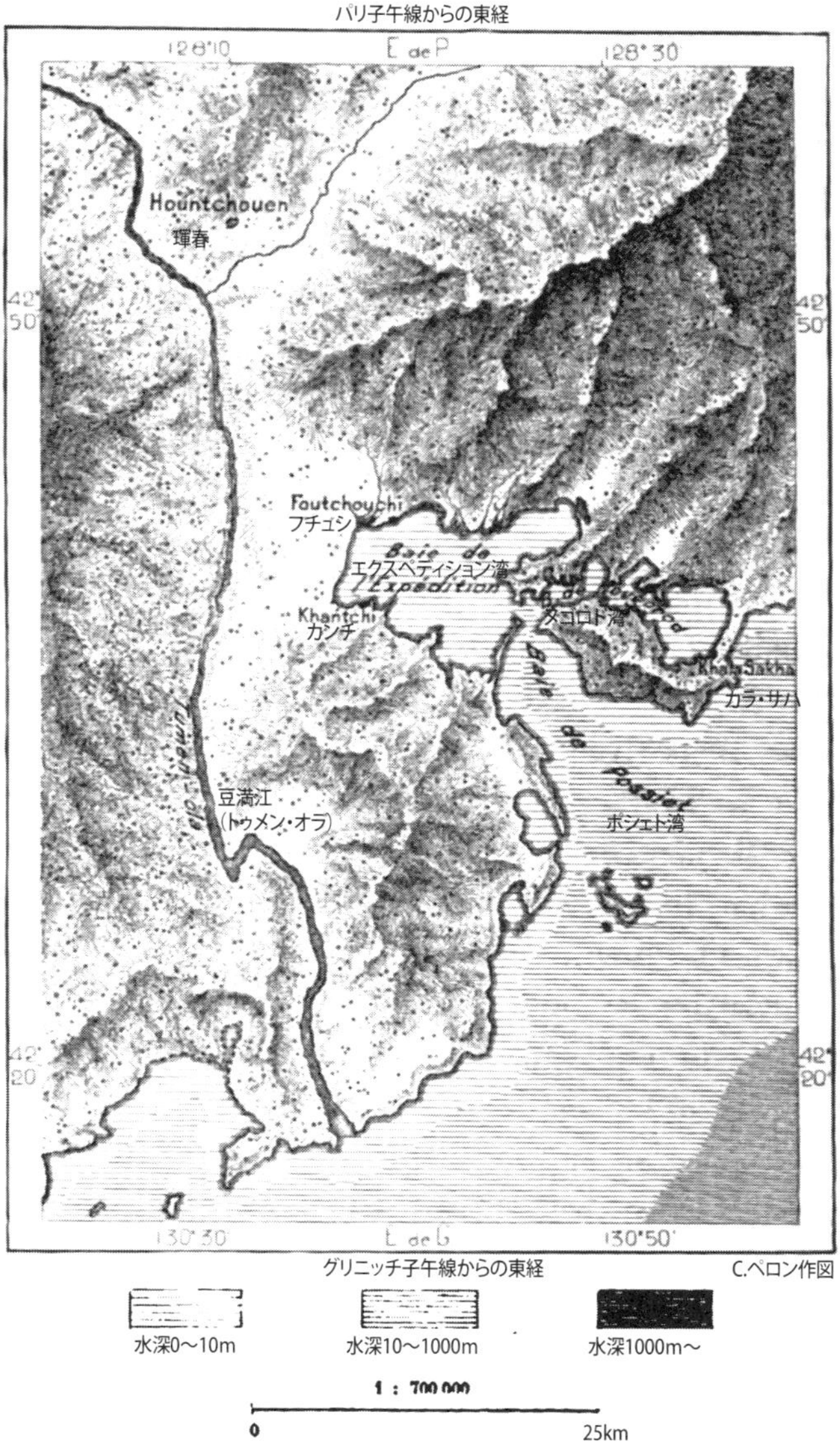

図 43　豆満江下流とポシェト湾

来が多い。浅喫水の舟ならば同川を二〇キロ遡上し、商業都市大孤山（タクシャン〔丹東〕）まで至る。大孤山には大型の倉庫が立ち並び、マツ〔松〕の覆う急崖をそなえ、山頂には二つの寺院がある山が見下ろす。大孤山は海に面し、大理石の採石が有名な満州の古都シユエン〔不詳〕の産物を輸出する。朝鮮国境の防備都市である鳳凰山（フングワン・シャン〔鳳凰城、のち鳳城〕）が海に通じるのも、大孤山と大洋河経由である。年に三度、中国の商人と朝鮮の商人はこ

の都市で会同し、物資を交換する。また両国の役人がそれぞれの君主からの贈り物を互いに捧持し、礼法を競うのもここである。鳳凰山の南数キロにある「高麗門」は、大国の入り口にふさわしい凱旋門のようなものではまったくない。茅屋の正門が開いているだけの代物で、歩行者も荷車も迂回する★。

遼河以西、新民から山海関まで

満州の概念的境界とされる「柳の垣」である遼河の西では、中国人住民が住むのは山地と平原のあいだの狭い帯状地に限られる。盛京から北京に至る道沿いにある新民屯（シンミントゥン）は繁多な市場町だ。遼河と呼ばれるようになる前のシラムレン川が東を迂回してゆく法庫門（ファク・ミン）、すなわち「柳の垣」は、モンゴルの「門」を警備し、東ゴビのコルチン部やコルロ部と文明世界を直接させる「大道」だった。だがこの門は高麗門よりさえ貧弱で、何本かの杭で出来ており、夜間に鎖を掛け回すだけである。広寧（クアンニン〔北鎮〕）は古い都市で、同名を与えた山地の麓にあり、満州王朝の諸年代記に著名である。十世紀と十一世紀に中国を支配した遼王朝一族の墓があるからだ。遼東湾の北西角から二〇キロにある錦州府（キンチュウ・フ）は、満州の物産すべてが集められて山海関（シャンハイ・クワン）の門までの沿岸部に送りだされてゆく場所に近く、重要である。砂丘に囲まれているため、旅人が屋根を越えると急に姿を見せる。帝国内で最も美しい市邑のひとつで、富裕な商店が軒を連ね、店先には人々が押し合いへしあいし、隣接する小さな港には膨大なジャンク船や小舟がひしめく。さらに南に七〇キロ、湾岸近くにある寧遠（ニンユアン〔興城〕）も商業都市である。しかし、一帯で最大なのは、満州の南の入り口を万里の長城の突端で警護する都市である。それは母国を出立する中国人が「悲しみの山」と呼び、逆に戻ってきた中国人は「喜びの山」と呼ぶ高い山岳の麓にある山海関だ★★。山海関はじっさいには三つの区域から形成され、お互いは城壁や門で隔離されている。まん中の市街は最も住民が多く、商業地である。東の区域は行政と軍が占め、もっと小さくて人通りも少ない。西の区域はニンハイ〔寧海か〕と呼ばれ、主に中国人移住者が暮らす。半

★ Williamson, *op.cit.*
★★ Palladius, *op.cit.*

ば朽ちた城壁が三つの市街を囲み、櫓をそなえた煉瓦の二列の城壁に連結する。これらの城壁は丘から丘へと山地を登攀してゆき、標高一二〇〇メートルまで達する。二列の城壁のうち南側のものは、明代に建造された正真正銘の万里の長城だが、いくつかの残骸や盛り土は後代のものに帰せられる。海側では、浜辺に沿って約五キロ続いたのち、二股に分かれて一個の城砦を形成し、最後は波が砕ける突堤となって終止する。城壁の割れ目近くにある小さな寺が、長城の建設を担う不幸な労働者の苦悩を描いて中国全土に著名な伝承を思い起こさせる。苦役で死んだ人夫たちの中に夫の遺骸を見出した妻が、城壁に頭を打ち付けて自殺した。すると城壁は崩れ落ち、彼女を伴侶の傍らに埋めたというものである［孟姜女伝説、寺は孟姜女廟］。寺の碑文に曰く、「この女性は尊敬され、始皇帝は永遠に憎悪されるであろう」と★。

★ 現代の旅行家たちが示す満州諸都市の人口概数は以下［人口順、単位万人］。

チチハルの省［黒竜江将軍］	瑷琿	1	(Veñukov)
	チチハル	3	(Palladius)
	メルゲン	0.5	(〃)
吉林の省［吉林将軍］	吉林	12	(Williamson)
	寧古塔	6	(Veñukov)
	アジュホ	4	(Williamson)
	開原	3.5	(〃)
	プトナ	3	(〃)
	双城堡	3	(Aulagne et Noirjean)
	新民屯	3	(Williamson)
	拉林	2	(Veñukov)
	田庄台	2.5	(Williamson)
	鉄嶺	2	(〃)
	三姓	1.5	(〃)
遼東の省［奉天将軍］	ムクデン（盛京）、ないし瀋陽	18	(Williamson)
	営口	4	(領事館報告)
	法庫門	1.2	(Williamson)

第五章　中国

第一節　総説

名称

極東の大陸帝国に西洋ヨーロッパ人が与えた「シナ」という名称は、その住民自身が用いるものではまったくない。ヒンドゥー語の名称チーナ［斯邦］は恐らく秦から借用したものだが、黄河と揚子江の平野群に対する秦朝の支配が終わったのは、すでに一四世紀半も前のことである。また中国人も、自分たちの帝国に冠せられる「天の」という形容辞を知らなくなっている。詩人たちが使った「天下」という言葉は、中国に対してと同様、今ではこの世界一般に適用される。日常用語では、中国人は自国を中国（チュン・クオ）、すなわち「まん中の国」ないし「中央の帝国」と呼ぶ。おそらく中央部の平野［中原］が少しずつ周囲の諸国に対し獲得した覇権が由来であろう★。ここに見られるような、自分たちの郷国こそが人間の住む土地の中心だという考えは、世界のあらゆる民族に共通する。ただし中国人は、西洋の諸国民のように水平方向の東西南北の四方点だけで物事を考えず、第五の基本点として中心点を付けくわえ、それが中国だとする。満州人による征服以後の公式名称は大清国（タイツィン・クオ）、すなわち「清浄なる大帝国」、あるいは「清人すなわち清浄なる人々の大帝国」である。中国の住民が母国を呼ぶ「四海（ス・ハイ）」は世界と同義である。他にも多くの呼び名があるが、とりわけ「内地（ヌイ・ティ）」と「十八省（シパ・シャン）」が用いられる。お好みの用語として

★ Panthier, *La Chine dans l'Univers pittoresque.*

は「華国（ホア・クオ）」、すなわち「花咲く帝国」ないし「花の土地」があり、「文と礼の国」の詩的な同義語である。中国人自身は「漢族」ないし「漢人」、あるいは著名なふたつの王朝にちなんで「唐人〔原文 Tsang だが Tang の誤植か〕」とも自称する。また「黎民（リミン）」とも称するが、これは謎めいた用語で、通常は「黒髪の種族」と訳され、他の多くの名称とは別個のものだ。中国とその住民を指し示すうえで、普遍的かつ恒常的に用いられる精確な国民的用語が欠如している原因は、どの名称も別々の時代に日常語になったため、本来の意味を保持したこと、またそれゆえ同義語に代替可能なせいである。日常の使用によって、純然たる地理的呼称に変化した名称はない。山や川、省、居住地も同様である。地名は様相を記述するものだったり、歴史的、軍事的、行政的、あるいは詩的な形容辞にほかならず、政治体制とともに変化し、必要とあれば別の形容辞に取って替えられるが、新たな名称の方がもっと厳密とは限らない。河川や山脈が全域にわたり同一の呼称を保つ例はなく、王朝から王朝へと、原初の名称を保持した都市もない。何世紀にもわたる変遷を追跡するには年代記や辞典、一万五千巻におよぶ地理書を見る必要がある。アベル＝レミュザやスタニスラス＝ジュリアン〔フランス人中国学者 Stanislas Aignan Julien 一七九七—一八七三〕のような幾多の人々による素晴らしい業績がどれほどの労作か、わかろうというものだ★。

範囲

「まん中の国」ないし狭義の中国の自然境界は、十分に明確である。西では、チベット高原に連なる高地を、もろもろの河川があちこちに伸びる山脈に分断し、西蕃やロロ人〔倮倮、羅羅。彝族の下位集団〕ほかの半未開の住民と、中国人との間に、目に見える境界線を形成する。北は万里の長城が、耕作地と、大半が沙漠ないしステップの地帯を隔てる線を示す。東と南東は、延長およそ三五〇〇キロにわたるほぼ半円を、太平洋の岸辺が洗う。南は山脈群や高原台地、とりわけ沼沢地、そして踏破困難な峡谷が、中国とトランスガンジスの半島〔インド亜大陸〕を隔てる。ただしこの境界線は純然たる慣習上のもので、住民や文化は随所で類似する。この南側で

★ Skatchkov, *Annales de voyages*, septembre 1860.

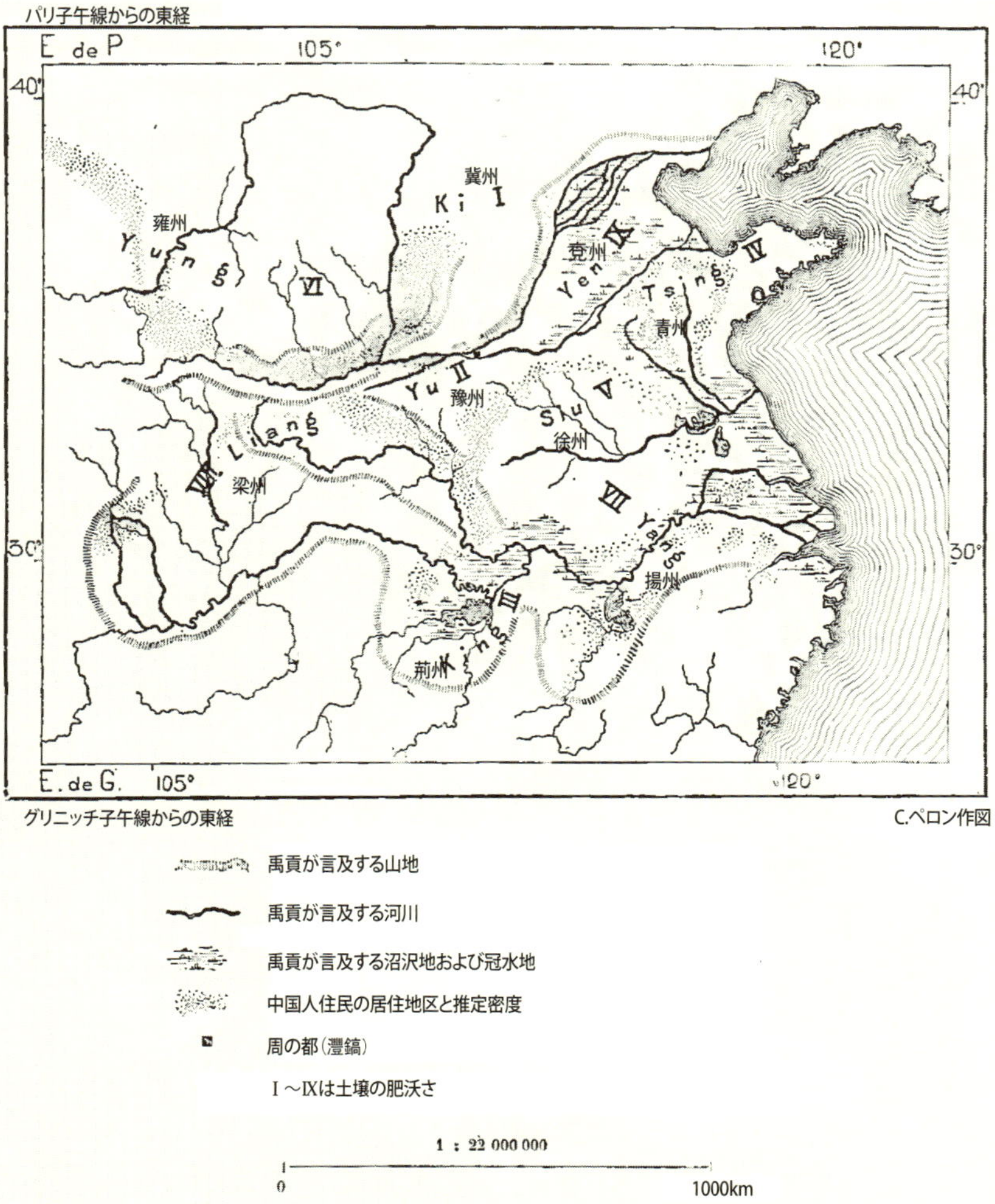
パリ子午線からの東経
E de P
105°
120°
40°
30°
冀州
Ki I
雍州
Yung
VI
兗州
Yen IX
Tsing
IV
青州
Yu II
豫州
V
Shu
徐州
Liang
VIII
梁州
VII
Yang
揚州
III
King
荊州
E. de G.
105°
120°
グリニッチ子午線からの東経
C.ペロン作図
禹貢が言及する山地
禹貢が言及する河川
禹貢が言及する沼沢地および冠水地
中国人住民の居住地区と推定密度
周の都（灃鎬）
I～IXは土壌の肥沃さ
1 : 22 000 000
0
1000km

図44　禹貢による九州

各国とのあいだにみられる地理的な遷移は、極度に漸進的である。辺外の領土を除いた中国は、全体として東アジアにほぼ円形の空間を占める。その外周の半分は堅固な大地で、残り半分が大洋の岸だ。範囲をこのように定めたばあい、中国は大清帝国のおよそ半分であって、アジア大陸の一一分の一の面積になる。フランスと比較すると、狭義の中国は面積が八倍、人口密度は一・五倍と考えられている。じっさい、中国の諸調査を研究し討議した専門家たちの大半は★、人口四億人以上と見積もってよいと考えている★★。

禹貢

中国人が自国の輪郭と地勢を、少なくとも全体的に把握したのは数千年前である。「諸年代記の書物」である書経〔尚書〕の記述によれば、紀元前二十二世紀の帝王、禹が中国の国勢を作成させ、九つの州の地図を九個の青銅の鼎〔九鼎〕に刻ませた。これらはある寺院に保管され、それを所有する者が王権を保つと考えられた。紀元前三世紀半ば、ある君主が、自分を打ち負かした敵勢の手に落ちるのを怖れ、河水に投げ込ませたとされる。禹の命令のもと、国土経営のために行われた事業は禹貢の列記するところだが、本格的な地図の作成も含まれており、おそらく世界最古のものだろう。山々や岬、河川や湖沼、土壌の品位、農作物など、九州のすべてが記述されている。中国およびヨーロッパの多数の注釈者がこの地理書を研究し、地名を同定した。だが禹貢の無名作者は、九州に対応する聖なる九山や九河、九支流、九沼、九つの天然の城壁の神秘的な配置を探求するあまり、地勢に関する明確な考想を、一貫した十全な精密さでは示し得なかった。とはいえ、海岸からゴビ沙漠の砂丘地帯までの中国の地理が、この時期に知られていたのは事実である。それどころか、注釈の大半が禹貢の文言をぼやかす結果になったことを考えれば、後世よりもよく知られていたようにさえ思われる。こうした注釈は、同書が明確に瑣末な地理的事実として記載する事柄を驚異として取り上げ★★★、自然の事物のなかに「九つの組」を示

★ Armand David; Simon, etc.

★★ 1842 年の人口調査によると、海南島と台湾を合わせた狭義の中国は、面積が 402 万 4690km²、人口 4 億 500 万人、101 人／km²。

★★★ Richthofen, China, *op.cit.*［同書第一巻第二篇と思われる。『支邦（I）』前掲書は第一巻第一篇のみを訳出している］

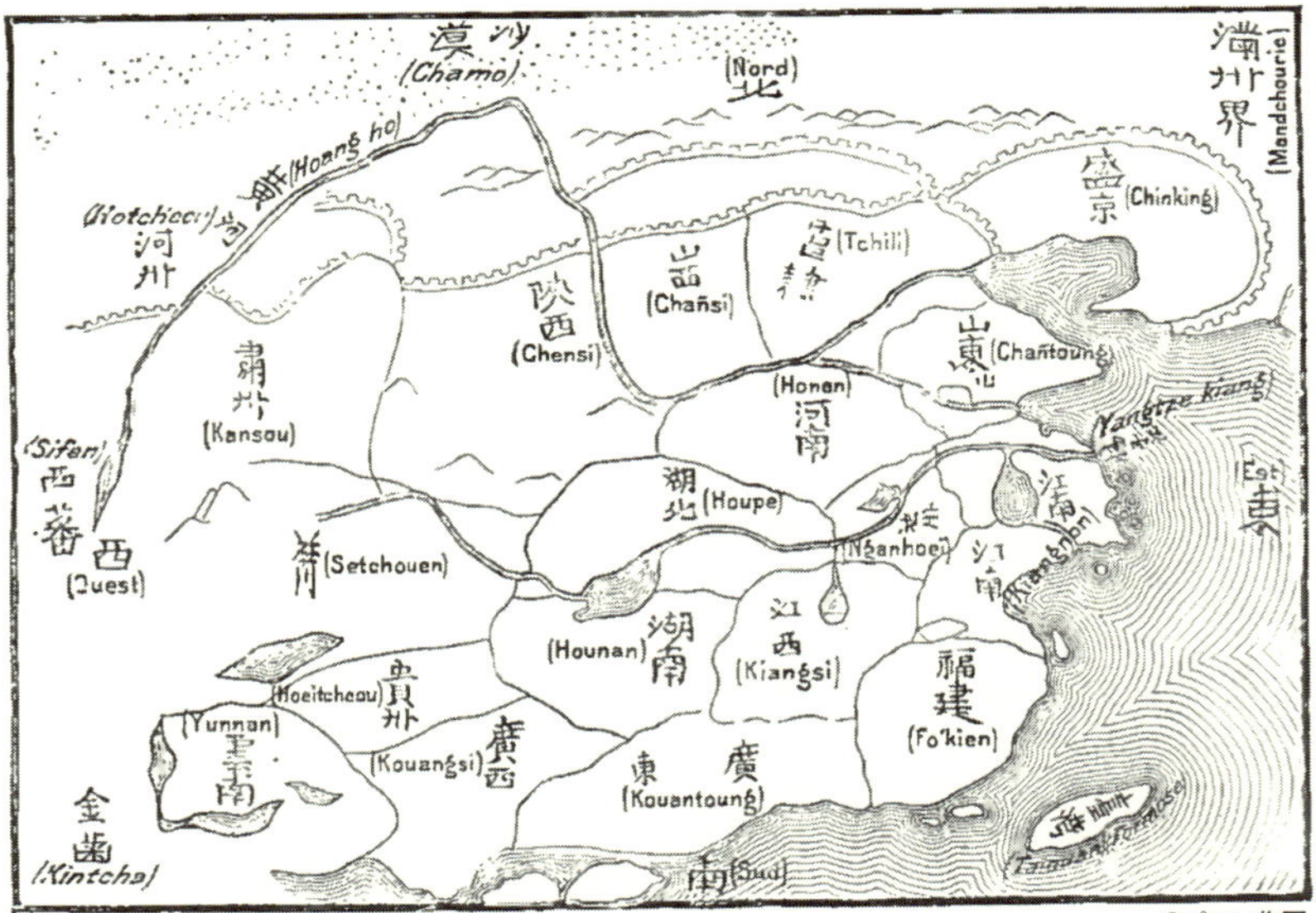

出所：　メーチニコフの翻訳による　　C.ペロン作図

図 45　中国の地理学者による同国

すのに対抗して「五つの組」を見出そうとしたからだ。この古代中国の書物がそなえる真の意味が今日ようやく理解できるようになったのは、ヨーロッパ人中国学者たちの考証による。

中国で作成された地図

紀元二世紀の漢代には、国内を計測し、地図を作製する役目をもつ職方氏（チファン・シ）という正真正銘の地図局があった★。それ以後、地理的な調査が等閑に付されることはなかったが、中国の地理書は、彼らの絵画と同様に、すべて寸法の感覚が完全に欠落していることが注目される。ひとつの孤峯であっても、あるいは山脈であっても、山岳体系まるごとであっても、記述はまったく同等の重みをもって扱われ、おなじ名詞［シャン（山）］で示される。地図における泉や河川、湖、海は毛筆でざっと描かれるか、版刻でも同様に大ざっぱな形しかない。沿岸を示す線は途切れ、河川や道路、都市や山地を描く絵画はすべてが溶け込む。示される尺度は不正確かつ一般的な値にしかす

★ Édouard Biot, *Le Tcheou-li ou Rites des Tcheou, traduit pour la première fois du chinois par feu Édouard Biot*. Édité par Jean-Baptiste Biot, Paris: Imprimierie Nationale, 2 volumes, 1851. ［周礼巻 33］

ぎず、尺度の単位である「里（リ）」は時と場所により変化する。通常ヨーロッパ人は一里を三分の一マイル、あるいは〇・一リーグに換算するが、距離の尺度自体、まったく精密でないことはよく知られている。単位区間の距離が一八五里のこともあれば、一九二里のことも、二〇〇里、二五〇里とされることもある。そのばあい一里はそれぞれ六〇〇、五七八、五五六、四四五メートルに換算される。つまり平均でだいたい〇・五キロだが、換算値の幅が大きすぎて、中国の諸文献に列挙される諸地点のあいだの距離を正確に示すのは不可能なのである。

ヨーロッパ人による中国紀行

中国に入り込み、その驚異を西洋世界に語った最初のヨーロッパ人旅行家たちは、当然ながら初歩的な踏査しか行えなかったし、彼らの経路じたいにあやふやな箇所も多い。そもそも、中国を訪れた初期のヨーロッパ人で、歴史に名を留める人物はほんのわずかしかいない。中国を一七年にわたり渉猟した著名なヴェネツィア人、マルコ＝ポーロのほか、商人であるペゴロッティ［イタリア人商人、政治家 Francesco Balducci Pegolotti 一三一〇頃―一三四七］、宣教師モンテコルヴィーノ［イタリア人カトリック宣教師 Giovanni di Montecorvino 一二四七―一三二八］、オドリコ＝ダ＝ポルデノーネ［イタリア人フランチェスコ会修道士 Odorico da Pordenone 一二六五―一三三一］、マリニョーリ［同 Giovanni di Marignolli 一二九〇頃―一三五九］が中華帝国の大都会を目にした。オドリコは行在（カンサイ）、すなわち今日の杭州（ハンチュー）の栄華を記すなかで、彼同様にこの素晴らしい中国都市を訪れた多くのヴェネツィア人の証言を引き合いに出し、自ら語るところの証左としている。だが厳密な意味での調査と、現地製の地図の点検や改良を始めたのは、宣教師たちである。十七世紀のトレント人マルティノ＝マルティニ［イタリア人イエズス会宣教師、地図作成家、歴史家 Martino Martini 中国名衛匡國、一六一四―一六六一］が作成した地図は、自身の測量旅行にもとづいて中国の諸地図を改変したもので、考証文献をそなえていた。おなじ十七世紀の末には、フランス人宣教師たちが帝国の公式な天文測量士と数学者に任命され、国内各地を調査して成果を上げ、経路を綿密に記録し、天測にもとづいて地図上に地点を同定する作業に携わることができた。一六八八年と八九年には、露清間の新たな国境線を策定する作業にジェルビヨンが協力を命ぜ

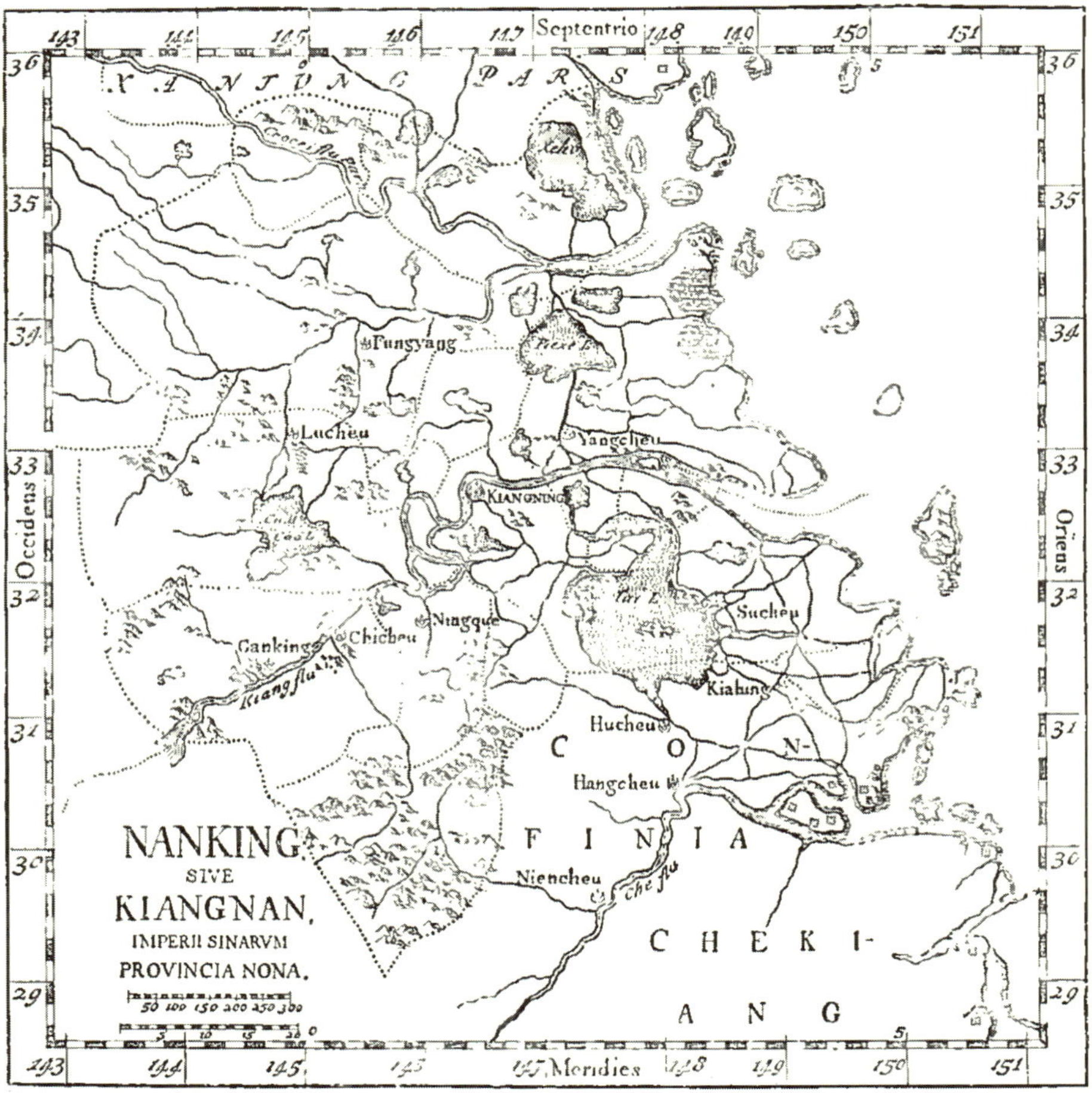

出所：　マルティニによる　　　　C.ペロン作図

図 46　マルティニによる江蘇地方［*Novus atlas Sinensis* より］

挿画 XX　揚子江上流の眺め。トムソン氏の写真をもとに、ウェーベル筆

られるに至り、彼の覚書きは、最新のロシア探険事業までというもの、中国北部のいくつかの地方に関する最大の業績であり続けた。一七〇八年になるとブーヴェ〔フランス人イエズス会士 Joachim Bouvet 中国名白晋、白進、一六五六―一七三〇〕、レジス〔同 Jean-Baptiste Régis 一六六三頃―一七三八〕、ジャルトゥ〔同 Pierre Jartoux 一六六九―一七二〇〕が康熙帝の命令で中国地図の作成を開始したが、彼らの地図は今なお現代の旅行家たちにとって、帝国内の大半における基礎資料であり、その訂正が任務だ。この中国諸地図の改訂は一〇年で完了し、ダンヴィルは抜かりなくそれを入手して国勢地図を作成した。以後に出版された中国の地図はほぼすべてが、ダンヴィルの地図の多少とも忠実な複製にほかならない。

最近の調査

現在各地で試みられている科学的調査により、近い将来に、都市や河流のもっと正確な位置のみならず、とりわけ、さらに精密な地形をそなえる一般図を期待できるだろう。その構成要素は毎年

蓄積されており、イギリス、フランス、アメリカ、ドイツ、ロシアの水路測量師が、あらゆる岸辺や、港湾への入り口、島々の周囲、群島、砂浜をほぼすべて測量した。ブレーキストン［イギリス人探検家、博物学者 Thomas Wright Blakiston 一八三二―一八九一、「ブラキストン」とも表記される］ほかの船員は揚子江を全蛇行部とともに測量し、以後の地図作成業の基本線を提供した。フリッチェ、ソスノフスキーほかのロシア人旅行家たち、さらに四四葉の中国国勢図の発刊を約束しているリヒトホーフェンは、諸地点の天測により、中華帝国の経路をシベリアおよびヨーロッパへの経路と連結した。これらの経路網はすでに三角網を形成しており、間もなく北京の測量所［観象台か］や、沿岸港湾のヨーロッパ系測量所に頂点が連絡するだろう。こうした地理学的事業には中国人も関与しており、近年発行された地図のいくつかは、形状の表現において、夢想や、神秘主義的な精神が影をひそめ、自然の様相に対する綿密な観察が取って代わったことを示している。

中原

狭義の中国は、自然境界の内側でかなり大きな地理的単一性をみせる。全般に山々は西から東にかけて低くなり、かつ分枝してゆき、海際から内陸に上ってゆく諸住民に対し、随所で容易な経路を開いていると言えるだろう。隘路や、ほとんど立ち上がらない屋根、あるいは極めて容易な峠によって、両斜面の田園どうしが連絡する。高地が形成する隔離された小世界が、周囲の住民の斉一性を損なうほどになる場所は皆無である。黄河と青河（揚子江）の二大河川は、河畔の住民の民族的統一性を容易ならしむる玄妙な配置をみせる。どちらも全体的には赤道と平行して流れるため、移住が河道近くに沿えば沿うほど、入植者は気候の変化に難渋しない。両河のあいだに崑崙山脈の東延長部が立ち上がる中流部では、お互い非常に離れて成長するが、南北の河谷を結ぶ経路は、極めて交通量が大きい。揚子江に合する岷江（ミン・キアン）が走る横谷は、上流部における両河の最初の連絡路を提供するが、はなはだ難路であるにもかかわらず、記録のかなたの大昔から利用されてきた。嘉陵江（キアリン・キアン）の河谷をたどる経路はそれよりも困難さが小さく、また連続している。その東では、両河が最も重要性をそなえる諸地点を、漢江（ハン・

キアン）がひとつの大きな溝のように斜めに走る。最後に下流部では、二大河川の沖積平野群が混じり合い、ときには淮河（ホアイ・ホ）や揚子江の分脈につながる三角州に、黄河の迷い水が流れ込むことさえあった。チベット、クク・ノール地方〔青海省〕、モンゴル、および中国における両河の流域面積は、合計五四〇万平方キロに達するが、同一の河川体系に属するとみてよい。その半分はモンゴルのステップ地帯の南で、かつチベット高原の東に存在する。それが単一の国民の農業地帯になるのは自然のなりゆきだった。

南部

真の「中華」を双子のように取り囲む黄河と揚子江の南、すなわち中国南部は、大清帝国とのつながりがやや弱い。山地は中央部よりも高く、南西から北東に並走する多くの山脈が連続する。主たる河川である西江（シ・キアン）は二大河川の成長ぶりには及びもつかず、その横谷も、両河ほど広い内陸への道は提供しない。中国の他の部分とは判然と別個の領域で、ホン川〔紅河、ソンコイ川。なお原文はホン・キアンすなわち紅江〕やメコン川の上流峡谷群でインドシナと連絡するため、気候や自然の産物、住民でも、二大河川の地方とは対照的にならざるを得なかった。南部の中国人の言語や習慣は北部と大きく異なり、歴史上もしばしば別の政治圏に属したのである。

気温

旧世界のうち、中国は気候や物産、歴史的発展において、西ヨーロッパに対応する。遼東湾から海南島までの中国が、全体としてヨーロッパよりもはるかに赤道に近いのは、本当である。狭義の中国の最北端、すなわち万里の長城が海際に至る地点は北緯四〇度で、アトス山やミノルカ島、コインブラとおなじだし、広州〔原文はカントンを用いるが広州と訳出する〕の河口部よりも南の沿岸は、熱帯圏に属するからだ。しかし等温線の曲がり具合をみると、中国の領域はいわば北に引っ張られ、相対的に冷涼な気候である。イングランド南部や北フランスの平均気温は摂氏一〇度だが、北京や白河（ペイ・ホ）の河谷もおなじだ。上海（シャンハイ）は平均的な気候においてマルセイユやジェノヴァに対応するし、南部を通る二〇度の等温線はポルトガルのアルガルヴェ地方や、アンダルシア地方をかすめる。

ただし、平均気温は年間の変動の中軸を示すだけで、とくに寒暑の両端を考慮する必要がある。この点で中国は、温帯ヨーロッパよりも北にあるし、同時に南でもあると言える。夏場の暑さはより強烈だし、冬場の寒さはもっと厳しいからだ。新世界と同様に旧世界でも、東岸の気候は西岸より極端だが、大洋の水塊の配置と、西から東に向かって回転する地球の自転が原因で、必然である。ヨーロッパで卓越を争う大気の流れは、自転が北東風に変える恒常的な極地風と、おなじく自転のせいで南西から吹く反対貿易風である。だがアジア東岸では、太平洋の巨大な水盆が形成する吸引源のせいで、大気は通常の方向から曲げられる。シベリアを通過する極地風は、南と南東で、北極方向に広がった南洋からの温暖な大気に取って代わる。夏には逆に、黄河の黄土地帯や、裸地のステップ地帯、モンゴルの粘土と砂の土地が海風を引き寄せるため、太平洋上に滞留する湿った大気が、しばしば南東のモンスーンになって中国内陸に向かう。この現象は、とくに揚子江以北で顕著だ。しかし南部になると、海岸線に並行して連続する山脈群の蔭にあるゴビ沙漠は、南西から北東に向かって吹く貿易風を曲げる吸引源になるには遠すぎるため、貿易風はベンガル湾から雲南省の高原部［雲貴高原］に向かって、またコー

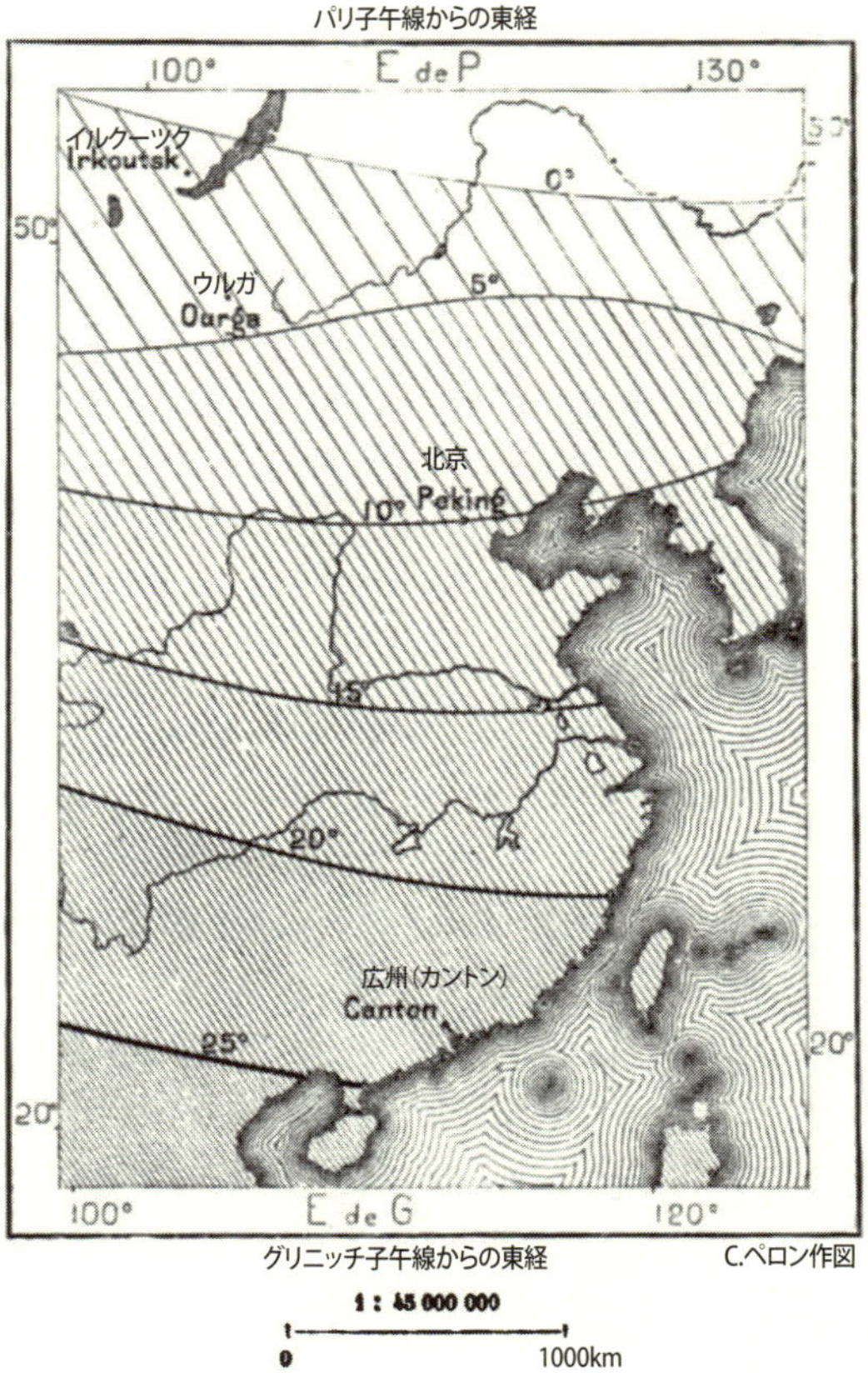

図 47　中国の等温線

チシナ［ベトナム南部］から台湾に向かって、吹き続ける。だが二つの違う力が作用するため、この大気系統の均衡は不安定で、モンスーンが反転すると「颱風（タ・フン、台風）」すなわちタイフーンが生まれ、船乗りの恐怖の的になる。

降雨

定常的な南西風と、海から内陸に進むモンスーンのおかげで、平均降水量は西ヨーロッパよりも大きい。河川は広大な農業地帯を涵養し、河道の左右にある大型の湖沼を満たしたのちも、なお毎秒数万立方メートルに達する余剰水を海に注ぎこむ。沿岸の年間降雨は一〇〇〇ミリと推定される★。降水はほぼ全量が雨によるものである。というのも、寒風は大陸的な地方から発するし、湿った風は大半が南方からの暖かい空気だからだ。突風が広州に多少の雪片をもたらした際には、驚いた住民は一種の綿が飛んでいると考えたし、何人かは解熱に用いるために拾い集めようとしたほどだ。季節の変化が安定的なことは、中国における農業発展に最も貢献した要因である。ヨーロッパでは大気現象の年ごとの変動が農業者の安全を保証せず、収穫高が毎年上下するが、中国では生産量の変化がはるかに小さく、農民は畝に種まきする際に無頓着である。ただし、洪水とか、まれには完全な干天といった大災害が、期待した収穫を奪うこともあり、そうなると飢饉は不可避になる★★。

植物相

熱帯気候に近い南部は温暖で、ヒンドゥー地方の植物形相が北上し、ヨーロッパ風の外観をそなえた植物と混在する。こうした中間地帯ではおなじ畑でサトウキビ［砂糖黍］とジャガイモがともに生育できるし、おなじ藪に竹とコナラ［小楢］が育つ★★★。南から北にかけては、インド的な植物相から満州的なそれへの漸進的な遷移がある。熱帯植物の移住は、中国の多くの峡谷がマレー半島に向かって傾斜していることにも助けられる。インドシナに隣接する地帯には、南欧や西アジア、北米のように、気候

★ 各地の降水量は広州が 1182 ミリ（16 年間の観測値）、徐家滙（上海）が 1067 ミリ（20 年間の観測値）、北京が 616 ミリ（16 年間の観測値）。

★★ A.Griesbach, *La végétation du globe*, trad. par P. de Tchihatcheff, Paris, 1875.

★★★ Fortune; Vgl. Plath, *Die Landwirtschaft der Chinesen,* München, 1874

から気候への移行を急激にする山地や沙漠、ステップ地帯、海洋といった障壁が何ら存在しない。広州や香港でさえ、ヒンドゥー地方の植物相に属する多くの植物がみられ、いくつかはさらに北上する。熱帯植物の北限は、北緯二四度に位置する厦門（アモイ）の近くである。さらに北まで繁茂するのは、生育にいっそうの水分を必要とする種類で、熱帯の暑気はともかく、熱帯地方なみの雨量を必要とする★。そのひとつが竹で、家屋の建材や家具の材料のみならず、食料としても家計にとって第一の有用性をそなえる。筍は中華料理で最も珍重される食材のひとつだからだ。

樹木

中国とヨーロッパの植物相との大きな対照点は、大本植物や蔓植物、小灌木、高木の種類の多さである。この点でも中国は、言ってみれば森林をもたぬにも拘わらず、熱帯地方を想起させる。香港では樹木の植生が耕作地に追われ、いくつかの狭い谷間や、丘の斜面上方に後退してしまったが、同地の植物種の三分の一は高木である。これに対し、地中海で香港の位置に比せられるイスキア島では、大本植物が植生に占める割合は一二分の一にすぎない★★。年の一時期はほぼシベリア気候に近い北京や中国北部の全域でさえ、樹木の形状をもつ植物が五分の一を占めると推定されている。これらの大本植物には常緑樹がはなはだ多く、とりわけ球果類が多種多様で、この点では北米の樹林地帯をしのぐ。ゲッケイジュ〔月桂樹〕も中国の景観につきものの植物だ。高木は地中海地方に対応する種が見出されるが、大半は落葉性で、種々のシナノキ〔科木〕やトネリコ〔梣〕、シカモア、カエデ〔楓〕はヨーロッパと同属のものだ。一連の小灌木としては、キョウチクトウ〔夾竹桃〕やギンバイカ〔銀梅花〕も地中海地方の植生を想起させる。だがヨーロッパの在来植生にくらべ、中国のそれは鮮やかな花や、優美な茂り方が目を奪う多くの植物種をそなえる。舟山（チュウシャン）群島でフォーチュン〔スコットランド人植物学者、プラントハンター Robert Fortune 一八一二―一八八〇〕が渉猟した一島では、丈が六〜九メートルに達するツバキ〔椿〕が下生えになっていた★。

★ Griesbach, *op.cit.*
★★ Bentham; Girsebach.

この見事な花がわれわれのもとに到来したのは「華国」からであり、他にもジャスミン［茉莉花］、アザレア［躑躅］、フジ［藤］がそうだ。またわれわれが用いる植物性繊維のうち、最も高価な絹も、中国がもたらしたのである★★。

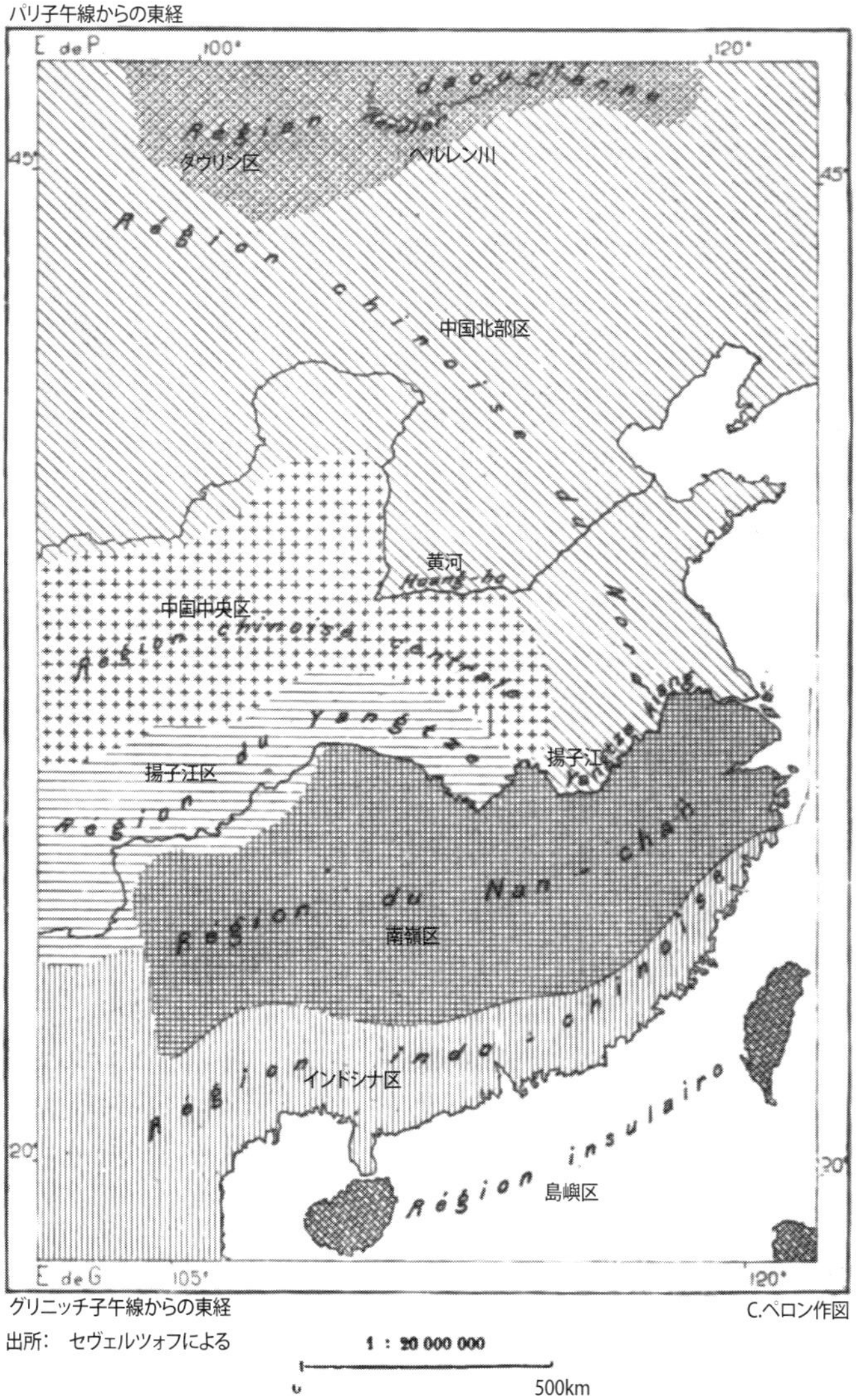

図 48　中国の多様な動物区

★ Robert Fortune, *Two Visits to the Tea Countries of China and the British Tea Plantations in the Himalaya*, London: John Murray, 1853.
★★ Eugène Simon, *Récit d'un Voyage en Chine.*

動物相

動物学者たちが根気よく各地を踏査したにもかかわらず、中国の動物相の全体が知られるにはまだ程遠い状態で、新たな探険がなされるたび、未知の種が発見されている。おそらく有史のあいだに、多くの種も、農耕がたゆまず進出したことで隠れ家を失い、消滅したと思われる。古代中国の記述にはサイ〔犀〕やゾウ〔象〕、バク〔貘〕が国内に生息する動物として描かれているからで、絶滅の時期は不明だ★。山岳地方や、西の高原地帯の森林に保持されてきた動物相はヨーロッパよりもはるかに豊富だが、こうした内陸でも、希少な野生種はもう見出せなくなっている。植物相と同様に動物相の遷移も漸進的で、ヒンドゥー地方の動物種から満州のそれへと移ってゆく。サル〔猿〕は温暖地方で熱帯世界を代表する動物とみなしてよいが、叢林や山中の洞穴に少数が暮らし、北京の周辺まで分布する。スウィンホー〔イギリス人博物学者、台湾領事 Robert Swinhoe 一八三六―一八七七〕とアルマン＝ダヴィッド〔フランス人カトリック宣教師、博物学者 Armand David 一八二六―一九〇〇〕によると、清国領からチベットにかけて、少なくとも九種のあらたな四足動物がみられる。狭義の中国の最も人煙まれな地方群には、熱帯林でのみ見出されると考えられていたネコ科の肉食動物、とりわけトラ〔虎〕やヒョウ〔豹〕ほか、一二種が遊弋する。ただし少数である。全体として中国の動物相は西ヨーロッパと大きく異なり、二〇〇種の哺乳類のうち、ヨーロッパと中国でともに見出されるのは一〇種程度にすぎない。何人かの博物学者は、これら東洋の動物と西洋種のあいだにみられる多少の相違点がその特徴とみなしている。ヨーロッパの鳥類が中国の動物相に占める構成比は、ヨーロッパよりも高く、七六四種のうち一四六種、すなわち五分の一である。そのほとんどは猛禽類と水鳥だ。また六〇種ほどが新世界の動物相に属する。カメ〔亀〕、トカゲ〔蜥蜴〕、ヘビ〔蛇〕、サンショウウオ〔山椒魚〕のうち、多くの典型はヨーロッパにも見られる。ウナギ〔鰻〕を除けば、河川や湖沼の魚類はヨーロッパと相違し、一般に北米の種との類似性が大きい。こうした現象の原因は、新旧両世界の水流が広大な太平洋水盆に収束しているため、大陸塊を端から端に横断するよりも、往来が容易だっ

★ David, *op.cit.*

たせいである。

中国人の身体的特徴

中国の民は、農耕と家畜により母国の動植物相をすっかり変容させたわけだが、人類のなかでも最もはっきりとした集団のひとつを形成する。かつてはいわゆる「モンゴル人種」の典型とされていたが、この名前で呼ばれる遊牧民の諸部族とは大きな対照性がある。以前は正確な意味をもっていたこの用語は、現在では東アジアの諸国民のあいだの類縁性を示す以外の意味はない。中国の住民は明らかに非常に混交しており、広州から盛京、そして山東省から四川省に至る広大な帝国に、極度に雑多な諸典型を目にする。だが漢族のなかに最も出会うのが少ないのは、まさに「モンゴル人」のタイプなのである。膨大な人の群れのなかに平均的中国人、つまり存在するとされる人種の典型を見出そうと試みるならば、中肉中背で、かなり優美な体つきと華奢な四肢をそなえる人々が立ち現れる。ただし、とくに北部諸省ではときに肥満している。丸顔で顎は突き出し、鼻骨が小さい代わりに頬骨が突き出たような印象を与える。鼻骨は幅広くて平べったく、瞼の内角を下に引き下げる具合になる。眼は小さく、吊りあがっており、これがひとつの特徴である★。毛髪は目と同様に常に黒く、太くてごわごわしている。あごひげはかなり薄く、毛のあいだから見える肌は気候に応じて白、黄ないし褐色だ。頭骨は一般に縦長で、モンゴル人のほうが通常ははるかに丸みを帯びている★★。女性は大半が小柄でほっそりしているが、ひどい重労働に従事していても姿体の優美さを保つ。この点で労働に酷使されたヨーロッパ女性とは違いがあり、柔軟な身体や優美な歩き方を失わない。陽光と外気のせいで肌の色が濃くなるだけである。

中国人の起源

中国各地の様々な住民の身体的特徴や気性の違いは、すでに古代の書物や孔子［紀元前五五一頃―四七九］の説話にも取り上げられている。北の人々は勇敢で、南方人は天賦の賢明さと慎重さをそなえ、東は愛嬌

★ Harmand, *Bulletin de la Société d'Anthropologie*, 1863, tome IV.
★★ Abel Hovelacque et Julien Vinson, *Études de linguistique et d'ethnographie,* Paris: C. Reinwald et Cie, 1878.

と人間性にあふれ、西は習慣を尊び誠実だというものだ。それぞれの美点が何であるにせよ、多様な省のあいだにはっきりとした違いがあるのは確実である。国民的な紐帯をなすのは共通の文明であって人種ではない。というのも、住民のもつ在来の諸要素はチベット人やテュルク人、モンゴル人、満州人、ビルマ人、マレー人、さらには西蕃〔タングート人〕やミャオ人〔苗族、モン人〕といった、民族としての呼称をそなえぬ多くの半未開の民と、多種多様に混交してしまっているからだ。黄河と揚子江の広大な自然地域に暮らすあらゆる出自の農耕者たちは、数十世紀にわたりおなじ歴史的運命を経験し、おなじ言語の色々な方言を話し、単一の国民になっている。時間の作用により、原初の人種間にあった多くの対照性は少しづつ消え去ったのだが、南部のいくつかの省、とくに福建省と広東省の内部には、奇妙な活力をそなえた対立が存続している。両省の住民は、いわば二つの国民が混じり合っているように映るからだ。

多数の人種的要素が形成するに至った偉大な中国国民の最初の文明は、どこで誕生したのだろうか。かつて中国では「百姓」の名称が用いられ、黄河の北西から種々の入植者が沖積平野地帯〔華北平原〕に南下し、より文明の劣っていた諸住民を駆逐あるいは臣従させたとされた。実際にも、主に黄河以北に位置する広大な黄土地帯が、中国文明史に決定的な影響を及ぼした可能性は非常に大きい。容易に耕作できるこれほど広い土地が、単一の土地所有のもとにある例は世界で唯一である。フランスの一・五倍に匹敵する空間全域にわたり、土壌は随所で軽くて砕けやすく、食用植物の耕作に適している。黄土地帯は犂を入れれば全部が穀物畑に変貌できるのであって、それを見下ろす山地は一握りしかない。だから黄土高原では、いつも何百万人という耕作者がやすやすと生活の糧を得ることができたし、水流や侵蝕谷が他所者の入り込めない迷宮をなすため、周辺の遊牧民から防護されるという利点もあった。つまり、平和のうちにひとつの社会が発展するには最高の状況だったのである。テュルク人やヒンドゥー、ペルシャ人の祖先と接触していた西方の諸住民は、中央アジアの湖沼が干上がり、沙漠が耕作地に侵入するのに追われ、知識と産業を携えて黄土高原方面に下ってきた〔いわゆるメソポタミア中心論で、当時主流の説〕が、現在はどれも農耕文明の経路となり、言語や習俗、技芸はだんだん北から南へと広まってゆき、その全域が中国になった。中国人は東西南北のうち

挿画 XXI　典型と衣服。九江（キウ・キアン）の街路の風景
トムソン氏の写真をもとに、プラニシュニコフ筆

南を重んじ、礼式用の車両を南に向けたり、羅針盤では南極方向を磁石の基準線とするが、恐らくその理由は、移住の動きと文明の進行が、主にこの方向に向かったせいと思われる。アメリカ合衆国でも、アレゲイニー山脈以西への不断の植民の進行は、日の沈む方向に神秘的な優越性を与えた。北米人が昔から用いる言い回し「帝国の星が我らを西に導く」である。

石器時代

ヨーロッパとおなじく、中国の諸住民にも石器時代があり、極東で採集されるあらゆる類いの器具や品目には、西洋の旧石器時代および新石器時代に似たものも含まれる。スレイデン〔在印イギリス軍人 Edward Bosc Sladen 一八二七―一八九〇か〕は雲南省からいくつかの玉斧を持ち帰った。ヨーロッパ同様、かつてこうした武器は雷神が放った矢として「雷の石（隕石）」とされたのである。中国人が今日の文明に先立つ諸年代を区分するやり方も、われわれの考古学者の区分に対応している。すなわち「伏羲は木の武器を作り、神農は石の武器、そして蚩尤は金

属の武器だった〔伏羲以木為兵、神農以石為兵、蚩尤以金為兵『太白陽金』〕とする。だが鉄製の武器が知られるようになったのちも、石の矢は象徴的な価値をそなえるものと考えられ、王権のしるしとして君主が手に携えた★。紀元十二世紀まで歴代皇帝は石の鏃の貢納を受けたし、西に住む未開の諸部族はその後も長く武具として用いた。中国には今なお「鏃を製作するための石」という文字〔砮〕がある★★。

史書

中国国民の経験してきた一連の発達は、世界の他の文明諸国に対応する。だが「華国」においてはその最初の進化が他よりも早く終了した。西ヨーロッパの住民がまだ完全に野蛮のなかにあった四千年前、すでに中国人は自分たちの歴史を文字に書きとめていたのである。様式や思索が貧弱で、雑然とした冗長さはあるが、中国の諸年代記の体系は人類が保有する最も正統派、かつ最も完全な歴史として屹立する。扱われている年代の古さといい、記載する事象の確実さといい、中国の修史官たちが自国民に遺したものに比肩する宝物は、いかなる民族ももっていない。政治上の有為転変とともに自然現象も記録されており、さまざまな時代に行われた天文学的測量の定期的かつ正確な記述により、日付さえ点検できるほど信頼性が高いのである★★★。

単音節言語としての中国語

かくも昔から文明化したとはいえ、言語の形態がまだ初歩的であることは、文明化した諸民族のなかで際立っている。この観点からみると、中国人はアーリア系やセム系の先史時代における発達期にとどまっているからだ。どの方言でも中国語には少数の単音節の語しかなく、各語は一般的な概念をそなえるだけで、文脈によってのみ、確定的な意味を獲得する。文中の語順によって各語は名詞になったり、形容詞になったり、動詞、固有名詞になったりする。つまり文法は統辞法だけである。そして方言のうち北京で話される「官話（クワン・ホア）」すなわちマンダリンが、まさに最も貧弱である。

★ 書経［該当箇所不詳］

★★ Émile Cartailhac, *L'Age de la pierre en Asie*, Pitrat, 1880.

★★★ Joseph-Marie Amiot, *Mémoire sur les Chinois* [*Mémoires concernant l'histoire, les sciences, les arts, les mœurs et les usages des Chinois*, 15 vol., Paris, 1776-1789?]; Panthier, *op.cit.*

ウェルズ＝ウィリアムズ［アメリカ人言語学者、中国学者 Samuel Wells Williams 中国名衛三畏、一八一二—一八八四］によると四六〇ある単音節語のうち、北京官話がそなえるのは、ウェード［イギリス外交官、中国語学者 Thomas Francis Wade 中国名威妥瑪、一八一八—一八九五］によれば四二〇にとどまる。上海と寧波（ニンポー）の方言はマンダリンと似ており、数はほとんど増えない。いっぽう広東省（クワントン）南東部で話される汕頭（スワトウ）の方言には、ゴダールによると六七四の単音節語があり、広州では七〇七に達する。マクレイ［アメリカ人メソジスト派宣教師、教育家（東京英和学院創立者）Robert Samuel Maclay 一八二四—一九〇七］とボールドウィン［アメリカ人長老派宣教師 Caleb Cook Baldwin 一八二〇—一九一一］による辞書では、めったに使われないものも含め、福州（フーチュウ）で九二八語を数える。これが最も豊富な方言は、厦門に近い漳州（チャンチュウ）のもので、メドハースト［イギリス人会衆派宣教師 Walter Henry Medhurst 中国名麥都思、一七九六—一八五七］やダグラス［スコットランド人宣教師 Carstairs Douglas 中国名杜嘉德、一八三〇—一八七七］によれば、多様な抑揚により、八四六語が二五〇〇以上の単音節語を形成する。

声調

じっさい、別々の発音をもつ語からなる固有語として中国語が貧弱なことは、単音節言語を話す他の民族すべてと同様に、発音の際の抑揚でもって語の意味を変化させざるを得なくしている。会話のなかで単音節語の正確な意味を決定するのは、中立的な調や長調、短調への転調、すなわち「声（シェン［以下四声］）」である。そもそもヨーロッパ人にとって、中国語の発音は常にどこか曖昧で確定的なものがなく、省から省どころか、近くの都市のあいだでも独特に変化する。フランス語では「アンファン（こども）」と訳される文字［子］は、かなり多くの地名にも用いられるが、北部では「ts」と発音されるのに対し、広州では「tz」ないし「dz」になり、マカオでは「tchi」に変化する。「ふたつ」を意味するのも一文字［二］だが、読み方がさらに異なる朝鮮や日本、コーチシナまで行かずとも、多様な音が聞かれる。すなわち「öl」、「olr」、「oul」、「ourh」、「rh」、「lur」、「uge」、「ugi」、「je」、「ji」、「e」、「i」である。同音異義語の大半も、似たような音声面の変化をこうむる。福建省の方言では、こうした音声がお互い溶けあってしま

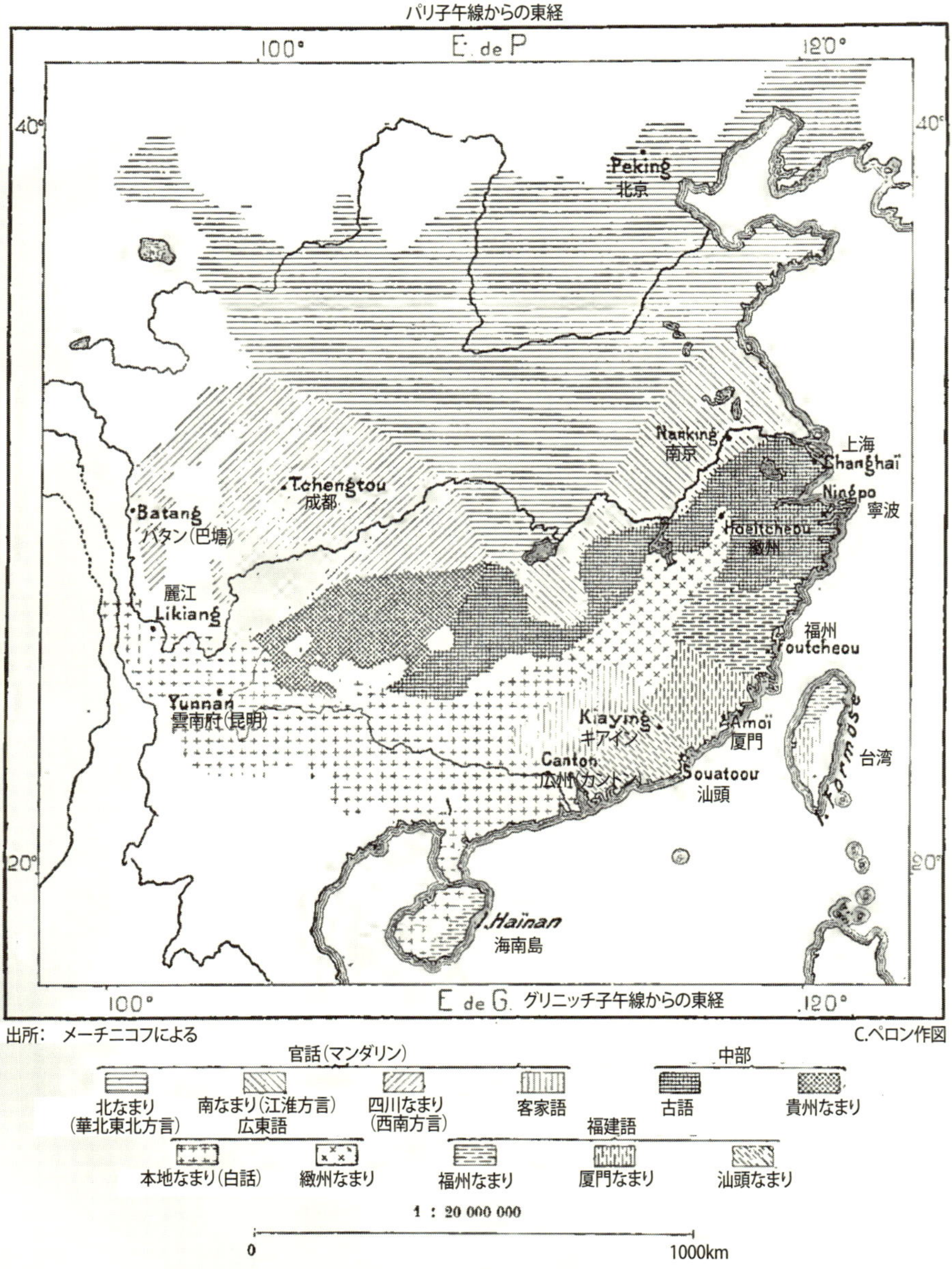
パリ子午線からの東経
100°
E. de P
120°
40°
40°
Peking
北京
Nanking
南京
上海
Shanghaï
Ningpo
寧波
Tchengtou
成都
Batang
バタン(巴塘)
Hoeitcheou
徽州
麗江
Likiang
福州
Foutcheou
Yunnan
雲南府(昆明)
Kiaying
キアイン
Amoï
厦門
Canton
広州(カントン)
Souatoou
汕頭
台湾
Formose
20°
20°
Haïnan
海南島
100°
E. de G. グリニッチ子午線からの東経
120°
出所：メーチニコフによる
C.ペロン作図
官話(マンダリン)
北なまり(華北東北方言)
南なまり(江淮方言)
四川なまり(西南方言)
客家語
中部
古語
貴州なまり
広東語
本地なまり(白話)
徽州なまり
福建語
福州なまり
厦門なまり
汕頭なまり
1 : 20 000 000
0
1000km

図 49　中国の地方語

うように聞こえるため、外国人が「l」と「m」や「b」、あるいは「h」と「p」、「ien」と「ian」、「an」と「in」を聞きわけようとしても絶望的である。

語が少ない上に発音が多様なため、四声はいっそう重要になる。中国語では、字母での発音よりも、はるかに声調に重きを置く★。このため「水」という文字は「sui」、「chui」、「ch'ui」、「ch'oui」、さらには「tchoui」とさえ発音されるが、この言葉に固有の尻上がりの声調で発音すれば、だれでも理解する。逆に「sui」を尻下がりに発音すると、一人も理解できない。だが中国語の各語における音階は上り調子と下り調子だけではなく、モリソン［スコットランド人プロテスタント伝道師 Robert Morrison 中国名馬禮遜、一七八二―一八三四］とレミュザ★★は四種の抑揚を数えた。ド＝ギーニュ［フランス人東洋学者 Joseph de Guignes 一七二一―一八〇〇］は五種類、メドハーストは七種類である。だがレミュザが識別した四声にはそれぞれ二つの変形があるので、八つの抑揚、すなわち八度音程（オクターブ）が存在すると考える必要があろう。しかし中国語のもつ微妙なニュアンスのすべてを勘定に入れれば一二まで増やすこともできるし、福建省の人々が口語で用いる抑揚となると、さらに多い。各語は固有の抑揚をもつので、話すさいには音楽家が音節を歌い上げるときのように、音階を当てはめねばならない。レオン＝ド＝ロニー氏［フランス人民俗学、言語学、日本学者 Léon-Louis-Lucien Prunel de Rosny 一八三七―一九一四］は、中国語の会話のなかに、言語と歌謡が共通の起源をもつ兆候を見出している。世界各地と同様に、中国でも祈りは言語の古形につながっているが、かならずカンティレーナ［中世の世俗声楽曲］の様式をとる。また子供たちは歌うことで暗誦するからだ★★★。

漢字

多種多様な抑揚のおかげで、大清帝国の住民は数百語でもって何千という意味を獲得できるわけだが、まとまった考えを表現するには不十分なので、中国文明は書くことにその助けを求めねばならな

★ Wells Williams, *Middle Kingdom*; *Dictionary.*

★★ Abel Rémusat, *Eléments de la grammaire chinoise ou principes généraux du Kou-Wen, ou style antique, et du Kouan-Hoa, c'est-à-dire de la langue commune généralement usitée dans l'empire chinois,* Paris: Impr. Royale, 1822.

★★★ Rose, *Annales de la Propagation de la Foi,* XI, 1849.

かった。康熙字典は四万四四四九字を記載し、各字は判然と異なる意味の集合体を表す。「イ」と発音される文字は一五〇以上あるが、どれもが一連の個別の意味を形態的に表現する。哲学的な論考や高等な文芸作品は読まねば理解できないのであって、会話も日常の些事以上の次元になると、対話者は筆をとって自分の考えに対応する文字を示さねばならなくなる。文明化された言語が表現せねばならない事柄の多様さにくらべ、音声面での道具が極端に貧弱な原因は、おそらく、この民族の文化が早熟だったことに帰すべきである。すなわち政府の書記や学界の純血主義者たちにより、言語はあまりに早々と固定化されてしまったのだ。臣下の農耕民は穏和でよく言うことをきくため、言語の自由な変容に対し、公式の話し言葉が課した桎梏を壊すことができなかったのである。固有語としては中国人は幼児期にとどまったのだが、この美しい言語を尊ぶことで、発展は阻害され、思考が苦しんだのは、いかばかりだったであろうか。

音写の試み

中国人を仏教に帰依させた布教僧たちは、サンスクリットの字母〔梵字〕から派生したヒンドスタンの表音文字によるあれこれの表記法を、中国に導入しようと何度か試みた。しかし大した成果はなかった。同様に宣教師たちも、ラテンのアルファベットを用いて讃美歌や祈祷、聖書の唱句を書き、改宗者は前もってその意味を教えられたうえで暗誦した。アルファベットに点だの、上下線だの、ダッシュだの、アクセント記号だの、あらゆる種類の記号を付せば、日常言語には非常に有用だが、本格的な文芸の言葉には役に立たない。中国人はヨーロッパ人とは異なる聞こえ方をするし、ヨーロッパ人のほうも中国語の抑揚を聞き分けられる耳をもっておらず、再現を試みても、間違っているのは確実だ。中央部から東部にかけての中国人は発音がまろやかで、北方人や雲南省の人々のような「r」の気音をもたないため、「Français（フランス人）」は「フォランシ」ないし「フォランサイ」と発音するしかない。また「American（アメリカ人）」は「ベヒェン」、「ミリヒェン」、「ミリケン」になってしまう。同地に住みついた外国人も、在来の用語についてはおなじように発音する。

多音節語の到来

とはいえ、中国語に最近入り込んだこれらの「フォランシ」や「ビリヒェン」といった名詞じたい、この固有語が絶えず多音節語によって豊かになるという変容が、ゆっくりと起きつつある証左である。こうした多音節語は純血主義者の嫌悪するところだが、だからといって市民権を獲得していないわけではなく、西洋人の考え方に近付きつつあることへの反応でもあるからだ。すでに名詞だけでなく、動詞でも二音節の結合による新語が形成され、二音節化によって正確な意味をそなえるに至っている。「proche-éloigné［不詳、直訳すると近遠だが、あるいは「敬遠」か］」は「遠ざける」の意味を獲得し、両親の意味として「父母」という言葉が生まれた★。同様に、ヨーロッパ貿易に開放されたどの都市でも、外来の品々や考えを表す数百の用語が生まれ、少しづつ市民権を得つつある。多音節語としてはスチーム・ロコモティヴを指す「火輪車」、スチームシップを指す「火輪船」、バルーンを指す「軽気球」、リパブリックを指す「共和政体」があり、いずれも判然とした意味をそなえる★★。古き良き時代を尊ぶ人々には評判が悪いが、こうした合成語は話し言葉のみならず、大衆文芸にも使われている。これは孔子の高尚な単音節言語を日常語の様式に変える「俗文（ソー・ウェン）」の一部をなし、他の方言よりも俗謡や寸劇、笑話に向いている。中国語では、アーリア諸語が有史以前に完了した変化が、今や眼前に生起しているのだ。こうした変化を取り返しのつかない堕落の兆候とみて渋面を作る中国人は多いが、彼らは継続的な革新の証人ではないだろうか。

南京官話

多様な省の住民は、もし書き言葉の共通文字を媒介としてもたなかったら、とうの昔に相互理解ができなくなっていただろう。これらの文字を読むときにはそれぞれの方言によるし、中国だけでなく、朝鮮や日本、トンキン地方、コーチシナ、シャムそれぞれで固有な発音になる。この方言は南部の諸方言

★ Hovelacque, *op.cit.*

★★ Edkins, *Shanghai Grammar* [Joseph Edkins, *A Grammar of Colloquial Chinese: As Exhibited in the Shanghai Dialect*, Shanghai: Presbyterian Mission Press, 2nd ed., 1868?]; L. Metchnikov, *notes manuscrites*; J. Fryer, *Nature,* 19 mars 1881.

にくらべ抑揚の音階に頼るところが少なく、不思議な単調さをそなえる。これ以外の三大方言としては広東省、福建省、浙江省のものがあり、そこでは学習を積んだ教養人だけが北方人の言うことを理解する。北方人がみずから「正音（シン・イン）」すなわち「正しい発音」と呼ぶ南京の言葉は浙江省の方言群に近く、「官話」の一方言である［南京官話］。エドキンス［イギリス人プロテスタント伝道師、言語学者 Joseph Edkins 中国名艾約瑟、一八二三―一九〇五］によると、これが古い中国語の残滓をいちばんよく保っている。諸省の住民をもっともはっきりと区分するのは、人種的な特徴や気候に起因する相違点よりも、多様な方言なのである。

中国人の宗教

宗教は方言と違い、帝国の南北住民のあいだに画然とした差異は皆無である。どの省や地区でも多様な信仰が実践されているが、種々の方式が混交しているため、明瞭な区分線を描くのは不可能だ。同一人物が仏教徒であり、かつ老荘の徒であり、孔子の教えに従う。皇帝でさえ職位上これらの三宗教に属しており、それぞれの祭礼を几帳面になす。宗礼の外観や、とくに経典類の読解から予想されるところとはうらはらに、これらの信仰は基底において、相違点よりも類似点のほうが多いのである。文明化した後の国民的宗教である儒教（ジュ・キアオ）を、われわれは孔子の名でもって呼ぶ［confucianisme つまり「孔夫子教」］が、じつは民族的な古い信仰から発している。道教（タオ・キアオ）は、教祖が樹立した教義をすっかり忘却し、古代の迷信に回帰して、ほぼ全土で仙術に変容してしまった。最後に、外来の起源をもつ仏教（フ・キアオ）はこうした民族的な諸概念が全面的に入り込むのを許容し、その宗礼も認めたのである。

精霊信仰

今から四千年以上前の有史の初めごろ、中国人の宗教は自然の事物の崇拝からなっていた。身の回りの現象はすべて善悪こもごもの精霊のしわざだと考えられたので、祈りや供物でもってその善意をかちとらねばならないとされた。木々や岩、水流など、すべてに隠れた精神があり、山岳や地域全体、大洋、大地も、何らかの特別な神によって活気

づけられるとされた。こうした目に見えぬ存在が蠢動させる下界を、おなじく恩恵を施し、あるいは害悪を及ぼす精霊に満ちた、広大な天が上から取り囲む。人間は自分に作用を及ぼす自然の力すべての産物として、それ自身ひとつの神ではあるものの、最も弱小で脅かされる神々のひとつだった。彼に対抗して結束する、かくも多くの存在のただなかで生命を守るのは、降霊や祓いだったのである。多様な精霊には少しづつ一定の階層ができあがり、大地を取り囲み、自然の全体を包摂し、光でもって明るくしたり暖かくしたりする「天」が、最高神として「上帝」になった。これが宇宙創成の主役である。いっぽう「地〔后土〕」は胚を受け取り、それを慈しむ。三世紀前からヨーロッパの中国学者たちは「上帝」の真の意味を議論し、「日」の原初的意味をそなえた「神」と訳せるのか、考えてきた★。キリスト教の宣教師たちは信仰への熱意のあまり、上帝のなかにセム系の神格を見出そうと欲したのである。何よりも想像でしか説明できぬ用語類で茫漠となっている諸文書を解釈し、彼らは自分たちの信仰の全教条を、カトリックであれプロテスタントであれ、見出したのだ。アベル＝レミュザは道徳経〔老子〕のなかにヤハウェ〔エホバ〕の名称さえ見出したと考えた。すなわち、別々の文の一要素として拾い出せる「イ」、「ヒ」、「ウェイ」は、ユダヤ人の聖なる神の名を表しており、ヨーロッパ人の大砲が中国の領域をこじ開ける二五〇〇年前に、中国と西洋世界のあいだに通信が存在した証左ではないかとしたのである。だが現代の考証者の大半は、東洋と西洋の宗教に類縁関係はないとする立場だ。仏教導入までの中国における宗教思想の進展は創発的と思われるからで、原初の起源を精霊信仰に見出し得るのである。

祈祷と階層

中国人は周囲を精霊たちに取り囲まれていると考えたため、ちょうど自分よりも強力な男たちの善意を取り付けようとするのと同様に、かれらの善意を確保するしかなかった。だから祈るにあたって、祈祷者や定常的な典礼はまったく不要だった。恐るべき諸存在に対し、通常は家父長が家族全員を代表して供物や香華

★ Prémare; Panthier; Legge; Medhurst; d'Escayrac de Lauture; Max Müller (ed.), *The sacred Books of the East*, Oxford UP., 1879-[1910].

図 50　周礼の時代の九霊山

を捧げた。おなじく共同体や氏族の長も、彼を中心に集まる人々のために仲介を行なった。こうした儀式に祭司職の階層が入り込む余地は皆無だったのであり、皇帝が出御する祭祀では公式に排除されている。神々や天上界の使いが人民に直接に啓示を顕したことはないため、神の言葉を通訳する者はまったく不要で、神々の序列に対応した序列が人間のあいだにも自然に形成された。皇帝は天地と、九座ないし五座（時代により違う）の霊峰、および主要河川に供物を捧げる特権を有していた。封建諸侯が供物をそなえてよいのは、二次的な神々や地方的な霊に対してのみだった。そして庶民が祈ったり供えたりする相手はさらに狭く、樹木や岩、泉などに限定されたのである。こうした崇拝は行政職権のひとつになったため、礼法集が細目まで規制した。中国における言語と宗教のあいだには、ふしぎな照応関係がみられる。どちらも極度に磨きあげられていながら、人類の原初的な段階のひとつを今なお示すからだ。言語は単音節語であり、宗教は最も詳細、かつ難解な物神崇拝なのである。

生贄

贖罪の供犠は中国の宗教にも見出されるが、その起源は彼ら自身というより、むしろ隣接する民に帰せられている。単なる供物ではなく、流血の生贄によって精霊群の恐ろしい影響から自衛することを「漢族」に教えたのは、川沿いに住む中国人が交流していた北方や西方のモンゴル人諸部族である。主君のおともをするため、数百人の廷臣が自死や生き埋めに身をゆだねる例がみられるのであって、紀元前二世紀ころに始皇帝が死んださいには、何人かの妻妾と衛兵が彼の墓の内部まで後を追ったし、墳墓の周囲には一万人の職工が生きたまま埋められた。こうした蛮風の名残りは奥地に存続し、呪いから解放されるために新生児を河水に投げ入れる両親がしばしば見られた。ある役人はこの嫌悪すべき行為を止めさせるため、嬰児殺しのあわれな下手人たちを捕縛させ、河神に宛てた書状や願文をしたため、彼らがそれを届けるよう命じて揚子江で溺死させたのである★。埋葬にあたり人や動物をかたどった紙幣を燃やす習慣は今もあり、それが生贄の唯一の名残りである。

★ *Les Lettres édifiantes et curieuses*, 1702-1776, t.III.

孔子

中国人の宗教から流血の祭儀を消滅させたのは、孔子と弟子たちであるとするのが通説だが、宗教的な生贄はかなり以前から文明中国で行われなくなっていた。いっぽう、孔子よりもかなり後代の中世にあっても、この類いの儀式は例外的に執行された。だが孔子の歴史的役割の重要性は言うまでもなく、礼記がかくも綿密に規制する国民的宗教の、正真正銘の創設者とみなされている。孔子がとりわけ取り組んだのは、死者に対する古代の崇拝で重んじられた仕来たりの復権と、尊重である。彼にとっては、慣習への誠実な尊敬の保持こそが宗教のすべてだった。伝承が語るがままの過去を持続することだけが、彼によると帝国の弥栄えを保つ手段であり、いつの日にか実現すべき想像上の状態は、「黄金時代」を不断に称揚せずしては獲得できないのである。他の宗教で大きな位置を占める超自然は、儒教にはほんのわずかしか姿を見せない。すなわち曰く「未《いま》だ人《ひと》に事《つか》ふる能《あた》わず、焉《いづく》んぞ能《よ》く鬼《き》に事《つか》へんと［先進第十一、吉田賢抗『論語』新釈漢文大系第一巻、明治書院、改訂版、一九七五、二四〇頁］」。また弟子のひとりに向かって曰く、「未《いま》だ生《せい》を知《し》らず、焉《いづく》んぞ死《し》を知《し》らんと［同前］」。彼が解決しようと努力した疑問は、祖先や隣人、君主国家に対する人間の義務はいかなるものか、であった。したがって厳密な意味の宗教は、ある普遍的な政治システムの一部としてのみ存立するものだったのである。孔子はたしかに大人物で、国民的な摸範となった。天性からも習慣からも穏健で、宗教的熱情を避け、常に中庸に務めるこの山東省の賢人のなかに、中国人は自分の姿を認め、孔子は少しづつ人々の記憶の筆頭を占めるようになった。彼の弟子たちが遺した歴史的な記録の精確さと、彼の生き方そのものにより、神話や奇蹟が彼の存在を取り囲むことはできず、神格化はいっさいなされなかったのである。だが年月を経るにつれ、彼の道徳的権威は増していった。孔子が卒して四〇〇年を経ても、尊称は「公」にとどまったが、死後八〇〇年の唐代になると「第一の聖人［先聖］」の称号を奉られ、その像は玉衣と帝冠で飾られた。中国人の最後の王朝となった明代には「人の師のうち最も聖にして賢、かつ有徳［至聖先師］」とされたのである。孔子が没すると弟子の何人かは墓のまわりに小さな入植地を樹立し、一族の封土であると宣言した。この聖地まで詣でられぬ遠隔地の教徒は、象徴的

な廟堂をじぶんたちの都市に建立したので、一七〇〇刹の孔子廟ができあがり、孔子はついに「国民の師」として厳かに認められるに至った。神に列せられなかった人間のうち、彼ほど尊敬を受けた者はいない。始皇帝が自分より以前の君候たちの栄光に嫉妬し、古代の書物、とりわけ孔子が編纂した書経を破壊するよう命じたさいには、四六〇人の知識人が師の聖典の後を追って炎に身を投じた［焚書坑儒では四六〇人の儒生が生き埋めにされたのであって、自死ではなく、焚書と同時でもなかった］。

陰陽

正式な礼法がかくも綿密に定められた宗教では、民衆的な迷信をすべて包摂し、身の回りに渦巻いて幸せをもたらしたり、生をおびやかす悪霊のすべてを祓うことはできなかった。こうして、規制の外にある宗礼群の膨大な残滓がひとつにまとまり★、「風水（フェン・シュイ）」が形成されたのである。これは正規の宗教ではないが、国民生活に占める重要性は劣らない。「風水」は現地の地口によれば、「風のように見えず、水のようにつかめないもの」という意味だが、種々の空間の軌道をたどる天体から、行方の定まらぬ霊魂に至るまで、気や水の精、つまり自然のすべてが、人間に良いことをしてくれるようにする礼法の集合と定義できる★★。中国の博士たちが主張するところでは、世界を統御するのは二つの原理である。「陽」は男性原理で太陽に対応し、一年の暑い時期に卓越する吉兆の原理で、動植物や人間を育てる。「陰」は女性原理で天空の月が代表する。こちらは凶兆の原理で、死を告げるものだ。だが生の原理と死の原理が混在せずには、何者も存在できないのであって、万物の化育は両者の結合による。だから両者を完全に理解する者は不死を得るとされる。どの中国人の家にも太極(タイキ)、すなわち陰陽の図が見られる。これは虎斑のような文様で、陰と陽が魔術的な円の内部で互いに貫入し、方角と自然のすべてを形象化した色々な太さの線でもって縁取られている。これらの線は、伏羲が著したとされる易経（イ・キン）、すなわち「変化の書」をしるすのに用いられた有名な図形で、中国とヨーロッパの多くの学識者が同書の意味を探求したが、確定できていない。

★ Léon Metchnikov, *Notes manuscrites.*
★★ Eitel, *Congrès des Orientalistes à Lyon*, 1878.

挿画 XXII 仙術の鏡、太極図

北京の図書館［蔵書楼］には易経の数千巻の注釈書がある。

三魂

風水に忠実に従う者は、生前にはすべての事柄について祓いの儀式を心がけねばならないとされるが、細目はともかく、その根幹は世界のどの国でもいまだに観察されるものだ★。住居を囲む大地や空中を満たし、生者の運命に善悪の影響を及ぼす諸存在のなかには、先祖の霊も含まれる。そこで他の民族とおなじく、漢族も個人の内部に三つの異なる魂を認めている。第一が頭の中にいる合理性の魂で、第二が胸の中にいる情念の魂、第三が下腹部に息づく物質性の魂である。これらを「魂（ホン）」と呼び、人が死ぬと第一の魂は墓碑に、第二の魂は墓の中に固定化できる。だが第三の魂は飛び去ってしまい、別の肉体に入り込もうとするのだが、身内が敬愛の務めを怠ると、恐るべき害悪をなすことがある。子供の魂は、不完全なまま死んだためとくに危険で、ふつうの宗教では鎮めることができないとされる★★。家屋や商店の戸口に燻らぐ線香は、こうした悪霊や悪鬼がいっさい入り込まぬためのものだ。

風水

風水の規則に沿うのが大事なのは主に墓の位置である。死者の魂が悪影響のもとにさらされれば、身内の敬愛にかかわらず祟りをなそうとし、その憤怒は不注意な一族に無数の災厄を及ぼす。善悪こもごもの「雲のごとく来り、霧のように去る」霊は地表をかすめて不断に去来するため、墓の建立であれ家屋の建

★ Nicholas Belfield Dennys, *The folklore of China, and its affinities with that of the Aryan and Semitic races*, London: Trübner, 1876.
★★ Delaplace, *Annales de la Propagation de la Foi*, juillet 1852.

築であれ、あるいは道路や水路の開削、石材の切り出し、井戸の掘削であれ、地面に変改を加える際に肝心なのは、悪霊の飛行を妨げ、善霊が通りやすいようにすることである。だが無数の精霊が飛び交うこの世界で、正しい方角を知る手順は習得が困難とされており、何か災厄が到来するや、人々はすぐに風水師の手抜きや無知のせいだとする。中国全土にわたり、地方当局が埋め戻させた坑道や石切り場がみられるが、悪霊の通行を許したために収穫に悪影響が及んだという住民の非難が原因である。隣人が家作をいじって善霊の通り道を変えたという訴訟沙汰もしばしばだ。こうしたわけで、良好な風水の条件を定め、悪影響を良い方向に転じる術を知悉し、神秘的な自然の徴候を通訳してくれる者を身近にそなえるのが大事になる。樹木を一本植えるとか、小鐘楼と平屋根をそなえた塔を丘の上に建てるだけで、一帯の地相が安泰になることもあるからだ。極地風が吹いてくる北は悪霊の方角であり、南風は善霊を呼ぶとされる★。一般的には、うねうねと曲がりくねる河流や丸っこい輪郭の丘は、一帯の繁栄によろしく、急な曲がり角や、垂直な岩場は周囲の住民を危険に陥れる。直線は悪霊のものとして畏怖され、万物は「風水」のようにゆったりとうねることが求められる。家屋の軒端がかならず跳ね上がっているのも、悪影響が隣家にぶつからず、空中に消えてゆくようにするためである★★。そもそも、風水の決まりごとはしばしば衛生上の規範と一致するのであって、香港の中国人住民は、イギリス人医師が兵営と不衛生な土地のあいだに樹林を設けて遮蔽する措置をとったさい、風水の教えにかなうとして強く承認したのである。観点を変えれば、風水は中国における初歩的な自然科学を構成する。博士たちによると、風水の学習は事物の全般的な秩序や、数理的な比率、本質的な生命力、外形に関するものだからだ。だからヨーロッパ人技師がやってきて、いきなり方形の溝を掘り返したり、河流に斜めに橋を架けたり、山を斜めに切り崩したり、墓地の参道を突っ切って直線状の軌条を敷設すると、人々は心底から恐怖にさらされる。国内鉄道の建設を企図した外国人たちに対する中国人の大反対は、ヨーロッパ人が少しづつ主人として地歩を固めるのではないかという当局の懸念だけが原因ではない。自分たち

★ Williamson; Moule; Eitel, etc.
★★ Eitel, *mémoire cité*.

を支える大地への、在来住民の伝統的な尊宗によってても説明できるのであって、まだ彼らは外国人技師のやり方に慣れていないのだ。

道教

老子（ラオツェ）を教祖とする宗教は、初期には孔子が代表する国民的宗教と絶対的に対立したが、最後には古代の迷信に回帰してしまい、風水の礼式に同調、さらには混交さえするに至った。孔子とは正反対に、老子は中国民族の過去に目を向け、将来の行動規範をそこに探求することが一切なかった。彼が探求したのは純粋な真実で、先帝たちの歴史に前例を見出そうとは努めなかったのである。善霊や悪霊、祖霊にも拘泥せず、事物の第一義的な理由を知ろうとしたのであり、道徳経の混沌とした文言から推測できる限りにおいて、彼の言辞は西洋の哲学者を思わせるものがある。老子にとって、「物質や可視の世界は、至高にして絶対、かつ把握不可能な単一原理のさまざまな表れ［老子道徳経体道第一の通釈と思われる］」にほかならず、その原理を彼は「道（タオ）」と呼ぶ。これは「救済の道」であって、自らの情念を支配できる人間は輪廻を解脱し、瞑想により至福の不死を獲得する。この偉大な神秘主義者とその直弟子の教義はこのようなものだったが、まもなく道士たちは現世において不死を見出したと称するようになり、仙丹だの霊水だのでもって皇帝たちに取り入った。こうして道教はだんだん仙術と混交し、老子の教義は名称として残ったにすぎない。道士はラマ僧とおなじく独身の誓いのもとにあるが、大半は降霊術師で、卦を判じ、霊を呼び出す。はっきりと弁別できる宗教団体に統合できる精密な教義はなく、トゥングース人にみられる正真正銘のシャーマン［巫術師］もいれば、占星術師や占い師に近い者もいる。一般に教養人は道教を軽蔑するが、いくつかの礼式は高級役人に課せられており、帝が出御する国家的な祭祀にも道教の儀式が混入している。老子の子孫を自称し、道教の主座を占める「天師」は、護符や聖なる品々、赤や緑の御札を全土に流通させる見返りとして、国庫から年給が支払われる。

仏教

仏教は道教ほど古来の教義に不実ではないこととて、よくその総体を保持し、漢族の子供の大多数は宗門の信徒

挿画 XXIII　仏僧
トムソンの写真をもとに、ロンジャ筆
［トムソンによれば剃髪した
モンゴル人男性］

である。外来の宗教であるにもかかわらず、少なくとも外面上は中国の国民的宗教になったが、精霊や祖霊への始原的な崇拝に奇妙に接近した形態をそなえている。そもそも仏教の導入は比較的に最近である。最初の帰依があったのは二二〇〇年前で、その三世紀後にひとりの皇帝がこの新宗教に公式の認可を与えたが、根を下ろすには儒者や道士たちとの闘争が避けられなかった。揚子江以南に広まったのはようやく六世紀である★。すでに全土に一万三千の仏寺が建立されていたが、在来の信仰と仏教の連携は始まっており、インドからの布教僧たちは、改宗相手の国民がもつ民衆信仰を教義に取りこんでいた。風や水の精霊や、大人物の霊、そして在来の廟に祀られた諸存在は、菩提薩埵の群れや、仏の多少とも不完全な顕現のなかに、容易に包含された。あらゆる階層に浸透を図ったため、あらたな聖化や至福の段階が付けくわえられたのである。こうして、僧集団が尊宗する仏の傍らに、在来の神々も別名で残存し、雑多な起源をもつ多くの儀礼が増加したが、民衆がその由来を詮索するはずもなかった。仏教は教養人に向かってはその精妙な形而上学を提供したが、弱者や不幸な人々には、荘厳な盛儀に参加させ、来世では苦しみが終わると説いたのである。多くの仏典のうち、中国で最も流布し、どの寺院でもみられるのは、チベットやモンゴルの寺院にあるような形而上学的な経典ではない。それは「白蓮」と呼ばれ、慈愛や慰撫、極楽の約束に関する言説の集成である★★［白蓮教］。宗派として最大なのは観音（クワンイン）を本尊とする

★ Pauthier; Vasilyev.
★★ Vasilyev, *Histoire de la littéraure chinoise,* dans le recueil de Korsch (en russe).

ものだ。観音はブッダの弟子のうち唯一の女人で、慈悲をつかさどる菩薩となり、孤児や、嵐に脅かされる船乗りを護る。しばしば嬰児を抱いた姿に表現され、多くの図像は、旧世界の反対の端で同時に発展した聖母マリア崇拝のそれと完璧に相似する。

仏教建築

中国の仏法が隆盛したのは六世紀から十一世紀のあいだの期間である。布教の熱意に燃えた仏僧が国内全域と周辺

挿画 XXIV　観音菩薩
ヤン氏が寄せた中国の版画をもとに

挿画 XXV　閩江沿い、福州府の南にあるイェンフー［Yenfou］の僧院
トムソン氏の写真をもとに、テイラー筆

諸国を廻り歩き、貴重な旅行記を残した。そのいくつかはまだ翻訳されていない★。また、千五百巻に及ぶサンスクリット語の仏典が翻訳されたのもこの頃で、その大半は今では原典が失われており、仏教史の最も貴重な資料が含まれる。各地に仏塔、すなわちヨーロッパ人が中国の景観を想像するにあたり、かならず思い浮かべるパゴダが建立されたのも、この第一次隆盛期である。こうした「聖堂」の当初の様式や名称じたいはヒンドスタン地方から移入されたが、中国人の嗜好に合わせせられたのも本当である。西洋とおなじく、東洋でも神々は奇数を嘉することとて、こうした仏塔は五層、七層、九層、十一層あるいは十三層建てで、各層に青や白の瓦屋根をそなえ、軒端が反り上がる。そこに多くの小さな鐘が吊り下げられ、風に揺られて仏を称える銀の音色をかなでる★★。国内の僧院はほぼ例外なく同一の配置になっており、山中や河畔にあって景観の方向が限られない限り、正面は南向きだ。主建築は前庭をそなえ、他の建築とは小さな庭が隔てる。丘陵地の斜面ならば重畳して建てられる。また蓮池があり、周囲の大木が影を落とす。儀式はお供えと賛歌［声明か］、拝礼、寺院の周囲をゆっくりと廻る動きからなり、廻りながらブッダのヒンドゥー名のひとつ「アミターバ」を音写した「オ・ミ・ト・フォ［阿弥陀仏］」を絶えず唱える。

宗教の混淆

僧院の多さは、かつて仏教がもっていた支配的な影響力の証左である。しかし壮麗な仏塔と広壮な僧院の大半は千年、あるいは少なくとも数百年も昔のもので、現在はそのほぼすべてが半ば朽ち、壁の亀裂や屋根には厚い樹冠が生えている。仏教の衰退は覆うべくもなく、各地で僧だけが行う儀式にすぎない。皇帝や高級官僚たちは何度となく詔や回状を発し、礼記が想定しない迷信から人々を引き離し、仏僧を「蜜蜂の巣に寄生する雀蜂」として警戒するよう呼びかけた。じっさい民衆はだんだん坊主に背を向けるようになってはいるが、何と言われようが、宗教的な礼式の遵守は相変わらずであって、教養人たちが不信心を誇示したため、この国の本当の感情に関する誤解がなされたにすぎない。自宅にある図像を大事にし、

★ *Ibid.*
★★ Joseph Edkins, *Religion in China*, London: Trübner & Co., 1884; William C. Milne, *Vie réelle en Chine*, traduite par André Tasset, Paris: Hachette, 1860; *Chinese Repository*, vol. XIX.

挿画 XXVI　家屋内の仏壇 — 笑みを浮かべる仏像
トムソンの写真をもとに、バークレイ筆

跪拝し巡礼を行なったりするのを見れば、彼らの信仰がどれだけ根強いかがわかる。単一の宗教では満足せず、三つの国民的宗教を実践しているのだ。儒教にもとづいて先祖を崇め、道教によって精霊を祓い、仏像のもとで生活する。これら三つの宗教はお互いぴったりと整合する。儒教は倫理観に呼び掛け、道教は保守的な感情に訴え、仏教は想像や思念上のより優れた世界の遵守を引き起こすからだ★。中国人自身が言うように、「三教はひとつ★★」なのであって、多くの葬儀で、さまざまな宗教の祈祷者が同時に司式する★★★。

ユダヤ教

中国に導入された諸宗教のなかには、共有にまったく適応しないものもある。そのひとつがヤハウェ信仰だが、信者はほんの一握りしかいない。ユダヤ教徒は藍色の縁なし帽と、それとおなじ色の履物を用いるため、しばしば「青いムスリム［青回回］」と呼ばれる。多くの中国人はユダヤ教をイスラームの一派とみなすからだ。また、食用に供する家畜の頸部を切って処理するやり方に由来する「血管を切る者」を意味するレーツェ・キン［不詳］や、「神経を摘出する者」を意味する挑筋教（タウキン・ケドゥ）とも呼ばれる。かつてはずっと人数が多く、何人かは顕職にも就いたが、現在は数百人に減少し、ほぼ全員が河南省の省都である開封府に居住する。昔は南京、北京、寧波にあった共同体は消滅した。何世紀にもわたるイスラームへの改宗や、地元の宗教群への改宗により、この小さなセム系の共同体は縮小し、残った人々も中国語しか話さず、アロン［モーセの兄でユダヤ教の祭司の祖］ないしアオンの徒と呼ばれる最後の祭司たちも、ヘブライ語はあまり読めなくなっており、発音も中国語風である。「イスラエル」は「イスロニ」に変化してしまった。開封府のユダヤ人が一致して証言するところでは、彼らはアシェル族に属し、漢代、すなわち紀元前二〇二年から紀元二六四年までの四五〇年間の時期に渡来したという。中国にユダヤ人共同体を見出した宣教師たちは、この言にもとづき、エルサレムが破壊［紀

★ Edkins, *op.cit.*

★★ Pierre-Henri-Stanislas d'Escayrac de Lauture, *Mémoires sur la Chine*, Paris: Lib. du Magasin Pittoresque, 1863.

★★★ Huc, *L'Empire Chinois, op.cit.*

元前五九七」されて流亡した移民であると結論した★。彼ら自身はセイロン、すなわち中国人のいう天竺（ティエンチュウ）が母国であるとするが、祖国とはかくも違う中国世界のまん中で、千八百年にわたり自分たちの社会を存続させてきたのだ。最近になってヨーロッパ系ユダヤ人が彼らと接触したが、すでに民族的な一体性をほぼ完全に喪失していた。シナゴーグは破却され、モーセ五書を読める者もいなかったため、教団や政府がその解読に報奨金を提案するに至っていたのである。聖典類を読めないことが確認されるまで、これらのユダヤ人は最終的な改宗を待たされたが、すでにメッカとメディナを聖都とみなしていた★★。

ムスリム

ユダヤ人にくらべ、中華帝国におけるムスリムは甚大な勢力を保持する。スカチュコフは二〇〇〇万人と見積もるが、他の中国史家のみるところでは過少だ★★★。甘粛省はムスリムが過半を占める可能性があり、狭義の中国の北部諸省のいくつかの地区でも、人口の三分の一を占めると思われる。またドンガン人のほか、ジュンガル地方、クルジャ地方、東トルキスタン地方のムスリムも、影響力を考える際には含まねばならない。一般的に中国のムスリムは、ひとまとめに混同して「回回（フイフイ）」と呼ばれるが、この呼称はかつてウイグル人に適用されたものだ。彼ら自身は「教民（キアオ・ムン）」と自称し、他の中国人を異教徒とみなして一線を画す。「ドンガン人」の名称はモンゴルを起源とし、通常は「落後兵ないし兵籍を剥奪された者」の意味をもつことが知られており、北部と北西部のムスリムに限って用いられる★★★★。雲南省にも多くのムスリムがいるが、北方の同宗者と直接の通交はなく、外国人はパンゼー人と呼ぶ。これはビルマ起源の名称で、真の意味は知られていない★★★★★。中国のムスリムが斉一的な民族集団を形成しないのは確実である。西および北はウイグル、タングート、タタール系の末裔で、中国人の改宗者と混じり合ってい

★ *Les Lettres édifiantes et curieuses*, 1702-1776, t.XXIV; James Finn, *The Orphan Colony of Jews in China*, London: James Nisbet, 1872.
★★ Lieberman, *Eighth annual report of the Anglo-Jewish Association*, 1878-1879.
★★★ Skatchkov, *Izv'estiya Rousk. Geogr. Obchtchestva,* tome II, no.3, juin 1866.
★★★★ Shaw, *Visit to High Tartary, op.cit.*; Heins, *mémoire cité.*
★★★★★ Gill, *The River of Golden Sand, op.cit.*; Yule, etc.

るが、雲南省には、フビライに随従した兵士の子孫を除き、テュルク系やモンゴル系の要素はみられない。満州人の王朝が開始されて以後、ムスリムも他の中国人と同様に辮髪を強いられており、今世紀に至っても当局は中国人の習俗に従ってムスリムの母親に対し、娘の纏足を義務化するという蛮行を行なった。よく似た相貌と同一の衣服にもかかわらず、毅然とした物腰や率直なまなざし、そして西方では武器を携行する習慣により、ムスリムは一目で見分けられる。醸造酒を口にせず、煙草や阿片も喫煙しないこととて、全般的に他宗教の信徒にくらべ健康を享受し、同胞意識にもとづき行動するため、中国人の庶民にくらべ物質面での豊かさを確保している。そこで甘粛省や陝西省のムスリム富商に対しては、累進課税がムッラー〔律法学者〕により定められている。これは収入の四割に達することもあり、益金が共同体の福祉に用いられる★。

中国におけるイスラームの浸透

中国のムスリムに共通の伝承によれば、北部諸省にイスラームが初めて現れたのは七世紀の太宗〔唐王朝第二代皇帝李世民、五九九―六四九〕の治下である。ムハンマドの縁者イブン＝ハムサが三千人の移民とともに長安（西安府）に落ち付いたとされる。彼らは非常に歓迎され、無事にモスクを建立し、イマームやハビブ、ムエッザンといった聖職者は、同宗者に対する一定の民事権限を当局から委任されるに至った。ほぼおなじ頃、別のムスリムがおそらく海路から雲南省に入り込んだ。七五八年になると、中国の年代記は、広州の郭外町を襲撃し朝廷の穀物倉を荒らし回るアラビア海賊について記している。時代を通じ雲南省のムスリムとイスラーム世界のあいだは、広州やバモー〔ミャンマー北東部〕、ビルマ内陸を通じて連絡があった。雲南省は北方にくらべ教育水準が高く、省内のムスリム共同体のなかには、コーランやモスク内でのアラビア語の祈りを解釈し、中国語で注釈できる地元民が必ず見出される。回民蜂起の指導者のひとりだった馬徳新（マ＝テシン〔雲南省出身のイスラーム法学者 Ma Tehsing, Yusuf Ma Dexin 一七九四―一八七四〕）はメッカ、イスタンブル、アレクサンドリアを訪れ、西洋の諸科学を学んだほどだ★★。

★ Vasilyev; Delmar Morgan, *Phoenix*, March 1872.
★★ Émile Rocher, *la Province chinoise de Yün-nan*, Paris: Ernest Leroux, 1879.

ムスリムの分布

今日では北部の「回回」が西洋のムスリムと連絡するのは、ジュンガル地方を経由する。かつてチベット仏教や、ネストリウス派キリスト教を信仰した甘粛省のウイグル人やタングート人も、チャガタイ・ハン国［一二二〇頃―一三三四］の北部と西部の同胞がイスラームに改宗したさい、それに倣った。東トルキスタンからの移住者や、ティムールがジュンガル地方に残したモンゴル人ムスリムによって数は増えてゆき、少しづつ中華帝国のこの部分における卓越を確立したのである。サラル［撒拉爾］ないし河州（ホチュウ［臨夏］）と、金積堡（キンキパオ）の二都市もここに位置する。両市は聖典や礼式を学ぶ若者の留学先で、中華帝国におけるメッカとメディナだ★。甘粛省のいくつかの市邑にも数百のモスクがあり、商業は全面的にムスリムの手中にある。とくに家畜の取引を独占するため、揚子江以北の沿岸都市や北京の食料調達は、彼らに依存する。

ムスリムの信仰心

他国の同宗者にくらべ、中国のムスリムは西洋のアッラー崇拝者に共通する狂信性をもたない。かなり多くが孔子の教えに即した科挙を受験するし、この国家的宗教の宗礼も実践する。官職についたのちは、地域の守護神を称える公共の生贄を供えることも拒絶しない。ただし、勧誘熱はいささかも失っておらず、異教徒から一線を画して身を処する。ムッラーはムスリムの娘を満州人や中国人に嫁がせることに猛反対するが、ムスリムが中国人女性を買い取るのは奨励する。「回回」はすべてスンニ派で、シャフィエとアゼミの二派からなるが、異教徒の前では合同する。最近の反乱の際には両者の相違はいっさい閑却され、どちらの宗派でも貧富の別なくイマームに喜捨がなされた。雲南省でも、パンゼー人は山岳民ミャオ人のいくつかの部族と手を携えた。満州人に対する憎悪がムスリムと異教徒を連合させたのである。

雲南省の回民蜂起（パンゼー人の乱）

最初の蜂起は、中国人とムスリムが別々の集団で働いていた鉱山地区での利害対立がもとになり、雲南省で

★ Friedrich von Richthofen, *Lettre à la Chambre de commerce de Changhaï.*

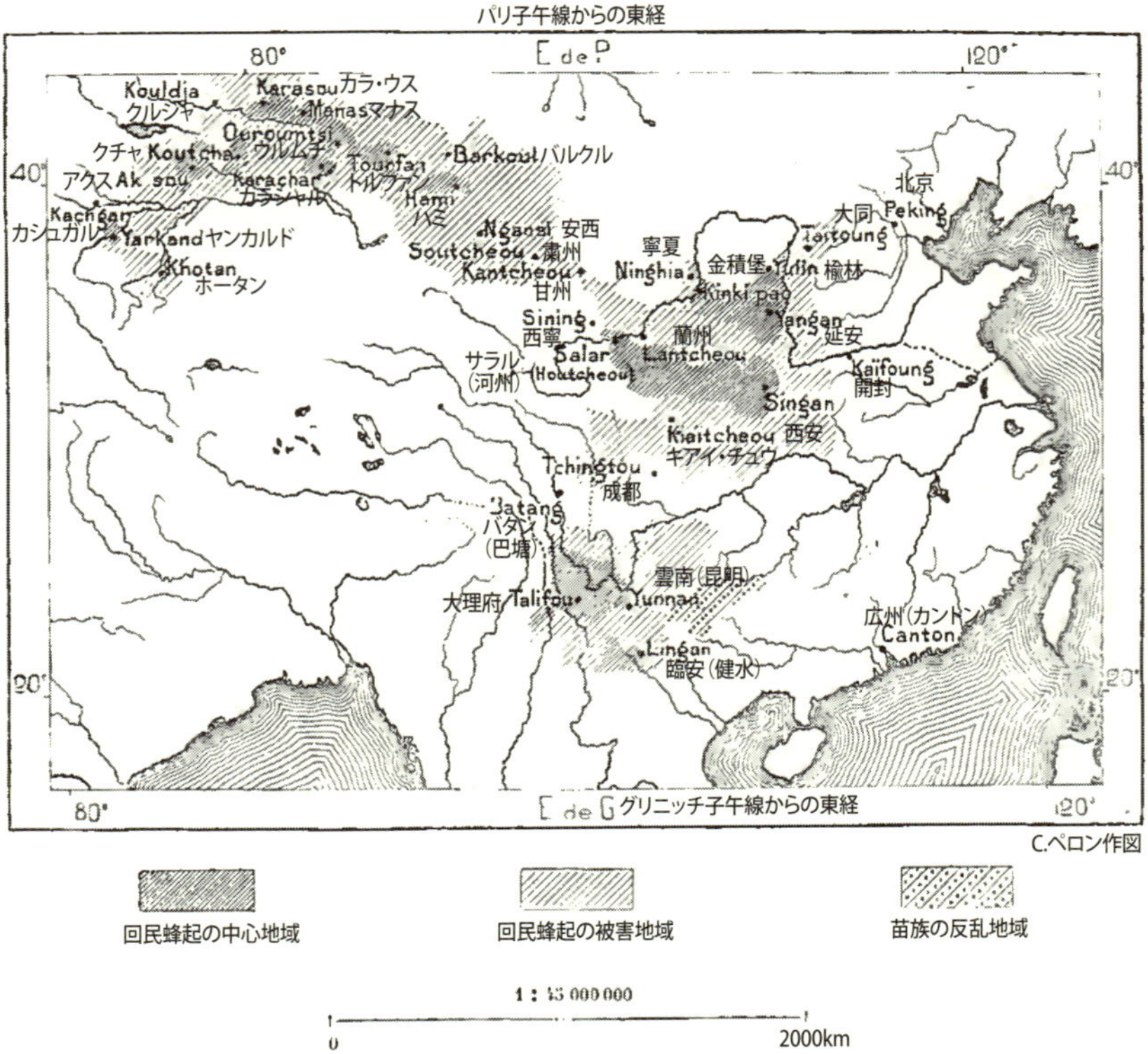

図51　回民蜂起の爪痕

発生した。いくつかの乱闘事件が起き、たいていムスリム側が優勢だったが、これを終わらせるため、清国の役人は一掃計画を企てた。一八五六年五月のある日が殺戮の決行日に選ばれたが、処刑の手筈はおそまつなもので、ムスリム側はすでに警戒していた。少人数だった場所では大半が喉を掻き切られたものの、それ以外の場所では抵抗に成功し、豊かな市邑かつ第一級の軍事拠点である大理府（タリ・フ）を陥落させると、さっそくビルマとの交易基地に仕立て上げ、武器弾薬を調達したのである。四年にわたる戦闘を経て、一八六〇年になるとムスリム勢力は省都雲南府（ユンナン・フ〔昆明〕）を占領するに至った。だが大立者になった族長たちが清朝政府の買収に応じ、同宗者に刃を向けたため、内戦はさらに十三年間にわたり続いたあげく、大理

府の街中で三万人のムスリムが虐殺されて終焉した。ビルマに逃げ込んだのは数百人のパンゼー人にすぎなかった★。

北西部の回民蜂起（ドンガン人の乱）

中国北部での蜂起は一八六〇年になってからで、西安府の東にある華州（ホアチュウ）での中国人虐殺に始まった。西安は城壁のおかげで回民の攻撃に耐えたが、蜂起は各地に及んだため、中国人とモンゴル人は恐慌をきたし、山岳部や沙漠に逃げるか、あるいは喉を掻き切られた。陝西省と甘粛省での破壊行為はムスリム側の凄惨な怒りを示しており、聖戦にすべてをなげうつため、家長が自分の妻子を手に掛ける例がいくつも見られたのである★★。渭河（ウェイ・ホ）流域は一村残らず破壊され、穴居民が住む洞窟の住居さえ岩壁が砕かれて廃墟になった。逃げる暇のなかった村民は、キリスト教徒をのぞき虐殺された。捕虜は焼き殺され、老人や幼児も喉を掻き切られた。死者は数百万人と見積もられる。いくつかの地区では打ち倒されていない家屋のほうが珍しく、大砲の助けを借りねばならぬほど頑丈な城壁をそなえる一握りの大邑のほか、北西部の諸省から中国人の姿はまったく消えた。一帯はもはや決定的に帝国から失われたように思われたが、叛徒の側に計画性と団結力が欠けていたことは、彼らにとって破滅的だった。一五年にわたる戦闘の最後には、けっきょく統制のとれた軍勢を保持する側が勝利したからである。清国の将軍たちはまず陝西省、ついで甘粛省を再征服したのち、天山山脈の軍事拠点群を回復し、最後の残党はジュンガル地方の荒野に逃げ散った。こうして長きにわたった回民蜂起は中国の両辺境で同一の終焉を迎え、清国軍は武力駐屯を続けた。だが敗退したとはいえ、アッラーの崇拝者たちは今も強大な勢力のままである。何人かの論者は―中国人に宗教的熱情が欠如していることを考えればやや先走りな議論に思われるが―ムスリム住民の団結心と強固な共同体組織をもってすれば、いつの日にか彼らは極東を牛耳るだろうと予言している★★★。

★ Rocher, *op.cit.*
★★ Heins, *Izv'estiya Roussk. Geogr. Obchtchestva,* juin 1866.
★★★ Vasilyev, *Histoire de la littérature chinoise*, dans le recueil de Korsch.

キリスト教（景教）の伝来

ムスリムと同時期に中国に根を下ろしたとはいえ、キリスト教徒ははるかに少なく、ムスリムに比較すれば、その影響力は皆無だとみてよいだろう。しかしかつては違い、メソポタミア地方やバクトリア地方からのネストリウス派が華々しい共同体を中国に樹立した。中国へのキリスト教宣教師たちの入国については、中世における諸年代記や編年史にちらほらと記載された証言に加え、それを誌す石碑が最近まで存在した［大秦景教流行中国碑］。これは一六二八年に西安付近で発見されたもので、カトリックの宣教師がしばしば訪れた。だがウィリアムソン［スコットランド人宣教師 Alexander Williamson 中国名韋廉臣、一八二九―一八九〇］が一八六二年に目にしたのち、一八七二年のリヒトホーフェンによる陝西省の旅行の際に見出せなかったところをみると、太平天国の戦乱［一八五〇―一八六四］で破壊されたと思われる［碑亭は焼失したが石碑は残り、現在は西安碑林博物館が収蔵する］。石碑の正統性に疑問の余地はなく、その美しい文字と記述の重要性により、中国学者たちは何度も複写した。フランス国立図書館には美麗な拓本が展示されており、全ての語句について注釈が論議されてきた。この石碑によると、六三五年にシリア人宣教師アロプン［阿羅本］が聖図像や聖典を携えて入唐し、三年後には西安（長安）にひとつの教会［波斯寺］を建立する許可を得た。この新宗教は急速に帝国に広まり、とくに九世紀半ばなど、何度か迫害に遭ったが、マルコ＝ポーロが中国を渉猟したさいには、北部で盛んだったほか、全省で存続していた。こうしたキリスト教徒の共同体群が東洋に存在したことが、中世西洋の想像を掻き立てた「プレスター・ジョン」神話の淵源に違いない。ヨーロッパに伝わった漠然たる噂により、アジアのかれこれの帝王こそ、黙示録の不死の預言者ヨハネ［英語名ジョン］に違いないと、繰り返し考えられたのである。この伝説がはっきり名指しするひとりが、カラキタイ王国［西遼］の創立者である★。後代になると、マルコ＝ポーロの語るチンギス＝ハンの敵手の一人、オン＝ハン［ケレイト部の長トグリル Toghril 一一三〇頃―一二〇三］が本当のプレスター・ジョンとされ、さらにはチンギス＝ハンこ

★ D'Avezac; Gustav Salomon Oppert, *Der Presbyter Johannes in Sage und Geschichte*, Berlin: Julius Springer, 1864.

そがこの神秘の君主ではないかとも疑われた★。キリスト教の大王国をアジアに探し求めても無駄なことがはっきりすると、今度は別の「インド〔ヘロドトスによる呼称〕」に目が向けられる。すなわちナイル源流地域で、今度はエチオピア皇帝が伝説のプレスター・ジョンになった。十六世紀初頭のポルトガルの海図では、南アフリカにさえプレスター・ジョンが見出されるのである★★。

カトリックの布教活動

ネストリウス派はもはや中国のキリスト教を代表するものではなくなっている。ウイグル人やタタール人ほか、かつてこの西洋宗教を奉じた種々の北方住民は、おそらくティムールの時代にイスラームへ改宗した。そして最近、帝国の一体性を危機に落とし入れたのが、まさにネストリウス派の子孫であるドンガン人と呼ばれる人々である。ネストリウス派ののち、この儒教国家に布教したのがカトリックの宣教師たちだった。すでに十三世紀末にはモンテコルヴィーノが各地に教会〔大秦寺〕を設置し、北京の司教になっていたが、十七世紀になると、カトリック聖職者は以前ほど歓迎されなくなった。マカオのヨーロッパ商人たちは、布教活動を助ければ国外退去させられるのではないかと懸念し、彼らを追い返したからで、中華帝国に入り込めたのは度重なる努力の末だった。だが最後にルッジェーリ〔イタリア人イエズス会士 Michele Ruggieri 中国名羅明堅、一五四三—一六〇七〕が中国人に変装して広州に潜入し、翌年には有名なリッチ〔同 Matteo Ricci 中国名利瑪竇、一五五二—一六一〇〕が彼に続いた。世慣れた社交家で練達の外交官だったリッチは、その膨大な知識でもって要路に取り入り、最後には皇帝〔明朝第一四代万暦帝〕の客分として宮廷に暮らした。リッチの仕事を引き継いだイエズス会の宣教師たちの大半も君寵を得て、高位高官のあいだに多くの改宗者を獲得した。そもそもイエズス会士は中国人が神聖なものとする宗礼、とりわけ祖霊崇拝をはっきりと弾劾しないよう大いに気を配り、香華を手向け生贄を捧げることすら、孝心の発露による礼式として許容したのである。だが十七世紀末に到来したドミニコ派宣教師たちは、こうした行為に異端の烙印を押したので、南米で起きたのと同

★ Yule, *The book of Marco Polo, op.cit.*
★★ Desjardins, *Notes manuscrites.*

様に、両派はおおっぴらな敵対関係に至った〔典礼論争〕。一七一五年のクレメンス十一世〔在位一七〇〇―一七二一〕の回勅はイエズス会に非を認め、以後は中国人の入信にあたり、カトリック信仰の告白に加え、自国在来の慣習を否定すべしとされている。このため改宗は比較的に少数になり、大半は葬儀費用の工面が難かしい貧困層になっている。他には、戦火や飢饉のさいに司祭が引き取ったり、さらには貧窮した親から買い取った子供たちが、カトリック信仰の修行のなかで育てられている。中国における「キリストの王国」はこうして補充されており、ペロショー司教〔フランス人成都教区司教 Jacques-Léonard P?rocheau 在任一八三八―一八六一か〕は曰く、「われわれの洗礼者に与えられる一〇〇フランにより、少なくとも三〇〇～四〇〇人の子供を更生できるのであり、その三分の二はほぼ直ちに昇天する」。一八七六年時点のフランス人、イタリア人、スペイン人、ベルギー人の宣教師は三〇〇人ほどで、数百人の地元民の神父や伝道師がその仕事を補助していた。彼らによると信徒は四〇～五〇万人で、毎年二〇〇〇人づつ増加中だった★。

プロテスタントの伝道

プロテスタントの布教は最近からで、南京条約が締結〔一八四二〕されて清国政府が五港を開港してからである。一八六〇年以後、伝道師たちはチベットと東トルキスタンを除く全土にだんだんと広がっていった。モンゴルや満州にも入り込んだのである。人数は二五〇人ほどで、ほぼ全員がイギリス人か米国人だ。地元民の補助者は六〇〇人を超える。これらの牧師は、二〇軒ほどの医院や三五〇ほどの学校を設立し、七五〇〇人の生徒を擁する。一八七八年の中国人プロテスタントは約五万人と推定され、主な共同体群は福建省に所在する。寧波地区では、肉食を禁じる仏教諸派からの改宗者が大半だ★★。だが、プロテスタントの伝道が不成功である大きな原因のひとつは、イギリスが清国に押しつけた阿片貿易である。麻薬でもって自分たちに毒を盛る国民が、教義でもって自分たちを向上させることができるのか、住民は自問するからだ★★★。そもそもどの宗派であれ、キリスト教の聖職者にとって、他のヨーロッパ人が近くに

★ Hedde, *Bulletin de la Société de Géographie de Lyon,* janv. 1877.
★★ Theodor Christlieb, *Missions évangéliques.*
★★★ Walter Henry Medhurst, *The Foreigner in Far Cathay,* New York: Sribner, Armstrong and Co., 1873.

挿画 XXVII　典型と衣服。中国の知識人〔広州の士太夫〕
トムソンの写真をもとに、E. ロンジャ筆

いるのは迷惑千万で、改宗者を外国人の共同体から遠ざけておこうと努力する。カトリックの宣教師は信者に教会のラテン語しか教えないが、瀆神的な著作を読みたくならぬようにであり、プロテスタントの伝道師は、信者が英語を学ばぬよう気をつける。ヨーロッパ貿易に開放された港湾で、通訳として生活費を稼げるようになれば、去ってしまうのを懸念するからだ★。だからこそ京報〔政府新聞〕の掲載した勅令は次のように述べたのである。「二種類の外国人が中国を更生すると言い張っている。一方は、自分を愛するように汝の隣人を愛せという。もう一方は、身の危険なしに遠くから隣人を殺害する術を教え、殺人技術の粋である小銃をわれわれに買わせる」。

ヨーロッパ人の中国人観

中国人の習俗について普遍的な判断を下し、文明化した諸国民のなかで「漢族」が真に占める位置を定め

★ Williamson, *Journeys in North China, Manchuria and Eastern Mongolia, op.cit.*

挿画 XXVIII　中国の子供
トムソンの［複数の］写真をもとに、E. ロンジャ筆

るのは困難である。旅行家の大半は決まって彼らを嘲弄する癖がある。中国人を「天の子たち」と呼ぶのは無知に発するものだが、この呼称を用いるときには、彼らの滑稽な側面を示すか、さらには奇矯な点を誇張するのが、ほとんど約束事になっている。この先入観はきわめて強力で、西洋人の大多数は青河［揚子江］沿岸の住民の形姿を、「絵に描いた中国人」やぎごちない所作、そして永遠の薄笑いによってしか思い浮かべない。宣教師たちのほうは、ときに冒さねばならぬ危険とか、この民族と日々関係をもつことから、もっと真剣に彼らと向き合う。ただし、改宗を促す側であることとて、随所に見出すのは罪深き人々であり、このため中国人全般を描写するにあたっては、悪行に落ち込み、今だに堕落した「異教徒」だとする。だが最も多いのは、少しづつこの新しい風土に適応し、中国に同化してゆく人々だ。ガルニエ曰く「中華帝国は彼ら［西欧人］のなかに、あらたな市民を見出している」。宣教師のなかには、西洋文明を保持しつつも、自分を取り巻く国民に惚れ込み、彼らのなかに一種の道徳的優越性さえ認め

る者もいる。前世紀のイエズス会宣教師がヨーロッパに送った熱心な記述では、中国人の賢明さと美点を称えるが、歴史的には何ら正当化できない。これらの報告者は、東アジアにおける、彼らにとっての新世界を模範に仕立て上げようと、文明を自称する西洋人に対し、中国人を範として比較するのを好んだのである。

中国人の長所

中国人が「西夷」と自身を引き比べ、産業面はともかく、正真の文明という点で自らを高しとするのはまったく自然である。また人々の外観から判断する限り、西洋人も彼らが主張する筆頭の地位を明け渡す気にもなるだろう。作法の礼儀正しさといい、親切さといい、中国ほどそれが普遍的な国はないからだ。人間の尊厳に訴えかければ、中国の民衆ほど従う人々はいない。生来慎み深く、慇懃かつ親切で、中国人はお互いの連帯を感じ取る。「四海は皆兄弟だ★」と彼らは口にするし、同年代のあいだでは兄弟分のちぎりを交わすのを好む。ヨーロッパ人旅行家は湖北省や四川省といった国内で最も人口稠密な諸省の隅々まで踏破したが、不作法な言動や仕種を受ける心配は皆無だった。雲南省や湖南省、江西省などで民衆の好奇心があまりに無遠慮なことは本当だが、老人一人に保護してもらうだけで、誰もが外国人を尊重する★★。大都市にひしめく群衆の間に酔漢はまったく見られず、暴力沙汰を目にするには、対外交易に開放されたヨーロッパ系租借地を訪れねばならない。だが、そこで暴力を非難されるべきなのも全く地元民ではないのだ。中国人の美点が最もよく示されているのは学校である。教室はあたかも宗教的な秩序を保ち、それを乱そうとしたり、課題をないがしろにする生徒はいない。従順で考え深く、勤勉で、疲れを知らず勉学に打ち込むのであって、この姿勢は生涯にわたり変わらない。年齢不相応に生真面目だが、明るくて元気でもある。モンゴル人の子供のように大笑いすることはなく、すでに教養人の尊厳に関する十全な意識を具えているのだ。

中国人の短所

中国人が現実にヨーロッパ人にくらべ劣るように映る特質は、個人の率先が弱い点である。人生の困難を

★ Dennys, *op.cit.*

★★ Eugène Simon, *Récit d'un Voyage en Chine.*

前にした場合、幸せをかちとるため中国人がどれだけ工夫を凝らすかは、イギリス人やフランス人と変わらないだろう。だがその戦いのなかで、中国人はまずもって慣習に沿おうとする。運命を克服する頼りにするのは、向う見ずな勇気よりも、受動的な抵抗のほうなのだ。俗諺や世間的な倫理の教えが示すように、ふつうは高い野心をもたず、冒険的な企てや、生活の急激な変化を嫌う。これほど軍歌が少なく、技芸と平穏を一貫して讃仰してきた民族はない。静かに畑仕事にいそしむ農夫の歌では、「国を出たのは芽吹きの頃、帰ってきたらもう枯れ草。旅は長く食い物はひどい。犂を追うのを止め、武器を手にした後は、何という不幸続き」という。西洋の合唱隊ならば激情を込めるこうした詩句を、中国農民は物憂げに歌い上げる。ひとつの国民的な詩が、すぐれて静謐や節度、いつもの労働、平穏への愛好を称えるのは、興味深い現象である。気高さや深みは十分にあるし、いくつかの言葉は、心を鷲掴みにする手法でもって何らかの感情、ないし観念を提示するが、しかし全体に、個人がもつ生命力の飛躍といったものが見られない。難解な形式、型どおりの比喩、箴言の駆使、そして入念かつ控えめな言葉遣いにより、この観念はあまりにうまく隠れてしまい、注釈者たちが技法を尽くさねば見出せないのだ。こうした精神が自然に赴くところ、中国の著述家たちは最後には音韻を踏んだ倫理学と詩の区別がなくなり、格言も韻文になったのである。つまり中国のこうした詩は、むしろ倫理学の概論だとみなすのがふさわしいだろう。中国の詩人には個人の理想という観念が欠如している。その詩は常に、一族や民族の名において歌いあげられるのである。

孝の概念

中国社会における家族の構成が、西洋諸国よりもはるかに強固であることは知られている。かつて「百姓」と呼ばれたこの国民全体は、ひとつの家族のようなものだと考えられており、じっさい社会的義務は息子が父に対して負うのと同一である。すべての道徳は家系を敬うことに発し、政府そのものですら、父権の延長にほかならない。これは古代社会における父権概念の、いわば古生物学的な残滓である。すなわち、孔子の遺言とされる孝経（ヒアオ・キン）が述べる社会の土台としての孝だ。「五倫」つまり父子、君臣、夫婦、長幼、朋友のあいだには、相互の服従関係が

あるとされる。父親の自然的な権威と、息子の服従は、伝統と法により強化、かつ聖化されており、すべてはそこから始まる。数百万年［ママ。「数千年」の誤植か］にわたり、これが中国社会の多様な人種的要素を束ね、持続的な秩序の全体を形成してきた原理である。だが同時に、それはもっと血なまぐさい社会的変容の実現を困難にするものでもあった。中国人はヨーロッパ人にくらべ、みずからを取り巻く社会の中で、自分に固有な、独立した価値観を個人にそなえさせる自由という倫理に関する理解が乏しい。国家にあっては、家族のみが何らかの政治的権利をもつと理解されている。かつて民衆が意見を徴されていたさい、投票は家族を単位としたし、現在でも、市町村次元の問題では家長だけが投票に赴く。それ以外の投票方式はすべて犯罪になるのであって、家族の皇帝である父親は、身内の考えや感情について、絶対君主と考えられているからだ。父親は家族の善行を自慢し、その報酬を要求できるが、一方では、その悪行に対する責任も負い、処罰の対象になる。息子が大きな勲功を立てれば、父親と先祖の系譜全体が受爵の栄に浴すが、逆に、子孫の犯罪は代々の先祖の資格剥奪に至る。こうした家父長制的な慣習は、両親に絶対の権威を与え、無限定の奉仕を子供に義務付けるもので、中国ではあまりに強力なため、他国ではまったく知られていない習わしを生むことになった。すなわち、息子が父ないし母を一度でも殴りつけると、親殺しと同等とみなされ、死罪に処せられるのである。貧窮のはなはだしい地域では、有罪宣告を受けた金持ちの身代わりを申し出た若者が死刑になる例がしばしばみられた。それと引き換えに数千フランを受け取り、家族を豊かにできるからである。法が求めるのは罪が償われることのみで、受刑者の名前は問題ではなく、誰かの首が落ちれば正義はなされるのだ。執行人の手にかかり落命する息子たちは両親に祝福され、孝行の務めを最高のやり方で果たすことで、至福の念に包まれる。

葬礼

両親の葬儀、とくに父親の葬儀にあたっては、子供がおおっぴらに悲嘆の念を表すのが仕来たりである。最大の遺産相続者で家長となる長男、あるいは長男がすでに故人ならばその長子ないし養子が、死者の魂のひとつ［魂は三つとされる］を、故人の徳目を誌した墓碑に鎮め、祖霊たちの前に線香を上げねばならない。また故人の道行きを安楽

挿画 XXIX　厦門近くの骨壷置き場。トムソンの写真をもとに、テイラー筆

にするため、ふんだんな紙のお金と、紙でかたどった金塊や衣服、馬、使用人、小舟など、あの世で必要な品物のいっさいの象徴を供える。喪は三年に及ぶが、公人は二七カ月でよい。服喪は人生の重大事で、父親の遺骸を自宅に保管し、日中は腰掛に座し、夜は棺の傍らでイグサ〔藺草〕のむしろに寝る息子の姿がいくつも見られた。服喪中は肉食と飲酒を控えるべしとされるほか、公けの集まりにも顔を出してはならず、公的な生活は中断される。中国の家屋の大半には、木の幹のような形をした棺桶が装飾家具として備えられるが、故人がそれを準備せぬまま死んだ場合には、長男は財力の許すかぎり豪華なものを購めねばならず、亡父に美麗な棺を買うため、奴隷に身を売った孝行息子を称賛する話がしばしば聞かれる。また遺骨を郷里に送る習慣があるが、ひとつひとつを発送するのは難しいこともあり、まとまった荷になるまで棺が集まるのを待つのが通例だ。小道に墓石が並ぶ最終的な墓地に加え、各地で仮埋葬地や葬儀村が主に高台に設けられている。そこには骨

壺や棺しかなく、どれも花鳥や管弦を表す文様画で美しく装飾されている★。外国で没した中国人が遺骸を母国に還すよう依頼することもよく知られており、故人が属した互助結社［会館］が世話して、船舶をチャーターする。子供が最大限の尊宗を捧げることができぬままの不運な死者や先祖の位牌は、ある特別な寺院が受け付ける。毎年五月には、大喪の色彩である白い衣服に身を包んだ人々が墓や菩提寺に詣で、花や果物などの供物をそなえる。すぐに周囲の木々に巣を構える鳥たちが争ってついばむのだ。ときには色々な階層の数千人が集まるが、こうした聖域では、年長者が上席を占める以外の序列はいっさいない。しがない農民や日雇い労働者も、一族代々の歴史を何世紀分も知っており、その名前のみならず、後世に伝えるべき事績さえ述べることができる。このように家系をさかのぼることで、自分もその一員として、将来も不滅であると感じられるのだ★★。こうしたわけで、一族から放逐された不運な人々は、ほぼ社会の外に置かれる。中国人が仏僧に向ける軽蔑も、彼らが僧籍に入るにあたり血縁を否定しているか、あるいは幼少時に僧院に売られたことが大きな理由で、ほとんど人間扱いしない。

間引き

子供や未婚者、愛妾、奴隷の葬式では長時間を費やさないのが通例である。両親が貧しいと幼児の遺骸を川に流したり、納骨所に投げ込んだり、自宅の門前に捨て置いて、墓掘り人がそれを集めて回ることもある。中国人には一般に子殺し、とりわけ女児殺しの習慣があるに違いないと外国人旅行家が考えたのは、こうして打ち棄てられた小さな遺体を目にしたからだ。だが、しばしば主張されたように中国の世論がこの罪業を承認したことは一度もないし、政府がそれを奨励したこともない。半ば父権制のもとにある中国世界では、子沢山は安楽と長生きとともに、父親に「三つの福★★★」をもたらすとされるからだ。とはいえ、いくつかの省では、貧困層が救済院の門前に子供を捨てる行為がひ

★ Milne; Doolittle; Faivre; *Les Lettres édifiantes et curieuses*; D'Escayrac de Lauture, etc.

★★ Simon, *op.cit.*

★★★ William Charles Milne, *La vie réelle en Chine,* trad. André Tasset, Paris: Hachette, 1860 [2e éd]. ［Milne の英文原著 *Life in China,* London: Routledge, 1857, *p.*193 によると「高給と子沢山と黄金の老年」を指す。一般には多子、長壽、安楽、富足、顕貴の五福］

んぱんなのは確かだ。女児殺しは福建省、とくに廈門の人口過剰ないくつかの地区ではよく見られる。両親自らが新生児を冷水を張った手桶の中で窒息させるのだ。極度の貧困がこうした殺人行為の理由で、役人たちは見ぬふりをするか、誰も読まない宣言文で非難するにとどまる。婚資を整えてやれなければ、娘は貧窮のうちに生きるか、あるいは身を落とすしかない。このため、婚資の見込みがなく、奴隷にも、近隣の男の子の許嫁としても売ることのできなかった両親は、せめて不幸な人生だけは取り去ってやる唯一の手段として、わが子を手に掛けるのだ。奴隷や許嫁として売る場合の価格は、一歳当たり一〇フランほどが平均だ★。またカトリック、プロテスタントの布教団体が、かなりの人数の子供を受け入れて勢力の拡大を図っていることもよく知られている。だが問題の根本原因は続いており、貧困の犠牲者は相変わらずだ。廈門の村落地区では、おそらく世帯の半分で嬰児殺人が行われていると思われる。同地を訪れた外国人は男性の多さに驚くが、地元民はこうした男女比率の原因を隠そうともしない。

奴婢

道徳家たちが厳しく非難する嬰児殺人★★はいくつかの地区で黙認されているだけだが、その一方で、子供を奴隷に売る父親の絶対的な権利ははっきりと法の認めるところである。男の子を売り払う例はきわめて少ないが、非常に多くの女の子がその運命に定められている。金満家は数十人の婢女を擁するし、裕福な世帯の大半が少なくとも一人を家産として所有する。売買契約は一般に「天の照覧」のもと、屋外で荘重に行われる。そもそも女子の奴隷生活は一時的で、というのも主人は夫を見つけてやるものとされ、結婚すれば別の法律のもとに置かれるからだ。男子の奴隷も主人に対し、三〇歳までに伴侶を与えるよう主人に要求できる。そして家長になると、奴隷としての仕事は子供たちの一部だけが引き継ぐ。そのばあい、女の子は当初から自由民だが、男の子のほうは四世代後まで身分が変わらない。ただし奴隷はほぼ常に他の召使と同様に処遇されており、自由民との違いは外国人にはまったく分からない。教育を受ける権利もあるし、科挙を

★ Justus Doolittle, *Social Life of the Chinese,* London: Sampson Low, Son, & Marston, 1866.
★★ Amiot, *op.cit.*

受験して公職に就くこともできるので、その際には彼らが自分と家族を買い戻すのを、主人は許さねばならない。また夫が妻を奴隷に売ることはできず、結婚相手としての場合に限られる★。

纏足

中国において女性が置かれている劣位の立場は、法や慣習に加え、ひとつの肉体的なしるしが示している。すなわち纏足で、これに耐えねばならぬ娘は数百万人におよび、労働に携わる定めの者も含まれる。ロックハート［イギリス人医師、プロテスタント伝道師 William Lockhart 一八一一―一八九六］はこの仕来たりが始まった時期を九二五年とするが★★、マルコ＝ポーロほかの中世の旅行家が言及していないところを見ると、ゆっくりと広まったのである。だが今日では絶対的になり、北京を除く北部諸省では、畑仕事に携わり、重い荷物を担ぐ者まで、ほぼすべての女性がこれを行なう。南部と四川省では、百姓女がこの習慣から完全に免れるほか、都市部の女性の三分の二がまったく纏足を行なわないと推定されるが、この流行の犠牲者は年々増加しているらしい★★★。唯一、満州族の貴婦人は、被征服民の習慣に従うのは面目に関わるとするが、それでも爪先立ちせねば歩けぬ履物は真似をする。こうした靴は多くの事故の原因であるほか、深刻な病気にも至る。

挿画 XXX　満州族の女性
トムソンの写真をもとに、ロンジャ筆

★ Doolittle, *op.cit.*

★★ William Lockhart, "Medical Missionary Practice in Pekin in 1861-62", *The Chinese and Japanese Repository, vol.*1, May 1864, *pp.*472-480.

★★★ Doolittle, *op.cit.*

今日の中国人にとって纏足は「良家の子女」の明瞭なしるしとされ、女性美の基準が要求する「金蓮」に足を変容させる拷問に身をゆだねぬ限り、立派な階層の一員になるのは望めない。この野蛮な習俗を非難する親たちでさえ、纏足していない女性はほぼ確実に嫁げないため、娘にそれを施すのである。ふつうは五歳ないし六歳の女児の足を細い包帯でくるみ、足指を内側に折り曲げ、かかとを弓なりに引っ張って、筋肉の成長が止まるようにする。履物は退化させられた足がいっそう小さく見えるよう、七センチほどの長さしかない。幼児期に始められるため萎縮は脚部にも及び、ふくらはぎのないまっすぐな紡錘形になる★。だがこれらの手法は各地で非常に異なる★★。こうして障害者にされた「育ちの良い」女性は、荷物を持つこともできず、重労働に従事するなど思いもよらない。正常な歩行は不可能で、よろめきながら早足でちょこちょこと進み、両腕でバランスをとる。詩人たちが春風に揺れる柳に比喩するのがこの歩き方である★★★。こうした身体障害がどれほど家事における女性の従属性を大きくするかは、容易に理解される。だが田園部の纏足女性は、さしたる疲れもみせずに夫の傍らで働くのである★★★★。

婦徳の概念

もう廃れた遠い昔の伝承は、かつて古代中国に母権制が存在したことを想起させる。古書によると「伏羲の時代よりも以前、人々は誰が母親かは知っていたが、父親が誰かは知らなかった」。だが中国風の家族制度が樹立されてからは、法律も慣習も、娘としてであれ妻としてであれ、女性の絶対的な劣位を精密に定めている。両親を敬ったのちには、夫を敬わねばならないとされ、格言に曰く「鳥に嫁しては夫の後を飛び、犬に嫁しては夫の後を走り、棄てられた土地の小丘に嫁しては傍らに座し、それを護らん★★★★★」と。婚約や結婚のさいの象徴的なすべての所作は、服従が最高の美徳であることを女性側に思い起こさせるものだ。伴侶が彼女に対しどのような言動をとろうが耐え忍び、沈黙の

★ Harmand, *Bulletin de la Société d'Anthropologie*, 1863, tome IV.
★★ D'Escayrac de Lauture, *op.cit.*
★★★ Milne, *op.cit.*
★★★★ Huc, *Empire Chinois, op.cit.*
★★★★★ *Un Héritier dans la vieillesse*, trad. par John Francis Davis.

うちに従うべしとされ、正義を求めて両親や判事に訴えることはできない。せいぜい寺に詣でて頭を垂れ、惑う夫の心を変えてくれるよう、大慈大悲の観音菩薩に願うだけである★。紀元一世紀に生きた中国第一の女性文人である班恵班（パンホエイパン〔班昭、四五頃―一一七頃〕）は、古典とされる『女誡』に女性の義務を述べている。彼女が語るところによると、往古には、女子が誕生した父親に煉瓦と屋根瓦を贈る習慣があった。「煉瓦は足で踏まれ、屋根瓦は大気に痛めつけられるから」であり、「妻は純然たる影にして、単なる木霊以外のものであってはならない★★」。夫が一人ないし複数の愛妾を―一般には家内の婢女の中から―選んでも、妻は彼女たちを暖かく迎え、穏やかに同居せねばならない。離婚の権利をもつのは夫だけで、病気とか口うるさいといった理由だけで、判事に持ち込まずとも妻を追い出すことができる。だが妻を気に入らぬときには、ほぼ決まって彼女を売り払うのであり、それには然るべき形式の契約書を買い手と交わすだけでよい。これは当人同士の相対取引で、世間が口を出すべき事柄ではないのだ。寡婦が亡夫の墓前で自殺する習慣も完全には消滅していないが、ヒンドゥーの寡婦のように〔夫の遺骸を荼毘に付すさい〕火中に身を投じる例はなく、阿片などの毒薬や、断食、入水、とくに縊死により夫の後を追う。そうした場合には前もって覚悟を知らせるので、各地から親類縁者や友人、物見高い連中がやって来て、彼女を勇気づけ、褒め称える★★★。しかし公衆の称賛を受けていなくても、伴侶を追うため、あるいは夫にふさわしい女性であり続けるために、自死する例は多い。一八六〇年に英仏連合軍が北直隷省に侵入したさいには、数千人の女性が外国人の支配下に落ちるのを避けるため自殺した。棺に横たわって死を待ち望み、じっさいそのまま死んだのである★★★★。つまり女性は伴侶が自分の全存在だと考えているのであって、何らかの自由を享受したり、夫が絶対の主人としての権利をまれにしか悪用しないとしても、それは一般的な慣習よりも緩やかであることが有難いにすぎない。一種の国民的な女性敬愛として、貞淑な処女や寡婦を称え、町はずれに名誉記念門〔牌楼〕が建てられる

★ Mad. Gray, *Chinese Customes.*
★★ Amiot, *op.cit.*
★★★ Doolittle, *op.cit.*
★★★★ D'Escayrac de Lauture, *op.cit.*

ことがある。自由と引き換えに、記念建造物をあてがうのだ。

礼の概念

中国のように礼儀が重要な社会では、結婚も他の行為と同様に無数の儀式からなる。それらの象徴的意味合いは一般的に理解されていないものの、省略してよいとはまったく考えられていない。書経に曰く「天有禮《てんいうれい》を秩《つい》づるに、我が五禮《ごれい》に自《よ》る。五庸《ごよう》せんかな［加藤常賢『書経（上）』新釈漢文大系、明治書院、一九八三、五三頁］」。中国人のいう「礼（リ）」には慣習のほか、文明の民と野蛮人を区別するいっさいが含まれると言わねばならない。伝統を重んじる中国人ならば、宗教的、あるいは民間の祭礼に必ずなすべき義務が定められているほか、他家への訪問や客を迎えるさいの決まりごともある。礼拝や跪拝は何度行うべきか心得ねばならぬし、歩幅や頭の垂れ方、目の瞬き、声の響き、微笑の具合も前もって測られる。彼らが範とする孔子が幼時に最もお気に入りの遊びは、大人物に対する儀礼でもって友達に挨拶し、うやうやしく上座を勧め、彼らの前に平伏して、犠牲を先祖に供える儀礼の真似ごとをすることだった★。宗教的および民間の祭儀に通じない限り、「君子」の称号を得る権利はないとされる。孔子に帰せられる言では「禮《れい》を知《し》らざれば、以《もっ》て立《た》つこと無《な》きなり［堯曰第二十、吉田前掲書、四三八頁］」だからである。

結社

さてそうは言っても、社会が必要とする推進力となると、礼法の遵守がもたらすわけではない。中国にも、全土をひっくり返すような革命は何度もあった。それは箴言を反復し、壁にそれを記すのを良しとする知識人の形式主義的な世界の下に、象徴的な儀礼の実践よりも、急迫した生活上の関心に身を削る人々の群れが蠢動することを証明している。一般庶民にとって、公式の道徳が期待するように、堯舜と禹の三帝王の言動にすべてを合わせる余裕は、生きるための闘いや、日々の労働の必要からして、不可能である。中国の諺にいう「息子は自分の父母よりも世の中に似る」というものであって、世の中は、古典の教えの中ではいざ知らず、国民

★ Amiot, *op.cit.*

の現実生活においては不断に変化している。中国について「あまりに早熟だったため、すでに活力を使い果たした」という見解がかつて表明されたが、不当な言い草だ。押しつぶされそうな数々の不運に対し、これほど果敢に、かつ若々しく立ちあがっている国民はない。ただし、中国の奥底で生起しつつある変容のなかには、固有の民族的特質も見出される。ヨーロッパで何らかの勢力が卓越するばあい、それは一時的に合同した個人を基礎とするのに対し、中国では、代々維持されてきた「会（ウイ）」と呼ばれる結社の影響力のほうが、相対的にはるかに強いからだ。西洋に結社は多いものの、所属するのは人口のごく一部だが、極東ではほぼ男性の全員がその活動に関与する。都市では、貧者たると富者たるとを問わず、あるいはブルジョワか日雇いかを問わず、何らかの結社に所属しない住民はおそらく皆無である。こうした結社は公然と組織されているものもあれば、秘密裏に活動するものもある。「花の子達」と呼ばれる物乞いにさえ結社があり、特有の位階と特殊な規範をそなえ、祭儀や会食が行われる。

太平天国

中国の中央部を悲嘆のどん底に落としこんだ最近の内戦は、秘密結社の影響がどれほど強いかを示すものだった。それは同時に「漢族」の内部で奥深い変容が起きたこと、そして彼らが、よく言われるように過去への崇拝で石化してしまい、動きの止まった民族ではないことも、示している。中国人と清朝の士大夫を混同するのは粗雑な誤謬であって、実際の出来事はそうした見解を裏切るものである。そもそも孔子自身も「大學《だいがく》の道《みち》は、明徳《めいとく》を明《あきら》かにするに在《あ》り。民《たみ》に親《した》しむに在《あ》り［赤塚忠『大学　中庸』新釈漢文大系、明治書院、一九六七、三九頁］」と述べているのだ。太平天国は民族的な成長における新しい進化を代表するものである。世論がとことん支援することがなかったのは、宗教面でも政治面でもあまりに斬新さを追求したからだ。すなわち、往古の民族王朝である明をほとんど気に掛けず、侵入者である満州族への対抗軸を、以前の歴史に求めなかった★。反乱が起きたのは、西洋諸国も動揺していた一八四八年である。最初はある教派の領袖［拝上帝会を創立した洪秀全、一八一四―一八六四］が

★ Edkins, *Religion in China, op.cit.*

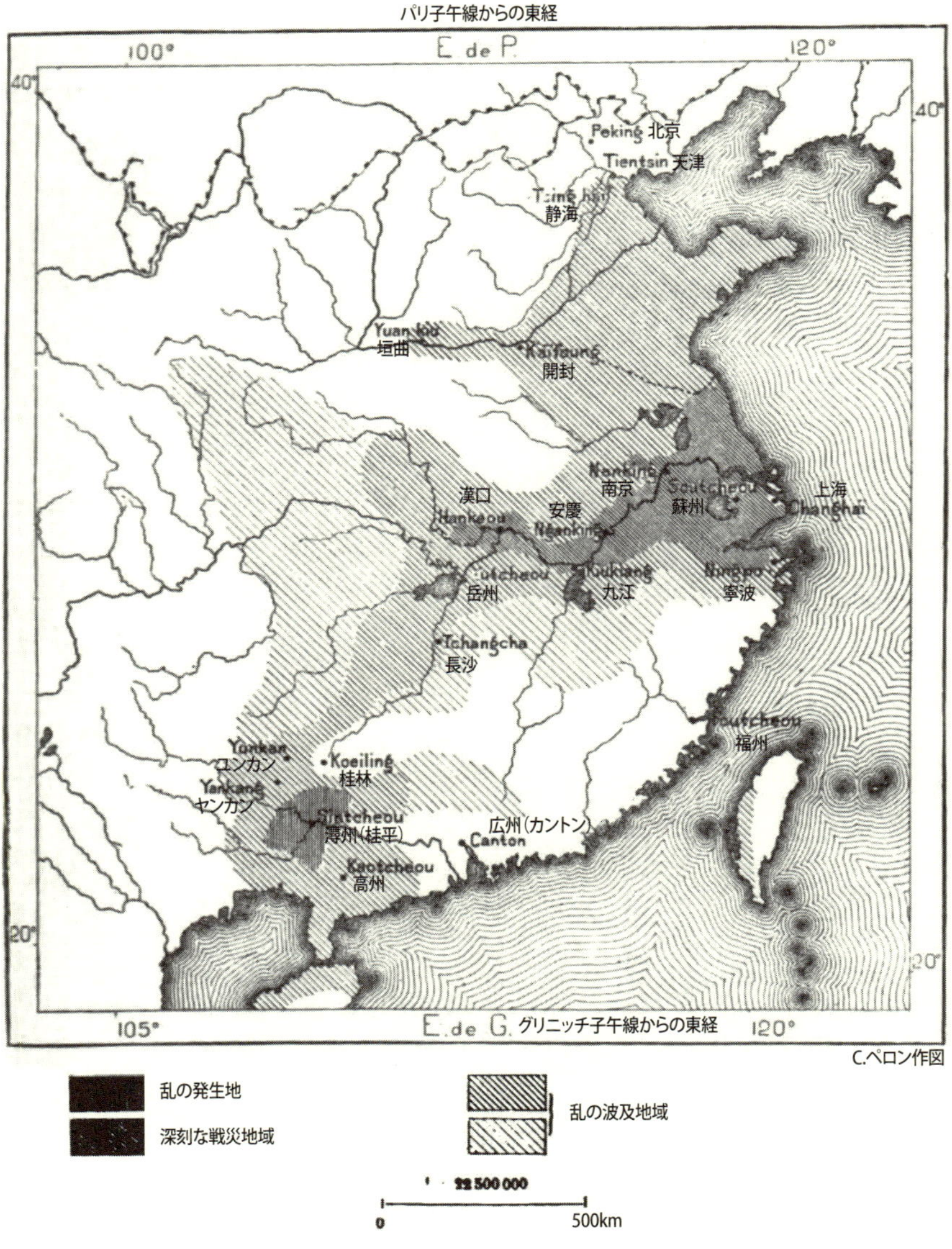

図 52　太平天国の乱の爪痕

起こした単なる宗教上の紛糾だったが、すぐに全面戦争に発展し、もろもろの宗教的熱情や利害、階級間の憎悪といった国内のあらゆる対立要素が注ぎこまれ、情け容赦ない闘争になった。戦闘は広西省〔広西壮自治区〕の広州の川〔西江〕沿いにあった発祥の地から、客家（ハッカ）や本地（プンティ）人が多い南部各地に広がり、交易の幹線路を経て揚子江地域を巻き込み、北は天津の城門まで至った。すでに一八五一年には「太平天国」が樹立され、一八五三年には南京が「天京（ティエンキン）」の名称で首都に返り咲いた。反乱勢力は中華の最も肥沃な地帯に加え、揚子江下流全域、さらには寧波ほかの海港も支配するに至り、国土は、清朝皇帝にお忠誠を誓う諸地方と明確に分断された。太平天国側にとり、勝利はともかく、今日われわれが目にするのとはまったく違う政権基盤を帝国全体に設ける機会は十分にあったが、そのときヨーロッパ人がフランスの志願兵部隊と、英仏の正規兵部隊でもって、清朝に来援したのである。太平天国の所属者はしばしば「長毛（チャンマオ）」と呼ばれ、キリスト教の祭式を自分たちの信仰に混ぜ込み、宣教師から借用した言葉を勅令に用いた。さらに聖書を聖典のひとつとし、外国人のキリスト教徒を政府に迎え入れていたにもかかわらず★、中国在住の西洋人は宗教よりも貿易の利害を優先し、そのおかげで清朝皇帝は自領を回復できたのである。一八六二年には、清軍は太平天国による上海占領を阻止し、戦略拠点を急速に奪還した。あとは諸都市を焼き払い、住民を虐殺したのち、飢餓民を追捕するだけが清朝兵士の仕事だった。これらの飢餓民は「捻匪（ニエンフェイ）」と呼ばれ、生きるために盗賊となったもので、政治目的はなく、田園部をあちこち荒らしまわったのである。

革新勢力としての結社

かくして帝国の統一性は再建されたが、旧来の秩序の回復は表面だけにすぎない。国民の奥深く隠れた多様な結社が存続し、影の世界として機能している。「蓮〔白蓮教か〕」や「清い茶」、「天、地、人の三貴〔天地会か〕」の連合の流れを汲むものに加え、新たな名称をもつ多くの結社がある。宣教師ギュツラフ〔ドイツ人宣教師 Karl Friedrich August Gützlaff 中国名郭實腊、一八〇三—一八五一〕が設立したものさえあり〔福漢会〕★★、

★ Léon Metchnikov, *D'elo*, août 1878.

★★ Joseph-Marie Callery et Meichior Yvan, *L'Insurrection en Chine depuis son origine jusqu'á la prise de Nankin*, Paris: Lib. Nouvelle, 1853; Edkins, *Religion in China, op.cit.*

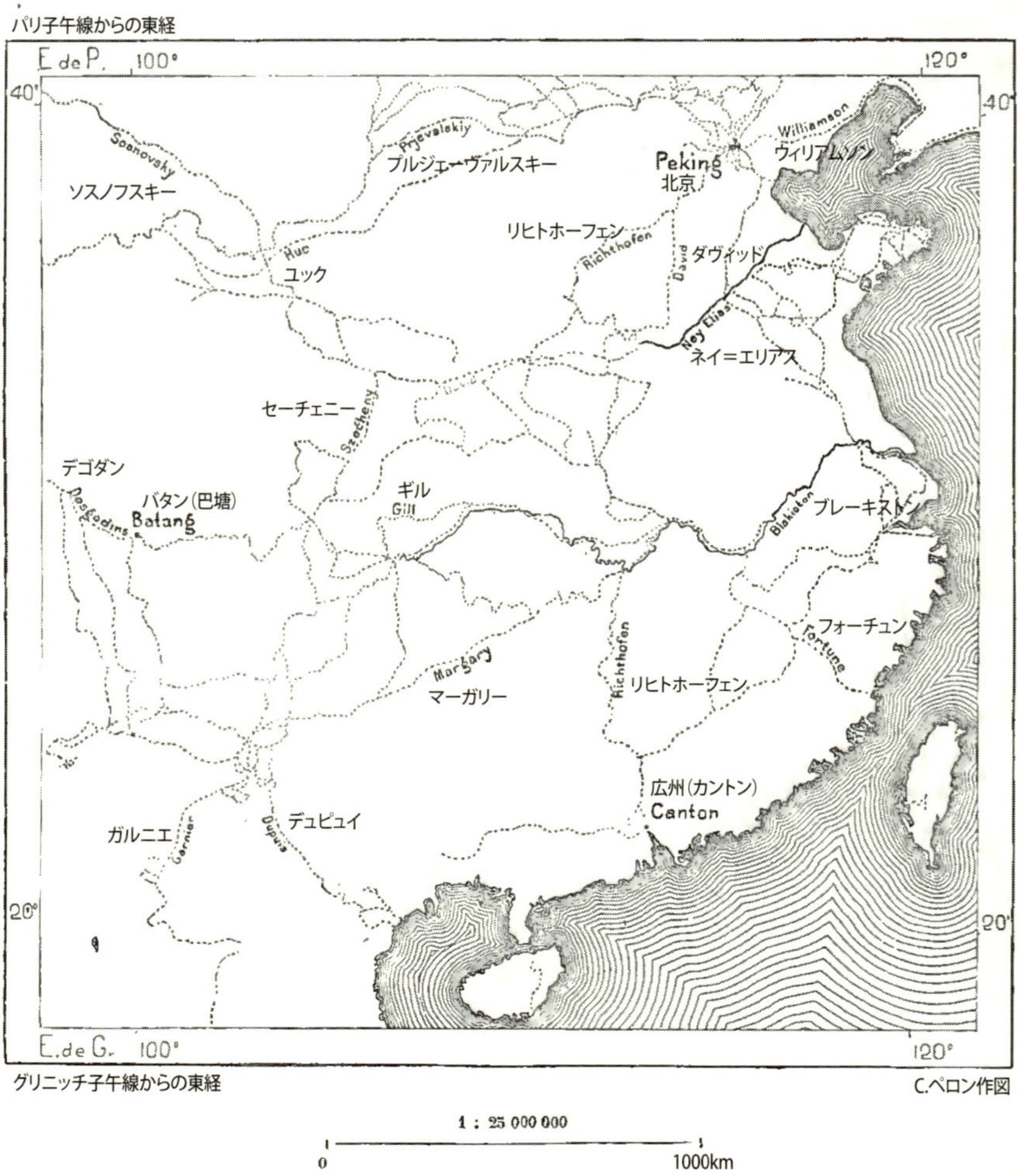

図 53　現代の主な旅行家の経路

いずれも政治、社会面の刷新を目的とする。古めかしい法律や諸形式、公式行事は、若返った社会による諸要求の高まりと整合しなくなり、中国はますますひんぱんに外国と関係をもつようになっている。外来の思潮は憎悪をもって押し戻されるが、深い影響を及ぼし、衰退期にある体制の崩壊を加速している。

ヨーロッパ人旅行家による探査

ヨーロッパ人が臨海部や揚子江の川岸に樹立した入植地は小さなもので、大したことはないように見え、膨大な漢族にくらべれば人数も微々たるものである。だが、中国の国民生活の新たな時代は、これらの入植地とともに始まっている。今や東洋と西洋は大きな歴史の動きによってつながっている。中国は地理的にも、われわれがよく知るヨーロッパと南アジアからなる世界に、だんだんと結合しつつある。ヨーロッパ人旅行家たちはすでに中華帝国をあらゆる方向に経めぐったが、毎年新たな経路が付け加わり、その網目は縮まる一方だ。今や詳細かつ体系的な踏査に移行する時期である。

第二節　白河流域、北直隷省［河北省］

総説

狭義の中国のうち、帝国の首都が所在する地域は、一八省の最北である。それは黄河と揚子江の両大河がはさむ本当の中央部からも離れている。長きにわたる太平の世には、南京のような中央部の市邑が首都になるのが自然だった。しかし対外戦争の時期には、政権とその官僚、部隊からなる軍事抵抗力が、脅威を受ける方面に進出せねばならなかった。モンゴル人や満州人が南下してくるのは白河の田園地帯だったので、その河畔では何度も決定的な戦闘が行われたのである。侵入者側が勝利すれば、故国に隣接するこの地方にふつうは居座った。容易に援軍を受けることができたし、敗退すればすぐに逃げ込めたからである。何度か中断はあったが、これが十世紀半ば以降、北京が皇帝の御座所に選ばれた理由である。そもそも北京は自然的には南方の諸都市と同一の地方に所在する。モンゴル平原を画する山岳縁部の南東にある平地にあって、黄河が涵養する田園地帯から隔てる山岳や丘陵の屋根部は、皆無なのだ。北直隷省から河南省、江蘇省、安徽省にかけ、気候や作物、住民の遷移は看取されない。北直隷省★は住民のおびただしさから見ても、まったく中国的な土地である。直近の公式調査は太平天国の乱や黄河の河道の変化、大飢饉よりも以前のものだが、省内人口を三七〇〇万人としていた★★。フランスでの同一面積よりも三～四倍の人口である。

北直隷省の地勢

北直隷省は東を海に臨み、北と西は、モンゴルの高原地塊の扶壁である山々の階崖によって、かなり明確に画されている。稜線は全体に南西から北東へと、遼東半島や山東省の稜線に並走する。この山岳部か

★ 同省は単に「直隷」とも呼ばれる。

★★ 内モンゴルの併合地を含めた北直隷省の概要は以下の通り。面積 14 万 8357km²（Hannemann による）、人口 3687 万 9858 人（1842 年）、249 人／km²。

挿画 XXXI　北京郊外、夏宮からの眺め
P. シャンピオン氏の写真をもとに、バークレイ筆

ら流れ出る河川群は、最初は高い峡谷を辿るが、横に開いた割れ目があると急に折れ曲がり、平地に出てくる。北京郊外をうるおす白河と渾河〔以下永定河（盧溝）〕に挟まれた山地に、二〇〇〇メートル級の峰はかろうじて一座しかない。だが永定河の以南では二五〇〇～二四〇〇メートル級に立ちあがってゆく。ブレトシュネイデル〔ロシア人中国学者 Emil Bretschneider 一八三三―一九〇一〕によれば、小五台山（シアオ・ウタイ・シャン）の雪の頂きは海抜三六〇〇メートルに達する可能性がある〔標高二八八二メートル〕。

渤海沿岸部

北直隷省の沿岸部は、満州の川である遼河の河口から、北京の川である白河まで、およそ五〇〇キロに及ぶ。かつては省内の山岳地帯と平行な海岸線だったが、諸河川が運ぶ沖積土のせいで当初の輪郭から変化している。モンゴル南東部からカラコテンやジュホル〔承徳〕を下る水流をすべて受け取る灤河（ロアン・ホ）は、かつて新鮮な土でもって海中に巨大な半円を形成した。湾の西にある浜辺を見れば、白河や三河（サン・ホ）、すなわち北塘河（プタン・ホ）の運搬した土砂がこの浅海の海岸線をかなり前進させ、昔あった島嶼や、有史以前に海中から突き出ていた溶岩丘を、陸地に取り込んだことが分かる★。北直隷省の低地平野は全域が旧海底で、流路にある山々を削った岩屑を運ぶ河流群がゆっくりと埋め立てたものである。しかし完全には埋め立てられておらず、今も湖沼が一部に残り、ところどころで水流は湾に向かうほどの傾斜を見出せず、ためらうように流れる。このため天津の田園部、および北直隷省中央部の全域が、数年にわたり湖になってしまう事態がひんぱんに起きる。冠水面積はときに一万五〇〇〇平方キロほどに達し、場所により深さは五〇センチから一・五メートルに及ぶ。この大洪水の水面上に残るのは、丘や高台に建設された村や都市だけだ★★。白河上流や永定河、州河（ツ・ホ）、滹沱河（フト・ホ）、衛河（ウェイ・ホ）は天津の上流で合流し、白河の下流部〔海河〕になるが、それが十分な流速をもたないため、田園部で静止してしまう。農作物はだめになり、一帯の住民は飢餓にさらされる。土手が崩壊し、川底の位置は変化し、運河の流れも不確

★ Palladius, Zapiski Roussk. Geogr. Obchtchestva, vol.IV, 1871.
★★ Guy de Contenson, *Bulletin de la Société de Géographie de Paris,* juillet 1874.

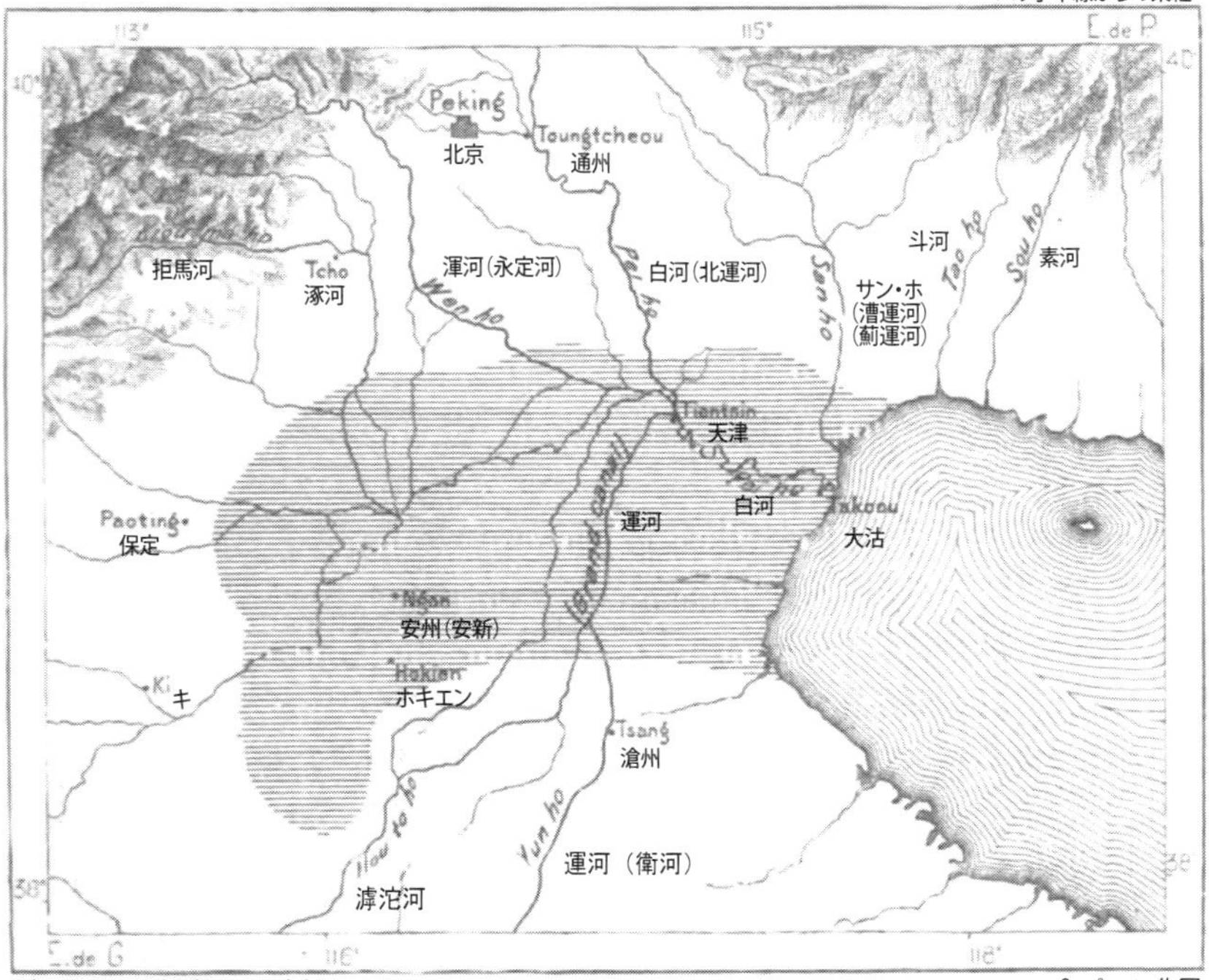

グリニッチ子午線からの東経　　C. ペロン作図

出所：　ギ＝ド＝コンタンソンによる　　100km

図 54　北直隷省下流部の水害地帯

かになるため、舟運も困難になる。かつて天津と揚子江を連絡する大運河の北部区間だった衛河も、こうして最近は航行できなくなっている。前世紀のヨーロッパ人旅行家の一人であるエリスがすでに証言したように、ほぼすべての村名は、この平野の諸河川が絶えず移動したことを示している。

水害の原因

北直隷省の気の毒な農民は、この冠水は一匹の黒緑色の龍の怒りだと説明し、供え物でそれを和らげねばならないとするが、ヨーロッパ人は地盤沈下が原因ではないかと議論してきた。だがこの仮説は何ら精密な測量に基づいておらず、事実の多くはむしろ逆に、中国の知識人が渤海湾〔原文は常に baie de Petchili すなわち「北直隷湾」の表記だが、渤海湾と訳出する〕の海岸線がかくも急速に前進した理由とする、局地的な隆

起を思わせるものだ★。中国のこの地域における変動がどのようなものであれ、北直隷省における定期的な洪水の直接原因は明白である。それはヨーロッパや新世界の多くの国々とおなじく、水源になる山肌の伐採だ。夏季の大量の雨水を木の根が保持しないため、植生土とともに地表を高速で流れ下り、泥水の急流となって天津の低地に向かうものの、そこではおなじほど早くは流れられないからである。森林伐採はまた「埃の嵐」を意味する「禍風（クワ・フン）」の猛威を増加させる結果ももたらした。これは農作物に被害を及ぼし、しばしばその後で病気が蔓延するため、平野部の住民の恐怖の的である。こうした土壌と環境の悪化を治すには、山腹に再植林し、現在は土壌を荒廃させるだけの水を定期灌漑に利用できるよう、隘路の出口に堰堤を設けるのが必要だろう。また、同一の窪地に集まってくる諸河川の合流点を移設するのも、おなじくらい有益と思われる★★。水害は北直隷省住民の一部に移住を余儀なくさせており、内モンゴルや満州の数十万人に及ぶ入植者が、ここの出身である。都市部も人口減少が起きているが、そのひとつが帝国の首都である北京だ。

北京の歴史

官話では「ペティン」ないし「ベツィン」と一般に発音される北京が「北の御座所」の意味をそなえ、「南の御座所」である南京（ナンキン、応天インティエン、江寧キアンニン）の対をなすことはよく知られている。北京と命名したのは十五世紀初頭の明朝皇帝〔第三代皇帝永楽帝、一三六〇―一四二四〕で、ヨーロッパ人は誰もがこの呼称を用いるが、現地で知っているのは知識人に限られ、人々は御座所を意味する「禁城（キンチェン）」としか呼ばない。公式用語では「京都（キントゥ）」だが、意味はおなじだ。現地の地図では「順天（シュンティエン）」と表記される。そもそも北京ほど名称がひんぱんに変わった都市はめったにない。歴史に初めてその姿を見せたさいには冀（キ）と呼ばれたが、のちには燕（イェン）という公国の首都になり、今も文人はこの名称で呼ぶのを好む。さまざまな呼び名のうち、ヨーロッ

★ Wylie; Henry H. Howorth, “Recent Elevations of the Earth’s Surface in the Northern Circumpolar Regions”, *Journal of the [Royal] Geographical Society,* 1873, *pp.*240-263; Richthofen.

★★ Jones Lamprey, “Notes of a Journey in the North-West Neighbourhood of Pekin”, *Journal of the [Royal] Geographical Society,* 1867, *pp.*239-269

パが中世に知ったのは、この都市に北方の征服者たちが冠したテュルク語のハン・バリク（カンバルク）すなわち「ハンの都市」で、マルコ＝ポーロも自国民に繰り返した呼称だ。また北京はしばしば戦乱で荒廃したため、名前とおなじくらいその位置も変わった。とくに北側をはじめ、近郊の随所にかつての城壁や櫓の跡がみられる★。

永定河

巨大な方形の市域をなす北京が立ち上がる平原は標高三七メートルしかなく、モンゴル高原の南部を画する山々の、最後の扶壁になる高い丘陵地に近い南東に位置する。二つの小河川があるが、現在はどちらも城壁の横あるいは市内を通過しない。この首都の交易や物資の搬路である白河は、城壁の東二〇キロ以上にある。西に一五キロほどの地点を通る永定河は、白河よりも水量が豊かだが、水運は少ない。かつて永定河は城壁近くを流れていた。北京の平地に向かわないよう、左岸に頑丈な堤防が設けられている。丘陵地からの出口付近の岸辺には鉄製の牝牛の像があるが、現地の伝承によると、危険な増水が始まれば鳴き立てるよう命じられているという★★。歴代皇帝は二度にわたり石景山（シキン・シャン）の孤丘上流に水路を開削させ、北京市内の水路に引水して水運の便を図ろうとしたが、二度とも市街が浸水したため、閉鎖せざるを得なかった。水路の頭首工として築造された巨大な閘門の残骸が今も目にされる。永定河は、丘陵地よりも下流ですこぶるひんぱんに河道を変えたため、平地の随所に大理石の橋がある。すでに河床は干上がっているが、雨季には水流がみられる。

北京の人口

ウェーバーが算定した城壁内の北京の面積は六三四一ヘクタールで、パリの約八割に相当する。だがかなりの割合が住宅地ではない。皇城および皇族の居館の区域は、大半が庭園や東亭、無人の宮殿で占められる。外城も東西に幅およそ一六〇〇メートルにわたる家屋しかなく、城壁が囲む広大な敷地の残

★ Emil Bretschneider, *Recherches archéologiques et historiques sur Pékin et ses environs,* trad. par V. Collin de Plancy, Paris: Ernest Leroux, 1879.

★★ Emil Bretschneider, *Die Pekinger Ebne Die Pekinger Ebene und das benachbarte Gebirgsland,* Gotha: Perthes 1876 (*Petermann's Geographische Mittheilungen*. Ergänzungsheft N° 46).

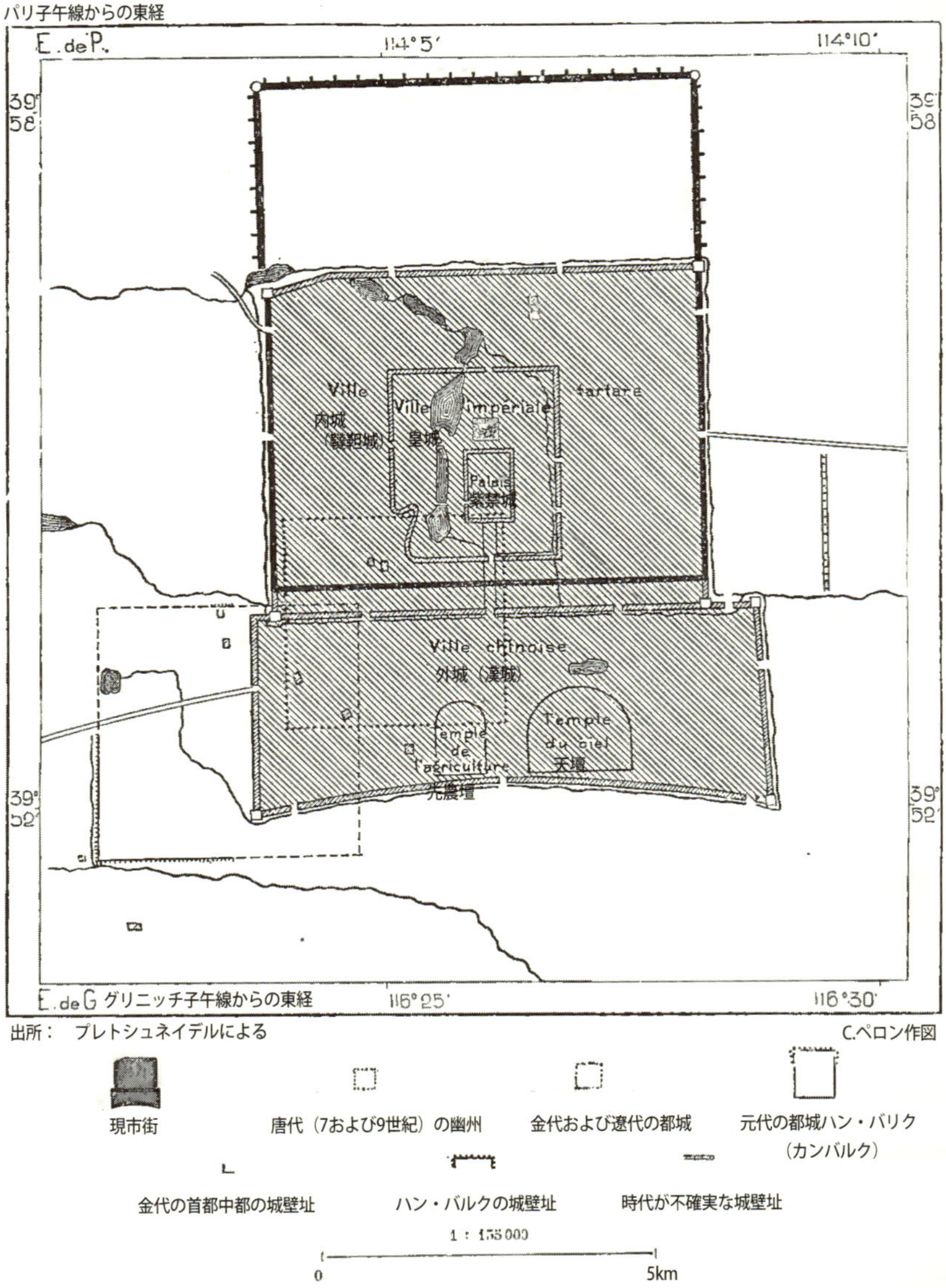

図 55　北京の移り変わり

りは、耕作もされていない空き地が広がり、沼沢や昔の墓地、広場になっている。公園や天壇と先農壇も外城にあるが、かなりの箇所を建物の残骸が占め、他の国内大都市ほどの人口を擁するようには見えない。おなじ北直隷省にあって、白河下流の市場町をなす天津よりさえ少ないのである。ブレトシュネイデルは五〇万人もいないのではないかと考えており、だとすると、かつて信じられたようにロンドンに匹敵するには遠く及ばず、その八分の一程度だ。現在までのところ清朝政府は都市統計の発行を拒否しているが、数値はすべて把握している。当局は死亡数を正確に掌握する。というのも、死者はすべて市外に埋葬されるため、運び出すには城門を通るが、各城門で積荷の目録が作成されるからだ。

内城と外城

北京は並置された二つの街区〔城〕からなり、両者は市内にあるひとつの高い城壁により隔てられている。北の街区は正則な四角形で、「韃靼城」あるいは「満城」だが、「内城」とも呼ばれる。南の街区は東西の両端がわずかに南にふくらんでおり、「漢城」ないし「外城」である。かつては単なる郭外町にすぎなかったが、十六世紀半ばに城壁をめぐらせたものだ。城壁はかなりよく保存された威圧的な規模の巨大な土壁で、表面は煉瓦葺きである。高さ一五メートルの頂部は、幅も一五メートルの石畳になっており、荷車がらくらくとすれ違うことができる。二〇〇メートルごとに壁と同高の方形の塔が、城壁から二〇メートルに突き出して設けられている。さらに、銃眼の開いた四階建ての隅櫓が角地を睨み下ろし、各城門の上には、彩釉瓦の三層屋根をそなえる大きな関楼がある。城壁の外側にはところどころに水濠があり、排水路にもなっていて、畑や菜園、ぼろ布がぶらさがる茅屋からなる不潔な郭外町を隔てている。

外城

外城は内城よりも住民は少ないけれども、商工業のせいでもっと活気があるが、厳密な意味の都市というよりは、大きな宿営地に似ている。不規則な形の広場に荷車や天幕がひしめき、荷車ががたぴしと通ってゆく街路は幅がまち

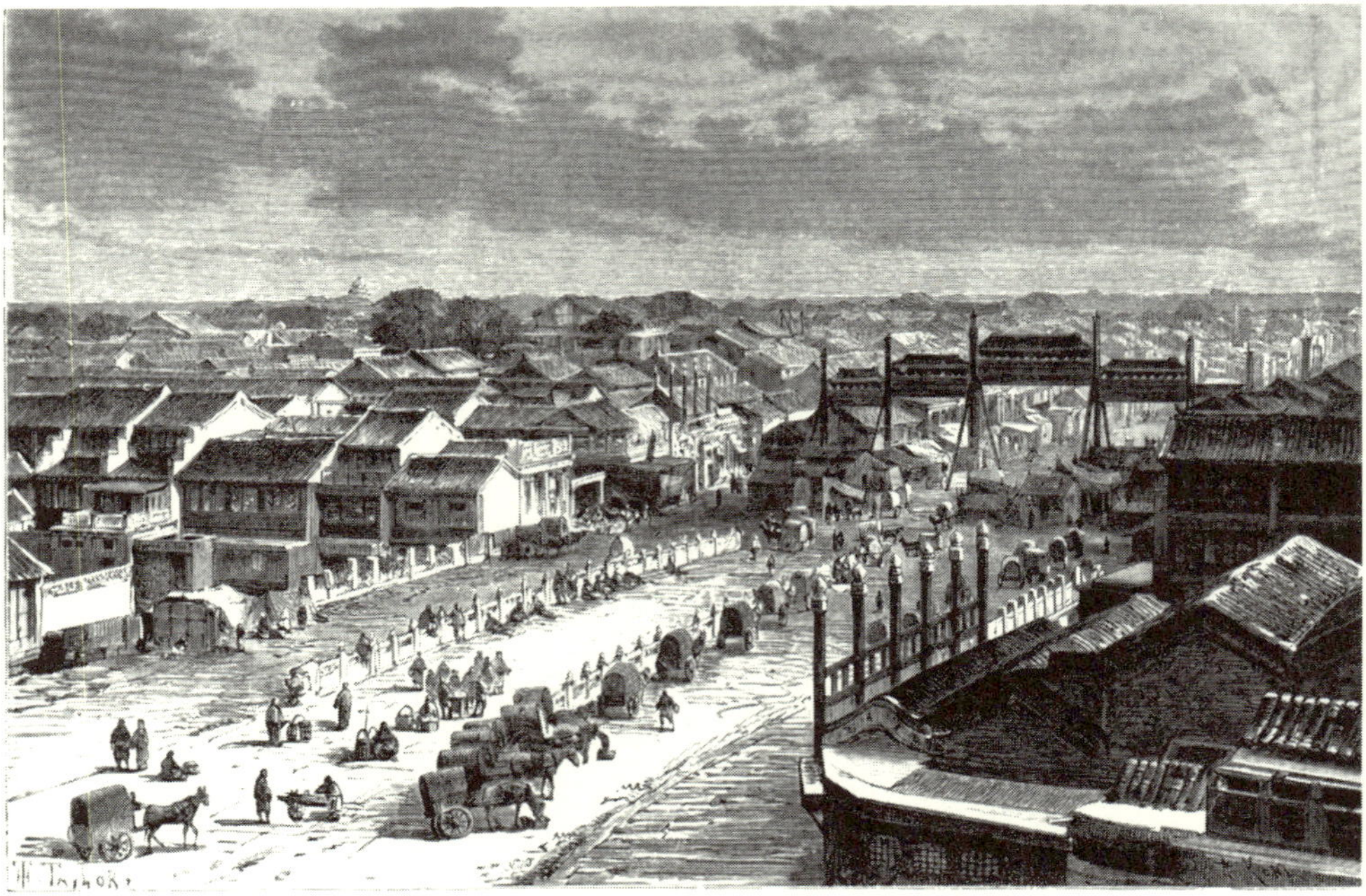

挿画 XXXII　北京の大通り
ポール＝シャンピオン氏の写真をもとに、テイラー筆

まちで、窪んだ両脇が歩道になってはいるが、雨が降ると泥濘と化し、乾季には塵埃が溜まる。沿道にごたごたと立ち並ぶ屋台は提灯や看板で飾られ、その前に人々は押し合いへしあいする。仮小屋の商店の後ろには、商人の寝起きする小住宅がある。区画された木立はぽつりぽつりとしか目に入らない。外城には何本かの下水溝が走り、汚水でもって道路に散水する。「泪橋」に近い最も賑わう界隈には、罪人を横たえる死刑台をそなえた仕置き場があり、落ちた首を受ける竹籠の下の土は、血で赤ずんでいる。

内城

韃靼城のほうはもっと正則な形をしているが、外城ほど美しくはない。ただし外国の代表団の居館の周囲と、象徴的な動物の像が装飾する大理石の橋梁が、水路をまたぐ凱旋道路群は別だ。近年まで、征服者たる満州族の子孫は優秀民族に属するとされ、北京住民の範たるべしと考えられていた。このため内城

に居酒屋や娼館はない。外城からの葬列や棺が街路を通過するのは、穢れとしていっさい許されない。かつては満州人が外城に居住することも、被征服民に部屋を貸すことも禁じられていたが、かなり以前から守られていない。住民は混交し、多少とも純粋な満州人の子孫が内城ではまだ多数を占めるものの、狭義の中国人が大挙して流入しており、商業は彼らの手中にある。「回回」と呼ばれるムスリムは内城と外城合わせて数万人を数え、主に手職に携わる。金属関係の職人はほぼ全員がムスリム共同体に属する。現地キリスト教徒は、前世紀に宣教師たちが教えた時計製作を独占している。

紫禁城

内城には、城壁をそなえた三つめの街区があり、四方に城門がある。これは「黄色」の区画すなわち聖地であり、黄色のタイルで覆われた国内唯一の建造物を擁する。これが皇宮〔以下、紫禁城〕で、それ自身が四つ目の街区を形成し、臣民の立ち入りは許されない。紫禁城の敷地の大半は人口池や植え込み、幽明な小道で占められる。丘がふたつあるが、全市を一望する高いほうの丘は景山（キン・シャン）、もっと一般的には煤山（メイ・シャン）、すなわち「炭の山」と呼ばれる。巷の言い伝えでは、この丘は人工のもので、長期の籠城にそなえて石炭を積み上げたものを被覆しているとされるからだ。北西にある丘陵地から北京の平野を足下に眺めると、この首都はまるで四角く区割りされた巨大な樹園のように見え､その中央に小道や東亭をそなえる「炭の山」が立ち上がる。隣接する内城と外城の家屋は、緑の中の筋や斑紋にしか見えない。

天壇、先農壇ほか

紫禁城にほぼ匹敵する面積をそなえる二つの祭壇が、外城の南を占める天壇と先農壇で、両者とも樹齢数百年の老木の並木に囲まれる。どちらの苑の外縁も数キロにおよぶ。天壇は二層の屋根をもち、大理石の段々からなる露台の上にそびえる円形建造物で、瑠璃瓦と板張りの木造部分からなる〔祈年殿と思われるが、一九〇六年に再建された現在のものは三層〕。青や紅、黄金に彩色され、最下部の緑と対照をなす。先農壇はもっと小さいが背は高く、三層になっており、

挿画 XXXIII　北京の天壇［祈年殿か］
一葉の写真をもとに、テロン筆

欄干やきざはしを飾る多くの付け柱が囲む。毎年春耕の時期になると、皇帝や太子達が象牙と黄金の犂を先導し、天地の恵みを祈願した畑地が近くにある。だが英仏連合軍が首都に入城して以後、この儀式はすたれてしまった★。それ以外にも、国家的宗教の荘重な儀式が営まれる地壇、日壇、月壇という聖域が、内城の城壁のすぐ外側にある。城壁の内側に近接し、士大夫堂の隣に、昔のイエズス会宣教団の天文台〔観象台〕があり、現地製の興味深い青銅の観測器具をそなえる。象徴的な龍をかたどった装飾は、北京の乾燥気候のおかげで素晴らしい保存状態にあり、中国青銅器の収蔵品として知られるうち、最も美しいものである。北東隅にある露国国教伝道所〔原文 observatoire russe だが、R・F・ジョンストン『完訳紫禁城の黄昏（上）』中山理訳、祥伝社、二〇〇五、二四頁地図に倣う〕はもうひとつの宝物、すなわち一五〇年にわたり収集が続けられてきた漢籍を収蔵する。またラザリスト会布教団の所有する美しい自然博物館は、宣教師アルマン＝ダヴィッドが作ったものだ。翰林院の収蔵図書も膨大だったが、大半は散逸し、ヨーロッパ人が今日収蔵するいくつかの漢籍とおなじものすら、探しても無駄である★★。明代の政府はシャム語やビルマ語、ペルシャ語、テュルク語、チベット語、さらには南西の未開民族の二言語を教える諸学校を北京で運営していた。阿片戦争〔一八四〇―一八四二〕ののち、皇帝の大臣たちはインドシナや中央アジアの言語よりも役に立つ外国語があることを理解したので、外交をつかさどる宮殿〔理藩院〕に学校〔同文館〕が設置され、若手官僚が英語やフランス語、ドイツ語、ロシア語、そして満州語を学んでいる。モンゴル語とテュルク語の授業は人気がない。

北京への交通

商業都市としての北京は、マルコ＝ポーロが「日々カンバルック〔カンバルク〕には車一千輌に車載した絹糸が持ち込まれるが、それだけにカンバルックの住民がそれを材料として織造する金襴・絹布の量は莫大なのである〔『東方見聞録1』前掲書、二四三頁〕」と述べた時代ほどの重要性を、恐らく今はそなえない。

★ Julien de Rochechouart, *Pékin et l'intérieur de la Chine,* Paris: Plon, 1878.

★★ William Alexander Parsons Martin, *The Chinese: their Education, Philosophy and Letters,* New York: Harper & Bros., 1881.

挿画 XXXIV　旧観象台の天球儀。トムソンの写真をもとに、セリエ筆

それでも白河のほとりにある通州（トゥンチュウ）と北京を結ぶ路上には、膨大な荷車や、荷を積んだ馬や騾馬の列、歩行者がいる。北京から通州の川港まで約二五キロの行程をもつ水運路もあり、酒や阿片などの物資を積み込んだ艀が遡上する［通恵河］。だがこの運河は五段階以上の水位があり、そのたびに荷を積み替えねばならないので、運搬は困難を極める。こうした積み替え地点のひとつが八里橋（パリ・キアオ、ないしパリ・カオ）で、一八六〇年に英仏連合軍が清国軍を撃破した地点として著名である。たいてい通州の港は艀で一杯なので、舟から舟を伝って川を渡ることができる。こうした一種の舟橋が利用できる地点から天津までのあいだも、しばしば舟の長い列ができる。だが十二月初旬から三月初めまで凍結するため、平均三ヶ月にわたり舟運はいっさい停止する。その間は、北京と上海間の交易を陸路によらねばならない

が、道路はすこぶる劣悪だ。北京の城壁から放射状に伸びる街道のうち、舗装されているのはひとにぎりで、近代的な道路は夏宮に向かうものしかない。南西に向かう別の道は永定河（ユンティン・ホ）ないし渾河にある有名な盧溝橋（ルコウ・キアオ）に至る。ただし、これはマルコ＝ポーロが目にし、二四のアーチをそなえると語ったものではない。それは十七世紀に倒壊しており★、現在の橋は康熙帝が建造させたものである。中国趣味の巨人的な構造物で、大理石の二体の象と、二二四体の獅子の像が装飾する。それ以外の北京周辺の公道の構造物は明代に整備されたものだ。

近郊の物産

近郊の主な産業は畑作である。市街の南西にある一八か村は総称して豊台（フェンハイ）と呼ばれ、野菜や果樹、花卉を、北京に供給する野菜農家からなる。ジャガイモやバレイショ［馬鈴薯］も今世紀初めに導入された。同地のブドウは美味なレーズンをもたらす。温室はガラス張りではなく、カジノキ［梶の木］の繊維で作った韓紙を貼ったもので、これにより中国南部の植物も完全に世話される。また種々の珍しい野菜も、驚くようなやり方で栽培されている。もうひとつの近郊の産業が無煙炭の採掘で、恐らく近い将来に最も重要になるだろう。リヒトホーフェンの推定では、石炭層の厚さは二〇〇〇メートルを超える。現在最も活発な採掘地は、北京の西にある百花山（ポホア・シャン）から下る清水河（ツィンシュイ・ホ）の峡谷にあり、石炭を北京まで運ぶラバ曳きの一隊は、隘路や階崖を通る難儀な小道を辿る。だが、首都のすぐ近傍にもいくつかの炭鉱があり、永定河の右岸近くにあるものは、カトリック宣教団が所有する。英国は最大の生産量をもつ斎堂（チャイタン）と北京を結ぶ鉄道を提案したが、「これまでラバで足りた。これからも足りる！」というお定まりの回答を得ただけだった。新道はマルコ＝ポーロの時代からひとつも企画されなかったのである。現在も北京は一定量の英国炭を輸入し、上海経由でカリフォルニアの薪炭材さえ受け取る★★。だが国内炭はかなり上質だ★★★。北京の南西には、

★ Prospero Intorcetta, *Compendiosa narratione dello stato della missione Cinese, cominciado dall'anno 1581 fino al 1669*; Bretschneider, *Die Pekinger Ebene, op.cit.*

★★ Gill, *The River of the Golden Sand, op.cit.*

★★★ Friedrich von Richthofen, *Letter by Baron Richthofen on the Provinces of Chili, Shansi, Shensi, Sz'-Chwan with Notes on Mongolia, Kansu, Yünnan and Kwei-Chau*, North-China Herald, 1872; Bretschneider, *Die Pekinger Ebene, op.cit.*

大理石の大採石場や磁石の鉱山もある。

南海子麋鹿苑

北京周辺で最も広い園地は南海子（ナンハイ・ツェ）で、市街の南にあり、一部が沼沢になっている平野で隔てられている。面積は一九〇〜二〇〇平方キロで、北京市街の三倍ほどに及ぶ。外壁は北京への接近を防御する近代的な城壁につながり★、全周六五キロである。林間の空き地には集落や畑、屯田が散らばる。ヨーロッパ人は入園が許されておらず、入り込んだのは変装してのことだった。原生地不明の注目すべき種、シフゾウ〔四不像 *Elaphurus davidianus*〕をアルマン＝ダヴィッドが発見したのは、この苑に生息するシカ〔鹿〕の群れのなかにおいてである。現在はヨーロッパにも数頭がいる。近くの山中にはアカゲザル〔赤毛猿 *macacus tcheliensis*〕が発見されている。これはアジア大陸における棲息地の北限だ★★。

円明園、頤和園

北京で最も有名な庭園は広大な南海子ではなく、円明園（ユアンミン・ユアン）で、ヨーロッパ人には「夏宮の庭園」として知られる。一八六〇年に八里橋の手前で清国軍を蹴散らした英仏連合軍が、この行在所を掠奪したのはよく知られている。最初に邸内に侵入した者たちは美術館かと思ったであろう。瑪瑙や金銀、漆など、素材といい細工といい、貴重な品々が、ヨーロッパの最近の美術館のように棚板に陳列されていたからだ。金塊や銀塊は階級に応じ兵士たちに分配されたが、最も大事な宝物は隠匿されたようである★★★。宮殿と周囲の建造物が掠奪と火災にゆだねられたのち、大半の施設は廃墟のままになった。再建されたのは母后〔西太后〕のための宮殿にすぎず、災厄を免れたのもいくつかの建物だけである。だが前世紀半ばにカトリック宣教団が建造したイタリア様式の優美なパビリオン群は、まだ園の東部で眼にすることができる。乾隆帝が万寿山（ワンチュー・シャン）の園〔清漪園、のち頤和園〕に建てた中国建築の精華というべき東亭や仏塔、寺院、橋、凱旋門などの建造物群も完存する。鬱蒼たる松柏の葉陰を通し、白

★ Williamson, *Journeys in North China, Manchuria and Eastern Mongolia, op.cit.*
★★ David, *op.cit.*
★★★ Léopold A. C. Pallu, *Relation de l’Expédition de Chine en 1860*, Paris: impr. Impériale, 1863.

大理石の珍奇な彫像が白く輝くのも、失われていない。この広大な建築公園の傑作は、高さ八メートル、周囲一九メートルの青銅製の寺院である〔銅亭〕。だが最も美しいのは、香山（ヒアン・シャン）の山肌を覆う静かな森林だ。同山は三〇〇メートルの高さがあり、足下に清漪園の大きな湖〔西湖〕や寺院、彩釉瓦の屋根をそなえる仏塔、水面に映る石橋の群れが見える。そして遠く地平線には、煙にかすむ北京の、巨大な方形の城壁が望まれる〔頤和園は一九九八年に世界遺産登録〕。

行楽地

夏宮が借景とする丘陵地の北麓には硫黄泉が湧き出しており、昔から湯治場だった〔温泉鎮〕。現在はヨーロッパ人の病人が利用する。この湯治場への道は、有名な聖地である妙峰山（ミアオフェン・シャン）に至る難路で、金持ちの参詣者は輿に乗って通行する。妙峰山の山頂近く、僧院のある山肌で仏僧はひとつの絶壁を示し、自分の死が両親の長命につながるようにと身を投げる若者たちのことを話す。北京平野に散在する僧院は、イタリアやスペインのうち最もカトリック色の強い地方の修道院よりも多いほどだが、大半は廃墟で、青銅や粘土の仏像は雨に打たれ、陽光にあぶられている。崩れかかった堂宇にはところかまわず植物が生え始め、前庭や中庭のマツ〔松〕やトチノキ〔橡の木〕、エンジュ〔槐〕などの聖木の、枝や花が彫刻に絡み合う。夏には、北京在住の多くのヨーロッパ人が埃っぽい市内を避け、近郊の清涼な谷間にあるどこかの古い僧院で過ごす。北京近郊で最大かつ最も著名なのが、北にある黄寺（ホアン・ゼ）で、かつてひとりの「生き仏」が居を定めた古刹である。夏宮に至る西の道には大鐘寺がそびえ、じっさい龍の像から世界最大級の鐘が吊り下がっている。これは高さ八メートル弱の青銅製で、重量五四トン、表面には仏教典礼のまるごと一巻、三万五〇〇〇字が精緻に刻まれている★〔永楽大鐘の高さは七メートル弱、重量四六・五トン、内側と外側合わせて二三万字〕。もうひとつ国内最大規模の僧院である潭柘寺（ツィエタイ・ゼ）は、北京市街の西、永定河の右岸の丘に立ちあがる。対岸におとらぬ壮大な眺望で、東亭や僧堂が散在する。これは乾隆帝が偏愛した

★ de Rochechouart, *op.cit.*; Achille Poussielgue, *Voyage en Chine et en Mongolie de M. de Bourbolon et de Madame de Bourboulon 1860-1861*, Paris: Hachette, 1866.

保養地で、彼がここでものした詩が庭内の大理石碑に刻まれている。万里の長城の櫓が突き出し、平野の北と西にうねる大寒嶺（タハン・リン）の稜線が、円形劇場のように囲む丘陵地からなるこの優美な一帯ほど、魅力的な地方は中国にもめったにない。河川や小川、低い峠が、この丘陵地をいくつかのはっきりした塊に分断する。夏宮のすぐ西にある太行山（タルヒン・シャン）、断崖の奇観をそなえる清水鎮（ツィンシュイ・ツィエン）、そして清水河の峡谷の南に立ちあがる百花山（標高二二五〇メートル超）である。清水河一帯に散在する小村には、中国人カトリック教徒が居住する。

キリスト教の墓地

首都の近郊には多くの大理石の記念建造物があるが、大半は氏族の廟で、マツ〔松〕やネズ〔杜松〕の緑陰の中にある。ほぼ決まって大亀の形で、背甲に碑文が載っている。歴代帝室の墓地は入り口に青銅、ないし大理石の巨大な獅子の座像が飾られ、あちこちに動物の像があって参道を護っている。ヨーロッパ人がとくに訪れるのは、市街の西にある「ポルトガル人墓地」と「フランス人墓地」である。そこにはリッチやフェルビースト、アミオ、ゴービル〔フランス人イエズス会宣教師 Antoine Gaubil 一六八九―一七五九〕、ジェルビヨンら、中国の地理と住民の習俗をヨーロッパ人が知るうえで、大きな功績を残した著名な宣教師たちが眠る。英仏連合軍が北京を奪取する以前、三〇年間にわたったカトリック聖職者への禁令のさいには、ロシアの外交官が両墓地の世話に任じた。イエズス会の豊富な図書も彼らが保全したのであって、現在はフランス系布教団のもとに返還されている。

明十三陵

明朝皇帝の墓地である十三陵（シサン・リン）は、北京から四〇キロほど、天寿山（ティエンシュ・シャン）の、人里離れた山間の圏谷にある。参道は壮大な大理石のポーチに至る。最も目を奪うのは永楽帝の陵〔長陵〕で、他と同様に松柏に囲まれるが、いちばん奥にあり、そこに至る大道には、大理石の廷臣や司祭、武人の一二体の人物像と、象や駱駝、獅子、馬、想像上の一角獣、そして神話上の麒麟がそれぞれ対になった一二像が、あるいは座し、ある

いは立って並んでいる。動物の像はどれも一個の石から丸彫りされ、高さ四メートルを超えるものもある。だが、だだっぴろい中に遠近を頓着せず、また全体の効果も考えずに散らばって配置されているため、これらの巨像はむしろグロテスクな印象を与える★〔当時はほぼ荒野だった〕。墓〔祾恩殿〕の近くにある供え物を行なう壇は、一般に言われるようにチーク材ではなく、月桂樹の一種〔原文laurier nanmouだが不詳。紫檀か〕で作られており、高さ一三メートル、周囲三メートルの六〇本の柱が支える。遺骸は、山がなす天然の高いピラミッドの地下にある長い玄室の奥に埋葬されている★★〔次段落の清朝歴代皇帝の陵とともに二〇〇〇年に世界遺産登録〕。

清西陵と清東陵

北直隷省の平野には、ほかの王朝の墳墓も散在する。北京南西の都市である房山（ファンシャン）には、十二〜十三世紀の金朝の形も定かでない墓の址がみられる。だが、康熙帝と乾隆帝ほか四帝を祀る清朝の墳墓となると、まだ目にする許可を得たヨーロッパ人はいない。遺骸が納められているのは北京の南東、易州（イ・チュウ〔保定市易県〕）の市街に近い巨大な園地で「西の墓」を意味する西陵（シリン）と呼ばれる★★★。「東の墓」すなわち東陵（トゥンリン）は北京の北東一五〇キロに所在する。西陵が竣工するまで、遺体は北京近郊の仮墳墓に納められており、何年もその状態である。大理石の巨岩を運搬するために仮設道路が建設され、一六輪をそなえた車両を、六〇〇頭のラバ〔騾馬〕が曳く★★★★。

天津

「天の浅瀬」を意味する天津（ティエンツィン）は、北直隷省の全域のみならず、モンゴルとロシア領バイカル地方の港でもある。物資の運搬にとって希少な優位性をいくつも享受する都市だ。ワタ〔棉〕とアワ〔粟〕の畑地が切れ目なく続く極度に肥沃な地帯の中で、航行可能な河川のほとり、一帯

★ Francis Garnier, "De Paris au Tibet", *Temps*, 22, nov. 1873.
★★ Bretschneider, *op.cit.*
★★★ Lamprey, *op.cit.*
★★★★ Lockhart, *op.cit.*, June 3, 1864, *pp*.483-494.

の諸河川が形成する数本の天然の経路の収束点に位置する。だが惜しいことに、地表が低く、あちこちに沼沢があって、洪水に見舞われる。対外貿易の成長により、天津は国内有数の大都会になり、人口は首都をはるかに上回る。今世紀半ば以降からの人口は五倍近く、各国領事館の報告によると、現在は一〇〇万人近くに達すると思われる。主な輸入品としては、とりわけ米や布地、阿片、ヨーロッパ製の金物類が多い。輸出品は木綿ないし原綿、鞣革、毛皮、莫蓙類、ラクダの毛である。政府専売の塩について、北部全域用の塩倉は天津に設置されたし、北京の糧食向けの穀物倉も同様である★。川沿いには、塩や米、小麦の俵の巨大な山が続く。天津をヨーロッパ貿易に開いた一八五八年の条約［天津条約］から以後は、現地で海河（ハイ・ホ）と通称される白河の大型水運の筆頭はイギリス商人になったが、数年のうちに中国人が第一位の座を奪還した★★。ジャンク船だけだった商船隊にヨーロッパ建造の船舶が加えられ、今では多くの蒸気船も保有し、天津の上流と下流に毎日運航する。天津の対仏貿易は少なく、年間で一五〇〇～六〇〇〇トン程度だ。米国は、白河における通商活動をほぼすべて失った。その一方、ロシアによるキャフタと漢口間の貿易品が、天津や通州を経由する量はかなり多い★★★。

竹林

中心市街から数キロ下流には竹林（チュクリン［紫竹林］）と呼ばれるヨーロッパ人地区がある。中国的色彩は皆無で、道路の配置や家屋の建築様式、商店の様子もすべて西洋風の小都市だ。天津で用務を行うヨーロッパ人も、ほぼ全員がこの変容した村に居住する。天津の市街も少しづつ様相が変化し、新病院をはじめ、ヨー

★ 1879年における天津港の対外貿易額は、輸入1億6980万フラン、輸出1177万5000フラン、合計1億7257万5000フラン［合計値にならないがママ］。
　また天津港の船舶入港量（ジャンク船を除く）は、1864年に111隻、総トン数2万6560トン、1879年に867隻、総トン数53万1970トンだった。

★★ 天津での貿易における船籍国別構成は以下。

	1873年（総トン）	1879年（総トン）
英国船	10万3865	19万4580
米国船	9万9296	2万5475
中国船	2万2022	26万3950
その他	3万5940	3万7950

★★★ 天津におけるロシア貿易の中継額は1879年で2694万フラン。

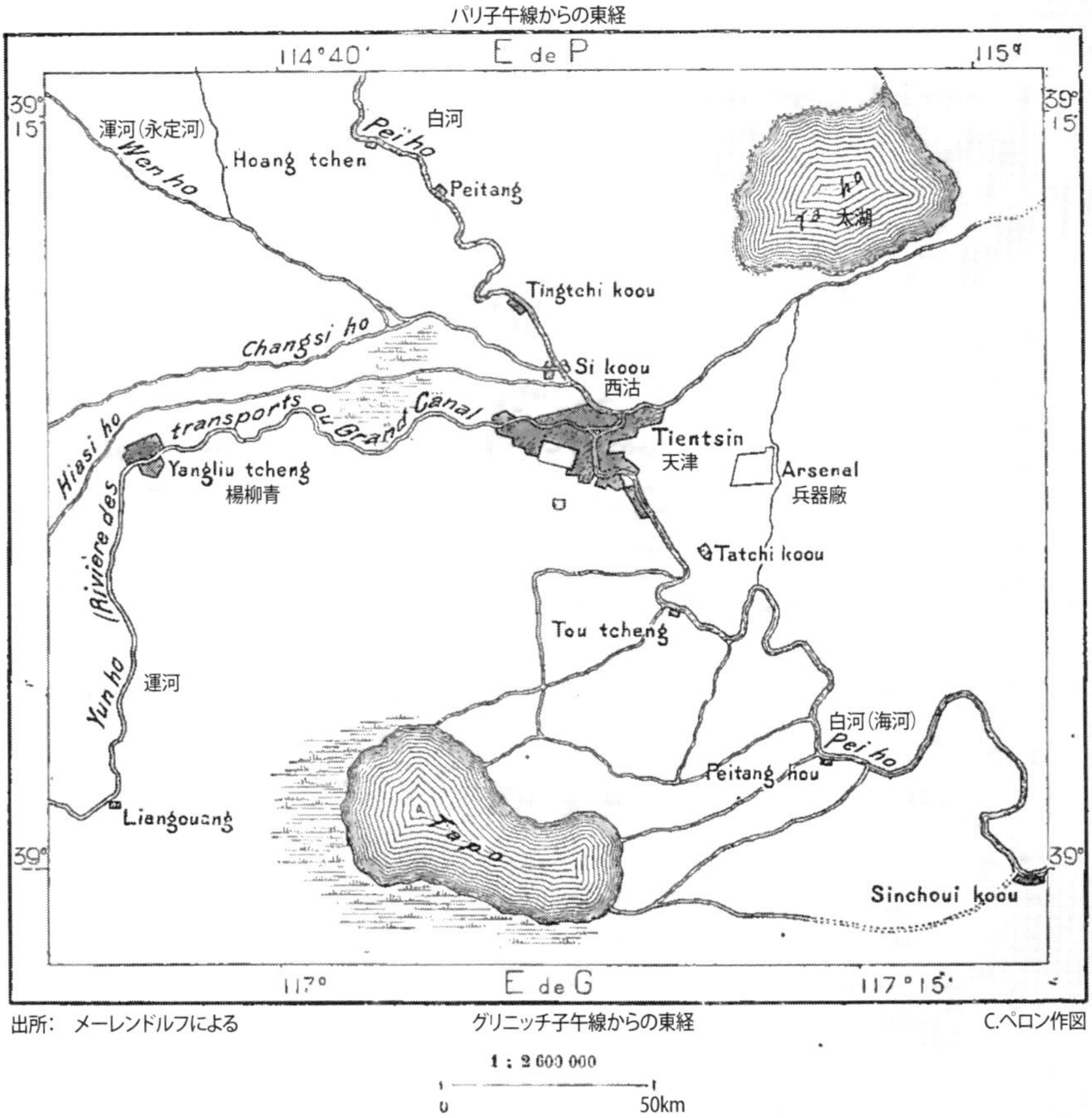

図56　天津

ロッパ風の大きな建物を目にするようになってきた。だがカトリック宣教団が建立した聖堂はもはや廃墟にすぎない。これは一八七〇年の恐るべき虐殺事件の際に放火されたからだ。このとき修道女や司祭およびフランス人は一人をのぞき殺害され、他の外国人も数名が殺害された〔天津教案。中国人信者も三〇名ほどが虐殺された〕。天津の街路は上海や広州よりもはるかに幅広い。南部では人が荷をかついで運送するのに対し、北部の諸都市ではラバやウシの牽く重い荷車が用いられる。天津は一八六〇年の条約〔北京条約〕のおかげで、

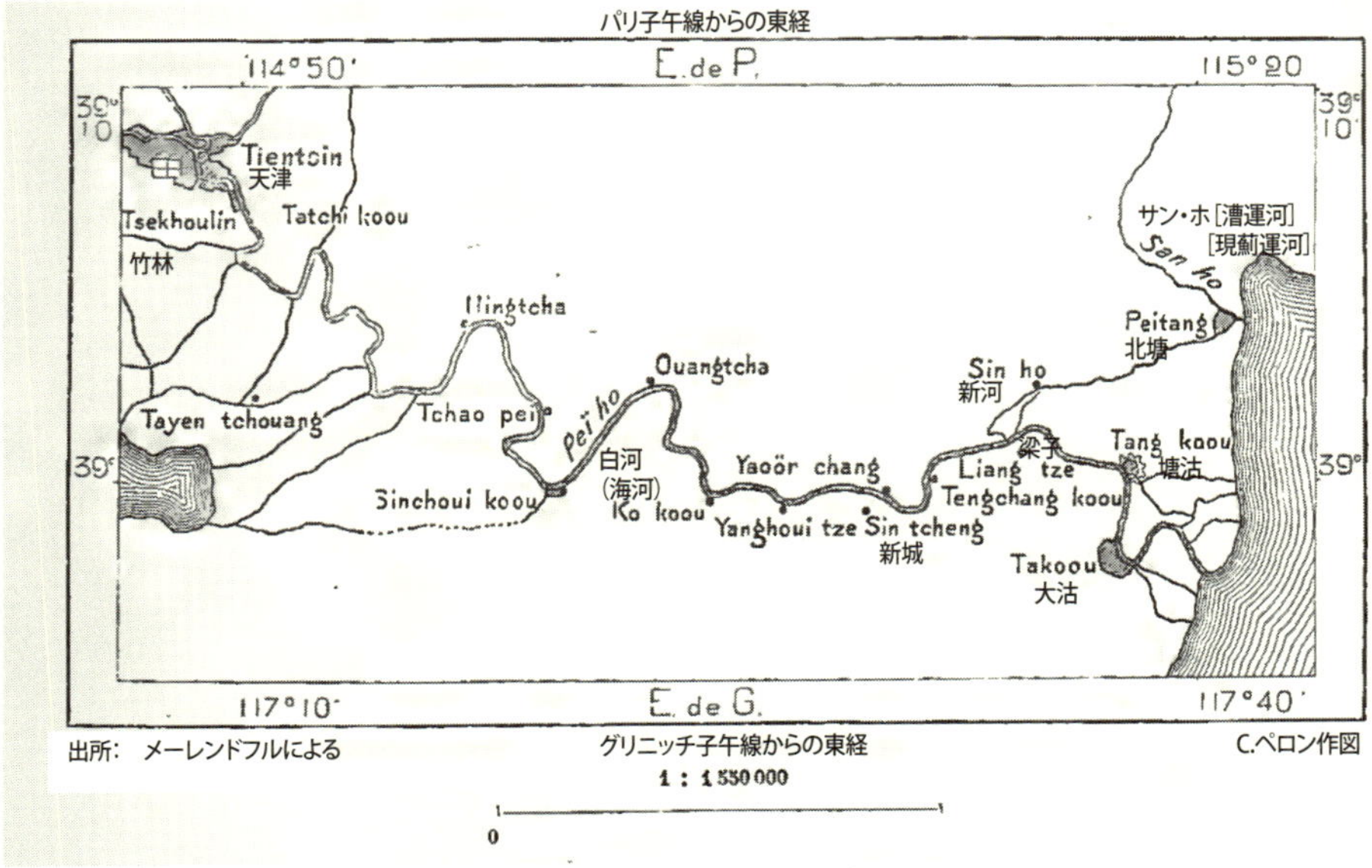

図 57　白河の下流域

ヨーロッパ人が初めて一帯を自由に踏査する権利を獲得した都市だが、恐らく産業面での革新のきざしが最も明確な都市でもある。最近、一棟の綿紡績工場が設置されたほか、北東に一〇〇キロほどの地点に馬匹式の鉄道が敷設された。これは開平（カイピン）の炭鉱と、北塘（ペイタン）の川［薊運河］の河畔にあって、潮汐の遡上点にある蘆台（ルタイ［寧河］）を結ぶ★。開平にはすでにイギリス人の居留地が出来上がっている。近年は交易活動の大半が海路によるため、大運河の北部区間は小規模な流通にとどまるが、それでも数千人の作業員が浚渫事業に雇用されている。この区間は喫水三〜四メートルの船舶が遡上できるが、湾までのあいだにひとつの砂洲があり、満潮時なら水深三〜四メートルに没するが、干潮だと水面下一メートルになるため、川底を均す事業も行われている。だが最も大規模なのは、軍事防衛施設の工事だ。天津の東の郭外にも兵器廠が設置され、小銃や弾丸、銃架を主に製造する。敷地面積は二五〇ヘクタールに及ぶ。天津と河口のあいだに

★ *China Express*, 8 April, 1881.

ある新城（シンチェン［プトナ］）に当局は強力な城砦群を建造した。また河口にあって「大河口」を意味する大沽（タクウ）の城砦群も、一八五八年と一八六〇年に英仏部隊があまりに早々と奪取したため、再建にあたりもっと大口径の砲が備えられるとともに、塹壕をそなえた広大な兵営と、砲艦用の修理ドックが設けられた。白河のすぐ北方で渤海湾に注ぐ河口にある北塘の市街も城砦化された。

居庸関

北京から古北口（クペイ・クウ）と呼ばれる万里の長城の関門を経て、ジュホルに至る路上には都市が連続する。だが満州に至るこの路上の行政都市である永平府（ユンピン・フ）は、大きな人口中心地ではない。古北口の西でモンゴルから白河の平野に至るには。関口（クワン・クウ）を通るしかない［関口は長城の関門の一般名詞なので、以下居庸関と訳出する］。居庸関の通路は、登り道の麓にある村名にちなんで南口（ナン・クウ）と通称され、第一級の軍事的重要性をそなえる。じっさいほぼすべての侵入者はここを通過して平地に下った。征服した王朝の首都を、チンギス＝ハンが足下に眺めたのも、この通路からである。こうしたわけで、居庸関は最も入念に構築された防塞のひとつだ。南斜面に二つの大きな城砦が段をなして設けられ、それをいくつもの城壁や櫓が連絡するため、大半の旅行家は万里の長城の一部として記述する。だが、長城は八達嶺（パタ・リン）の稜線上に延びるもので、居庸関は、八達嶺の鞍部を直交する道をまたぐ前衛構造物にほかならない。明代に建設されたのろし台が北京までの道沿いに等間隔に立ちあがるが、今日では一部が倒壊している。かつて居庸関から鞍部まで舗装されていた道も、急流が大半を破壊して一部が残るだけになり、旅人は斜面に不規則に続く小道を辿らねばならない。旧道で今も目にできる最も注目される建築は、南側の城砦の入り口に設けられた凱旋門［雲台］で、梵字、漢字、ウィグル文字、パスパ文字［モンゴル語］、チベット文字、そして古代の満州文字、すなわち西夏文字の六か国語が誌された碑文をそなえる。うち西夏文字は、唯一この門の碑文が漢字と対応することが知られている★。居庸関の道が現在重要なのは交易面においてで

★ Robert Swinhoe, “Special Mission up the Yang-Tsze-Kiang”, *Proceedings of the* [*Royal*] *Geographical Society*, 1870, *pp*.268-285.

挿画 XXXV　関口、すなわち南口［居庸関］。八達嶺からの眺め
トムソン氏の写真をもとに、Th. ウェーベル筆

ある。というのも、キャフタとの郵便、およびロシアの隊商にとっての経路だからだ。シベリア向けに茶葉の塊［磚茶］を運ぶ隊商は、白河のほとり通州で直接に荷を積み込み、北京を通らずにその北東を辿る。

張家口ほか

永定河の上流河谷には、北京および北直隷省の下流平野が、モンゴルやロシア領と交易するさいに中継機能をもつ大型都市がいくつかある。よく知られるように、そうした都市のうち最も人口が多く、商業が盛んなのがカルガン、ないし張家口（チャンキア・クウ、張西口チャンツェ・クウ）で、モンゴル名が示すように万里の長城の関門のひとつだ。軍事地区は城壁にひっついた城砦や兵営が囲む区画で、城壁も、北に立ちあがる高い山地の側面につながる。いっぽう商業地区は南に五キロ、完全に中国側の地点に位置する。ヨーロッパ系住民やプロテスタント伝道師、ロシア人商人の家屋は、不潔な街路の中国人街を

避け、市外の田園部のあちこちに固まる。北京から張家口に至る峡谷の入り口にある宣化（シワンホア）も、多くの中国人やモンゴル人がやってくる。これはかつてモンゴル人帝国の州都［金代の宣徳州治］で、それ以来というもの、威圧的な城壁や城門、大きな園地を擁した。ずっと西の山間地にある大同府（タトゥン・フ）と同様に、宣化も工業都市になる好適な位置にある。周囲の峡谷は豊富な食糧を産するし、大量な石炭層が、モンゴル人の運んでくる羊毛や皮革、ラクダの毛といった、原材料の加工に必要な燃料をすべて供給できると思われるからだ★。煙草やフェルト地の交易も盛んである。居庸関から宣化に至る道沿いにある雞鳴（キミン）は、中国北部全域で最大の駅である。一帯のブドウ畑は、極めて珍重される白ワインを産し、最高に富裕な士大夫の食卓でしか見られない★★。

保定ほか

永定河および白河のさまざまな支流が涵養する北直隷省南部では、都市はすこぶる多い。最大なのが、涿州（ツォチュウ）経由で首都と連絡する保定府（パオティン・フ）で、北京の代わりに省都の立場にあり、直隷総督の公式な任地だが、じっさいには天津で過ごすほうが多い［これは直隷総督が北洋通商大臣を兼務したためで、原著発刊当時は李鴻章がその任にあった］。保定は正則な結構をそなえた都市で、首都よりも良好な都市環境をそなえ、商業が極めて盛んだ。周囲の田園は北直隷省全域と同様にアワ［粟］作が卓越する見事な耕作地帯である。保定の近くにある望都県（ホアントゥ・ヒェン）には、神話的な堯帝とその母［慶都］を称える多くの古刹が、巨大なイトスギ［糸杉］に囲まれてそびえる。陝西省との山中の省境近く、南西にあって「ひときわ目立ってりっぱな大都市［『東方見聞録1』前掲書、二七八頁］」である正定（チンティン）は工業都市でもあるが、衰退している。職人たちは山西省の鉄でもって中国北部の全域向けに仏像を製作する★★★。同地の青銅仏群は全国有数で、そのひとつは高さが二四メートルもある［正定府大菩薩か］。さらに南下した大名（タイミン［邯鄲市内］）は黄河の隣接

★ Richthofen, *Letters on the provinces of Chili, Shansi, etc., op.cit.*
★★ C. M. Grant, "Journey from Pekin to St. Petersburg, across the Desert of Gobi", *Journal of the* [*Royal*] *Geographical Society,* 1863, *pp.*167-177.
★★★ Oxenham, *Mittheilungen von Petermann,* IV, 1870.

地帯における主な市場のひとつだ★。

★ 現代の旅行家による北直隷省の主要都市の人口概数は以下（単位万人）。

天津	92	（1880 年の海関報告）
北京	50	（Bretschneider）
張家口（カルガン）	20	（Grant,Michie）
保定	15	（Williamson）
通州	10	（Treat,Bretschneider）
宣化	9	（Grant）
涿州	2.5	（Williamson）
北塘	2	（Sinibaldo de Mas）
正定	1	（Armand David）

第三節　山東半島［山東省］

総説

山東省は他地域から地理的に完全に区分される地方である。「東の山々」を意味する名称をそなえ［この記述は繰り返し見られるが、山東は太行山脈の東の意味］、山岳や丘陵のふたつの地塊からなる。うちひとつは、渤海湾と狭義の黄海のあいだにかなり突き出る［山東半島］。西は、古代の海に堆積した広大な沖積平野群［華北平原］が画する。これらの平地では、黄河が時代を通じあちこちに流路を変え、あるときは山東半島の南、あるときは北に、粘土質の土砂を堆積した。半島の全般的な輪郭は反対側、満州の山々が海に突き出す遼東半島と似ているが、山東半島のほうが大きい。ヨーロッパの船舶が沿岸部を初めて視認したのは一七九三年、イギリス使節マッカートニー［George Macartney 一七三七―一八〇六］が来航したさいである。それは正則な形の無数の湾が岬から岬へと続く海岸線だ。こうした岬はほぼすべて断崖となって海に落ち込み、崖下の水深は非常に浅い。岩礁や小島がかなり沖合まで頂部を突き出し、半島北部の突端からは、廟島（ミアオ・タオ）の群島［長島県］と浅瀬からなる部分的に水没した一種の地峡が、遼東半島までつながっている。渤海湾の入り口を構成するこの屋根のうち、最も深い箇所は水深七一メートルだが、海底の窪みの平均水深は二五メートルしかない。浅海の原因は、黄河が絶えず運びこむ沖積土に求められる。とはいえ浅喫水の小舟は沿岸の湾の大半に進入できるし、最近まで大運河によって山東省の西を回り込むこともできた。この意味で同省は、水運の観点からみれば一個の島であるとともに、陸上交易の点では大陸に属していたのである。この交易面での容易さは、すばらしい気候や肥沃な田園、豊かな鉱脈によって補完されたので、人口はすこぶる稠密になった。道路や川に沿って都市や村がまじかに連なるため、多くの丘の上からは、見渡す限りが畑地の挟まった一個の市邑に映る。公式書類によれば、山東省の人口密度はベルギー

よりも高い★。住民は多くの点で、黄河や揚子江の下流域の人々と異なっている。男はもっと頑健で活力がみなぎっているように見える。また一般にもっと浅黒く、いかつい輪郭である。半島部の数か所、とりわけ芝罘（チュフー［煙台、烟台］）の近郊の地元民は、漢民族が到来する前の民族が遺したという墳墓を示すのである★★。

地勢

半島の骨格をなす山々は全体として、小河川があらゆる方向に刻んだ高原の残余と考えてよい。北側の山列は海岸にせまっており、山東半島を回り込む船乗りは、ほとんどおなじ形と高さの峰々が、東から西へ連なるのを目にする。いずれも正則な形のなだらかな円錐形で、マッカートニーとその同行者は中国の役人がかぶる笠になぞらえ、航海日誌に「士大夫の笠」と呼んでいる。一〇〇〇メートルに達する峰はない。半島の南側は平均してもっと低いが、小島が散らばる美しい湾［嶗山湾］を西から睥睨する孤峯、嶗山（ロ・シャン）は一〇七〇メートルに立ちあがる。狭義にいう山東半島の最高地点だ。これとは別に、巨大な噴火口のように沿岸に開いた威海（ウェイハイ）の湾［膠州湾の誤りか］の奥にある標高六八〇メートルのタモ・シャン［蒙古山か］は、西に向かって発達し、左右にいくつかの支脈を突き出したのち、黄河のほとりに姿を消す山系の端部をなす★★★。これら南西の山塊と、半島北岸の山塊のあいだに深い沈降部がある。これは渤海湾と、半島付け根近くの威海の湾［膠州湾か］を結ぶ平野にある幅広の溝であり、へこみの中央部はかつての水道の残余を示すかのように、白馬湖（ペイマ・フ［峡山水庫］）が水を湛える。イエズス会士の地図では一本の川として示す運河［膠莱運河］が南北の海を結んでいたが、現在は閉塞している★★★★。

泰山（岱山）

西部山岳地帯の高峰群は、省都である済南（ツィナン）の南、黄河の田園に立ちあがる。「偉大な山」

★ 山東省の面積と人口は以下の通り。面積 13 万 9280km²（Behm & Wagner による）、人口 2953 万人（1842 年）、人口密度 212 人／ km²。

★★ Williamson, *Journeys in North China, Manchuria and Eastern Mongolia, op.cit.*

★★★昆嵛山（クアンユ・シャン、半島東部）が 880 m［923 m］、盧山（ルー・シャン、登州の南西）が 765 m、大澤山（タツェ・シャン、莱州の南）が 740 m。

★★★★ Williamson, *op.cit.*; Markham.

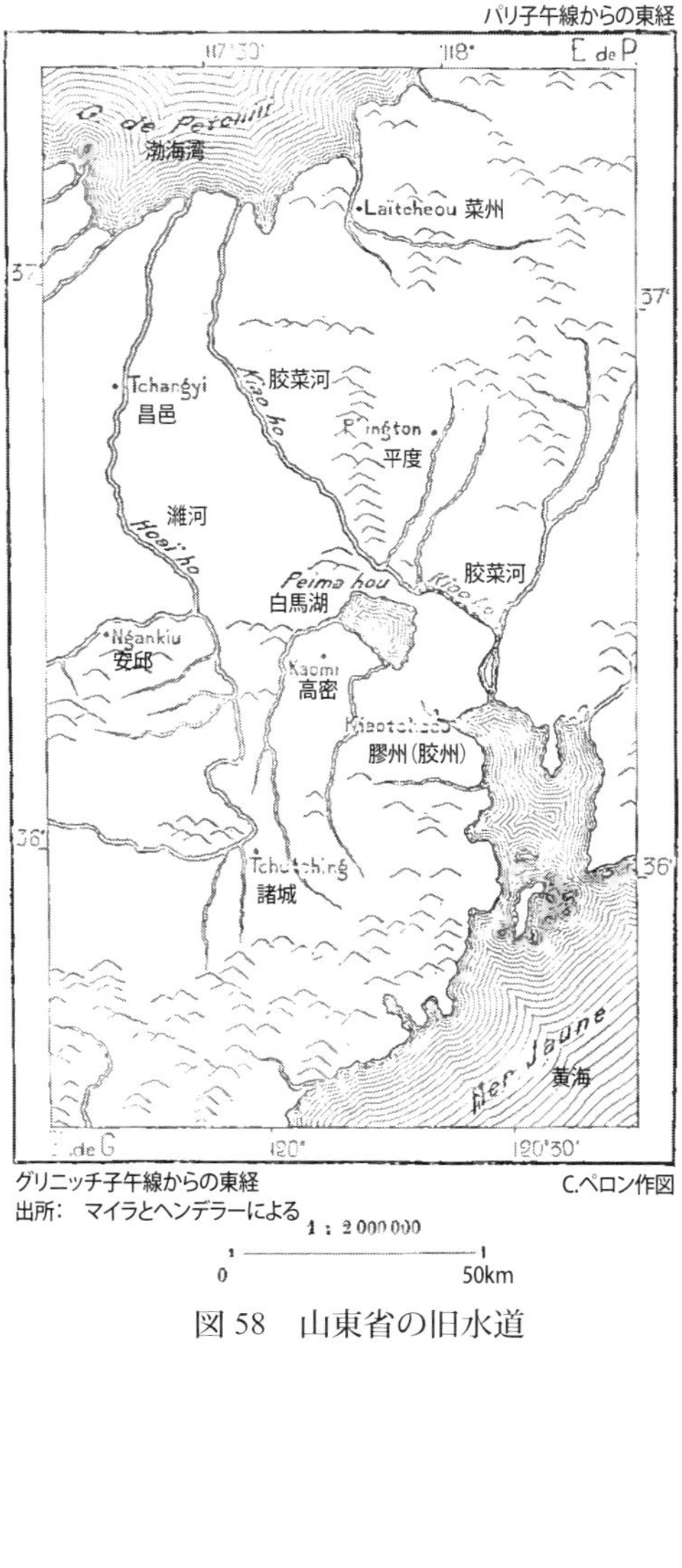

図 58　山東省の旧水道

を意味する泰山（タ・シャン、ないしタイ・シャン）は全土に著名で、主峰〔玉皇頂〕は標高一五四五メートルに達する。神話によれば泰山は五山のうち最も尊い。「泰山は天に等しく、恩を施す君主であり、生死、禍福、栄辱を定める」。書経によればすでに四一〇〇年前には帝舜が山頂に上り、天ともろもろの山や川に捧げ物を供えている〔加藤前掲書、三二頁「岱宗《たいそう》に至《いた》つて柴《さい》し、山川《さんせん》に望秩《ぼうちつ》し」とあり、登頂したとは記載していない〕。この霊峰の近くに生まれた孔子も登攀を試みたが、登頂できなかった。彼が断念せざるを得なかった地点に廟が建っている〔孔子登臨処〕。後代には全長一九キロにおよぶ広い階段と石畳の立派な登山道が建設され、登攀の便が向上した。標高六〇〇メートルまではイトスギ〔糸杉〕やイチイ〔一位〕が影を落とし、それよりも上は梢が横に伸びたマツ〔松〕の樹陰になる。参道の踊り場には必ず参詣客を待つ駕籠舁きがいる。どの岬角にも寺院や東亭、廟があり、麓から頂上まで沿道には休憩所が建ちならぶ。

麓の都市である泰安（タイアン）は全域が宗教建築で満ち、泰山の付属地とみなされており、身体障害者や物乞いからなる多数の住民が、参詣人の施しによって生活する。汚れた襤褸をまとうこれらの気の毒な人々は、石積みが囲む洞窟の入り口でうごめき、壮麗な殿閣や、風光明媚な自然と悲惨な対照をみせる★。

物産

省内の山地はほぼ完全に伐採されている。下腹の森林は耕作に場所を譲り、高地の樹木も貪欲な耕作者は遠慮しなかった。これほど住民が近接して暮らす地帯では、自生植物がほぼ完全に姿を消し、一帯の様相に特徴をほどこすのは、人為的に導入された植物である。野生動物も徹底的に狩りたてられ、ほぼ姿を消した。さらに、小農が多いため、多くの家畜を養うには至らない。だが沃土の構成比が山東省に匹敵する省は―これほど恵まれた中国にあっても―ほとんどない。それは作物の多様性にも貢献している。鉱物資源では雲南省が唯一、山東省を上回る埋蔵量だ。山東省には広大な石炭層に加え、金をはじめとする貴金属、豊富な鉄鉱石、さらに貴石を含む岩盤もあって、小粒のダイヤモンドさえ採取される★★。気候は中国北部の全域とおなじく極端で、夏は暑く、冬は非常に寒い。北岸沿いの海は結氷することもあり、かつては半島の周囲の小島にラバに乗って行くことができた★★★。ただし岸辺を洗う海水と、満州および朝鮮の高地が、極地風の突然の襲来に立ちはだかるため、寒暑の動きはゆっくりとなだらかである。台風は黄海で進路を変えるので、渤海湾に至ることは全くない。

東昌ほか

山東省にひしめく数百の都市のうち、最も人口が大きい市邑群が西部の沖積平野にあるのは当然である。そこは黄河とその支流が涵養し、「運河（ユン・ホ）」すなわちかつて水運（漕運）が行われた大運河が縦断する。だが、これらの都市は自然ならびに人為による最大級の災厄にさらされるものでもある。いくつかは過去に洪水で全壊し、田園は一時的に沼地にもなった。また、太平天国の叛徒や捻匪の盗賊による掠

★ Williamson, *op.cit.*

★★ Gardner, *Proceedings of the* [*Royal*] *Geographical Society*, Oct. 1880.

★★★ Pallu, *op.cit.*

奪をこうむった都市もある。住民は逃散し、城郭都市や不便な山岳地帯に避難せねばならなかった。だが災厄が終わると、これらの都市はたちまち人口を回復し、粘土や煉瓦作りの家屋が再建されて仮小屋に取って代わり、商人が再びひしめくようになる。そのひとつが東昌（トゥンチャン〔聊城市東昌府区〕）で、中核部はさもない城郭都市にすぎないが、広大な郭外町をそなえ、全国有数の殷賑をみせる都市圏のひとつにのし上がった。迷宮のようなその街路や水路は上海、天津を思わせる。同市は大運河のほとりにあり、国内きっての古い町のひとつで、諸年代記にもしばしば登場する。「龍の顔と虎の肩」をもつ英雄とされる武王(ウ・ワン)が樹立した周王朝もここが発祥の地だ。東昌の北にある臨清(リンツィン)と鄭家口(チュンキア・クウ）も太平天国で荒廃したが、人口も商業も復活した。とりわけ鄭家口は北直隷省と中央部諸省との交易において第一級の市場町である。街中でみかけるラクダ〔駱駝〕の隊商は、モンゴルとも取引があることの証左だ★。

済南

マルコ＝ポーロがチャンリと呼ぶ済南は現在の省都で、おなじく山岳地帯の西、沖積地のなかにある〔愛宕松男訳注『東方見聞録2』東洋文庫一八三、平凡社、一九七一、六頁注一によると、マルコ＝ポーロのいうチャンリは陵州〕。円錐形の旧火山が散在する極度に肥沃な田園部は★★、市街から七キロ北方で大清河（タツィン・ホ）の旧河道を流れる黄河に向かい、ゆるやかに下る。城壁の全周が四二キロと、パリ並みの広さをもつ済南は中国で最も規則正しい都市建設がなされ、かつ良好に保持された都市のひとつだ。また外来宗教の信者を最も多く擁する都市のひとつでもある。ムスリム住民はウィリアムソンによると一万人、マーカムによると二万人に達するほか、市内と周辺には一万二〇〇〇人のカトリック教徒が集まり住んでいる模様である。同市の主産業のひとつは絹布で、コナラ属〔小楢〕の葉を餌とする野生種の蚕〔柞蚕〕を利用する。まがいものの貴石も全国向けの大きな産業だ。東に五キロの地点には鉄鉱石からなる丘が立ち上がり、一部は磁

★ Williamson, *op.cit.*
★★ Ney Elias, “Notes of a Journey to the New Course of the Yellow River, in 1868”, *Journal of the* [*Royal*] *Geographical Society*, 1870, *pp.*1-33.

鉄である。黄河への港は洛口（ルオクウ）だ。

泰安、兗州、曲阜、鄒城

聖なる泰山への素晴らしい参道の入り口である泰安府は寺の町で、おなじく黄河流域であり、その支流である大汶河（タワン・ホ）ないし汶河（ワン・ホ）のほとりにある。同川は鉄鉱石と石炭の一大埋蔵地を貫いて流れる。泰安は中国全土の参詣客を受け入れており、一八六九年にマーカムが訪れた際には、七万人が滞在していた★。泰山を祀る最大の堂宇［岱廟］は、広さ一〇ヘクタールの園地の中央にあり、市街北部の大宗を占める。樹木は十世紀以後の歴代皇帝のお手植えだ。内壁は古代帝国が行った儀式の行列を描いたパノラマで埋め尽くされ、白象や駱駝がみられる非常に興味深いものである★★。さらに南、大運河が通る沼沢地帯の先にある平野には、山東省南西で最大の都市、兗州府（イェンチュウ・フ）が立ち上がる。これは禹が四千年前に帝国を九州に分けたさい、その一州の首都だった。西の城門に掲げられた碑文が古代の栄光を想起させる。周囲は古典的な中国風の地帯で、都市や山、河の名は最古の年代記類にも頻出する。兗州から東に二〇キロほどにあるのが孔子の生誕地として著名な曲阜（キウファオ）だ。住民はほぼすべて彼の子孫で、人口の八割、少なくとも二万人が孔姓を名乗る★★★。その大半は頑健で立派な風采だが、これほど尊敬され、人数も多い家系にあって、彼らの祖先が帝国に道徳律を与えてから連綿と続いた八〇代にわたり、抜きんでた功績を挙げた者はひとりもいなかったようである。孔子を祀る堂宇［孔廟］は国内きっての広壮な施設で、二千年にわたるあらゆる王朝の時代の碑文を擁する。回廊と内壁を飾る銅壺や青銅の装飾、木彫品は、そのまま中国工芸の完全な美術館を構成する。周囲の樹園には、いつの時代にも尊崇されてきた古木が生えており、敷地の入り口近くの節くれだった一本のイトスギ［糸杉］の幹は、孔子お手植えのものとされる。孔家の当主の住居では骨壷、三脚、手稿など、孔子が用いた貴重品がみられる。当主は皇帝の直臣で、六万六〇〇〇ヘクタールを下らぬ封地

★ *Mittheilungen von Petermann*, XI, 1869.

★★ Willliamson; Markham.

★★★ J. Markham, “Notes on a Journey Through Shantung”, *Proceedings of the* [*Royal*] *Geographical Society*, 1870, *pp*.207-228.

を所有する。太平天国の叛徒が曲阜に侵入したさいも孔廟と建築群や宝物を尊重し、同地の士大夫が一統に連なることを聞いていたため綱領を枉げ、彼を殺害するのを控えたのである。廟の近くには孔子の遺骨を埋葬した高い墳丘があり、おそらく「めぐる丘」を意味する曲阜の由来である。その周囲の一帯全域には一族の墓苑が広がる。また孔子に先立つ諸帝や大人物などの墓も近郊にある。南西には、小都市である鄒県（ツィウ・ヒェン〔鄒城〕）の近くに、孔子の弟子のうち最も著名な孟子〔前三七二頃—前二八九〕以後の代々の墓地がある。それはカシ〔樫〕やイトスギ〔糸杉〕の聖なる林のなかで、二二〇〇年前から尊宗される。二千年以上にわたり保持された家系を空しくヨーロッパで探してきた人相学者にとって、それを研究できるのは中国においてだ。中華帝国においては、同姓どうしの結婚は厳禁なので、通婚のたびに外来の血〔遺伝形質〕が混じるのは本当である。一八六五年にウィリアムソンが鄒県を訪れたさい、男子直系の孟家の当主は七〇代目だった。

青州

山東省の昔の省都は青州府（ツィンチュウ・フ）と呼ばれ、山岳部の北麓、黄河に平行して渤海湾に直接に注ぐ峡谷にある。古代の栄光からはすっかりさびれたように見えるが、それでも大きな都市である。ほとんど放棄された韃靼城が満州族による征服の初期を想起させる。同市はまた中国東部におけるイスラームの首府のひとつで、数千人のムスリムが暮らし、アラビア語の学習が今も遵守されている。周辺は極めて人口稠密で、産業も注目すべき繁栄をみせる。南西の博山（ポシャン〔淄博市博山区〕）の丘陵地は炭坑があちこち掘り抜かれ、砂岩は砕いてガラス原料となり、全土に仕向けられる。博山の郭外町のひとつは大工場にほかならない。

濰

山東省最大の都市である濰（ウェイ〔濰坊市〕）は首府の称号がなく、行政次元の第三層である単なる県（ヒェン）にすぎない。だが省内の両山地を隔てる平地のまん中という良好な位置を占め、半島の南北両岸との交通も容易だ。濰県は一帯の絹や煙草葉、石炭、鉄、硝石の総合集積地で、これらの食料品や工業品は劣悪な下営（キアイン）の港や、

他の海港に仕向けられる。濰県を海に結ぶ鉄道路線の敷設計画はかなり以前から提示されているが、このヨーロッパ人の事業に対する清朝政府の反応は例によって不精なものだった★。だが少なくとも濰県はすでに南岸の港町や諸城（チョンツン）の大市場、金鉱に囲まれて豊かな平度（ピントゥ）、そして莱州（ライチュウ）など北岸の諸都市を結ぶ荷車道の道路網の中心にある。莱州は凍石岩の採石で著名であり、坑道が迷路のようになっている。

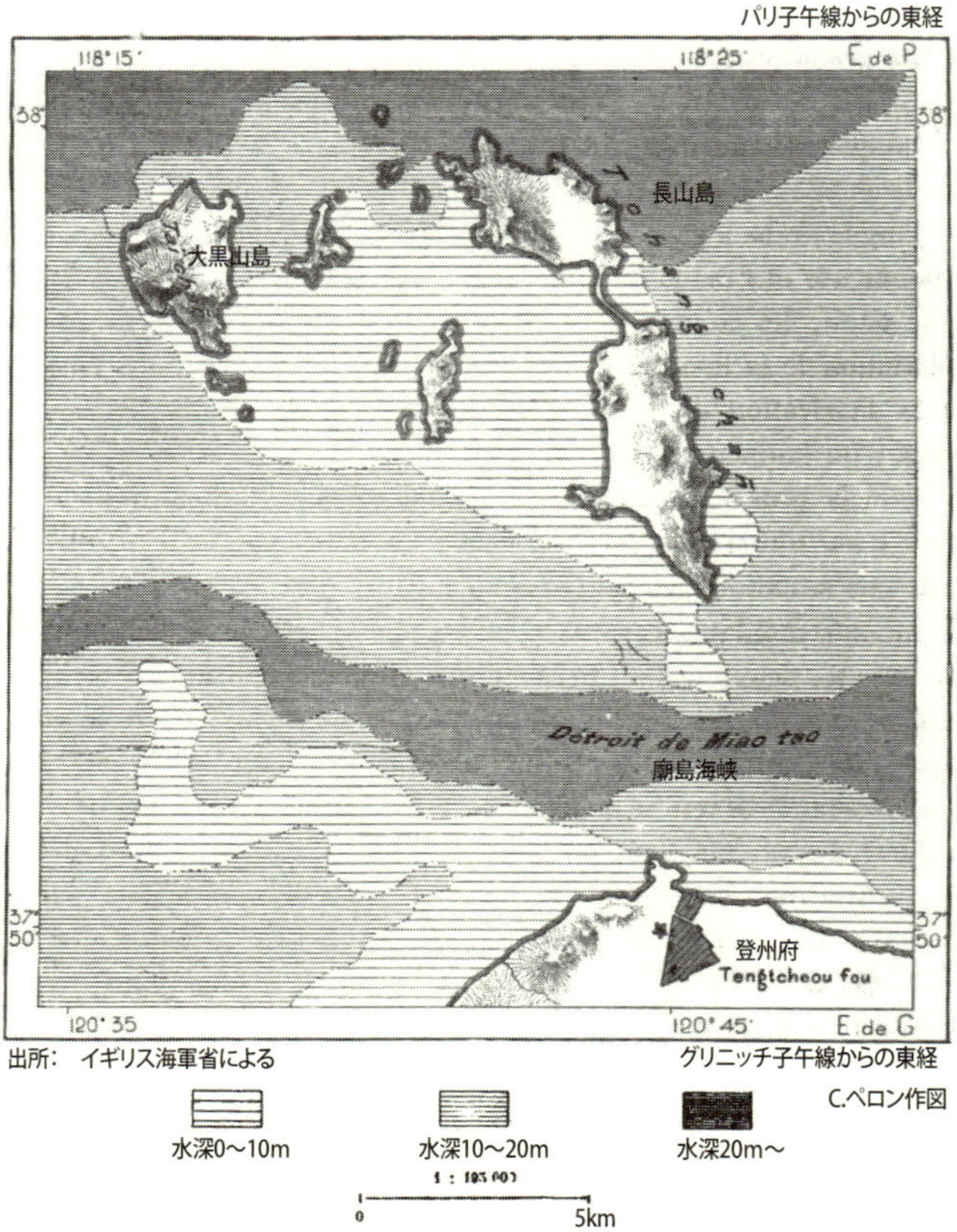

図 59　登州と廟島の群島［長島県］

黄県、登州、煙台、芝罘

半島のもっと北側で濰県に相当し、物資集積と再仕向け用の市場の役割を果たす内陸都市が黄県（ホアン・ヒェン［竜口市］）だ。西に向かう一本の道が龍口（ルンクウ）の港に至る。龍口と満州の交易量はかなりのものだ。北に向かう道は、かつて諸条約によりヨーロッパ通商に開かれていた登州（テンチュウ［煙台市内］）に至る。登州付近の水深は以前は深く、ジャンク船が市内に進入して荷を下ろすことができたが、もはや普通の平底船は市内まで進めなくなってお

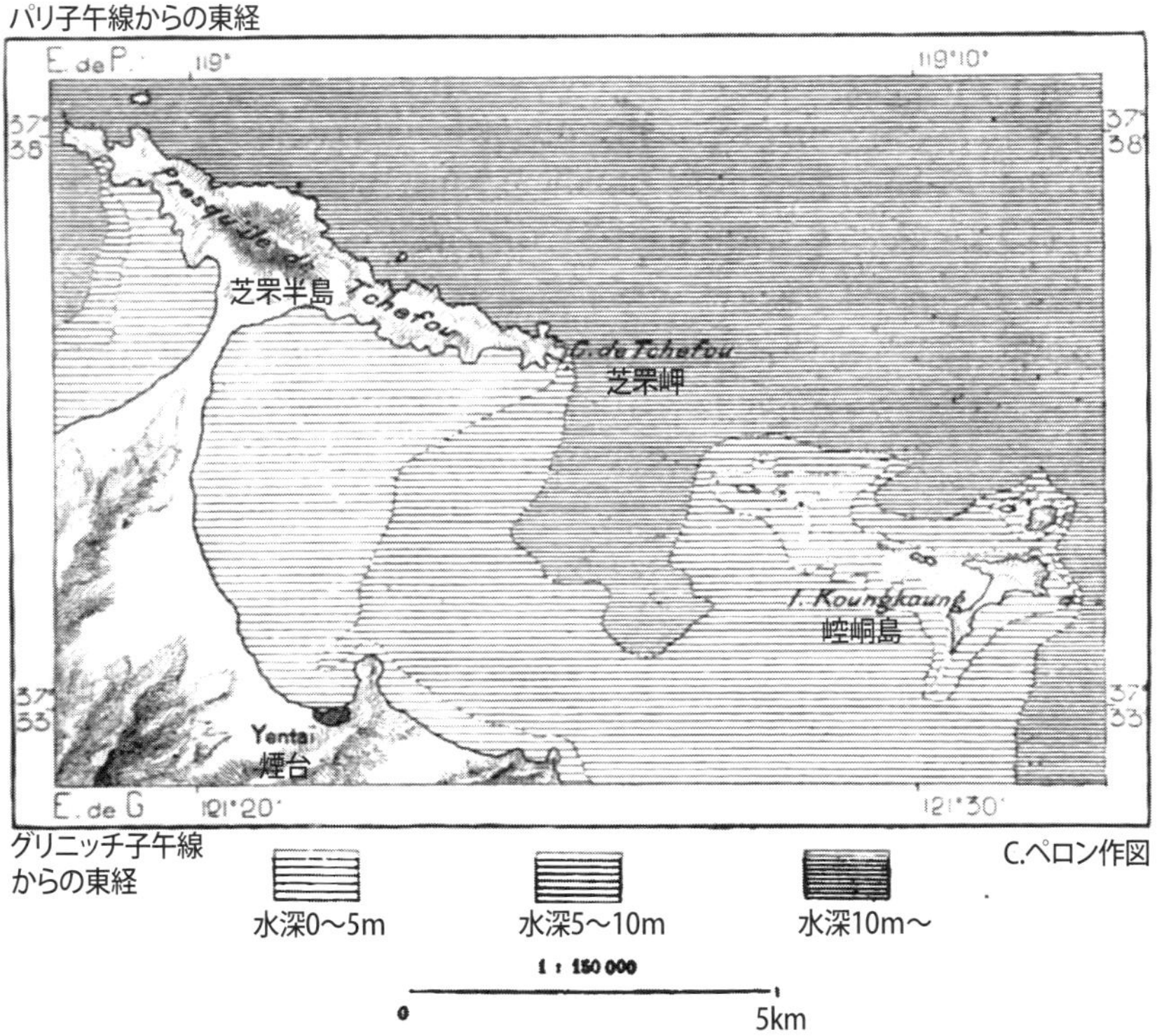

図60　芝罘

り★、船舶はかなり沖合に停泊する。このため外国人商人は、もっと水域が広くて深い煙台（イェンタイ）に商館を移したのである。かつて倭寇の接近警報を沿岸住民に発する機能があったのが、煙台という名前の由来だ。だが北西の泊地を防護し、高さ三〇〇メートルの円錐形の山が見下ろす半島である芝罘のほうがよく知られた名称である。船舶を北風から防護するには、この半島の付け根に港湾を設けるしかなかったので、今世紀半ばには粗末な村だった芝罘は、今や省内の大都会のひとつにして、ヨーロッパ人が最も気楽に落ち付いていられる中国港湾のひとつである。夏場の芝罘は、全土の租界からのトルヴィル［仏カル

★ Alabaster, *Mittheilungen von Petermann*, XI, 1869.
★★ Williamson, *op.cit.*

ヴァドス県の有名な海水浴場」になる★★。ほかにも半島東端には、素晴らしい港をそなえる威海衛（ウェイハイ・ウェイ）や栄成（ユンチン）、石島（シタウ［栄成市内］）があるが、山東半島と朝鮮間の交易で重要であるにすぎない。

山東半島南岸

山東半島の北岸にくらべ、外海を望む南岸に大都会や賑わう泊地は乏しい。人口最大なのは莱陽（ライヤン）で、丁字（ティンツィ）港に注ぐ川のほとりに立ちあがる城郭都市だ。南西にある即墨（ツィミ）も農産物の市場町で、とくにブタ［豚］や穀物、果物が取り引きされる。その南に五〇キロほどの丘陵地帯は寺院が散在し、僧侶が祭事にあたり参詣客向けに販売させる貴石の坑道が、あらゆる方向に掘られている。即墨や高密（カオミ）、膠州（キアオチュウ）ほかの一帯の都市は、いずれも膠州湾の大型内海に停泊する船舶を通じ、食料品を移出する。膠州は陸地化の影響で内陸の田園部に取り残されたが、湾はまだその名で呼ばれる。

沂州

山東省南部は、黄河の旧河口に取って代わった沼沢地に、諸河川が南下して姿を消してゆく地帯だ。最も人口が多い市邑が沂州（イチュウ［沂水県］）で、大きなムスリム共同体がみられる。「東の山々」の最後の張り出し部は沂州の近くで終止するが、泰山に劣らぬ尊宗を受ける霊峰［蒙山か］があり、石炭層を含むため、定期的に採掘されている★★★。

★ Williamson, *op.cit.*

★★ 芝罘における 1879 年の貨物通過高は 1 億 486 万 925 フラン。寄港船舶は 1376 隻で、総トン数 80 万 4365 トン。

★★★ 現代の旅行家による山東省の主要都市の人口概数は以下［単位万人］。

濰県	25	（Alabaster）	莱陽	5	（Williamson）
徳州府	25	（諸領事館）	泰安府	4.5	（Markham）
済南府	20	（Flavel）	博山	3.5	（〃）
鄭家口	20	（Williamson）	曲阜	2.5	（〃）
芝罘ないし煙台	12	（諸領事館）	即墨	1.8	（〃）
青州	7	（Markham）	石島	1	（Williamson）
濰州府	6	（〃）	高密	1	（〃）
膠州	6	（〃）	郯県	1	（Markham）

第四節　黄河流域（甘粛省、陝西省、山西省、河南省）

黄河の名称

チベットと中国における黄河流域の面積は一五〇万平方キロ、すなわちフランスの三倍と見積もられる。それでも中国では第二位にすぎず、長年月のうちには、一部が揚子江に向けて迂回したため大洋に直接流入しなくなり、単なる支流に過ぎなくなったこともある。黄河は流域面積でも、河川延長でも、また流量においても、青河［揚子江］に及ばないが、ともに巨大な一水系を形成する力をそなえる。そして水源から河口まで、その流れ具合や沿岸の農耕、河畔の住民の習俗における対照性をみせるのである。こうした対照性を表現するうえで中国人は、彼らによれば世界を分かつ二大原理、すなわち男性原理で天を示す「陽」と、女性原理で地を示す「陰」をもって両河を表現する。黄河は女性原理の河川で、大地をもっぱらとするゆえに、国民にとってすぐれて土の色である「黄土」の色をもって名とするのである。河水が黄色っぽいのは本当だが、ただし揚子江が黄河よりも澄んでいるわけではない。

黄河上流

黄河と揚子江がおなじ高原地帯で生まれ、下流では同一の平野群［華北平原］を通るものの、その前に、中流で非常に離れたまったく違う諸地方を涵養することはよく知られている。ヨーロッパ人旅行家が探し求め、現在なお見出せずにいる神秘の星宿海の湖沼が散在する高地の草原を抜けたのち、黄河はすさまじい峡谷群を経て山岳地方から抜ける。だがそのさい、大平の地図が記載するように巨大な屈曲をなすわけではない★。その時点ですでにかなりの河川に成長しているが、さらにクク・ノール地方［青海省］の山々に端を発する急流群の水を受け取ると、すぐに万里の長城が画す沙漠の縁辺に至る。そしてモンゴル高原の基部に沿って北方に向

★★ Prjevalskiy, *Conférences à la Société de Géographie de Pétersbourg*, 1881.

かい、オルドス地方を囲繞する。すなわち狭義の中国の領域から出て行き、賀蘭山脈の山地を峡谷によって貫流し、沙漠地帯に入り込む。賀蘭山脈と陰山山脈のあいだに開いた隘路では砂丘が河畔に迫り、河道に隣接する峡谷の窪地を塩湖群が占める。両山脈を隔てる盆地は、かつて黄河が氾濫した巨大な湖だった可能性がある。この箇所で黄河はいくつかの支脈に分岐するが、支脈の位置は、増水期のたびに変わる[★]。一八七一年のプルジェーヴァルスキーの旅行のさい、主流は南にあり、平均幅は四〇〇メートルだったが、最近の形成で、支脈は平地を蛇行しながら陰山山脈の基部に至っていた[★★]。このように河道が移動することが、黄河はオルドス地方の半島をめぐりながら砂中に姿を消し、下流で岩場のまん中に噴き上がるという伝説の由来と思われる[★★★]。

河套

半ば湖沼地帯になっているこの箇所は、古代に自然堤防があった証左である。黄河は再び東に向きを戻すが、モンゴル高原の外縁に段々をなす片麻岩の山地に、南東ですぐにぶつかる。地質学者パンペリーは、かつてモンゴル高原基部に沿っていた別の「黄河」の河床の痕跡を見出したと考えている。数珠つなぎになった多くの湖沼が細い隘路で連絡し、かつて白河を経て黄海に注いだ古代河川の流路を示すと思われるからだ。ここで堆積物や溢出した溶岩にせき止められた黄河は、ふたたび方向を変えて真南に向かい、オルドス地方と陝西省の周りをめぐる二千キロの迂回を終える。次のような中国の伝説はたぶん黄河の新たな河床の形成を述べたものであろう。「昔《むかし》、共工《きょうこう》は顓頊《せんぎょく》と帝《てい》為《た》らんことを争《あらそ》ひ、怒《いか》りて不《ふ》周《しう》の山《やま》に觸《ふ》る。天柱《てんちう》折《を》れ、地維《ちゐ》絶《た》え、天《てん》は西北《せいほく》に傾《かたむ》く。ゆえに日月星辰《じつげつせいしん》移《うつ》る。地《ち》は東南《とうなん》に満《み》たず、故《ゆえ》に水潦《すゐらう》塵埃《ぢんあい》帰《き》す〔楠山春樹『淮南子』（上）新釈漢文大系、明治書院、一九七九、一三一頁〕[★★★★]」。前世紀のカトリック宣教師たちの証言によれば、黄河が陝西省と山西省の境界をなす部分にある保徳（パオテ）付近には、一種類しか魚がいないようである。こうした動物相は、現在の河道の両半分から、古代には隔離されて

★ Pumpelly, *op.cit.*

★★ Prjevaliskiy, *Mongolie et Pays des Tangoutes, op.cit.*

★★★ Ritter, *Asien, op.cit.*

★★★★ Klaproth; Ritter; Pumpelly.

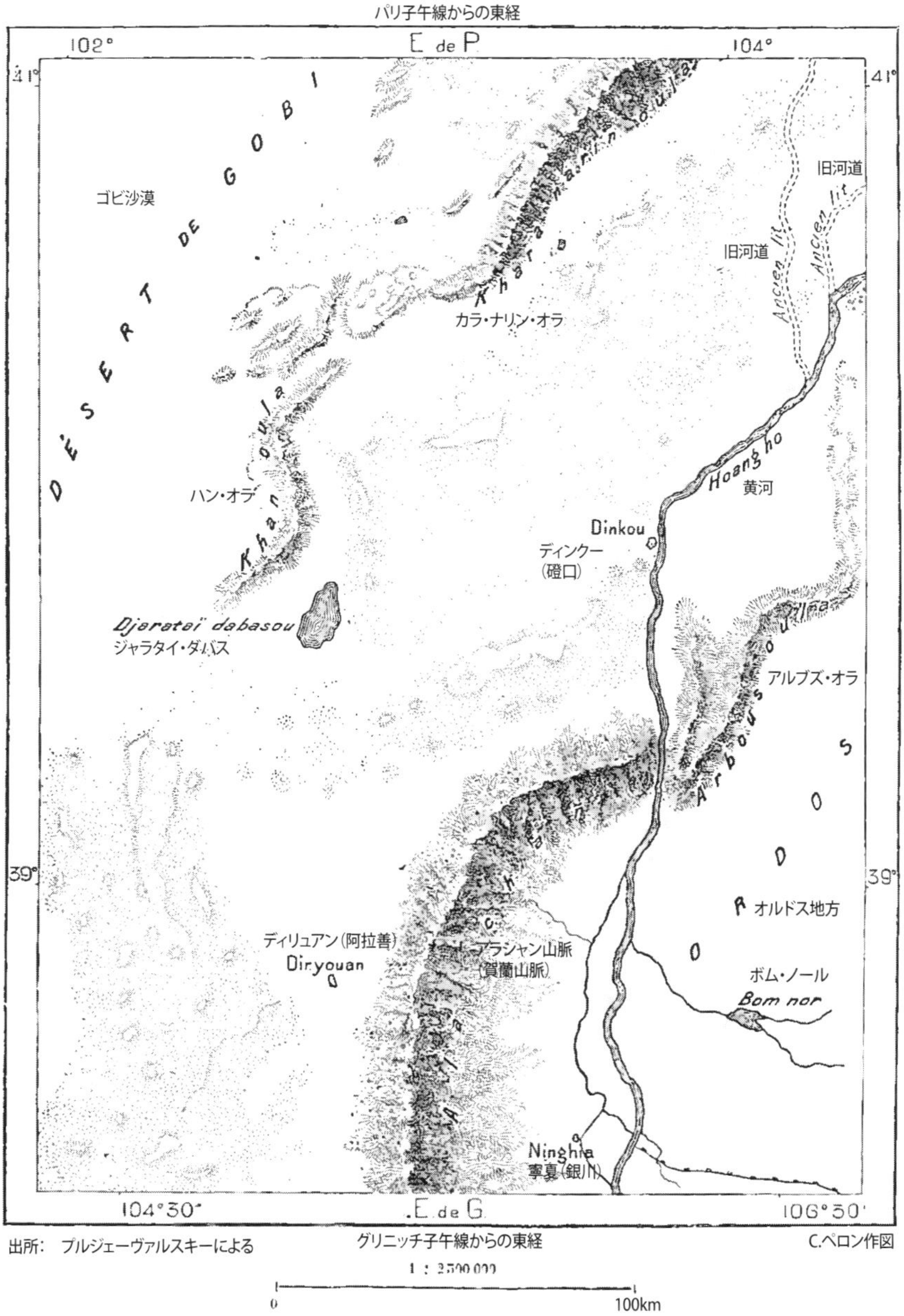
パリ子午線からの東経
102°
E de P
104°
41°
DÉSERT DE GOBI
ゴビ沙漠
旧河道
Ancien lit
カラ・ナリン・オラ
ハン・オラ
Khan oula
Djeratai dabasou
ジャラタイ・ダバス
Hoang ho
黄河
Dinkou
ディンクー
(磴口)
アルブズ・オラ
Arbous oula
ORDOS
39°
オルドス地方
ディリュアン(阿拉善)
Diryouan
アラシャン山脈
(賀蘭山脈)
ボム・ノール
Bom nor
Ninghia
寧夏(銀川)
104°30'
E de G
106°50'
出所: プルジェーヴァルスキーによる
グリニッチ子午線からの東経
C.ベロン作図
0
100km

図 61　オルドス高原

いたことを示すものかもしれない。

渭河（渭水）

渭河（ウェイ・ホ）という川との合流点で、黄河は急に東に曲がる。これが大峡谷よりも下手の中流域の明確な境界である。だがいくつかの観点からみれば、水量の多さにもかかわらず、黄河は渭河の支流だとみることもできる。ちょうどソーヌ川がローヌ川と合する〔合流点リヨン〕ときのように、当初の方向を維持するのは渭河のほうであって、その河谷は「中国文明のゆりかご★」として、中国中央部の山列に規則正しく平行する溝部のひとつだからだ。そもそも渭河は黄河の最大支流ではあっても、水運上は、黄河よりも重要なのである。黄河がモンゴル方面へと迂回し始める曲がり角にある蘭州への経路の、半ばまでは数千艘の平底船が遡上するからだ。

黄河の侵蝕作用

渭水も黄河も、黄土からなる川岸や急崖の侵蝕土を運搬するが、まだ黄河の平均的な土砂の構成比がどの程度なのかは、知られていない。唯一現在までに行われた測定は、一七九二年にイギリス人ストーントン〔アイルランド生まれの東インド会社社員、植物学者 George Leonard Staunton 一七三七—一八〇一〕が試みた流量計測である。彼の推定では、黄色い水の一八分の一が土砂らしい。この測定が正しいと仮定すれば、固形物の構成比としてまったく例外的に高い数値なのは間違いない。ガンジス川や白河など、他の河川の平均的な堆積物構成比は、この数値の三〜四分の一だからである★★。とはいえ黄河がいわゆる「働き者の河川」すなわち、最も強力に川岸を削って次の区間に堆積物を持ち去り、岸辺や河口の砂洲に運びこむ河川であることは確実だ。黄河の臨海部を踏査したウィリアムソンは、この地点で同河が前浜の基部を下方侵蝕するのを見て、次々に押し寄せる波を、密生した草原を刈り取る鎌にたとえた。河水がひと薙ぎするたび、土手の縁が黄色い水の中に消えてゆくのである★★★。

★ Ritter, *Asien,* vol.IV.［本注は原著に該当番号が見当たらず、訳者の推定によりこの箇所に挿入する］
★★ Guppy, *Nature,* 23 sept. 1880.
★★★ Williamson, *Journeys in North China, Manchuria and Eastern Mongolia, op.cit.*

黄河の堆積作用

だが河畔の住民にとって、土手の侵蝕はいちばん小さな心配事にすぎない。観点を変えれば、彼らが最も懸念するのは、自分たちの田野を更新する沃土が運ばれてくることなのだ。というのも土砂は絶えず川岸をかさ上げするからである。こうして黄河の一帯は少しづつ自然堤防が縁取るが、それに伴い河床も上昇する〔天井川〕。増水期に川岸が侵蝕されるか、あるいは河流が岸を乗り越えると、あらたな支脈が形成されて災害が起きる。ナイル河やポー川〔イタリア北部〕、ミシシッピ川とおなじく、黄河も大増水すると、隣接する平地よりも水位が高くなるので、恐怖感も手伝って人々は実際よりもはるかに水位差を大きく感じる。「ポー川の水はフェッラーラの家々の屋根よりも高く流れる」とはよく言われたところで、今なお人々はこれを繰り返す。カール＝リッターが引用する中国の著作家たちも同様で、増水期の黄河の水位は隣接する田野の地面よりも「十一丈」、何と三三メートル高くなるという。あきらかに誇張だが、増水期と渇水期の水位差が脅威的なのは確実で、家屋や収穫物、さらには自らの生命を出水から守るために、住民は倦まずたゆまず作業せざるを得ないのである。

水害対策

ポー川、ロワール川、ミシシッピ川の河畔の住民とおなじく、黄河の住民も水害を抑え込む方策として築堤に訴えた。粘土で作られた本堤防が両岸を固め、その背面を支堤が強化し、さらにその支堤が控え堤によって支えられる。開封府上流の左岸には高さ二二メートルのふたつの主堤が河道と平行し、ひとつは自然堤防から三・二キロ、もうひとつは二・四キロの地点に設けられている。さらに、これらの堤防のあいだにある遊水地は、横方向に伸びる堤防群〔横堰〕によって長方形に仕切られる★。これにより、最も被害を受けやすい耕作地は多くの区画に分割され、洪水はそこに留まる。農民は増水期と増水期のあいだに播種から収穫までを済ませるのである。河水が平野部に流れ出すには複数の堤を突破せねばならないので、最後のひとつが流れの圧力に耐えれば一帯の水害は防げる。だがこうした横堰の網の保守と修復には、常に六万人の労務者が従事せねばならな

★ Oxenham, *Mittheilungen von Petermann*, IV, 1870.

いし、区画内に急速に沖積土が堆積して川岸がかさ上げしてゆくのも避けられない。水位と低地平野の高度差もそれに応じて拡大する。つまり堤防を高くすればするほど、水害の威力も増すのであって、住民が災厄を逃れようとする努力じたいが、災害の規模を拡大する原因になる。とはいえ、黄河が田園の上にいわば「吊り下がっている」ばあい、水路を掘削して溢流水を揚子江の北、江蘇省にある湖沼地帯のどれかに導くことができる。一七八〇年に乾隆帝が全長一〇〇キロの水路を一五カ月で開削させ、黄河の半分を洪沢湖（ハンヅー・フ）に注がせたのもこれである★。こうした放水路をタイミングよく開門すれば、堤防が決壊するのを防止できるが、季節の変化や水位の変動がいつも予見できるわけではない。また内乱や内戦の時期とか、役人の懈怠などにより、堤防がいつでもどこでも良好な状態にあるわけでもない。このため、あるときはこちら、あるときはあちらが決壊し、黄河はその地質学的な作業、すなわち平野の改変を続けるための出口を見出すのだ。流路の移動は冠水した土地の土壌をかさ上げするが、一帯全域の収穫は水没するので、数百万人が飢餓に直面する。また中国人は古代エジプト人や現代のカリフォルニア住民のように、冠水時の水位よりも高い人造の土台に集住しようとしなかったため、水害は町や村も一掃してしまう。黄河は、古代中国の著述家たちが命名した「逆河（ニー・ホ）」、すなわち「矯正できない河」のままにとどまったのである★★。モンゴル人がこの「漢族の災いの種」に対し、マルコ＝ポーロの引用するカラモラン［カラ・ムレン］、すなわち「黒い川」の名を冠したのも、おそらくその恐るべき溢流の引喩と思われる。河畔の住民は軍の隊長や、堤防を破壊する盗賊団のなすがままだ。一二〇九年には、チンギス＝ハンの軍営に黄河が流れ込み、彼にはめったにない敗北の原因になった★★★。一六四二年には開封府のある役人が二〇万人を溺死させたし、後には康熙帝も五〇万人の臣民を死なせてしまった★★★★。

流路の移動

★ Amiot, *op.cit.*, t. IX; Ritter, *Asien, op.cit.*, t. IV.

★★ Porter Smith, *Geographical Magazine,* April 1873.

★★★ Jean de Plan Carpin, cap. V; D'Avezac, *Voyages et mémoires publiés par la Société de Géographie de Paris,* tome IV, 2e partie.

★★★★ John Barrow, *Travels in China,* Philadelphia: W. F. M'Laughlin, 1805; Ritter, *Asien, op.cit.*

挿画 XXXVI　黄河の流れと黄土の断崖
リヒトホーフェン氏の著作『中国』の挿画をもとに、ランスロ筆
〔『支那（Ⅰ）』前掲書、88 頁第 2 図「河南省懐慶府南方の黄河の黄土河壁」〕

黄河が次々に流路を変える平野〔華北平原〕は、白河の河口から揚子江の河口まで広がる巨大な空間である。黄河は南北九〇〇キロほどの空間を左右に振れ動くのだ。この河川の現代史ほど大規模な流路の変更は、地球上のいかなる他の場所でもみられない。グレートブリテン島にひとしい面積を荒らし回るこの河流の移動がどれほどの規模かを想像してみよう。それはライン川がケルン下流でオランダ方面に流れるのを止め、北ドイツの平野群に向きを変えて、現在のヴィスワ川〔ポーランド〕河口に至るようなものだ。それが、古代の海底を埋め立てた沖積平野を蛇行したのち、黄河が山東省の山地西端にぶつかってゆくのと等しいのである。ここで黄河は巨大な地塁の左右に回り込むが、河川堤防のせいもあって水位は人為的に上昇し、流速が増して、平野の両斜面を隔てる屋根を越えてゆく。まもなく四二〇〇年になる昔を諸年代記が語る神話的な禹の時代このかた、黄河の歴史研

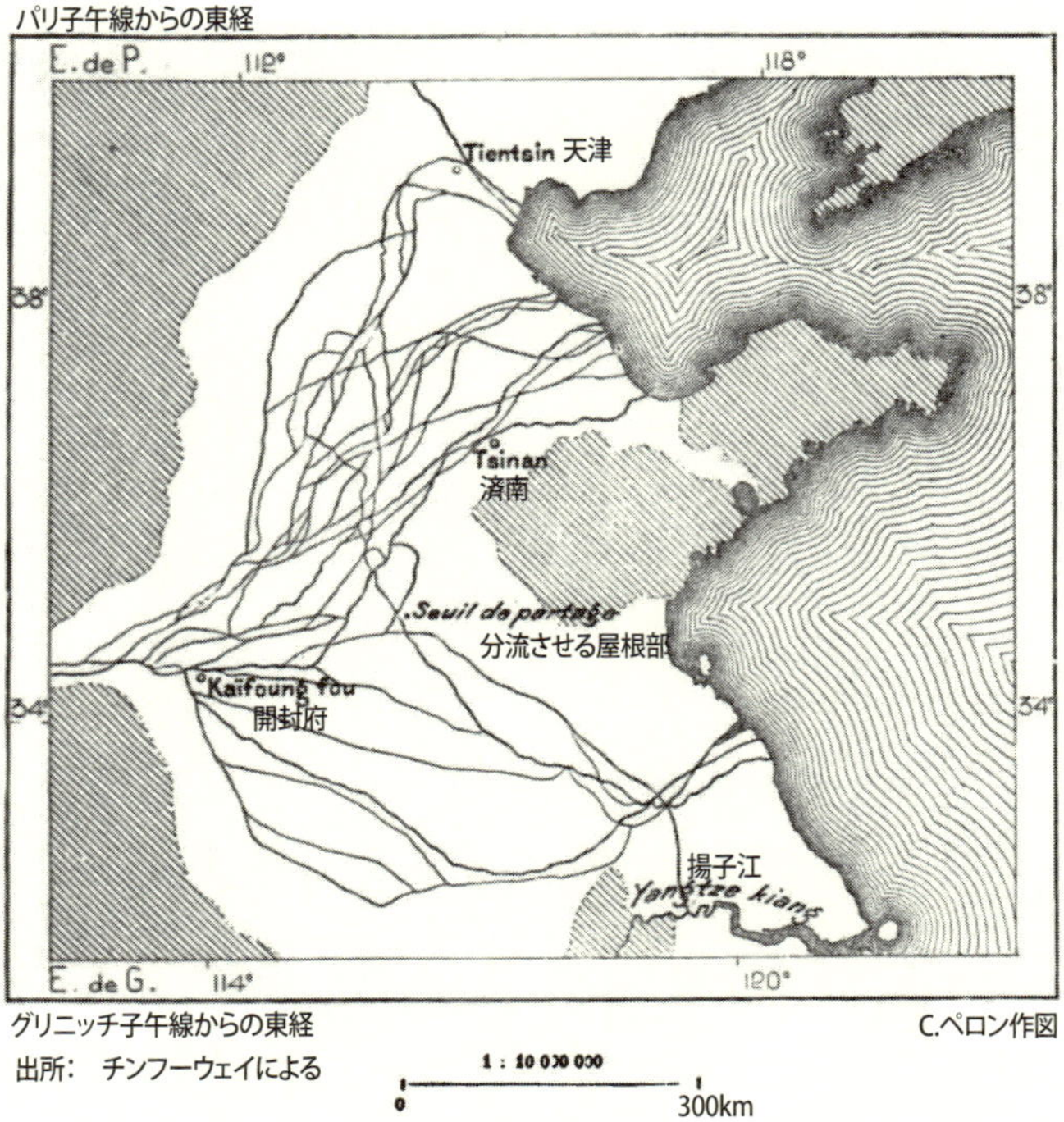

図 62　三千年間における黄河下流の移動

究家が記すおなじみの事項のひとつが、部分的、あるいは全面的な黄河の流路の変化である。「平野の民が悲嘆にくれた」というこれらの大洪水に、何人かの宣教師はノアの洪水すら見出そうとした。紀元前六〇〇年からの過去二五〇〇年のうちに、黄河の下流が完全に移動したのは九度に及ぶ★。そのたびに沖積平野にひとつ、ないし複数の新しい河床を掘り抜いたので、いずれの移動も住民の一部に影響を及ぼした。

直近の移動

今世紀半ばの黄河は、開封府の下流で南東に向かい、山東半島と揚子江の河口部のあいだのほぼ中間点付近で海に注いでいた。これに加え、揚子江方面に向かう湖沼群と結ぶ一本の小さな支流があった。だが太平天国の嵐が吹き荒れ始めた時期の

★ Ouvrage de Tchinhou weï en 1705; E. Biot, *Journal asiatique,* 1843; Pumpelly, *op.cit.*; Elias, *op.cit.*; D'Escayrac de Lauture, *op.cit.*

一八五一年、流域住民が堤防の保守を止めたため、龍門口（ルンメン・クウ）の村の近くで左岸が一・五キロにわたり決壊した。旧河道が完全に干上がることは全然なかったが、新河道は渤海湾への経路を求め、二年にわたり北方の田野をさまよった。流路が確定したのは一八五三年だが、以後も北東への流れは随所で河川敷をともなわぬまま、幅一五～二五キロほどの恒常的な氾濫の様相をみせた。天然だろうが人工だろうが、水路があれば黄河は幅を広げ、掘り下げて、自分の身の丈に合わせようと試みたのである。こうして下流部は、かつては独立した河川だった大清河に適応先を見出した。流れなくなった河川敷は、長期にわたり沼や、移動性の砂丘、藪地のままで、そのあいだには堤防が、ほぼ完全な形のまま、随所に城壁のように立ちあがっていた。だが堤防は無事でも、沿岸の大半の村は瓦礫の山に姿を変え、都市は無人になり、田畑は休耕地になった。河道が移動したことで災害は二重になった。流路の片側では沃地が冠水し、反対側では、灌漑せずには何も産出できない田野が放棄されたが、それは黄河から引水していた住民にとって富の源泉のすべてでもあった。黄河が現在通過する諸地方に引き起こした氾濫の直接的な被害は、河水がもたらす肥沃さを失い、砂地になった空間に引き起こした間接的な被害にくらべれば、物の数ではない。だから南部の住民は、黄河を旧河道に引き戻すよう何度も当局に懇願したが、旧河道の水路は新河道よりも七～八メートル高くなってしまっていた★。しかし住民は少しづつ既成事実になじんでゆき、放棄された河川敷もだんだんと田畑が占め始め、ついには村々さえ創建されるに至った★★。現在の河道にはすでに一六〇キロにわたり横堰が備えられ、河川敷も―幅は二〇〇メートルから三キロまで振幅するが―以前よりも規則正しくなっている★★★。このときの流路の移動が引き起こした災害と、それが原因となった飢饉により、いったいどれだけの人命が失われたことだろうか。破壊された村々と、無人の都市や、泥土に覆われたり、移動砂丘が走る田野を目にした旅行家は、誰もが数百万人規模の犠牲者だったと推定している★★★★。一八七〇年にも災害の危機が訪れた。開封の上流右

★ Elias, *op.cit.*
★★ Williamson, *op.cit.*; 李鳳苞による旧黄河の河床地図。
★★★ Morrison, *Proceedings of the* [*Royal*] *Geographical Society,* Feb. 1879.
★★★★ Elias; Lockhart; Sherard Osborne; Macgowan.

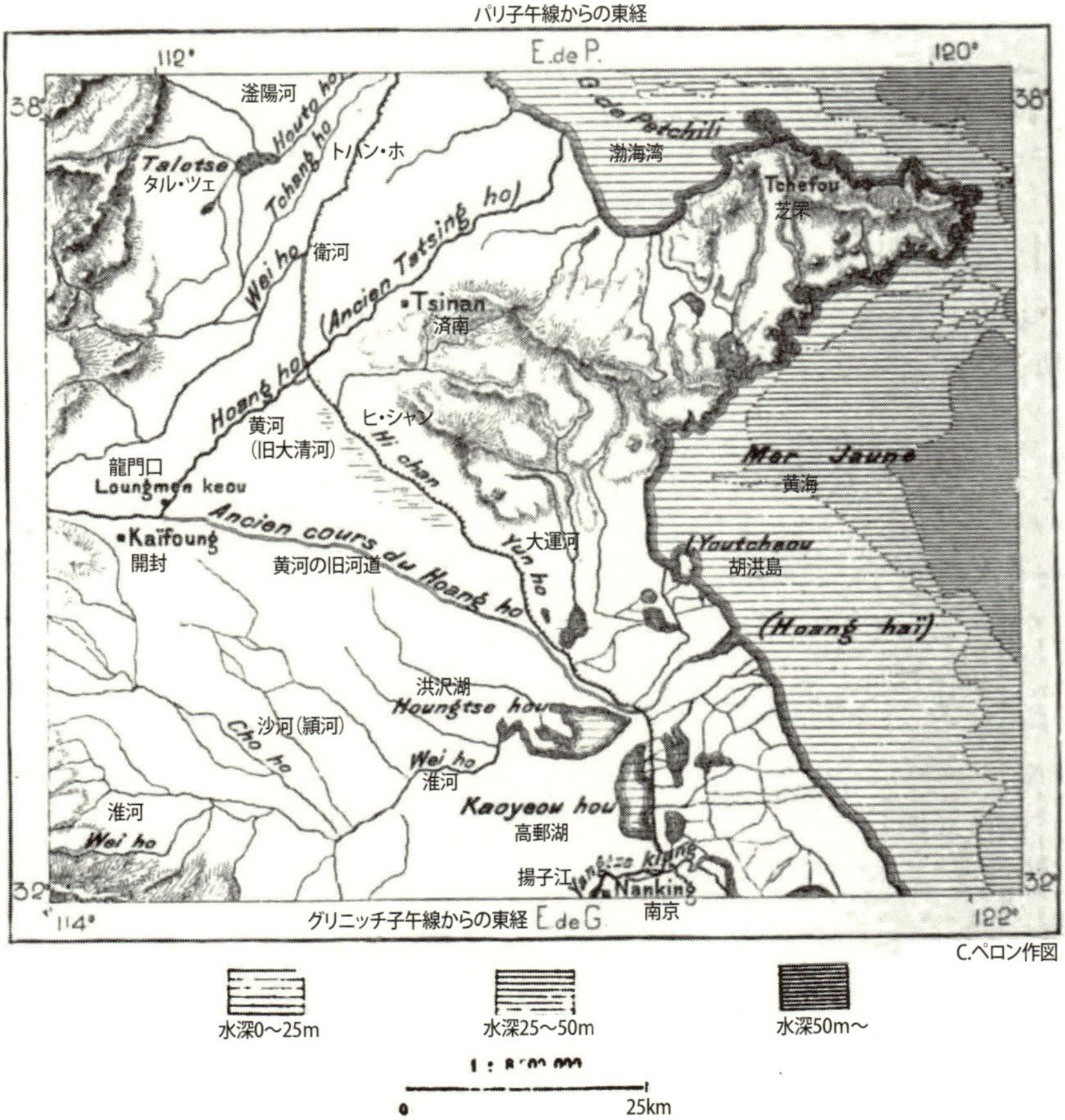

図63　黄河の移動

岸の堤防で一か所の亀裂が開いたからである。これは大事に至る前に閉塞できたが、溢流は旧河道の西にある賈魯河（クル・ホ）や澥河（シャ・ホ）、洪沢湖を通過して青河〔揚子江〕方面に向かった★。そもそも黄河は、あるときは右岸、あるときは左岸に生じる小規模な決壊や、横方向への漏水により、揚子江や淮河、白河の支流たることを止めぬように見える。旅行家たちは下流部の水量の少なさに驚くのであって、済南近くの済河（ツィ・ホ）では、山地から抜け出る開封の上流で目にした強力な水塊に比べるべくもないほどだ。旧大清河に架かる一本の橋では、川幅の四分

★ Elias, *op.cit.*

の三にわたり、八本の橋桁の残骸がいまだに堆積している。河水の大半は湖や沼地、地下水へと失われたのだ★。

河口部

渤海湾近くで黄河は、明らかに最近に陸地化した旧海底である沼沢地帯をためらいがちに流れる。蒲台（プタイ［浜州市］）は、一二〇〇年前には海から五〇〇メートルに位置したと言われるが、現在は内陸七〇キロにある★★。周囲の土壌はまだ塩分が飽和したままで、鉄門関（ティエメン・クワン）の住民はちょっと土壌を洗脱するだけで良質な塩を入手する。いちばん村はずれの茅屋の群れは、かつて小島だった貝殻の丘の上にあり、蘆刈り人足や、最近建立された寺の僧たちの住まいである。商品を積んだジャンク船は砂洲の沖合に停泊するが、干潮の水深は二メートルに達するので、砂洲を越えられないわけではない。むしろ河道が狭くて思うように操船できぬことが理由だ。海洋型のジャンク［沙船あるいは海舶船］が運んできた商品は、河口から四〇キロ上流の城砦化された鉄門関に、平底の艀によって陸揚げされる。だが、これが黄河における水運のほぼすべてで、それほどこの河川は統御できない。運搬への利用は渡し船程度に限られ、対岸に渡るのも随所で困難であり、出発時間が決まっている。喫水一～二メートルの船を鉤竿で操るのだ。水深の大きい場所は、侵蝕された岸辺の根元にある淵にしかみられない。流域全体、とりわけ湖南省では、手押し車が大きな運搬手段だ。いくつかの地区ではこれで石炭や塩を搬出するため、日中の道路はその車夫が独占し、他の荷車が通るのは夜間に限られる★★★。風向きが良いとこれらの手押し車はすべて帆を張って伴走するので、すこぶる珍奇な眺めを呈する。黄河上流の甘粛省は平底船の航行が可能と思われるが、地元民は、水運よりも食料を背負って運ぶほうを好むので、揚子江沿岸の住民とはかなり違う★★★★。

大運河

★ *Ibid.*, Williamson, *op.cit.*
★★ Pumpelly, *op.cit.*
★★★ Williamson, *op.cit.*
★★★★ Huc, *Empire Chinois, op.cit.*

とりわけ前世紀のヨーロッパ人著作家たちは「大運河」についてしばしば語っている。これは人間の創意が生んだ驚異のひとつだが、第一印象で思うほど壮大なものではない。この水運路は南仏やゴート人の土地にみられるヨーロッパの水路とは異なるものだ。ヨーロッパの場合は斜面と斜面をつなぐ掘削路で、段階的に昇降して通行するが、中国の大運河は旧河川敷や湖沼を細い開削路で連絡したものに過ぎず、各地でまがりくねり、幅も不均等な河川の様相をそなえる。マルコ＝ポーロが述べるように、皇帝フビライは十三世紀末に川と川、沼と沼を連結しただけで航行可能な川、すなわち固有名詞としての「運河」を作ることができた。それ以前にも、揚子江地域の食糧は渡し船でもって白河方面に運送されていたけれども、それは随所で船を陸揚げし、徒歩で陸路運搬せねばならない難儀なものだった。洪水やら渇水やらで経路は変化し、揚子江と中国北部をつなぐ道筋が完全に同一になることは一度もなかった。大運河の河道が、前もって湖沼や河流により定まっていたにもせよ、また時代を通じ多少とも利用されたにせよ、この経路を保全する労力は並大抵でない。全線にわたり堤防を築き、川底を浚渫し、閘門でもって水勢をたわめ、風の猛威を受ける湖面近くから河道を遠ざけるには、数百万人規模の作業が見込まれるからだ。ヨーロッパのように規則正しく、かつ決定的なやり方で開削した運河のほうが、はるかに少ない労力で済んだかと思われる。河道への給水は、黄河本流をはじめ、その支流や山東省の諸河川、とりわけ汶河、ないし大汶河から潤沢にもたらされる。汶河は分水界の屋根でふたつに分岐し、ひとつは現在の黄河の河道と渤海湾の方向に北上する。もうひとつは、ウィリアムソンによればもっと大きく、揚子江に向けて南に流れ出る。この地点は尊宗を集めており、分水龍王廟が川岸を見下ろす★。大運河の重要性が近年かなり失われ、平底船でもその全区間を走破できぬことはよく知られている。こちらの堀は沖積により閉塞し、あちらの堤防は崩れ、河水は氾濫して沼沢になっているといった具合だからである。場所によっては、単なる沼地の連続にすぎない。蒸気船の到来のおかげで北京ならびに中国北部の物資調達は海路を経由するようになり、内陸を通る運河の道が国内交易全般に占

★ George Staunton et al., *An authentic account of an embassy from the King of Great Britain to the Emperor of China,* London: G. Nicol, 1797; Elias, *mémoire cité*; Ritter, *Asien, op.cit.*

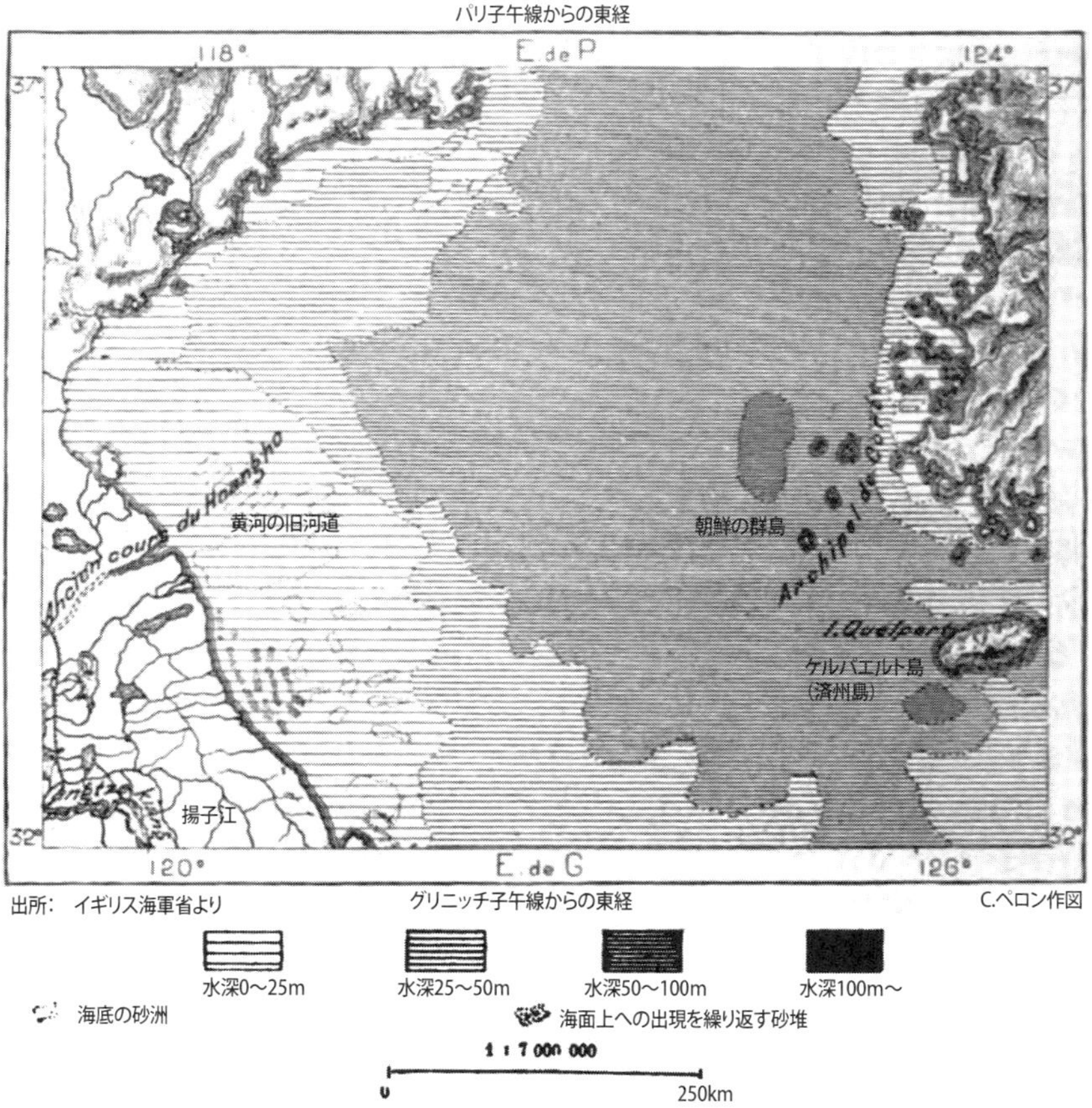

図 64　黄海

める金額も、かつてほどではない。だが地方の交易活動には今も非常に有用なので、すでに天津側から開始された復旧工事により、近い将来、蒸気船が白河から揚子江に航行できるようになることも期待される。

黄河の流量

　黄河の流量を知るのは重要と思われるが、まだ計測されていない。一七九二年のストーントンによる測定は大運河の渡河点のものなので、すでに漏水による目減りがはなはだしい地点であり、流量の季節変動についても何ら参考にならない。三二八四立方メートルという総計しか示されていないが、毎秒の値だとすると、ほぼナイル河と同規模、ドナウ川の三分の一

になる。だが流路の中央部での平均流速は、はるかに大きい可能性が極めて高い。いずれにせよ、濁流の水塊は渤海湾と、黄海を毎年かなりの規模で浅くするのに十分な量である。北方への新河道を形成してから三〇年のうちに、黄河は目に見えるほど浜辺を湾内に前進させた。このため黄海に開く旧河口は海岸線が突き出ており、軟泥の洲がかなり沖合まで前進する。ストーントンとバロウ［イギリス人政治家、外交官 John Barrow 一七六四―一八四八］両者の多少とも概数的な算定によると、黄河の沖積は二五日で面積一平方キロ、平均の厚さが三六メートルの島を一個形成する量である。おなじく両者の推定では、山東省西部に消えた内海群とおなじように、二万四千年で黄海は全域が消滅する運命にあるという。だが、これらのイギリス人著作家が考えるよりも黄海は少し深く、直近の海図が示す平均水深は約四〇メートルだ★。この浅海にはあちこちに洲があり、船舶の竜骨やプロペラの回転が軟泥の波を引き起こす。また霧も頻繁だ。船員が絶えず測深しないと進路を見分けられないのもしょっちゅうである。なお中国人は「黄海」の名称を、河川からの沖積土で濁った海域に限定して用いており、澄んだ海水になる箇所は「黒海」と呼ぶ。

淮河

黄河下流を揚子江から隔てる広大な平野群［華北平原］は、ゆったりとした淮河の水が涵養する。淮河はその長大さと豊富な水量にもかかわらず、独立した河川とはほとんどみなせない。何世紀にもわたり、確定的な河床を求めて左右に振れ動くのを止めず、しばしば黄河の単なる一支流にすぎなかった。だが揚子江に流入したこともあるし、分枝して両大河につながったこともある。現在は洪沢湖ほかの湖沼に沖積土を運んでいるが、これらの湖は、かつて北に広がっていた古代の湾の名残で、当時は、山東省の山地も独立の島嶼だった。これらの湖沼は、河川の運搬する土砂と、たぶん緩慢な陸地の上昇もあって、外海から切り離されたのだ。「淮」の名が残る洪沢湖の排水路は、黄河の旧河床にほかならない。

黄河源流の山岳地帯

★ Guppy, *op.cit.*

黄河の沖積土を提供し、島嶼だった山東省の山塊を、土砂でもって大地に結んできた山々や高原は、今もかなり高い。岩石が露出するほど表土をはぎとれば、いつかは黄海を埋め立て、日本列島を半島化するのに足るものだ。チベットの高原と高峰の西部にどっしりと根を下ろす壮大な山脈群が、黄河と揚子江の分水界を構成し、その北方にはモンゴル高原の階段状の外縁部が、もっと低い稜線を見せる

秦嶺山脈

その主たる山脈は崑崙山脈の東延長部とみなせるものだが、クク・ノールの山地［祁連山脈］からは深い峡谷で隔てられ、そこを流れる急湛が黄河になる。この山脈の名称は、そこから流れ出る河川や、河谷の住民や、麓に樹立された都市によりさまざまに呼ばれるが、蘭州府の南では一般に西傾山（シキン・シャン）の名で知られる。これは黄河上流部の支流である洮河（タオ・ホ）が通る隘路で中断したのち、再び東で立ちあがって、渭河の深い谷の南方へと、冠雪した稜線を伸ばしてゆく。この箇所では「青い山々」を意味する秦嶺（ツィン・リン）の名称を授けられた［秦（トネリコ）と「青」が同対音なための誤解か］。漢江の上流河谷にある漢中府（ハンチュン・フ）の北になると、この山脈はラバが通年にわたり通行できる道で横断可能だ。一八七三年に博物学者アルマン＝ダヴィッドが選んだ横断路は標高一九〇〇メートルにあり、有名な太白山（タペイ・シャン）の西を回り込む。これは渭河の平地を渉猟する旅行家たちが遠望し、「凍りついた雪の輝く背骨」をもつと言う山で、標高は三六〇〇～四〇〇〇メートルまで色々な推定がなされている［標高三七六七メートル］。山脈の中央部はそれよりもかなり東にあるクアンタン・シャン［不詳。あるいは崆峒山（標高二一二三メートル）か］で、ほぼ同標高とみられ、アルマン＝ダヴィッドの測量によると三七一〇メートルを超える。ただしリヒトホーフェンは、山脈全体の平均標高を二〇〇〇メートル程度とみる★。秦嶺山脈の中央部は古い花崗岩や片岩からなり、横断は至難だ。大半の旅行家は直接の登攀を避け、黄河の大屈曲部の東側の曲がり角と、揚子江の支流である漢江の中流河谷のあいだの低地のひとつから、東を回り込むほうを選ぶ。秦嶺山脈の北の稜線のひとつは、黄河、渭

★ Richthofen, *Letters on the provinces of Chili, Shansi, etc., op.cit.*

河、洛河（ロ・ホ）の合流点を見下ろす華山（ホア・シャン）の、花崗岩の岬角で終止する。同山の山頂は四千年前に帝舜が祭壇に用いたもので、時代を通じ中華帝国を鎮護する山のひとつだった★。渭河の対岸にはもうひとつの壮大な山岳、中条山（フンティアオ・シャン）が立ち上がる。地震により華山から分離したという伝説がある。

秦嶺山脈の動植物相

秦嶺山脈の標高や全体の様相はピレネー山脈に比せられるもので、ピレネー同様にふたつの動植物界の境界線上にある。博物学者は異なる圏域の動植物の重複に魅惑されるであろう。ドームヤシ［*Chamaerops humilis*］は［南側の？］山腹にしかみられないが、北斜面には、南方に起源をもつ多くの樹種がある。種々のキリ［桐］やキササゲ［木大角豆］、モクレン［木蓮］が、モミ［樅］やコナラ［小楢］と混じり合うほか、地場の植生としてはアカカバ［赤樺］や、ツツジ属の一種で樹木の寸法まで大きくなるものがある。野生動物は、ひとにぎりの安全な隠れ家でしか見いだせないが、それでも南北からの多くの種を含む。たとえばシャモア［岩羚羊、臆羚］やアンテロープ［羚羊］、サル［猿］、ヒョウ［豹］が何種かいるほか、ヤギュウ［野牛］が一種あるが、宗教的理由から地元民はこれを狩ろうとはしない★★。

伏牛山脈

伏牛山脈（フニウ・シャン）は秦嶺山脈の東延長部で、これにより崑崙山系は低地平野部に終止する。いくつかの山頂は標高二〇〇〇メートル級だが、平均は八〇〇メートルを超えない。山腹に樹木は一本もなく、中国最古の農業者である河南省の住民が、数千年のうちにどんな小さな藪も抜き取ってしまっている。稜線は秦嶺山脈と同様に、黄河と揚子江の二圏域の区分線をなす。一日の行程で旅人は別の地方に入るのであって、見るもの聞くものすべてが対照的である。土壌や気候、作物、食事、運搬方法、習慣の全体や言語、さらには公式言語の用語でさえ、この区分線を境に異なるからだ。南側の耕作者は長雨を怖れるが、北側の大

★ Biot, *Le Tcheou-li, op.cit.*

★★ Armand David, *Journal de mon troisième voyage d'exploration dans l'empire Chinois,* Paris, Hachette, 1875.

きな心配事は旱魃だ。北側の穀物はコムギ〔小麦〕やキビ〔黍〕、アワ〔粟〕なのに対し、南ではコメ〔米〕である。北側の人々は冬の寒気に備えねばならず、カルムイク人やロシア人のように夜間は「炕（カン）」と呼ばれる大きな土製の寝台の上で眠る〔炕床〕。彼らはまた、かつてモンゴル人から自衛せねばならなかったことも覚えており、都市や村は城壁や盛土で防護されている★。

黄土高原

黄河のふたつの屈曲点のあいだには、渭河の河谷の北側に、秦嶺山脈と平行する山地がある。しかしこれらの山々は、南西から北東に走る他の山列と交叉し、あらゆる方角に峡谷が走る一種の迷宮になっている。多様な山脈が交叉する角地にある隘路は、黄河の上流部と下流部をつなぐ必須の経路としての重要性をもつ。いつの時代にも、帝国のこちら側からあちら側に赴く隊商や、軍勢はこの経路を辿った。いわば自然が引いた戦略道路であり、最近もドンガン人と中国人が激突したのは、渭河から蘭州府への蛇行部においてだった。涇河（キン・ホ）と渭河のあいだには、かつて嶽（ヨ）として知られた山塊があり、華山とおなじく中国を「鎮護する山〔五山〕」のひとつである。蘭州北東のいくつかの山頂は「雪山（シュエ・シャン〔大雪山脈〕）」にふさわしいものだが、全体として渭河の平地北方に立ちあがる山々は背が低く、周囲を囲む低地河谷から数百メートルにすぎない。トランスオルドスの半島の中央部では、山岳地帯がだしぬけに終止し、沙漠に変わる。かつてゴビ砂漠を覆った内海は、現在の黄河の北方屈曲部よりもはるかに南下し、この山地の麓まで至っていた。だが後には塩湖とステップ地帯に取って代わられたのである。一帯の万里の長城は、中国の陝西省とモンゴル人の領域の自然境界に沿い、五〇〇キロメートルにわたる半円をなして連なる。

太行山脈

オルドス地方のステップを南から見下ろす山々の稜線は、黄河の東、山西省までつながっており、同河を狭める峡谷群が中断するにすぎない。省名は「西の山々」の意味だが〔太行山脈の西の意味〕、山西省の山列は、

★ Léon Rousset, *A travers la Chine,* Paris: Hachette, 1878.

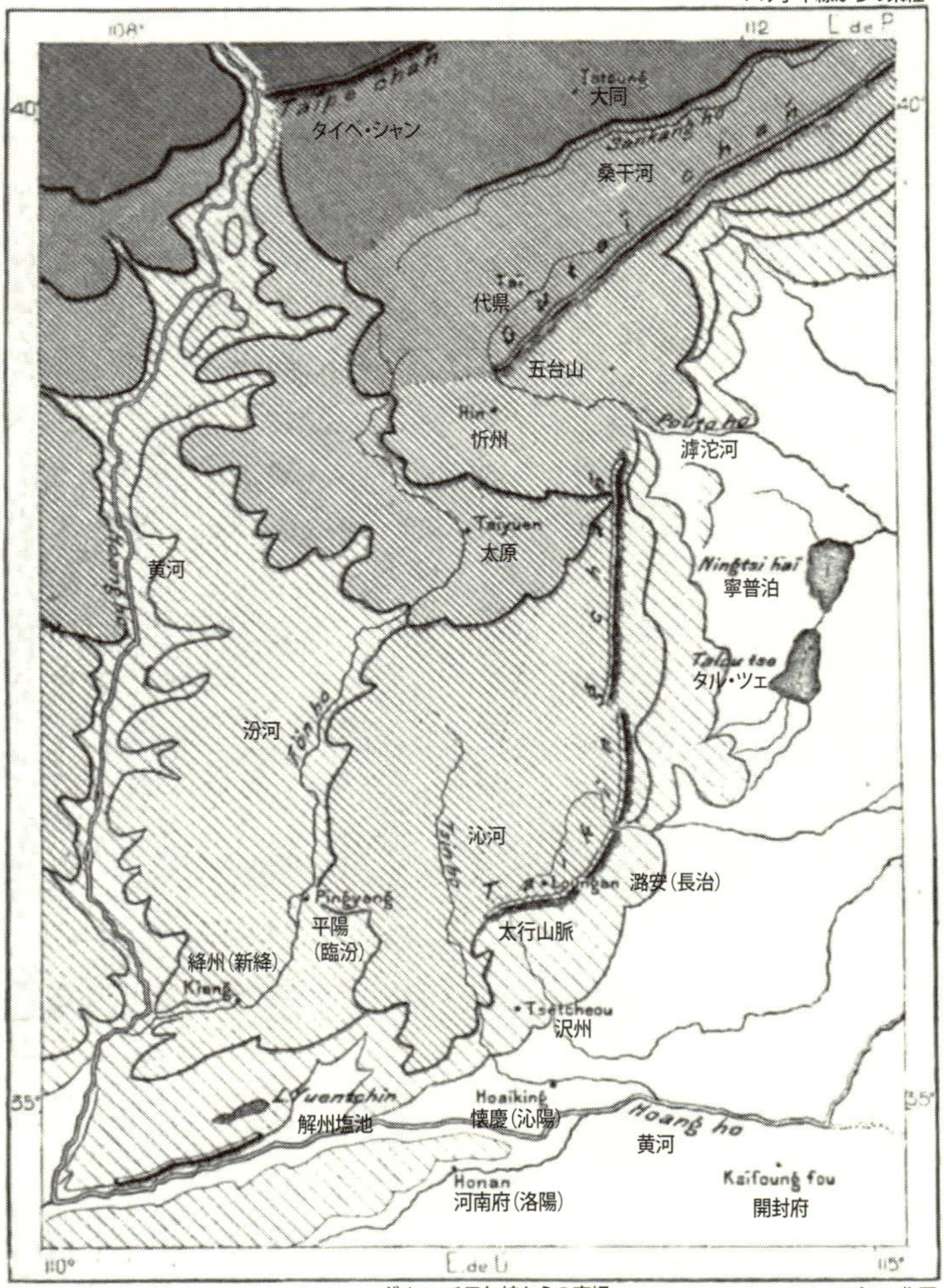

出所：　リヒトホーフェンによる　　グリニッチ子午線からの東経　　C.ペロン作図

1 : 5 500 000

0　　200km

図 65　山西省の段状地形

南西から北東へ完全に正則な方向を維持する。全体は巨人的な階段状で、河南省の低地平野からモンゴル高原に向かって立ちあがり、どの段も長い突起が縁取るものだ。このため縦方向に並走する流域が形成され、そのなかを蛇行する水流は、何らかの裂開から平地に降りてゆく。こうした流域は南東から南西に重畳し、八つを数える。低地の田

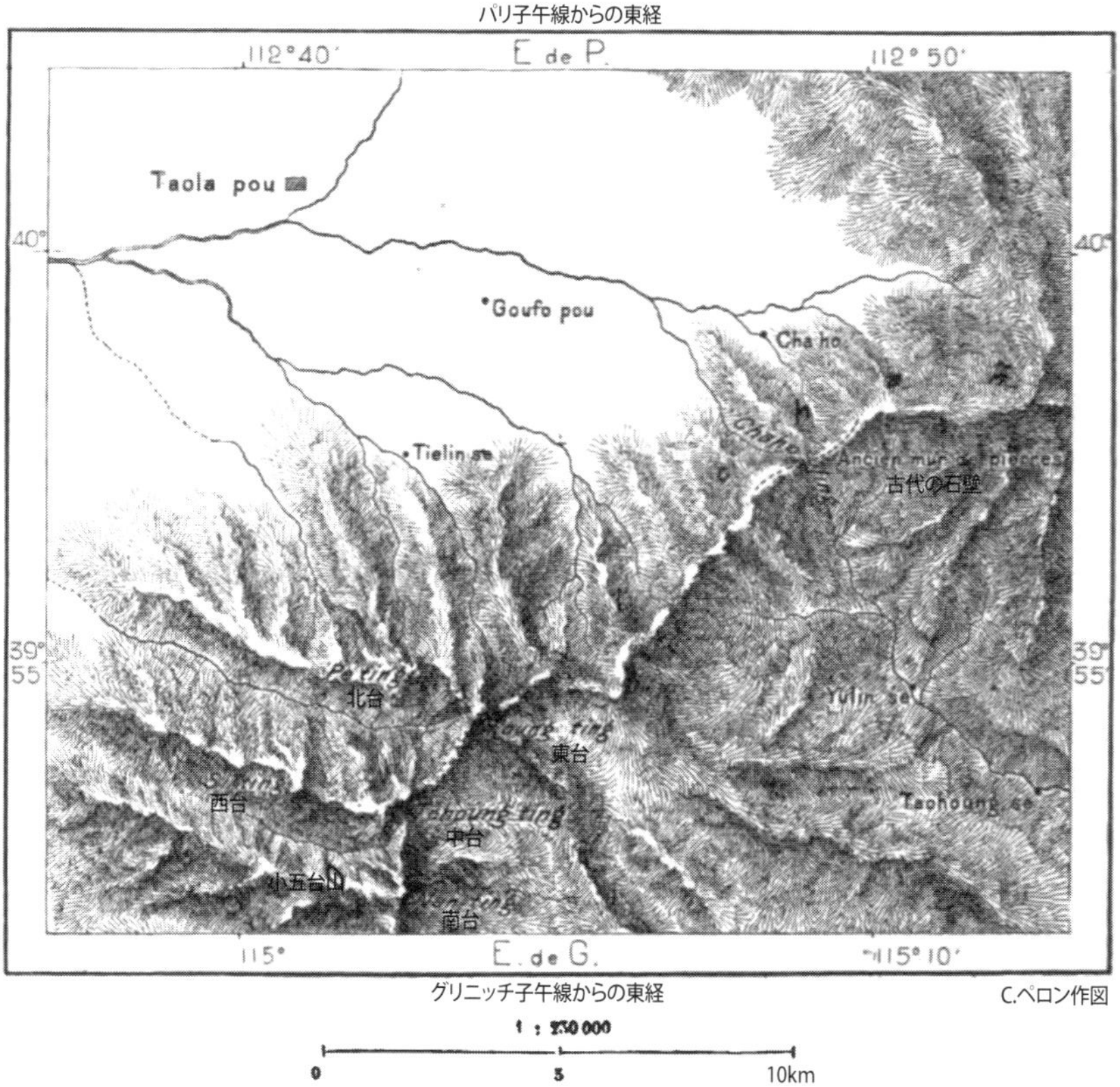

図 66　小五台山

園部に最も近い最初のいくつかの段が、縁部にそなえる稜線は高さ一〇〇〇～一五〇〇メートルにすぎない。だがモンゴルに向かって立ちあがるにつれ、もっと高い山を通り抜けねばならなくなる。そうした突起のひとつは「雪山」と呼ばれるにふさわしい十分な降雪がある。まさに山西省のシエラ・ネヴァダ［スペイン語で雪の山岳］だ。この雪の山脈の北東端付近には、尊宗を集める峰がいくつかある。現在最も参詣人が多いのは五台山（ウタイ・シャン）、すなわち「五つの峰」で、山頂は三四九四メートルに達する［標高三〇五八メートル。二〇〇九年に世界遺産登録］。山腹や高台には三六〇の堂宇が建立されていると地元民は言う。威容をそなえた記念建築物にはそれぞ

れ伝説があり、参道に沿って間近く連なる。こうした殿閣のひとつは全銅製だ〔顕通寺銅殿か〕。モンゴル人によればこの山系の土壌は墳墓を築くうえで最良のもので、ここに埋葬される者は後生が安楽とされる。五つの峰のうち南のものは南台錦繍峰と呼ばれ、とりわけその山腹の草花には独特の薬効があるとされる★。狂信的な信者は寒さや嵐など、最も悪天候のさいにこの霊峰に登攀し、厳しい贖罪を自分に課す。これらモンゴル人の聖なる山々からは、北に恒山（ヘン・シャン）の平たい山頂が望まれる。これも中華帝国を「鎮護」する山だ。犠牲を供える伝統的な儀式は今も恒山で営まれるが、「漢族」は臣下の遊牧民がもつ宗教的熱情をそなえないので、五台山の賑わいには遠く及ばない。

黄土の形成

黄河流域は高山地帯と沖積平野地帯をのぞけば、ほぼ全部が黄土（ホアン・トゥ）に覆われる。北直隷省、山西省、甘粛省に加え、陝西省の半分、河南省の北部、山東省の広大な広がりをこの堆積物が被覆しており、立ちあがる山々はまるで大海の島々のようだ。フランスに匹敵する面積を内包するこの土壌は、外縁部で細片のようになりながらも、揚子江沿岸まで至る。西ではチベット高原を背にする。これらの地方では丘や道路、畑、土壁の家屋、小川、堆積物を含む急流と、何もかもが黄色い。植物でさえ、うっすらと黄色い土埃をまとい、ほんの微風でも細かい粘土の雲を巻き起こす。中国皇帝が「大地のあるじ」と同義の「黄帝（ホアン・ティ〔前二六～二五世紀とされる〕）」の名を得た由来がこの空間である。中国文明が発達した民の母国はこの黄色い土地であり、最初にここを占拠した人々は、これこそが土だと考えたであろう。ゆえにその色は、大地の象徴になったのである。リヒトホーフェンは黄土をドイツ語で「ルース」と呼ぶが、彼の説によると、ドナウ川やライン川の河畔に形成されるルースと同様に、黄土も、北風が何世紀にもわたり堆積させた土埃にほかならない。この粘土層は年々歳々増加したが、植物を窒息させたり、動物相の発達を妨げるほど急速に積もるわけではなかった。こうして植物の残骸や、陸生の貝類、動物の残滓などが新たな土壌と混じり、凝固する一方で、地表

★ Huc, *Voyage dans la Tartarie..., op.cit.*; Edkins, *Religion in China, op.cit.*

は農耕民が掘削した水路が縦横に走って灌漑がおこなわれ、常に植生が更新されていったという。いずれにせよ、黄土が氷河期に由来しないのは確実だ。というのも、粘土質の氷堆石のように単純に積み上がってはおらず、地層の上から下まで垂直な孔が貫き、それが多様に分枝しているからである。これは土埃がだんだんと埋めてしまった植物の根が遺した空隙だ。また黄土は河川の運ぶ沖積土のような地層でもない。海水が覆ったことを示す海性生物の化石を含まないからだ。黄土が湖性の盆地内の水流に捕獲され、堆積しなおされた例も各地でみられる。そうした場所は原初の地層とはまったく異なる様相をみせ、化石も異なるのである。

黄土の侵蝕

山岳が周囲を縁取る高地群は水流が流れ出るのを妨げるので、そうした高地の上には黄土が一様な層をなして広がるが、厚さは知られていない。だが、周囲の山岳にある何らかの峡谷が侵蝕作用を許した場所には、常に垂直な横壁をそなえた巨大な雨谷が、この粘土質の土塊のなかに口を開ける。水は植物の根が残した無数の孔を急速に下降し、少しづつ土を砕解して、垂直面に切り分けてゆく。最も厳しい天候にさらされる面は塊のまま崩落するので、地形の起伏に沿って、あらゆる方向に断崖が形成される。こうして、垂直な横壁のあいだには、地面よりも下方に迷路のような裂開ができあがる。北方の高地群はだんだん侵蝕をこうむり、以前からあった雨谷は毎年裂開が延びてゆき、平野への出口は広がる。古代には地層だった箇所は、随所で単なる段丘や、岬角や稜堡のような地形の突端にすぎなくなる。緩慢な浸透により土中で侵蝕作用が起き、地中の崩落が洞穴を形成することもある。そして上層がだしぬけに崩落し、井戸のような開口部が残る。また、高台の両側が崩落した結果、まるでふたつの淵のあいだに立つ壁のようになって残る場合もある。だがこうした壁もだんだん崩れてゆき、まもなく孤立した断片になってゆく。それは西洋中世の古城のありさまに似ている。一個の巨人的なバベルの塔のように、塔状の地形が重畳する大型建造物のようになった黄土は、おそらく侵蝕作用が作った最も風変わりなもので、地球上の他の場所ではまったく見られないだろう。これらの後退してゆく段丘をちょっと見ただけだと、水流が堆積する岩石層のような層状をなすと考えてしまう。だ

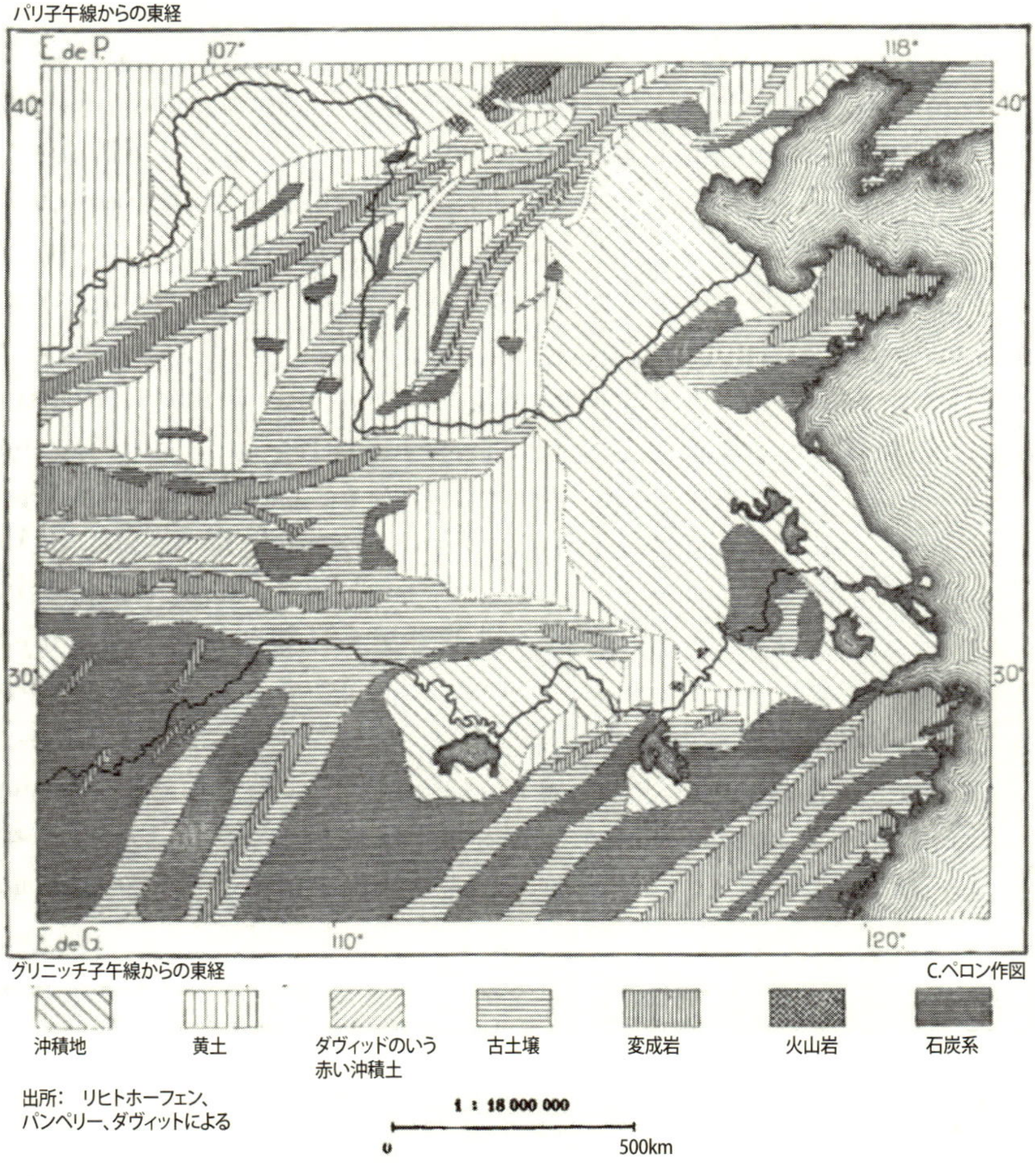

図 67　中国北部における黄土の分布

が黄土は各地で本来の組成を保持し、層と層のあいだは、石灰質の凝結物や、陸生の貝類、軽い塵埃など、各時期にこの埃っぽい高地を覆った物質が画している。縁部の侵蝕で明らかになった黄土の厚さは、六〇〇メートル以上に達する［リヒトホーフェンの説によると思われるが、その後の研究では最厚部でも二〇〇メートルほどと判明した］。つまり黄河が下流の低地平野や海に堆積し、新たな陸地を形成するうえで、まったく不足はないのだ。

黄土の住居利用

黄土地帯の多くの地区では、全住民が地中に生活する。粘土質の土塊は住民の頭上に崩れ落ちないほど堅牢なので、無数の洞穴に掘り抜かれる。黄土高原では公共建造物や宿屋さえ地下に造られる。黄色い壁に開いた穴はほぼどこでも集落や家畜がその粘土の洞窟に存在するしるしだ。豊かな穴居民だと、住居の正面に装飾をほどこすので、天然の階段の段から段へと、列柱や突き出した軒端、バルコニー、東亭が連続する。完全に孤立した土塊が、侵蝕谷のあいだに塔のようにそびえる場所も散在する。地元民はこうした天然の角柱の頂部に城砦化した堂宇を建築し、内戦になると、塔内に掘り抜いた階段を上って避難する。地元民が通路や住居を掘り抜く際には、しばしばマンモスほかの大型動物の骨に出くわす。彼らはこれを地龍の骨と呼び、さっそく砕いて粉末にし、万能薬として用いる★。

黄土の農業利用

黄土は中国の農業者が手中にした最も肥沃な土壌である。沖積土が最後には養分を失い、肥料でもって回復せねばならぬのに比べ、黄土は施肥の必要がないまま、何世紀にもわたり毎年の生育をもたらす。すでに四千年前に年代記が肥沃さを称えた西安府周囲の段々畑も、こうして産出力を保持したのであって、十分な降雨さえあれば、今も見事な収穫をもたらす。黄土には植物の栄養分がすべて含まれる。多孔質なので地中のかなり深い箇所まで水分が浸透し、溶解した化学物質を充填したのち、毛管現象によって上昇するため、野菜類は恒常的に正常な栄養分を受け取る。肥料の乏しい地域では、黄土そのものが肥料に利用される。厚板状になっ

★ David, *Journal de mon troisème voyage dans l'Empire Chinois, op.cit.*

た黄土の壁を切り崩し、隣接地域に送るのである。だが通常は黄土の限界が農作地帯の限界で、耕作者はこの地帯を徹底活用しており、ときにはたいへんな高地に至る。中国南部の温暖な気候のもとでは、海抜六〇〇メートル以上の田畑を目にするのはまれなのに対し、山西省の厳しい気象条件にありながら、黄土地帯の穀物畑は段状に二〇〇〇メートルまで伸びている。うまく防護された箇所ならば、猫の額のような小さな畑が二四〇〇メートルの高さで耕されている。黄土地帯のいくつかの地方は、見る者の視点にしたがい興味深い対照をみせる。低地から見上げると黄色い断崖の群れしか見えないのに、段々を登ると一面の緑地なのだ。この貴重な土壌の地面を失うまいと、賢明な中国の農民は土中に住居を掘り抜く決心をする。こうして彼は家族とともに自分の畑の下に住むが、戸外に出るにはちょっと階段を登ればよいだけだ★。

黄土高原の道路

黄土の垂直な壁が通行に及ぼす障碍を克服するうえで、中国人は大いなる巧妙さを証明した。流域から流域に赴くため細い裂開を利用したり、深い溝を開削しただけでなく、新たな雨谷が形成されれば道を完全に移設するからだ。こうした経路のうち最も往来がひんぱんなもののいくつかは、裂開の急な曲がり角を辿らず、間にある高地に上ってゆきもしないまま、深さ一〇～五〇メートル、ときにはさらに深く開削された溝である。これら掘削路の集まりは膨大な労働量を示しており、少なくとも万里の長城の建設や、あるいは運河網の建設に投入された量に匹敵するものだ。垂直な壁の上方に、埃っぽい空が黄色い筋のように見えるこうした通路の幅は二～五メートルほどで、荷車は片側通行しかできない。進み入ろうとする御者は長い叫び声をあげ、反対方向からやってくる旅人が退避場所に荷車を寄せるよう報知する★★。乾季には車輪が土埃りのなかを「水中のように」すいすいと進むが、雨のあとでは泥濘にはまり込む。そうなると、道は通行人も馬も呑みこみかねない危険な沼のようになる。土壌は踏み固められて本来の多孔性をうしない、水分が地中に浸透できないためで、轍は何カ月も泥で満たされたままになる。こうした難点にもかかわらず、この通

★ Richthofen, *China, op.cit.*; mémoires divers.［『支邦（Ⅰ）』前掲書、103—106頁にも言及がある］
★★ Rousset, *op.cit.; Bulletin de la Société de Géographie de Paris*, oct. 1878.

挿画 XXXVII　黄土地帯の開削路。リヒトホーフェン氏の著作『中国』の挿画をもとに、ランスロ筆［『支那（I）』前掲書、136 頁第 10 図「黄土内の峡道」］

路を辿らなければ、迷路のようになった雨谷を右往左往するしかない。これが、一帯におけるこの通路の戦略的重要性の源泉にもなっている。いくつかの地区ではたった一本の隘路を防御するだけで、敵方は斜面と斜面を全く連絡できなくなるからだ。その一方では、反乱集団や盗賊団が雨溝の迷宮の中に根城を構え、彼らだけが出口を知っているとなると、退治するのが極度に困難になる。中国史におけるかなり多くの出来事は、こうした黄土地帯の独特な形成によってのみ、説明できるものだ。

石炭

下側の山腹が黄土に覆われる山々は、世界有数に豊富な炭母の埋蔵地である。無煙炭、つまり油分の多い石炭は、黄河の支流が走るすべての省、すなわち北直隷省、山東省、山西省、陝西省、甘粛省、河南省で見出される。石炭層のいくつかは河畔にあるため、採取して黄河や大運河の支脈を経由し、沿岸の港に仕向けるにはうってつけである。リヒトホーフェンによると、河南省の無煙炭の炭田は五万三〇〇〇平方キロ以上の面積がある。黄河流域は屈指の農業地帯のひとつだが、イギリスの炭鉱地帯など比べものにならぬ燃料が堆積しており、屈指の工業地帯になることが約束されている。

黄河流域の人口回復

中華帝国のあらゆる部分のうち、人口の概数を示すのが最も無謀なのが、黄河流域の諸省であろう。ここは回民蜂起が発生した土地で、内戦の被害が最もひどかったうえ、人間の罪業に洪水や旱魃が付け加わり、虐殺行為に襲われた不幸な人々を餓えさせたからだ。だが、かなりの被災地が入植で再征服されたことはよく知られている。旅行家は誰もが、市邑や村は再建され、人口が回復しつつあると語る。さらにジャガイモの導入により、従来は無住だった高地の峡谷部すら、多くの入植地を受け入れている。人口増加が続けば、数十年で空白地帯もすべて埋め尽くされ、内戦や開封府付近の堤防決壊の以前の今世紀半ばと同様に、八千万人を超える人々が黄河流域にひしめくだろう★。

西寧、甘孜、クンブム・チャムパーリン寺

黄河のほとりにあるうち最も高い場所にある都市、ゴミ［貴徳］は最近にプルジェーヴァルスキーが訪れた。これは気候にもめげずタングート人農民が維持に成功してきた耕作地の限界、標高二四〇〇メートルにある。その先には青いキジ［雉］が営巣する森林しかない。クク・ノール［青海湖］の東に位置する西寧府は、大通河［タトゥン・ゴル］でもって黄河と連絡する西寧河［現在は湟水に統一して呼ばれる］の左岸にあり、甘粛省上流部の首府として、青海湖地方のタングート人、およびモンゴル人を統治する官衙の所在地だ。都市住民はほぼすべて中国人である★。西寧はチベット高原の北東角にあり、中国中央部から中国トルキスタン地方、およびジュンガル地方に至る歴史的経路に近いため、軍事的にも、中継地としても、第一級の重要性を得ている。「広大な」都市だが、城壁は各所が崩れ、交易活動の大半は西に四〇キロほど、クク・ノール地方との境界線上のドンキル（甘孜）に移ってしまった★★。西蕃、ないし蕃子（ファンツェ）と呼ばれる東部チベット人が降りてくる先が甘孜であり、ダイオウ［大黄］や皮革、羊毛、家畜、鉱石を売り、食料品を買い入れる。危難に満ちた高原を縦断してゆく隊商も、ここで編成される。住民は中国西部の全人種がみられるが、取引がいつも平和なやり方で営まれるわけではない。商人は武装しており、ささいな口論でも闘争に至る危険性があるからだ。西寧府一帯はチベット、モンゴル両民族の仏教徒の聖地である。ここはチベット仏教の改革者ツォンカパの生誕地であり、いくつかの僧院は特別な聖性をそなえる。クンブム・チャムパーリン寺は西寧の南、黄河が流れる深い谷から遠くない台地の林中にある。回民

★ 1842 年の人口調査による甘粛省中国人地域（万里の長城の内側）、河南省、陝西省、山西省（長城の外側を含む）は以下。

	面積（km^2、Behm&Wagner による）	人口（万人）	人口密度（人／km^2）
甘粛省中国人地域	27 万 4923	1850	67
河南省	17 万 3350	2907	168
陝西省	21 万 0540	1031	49
山西省	17 万 0853	1705.7	100
計	82 万 9466［ママ］	7493.7	90

★★ B'ela Szechenyi; Gustav Kreitner, *Im fermen Osten*, Wien: Alfred Hölder, 1881.

★★★ Huc, *op.cit.*, によれば “Tangkeou-eul”、Kreitner によれば “Tonkerr”。

蜂起の嵐が通過する以前には、四千人のラマ僧が起居していたが、一八七二年と一八七四年に獰猛な西蕃によって荒廃し、現在は二千人しかいない。その学院は四校を擁し、教義の蘊奥、礼法、祈祷、そして人間の「四百四十」の病の治療法を学ぶ。主な治療法のひとつは、主殿の正面近くに生えた一本のニワトコ［接骨木］の葉を用いるもので、聖樹とされる。信者たちが言うには、その葉は仏の御姿や、さまざまなチベットの聖文字の形をしているという。ユックはこの超自然的な事物を目にしたと信じるし、セーチェニー［ハンガリー人旅行家 Széchenyi Béla István Mária 一八三七―一九一八］も、最初の訪問時には目にできなかったものの、翌日には、仏の輪郭がぼんやりと描かれた一枚の葉を見つけることができた★。大祭になるとチベット人、モンゴル人、中国人の巡礼の大群がすべての寺院に参集し、仏像やバターで作られた優美な飾り［酥油花］を拝観する。これらの飾りは四足動物や花鳥を表わすが、一夜のあいだ壮麗な灯明に照らされたのちには、いっせいに破毀される★★。

蘭州府

西寧府と、おなじく西寧河のほとりにある碾伯県（チュンペ・ヒェン）の北には、山岳部と万里の長城を結ぶ甘粛省の歴史的経路に沿って、いくつかの都市が連続する。だが、ほぼすべてがドンガン人によって廃墟となり、最近になってもまだ残骸の堆積にすぎなかった★★★。中華帝国を西方の辺外領と結ぶ道路の始点である蘭州府は、城郭のお陰で事なきをえ、無数の避難民を保護したのである。同市は甘粛省の公式な省都ではあるが、総督は六年ごとに玉門近くの粛州［酒泉］で三年を過ごす。市街は黄河上流のすべての道路の収束点、黄河の右岸に位置する。黄河はこの下流で北に転じ、オルドス地方の半島をめぐる大屈曲を描いてゆく。蘭州府の平野は広くて肥沃だが、南方には馬寒山（マハ・シャン［馬銜山とも］）の山脈の終止部である長い岬角が城門近くまで突き出し、なだらかな頂部に何本かの櫓をそなえる。対岸の北には、丸くなった扶壁によりかかるようにして、六〇〇～九〇〇メートルの高さに岩山がいくつかそびえ、

★ Kreitner, *op.cit.*
★★ Huc. *op.cit.*
★★★ Piasetskiy, *Voyage en Chine* (en russe).

緑の中に寺院や東亭が散在する。注目すべき記念建造物は皆無で、四万軒の家屋はほぼ例外なく木造の茅屋だが、街路は大理石や花崗岩で舗装され、非常に清潔に保たれている。これ以上に快適な様相をみせる中国都市はほとんどない。沿岸部やヨーロッパ人に開かれた貿易港からこれほど離れて位置するにもかかわらず、蘭州府は国内きってのヨーロッパ工業の模倣地のひとつだ。この変化に大きな役割を果たしたのが戦争であることは本当で、主産業は大砲の鋳造である。ヨーロッパ人が経営し、羊毛や駱駝の毛でもって軍用毛布ほかの粗い布地を製造する工場もある。すでに蘭州府には近傍の炭鉱を利用する蒸気機関があり、市街の外に放射状に伸びた最近の建設にかかる道路は広く、ニレ〔楡〕の若木やヤナギ〔柳〕の並木になっている。黄河を渡るのは一本の舟橋だ★。内戦の惨禍ののち、通行を容易にすることが軍事的観点からどれほど必要か、人々が理解したからである。南西に一〇〇キロほど、黄河の横谷にあるサラル、ないし河州は、最近の内戦期にドンガン人の叛徒の主要な城砦だったことが知られている。一帯ではムスリム住民を「サー・ラ（撒拉族）」と呼ぶが、この都市が由来かもしれない★★。

寧夏

蘭州府よりも下流の黄河は峡谷から峡谷を経て北方に向かい、両岸の人口は少しづつ減少してゆく。商業都市である中衛（チョンウェイ）は左岸、賀蘭山脈の東麓にあり、万里の長城が沙漠に対峙する関門が守るが★★★、城壁を砂丘が囲む。その下流にある金積堡の村はかつてムスリム勢力の中心地のひとつで、千年以上にわたり暮らしており、歴代政権もあえて移住させようと試みなかったものだった★★★★。甘粛省のこの地区の首府である寧夏（ニンヒア〔銀川〕）は、万里の長城が黄河の左岸沿いに伸びるのをやめて右岸に渡り、オルドス高原の南を画す場所にある。中国とモンゴルの中継地として、かつての要地であり、十世紀と十一世紀には王朝〔西夏〕の首都でさえあった。チンギス＝ハン

★ Kreitner, *op.cit.*; Rousset, *op.cit.*
★★ Easton, *Weekly Times*, 16 April 1880.
★★★ Huc, *op.cit.*
★★★★ Ferdinand von Richthofen, “Letter by Baron Von Richthofen from Si-Ngan-Fu, on the Rebellion in Kansu and Shensi”, *North-China Herald*, 1872.

により廃墟となったが再建され、殿閣や沼沢が囲む煉瓦作りの高い城壁が、はなはだ威圧的な外貌をみせる。だが市内の街路は狭くて曲がりくねり、家屋も一部は無人だ★。

包頭ほか

寧夏の下流、モンゴル人の領域を横断するあたりでは、川沿いの諸都市の住民はほぼ中国人である。うち最大である包頭（バオトウ、ビチュカイ）は左岸から七キロ、豊かな田園地帯の村々が囲む中央にある。その村々も中国人農民が暮らす。城壁は一辺が三キロ以上の方形で、高原部の住民と非常に活発な交易があるほか、鋳物が盛んだ★★。同市から東に五〇キロの北岸には、最近の建設にかかる都市チャガン・クレン、すなわち「白い城郭」がある。これは中国人が内モンゴルに入植するようになってから創建された都市で、街路の広さと清潔さ、規則正しい家並みは帝国内でも比類ない。広場のいくつかは樹陰のもとにある★★★。半島状をなすオルドス地方をめぐる黄河の北東角の屈曲部にあることとて、同市は黄河の渡渉点として、中国人隊商が最もひんぱんに選ぶ都市のひとつである。万里の長城の南になると、黄河は狭義の中国に再び入り込み、「西の境界」を意味する陝西省と、「山がちな西」を意味する山西省の省境になる。その部分での主な渡河点は、とある高い岩山から見下ろす城砦都市、保徳が位置する峡谷だ。この地点の川幅は四〇〇メートルしかない★★★★。

涇河沿岸ほか

オルドス半島の南、いつの時代も黄河のふたつの屈曲点のあいだを結んだ歴史的な経路に沿って建つ諸都市は、沙漠の縁辺に位置する北方の沿岸都市よりも、当然はるかに重要だった。この南方経路における主な中継地は涇河（キン・ホ）の河谷沿いにある平涼府（ピンリアン・フ）、邠州（キンチュウ）、彬州（ピンチュウ［彬県］）である。彬州は樹林に囲まれ、とりわけ国内最大のナシ［彬州梨］を産する。いずれも城郭を備えるおかげで回民蜂起をもちこたえたが、周囲の田園は荒廃した。清朝側の勝利が確

★ Huc, *op.cit.*
★★ Prjevalskiy, *Mongolie et Pays des Tangoutes, op.cit.*
★★★ Huc, *op.cit.*
★★★★ Gerbillon; du Halde; Ritter.

定すると、一帯の村々の再建や道路の修繕、耕作の回復は「回回」が従事させられた。彬州近傍にある洞窟には岩に刳り抜いた仏像があり、中国中央部で最大、かつ最も著名である〔彬県大仏寺石窟〕。高さ一七メートルのこの大仏の前〔左右〕には、半分ほどの高さの二人の弟子の像が、跪拝する信者に仏を示している。その南、渭河の河谷における最大の市邑は乾州（クンチュウ）だが、広大な城郭のなかに埋もれたようになっている。城郭の一部は墓地である。その下流には行政都市である鳳翔県（フチャン・ヒェン）があり、近くの丘には別の大仏があって、右手を差しのべ、田野に慈愛を施している〔永靖炳霊寺石窟か〕。その南、渭河の支流〔藉河〕のほとりにある大型都市である秦州（ツィンチュウ〔天水〕）では、仏塔や殿閣の丸屋根がクリ〔栗〕やクルミ〔胡桃〕の樹冠を見下ろす。これは首長をおなじくする五つの地方行政単位の集合体だが、それぞれが高い城郭をそなえる。秦州はまた茶葉や煙草葉、藍の一大市場で、機織りや絹布の刺繍のほか、金物職人が働く。黄河と揚子江の流域を分ける標高一三九二メートルの峠に向かう小道があって、よく利用されているが、地図上にあるペイ・リン〔白陵すなわち巫山峡か〕という峠名は現地では用いられない★。

西安

西安府はかつて秦の首都〔咸陽〕だったし、九〇六年から一一八〇年にかけても、「西京」の名称のもと、中華帝国の首都だった。今も大都会のひとつで、北京よりも確実に人口が多く、おそらく広州だけが西安をしのぐ。渭河、涇河のほか、より小さな数流の河川が合流する平野の中央に位置し、女牆《ひめがき》をほどこした強力な城郭が東西南北に面する完璧な方形をなす。各辺は一一キロ以上の長さがあり、それぞれ中央に巨大な門をそなえ、数階建ての関楼が載る。西安はその中心的位置と、肥沃な黄土のたまものとして、数千年にわたり第一級の商都であり、商店は高級品で満ちているが、関心をそそるような古代の記念建造物はいっさい保存されていない。わずかに「満城」内に、七世紀から十世紀初頭にかけて全土を支配した唐王朝の宮殿の敷地を、人々が指し示すだけだ。ただし西安には「碑林」と呼ばれる考古博物館があり、膨大な碑文や図像の石碑を収蔵する〔西安

★ B'ela Szechenyi; Kreitner, *op.cit.*

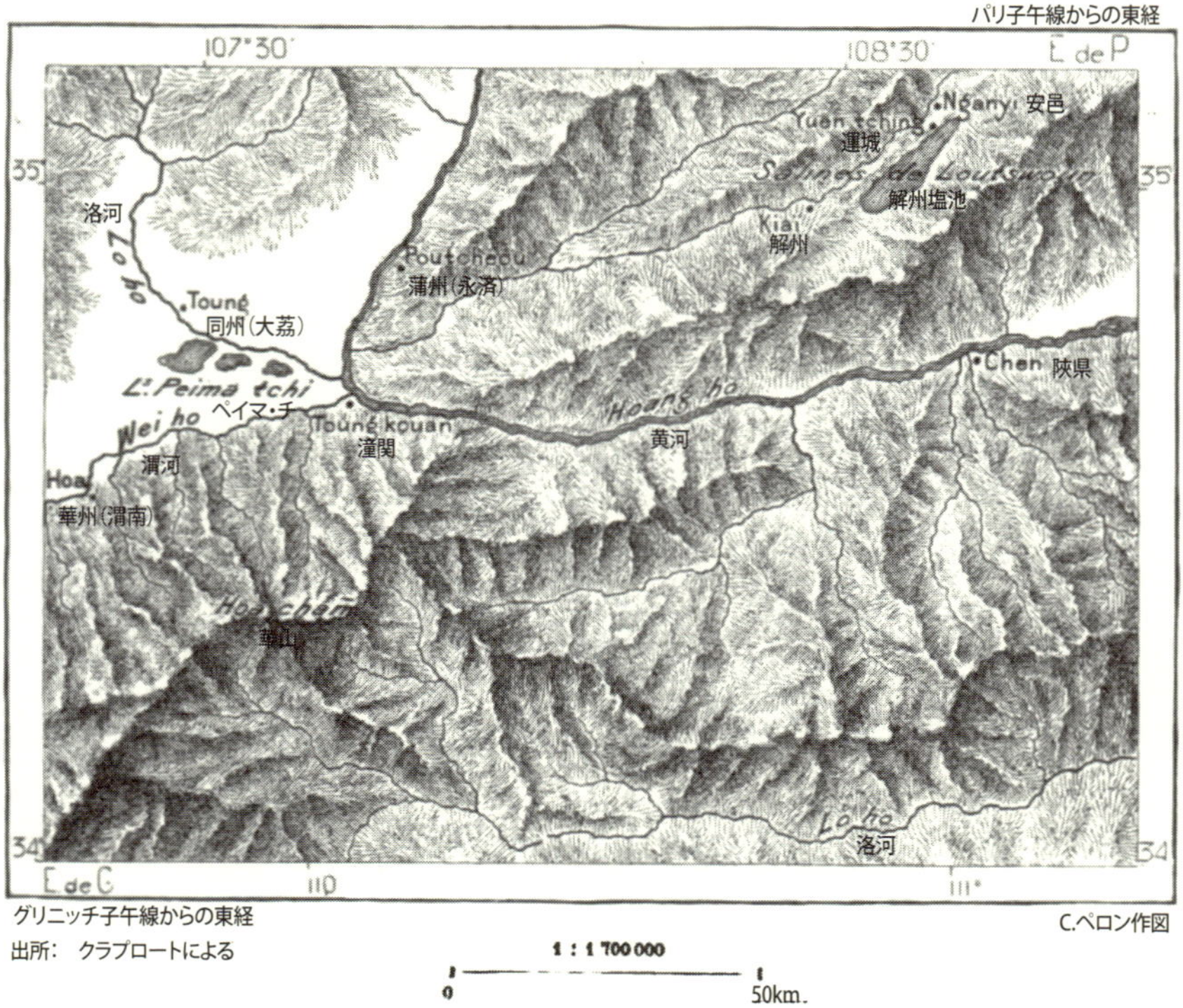

図 68　西安と渭河の河谷

碑林博物館〕。収蔵品のいくつかは二千年前にさかのぼり、複数の王朝にわたる歴史を再構成できるものだ。西安は城壁のおかげで、南京ほか中央部の多くの都市がこうむった回民蜂起による破壊を免れた。この内戦を通じ、市内の五万人のムスリムは強制収容され、脱走は死罪とされたが、群衆が彼らを虐殺せぬようにするのは大変だった。ムスリムは今も八宇のモスクを保持するが、石碑を取り去って皇帝や孔子の言を刻んだものに取り換えさせられたのである★。

潼関

内戦前には、渭河の西安府下流のほとりにかなり大きな都市、河州があった。広大な地域を破壊し、数百万人が生命を失う恐るべき蜂起が一八六〇年に始まったのが河州で、完全に地表から姿を消し、今は存在しない。残って

★ Richthofen, *Rebellion in Kansu and Shensi, op.cit.*; Rousset, *op.cit.*

いるのは一世紀ころに建立された寺院だけで、国内最古のもののひとつだ。今日最も人口稠密なのは「東の関門」を意味する城郭都市、潼関（トンクワン）である〔潼と東が同対音なための誤解か〕。同市は黄河の全流域に中心を占める城砦で、国内で最もよく防備され、大砲を備えた櫓と城壁により、敵の接近を阻止する。陝西省への東の入り口にあって、黄河が北から南に流れるのを止め、三つの河川から豊富な水量を受け取る河谷に斜めに位置することとて、潼関は街道筋が自然に交叉する場所である。すなわち、黄土が広大な広がりをみせるこの地方にあっては、交易にせよ戦争にせよ、迂回路を辿るのではなく、既存の道路を経由して移動する以外にない。これが、潼関が例外的な軍事的重要性をそなえる理由だ★。潼関を南西から睥睨する華山は、山東省の泰山に劣らぬ霊峰で、こちらも多くの僧院を擁するが、登攀はもっと困難だ。この「象の背中のような」山の頂上には、西部諸省を鎮護する白帝（ペイ・ティ）が、妖精や天の精に囲まれて鎮座するとされる。

太原

オルドス高原に隣接する陝西省北部は、中国で最も知られていない地域のひとつだ。宣教師を別として、そこを訪れたヨーロッパ人旅行家はいない。だが、いくつかの商業都市があることは知られている。洛河の河谷にある富州（フチュウ、鄜州〔富県〕）、その北方の石炭や石油資源が豊富な地帯にある延安（ヤンガン）、そしてモンゴルのステップ地帯近くの万里の長城の関門に建設された楡林府（ユリン・フ）がそうだ。陝西省北部よりも到達が容易なこととて、山西省の上流部はもっと知られている。ヨーロッパ人の鉱山技師や商人さえこの地域をあらゆる方向に経めぐり、天然資源を調査したからで、すでに天津港の吸引圏になっている。山西省の省都である太原府（タイユアン・フ）もここにある。段々状をなす高地のひとつである丘陵地の北西にうまくかくまわれた位置にあり、田園部を涵養する汾河（フェン・ホ）は南西に下って黄河方面に至る。太原は他の大半の省都ほど広大ではなく、長方形の外側の城壁は全長一三キロしかないのに、内側には無住の地区がある。北京とおなじく、中国人街区からは高い城壁で隔てられた満城があり、その内部は北京の皇城とおなじよ

★ Rousset, *Bulletin de la Société de Géographie*, oct. 1878.

うな区割りになっている。総督の庭園には池や殿閣、そして紫禁城を真似た「煤山」もある。かつて同市の武具製作は名高いもので、清国政府の兵器廠と一軒の大砲鋳造所があるが、現在ではかなり衰えた。周囲はよく耕作されており、いくつかは正真正銘の見事な畑だ。国内最良のレーズンを産するのもこの一帯で、耕作者は初期のカトリック教宣教師たちが教授した方法でもって、良質のワインを醸造できる★。

山西省の交易

物資の移動は山西省のこの辺りを経由しない。北直隷省とモンゴル間の交易路は五台山の西端を回り込む滹沱河の谷をさかのぼり、内側にある万里の長城を雁門関（イエメン・クワン）の峠で越える。ここはたった一日で二千頭の家畜が通過する。直行路のほうは、鋳物工場や炭坑が囲む大商業都市である平定（ピンディン）に向かって東進したのち、「天上の関門」である四つの峠を次々に越えて、北直隷省の平野にある正定に至る。太原の盆地には、南にヒウカオ［不詳］、南西に祁県（チ・ヒェン）という商業都市がある。平遥県（ピンヤオ・ヒェン）からは、現地の産物が河南省に向けて発送される。太谷県（タイク・ヒェン）と張蘭鎮（チャンラン・チン［晋中市］）はすこぶる豊かな市邑で、国内有数の銀行家たちが住んでおり、彼らはサンフランシスコやロンドン、マルセイユとも取引がある。好事家ならば、これらの山西省の都市で中国芸術の粋と言える銅器や壺類を見出す。ただし省内の高地は自給できるほどの食糧を産出せず、自然的な資源で足りない分は工業と、定期的な移民からの仕送りで賄わねばならない。各都市は織物や皮革、製紙など、独自の地場産業をもっている。また地場消費のための採炭もかなり活発だ。山西省人は省外へ旅して得る利に極めて聡いが、総じて礼儀正しく、気配りに富み、他所者を歓待する。これに対し、陝西省の人々が外国人に与える印象は正反対である。

韓信嶺峠

太原府の南には、崋山の山脈を深い峡谷から通り抜けた汾河が流れる盆地がある。太平天国の乱の以前には、

★ Martinus Martini, *Novus Atlas Sinensis*, Amsterdam, 1655.

そこにいくつかの都市があったのだが、一八七二年にはどれも駐屯部隊が占領する瓦礫の山にすぎなかった。しかし河南省から山西省北部に向かう大型交易のおかげで、復興は少しづつ進んだ。黄土高原に口を開ける狭い隘路である韓信嶺（ハンシン・リン）の峠は、ときに大都会なみのにぎわいを見せる。コムギ［小麦］や穀物粉、煙草葉、塩、茶葉、紙類、綿織物を運ぶロバ［驢馬］やラバ［騾馬］、ラクダ［駱駝］の隊商が長蛇の列をなして次々に通過する。その量は数編成の列車にも相当する。

平陽

汾河のほとりにある平陽府（ピンヤン・フ［臨汾市堯都区］）は太原の盆地ほど肥沃ではない砂地の平野に位置する。かつて山西省の最大都市だったが、太平天国軍により荒廃した。郭外町のひとつは市内同様に城郭をそなえるが、一屋残さず破壊されたのである。だが平陽ほど城砦化された中国都市はなく、三重の城壁をそなえ、抜け道が随所にほどこされており、外門を突破した敵勢を背後から衝けるようになっている。住民は恐慌を来してしまい、防衛の覚悟に至らなかったか、あるいは亀の輪郭を模して建てられた仙術的な城壁の威力を当てにしたのだろう。平陽は国内きっての聖地であり、世界最古の都市のひとつだ。南に三キロもない場所には帝堯の時代、すなわち四二〇〇年前の首都の跡があり、その近くに一宇の廟がある。これは堯、舜、禹の三帝を祀るもので、かつては壮麗だった。伝承によると帝堯が埋葬されたのは平陽の平地の東、有毒ガスの噴き出すひとつの洞窟内で、人が近づくことはできないが、内部の湖中に金銀の柩があり、岩の横壁から鉄鎖で吊るされているという★。

解州塩池

黄河の屈曲部が画する山西省南東［ママ、南西］の角には蒲州府（プチュウ・フ［永済市］）、解州（キアイ・チュウ）、安邑県（ニャンイ・ヒェン）、運城（ユエンチン）といった省内最大の都市群が立ち並ぶ。ここは製塩地帯で、山西省のほか、陝西省や河南省、甘粛省の大半に塩を供給する。最大の塩水沼沢は一般に「鹵池（ルツ

★ Williamson, *Journeys in North China, Manchuria and Eastern Mongolia, op.cit.*

ン)」の名で知られ、中条山の高い階崖が南から見下ろす長さ三〇キロほどの湖の北岸にある［解州塩池、運城市塩湖区］。これはおそらく世界最大の岩塩埋蔵地で、かつ人類が最も定常的に採取してきたものだ。四千年以上の昔、堯の時代には豊富な製塩がおこなわれていたが、古代からの原始的な技法はまったく変化しなかったと思われる。沼沢地の最も低い箇所にある小さな湖はほぼ淡水なのでまったく利用されず、作業が行われるのはもっぱら沼地のほうだ。こちらは石灰の結晶を充填した固い粘土の土壌なので、漏斗形の大きな穴を掘り、底に溜まる塩水を手桶で汲み出し、平坦な区画に注ぎいれる。蒸発すると塩の層が残る。鹵池の低地一帯は直轄領で、塩税を徴収するため高い壁をめぐらせて組合に貸し出す。組合は一五〇ほどあり、各自が長さ一八〇メートルの区画をもっている。採塩量は土中の塩分濃度により異なるが、全産出量は膨大で、平均で毎年一五万四〇〇〇トンと推定される★。塩の主な発送地は「泉の市邑」の意味である運城で、国内きっての美しい殿閣群の丸屋根が市街をみおろす。

いつの日か、ボーリングにより地中の厚い岩塩層が発見されるだろう。陝西省南部や河南省ほか、多くの場所で塩水の温泉が湧き出るからだ。黄河の平野で中条山に向き合う斜面でも、川沿いには塩水の沼沢地が広るし、河畔の黄土は塩分を含む。住民は土壌を洗脱し、海際にみられるものと全くおなじ塩田で蒸発させ、最後に火でもって煮詰めて結晶を得る。

河南府

潼関下流の黄河沿いには都市や村が連続し、人々は肥沃な谷間と黄河の諸支流が涵養する田野にひしめいて生活する。ここは「華中」と特別な名称で呼ばれる地帯だ。省と同名の河南府は西安府と同様に省都ではないが、かつて全土を支配した首都の一部に位置する。三世紀の魏と、七世紀の唐に首都だった洛陽（ロヤン）はこの近く、河水のほとりにある［唐代には東都］。また神話上の人物である伏羲の居住地もここだったとされる。河南府は黄河と並流する洛河の北岸［ママ、南岸である］近くにあり、平均の高さが一五〇メートルの丘陵地が

★ Richthofen, *Letters on the provinces of Chili, Shansi, etc., op.cit.*

両河川を分けるが、河南府の占める中央は、中国人をして「世界の臍」と言わしめたものだ。じっさい荷車の通れる道の収束点として、これほど恵まれた都市はほとんどない。黄河の河谷を上る道が同地で合流するのは、北東に向かう天津への道、南東の淮河および揚子江下流部に向かう道、そしてナンチュウ〔不詳〕の峠を越えて漢江の河谷へと南下する道である。鉄道が縦横に走るようになれば、河南府が西洋向けの商品の一大集散地になるには何の不足もないだろう★。市内にみるべき記念建築物はないが、近郊の丘陵地には国内最古の堂宇群があり、その美術品はきわめて興味深いものだ。河南府の南にある嵩山（スン・シャン）は霊峰のひとつで、いくつかの宗教建築は岩壁の中に掘りぬかれている〔二〇一〇年に世界遺産登録〕。

開封府

河南省の省都である開封府は、住民の誰もが古称の汴梁（ピエンリアン）でもって呼びならわす。位置は河南府におとらず好適だが、黄河とその支流の汴河（ピエン・ホ）の増水がいつも脅かし、河畔の田園部が荒廃することもあった。堤防の補修には数千人がたずさわるが、城壁はしばしば海のような氾濫に取り囲まれたのである。一五四一年には、同市の守兵によりほぼ壊滅した。というのも、反乱軍を水攻めにするため堤防を破壊したのはよいが、城壁を迂回させることができなかったので、自分たちがほぼ全滅したのである。攻囲側は大半が逃げる暇があった。開封府も一一八〇年から一四〇五年まで東京（トンキン）の名称のもと、全土の首都だったが、栄光の過去をひきつぐ記念建造物はいっさいない〔東京開封府として首都だったのは宋代〕。今では単なる商業都市であり、市が年中催されている土地のような様相を示す。国内で唯一イスラエルびとの共同体を形成しているユダヤ人は、ほぼ全員が西洋の兄弟とおなじく金銀細工や古物商、金銀の取引にたずさわる★★。開封から数キロにある朱仙鎮（チュシェン・シェン）は国内きっての市場町で、かつては四大市場〔四大名鎮〕のひとつに数えられた。

黄河下流部の北

★ Rousset, *op.cit.*
★★ de Rochechouart, *op.cit.*

黄河の北には、太行山脈（タイシャン・シャン）からの清水が涵養する広大な畑地のなかにある懐慶府（ホアイキン・フ〔沁陽市〕）があり、これまた交通繁多な都市だが、北東一八キロにある隣町の清化鎮（チングワ・チェン〔博愛県〕）には及ばない。この「市場」は西で盛んに掘り出される炭鉱の集積地だが、懐慶で製造される鉄器や銅器類も移出する。中国の薬局方で最も珍重される草根のひとつ、ジオウ（地黄）もここで売られる。清化鎮から天津に向かう街道は大都市、衛輝府（ウェイフイ・フ）を通り、衛河の川港である大沽鎮で海運の起点に至る。大沽鎮では山西省の石炭と北直隷省の石炭が交換されるほか、天津と黄河沿いの田園部との主な中継地になっている。衛河の西側の小さな支流に面する彰徳府（チャント・フ〔安陽市〕）は街路と寺院群のこぎれいさ、住民の趣味の良さ、そして地場産業の繁栄により周囲と一線を画す。オクセンハムによると、近郊の道路もイギリス最良の車道なみに手入れが行き届いている★。

黄河下流部の南

黄河の南、淮河とその諸支流が蛇行するにも広大な平野にも、多くの商業都市がある。この地方で最大なのが、田園都市である鄭州府（チンチュウ・フ）の西で三つの河川が合流し、瀬河を形成する地点にあるチュウキア・クウ〔不詳〕だ。開封府の南方で帰徳府（コエイテ〔商邱〕）を囲繞する田園も河南省西部におとらぬ豊かさだが、太平天国の反乱軍が通過したため、ひどい惨禍に見舞われた。南京から済南まではかつて海だったが、現在は湖沼が散在し、大運河が走っているため防衛線を構築できず、太平天国勢はすべての都市を略奪したのである★★。

★ Oxenham, *Mittheilungen von Petermann*, IV, 1870.

★★ 黄河流域の主な都市と、現代の旅行家による人口概数［単位万人］。

甘粛省	蘭州府	50	(Kreitner)	山西省	太原府	25	(Williamson)
	青州府	16	(〃)		運城	9	(〃)
	西寧府	6	(〃)		潼関	7	(〃)
	平涼府	6	(〃)		平遥県	6	(〃)
	乾州	5	(〃)		祁県	3	(〃)
	碾伯県		(〃)		ヒウカオ	2.2	(〃)
					平定州	2	(〃)
陝西省	西安府	100	(Richthofen)		平陽府	1.5	(〃)

第五節　揚子江流域（四川省、貴州省、湖北省、湖南省、安徽省、江蘇省、江西省、浙江省）

総説

揚子江流域は狭義の中国の八分の三を占め、内戦で諸省が荒廃する前の人口は二億人以上と推定されていた。中国に国家が誕生したのは青河の通る地帯ではないが、国家の主要資源はここで見出され、それを開発したことで、中国は東アジア随一の帝国になることが叶ったのである★。

呼称と規模

揚子江は黄河よりもはるかに大型で、一般にも単に「大江（タ・キアン）」としか呼ばれない。河水は黄河同様に黄色いが、黄河が陰なる大地に比せられるのに対し、揚子江は何人かの注釈者によれば「陽の子」すなわち天に比せられる。昔の宣教師たちが命名し、今もヨーロッパで頻繁に用いられる「青河」も、群青が空の色であることが由来だろう★★。だが同河を示すのに通例用いられる「ヤン」の漢字のひとつが「陽」であるにもせよ、他の漢字も用いられており、それぞれに意味が違う。「大洋の子［洋子江］」なのかもしれないし、氾濫の意味かもしれない。あるいはまた、今日では江西省の名で知られる昔の州名である「揚」を由来とする純粋な地名かもしれない。いずれにせよ、地上でもっとも強力な流れのひとつである以上、この中国中央部の河川にどれだけ大仰な形容詞が冠せられても、驚くにはあたらない。たしかにアジアにおいてさえ、オビ川やエニセイ川、レナ川のシベリ

★ 1842 年時点の揚子江流域の人口。

省	面積（km^2、Behm & Wagner）	人口（万人）	人口密度（人／km^2）
四川省	47 万 9268	3500	73
貴州省	17 万 2898	568	33
湖北省	17 万 9946	2858	159
湖南省	21 万 5555	2005	93
安徽省	13 万 9875	3660	262
江蘇省	10 万 3059	3965	384
江西省	17 万 7656	2651	149
浙江省	9 万 2383	810	88
計	156 万 1540［ママ］	2 億 0017	128

★★ Léon Metchnikov, *Notes manuscrites.*

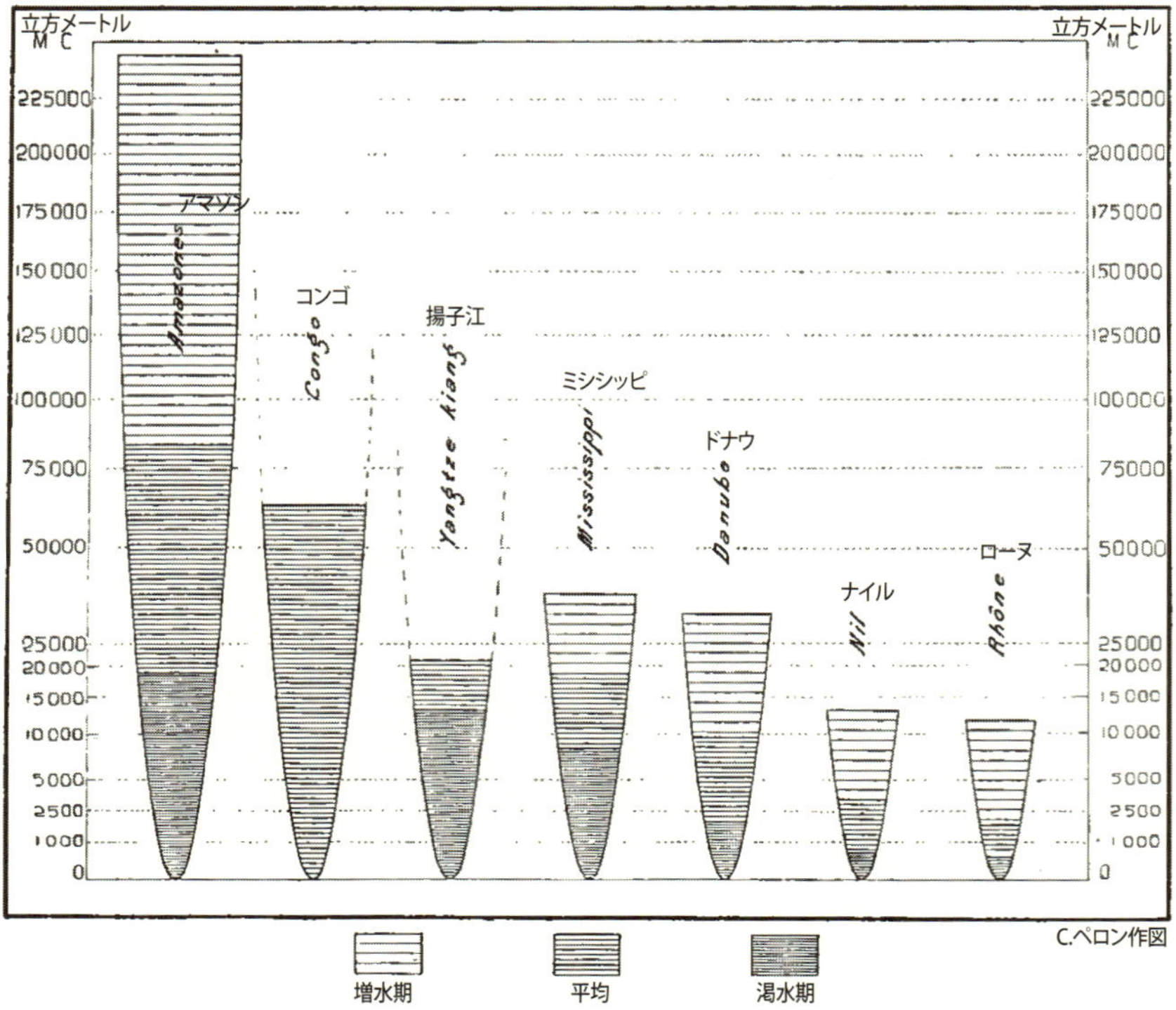

図 69　揚子江と他の河川の流量比較

ア三河川が、流路の延長でも流域面積でも揚子江を上回るのは事実である★。だが水量は、これら凍結地帯の河川よりもはるかに大きい。ブレーキストンとグッピー［イギリス人植物学者 Henry Brougham Guppy 一八五四—一九二六か］のおかげで得られた精確な測定によると★★、青河の流量は世界第四位で、旧世界でこれをしのぐのはコンゴ川だけ、新世界ではアマゾンと、パラナ川とウルグアイ川の合流河川［ラプラタ川］のみである。漢江が合流した後の揚子江は毎秒一万八三二〇立方メートルの流量をそなえる★★★。だがこの地点での流域は全流域面積の一三分の一一なので、下流の雨量および流入量も上流と変わ

★ リッターによる揚子江の全長は 4650km。ブレーキストンによる流域面積の概数は 187 万 7560km²。

★★ Thomas Wright Blakiston, *Five months on the Yang-Tsze*, London: John Murray, 1862; Guppy, *Nature*, 23 Sept. 1880.

★★★ 最大流量は 8 月の 3 万 5840m³。

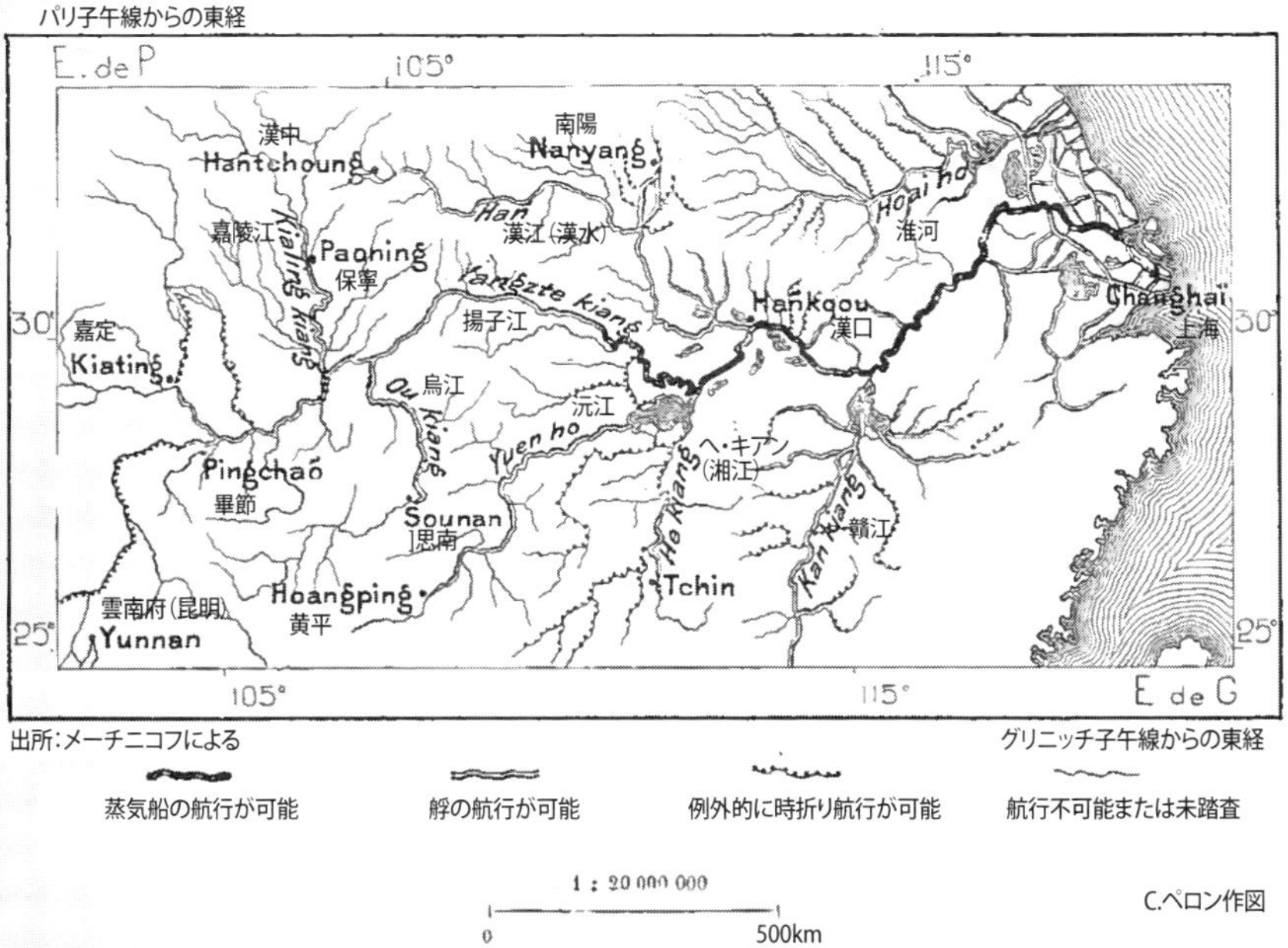

図 70　揚子江と支流の航行可能区間

らないと仮定すれば、河口での流量は二万一六五〇立方メートルになる。ナイル川の六倍、ローヌ川の一〇倍だ。

揚子江の水運

中国人は自国の二大河川を比較するにあたり、「漢族の災いの種」と綽名された北の黄河に対し、南の揚子江が恩恵をもたらすことに必ず言及する。黄河の移動に従う諸河川のような災害を揚子江が引き起こすことは一度もなかったし、これほど水運の便に適した川はないからだ。ミシシッピ川どころか、ヴォルガ川ほどの蒸気船もまだないけれども、小船隊や平底船、艀が川面を覆い、生活する船頭は数十万人にのぼる。キリスト教世界すべての川と、海に浮かぶ船の積荷よりも多くの富と品物がこの「江（キアン）」にあるとマルコ＝ポーロが述べたのは、いささかも誇張ではなかった。一八五〇年に武昌府（ウチャン・フ［武漢市武昌区］）の港内で落雷による火事が発生したさいには、大型のジャンク船［漕舫］七〇〇隻と数千艙の平底船が焼失し、五万人（？）の水夫が水死ないし焼死したとされる。ある商人は

自腹で一万個の棺を注文した★。たしかにこれは沿岸一五キロにわたる港だが、それが災害に遭っただけで、フランス全土よりも多くの船頭が消えたのだ。太平天国の戦乱は、主に揚子江とその大型支流で猛威を振るい、一時は沿岸住民がいなくなった。だが平和の回復とともに地方交易が再開され、平穏な長蛇の列をなす平底船も姿を見せるようになっている。ときには、まるで運送業に起きている変化を見せつけるように、蒸気船の起こす波で平底船が揺れる。モンゴル人が「ダライ」すなわち「大海」と名付けた揚子江は、じっさい大洋とおなじ役割を中国史で果たし、内陸深くまで湾内航行とおなじ便宜を与えた。旅行や食料運送、さらに種々の文明の接近も、外海よりはこれらの内水を辿るほうが容易だったからである。今日ヨーロッパの影響が最も中国内奥に貫入しているのも、揚子江に沿ってである。沿岸部を合わせた両岸の延長は事実上四〇〇〇キロに及び、流域内で航行可能な区間の延長は、中国大陸の沿岸の半分に等しい。

ムルイ・ウス（通天河）

揚子江源流の諸河川が狭義の中国の外側、チベット高原に生まれることはよく知られている。黄河同様に青河の源流もまだヨーロッパ人旅行家の知るところになっていないが、その位置はかなり精確に指し示すことができる。モンゴル人が一括してウラン・ムレン〔烏蘭木倫河、中国名沱沱河〕、すなわち「赤い川々」と呼び、個別にはナメイトゥ、トクトナイ、ケツィの名を冠する三つの川が生まれるのは、カッチ高原の北東、崑崙山脈の未踏地帯で、西はバインハル山脈につながる付近だ。この三本の流れが合流すると、モンゴル人のいうムルイ・ウス、すなわち「蛇行する水」、チベット人のいうディ・チュないしブリ・チュ〔布曐楚〕、すなわち「牝牛の川」になる〔中国名通天河、なお原著はMourou oussou 穆魯烏蘇（第四章）とMourui oussou 穆壘烏蘇（本章）のふたつの表記になっているが、「ムルイ・ウス」に統一した〕★★。プルジェーヴァルスキーが渡河した標高四〇〇七メートル地点の河床は、幅二二五メートルで、かなりの急流だった。だが両岸の様子は、夏場の増水期には川幅が一六〇〇メートルに達することを示していた。つまりムルイ・ウスは、海抜四〇〇〇メー

★ Novella, Rizzolati, *Annales de la Propagation de la Foi,* janvier 1851.
★★ Klaproth, *Description du Tibet, op.cit.*

挿画 XXXVIII　揚子江上流。川に臨む銃眼
トムソンの写真をもとに、Th. ウェーベル筆

トル以上、河口から五〇〇〇キロの地点で、すでに西ヨーロッパの著名な河川の多くを上回る水量である。競争相手である黄河に最接近するのがこの付近で、分水界はバインハル山脈の稜線だけになり、おなじ峰の雪解け水が両河に流れ込む。

金沙江

ムルイ・ウスは当初は東チベット〔四川省カンゼ・チベット族自治州〕の他の河川とおなじ方向を辿り、ルーツェ・キアン〔怒江〕および瀾滄江と平行に南下し、シャム湾に注ぐ勢いをみせる。すなわち、一〇〇〇キロ以上にわたる涵養域においては、インド洋方面に下るのである。だが他の河川が雲南省の高原を貫流する裂開を見出したのに対し、ムルイ・ウスはまともにこの高原にぶつかり、出口を見出せぬまま、巨大な蛇行を描きつつ東進してゆき、もうひとつの大陸斜面に至って黄河に接近し、黄河同様に南シナ海に流れ出す。この区間では金沙江、ないし白水江（ペシュイ・キアン）と名付けられた。

おなじく金沙江の名をもつ別の河川が鴉礱江（ヤルン・キアン、ヤルルン・キアン）ないしニア・チュで、バインハル山脈に端を発し、ムルイ・ウスやカム地方からの他のチベット諸河川と並走する。鴉礱江が金沙江と合流する際はすでに金沙江に匹敵する川幅をそなえ、流れはより速くなっており、垂直な岸壁の隘路を越えて合流する。この峡谷に入り込む小道はない★。

岷江

金沙江は鴉礱江と合流した後にも、バインハル山脈そのものではないにせよ、少なくともその東延長部とは言える岷山（ミン・シャン）山脈に発する、別の川の水を受け取る。同川もカム地方の河川群とおなじく北から南に向けて流れる。大半の地図はこれを汶(ウェン)川、ないし岷江と表記する。水文学的には、岷江が金沙江の支流であることに議論の余地はない。水量でも河川延長でもかなり小さく、その河谷も、揚子江が流れる大型の中央沈降部［四川盆地］に横から接続する一本の皺にすぎないからだ。しかし大半の中国人著述家は岷江のほうを主流とみなしてきた。おそらく、岷江と揚子江の谷に住む人々の文明的共通性が理由である。金沙江のほうが大きな川ではあるが、未開の恐ろしい民が住む高地から下っており、そこは文明化した中国人にとって別世界に思われたであろう。中国人にとって「江（キアン）」すなわち固有名詞としての「川」は、全域が文化の領域内であるべきだった。中国最古の地理学的記述である禹貢は、すでに揚子江の上流を岷江とする★★。岷江の河谷で生活したマルコ＝ポーロも、これを「江」と呼んでいる［『東方見聞録1』前掲書、二九三―二九四頁］。古地図では金沙江の上流全体が消去され、最初に開墾された黄河のほうがはるかに強調される。大旅行家マルコ＝ポーロの時代以後、岷江は四川省の省都である成都府（チントゥ・フ）の平野［四川盆地］で河床が移動した。当時は、市街のまん中を流れる幅半マイルの非常に深い川だったが、今日では分流し、市内を通りさえしない。城壁に最も近い流れでも、川幅は一〇〇メートルもないのである。国内きっての沃地である周囲の田園に、開削された灌漑水路群も、河流

★ Francis Garnier, Ernest Doudart de Largée, *Voyage d'exploration en Indo-Chine*, Paris: Hachette, 1873.
★★ Richthofen, *China*, *op.cit.*; Yule, *Introduction to the River of Golden Sand, op.cit.*

の変化に寄与した★。

岷江合流点の上下流

増水期の岷江は、成都まで航行が可能だが、通常は四川盆地における人工・天然のすべての水路が一本に収束する新津県（シンツィン・ヒェン）の先には遡上できない。海から三二六〇キロのこの地点が、狭義の中国を東西に横断する連続的な航行路の起点である。この航行路の一割は岷江だが、それに対し、合流点よりも上流の金沙江が、ふつうの平底船で連続航行できるのは一〇〇キロ足らずと言われる。だが、屏山（ピンシャン〔宜賓市屏山県〕）の船頭たちが語る滝の群れが単なる急流で、実は通過が容易な可能性もあり、金沙江に近づこうとしない本当の理由は、獰猛なミャオ人を中国人商人が恐れるからかもしれない★★。とはいえ、岷江との合流点よりも上流の揚子江が全く穏やかなわけではなく、命がけの航行が必要な急流もいくつかある。ブレーキストンの測量によると、屏山上流の二九三九キロの区間における揚子江の高低差は四五五メートル、平均勾配は一キロ当たり一五〜一六センチと、リヨン上流のローヌ川よりも小さいが、勾配の振れが激しい。合流点の下流では、両岸の岩山の稜線と同様に北東に流れるが、これらの岩山は灰色の石灰岩からなるので、ところどころの隘路で河流は急な蛇行をみせる。こうした曲がり角の岩場の上には、内戦期に周囲の田園の住民が避難する城砦や、塹壕をほどこした兵営がある。その崖下の石切り場では、石炭や炭酸カルシウムの層が採掘される。ときに鉄鉱石の層もみられる。川岸では砂金採りがいくばくかの砂金を採取するが、量は少なく、苦労しても貧しい生活がやっとである。

三峡

ブレーキストンが「クロス・レインジズ〔*Cross Ranges*〕」と名付けた一帯全域では、現在の揚子江の増水期の水面よりもかなり高い場所に、古代の川岸がみられる。以前ははるかに高い地点を流れていたことが明らかで、四川省と湖北省のあいだの屋根にみられる急流は、当時はもっと高い地点にあった。この峡谷地帯

★ Yule; Gill; Richthofen, *Letter on the provinces of Chili, Chansi, Shensi, Sz'chwan, op.cit.*
★★ Blakiston, *op.cit.*

こそ、「大江」の最も絵画的、かつ変化にとんだ絶景が連続する。峡谷の上流入り口近くには、高さ六〇メートルの四角いプリズム形の岩山［石宝］が、おなじく高さ六〇メートルの台座に鎮座し、何本かの樹木が葉陰を落とす小家屋の小さな集落を見下ろす。この砂岩の岩山はまるで巨大な記念建築のように水平な層からなる。川に面した側には、九層建ての一宇の仏塔が据え付けられており、最上階から岩山の頂部に出ることができる。石宝寨（シーパオチャイ）と呼ばれる建築で、四世紀に布教僧が創建したとされる。その下流で揚子江は高さ二〇〇メートルの垂直な絶壁の峡谷に入り込む。川幅が一四〇メートルしかない場所もあり、まるで山中の亀裂のようである。この隘路の大半は西から東に向かうが、谷底には全く日が差さず、横壁は常に影のなかにあり、どの屈曲部にもシダ［羊歯］など、日陰と湿気を好む植物が生えている。マツ［松］類は高い場所にしか姿をみせず、斜面がいくばくかの穀類を播種できる広さを提供する場所もちらほらとあって、すべて耕作されている。岸近くには暗礁が多いが水は深く、渇水期に測深しても随所で三〇メートル以上になる。崑崙山脈と、バインハル山脈の雪解け水を海方向に運搬する八月の氾濫期になると、この狭い峡谷の水位は二〇〜二一メートルも上昇する。浸水を避けるため、家屋はすべて岬角部の高みにしつらえねばならない。うまく操船すれば、小舟だけでなくジャンク船でさえ、座礁の心配なく川を上下できるが、遡上しようとすると、急流では時速一八〜一九キロを上回る強い流れと戦わねばならない。曳船はひどい重労働で、危険な場所の近くには必ず曳船作業に従事する労働者の集落がある。ときには、たった一艘の艀を、百人ほどの曳き子が竹を編んだ綱に体を縛りつけて牽引する。道がない場所では綱を引きながら岩をよじ登る。ひとりの道化役が先導し、飛んだり跳ねたり、彼らの前に跪いたりして励ます★。

洞庭湖

貴州省から宜昌（イチャン）まで続く最大の「灘（タン）」すなわち急流部は一八九キロに及ぶが、牛肝［原文のLon kanをLukan-gorgeとみる。リヒトホーフェン『支那（Ⅴ）─西南支那─』能登志雄訳、東亜研究叢書第一八巻、岩波書店、

★ *Ibid.*

挿画 IXL　漢中。漢江と揚子江の合流点
ポール＝シャンピオン氏の写真をもとに、Th. ウェーベル筆

一九四三、二〇一頁、註1参照〕や、彌灘（ミ・タン）などの雄大な峡谷が終端であり、丘陵はだしぬけに随所で低下し、川幅は八〇〇メートルに広がる。船端にヨウスコウカワイルカ〔原文はmarsouinすなわちネズミイルカと呼ぶが、分類前だったためで、揚子江河海豚を指す〕が遊ぶさまは海と変わらず、中国の諺が「海に果てなく、江に底なし」という海洋的な揚子江は、大洋から一七六〇キロのこの地点で始まる。たしかに渇水期でさえ、一か所を除き、水路の底で最も隆起した屋根でも六メートルの水深になるので、少なくとも普通のジャンク船には「底なし」だ。しかし峡谷地帯にくらべれば氾濫時の水位上昇はわずかで、増水期と渇水期の水位差は海に接近するにつれて小さくなる。だが、川沿いの住民にとってみれば、冠水の危険性は川岸がだんだん下がるのに応じて増大するため、黄河と同様に揚子江のあちこちを堤防が縁どる。氾濫水が流れ込んで増水の影響をやわらげる沼沢地も両岸にみられるようになる。隣接する平野には支流の水を受け取る大型湖が広がり、いろいろな排

水路を通じ、揚子江に中継する。大峡谷〔三峡〕から漢江の合流点までの区間における最大の湖水が洞庭湖（トゥンティン・ホ）で、少なくとも五〇〇〇平方キロの湖面をそなえ、ほぼ湖南省全域を含む二〇万平方キロ以上の集水域から貯水する。輪郭や面積は、同湖に流入する沅水（ユエン・シュイ〔沅江〕）や資水（ス・シュイ）、湘水（シアン・シュイ〔湘江〕）すなわち「河水（ヘ・シュイ）」の水量と、揚子江の水位により、季節によって変動する。揚子江はときに洞庭湖からの流れを押し戻し、同湖に流入するからだ。氾濫すると、川沿いの住民は近くの高台や、あるいは平底船、筏に難を避ける。また洞庭湖からは、水害常襲地帯を通って揚子江に伸びるいくつかの流れもある。揚子江を境とする湖南・湖北両省の省名の由来が洞庭湖だ。

漢江（漢水）

揚子江最大の支流は、水量でも商業活動でも、また歴史的役割の点でも、漢江である。人間と商品の移動において、中国の二大河川をつなぐ天然の経路だ。漢江流域は、住民の幸せと人口増加に好適な、優位性のいっさいが結合した地方のひとつでもある。健康的で穏和な気候と、肥沃な土地、豊富な清水、最高に多様な植生に加え、近傍の山地には大理石や石膏などの建築用石材と、豊富な燃料鉱物がある★。水運はほぼ全長にわたり可能で、夏ならば蒸気船は一〇〇〇キロ以上を航行できるだろう。漢江が単なる急湍にすぎない漢中府（ハンチュン・フ）の上流の住民でさえ、物資を積む船をもっており、増水期を待ち望む。だが中流部には急流がいくつかあり、ひんぱんに難破が起きる。下流部の河床は周囲の田園よりも高く、横堰の上からは、ヤナギ〔柳〕やエニシダ類の樹陰が囲む小農家を足下に見下ろす。いくつかの村は堤防につながる広い段丘上にあり、増水期には氾濫原の上に突き出す島のようになる★★。洞庭湖から漢江と揚子江の合流点に至る平地は、全体がしばしば内海のようになり、ジャンク船が馳駆する。漢江は下流部では中流部よりもかなり狭まり、漢口の船着き場付近の川幅は六〇メートルにすぎない。だが上流では八〇〇メートルを下らず、ところどころで二・五キロに達する★★★。

★ David, *Journal de mon troisème voyage dans l'Empire Chinois, op.cit.*
★★ Rousset, *A travers la Chine, op.cit.*
★★★ Ferdinand von Richthofen, *Letter on the province of Hupeh*, 1870.

鄱陽湖

鄱陽湖（ポヤン・フ）は、揚子江の大きな蛇行部の南という位置といい、巨大な寸法といい、また水系の構制と水運の重要性といい、洞庭湖に似ている。贛江（キア・キアン、チャン・キアン）という豊かな川の水を受け取るが、同川の沖積デルタはかなり湖水に食い込んでいる。このデルタは増水期に冠水し、揚子江も同湖に流入するさいには水位が九メートル以上も上昇する★。湖中には多くの島が散在するが、四五〇〇平方キロの湖面のうち数か所はアシ〔葦〕原である。ただし北側は深く、岩山や急崖の丘が湖岸に立ち上がる。都市の家屋や櫓、仏塔が、緑の斜面や小島、岸辺の半島に段状に立ち並ぶ。港の近くには艀や、錨で固定された筏からなる水上集落があり、沖合にジャンクが航走するさまは、中国中央部きっての美しい眺めだ。排水路付近にはひとつの岩塊がそびえ、大孤山と呼ばれる。揚子江との合流点には、向かい合わせに小孤山がある。大きさは大孤山ほどではないが、もっと高く、揚子江への入り口を警護するかのようである。その岸壁にはウ〔鵜〕の大群が渦をなして飛び回る。鄱陽湖には海生の魚類や、ヨウスコウカワイルカも入り込むので、船乗りは大海につながる湾内を航行していると思いかねないだろう。ときに湖面は嵐で荒れるため、通常の平底船は岸沿いの浅い水路を辿り、あえて沖合には出ない。軽量な荷物はほぼすべて一輪車で運ばれ、湖面の西側を迂回する★★。

揚子江の下流部

鄱陽湖の下流で揚子江は北東に向かい、中国で最も優美な地方のひとつを通り抜けてゆく。流れは常に一定で規則正しく、灰色の河水による統一性をあちらこちらの緑の島が打ち破り、竹林や樹林が河畔の小家屋を囲む。岬角の上にある仏塔は、都市が近いしるしだ。緑の筋がほどこされ、耕作地を見下ろす両岸の低い丘の斜面は、遠くの蛇行部に沿いながら靄の中に消えてゆく。沖積平野が始まるのは南京の下流で、揚子江は東に向かい、だんだんと河口を開く。このあたりでは、潮汐が海岸から三六〇キロ上流までさかの

★ Swinhoe, *op.cit.*
★★ *Ibid.*

ぼる。水路の深さは場所によって一〇〇メートルを超え、かなり長く航行してから測鉛を投げ入れても、四〇メートルを下回ることはない。だが川底は海に近づくにつれて少しずつ上昇し、いくつかの隆起が河口部と外海を隔てる。河口の岬の鼻と鼻のあいだは一〇〇キロほどだが、大半は島や砂州が占める。砂州のある箇所で最も深い水路の平均水深は四メートルだが、揚子江の水量に従って満潮時には水面が三〜四・五メートル上昇するので、喫水五メートル超の船舶も容易に進入できる。最大の危険は霧で、ときに砂州の上に立ち込め、浮標や航路標識を隠してしまう。こうした霧は黄海全域や、遠浅の海岸には必ず見られるもので、浅い水の層が深水に囲まれるため、両者の水温の差により形成される★。

崇明島

「青河」の水は「黄河」ほど土の粒子を含まない。グッピーの測定による揚子江の土砂構成比は、単位水量に対する重量構成比で二一八八分の一、体積で四一五七分の一である。すなわち河口に運搬される沖積土は毎秒六立方メートル、年間で川底に堆積する量は一億八〇〇〇万立方メートルになり、厚さ二メートルの泥土でもって一〇〇平方キロを覆うのに足りる。したがって水路は毎年位置が変わる。新しい砂州が出現し、島々は面積が大きくなる。呉淞（ウスン）の泊地のすぐ北、河口に北西から南東へと横たわる崇明（ツンミン）島、ないし江嘴（キアンシュ）、すなわち「川の舌」は、モンゴル人の支配期にはほとんど水面上に出ていなかったといわれる。上流側が侵蝕されるため、同島はだんだん下流に延びてゆき、その結果、西から東へと移動し、南岸から離れていった。固い土地になったところに最初に送り込まれたのは罪人たちだったが、島は拡大し、地面も固まり続けたので、まもなく自由民の入植者が入り込むところとなり、水路や堤防、集落、耕作地でもって様相を変えていった。海側の岸には倭寇も入植し、穏和な農民となったその子孫は、大陸からの移民と混交した。現在はおよそ一〇〇〇平方キロの面積に達した崇明島には二〇〇万人がひしめき、国内きっての肥沃な人口稠密地帯のひとつだ。同島の入植者は今世紀半ばまで独立を享受し、税を取り立て、規則でもって悩ませ

★ Ritter, *Asien, op.cit.*; *Instructions nautiques sur les côtes de la Chine.*

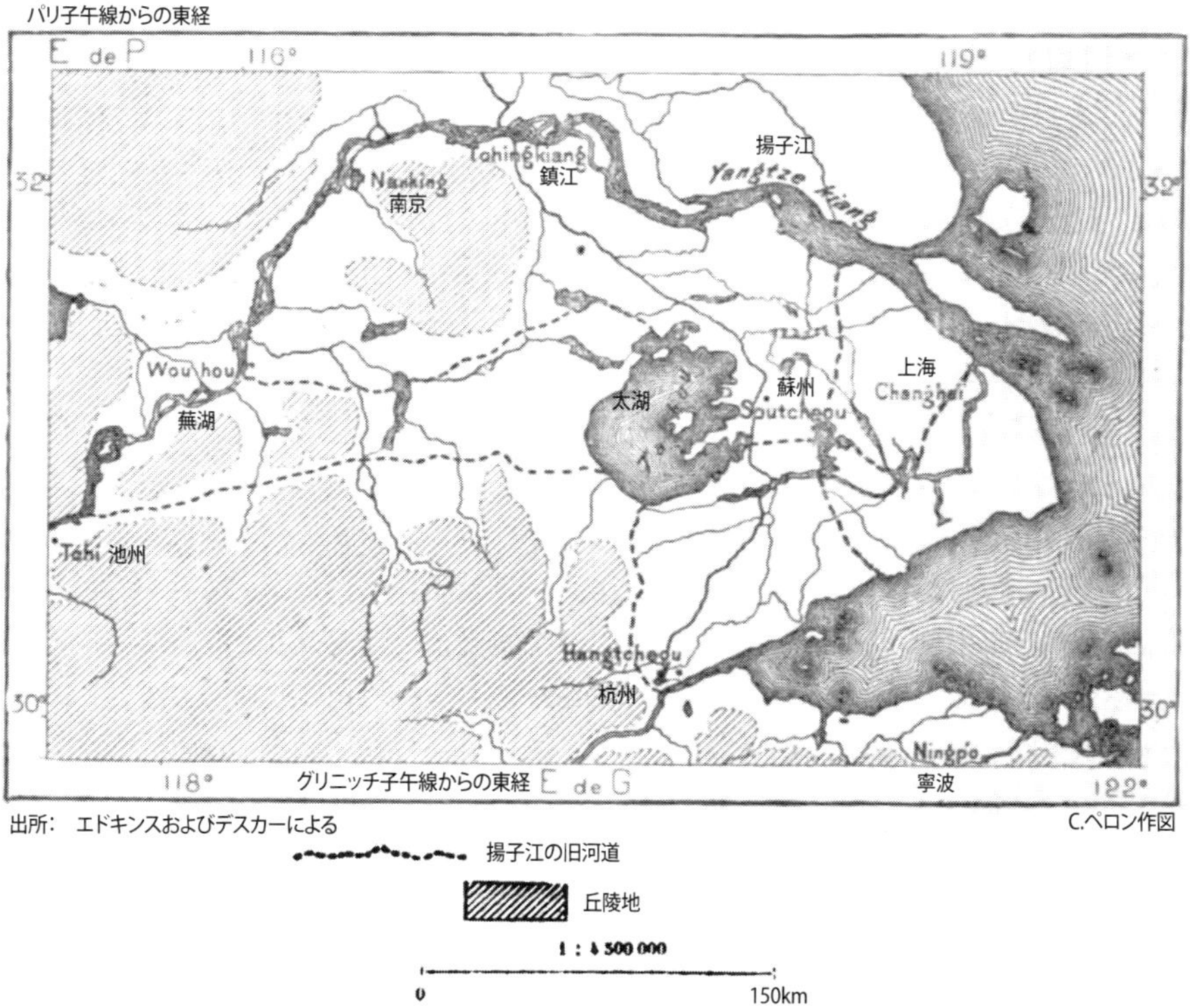

出所：エドキンスおよびデスカーによる
C.ペロン作図

図71　揚子江の旧河口

る清朝役人も来なかったため、大陸の住民にはない自治による幸せ、かつ進歩的な生活を謳歌していた。リンゼーによれば、「中国人生来の廉直と親切を理解するには、ここに行けばよい」ものだったのである★。島民は、揚子江の河口に出来上がる新たな土地をつぎつぎに植民し、日照沙（ヒテイ・シャ）の大きな島も自分たちの植民地とした［啓東市付近］。同島じたいも大小の一〇〇の島嶼から形成されたもので、軟泥の洲によって河口の北にある岬につながる。また島民は揚子江北方の海門（ハイメン）半島も少しづつ蚕食し、美しい耕作地で覆った。彼らは江蘇省のこの地方でほぼ未開の先住民と接触しているが、不思議な優しさと知性をそなえる人々である★★。

★ Lindsay, *Report of Proceedings;* Ritter, *Asien, op.cit.*
★★ Bourdilleau, *Annales de la Propagation de la Foi,* 1871.

河口の変遷

黄河ほどの規模ではないにせよ、揚子江の下流にも何度か大きな変化があった。現在の河口のほかに、かつては二つの河口が南に開いていたのである。そのうち大きいほうは閉塞しているが、その大半は今も認めることができる。これは南京の上流にある今日の蕪湖（ウフ）の町の地点で分流して南東に蛇行し、杭州の河口部に合していた。揚子江が棄てた上海の半島内の湖沼群は旧河道の蛇行を残しており、岸辺は今しがた流れが引いたばかりのような様子をなお保持している。甲板をそなえた二本マストの平底船が縦横に馳駆する。一帯で最大の湖である大湖(タ・フ、太湖)の西岸は揚子江右岸に沿っており、かつての水系を想起させる。杭州湾も今なお河口の様相を残すが、泥土による陸地化作用は停止し、随所で逆の作用が起きている。波浪が洲を持ち去り、かつての岸辺を侵蝕したため、旧河口の手前に横たわる突堤状になっていた舟山群島の岩がちな島々も、もはや泥の半島を形成する基点の役割を果たしはしない。ふたつの河口が挟んでいた旧デルタ地帯は低地で、堤防をそなえた水路が四通八達し、オランダと似た眺めである。耕作地も航行可能な堰が縁取り、運送はすべて舟による。揚子江の北、旧黄河まで広がる沖積平野もおなじ眺めで、天然の水路と人工の運河が迷路をなす。大運河も揚子江の支流で、この地方を南北に縦断し、黄河に至る。遠く崑崙山脈の支脈群から下ってきた諸流が涵養する淮河は、この平野で多くの流れに分流したのち、黄河の旧河道に集まってくる。低い地点はどれも湖沼が占め、海岸線はまだ完全には陸地化しておらず、砂州や島が縁取る。この様子は、昔のカトリック宣教師たちが残し、後に中国人地理学者、李鳳苞［清朝外交官、地理学者、一八三四―一八八七］が訂正した地図で知ることができる。

四川省西部（川邊）の高山地帯

チベット外縁の階段部から、形の定まらぬ黄海の浜辺までのあいだの揚子江流域は、地形的な変化がみられ、気候や物産、住民の習俗により、かなり異なるいくつかの自然地域に分割される。最初の明確な地域は四川省西部の高山地帯で、チベット人やマンツェ人、ロロ人［彝族］の郷国にある狭い隘路の底を金沙江が流れる。貴州省から宜昌に

図 72　宣教師たちによる揚子江と黄河を結ぶ河川群

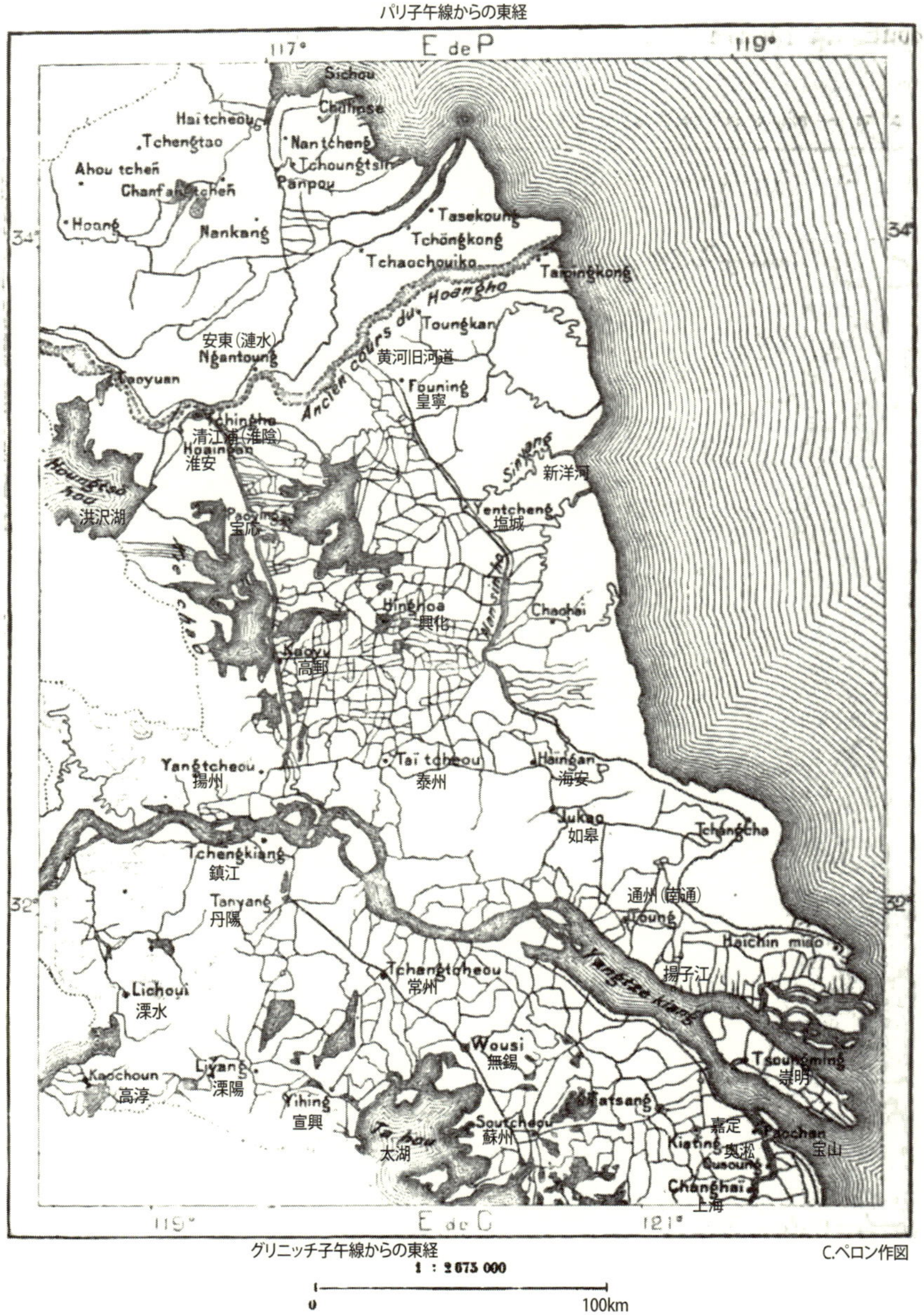

図 73　李鳳苞による揚子江と黄河を結ぶ河川群

至る峡谷と横断山脈（ホントゥワン・シャン）が四川省東部と湖北省の平野を隔てたのち、安徽省の丘陵地が高山地帯の終わりと、最近に陸地化した平野部の開始を告げる。

ラサ・バタン間

東チベット〔カンゼ・チベット族自治州〕国境部の山々は明らかに一個の高原の残余で、雪や氷、水の作用によって平行する稜線群に刻まれたものだ。稜線の全般的な方向は北から南に下り、河床が深く穿っているが、それでも海抜二五〇〇〜三〇〇〇メートルにある。ラサからバタン（巴塘）と打箭爐（タツィエンルウ〔ダルツェンド、康定〕）を経て中国西部に至る交易路は、両都市のあいだでほぼ全域が平均標高三六〇〇メートルを維持する★。うち三つの峠は五〇〇〇メートル付近だ。これらの通路は旅人の恐れるところだが、それは斜面のきつさや厳しい寒気、強い風よりも、薄い空気のせいだ。稜線を越えるさいには吐き気を催したり、失神にすら至るが、中国人はその原因の見当がつかず、土壌の毒気が発散するせいだと考える。タン・ラ山脈〔ニエンチェン・タンラ（念青唐古拉）山脈〕を越えるチベット人も、気分が悪くなるのを地表からたちのぼる蒸気のせいにする★★。

沙魯里山脈、大雪山脈

金沙江と鴉礱江を隔てる稜線、そして鴉礱江を岷江と隔てる稜線は、クク・ノール（青海湖）の高原とバインハル山脈のかなり南になっても、まだ永久雪線をかなり上回る峰々をみせるのであって、ギル〔イギリス人探検家 William John Gill 一八四三―一八八二〕がチベット国境地帯で行った測量によると、四二〇〇〜四五〇〇メートルをそなえる。金沙江上流の東、巴塘と同緯度にそびえるネンダ山、すなわち「霊峰」は六二五〇メートルを下らず、周囲の圏谷に雪と氷河が流れる。同山の南麓を通過する旅人は、白く輝く扶壁群を迂回するのに丸一日がかりで難渋する。ネンダ山の東にもわずかに低い山々が立ちあがっており、おそらくおなじ山塊に属する。すなわちスルンの峰々〔沙魯里山脈〕で、北西から南東に走り、銀色の鋸歯のよ

★ Gill, *The River of Golden Sand, op.cit*.
★★ Huc; Prjevalskiy; Gill.

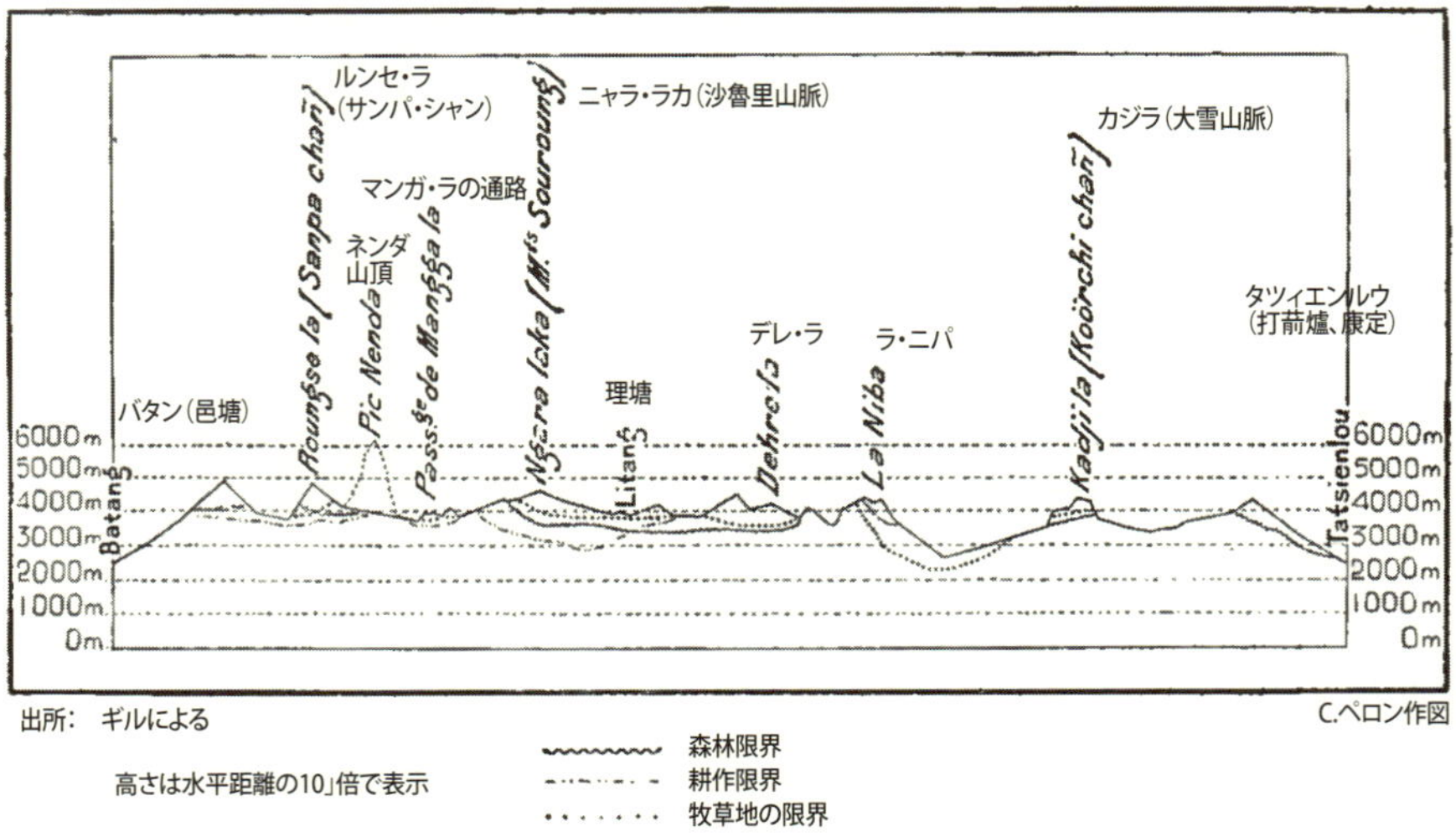

図 74　打箭爐から巴塘までの山々［北緯 30 度線、東経 99 度～ 102 度付近］

うな姿で水平線の半分を覆う。鴉礱江の東には沙魯里山脈と並走する山脈［大雪山脈］があり、どの頂部も万年雪に覆われるが、一峰だけさらに一五〇〇メートル高くそびえ、ジャラ、すなわち「山々の王」と呼ばれる［雀児山（チョラ・シャン）標高六一六八メートル。沙魯里山系］。四川省のアルプス地帯を横断したギルが目にした山々のうち、この呼称がこれほど似合う峰はないという。ジャラ山が見下ろす山々は、北方でバインハル山脈に連なる山岳地帯に結合するが、そこでも多くの山頂がモンブランを超える。アルマン＝ダヴィッドは、ヒマラヤに匹敵するのではないかとさえ考えている★。そうした峰のひとつが一八七九年に宣教師ライリーが登攀したゴミ山［貢嘎山、ミニヤコンカ、標高七五五六メートル］で、頂部に僧院群がある［頂部に寺院はない］。もうひとつの峰は素龍山（シュエルン・シャン）で、白雲の山［Nuage Blanc 格聶山か］の隣にあり、岷江主流の対岸には七つの頂をそなえたピラミッド形の「七本の釘［不詳］」がそびえる。ギルはその標高を五四〇〇～六〇〇〇メートルとみている。もっと北にある石板峰（シーパンファン）、すなわち「石の厚板の館」もだいたいおなじ高さで、

★ Armand David, Blanchard, *Revue des Deux Mondes*, 1er juin 1871.

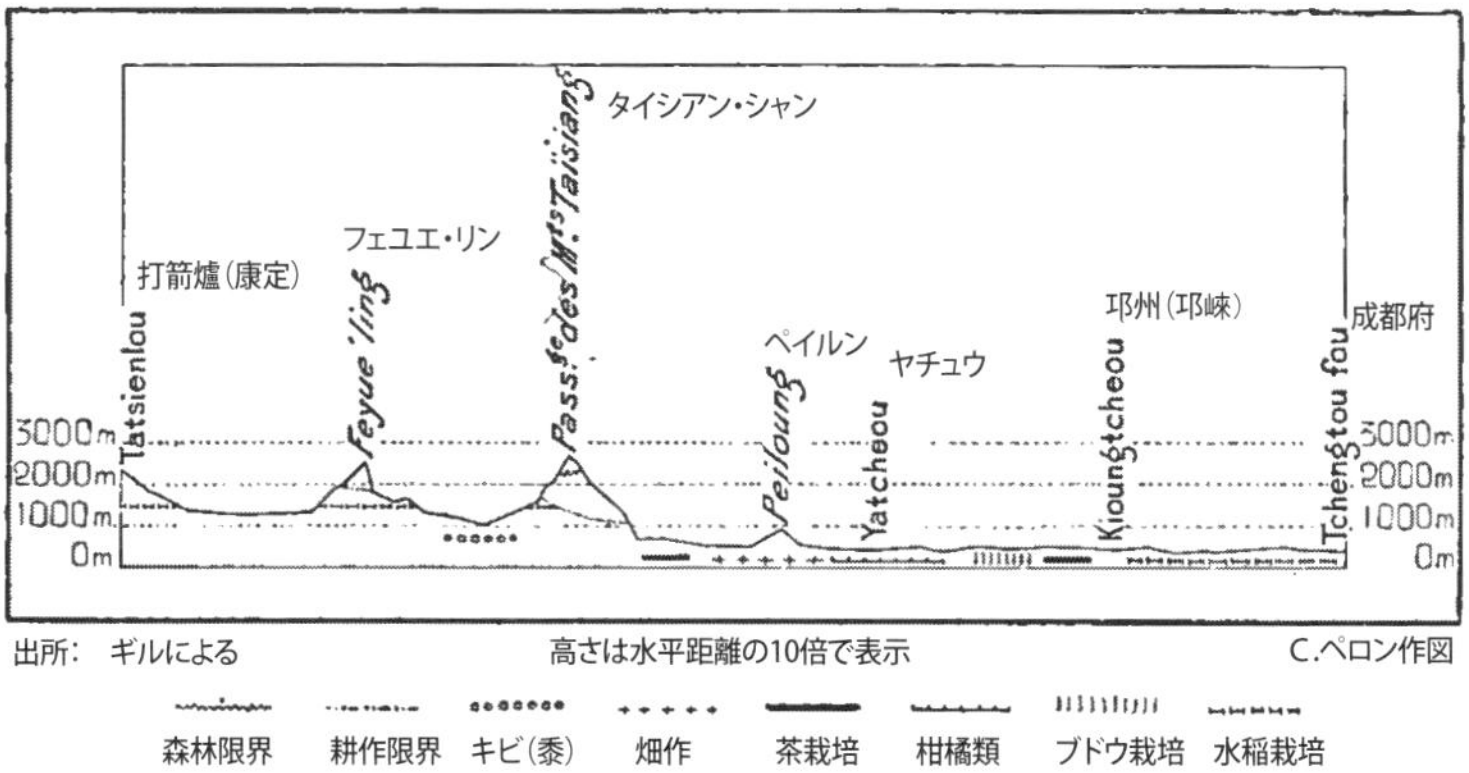

図 75　岷江の平野から打箭爐まで

岷江の支流から別の支流に至る峠は、四〇〇〇メートル以上の地点にある★。

四川省西部の高山地帯の気候と植生

四川省西部およびチベットの中国地域の山々は、雪や雨によるかなり豊富な降水を受ける。ベンガル湾までもっと高い山脈がなく、水分を含んだ風が直接ぶつかるためで、とくに理塘と穆坪（ムピン〔雅安市宝興県〕）をはじめ、いくつかの場所では夏の午後に毎日降雨がある★★。このため、水が集積する低地はどこも植物が活発に繁茂する。高地の峡谷のいくつかにはなお村々が散在するが、それでも大半は森林限界よりも高い場所にある。長い冬のあいだ雪に埋もれる斜面は、三ヶ月にわたり見事な草地に覆われる。その下方にある森林は驚くほど多様な樹種からなり、いくつかは他の場所にみられぬ大きさに生育する。卓越するのはイチイ〔一位〕の一種で、ヨーロッパのモミ〔樅〕の巨木の背丈に達する。ツツジ〔躑躅〕属は正真正銘の樹木の大きさになる。標高二五〇〇メートルの地点にも高さ五～六メートルの壮麗なアザレアがみられ、ヨーロッパの園芸家が育てる最良の美樹におとらぬ大量の花に覆われる。ほぼ垂直な階崖にはシダ〔羊歯〕や灌木のほか、立派な樹木も根を張り、葉や花が岩場を隠す。隘路から抜け出て背後を振り返っても、花

★ Gill, *The River of Golden Sand, op.cit.*
★★ *Ibid.*; Armand David, Blanchard, *Revue des Deux Mondes*, 15 juin 1871.

咲く枝や蔓が絡み合って岩場は見えず、自分が抜け出てきた裂開部はどこなのか分からない。岷江流域の河谷にある村はどれもクルミ〔胡桃〕、モモ〔桃〕、アンズ〔杏〕などの果樹の茂みに埋もれたようになっている。高度一五〇〇メートルになると、もう竹林が姿を現す。バタンの平地は海抜二六〇〇メートルにあるが、ブドウ〔葡萄〕やクワ〔桑〕が生育するので、一帯のチベット人が蚕を殺すのを死に値する罪業とみなさなければ、絹を製造するのは容易だろう★。

四川省西部の高山地帯の動物相

この地帯の野生動物はチベットと同一だが、中国人が入植した地方ではほぼ全域にわたり消滅した。アルマン＝ダヴィッドがその豊かな動物相を調べる基地に選んだのも、四川省の平地からかなり高い標高二〇〇〇メートル以上、ミャオ人の公国である穆坪だった。チベット高原と同様に、四川省のアルプスにも大型の反芻動物がみられる。種々のアンテロープやムフロン、目の周りが黒いダマジカ、アカシカ〔赤鹿〕がおり、アカシカは角骨のゼラチン質がおなじ重さの金と交換されることとて、猟師の標的だ。数千頭の家畜のヤクの群れが食む牧草地の周囲には、野生のヤクが独歩する。ヒマラヤ東部に見出される特殊なウシであるターキン〔*Budorcas taxicolor*〕も、四川省の高い森林を馳駆する。カッチ高原のシロクマ〔白熊〕も穆坪付近にみられるので、おそらく中間の高原地帯にも生息すると思われる。三月末でもほぼ全域が冠雪しているこの寒冷地に、熱帯の寒がりな動物がいくつか見られるのには驚かされる。樹間を飛ぶモモンガ〔摸摸具和〕が一種いるほか、穆坪の森林には二種のサル〔猿〕が暮らす。両種とも厚いたてがみに覆われるのは本当である。そのひとつ、中国人に金糸猴（キンツィン・ヘウ）として知られる種は、博物学者がリノピテクス・ロクセラナエ〔*Rhinopithecus roxellanae*〕と呼ぶもので、マレーシアに見られる種々のサルにほぼ匹敵する大きさである。顔は小さく、トルコ石のような青緑色で、「ロクセラーナ〔オスマン帝国スレイマン一世の寵妃 Roxelana 一五〇六―一五五八。鼻が反っていたと言われる〕風」に鼻は強く上向き、頭部の形態は注目すべき知能の証左のように見える★★。穆坪の動物相

★ Gill, *The River of Golden Sand, op.cit.*
★★ A. Milne-Edwards; David, *op.cit.*

で最も際立つのは素晴らしい鳥類で、山中には、ヨーロッパ種と似たくすんだ色合いの多くの鳥とならんで、最も美しいキジ〔雉〕やニジキジ〔虹雉〕、きらびやかな装いの多様なキジ属がみられる。鳴禽としてはナイチンゲールやムシクイ〔虫喰、ヒタキ科〕がいる。アルマン＝ダヴィッドが収集しただけでも三〇以上の新種があるが、未発見の種がなお存在するのは間違いない〔ジャイアントパンダはこのときダヴィッドがヨーロッパに紹介した〕。夏になると緑色のオウム〔鸚鵡〕が金沙江と鴉礱江の谷間を北上する。たぶん雲南省南部から渡来したもので、標高三〇〇〇メートルにありながら、インドシナの森林にいるような気になる。

四川省西部の高山地帯の住民

金沙江の屈曲が南をめぐる山岳地帯の大半は、行政上はチベットから切り離されているが、民族学的にはチベットに属する。一帯の文明化した住民はラサとおなじブー人で、おなじ習俗と社会組織をもっている。四川省チベット人地域での渡河は、カム地方と同様に吊り橋を用いるか、両岸をつなぐ一本の綱に吊り下げた駕籠を利用する。チベットの中国人地域の牧畜民も、ヤクの毛で編んだ黒い天幕を所有し、固定式住居は粗末な石造りで、狭い戸口と平屋根をそなえる。そのほとんどは尾根の上にあるため、城砦の残骸のように見える。チベット人の集落と中国人のそれには大きな対照性があり、中国人は、たとえ耕作地から遠くなっても緊密に集住するのを好むが、チベット人は離れ離れに生活する。両者がおなじ場所に生活するばあいは、中国人が中心集落に、チベット人は村はずれに暮らす。ラマ僧院にはチベット人しかいないが、数百人、ときには数千人が共同生活を営み、両親や帰国する兵士が遺棄した混血児が何人か、それに付随する。一帯の主人はこれらのラマ僧で、ブー・ユル〔チベット本土〕よりも人口構成比は高く、四川省チベット人地域の土地の大半と、ヤクほかの家畜の最大の群れ、家畜番や耕作者として使役する奴隷の群れを手中にしている。在家の信徒が耕す農地の、本当の主人は彼らだが、それは暴利によるものだ★。だが修行僧になるには何の困難もなく、宿願を叶えるためであれ、復讐から身を護るためであれ、はたまた単に納税を免れ、教団に与えら

★ Desgodins; Gill, *op.cit.*

れた種々の特典を享受するためであれ、誰でも僧伽に入ることができる。ラマ僧は法律に縛られず、何にせよ国家の支出に寄与する定めは一切ない。だがその結果、大半の民はいっそう抑圧され、減少する世帯に振り分けられた貢納は耐えがたいものになる。ここ一〇〇年で、賦役を課される人口は半減した。とくに雲南省への移住が原因である。いくつかの地区は全く放棄され、田野は森や草地に戻ってしまった★。

西蕃

四川省のアルプス地帯北方で部族生活を送る半未開のチベット人は、総称して「西蕃」と呼ばれる。毛皮や粗い毛織物を身にまとい、太い毛髪を無造作に肩の上に垂らすので、礼儀に富んだ平地の中国人の目には恐ろしげに映るけれども、外観ほど非道なわけではなく、宿を乞う他所者はいつも歓迎される。他のチベット人地域ほどではないにせよ、チベット仏教も導入されており、僧たちはタングート文字で書かれた典籍を所持する。黄河上流の西蕃は――中国奥地の未開民の多くや中国人と同様に――ヨーロッパ人は地中や水中の奥深くまで透視し、山々の上を飛ぶという夢想を抱いている。ヨーロッパ人が平地を辿るのは、必要な駄獣を運ぶのが飛行では難しいからだと思うのである。西寧のアンバン〔高官を指す満州語、「昂邦」〕はプルジェーヴァルスキーの通訳に対し、地中八〇メートルの深さにある貴石が光るのを彼の主人は本当に見えるのか、質問した。

マンツェ

西蕃の人々は北方ではアムドアン人に連なるが★★、南方および南西では他の部族民と接触する。これらもチベットを起源とし、一括して「マンツェ（蛮子）」すなわち「御しがたい害虫」の名称で知られる。このため、語義を知るいくつかの部族は蔑称としてこの呼称をしりぞけ、単に異なる人々を意味する「夷人（イジェン）」と呼ぶよう要求する。岷江の西側支流であるルフア・ホ〔黒水河か〕の河畔に住むスム族、すなわち「白いマンツェ」は、ギルによると三五〇万人の人口があり、農耕と牧畜で生活する。彼の推定がどれほ

★ Hodgson; Yule, Introductory Essay, in Gill, *op.cit.*
★★ *Lettre de Prjevalskiy,* Invalide russe, 1880.

ど正しいかはともかく、中国西部におけるマンツェがかなりの要素であることは確かと思われる。政治的には、四川省のマンツェは他の部族と一線を画し、一八の王国に分かれる。いずれも絶対王政下にあり、君主は耕作地と家畜に課税し、各世帯は家族の一人が毎年半年にわたる賦役を負う。一八王国のうち最強なのが「白いマンツェ」で、かつて一人の女傑が建てたいさおしのよすがとして、常に女王が君臨する。マンツェに「野蛮人」の名称を冠するのは不当だ。というのも彼らは綿密に土地を耕し、布地を織り、チベット様式の家屋や仏塔を建築するし、ブー語［チベット語］および中国語の書籍を所持するのみならず、子供たちのための学校を運営しているのである。西進するとチベットの影響が卓越し、ラマ僧の権力は西蕃におけるものに劣らない。いっぽう東では、中国人の影響が強まり、多くのマンツェが蓬髪を刈り、平地部の住民の衣服をまとって「漢族」に似せようとする★。だがマンツェの王国群は、言ってみれば彼らを包囲し、その領域に入り込み続ける中国人入植者の継続的圧力に抗しえないだろう。低地部の冒険心に富んだ人々や、逃亡者が山中深く入り込み、あらたな習慣や思潮を持ち込む一方で、耕作者の大軍が、「野蛮人」に対する戦争を宣言し、彼らの土地を奪うあらゆる口実を設けて前進するからだ。マンツェは毎年失地を重ね、敗者の運命を忍んでいるが、彼らに対してなされる暴虐の下手人として、逆に非難される。中国人は占拠した村を建て替える暇もないままに宿営するが、土地の征服は自衛のために他ならないと信じている。

ロロ人（彝族）

マンツェの郷国群の南、四川省と雲南省のあいだで金沙江が大きく曲がる一帯の住民も、入植者の脅威を受けている。これがロロ人［彝族］で、中国語の意味はなく、「文明の言語で自分の考えを表現できない★★」片言を話す人々を、ギリシャ語の「バルバロス」と同様の反復音節でもって指すにすぎない。中国人は、四川省と雲南省のはなはだ数多い部族民をこの呼称で十把一絡げに指すが、いずれも西蕃やマンツェといったチベット起源の住民とはっきり弁別できるものだ。エドキンスはビルマ語族からの分枝を見出せると考えて

★ Gill, *op.cit.*; Cameron, *Exploration,* 9 décembre 1880.
★★ Léon Metchnikov, *Notes manuscrites.*

おり、文字はペグー［ミャンマーのバゴー］やアヴァ［ミャンマー北部］の仏僧のそれを想起させる★。ソレル［フランス人植物学者、医師、探険家 Clovis Thorel 一八三三―一九一一］はラオス人と近縁の「白いロロ」と、「黒いロロ」に分別し、後者は原住民であろうと考えている。一般にロロ人は狭義の中国人よりも痩せて背が高く、目鼻立ちがはっきりしており、少なくともヨーロッパ人の目には気持ちのよい相貌である。ただしいくつかの谷間では甲状腺腫や知恵遅れの比率がかなり高い。寧遠（ニンユエン［西昌］）の町に住むロロ人の何人かは習俗の点でまったく中国化し、科挙に合格する者もいた★★。しかし周囲の山中の諸部族は当初の独立を保持し、中国人は北からにせよ南からにせよ、注意深く彼らの郷国を遠巻きにしている。闘争の歴史は長いが、入植者たちはこれらの未開民を追い立てるのに成功しておらず、清国皇帝からの叙任を受けるのを肯んじた族長はひとにぎりにすぎない。境界線には間を置いて駐屯地があるが、ロロ人がひんぱんに山を降りて必要物資を力づくで奪い、塩を入手するのは防げない。四川省北部では中国人と西蕃やマンツェとのあいだに混血民が形成されたが、こちらの南部では混交は皆無である★★★。

四川省の中国人住民

中国人住民が排他的に占拠する地域は、岷江の河谷を西から見下ろす山々の斜面が限界線である。この自然境界の以東では、原住の諸人種は二二〇〇年前に彼らのものだった「四つの川」の国から完全に姿を消した。すなわち、最初の中国人移住者が姿を見せたのが二二〇〇年前なのである。だが、虐殺はひんぱんだったし、フビライ＝ハンの時代には入植者の大半が殲滅された。満州王朝による征服期にも一帯の人口は減少したが、とりわけ陝西省と湖北省をはじめとする諸省から、新たな移住民が流れ込んだのである。このため四川省の住民はすこぶる多様な由来の混合だが、その結果生まれたのは、非常に特殊な性質をそなえた民だった。四川省人はおそらく全土で最も優美かつ親切で、行儀作法が

★ Gaston de Bézaure, *Le fleuve Bleu: voyage dans la Chine occidentale*, Paris: Plon, 1879.

★★ Thomas Thornville Cooper, *Travels of a Pioneer of Commerce in Pigtail and Petticoats*, London: Murray, 1871.

★★★ Nicholl, *Proceedings of the* [*Royal*] *Geographical Society,* Nov. 1880

洗練されているだけでなく、真率で、良識をわきまえる。おそろしく働き者だが、商いは苦手で、商人は陝西省や江西省からやってきた人々であり、銀行家や担保貸し、高利貸しは山西省人である。また文人や軍事指導者も他省ほど輩出しない。処世の知恵に長けているが、真正の科学的要素があまりに貧弱で無意味な形式ばかりの公式な学術には、関心がない。四川省人は農耕と工芸の民として、同省を帝国第一級の地位に仕上げたのであり、それを彼らが誇るのも、まったく当然である。太平天国の戦乱にはあまり関与しなかったので、産業資源をめざましく開発することが叶い、製塩や石油資源、石炭、鉄鉱石の採掘を大々的に行なっている。平地はみごとに灌漑されており、野菜の量といい種類といい、国内随一だ。絹生産は中国においてさえ図抜けており、絹布が極めて普及している。祭礼の日には省都〔成都〕住民の過半がこの高価な布地をまとう★。平地と河畔のみならず、山岳の階崖も耕作されている。傾斜が六〇度と、到達不可能に見える斜面でさえ段々畑に開墾されており、穀物の圃場か、木立になっている★★。前世紀に宣教師が導入したと思われる「洋蕃芋」、すなわちジャガイモ栽培のおかげで★★★、耕作地は標高二五〇〇〜三〇〇〇メートルまで拡大し、すでに稜線を超えて隣接の省まで広がった。四川省の過剰人口は高地の境界線を越えて溢れ出し、かつて同省に入り込んだのとおなじくらいの入植者を隣接諸地域に送り出している。

四川省の工業用農産物

四川省の農民は、樹液や脂肪が工業原料になる樹木や小木をいくつか育てている。ひとつはナンキンハゼ〔南京黄櫨 *Stillingia sebifera*〕で、無数の漿果の内部に含まれる一種の脂肪でもって蝋燭が作られる。また果実油がワニスの優れた代用品になる「桐油（トウシュ）」すなわちアブラギリ〔*elæococca, Vernicia cordata*〕もある。トネリコ〔梣〕に似たアカシアの一種〔*acacia rugata, Acacia concinna*〕は、少し樟脳の臭いがする強アルカリ性の果実が、中国人家庭の多くで石鹸として用いられる★★★★。省内で最も興味深い工業用農産物のひと

★ Richthofen, *Letter on the provinces of Chili, Chansi, Shensi, Sz'chwan, op.cit.*
★★ *Ibid.*
★★★ Cooper, *op.cit.*
★★★★ Gill, *The River of Golden Sand, op.cit.*

挿画 XL　四川省の山中。トムソンの写真をもとに、E. ラングロワ筆

つは、白蜡（ペイ・ラ）と呼ばれる植物性の蠟で、遠隔の一地区の住民による分業でもって採取される。まず、寧遠〔西昌〕に近い建昌（キエンチャン）地区では、トウネズミモチ〔唐鼠黐 *Ligustrum lucidum* 白蜡樹〕の葉で白蜡虫〔*Cerachinensis*〕を育てる。四月末になると、農民は丁寧にその卵を集め、山の反対側にある嘉定府（キアティン・フ〔楽山〕）まで運ぶ。これは徒歩で四日行程の難路で、卵が暑気で弱らぬよう、夜の旅になる。遠望すると、曲がりくねった山道を辿る灯火がきわめて絵画的だ。中国ではほぼ唯一の例外と思われるが、卵の採取期になると嘉定府の城門は開け放たれたままになる。さて精密な作業が行われるのは運びこまれた後で、枝に付着したまま運搬した卵を取り外し、別の樹種に植え付けねばならない。こちらは白蜡樹〔*Fraxinus chinensis Roxb*〕というまったくべつの樹木で、孵化した虫が分泌する白い蠟がはなはだ珍重される。大量に分泌する原因は、本来の栄養分を供給しない植物に付着させられたせいで、一種の病気になるためとみられる★。何人かの中国の著述家によれば、この昆虫は三～四種の樹種で蠟を分泌する★★。リヒトホーフェンの推定によれば、四川省におけるこの蠟の生産額は一四〇〇万フランだ。白蜡樹の所有権は恐ろしく細分化されており、生えている土地の所有者とは別の農業者に属するのが普通である。

貴州省の地勢

岷江およびその支流である「四つの川」、すなわち岷江、沱江（ト・キアン）、黒水（ヘ・シュイ〔黒水河〕）、白水（ペイ・シュイ〔白水河〕）の東には、南西から北東方向に走る赤っぽい砂岩と石炭紀の岩からなる稜線が続く。その岩がすりつぶされ、地表に広がっていることが、リヒトホーフェンをして「赤盆地〔Rothe Becken〕」と命名させた所以だ。これらの稜線は、岷江の諸支流と漢江の河谷を隔てる山地の屋根に連なる。アルマン＝ダヴィッドが推定する標高は、漢中府とその周囲のもうひとつの「赤盆地」の南方で、三〇〇〇メートルだ。両河谷の分水界になる山脈はラン・シャン〔涼山か〕の名で知られ、

★ *Lettres édifiantes,* tome XXIII; Richthofen, *Letter on the provinces of Chili, Chansi, Shensi, Sz'chwan, op.cit.*; Gill, *The River of Golden Sand, op.cit.*; *Comptes rendus de l'Académie des Sciences,* t. X, 1840.

★★ Emil Bretschneider, *Note on some botanical questions connected with the export trade of China,* 1881.

揚子江に向かい東進するにつれて少しづつ低くなり、漢江と揚子江の増水が混じり合う湖沼地帯に消えてゆく。揚子江の南にある貴州省は、全体として四川省と対称をなす地形である。西側に卓越するのは山岳地帯、ないし一個の刻まれた高原で［雲貴高原］、大凉山脈（レアン・シャン）の雪山がそこから立ちあがる。その南方には、雲南省の高原地帯から貴州省を隔てる境界になる諸山脈があって、揚子江と西江の分水界である。ヨーロッパ人はこの山系に南嶺山脈、ないし南山山脈の名を与えた。貴州省内の山脈群は四川省の「赤盆地」と同方向に並走するが、平均では少し低く、烏江（ウ・キアン）をはじめとする諸河川の勾配も小さいため、あちこちで沼沢になって滞留する。このため一帯はすこぶる健康によくない。人口の面でも、商工業でも、貴州省が国内最低の順位に甘んじるのは、マラリアと住民内部の対立のせいである。南部では中国人と先住民の内戦、というより人間狩りと、その種々の代替行為が恒常的だ。

ミャオ人（苗族）

モリソンとロックハートによると「地から湧いた人々」を意味するミャオ人（苗族）は、かつては平地部、とりわけ洞庭湖と鄱陽湖の湖畔に住んでいたが★、中国人入植者により、しだいに山岳地方に追い立てられていった。「南蛮（ナン・マン）」と命名された彼らは、大半が南嶺山脈とその周辺の峡谷に閉じこもったが、間には平地があったため、多くの部族への分断を余儀なくされた。何世紀も経るうちに部族間の違いは大きくなり、現在では起源の共通性を認めるのが困難である。孔子の書経はミャオ人を白、青、赤の三大集団に分類するが、現在もおなじ名称をもつ民が貴州省南部の山岳地帯に存続する★★。白や青などの形容詞は現在はその衣服にもとづくが、おそらく孔子が語るのとおなじ部族ではないだろう。貴州省のチュン・ミアオ、ンチュン・ミアオ、キラオ、キタオ、トゥマン、広西省のトゥン、そしてブリッジマン［アメリカ人プロテスタント伝道師 Elijah Coleman Bridgman 一八〇一―一八六一］が訳出し

★ William Lockhart, *Transactions of the Ethnological Society of London*, vol.I, 1861["Medical Missionary Practice in Peking in 1861-2 [W. Lockhart], *pp.* 472-480 (May 1864 issue), 483-494 (June 1864 issue)?] ; *The Chinese and Japanese Repository*, 3 oct. 1863.

★★ Rocher, *op.cit.*

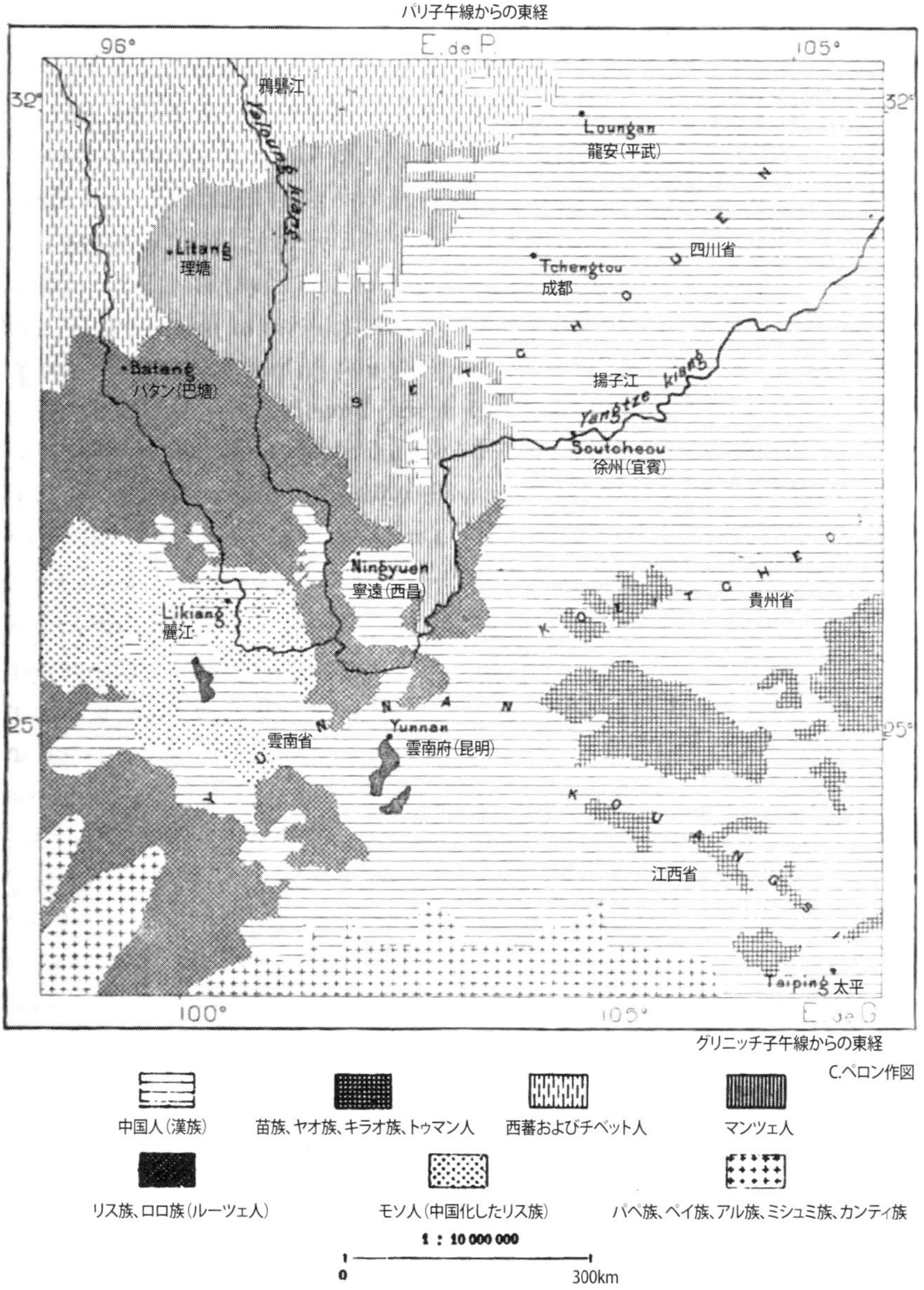

図 76　中国南西の諸民族

た中国語の著作［黔苗図説］が記述する「八二」個の部族は、いずれも現在は離れ離れの断片になってしまったこの民族に属する★。うちいくつかは「六百姓」の名で呼ばれるが、おそらく今日の散逸した状態を指すものだろう。服属した多くの部族民は、だんだんと征服人種である中国人と混交したし、科挙に合格して高位高官に栄達するミャオ人もいた。だが父方が中国系であっても、中国人社会から離れて暮らす者もいる★★。中国人官僚や仏僧から独立したままのミアオ・セン(苗僧）たちは、到達が困難な奥地に身を避けざるを得なかった。その大半は山頂に城砦化した村を建て、そこから一帯を監視するが、盗賊を生業にする一〜二の部族を除いては、専守防衛に徹する。作物はキビ［黍］やソバ［蕎麦］で、まれに適地があれば多少の稲も育てる。家畜も飼育するし、練達の狩人だが、獲物の毛皮やシカ［鹿］の角、ジャコウジカ［麝香鹿］の嚢を売りに平地へ降りることは一切せず、彼らの村々を巡る行商人が訪れるのを待つ★★★。すこぶる誇り高く、また不正に敏感なこととて、ミャオ人は清国役人の抑圧に耐えられず、常に反乱状態にある。だが四川省のマンツェのように広大な無人の高原に拠ることはできず、山地は四方八方から中国人入植者に包囲されている。包囲網が狭まるにつれ、いくつかの部族は殲滅された。近年の太平天国の戦乱期には、雲南省のムスリムが叛旗をひるがえしたが、清国の将軍たちはミャオ人の土地に軍勢を差し向け、村々を破壊した。大勢の族長が北京に連行され、凄惨な拷問のすえ、衆人環視のもと断首されたのである。

ミャオ人の文物

徹底して追い立てられる側であるミャオ人に対し、もちろん迫害者たちはあらゆる罪悪をなすりつける。野蛮人扱いどころか、ほとんど人間とみなさないのであって、南嶺山脈の南、茘波県（リポ）のヤオ人［瑶族。今日では苗族とは区別される］は、猿のように短い尻尾をもつと周囲か

★ J. Edkins, *The Mian Tsi*, 1868; Bridgman, " Sketches of the Miau-tsze, 1859", *Journal of the North-China Branch of Royal Asiatic Society*; Scherzer, *Novara Expedition* [*Reise der öesterreichischen Fregatte Novara um die Erde, in den Jahren 1857 - 1859 (Narrative of the circumnavigation of the globe by the Austrian frigate Novarra)*, Vienna, 1861 - 1862, three volumes, with illustrations. First English edition by London Saunders, Otley, And Co. 1861].

★★ Mac Carthy, *Proceedings of the* [*Royal*] *Geographical Society,* aug. 1879.

★★★ Lockhart, *mémoire cité; Année géographique*, 1.

らみなされている。獣のように狩り立てられるようになって以後、ミャオ人の諸部族が自前の文明を喪失し、未開に逆戻りしたのは確実である。洞窟や木の枝で作った小屋掛けに住み、農耕をあきらめざるを得ない場所もあるし、絶壁の割れ目を住まいとし、一五〇メートルもの高さまで、竹製の梯子でもって登ってゆかねばならぬ例もある★。にもかかわらず、中国の年代記も最近の報告も、ミャオ人が文字を用い、木簡やヤシの葉に自国語で記した著作をもつと伝える。彼らは織り手としても著名で、女性が織りあげる絹やアマ〔亜麻〕、綿や羊毛の美しい布地は広州商人の垂涎の的だ。音楽にもひいでて、フルートの一種〔芦笙〕は中国人の笛よりも穏やかな音色を奏でるし、ドラム〔銅鼓〕とギター〔琵琶〕が伴奏する舞いは、悲喜こもごもの色々な情景を表現する★★。宗教的性格をそなえる舞曲もある。ただし、泥酔する悪癖があり、平地の行儀よい住民が蔑視する一因だ★★★。

ミャオ人の習俗

この古来からの民族が、アジアの諸民族のどこに分類できるかもはっきりせぬうち、その最後の人々が消滅することが心配される。西蕃、すなわち西部チベット人をひとつの分枝とする「八蕃（パ・ファン）」にミャオ人も含まれるとする大半の中国人著述家が言うように、彼らはチベット起源なのだろうか★★★★。それとも、彼らの語彙から思われるように、パイ人〔白族〕やパペ人といった雲南省南部の他の民族と同様に、シャム〔タイ〕系起源なのだろうか。一般的には彼らは中国人よりも小柄で、もっとはっきりした目鼻立ちをしており、目はヨーロッパ人と同様によく見開かれている。男女ともにほぼおなじ髪型で、長髪をうなじの上に束ねて髷状にねじり上げる。いくつかの部族の女性は、頭上に小さな板〔櫛〕をあてがい、その上に束髪を巻き上げてベレー帽状にし、陽光や雨を防ぐ〔推髻〕。大半の男性は派手な色合いの一種のターバンを頭に巻き、女性は耳飾りを付ける。男女とも布地あるいは羊毛のブラウスを身に付け、藁で作ったサンダルを履く。行政組織は皆無で、紛争が起きると、老

★ Edkins, *op.cit.*［貴州通志における克孟牯羊苗の記述か。鳥居龍蔵全集第 11 巻、朝日新聞社、1976、37 頁］］
★★ Du Halde; Ritter; Lockhart.
★★★ Broumton, *Times*, 5 Sep. 1881.
★★★★ Léon Metchnikov, *Notes manuscrites.*

人の間でなされる裁定を従順に受け入れる。だが調停が不調ならば実力行使が認められ、代々の怨恨は九世代にわたり続く。人々の言うところでは、仇敵の肉を啖うとさえされる。仏教に鬼神信仰や祖先崇拝が混じった信仰をもつ。いくつかの部族では、死者の遺骨を二～三年ごとに棺から取り出し、丁寧に洗浄する。先祖の骨が清潔であることが皆の健康のもとだと信じているからだ。死別にあたり全く涙を見せぬ氏族もある。だが春がめぐり、自然が装いを新たにして鳥が再来すると、肉親は永遠に去ったと口にして嗚咽するのだ★。またあるミャオ人の部族では興味深い「擬娩」の習慣があると言われる。赤子が生まれたのち、母親が産褥を離れるほど元気を回復したら、すぐに父親がそこに横になり、友人たちの祝福を受けるというものだ★★。

南東部の山地

湖南省、江西省、浙江省の山々はまだほんの少数の地点しか踏査されておらず、ヨーロッパで作成された中国地図の大半は、かつてのイエズス会宣教師のものを雛型とし、河川の流域のあいだに、ミミズがのたくったような山々を示すにすぎなかった。いっぽう現地製の地図は、山々が随所で無秩序に散らばるようにしか見えない。この表面的な混沌のなかに秩序を初めて見出したのがパンペリーとリヒトホーフェンで、山脈群の全般的な方向を示した。中国の南東部は少なくとも八〇万平方キロの面積をもつ高地で、連続する一個の高原にまとまった箇所は皆無である。また飛び抜けた高さの中央山地もない。これほど広い空間が山々や丘の迷路になっている場所は世界になく、至る所に低い小丘の列があって、そのあいだの谷間は急角度で曲がりくねりながら連続する。この広大な迷宮に平野はまれだ。川面からの平均比高は大半の地点で五〇〇～八〇〇メートルにすぎず、主な山脈群に二〇〇〇メートルに達する峰はない。ただし福建省ではその可能性がある［江西省との境にある黄崗山が二一五八メートルに達する］。

南嶺山脈

★ Edkins, *op.cit.*［鳥居前掲書同頁。なお仇敵の肉云々は紫薑苗（38 頁）、遺骨の洗浄云々は六額子（40 頁）の記述と符合する］

★★ Lockhart, *mémoire cité.*［『東方見聞録 1 』前掲書、313 頁に同様の記述がある。］

これらの低い山並みは、一見すると無秩序な小丘が果てしなく集積したように思われるが、揚子江上流の横断山脈（ホントゥワン・シャン）と同様に、南西から北東へ向かっており、南側の流域にある流れも、それに沿う。揚子江の支流群の流路も大半は北東に向いており、川岸から望まれる稜線が同方向に連なる。揚子江の本流は、岷江との合流点から黄海にかけて、三度にわたり大きく蛇行する。蛇行部はいずれも西側の岸が南西から北東に曲がり、一帯の全般的な地形の軸に沿う。青河の河畔から江西省の交易路を経て、広州の川［西江］に向かう道すがらでは、左右両側に山や丘の列が同方向に並ぶのがみられ、ちょうど鄱陽湖と南京のあいだの揚子江と同様だ。広東省および福建省の、出入りの激しい海岸線の方向もおなじである。主軸はリヒトホーフェンが南山（ナン・シャン）山脈と名付けたもので、中国人も多くの山脈にこの名を冠する［原著では南山山脈と呼び、「南嶺」はその一部とするが、今日の南嶺山脈なので以下南嶺と訳出する］。これは洞庭湖の主流である湘水［湘江］源流に始まり、贛江が走る隘路の先でふたたび立ちあがって武功山（ウクン・シャン）の山塊［羅霄山脈］を形成し、北東に伸びた分水界になる。すなわち福建省の海岸に向かう諸流と、揚子江流域のあいだの分水界だ［蓮花山脈、戴雲山脈、仙霞嶺山脈］。寧波の丘陵部も南嶺山脈に属し、海に続いて舟山群島に至る。さらに海中にも延びて、「東海（トゥン・ハイ）」、いわゆるシナ海［以下、東シナ海］と黄海のあいだを通ったのち、日本列島で再び稜線が出現し、本州の火山群に連結している可能性もある★。というのも、広い海峡の両側における山岳成分の様子が同一だからで、どちらも砂岩と片岩、石灰岩からなり、おそらくシルル紀に属する。そして花崗岩と斑岩の隆起がみられるからだ。沿岸部では、寧波の丘陵からなる半島と、舟山群島が大型の杭州湾の半分をふさぐ形になっており、リヒトホーフェンによれば、隆起部と沈降部のあいだのヒンジ［背斜の冠］ではないかと思われる。寧波の北では、遼東半島の湾［渤海湾］に至る海岸線がきわめて緩慢に上昇する一方、南側は沈下している確率が高い。南では海岸線の後退にともない砂洲や泥土の洲が堆積し、湾岸への進入を妨げているからだ。

梅関古道

★ Richthofen, *Letter on the provinces of Chekiang and Nganhwei.*

揚子江と西江の分水界は、南嶺山脈の主軸よりもかなり南、江西省を通る。この分水界は、両側斜面を連絡する峠道を意味する「嶺」ごとに、南嶺（ナン・リン）、梅嶺（メイ・リン）、戴雲嶺（タユ・リン［戴雲山脈］）と命名された。国内の山岳で最も通行量の多いのが、広州の港を帝国中央部に連絡する梅嶺［梅嶺関、小梅関］である。中国語の言い回しでは「南北咽喉、京華屏障」だ。ここを境とする両側の斜面で船から下ろされる商品は、すべて人が背負って山を越える。この難路の荷運びで生活するのは五万人とも言われ、旅人が休憩する竹でできた納屋の付近の群衆は大都会並みだ。黒っぽい砂岩の岩壁が見下ろす急な斜面の坂道群はつづら折りで、頂上近くで交差する。そこに岩場を深く削って、凱旋門［関門］が設けられている。アラブ人商人が仲介するスンダ列島やインド洋諸島との交易が栄えた八世紀初頭に、張九齢［唐宰相。六七八―七四〇］が建設、というより整備したのがこの道路だ。揚子江と西江の両流域の住民が継続的な通信を樹立してからというもの、軍事遠征であれ商業であれ、この経路は不可欠だったからである★。ここに至る諸河川の勾配や、道筋の傾斜と距離、付近の植生について、初期のヨーロッパ人旅行家たちがもたらした情報をもとに、リッターは梅嶺関の標高を二四〇〇メートルと見積もったが、近年の探険家たちはこの数字が過大であることを明らかにしている。周囲にそびえる山塊の頂部が雪化粧するのは冬季だけだからだ。峠から北方を望むと、峡谷や急湛の迷路を、岩壁や山々が見下ろす。だが南方は、緑の山腹の向こうに都市や村が散在するみごとな田園で、フランスアルプスから眺めるピエモンテの平野のようだ。大部分の河流では急流や、船の通れぬ浅瀬が各所にあるが、漕ぎ手たちは頓着せず、難所にさしかかると岸に上がって荷を下ろし、その船を曳航するか、陸上を運ぶかして、航行に適した場所まで至ると、荷をまた積み込む。増水期には、どの河川も源流近くまで水運路に利用される。それ以外の経路は、ところどころ石畳で舗装された細い小道しかなく、運搬はすべて人力による。駄獣が用いられるのは大都市近郊に限られる。

南嶺山脈の住民

★ Richthofen, *China, op.cit.*

方言や習慣の観点から南北の住民を区分する線は、水系でみた流域を分ける分水界と一致せず、それよりもかなり北、完全に揚子江の流域内にあって、南嶺山脈の通常の軸に沿っている。贛江を遡上して江西省を縦断すると、吉安（キンガン）の上流にある峡谷地帯に至った途端に、官話系の言語地域から、南方の諸方言の地域に入り込む〔贛語〕。この軸線はごくゆるやかな隆起だが、それでも、中国のこの部分の住民の分布に甚大な影響を及ぼしたのである。また、一帯が無数の河谷に分割されていることは、多数の氏族が分かれたまま自給的に生活する結果をもたらした。迷宮のような南嶺山脈の峡谷の住民は、街道筋に暮らす人々以外、まったく外界を知らない。職業柄全国を経めぐる僧侶や物乞いを除き、自分たちの住む谷間の外は野蛮人と猛獣の世界だと思っているのである★。

南嶺山脈の動植物

湖南省と江西省の植生が、揚子江上流の諸省よりも熱帯型なのは当然で、樹木の外観も暑熱地の近傍にあることを示すようになる。ヤナギ〔柳〕やクマシデ〔熊四手〕、コナラ〔小楢〕、クリ〔栗〕など、北部やモンゴルの種と似ているように見えるものでさえ、はっきりと別の種に属する。高地の斜面では、針葉樹のうち最も美しい樹のひとつである金銭松〔*Abies Kæmpferi*〕が他の常緑樹を圧して大きくなる。もっと低い場所で最もよく見られるのは小ぶりなマツ〔松〕で、極度に細い葉をそなえる。丘陵地の麓になると、アブラギリ〔油桐〕やウルシ〔漆〕と並んでクスノキ〔樟〕が村の周囲で育てられる。一帯のうちかなりの森林が完全に伐採され、多くの都市の燃料は藁や干し草、周囲の丘で根元から刈り取った灌木類に限られる★★。南嶺山脈の少なくとも三分の二は未墾地だが、原生林はとうの昔に姿を消した。樹木は皇帝の所有物だと現地住民は言い、遠慮なく住宅建築や舟の建造に必要な木材を入手する。このため散在する林しか残っていない。とはいえ、まだ小木や丈の低い植物が丘陵をすばらしい緑で覆う。とくに舟山群島の春から夏にかけてはバラ〔薔薇〕やボタン〔牡丹〕、ジンチョウゲ〔沈丁花〕、アザレア、ツバキ〔椿〕、フジ〔藤〕が咲き乱れ、あるものは花束

★ Richthofen, *Letter on the provinces of Chekiang and Nanhwei, op.cit.*
★★ Huc, *Empire Chinois, op.cit.*; David; Blanchard, etc.

のように、あるものは一面の花畑に、あるものは花輪のように、藪地や生け垣を覆って、魅惑の土地になる。繁り方の美しさといい、あでやかな花といい、甘い香りといい、温帯でこれほど多様な植物がみられる地方は、おそらく日本とここだけである。大型の哺乳類は、隠れ家になる森の消滅と軌を一にして姿を消したが、太平天国軍と清国軍が一帯を荒らしてからは、唯一イノシシ〔猪〕が大発生した。揚子江のいくつかの島の葦原では、マメジカ〔豆鹿〕の一種であるキバノロ〔牙獐 *Hydropotes inermis*〕がみられる。驚くほどジャコウジカ〔麝香鹿〕に似ているが、生息地ははるか遠くに隔たる。キバノロが生息するのは国内でここだけだ。哺乳類の家畜はウシ〔牛〕とスイギュウ〔水牛〕、ブタ〔豚〕しかいない。サギ〔鷺〕は田園の住民が大事にするというより、ほとんど尊崇の対象で、仏塔の周囲の樹林にしばしば大群がみられる★。

南嶺山脈の農業

南嶺山脈の一帯は農業生産の好適地だ。揚子江下流の諸省は、中国が輸出する食料品の大半を供給する。茶葉の主な大規模農園がその東部流域にあることはよく知られている。揚子江の川岸から河口の沖積土地域まで、約六〇〇平方キロの地区は、福建省の南側斜面とともに、最良の茶葉の生産地だ。一般に茶は丘陵の南側斜面で栽培される。一面に連続する植え方ではなく、離れ離れの小さな木立状になっていたり、畑の起伏に沿って畝状に栽培される。水田の畦にもこの高価な小木が植えつけられる。大規模な茶農園ならば、畝と畝のあいだで野菜も栽培される。揚子江一帯の茶はとくに緑茶用が多い。茶葉とならんで、南嶺山脈と揚子江下流は絹生産でも飛びぬけている。茶葉とクワ〔桑〕のみならず、コメ〔米〕ほかの穀物や、サトウキビ〔砂糖黍〕、タバコ葉、アサ〔麻〕、採油植物、あらゆる果物の生産額も、国内首位もしくはトップクラスである。サツマイモ〔薩摩芋〕は山腹にも栽培される。南嶺山脈で地場消費に必要な農産物のうち、唯一大幅に不足するのは綿だが、浙江省や安徽省、湖北省からの原綿や綿布がそれを補ってあまりある★★。

南嶺山脈の漁業

★ David, *op.cit.*
★★ Richthofen, *mémoire cité.*

一帯の住民がどれほど工夫に富むかは、動物との提携関係にもみてとれる。中世のイギリス人と同様に、中国人もウ〔鵜〕を飼いならし、魚を捕える才能を利用する。頸部に鉄環を嵌めて魚を呑みこめないようにしたウが順序良く舟から飛び込み、水底の魚をくわえて上がってくる。船端で一瞬休憩すると、また水中に飛び込んでゆくのだ。夜になって仕事が終わると両舷に整列して寝むのは、舟のバランスをとるためである★。ヨーロッパでは近代の発明にかかる養殖漁業も、中国では何世紀も前から知られており、その手法のいくつかはまだ西洋人の知らぬところだ。江西省では魚卵の売り子が、泥水を張った樽を手押し車で売り歩く。それを潟に流し込むと、数日もすれば稚魚が孵るので、あとは刈草でもって肥育すればよい。

南嶺山脈の住民

こうした産業はきわめて人口稠密な地方でしか誕生せぬもので、じっさい今世紀半ばの江蘇省、安徽省、浙江省の人口は地球上で最も人間がひしめく空間だった。一八四二年の人口調査による浙江省の人口は二六〇〇万人ほどとみられ、平方キロ当たり二八〇人を越えた。だが大虐殺〔太平天国〕と、それに続いた疫病と飢饉ののちに残った省内人口は、リヒトホーフェンの推定では五五〇万人である。それでもフランスの人口密度を上回るが、回復はめざましい速度で進んでいる。浙江省の放棄された田園への移住者は、大半が湖北省出身だが、河南省や湖南省、さらには貴州省や四川省の出身者も多い。こうした入植者は種々の官話を話すため、当初はお互い理解できず、色々な省の話者のあいだに珍妙な誤解がしばしば発生した。だが少しづつ調和化が進み、現地古来の言葉よりも官話に近付く結果になった。史上の大事件が起きるたび、こうしてもろもろの民は交雑してゆき、民族的一体性が形成されて、今日の注目すべき住民ができあがったのである。そもそも入植者が放棄地に落ち着くには、本地人（プンティ・ジェン）に名目的な権利金を支払うだけで形式が整う。本地人は消えてしまった昔の家族に最も近い人物で、その代理人である。支払った入植者が鍬入れして二年が経過すれば、土地は全面的に彼の所有になる★★。

★ Blanchard, *Revue des Deux Mondes*, 18 juin 1871.
★★ Richthofen, *mémoire cité.*

揚子江流域の都市

揚子江流域が反乱と内戦で荒廃したのち、大都市の多くでは人口が激減したが、そのいくつかは今も世界一級の大都会に順位付けるべきものだ。もちろん、それほどの大都市圏がみられるのは金沙江の下流、肥沃で商業も盛んな地帯にかぎられる。

バタン（巴塘）、リタン（理塘）、打箭爐（康定）　四川省のうち、一般に東チベットの名で知られる地方［カンゼ・チベット族自治州］の主要都市バタン（巴塘）は、現在は小さな市邑にすぎない。数週間にわたる一八七一年の群発地震で完全に倒壊したため、数百軒の新築家屋からなる。位置は、金沙江の東支流が涵養する沃野で、豊富な温泉が湧出する。住民の半分近くがラマ僧で、金瓦の壮麗な僧院に暮らし、信者が寄進した数千本のブドウの若木が僧堂にからみつく。デゴダンによると、市名は「中継地」の意味で、中国中央部とラサを結ぶ街道の宿営地としての重要性がもっぱらである。チベット人住民は、清朝の守備隊が監視する自国行政官のもとに帰属し、東からやってくる商人に麝香や硼砂、毛皮、砂金を渡し、交換に磚茶や工業製品を受け取る。周囲の山岳には、ゼンディ（羌地）の名で知られるまったくの独立部族民が遊弋する★。チベットから成都府に至る経路にあるもうひとつの市場町がリタン（理塘）だが、世界有数のみすぼらしい都市だ。南下して金沙江に向かうキ・チュ［ラサ川］の流域にある沈降部に位置するが、標高は植生限界に近く、四〇八八メートルに達する。チベット君主制の発祥の地だが★★、樹木や穀物はみられず、しなびたキャベツやカブ［蕪］が多少目にされるにすぎない物悲しい地方だ。にもかかわらず、金箔の屋根をそなえた富裕な僧院には、三五〇〇人のラマ僧が起居する［チャムチェン・チョェコルリン寺か］★★★。タチンド（打箭爐）はリタンよりも一五〇〇メートル低く、岷江の支流が涵養する優美な谷間にあるので、交易地としてもっと好適だ。チベットとの国境税関はここにあり、清朝守備隊が兵営に詰める。街区は美しく、山西省の商人が多数居住する。彼らは仏教徒もいれば

★ Cooper, *op.cit.*
★★ Huc; Yule.
★★★ Huc; Cooper; Gill.

ムスリムもいる。だが名目上の君主はマンツェ人の王で、その領域は南のロロ人の郷国まで至る。中国人女性がこの王の領域を越えて東チベットに入ることは許されないが、人数は多く、チベット人はほとんどが混血だ。しかし、ヨーロッパ人の目には彼らのほうが漢族よりも見目うるわしく映る。中華帝国のうち、ここほど女性が宝石好きな土地はない。彫琢した銀の短冊でもって飾り立て、それに貴石や彩色ガラスの頸飾りがからみつく。頭髪の頂部をふたつの大きな銀の円盤で隠し、王冠型に結髪して三つ編みを垂らし、それをまた銀の短冊が覆う布地が支えるのである★。打箭爐は、いわゆるチベット地区のカトリック宣教団の本拠地でもある。

嘉定（楽山）、雅州（雅安）

大渡河（タトゥ・ホ）は、打箭爐の上流では高さ二〇〇メートルのすさまじい絶壁の峡谷を流れ、濾定（ルティン、ジャッサムカ、チャクサム）の城壁を洗う。濾定はチベット人やマンツェの郷国から完全に離れた位置にある最初の都市だ。大渡河はその後もう一本の河川と合流し、東河（トゥン・ホ）になる。これは岷江最大の支流で、水量は岷江を凌ぐ。岷江は大渡河との合流点を見下ろす嘉定府［楽山］まで四季を通じ遡上可能だ。嘉定は四川省きっての集散地のひとつで、南西三〇〇キロにある寧遠［西昌］の田野から運ばれてきた虫が分泌する高価な白蝋を全土に発送する。塩泉が囲んでいるが、チベットから成都府への路上にある雅州府（ヤチュウ・フ［雅安］）からの水運により、生糸も運びこまれる。雅州はチベット向けの磚茶のほぼ全量を製造しており、周囲の田園で栽培される茶葉がそれに用いられるが、東のものよりもかなり粗悪である★★。また同市は、国境地帯の軍事物資の集積地の筆頭だ。一八六〇年には、一帯の都市は太平天国軍にそなえ全て城郭化した。嘉定府は清国軍の救援もないまま持ちこたえ、反乱軍はここで阻止されたのである。

成都

★ Desgodins, *Bulletin de la Société de Géographie*, août 1879.
★★ Cooper, *op.cit.*

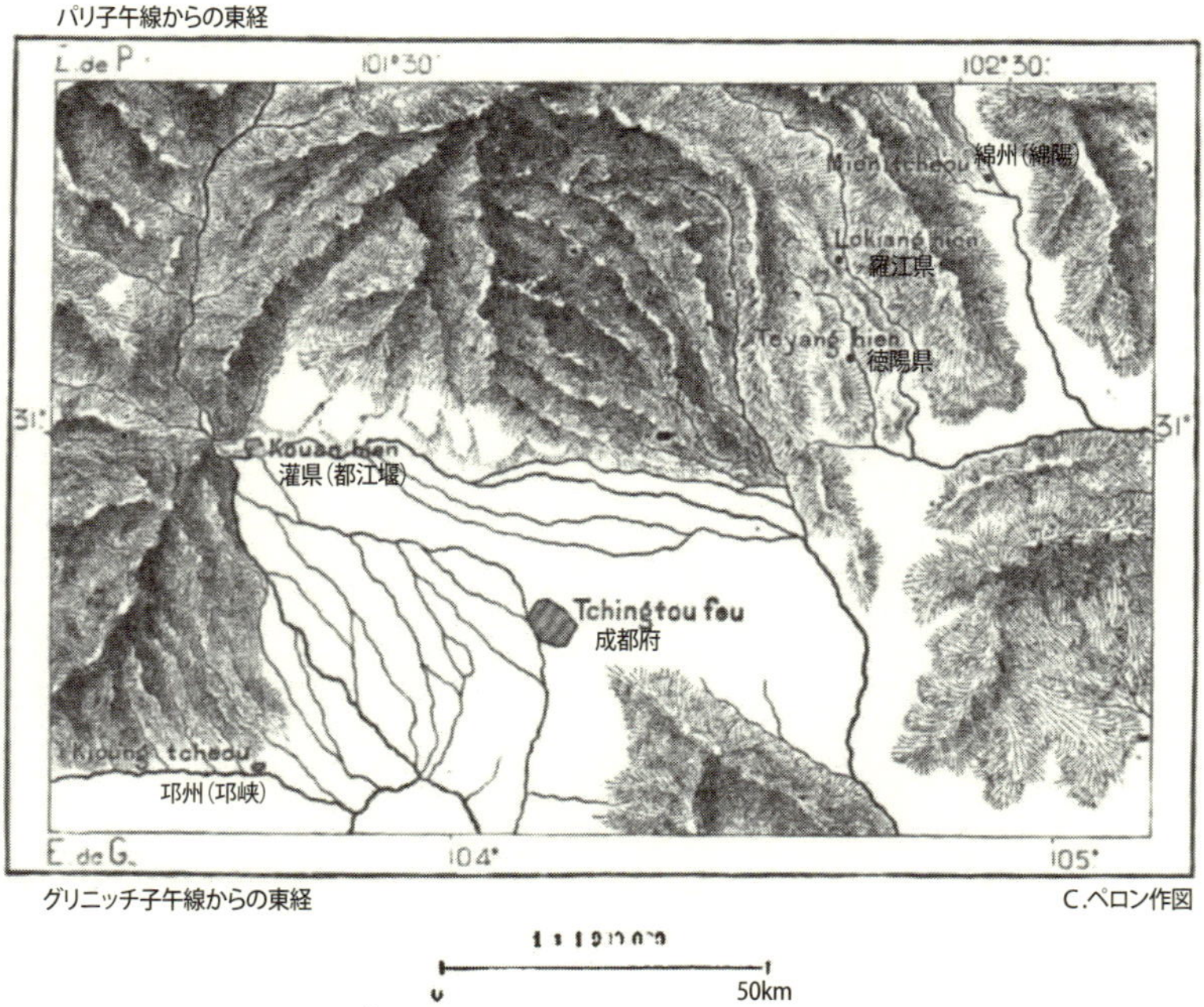

図 77　四川盆地

四川省の省都である成都府はマルコ＝ポーロが「由緒ある大都会」〔『東方見聞録1』前掲書、二九一頁〕と述べた時代から、何度か侵略され、破壊すらされたにもかかわらず、いまも大都会である。年代記の言うところでは、フビライ＝ハンは百万人以上のほぼ全住民を殺戮したとされる。現在の市街は近世のもので、王宮は十四世紀末のものに過ぎないとされるが、おそらくもっと古い建築であろう。ただし、城壁とほぼすべての家屋は前世紀末の大火後に建てられたものだ。城壁はかなり不規則な輪郭だが、頑丈でよく手入れされ、全長二〇キロに及ぶ。街道に沿う広大な郭外町がいくつか広がっており、これほど広い市域をもつ都市は少ない。他の省都と同様に、成都府も満城と漢城のふたつの地区からなるが、漢城のほうがはるかに富裕で住民も多い。同市は「中国のパリ」であり、帝国随一の優美な街だ。街路は広く、まっすぐで規則正しいし、立派に舗装され、排水溝をそなえる。家屋の正面は気持良く木彫がほどこされ、戸口から見える中庭を色とりどりの壁が囲み、奥に

花咲く庭園が見える。市内のアーチ群は赤い砂岩で作られているが、郭外町にあるアーチは想像上の動物や、地元の生活情景を表す優美な彫刻で覆われる。大半の住民の服装は清潔かつ贅沢なもので、国内で最も親しみやすく、かつ礼儀正しいことに加え、技芸と科学への関心が最も強いという評判が確立している。繁華街の商店は高級品で溢れ、書籍商には人だかりが群がる★。成都府が中央を占める平野［四川盆地］も、この省都を国内有数の都市たらしめるもので、世界でも最もよく耕作された広大な田野を形成する。岷江とその支流からなる「四つの川」が無数の灌漑水路に分かれてゆき、果樹園や水田、野菜畑の畝のあいだを清水が流れる。省都にくわえ、この平地には「州」または「県」の行政次元をそなえる都市が一八個散在する。城郭をもたぬそれ以外の都市や村にも、多くの商都を上回る人口を擁するものがいくつかある。盆地の面積は六〇〇〇平方キロ未満だが、そこに集住する人口は四〇〇万人とみられる★★。平野部の膨大な農産物のおかげで成都府は一大食料集積地だが、同時に産業都市でもあり、織工や染物師、刺繍職人がそれぞれ何千人といる。南西に六〇キロほど、平野部の奥の山際にある邛州（キウン・チュウ［邛崍市］）は製紙業が著名で、国内最良の画仙紙の産地だ★★★。ただし福建省の移住者からなるその住民は気性が荒く、一帯で恐れられている。成都は揚子江河谷とチベットを中継するとともに、岷江上流の峡谷部位置口にあって「関所の町」を意味する灌県（クワン・ヒェン［都江堰市。語義説明は関と灌が同対音なための誤解か］）を通じ、四川省北部と甘粛省のあいだも中継する。岷江上流の峡谷では、両省の境に近い松藩鎮（スンパン・ティン）が最も賑わう。これは標高二八九六メートルを下らぬ地点にあるが、それでも住民は「膨大★★★★」で、過半がムスリムである。

金牛道

成都の北東には陝西省の漢江河谷に至る道があり、一連の丘陵地や山岳部を抜ける。諸年代記によると、道が引かれたのは二三〇〇年前、秦と古蜀の二国、すなわち当時まだ単一の帝国ではなかった中国

★ Huc; Richthofen; Gill; Cooper; Baber; David.
★★ Richthofen, *Letter on the provinces of Chili*, *Shansi*, etc., *op.cit.*
★★★ Cooper, *op.cit.*
★★★★ Gill, *op.cit.*

パリ子午線からの東経

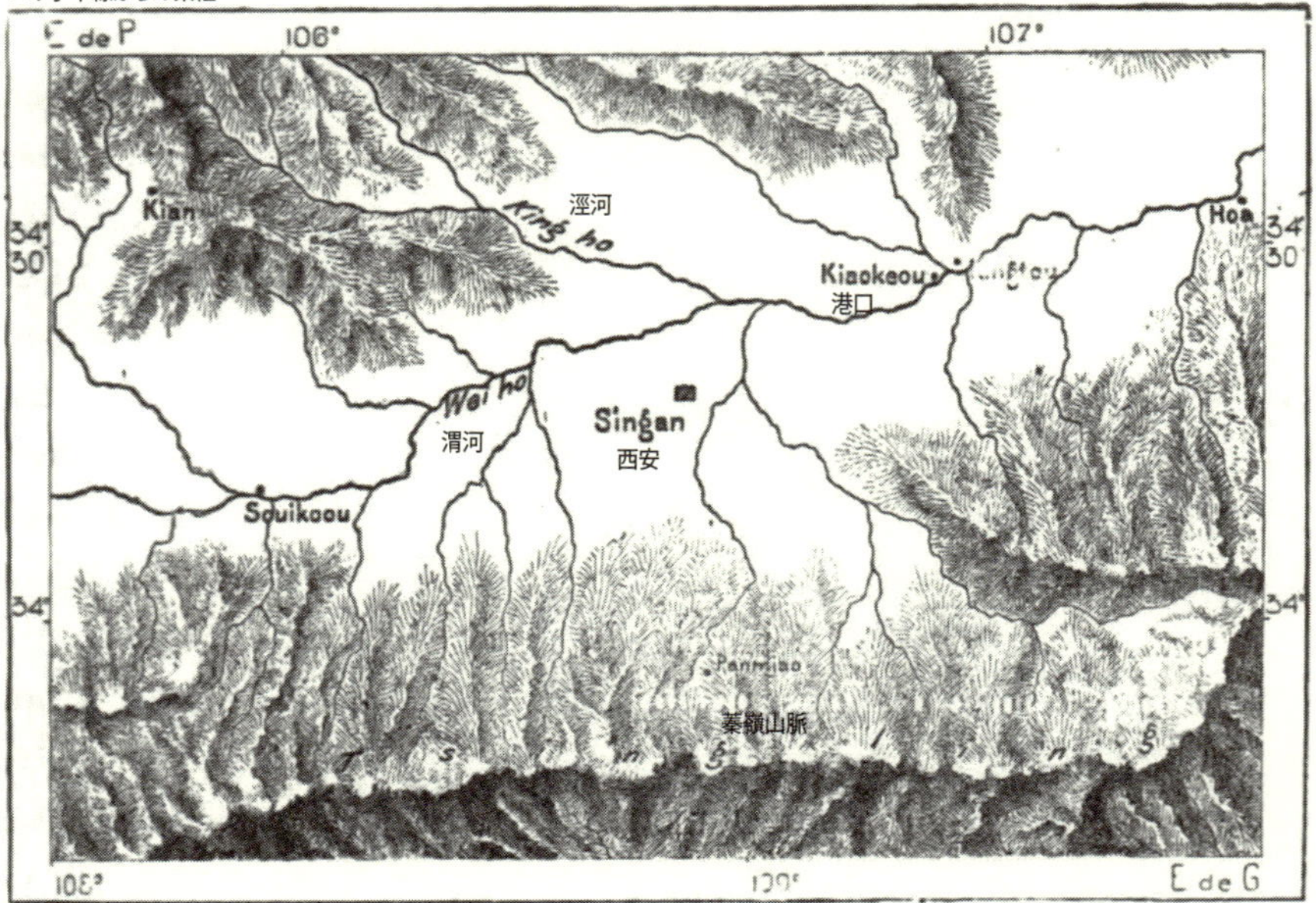

出所：　クラプロートによる　　グリニッチ子午線からの東経

C.ペロン作図

1：1 700 000

0　50km

図 78　秦嶺山脈と西安

北部と四川省を結ぶためで、金牛道（キンニウ・タオ）の名で知られる。伝承によれば、餌を与えれば金の糞をする神秘の牛が山中にいると秦王［恵文王、在位前三三八―前三一一］にそそのかされた蜀王が、それを手に入れるため開削し、それがもとで国を失うことになったという★。ただし成都府から黄河流域に至る道が完成するのはさらに六〇〇年後で、漢中府から西安へと秦嶺山脈を横断する道ができてからである。これを開削したのが中国のヘラクレスともいうべき四川省の君侯、劉備［一六一頃―二二三］である。

寧遠（西昌）

金沙江の中国人地域の諸都市は、岷江流域と比べものにならないが、四川省のこの部分［涼山彝族自治州付近］には、まだ近代ヨーロッパ人が誰も訪れていない大型都市がある。それは金沙江に

★ *Ibid.*

合流する直前の鴉礱江に、南流して合する建昌の川〔安寧河〕の美しい河谷の首府、寧遠で、おそらくマルコ＝ポーロは目にしている。リヒトホーフェンによれば★、マルコ＝ポーロのいうガインドゥ〔『東方見聞録1』前掲書、三〇〇頁〕が寧遠と思われる。中国人はこの都市と周囲の田園をまるで天国だと語る。豊かな平野と、それを取り巻く峨々とした山並みの対照は忘れ得ないという。

屏山県、叙州（宜賓）、瀘州、自流井（自貢）

屏山県〔宜賓市屏山県〕は、揚子江上流をめざしたブレーキストンが歩みを止めざるを得なかった都市として知られる。岷江と金沙江の合流点に位置する叙州（シュチュウ、スエチュウ、スイ・フ〔宜賓〕）はかなり大きな市邑で、雲南省から中国内部に仕向けられる産物のすべてを中継する。商店は珍しい品々で溢れ、半貴石の彫刻師や細工師が多い★★。市内ではきわめてしなやか、かつ堅牢な莫蓙を製造する。川岸の上流にも下流にも石炭層があり、揚子江流域で最良の燃料をもたらす。揚子江のさらに下流、左岸にある瀘州（ルチュウ）は富順（フスン）川〔沱江〕との合流点にあり、北西一〇〇キロほどにある有名な自流井（ツリウ・チェン自流城、ツェリウ・チン〔自貢市〕）の塩泉からの塩ほかの鉱石を移出する。この「塩都」は遠くからでも川沿いや斜面、さらには丘の上にもある高い足場櫓ですぐにそれと知られる。ヨーロッパならば工場町の煙突群のような眺めだ。この興味深い地帯はイエズス会宣教師たちの記述によって紹介され、近年にはギルが訪れたが、幅一〇キロ以上に及び、随所で数百メートルの深さに穴を掘って採塩が行われる。ギルが目にした現場では、砂岩や粘土の層を貫き、すでに深さ六六〇メートルに達していた。一日当たり六〇センチが掘削されるが、ドリルがひんぱんに破損するため、開始からすでに一三年が経過していた。探査坑のなかには八五〇メートルに達したものもある★★★。だが、西洋の技術者に対抗する中国人労働者の技法はかなり単純なもので、先のとがった鉄棒と、それを引き上げるための竹製の綱、掘削孔に落とす引き外し装置、綱を引き上げる際に軽い振りを起こす作動装置、これで全部だ。穴の幅は

★ *Verhandt. der Ges. für Erdkunde zu Berlin,* 1874; Yule, *The Book of ser Marco Polo, op.cit.*
★★ de Bézaure, *op.cit.*
★★★ Imbert, *Annales de la Propagation de la Foi*, 1828, 1830.

挿画 XLI　揚子江上流の貧しい労働者
トムソン氏の写真をもとに、プラニシュニコフ筆

六〜一二センチほどで、竹が差し込まれており、一個の弁をつけた竹筒をその中に入れて塩水を引き揚げ、盆に移して蒸発させる。井戸の大半は二〇〇〜三〇〇メートルの深さで塩水の水盤に達する。それよりも深く掘ると、塩水の代わりに原油の層に至り、可燃性ガス［天然ガス］が噴出するので、探査坑は「火井」と呼ばれる。ガスの噴口には粘土を塗った竹筒がしつらえてあり、分岐して盆の下まで引かれ、結晶化を促進するため燃焼させる。一八六二年に叛徒［太平天国軍］が一帯を馳駆したさいには、そうした井戸のひとつが炎上して長いこと燃え続け、灯台のようにあかあかと周囲を照らした★。ギルによれば自流井地区には少なくとも一二〇〇箇所の井戸があり、年間生産量は八〜一二万トンである★★。大半は富裕な企業組織が所有するが、住民は極度の貧困のなかにある。重慶（チュンチェン、チュンキン）の銀行家たちを金持ちにする労働に従事するこの大きな市邑ほど、悲惨な都市はほとんどない。最近、ヨーロッパ人商人と組んで会社を設立した井戸の所有者たちが、イギリス製ポンプの導入による作業の簡略化と、労務費の軽減を試みた。たちまちストライキが勃発し、革新者たちは追い出されたのである。農耕を除けば塩と原油の採掘が唯一の産業だが、それに携わる人々は数十万人に上る。

重慶

重慶は四川省東部の大市場である。揚子江の左岸に立つ美しい市街で、ハタウ川あるいは巴河（パ・ホ）とも呼ばれる嘉陵江との合流点にある。嘉陵江とその諸支流は、クク・ノール［青海湖］近くまで及ぶ広大な流域を涵養する。重慶は四川省の全産品の集積地であり、東から移入される商品が分散してゆく場所にもなった。主な品目は絹やタバコ、植物油、麝香で、商業は省都よりも盛んな、中国東部の上海である。ヨーロッパの都市と同様に商品取引所があり、種々の産品の相場が立つ。銀の精錬所群もあり、一日当たりの鋳銀高は一〇万フランに達する★★★。だが街路の清潔さと大型建築の美しさでは、成都に遠く及ばない。表通りも裏通りも活気にあふれ、岸辺にひしめいて停泊するジャンク船や平底舟の多さが際立つ

★ Gill, *The River of Golden Sand, op.cit.*
★★ Richthofen, *Letter on the provinces of Cchili, Shansi, Shensi*, etc., *op.cit.*
★★★ Francis Garnier, *Temps,* 13 mars 1874.

商都だ。市街はふたつからなり、どちらも行政中心地の次元にある。すなわち合流点の西側の角にある重慶と、東側の角〔ママ、嘉陵江北岸〕にあるリミン〔不詳〕、ないし江北（キアンペ）だ。揚子江を隔てた右岸にも広大な郭外町がひとつある。重慶の大商人は山西省や陝西省、江西省からの他省人が大半である。一八七八年にはイギリス領事館も設置された。十七世紀初頭の推定人口は三万六〇〇〇人だったが、一八六一年にはブレーキストンが二〇万人と見積もった。近年の探険家たちによると、三つの市街を合計した人口は七〇万人とされる。つまり四川省の二大人口中心地〔重慶と成都〕は、大清帝国の首都〔北京〕を凌ぐ。重慶の北にある河州（ホ・チュウ〔合州〕）も、嘉陵江を形成する三河川の合流部に近いおかげで、非常に賑わう商業都市だ。周囲の山中には油脂分の多い地層があり、飢饉のさいには食料に利用できる。小さな団子にして炭で焼き、近隣の市場に出荷するのだ★。

烏江流域

重慶の下流における最初の大型河川との合流点にあるのが、すこぶる活気のある市場町である涪州（フチュウ〔重慶市涪陵区〕）だ。烏江（ウ・キアン、龔灘クンタン、黔江キエン・キアン、彭水ペン・シュイ〔原著はクンタンを用いるが、烏江と訳出する〕）との合流点を扼するので、貴州省全域の水運網を掌握する。四川省と江西省のあいだで最大の交易路はこの川を利用するからだ。ただし大半の艀は、市名と河川名の由来となった途中の龔灘が行きどまりで★★、貴州省の省都である貴陽（コエイヤン）まで遡上するのは、いくつかの平底舟だけである。貴陽は烏江源流の近くにあるが、軽度な隆起を越えれば西江流域と、洞庭湖の支流である沅江流域とも連絡する。したがって通信は比較的に容易だが、周囲の山岳は帝国内でも最も探査されていない地方だ。カトリックに一部が改宗したミャオ人が保持に成功したからである〔彭水苗族土家族自治県付近〕。安順（ニアンシュン）近くの山中の峡谷には、数百メートルを流れ落ちる急流がある〔黄果樹風景区か〕★★★。貴州省の高山地帯はたぶん水銀が豊富と思われ、犂を入れると随所で辰砂の

★ Bertrand, *Annales de la Propagation de la Foi,* juillet 1844.
★★ Bertrand, *Annales de la Propagation de la Foi*, janvier 1874.
★★★ Lions, *loc.cit.,* 1875.

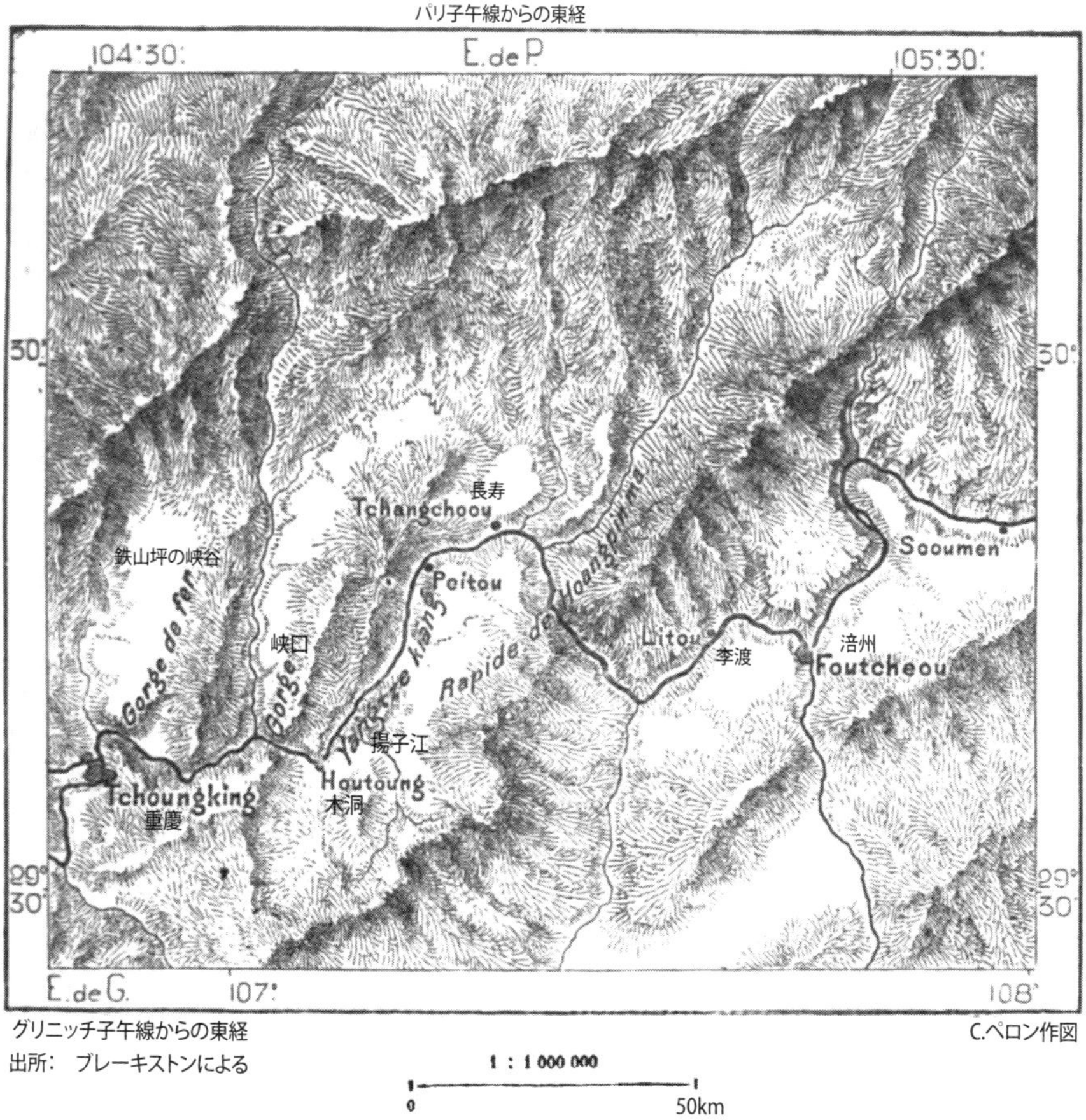

図 79　大峡谷地帯上流の揚子江

土塊を掘り起こす。だが貴州省に大流血をもたらした一八四八年の革命騒動［太平天国］により採掘は頓挫し、一八七二年でも坑道は水没したままだった★。

宜昌、沙市

夔州府（コエイチュウ・フ［奉節県］）は優美な都市だが、その名を与えた省［貴州と同対音なための誤解か］にあるわけではなく、揚子江左岸の四川省にあり、峡谷地帯の入り口を扼する。人々の言うところでは、名称の由来はシナニッケイ［支那肉桂］をもたらす野生の蔓植物にちなむ。峡谷の出

★ Richthofen, *Letter on the provinces of Chili, Shansi, Shensi*, etc., *op.cit.*

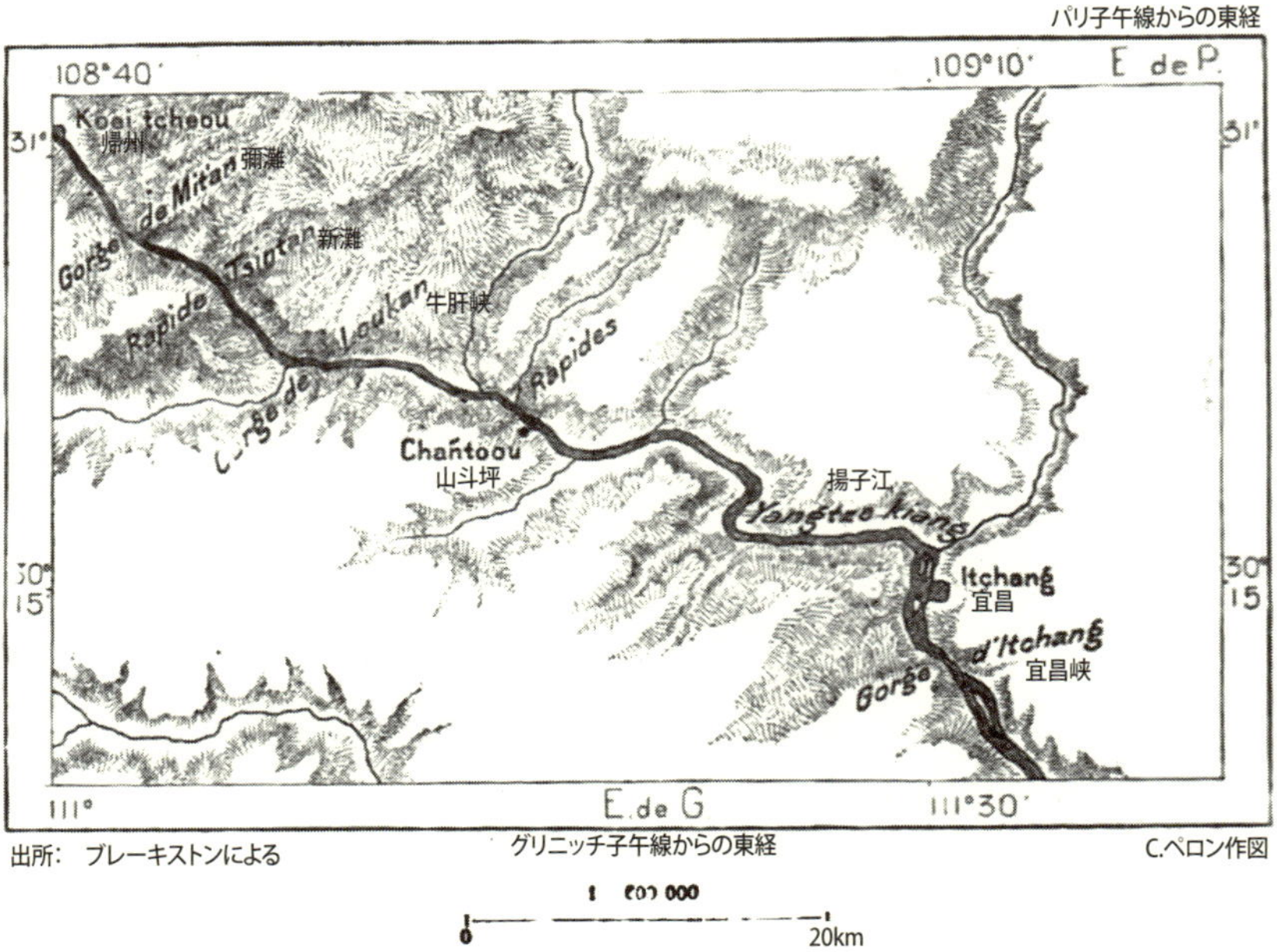

出所：　ブレーキストンによる　　　　C.ペロン作図

図 80　宜昌峡

口は湖北省にあり、宜昌が警護する。宜昌の周辺はケシ〔罌粟〕畑で、その阿片は全国で珍重される。同市は対外貿易に直接開放された港町のうち、最も内陸にあり、一八七八年にヨーロッパの商人や館員の居留地が形成されて以後の取引量は急増している★。主な仕向け品目は石炭、およびあらゆる種類の薬品や薬物だ。上海から一七六〇キロ上流にあり、現在は下流から蒸気船の定期便がある。宜昌まで通常は水深六メートルを確保できるからだが、渇水期には水深二メートル未満になる水底の隆起がひとつある★★。四川省の平底舟の大半は宜昌で食料品を下ろすが、漕ぎ手が少なく操船が手軽な種類のものは、もっと下流の沙市（シャジ〔荊州市沙市区〕）で新たに荷を積み込み、漢口〔武漢〕に運送する。沙市は沿岸七キロにわたる港で、蒸気船が到来する以前は宜昌よりも交易活動が盛んだった。そもそも沙市は太平口（タイピンコウ）からの水路〔虎渡河〕を通じ、洞庭湖と通年

★ 宜昌の外国貿易（直接取引額）は、1878 年に 50 万 7650 フラン、1879 年に 437 万 5800 フラン、1880 年に 1497 万 2100 フラン。
★★ Spencer, *Consular Report*, 1881.

にわたり連絡できる優位性がある。沙市に近い荊州（キンチュウ）は、孔子も言及する城砦都市で、満州族の守備隊が占拠するが、行政・軍事上の重要性しかない。

沅江流域

湖南省の大都市群は揚子江沿いではなく、同河流域と西江の流域を結ぶ商業路沿いの内陸にある。洞庭湖の南西に流入する沅江が水運の動脈のひとつで、一本の水路［霊渠］を通じ、桂江（コエイ・キアン）の支流［漓江］とも連絡する。桂林（コエイリン）の町に近い閘門をひとつ越えれば、別の流域に入るからだ。だがこの経路は、大通商路になるにはあまりに難路で、沅江下流からの船舶の大半も、湖南省西部の大市場である硤州府（チャチュウ・フ）までしか遡上しない★。沅江の最初の急流よりも六〇キロ下流に建設された常徳府（チャント・フ）は、深喫水の平底船も通年にわたり利用可能だ。この「壮麗な」都市には貴州省の一部とミャオ人の郷国からの商品が積み上がる。同市は太平天国の騒乱による被害をほとんど受けなかったため、橋梁や桟橋、街路は贅沢なものだ★★。

湘潭

湖南省東部で常徳よりもはるかに大きい市場町、湘潭（シアンタン）は省都ではないが、中国のメトロポリスのひとつだ。名の通り湘江の急湛のほとりにあるが、平底舟は遡上できるので、二五～三〇トンの積載量をそなえるジャンク船が数千隻も停泊する。城壁をそなえた市街が左岸五キロにわたり続くが、交易はそこではなく、岸辺や道路沿いにあらゆる方向へ広がる巨大な郭外町で行われるようになった。湘潭の優位性として、湖南省でも図抜けて豊かな東部のほぼ中央に位置すること、そして桂林、折嶺（チェ・リン）、梅嶺の三経路をつうじ、中央部諸省と南部諸省のあいだを往来する旅人と貨物にとって、湘江経路における必須の宿駅かつ中継地であることが挙げられる。すなわち重慶、漢口、広州が形成する広大なトライアングルの中心が湘潭なのである。商慣行のいたすところ、同市は全国向けの薬剤、薬物の中継地にもなっている。

★ Richthofen, *Letter on the province of Hunan.*
★★ Francis Garnier, *Temps,* 4 mars 1874.

もろもろの療法や草根、丸薬、煎じ薬は、他の民族よりもこれを尊ぶ国ならではの品目だ。郊外の沿道では、医薬の梱包だけを運ぶ苦力（クーリー）や駄獣からなる隊商を見かける。他の都市同様に、ここでも富商や銀行家は、中華帝国の「ユダヤ人」とされる山西省からの移住者だ。丘の斜面の随所に彼らの優美な別荘があり、樹林や、小作農が丹精した農地に囲まれる。しかし諸港湾が外国人商人に開放されたこと、そして揚子江に蒸気船が到来したことで起きた交易面の革命により、湘潭が幹線交易路から取り残され、その相対的重要性が減少するのは不可避だろう。だが、ペンシルヴェニアの石炭地帯にも匹敵する面積をもつ湖南省の石炭資源により、将来は大きな工業的役割を果たすようになる可能性もある。湘潭のすぐ隣の地方にある瀝青質の石炭は不評だが、湘江上流の支流のひとつ、耒河（ルイ・ホ〔耒江、耒水〕）の流域にある耒陽（ルイヤン）の無煙炭は最上級だ。漢口と南京も、揚子江を航行する蒸気船向けにこの石炭を移入する。耒河の炭鉱における無煙炭の年間採掘量を、リヒトホーフェンは少なくとも一五万トンと推定している★。

長沙

湖南省の省都である長沙（チャンシャ）は、湘潭と洞庭湖の中間にあり、狭義の市街をめぐる城壁こそ湘潭をしのぐものの、街並みの広さと商業活動ははるかに及ばない。湘江対岸の丘陵〔岳麓山〕の斜面に立つ岳麓書院は全土に著名な大学のひとつで、一二一～一二五歳の千人以上の若者が勉学する。自学自習の教育法で、勉学上の困難に立ち至ったときに限って教授に質問できる。強大な富商からなる地元貴族層が湖南省に存在することが、官僚機構におけるきわだって高い構成比の理由だ。帝国内のどこでも同省出身の高官に出会う。

銅官、湘陰、岳州（岳陽）

長沙の下流で湘江が横断する花崗岩の山脈〔幕阜山脈〕は、ひとつの産業の発展をもたらした。その岩石は敷石やモルタル向けに遠方まで仕向けられ、花崗岩が砕解した粘土は、銅官（トゥンクワン）の多くの製陶工房に用いられる。銅官では不思議な模様のあらゆる色合いの彩釉陶器が作られ、湖南省および隣接諸省

★ Richthofen, *Letter on the province of Hunan, op.cit.*; Morrison, *Proceedings of the* [*Royal*] *Geographical Society*, 1881.

の寺院や、個人の邸宅の屋根瓦に利用される。さらに下流の湘陰（シアンイン）は、洞庭湖の上流港湾とみなすことができる。洞庭湖の出口は、揚子江右岸の急崖にある岳州（ヨチュウ〔岳陽〕）が占める。だが、揚子江と湘江ほどの大交易路が交わる好適地の割には、岳州はあまり大きくない。漢口〔武漢〕の市場が、あらゆる交易を吸引するからだ。

漢口（武漢）の規模と位置

揚子江の右岸に位置する武昌府と、その向かい側、漢江との合流点の東側にある漢口と、そして両河の合流により形成された上流の半島にある漢陽府（ハンヤン・フ）の三市街は、今世紀半ばには地上最大の都市集積だった可能性が高い。ロンドンは今でこそ世界にならぶもののない人口をもつが、当時は現在の人口の半分しかなかったのに対し、中国のこれら三市街は、まだ太平天国による破壊を受けていなかったからだ。旅行家は市街の規模について、そこを通り抜けるのに必要な時間によってしか判断できなかったが、彼らの何人かによれば、この巨大な雑踏の住民は八〇〇万人にのぼるとされた★。その当否はともかく、一八六一年にブレーキストンが揚子江を遡上したさい、叛徒が侵入した後の武昌、漢口、漢陽には一〇〇万人もいなかった。だが今では、人口も商業も新たな成長を遂げつつある。右岸の武昌府は湖北省の省都で、唯一城壁が囲む。郭外町を除く面積は約三四平方キロだ。漢口は、両河の岸辺に長々と郭外町を伸ばし、無数のジャンク船による一種の移動式の橋でもって漢陽と連絡する。川幅一キロ以上に達する揚子江も船舶が埋め尽くし、その間を往来するイギリスや地元の蒸気船も多い。漢口は商業都市として、多くの利点をそなえる。まず、水運が容易な揚子江のほぼ中間点にあるし、黄河沿岸と陝西省への交易路である漢江との合流点である。地理的には、西江の河流と洞庭湖流域の全体を管制するとも言えるだろう。帝国の東西と南北を結ぶ大型航路がこの都市で交差するため、漢口は商業の中心なのであり、世界市場にこれほどの重要性を獲得したのも何ら不思議ではない。唯一の短所は、揚子江の氾濫にさらされる点だ。堤防が水の圧力に抗しえなくなると街路が

★ Huc, Empire Chinois, *op.cit.*

挿画 XLII　武昌の黄鶴楼。ヤン氏の写真をもとに、テイラー筆

冠水するため、住民は周囲の丘や人工の小丘に避難し、まるで海中の群島のようになる★。水位が低い時期でも、高い仏塔から見下ろすと、陸地と水面はほぼ同面積だ。平地を蛇行する河川と、河道が変化してあちこちに残った流路、そして低地に散在する湖沼のせいで、一帯はまるで大洪水が退いたばかりの地方に見える。沙市方面に向かう船舶は、大きく南に迂回する揚子江を辿らずに、湖から湖を経て直行する。堤防をそなえた水路が湖どうしを結んでおり、行程の三分の二以上を短縮できるからだ★★。

漢口の茶交易

内陸都市のうち、最大の外国人居留地は漢口にある。ヨーロッパ風の二階建て住宅の美しい区画は、現地当局の手が及ばない広大な樹園でもって川から隔てられ、整然とした家並みが中国風の建物を威圧し、漢陽府の粗末な水上家屋と対照をみせる。ヨーロッパ人租界の建設は大工事で、土盛りして氾濫水位よ

★ Rousset, *A travers la Chine, op.cit.*
★★ David; Cooper; Mac Carty.

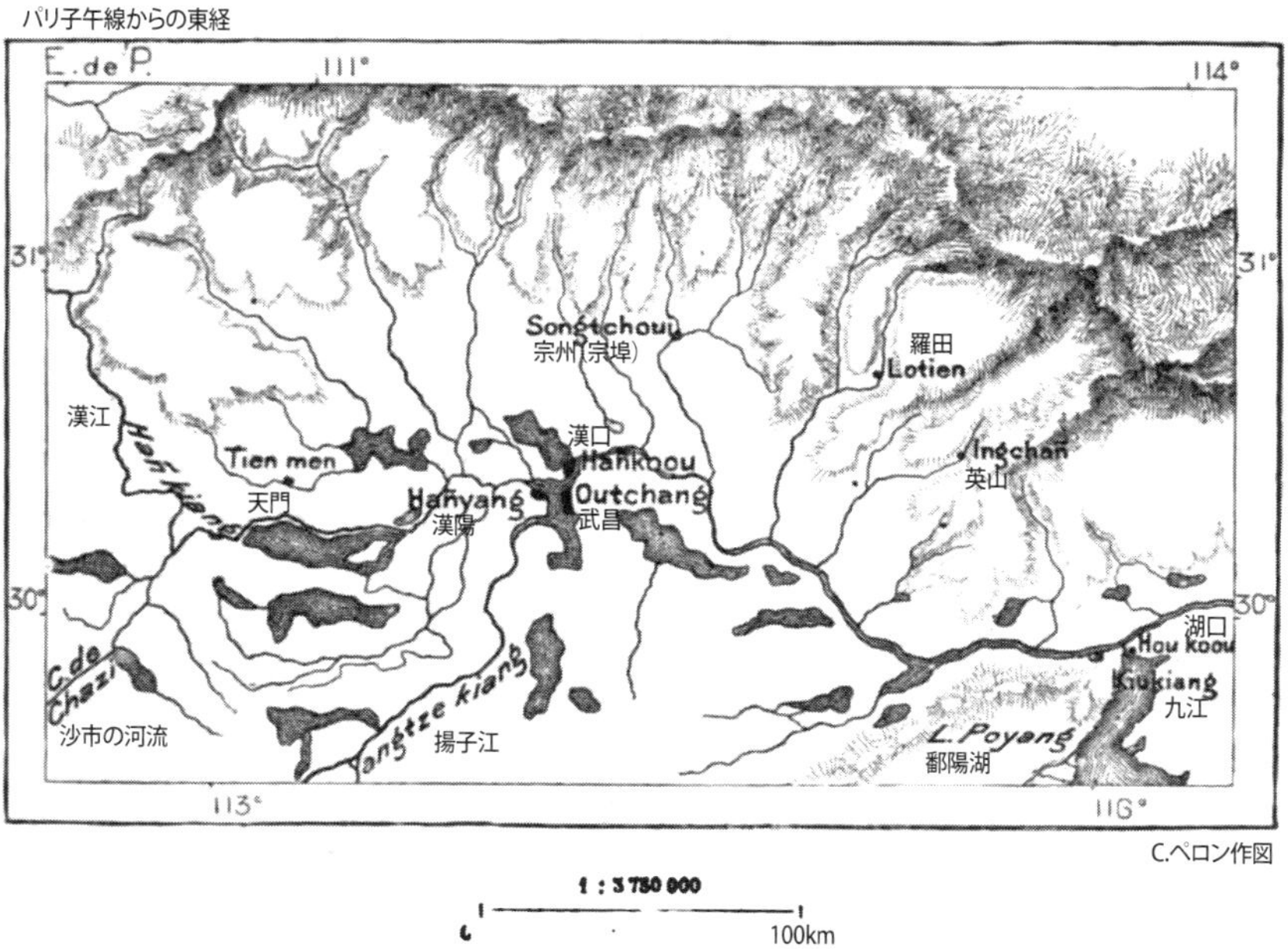

図 81　漢口周辺の湖沼群

りもかさ上げし、高さ一五メートルの堤防が設けられた。イギリス人はこの堤防を、インド方面のイギリス帝国から借用したペルシャ語でもって「バンド〔bund 堤道とも訳される〕」と命名している。漢口は中国最大の茶市場である。ヨーロッパ人居留地はこの品目の相場に依存すると言ってよい。茶葉の初物が到着すると、誰もが動き出す。製茶場や商館に人々がひしめき、蒸気船の群れが堤防沿いに係留されて、居留地の街路や広場は、昼夜を問わず商用でごったがえす。この活動は三ヶ月にわたるが、それは最も暑く、したがって最も疲れやすい季節である。興奮が絶頂に達するのはロンドン行きの船便がほぼ積載を終える五月末だ。というのも、ロンドンに最初に到着する荷は栄誉を獲得するだけでなく、二倍の高値がつくからである★。だが茶箱が送り出されてしまうや否や、商館内は静粛になり、居留地にはひとにぎりの職員や事務員しかいなくなる。しかし中国人商人にとって外国人

★ 漢口における 1880 年の茶葉輸出量は 4 万 4350 トン、輸出額は 1049 万 2673 フラン。（*Consular Reports*, London, 1880）

は取次業者にすぎず、その後は自分でタバコ葉や皮革など、国産品を発送し続ける。地元産の阿片さえ、インド産のものと混ぜて国内消費者向けに販売するのである。最高級の茶葉と最低の品種の両方を買い入れるのがロシア人で、その購入や磚茶の「製造」を行なう施設を設置した★。イギリス人商人が、上海や福建の港湾まで茶葉が送られてくるのを待ちきれず、漢江の大市場へ買い入れにやってくるのは、ロシア人との競合があるからである。陸路によるシベリアとの直接交易が始まったのはようやく一八七九年で、西安とモンゴル人の領域を通る。それ以外は、ロシア人の買い入れた茶葉は上海に運ばれ、直接に海路でオデッサに仕向けられるか、あるいは天津に送られ、カルガンやキャフタからの隊商が買い込む。漢口は、甘粛省経由でイルティーシュ川上流部から揚子江に至る鉄道の終点になるに違いない。すでに商業関係者はこの路線の開設に露清両政府を同意させており、遅かれ早かれシベリア鉄道の幹線を代替するだろう。漢口からの海運による直接対外交易の規模は、この内陸都市へ寄港した一五〇〇隻以上の船舶による「海上貿易」のトン数に現れている★★。フランス船は皆無だ。

漢江流域

漢口の桟橋の前に列をなして舫う船は、大半が漢江の岸辺に連なる港からのものだ。かつての旧都である漢中府は、陝西省の富裕な「赤盆地」のまん中に立ちあがる。一帯は北方を秦嶺山脈が画する豊かなコムギ［小麦］やワタ［棉］、タバコ、絹の産地で、増水期になると何艘かの平底船が出発する。漢江もその源流近く、漢口から一八九五キロの地点にある申浦湾（シンプ・ワン）の製鉄所群まで航行可能なこともあるが、通例は周家嘴（チチアティエン）を航行の終点とみなす。これは周囲一二キロの市邑で、福建省や広州の商人が所有する大型倉庫があり、常に蠢動する住民を守備隊が厳しく監視する★★★。老河口（ラオホコウ）も非常に活気のある移出港で、とくに漢口向け

★ 1880 年に漢口のロシア人商人が製造した磚茶は 1056 トン。（*London and China Express,* 2 Sep. 1878［ママ］）

★★ 1879 年の漢口港における取扱量は、船舶 1320 隻、総トン数 73 万 3835 トン。うちイギリス船が 474 隻、総トン数 40 万 2965 トン、中国船が 658 隻、30 万 2769 トン。貿易額は 1878 年が 2 億 3160 万フラン、1879 年が 2 億 8255 万フラン。（Alabaster, *Commercial Report.*）

★★★ Richthofen, *Letter on the provinces of Chili, Shansi, Shensi, etc., op.cit.*

の綿の大梱が多い。その九〇キロ下流には双子都市の襄陽府（シャンヤン・フ）と樊城（ファン・チェン）が立ち上がる〔襄樊市〕。襄陽府は右岸にある城郭都市で、樊城は左岸の商業中継地だ。この都市集団に重要性を与えるのは、漢江と唐河（タン・ホ）および白河の合流点への近さである。つまり、河南省の豊かな平野部と黄河の河畔に至る経路との近さだ。樊城から漢口までの半ばにある沙洋城（シャヤン・チェン）の港も交易が盛んだ。漢江沿いの大型都市の大半は、破壊的な氾濫から護るために川岸から離れている。

九江、南昌、景徳鎮

漢口の下流では、揚子江と鄱陽湖を隔てる岩場の狭い半島に位置する九江（キウキアン）が、江西省の産物、とりわけタバコ葉と黒茶の通過点として重要である。黒茶はあまりに中国で珍重されるため、ヨーロッパに送っても価格差が小さく、利益にならないと外国人商人がぼやくほどである。漢口とおなじく、最近建設された強靭な堤防が防護するヨーロッパ人地区がある★。外国の船員や商人の言うところでは、鄱陽湖の排水路の出口、右岸にある湖口（フクウ）のほうが、国際貿易都市としては九江よりもよかっただろうとされる。九江は江西省の省都の前港であり、呉城（ウチン）が鄱陽湖におけるその港だ。省都は贛江デルタの根元、最高に肥沃な平野に建設された。湘潭府とおなじく、広大な地域の諸道が収束する場所という利点をそなえるが、広州方面との連絡は山岳が険しいため、より困難である。他の国内都市もそうだが、南昌（ナンチャン）にも、仏塔や、婦徳を称えられた寡婦を記念する牌楼を除き、興味深い歴史建造物は皆無だ。ただし街路の正則さと清潔さは際立っており、この点では四川省の省都〔成都〕に似ている。南昌は鄱陽湖の東、昌江（チャン・キアン）の谷間、とりわけ景徳鎮（キント・チェン）で製作される陶磁器を一括して中継する。前世紀には景徳鎮近くに五〇〇か所以上の工房があり、日中は黒煙がたなびき、夜間は竈の炎のせいで煙が赤く照らされた。当時この里には一〇〇万人が暮らしたが★★、以後は減少したのが確実だ。景徳鎮の陶器は今も中国で最も尊ばれており、鄱陽湖の東岸近くにある饒州（ヤ

★ 1879年の九江の外国貿易額は8457万5000フラン。1880年の取扱量は142万1170トン、うちイギリス船が88万9102トン、中国船が52万4136トンを扱った。
★★ Jean-Baptiste Du Halde, *Description de l'empire de la Chine*, Paris: P. G. Lemercier, 1735.

オチュウ［鄱陽］）の周辺で大々的に取引される。同市の港はこの高価な荷を買い入れに来た平底船やジャンク船でいつもごった返す。だが、何世紀にもわたり世界最高の位置にあった景徳鎮の陶磁器も、今では練りといい、形姿といい、図柄といい、かなりヨーロッパ製に劣る。景徳鎮の窯の所有主たちは外国の産品との競合を試みたが、勝利を得るに至っていない★。東と南東、福建省との境界に向かって開く谷間は甘い茶葉を産し、湖口の名が冠せられる。北東に立ちあがる松羅山（スンロ・シャン）は、この茶を喫する方法が発見された場所だ。

大通、蕪湖

九江と湖口の下流にある「平和な邑」を意味する安徽省の省都、安慶（ニャンキン、アンキン）は揚子江沿いの美しい都市のひとつだ。さらに下流の右岸では大通（タトゥン）と蕪湖が、ヨーロッパの商人が直接に取引できる都市に仲間入りした。近傍の茶葉やアサ［麻］、コメ［米］の栽培が両市の重要性の理由だが、それに加え、大通は揚子江下流域の塩流通も担う。蕪湖は産業都市で、その赤い紐は帝国中に知られるほか、ナイフなどの鉄製品は二百年の歴史を誇る。ただしヨーロッパからの輸入品よりもかなり劣る★★。近くの谷間では、ナンキンハゼ［南京黄櫨］の樹皮やクワ［桑］の靭皮、麦わらを原料に、最高級の画仙紙のひとつが製される★★★。

南京

江蘇省すなわち「川の流れ」の省都である南京は、江蘇省と安徽省のふたつを統括する江安総督［ママ、両江総督］の任地で、かつては全土の首都だった。外国人商人はまだ城内に入ることが許されていない。同市はかつて長きにわたり世界最大の都市だったし、玉座が北京に移ってからも人口は北京に匹敵し、産業や商業の面では優位だった。一八五三年には太平天国の「天帝」の御座所として、首都の座に返り咲いたが、二年以上にわたる血なまぐさい攻囲ののち、一八六四年に清朝軍が奪還した。守備側は虐殺され、市街は瓦礫の山となった。殲滅者たちが立ち去った後に残ったのは、枝で作ったあばら家の暗がりに住み、残骸のな

★ Scott, *Commercial Report,* 1879; de Rochechouart, *op.cit.*
★★ 1879 年の蕪湖の外国貿易額は 2750 万フラン。
★★★ Oxenham, *Athenœum,* 5 fév. 1881.

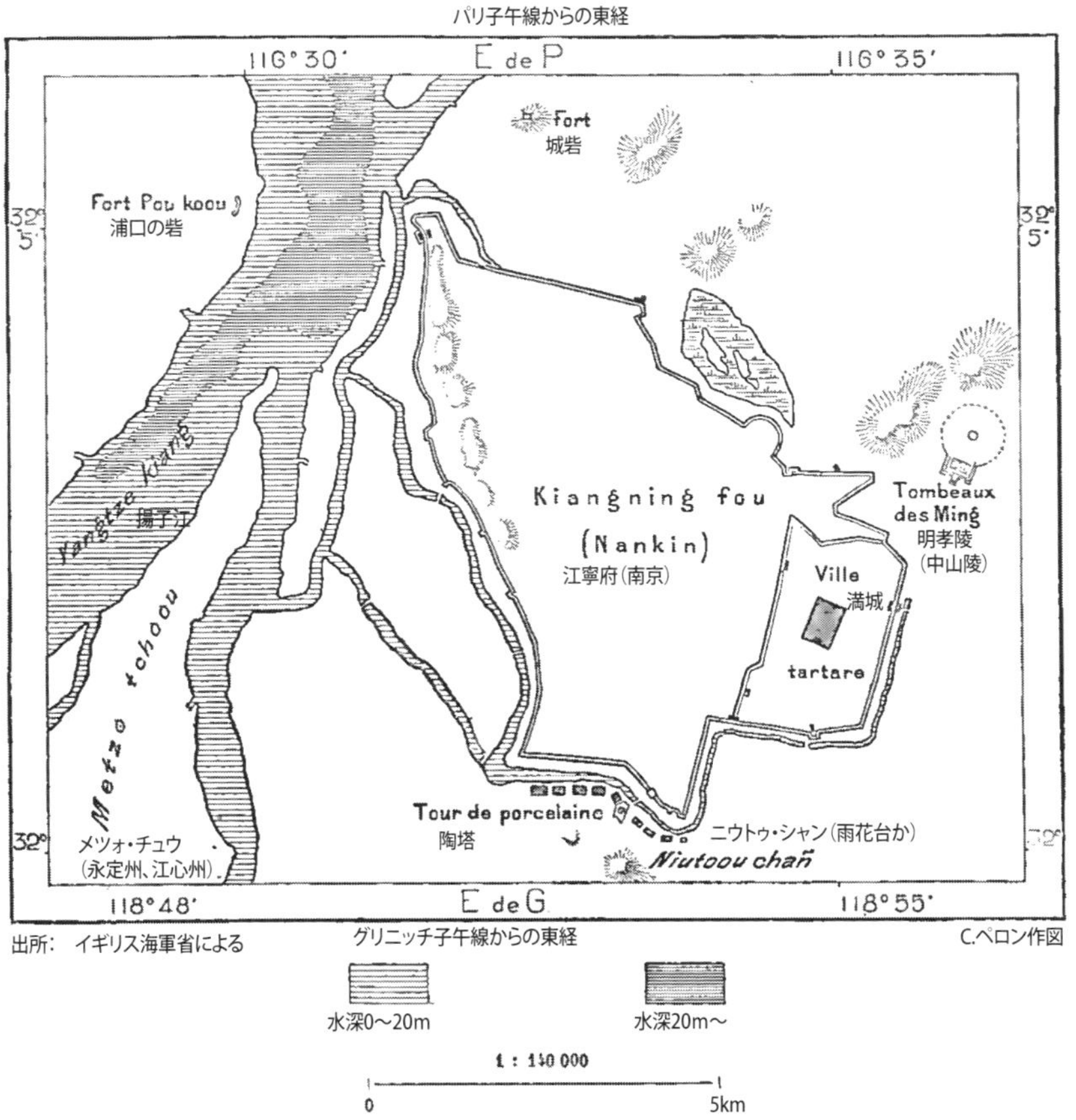

図 82　南京

かをさまよう数千人の餓えた物乞いで、それが「南の御座所」の全住民だった。数年の平和ののち、南京はふたたび国内有数の大都市の座を取り戻したが、三〇キロにわたる広大な城壁の内側にはまだかなりの空き地や瓦礫が残り、シギ［鷸］やキジ［雉］、さらにはもっと大型の狩猟鳥獣さえ狩りの獲物になっている★。いったんは逃げ出した住民も家族ともども帰還し、隣接諸省からの移住者が群れをなして押し寄せた。清朝政府は近郊に兵器廠を設置し、産業は自由に発展したので、綿布の製造所が数多く設立された。かつて「ナンキン」の名でヨーロッパの織物業者の手本に

★ de Rochechouart; de Bézaure.

なったのがこれである。最上の中国繻子もこの都市からもたらされる。南京、公式名称では江寧府は、文芸の都としての地位も取り戻し、毎年行われる試験に一万二〇〇〇人の若者がやってくるようになった。大図書館〔蔵書閣〕群も再建され、現地製とヨーロッパ製の設備をそなえた新たな印刷所が内部に設けられた。再建された市内への移民にはムスリムが多く、五万人と見積もられている。栄光のもとだった大建築群は、櫓をそなえた城壁をのぞき、すべて失われた。いわゆる南京陶塔、ないし瑠璃塔〔大報恩寺瑠璃塔〕は著名だったが、太平天国の争乱期に瓦礫の山と化し、青緑色の屋根瓦や、壁面に用いられた彩釉の煉瓦もめったに見つからなくなった。イギリス人が訪れては掘り返し、記念に持ち帰るからで、塔の残骸も武器廠の工房建設に利用された★。「北の御座所〔北京〕」とおなじく、南京の近くにも明朝の墳墓がある〔明孝陵〕。紫金山が見下ろす崩れた建築群が墓の場所を示しており、人間や象、駱駝、馬、犬の巨像が、埋葬された死者に今も侍る。近くの田園にはいくつか火山性の小丘がある。

鎮江

江蘇省の商業活動が主に集中する鎮江（チンキアン）は、南京の東、おなじく揚子江右岸にあって、対岸には大運河の南側入り口がある。同市はまた天然や人工の水路で上海とも連絡する。つまり極めて重要な交易路の交差点に位置し、今世紀に二度にわたった災厄から復興したのも、そのおかげである。まず一八四二年にはイギリス軍がここで勝利し、南京条約を押しつけるきっかけになったが、鎮江市内で見出したのは死体ばかりだった。満州人の守兵は唾棄すべき「紅毛夷」の支配を免れるため、女子供の喉を掻き切ったのち、自らも命を絶ったからである。つぎに一八五三年には太平天国軍が同市を奪取したが、その四年後には清国軍が住民を虐殺した。南京とおなじく、残ったのは城壁だけで、少数の悲運な人々が瓦礫のあいだで暮らすだけだった。だが商業は復活し、鎮江は外国商品の輸入港として国内第二位の座を占めるようになった。ただし揚子江沿岸の他の港向けを除けば、国外への輸出はほぼ皆無である★★。対岸の瓜洲（コアチュウ〔揚州市邗江区〕）

★ Rousset, *op.cit.*
★★ 1879 年の鎮江の外国貿易額は 9880 フラン。

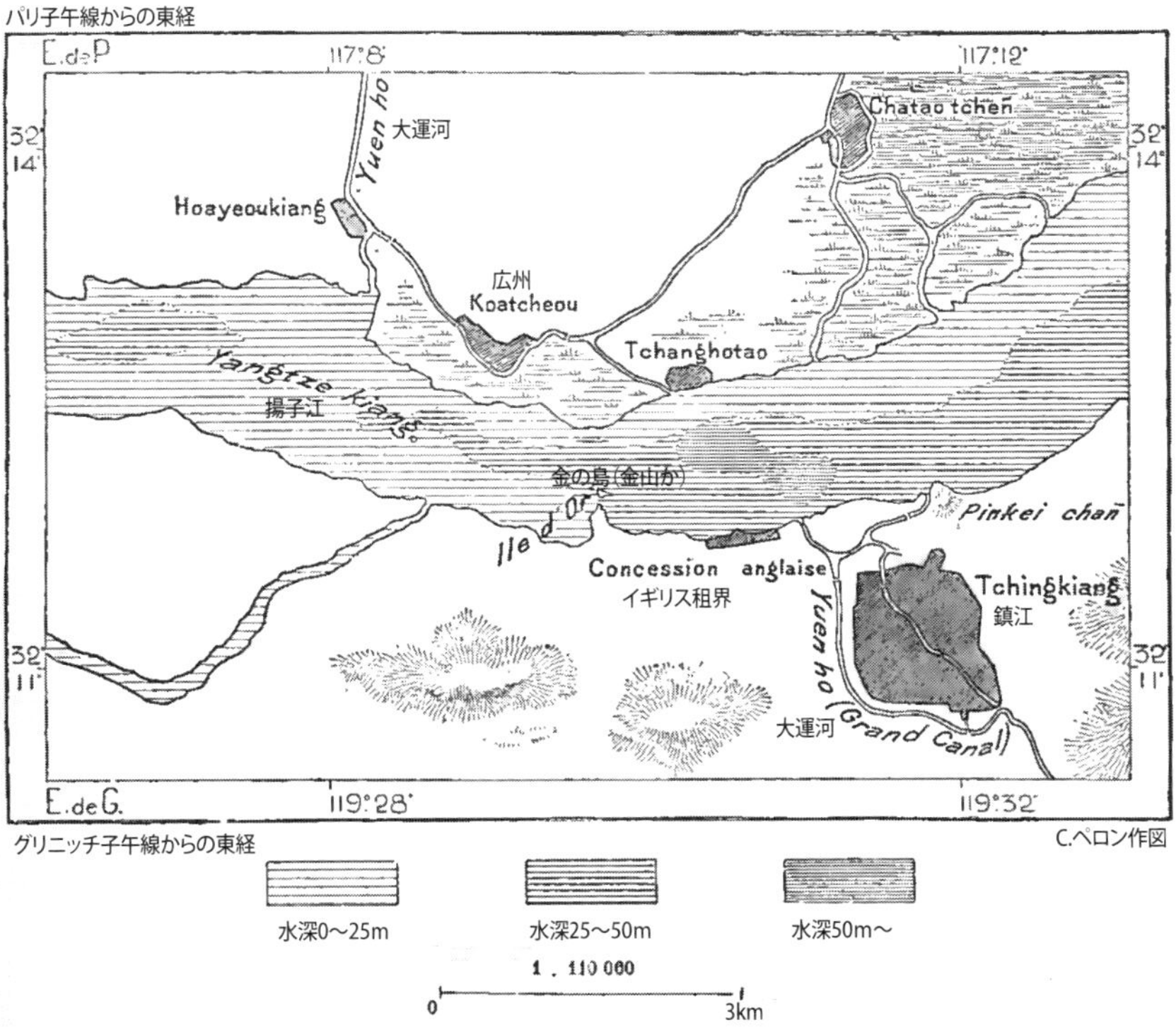

図83　鎮江

は、揚子江沿いで最大の塩倉を当局が設置したため、かつてはかなりの都市だった。塩を積み込もうとするジャンク船が一八〇〇隻も泊地にひしめくこともあった。だが河流の侵蝕により市街はなくなってしまい、今は数軒の家屋が残るだけだ★。大運河を少し北上した川岸にある揚州（ヤンチュウ）も鎮江とおなじ商業的な役目をそなえるが、ヨーロッパ人には開かれていない。大昔の揚〔楊とも〕の首都で、何人かの語源学者によれば、揚子江の語源にもなった。マルコ＝ポーロが三年にわたり統治した「壮麗な大都市〔『東方見聞録2』前掲書、三八頁〕」ヤンジューがこれである。

上海

「大江」の河口に最も近い上海の港は、今や帝国最大の商業港で、アジア全域でもそれを凌ぐのはボンベイ〔ム

★ *Le Kiangnan en* 1869.

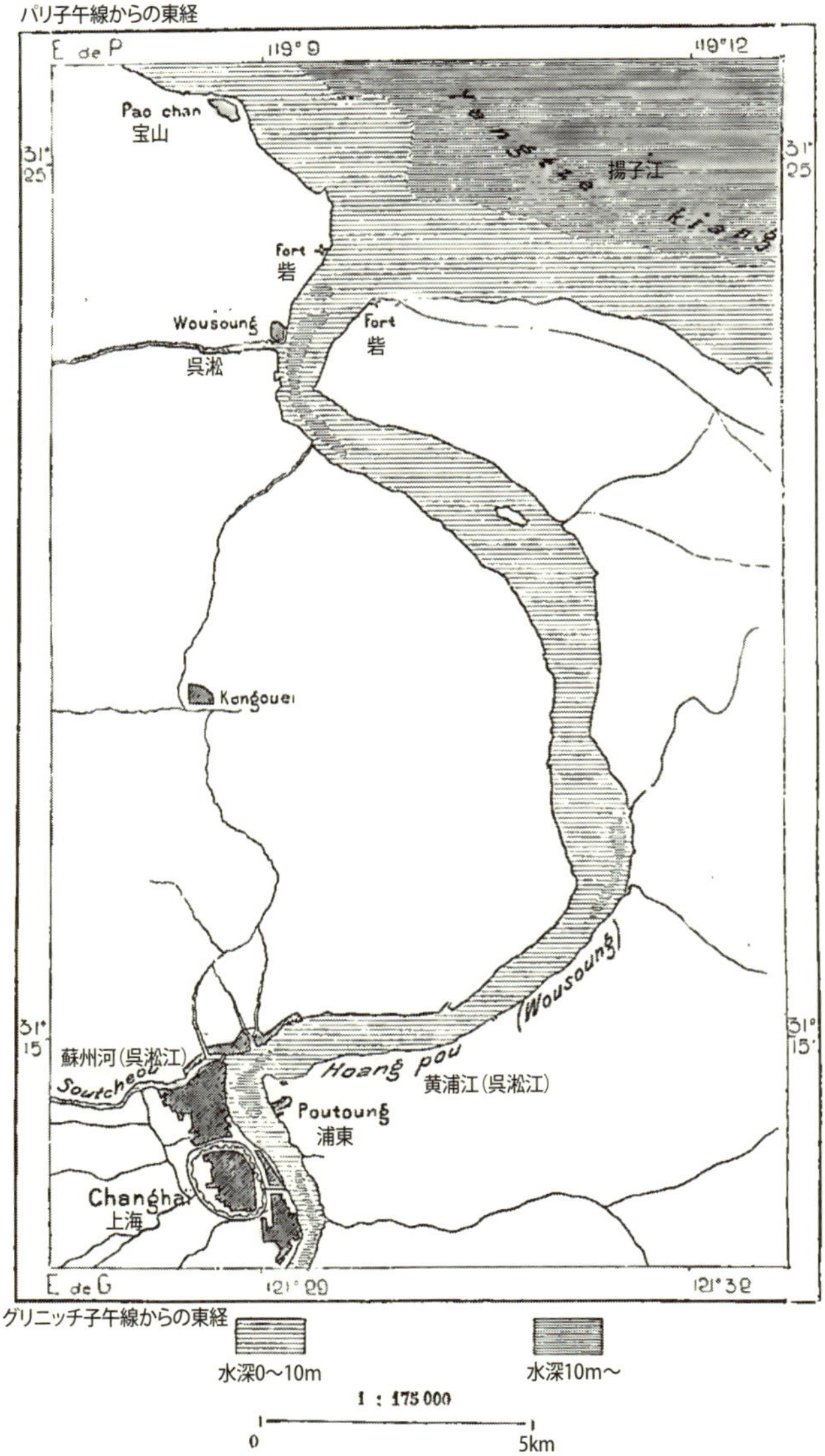

図84　上海と黄浦江

ンバイ」だけである。だが一八四二年に商館の設置場所としてイギリス人がこの黄浦江（ホアンプ）沿岸の都市を選択したときには、広州や厦門に匹敵するようになるのは難しいと思われていた。たしかに、蘇州（スチュウ）というかなりの都市と、周囲の富裕な地区全域に対する港湾として、上海はすでに大きな交易量に達し、中華帝国を東西に横断する大河の入り口を掌握する大きな地理的優位性をそなえていた。だが土地や気候に難点があったため、地面を突き固めてかさ上げし、それを水路で切り分け、沼沢群を干拓して瘴気を除く必要があった。加えて、航行用の水路

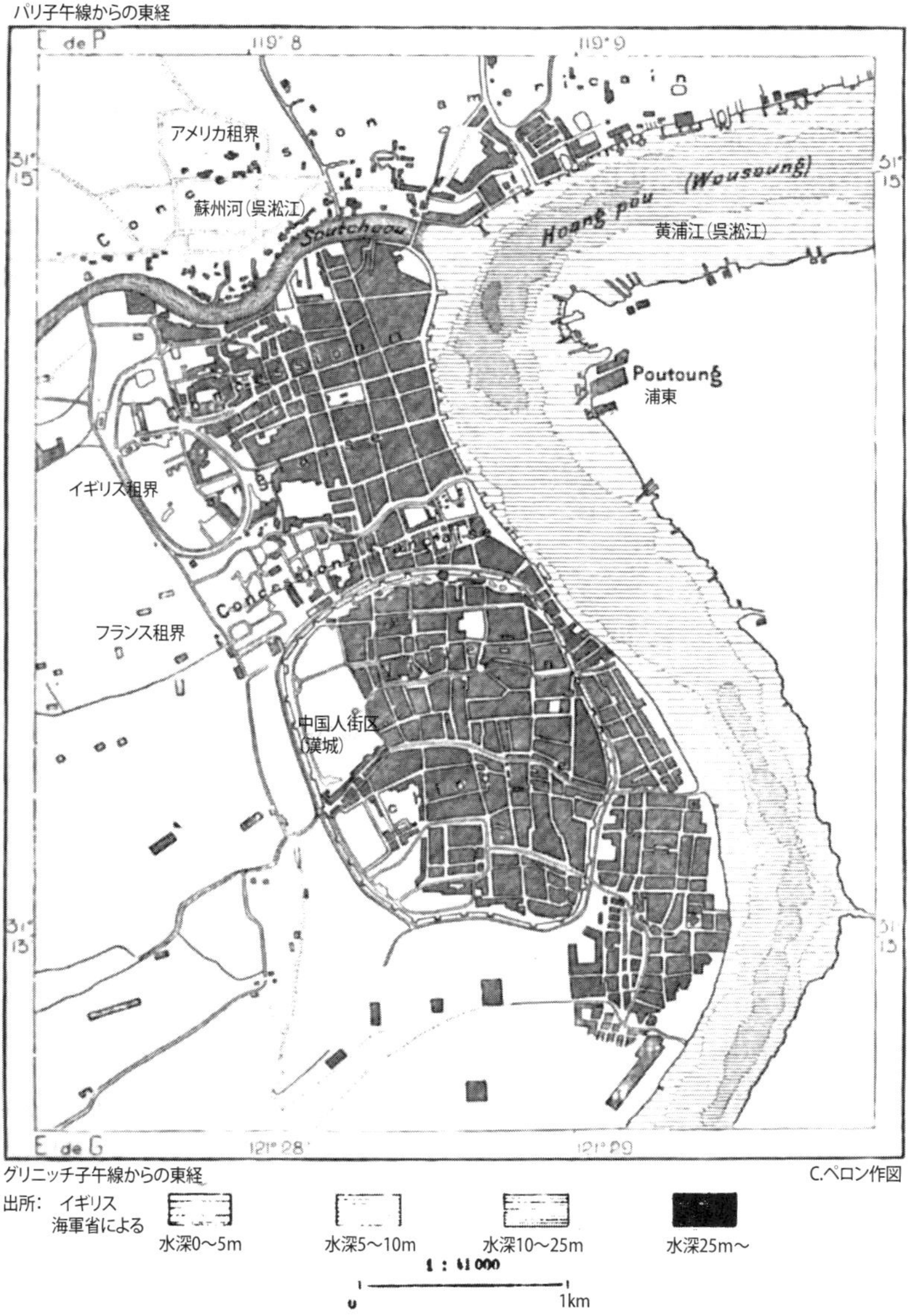
パリ子午線からの東経
E. de P
119°8
119°9
31°15
アメリカ租界
蘇州河（呉淞江）
Soutcheou
Hoang pou
(Wousoung)
黄浦江（呉淞江）
Poutoung
浦東
イギリス租界
Concession Française
フランス租界
中国人街区
（漢城）
31°13
E. de G
121°28
121°29
グリニッチ子午線からの東経
C.ペロン作図
出所：イギリス
海軍省による
水深0～5m
水深5～10m
水深10～25m
水深25m～
1 : 41000
0
1km

図 85　上海の市街

を浚渫して標識を設置し、船舶が自由に往来できるようにせねばならなかったからである。土地の健全化は、少なくともこれほどの湿地に望み得る限りは実現したが、交易面で最も重要な課題はまだ前途遼遠だ。すなわち「黄色い水域」を意味し、その岸辺に上海がある黄浦江と、揚子江河口を隔てる洲は、危険なままである。最近一〇年のうちにこの障碍は成長さえしたのであって、座礁事故が毎年発生し、深喫水の船は市街まで進入するのを避ける。必要な浚渫工事を外国人商人が徹底的に実施するのを清朝政府が許可しなければ、遅かれ早かれ上海は内陸に取り残され、沼地のようなクリークの岸辺になることが懸念される。地質学的にみれば、揚子江の堆積と海の波浪が争奪する陸地における、ささいな変化のひとつに過ぎないからだ。中国の伝承によれば上海は海際に創建されたのだが、現在は内陸四〇キロに位置する。沙漠の塵埃が充満した北風や北西風がしばしば吹き、「黄風」と呼ばれる★。

上海租界

最初に上海に住みついたヨーロッパ人商人は現地の産物を交易し、富裕になったが、その特殊な繁栄は全国的な災厄の原因になった。太平天国の戦乱により、避難民はつぎつぎに外国人租借地に押し寄せたのである。一八六〇年に蘇州が破壊されたときには、上海が一帯の大都市の座を引き継ぎ、そびえたつ居館の群れは人々の喜びであった。しかし反乱軍が上海とその周辺地区から押し戻されると、住民の流れは内陸に向かうようになり、五〇万人だった上海の中国人住民は六万五〇〇〇人に落ち込んだ★★。だがヨーロッパ人租界の重厚な邸宅群は中国人街の北の川沿いに建ち並び、すでに交易の慣行が確立していたので、まもなく上海は、他の国内市場にヨーロッパ商品を転送する中心港湾になった★★★。イギリス租界では住民が自由に利益を追求できるので、「模範的な植民地である黄浦江の共和国」とされる。蘇州の川〔呉淞江〕の北方にあったアメリカ租界は一八六三年にイギリス租界と合併し〔共同租界〕、すでに競馬場周辺の西側全域がヨーロッパ風の建物で埋め尽くされている。イギリス租界には一〇万人以上の中国人が暮らすほか、

★ Milne, *op.cit.*

★★ Joseph Alexandre de Hübner, *Promenade autour du Monde*, Paris: Hachette, 1881.

★★★ 1879 年の上海の貿易額は、輸入が 4 億 7816 万 9160 フラン、輸出が 4 億 3557 万 8600 フランで、合計 9 億 1374 万 7760 フラン。

挿画 XLIII　龍華塔［龍華寺仏塔］
ヤン氏が寄せた一葉の写真をもとに、H. カテナッチ氏筆

フランス人住民の大半もそこに落ち付いた。これらのフランス人は、旧市街の騒々しい界隈の近くを避けたか、独裁者並みの権限をもつ自国領事の恣意的な権力行使から逃げ出したのである★。中国人街区の南には董家渡（トンカトウ）の郭外町が広がる。東の対岸には蒲東（プントゥン）が広がり、そこに住む多くの中国人キリスト教徒はしばしば「小ヨーロッパ」と呼ぶ。蒲東周辺の田野は、海水や河水による冠水に対し、オランダとおなじやり方で防護されている。すなわち海側に五つの堤防が同心円状に設けられている★★。

上海の貿易と交易路

上海は漢口のように茶葉の初物をめぐる投機が行われる市場ではなく、絶えずこの品目が取引されており、イギリスとアメリカ合衆国が上位を占める★★★。絹の貿易相手はイギリスとフランスで、これも大きな量である★★★★。だが黄浦江沿いにマストが林立する上海の船舶がとくに供給するのは輸入阿片だ★★★★★。また、呉淞江沿いにある集積所には、海外で物故した中国人の遺骸が陸揚げされる。上海を本拠として揚子江を運航する蒸気船の路線が五つあるほか、同港に所在する

★ Rousset, *A travers la Chine, op.cit.; Bousquet, Revue des Deux Mondes*, juillet 1878.
★★ *Le Kiangnan en* 1869.
★★★ 1879 年の上海からの茶葉輸出は以下の通り（単位 t）。

輸出先	黒茶	緑茶	計
イギリス	1 万 2957.510	102879.918	1 万 5837.428
アメリカ合衆国	913.153	7418.769	8331.922
ロシア	708.849		

★★★★ 1879 年の上海からの絹輸出は以下の通り。

輸出先	梱数	重量（単位 t）
イギリス	2 万 0240	991.547
フランス	1 万 6172	792.234
アメリカ合衆国	5390	264.045
インド（ヒンドスタン）	2075	101.650
スイス	1038	50.850

★★★★★ 1879 年の上海の取扱量は以下の通り。

船籍	隻数	うち蒸気船	総トン数（単位 t）
イギリス	1794	1555	130 万 9505
中国	1581	1167	107 万 8588
日本	157	139	15 万 8208
フランス	62	53	12 万 1731
アメリカ合衆国	271	82	9 万 3884
ドイツ	192	51	9 万 0049
それ以外の船を加えた総計	4376	3063	306 万 2682

商社群は、沿岸航行用の中型郵便船を四〇隻所有する。黄浦江の右岸にある浦東の街なかには、国内唯一の造船所群があり、ヨーロッパ人技術者の監理のもと、現地作業員が民間船舶を建造する。一八七九年までに、中国人実業家たちによる綿紡績工場と染色工場が各一か所設立されたほか、西洋の大工場を範とする工場群もできあがった。これらの現地実業家が所有する揚子江沿岸の炭田は、同河の蒸気船に対する需要をすべてまかなえるもので、上海の倉庫で輸入炭をだんだん代替しつつある。馬車鉄道の路線がいくつか市内を貫いており、市街の西にある競馬場をめぐる美しい散策路は、イギリス人のいうバブリング・ウェル〔沸き井戸〕、中国人のいう海眼（ハイヤン）まで通じる。これは硫化水素ガスを噴出する。その先は石を敷いた広い道路が一〇キロほど続き、中国人や外国人の商人たちの別荘地区に至る。だが清国政府はこれらの道路を延長して内陸諸都市を結ぶのをまだ許可していない。揚子江における前港である呉淞と、上海のあいだに敷設された一五キロの鉄道には、痛恨事があった。これは中国唯一の鉄道路線で、現地の商業に多大の貢献をなし、客車は常時満員だったにもかかわらず、一七カ月しか存続しなかったのである。清国政府が破壊するよう命じたからで、軌条は台湾に運ばれて浜辺に放置され、すぐに砂浜に呑まれてしまった。呉淞の停車場と貨物集散地は、装甲板をほどこした攻城砲をそなえる城砦群が取って代わったのである。この鉄道路線を撤去するに先立ち、いくつかの理由が示されたけれども、すでに租界内で主権を振るう外国人住民が、すこしづつ権力を奪取してゆき、清朝政府そのものよりも支配力を得てゆくことを、清国役人が座視できなかったのが大きな理由であるのは間違いない。すでに外国人は混合法廷制度により、地元の事案にさえ強い影響を及ぼしていたからだ。だが、外国人技術者による諸事業を清国政府が再び採用せざるを得なくなるのは時間の問題と思われる。すでに上海から蘇州、さらには杭州まで至る鉄道事業の協議が終了し、今や皇帝の裁可を待つだけになっているからだ。また、北京から上海、さらに海底ケーブルにより日本、ヨーロッパ、アメリカへと至る一本の電信線敷設事業が決定済みで、デンマークの権益企業により、一八八二年に竣工することになっている。上海は学術協会の本拠地でもあり、一八五八年には〔イギリス王立〕アジア学会［Royal Asiatic Society of Great Britain and Ireland, RAS 中国名は大不列顛及愛爾蘭皇家亜洲学会］

の北中国支部が設置された。

上海付近の集落

上海を取り巻く広大な畑作地帯には、干拓用の排水路が縦横に走り、至るところに大きな村や人口の多い都市が散在する。そうした村のひとつが、遠くからでも目印になる龍華塔の隣にある徐家滙（ジカウェイ、スキアホェイ）で、上海の南西八キロにあるが、まだ上海の域内とみなすことができる。イエズス会が十七世紀に創立したコレジオ〔徐滙公学、現上海市徐滙中学〕があり、現在では天文台をそなえる。同天文台には米国の援助による最高級の観測機材がある。コレジオを卒業した若者は現地教育機関の卒業生と同様に科挙の受験資格を得る。揚子江の河口部と杭州湾を隔てる半湖沼地帯の半島には、南翔（ナンシアン〔上海市嘉定区南翔鎮〕）、嘉定、羅店鎮（ルティエン）、太倉（タイツァン）、松江（スンキアン）、嘉興（キアヒン）、湖州（フチュウ）といった大型都市がある。湖州は縮緬とスカーフが著名で、長きにわたり絹製品の製造における中心地だった。近傍にある南潯（ナンツィン〔湖州市南潯区〕）は蚕種の最大市場だ★。嘉定の南方三〇キロほどにある大きな村であるアゼ〔不詳〕は、フランスの染物師がどうしても再現できなかった緑膏（ロ・カオ）と呼ばれる美しい緑水色の染料を製する。揚子江内の島々も人口の多さは陸地に引けをとらない。とりわけ崇明島は都市や大邑が覆い、いずれの集落も分厚い竹林でもって沖合の嵐から防護されている。

蘇州

江蘇省南部の豊かな田園地帯において、今なお人口の点でも産業面でも筆頭の地位は、マルコ＝ポーロが称賛の念をこめて「とても立派な大都市〔『東方見聞録2』前掲書、五四頁〕」と記述したスージュー、すなわち蘇州だ。おそらくもはや「周回六十マイル〔同前〕」はなく、「六千の石橋があるが、いずれもその下を櫓櫂の舟が一隻、場所によっては二隻ならんで通過できるほどに大きなものである〔同前〕」というほどの数の橋もない。また街路や舟のなかにひしめく住民も「全世界を優に征服できたであろう〔同前〕」ほどはいないと思われる。しかし

★ Isidore Hedde, *Congrés des Orientalistes*, 1878.

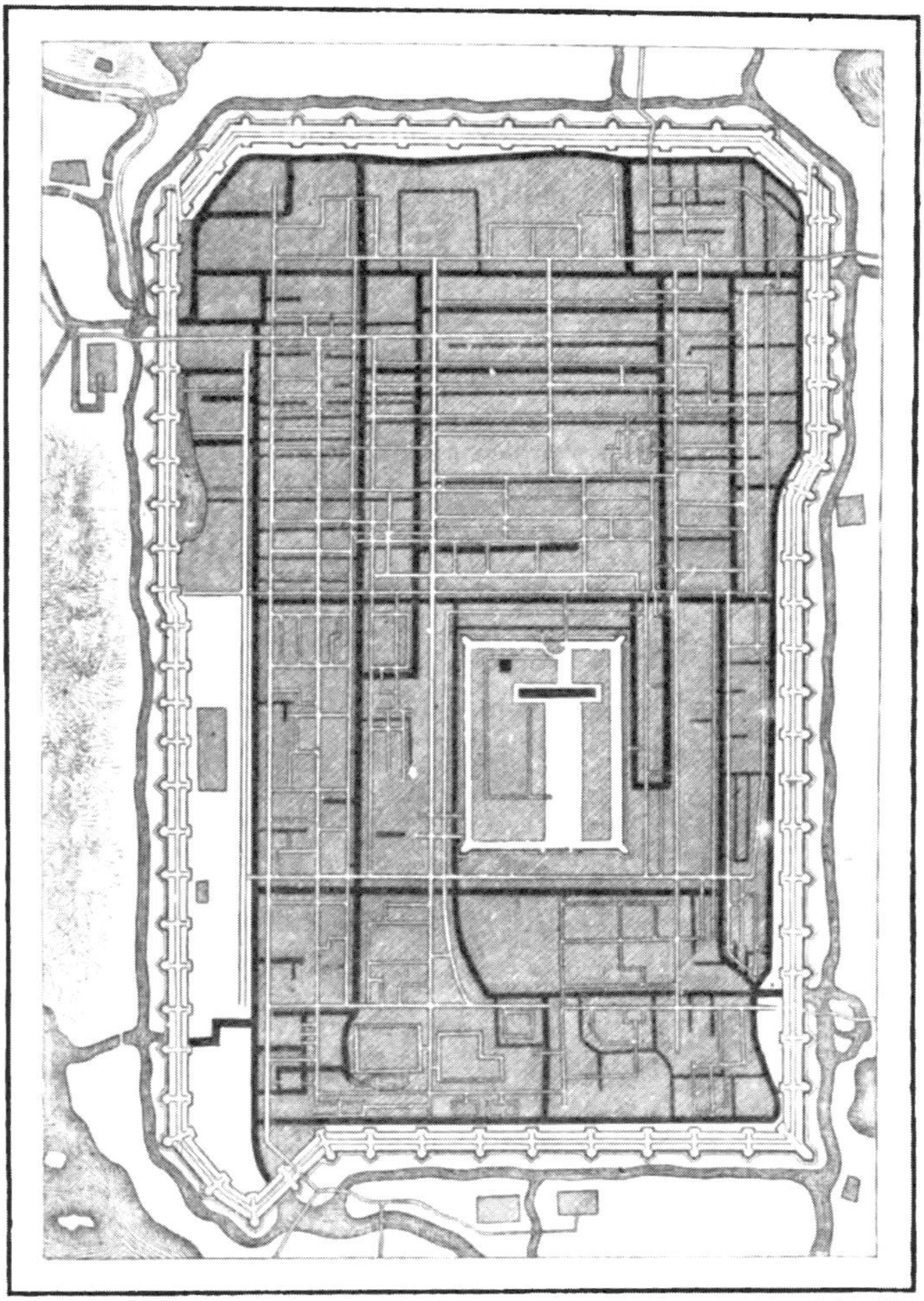

出所：ユールによる　C.ペロン作図

図 86　太平天国の戦乱前の蘇州

この中国のヴェネツィアは、太平天国の軍勢が通過したのち再建されて一定の商業活動を回復し、その住民は知性と確かな趣味でもって際立つ。「絵画彫刻も、銅鑼や絹も、女性も、美しいのはすべて蘇州産★」とされ、別の諺は「幸せになりたいなら、蘇州に生まれて杭州で暮らせ」ともいう。だがそのためには、

★ Robert Fortune, *Travels in China* [*Two visits to the tea countries of China and the British tea plantations in the Himalaya, op.cit.?*]; Yule, *The Book of ser Marco Polo, op.cit.;* Rousset, *A travers la Chine, op.cit*

先の内戦が引き起こした損害の復旧が何よりも大事だろう。見事な書籍という点で蘇州はもはや北京にとうてい比肩しないし、絹産業における優位性も決定的に失われたからだ★。蘇州の西に広がる太湖は正真正銘の内海で、かつては揚子江の分流が貫いていた。岸辺の漁民はかなり沖合まで出漁する。

杭州

杭州は同名の湾の東端、航行可能な川の河口にあるが、これも揚子江の旧河道の河口だった。つまり温暖な気候と最良の土壌をそなえる同市が、第一級の重要性を確保するのに不足はなかった。同市はモンゴルの征服者に対し、長期にわたり抵抗した南部の帝国〔南宋〕の首都であり、以後は何世紀にもわたりキンツェ〔行在〕の名称を保持した。中世のアラブ人やヨーロッパ人の旅行家にもこの名で知られたのであり、「キンサイ」に関するマルコ＝ポーロの記述には、他のいかなる都市も彼に想起させなかった賛美の言葉が連ねられている。東アジアを横断した彼のさまざまな旅行において「まちがいもなく世界第一の豪華・富裕な都市〔『東方見聞録2』前掲書、五九頁〕」だったからだ。この都会についてマルコ＝ポーロが示す詳細を見れば、彼の言がヨーロッパで嘲笑されたのはなぜかもよく分かる。すなわち彼によれば、杭州は周回一〇〇マイル、家屋一六〇万軒、浴場三〇〇〇箇所、橋梁一万二〇〇〇本〔ルクリュは石橋とするが誤り〕があり、橋は船舶が通過できるほど高く架けられ、それぞれ一〇名の衛兵が守備する。また一二の工匠同業組合があり、それぞれ一万二〇〇〇の工作店舗があると述べるのである。だが、他の旅行家も「キンサイ」については類似の記述である。オドリコ＝ダ＝ポルデノーネも同市は「世界最大の都市」だと述べるし、イブン＝バットゥータは縦の長さが徒歩で三日かかると語る〔『大旅行記7』家島彦一訳、平凡社東洋文庫、二〇〇二、四〇頁〕。杭州が首都の座を失って久しい十七世紀になってさえ、マルティノ＝マルティニは全周一〇〇ミリオ〔一五〇キロ弱〕とし、広大に伸びた郭外町を含めればなお大きいとする。市街を五〇里にわたりまっすぐに歩いても、ひしめく家屋が途切れないと述べているのだ。

西湖と杭州市内

★ Hedde, *op.cit.*

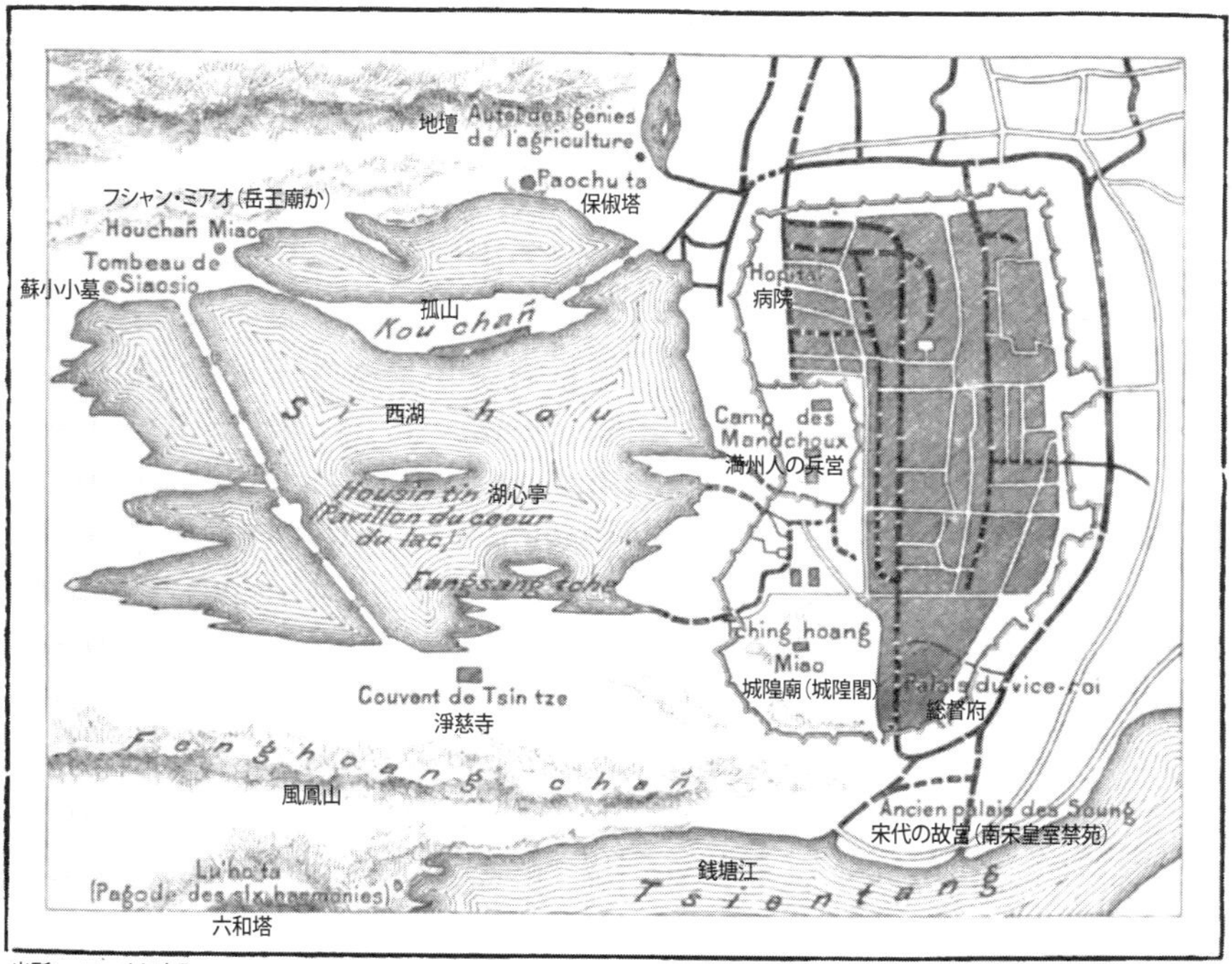

出所：　ユールによる　　C.ペロン作図

水路と橋

図 87　杭州と西湖

城壁が全周二〇キロにおよぶ現在の市街はなお広大だが、かつての面積よりもかなり小さいことは確かだ。南西にある城壁や建物の址がかつての王宮の位置を示し、周囲には寺院址がみられる。中世の旅行家たちが市内にあると記述した大きな湖は、今日では城壁の外側にあるが、湖中の島々や湖岸に立つ仏塔、東屋、墓廟、楼、別荘など、あらゆる種類の建築により、今なお都市圏である。西湖（シ・フ）は、ほぼ円形だった原初の輪郭をとどめていない。海風に押される波により、西岸から横堤が軽く湾曲して突き出したからで、人々はそれをもとに「六本の橋の土手道〔楊公堤か〕」を作った。湖中の大きな島〔孤山〕も堤防や大理石の橋で陸地と連絡したほか、半島や小島も土手が縁取る。周囲の木立とともに、湖面に映えるこれらの想像力あふれる建造

物は、中国建築の黄金期に属するもので、形姿と色彩の鮮やかさ、風景に添える千変万化の興趣により、西湖沿岸の名を高めている。こうした眺望と生活面の魅力、そして住民の気立ての良さは、中国人が「天国」と呼ぶにふさわしいものだった。ひんぱんに言及される諺に「天上天堂、地下蘇杭」がある。象徴的な装飾のいくつかは外国人の目には奇妙に見えたり、趣味に合わなかったりするが、それでも誰もが、西湖とその島々は芸術と自然が素晴らしい結合をみせる驚異の場所だと語る。成都府とおなじく杭州も、ヨーロッパ人が「東洋のパリ」と呼ぶようになったが、群を抜いて陽気な都市であり、最も体面を重んじる士大夫でさえ、一介の庶民に戻って歓楽することができる。主な地場産業は絹布製造で、六万人の織工がそれに携わるほか、湖州や嘉定など、近傍の大邑にも一〇万人の同業者がいる★。だが太平天国勢は同地にも大きな爪痕を残し、多くの都市を略奪し、多数の産業を中断したり、移転させたりした。杭州の周囲で目にする最近の残骸は、太平天国の仕業とされる。杭州じたいも、今世紀半ばには郭外町を含め二〇〇万人以上の人口を擁したと言われるが、現在はその半分に達しない。何人かの旅行家は、四分の一もないかもしれぬとみる。なお、ムスリム住民は他の沿岸都市よりも多い。

紹興

杭州湾の南岸にある大都市、紹興（シャオヒン）は、最高に肥沃な平野のひとつにある商工業の中心地で、おそらく周囲の平野の住民はどこよりも多い。中国では全土にわたり、沖積地帯の土地を突き固め、干拓する大工事がいくつも行われてきたが、杭州湾南岸沿いほど水利施設が多い場所はない。世界最長の土手道はここに建設された。西洋の近代工業が発達して以後も、四千年前に中国人が江蘇省に作り上げたこの交通施設に匹敵するものは皆無だ。紹興の「橋」すなわち陸橋は全長が一四四キロ以上あり、幅一・五メートルの道を載せた約四万区間の方形のスパンで構成される。この道は欄干をそなえるが劣化している。寧波と余姚（ユーヤオ）のあいだの大隠（タイイン）石山は、おそらく国内最大と思われる高さ五〇〇メートルに及ぶ巨大な採石場群

★ Fortune; Dennys, *Trade Report*, 1869; Yule, *Marco Polo, op.cit.*

によって切断されている。土手道の建設に必要な石材はここから切り出されたものだ。これらの採石場で切り出した石材は、円柱や彫像に彫琢されたのち、遠くシャム王国にも発送される★。道の東端は、鎮海（ツィンハイ）にある赤い砂岩の美しい城楼が終点になる。鎮海は寧波の川である甬江（ユン・キアン）の河口を警護する★★。

この土手道は、おそらく一帯がひとつの巨大な塩水沼沢だった時代にさかのぼる。干拓が進んだので現在は無用だが、非常に堅牢に作られたため、相変わらず道路として、また隣接する水路の曳き舟道としても、利用され続けている。沼沢を沃野に変えた沿岸堤防も巨大な構造物だが、建設者は知られておらず、諸年代記が言及するのも、この強大な土手の修復者たちだけだ。これは海側のゆるい斜面に石の厚板を敷き、隅角の形をした鉄や石のクランプ（鎹）でもって相互に連結したものである。もうひとつのオランダとも言うべきこの堤防が護るポルダー［干拓地］は、杭州から甬江まで伸び、四〇〇メートルごとに切れ目があって、そこを淡水の水路が通る。これらの水路は、全域を同面積の陸地に区画し、灌漑・水運の両方に利用される★★★。かつて波浪が囲んでいたこの不健康な地方の首府である紹興は、衰退した都市だ。二千年前には、広州から江蘇省までの南東部を包含する国家の首都［越の会稽］であり、城壁の外には禹の墓として人々が示す廟がある。かつての交易はもうないが、紹興は風俗の優雅さで際立つ都市のひとつであり続けた。かなり多くの高官が同地の出身である。紹興酒はコメ［米］を原料とする精妙な香り高い飲料で、ソーテルヌ産ワインに比せられる★★★★。

澉浦、杭州湾の海蝕

杭州湾北岸の城郭都市は今も澉浦（カンプ）の名を保持し、マルコ＝ポーロがキンサイ［杭州］および一帯全域の海港だと語るガンフー、ないしガンプーがこれであると考えられている★★★★★。

★ Richard Cobbold, *Pictures of the Chinese*, London: Murray, 1860.

★★ Chr. T. Gardner, “Notes on a Journey from Ningpo to Shanghai”, *Proceedings of the* [*Royal*] *Geographical Society of London*, *Vol*. 13, *No*. 3 (1868 - 1869),*pp*. 170-182; Fauvel, *Mémoires de la Société des sciences naturelles de Cherbourg*, tome XXII, 1879, etc.

★★★ *Ibid.*

★★★★ Milne; Huc.

★★★★★ Joseph Toussant Reinaud (trad.), *Relation des voyages faits par les Arabes et les Persans dans l’Inde et à la Chine*, Paris: Impr. royale, 1845.

しかし湾の波浪に呑まれてしまった。海蝕がはなはだしく進行したからだが、水深は浅い。中国沿岸でここほど強烈な海嘯が押し寄せ、被害をもたらした場所はない。これはイギリス人船員が「イーガー［eagre］」あるいは「ボア［bore］」と呼ぶもので、沖を遠望すると、湾をまっすぐに横切る一本の白い筋に見える。だが秒速一〇メートルの早さで接近しつつ、みるみる高くなってゆき、雷鳴のような大音響とともに、割れて砕けて裂けて散る。それが二波ないし三波合同すると、波頭の高さが九〜一〇メートル、幅六〜八キロにおよぶ巻波になる。安全な場所に逃げ込めない場合、船はへさきを波に向けて衝撃を待ちうけ、まるでサケ［鮭］のように波頭の上に飛び上がる。だが数瞬のうちに水塊は変化し、とてつもない面積にわたり浜辺を水が覆う。日常のこうした衝撃に沿岸堤防が対抗するには、恒常的な修理が必要だ。乾隆帝治下の一七三六年から一七九六年にかけ、杭州湾の護岸工事には五〇〇〇万フラン以上が費やされたのである。銭塘江［原文は杭州湾とするが誤りと思われる］の別名が「曲江」あるいは「折江」と呼ばれ、ひいてはそれが省名になったのも、この海嘯が由来に違いない。太古の昔から杭州湾の河口部沿岸の住民は、平底の押し船を発明して利用してきた。それはフランスのレギヨン・シュル・メール［ヴァンデ県］の潟で用いられるものと似ており、仕掛網を見に行く漁師は、「ニム」と呼ばれる押し船の中に敷いた藁束に片膝をついて、横棒を握り、もう片方の足で泥を漕いでゆく★［有明海で用いられるハネイタ、ないしガタスキーに類似すると思われる］。旅客を運ぶには二つの「ニム」の上に盥を渡す。沿岸および諸島の耕作地はすべて堤防に守られるので、海岸線は幾何学的な形状を示し、満潮時の海水の流入を防ぎ、淡水を保持する閘門が設けられている★★。沿岸都市の大半は無数の水路が市内を走り、「中国のヴェネツィアたち」と呼ばれる。

銭塘江流域

「緑の川」の異名がある銭塘江（ツィエンタン・キアン）の河口の右岸は、杭州と紹興が防護する。今世紀半ばの同江の流域は、中国随一の豊かさと稠密な人口をもつ地帯だったたし、おそらく現在も、風景の優美

★ Fauvel, *op.cit.*
★★ Milne; Macgowan; Fauvel, etc.

さと木々や花々の鮮やかさにおいて、最も美しい地帯である。だが災厄の被害が最大なのもここだった。一帯を渉猟したリヒトホーフェンは、都市人口の減少に関する情報を得ようと努力し、虐殺と飢饉を生き延びた人数を一三分の一と推定している★。だが再入植は急速で、新たに絹製品や茶葉、衢州（キウチュウ）の上質な果物、金華（キンホア）のハム［金華火腿］を輸出するようになった。蘭谿（ランキ、ランチ、ナンチ［蘭渓］）は県にすぎないものの、面積四万平方キロの銭塘江流域の商業中心地である。明朝［南明］最後の徴兵部隊が満州族に敗れたのは、「ほとんど英国風の外観」をもつこの美しい都市の近くだった★★。

寧波

銭塘江の流域には二九の州や県があり、増水期には例外なく平底船で至ることができる。だが大型のジャンク船は杭州市街までさかのぼれず、乍浦（チャプ）に停泊する。これらの大型ジャンクは、旅行家オドリコ＝ダ＝ポルデノーネの時代そのままに白く塗られ、へさきは両眼を表す模様で装飾されており、湾内には進入しない。最大の港は半島の東端、舟山島の泊地に向かって海に流れ込む甬江のほとりにある。ここが、黄海を画する揚子江河口と杭州湾の南部河口地帯だ。「平和な波」を意味する寧波は、ふたつの航行可能な河川が合流し、浙江省と江西省のあらゆる都市を結ぶ水路網の交差点に位置する。半島におけるその位置ゆえに、寧波は大江まで西に広がる沃野を守護する都市になった。良好な投錨地、ありあまる補給物資、防御の容易さと、同市にはあらゆる優位性が結合する。これ以上の軍事的要地はなく、寧波は戦史に著名だ。一一三〇年、同市から八キロの地点で蒙古軍は中国農民軍によって敗走させられた。一五五四年には、倭寇（ただし日本の諸年代記にこれに関する言及はない）が、がっちりと根を下ろしたものの、甬江の支流である余姚江の河畔で、またそれと同名の都市余姚の近くでも、西進を食い止められた。最後に、阿片戦争期の一八四一年にイギリス人が寧波を奪取し、その前港である鎮海の泊地および舟山群島とともに、南京攻略作戦の主要基地とした。だが寧波では、西洋人はその三世紀前から知られていたのである。一五二二年にはポ

★ Richthofen, *Letter on the provinces of Chekiang and Nganhwei, op.cit.*
★★ Milne, *op.cit.*

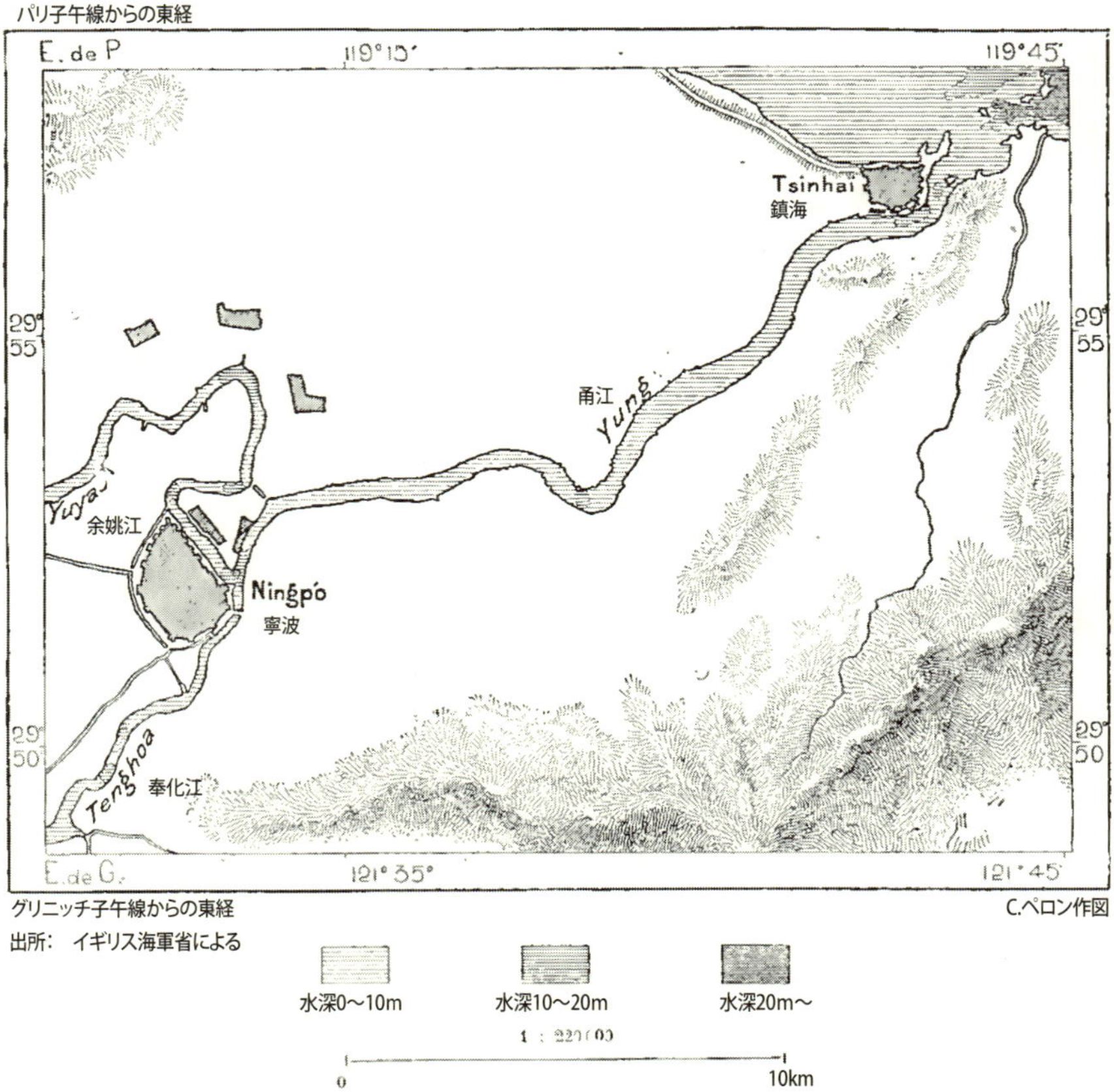

図 88　寧波と鎮海

ルトガル人が中国〔明〕と通商関係を結ぶべくこの都市に代表を送り込んでいたからで、今も城門近くには彼らが歓待された建物「迎賓館」が見られる★。だが下流の鎮海近くに建てられたポルトガル人街は、一五四二年に周囲の中国人が破壊した。ポルトガル人八〇〇人が虐殺され、二五隻の船舶が沈められたのである。

現在は何人かのヨーロッパ人、とりわけ宣教師たちが住む寧波は、浙江省屈指の美景と温暖な気候、そして肥沃な土壌をそなえる都市のひとつである。南西に見える青い山々は国内きっての美林で、「雪のような渓」

★ *Ibid.*

と呼ばれる峡谷は白い岩壁と森、見事な曲線を描く滝が、東洋全域に著名だ〔雪竇山〕。山麓にひろがる田野は中国農業史における古典的な地方で、伝承によると、四千年前に帝舜がゾウ〔象〕の牽く犂の柄をとった場所である。人々は耕作地のなかにある彼の井戸や石の寝台を指し示す。寧波はまた知識の都であり、ひとつの個人図書館〔天一閣〕は五万巻を収蔵する。これはある一族〔范氏〕の共有にかかり、一族の各人がひとつづつ鍵を所持する★。地場産業はすこぶる活発で、象嵌細工や漆塗りの家具、絨毯、イラクサ〔刺草〕の茣蓙を製し、日本まで輸出する。だが、かつて五〇〇〇万フランに達した直接対外交易は、ほぼ皆無になった★★。交易活動がすべて上海に移動したからだが、寧波は魚介類で国内最大の市場町で、周囲の平野に氷塊が敷きつめられている。藁むしろで覆えば、氷が完全に溶けるまで数年がかかるので、魚を保存するうえで必須なのだ。

舟山群島

周囲には、余姚や慈渓（ツキエ、ズキユ）といった人口の多い都市や、いくつかの大邑が散在する。舟山島の南岸に位置する定海（ティンハイ）は、一〇〇万人を下らぬとされる群島全体の首府だ★★★。これは産業都市で、パームヤシの一種〔棕櫚か〕の繊維や葉から作った索具や莫蓙、扇子、蓑を移出する。広州の砂糖菓子製造用に、シトルス・オリクサエフォルミス〔*citrus olixæformis*〕の果実も発送する。ヨーロッパでは「チャイナオレンジ」として知られるものだ〔カラマンシー、四季橘か〕。定海の港は深く、完璧に風波から防護されているが、進入が難しいため、漁船は島の南東端にある沈家門（チンキンメン）の港に立ち寄ることが多い。

舟山群島の東にある小さな島には、船乗りの護り仏で大慈大悲の観音菩薩を祀る有名な寺院群をもつ普陀（プト、プトゥ）山があり、参詣人が訪れる。島名はラサの聖なる寺院ポタラ〔補陀落〕にちなむ。最初の聖域は十世紀初頭のもので、海水が怒涛となって殺到し、白煙のようになって退いてゆく洞窟の上に建立さ

★ Macgowan, *Zeitschrift für allgemeine Erdkunde*, 1860.
★★ 1880 年の寧波の貿易額は 86 万 8625 フラン。
★★★次次頁に掲載。

パリ子午線からの東経

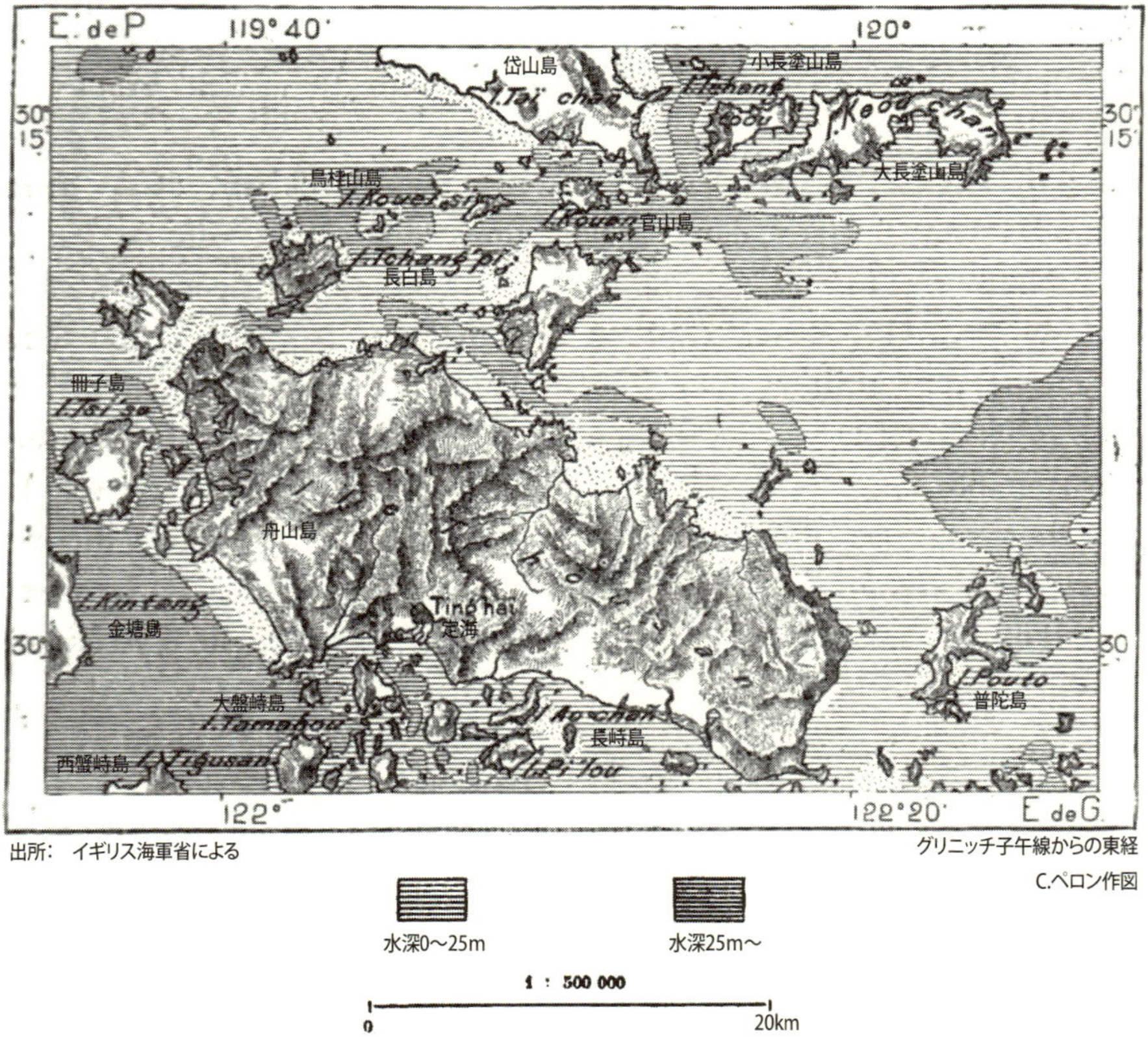

出所：　イギリス海軍省による

グリニッチ子午線からの東経

C.ペロン作図

図 89　舟山島と普陀山

れた〔普済禅寺〕。島内の僧堂は百宇に上り、二千人ほどの僧侶が暮らすが、夏になると、海水浴に訪れる外国人観光客の宿泊施設に利用される。島中の動植物は宗教的な尊宗を受ける。舟山群島の島々のあいだの水路は極めて魚影が濃く、数百種が生息する。中国近海のうち、博物学者が最も実り多い調査を行なうことができるのが普陀山だ。舟山群島の主産業は漁業で、海賊の子孫である住民は、強烈な独立心を保持してきた。最近も、一八七八年に清朝の兵士を追い出し、塩税所を開放するのに成功している。

*** 現代の旅行家による揚子江流域の主要都市の人口概数は以下（単位万人）。

四川省チベット人地域	バタン（巴塘）	0.3	（1878 年、Gill）
四川省中国人地域	成都府	80	（Richthofen）
	重慶府	70	（〃）
	叙州府［宜賓］	30	（宣教師たち）
陝西省	漢中府	8	（Sosnovskiy）
湖北省	武昌府・漢陽府・漢口［武漢］	150	（Cox）
	宜昌	3	（Spencer）
湖南省	湘潭	100	（Richthofen）
	長沙	30	（Morrison）
安徽省	蕪湖	9.2846	（1878 年の人口調査）
	安慶	4	（1878 年、領事館報告）
江蘇省	上海	60	（1881 年、Skatchkov）
	蘇州	50	（Dubose, Taylor）
	揚州	36	（Taylor）
	鎮江	17	（1872 年、Taylor）
	南京	13	（1878 年、領事館報告）
江西省	湖口	30	
	九江	5	（1869 年、領事館報告）
浙江省	杭州府	80	（宣教師たち）
	紹興	50	（Valentine）
	蘭谿	20	（1850 年、Fortune）
	温州	17	（領事館報告）
	寧波	16	（1872 年、Flauvel）
	湖州	10	（宣教師たち）
	余姚	6.5	（1865 年）
	慈渓	6	（1865 年）
	衢州	5	
定海［現在は浙江省に属する］		3.5	（領事館報告）

第六節　南嶺山脈の南側斜面［嶺南］、浙江省南部、福建省

地勢

中国のこの部分は境界が明確である。国内山系の主軸が、揚子江と銭塘江の流域から福建省をはっきりと隔てるからだ。南嶺山脈の山列はすべて南西から北東に向かっており、青河のデルタと広州の川［西江］のあいだにおける移住と交易の歴史的経路は、すでに定まっていたのである。色々な民がこの道をたどるには、福建省および分水界の西を陸路によらねばならなかった。だが杭州から広州までは、まず銭塘江の航行可能水域をさかのぼって江西省に入り、ついで梅嶺の道［梅関古道］を経て南下する★。この交易路はかつて非常に賑わい、かつ内陸の鉄道網が貫入すれば将来もいっそう賑わうだろうが、その東側は南東斜面が狭いため、流れ出る河川が一本の流域を形成するには至らなかった。諸河川はいずれも狭い峡谷からすぐに海に流れ込む別個の水系であり、流域間に立ちあがる隆起は相互の通信を困難にしている。このため、浙江省南部は自然的にふたつの区域に分割される。すなわち台州（タイチュウ）の川［霊江］の流域と、温州（ウェンチュウ）の川［甌江］の流域である。福建省も同様で、閩江に属する流域と、厦門や汕頭（スワトウ）の河口部に流れ込む河川群の流域だ。この地方に立ちあがる山々や丘陵の稜線は、海岸線および南嶺山脈の軸に並走するため、主な河川の支流もおなじ方向、すなわち南西から北東、あるいは北東から南西に流れる。つまりここでも自然の経路は、山がちで出入りの多い海岸線ではなく、平行な山並みのあいだの高地峡谷における溝部を利用するため、福建省の住民が相互に関係を構築するには、海路ではなく、高地部を経由したのである。だが、多種多様な自然地域が、高く隆起した未墾地によりお互い隔てられ、大通商路のそとにあったとしても、肥沃な谷間とすばらしい気候が、屈指の人口と豊かさを、その郷国に与えるのは妨げない。そもそも戦乱地帯から比較的に離れていたこと

★ Richthofen, *Letter on the provinces of Chekiang and Nganhwei, op.cit.*

もそれに一役買い、農業も産業も、数千年にわたり中断することなく発達した★。

福建省の植生

福建省の沿岸は無数の岬や岩の半島が刻み、数千にのぼる小島や岩礁があり、千変万化の輪郭をみせるが、全般に物悲しい眺めである。大半の丘陵は花崗岩の岩屑からなり、さまざまな大きさの岩塊が散らばるが、緑はみられず、灌木ほどの大きさしかないマツ〔松〕の木立があるにすぎない。白々とした砂浜もいくつかあり、風が砂埃を巻き上げる。植物は南方種だが、あまりに少ないため、特別な様相を景観にほどこすに至らない。わずかに、半島の陰にみられる谷の出口に位置する都市や村が、ガジュマル〔細葉榕〕や耕地に囲まれるのが見られる程度だ★★。景色が美しくなるのは海際から離れ、海風からも遠い場所で、そこでは寺院の周りや、段々畑にならぬほど急傾斜の山腹に、自生植物の緑が映える。福州上流の閩江沿岸には、熱帯種と温暖地帯の二種類の植生が、目を楽しませる対照をなす景観が連続する。

福建省の言語

福建省の諸住民は相対的に孤立して生活してきたため、特殊な様相を保持した。いくつかの点で福建省人は他の中国の住民と対照的である。少なくとも五個のはっきりと違う話し言葉があり、いずれも公式言語とかなり異なるため、郷国が違えば理解できない〔閩語〕。最も特徴的なのは厦門の言語らしいが、それはまたメドハーストやダグラスなどの中国学者の研究により、最もよく知られた中国語のひとつだ。この方言は、士大夫の用いる官話よりも多様な抑揚の言葉を多く駆使するのに加え、始原的な形態を脱却し、多くの副音節語でもって文語の単音節語を代替し、かつ最も頻用する言葉を鼻音で終わらせ、あるいは縮約することで、いっそうの抑揚をほどこす。省内の方言分布は、行政区画とまったく一致しないだけでなく、広東省の北部全域と東部にもはみ出している。このため、この言葉を話す人々には、ある程度の民族的な凝集性がある。福建省人は盛んに海外に出かけるが、同郷人との交際しか好まない。フィリピンやマレー

★ 1842 年の人口調査による福建省の概況は、面積 11 万 8517km^2、人口 2280 万人、192 人／km^2。

★★ David; Blanchard, *Revue des Deux Mondes,* 15 mai 1871.

シア、インドシナ、新世界の在留集団すべてに自分たちの言葉を持ち込むので、バンコクやリマ、サクラメントで話される中国語は厦門や汕頭の方言だ。

福建省の水上居民

広東省もそうだが、福建省および舟山群島には賤視の対象とされるいくつかの民が存在し、所有権を剥奪された先住者であろうと考えられている。彼らは一帯の所有者から隔離され、とくに福州をはじめ多くの地区で、地所の所有はおろか、陸地に居住することもできない。耕作といえば、舟の前甲板に吊った籠に、いくばくかの花や野菜を育てるだけである。水上生活を余儀なくされているため、港から港を漕ぎ渡り、入江に投錨するが、それは風波や嵐にさらされる場所だ。幸いにも幼少期から泳ぎを覚えるので、水陸どちらでも暮らせるようにはなっている。乳飲み子も、船から落ちた場合にそなえ、一瓜のカボチャ［南瓜］か、板が一枚くくりつけてある。移動式の道教寺院と、彼ら同様に水上生活に放逐された道士さえいるのであって、婚姻を取り仕切るほか、「九仙」を崇める祭祀を行なう★。こうした水上集落に仏教や儒教の祭礼は入り込んでいない。子供たちは科挙のいろいろな試験［童試など］の受験を許されないため、この原住のカーストは無学を強いられる。床屋や輿舁きとして町や村での居住が大目に見られても、三代を経なければ同等の権利をもつに至らない★★。ヨーロッパ人商人と中国人のあいだを仲介するコンプラドール［スペイン語の仲買人。中国語では買弁］にはこうした被差別民が大量に存在するが、いかに富裕になろうと、陸上に土地を購入するのは禁じられている★★★。雍正帝［清朝第五代皇帝、一六七八―一七三五］が一七三〇年に発布した勅令よりも、慣習のほうが強力だったのだ。この不可触民に向けられる蔑称はいくつもあるが、省内の他の人々と区別できる民族学的な呼称はひとつもなく、最もひんぱんに用いられる「蛋家（タンキア）」は、侮辱以外に何の意味もない。福建省の西部に立ちあがる山岳地帯の先住民はいまも「閩」の名を保持するが、一帯の主要河川の名称であり、古代の

★ H. Gray, *China*; Leopold Katscher, *Bilder aus dem chinesischen Leben,* Leipzig: C. F. Winter, 1881.

★★ Rousset, *A travers la Chine, op.cit.*

★★★ Alfred de Moges, *Souvenirs d'une ambassade en Chine et au Japon en 1857 et 1858*, Paris: Hachette, 1860.

挿画 XLIV　典型と衣服。福建省の女性たち
トムソンの写真をもとに、ロンジャ筆

福建省地域にあった王国名〔閩越〕だ。

杭州の南岸

杭州湾の北側にひろがる低い沿岸部に安全な泊地が少ないのに対し、寧波の南には、沿岸航海用の港湾が連なる。確実な停泊地を保証する出入りの多い海岸線があるからで、いくつかはニムロッド湾沿岸とおなじく正真正銘のフィヨルド〔沈降湾〕であり、台湾海峡の恐るべき強風のさいの避難先だ。どの湾奥にも、漁師の小家屋の手前に集まる平底船がみられ、水道には、暗礁のあいだを滑るように通過するジャンク船がいる。一帯で最も活気があるのは石浦〔シプ〕で、ほぼすべての交易を中国船が行う。この付近で獲れるカキ〔牡蠣〕はすこぶる珍重され、台州湾のそれは長さ半尺〔約一五センチ〕を下らない★。

温州

温州は、清朝政府が対外交易に開いた浙江省南部の港町である。航行可能な河川〔甌

★ Fauvel, *op.cit.*

江」の河口突端にあり、天然、人工の水路が街中を縦横に走る。いまも大都市だが、かつての規模はない。宮殿や彫刻をほどこした城門、楼門の址が衰退を物語るが、国内で最も清潔な都市のひとつであり続けた。土地の者は、繁栄するための「風水」が最上だと言う。だが崩壊の原因は、じっさいには住民自身である。国内でこれほど阿片の吸飲が普及している都市はおそらくないからだ。住民の六割が中毒患者で、頬がこけ、うつろな眼差しで、弱々しい四肢である。多くの寺院があるが、僧の大半は放埓な暮らしぶりで、総督はいっさいの醜聞に決着をつけようと、最近尼僧たちを捕縛させたうえ、従量制で公売したほどである。平均の購入価格は一人当たり七五フランだった★。郭外には、山東省から連行されてきた罪人の集落がふたつ設置されている。温州湾は茶葉の大産地に位置することとて、この品目を直接に輸出しても自然だが、内航のジャンク船が福州まで運んでいる。交易活動はすべて地元の手による。輸入はほぼすべてイギリスからだが、一八七九年に来航したイギリス船は一隻もなく、外国船はドイツとデンマークのみである★★。

福寧府（寧徳）

南下すると多くの湾が連続するが、そのひとつは福寧府（フニン・フ〔寧徳〕）の市街に至る。この湾は正真正銘の内海で、多くの小島があり、沖合の嵐から防護されている。進入路は細く深い水路が一本だけで、強力な防衛が可能であろう。したがって大型の海軍・軍事基地にうってつけのように見える。この点では、大型の軍艦には浅すぎる閩江河口部にある福州はくらべものにならない★★★。その南の連江（リアンキアン、リエンコン）も賑わう港だ。

福州

福建省の省都である福州は、上海から広州にかけての南部海岸で最大の港で、国内大都市のうち、最も魅力的な景色を周囲にそなえるひとつだ。「福々しい地方」を意味する市名もおそらくこれが由来で、地元民は「ホクチウ」と発音する。また「ガジュマル〔榕樹〕の町」を意味する榕城（ユンチェン）とも呼

★ W. Everard, *Rapport consulaire*, 1879.
★★ 1880年の温州湾への寄港船舶総トン数は1万9780トン。貿易額は304万8050フラン。
★★★ Rousset, *A travers la Chine, op.cit.*

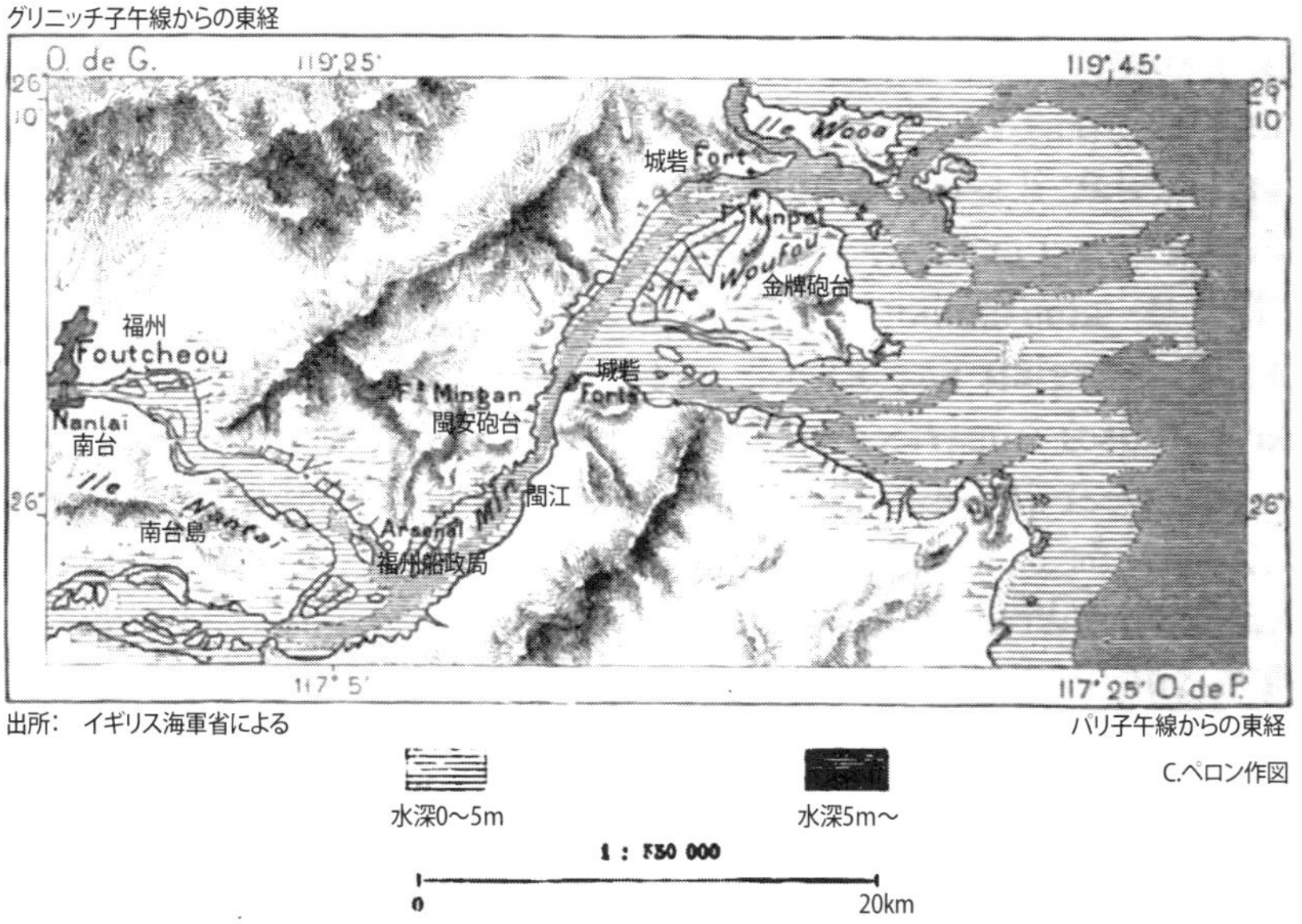

図 90　閩江への進入路

ばれる。市街は海際ではなく、水量の豊かな閩江の河口から五六キロの内陸にあり、沿岸の山々と平行に南西から下る別の河川〔大樟渓〕との合流点近くに所在する。引き潮になると、河口の砂洲は水深四メートルまで浅くなるが、それを越えると、花崗岩の急崖に挟まれた幅三六〇メートルほどの水路を通る。ここに金牌（キンパイ、キンパオ）の砲台があり、敵艦隊に対する最初の障壁だ。さらに進むと、満潮時に水没する砂地の下流に開いた閩安（ミンガン）と呼ばれる水道に至る。これはジャンク船にとって、この川の二番目の入り口で、同様に城砦化されている。その上流の閩江はふたたび川幅が広がり、分枝して小島や砂洲の間を流れ、全体としてひとつの湖のようになる。岩山の上に立つ仏塔が流れを見下ろす付近の北岸から岬状に岸辺が突き出し、そこに兵器廠と造船所がある〔福州船政局〕。喫水五メートルを超える船舶はここで停止する。一八四〇年〔阿片戦争〕には、イギリス船が福州まで遡上するのを妨害するため、この投錨地と市街のあいだの屈曲部に、石のブロックが投げ込まれた。この石堤はほぼ姿を消したが、下流の川底に堆積した

石塊はまだ完全に流れ去っておらず、浅喫水の船でも航行が困難なままである。兵器廠はフランス人ジケル〔フランス海軍軍人Prosper Marie Giquel 中国名日意格、一八三五―一八八六〕とデギュベル〔同Paul d'Aiguebelle〕の指導のもと、一八六九年に建設された大清帝国最大の海軍施設であり、開所してから五年で一五隻の軍艦が進水した。また海軍学校〔船政学堂〕と、いくつかの大型工場も兵器廠に付属する。

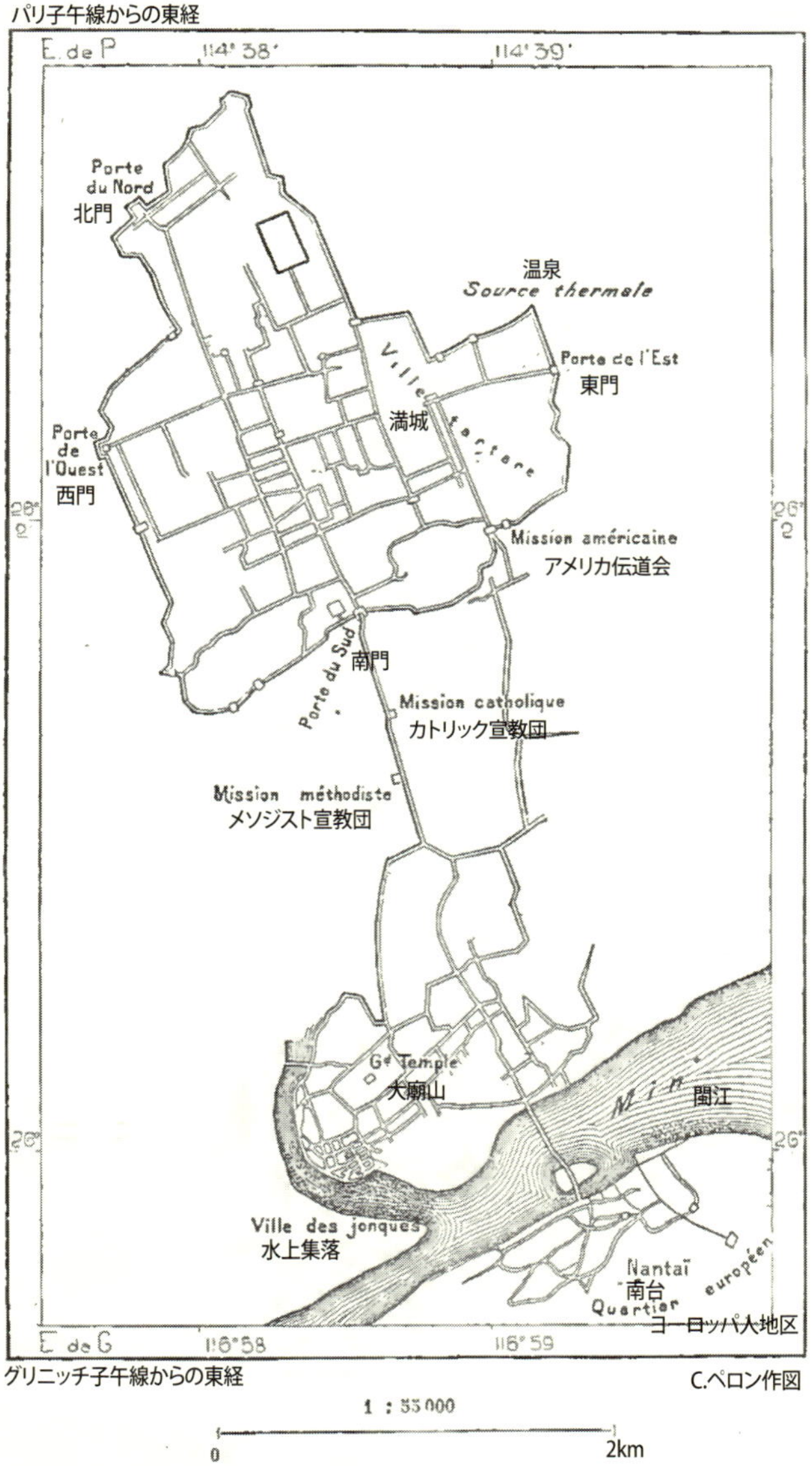

図 91　福州府

挿画 XLV　福建省、閩江上流の水口（シュイコウ）
トムソン氏の写真をもとに、ヴイエ筆

福州は城郭都市で、士大夫やブルジョワのほか、満州人の子孫一万人が暮らし、閩江の岸から三キロ離れて位置する。大きな郭外町が川岸まで続いており、商業活動はそちらに集中する。さまざまな商工業の事業所が街路ごとに集中する区画だ。川をはさむ南岸にはもうひとつ人口の多い郭外町、南台（ナンタイ）がある。流路の中央にある小さな島である中洲（チュンチュウ［楞厳洲］）も家屋が覆う。川面そのものもサンパン［三板、小舟］の水上集落になっており、区画に分かれていて、行商する舟が水路を行き交う。福州から南台までは、この中洲を通って大理石の橋が二脚架けられている。一八六〇年には木造の橋上家屋がまだ残っていて、興趣をそえた。この万寿橋（ウェンチュ・キアオ）は十一世紀の建設といわれ、長さは四〇〇メートルもないが、四〇ほどの橋脚が不均等な間隔で設けられている。橋梁のいくつかは差し渡し一五メートルを超える巨大な砂岩の厚板で、それが通路を支える。だが橋脚は何度も崩れ落ち、

川底にあるその残骸が急流を形成したので、ジャンク船の通行は妨げられ、万寿橋を越えて遡上できるのは、喫水の浅い平底船に限られる。橋梁の厚板を交換するには、ほぼその高さまで水位が上昇する満潮時を利用する。平底船に渡された厚板を、橋脚のあいだに正確に位置させておいて、船に砂などの重量を加えて沈みこませ、石板を然るべき箇所に嵌めこむのである★。エジプト人が巨石を運搬する際に用いたのと類似の手順だ★★。一八七六年に閩江が増水したさい、万寿橋はほぼ水没したが、流されることはなかった★★★。

福州の交易

ヨーロッパ人地区は南台の郭外町にあり、大半の住居は市街を一望する丘の斜面、中国人墓地のあいだに散在する。輸出品はほぼ茶葉のみで、福州は長きにわたりこの品目の発送で最大の港だった。だが同地に根を下ろしたロシア人商人たちが磚茶の製造を開始し、それを天津に仕向けるようになっている★★★★。福州にやってくる中国の内航船が求めるのは、ほかに建材や竹、家具、紙、雑多な種類の果物で、香港や広州、上海の港で買い込んだヨーロッパからの輸入品と交換してゆく★★★★★。

閩江上流、武夷山脈

福州は城郭内にある三つの丘に因んで「三山」と呼ばれることもしばしばだが、市街そのものも高い山々に囲まれる。ひとつは福州と兵器廠のあいだの閩江から、八八〇メートルの高さに立ちあがる方形の花崗岩の鼓山（ク・シャン）で、全土に著名な正真正銘の山岳だ。峰の上部にある圏谷にある涌泉寺と、同寺をめぐる壮麗な散策路からは、中洲の島々や河流、そして福州市街のすばらしい展望が広がる。暑い季節になると、この僧院は富裕な商人たちの静養場所になる。谷のあちこちに湧き出す温泉はヨーロッパのように別荘地になって

★ Rousset, *op.cit.*

★★ Desjardins, *Notes manuscrites.*

★★★ Mrs. Thomas Francis Hughes, *Among the Sons of Han,* London: Tinsley Brothers, 1881.

★★★★ 1879 年における福州の茶葉輸出先は、イギリス 2 万 7898.932 トン、オーストラリア 5916.214 トン、喜望峰 464.426 トン、その他 3 万 6922.837 トン。

★★★★★ 1879 年における福州の対外貿易額は、輸入 43505 万 5850 フラン、輸出 7948 万 8450 フラン、合計 1 億 2299 万 4300 フラン。港湾取り扱い量は以下の通り。

イギリス船	433 隻	34 万 5569 t
その他の国籍	144 隻	7 万 2514 t
計	577 隻	41 万 8083 t

おり、福州の城門の傍らにもそうした温泉がある。市街から一〇キロ上流の地点には万寿橋と似た橋梁があり、谷の上に連なる丸い稜線にちなみ「赤い山々の橋」あるいは「雪の山々の橋」と名付けられている。上流の平底船は、流域の主な谷間が集まる位置に立つ延平（ユンピン）の大邑の川下にある水口（シュイコウ）の邑を越えることはできない。福建省内の最上質な黒茶を採取しようと閩江をさかのぼった植物学者フォーチュンは、種々の困難に逢着して引き返したのち、浙江省経由で山脈を迂回し、「ボヒー〔武夷、英語読み〕」山脈の峠〔楓嶺関か〕から閩江の谷へ下るのを余儀なくされている。この閩江上流の茶葉の大市場は、中国南部で最も尊宗される孤絶した山塊、武夷山脈（ウイ・シャン）にほど近い崇安（ツォンガン〔武夷山市崇安県〕）である。武夷山脈は粘板岩と砂岩の礫で構成され、それを石英や花崗岩の鉱脈が寸断しており、平地から三〇〇メートルの高さに立ちあがる。絶壁をそなえる素晴らしい岩山は、峡谷の底を流れる九曲渓とあいまって、省内きっての興趣をそなえた地帯である〔一九九九年に世界遺産登録〕。この産地は茶葉の素晴らしさにより、一帯で最も富裕でもある〔武夷岩茶〕。高台に散在する「九九九寺」の仏僧が茶葉を栽培する★。

泉州

福州よりも以前に首都の座を占めたのが、福建省のさらに南にある泉州（ツワンチュウ）である。同市はいまも省の軍総督〔福建巡撫か〕の任地だ。中世には一般に「ツァトゥン」として知られ★★、マルコ＝ポーロやアラブ人地理学者の著作に関する注釈者たちは、彼らのいう「ザイトゥン、サイトン、ザイトゥーン」は、同市を指すとする点で一致する。それはイブン＝バットゥータによれば「世界の数ある港のなかでも最大規模の港の一つ、否、間違いなく最大のもの〔『大旅行記7』前掲書、二六頁〕」だ。アラブ人は大挙してここで交易を営み、中国と西洋の橋渡しになった。アルメニア人やジェノヴァ人さえ根を下ろし、一三一八年から一三二二年にかけてはひとりのイタリア人司教が居住した。マリニョーリは「信じられぬほど広い」

★ Robert Fortune, *Tea-districts of China and India* [*A Journey to the Tea Countries of China*, London: J. Murray, 1852].
★★ Klaproth, *Recherhes sur les ports de Campou et de Zaïtoun.*
★★★ Yule, *The Book of Marco Polo, op.cit.*

この市内で「三つの美しい教会」を目にしている。港には膨大な船舶があり、泉州の商人たちは日本との戦さがあれば、この港から「日出ずる国」の列島まで船橋を架けると豪語していたほどだ。「オリーブの町」を意味する「ザイトゥーン」はアラブ人が中国名を変形して命名したもので、砂糖やビロード〔緞子〕、絹布を西洋の商人に供給した。イブン＝バットゥータはサテン〔繻子〕すなわち「ザイトゥーニーヤ」は、それを送り出すこの都市の名前が由来であると明言し、語源についてはユールもそれに近い見解だ★。だが泉州の泊地はだんだん砂で閉塞し、にぎわいはもっと南にある広大な厦門港に移っていった。厦門は泉州の区域にあって従属する交易地として、おなじくザイトゥンの名で知られていたようである。今日では、旧ザイトゥン港とそれを代替した厦門港のあいだにある小さな安海鎮（ニアンハイ）の港が、中継地として機能する。

厦門

福建省南部の港であるアモイ、すなわち厦門（ヒアメン、ヒアムン）は、現在は西洋の船に開港されている。昔のザイトゥンのように交易面で「最大のもの」ではないが、世界有数の美しい港湾であり、かつてはともに陸地の一部だったように見える小島が囲む島内に建設されている。埠頭の手前には良好な投錨地があって、最大級の船舶も停泊できる。ポルトガル人が十六世紀初頭に中国沿岸へ到来したとき、すでに厦門は福建省の大港湾で、ここに上陸したのである。ヨーロッパ船は一七三〇年までこの泊地に投錨したが、一八四二年に再び対外貿易に開放されるには、イギリス人の大砲によらねばならなかった。一八八〇年時点で三〇〇人を数えた「紅毛鬼」の居留地は、厦門から六〇〇メートルの距離にある鼓浪嶼（クウランス）という小島にあり、ヨーロッパ家屋を囲んで全く新しい中国人街が立ち上がった。これは対岸の中国人街区よりもよく手入れされている。一八五七年に博物学者スウィンホーが同地に設立した学術協会は、すこぶる有用な自然史研究を行なった。鼓浪嶼に隣り合う島のひとつには尖った岬があり、そこにある天然の洞窟を透かし見ると、泊地と船の群れを黒い岩が額縁のように切り取る。

★ *Ibid.*

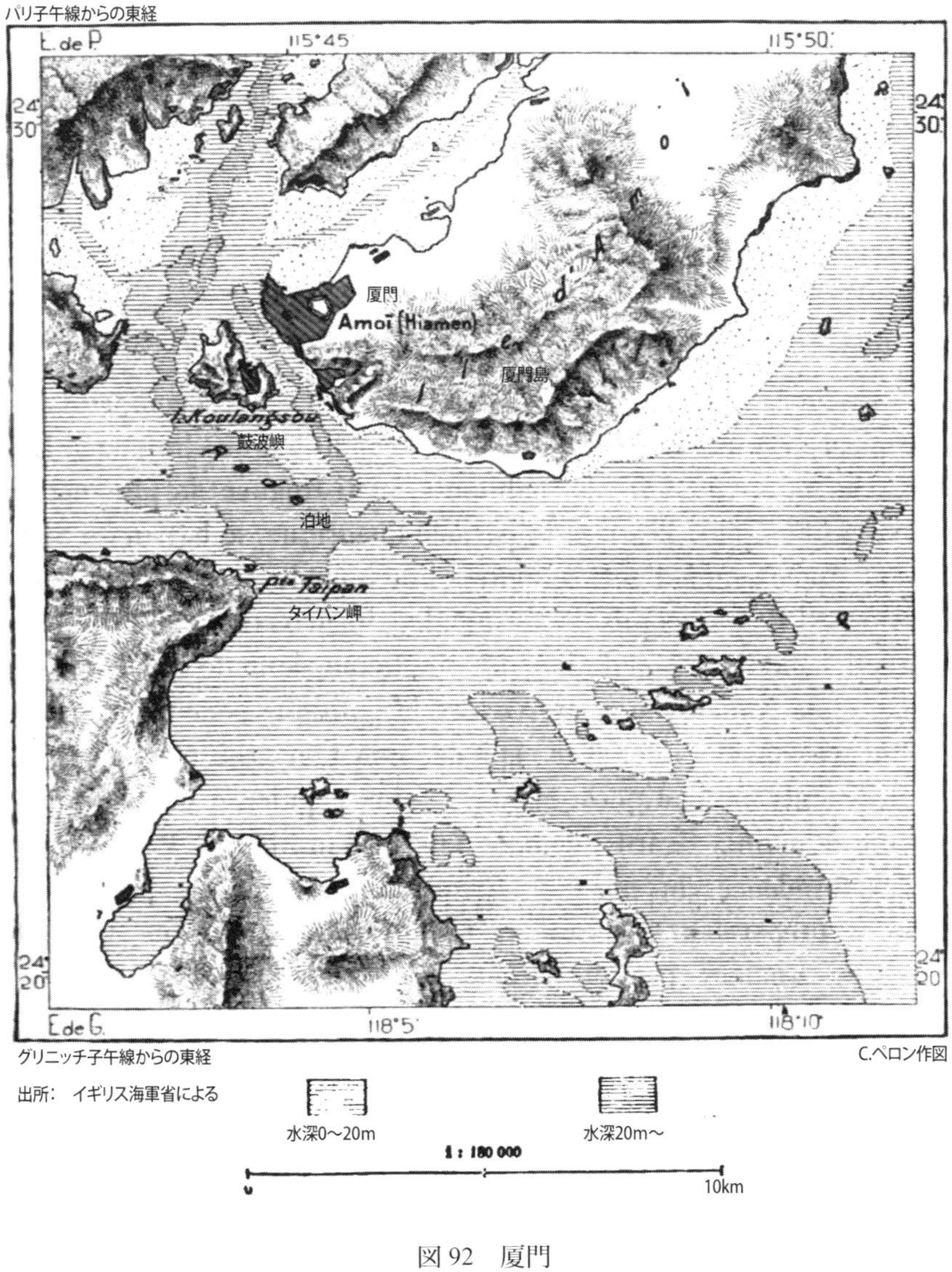
パリ子午線からの東経
E. de P.
115°45'
115°50'
24°
30'
厦門
Amoï (Hiamen)
厦門島
I. Koulangsou
鼓浪嶼
泊地
pte Taipan
タイパン岬
24°
20'
E de G.
118°5'
118°10'
グリニッチ子午線からの東経
C.ペロン作図
出所：　イギリス海軍省による
水深0～20m
水深20m～
1 : 180 000
0
10km

図 92　厦門

厦門の交易量は福州とほぼおなじだが★、品目は輸入が主に阿片、輸出が砂糖★★と茶葉からなる。また多くの移住者は厦門から船出するので、シンガポールとのあいだに恒常的な旅客の流れがある★★★。厦門はまた台湾と大陸を結ぶ商業的、軍事的な結節点でもある。住民は進取の気性に富むことで知られる。港には今や修理用ドックが設けられており、ジャンク船や外航用の小型船舶のほか、二〇〇〇トン級の大型蒸気船も修理する★★★★。本島の一部は不毛の花崗岩からなるが、漳州（チャンチュウ）や同安（トゥンガン）といった人口稠密な都市がある陸地の田園部は、広大な農業地帯だ★★★★★。

★ 1879 年における厦門の対外貿易額は、輸入 6937 万 0375 フラン、輸出 4598 万 3825 フラン、合計 1 億 1535 万 4200 フラン。

★★ 1880 年における厦門からの砂糖輸出量は 1 万 8000 トン。

★★★ 1879 年に厦門から出発した移住者は 2 万 0512 人で、うち 1 万 4455 人がシンガポール、3393 人がマニラに向かった。いっぽう帰国者は 2 万 0067 人。

★★★★ 1879 年における厦門の港湾取り扱い量は、寄港船舶が 1540 隻（うちイギリス船が 1060 隻）、総トン数 89 万 2000 トン（うちイギリス船が 72 万トン）。

★★★★★ 現代の旅行家による南東部の主要都市の人口概数は以下（単位万人）。

浙江省	温州	17	（1879 年、領事館報告）
福建省	福州	60	
	漳州	50	（領事館報告）
	連江	25	（宣教師たち）
	延平［南平市］	20	（Wolfe）
	崇安［武夷山市］	10	（Fortune）
	厦門	8.8	（1879 年、領事館報告）
	安海	6	（Matheson）

第七節　西江流域　広西省〔広西壮族自治区〕、広東省

総説

中国のこの箇所はすでに一部が熱帯に属し、気象条件や農産物、住民の歴史からみて、帝国の他の部分から最もはっきりと区別される。有史時代の西江流域は、しばしば北部とは別の主君に所属したし、恐るべき太平天国の乱が今世紀半ばに誕生したのもこの地域だった。中国の二〇分の一という住民数にくらべ、広東省は帝国全体の政治に甚大な影響をおよぼしており、正規の人口調査が欠如するなか、国内最大の都市とみられているその首府は、さまざまな点で北京に対応する重きをなす。かつてあらゆる侵入が準備された地であるモンゴル高原地帯を「北の御座所」が監視していたころ、ほとんどインド的な気候のもとにある「東の市邑〔広州〕」は、インド洋の波が洗う島々や半島群と、中国世界を結ぶ諸関係を保持した★。

地勢

西江の谷の北方にある種々の山並みは、地元住民に無数の名称で呼ばれるが、リヒトホーフェンはその全体をナン・シャン〔南山、南嶺山脈〕と提示している。これは揚子江流域と同様に南西から北東に向かう稜線の集まりで、あいだを広い裂開部が隔てる。そのひとつ、平夷山（ピンイ・シャン〔貴州省内〕）はほぼ永久雪線に達するらしく★★、広東省南部の山々にくらべ、平均標高はかなり上回ると信じられている。南部の山々のほうはトンキン地方に端を発し、北方に右江（ユ・キアン）を伴いつつ、湾に沿ってやはり北東に向かう〔十万大山脈か〕。マルティニによれば二日がかりで登頂する洛陽（ロヤン〔乳源瑶族自治県洛陽鎮〕）の高い山塊を越えたのち★★★、南嶺

★ 西江流域の両省の概要。

	面積（km²）	人口（1842年、単位人）	人口密度（人／km²）
広西省	20万1680	812万1317	40
広東省	23万3728	2015万2603	86
計	43万5368［ママ］	3827万3930［ママ］	65

★★ *Mittheilungen von Petermann*, 1861.

★★★ Martini, *Novus Atlas Sinensis, op.cit.*

山脈は西江を渡る。この一帯に連続する峡谷群が、広西省と広東省の自然境界を構成する。だがもっと川下でも西江は左右の山脈にはさみつけられ、河道は狭い。他の山脈も、南嶺山脈と大半は同方向に並びつつ、広東省東部から福建省へと延びている。そのひとつはまさに広州の城門近くに端を発し、美景をそなえる白雲山（ペイユン・シャン、パクワン・シャン）の山岳集団を形成する。山腹には無数の墓がある。その先には標高一二〇〇～一五〇〇メートル級の羅浮山（ロフ）の山々があり、樹陰のなかに僧院が散在する。さらにその向こうにある山々は、福建省の並走する諸山脈につながるが、まだ測量されていない。宣教師たちの報告によれば、韓江（ハン・キアン）と東江（トゥン・キアン）の分水界になっている稜線はかなり高く、冬には冠雪する★〔蓮花山脈〕。

韓江、梅江

福建省の南にある韓江は、広東省西部の諸流を受け取る水量豊かな川である。源流は江西省との省境付近にあり、山列のあいだの隘路を北からまっすぐに南下する。最大の支流である梅江（メイ・キアン）は、稜線のあいだを分ける長大な沈降部を南西から北東に辿り、福建省から西江流域に至る縦走路を提供する。

西江

西江（シ・キアン）、広州人の発音では「セイ・コン」の名を与えられた川は、南嶺山脈の南斜面〔嶺南〕にすこぶる潤沢な降雨をもたらす夏のモンスーンのおかげで強大である。広東省の年間降水量は二〇〇〇ミリ以上と推定される。貴州省高地部のミャオ人の郷国と雲南省に上流をもつが、ふたつの南部の省を包含する地方名をもとに黔江（ピュエ・キアン）と呼ばれることもある。最大支流である紅水河（ホンシュイ）は、広州人がこの名で呼ぶ下流部に至るまで、種々の名称をそなえる。単一の正確な呼称が欠如するため、旅行家は誰もが自分の訪れたのが西江の本流と考えた。広東省の北部で、梅嶺の山麓に端を発する川〔北江〕で乗船したユックとガベは、西江の本流を下ったのだと信じたし、西江の支流でトンキン地方に端を発する郁江（ユ・キア

★ Hirth, *Mittheilungen von Petermann*, 1875.

ン）を遡上したモスも、西江そのものとして自分の旅を語る。紅水河と西江の合流点よりも下流では、もうひとつの大きな川である桂江も合するので、西江は勢いを強め、広東省の一連の峡谷に入り込む。しかしいくつかの地点では砂洲が流れを妨げ、低水位の季節になると、水深二メートルの水路しか残らない。だがモンスーンの雨が降る夏には、水位が八～一〇メートル上昇する。加えて潮汐が毎日二度訪れ、水を押し上げる。海から三〇〇キロの広西省内でもそれは感得されるのだ。水路が深い箇所だと、測鉛は五〇メートル超でようやく川底に触れる★。

北江

西江は最後の峡谷で九〇〇メートルの高さに屹立する急崖に挟まれ、川幅は二〇〇メートルしかないが、そこを抜けて北江（ペ・キアン）に合流し、河口デルタ地帯になる。この分枝してゆく河口部まで全長は一五〇〇キロ以上に及ぶが、主流と支流群の航路網は、それをはるかに上回る距離になる。ほんの小さな流れでも小舟を通過させ、舟を曳いて川底の隆起部を乗り越えてゆく船頭たちの工夫と努力のおかげだ。西江は広西省、貴州省、雲南省と広州をむすぶ唯一の交易路であるだけでなく、ホン川［ソンコイ川］やメコン川が涵養するインドシナ諸地方との交易の一部も担う。北江の水運は主流よりもさらに量が多く、広州の港と揚子江流域を結ぶ幹線航路であり、中断箇所は梅嶺［梅嶺関、小梅関］のみだ。南部を渉猟したヨーロッパ人旅行家の大半もこの道を辿った。すでに一六九五年には、宣教師ブーヴェが北江を航行したし、一七二二年にはゴービルが天文測量にもとづく地図を作成した。帝国のあらゆる歴史的経路のうち、北江のそれ［梅関古道］は最も重要だった。これなくしては、南部全域が中国帝国から隔離されたからである。蒸気船が旅客や貨物を海岸沿いで運ぶようになって以来、北江の水運はすこぶる縮小したが、それでも斜面の両側を結ぶ交易は、いまなお大きな金額に上る。

東江、西江デルタ

★ Expédition de Mac Cleverty et d'Aboville en 1859, *Mittheilungen von Petermann*, 1861.

西江と北江の合流点の下手で流れは分岐するので、ふたつの川が直交したようにも見える。うち主流は南に下り、島〔澳門島、香山島〕の西で海に流れ込む。もうひとつの流れは東進し、広州の沖積地の内部を蛇行する無数の水路の網目に至る。東からはもうひとつの大型河川が到来し、これまた西江下流の迷路のなかに分枝してゆく。すなわち東江で、源流は北東の江西省と福建省の境界地帯にある。東江も水運が盛んで、とりわけ砂糖やコメ〔米〕ほかの農産物を大量に運送する。デルタ内の水路は、日に二度の潮汐のおかげで、広大な網目のすべてにわたり航行可能であり、世界有数の天然水路地帯だ。八〇〇〇平方キロ以上の土地を縦横に貫く航行可能な水路により、人間や貨物が運送され、道路の建設はほぼ不要なほどである。一帯の住民がいわば水陸両生の能力をそなえるに至ったのもうなづけるのであって、水上でも陸上と同様に難なく暮らしている。あちこちに停船しながら行商が行われるだけでなく、色々な時期に大型の市がデルタ内で催され、ふだんは誰もいない水域に、一時的な舟の町が形成されるのが目撃されてきた★。漁のほかにも、水上生活者たちは多様な産業をいとなみ、農民でさえ田畑の横に平底舟を係留し、そこに暮らす。こうしたわけで、この地帯が帝国随一の交易中心地になるのもまったく自然だったのだが、乱世には海賊が、盤根錯節する迷宮のような水路に巣窟を構えるのも、また自然だった。砂洲や葦原の陰に隠れ、ジャンク船が通りかかるのを待ち伏せできるからだ。同地を荒らし回る海賊をヨーロッパの軍艦が一掃するのは、大変な苦労だった。

珠江

広州の市街は、西が西江と北江、東が東江の分流で形成された三角州の、ふたつの鼻からほぼ等距離にあり、ジャンク船はどちらに行くにも最短経路をとることができる。東の水路のほうが広くて深く、とくに「広州の川」と呼ばれるほか、「真珠の川」を意味する珠江（チュ・キアン）の名を得ている。名称の由来は海珠（ハイチュ〔海珠区、当時は島嶼〕）の砦と信じられている。地図上では「ダッチ・フォリー」すなわち「オランダ人のフォリ★★」とされる場所だ。大型船は珠江を市街まで遡上することはできず、大型ジャンクや通常の

★ H. Gray; Katscher, *op.cit.*

★★「フォリ」はピジン・イングリッシュの「フォート〔砦〕」である。

蒸気船は、一五キロ下流の黄埔（ホアンプ、ホワンポア）に停止する。軍艦だと一帯で二メートルを超える満潮時の潮汐の助けを借りても、さらに下流に留まらねばならない。引き潮のさい水深四メートルまで浅くなる砂洲が河口を閉塞しているからである★。珠江および河口部の境界は、流路を両岸から挟みつける岩がちな階崖で、はっきりと分かる。両岸とも城砦が警備し、中国人は虎の口にたとえて虎門（フウメン）と名付けた。ヨーロッパ人の船乗りはそれを翻訳して「ボッカ・ティグリス」ないし「ボーグ」と呼ぶ。水底や砂洲の形は不断に変化しており、海岸線も同様だ。全体として陸地は海方向に前進しており、旧海岸線の先に新たな浜辺が形成されると、沿岸住民はさっそく堤防を作り、泥のなかにイグサ［藺草］の種をまく。これは勢いよく生育し、莫蓙の原料になる繊維をもたらすだけでなく、土地を固めてかさ上げし、淡水の領域に変えて、少しづつ塩分を除去する。数年もすれば耕作適地になるので、役人がやってきて測地し、土地台帳に記入するのである。

珠江口の島嶼

沖積地帯には、中国全体の山系とおなじく、南西から北東に向かう丘陵の列がいくつか立ち上がり、河流が堆積する泥土や、海流が運ぶ泥土の支点の役割を果たしている。外海と珠江口の区分線は、こうした岩がちの島々がいくつか平行する列からなり、まるで半分が海没した巨大な突堤群の残骸に似ている。うちいちばん北側のものは大型の島々からなり、高い山頂をそなえる島もある。広州デルタの入り口にあり、ポルトガル名のモンタンハ［ポルトガル語で山］の名のほうがよく知られる横琴島（ウンクム）と、大嶼山（ランタオ）の島がそれで、両島ならんで歩哨のように位置する。ラドロネス諸島、すなわち［スペイン語で］泥棒諸島は、香港島とともにまん中の列を形成する［万山群島］。そして島々がなす突堤の最後が、最も沖合にあるカイポンとレマの長大な列島だ［担桿列島］。

西江流域の気候

西江流域はふたつの温度帯が交錯する。気候面でみれば、広州が熱帯なのは半年だけで、モンスーンの交代

★ Sampson; Hirth, *Mittheilungen von Petermann,* 1873.

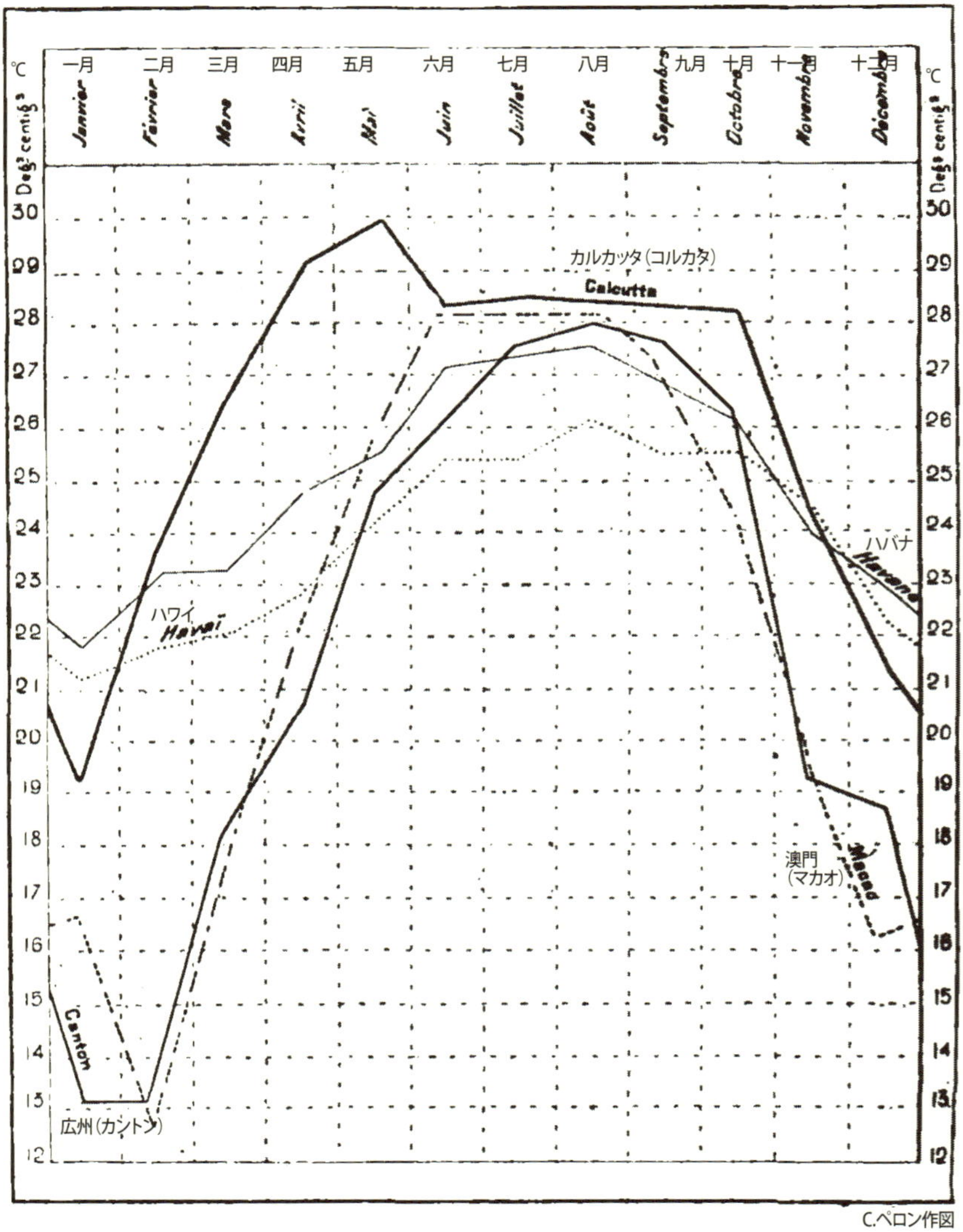

図 93　広州と他の諸都市との気温比較

に伴い、言ってみれば南北を往復するからだ。気温年較差はカルカッタ〔コルカタ〕やホノルル、ハバナ、あるいは同緯度にある都市よりもはるかに大きい★。五月から九月にかけ南西モンスーンが吹き、雨を運んでくるときの中国南部の暑さは、おなじく赤道から離れているヒンドスタンの諸都市とおなじくらいである。だが十月になって北東の極地風が卓越し、海岸線や、山岳地帯の中間にある溝部に平行して吹くようになると、気温は急低下する。この風は大半を海洋で過ごしてくるが、南下して温まると大量の水蒸気を吸収できるため、雨は降らない。モンゴルに吹く風とおなじくらい非常に乾燥しているように感じられる。一月になっても降雨はめったになく、夜は澄みわたり、たまに軽い霜が木々の葉を萎れさせる。広州の水面に薄氷が張るのさえ目撃されているが、曙光でたちまち溶けてしまう。ただし、夏の高湿な風と、冬の乾燥風の交代は、完璧に規則的なわけではなく、地形や海岸の輪郭により、大気の流れは千変万化に屈曲する。南西モンスーンは広州では南東風になるのである。大嶼山の高い山並みの周囲では、何カ月も毎日のように雷雨が発生する。太陽が地平線に沈むやいなや、山頂に雲が湧き、つむじ風が巻き起こって、黒々とした空に稲光が走る★★。

西江流域の動植物

風の動きと気候全般に見られる季節の対照性は、植生に反映する。冬の田野はむきだしで、山々も全面的な緑の装いはなく、熱帯の外側にある地方の様相をみせる。だがモンスーンが逆転して降雨が到来するや、すべてが変わり、南方種がどっと咲き乱れて、ヒンドスタンにいるかと思われる。中国種のマツ〔華山松か〕のそばにヤシ〔棕櫚〕が立ち上がり、山中ではクリ〔栗〕やコナラ〔小楢〕の近くでツバキ〔椿〕が生育する。温帯の果樹に混じり、さまざまな柑橘類やグアバ〔バンジロウ（蕃石榴）〕、バナナ〔芭蕉〕、マンゴー〔檬果〕、ライチ〔茘枝〕

★ 北半球の熱帯にある諸都市の気温比較（単位℃）。

	年平均気温	8月	2月	較差
広州	21.6	27.8	14.0	13.4 ［ママ］
マカオ	22.5	28.2	13.5	14.7
カルカッタ［コルカタ］	26.7	28.4	23.0	5.4
ホノルル	24.0	25.9	21.7	4.2
ハバナ	25.0	27.4	22.9	6.5

★★ Meyen, *Klimatische Verhältnisse des südlichen China's.*

がみられる。ヨーロッパでは温室で育てられる大木や小木、丈の低い植物類は、広州の空の下では盛んに繁り、その花でもって大地を彩る。西江の流域と比べれば香港島はちっぽけな面積だが、イギリス人博物学者たちがこうした南方の植物相の縮図を見出すには十分だった。ただし、多数の大型動物が生息するには、未墾地として残る空間があまりに窮屈であり、ノロジカ〔獐鹿〕とキツネ〔狐〕しかいない。小動物や鳥類、昆虫、チョウ〔蝶〕類のかなりはヒンドスタンの動物相に属し、インド洋沿岸にいるような気になる★。内陸にはヒンドスタン系の大型動物がいくつかみられ、広西省の森林ではサイ〔犀〕に出会う★★。また、陸地に近い島とのあいだを泳ぐトラ〔虎〕も何度か目撃されている★★★。

西江流域の住民

中国南部の住民のなかに、マレー系をはじめ南方の人種的要素が入り込んだ確率は高いが、広東省人の習慣や言語にその痕跡はまったく見当たらない。言葉は純然たる中国語で、今日の士大夫の方言〔官話〕よりもなお古形に近く、どこの地名も北部および中部とおなじ系統に属する。また、文語における特定の漢字に対応しない独自な言葉の数も、初期の中国学者たちが考えたよりはずっと少ない★★★★。ただし内陸には今も先住民が存続し、中国人との単一民族に溶け込んでおらず、野蛮人と中国人にみなされている。広東省の北西部、北江の西支流である連州（リエンチュウ〔連山〕）の川〔湟水、連江〕の源流付近に暮らすミャオ人は、一七三〇年に雍正帝が譲渡した土地に、自治共同体を形成している★★★★★。十七世紀には別のミャオ人が、韓江上流の支流群が生まれる山中に入植したらしいが、この福建省との境界付近は今や全域が中国人入植者の占拠するところだ。ビルマが起源とされるヤオ人、ないしイウ人（瑤族）は安南との境界近く、省内南西の山中を遊弋する〔恭城瑤族自治県〕。ヤオ人には多様な方言があるが、全体では三万人を下らないようである。このため力づくで中国人から自衛しようとは考えず、もっぱら策略により現在まで独立を維持してきた。ヤオ人は極東には珍しく、

★ Fortune; Swinhoe; David.
★★ *Mittheilungen von Petermann,* 1861.
★★★ Swinhoe, *Treaty ports of China and Japan.*
★★★★ Douglas; H. Yule, *The Book of ser Marco Polo, op.cit.*
★★★★★ Hirsch, *Mittheilungen von Petermann*, 1873.

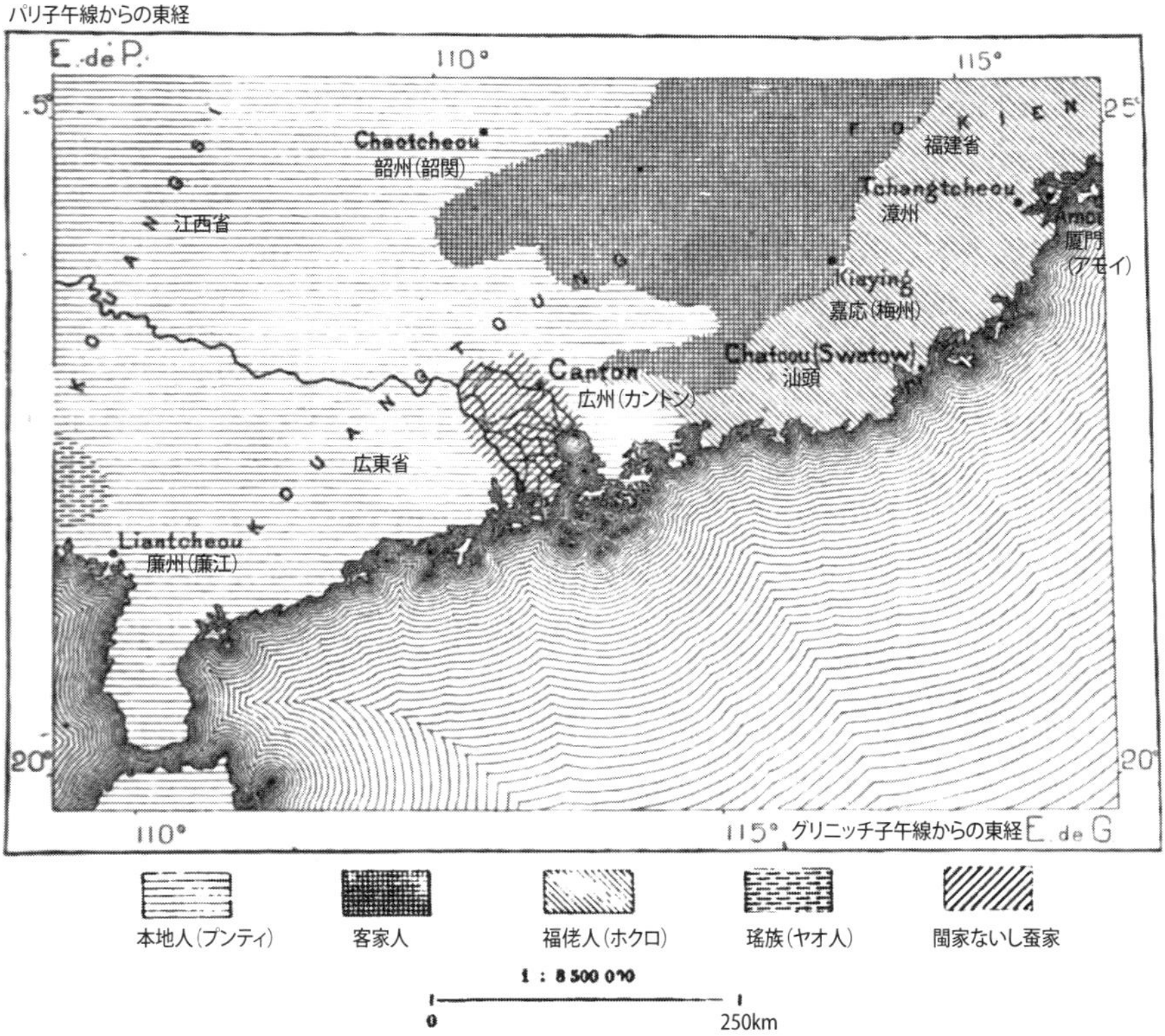

図 94　広東省の住民集団

チェルケス人やシュキペタル人［アルバニア系］、コルシカ人と同様に、代々にわたり一族同士が受け継ぐ「ヴェンデッタ［イタリア語の血讐］」の慣習を保持する。ただしコルシカやアルバニアとおなじく、女性は闘争の埒外にあり、男たちが追いつ追われつして戦うのに対し、何の心配もなく畑仕事にいそしむことができる。

広州周辺の住民集団

広州とその周辺の住民はホクロ（福佬）、本地（プンティ）、客家の三集団に分かれる。それぞれが同一の人種に属するわけではないにせよ、少なくとも言語と歴史的経緯を共有する集団だ。

ホクロ人（福佬）と水上居民

ホクロ（ヒオロ、ヒアオロ）人はとくに沿岸部と河口部に多く居住する。漢字表記［清代以前には「講」が当てられた］の意味は「学のある昔びと」で、他の住民

よりも古い文明を含意しているように見える。だが三集団のうち、文芸的な職業に従事する人物と出会うことが最も少ないのもこの集団である。ただし「福のある昔びと（福佬、フォー・ロ）」という呼称もある。「講」や「福」はホッキェンないしフォキェン、すなわち福建省の省名にも入っている名詞であり、そこから考えれば、真の意味は「福建省のひと〔福建佬。現在は蔑称であるとして用いられず、閩南民系と総称する〕」ではないかと想定しうる。その方言は厦門のものとほとんど変わらない★。中国の伝承によると、広東省に移住してきたのは十四世紀とされる。河口部に何万人と暮らす船上生活者は、南部の他の民族的要素よりも福佬人に近く、おなじく福建省が起源とされる。だが生活類型の違いのため、特殊なカーストとして福州の水上居民のように賤視され、無礼千万な数々の呼称で呼ばれる。福州と同様に、広州でもこのカーストは陸地に住むのを許されておらず、親子代々が平底舟で生活し、川沿いを漂いながら水上集落を形成する。珠江のあちこちの投錨地は世襲財産になっており、舟が壊れると、おなじ場所に新しい舟を設ける。

本地人、客家人

「大地の根のひと」を意味する本地（プンティ）は南部諸省で最大多数の住民で、地付きの民である資格を誇る。おそらく北からの移住者と先住民との混交から生まれたものだが、自分たちは郷国の所有者であると考えており、雲南省においてさえ、中国人と呼ばれるのをいさぎよしとせず、別個の民であるとしたがる★★。南部の貴族層を代表することとて、彼らは客家人やホクロ人からなる下層民を侮蔑の念をもって取り扱うだけでなく、中国北部の住民さえ、風俗の優雅さと洗練において下回るとして軽侮する。言葉は流麗な広東語で、「白話（ペ・ホア）」と呼ばれ、すなわち筆頭の言語の意味だ。相当量の文芸作品がこの言葉で著されてきた。本地人は広州とその周辺では最大多数を占めるが、客家人プロレタリアの脅威を受けつつある。客家人は、広東省の北東部に根を下ろした移民の子

★ Williams, *Syllabic Dicttionary*; Frederick Porter Smith, *A vocabulary of proper names, in Chinese and English, of places, persons, tribes, and sects, in China, Japan, Corea, Annam, Siam, Burmah, the Straits and adjacent countries*, Shanghai: Presbyterian Mission Press, 1870; Yule, *The Book of ser Marco Polo, op.cit.*; Metchnikov, *Notes manuscrites*.

★★ Rocher, *op.cit.*

孫で、本地人や福建省人と全く違う言語を話し、南方の諸語よりもはるかに官話に近い。南京で話される「正音」の分枝と思われるが、本地人に固有の表現や言い回しも、かなり多く取り入れられている。客家（ハッカ、ないしク・キア）は南部諸省において最も純粋な狭義の中国人を代表する。ほぼ全員が農耕民で、疲れを知らず労働に打ち込む。ヨーロッパ人がヒンドゥー語で「クーリー（苦力）」と呼ぶ労働者のなかに最も多く見出されるのが彼らと福建省の出身者だ。台湾やジャワ、サイゴン、バンコク、サンドイッチ諸島、ペルー、カリフォルニアへ大挙して赴く中国人移民は客家人であり、ボルネオからシンガポールまでの中国人集落で話されるのも客家語である。揚子江流域から西江の流域へと、何世紀も以前に、彼らはこの労働による平和的な征服運動に赴いたのであって、今やその流れは世界にあふれ出している。本地人がいかに傲然と軽蔑しようと、人間の労苦の総体において中国民族が達成する業績は、客家人の率先によるところが大きいのである。

汕頭

広州の東は、住民の言語や習俗からみて民族学的には福建省に属する部分だが、その最大の商都は、外国人がスワトウと呼ぶ沙汕頭（シャシャントウ）、ないし汕頭（シャントウ）だ。一八四〇年頃には漁村にすぎなかったが、航行可能な河川〔榕江〕沿いにあって肥沃な沖積平野〔潮汕平原〕の出口という好適な位置が、交易を引き寄せるようになった。諸条約により一帯に拠点を構える許可を与えられるずっと以前から、イギリス人商人は韓江の河口にある島を奪取していた。彼らはこれをダブル・アイランドと名付け、阿片ほかあらゆる商品の集積地に仕立て上げたのである。とくに南澳島（ナモア、ないしナンガオ）や近くの海岸をはじめ、イギリス人商人の周囲には海賊や密輸業者が群がり、清朝役人もあえて近づかない一種の共和国を形成するに至った★。ところがダブル・アイランドのヨーロッパ人は密貿易にとどまらず、男たちを捕えては契約労働者として新世界に売り飛ばしたので、一八五八年に同港が開かれたさいには極めて冷たい態度で迎

★ Robert Fortune, *Three Years' Wanderings in the Northern Provinces of China,* London: Murray, 1847.

えられ、住居や倉庫の土地を見つけるのも苦心惨憺したのである。外国人商人に対する地元民の怒りのせいで、中国人商人が汕頭の対外交易を奪取するのは簡単だった。海際にあるほぼすべての商館は広州人か、シンガポールからの移民のものだが、とくに後者は一種のハンザ〔ドイツ語の商人組合〕である「汕頭のギルド〔潮州幇か〕」を結成し、他の沿岸港湾でもヨーロッパ人商人に対し、取引条件を指定する。主な輸入品は満州で仕入れた豆粕で、汕頭から地区の首府である潮州府（チャオチュウ・フ）まで、韓江デルタの全域を覆うサトウキビ〔砂糖黍〕畑の肥料だ。潮州はまた国内最高の樟脳を産する★。輸出品目は砂糖やラッカセイ〔落花生〕のほか、漆器や扇子といった地元工芸品である。港は海岸から八キロの地点にあるが、満潮ならば喫水六メートルの船舶を受け入れられる。河〔榕江〕への進入地点には水先案内人の集落があり、かつてダブル・アイランドのヨーロッパ人密輸業者が野営した場所だ。汕頭は沿岸部きっての健康的な風土だが、ハリケーンによる被害が深刻で、家屋はすべて練り土で建てられ、強風に耐えるよう平屋根になっている★★。

桂林、梧州

西江の地方では河川と舟の陸路運搬が唯一の通路なので、都市はいずれも河畔に立ち上がる。とりわけ合流点とか、急流とか、あるいは停泊のために商品の保管場所が必要になる地点である。広西省の省都である桂林も同様で、湘江と桂江〔上流は漓江〕を経由し、揚子江と西江を連絡する水路〔霊渠〕の閘門がある峡谷の出口に位置する。だが桂江は急湛が多く、増水期以外にはほとんど航行できないため、桂林も行政上の次元とうらはらな小都市にすぎない。大都会は、西江が桂江と合流した川下の北岸に建てられた梧州（ウチュウ、ないしンチュウ）である。雲南省と広西省の農産物のすべて、銅鉱石、建築や家具製造用の木材、コメ〔米〕、そして桂林とその川の由来となったカシアの一種〔肉桂〕は梧州に集められ、広州から送られてくる塩や工業製品と交換される。一八五九年にはマクレヴァーティとダボヴィル〔フランス海軍

★ Williams, *Syllabic Dictionary, op.cit.*

★★ 1873 年における汕頭の港湾取扱量は、船舶 1226 隻、総トン数 56 万 6250 トン。対外貿易額は 1 億 3706 万 7100 フラン。

挿画 XLVI　汕頭の中国人女性の髪形
トムソンの写真をもとに、ロンジャ筆

軍人Eugène-Auguste d'Aboville〔一八一〇―一八六五か〕の指揮する英仏派遣軍が西江を遡上し、梧州に至った。

肇慶、仏山ほか

西江がデルタに達する最後の急流から下手の左岸にある肇慶（シュヒン、シャオヒン、チャオキン、シャコイン）は、長きにわたり広西、広東両省の総督〔両江総督〕の任地だったが、現在では総督府は、広州を訪れる外国人を監視するため移転した。肇慶はかつて南部で最も清潔、かつ優美な都市だったが、太平天国の軍勢の掠奪をこうむり、もはや珠江の河畔に鎮座する強大な都市〔広州〕に比肩すべくもない。それでも交易量は大きく、茶葉や陶磁器、近傍の山中で切り出される大理石の厚板を扱う。市街を見下ろす丘陵には洞窟を彫り抜いた寺院群がある。住民は両岸に押し合いへしあいして暮らし、どちらの岸辺でも、谷間が家屋を建設できるほど広い場所は、ことごとく村々が連続し、一個の連続した都市域を形成する。商業活動と人口集中地は、西江と北江の合流点方面に集中する。そこはデルタ地帯の後端で、三水（サンシュイ）および西南鎮（サイナン）の両都市がある。城壁のない仏山（ファチャン、フォシャン、フシャン）は、中国の行政階層では単なる邑ないし村にすぎず、戦乱にあたり住民の避難場所として利用される二〇〇程の塔が、間を置いて設置されている。だが長さは二〇キロほどあり、中華帝国の四大市場〔四大名鎮〕のひとつに数えられ、三水での分流〔東平水道〕を珠江と結ぶデルタでは、最多の人口をもつ都市域を構成する。しかし仏山付近の水路はかつてほど水量がないようで、十七世紀にはブーヴェほかの宣教師が人口一〇〇万人を擁する

と述べたこの村が、今日には半分程度にまで衰退した理由だろう。仏山は広州に匹敵しなくなったが、絹や金物、莫蓙、紙、帆布など、あらゆる種類の品目を製造するその外縁部とみなすことは可能である。広州の東、東江デルタの後端にある石龍（シールン、シャクルン）も商業は広州に従属し、同市向けの砂糖ほかの食品の集積地だ。北江もすこぶる人口稠密な地帯を涵養し、梅嶺のふもとの南雄（ナンヒウン）や、韶州（シャオチュウ〔韶関〕）は、ジャンク船の往来が非常に盛んである。韶州で北江に合流する支流〔武江〕は、広州から湘潭に至る経路が越える標高四〇〇メートルの峠、折嶺に端を発する。北江上流の走る山地には石炭層がはなはだ豊富だ。北江が平野部に入る箇所にある小さな丘には巨大な洞窟群があり、全体が一宇の仏寺になっている★。

広州

中国の諸年代記が広州について語るのは二三〇〇年前からである。当時はナンウ・チェンすなわち「南の戦いの城」と呼ばれ〔番禺城。「南武」と対音した誤解か〕、その名にふさわしく、しばしば叛旗をひるがえした。紀元二五〇年には北方の中国人を駆逐するのに成功し、五〇年にわたり完全独立の状態にあった。十世紀初頭には別の国家の首都となり〔南漢の興王府〕、中央とは毎年の貢納によってつながるのみだった。だが六〇年後には宗朝の創始者〔趙匡胤、九二七―九七六〕が再占領する。一六四八年には満州族に対し明朝を旗印に決起し、一年以上にわたり抵抗したものの、攻囲戦で七〇万人以上の市民が落命し、市街は掠奪にゆだねられて瓦礫の山になった。

カントン、あるいは広州府（クワンチュウ・フ）、現地の方言では仙城（シェンチェン）は、言ってみればマレーの諸島やインドシナの半島群に向き合う南端にあるにも拘わらず、中華帝国のなかで最も中国的な都市のひとつだ。おそらく人口が最多なだけでなく、外観の独自性でも、中国の首都がもつ特質に忠実な点でも、国内の他の大都会を凌駕する。北京のような埃っぽい大道はないし、モンゴルのステップ地帯に近いことを思い起こさせる天幕風の家屋もない。また上海や漢口のように、居館や堤防、船舶、人々が完全にヨーロッパ風な新開

★ Barrow, *op.cit.*

パリ子午線からの東経

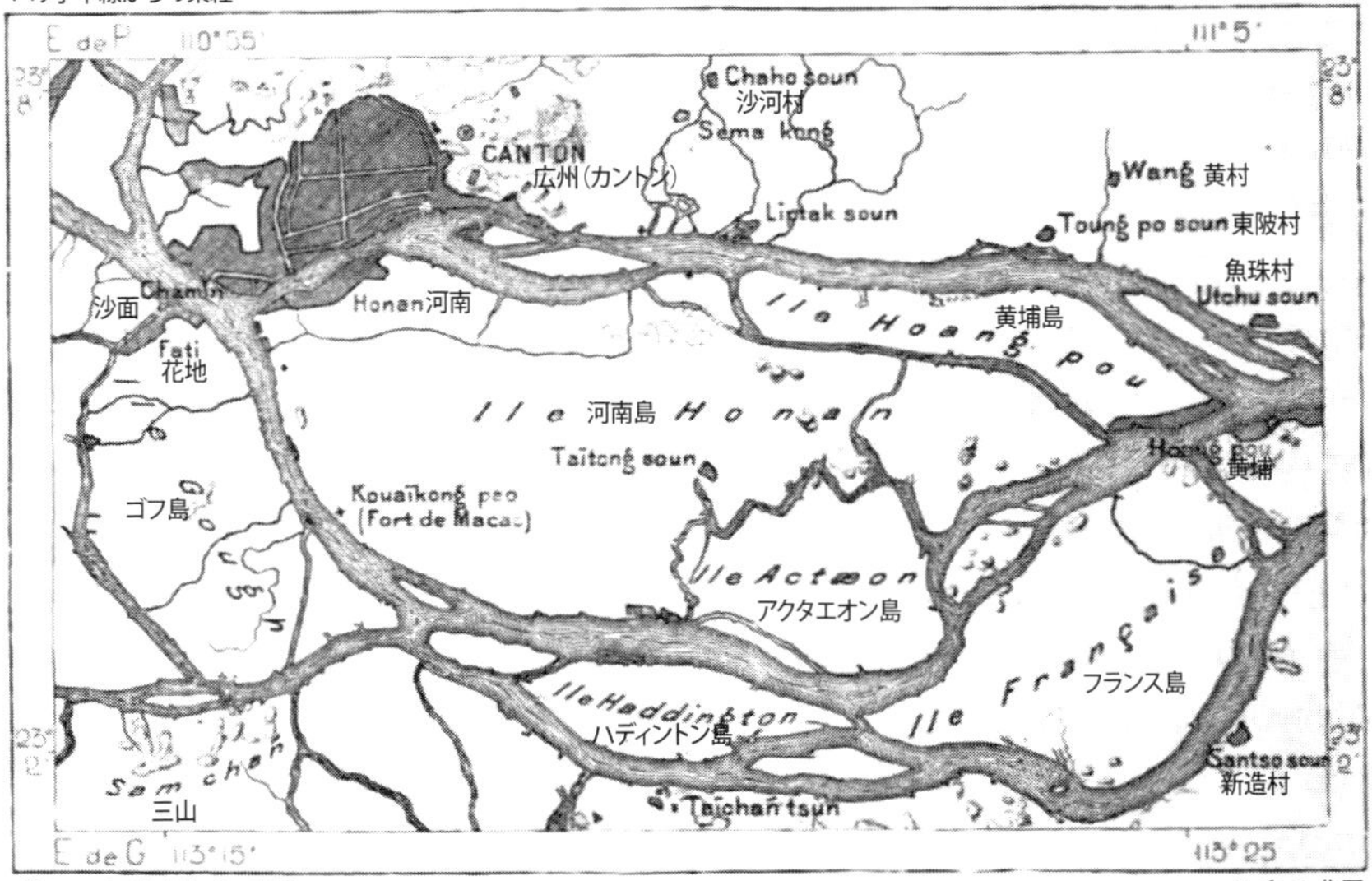

グリニッチ子午線からの東経　　C.ペロン作図

出所：　フランス海軍による

1 : 200 000

0　5km

図 95　広州、黄埔、河南島

地が威圧することもない。「長毛〔太平天国〕」が壊滅させた杭州ほかの多くの都市のように再開発の必要もなかった。ヨーロッパ人が初めて同市を望見した五〇〇年以上前とおなじなのである。「世界唯一」といわれるこの都市は、まず水面に浮かぶ界隈をもって外国人にその姿を見せる。そこにはあらゆる種類の船舶が停泊し、陸上の集落のような多くの小島をなしており、そのあいだを隔てる水路を、平底船がひっきりなしに行き交う。川幅一キロ以上になるこの箇所でも、船が水面を埋め尽くし、商人や職人、食堂主、歓楽商売の人々からなる群衆が、陸上の都市におとらぬ賑わいをみせる。狭義の市街は珠江の北岸にあり、城壁に囲まれるが、中国の習慣にしたがい、もうひとつの城壁でもってふたつの区域に分けられている。住民はこの数平方キロの狭い空間で押し合いへしあいする。道路は狭く入り組み、どの商店の店先にも、漆塗りに金泥をほどこした看板が吊り下げられ、街路をいっそう狭くしている。小道の至るところで莫蓙が頭上に差し渡され、薄明かりのな

か、大きく店先を開いた富裕な商店のあいだを、色々な服装の群衆が音もなく滑るように歩き回り、輿を通すためにあちこちで道を開ける。市街の外には、広大な郭外町が川岸に沿って左右に伸びる。向かいの南岸には河南（ホナン）の市街が同名の島に立ちあがる。南西には花地（ファティ、ないしホアティ）があり、園芸農家が盆景〔盆栽〕や種々のキク〔菊〕栽培にたずさわる。仏塔や、質草を貯蔵する耐火性の高倉が、軒の低い家並みの連なりを睥睨する。だがこの広東省の首府は国内きっての不衛生な風土で、少なくとも八千人の盲人と五千人のハンセン病患者を数える。西洋人の美醜の感覚に対し、第一印象がこれほど正反対の相貌が多い都市はめったになく、大半を不快に感じる★。外国人のうち群を抜いて人数が多く、かつ富裕でもあるイギリス人住民は、沙面（シャミン）の島に自分たちの壮麗な街区を拵え上げた。中国人の居住区域よりもはるかに衛生的であり、遊歩道や樹陰の小道、馬場をそなえる。うまく選んだもので、珠江の最も深い水路が分岐する「租界」の向かい側だ。

　工業生産の点で広州は中国随一の都市である。絹の製糸、布地の染付と仕上げ、製紙、ガラス細工や漆器のほか、象牙細工や木彫品、彫刻とワニス塗りをほどこした素晴らしい家具、鋳物、陶磁器、精糖など「広州産品」として知られる千に及ぶ品目が内陸に出荷される。刺繍技術も完璧の域に達しており、色の配置といい優美な図柄といい、仕上げといい、世界に匹敵する品はない★★。杭州が中部の絹製品の集積地であるのに対し、広州は南部のそれである。同市の交易はほぼすべて地元商人の手にかかり、沙面のヨーロッパ人は仲介業者にすぎなくなった。一八一五年のアムハースト卿〔イギリス外交官、植民地行政官 William Amherst 一七七三―一八五七〕使節団よりも以前には、イギリス人商人は単にお目こぼしされていただけで、トルコのような特許条約〔外国人居留民に治外法権を認めた条約〕もなければ、ヨーロッパ諸国との通商条約も存在しなかった。だが物資の流れが完全に自由化されると、広州は対外交易を独占し、とてつもない規模に成長した。のち上海など他の港湾も開港したため二線級に転落したものの、取扱量は少しづ

★ U. Wernich, *Geographisch - medicinische Studien nach den Erlebniffen einer Reise um die Erder,* Berlin: A. Hirschwald, 1878.

★★ de Rochechouart, *op.cit.*

つ回復している★。イギリス人と中国人の絶え間ない接触により形成されたピジン・イングリッシュは、広州で生まれた。これは商用英語、すなわちビジネス・イングリッシュのことで、その表現のいくつかは英語本体にも入り込んでいる。在外商館の周囲には、生粋のイギリス人でも中国人でもない特別な仲介人〔買弁〕の大群がひしめくが、大半は評判が悪く、「カントン人」という呼び方に内在する悪意の原因になっている。巷の格言には、西部の山地での生活がいかに過酷か、そしてこの南部の大都会の生活がいかに堕落的かを表すものがある。すなわち「爺さんよ、四川省には行かぬがよい。若者よ、広州には行かぬがよい★★」。

黄埔

広州の珠江における前港である黄埔も大都会で、泊地を囲む島々の岸辺に四キロにわたり連続する。ヨーロッパ風の新開地にすぐ隣接するが、まったく中国風の独自性を保持する。しかし、不潔さも同様だ。鳥籠に似た竹の小屋の都市集積で、アリ〔蟻〕のように膨大な群衆を、有名な仏塔が見下ろす。造船所や修理ドック、大型倉庫をそなえるため、ヨーロッパ船にとって最も整備された寄港地のひとつだ★★★。だが同地の物資流通のうち、かなりの部分は近傍の水流の葦原の中で秘密裏になされる。密輸業者は夜にまぎれ、イギリス人商人が置いて行く阿片の梱包を取りに行くのだ。岸辺にはぽつりぽつりと昔の塔がみられるが、建設された年代も、警戒した敵方の名前も、今では忘却のかなたである。

香港

イギリス人商人にとって、開放された中国国内の市場群ではまったく不足だったため、中国側の城砦群による防備線の外側にある沿岸の島を奪取した。ホンコン、ないしヒオンコン、広東語ではヒアンキアンは、一八四一年からイギリス人に属し、そのおかげで数年のうちに東洋

★ 1879年における広州の対外交易は輸入6395万1000フラン、輸出1億2131万5975フラン、合計1億8526万6975フラン（1844年には2億8400万フラン）。うちイギリスが1億2733万7050フランで、65%を占めた。

★ Guillemin, *Annales de la Propagation de la Foi,* novembre 1850.

★★ 1879年における黄埔の港湾取扱量（ジャンク船を除く）。

イギリス船	1459隻	145万1750 t
それ以外	433隻	21万2250 t
計	1892隻	166万4000 t

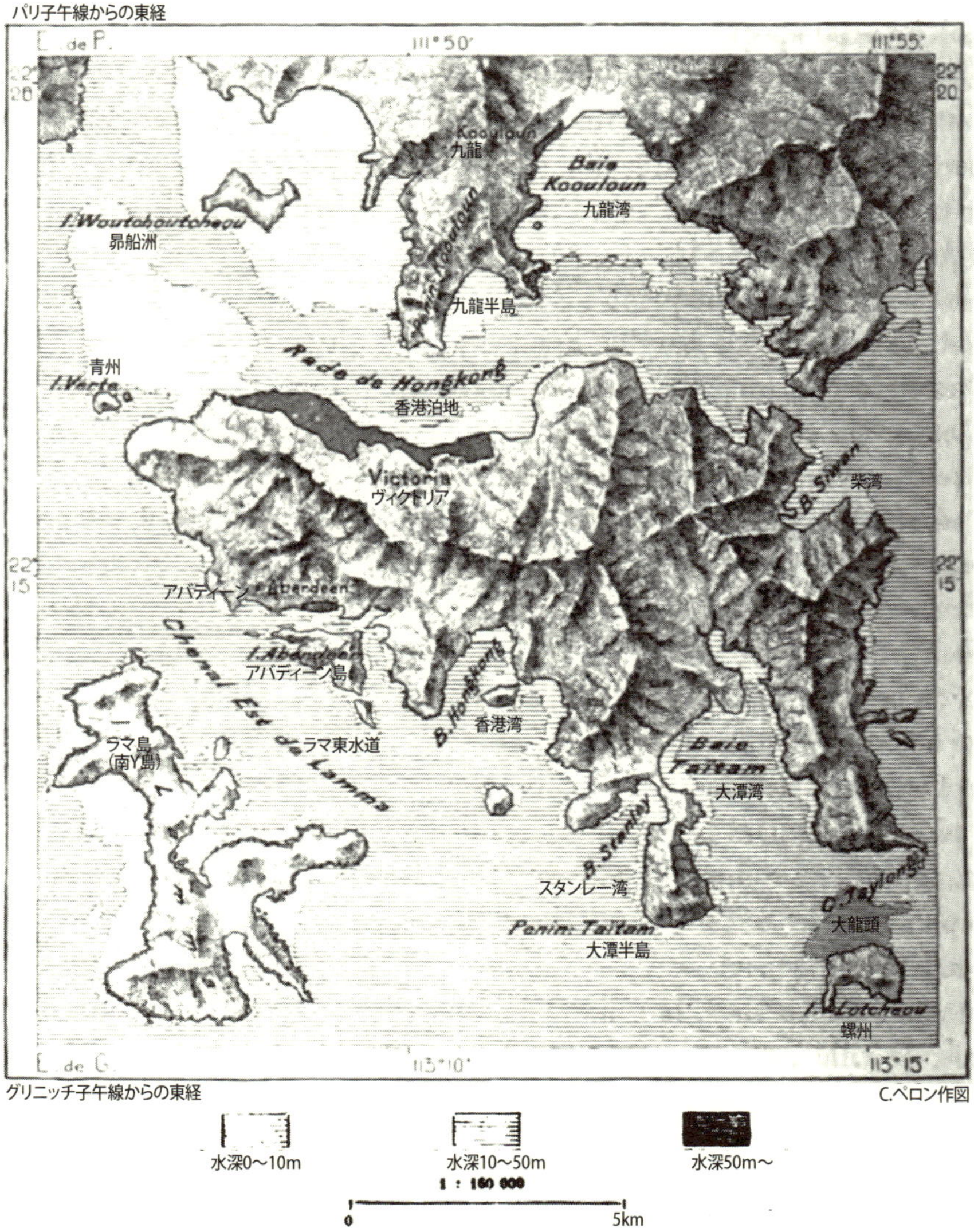
パリ子午線からの東経
L. de P.
111°50′
111°55′
22°20′
Kooulоun
九龍
Baie Kooulоun
九龍湾
I. Woutchoutcheou
昂船洲
九龍半島
Rade de Hongkong
香港泊地
青州
I. Verte
Victoria
ヴィクトリア
S. B. Siwan
柴湾
22°15′
アバディーン
Aberdeen
I. Aberdeen
アバディーン島
Chenal Est de Lamma
ラマ東水道
B. Hongkong
香港湾
ラマ島
(南Y島)
Baie Taitam
大潭湾
B. Stanley
スタンレー湾
Penin. Taitam
大潭半島
C. Taylong
大龍頭
I. Lotcheou
螺州
L. de G.
113°10′
113°15′
グリニッチ子午線からの東経
C.ペロン作図
水深0〜10m
水深10〜50m
水深50m〜
1 : 160 000
0
5km

図96　香港

きっての繁多な場所のひとつになった。花崗岩、片岩、玄武岩からなる面積八三平方キロの香港島は小さな別世界で、山や谷、森や水流、浜辺、岩場の入江、港湾、小島や岩礁からなる小列島群をそなえる。西の水道では大陸から二五〇〇メートルの距離だ。イギリス人が主人になったさい、島内には農民と漁民が二千人ほどしかいなかった。今日では海峡部を泊地とした北岸に大都会ヴィクトリア市、中国人にとっては群帯路（クワンタイルウ）が立ち上がる★。人口の多い村々も谷間の出口という出口に建設され、半島はいずれもマツ［松］類やバンヤンジュ、竹林の深い緑の中に、別荘や豪勢な記念建造物がある。島内の最高地点［標高五五二メートルのヴィクトリア・ピークか］まで美しい道がつづら折りに登っており、頂上からは、五三九メートル足下にヴィクトリアの埠頭やまばゆい泊地が広がり、軍艦や商船の航跡が交差する。街路の清潔さといい、また建築の堅牢さ、邸宅の豪華さといい、城砦を建設中のこのイギリス都市は、母国の都市に似ているが、ベランダを飾る花々や、小木がいっぱいの庭園、そして南部の輝く空でもって、美しさでは凌駕する。植民地化の初期には、土木業者が盛んにヴィクトリア市の土地を掘り返し、ひどく不衛生な町という評判だったが、現在は極東に住むイギリス人の「サナトリウム［療養地］」だ。ただし、海風に正対する島の反対側ほど空気の入れ替えは早くない。惜しいことに香港はハリケーンの通路にあたる。一八七四年の台風では千軒以上の家屋が倒壊し、大型船三三隻と数百隻のジャンク船が沈没した。死者は数千人に及んだのである。

香港は、イギリスおよびインドとの交易における中国での橋頭堡だが、学者たちが中国に関する資料を集めるうえでは、極東において上海と並ぶ都市であり、最も貴重な著作の出版地でもある。また、世界で最も多様な人種を観察できる場所のひとつだ。パールシー教徒［南アジアのゾロアスター教徒］は、伝統的な誠実さのおかげで、長きにわたり兄弟分として遇されており、最も尊重される外国人である。あらたな主人になったイギリス人は、あらゆる言語や人種のヒンドゥー教徒のほか、マレー人、ビルマ人、ポルトガル人との混血、ポリネシア人を香港に導入した。人口の大宗を占める中国人は、あらゆる省の出身者から

★ E. P. Smith, *Vocabulary of Chinese Proper Names*; William Frederick Mayers, Nicholas Belfield Dennys, Charles King, *The treaty ports of China and Japan, a guide book*, London: Trübner, 1867

挿画 XLVII　香港。九龍半島からの眺め
トムソンの写真をもとに、Th. ウェーベル筆

なる。イギリス本国と広州との交易はいっさいが香港を経由し、上海や漢口、天津に仕向けられたヨーロッパ商品のかなりも、この都市から発送される。泊地の取扱船舶の総トン数は四〇〇万トンを超え、年間貿易額は三億フランと推定される。ただし、香港の在外商館群は対中自由貿易の初期ほど豊かではなくなった。今やヴィクトリア市のそばの市街地、とりわけ泊地の対岸にある九龍（クーロン）には、中国人商人が設置した大型倉庫が立ち並ぶ。九龍には大型の造船所も建設されたし、ヴィクトリア市のイギリス風の邸宅も、つぎつぎに地元民の手に落ちている。香港が独占するのが金や銀の預け入れだ。金融機関群はあえてイギリス以外の保護下に資本を賭けようとしないからである。島の南西には「リトル・ホンコン」とも呼ばれるアバディーンの小さな町があり、これも多くの造船所やドックをそなえる。最近、島内には大型の製糖

工場がいくつか設置された★［香港は一九九七年に中国に復帰］。

マカオ（澳門）

「神の御名の都市なるマカオ」、中国人にとっての澳門（ニャオメン）は香港の西、珠江口の反対側にある。公式には中国から切り離されておらず、北京政府はポルトガル人によるこの半島の占拠を、無条件なものとは一度も承認していない。そして領主として康熙帝が定めた年五〇〇両、すなわち約三七〇〇フランを駐在官経由で受け取っている。だが一五五七年にさかのぼる保有の古さと、アマラル総督の積極的な施策［第七九代総督 João Maria Ferreira do Amaral 一八〇三—一八四九による対清強硬政策］により、マカオは正真正銘にポルトガル的な土地になった。ヨーロッパ人が占拠する街区はエストラマドゥラ地方の都市そのままで、正則な形の大邸宅群が赤や黄に塗られ、重々しい欄干が飾り立てる。巨大な僧院群は兵営に改築された。一四〇〇人の守備隊を含め、いわゆるポルトガル人住民はほとんどが混血だが、それでも人口の過半には程遠い。最大の街区は中国人のもので、群衆がひしめき、この植民地の仕事のすべてもそこで行われる★★。プラヤ・グランデと呼ばれるポルトガル人地区でさえ、一部は漢族が入り込んでいる。中国人がこの地区に住宅を建設するのは禁じられているが、ポルトガル人の旧宅を買い取り、先祖を祀る祭壇を聖母子像の代わりに設けるのだ★★★。

マカオの市街は交易の好適地で、珠江デルタの大きな島の南にある険しい半島の南岸を占める。半島の面積は三一平方キロで、かつて城砦が切り離していた「睡蓮の茎［蓮峰山］」と呼ばれる細い砂洲で陸地につながる。その北の中国領には「緑の山」を意味する青州山の城壁が認められ、ポルトガル人はカサブランカと命名した。泊地は山がちな島々によって沖合の風から防護され、珠江や西江河口の西からやってくる大型船とジャンク船に通路を提供する。マカオは三〇〇年近くにわたり中国帝国の対ヨーロッパ貿易を独占したが、他の港が開放されるに及んで排他的な優位性を失ったため、商人たちは物資の発送に従事す

★ *Wetenschappelijke Bladen*, aug. 1881.
★★ 1878 年のマカオの人口は、ヨーロッパ人 4509 人、中国人 5 万 5450 人。
★★★ De Hübner, *op.cit.*

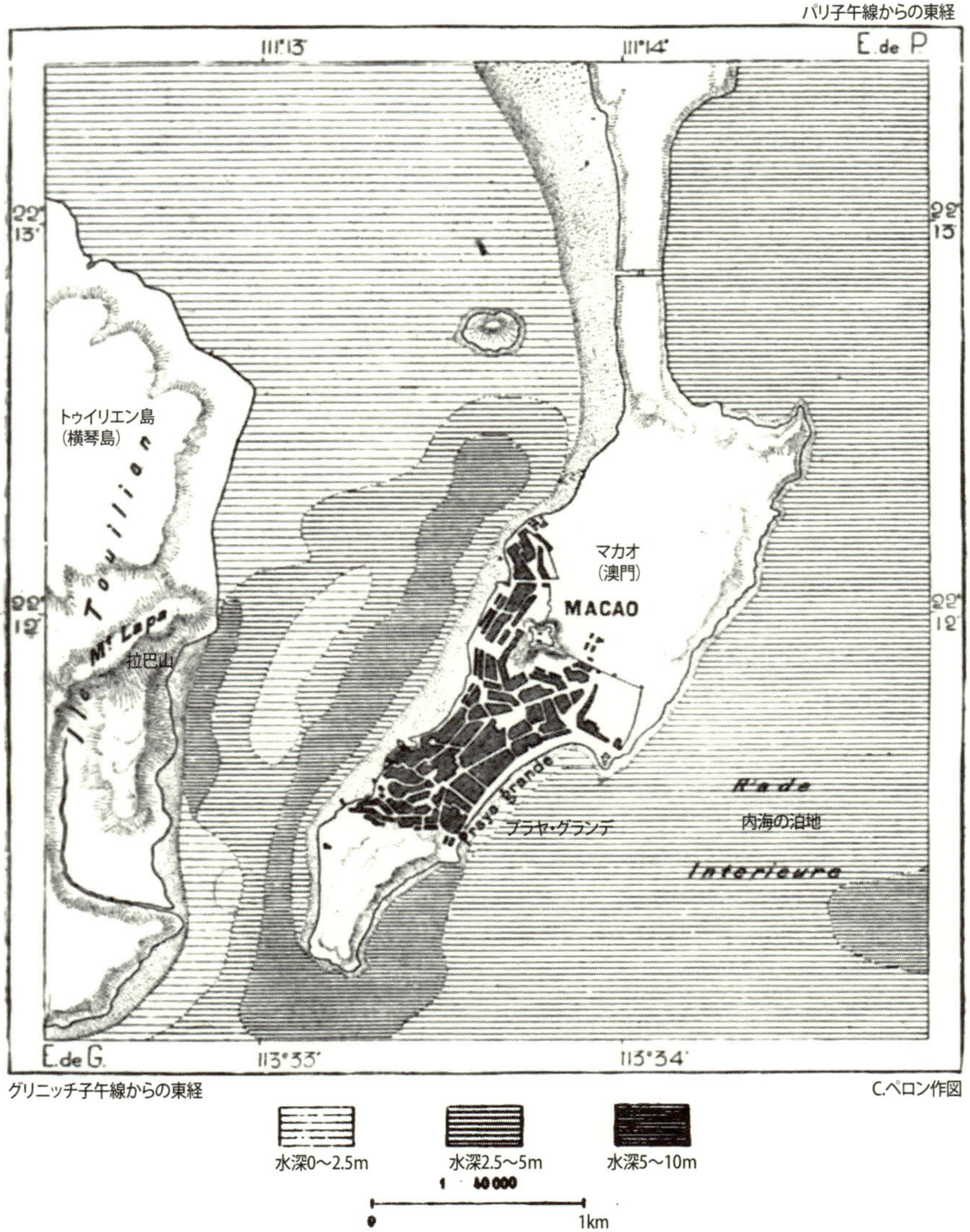
パリ子午線からの東経
111°13′
111°14′
E.de P.
22°13′
22°12′
トゥイリエン島
（横琴島）
Ile Touillian
Mt Lapa
拉巴山
マカオ
（澳門）
MACAO
Praya Grande
プラヤ・グランデ
Rade Interieure
内海の泊地
E.de G.
113°33′
113°34′
グリニッチ子午線からの東経
C.ペロン作図
水深0〜2.5m
水深2.5〜5m
水深5〜10m
1 : 40 000
0
1km

図 97　マカオ

るのを止め、人身売買に乗り出した。同地の「バラコインス〔barracões ポルトガル語。英語ではバラクーン。原義は黒人奴隷収容施設〕」は島々や沿岸部で捕獲、ないし買い取られたクーリー〔苦力〕の中継地になり、彼らは自発的な契約労働者の名のもとに、ペルーやアンティル諸島方面に送られたのである。北京の抗議により、一八七三年にこのおぞましい交易は終止符を打ち、その後はある程度の誠実さが、移民との契約に保障されるようになった。今では、大半の労働契約が清国領内の黄埔で締結される〔契約華工〕。今日の極東でマカオの悪名を高めているのはカジノだ★。現地の交易はほぼ全部が中国人商人のもとにあり、ある程度の量のコメ〔米〕や茶葉★★、絹織物、砂糖、インディゴが発送される★★★。だがほとんどがジャンク船によるもので、湾内にヨーロッパ船をみることはめったにない。これらのジャンク船はコーチシナの塩を運んでくる★★★★。市参事会すなわち「レアル・セナド〔直訳では王室議会、中国名は澳門市政庁〕」は普通選挙で選出される。

マカオは文学史に著名である。カモインス〔ポルトガル人詩人 Luís Vaz de Camões 一五二四頃―一五八〇〕は一五五〇年と一五六〇年に都合一八カ月を同地に滞在し、『ウズ・ルジアダス』をここで執筆したといわれる。この詩人の隠棲地と伝えられる「白い雉鳩の園と名付けられた」園地の所有者が、岩が崩れて一種の洞窟のようになっている箇所を指す。カモインスが「悩みにぴったりの隠れ家」として「生きておりかつ死んだ岩、埋葬された生者である岩の臓物のなか」に隠棲し、「何の束縛も気兼ねもなく呻吟★★★★★」できた場所かもしれない。市の墓地には、中国の言語と地理の研究に最大の業績を挙げた学者のひとり、モリソンの墓がある。またカトリック信仰を日本に導入し、「インド諸島の守護聖人」に聖別された著名なイエズス会宣教師、フランシスコ＝ザビエルは、沿岸近くの上川島（チャンチュエン、サンシアン）、イギリス人船員が呼ぶセント・ジョン島で一五五二年に死去した。香港在住のイギリス人は、マカオ市郊外に多くの別邸を購入し、沿岸で定常的に吹く海風を享受する〔マ

★ 1880 年における賭博収入は 202 万 8000 フラン。
★★ 1878 年のマカオの茶葉輸出量は 405 万トンで、推定金額が 630 万フランである。
★★★ 1878 年のマカオの貿易金額は 1 億 2434 万フラン。
★★★★ Mortimer Murray, *Commercial Reports,* Jan. 1879.
★★★★★ Sonnet 141.

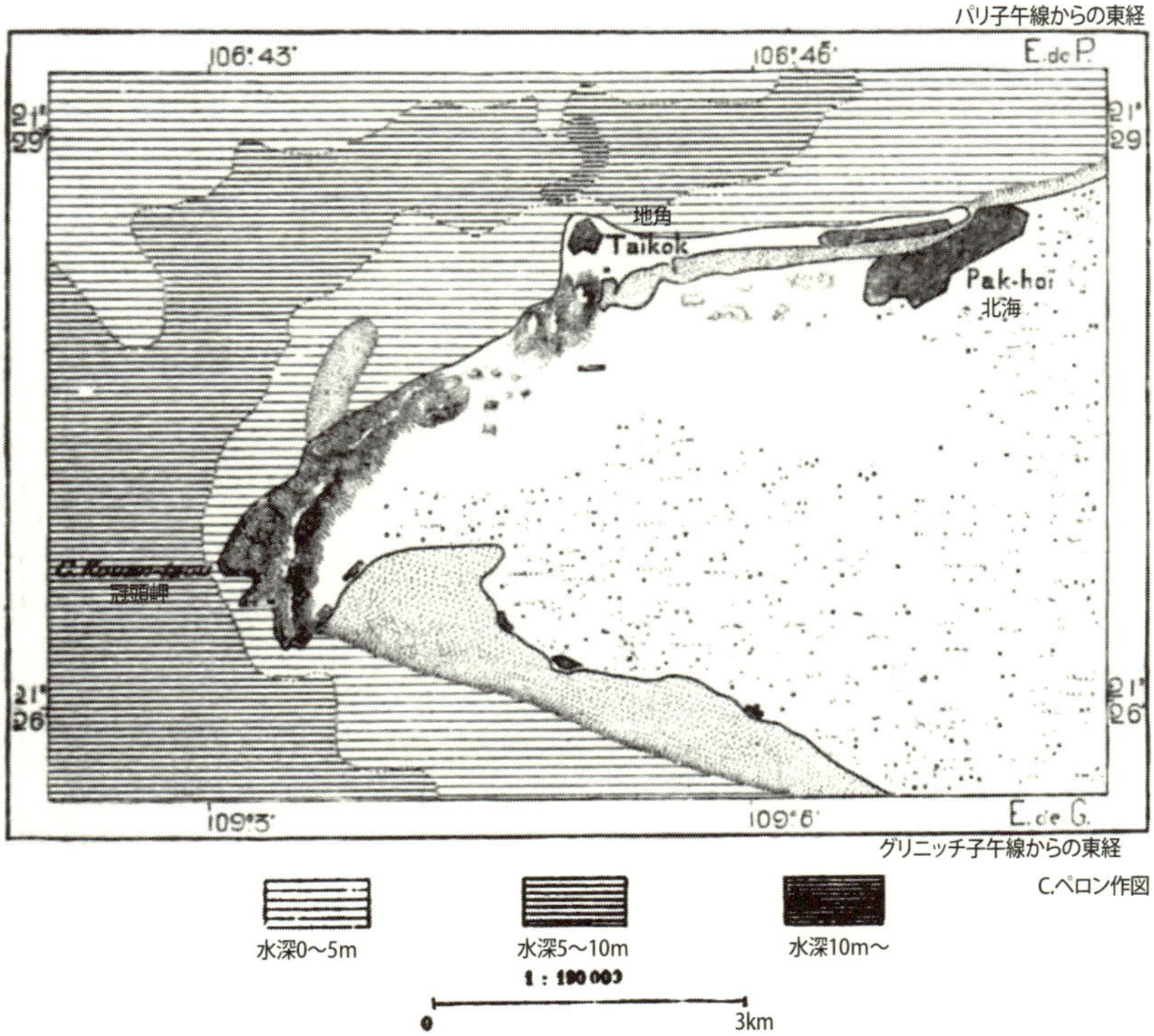

図 98　北海鎮

カオは一九九九年に中国に返還された〕。

北海鎮

マカオの西では、海南島（ハイナン）に向かって突き出す半島の両岸に、多数の港が連続する。ただしこの付近でヨーロッパ交易に開放されているのは「白い海」を意味する北海鎮（パクホイ、ペイハイ）のみである〔白と北が同対音なための誤解か〕。同市はトンキン湾の潮汐が遡上する連州〔連江（三連江）か。以下南流江と訳出する〕の河口部南にある潟の浜辺に位置する。この泊地に最初のヨーロッパ船が姿を現したのはようやく一八七九年にすぎず、対外交易量もまだ他港の水準に達していない★。地元の商業における主品目は塩魚である。だが北海鎮が発展するのは間違いない。現在は海まで、珠江の長い

★ 北海の対外貿易額は 1879 年が 223 万 9950 フラン、1880 年が 921 万 9850 フラン。

難路を迂回している郁江の肥沃な地区に、南流江と玉林（ユリン）経由で至る直行路の始点だからだ★。北海鎮に隣接する仏塔は、塔内のまん中に生えたプラタナスをもって全土に有名である。塔の窓という窓から枝葉が突き出ており、そこに営巣した数千羽の鳥のかまびすしい楽園になっているからだ★★。北海鎮への接岸は砂洲のせいで危険なため、船舶は沖合一キロに停泊する。これは引き潮のときにはアロング［Along 英語名か］の砂洲で防護されるが、上げ潮（平均四メートル）のさいには完全に風波にさらされる。ときに北風が泊地の海面を荒立たせるが、台風の目はつねに冠頭（クワンタオ）の岬よりも南を通過する。その先で、雷州（リエチュウ）半島と北海鎮の半島を隔てる湾は、随所が漁民の設けた［養殖場の］柵で閉鎖されている。こうした柵は海岸線だけでなく、かなり深い箇所にもあり、水深二〇メートルに及ぶ杭の列が打ち込まれている場所もある★★★。

潿洲島

北海鎮の南には、湾の中ほどに潿洲島（ウェイチュウ）が立ち上がる。これは欠損した噴火口で、青い海の上に黒々とした岩壁がそそり立つ。火口の縁が崩落した湾の両端にある岬と岬の距離は二キロもなく、ほぼ真円を描いて南に開口する。北岸は斜面になっており、豊かな耕作地のなかに多くの村が散在する。斜面は軽く海に向かって傾き、大型の火山弾が残る火山性の砂地のところどころに、雨溝が刻ま

★ 現代の旅行家による広西省および広東省の主要都市の人口概数は以下（単位万人）。

広西省	梧州	20	
広東省	広州府（カントン）	150	
	仏山	50	（領事館報告）
	肇慶	20	
	東莞	12	
	石龍	10	
	汕頭	2.8	（領事館報告）
	西南	2	（Mayers et Dennys）
	北海	1.5	（領事館報告）
	連州	1.2	（Blot）
植民地	ヴィクトリア市（香港、1876 年）	13.9150	
	アバディーン（リトル・ホンコン）	0.6	
	マカオ（1878 年）	5.9930	

★★ E. Plauchut, *Revue des Deux Mondes*, 1er mars 1878.
★★★ Valois, *Annalen der Hydrographie,* 1877, X.

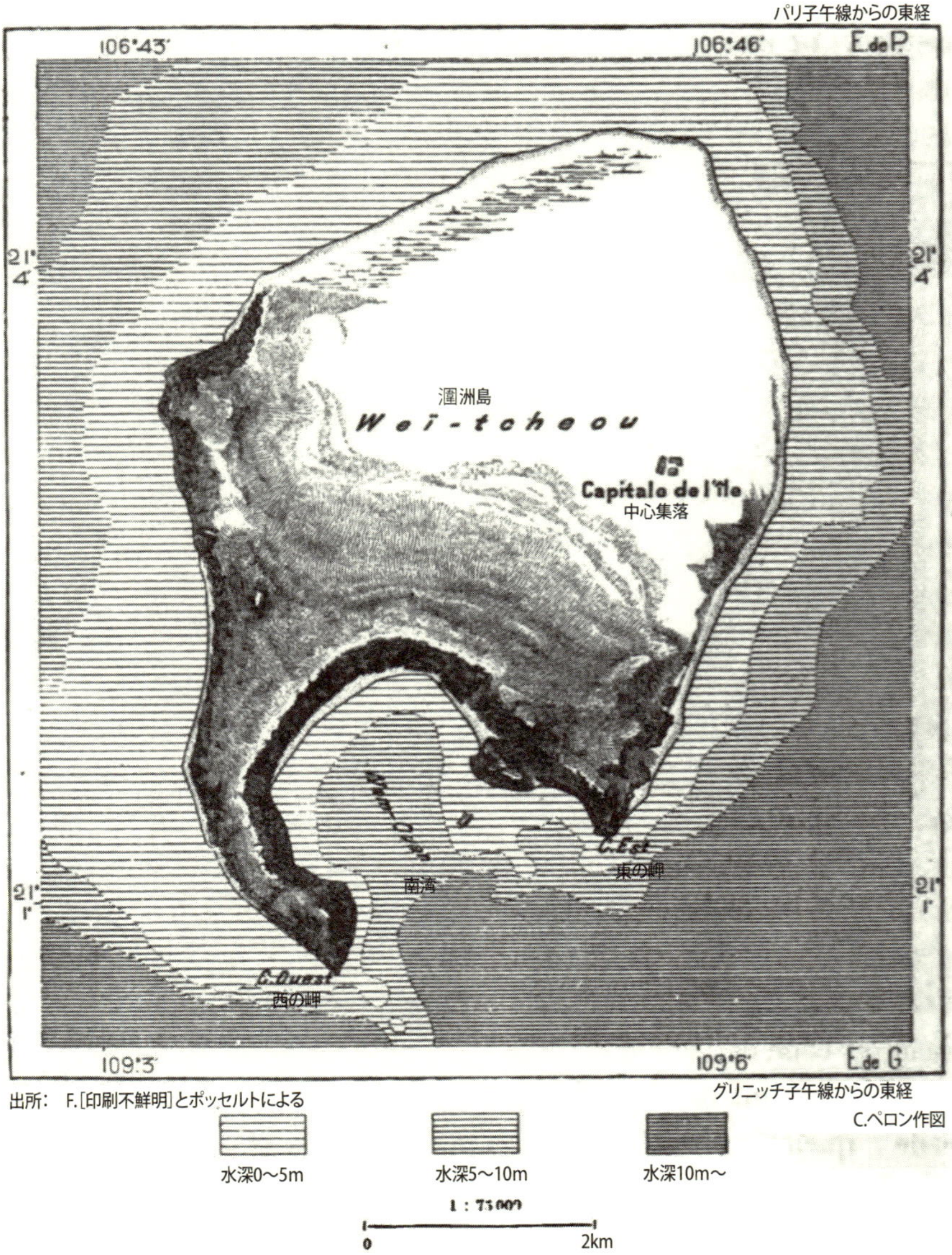
パリ子午線からの東経
106°43'
106°46'
E.de P.
21° 4'
21° 1'
澶洲島
Weï-tcheou
Capitale de l'île
中心集落
C. Est
東の岬
南湾
C. Ouest
西の岬
109°3'
109°6'
E.de G
グリニッチ子午線からの東経
出所： F.[印刷不鮮明]とポッセルトによる
C.ペロン作図
水深0～5m
水深5～10m
水深10m～
1 : 75000
0
2km

図 99　澶 洲 島

れている。今世紀半ばには海賊しか住んでいなかったが、今日では穏和な住民が三〇〇〇人ほど暮らす。大半は雷州半島からの移住者や、広州出身でキリスト教徒の客家人で、農業と漁業にたずさわる。とりわけヤリイカ［槍烏賊］漁が盛んで、一二〇〇隻ほどのイカ釣り漁船がある。

第八節　雲南省

概説

雲南省には国内で最も豊かな金属資源があり、農産物の多様さも屈指だが、中華帝国への結びつきは最も弱い。たしかに一部は揚子江流域に属するものの、それは省内で最も山がちで、人煙まれな渉猟の困難な地帯だ。西半分はインドシナの両大河、すなわちサルウィン川とメコン川が涵養するのに対し、南斜面は安南〔ヴェトナム、当時は阮朝〕に向かって傾き、諸流はホン川〔ソンコイ川〕を経てトンキン湾に流れ込む。近年は省内のかなりの地域が独立し、住民のうち清国への忠誠を保った人々と、その母国との通信はほぼ途絶した〔回民蜂起のうちパンゼー人の乱〕。揚子江上流から四川省に周り込む連絡経路はかろうじて維持されたものの、清国の役人たちは、最悪の事態になればホン川から国外に脱出し、救援をもとめねばならぬと覚悟したのである。天然の戦略通路になったホン川は、探険家デュピュイ〔フランス人商人、探険家 Jean Dupuis 一八二九—一九一二〕が河流を辿り、科学と交易のなかに引き入れた。回民蜂起が鎮圧されると、雲南省と国内他地域との諸経路はすぐに再開された。逃げ散った農民も村々に戻り、虐殺で空白になった地帯には、四川省や貴州省、江西省からの入植が相次ぎ、家屋や寺が再建されつつある★。こうして雲南省はふたたび中華帝国に不可分の一部に復帰したが、難路の長旅が必要な点では、あいかわらず外地である。他の省と比較すると人口も相対的に希薄で、一八四二年の人口調査でも、面積の割にかなり人口が小さいが、以降の絶え間ない戦乱により、おそらくさらに半減したと思われる。省の面積は不確実なデータにもとづく推定しかできない。というのも、西のチベット方面にせよ、南西のビルマ、南のラオスおよび安南にせよ、精密な境界線を引くのはまったく不可能で、多くの独立部族が一帯を占めるからだ★★。

★ Soltau, *Proceedings of the* [*Royal*] *Geographical Society,* Sep. 1881.
★★ 雲南省の面積を 31 万 7160km^2［現在はおよそ 39 万 4000km^2］とすると、1842 年の人口が 582 万 3780 人とされるため、人口密度は 18 人／km^2 か。

地勢

全体として雲南省は、北西から南東に向かって傾斜するひとまとまりの平面とみなしてよい。チベット国境と四川省西部との境界には、永久雪線まで立ち上がる未踏の山地がある。中央部は、平均標高二〇〇〇メートル以上の高原で、赤い砂岩の峰々が一様な高さから見下ろす〔雲貴高原〕。高原の縁部は、侵蝕されやすい表層の岩盤を河川が深く刻んだ峡谷でもってあちこちが切り開かれ、その内側に大型の湖が散在する。南部の表土は水流による侵蝕をこうむったため、ホン川とイラワディ川沿いに広大な平野が開け、海抜は一五〇〜二〇〇メートルしかない。等温線の帯は、雪の峰々が立ち上がる北部高地から、酷暑地帯の圏内にある南部の低地まで遷移する。雲南府〔昆明〕は中間の高原にあり、数週間にわたり冠雪することがある★。

鉱物資源

雲南省は随一の鉱業地帯で、中国人が入り込む以前から、すでに金属加工製品を移出していた。先住民は各地に鉱山や工房をもっていたのである。最も一般的なのは鉄で、非常に豊富な鉄鉱がほぼどこでも採掘され、鋳物や鉄鋼製のあらゆる器具の素材に利用されていた。銅鉱も潤沢で、清国政府がムスリムから雲南省を取り戻そうとあれだけ努力したのも、富の源泉であるこの資源のゆえだった★★。回民蜂起の以前には、鋳銭や、工業原料向けの採銅業者が納付する十分の一税などの現物税が、年間六〇〇〇トン近くに達していたからである。銅鉱はさまざまな状態で見出され、純銅のままのときさえある。搬出できぬほど巨大な純銅の塊があると、鉱夫たちは突出した部分だけを鏨でもって採取し、残りは岩盤の内部に捨て置くしかないほどだ。金沙江の岸辺には多くの洗鉱場があり、「砂金の川」にふさわしい。最も埋蔵量が多いのは含銀方鉛鉱で、あまりに多量なのが採掘をしばしば中断する理由だ。採掘業者は採取した銀を三等分し、ひとつは皇帝のため、ひとつは役人のため、そして最後のひとつを自分の取り分とするのだが、これが兵士やら関所の役人、あるいは盗賊を利するだけになって、利益が出ないのである。省内にはほかにも辰砂、亜鉛、鉛の鉱

★ Richthofen, *Letters on the provinces of Chili, Shansi, Shensi, Sz'chuan, op.cit.*
★★ Rocher, *op.cit.*

山群のほか、ホン川流域に錫鉱がひとつある。石炭層も広大で、優良な燃料を供給する。山東省は例外だが、中国は奇妙に金属資源が貧弱で、鉄鉱石の鉱山と、無尽蔵の石炭および無煙炭のほかは鉱物資源がないのに対し、雲南省は、いつの日か最大の鉱業地帯になり、巨大な金属精錬所が出現するに違いない。貴石類もすこぶる豊富で、山岳地帯にはルビー［紅玉］、トパーズ［黄玉］、サファイア［青玉］、エメラルド［緑玉石］のほか、高価な翡翠の数々がみられる。また多様な条理の大理石の一種もあり、中国人は珍奇な模様を熱愛することとて、莫大な値がつく。山岳地帯の一部はまだ広大な森林が覆っており、耐久性と芳香のゆえに寺院や殿閣用に用いる月桂樹の一種［laurier nanmou 紫檀か］をはじめ、建材が切り出される★。回民蜂起が終息した後の雲南省は、清国政府による禁令のそぶりにもかかわらず、ケシ［罌粟］栽培で最大の産地になった★★。山地の牧草地では膨大なヒツジ［羊］の群れが飼育され、羊毛をもたらすが、その肉が食されることは一切ない★★★。

ヨーロッパ人による踏査

アジアのうち、通信が容易になれば、雲南省ほど大きな変化が発生するであろう地域は少ない。同省は鉱業産品と農産物を国内外に搬出する道路や鉄道が必要なだけでなく、インドと揚子江流域の中継地としても機能するに違いないからだ。チベット東部から雲南省の周囲に分岐する河川、すなわちブラフマプトラ川、イラワディ川、サルウィン川、メコン川、ホン川は、雲南府［昆明］の高地を自然な中心に、すべての経路の全般的方向を既に示している。この二次的な段状地を経て、さらに高いチベット高原を東に回り込み、ガンジス川の河口部から中央アジアに接近することも可能だ。いつの日か、カルカッタ［コルカタ］と漢口［武漢］という二大市場の直行路が、雲南省の諸都市を経由するようになれば、インドシナから中国南部を周航する必要もなくなるだろう。六〇〇〇キロほども旅程が短縮されるのである。したがって、インドと「中華」の関係を、雲南省経由で定常化しようとする近年の努力は驚くにあたらない。天津条約

★ Dupus, Romanet du Caillard, Ducos de la Haille, etc.
★★ Colborne Baber, *Geographical Magazine*, July 1878.
★★★ Soltau, *op.cit.*

〔一八五八〕の条項により、外国人は国境、ないし沿岸のいかなる地点からも中国内陸に進入する権利を獲得したので、すでに多くの探険家がこの条項を活用し、チベット国境地帯のあちこちにある「キリスト教国」で中国服をまとって暮らす宣教師たちの足跡を辿った。一八六七年には、おそらく一帯でなされたうち最も重要と思われる調査団が、雲南省の南部国境を開通させている。すなわち、フランス人ドゥダール＝ド＝ラグレ〔フランス海軍軍人、探険家 Ernest Doudart de Lagrée 一八二三―一八六八〕、ガルニエ、ドラポルト〔フランス人探検家 Louis Delaporte 一八四二―一九二五〕、ジュベール、ソレルが雲南府に入ったのである。それはマルコ＝ポーロ以来初の古都ヤチ〔昆明の古称〕へのヨーロッパ人訪問だった。翌一八六八年には『対中貿易のパイオニア』の著者、イギリス人クーパー〔Thomas Thornville Cooper 一八三九―一八七八〕が揚子江をさかのぼり、巴塘と大理府を経由してアッサム地方に入ろうとして果たさず、翌年には反対側から、ブラフマプトラ川とロヒト川〔ブラフマプトラ川支流〕を遡上し、この高地をめざした。これも失敗し、イラワディ川とその支流タピン川経由を選択した同国人スレイデン〔イギリス陸軍軍人 Edward Bosc Sladen 一八二七―一八九〇〕も、サルウィン川以西の雲南省の最大都市であるモメイン、すなわち騰衝鎮（テンフエ・ティン〔騰沖県〕）を越えられず、引き返さざるをえなかった。回民蜂起に対する清国軍の勝利が確定した後の一八七四年には、中国側から入った若きマーガリー〔イギリス外交官、探険家 Augustus Raymond Margary 一八四六―一八七五〕が、ついに漢口とイラワディ川沿いのバモー〔ミャンマーのカチン州〕間の直行路を開いたが、自らの成果を活用して再度の探険を行うことはできなかった。数週間後には、ビルマ国境から五〇キロほど雲南省に戻った地点〔騰衝鎮〕で、同行者たちともに殺害されたからである。彼の死の報せはイギリスを動かし、長い外交交渉のすえ、イギリス通商に多大の利点をもたらすに違いない合意に至った。それが一八七六年に締結された芝罘条約で、イギリス政府は大理府および雲南省の全都市における通商関係者に、自国代表権を委任することが可能になったほか、四川省あるいはクク・ノール地方と甘粛省経由によるチベットの科学的調査を、準備できるようになったからだ。現在までのところ、イギリス人はこれらの貴重な譲歩を活用していないが、マーガリーの辿った経路は、グロヴナー〔イギリス外交官 Thomas G. Grosvenor

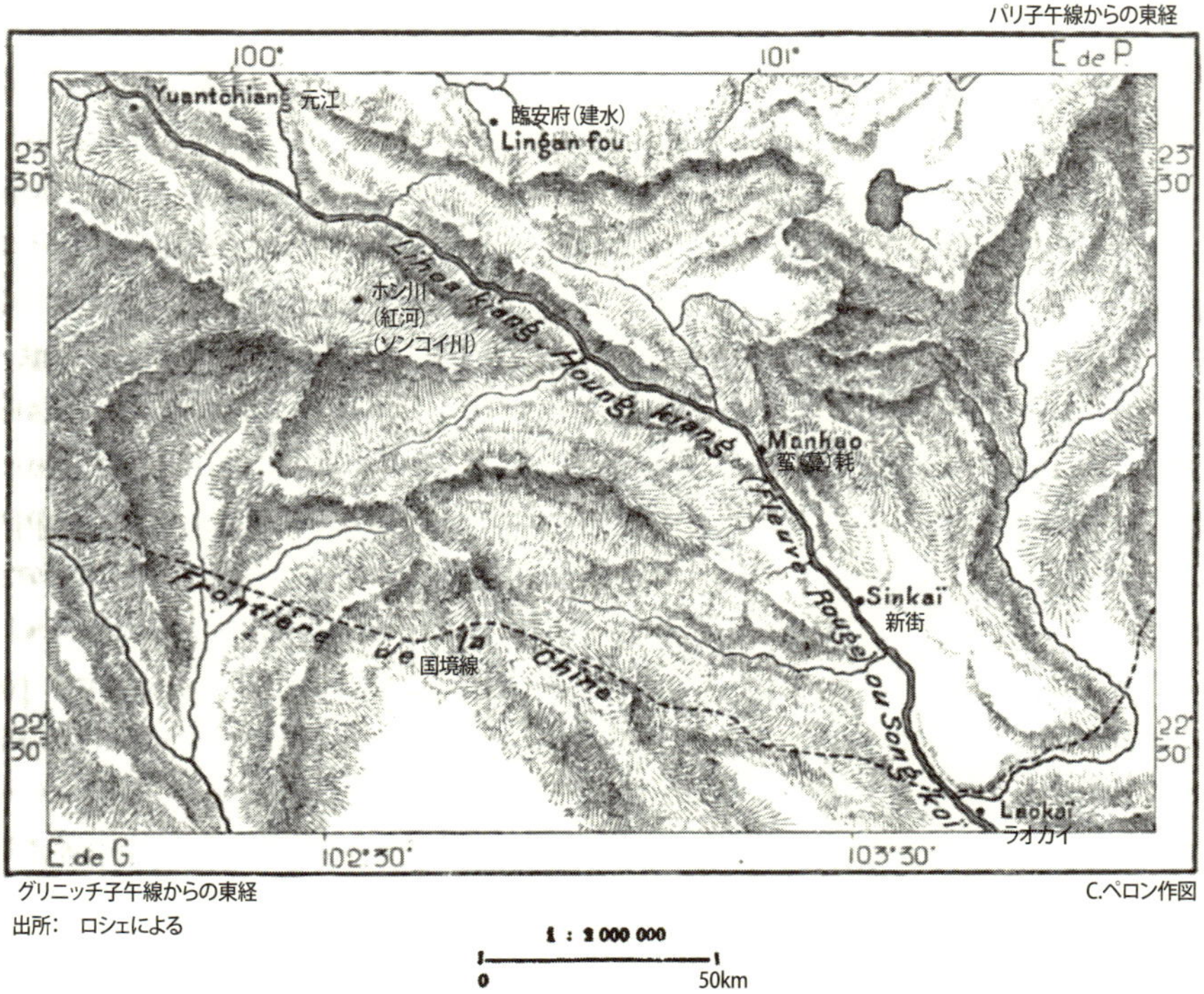

図100　ソンコイ川上流

一八四二―一八八六〕とベイバー〔イギリス人東洋学者、旅行家 Edward Colborne Baber 一八四三―一八九〇〕、マッカーシー、ギル、スティーヴンスンとソルトが足を踏み入れ、さまざまな経路から雲南省を探検し、将来の対外通信路を開いた。

バモーと漢口のあいだに幹線道路ができあがり、雲南省がインド方面と自由に往来できるようになるまでは、直接の対外交易はひとつの航行可能な河川を利用できる。これはフランス人デュピュイが初めて踏査したものだ。一八七〇年に彼はホン川、すなわち紅河に到達し、雲南省南部の区間が航行可能なのではないかと考えた。そこで彼は一八七二年に、トンキン地方ではソンコイと呼ばれる同川を遡上し、じっさい中国国内で最大の金属・貴石の高山地帯に近いマンハオ（蛮耗〔箇旧市蔓耗鎮〕）の河川港に至ったのである。フランスと安南王国が一八七四年に締結した協定により、ホン川はヨーロッパ貿易に開放され

たが、条項は死文にとどまり、一八七三年の勝利に終わった派兵［フランスによるハノイ占領］ののち、ソンコイ川を進んだ外国船はない。だが中国人商人は、この交易路の有用性を十分に心得ている。桂江経由の海運による一〇〇〇キロの迂回を回避できるからだ。

ロロ人（彝族）

中国人が雲南省の支配を確立したのは二千年前だが、種々の人種的要素からなる住民は、いまだに単一のものに溶け合うには程遠い。山岳地帯にはミャオ［苗族］、マンツェ、ルーツェ、リス［傈僳族］、ロロ［彝族］、シャン［爨］、カキエン［カチン］といった非服属部族が暮らす。だがこうした呼称のいくつかは、出自と言語の異なるひとびとを意味する「夷人」と同様に、総称にすぎない。ミャオ人は貴州省とおなじ部族に属し、マンツェやロロ人は四川省の同族に類似する。ロロ人は通例は「黒いロロ［黒彝族］」と「白いロロ［白彝族］」に分類される。じっさい「黒いロロ」のほうが浅黒いけれども、区別は肌の色というよりも習俗の違いにもとづく。前者はまた「生なひと［生彝］」とも呼ばれ、大半が北方山地の奥深い峡谷部に暮らし、自分たちの産物を売りに来る以外には、めったに平地に降りない。黄金の包被を歯にかぶせる習慣をマルコ＝ポーロが語る「ザルダンダン」の人々とおなじ一帯に住んでいるが★、現在ではこの古習は雲南省のどこにもみられない。「白いロロ」のほうは「灼けたひと」とか「熟したひと［熟彝］」の異名で呼ばれることもある★★。省内全域に散在して暮らし、清国行政のもとに服属する。うちかなりの男性が中国風に頭を剃り、中華帝国の文明［厳密には満州族の習俗］の象徴である辮髪を垂らすが、筋力と労働への熱心な取り組み方という点で、はっきり中国人と区別できる。鼻がやや低いこと、髭が薄いことをのぞけば、整った顔立ちと身体の柔軟さ、そして均整のとれた見事な体格は、ヨーロッパ人種を思わせるものだ★★★。何人かは栗色の髪と白い肌をそなえる。女性は陽気で愛嬌があり、中国人女性よりもはるかにがっちりしている。まだ纏足の悪習に染まっておらず、男たちに立ち混じって野良仕事に従事するが、いつも

★ Yule, *The Book of ser Marco Polo, op.cit.*［『東方見聞録 1』前掲書、313 頁］
★★ Desgodins, *Bulletin de la Société de Géographie de Paris*, octobre 1877.
★★★ Thorel [Doudart de Lagrée et al.], *Voyage d'exploration en Indo-Chine,* Paris: Hachette, 1873.

楽しげで、仕事の合間にはすぐに踊りや歌を始める。この点では、外国人に話しかけられると体面を汚されたと感じる、内気で生真面目な中国人女性と驚くような対照をなす。ロロ人の女性は省内随一の美女とされ、しばしば中国人も正妻に迎える。ロロ人の全部族において、新婦は婚儀の翌日には新居から出てゆき、妊娠の兆候が現れるまで戻らない。妊娠しなければ、それだけで婚姻を破棄できる。女性は髪形だけで若い娘なのか、子供のいない妻なのか、母親なのかが見分けられる。未婚なら小さな青い五角形の兜巾をかぶるが、鮮やかな刺繍がほどこされ、角にはそれぞれ銀の小鈴がついている。既婚ならば麦わら帽子で、おなじく金属製のボタンの装飾がついている。母になると髪に垂らす一本の赤紐によってその威厳を表す。二本の赤紐は二人目の子供があることを示す。慣習により、性別に関わらず第二子が長子の座につく★。

リス人（傈僳族）

「ルーツェ・キアン〔怒江〕」の名が、ロロ人の領域を北限とする雲南省西部の河畔で生活していたルーツェ人、ないしアノン人に由来するのはよく知られている。リス人の諸部族も、チベットと中国にまたがるこの川の峡谷と、瀾滄江すなわちメコン川の雲南省内の峡谷に散住する。維西府（ウェイシ・フ、ウイシ・フ）の向かいの右岸にある山々は、ほぼ全域をリス人が占拠する。中国人の都市近くに住む部族や、民族上の同胞ではあっても中国化したモソ人は、定期的に清朝に貢納する。だが遠隔の山中に住む部族は独立を保持しており、二〇～三〇年ごとに平地部の文明化した隣人に戦さを仕掛け、掠奪する習いがある。彼らは北米先住民のいくつかの部族とおなじく、遠征に先立ち、必ず一本の象徴的な杖を相手方に送りつける。これは羽毛などの飾りと刻み目がつけられており、使者がその恐るべき意味を説明する。約定した日になると、彼らは指定した場所に姿を現すのだが、中国人入植者のほうはすっかり怖気づいているため、弓とトリカブト〔鳥兜〕の毒矢で武装した「蛮人」にいつも打ち負かされる。リス人は奴隷にしたりビルマで売り払うため女子供を拉致し、絹衣や宝石類を奪い、敵方の家に火を掛ける。ところが清国の役人たちは、この険呑な隣人の存在を否定するだけでな

★ Rocher, *op.cit.*

く、その名を口にするのさえ禁じている。かつて政府がリス人諸部族の根絶を命じたので、それに反することを公用文書に記述すると、たいへんなことになるからだ★。だが平時のリス人は歓待の念に富み、部族内の調和と連帯意識において、他の住民と常に一線を画す。土地は全員の共有で、各所帯は天然の空き地や、山火事でできた空き地の好きなところに住みつき、種をまいてよい。周囲の部族民と交易も行うので、モルディヴ諸島の優美な貝類であるキイロダカラガイ〔黄色宝貝 *cypræa moneta*〕を少しずつ増やしてゆき、女性のかぶり物はすっかりそれで覆われている。自分たちのあいだの通貨はルーツェ川の岸辺で採取する砂金を用いる。仏教は全く尊宗せず、チベット僧が入り込むのも許さなかった。かつて極東全域に普及していたシャーマニズムの宗礼を営み、巫術師が呪文をとなえて善霊を呼び出し、太鼓〔銅鑼か〕を打ち鳴らし、泉や岩、森の悪霊を祓う。

シャン人（爨）、カキエン人（カチン人）

中国人が「白夷」と呼ぶシャン人は、その隣人であるカキエン人とともに、中国よりもビルマに多い。清国シャン人の諸部族は雲南省南西部、潞江〔怒江〕すなわちサルウィン川の西にしか住んでいない。清国役人に服属しており、村長は役人に任じられ、徴税を命じられる。カキエン人（カチン人）ないし自称ではシンプオ、ないしチンプオ人は、一帯で最も活力に富む集団で、シャン人を、せいぜいラバ〔騾馬〕曳きや荷担ぎの役にしか立たぬ劣った民族とみなす★★。カキエン人は小柄だがどっしりと頑健で、いつも飲み食いし、身だしなみに余念がない。すなわち腕や脚に入れ墨をほどこし、貝類ほかの装飾品で衣服を覆う。労働するのは女性で、野良仕事や荷担ぎさえ担当する。妻を選ぶ基準は美貌にあらず、体力であり、最も福に恵まれたと評判が立つ父親とは、最も多くの娘をもつ者だ。それだけ労働に従事する奴隷を所有するのとおなじだからである。周囲の住民は仏教徒だが、カキエン人は古い精霊信仰を保持し、家長は「ナト」すなわち守護霊に祈りを捧げる。西ヨーロッパのいくつかの地方でもまだ行われ

★ Dubernard, Desgodins, *Bulletin de la Société de Géographie de Paris,* juillet 1875.

★★ Ney Elias, "A visit to the Valley of the Shueli, in Western Yunnan, February 1875", *Proceedings of the* [*Royal*] *Geographical Soceity*, April 1876, *pp*.198-227.

★★★ Kreitner, *Mittheilungen von Petermann*, 1881, no.7.

ていることだが、カキエン人も死者の口中に、この世とあの世のあいだにある大河〔三途の川、ギリシャ神話ではステュクス川〕の渡し賃として、銭を含ませる★。

ペイ人（白族）、パペ人

ペイ人〔白族〕、ないしパイ、パユは雲南省の南部と南西部の各地に住む先住民で、とくにサルウィン川流域に多い。ペイ人は居住地により山岳民と川沿いの民に分かれ、伝承によるとかつては揚子江沿岸に住み、中国人の移住によって、だんだんと追いやられてきたものだ。ロロ人と隣接し、シャン人とは類縁関係があるが、めったにこれらの人々と混交することはなく、遠く離れた村々で生活する。家屋は中国風の屋根ではなく、チベット人やミャオ人のものと似た平屋根をそなえる。中国人よりもはるかに色白で、ロロ人とおなじく体力面ではっきり北方からの移民とは区別される。全員が耳たぶに孔をあけ、銀ないし竹の筒を通す。女性はその代わりに葉巻か藁束を指し込んでおり、ほぼ全員が喫煙者だ。男性には阿片の吸飲習慣が広まっている★★。ペイ人の女性は活動的だが、ロロ人の女性の大半にみられる動作の突然さがなく、優秀な織り手であるだけでなく、金銀細工さえこなす。言語面からみて、そして人種的にもおそらく、ペイ人はカムティ人〔タイに多く、シャン人系とされる〕とおなじく、インドシナのラオス人に近い。いっぽうロロ人は多かれ少なかれビルマ語や中国語、チベット語の混淆したいろいろな方言を話し、たぶんチ

挿画 XLVIII　雲南省の中国人
L. ドラポルトによる。
A. ド＝ヌーヴィル筆

★ Kreitner, *Mittheilungen von Petermann*, 1881, *no*.7.
★★ Kreitner, *mémoire cité*.

ベット系に属する。ペイ人と類縁性があるパペ人は、かつて強大だった民族の生き残りで、諸年代記によると、天子の罰をこうむり、金銀やサイ〔犀〕の角、象牙を貢納するため送り込まれたとされる★。したがって、数世紀のうちに一帯の大型哺乳類の動物相は変化したと思われる。ペイ人にせよパペ人にせよ、偶像崇拝を行なわないが、中国化した人々のもとに赴けば仏寺に詣でるのをいささかも忌避せず、信者同様に香華を手向ける。字を書ける者は漢字しか用いない。中国文化はだんだんと浸透し、混交により原初の典型は消え去りつつある。こうした混交からは多種多様な民が誕生し、中国語しか話さぬにもかかわらず、そのいくつかは筋力や独立心、ひなびた習俗により、在来性を今も思い起こさせる。「われわれは中国人ではない。雲南人だ」と彼らは誇り高く言うのであって、何度もムスリム叛徒や他の原住民の側に立ち、役人を追い出そうと試みた。陽気で音楽好きな点も漢族とは異なる。ラバ〔騾馬〕曳きや御者は、ほぼ誰もが負い革付きのマンドリン〔に似た弦楽器〕を携えており、駄獣が歩み出すと、さっそく鈴の音に合わせて甲高い音色を奏で始める★★。スペインにいるような気になるのであって、カスティーリャ地方のラバ曳きと同様に、雲南省の高原部でも銀のボタンがついた短いチョッキを着る。ただし頭には大きなターバンを巻く。

回民蜂起（パンゼー人の乱）

一八五五年に勃発した反乱は、数年にわたり雲南省西部に一個の独立国を形成させるに至ったが、はじめはホン川源流付近の石羊（シーヤン〔大姚県〕）にある銀山での仏教徒の鉱夫とムスリムの鉱夫のあいだの単純ないさかいだった。イスラームが雲南省ほど普及している省はない。省内のムスリム（回回）は、ヒジュラから間もない時代に到来したアラブ人移民と、十三世紀半ばにフビライ＝ハンが戦役のなかで連れてきたブハラの兵士たちを淵源とするが、絶えざる混交の結果、身体的には他の中国人と見分けがつかなくなっている。だが食べ物や宗教、そして何よりも鉱業従事者の集団間での権益争いが憎悪を爆発させ、虐殺行為を引き起こした。ただし、ビルマでの名称であるパンゼー人として外国人に示される叛徒たちのあいだには、

★ Amiot, *op.cit.*, vol. XIV.
★★ E. Rocher, *Bulletin de la Société de Géographie de Paris*, mars 1878.

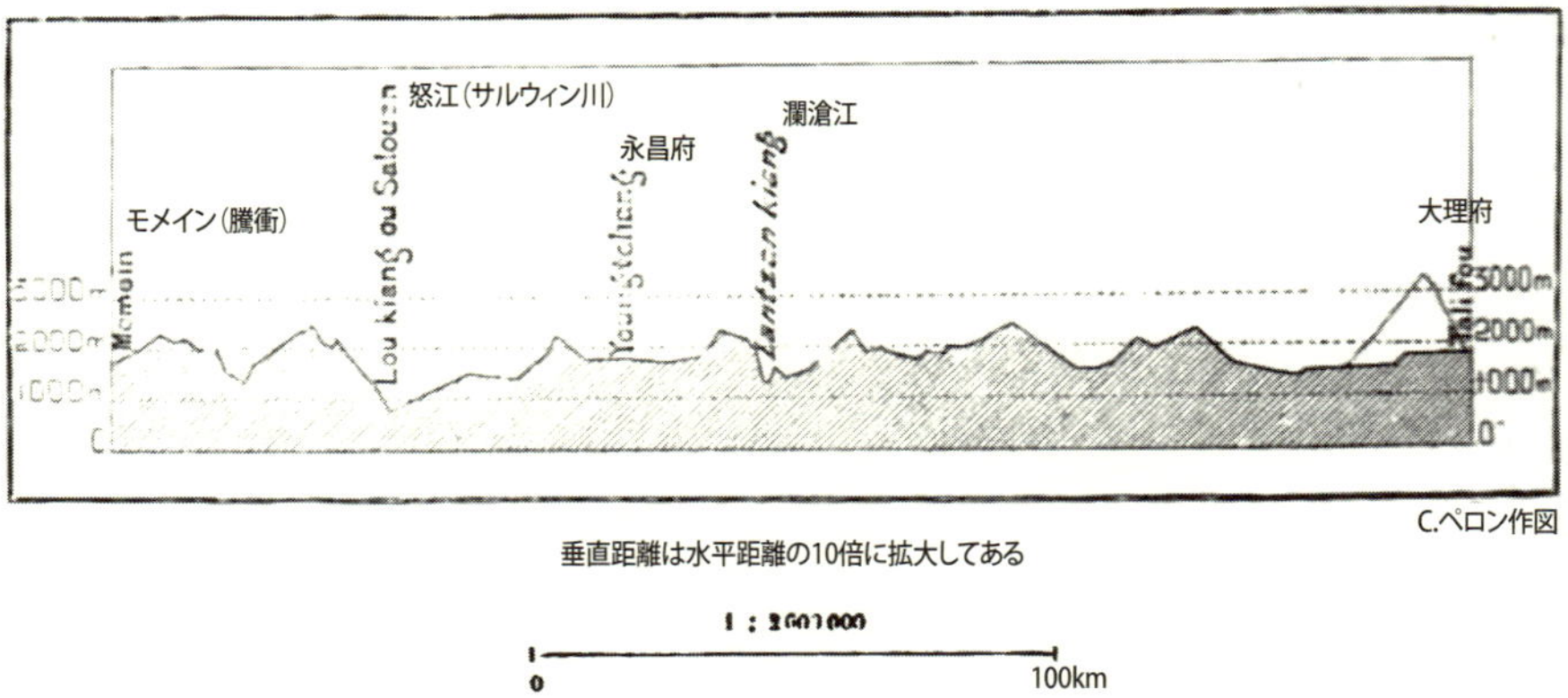

図 101　モメイン（騰衝）から大理府までの経路

非常に多様な民族的要素がみられる。ムスリムに加担した仏教徒や道教の中国人もいたし、ロロ人やパイ人、ミャオ人ほかの部族もいた。他方では、清国政府に忠節を続けたムスリムもあり、同宗者に対する勝利を中国人にもたらしたのも一人のムスリムである。敗退したパンゼー人は、一定数がシャムやビルマ国境の山岳地帯に入り込み、シャン人やカチン人のあいだに落ち付いた。だが空白となった地域には、主に四川省をはじめとする北方からの移民がどっと入り込んだ。近年になって省内にハンセン病が蔓延したが、この病気はかつて雲南省には皆無で、ヨーロッパ人の到来と軌を一に発生したというまことしやかな論議がなされた。たぶん噂のもとは、外国人に敵意をいだく清国官僚と思われる。ペストも人間と家畜に大きな被害を及ぼした。この病気はかならずネズミ［鼠］から始まるようである★。

騰衝（モメイン、騰沖）、永昌（保山）

モメイン、すなわち騰衝鎮は、イラワディ川流域に中国が保持するうち、ある程度の規模をもつ唯一の都市である。峻嶮な山地に囲まれた広い稲作平野に位置し、イギリス人旅行家は中国南西の戸口とみなすので、鉄道計画には必ずこの名前が出てくる。モメインはまた、雲南省では一八七三年に清国軍に最後まで抵抗した都市だった。東にはルーツェ・キアン、ないし潞江［怒江］、す

★ Cooper, *op.cit.*; Garnier, *op.cit.*

なわちサルウィン川の深い谷があり、近くには蒲縹鎮（ピュピアオ）の硫黄泉があるが、川沿いに大きな都市は皆無だ。ただし支流のほとり、モメインと同様に稲作平野にある永昌府（ユンチャン・フ）は非常に賑わう商都で、内戦の惨禍から急速に復興している。移住者には南京からの避難民がかなり多く、市内で話されるのは彼らの言葉になったので、「小南京」とも呼ばれる★。マルコ＝ポーロの注釈者たちは、この大旅行家が訪れたヴォチャンを永昌と同定する〔『東方見聞録1』前掲書、三二三頁〕。彼が訪れる数年前の一二七二年、ないし一二七七年に、二千頭のゾウ〔象〕を従えたミエン〔緬〕、すなわちビルマの国王の六万の軍勢を、モンゴルの大ハン、フビライのタタール兵一万二千人が敗走させた場所だ〔同前、三二八頁以下〕。今日の旅行家たちが、シャモア並みにしなやかな小柄な馬を用いるか、あるいは徒歩でようやく辿る階崖や隘路の小道をゾウが通過できたとは思われず、当時はビルマと雲南省のあいだに、現在よりも良好な道路が存在していた可能性がある。ルーツェ・キアンと瀾滄江には、バモーから大理府に至る経路上に鉄製の吊り橋が渡る。これらの強力な河川で目にするこの類いの構造物としては、たぶん最新のものだ★★。

阿墩子

瀾滄江の一支流はすさまじい峡谷の底を流れるが、その流域にある阿墩子（アテンツェ、アトゥンヅ）は、省境の防御拠点だ〔徳欽県昇平鎮阿東村〕。一帯はモソ人ほか先住民の郷国で、文明化した住民の大半を中国人が占める。だが交易関係のいたすところ、多くのブー人〔チベット人〕がひっきりなしに市場にやってくることとて、ほぼ全員が母語よりもチベット語のほうを流暢に話す。見方を変えれば、ブー・ユル〔チベット〕にいると思いこむだろう。チベットの都市とおなじく、阿墩子も寒冷地で、標高三三六〇メートルの高原中央に位置する。家屋はチベット人のものとおなじく平屋根で、ラサの大僧正に従うラマ僧の僧院群が市街を睥睨する。市場ではチベット人に茶葉や砂糖、タバコを売り、麝香や皮革、加工した羊皮のほか、冬虫夏草を買い入れる★★★。これは薬効あらたかとして中国国内でべらぼうな高値がつく。瀾滄江の対岸、南西に雪の

★ MacCarthy, *Proceedings of the* [*Royal*] *Geographical Society*, Aug. 1879.
★★ Gill, *The River of Golden Sand, op.cit.*
★★★ Rocher, *op.cit.*; Soltau and Stevenson, *Proceedings of the* [*Royal*] *Geographical Society,* Aug. 1881.

挿画IL　大理の湖［洱海］。北からの眺め。L. ドラポルト（*Album du Voyage d'exploration en Indo-Chine*）による素描をもとに、ポール＝ラングロワ筆

頂きをみせるドケル・ラ山はチベット人の霊峰のひとつで、巡礼が列をなして詣でる★。北には瀾滄江の河畔にイェルカロの塩泉が湧き出している。このチベット市場の町付近の住民は生得の健康問題を抱えた者が多く、少なくとも三分の一が甲状腺腫を患っている★★。

大理

さらに南、瀾滄江の東支流沿いにある維西府は守備隊の町で、内戦で破壊された。住民はとりわけリス人と混血である。巨大な湖の西岸という好適地にある大理府も、パンゼー人の王国が破壊された際に惨禍をこうむり、一八七七年にギルが訪れたさい、まだ大半の街路の両側は残骸だった。周囲の村々もすべて荒廃し、田園には一本の立ち木も残っておらず、耕地の至る所に茨やサボテンが

★ Desgodins, *Bulletin de la Société de Géographie*, octobre 1878.
★★ Gill, *The River of Golden Sand, op.cit.*

生い茂る。ひどい運命に見舞われたのは大理府の屈強な軍事的位置のせいである。平野は南北ともに湖面と山地のあいだの狭い道になっており、北を上関（シャンクワン）、南を大関（ヒアクワン）と呼ぶが、両者に防砦をほどこせば、大理の湖岸全体がひとつの巨大な城砦になるからだ。マルコ＝ポーロの時代にはカラジャン（カラヤン）と呼ばれ、「七王国の首都［『東方見聞録1』前掲書、三〇五頁に該当］」として中国南部の大都会のひとつだった。いまも周囲の部族民の聖都のひとつである★。近年にも、回民の君主となった杜文秀［パンゼー人の乱指導者。一八二三―一八七二］が座所とした。隣接諸国に送った宣言文でスルターン＝スレイマンを称した人物である。一八七三年に清国軍が市内に突入したさい、五万人の住民の過半は喉を掻き切られ、軍司令官は人間の耳を詰めた二四個の大籠を雲南府に送った★★。郭外町には火が放たれ、市街の半分は焼け野原になった。周囲の田園部でさえ、新たに村々に住みついたのは元の人口の三分の一と推定される。だが、大理が廃墟から復興しないのはあり得ないと思われる。行政面の重要性に加え、肥沃な平野と大理石［大理が語源］の採石場、塩井と貴金属の鉱床をそなえ、バモーと寧遠［西昌］、すなわちビルマと四川省のあいだの、自然な中継地だからである。気候は最良で、すでに熱帯地方に隣接するため、標高二〇三〇メートルにありながら冬はまったくない。ただし西に立ちあがる山地は湖面から三〇〇〇メートルの比高があり、年に八～九カ月は冠雪する。湖は洱海（エル・ハイ）の名で知られ、ロシェ［フランス人外交官 Émile Rocher 一八四六―没年不詳］およびギルによると、南北約五〇キロに伸びる三日月形で、幅九～一〇キロである。最深部は水深一〇〇メートルを超すが、かなり深浅の差があり、南部の湖面にはいくつかの島がある。洱海を囲繞する山々には大量の降雨があり、ときに湖面は低水位から五メートルも上昇し、排水路である漾濞江（ヤンピ・キアン［西洱河］）の水勢を強め、転じてはメコン川を増水させる。大関近くの峡谷でこの流れは天然の岩のポーチの下をくぐり抜けるので、道路を通すためその脇にトンネルを開通させねばならなかった★★★。洱海は魚影がすこぶる濃く、同湖から流れ出る河川群も同様だ。大理府の漁師は揚子江の同業者よりもさらに練

★ Cooper, *op.cit.*
★★ Gill, *op.cit.*
★★★ Saltau and Stevenson, *op.cit.*

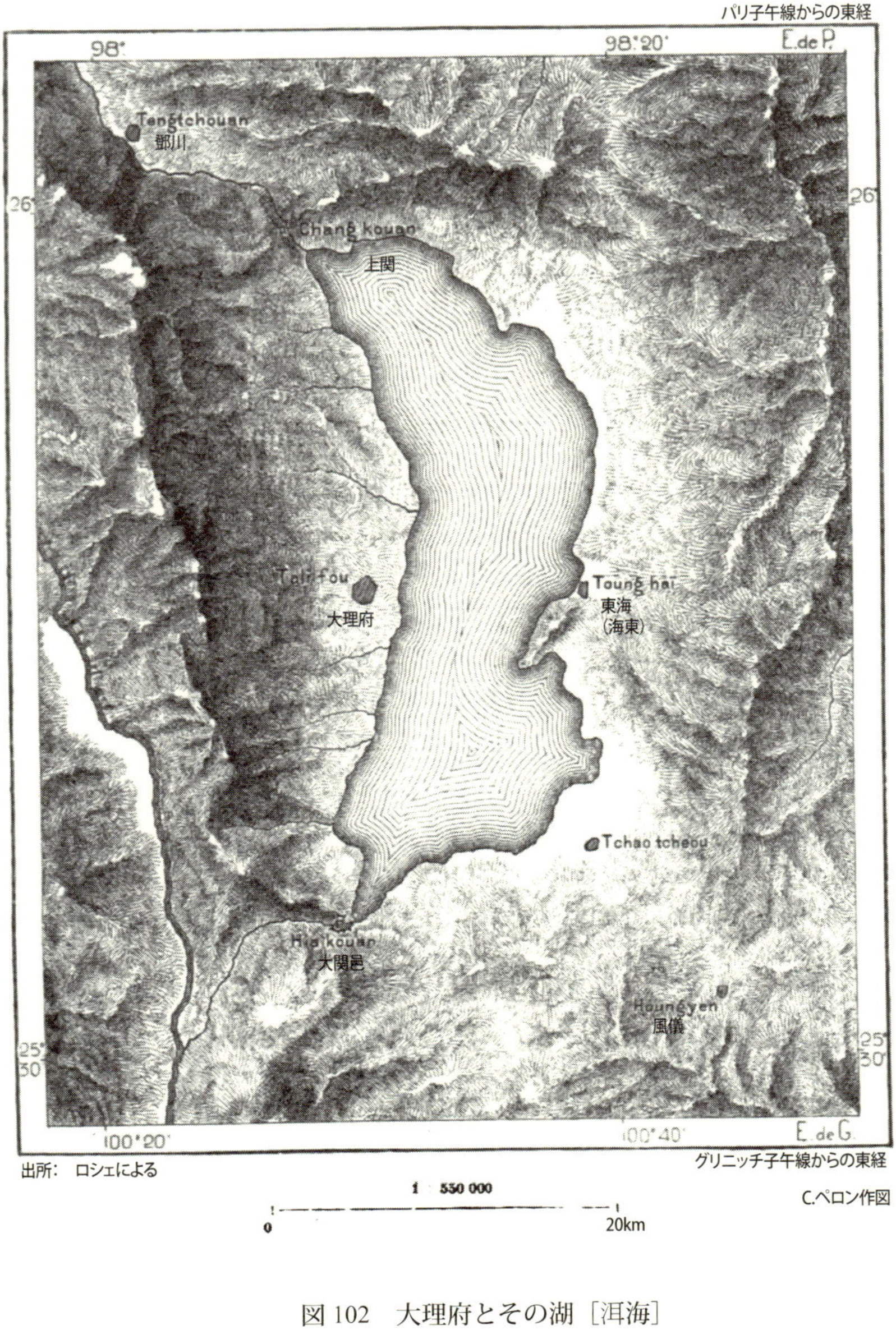

図 102　大理府とその湖［洱海］

達で、魚を捕えるのに、林に生息する鳥類との連携を達成した。彼らは早朝に出漁するときに騒々しい音を立て、岸辺の叢で寝ているカワウ〔河鵜〕を目覚めさせ、舟が岸辺を漂うにまかせながら、握り飯をほぐして航跡に撒く。水底から上ってきて餌に食いつく魚をカワウが捕え、舟の中に落とすのだ。こうした奉仕の見返りに、人間は獲物のほんの一部を彼らに残してやるのである★。

蒙化県（巍山彝族回族自治県）

大理府の南、メコン川流域に連続する順寧府（シュウニン・フ〔鳳慶県〕）、雲州（ユン・チュウ〔雲県〕）、思茅（スマオ）といった都市群も、一帯が回民蜂起から再征服されたのち掠奪を受けた。だが洱海から五〇キロほど南、ホン川源流に近い蒙化県（メンホア・ヒェン）ほど抵抗した都市はなかった。住民は大理府からの脱出者による加勢を受け、死を決して長期にわたり防戦したが、もはやこれまでと悟ると、敵方には一物も渡さぬと同心し、急いでいっさいの貴重品を一区画に集め、火を放った。女子供や老人には毒が配られ、達者な男だけが残ると、市街の四隅に火を掛けたのち、正面突破の突撃に殺到したのである。脱出に成功したのは一握りで、大半は乱刃と炎の中に討ち死にした★★。

雲南府（昆明）

瀾滄江すなわちメコン川に並流する金沙江の流域でも、住民集団は瀾滄江とおなじくらいに希薄で、全長にわたり通行可能な道路もない★★★。大理府北方の麗江府（リキアン・フ）を訪れたヨーロッパ人旅行家はまだいないが、その西を通過したギルが聞いたところでは、清国役人の権力の濫用により廃墟になったという。それ以外の都市も回民か清国軍兵士によって完全に破壊された。雲南省の揚子江流域において大規模な都市は三つを残すのみだが、そのひとつが省都、雲南府である。これは省内の山岳部で最大の湖の、北端に近い平野のなかにある。湖名は滇池（ティエン・チ）といい、かつて高原の最大部分を占拠した王国にちなむ。大理府の洱海よりも少し低く、一九五〇メートルの地点にあるこの湖の余剰水は、南西

★ Garnier, *op.cit.*
★★ Rocher, *op.cit.*
★★★ Gill, *op.cit.*

から排出される。この峡谷〔螳螂川、普渡河〕は北に折れ曲がり、揚子江に向かう。滇池沿岸の田園は穀物やアマ〔亜麻〕、煙草葉、果樹が豊富で、丘の斜面のあちこちでヒツジ〔羊〕、ヤギ〔山羊〕、ウシ〔牛〕、スイギュウ〔水牛〕の群れが草を食む。ケシ〔罌粟〕栽培により、もうひとつの重要な作物だったハゼ〔黄櫨〕は姿を消した。人々の語るところでは、阿片のとりこになる中国人と同様、ケシの花に誘われる蜜蜂は毒液に冒され、二年目には死滅する★。

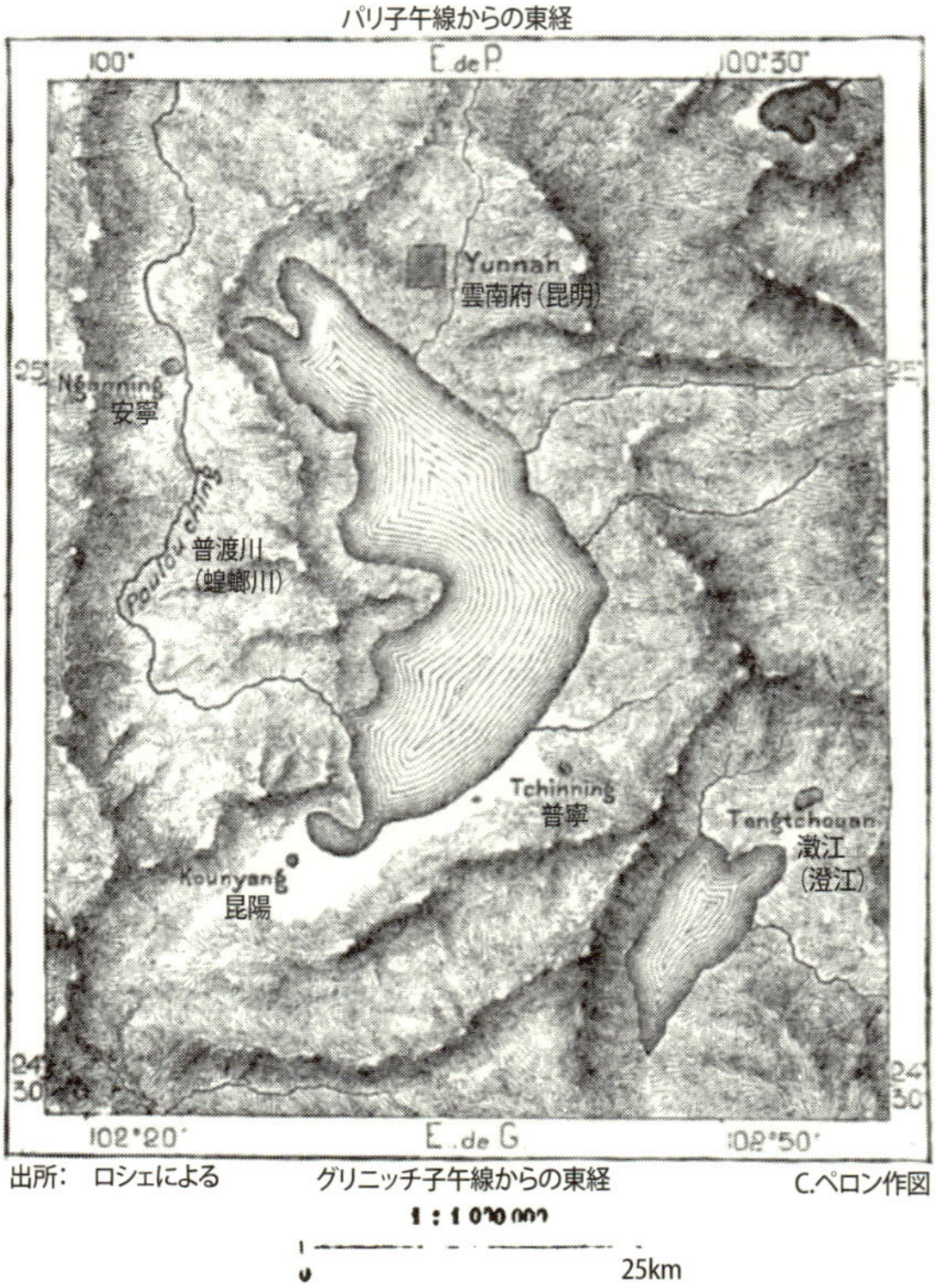

図 103　雲南府［昆明］

　雲南府の城郭はほぼすべての中国都市と同様の方形で、内側は約六平方キロの区域だが、もはや家屋はなく、郭外町もほとんど壊滅した。由来はかなり古く、マルコ＝ポーロの注釈者たちは現在よりもはるかに大きかったとみている。だが平和が取り戻されて以降は商業が再開された。省内きっての鉱山地帯の中心都市として、雲南府は全国の銅価格を決める市場であり、大きな金属工房がいくつもある。鋳銭は二〇〇年の歴史があり、内戦前には年間一億枚の銭貨を供給した。ただし金額換算では一〇万フラン相当に過ぎない。北東にある円丘には、屋根瓦も含め全銅製の

★ Garnier, *Voyage d'Exploration en Indo-Chine, op.cit.*

寺がある〔鳴鳳山の太和宮金殿〕。これは康熙帝に叛旗をひるがえした漢民族の王である呉三桂〔三藩の乱を起こした平西王。一六一二—一六七八〕のよすがとして、内戦期にも尊宗を受けた。金属以外の産業としては絨毯、寝具、フェルトのほか、いわゆる「オリエントの海の繻子」と呼ばれる特殊な布地がある。これは雲南省南部のクモ〔蜘蛛〕の糸を、少なくとも一部は織りこんであるとフランシス＝ガルニエは考えており、鈍い黒色のきわめて堅牢な布地で、非常に有名である。雲南府は揚子江の南に一〇〇キロほどの距離だが、この区間の揚子江は、岩場や急流により随所で航行不能なため、交易路として利用するには、さらに四〇〇キロ下流に行かねばならない。この経路は、厘銭の製造で有名な東川(トゥンチュワン)や昭通府(チャオトゥン・フ)といった大型の商都を通りつつ、侵蝕の進んだ高原部を蛇行してゆき、四川省に入る前に大関河（タクワン・ホ〔関河、横江〕）を利用する。大関河は黄江（ホアン・キアン）とも呼ばれ、屏山と叙州のあいだで揚子江〔金沙江〕に流れ込む。乗船地点である河川港、老鸚灘（ラオワンタン）は急湍にちなむ命名で、豊富な含銀銅の鉱山地帯にある賑やかな都市だ。北の雲南・四川省境、龍渓（ロンキ）の丘陵地の上には、カトリック宣教師たちがマンツェの侵攻から自衛するため構築した正真正銘の城砦があり、教会やセミナリオ、学校ほかの建築物からなる★。

大凉山脈、星雲湖ほか

貴州省、四川省、雲南省の境界付近にそそり立つ大凉山脈は幸運だった土地である。内戦の十七年間にわたりこの地方の住民は、仏教徒とムスリム、また中国人と「夷人」たるとを問わず、完璧な調和のうちに生活するのを止めなかったからだ。採掘作業も中断されなかった。主な鉱産物のひとつである鉛酸塩は、陶磁器の絵付け〔鉛釉陶〕に用いられるもので、ロバ〔驢馬〕が担って揚子江方面に運ぶ。そこから舟で江西省の景徳鎮の工房に運ばれる★★。雲南省の東部は珠江流域に属し、曲靖府（チュンチン・フ、キウツィン）や開化府（カイホア・フ〔文山〕）などの大都市がある。紅水河とその支流群の上流部は、雲南省の中央高原の

★ De Carné, *Revue des Deux Mondes,* 1er juin 1870; Garnier, *op.cit.*
★★ Garnier, *op.cit.*; Rocher, *op.cit.*; Fenouil, *Annales de la Propagation de la Foi*, juillet 1862.

突出した岬角群を囲繞する。この高原の沈降部、滇池の南には一連の湖沼が広がる。興江（チンキアアン）の湖［星雲湖］、江川（キアンチュエン）の湖［撫仙湖］、通海（トゥンハイ［原文は東の湖の意とするが、東と通が同対音なための誤解か］）の湖［杞麗湖］、石屏（シピン）の湖［昇龍湖］は、いずれも排水路がないにもかかわらず、淡水湖だ。だが一帯に洞窟や地下の空洞が四通八達し、それに河流が流れ込むことを考えれば、地下水として流出するのかもしれない★。興江の湖［星雲湖］と江川の湖［撫仙湖］は、石英質の砂岩からなる丘を掘削した長さ一・七キロの人工水路で連絡する★★。どの湖でも農耕者たちは泥土でもって岸辺を埋め立て、毎年新たな土地を獲得するので、湖岸がタバコやケシの畑なのに対し、大きさのまちまちな四角形の水田が湖面に向かって遠くまで伸びる。銀や銅、鉄の鉱山のほか、ラオリュ・クワン［不詳］の鉄工所群をはじめとする金属工房が、この地区の商業に一定の重要性を与えている。また通海の北東にある寧州（ニンチュウ［華寧県］）は陶工の町だ。

元江（ホン川上流）沿いの都市

ホン川とその支流が涵養する南斜面の諸都市も、鉱産物の集積地である。西岸にある都市の元江（ユエンキアン）は現地では河底江（ホティキアン）として知られ、大きな農産物市場でもある。田園部の標高は五二〇メートルしかないため、すでに熱帯の植物相に属し、すばらしい耕作地に囲まれる。この付近では熱帯植物と温帯植物が混在し、農民が市場に持ち込むのはマンゴー［芒果］、グアバ［バンジロウ］、シトロン［枸櫞］、オレンジ［蜜柑］に加え、モモ［桃］やリンゴ［林檎］、ナシ［梨］、クルミ［胡桃］、クリ［栗］の実である。南西の普洱府（プーウル・フ、プーエル・フ）の郊外、「裸の山［対音上の誤解か］」を意味する蒼山（コアン・シャン）の山腹では、省内のみならず全土できわめて珍重される茶葉［プーアル茶］が摘み取られる。麝香の香りを放つ茶だが、海外へ輸出するには高価すぎるのである★★★。周辺では製塩も盛んだ。元江の東側の主要都市である臨安府（リンニャン・フ［建水］）は緑が囲む強力な城郭をそな

★ Garnier, *op.cit*
★★ Rocher, *op.cit.*
★★★ Soltau, *op.cit.*

え、大理石の丘陵地帯が見下ろす。谷間の心和ませる田園と、むきだしの稜線が対照的だ。省内で最も活気のある市場は、もちろんホン川の定期運送の始点である蛮耗（マンハオ、マンコ）だ。同地は雲南省南部全域の茶葉や綿、絹の中継点で、将来は通商全般に重要になるはずと見越した広州商人がすでに地歩を確立し、運送を独占している。インドシナのフランス人が一帯の踏査に訪れたさい、中国とトンキンの境界にあるラオカイ〔ヴェトナム領内、漢字名労開〕には、ひとりの広州人が一種の独立都市国家さえ樹立していた。彼はホン川に関所を設置し、ガルニエによるとその収入は年間一五〇万〔フラン?〕に達したという★。またド＝ケルガラデク領事〔フランス海軍軍人、植民地行政官 Alexandre Camille Jules Marie Le Jumeau de Kergaradec 一八四一—一八九四か〕によれば、この関所は現在は「黒旗」の名をもつ中国系武装集団〔太平天国の残党〕の手中にある。

★ 現代の旅行家による雲南省の主要都市の人口概数は以下（単位万人）。

雲南府	（1868 年）	5 （Garnier）
昭通府	（1868 年）	5 （de Carné）
大理府	（1878 年）	2.3（Gill）

第九節　海南島

総説

行政上は広東省に属するこの大きな島は、大陸と同一の地質年代に属するとみて間違いない［海南省は一九八八年に設置］。海南島の真北に大地から延びる半島［雷州半島］は、言ってみれば、海峡の向かいにおなじような山並みをそなえた島を形成しようとするかのようである。同島と陸地を隔てる海峡は、東シナ海とトンキン湾をつなぐ狭い水路で、水底の侵蝕は弱く、水深は浅い［瓊州海峡］。この「ジャンク船の水路（ジャンクス・カナル）」は二〇キロしかなく、最深部の西側入り口の深さが二四メートルである。引き潮になると水路の半ばの水深は一一メートルしかない★。浜からかなり離れた水域まで岩礁があって北東に延びており、少し隆起するだけで、島の面積はかなり拡大するだろう。海流は平均時速四～七キロとかなり変動する。満潮には岸辺に向かって流速が増し、引き潮の際には逆転するが、速度はだいぶ落ちる。

地勢

海南島の全体的な輪郭と主な稜線の方向も、隣接する大陸塊と起源が共通することを示している。大きな軸は南西から北東に向かっており、中国の諸山系と平行するし、高峰群の並び方も同様だ。中央部の山塊は五指山（ウシ・シャン）の名で知られ、ペロポネソス地方のタイエトス山と同様に五頂をそなえる。さまざまな漢詩で同山は掌にたとえられ、「昼は雲と戯れ、夜は天の川の星を摘む」とされる。また頂きの冠雪を歌う詩もあるが、熱帯気候のもとで通年にわたり残雪するには、少なくとも五〇〇〇メートルの標高が必要だろう。ひっきりなしに蒸気船が通過する水路の沿岸から、八〇キロ以下の場所にそれほどの高峰があれば、船員の最大の目印になるとともに、旅行者の讃嘆する壮大な眺めのはずである。おそらく冠雪は例外的と思われ、標高は

★ Valois, *Annalen der Hydrographie*, 1877, X.

一八〇〇メートル付近と想定される［五指山は一八六七メートル］。この高地部からはいくつも急流が分岐して流れ落ち、全周八〇〇キロのいびつな卵形をした海岸線へと向かう。

河川

海南島は清国領のうち最も知られざる土地のひとつだ。海峡沿岸は別にしても、海事関係者による臨海部の測量は大雑把なものにとどまっており、地図が示す島内の河川の流路も、地元民や中国の古地図類にもとづくに過ぎない。わけても重要なのは北西の諸流の探査で、五指山から下って来る南京江（ナンキェン・キアン［南渡江か］）がじっさいに航行可能な二股に分かれているのか、という点である。北門江（ペイメン・キアン）と京江（キェン・キアン）すなわち大江（タ・キアン）は、合わせて三〇〇キロに及ぶ水路を形成し、平地と丘陵地からなる広大な領域を形成するからだ。もしかすると、おなじ上流から分かれた第三の河川がトンキン湾に流れ込んでいるのかもしれない。山がちな島嶼において、ひとつの川が三つの航行可能な流れに分岐するとすれば、地球上でも非常に独特な現象であり、中国人著述家たちの言だけでもって鵜呑みにするわけにはゆかないだろう。イギリス人ピュアフォイ［一八二五年に海南島に上陸した船長 James Purefoy］は、島の主都である瓊州府（キウンチュウ・フ）よりも南、大江の下流部についてしか詳細な情報を提供していないが、そこは平均水深は三〜四メートルと、浅い喫水の船舶ならば航行可能なようである。だが定安（ティンガン）の上流になると平底船は用いられず、すべての交通は駅逓路による。もし水路があるとすれば、わずかな水流でも遡上する技に長けた船頭たちが、商品の運送に活用しないはずはない★。

物産と気候

海南島の天然資源はすこぶる豊富である。山中には金、銀、銅、鉄ほかの金属鉱床があり、主に東側斜面の谷や平地部には温泉が湧出する。山腹の大森林は中国に乏しい建材をもたらす。高地には野生動物が生息し、サイ［犀］やトラ［虎］、オランウータンに似たサル［海南長臂猿］、シカ［鹿］、ノロ［獐］が見られる。それよ

★ Hirth, *Mittheilungen von Petermann,* 1873, VII.

りも低い丘陵の斜面や平地にはココヤシやビンロウジュ〔檳榔樹〕、キンマ〔蒟醤〕の林が広がる。パイナップルの生け垣でもって区画された畑には、サトウキビ〔砂糖黍〕やパパイヤ、バナナ、マンゴー、ライチ〔茘枝〕、アイ〔藍〕、ワタ〔棉〕、ヒマ〔箆麻〕、タバコ〔煙草〕、コメ〔米〕、サツマイモ〔薩摩芋〕、ゴマ〔胡麻〕、ラッカセイ〔落花生〕のほか、芳わしい花や薬効のゆえに珍重される種々の熱帯地方の果樹が栽培される。四川省や雲南省にみられる白蜡は海南島にも産し、白蠟をもたらす。周囲の海域は魚類がきわめて豊富で、真珠貝や、高値で取引される鼈甲用のカメ〔玳瑁〕の漁もある★。多雨性の南西モンスーンの通路にあたるため、涵養水は潤沢だ。稜線が大気の流れとおなじ方向なので、南北の気候帯を分ける障壁にならない。両側の海岸線のあいだにはいくつか局地的な対照がみられるものの、どちらも暑く、それを海風がやわらげる。高湿の南西モンスーンと、乾燥した北東モンスーンの季節が規則正しく入れ替わる。乾季には潤沢な露が植物をリフレッシュするので、田園部は常にまばゆい緑を保持する。植生のみずみずしさという点で、とりわけ北と西の沿岸は西ヨーロッパに似るが、植物種はすでにインド的な気候にあることを思い出させる。台湾ほどではないが、暴風雨にはさらされる。しかし係留してある船舶が破壊されるのはまれだ。

住民

中国の著述家たちが海南島の住民について記述するさいは、二重の環にたとえる。中央に先住民がおり、外側が中国人、そして中間地帯には文明化〔中国化〕した地元民がいる。内陸の谷間に隠遁するさまざまな部族はリー人ないしロイ人〔黎族〕の名で知られ、大陸のミャオ人と似た言葉を話す。沿岸にいる中国化した住民とまだ恒常的に交流しない人々は生黎（ソン・リー、ないしシャン・リー、チュワン・リー）、すなわち「野蛮なリー」と呼ばれる。洞窟や藁屋根の狭い茅屋に住み、半裸体で暮らす人々もいる。多くの部族に分かれるが、衣服や武器、習俗もすべて異なり、敵対し合う。ナオトンは前頭部に髪を巻く。カク・ミャオは髪のまん中に角状の竹片を挿す。バム・ミャオは今も弩（いしゆみ）を用いる。商人が訪れる村々のリー人は熟黎（シュ

★ Guillemin, *Annales de la Propagation de la Foi,* janvier 1852.

ウ・リー）という呼称を与えられた。すなわち「馴れたリー人」の意味である。こうした「馴れた」地元民に分類される中には、さまざまな時代に江西省や広東省から到来したミャオ人の避難民集団もあり、習俗も言葉も似ている★。侵入してきた中国人のほうは、今や圧倒的に卓越した民族である。同島を奪取したのは二千年前で、二万三〇〇〇戸が海岸に入植したのだが、一八三五年の中国人住民は一三五万人を超えていた。現在は二五〇万人と推定される★★。かつて付近の海域に非常に多かった海賊が同島をひんぱんに襲い、根城にしなかったら、もっと人口は増えていただろうと思われる。通過する船舶を不意打ちするにも、追跡から行方をくらますにも、国内でこれほど好都合な場所はないからだ。入植者たちは、言葉からも分かるが、ほぼ全員が福建省や広東省の出身で、臆病な先住民を怖れる心配は皆無であり、何の苦労もなく彼らを内陸に追いやった。移住が一時的に停頓しても、それは沿岸に散在する潟地のペスト菌が主な理由だったのである。海岸にある多くの湾と、ジャンク船をあるときには沖合に押しやり、あるときには港に引き寄せるモンスーンの定常的な変化は、地元の交易に好条件を提供し、何千人という島民がトンキン湾やコーチシナ、フィリピン、ジャワ、シンガポール、シャムを目指し、南に船出してゆく。島内の随所で、故郷に錦を飾り、余生を過ごす人々を目にする。隣接する大陸とおなじく、中国人住民は本地人と客家人に分かれており、代々の仇敵である両者のあいだでは、最近も闘争が勃発した。

瓊州、海口

島の首府にして最大の都市でもある瓊州は、もちろん大陸に最も近い箇所に位置する。中国人の移民や商人が下船し、香港や広州に送られる島内の産物の集積地である。周囲は肥沃な広い田園で、竹林に見え隠れする村々が覆う。市街は海から一〇キロほど内陸にあって、高さ一二メートルの城壁が囲む。ただし海峡の南に開いた湾に、前港である海口（ホイフウ、ハイクウ）があり、外国人商人は一般にこちらを瓊州と呼んでいる。海口と瓊州のあいだはほとんどが墓地である。一八五八年の天津条約により、ヨーロッ

★ Swinhoe, *Journal of the China branch of the Asiatic Society,* 1871, 1872; *Mitteilungen der geographischen Gesellschaft zu Wien*, 1876.

★★ 海南島の面積と推定人口は、面積 3 万 6195km^2、人口 230 万人、69 人／ km^2。

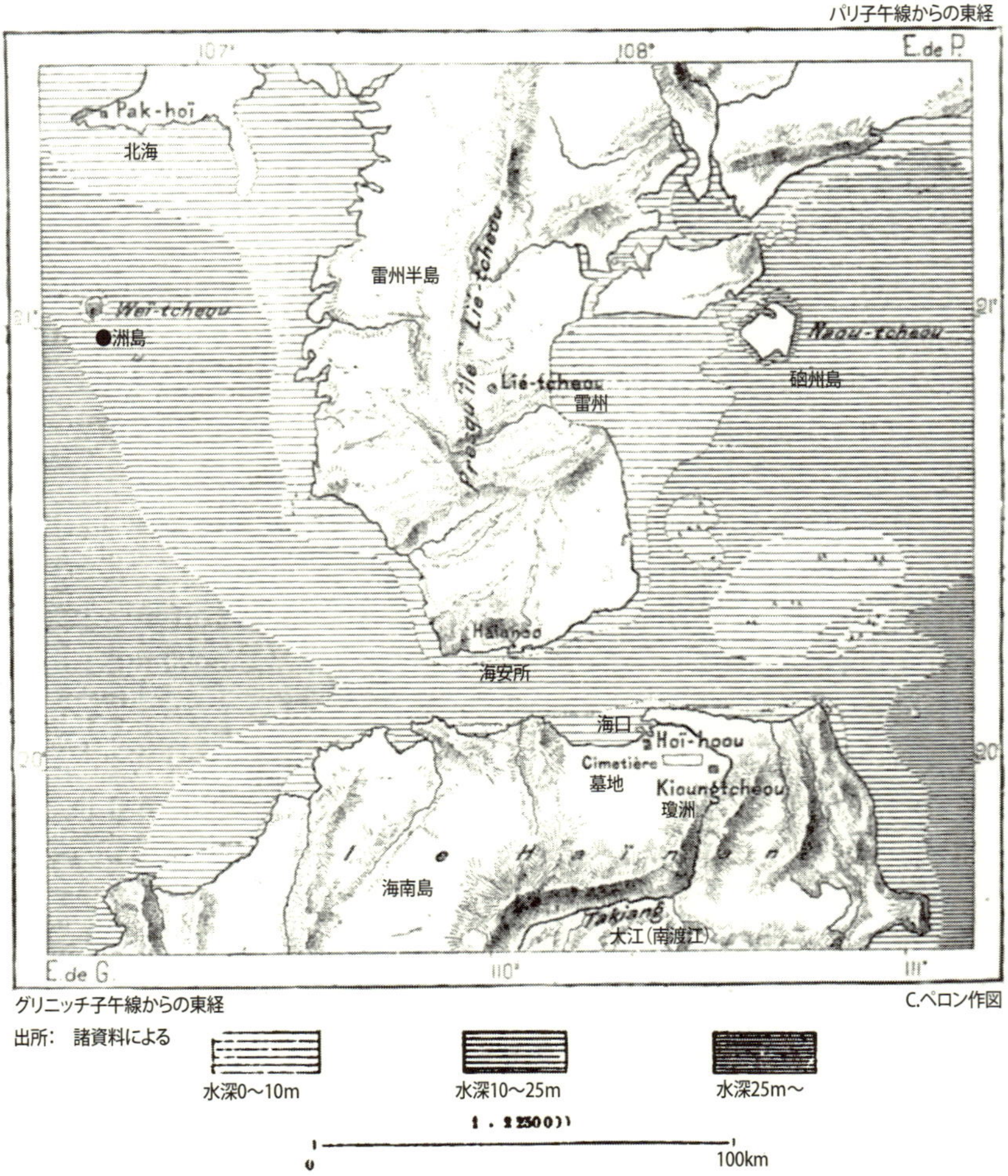

図 104　海南島の海峡［瓊州海峡］

パ人は瓊州との直接貿易が可能になったが、現地の抵抗を克服して最初の船が海口に来航したのは、ようやく一八七六年だった★。隻数ではドイツ商船が卓越するが、荷さばきで利を上げるのはマカオや香港、広州の中国人商人による仲買である。主な品目は砂糖と胡麻、カラムシ〔苧〕の布地〔黎布か〕、海口のなめし工場で処理した皮革のほか、マカオおよび香港の食肉向けとしてブタ〔豚〕、ニワトリ〔鶏〕、ハト〔鳩〕の生畜がある。ただし湾が浅いので、船は四キロ以上の沖合、波浪を防護する砂洲のそばに停泊する。にもかかわらず、海口は東シナ海からトンキン湾に抜ける船舶にとって必須の寄港地であるとともに、大陸に向かう旅客の出発地でもある。海口の北西、雷州半島の南岸に位置する海安所（ハイアンソ）とのあいだの区間は、乗船者が引きも切らない。

定安ほか

瓊州の外にも島内のあちこちに大きな都市が立ち上がる。瓊州南西にある定安は島内最大の農産物市場だ。島の北西岸にある臨高（リンカオ）と儋州（タンチュウ）はサトウキビ〔砂糖黍〕農園に囲まれる。南にある崖州（アイチュウ〔三亜市〕）はフィリピンやスンダ列島、インドシナとの交易を行なう。太平洋に面した東海岸の主な市邑としては万州（ワンチュウ〔万寧〕）と楽会（ロフイ、ロホイ）がある★★。

★ 1879 年における海口の港湾取扱量は、船舶 496 隻、総トン数 21 万 2724 トン。1880 年の輸入額が 705 万フラン、輸出額 470 万フラン、合計 1175 万フラン。

★★ 現代の旅行家による海南島の主要都市の人口概数は以下（単位万人）。

瓊州（1879 年）	20	（領事館報告）
楽会（1805 年）	8	（Purefoy）
定安（1805 年）	6	（〃）
海口（瓊州）	1	（領事館報告）

第十節　台湾島

台湾海峡

東シナ海にあるこの島は海南島よりも少し大きく、おそらく人口も上回る★。海南島とおなじく大陸の属領だ。島の東はすぐに深くなり、大陸棚の先は二〇〇〇メートル級の深淵になるが、大陸と一三〇キロの最短距離になる福建省側の海峡〔台湾海峡〕は、平均水深が六〇メートルしかなく、最深でも一〇〇メートル未満である。海峡の南入り口にある澎湖（パンフウ）群島はスペイン名ペスカドーレスの名を今も保持し、台湾島西岸のふくらみの前方に散在する。澎湖群島そのものも、西と南西に伸び、群島内の海底は座礁の危険がある。つまり台湾は大陸の福建省と海底でつながり、住民の大半もその出身なので、従属は自然である。清国の行政では福建省の一道である〔一八八五年に台湾省に昇格〕。

地勢

往古の地理学者たちに「大琉球★★」の名で知られたこの土地は、今日では首府台湾〔台南〕の名称を引き継いでいる。山がちだが、斜面の配置は非常に規則的だ。引き延ばした楕円形の輪郭の端から端まで、南から北に発達する一本の稜線が四〇〇キロ近くにわたり走る。ただし子午線からみると東に傾いている。太平洋地域に向き合う東斜面は、大陸に面する斜面にくらべ、平均で二倍の勾配がある。東岸は急崖で、陸は海になだれ落ちるような具合になっているが、西側斜面は福建省の山地のようにゆるやかに海中に下ってゆく。どちら側からも大山（タ・シャン〔以下、「中央山脈」〕）の鋸歯状の稜線がくっきりと望見される。南部の諸峰は二四〇〇メートル以下だが、イギリス人がマウント・モリソンと呼ぶ島の中央部の山頂〔玉山、三九五二メートル〕は三三五二メートルに達する。北方ではマウント・シルヴィア〔雪山〕ほかの高峰が

★ 台湾の面積は 3 万 8803km²、推定人口 360 万人、93 人／km²。
★★ Ma-Tuan-lin［馬端臨］, tr. par Léon d'Hervey de Saint-Denys, *Ethnographie des peuples étrangers à la Chine*, H. Georg, 1876.

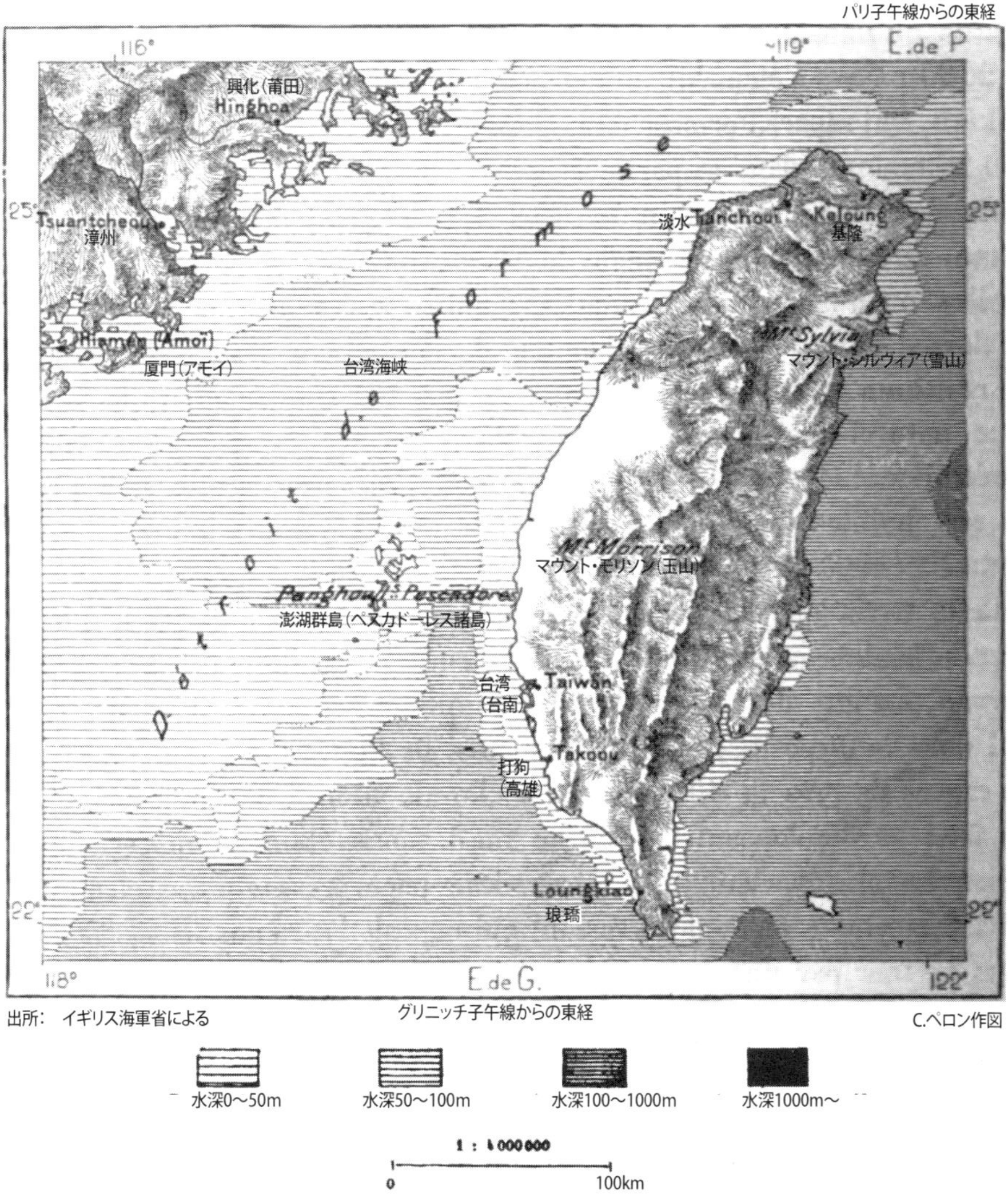

図 105　台湾とその海峡

三六〇〇メートル以上だ。中央山脈は主に石炭を含んだ石灰岩からなるが、火山岩も露出しており、山脈中央部にある尖山（キアイ・シャン）という「燃える山」について漠然と語られることがある。中央山脈の北端付近にはいくつか噴気が認められ、岩場に少量の硫黄が堆積する。ひんぱんに地震があり、さまざまな指標からみて、地下の力によって沿岸部が持ち上げられたと考えてよい。これは対岸の寧波から広州湾にかけての大陸沿岸とは逆の現象である。南西の海岸にある台湾府［台南］をオランダ人が保持していた時期［一六二四―一六六二］には、ふたつの主な城砦のあいだに水路があり、艦隊が停泊できるほどだったが、今日では水路や道路の走る平野に姿を変え、高潮になると一部が冠水する。船舶はこのかつての港から沖合三キロで停止する。だが旧港が閉塞する一方では、陸地の隆起運動による別の港が南に形成された。ひとつの嘴洲がゆっくりと海面に姿を現し、火山性の岩礁を陸地に連結し、大きな湾ができあがり、この洲が波浪から防護することになって、打狗（タクウ［高雄］）の港になったのである。ただし泥がどんどん埋め立てるため、風向きと潮の具合が良好でも喫水三〜四メートルの船舶しか進入できない★。アメリカ人地質学者ビクモア［博物学者 Albert Smith Bickmore 一八三九―一九一四か］によると、現在の地質年代における同島沿岸部の隆起は四〇〇メートルに及ぶ。

名称の由来

台湾島を初めて望見した十六世紀初頭のヨーロッパ人航海者たちは、幸いにも自然の美しさに対する鑑眼をそなえていたので、自分たちが発見した陸地に聖者だの、王様だのの名を付ける代わりに、フォルモサ［ポルトガル語］すなわち「麗しの島」と呼んだ。太平洋でこれほどこの名がふさわしい島はない。少なくとも西側［傍点の原文は東西が逆だが、訳者の判断により訂正する］はその通りで、というのは東側の山地は福建省の沿岸と同様に赤っぽい裸地で終止するからだ。中央山地からは扶壁や支脈が左右に突き出ており、いずれも高さや様相が違う。鋭鋒や尖峰もあれば円頂もあり、なだらかな高台もあれば、崖もある尾根が、千変万化

★ J. Thomson, "Notes of a Journey in Southern Formosa", *Journal of the* [*Royal*] *Geographical Society,* 1873, *vol.* XLIII, *pp.*97-107.

挿画Ｌ　台湾の山道。トムソンの写真をもとに、テイラー筆

の様相をみせながら海際の岬まで連なる。ところどころに白い岩山が、あるいは孤峯として、あるいは基盤の上に重畳しつつ、輝きを放つ。谷は森の緑ですっかり埋まり、幽谷の底に白滝が見える。竹林や棕櫚の大群落のあいだに村々がわずかに姿をのぞかせる。樹林は塩水の近くまで生い茂り、波浪によって変幻極まりない幻想的な形に切り取られた急崖も、植生のよそおいをみせる。紫色の花弁に赤い筋が入った大きなヒルガオ〔昼顔〕が潮流の上に覆いかぶさり、岩礁の頂上にはユリ〔百合〕の花束が育つ★。

気候

植物相がすこぶる豊かな理由は、大陸に隣接することと、斜面上の気候帯が重複することで説明される。浜辺が熱帯に属するいっぽう、丘陵地や山々は温帯まで立ち上がるからだ。モンスーンは規則正しく交代する。夏はマレー群島方面から風が吹き、冬は日本列島から大気の流れがやってくる。水も大気に対応する相殺運動を行なう。深い外洋の上層では、赤道からの海流が南西から北東に向かい、黒潮となって日本の沿岸を洗う。これに対し、台湾海峡の海底近くの水は空気の揺動に従い、あるときはこちらの方向、あるときには別の方向へと、風の力に従って海岸線と平行に動く★★。こうした大気と海水の往復運動により、台湾島は南北両方の気候のもとに置かれ、色々な地方の鳥や魚、穀物、人間が運ばれてきた。また激しい雨が潤沢に涵養するという利点もある。北東からの極地モンスーンは日本近海を通過してくるため、南西モンスーンと同様に雨水を含んでいる。このため同島は、正反対の風が相互に入れ替わるにもかかわらず、そのひとつが大陸では植物の生育を妨げるのに対し、雨の降らぬ月はない。東アジアでは例外的な現象だが、北東モンスーンの吹く冬期に最大降水量を受ける地点がいくつかある。島の北端にある基隆（キールン）の観測所の年間降水量は三千ミリだが、湾の形状が北に大きく開くいっぽう、南には高い山々がそそり立つことで説明される★★★。東岸では、この大気の運動がハリケーンによって撹乱されるが、ハリケーンが台湾海峡のある西側に進むことはめったにない。とはいえ高潮とあいまって痛撃することもあ

★ Cyprian A.G. Bridge, “An excursion in Formosa”, *Fortnightly Review* n.s. 20, 1876, *pp.*214-222.
★★ De Vautré, Le Gras, *Instructions nautiques sur les côtes Est de la Chine*.
★★★ Fritsche; Hann, *Geographisches Jahrbuch*, tome VIII, 1881.

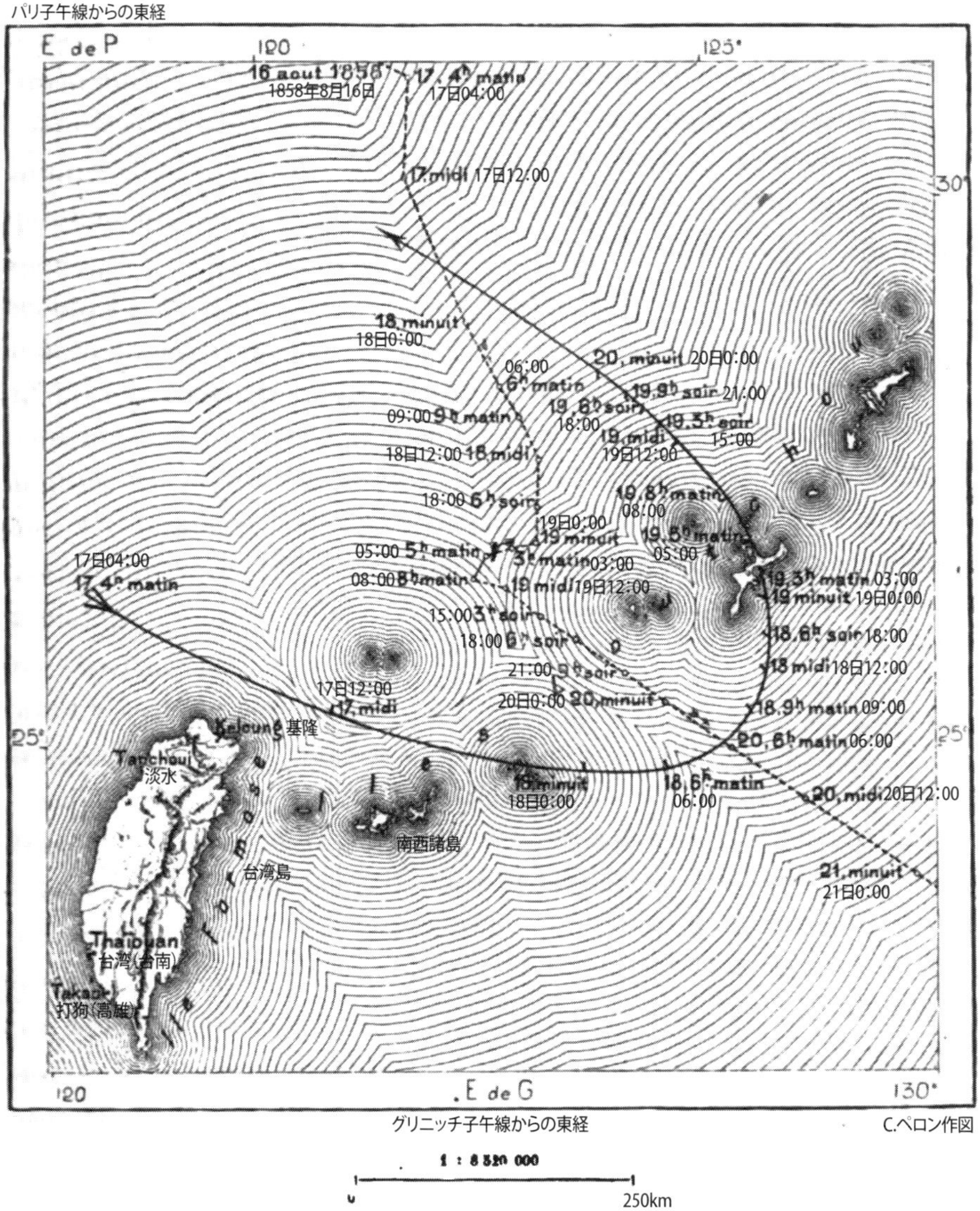

図 106　ノヴァラ号の台風

り、一七八二年には島全体が呑みこまれたとの噂が中国に広まった。ほぼ全ての船が転覆または沈没し、沿岸部の建物は倒壊し、収穫物が全滅したのである★。上海を出港しカロリン諸島に向かったノヴァラ号〔世界一周の科学調査を行なったオーストリア・ハンガリー帝国海軍フリゲート艦〕の博物学者たちは、一八五八年八月十八日から十九日にかけてサイクロンを観測した。それは自転しながら琉球列島の南部諸島上を大きく回り込む軌跡をたどった。一時間ごとの観測により、ハリケーンの目の位置を継続的に測定したところ、通常の台風とは逆方向に動いていたのである。

動植物

植物にせよ動物にせよ、中国大陸に起源のない種は「麗しの島」にひとつもないと思われるだろうが、探検家たちは現在まで、他の場所では見出されていない形質のものをいくつか発見している。卓越する種は日本南部および福建省のものと同一だが、成長の早さや、形態の美しさの点で区別されるものもいくつかある。中華帝国でタケ〔竹〕がここほど高く育つ場所はほかになく、背丈が三〇メートル、幹周りも六〇センチを下らない★★。商人が貪欲に伐採しつくすまでは、内陸の大森林は主にクスノキ〔樟〕からなっていた。沿岸地方で最も一般的な植物のひとつは、つるつるの幹に広い掌状葉をそなえた低木樹で、藁半紙の原料になるカミヤツデ〔紙八手〕である。島内の哺乳類三五種のうち一四種、また陸鳥一二八種のうち四三種は、中国大陸にも近隣の陸地でも見出されない。このように独自な動物相は、非常に古い地質年代にアジア大陸から分離した証左だが、種の類縁性を保持できなくなるほど昔ではないことも示している★★★。つまりサル〔猿〕、食虫目、トラ〔虎〕、イノシシ〔猪〕、シカ〔鹿〕、アンテロープのほか、種々の反芻類や齧歯類など、大陸の主な種は島内にも見出されるが、いくつかの哺乳類は、中国よりもヒンドスタンやマレー、日本の種との類縁性が高い。タイワンザル〔台湾猿〕はヒンドスタンやビルマのいくつかの猿を思わせるもので、中国南部や海南島のものとはまったく似ていない。おなじく、スウィンホーが発見

★ Amiot, *op.cit.*, tome X.
★★ Thomson, *Tour du Monde*, 1875.
★★★ Alfred R. Wallace, *Island Life*, London: MacMillan, 1880.

した美しいシカ〔台湾梅花鹿〕や種々のモモンガ〔摸摸具和〕、マクロスケリス〔*macroscelis* 不詳〕の学名が冠せられているサルは、いずれもマレーシア産の種に形態が似ている。こうしたことから、これらの動物の先祖は、かつてヒマラヤからボルネオ、フィリピン、そして台湾まで広がっていた大陸塊の森に棲んでいたものが、島々に分離したのちに、もとの生息圏の南と東にのみ存続したと推論されている。中国では環境変化により絶滅したのであろう。動物相の対照性はとくに鳥類ではなはだしい。台湾の固有種の過半が最も近いのは、隣接する中国ではなく、ヒマラヤや南インド、マレー諸島、日本列島なのだ。スウィンホーが発見した新種のうち、最も注目されるのは種々のキジ目とハト類、壮麗なキジ〔山鶏 *Lophura swinhoii*〕、諸種のシジュウカラ類やスズメ属、頭の白いツグミ〔鶇〕がある。しかし島内にインコは皆無で、中国の中央および南部諸省とはちがう。アジア大陸のコウライウグイス〔高麗鶯〕は、夏になると数千羽の群れをなし、ヒンドスタンからアムール河畔まで、大陸の半分以上を渡ってゆくが、台湾のそれは山地と平地のあいだを季節移動するにとどまる★。淡水河（タムシュイ・ホ）にはトリンコマリー〔スリランカ〕やグアヤキル〔エクアドル〕、サン・フアン・デル・ノルテ〔ニカラグア〕と同様に、鳴き声を立てる魚が生息する★★。

大陸からの移住

空気が澄んでいるときには、中国大陸の沿岸から山並みが見えるので、中国人は昔から台湾島の存在を知っていた。澎湖群島には漁民も定着していたのである。だが、七世紀に至るまで台湾は海路から外れていた。おそらく未開民に対する恐怖が理由である。のちにはもっと北東、台湾と日本のあいだにある琉球列島に冠せらる「大琉球」と呼ばれたこの神秘の地域に対し、探検隊が差し向けられたのは、ようやく六〇五年のことに過ぎない★★★。しかし植民はまったくなされず、元朝治下の十四世紀末になるまで、中国の地理学者たちは同島を「東蕃（トゥン・ファン）」として示していた。十五世紀になると

★ Blanchard, *Revue des Deux Mondes*, 15 mai 1871.

★★ Bechtinger, *Het Eyland Formosa* [Jos Bechtinger, *Het eiland in de Chineesche zee*, Batavia: Bruning et Wyt, 1871?].

★★★ D'hervey de Saint-Denys, *Académie des sciences*, 3 mai 1872.

何人かの入植者が北部に定着したとされる。島全体が基隆と呼ばれたところをみると、おそらく同市の湾沿いだったと思われる。だが本格的な移住は十七世紀後半、オランダ人奴隷商人が放逐され、海賊が服属するまで始まらなかった。したがって中国人による狭義の植民地化は、二百年の歴史しかない。しかし現在では、ほぼ全面的に福建省から到来した移入民が西側斜面の全域を奪取し、平野も谷も作物で覆われている。太平洋に面する東側も北部の入植が進み、耕作地が拡大中だ。二百年のうちに中国人が台湾で達成した変容の営為が、それよりも百年古い歴史を持つフィリピンでのスペイン人の仕事に対し、はるかに大きなものとして誇り得るのは確実である。

こうした漸進的な征服は闘争なしには済まず、民族間には問答無用の戦いが荒れ狂った。先住民は剽悍で、常に武装して往来し、一度ならず中国人の村落を奇襲して住民を殺戮した。中国人は商売でやり返し、阿片や蒸留酒を売りつけて悪習に染まらせ、自滅を狙う。アメリカ合衆国の白人が北米先住民に対し頻用したのとおなじやり口であり、ひとりひとりを殺すのではなく、民族全体に毒を盛るのだ。スウィンホーはまた、邪魔な隣人を厄介払いするため、中国人がトラ〔虎〕を福建省から輸入し、台湾の森に放ったと語る★。ところが中国人内部にも大きな対立がある。福建省や広東省からやってきた客家人と、それ以外の移民は、大陸での不和を島内でも続けるからだ。客家人は大胆なこととて、沿岸部の中国化した住民と未開の原住民とのあいだの丘陵地に定着した。内陸の住民に恒常的に隣接することや、その娘たちとの通婚により、客家人はだんだん習俗を取り入れたため、もはや衣服と辮髪においてのみ中国人であるに過ぎない。多くの旅行家が台湾の客家人のなかに中国人（実際にはそうである）ではなく、マレー系住民を見出すのはこのせいである★★。全体的には、台湾人〔在来の住民〕は大陸の中国人よりも誇り高く、独立心が強い。今なお海賊の血が流れているのだ。科挙を受験する若者の比率は、大陸諸省よりもはるかに小さい。

先住民

★ Robert Swinhoe, *North China Branch of the Asiatic Society.*
★★ Friedrich Ratzel, *Die chinesische Auswanderung*, Breslau: J. U. Kern, 1876.

挿画 LI　典型と衣服。日本に連行されたブタン人の捕虜
ジェームスの写真をもとに、E. ロンジャ筆

在来の諸部族はいろいろな名称で知られているが、起源や近縁性による分類はまだ判明していない。「野蛮なひと」を意味する「生蕃（ソン・ファン）」、あるいは「蕃夷」と呼ばれる人々はマレー人に似ており、通例はその系統とされる。話す言葉もマレー諸語とおなじ基盤に属する。台湾の先住民は中国人と同一の後裔と考えるシェテリクも、言葉の六分の一がマレー起源であることを認めている。いくつかの方言はルソン島北部で話されるタガログ語と非常に似通っている。台湾北部の一七の部族は母語を「タヤル」と呼んでさえおり、フィリピン諸島の国語とほとんど同一の呼び名だ。また、いくつかの地区の住民は「タンガラン」と自称する★。だが台湾の先住民がマレー系の大きな類縁集団に属するとしても、イン

★ Klaproth; Thomson; Maxwell; Medhurst; Steeve; Favre; Guérin; Bernard.

ドネシア方面の諸民族からの分離は、スンダ列島に仏教が伝来するはるか以前だったに違いない。というのも、彼らの言語にはサンスクリットやアラビア語の言葉が皆無だからである。移住後の台湾人が最も強い関係をもったのは中華帝国とのあいだであり、多少とも変形して彼らの言語に入り込んだ多くの言葉がその証左だ★。

ブタン人（牡丹社）

南東の山中に暮らすブタン人の部族［牡丹社］は、入植者からも他の先住民からも怖れられている。弓矢を用いるが、ヨーロッパ人の売った小銃、というよりはラッパ銃も使うようになった。難破した乗組員たちを虐殺したとして一八七四年に日本人が膺懲戦を行ったのは彼らに対してである［台湾出兵］。東京［原文は江戸］に連行された捕虜をみると、ブタン人はマレー地方よりも日本人の典型を思わせる。大半は青い綿衣をまとい、銀の腕輪をして、巨大な耳飾りをつける★★。また地元民の語るところでは、「小柄な黒人」が島の南部の山中に暮らすという。すでに一七二六年にはヴァレンティン［オランダ人探検家、著述家 François Valentijn 一六六六—一七二七］も言及しているが★★★、スウィンホーもこの部族について語っている。彼らを訪れた旅行家は皆無だが、シェテリクが検査したふたつの頭骨はこの黒人種のものとされ、窒息同然にほぼ絶滅した古代の人種の残余と考えられている★★★★。

先住民の習俗

服属していない先住民の大半は大柄で頑健、かつ極度に敏捷である。ただし、古代の中国人著述家たちが述べるように、最も身軽な犬よりも早く走り、獲物を走って捕えるという点を確認した近代の旅行家は皆無だ★★★★★。ゲランによると、歩き方は上位の四肢動物、たとえばゴリラを思わせるという。腕は長く、足は非常に大きいので、歩むさいに足の裏の前半だけで地面をいわばつかむようにする。相貌はまったく多種多様で、平べったい顔面の者もあれば、ヨーロッパ人に似た顔立ちもある。とく

★ Favre, *Bulletin de la Société de Géographie de Paris*, nov. déc. 1868.
★★ Léon Metchnikov, *Notes manuscrites.*
★★★ Valentyn, *Beschryring van Tayouan of Formosa.*
★★★★ Hamy, *Bulletin de la Société d'Anthropologie de Paris*, 21 nov. 1872.
★★★★★ Julius von Klaproth, *Mémoires relatifs à l'Asie*, Paris: Dondey-Dupré, 1824.

に北方では子供たちの美しさに驚くが、貧窮のためすぐに容貌は衰える。多くは相手に恐怖感を抱かせる眼差しをそなえる。大きく開いたよく動く目が突き出し、常軌を逸しているような印象を与えるからだ。他の部族が注意深く避ける一部族には甲状腺腫が一般的なほか、内陸の住民には皮膚病による損傷がみられる。またキンマ［蒟醤］を常用するため歯が赤くなっている。他の未開人と同様に、衣服よりも身体そのものの装飾のほうがはるかに大事で、男女ともに銅の腕輪や、粗雑なガラス細工、骨片や鈴のついた首輪や帯を身につける。男性は耳たぶに大きく孔をあけ、模様を施した竹筒を通す。竹筒の先には赤い綿の飾り房が付いており、それが頬の脇に下がる。中国人と戦争状態が続いている先住民は刺青の習慣を保持する。平地の入植者に対する征旅に赴く若者は、初陣から帰還すると額に最初の印をつける。だが栄誉を授かるのは、敵方

挿画 LII　平埔蕃の妻と子供。トムソン［原文トムプソンとするが誤植。なお女性の頭巾はもとになった写真から改変されている］の写真をもとに、E. ロンジャ筆

の首級を挙げたのち、下顎にほどこす印だ★。部族によっては自分の勲功を身体に刻みつけるので、顔や胸は唐草模様や動植物の図柄に覆われる。刺青は女性の仕事、というよりもその司祭職だが、自らも男性同様に刺青をほどこしており、全員が少なくとも額に青い印をつける。結婚する娘は相手に買われるのだが、頬に刺青をほどこさねばならない。部族によっては、それに加え犬歯と門歯を抜く犠牲を払う。男性のほうは犬歯を抜くだけでよい。生活のいっさいは慣習が制御する。公的な宗教はまったくないが、朝まだきに小屋から出て一人で近くの小道をたどり、黒っぽい色のキクイタダキ〔菊戴〕により鳥占いを行なう。その吉兆により一日の過ごし方を決めるのである。死亡すると、その場所に埋められねばならない。自宅で死去すれば、まさに寝床の下に墓が掘られ、故人の武具や少々の食糧、片手鍋を一緒に埋葬する。

今も生蕃との戦いの中にある中国人は、彼らを残虐非道と描写するのがふつうだ。だがこれらの山岳民は、敵方の民族に属さない異邦人ならば歓迎するのが通例である。入植者に対する闘争は、反座法〔目には目を〕と憎悪の承継により説明できる。各家の近くには緑に囲まれた木の棚があり、中国人の首が置かれている。だが生蕃が闘争を続けるにはあまりに少人数であり、こうした人間狩りもまもなく終熄するに違いない。推定人口は二万人にすぎず、多くの氏族に分裂しており、いくつかは五〇人にも満たないため、自滅するか、あるいは移住者によって個別に奴隷化されつつある。連合しているのは南部の諸部族だけだが、部族内と同様に誰にも上席権はない。世帯はそれぞれ独立した集団で、父親が絶対権限を行使し、長男にも早期からそれが分与される。世帯間の紛争を調停する行政職がひとり選出されているが、自然な平等精神のいたすところ、その責務の遂行は容易だ。この点では、平地の中国化した人々よりもはるかに優れているのである。

平埔蕃

服属して中国人と継続的に交流し、一部は通婚にも至った先住民は、総称して平埔蕃（ペポ・ホアン）と呼ばれる。こうした人々の大半は刺青を入れなくなり、福建省民とおなじ衣服を着用する。カトリック、プロテ

★ Guérin, *Bulletin de la Société de Géographie de Paris,* juin 1868.

スタント両派の宣教師が最も多くの新規加入者を見出すのが彼らにおいてである。台湾を訪れた旅行者はほぼ全員が平埔蕃のもとに立ち寄るため、彼らが先住民として記述するのは、混交した住民にほかならない。

海外との関係

台湾は中国のなかでもヨーロッパ人の影響が最も強かった場所のひとつである。全島がヨーロッパ植民地化すると考えられた時代さえあった。すでに一六二一年にはオランダ人が澎湖群島に足跡を記し、直後には台湾島の南西に上陸した。そしてさっそく商館群を立ち上げたのが、現在の台湾府の地である。だが、誕生しつつあったこの植民地には、満州族の侵入に追い立てられた中国人の農民や商人が押し寄せ、少人数のオランダ人を四方から囲んだ。一六六二年には「国姓爺」から派生した「コクシンガ」の通り名でヨーロッパ人に知られる海賊の領袖、鄭成功［一六二四―一六六二］が船団を率いて来航し、一帯の中国人は争って攻囲軍に身を投じた。九か月の攻囲ののちオランダ人は降伏し、いまも市街の近くに立つゼーランディア城の美しい石壁の遺構が、その支配の唯一のよすがである。国姓爺の治下ではイギリス人が台湾との直接交易を始めたが、満州人体制が確立した一六八三年になると、対外交易はいっさい禁じられた。大陸での一連の軍事的勝利のおかげでヨーロッパ人が「麗しの島」に再び入り込めたのは今世紀半ば、一八五八年になってからである。日本人も、同島の奪取をさまざまな時期に試みている。鄭成功は福建人で、母親が日本人だが、自ら台湾占領に乗り出す前に、日本の独裁者家康に対して台湾島と福建省沿岸の征服を提案している［この記述は誤りで、史実ではない］。また最近のブタン人膺懲のため日本が派兵したさい、清国政府は同島が日本の不可分の一部になることを懸念し、領有を保全すべく、日本の派兵費用を負担せざるを得なかった［一八七四年十月調印の日清両国互換条款］。それ以後清国は、とくに東岸の蘇澳（スアオ）すなわち噶瑪蘭（ケマラン、カバラン）をはじめ、沿岸の数地点に城砦を構築している。

台湾府（台南）

台湾島にその名を冠した首府である台湾府は、海岸からやや離れている［一八八八年に台南府に改称］。オランダ人が

ゼーランディア城から放逐されてから建設された都市で、完全に中国風の外観をそなえ、全周一〇キロの城郭が広い耕地や畑地、仏塔群を囲む。金銀などの線細工師の技が著名で、泊地は浅いにもかかわらず、かなりの交易量がある。安平（アンピン）の砂堆は季節によっては水深一～二メートルしかないため、ヨーロッパ船はその沖合三キロ以上の地点に投錨する★。荷はインドのコロマンデル海岸で用いられるものと似たカタマラン〔双胴船〕、すなわち竹製の筏舟でもって岸辺まで運送される。舷側に折り畳み式の矢来をしつらえ、筏の中央にいくつか樽を固定して、旅客はその中に坐り、波にさらわれないようになっている。一本の枕木が檣座で、マストには帆の代わりに竹笹の細長いむしろを張る。主な輸出品は砂糖で、イギリス船がオーストラリアに運んでゆく。近郊では茶葉やコーヒー豆、キナノキ〔機那、樹皮がキニーネの原料〕の農園栽培が試みられたが、まだ成功していない★★。同市の南四〇キロほどにあって、付属する商業地区である打狗〔高雄〕の港の改良工事も未着工だが、少額の浚渫で大型船の進入が可能になるだろう。現在のところ、進入できるのは喫水四メートル未満の船舶に限られる。打狗はバンヤンジュに囲まれた村で、いくつかの漁家と交易用の倉庫からなる。だが八キロ内陸には屏東（ピタオ）の大きな町が立ち上がる。また南には、水量豊かな河川の河口部に東港（タンカン）の港があって、非常に賑わう。台湾府と打狗のあいだには電信線、さらには電話線すら開通している★★★。また安平の砂洲近くには上海・呉淞間の鉄道の軌条が運びこまれ、島内のふたつの港を結ぶ路線の建設が目論まれたが、清国政府の許可はまだ下りずにいる。むしろ航路沿いの砲台建設が優先された。モンキー・マウンテンと呼ばれるなだらかな円錐形の山が市街と泊地を見下ろし、その東斜面に温泉がある〔関子嶺温泉か〕。打狗の南にある瑯嶠（ルンキアオ）の港は、日本が一八七四年の軍事作戦の基地にしたが、島の南端にあってあまりに狭小なため、大量の交易を扱うのは難しく、大きな重要性をもつには至らないだろう。日本軍が撤兵したのち、内陸一〇キロの地点に新しい町が作られ、ブタン人の監視に当たっている★★★★。

★ 1879 年における台湾府の港湾取扱量は、総トン数 10 万 4375 トン。輸入額が 1230 万 1450 フラン、輸出額 1465 万 8300 フラン、合計 2695 万 9750 フラン。
★★ Pelham Warren, *Commercial Reports,* 1879.
★★★ *London and China Express*, 17 juin 1881.
★★★★ Hughes, *op.cit*

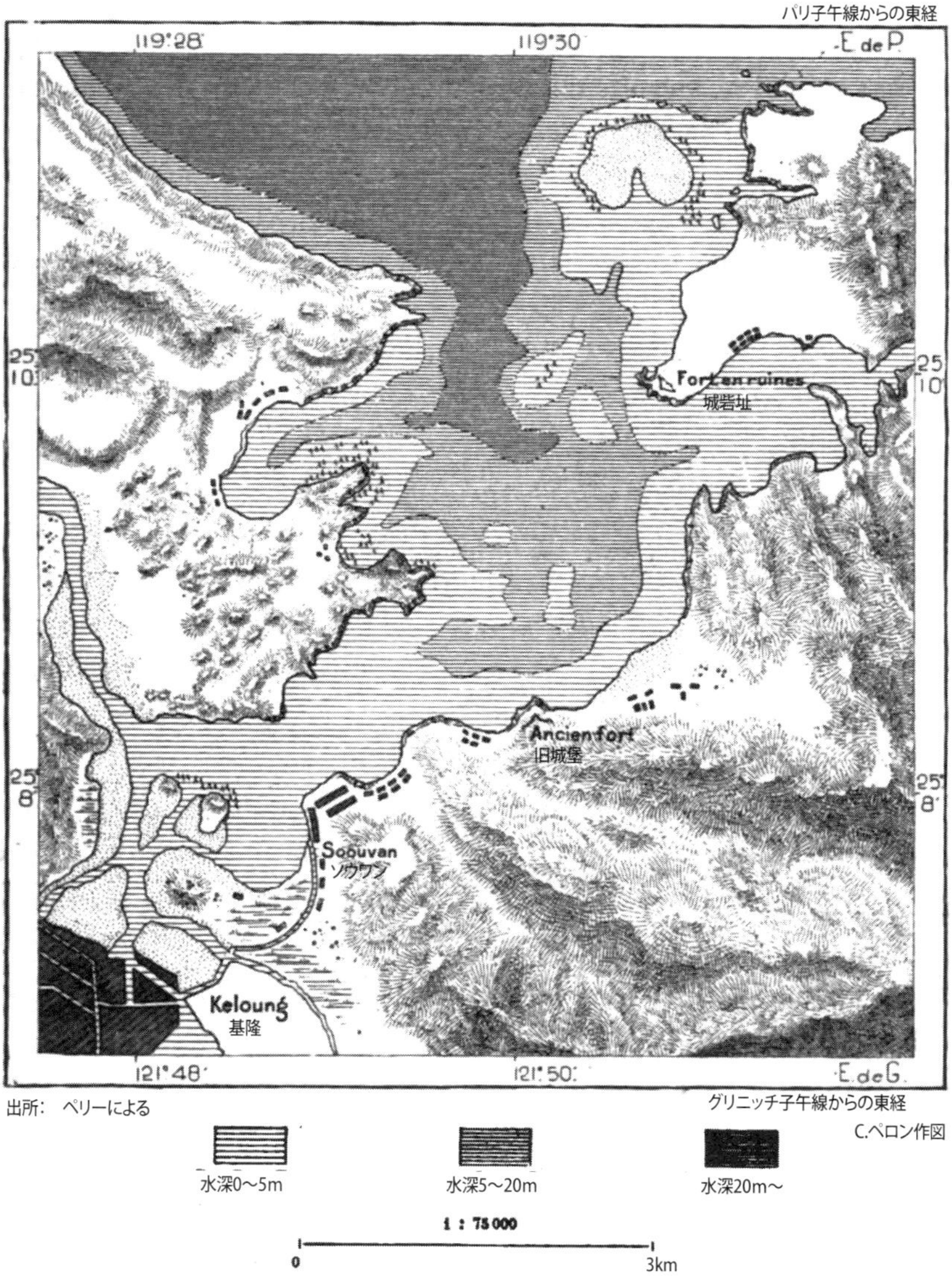
パリ子午線からの東経
119°28'
119°30'
E de P.
25° 10'
Fort en ruines
城砦址
Ancien fort
旧城堡
25° 8'
Soouvan
ソウワン
Keloung
基隆
121°48'
121°50'
E. de G.
出所： ペリーによる
グリニッチ子午線からの東経
C.ペロン作図
水深0〜5m
水深5〜20m
水深20m〜
1 : 75 000
0
3km

図 107　基隆

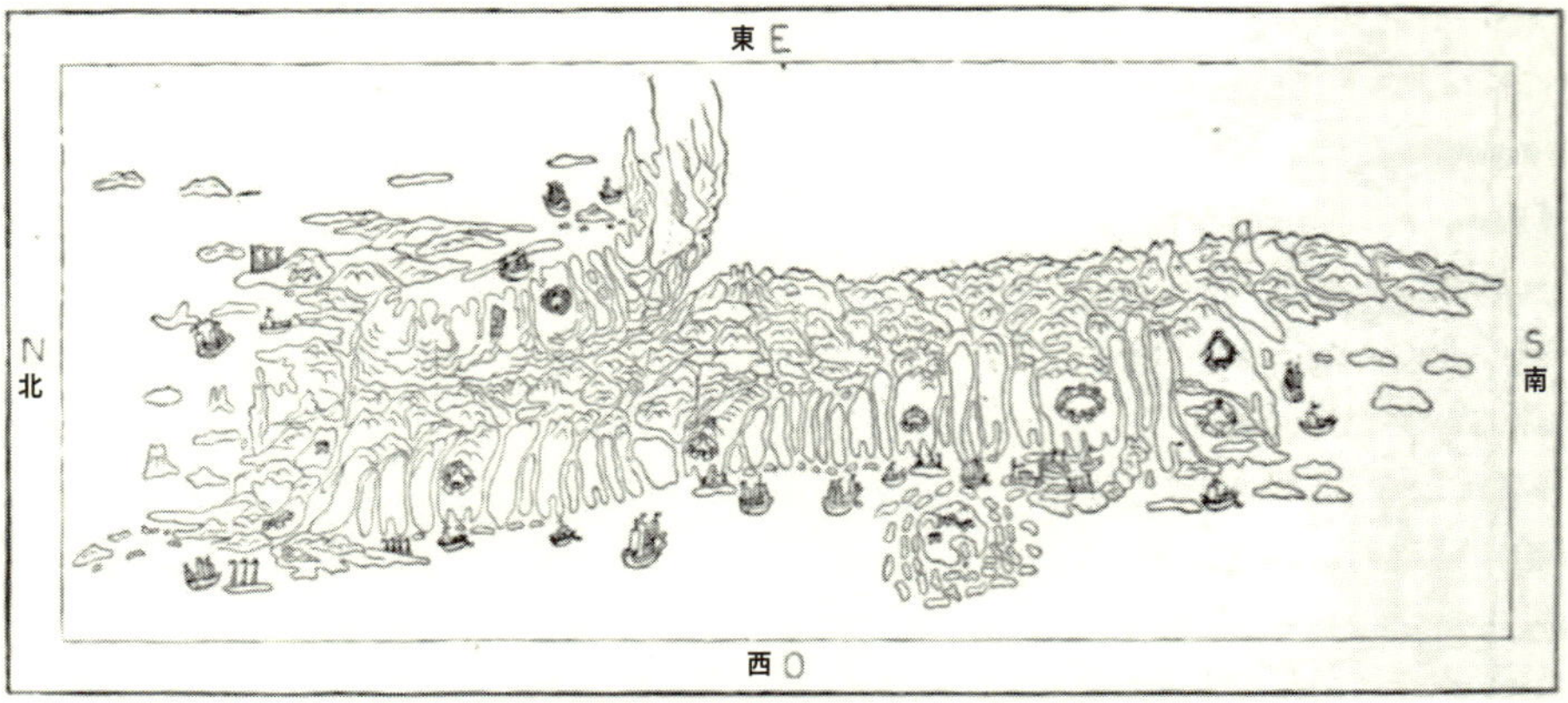

図 108　中国の古地図による大琉球

彰化、梧棲、新竹、淡水、台北付近

島の西側斜面の中央部にある彰化（チャンホア）は、樟脳取引で最大の中心地だが、それを船積みする梧棲（ゴチ）の港は中国船にしか開かれていない。北には人口繁多な新竹（シンチュウ）、すなわち旧竹塹（チュクシャン、テクサン）があり、これも香山（ホンサン）という港が補完する。香山港からは中国船が米や麦を積み込む。島の北西端に近い淡水（タムシュイ、タムスイ、タンシュイ）は、定着したヨーロッパ人商人たちのおかげで、不健康な風土にもかかわらず最大の港になった。かつては最大の樟脳の積み出し港で、今もオランダ人の城砦の残骸〔紅毛城〕を目にする。近傍のクスノキ〔樟〕を伐採し尽した採取業者たちは高地の谷間に進み入るを得なくなり、先住民とひんぱんな紛争に至ったのである。このため樟脳取引は目に見えて減少したが、茶葉がそれに取って代わり、毎年その額は著増している★。とくにアメリカ向けが多い。茶葉交易は厦門商人たちが牛耳り、同市の利益になっている。彼らは藁紙の輸出も行う。ジャンク船は淡水から、外国人商人の居住地である大稲埕（トアテュティア）や、この地区最大の商都である万華（メンカ、文甲モンキア、艋舺バンカ〔台北市万華区〕）まで遡上する。基隆への道を東に一二キロの地点には複数の硫黄泉があり、近

★ 淡水からの茶葉輸出量は、1868 年が 29.25 トン、1880 年には 585 万トン。

在の多くの病人が湯治に訪れる［陽明山温泉か］。

基隆

基隆港は淡水から五〇キロほど東、島の北岸にあるにもかかわらず、外国船は淡水とひとくくりにおなじ寄港地とみなす★。地元住民によれば、そもそも両港は一本の地下の洞窟で連絡しているという。両市とも近郊に、かなり内部に歩み入ることのできる洞窟群があるので、これが神秘の通路の入り口かもしれない★★。基隆が受け持つのは褐炭の輸出で、一部は高品質だが、官員があらゆる手段で商人を虐待するため、買い入れ量はほんの少ししかない。かなりの量は国有船舶に直接積み込まれ、福州の兵器廠か、あるいは澎湖群島に政府が設置した石炭貯蔵庫に運送される★★★。近くには豊かな原油や硫黄もあるが、ほとんど利用されていない。基隆に近い岬や島々は固さのふぞろいな岩層からなるため、夢幻的な形状をみせる。やわらかい基部を波浪が急速に砕解するため、洞窟やトンネルのようになり、上には軒蛇腹のようになった頂部が載る。多くの小島は基部が削られて上部が張り出し、まるで巨大な茸のようになっている★★★★。湾の入り口の東にはスペイン人の砦の残骸がみられる。

先島諸島

「大琉球」すなわち台湾島が清国領になったのであれば、もっと小さな小琉球［南西諸島］の一部も、けっきょく中国に割譲されるかもしれない［当時日清間で琉球の帰属をめぐる対立と交渉が行われ、日本は先島諸島の清領化を提案していた］。日本はすでに、主島と首府を含む北部と中部の島嶼集団を、自国行政下に併合している［一八七九年の沖縄県設置］。南部の集団すなわち山南（サンナン）、ないし先島諸島は中国の古地図では台湾の一部として記載されており★★★★★、じっさい小島や岩礁でつながっている。現在のところ、先島諸島は中国にとって、台湾の前衛の楯として以外の意味

★ 1879 年における両港の外国船取扱量は 294 隻、総トン数 8 万 8828 トン。中国のジャンク船は 1937 隻。
★★ Mayers et al., *op.cit.*
★★★ 1880 年における基隆の石炭販売量は 2 万 4650 トン、それに対し生産量の概数は 5 万 5000 トン。
★★★★ Rousset, *op.cit.*
★★★★★ Jomard et de Montigny, *Bulletin de la Société de Géographie de Paris,* déc.1858.

はほとんどない。つまり日本の侵略に対する政治境界である。島々は山がちで狭小であり、人口はきわめて小さく、いくつかの部族はまだ未開だ。最西端にある与那国島の先住民は、台湾南東部のブタン人に似る★。

蘭嶼

「麗しの島」の南には、地理学的にみて属地はひとつしかない。山がちなボテル・トバゴがそれである〔蘭嶼〕。

澎湖群島

西の台湾海峡にある澎湖群島、ヨーロッパ人の船員にペスカドーレス諸島として知られる島々は、台湾と大陸のあいだの寄港地、および物資集散地として甚大な重要性をそなえる。推定人口は一八万人で、漁業やラッカセイ〔落花生〕、コメ〔米〕、アワ〔粟〕の栽培にたずさわる。しかし収穫量が不十分なので、食料の一部を台湾に依存する。冬の嵐によりしばしば植物は根こそぎになって損傷する★★。群島の首府は馬公（マクン）の村である★★★。

★ Léon Metchnikov, *Notes manuscrites.*
★★ Swinhoe, *Journal of the North China branch of the Asiatic Society*, May 1859.
★★★ 現代の旅行家による台湾島の都市の人口概数は以下（単位万人）。

台湾府［台南］	7	（領事館報告）
淡水	6.5	（〃）
彰化	6	（〃）
新竹（竹塹）	4	（〃）
万華（艋舺）［台北］	4	（〃）
タンカン Tangkang［東港か］	1	（〃）
基隆	0.3	（〃）

第十一節　中国の物産と社会

人口の変動と移動

中国の人口が、今世紀半ば以降に続いた内戦や革命騒ぎの時期に著減したのち、新たな大増加期に入ったことはよく知られている。同国においては、一人前の人物が独身を続ける例はほぼない。男性は若くして結婚し、若い娘は誰もが伴侶を見出すのであって、世帯当たりの子供はどの西洋国家よりも多い。孟子曰く「不孝《ふかう》に三《さん》有《あ》り。後《のち》なきを大《だい》なりと為《な》す［内野熊一郎『孟子』新釈漢文大系、明治書院、一九六二、二七四頁］」と。独身は厳禁ですらあって、男性なら三〇歳、娘なら二〇歳に達したら役人が強制的に介入して結婚させることもできる。つまり内戦や大量虐殺、飢饉によって各世代の過剰人口が減少しなかったら、せいぜい二〇年ごとに人口が倍増するだろう。一八省すべてに平和が行き渡ったので、既存の人口に数千万人が追加されたのは確実だが、その構成は以前と同一ではない。揚子江下流および黄河下流の諸省をはじめ、雲南省や甘粛省の一部が人口減少をみたのに対し、四川省や福建省、山西省などの住民は増加が止まらなかった。戦乱の終結後すぐにこれらの地方は、農地を耕し、惨禍に見舞われた都市や村を再建する入植者を送り出し始めたのである。四川省や福建省の出身者は最も働き者で企業家的だし、山西省人はとりわけ商売にひいでる。ある観点からみれば、中国人の血［遺伝形質］は、省から省への移住で一新されたともいえる。また、生まれ故郷での同族精神による決まりごとや、種々の紐帯から自由になった移住者たちは、習慣も変化した。彼らは新たな集団に所属するが、それは故郷から離れて暮らすことで初めて団結した集まりであり、以前のものと非常に違っている。

人口分布

中華帝国の人口密度については、有効性が不十分な昔の人口調査にもとづく仮説的なやり方によって描き得るのみ

で、農村人口と都市人口の比率を知るすべはないと思われる。だが、都市人口の比重が西ヨーロッパ諸国やアメリカ、オーストラリアに匹敵しないのは確実だ。たしかに中国には広州、武昌と漢口［武漢］、漳州、福州、杭州、西安、湘潭、成都、天津、北京などの大都会はあるが、いずれもロンドン、あるいはパリに比べてさえ、二線級の規模にすぎない。周辺の広大な地域への吸引力［勢力圏］もはるかに小さい。工業諸国の都市人口が農村人口を上回るのに対し、まだ基本的に農業国である中国においては、城郭都市の内部もごく一部が都市民の居住地で、農民のほうがはるかに多い。政治面の集中もヨーロッパ諸国の大半に遠く及ばず、迅速な通信が欠如するため、市場がひきつける物流も、ヨーロッパの人口の多い都市に比肩しない。これは、ヨーロッパにくらべ中国では、食料を地場産品に依存する度合いが非常に高いことを意味する。だから田園部の人口が都市に移動すれば、恒常的な飢餓が発生するだろう。

都市の内部構造

都市の形状や建築における地方差を捨象して概観すれば、中国の都市はヨーロッパとおなじ進化の時期には属さない。最近の回民蜂起のさい、ムスリムの攻囲に耐え抜いた旧西安を典型としうるだろう。女牆《ひめがき》をそなえた高い方形の城壁は、なお内戦のひんぱんさを証するもので、内側にある第二の城壁が囲む内城［満城］、すなわち宮殿の区画も、満州人による征服を思い起こさせる。ほんの小さな警報でも、都市の四門ないし八門は閉じられ、楼に守備兵が配置される。満城も万全の防御策がほどこされており、市街から瞬時に遮断され、漢人地区を奪還する準備が整えられる。第二の城壁が囲む空間は衙門（ヤムン、ヤメン）と呼ばれ、行政府と事務部門、および宮廷の場所を指す。広い樹林や庭園に囲まれ、市内で最も閑静な区域である。漢城の街路ははるかに動きが多いが、工業や商業の従事者が居を構えたがるのは、市門の外にある郭外町である。そこは夜間も出入り自由で、夜警の心配がなく、治安当局や軍の規則もゆるやかか、簡単にかいくぐれる。こうした郭外町は道沿いや水路沿いに数キロにわたって延び、少しづつ本物の市街になってゆく。アクロポリス［神殿が設けられた高台］から都市住民が下り、最初は丘の斜面、ついで丘の麓、そして開けた平野にだんだん広がったヨーロッパでの経緯に類似する。つまり生活は段階的に変化する。最初は城壁

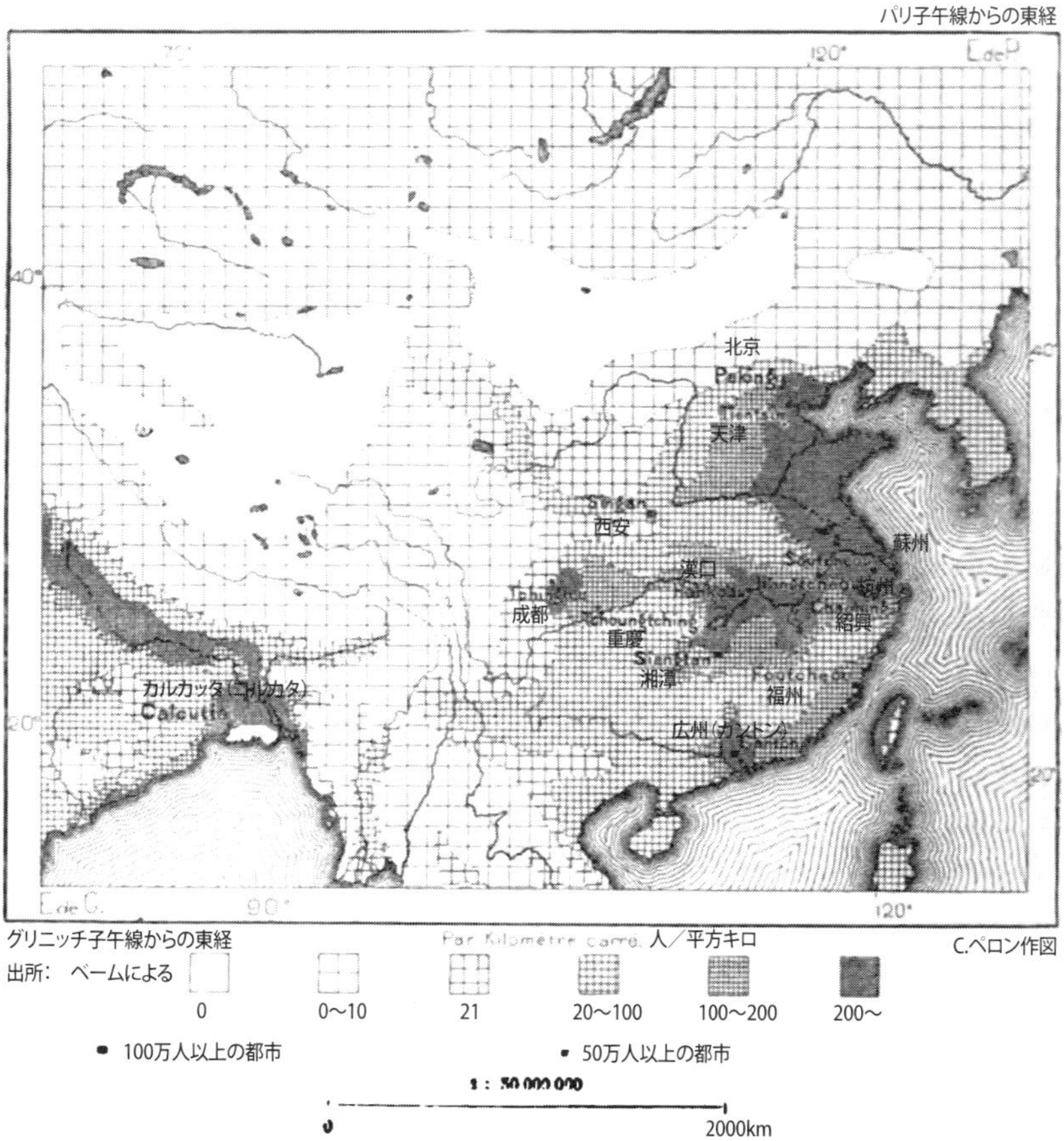

図109　1842年における中国の人口密度

が断絶する軍事的な形態をそなえるが、つぎにはもっと自由な形態になり、輪郭は土地の起伏や河水の流路に沿う。近年に国内を駆け抜けた内戦や、反乱の時期には、こうした郭外町の大半が姿を消したが、住民はあらためて郊外に立ち戻って、倒壊した住居を再建するようになり、すでに多くの郭外町が本来の市街よりも大きな規模に成長した。そもそも家屋は軽い木枠と竹で作られ、紙で装飾される［障子か］ため、再建が容易である。ヨーロッパ都市のような大型建築も中国の都市には見られず、西洋風の建物ばかりの国々にくらべ、地震による危険ははるかに小さい。ただ

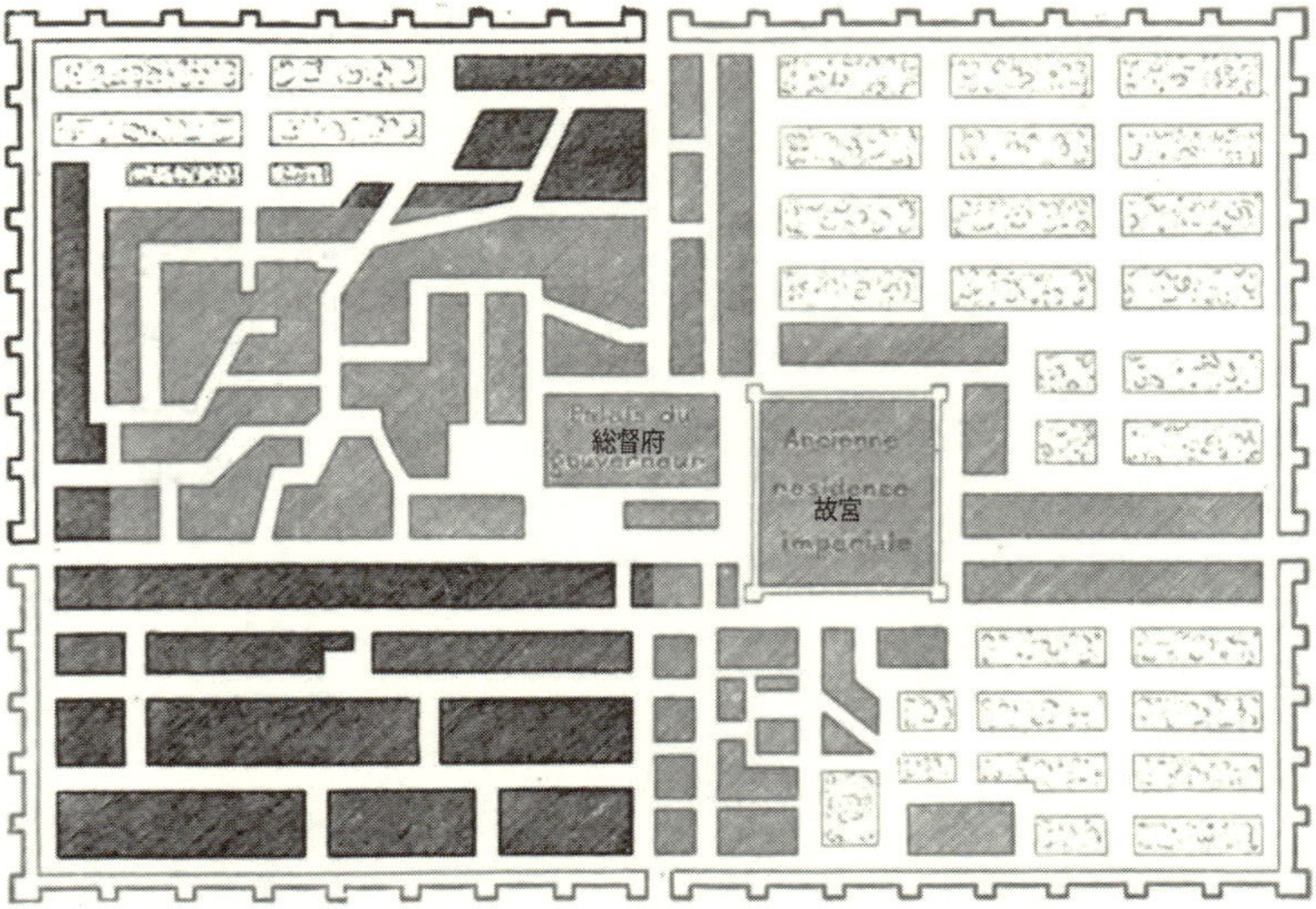

出所：　クライトナーによる

1 : 40 000
0　1km

図 110　西安府

し木製家屋の群れのなかでは、しばしば火災が発生する。通常は夏になると「火の神が入らぬ」ように城郭の南門が閉じられるが、古代の太陽崇拝と種々の迷信が混淆し、火災が南門から城内に入るのを心配するからだ★。

都市の衛生

富裕層の家屋は概して非常に清潔で、花々のせいでまったく温室のようだ。しかし市街の大半はお話にならぬ不潔さで、几帳面に世話された耕地と奇妙な対照をみせる。水溜りが縁取る街路は狭く、息が詰まるような臭気だが、都市管理の業務はほとんど皆無だ。農業者が直接に肥料として用いることのできぬ廃棄物はたまにしか片づけられない。このため、とくに天然痘などの疾病がヨーロッパよりもはるかに頻繁で、死亡率も高い。また不衛生を主因とする伝染病が「漢族」のあいだに猛威をふるう。とくに南部沿岸地方では、ハンセン病と象皮病の蔓延による死者が多数に上る。おそらく中国住民の九割は皮膚病に

★ Gill, *The River of Golden Sand, op.cit.*

罹患している★。原因とされるのは水田の草いきれで、夏場は非常に危険だが、草取りのため泥土に足を踏み入れねばならぬ女性が瘧気にやられるのだ。とはいえ、中国人は風土面の悪影響に耐える独特な力があるという点で、大半の衛生学者は同意する。気温や湿度、標高の極端な変化への適応は、他のいかなる民族をもしのぐのである★★。中国における人口学的な注目点として、国土のすみずみまで広がり、無限に混交しつつも、絶対に同姓間で婚姻しない事実が挙げられる。父方の姓がおなじ男女の結婚はいっさい許されない。このため民族全体は明確に一五〇の集団に分割され、集団間の結びつきは、女系による間接的なものに限定される。

農法

中国人がその肥沃な土地を耕し始めたのは数千年前からだが、内戦期を除き、農業生産は一度も減少しなかった。現在の生産量も過去最高であり、国内にひしめく数億人に滋養を供給するのみならず、対外貿易にも一定の重要性を保持する。中国農民は、ヨーロッパの農学者のように土壌や種子、肥料の化学的分析を行なうことは全くないし、イギリスの農家のような洗練された農機具を保有するわけでもない。だが長い伝統により、彼は土壌の特性や、植物の必要とするものが何かを心得ており、おなじ土地には種々の作物を一定の順番で育てねばならぬことも知っている。土壌改良剤や肥料として、泥灰土や、石灰または燐酸塩、低木の葉、腐葉土、灰、骨粉、油粕、動物の糞や人糞を注意深く土に混ぜ込む。機材の不備を手先の器用さでおぎなうのであって、土を砕き平坦にするには手足を用いる。足指は我々よりもはるかによく動くのだ★★★。雑草は丁寧に引き抜かれ、土壌の全生産力が作物の発芽に向けて保持される。灌漑方式は膨大で、あらゆる種類の揚水装置や、人力、畜力、風力による水汲み水車があるが、とりわけ手による水遣りが多い。すなわち中国農民の耕作は、ヨーロッパにおける粗放農業よりも園芸に近く、手法は西洋の園芸農家に似ている。上海周辺などの沃野では、たった一ヘクタールの土地からの収穫で二〇人が楽に

★ Wernich, *op.cit.*
★★ Thorel, *op.cit.*, par F. Garnier.
★★★ D'Escayrac de Lauture, *op.cit.*

暮らせる。対外交易が盛んになる前の中国は、国内消費に必要なすべての食料を産出していた。つまり自足していたのであり、北部、中部、南部諸地域のあいだの交易は完全な均衡を達成していた。海外からの輸入品に対する需要があり得ると想定するだけでも、ほとんど犯罪だったのであり、交易のため力づくで開港させようとするヨーロッパの軍事部隊に対する抵抗は、愛国心にもとづく傲慢と、こうした伝統の影響があいまって、清国政府を後押ししたのである。そもそも同国には今も広大な未墾地がある。それは田園部を野火のように走り抜けたさまざまの戦乱後だけでなく、長期にわたる平穏な時代にも同様だった。今世紀初めの公式統計によれば、狭義の中国における耕地面積は四九万九三二〇平方キロで、これには森林や放牧地、帝室領［官有地］、寺領、入会地を含まない［日本の国土面積が約三八万平方キロ］。省内の土地の過半が耕地なのは山東省だけである★。山岳地方はほぼ全域が未墾のままであり、福建省の閩江の谷を見下ろす山腹の段々畑とか、雲南省、浙江省、湖北省のいくつかの場所を目にした旅行家たちが、中国ではすべての土地が犂鍬のもとにあると結論したのは、まったくの誤りである★★。

土壌が消耗してしまった多くの国々にくらべ、中国農業がいかに幸運か、ヨーロッパの学者ではとくにリービッヒ［ドイツ人化学者 Justus Freiherr von Liebig 一八〇三—一八七三］が指摘している。今日ではあれほどの荒野になっているパレスティナも、かつては「乳と蜜の流れる［聖書］」地方だった。イタリア中部も土地が痩せたのであって、ローマ建国時には周囲の田園は肥沃で、人口も稠密だったが、千年後になると、丘は禿山に、底地は水溜りに、城壁の周囲は無人になった。収穫物が吸い上げた元素を土壌に補充せねばならぬことを知らず、地味を消耗する農法によったせいで、いかに多くの沃土が不毛化したことだろうか。アメリカ合衆国やブラジルでさえ、かつては豊富に萌え出た田園が、今では犂にあらがう。また最も文明化した諸国、すなわちイギリスやフランス、ドイツも、毎年かなりの食料を輸入し、土壌の生産力を取り戻すため、グワノ［海鳥の糞などからなる南米産の肥料］ほかの肥料を買わねばならない。施肥の必要がない黄土地帯を別として、

★ Ivan Ilíč Zakharov, *Arbeiten der Kaiserlich Russischen Gesandtschaft zu Peking über China,* Berlin: Heinecke, 1858.

★★ Fortune, *Three Years' Wanderings in the Northern Provinces of China, op.cit.*

挿画 LIII　中国南部の揚水ポンプ。トムソンの写真をもとに、Th. ウェーベル筆

中国で四千年にわたり肥沃さが保持されてきたのは、かかって土壌から取り上げたあらゆる物質を、別の形でもって回復させる耕作者の丹精によるものだ。ひとつの絶えざる「循環」が、収穫物内部の化学的要素群を土中に戻しているのである★。

農地

最大の作物は、中部および南部の全住民にとって主食であるコメ［米］である。おそらく耕地面積の八分の一が水田と推定される★★。栽培品種は多様で、栽培法もさまざまだ。天水だけで十分な品種さえあり、山腹の棚田で栽培される。黄河の北方ではコムギ［小麦］、アワ［粟］、キビ［黍］が主要穀物だ。黄河流域にかぎらず、全国の農家の傍らには野菜畑があり、風土に応じてヨーロッパとおなじ野菜のほか、あらゆる種類がみら

★ Justus Freiherr von Liebig, *Die Chemie in ihrer Anwendung auf Agricultur und Physiologie*, Braunschweig: Vieweg, 1846.
★★ Johann Heinrich Plath, *Die Landwirthschaft der Chinesen und Japanesen im Vergleiche zu der europäischen*, 1873.

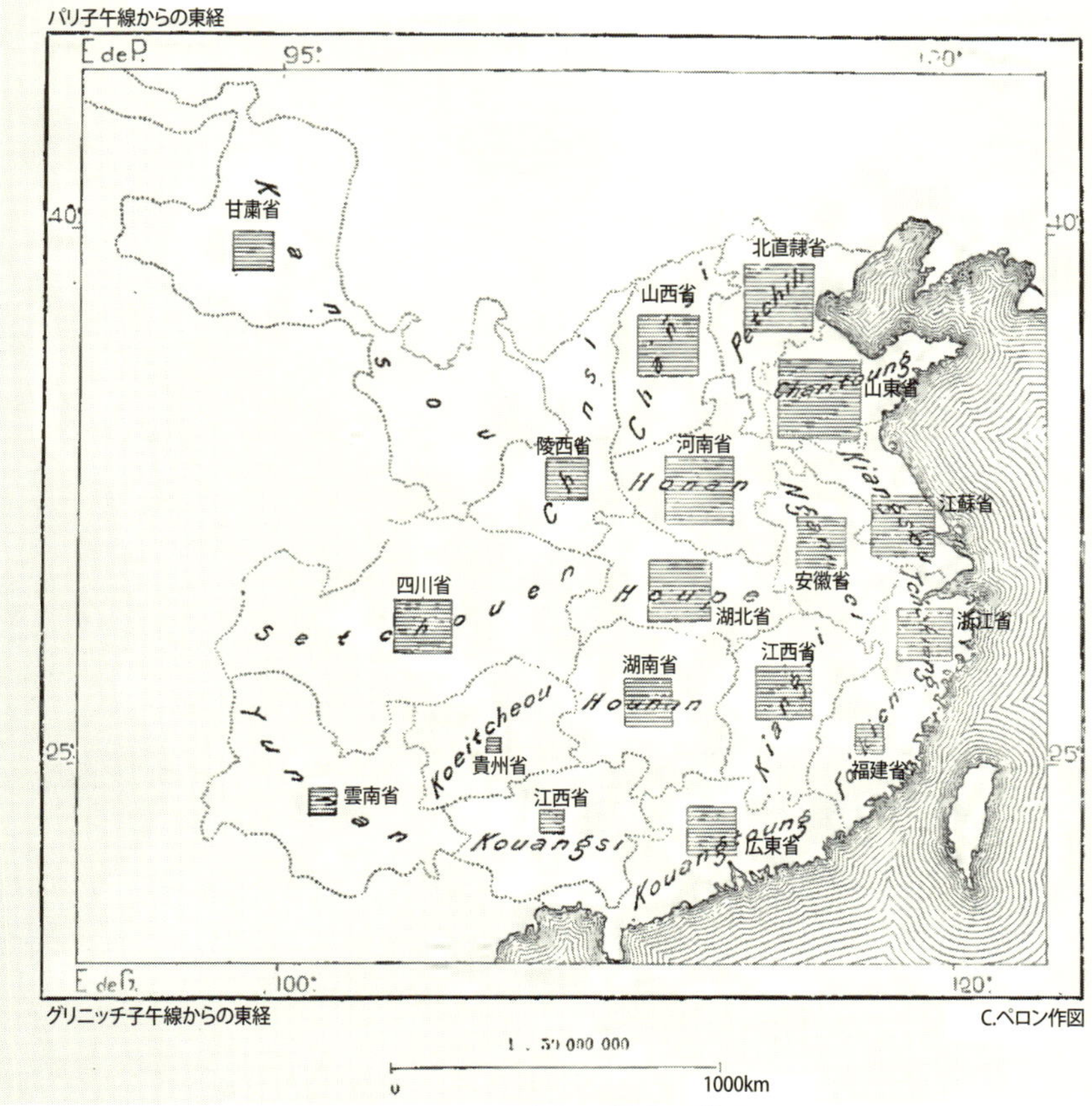

図 111　諸省の耕地面積比

れる。同国ほど野菜や果物が充実した市場はないが、それは平均気温の同質性のせいで、ヨーロッパに対応する等温線のもとでも、多くの野菜を育てられるからである。夏場の暑気の総量のおかげで、この極東の温暖地帯にはワタ〔棉〕、サトウキビ〔砂糖黍〕、ラッカセイ〔落花生〕、サツマイモ〔薩摩芋〕、ハス〔蓮〕が生育する。いずれもフランス農業に導入が図られて果たせなかったものだ★。だが野菜作に土地を振り向けるため、森林は犠牲にせざるを得なかった。住民がひしめく場所はどこでも、野生の樹木が多すぎることになり、作付地がとって代わった。すでに棉

★ David, *op.cit.*

用の木材は外材に頼るしかなく、北米からさえ輸入されている。薪は干し草や切り株、根、野菜くずなどで、驚くほど節約して用いる。数つかみほどの杣で調理するのだ★。冬の寒さでもまったく火は焚かず、綿入れのズボンと毛裏の外套、二〜三着の上着を重ね着するだけである。少なくとも揚子江以北の東部田園における大型群落は、竹林や果樹園、畦の並木のほか、ぽつりぽつりと仏塔や墓地の周囲の厚い緑に限られ、広大な農地が都市や村を囲む。王朝が交代するたび、すべての墓地を容赦なく畑地に変える古来の仕来りがなければ、田園は墳墓で覆い尽くされていただろう。満州人の君主たちだけは、人気取りのため、旧来の墓とその樹陰への尊宗を許した。このため、聖域のみは自生種と天然の植物相を維持できたのである。

家畜

森林とともに、草原も中国には乏しい。食肉用の動物を飼育して間接的な栄養源とするには、土地はあまりに貴重だ。一〇〇万頭のウシ［牛］を育てる土地に穀物や野菜を栽培すれば、一二〇〇万人を養えるからである。すでに数千年にわたり「百姓」は牛馬を労働に組み合わせてきた。伝承によれば、三三〇〇年前とされる伝説的な帝王である伏義が、「六畜を馴れさしめ」たのが、代表的な家畜であるウマ［馬］、ウシ、ブタ［豚］、イヌ［犬］、ヒツジ［羊］、ニワトリ［鶏］だという［三字経］。だがウマとイヌは長いあいだ少なかったようである。またウマは南部諸省では急速に退化する。中国人と動物とのかかわりあいは、狩猟民かつ牧羊民でもあるモンゴル人と対照的で、警護せねばならぬ群れも、疾駆する広大な空間ももたぬため、イヌもウマも必須ではなかったし、除草は自分の手で足りる。ウシやスイギュウ［水牛］、ウマといった大型家畜は運送以外にほとんど用いないが、常に完璧に世話する。一緒に労働することによる自然な愛着と、仏教の教えにより、牛馬の肉を食することには、抜きがたい嫌悪感を抱く★★。刑法においても、明示的な許可なく自分の家畜を殺すことに対する厳罰が公布されているほどだ★★★。国内にはかなり多くの菜食主義の宗派があり、彼らはニンニク［大蒜］やタマネギ［玉葱］などの「葷菜」を口に入れず、飲酒

★ Eugène Simon; Fortune; Hedde; Syrski; Plath.
★★ Simon, *Récit d'un Voyage en Chine, op.cit.*
★★★ John Francis Davis, *The Chinese*, London: Charles Knight & Company, 1840.

もしないが★、それ以外の中国人は少量の肉を食事に添える。とくに食べるのは豚肉で、ブタは多くの種類があり、非常に小さな費用で飼育される。潟湖や川には三～四千羽のアヒル［家鴨］の群れがみられ、平底舟を操る子供が番をするが、岸辺の雄鶏が番をする場合さえある。鳴き声と激しい羽ばたきでもって、アヒルが遠くに行かぬようにするのだ★★。鴨肉の取引はかなり大きい。花の標本のように二枚の板に肉を張り付けて乾燥させ、とんでもない遠くにも仕向ける。南部の諸省、とりわけ湖南省では、これとおなじやり方で特定の種のイヌのほか、ネズミ［鼠］やハツカネズミ［二十日鼠］まで食肉処理する★★★。貧困層はイナゴ［蝗］やカイコ［蚕］、ヘビ［蛇］も食材にするほか★★★★、富裕層の食卓にはフカヒレ［鱶鰭］、ナマコ［海鼠］、ツバメ［燕］の巣も供される。

　中国人は家畜肥育に極度の創造性を発揮する。家禽の産卵数を増やす術をいくつも心得ているので、ヨーロッパよりも生産力ははるかに大きいし、めんどりを水浴させることで抱卵を妨げるやり方も知っている★★★★★。西洋人よりもはるかに前から人工孵化の手順を利用し、孵化を確実にしてきた。ハト［鳩］を猛禽から守るため、翼のあいだに紙のように薄い竹皮の「うなり」をつける。家禽を訓練し、時計のように何時かを知らせる回数だけ鳴かせる技術さえあると伝えられる★★★★★。練達の漁師は網も器具ももたずに、水底で魚を抱きとる★★★★★★。また淡水、海水での養殖にも長けており、福建省の海岸では稚貝を拾い集め、それを海水池に「種付け」する。生育が早まり、風味も増すのだ。ニシンダマシの一種で三黎（サムリー）と呼ばれる魚［鰣魚］は、ほぼ完全に人工飼育され、あらゆる生育段階のものが粗い陶製［素焼きか］の大きな壺で運ばれる。ひと月に二度も産卵期を迎える魚もおり、川や水田、さらには大雨後の乾きの遅い水溜りでも養殖が行われる★★★★★★★★。

★ Doolittle, *op.cit.*
★★ David, *op.cit.*
★★★ Cooper, *op.cit.*
★★★★ Purefoy; Ritter, *Asien, op.cit.*; Poussielgue, *op.cit.*
★★★★★ *Lettres édifiantes*; Plath; Simon; Huc, etc.
★★★★★★ Milne, *op.cit.*
★★★★★★★ Fortune, *op.cit.*
★★★★★★★★ Richthofen, Fortune.

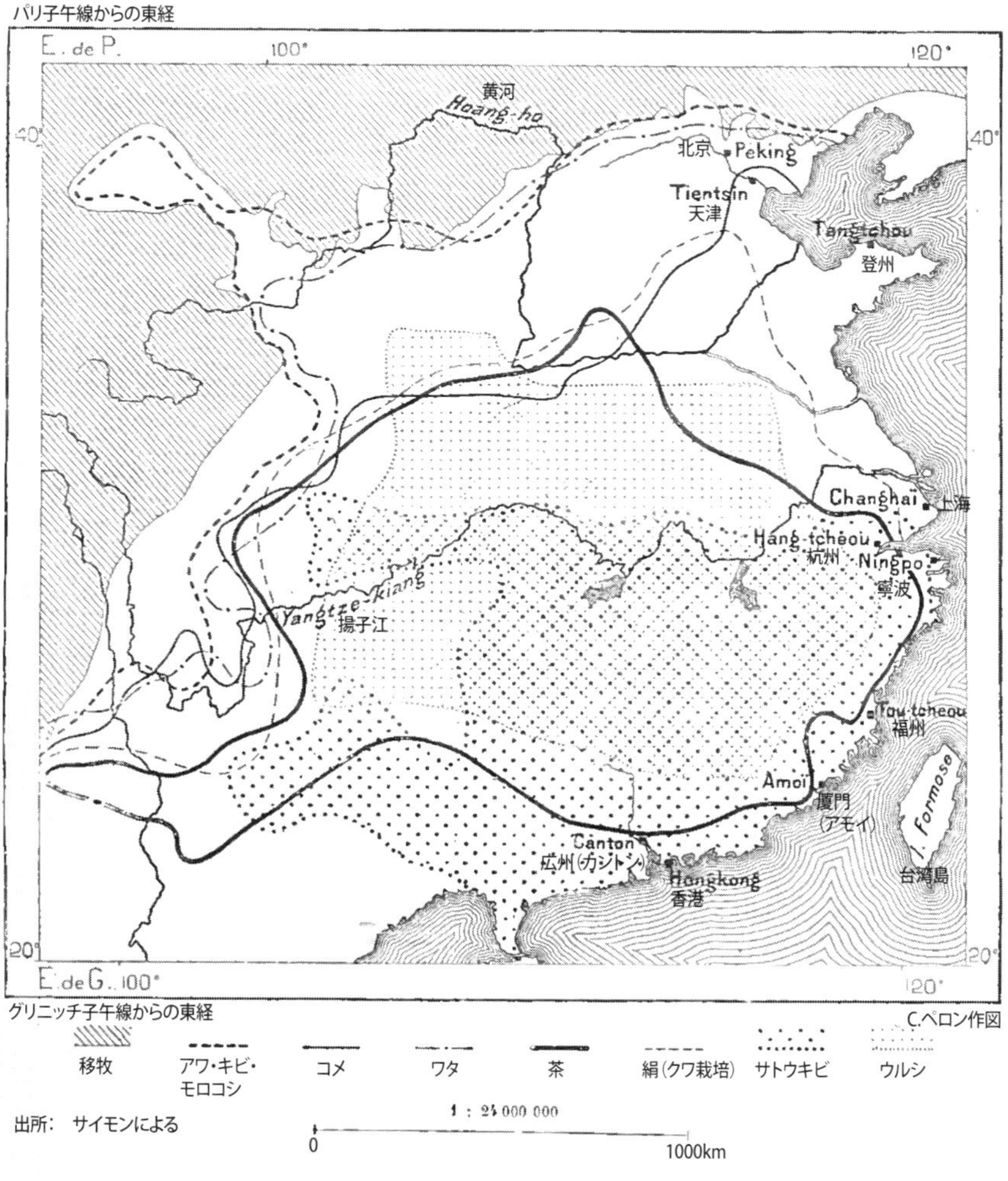

図 112　中国の主要作物

茶栽培

中国で産する食品のうち、対外交易に最大の量を占めるのは茶葉である。国民が消費する茶葉の量は海外全体をはるかに上回るはずだが、まだその量は概数さえ把握できない。そもそも、茶を喫する習慣は一二〇〇〜一五〇〇年の歴史があるにもかかわらず、全国一律に本物の茶葉を用いるわけではない。北部諸省で揚子江地域の茶葉を楽しむのは富裕層であり、貧困層や資産の少ない人々は、少量の茶葉を混ぜ込んだ調合品に甘んじ、他の植物を煎じたり浸出させた飲料や、白湯も飲む。産地でも、平地部の貧しい人々はヤナギ〔柳〕などの葉で代用する★。ヤナギの葉を春に摘み、広い場所にひろげて日干しし、軽く発酵させたのち、茶葉とおなじように処理すると、よく似た風味をそなえるため、通人でないと見分けられない。この産業が一定の重要性をもつ地区もいくつかある。漢口や上海、厦門の商人には、ヨーロッパ向けにこうした混ぜ物を許す者がいるからだ。

園芸作物

探検家たちが七〇種を数える農作物のうち、サトウキビ〔砂糖黍〕、ワタ〔棉〕、クワ〔桑〕、ハゼ〔櫨〕、ナンキンハゼ〔南京黄櫨〕、ウルシ〔漆〕、アサ〔麻〕、イラクサ〔蕁麻〕、そして何よりもタケ〔竹〕は、経済的に第一級の重要性をそなえる。モモ〔桃〕やクワと同様に、中国を原産地とするミカン〔蜜柑〕は、南部の果樹栽培における最大品目だ。ケシ〔罌粟〕は公式には栽培が禁じられているが、湖北省、四川省、雲南省をはじめ、ほぼすべての省で作付され、インド産ほどは珍重されぬものの、阿片の原料として農業生産にかなりを占める。スンダ列島やトルキスタン地方からワタが伝来した揚子江下流は、南北戦争〔一八六一―六五〕のあいだにこの高価な繊維の産地に仲間入りし、浙江省の田野は、他の作物を押しのけて綿花地帯に姿を変えた。

農業的土地利用

輪作地の割り付けは膨大な人口の需要に応じるべく制御されており、二千年以上の歴史をもつこの区割りを変更しようとすれば、危険なしにはすまない★★。すべての要素が良好に整合し、チベットの突兀たる高原か

★ Fortune, Richthofen.
★★ Eugène Simon, *Bulletin de la Société de Géographie de Paris*, déc. 1871.

ら太平洋沿岸まで調和的に入り混じるこの精妙な集合体に、破壊的効果を及ぼすことなく手を突っ込むことなど、できはしないであろう。また、山々や丘、平地を包み込み、段々状に並ぶ耕地のすべてを涵養する巨大な灌漑水路網を、どのように変えることができようか。中国農業のためになしうる大きな変化として、唯一可能なのは可耕地の拡大だけなのだ。ジャガイモとトウモロコシ〔玉蜀黍〕が導入されたお陰で、今世紀に山腹や高台が耕地化されたのも、このせいである★。農民はまたクワイ〔慈姑〕や蓮花(リエンホア)、すなわちハス〔蓮〕の作付によって沼沢地や湖にも進出する。蓮根や種子は珍味とされるし、葉はタバコに混ぜて吸うと味がまろやかになる★★。

農業祭祀

この「百姓」の民がどれほど農業を尊宗するか、よく知られている。農民は、彼らなくしては徳と礼をわきまえる年齢に成長できぬ者すべてに食物を与える階級として、筆頭の座を占めるとされる。大清帝国においては皇帝自身が第一の耕作者であり、最近までは、三月末になると農民に扮し、三つの畝を耕すべきことになっていたのも知られている。一族の太子たちや大官、召し出された老人たち、そして本物の農夫が作業を続け、お手植えの穀物は翌年に、民からの供物として天の神〔神農〕に捧げられる★★★。だが皇帝は、中華帝国の耕作者すべての名のもとに祭祀を執行するにせよ、事実上の土地所有者は彼ではなく、農民である。農民は耕地を所有し、それを後継者に引き渡す完全な権利を保有する。

土地制度史

中国の民は不動だとはよく自称されるが、土地所有がこれほど頻繁に、かつ急進的に変化してきた国はない。農業の重要性は甚大なので、耕作地の所有形態に手をつけない革命はなかったからだ。有史初期には、土地は「百姓」の共同財産であり、体力的にその維持と防衛に当たることのできる二〇歳から六〇歳までの男子は、まさに自らの貢献を理由に、全員が可耕地の一部に対する同一の権利を保持していた。だ

★ David, *op.cit.*; Williamson, *Journeys in North China, Manchuria and Eastern Mongolia, op.cit.*
★★ Huc, *l'Empire Chinois, op.cit.*
★★★ Johann Heinrich Plath, *Geschichte des öslichen Asiens*, Göttingen: Dieterich, 1830.

が帝王や豪族のもとでは少しづつ私有制が確立されてゆき、紀元前十二世紀になると、土地は親王領や封土に分割されていた。のちに西ヨーロッパでなされた分割と同様である。人々は何らかの封臣に帰属することになったが、一人前の男性は封土の一部に作付する権利を保持しただけでなく、林地や牧草地、あるいは漠然とした土地など、領土の断片のいくつかは、八世帯ごとに割り当てられた〔周代の井田制〕。このような中国型の共同体は、大雑把には今日の大ロシアにおけるミール〔集団農場経営村〕と同様に編成されていた。地割りに際しては、耕地の位置と品質が考慮され、最良の土壌とか、日当たりが良いとか、都市に最も近いなどの区画は面積が小さかった。商人や職人も、商売がうまくゆかぬ場合は耕作に戻れるようにというので土地を受け取ったが、相対的に面積は小さかった。そもそも自分の区画を売り払ったり、貸し付けたり、抵当に置く権利は誰にもなく、それが「共同体的」とされるゆえんである。この土地制度の残滓は、中国のみならず、とくに朝鮮においてまだ見出される。

中国のミールは封建制のもとで二〇世代にわたり存続したが、紀元前四世紀の半ばになると、長期にわたり先行していた現象が完了し、法的効力を獲得するという変化が起きた。すでに住民はすこぶる不平等になり、八世帯からなる種々の集団も、均一性を大きく失っていた。狭い土地ではもう生活が成り立たない集団がいる一方では、所有の漠然とした土地周辺の広大な地所を手に入れ、そこを利用する集団もいたからである。旧来の社会的均衡が安定性を失った理由は「旧弊」による。すなわち無主地にはどの耕作者でも定着できたし、共同の土地と無関係に、自由に自分の土地を設けることが許されていたからである。こうしてミールは封建制度の消滅と同時に解体し、旧来の共同体の農民は土地の売却や、贈与や遺贈により委譲する権利をそなえた土地所有者になった。つまり共有地にかわり、土地の私有権が確立したのであり、近い将来にロシアで起きるだろうと経済学者たちが言う変化は、中華帝国ではすでに二千年前に生起していたわけだ。共同体集団の解体による影響はすぐに現れた。商工業や君寵などの機会を活かし、すでに富裕になっていた人々は、耕作者から土地を入手したので、大土地所有が形成された。土地なし農民のほうは「錐（きり）を立てるほどの余地さえ〔小竹武夫訳『漢書　下巻』一九七九、筑摩書房、四三四頁〕」なくなり、大半は富者の

奴隷になった。小作人として、先祖の土地を耕し続けることができたのは幸運だったのである。蜂起があいつぎ、貧窮が一般化した。国家財政も窮迫し、徴税は困難をきわめた。新制度の推進派と、共同体的所有の擁護派のあいだで不断の闘争が始まり、千年にわたり政治は土地所有をめぐって混迷した。地方の革命や王朝の有為転変のたび、新政権はあるときは民衆に与し、あるときには豪族に頼ったので、耕作者の権利と大型地所の優遇とがつぎつぎに入れ替わったし、対立する党派間の妥協もひんぱんだった。西暦九年には、大臣職〔大司馬〕から帝位についた王莽〔新朝皇帝。前四五頃―二三〕が、土地の皇帝領化を宣言した。「いま改めて天下の田を名づけて『王田』といい、奴婢を『私属』といい、いずれもその売買を許さない。井田制の一区画で家をなす男子が八人に満たず、田が一井の分（六ヘクタール足らず）を超える場合には、余分の田を九族・隣里・郷党の者に分け与える。〔中略〕あえて井田の聖制をそしり、法律を無視して、衆人を惑わす者がおれば、これを四海の果てに追放〔同前。原文はやや文意の異なる箇所があるが、小竹訳に従う。なおカッコ内の換算値はルクリュの追記〕」。人々はじっさいこれに従ったが、数年のうちに豪族たちは自領を回復し、古法の復活はまたもや失敗したのである。当時の哲学者は曰く「堯舜もその再建には至らないだろう。万物は変化し、河道は移動する。時が消し去るものは永遠に消滅するのである」と〔出典不詳。あるいは同前四四二頁の區博の言か〕。

　内乱や王朝の交代に至る有為転変が続いたのち、中国の社会主義者たちは、かつて存在した共同体的土地所有の考えを放棄し、新制度の適用を試みた。社会全体の変容をめざした諸政権のうちでも、世界史に類のない革命が創始されたのである。十一世紀半ばに神宗〔北宋第六代皇帝趙仲鍼、一〇四八―一〇八五〕の友人にして顧問になった王安石〔一〇二一―一〇八六〕は、旧来の社会体制の大胆な破壊に取りかかり、一〇六九年には個人財産すべての廃止を定める勅令を発布させた。国家が唯一の地主になり、土がもたらす生産物を労働者に平等に分配する役目を担った。労働と食物が全員に保証される一方、誰も土地を取得できなくなったため、貧富の差もなくなった。全産業が国家経営のもとに置かれ、資本家たちは数年のうちに資本を政府に返還せねばならぬとされた。官僚や旧来の封建領主たちの反対にもかかわらず、王安石はこの国家共産主義を一五年にわたり平穏に持続させるのに成功した。だが、君主が交代しただけ

での新体制を転覆させるには十分だった。次の政権は人民よりも豪族の願いに応えたし、何よりも、改革時に創設された審問官からなる新階級が、実際の土地所有者になっていたからだ〔王安石の改革を社会主義や共産主義といった用語で説明するのはかなり強引である。あるいは無政府主義者ルクリュの、彼には珍しい痛烈な皮肉か〕。

モンゴル人政権下では土地所有が乱暴に移動し、征服者の権利にもとづく新たな封建制が形成された。国家の重要人物たちは数千ヘクタール、さらには数百万ヘクタールの大封土を獲得し、末端の兵士も自分の土地にあずかったからである。このときモンゴル人は、ウマの放牧地を増やそうと望み、耕作地をステップ草原に変えて中国人を南方に追い払うという不思議な思いつきを推進し、北京平野での耕作を公式に禁じた。秋に多少の播種を行なう許可が耕作者に下されたのは、元朝の末である★。モンゴルの君候によるこの試みがほとんど成功しなかったことはよく知られている。中国人を黄河の南に追いやるどころか、自分たちのほうが民や家畜とともに万里の長城の北まで退却せねばならなかったからだ。定着した農民の大群がどんどん稠密になる一方、商工業者がモンゴル人の貯蓄を吸い上げていった。彼らに冠せられた「タタール人食い」の呼称はあまりに当を得たものだ。

清朝下の土地所有

現在の中国では小土地所有が普及しているが、年長者の管理のもと、家族や村の全構成員が共有する土地もしばしばみられる。大型資本は主に商工業に振り向けられるので、いくつかの省では土地が全面的に耕作者の手中にある。ただし、農場主や小作人が耕す大農園〔荘園か〕も多い。小作人は夏場の収穫を地主と分け合い、冬作を自分の取り分とする。役畜や肥料、農具は小作人が負担し、地主は税金を納めるが、それも微々たる金額だ。沿岸の肥沃な諸省では土地の細分化が最も進行しており、六ヘクタールでも大型の地所とされるほどで、平均作付面積はおそらく一ヘクタールに満たない★★。家長は地所を売却したり抵当に入れることができるが、家族や近親は、血縁が近い順に先買権をもつ★★★。家長が死んだり、生前贈与を行なう

★ Zakharov, *mémoire cité.*
★★ Syrski, *Landwirthschaft von China.*
★★★ Gray; Leopold Katscher, *Bilder aus dem chinesischen Leben,* Leipzig und Heiderberg, 1881.

さいには、すべての息子のあいだでほぼ均等に分割せねばならない。法律は各自の農地を良好な状態に維持する義務を定めており、三年のあいだ耕されなかった土地は没収され、別の者に払い下げられる。市町村の長でさえ耕地の保全に責任があり、耕作状態が劣悪だと、刑法により二〇〜一〇〇回の笞刑に処せられる。土がもたらしてくれる全てを収穫しないのは、民族に対する犯罪なのだ。未墾地に定着する権利は万民のもので、地方当局にその旨を通知し、一定期間の免租を求めるだけでよい。政府じたいも軍事基地、あるいは流刑地として入植地を設営する〔屯墾〕。これは大都会や道路から離れた遠隔地で、とくに甘粛省やジュンガル地方に多い。帝室領〔官有地〕は比較的に小さく、ほぼすべてが狭義の中国のそと、モンゴルや万里の長城の近く、および現王朝の発祥の地である満州に所在する★。寺院の周囲にあって収益を学院の運営に当てる農園や、救済院ほかの公共施設への寄進地のほか、沼沢地や前浜、河川の砂洲などの官有地は、市町村が管理する。

中国工芸

中国における手工業は、古さにおいて西洋を何世紀もしのぐ。ヨーロッパでは中世末になされた最も重要な発見の数々も、そのはるか昔から中国人に知られていた。マルコ＝ポーロほか、極東への初期の探険家たちは「マンジ〔中国人〕」の布地や彫金ほかの産品に対する讃嘆の念を語る。だが中国の手工業に関する信頼できる記録がヨーロッパに到達したのは十七世紀末のことで、オランダ東インド会社の使節が持ち帰ったものだ。中国人の製法を明らかにしたのは宣教師たちだが、今世紀を通じ、スタニスラス＝ジュリアンほかの中国学者も多くの著作を訳了した。中国人における優位性は、職人の呑込みが早く、手先が器用だというだけでなく、極限まで分業が進んだ大規模工業がまだ手工業の座を奪っていない点が挙げられる。工芸品はどれもたった一人の作

★ 1831年における帝室領（一頃および一井を6.16ヘクタールと換算、単位km²）。

親王領地	3028.50
八旗領	8680.00
寺領、学院領、救済院領	1309.80
沼沢地および前浜	6267.50
計	1万9213.80

であって、彼が図面を引き、型入れし、塗りをほどこす。家具や布地も同様に、個人労働の産物だ。多くの省では農民が職人でもあって、自分で綿を紡ぎ、機織りし、衣服に仕立てる★。農民はとりわけ籠編みにすぐれ、非常に緊密に竹皮を編みあげるので、木製の桶や金属製の壺と同様に、あらゆる液体の運搬に使われるほどだ。

だが、少数の品目をのぞけば、中華帝国の住民は「西夷」に対する優越を誇れなくなっている。広州や仏山の職人が全土に向けて製作する器具や装飾品、懐中時計、置時計は、大半が西洋から輸入した見本の模倣である。また大型の物品でも、蒸気機関車や紡績機、蒸気船の組み立てと運転を漢族に教えたのは、ヨーロッパや新世界から到来した技師たちだ。古来からの産業は、すでに単純さも精密さも完璧の域に達しているため、やり方を変えるのは難しいと思われる。四千年にわたり変わらぬ手法さえあり、そうした産業は消滅したり代替されることはあるにせよ、変化することはできないのである★★。おそらく一握りの職人しか手法を知らなかったために消え去った工芸のなかには、もはや中国人もヨーロッパ人も再現できぬものもある。最高の職人でさえ、博物館の収蔵品に匹敵する水準の象嵌細工の銅器や、七宝、陶磁器の壺を製作する技量はない★★★。染付は主に植物の抽出液が原料だが、この領域では今なお中国人はヨーロッパ人の先生であって、部外者が知らぬ秘法による多くの色合いを保持する。

石炭資源

中国の金属、塩、石炭の豊かさは周知である。塩田労働者は塩井の採掘にすこぶる達者で、日干しにせよ、四川省のように「火井」のガスなど人工的な手法にせよ、母液を煮詰めて結晶化させる腕前は、いささかもヨーロッパの同業者に劣らない。しかし鉱業のほうは、石炭採掘にまだ初歩的な手順が用いられ、竹筒や竹製の梯子が、ヨーロッパ人技術者の用いる複雑な機械の代用だ。しかし長距離を輸送できる鉄道が欠如するにもかかわらず、採炭量は毎年数百万トンに達する。中国はすでに世界第六位の石炭産出国であり、

★ De Courcy [marquis de Courcy (Marie René Roussel)], *L'Empire du Milieu*, Paris: Didier, 1867.
★★ Paul Champion, *Industrie anciennes et modernes de l'Empire Chinois*, Paris: Eugène Lacroix, 1869.
★★★ de Rochechouart, *op.cit.*

将来イギリスの炭鉱が枯渇し始めて採炭量が減少し、いっぽうで中国の坑道が整備されてゆけば、第一位になるのはまちがいない。四川省の炭田は少なくとも二五万平方キロに広がり、湖南省のそれも広大である。だが最も重要なのは山西省南部の炭田で、面積や含有量はともかく、採掘が極度に容易だ。周囲の平野と同一の高さにある基層は、規則正しく岩の奥へと伸びている★。平野を突っ切り、採掘地点へ広く分枝する鉄道網を建設するには何の困難もないだろう。これほど低廉な採掘に好適な配置の炭田はどこにもない。今日の消費量を基準にすれば、山西省南部は世界需要の数千年分を埋蔵するのである★★。

金属資源

台湾、北直隷省、満州といったいくつかの地域では、ヨーロッパの方式に即して採掘が行われ、年間産出量が十倍になった。また、海外の金属工業と同様の手法による鉄鉱石の採掘と処理が行われるようになったが、こちらは大昔から中国で行われてきたものと、ほとんど違わない。在来製法による鋼鉄は、いまもイギリス鋼よりも好まれる。中国人は銅や鉛、錫、亜鉛、砒素、金、銀の合金技術にすぐれ、製作する品目の用途別に変化をつけることができる。青銅の品質や色合い、輝きは比類なきもので、「雄［凸形］」や「雌［凹形］」の銅鑼は素晴らしい響きを発する。職人は玄翁ひとつで望み通りの音響に仕上げるのであって、その製作は驚異的な技能の証左である。四～五人が重い玄翁を振るって小さな円盤から打ち出してゆくのだが、拍子と打撃の力は常に一定で、これほど微妙な作業なのにまったく途切れず、仕事ぶり自体がひとつの正真正銘の音楽に聞こえる★★★。

★ Friedrich von Richthofen, *Oesterreichische Monatsschrift für den Orient.* 1878 年における石炭産出量は以下（単位万トン）。

山西省	無煙炭	100
	石炭	70
湖南省	無煙炭および石炭	60
山東省	〃	20
北直隷省	〃	15
その他の諸省	〃	35
計	〃	300

★★ Friedrich von Richthofen, *Geographical Review*, Nov. 1873.
★★★ Champion, *op.cit.*

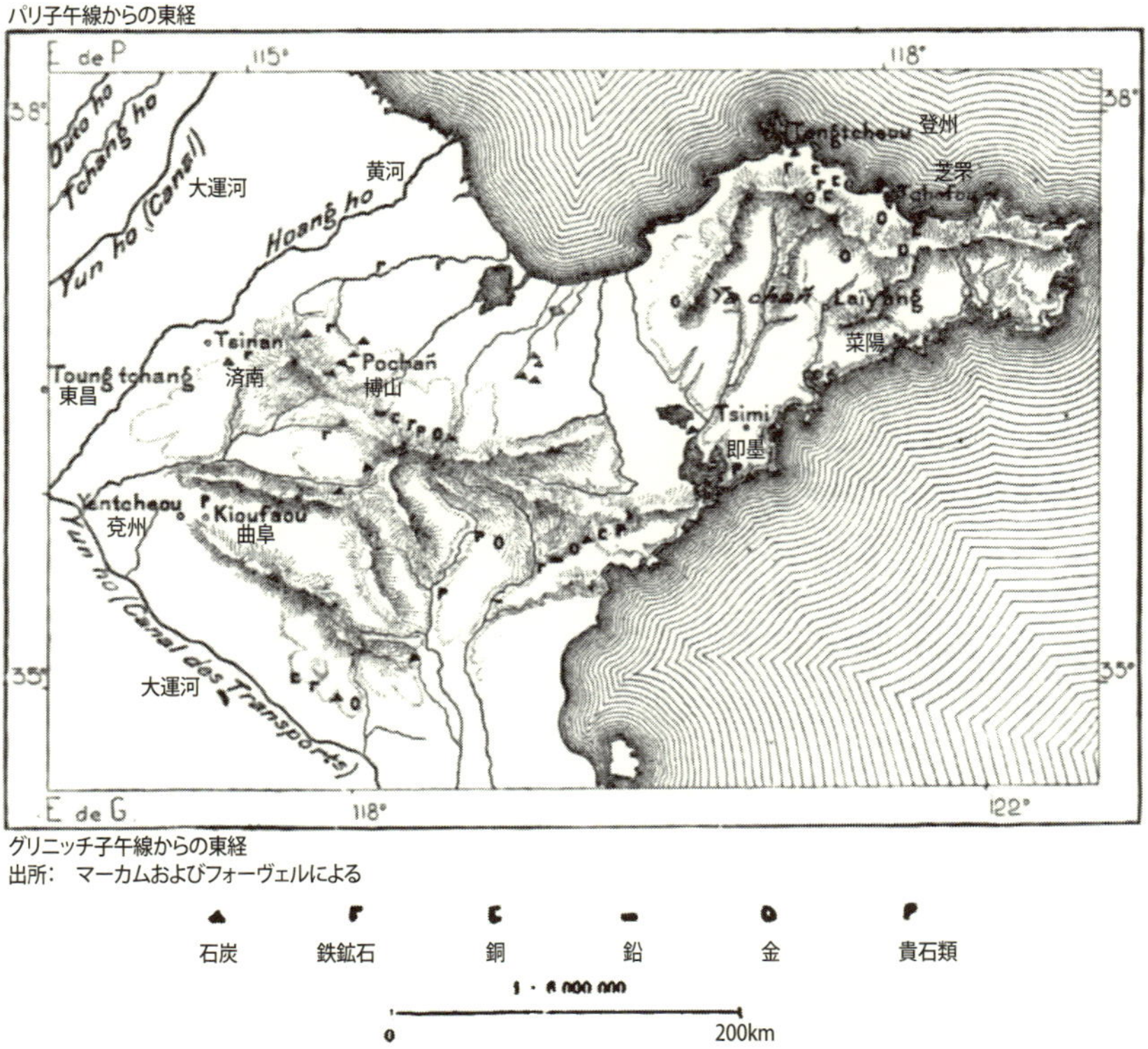

図 113　山東省の鉱山

漆器、墨、紙

極東の人々が独占してきた工芸品のひとつが漆器で、原料を保持する中国と日本がそれである。ウルシノキから抽出する粘液は非常に危険な物質で、職人も触らぬように気をつけねばならず、揮発ガスだけでも危ない。一般的な漆器にはトウダイグサ［灯台草］科の一種であるアブラギリ［油桐］の種油による前処理が行われる★。漆器とならんで中国の墨も、現地の文献や海外の同業者の経験により、製造法は完全に知られているのに、ヨーロッパの類似品よりもはるかに上等だ。四川省や浙江省産の墨の優良さは、職人の集中力と器用さに帰せねばならない。同国の工芸職人はまた木彫や象牙、硬玉細工の精妙さで際立つ。中国

★ Davis, *The Chinese, op.cit.*; Williams, *The Middle Kingdom, op.cit.*

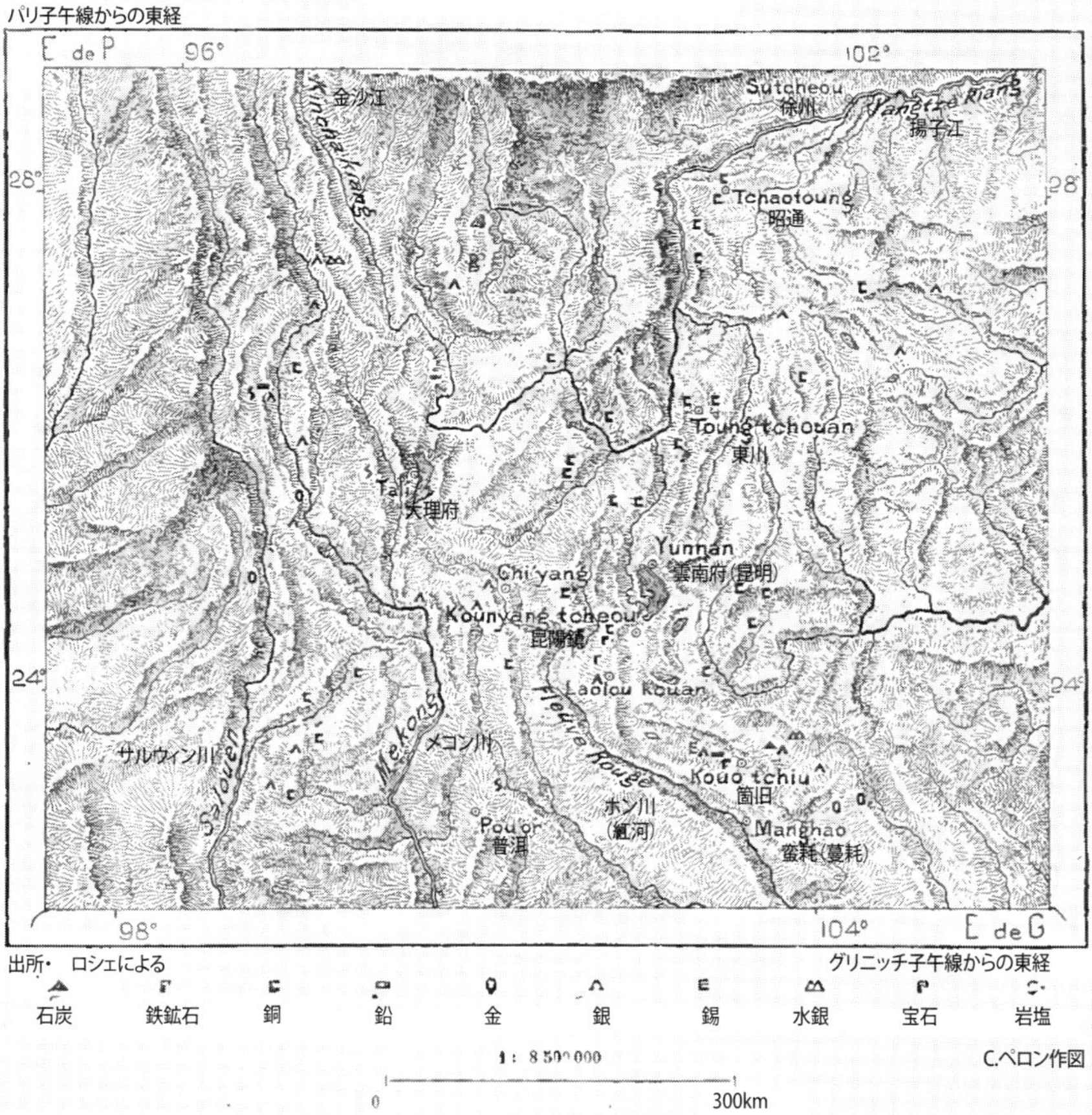

図 114　雲南省の鉱山

人は紙の発明者でもあることとて、ヨーロッパにはない種類の紙をいくつか製造する。しかし彼ら自身は常に朝鮮や日本の紙のほうを好む。西暦一五三年はすでに蔡倫〔五〇頃—一二一〕が竹簡に代えて、樹皮やアサ〔麻〕糸、古布、漁網をパルプとする製紙技術を教えたあとだった。後世になると、タケ〔竹〕の若芽やトウ〔藤〕、海藻類、グラジオラス〔菖蒲か〕、カジノキ〔梶の木〕、蚕繭も用いられるようになった。

印刷術

中国人がヨーロッパ人に先んじて印刷術を発見したことも、よく知られている。すでに六世紀には、この技術は古来知られていたものとして

挿画 LIV　製紙工房。ピアセツキー氏の速写画をもとに、プラニシュニコフ筆

語っているからだ。もし西洋人がペルシャの歴史家たちの著作を読み、研究できていたなら、実際よりも一五〇年前に印刷機を知っただろう。というのも、中国の印刷手順はラシード＝ウッディーン「ペルシア人医学者、著作家 Rashid al-Din 一二四七―一三一八」が一三一〇年頃に脱稿した著作「『集史』か」に、かなり明確に示されているからだ★。すでに漢族は木版印刷のほか、石版と銅版技術も実用化していたのみならず、十一世紀半ばには素焼きの活字さえ、ひとりの鍛冶工「膠泥活字を発明した畢昇、九七〇頃―一〇五一」が発明していたのである。だが、必要な文字が膨大なために、一般向けの著作や新聞類など、少数の字母で済むものは別として、今なお大半の印刷業者は活字の利用に至っていない。ナシ「梨」材の版木を鑿で彫るか、銅版の浮き彫り

★ Julius Klaproth, *Mémoire sur la Boussole* [*Lettre à M. le baron de Humboldt sur L'invention de la Boussole*, Paris: Dondey-Dupré, 1834?].

挿画 LV　浙江省での陸上運搬。ムイをもとに、スロムジンスキー筆

が今も続いている。ただし活版印刷によるすばらしい全集群もある。康熙帝が六千巻の古典を集成したのも活版印刷で、そのため二五万個の銅製の字母を彫らせた。官営印刷所の出版物も同様で、不思議に典雅な字体であり、「真珠の集まり★」の名がある［宋体、明朝体］。なおヨーロッパとの交易に開かれた都市［開港場］にはいずれも活版印刷所があり、従来版よりもはるかに正確な書籍が上梓されている。印刷業におけるこうした物理的な改良は、知識の総体における前進に対応するものだ。

職工

中国の職人は平均してヨーロッパや新世界よりもかなり低賃金である。北京、上海、広州、漢口での日給は五〇サンチームから一フランのあいだだ。たしかに、食費も西洋諸国にくらべ相対的に安いが、高賃金の絹製品関連の職工を除けば、十分な栄養を得る労働者は一握りにすぎず、飯米とキャベツの水煮に少々の脂身、たまに魚といったところが食事のすべてで、一日

★ Bourgeois, *Mémoires concernant les Chinois*, tome XI.

の食費は四〇~五〇サンチームである。天津や福州府の造船工場のヨーロッパ人船員との体格差は甚大だが、虚弱な外見と、青白い顔色とうらはらに、筋力は強く、重い荷物を持ち上げるばあいでも、ほとんどイギリス人工員に引けをとらない。中部および南部では、水運によることのできぬ商品はすべて人が背負って運ぶが、西洋の荷担ぎなら平地でも持ち上げるのを拒否するような重荷を背負い、坂道を登るクーリー（苦力）を目にすると、まったく驚嘆させられる。市内でも輿夫たちは肩先の重量をまったく気にせぬかのように、群衆のあいだを小走りで通り抜けてゆく。ときどきヨーロッパのパン捏ね職人やカビル地方［アルジェリア］のカフェにいる粉職人のような、喉の奥から小さい掛け声を発する。このうめき声は不規則だが、歩調や力の入れ具合をそれに合わせるのだ★。

中国のように種々の結社ががっちりと組織されている国では、職工も、他の社会階層と同様に同業組織を形成している。給金を維持するために罷業することもあるし、生産組合さえ設立する。連帯の念と、餓えて死んでもよしとする静かな覚悟のお陰で、彼らはほぼ常に要求を貫徹する。こうした同業組織の力は確立しており、多くの場合、雇い主は争議にも及ばず譲歩する。仕事始めの季節にあたり、職工は自分たちで薄給の水準を定め、その額がきちんと支払われる。閉鎖的な結社のあいだに敵対関係がなければ、職工たちは容易に産業施設の全体を奪取できるだろう。種々の結社があるが、いずれも技能の腕前に即して組織されており、徒弟はまったく奴隷的な二~三年の修業期間を経なければ加入できない。つまり内部は一種の貴族政で、その下には無権利の人々の群れがある。彼らは正規の社会の枠外で生きるため、自ら工夫を凝らすしかないのだ。平穏な時代ならば、こうした落後者のなかで最も幸運なのは職業的な物乞いである［細民］。商人や職工とおなじく、彼らも広く認められた結社にまとまっており、結社内の地位もあるし、祭事や宴会も催す。

内外の通商

ありとあらゆる種類の産品が豊富で、その産地も多種多様に入り組む中国のような国の交易が、世界全体の

★ Huc; Champion; Milne; Doolittle, etc.

商業にもかなりの比率を占めることは疑いない。だがその量は概算を測定するのも不可能で、わずかに官営が重きをなす塩など、いくつかの品目に限られる。大都市周辺の河川や運河には、船団が長蛇の列をなして水面を埋める。水路から水路へと移すために、粘土で舗装された舟の陸上運搬路をウシ〔牛〕がつぎつぎに牽引する様子は、大型市に見えることもある。斜面の両側をむすぶ山道は、毎日数千人が通行する。国内商業の仲介にたずさわる船頭や、荷担ぎが数百万人に上るのは間違いない。

中国は産物の多様さのおかげでほぼ全面的に自足していたため、長きにわたり、対外交易を数隻分の貨物に限定することができた。同国が外国人との交易を拒否したのは主義の問題ではなく、その正反対に南部の諸港は、アラブ人、マレー人、インドシナの民と常時、かつ自由に交易を営んでいた。一五一六年にポルトガル人が広州の川〔珠江〕の入り口に姿をみせたさいも大歓迎されたのである。中世に個別に到来したヒンドゥー教徒やアラブ人、ヨーロッパ人と同様に、ポルトガル人にも中国領が開放されていたことは疑問の余地がない。ところがポルトガル人、その後に続いたスペイン人、オランダ人、イギリス人はまるで征服者として振る舞い、手には大砲の導火線をもち、脅しの言葉を並べたのである。一五一八年にポルトガル人が三度目に来航すると、たちまちあれこれの紛争が発生し、「夷狄」が流血騒ぎを起こさぬ年はないようになった。それは中国人が彼らにつけた呼称を正当化したのである。おまけに外国人は内輪でも戦争中だった。中国人からみれば、来訪者たちは同一の民だったので、おなじ民族が互いに船を襲い、荷を略奪しあうのを見て、唖然としたのである。こうした外国人の中に見出すのは、無信仰の残忍な人種で、漢族が注意深く敬遠すべきものだった。こうして港は外国人に閉ざされるか、受け入れるにしても、厄介で屈辱的な制約下においてのみになった。中国が自らを閉ざしたのは、ヨーロッパ人との接触を回避するためだったのである。プレマール〔フランス人イエズス会宣教師 Joseph-Henri Marie de Prémare 一六六六―一七三六〕が訳出した公文書では次のように表現している。「蕃夷は豺狼のごとくして、開化の民の法をもって統べるべからず。理の大法をもって導かんとするは混迷に至るのみ。専断こそ正法にして最良なり★」と。

★ Williams, *The Middle Kingdom, op.cit.*［該当箇所不詳］

阿片戦争と開港場

すでに北京の政府がヨーロッパ人に対し抱いていた頭痛の種に、阿片貿易も付け加わった。この薬物使用が国内に広まったのは前世紀末で、当時は単なる薬品として輸入されていた。一八〇〇年には勅令が下り［一七九九年十一月十一日示達の外禁令］、臣民がこの「泥土」を購入するのは禁じられたが、もはや害悪はなされたあとで、あらがいようのない速度で普及しつつあった。すでにイギリス東インド会社は数百万人の吸飲者を味方につけ、阿片取引を根絶する命を受けた役人の大半も、それに含まれていたからである。密輸は年を追って拡大し、国家財政は深刻な被害をこうむった。茶葉と絹の輸出額は阿片の輸入に遠く及ばず、国内の銀は「海外の底なしのどぶ［黄爵滋上奏文、伊東昭雄訳。西順蔵編『原典中国近代思想史　第一冊』岩波書店、一九七六、六五頁］」へと蕩尽されつつあった。とうとう清国政府は武力に訴え、一八三九年、広州在住の二七五人の外国人は監禁［包囲］された。イギリス商務総監［Charles Eliot］は自らをはじめとする同国人の身柄を買い戻すため、イギリス人に属する阿片二万箱以上、金額にして少なくとも五〇〇〇万フラン分を欽差大臣林則徐［一七八五―一八五〇］に引き渡すしかなく、阿片は林により廃棄された。これが阿片戦争［第一次］の引き金である。一八四一年にイギリス人は舟山群島、ついで広州の川［珠江］の砲台群を奪取する。翌年には寧波と鎮江も陥落してイギリスは揚子江をこじ開け、南京の目の前で条約を押しつけた［コーンウォリス号上で調印された南京条約］。同条約は、それまで外国商人が取引せねばならない仲介業者だった一二の洋行［広東十三行。数はママ］による独占を終わらせ、イギリスに対する重い賠償金の支払いに加え、香港島を完全に割譲する内容だった。そして広州、厦門、福州、寧波、上海の五都市を開港すべしとされたが、イギリス船が揚子江河口よりも北の海岸に赴くのは相変わらず禁じられた［五口通商章程］。

だが条約に定めた厳しい諸条件はいっこうに履行されず、けっきょく広州港内の外国人居住は禁じられ、以前と同様の独占もいくつか復活した。一方、イギリス人やフランス人、アメリカ人のほうは新たな譲歩を要求するといった具合で、一八五七年には清国と西洋の二列強、英仏のあいだに二度目の戦争［第二次阿片戦争ないしアロー戦争］が勃発する。広州

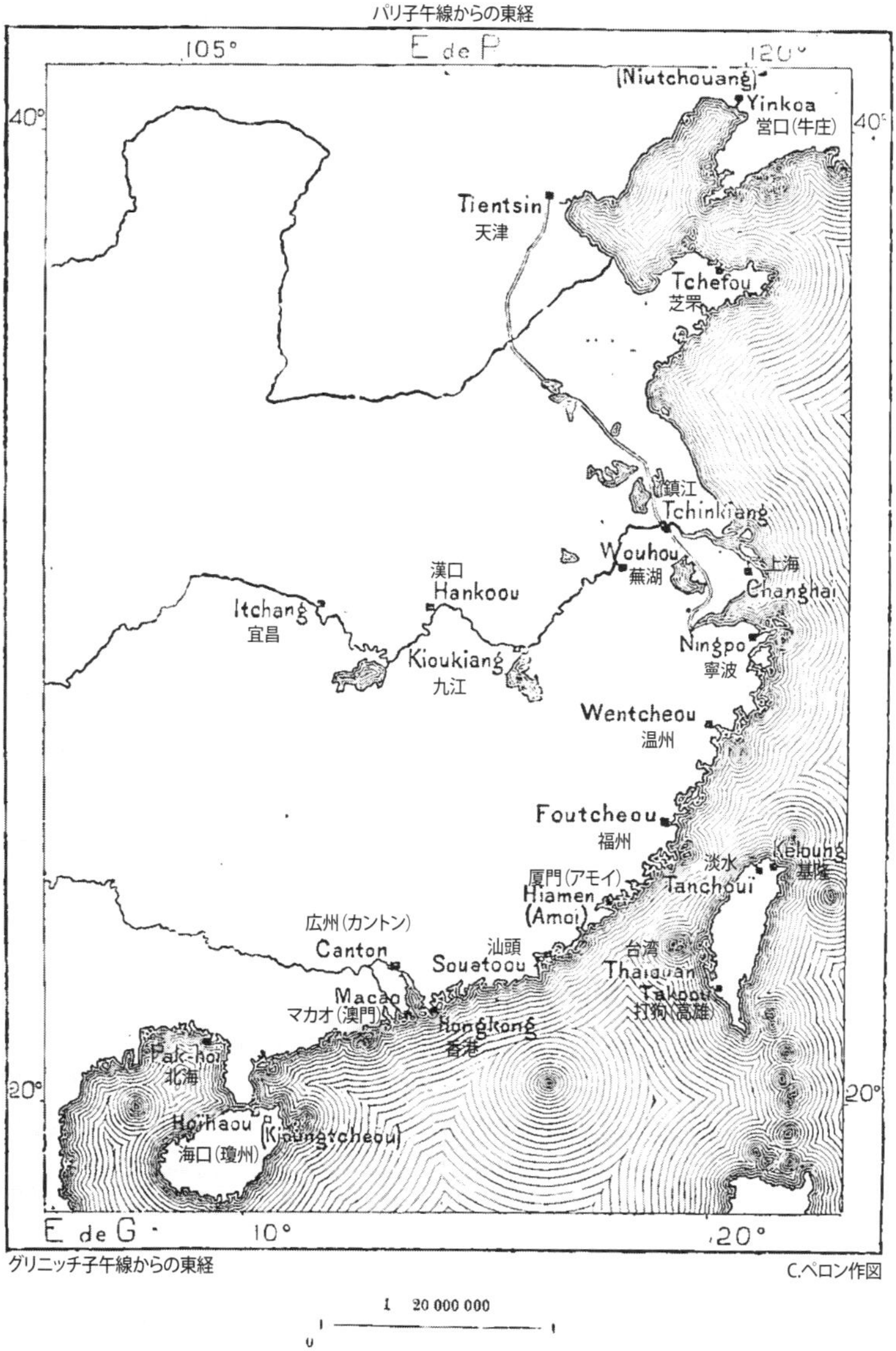
パリ子午線からの東経
105°
E de P
120°
40°
40°
(Niutchouang)
Yinkoa
営口(牛庄)
Tientsin
天津
Tchefou
芝罘
鎮江
Tchinkiang
Wouhou
蕪湖
上海
Changhai
漢口
Hankoou
Itchang
宜昌
Kioukiang
九江
Ningpo
寧波
Wentcheou
温州
Foutcheou
福州
淡水
Tanchouï
Keloung
基隆
厦門(アモイ)
Hiamen
(Amoï)
広州(カントン)
Canton
汕頭
Souatoou
台湾
Thaiouan
Takoou
打狗(高雄)
Macao
マカオ(澳門)
Hongkong
香港
Pak-hoi
北海
Hoïhaou
(Kioungtcheou)
海口(瓊州)
20°
20°
E de G
10°
20°
グリニッチ子午線からの東経
C.ペロン作図
1 20 000 000
0

図 115　開港場

は再占領され、英仏の艦船が北京の川〔白河〕に進入した。忽忙のうちに天津で一八五八年に調印された講和〔天津条約〕は不安定なものでしかなく、翌年にはもう一度白河への進入が試みられたが、失敗に終わった。けっきょく西洋式武器の優越が決定的に確立したのは、翌一八六〇年に三度目に突入したさいである。英仏連合軍は大沽の城砦群を強襲し、モンゴル人将軍センゲリンチン〔僧格林沁、一八一一―一八六五〕ひきいる清国軍を平坦地で撃破したのち、北京前方に布陣した。それだけでなく、連合軍は太平天国が占拠する揚子江沿いの諸都市を、皇帝のために奪還し、清国政府にとってさらなる屈辱になったのである。一八六〇年条約〔北京条約〕の定めにより、ヨーロッパ交易向けに新たな開港場がいくつか設けられた。一八七八年になると、もはや砲火に訴えるまでもなく、北京の宮廷はマーガリーの殺害に対する賠償として、ヨーロッパ人商人が沿岸部に他の開港場を選ぶのを許可した〔一八七六年の芝罘条約か〕。今日では、中継港である南京、大通、漢口、沙市〔荊州〕に加え、海港と河川港およびその付属地として、一九の開港場がある。倉庫や居館の建設用地は「九十九年間」の租借地だ。加えてマカオと香港の両島は、前者がいくつかの制約下でポルトガルに属するいっぽう、後者は英領で、どちらも沿岸水域にある。陸地の国境では、南部と南西部に容易な連絡経路がないこと と、雲南省での内戦のせいで、まだ国際貿易市場が設置されていない。いっぽう北部と北西部では、ロシアがジュンガル地方とモンゴルの諸都市、すなわちチュグチャク、ホブド、ウリアスタイ、ウルガに領事館や中継施設をもち、キャフタから天津まで、カルガンと通州を経由する駅逓路を自由に利用している。最近調印された条約〔一八八一年のイリ条約〕により、ロシアは、甘粛省モンゴル地域の無人地帯を縦断する経路の両端、すなわちトルファンと、玉門関に近い粛州に、外交官を配置する権利を獲得した。つまり、西洋と東洋を結ぶ古来の大陸横断路を、自国のために再開したのである。数千キロにわたり中華帝国と境を接することとて、ロシアはヨーロッパ列強にくらべ、継続的に影響力を拡大するうえで甚大な優位性をもつ。両国のあいだに民族学的な遷移相を形成する中間の住民のおかげで、ロシアには中国的な性格をもつ住民が多く、西洋人が武力で獲得をめざした事柄を、硬軟両様の手段で入手できた。アムール川左岸と満州沿岸の全域を、朝鮮半島の根元まで割譲させるために開戦する必要はなかったし、自国商品の輸入関税も、他国の三分の二

で済んでいる★。

開港場はトンキン湾の北海から遼河の河口にある営口まで、沿岸全域に点在する。海南島と台湾島にもヨーロッパ人居留地がある。つまりインドシナ方面の国境地帯から朝鮮国境まで、全土の産物がヨーロッパの大市場に向けて直接に輸出できる。なかでも広州はマレー群島やヒンドスタン、ヨーロッパに最も近いだけでなく、交易の長い伝統をそなえるため、ヨーロッパ世界との取引に大きな比重を保持したのも当然だった。北にある天津は、首都の港として格別の重要性をもつ。だが、地理的中心としては、ふたつの大きな市場がある。ひとつが揚子江河口に近い上海で、同川の巨大な流域が世界と通交する戸口だ。そして揚子江流域の中心が、漢口である。信頼できる筋からの証言によると、近い将来に一般貿易において最も活発な都市のひとつになるのが重慶で、まだ開港していないが、イギリスが領事館を設置している。これは豊かな四川省と雲南省の一部における商業中心地だが、インドおよびインドシナとの連絡にやや難がある。

対外交易

開港場の設置このかた、中国の貿易額は一〇倍になった★★。公式統計では一〇億フランを超えるが、税関〔以下、海関〕の報告書はジャンク船の仲介による取引を含まないので、多くの著述家は、中国の港湾で行われる売買の総額を三〇億フランと推定する。それでも中国人一人当たりでは七~八フランに過ぎず、他の諸国における貿易額にくらべ微々たる水準だ★★★。しかし毎年の増加ペースは大きく、寄港する船舶数も交易量に応じて伸び、ヨーロッパ船のほぼすべてが帆船から蒸気船に取って代わった。沿岸港湾のあいだにはすべて貨客船の定期便があり、揚子江も、急湛の川下にある宜昌まで、定期航路が設けられている。

★ Martens, Russische Revue, 1880, no.12.
★★ Richthofen; Colborne Baber.
★★★ 中継貿易および現地のジャンク船による運送を除く貿易額は以下（単位フラン）。

年次	輸入額	輸出額	合計
1836—1842（年平均）	6051 万	6935 万	1 億 2986 万
1844	1 億 3500 万	7203 万 5000	2 億 0703 万 4000
1855	2 億 8660 万	3 億 8360 万	6 億 7029 万［ママ］
1879	6 億 1670 万 5680	5 億 4210 万 9470	11 億 5881 万 5150

最近まではほぼ全量が外国船による運送だった。うち約四分の三がイギリス船で、常に首位である。かつては米国が第二位の座にあったが、船舶不足のため、今日ではほとんど通商戦から手を引いた。ドイツ船の運航は、帆船が主流の時期にはかなり活発だったが、英仏の定期便と競合せねばならなくなって以後は減少した★。フランスはかつて第五位だったが、一八八〇年に日本に追い抜かれ、現在は第六位にすぎない。さて商売の神様である財神の像を誰もが飾り、その恩寵をこうむる中国人商人はといえば、貿易品の運送において勢力を伸ばしつつある。彼らは、沿岸の津々浦々に入り込む浅喫水のジャンク船による小商いの達人だが、同様に大型交易も少しづつ奪取しつつあり、思い切った投機も行う。ヨーロッパ人よりも節度があって小利に甘んじ、商談では思慮深く、はるかに約定を遵守する。また国内の仲介業者による便宜も手厚いし、相互の連帯も強く、すべての産地を知悉し、大半の外国に同胞の代理人をもつ。裁定取引や投機の機微を父子相伝により熟達するほか、幼少から商人言葉で遊びを覚え、為替や振替、約束手形など、銀行業務の精髄も心得ることとて、ヨーロッパ商館のノウハウを見抜くのに時間はかからなかった。すでにいくつかの開港場の運送業務は、全面的に中国船の手中にある。米国人が失ったシェアは漢民族が獲得したのであり、さらにそれを上回りつつある★★。

中国人による海運

ジャンク船は鈍重だが、少しづつ変化してヨーロッパの船舶に近付きつつ

★ 1879年の中国通商におけるイギリスと英領植民地の位置（単位フラン）。

イギリス	3億4843万0120	小計　8億9828万7150［ママ］	
香港	5億4533万1760		
英領インド	1億8920万6270		
オーストラリア	1531万9000		
西ヨーロッパ			8926万4050
米国			8630万5920
日本			3787万2470
ロシア（キャフタ経由）			2991万2020

★★ 1875年と1880年の開港場における米国船と中国船の相対的位置（総トン数。単位t）

	1875年	1880年
米国船	277万7367	28万7639
中国船	87万1439	482万8499

挿画 LVI　南京の遠景。トムソンの写真をもとに、テイラー筆

ある。貨物船だけでなく漁船も竜骨をそなえ、槙板やタールによる填隙がほどこされるようになっている。イギリス製の帆布を装備する船もあるし、竹皮の莫蓙はほぼ姿を消して、マングローブ樹皮の煎出液に浸して防腐・防水加工された帆布が取って代わった★。台風の脅威にもかかわらず、漁師はかなり沖合まで出漁するし、祖先は二千年前、ヨーロッパ人よりも一四〇〇年前に羅針儀を用いていたことを知る大清帝国の船員たちも、外洋航海を恐れない。彼らはフィリピン、スンダ列島、シンガポール、インド洋、オーストラリア、サンドイッチ諸島、サンフランシスコ、そしてイギリスにも赴いている★★。中国人

★ Fauvel, *Mémoires de la Société des sciences naturelles de Cherbourg,* 1879.

★★ 1879 年における開港場の取扱量は以下の通り（ジャンク船を除く）。

	隻数	総トン数（t）
外航船	4142	324 万 1014
内航船	1 万 7267	1068 万 6207
計	2 万 1409	1392 万 7221

国籍	隻数	総トン数（t）
イギリス	1 万 0609	812 万 6000
中国	6932	453 万 3696
ドイツ	1097	72 万 1046
米国	931	27 万 0632
フランス	164	16 万 4933
日本	157	13 万 8208
その他	709	16 万 2640

だけで経営されるひとつの海運会社は、上海、ホノルル、サンフランシスコ、ハバナを結ぶ蒸気船を購入中だ。そのいっぽう、外国商人の用船として船籍登録する数百隻、あるいはおそらく数千隻に上るジャンク船は、じっさいには中国船である。こうした船舶の船長はヨーロッパ人商人の用船である旨を記した書類をしばしば所持するが、立寄先の港の海関吏が要求する支払を避け、目的地においてのみ納税すればよく、何よりも官員の不当徴収を免れるからだ。また、外国人商人の事務所から傭船契約の証明書を購入すれば、首都に米穀を運送する徴用も免れる。こうした商人に自分の荷というものはなく、一〇〇隻ほどを雇い入れる架空の契約を結ぶだけで、いんちきな書類に法外な値段を吹っ掛ける★。

貿易品目、阿片

中国が西洋と新世界に供給する二大品目が絹織物と茶葉で、年間輸出額は数億フランに達する★★。一八四四年以前には、絹織物の年平均輸出量は一トン程度だったが、現在はその数千倍に達する★★★。輸入食料品として最大なのはコメ［米］で、毎年数千隻のジャンク船がシャムや仏領コーチシナ、安南に赴く。外国人は全く関与しないため、この交易は海関の徴税をまぬかれるので、金額は不明だ。「紅毛夷」との交易活動で中国人商人が受け取るのはコメのような必需品ではなく、毒物である。イギリス人が購買代金の大半を、とくにボンベイ［ムンバイ］のユダヤ人商人やパールシー人商人を代理人として、阿片で支払うことは周知だ★★★★。四川省の住民は数百年前から阿片を吸飲するが★★★★★、沿岸の住民は前世紀半ばまでまったくその習慣はなかった。二人のイギリス人ホイーラーとワトソンがアッサム地方から輸入したこの悲惨な薬物は、まもなく

★ Francis Garnier, *Revue scientifique*, 9 octobre 1875; *Rapports des consuls, Trade Reports, etc.*

★★ 1876 年の絹織物輸出量は 5621 トン、輸出額は 2 億 3737 万 5000 フラン。1878 年の茶葉輸出量は 11 万 4800 トン、輸出額は 2 億 3388 万 6600 フラン

★★★ Isidore Hedde, *Congrés des Orientalistes en* 1876.

★★★★ 1879 年の主要輸入品目は以下（単位フラン）。

阿片	2 億 7402 万 4630
綿織物	1 億 8947 万 7590
毛織物	3715 万 8540
金属製品	3099 万 0500

★★★★★ Watters; H. Colborne Baber, *Rapports consulaires.*

イギリス東インド会社の重要な収益源になり、同社を引き継いだヒンドスタンのイギリス政庁は、阿片の販売額を十倍以上に伸ばした★。すなわち、ケシ［罌粟］栽培を決めたベンガル地方の農家に前貸しを与え、引き換えに、前もって定めた価格で阿片の箱［一二三と三分の一ポンド入り。六〇キロ強］を売るよう要求する。こうして入手した阿片を競売にかけ、一箱当たり平均二二五〇フランの利益を得る。イギリス間接統治下にあるデカン高原のいくつかの侯国にある産地名にちなみ「マルワ」と呼ばれる阿片は、イギリス当局が国境で一五〇〇フランの関税を徴収する。したがってヒンドスタンから中国に輸出される阿片は、全量がインド女帝［ヴィクトリア女王］の名のもとに販売され、彼女の富に利益をもたらす。年にもよるが、女王からインド財政に下賜される金額は一・五億～二億フランに達する。中国人の悪習につけこみ、彼らを堕落させ毒を盛っているというイギリス政府への非難は、いささかも理由の無いものではない。文明化の使者と称するイギリス人に対し、中国の愛国者たちは、阿片の濫用によって骨と皮に衰え、呆けてしまった人々を指し示して必ずこう言う。「お前たちのやったことだ！」と。だが、個別の商人が代表したにせよ、あるいは政府が代表したにせよ、こうした類いの行為について自分たちは潔白だと言い張れる国民が、果たして地球上にいるのか、考えてみるべきだろう。蒸留酒にせよ、煙草にせよ、博打あるいはそれ以外の物質的、精神的な毒薬にせよ、先住民や外国人の悪癖につけこまない国家は皆無である。北京政府でさえ、インドやペルシャ産の阿片に対する入国税は最も確実な財源のひとつであり、ほぼ全ての省でこの禁制品が栽培され、商人と役人がその巨利を山分けする。

阿片が経済に及ぼす影響ほど議論の種になっている問題はない。また、擁護する大義の利害に応じ、これほど混迷している問題もない。この薬物が悲惨なのは確かだが、それが原因とされるすべての結果を、いつでもどこでも生じさせているとは言い難いからだ。知識人の大半は少々の阿片を喫するが、知力が減退するようには見えないし、年齢不相応に老けこみもしない★★。これに対し、飽くことを知らず一日中を夢の妄想のなかで過ごす吸飲者がまったく労働の関心を失い、アルコール中毒者と同様に、最後は痙攣と全身麻痺により死亡

★中国の阿片輸入量は 1792 年には 303 トンだったが、1879 年には 5540.5 トンである。
★★ G. Morache, *Dictionnaire encyclopédique des sciences médicales,* Paris: Masson et Asselin, 1881.

するのは確かである。だがそうした人々は比較的に少数で、国民の基盤をなす農民や職工のあいだには見られない〔この記述は誤りで、阿片吸飲の社会階層性には地域差があり、山西省では労働者階級にも広く普及していた。また国内産の阿片も産地による効能差が大きかったようである。リヒトホーフェン『支邦旅行日記』中巻、海老原正雄訳、慶応出版、一九四四、三八三―三八八頁〕。大半の吸飲者は仕事の合間に、副作用を及ぼさぬよう数服を吸飲することで満足する。そもそも最も消費量が大きいのは四川省だが、その住民は知力と活力で他省と一線を画する。国内産の阿片はインド産にくらべはるかに効果が弱いが、仮にその量が外国産の輸入量に匹敵するとした場合でも、住民一人当たりでは年間二〇グラムほどにすぎない。民族全体に及ぼす悪影響という点では、満州人が導入し、沿岸および北部諸省ではるかに一般化している喫煙習慣のほうが、恐らく大きいと思われる。お上品に嗅ぎ煙草を喫する作法を士大夫に教えたのはイエズス会士たちである。今なお北京では三つのユリの花〔ブルボン王家の紋章〕が唯一の嗅ぎ煙草銘柄だ★。ヨーロッパ人の悪癖であるアルコール中毒は中国ではほとんど知られておらず、何年も旅行しても、飲酒のせいで錯乱に陥った人物を一人も見ずにすむ。

道路網

蒸気機関のおかげで、中国沿岸と世界との連絡は、以前よりもはるかに容易、かつ頻繁になったが、内陸の道路や水路は、おそらく三～四百年前の明代よりもなお劣悪な整備状況にある。山東省、甘粛省、四川省、河南省の数か所、そして開港場周辺をのぞき、旧道は劣化している。崩壊や雨溝があちこちを切断し、橋も崩れている。寸断した舗装道路の脇を蛇行する小道しか残っていない箇所が随所にみられる。国土のかなりを占める水田地帯の道路の大半は、幅五〇センチほど、大きくても一メートルほどの敷き石が自然堤防上に並べられているに過ぎない。輿夫たちが足を置く広さがあれば足りるのだ★★。ただし、かつて二一を数えた帝国道路のうち、今も良好な状態にあるものは中世に達した文明水準の高さを証しており、マルコ＝ポーロなど当時の旅行家たちの讃嘆の念もさこそと思わせる。山の尾根を切通し、トンネルさえあって、低地で

★ Huc, *L'Empire Chinois, op.cit.*
★★ Lucien Vigneron, *Deux ans au Se-Tchouan*, Bray et Retaux, 1881.

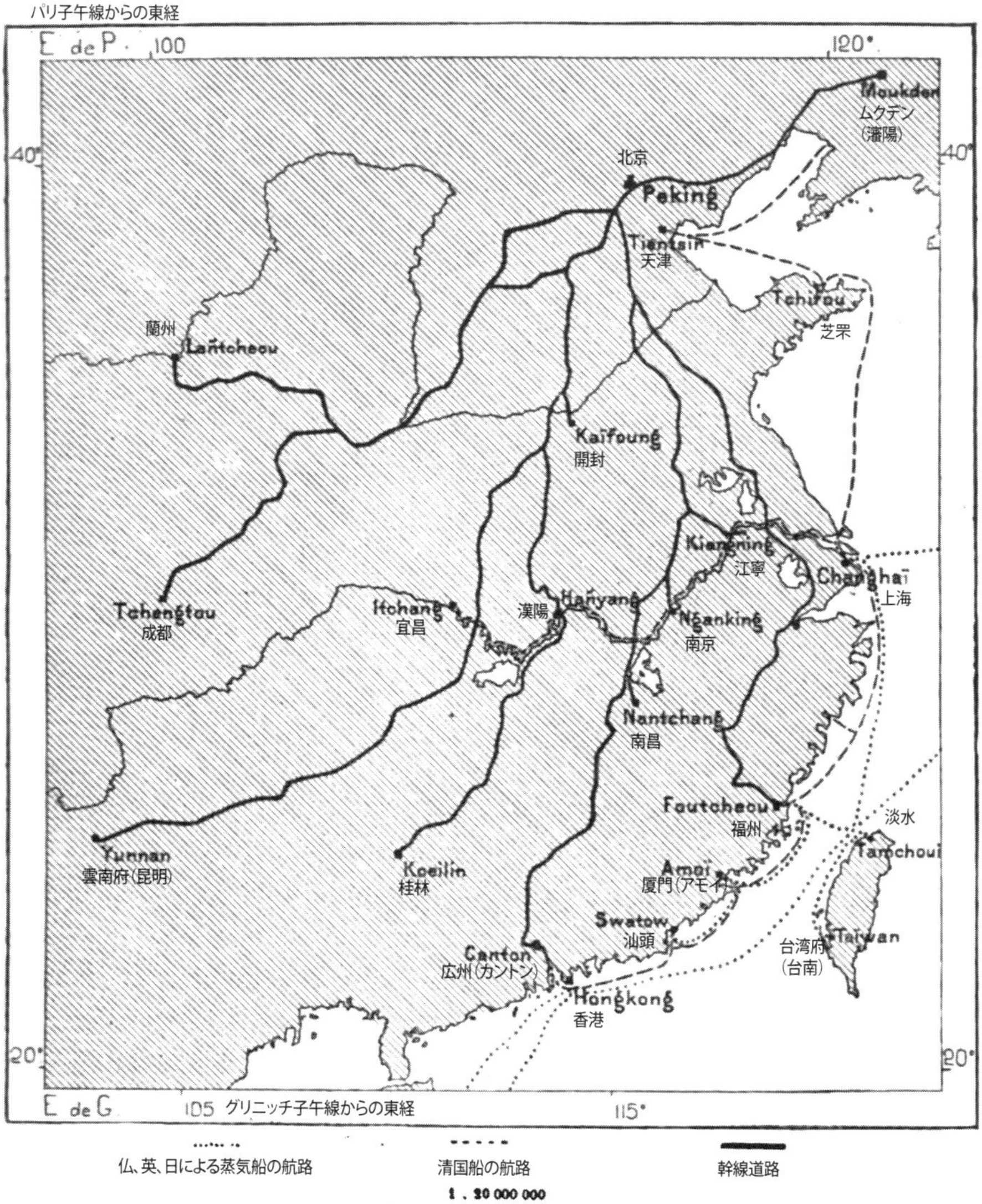

図 116　幹線道路、電信線、および蒸気船の航路

は土手道になっているからだ。平地での道幅は二〇～二五メートルもあり、花崗岩の厚板が敷きつめられ、ヨーロッパの街路のように大半が並木道になっている。五キロごとに望楼が設けられ、旅籠や駄獣用の水飲み場、駅伝、旅人を保護する兵士たちの駐屯所、市場用の土地が規則正しく連続する。こうした模範道路にはあらゆるものが備えられ、幾多の貧相な小道と対照的だ。小道のほうもおなじくらいの交通量があるが、こちらには大衆向けの定期的な郵便制度はまったくない。飛脚便はある商人組合が運営しており、帝国の端から端に至る長距離でも紛失はめったに起きない。上海のような大都会の市内は別として、都市の外でヨーロッパ型の郵便が設置されているのは、北京からキャフタ経由でカルガンに至るロシアの便に限られる。旅程は一二日間で、月に三度出発する。

鉄道

清国政府が現在まで鉄道建設を許可していないことはよく知られている。炭坑の近くや港湾内の造船所にあるいくつかの軌条を除き、中国に鉄道というものはなく、この点では隣国である「日出ずる国」のはるか後塵を拝する。だが実現すれば、初年度早々から西ヨーロッパの平均を上回る利用量に上ることは疑いの余地がない。清国政府が数カ月だけ存在を容認した上海—呉淞間の小区間が十分な証左である。旅客の大群が駅に押し寄せ、沿岸諸都市や揚子江の中継港の桟橋並みの混雑だった。すでにイギリス人技術者たちは天津—北京、上海—福州および杭州府、広州—南京間の幹線計画を立案済みである。これらの区間の建設に加え、ジュンガル地方の屋根を越えてヨーロッパの鉄道網に連絡する大陸横断路線への分岐線も、すぐに所要資本を見出すだろう。清国の役人たちが鉄道の導入に反対する理由は、かつて蒸気船の利用に反対したのとおなじである。すなわち、貨客の運送にたずさわる数百万人の荷担ぎや船頭の擁護者をもって自任し、高速輸送網が建設されたあかつき、彼らが陥るに違いない貧窮から保護せねばならないというものだ。役人たちはまた、ヨーロッパ人商人が割譲地に高楼を建築するのに反対したときとおなじく、風水も理由に挙げる。だが然るべき儀式を執り行えば墓地の移動は容易であろうし、「諸霊のあるじ」たる皇帝は、霊に辿るべき道筋を指示し、その旨を臣民に知らしめればよいはずである。清国政府の本当の理由は、鉄道建設がたちまち

外国人の影響力を著増させるに違いないことと、内陸における運輸活動の全体を牛耳る手段になりうるからだ。こうした懸念はまったくの夢想ではないし、外国企業に諸省を開放することへの警戒心も容易に理解できるところだ。「中国は中国人のものだ」が帝国全域における叫びであって、鉄鉱石や石炭鉱山の大半は、事業者がいっさいヨーロッパ人を雇用しないことという明示的な条件を付して権益が付与される。こうした外国人への懸念に加え、総督や巡撫が鉄道に対し抱く敵意には、もうひとつの理由がある。首都との連絡が困難なため、地方官は現地行政のいっさいに関する事実上の独立性を得ているからだ。鉄道は中央管理を直ちに容易にするため、横領や権力の濫用に関する調査が行いやすくなるわけで、「西夷」の発明品に対する、これが彼らの憎悪の根源である。

だが今後も役人たちの抵抗が長く続くとは考えにくい。極東における鉄道網の実現を求めるあらゆる利害関係者の圧力は年々強まりつつある。敵方が海路によりどこへでも部隊を輸送できるのに対し、清国側は内陸の劣悪な小道によってしか軍勢を集結できないとなれば、国防自体が不可能になる危険もあるからだ。鉄道問題はひっきりなしに蒸し返され、退けるのは困難になりつつある。すでに北京政府は電信線を導入する必要性については譲歩した。外国人が居住する諸港は、ふたつの電信線でもってヨーロッパに連絡している。ひとつが中国大陸を南に回るシンガポール線で、もうひとつが大陸を北で横断するウラジオストク線である。清国政府じたいはコペンハーゲンに本社を置く自国の電信会社に接触し、上海—北京間に二重の電信線の敷設を働き掛けている。昔ながらの通信手段である狼煙台［原文 tuentaï だが luentaï の誤植とみる］は最近廃止された。これは大きな石の台座にピラミッド形［紡錘形］の炉を載せたもので、貯蔵する牛糞を燃やして互いに連絡をとった。こうした手段では多くの意味を伝達することはできず、遠隔の諸省に厄介事があることを中央に報じ、警戒態勢をとらせるくらいの機能しかなかったのである★。

外国人居留民、ピジン・イングリッシュ

★ *Lettres édifiantes*; Vigneron; Gaston de Bézaure, etc.

挿画 LVII　狼煙台。トムソンの写真をもとに、テイラー筆

諸国からの外国人は中国に現実の影響力を及ぼし、その変容に決定的な役割を果たしているが、その割にはべらぼうに人数が少ない。一八七九年の商館数は四五か所、人数は三九八五人にすぎなかった★。港町に少し立ち寄るだけの船員を除き、旅行者や宣教師を加えたとしても、居留者の数はせいぜい五〇〇〇人と見積もられる。「中華の民」の多さからみれば、これらの新参者はほんの一握りだが、アジア史と中国史における革命的出来事であることに変わりはない。彼らは商業も、産業も、習慣も、物事の考え方も、中国人自身が意識するよりはるかに大きくすべてを変えた。臨海の港湾では新たな共通言語さえ生んだのである。それはピジン・イングリッシュ、すなわち「商用英語」で★★、すで

★ 内訳は、イギリス229商館（在留者2070人）、アメリカ31商館（同469人）、ドイツ64商館（同364人）、フランス20商館（同228人）、ロシア16商館（同79人）、日本2商館（同61人）。

★★「ピジン」は英語の「ビジネス」を中国風に発音したものである。

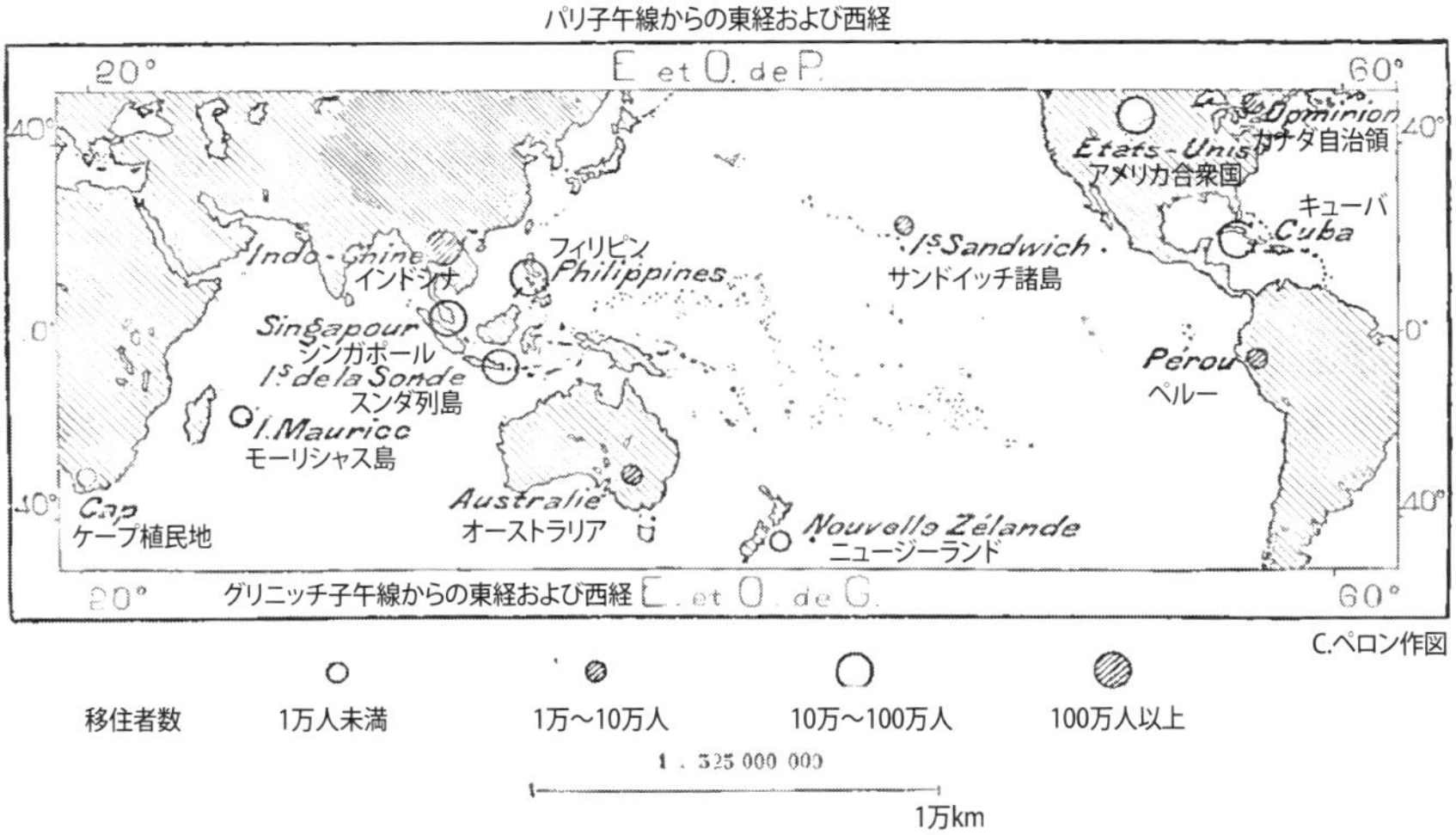

図 117　中国人の移住先

に書き言葉としても通用せんとする野望がいくつかみられるほか、異なる方言の中国人同士の常用語にさえなっている。新たな概念用語を多く含むからだが、いっぽうでは既往の言葉も多く入り込んでいる。ただしその大半は意味がすっかり変化し、中国人も外国人も、新たな語形でしか理解しない。ピジン・イングリッシュの基底は英語よりもむしろポルトガル語で、インドのゴアに淵源を求めねばならない。たとえば仏像や神像、聖人の像を指す「ジョス［joss］」はポルトガル語の「デウス［原文Diosとするがイタリア語］」が語源である★。フランス租界でもポルトガル語を基盤にした特殊な商業言語が用いられるが、いくつかフランス語らしき用語も混じる。

中国人の海外移住

人数からみると、中国人の移動は、同国への外国人の流入よりもはるかに多い。ただし、海外移住は、北部への国内人口移動にくらべはるかに小さい。万里の長城の外側、モンゴル、満州、甘粛省外縁で生活する中国人およびその子孫が一三〇〇万人を下らないのに対し、海外における中国人およびその子孫は、おそらく二〇〇万人程度だからだ。つまり近代の大型民族移動において、中国人はアイルラン

★ *The Chinese and Japanese Repository*, vol.I.

ド人、イギリス人、ドイツ人、スペイン人、ポルトガル人の後塵を拝するにすぎないのだが、その意味合いはしばしば誇張される。恐るべき人種闘争の予感は、じっさいに中国人が世界にあふれ出すはるか以前に表明されているのだ★。

そもそもこの移住のかなりの部分は全く自発性がなく、多少とも偽装された人身売買にほかならない。さまざまな口車により貿易都市の街なかで勧誘し、ある

★ 中国人の海外移住者数は以下の通り（単位人）。

シベリア		（アムール川左岸、1869 年）		1 万 0580
日本およびその属領		（1879 年）		3028
アメリカ合衆国	カリフォルニア州	（1881 年）	7 万 5125	10 万 5725
	オレゴン州	（〃）	9500	
	その他	（〃）	2 万 1100	
ヴィクトリアおよびブリティッシュ万コロンビア［カナダ］		（1881 年）		1 万 1850
その他英領自治領				1000
ラテンアメリカ	ペルー		7 万	19 万 5000
	ブラジル		1 万	
	キューバ、プエルトリコ	（1880 年）	11 万	
	その他		5000	
ガイアナ		（1881 年）		1 万 5500
小アンティル諸島				3000
サンドイッチ諸島		（1881 年 2 月 15 日）		1 万 4500
その他太平洋諸島				2 万
オーストラロアジア	クイーンズランド	（1880 年）	1 万 4525	4 万 4220
	ヴィクトリア		1 万 3000	
	ニューサウスウェールズほか		1 万 1500	
	タスマニア		750	
	ニュージーランド		4445	
フィリピン	ルソン島		18 万	25 万
	その他		7 万	
蘭領諸島	ジャワ島	（1879 年末）	20 万 6051	32 万 5585
	ボルネオ島ほか	（1878 年）	11 万 9534	
シンガポール				11 万
ペナン		（1879 年）		4 万
安南		（1875 年）		10 万 5000
仏領コーチシナ		（1880 年）		4 万 7200
カンボジア		（1875 年）		10 万
シャム				150 万
ビルマ				2 万
マレー半島				2 万
英領インド				1 万
インド洋諸島				5000
南アフリカ				3000
その他				1000

いは単純に沿岸地方で誘拐した気の毒な数百人を夜陰にまぎれて乗船させ、中甲板の船倉に閉じ込めてしまい、「自発的な契約労働者」としてアンティル諸島や、ガイアナや、ペルーの農園主に売り飛ばすものだったからだ。この人身輸送の巨利は奴隷商人の貪欲をかきたて、ついにはクーリー（苦力）を通風も照明もない狭い船底に詰め込み、ろくに食事も与えないほどに至った。国外に連れ出され、空腹やチフス、虐待にさらされた哀れな人々が、自分たちを拉致した者に対し決起した例は数えきれぬほどで、移民船では多くの惨劇が発生した。手斧で見境なく殺されることもあれば、船底で全員を窒息させた例もある。囚われの人々を載せたまま沈没する船から、乗組員だけが短艇で逃げ出した例さえある。大型船には現在もなお、クーリーの集団を威嚇するため、蒸気や熱湯を吹きかける設備がそなえてあるのだ★。ドロレス＝ウガルテ号では、不運な人々は仕返しせぬまま死ぬのを肯んぜず、同船は火に包まれ、船長、水夫、そして囚われの人々のすべてが燃え盛る火中で落命した［ペルー船ドロレス＝ウガルテ号は一八七一年五月六日、蜂起した中国人によるとみられる火災のためマカオ近海で沈没したが、船長および船員、数十名の中国人が脱出している。中国人死者は六〇〇名と伝えられた］。こうした恐怖の航海は中国でよく知られており、「契約」するクーリーを見出すのはだんだん困難になった。また、現在では法制化されている自由意思による出国者、すなわち新客（シンカイ［シンケとも。なお新客は移民一世の意で、自由意思にもとづく契約華工とはやや違う］）の移住も、このために長く遅れた。船中の平均死亡率は常に一割以上に達し、多くのばあい、出港時の三分の一しか生き残らなかった。一八五七年に「自発的」移民をハバナに運送した六三隻では、二万三九二八人のうち三三四二人、約七分の一が航海中に死亡している★★。

中国人の移民がヨーロッパ人入植者とはっきり異なる点は、ほぼ全員が男性だという点である。カリフォルニアの「プラセレス［砂鉱採取場］」やオーストラリアの金鉱に殺到した欧米人の採掘者は、ほぼ全員が青年あるいは壮年の男だったが、これはヨーロッパ人種の移住史では例外的である。単独にせよ、家族と

★ U. Wernich, *Geographisch-medicinische Studien nach den Erlebniffen einer Reise um die Erder,* Hirschwald, 1878.
★★ Crawford, *Repport consulaire.*

一緒にせよ、入植地に赴く白人女性の比率はほぼ常に高く、一〜二世代のうちに両性間の均衡が回復する。だが中国人の移住では事情が異なり、男性だけが国を後にするのであって、現在までのところ、新世界やオーストラリアに見られる中国人女性は、移民事業に携わる企業家が出国と生活の費用を負担した人々に限られる。つまり自発的に海外へ赴いた女性は皆無である。年間移住者にある程度の女性比率がみられる渡航先はシンガポールとペナンのみだが、いずれも中華帝国に比較的隣接し、住民構成からみて中国人の土地と考えられている場所だ★。この影響として、沿岸部のいくつかの村では女児殺人が非常に頻繁になった。結婚するしか娘の将来はないと考える両親の多くが、結婚相手を見つけられぬままの人生にさらすよりはと、殺害するほうを選択するからである★★。中国人女性には自由も財産権もないため、父親あるいは夫の意向なしには家庭から出ることができず、国内旅行さえ許されるのはまれである。地方を転勤する役人を例外として、中国人はめったに家族を同伴しない。各地を経めぐる商人は妻を連れ歩かず、定期あるいは長期滞在する遠隔の省に現地の家族を作る。そもそも女性が行政区画を越境するのは法により禁じられている。いっぽう妻はほぼ必ず家長と運命をともにするため、外国人と結婚して敵方人種の持続に貢献するのを清国政府は妨害しようとする。こうしたわけで、中国人移住者は現地女性をめとらざるを得ず、現地に家庭を設けるが、自然にこれらの世帯は漢族に属することになる。女性の越境に対する禁令は海外にも適用されるが、属国を想定したものであり、今では無意味だが、慣習の力で遵守されている。そもそも国外移住は、男性さえ長きにわたり禁じられてきた。外夷との接触は「五常の徳」と孝道にとって致命的であるとして禁じられ、渡航者は地方当局の関知せぬまま、あるいはその反対を押し切って、出国せねばならなかった。だがその比率は、とくに福建省や広東省の客家人のあいだで急増している。また沿岸の田園地帯から拉致されるクーリーの暴力的な輸出により、失われる臣民が多数に上ったため、清国政府はこの動きを列強の合意のもとで管理せざるを得なくなり、

★ 1881 年 1 月 1 日から 4 月 33 日［ママ］までの香港からの出国者は、男性 1 万 9550 人、女性 4850 人（うち 4449 人はシンガポール行き）、少年 269 人、少女 56 人（うち 40 人はシンガポール行き）、計 2 万 4735 人［ママ］。

★★ Williams, *The Middle Kingdom, op.cit.*

出国者に対する一定の宗主権を求めた。ますます旅行が容易になりつつある以上、おなじ人種の男性がすでに数十万人も居住する諸国に対し、いつかは女性の移住が始まるだろう。最も近い入植地域は少しづつ外国扱いされなくなってきている。移民はその土地で家族を設け、先祖と同様の葬儀でもって尊宗されることを確信して、遺灰もそこに眠るようになった。だが最後の栄誉を子供たちが捧げることができぬ遠隔地では、同国人の遺骸を置いたままにするのは、ひとつの犯罪であって、カリフォルニア、ペルー、オーストラリアの植民地には、母国に遺骸を送り返すための互助結社〔会館〕が設立されている。

中国人社会の形成

家族全員が中国人という世帯が海外で形成されるのは例外的だが、中国人移民の精励のいたすところ、定着先の国内で重要な要素になるのを妨げはしない。極度にまじめで、あらゆる風土に適応し、誰よりも多様な職種につき、事業では粘り強く、もろもろの欲望につけこむのが上手である。大っぴらな結社や秘密結社で互助し、驚くほどの柔軟さで種々の領域に入り込んでゆく彼らは、他民族の入植者ならあきらめてしまう場所でも成功を収め、豊かな共同体を樹立する。生存闘争においては、出稼ぎ先の諸国の言葉を容易に話せるようになるか、あるいは片言を覚え込む。逆に、中国語の学習に取り組む覚悟を固める外国人はほんの少数だ。漢族が新開地で形成する家族は、母親がシャム人だろうと、タガログ人、あるいはジャワ人だろうと、例外なく中国風になってゆく。一般には地元住民よりも種々の点で上位の文明に属する者として、中国人男性からの求婚は常に歓迎される。ただし日本は例外だ。中国人の「血は強く〔優性遺伝〕」、外国人女性との通婚で生まれる子供は、あるいは中国人女性と外国人男性のばあいでさえ、ほぼ必ず中国人的な相貌をそなえる。混交では強精な人種のほうが卓越するからだ★。こうして母国を後にした人々は持続的な共同体、いわゆるリトル・チャイナを外地に樹立し、これを破壊するのは、皆殺しにするならともかく、不可能である。彼らが最もがっちりと定着したのは、雲南省および四川省から流れ下るインドシナ半島の諸盆地である。帝国の反対側にある満州や

★ Ratzel, *Die chineische Auswanderung, op.cit*.; Bastian, etc.

挿画 LVIII　清国代表団の随行員ヤン氏
一葉の写真をもとに、ロンジャ筆

内モンゴルと同様に、ここでも彼らは少しづつ地元の諸部族の耕地や、交易や、文明を征服していった。陸伝いで到来したこれらの入植者が川に沿ってシャム方面に下れば、海路で到着した同国人とふたたび結合するに違いない。

移住先での摩擦

移住先の支配的人種との競合に中国人移民が至らぬ諸国でも、彼らはほどなく必要不可欠になる。シンガポールのイギリス植民地に中国人が繁栄しているのがその例で、彼らなくしては、工業活動も商業活動もたちまち停止する。しかし、職探しの競争相手が彼らを呪うところもある。西オーストラリア植民地は非常に人口が少なく、牧草地のほかに富というものがないので、中国人居留民は家畜の番や畑仕事、いくばくかの工業に携わる。だがクイーンズランドやニューサウスウェールズ、ヴィクトリアといった東部の豊かな諸州では、中国人の排斥が試みられている。あまりに仕事熱心で勤勉、節約家だという理由だが、とりわけ薄給に甘んじ、白人労働者の賃金を引き下げるからである。またいくつかの業種をだんだん独占するとも非難されており、鉱山労働など、男性の力仕事のみならず、洗濯や漂白といった女性の仕事さえ奪う。べらぼうな低賃金だが、最後は金持ちになるのに対し、白人は貧窮する。中国人は法定代理人を通し、少額の蓄えを几帳面に母国に送金するので、到来した痕跡はまったく残らない。条約にもかかわらず課せられる人頭税や、あらゆる類いの苛め、そして数多く発生するリンチや虐殺は、オーストラリアやカリフォルニアのいくつかのカウンティ〔郡〕で中国人在留者の減少をきた

し、移住の流れが完全に迂回する例もみられた。清国政府は、自国民が米国内に定住する権利を制限する条約に調印したし、フィリピンや蘭領諸島の当局は、中国人の入国に対するあらゆる障碍を設けている。すなわち指定区域以外への居住や、特定の職業への就業を禁止し、特別な重税を課し、警官によるあらゆる嫌がらせを行なう。だが、中国本土の住民の余剰が太平洋沿岸諸国に流れ出す動きは近年抗しがたく、せいぜいそれを遅らせるか、向きを変えさせることくらいしかできなくなっている。アラビア半島でさえ中国人移民を受け入れ始めた。中国のムスリムによるメッカ巡礼が年々増え、何人かは現地に留まるからだ★。何をしようが人種間の接触はますます頻繁であり、理想とすることも、性向も、伝統や習俗も違う白色人種と黄色人種が、どう妥協するかという大問題は、膨大な地点で同時に発生している。

西洋文明への反応

かくも多数の中国人が外国に滞在することは、中国の革新に対し、母国における外国人の存在に劣らぬ意味をもつだろう。忍耐強い観察者であることとて、中国人は刻苦の生活が教えるすべてを記憶に刻み込むし、自分たちのやり方を変えるすべも知っている。彼らが外国の技術を自家薬籠中のものにする際は、日本人のような若々しい熱中ではなく、断固たる根気強さをもって変えてゆく。長い文明の歴史を誇り、外国のやり方に対し自国の産業や習慣が優れている点をはっきりと認識しているため、イギリスの服装を真似るなどという冒険はいっさいおかさない。「紅毛夷」に似せようと、日本人のように珍妙なヨーロッパの衣服を着こんで似合わぬ恰好もしないが、西洋の諸発明から引き出せる優位点は完全に把握しており、起源を理由に排斥することもない。既往の事柄をあらゆる手段で保全する義務と権限をもつ士大夫は例外だが、国民大衆は、西洋人が持ち込む科学と技能を学んで得られるすべてを、十分に理解している。天津でも、上海、厦門、福州、寧波でも、人々は群れをなしてヨーロッパ人が設立した病院にひしめく。かつて仙術による療治がかくも大きな比重を占め、わけのわからぬ品目からなっていた薬局方も、少しづつ西洋のものに近付いていている。鼻孔から行われていた

★ Wilfred Blount, *Fortnightly Review*, aug. 1881.

危険な種痘〔人痘法ないし経鼻伝痘法〕もワクチン方式〔牛痘法〕が取って代わった。無数の町の藪医者のなかからも、解剖学や生理学、衛生学を修める真剣な医師が各地で登場しつつある。沿岸の商業都市にはヨーロッパ式の学校が開設され、生徒は外国人教師の教える内容にいささかも反発しないことが明らかになった。「夷人」の音楽さえ学ぶのであって、かつては全く理解できないと言われたものだ。だが極度に鋭敏な聴覚をそなえることとて、中国人生徒は非常に繊細に鑑賞できるのである★。また、もともと考想された言語とはまったく違う言語への翻訳がそなえる奇妙な晦渋さにもかかわらず、すでに科学分野ほか、数千冊が上梓されている。一般に中国人は数字が分からないとされるが、最も求められるのは数学書だ。一六〇八年に宣教師リッチが翻訳を開始したユークリッド幾何学、中国語では『幾何原本』は古典になっており、いくつもの版が出版されてきた★★。開港場で外国人が創刊した官報（クワン・ホア〔万国公報とも〕）と呼ばれる新聞群は、中国の時事を扱わないにも拘わらず、多くの地元民読者を擁する。また上海の日刊紙である申報（シュンパオ）も、海外の生活習慣や仕来たり、礼儀を記事とするものだが、一八七七年には少なくとも八千人の地元定期購読者がいた★★★。揚子江下流の諸省、すなわち外国人との接触が最も多い地域は、内戦にもかかわらず、輩出する著述家が最も多いままである。すでにその何人かは、世代をこえて尊宗されてきた古来の著作に対する批判に乗り出している。

洋務運動による官営教育

清国政府も世論に譲歩せねばならなくなり、一八六八年には江南兵器廠〔上海の江南機器製造総局〕に翻訳所を設置し、海外の主な科学書の出版に取りかかっていた★★★★。また北京には同文館（トンウェンクワン）という行政学院を設置し、英語、フランス語、ロシア語、ドイツ語を学ばせている。物理学、化学、医学、生理学、天文学の課程のほか、比較法制度の講義を外国人教授が担当し、

★ David, *op.cit.*; Reinhold von Werner, *Die preussische Expedition nach China, Japan und Siam in den Jahren 1860, 1861 und 1862*, Leipzig: Brockhaus, 1873.

★★ Lockhart, *op.cit*

★★★ Herbert Allen Giles, *Chinese Sketches*, London: Trübner & Company, 1876.

★★★★ 江南兵器廠が 1868 年から 1879 年にかけて翻訳した書籍は 142 点、378 巻で、一般向けに販売されたのは 8 万 3454 部。また地図 27 葉が翻訳され、8 万 4774 部が販売された。*Cf.* J. Fryers, *Nature*, 19 mars 1881.

地元の通訳が補助する。大半は英語での授業だが、課程修了まで他の外国語の訓練も続けられる。帝国の行政官も一部は同校出身者から任用されることになっており、一八七六年には百人ほどの学生が在籍していた。これに加え、清国政府はローマやアテネのフランス人学校に範をとり、コネティカット州ハートフォードに壮麗な教育機関を設け、百名ほどの国費留学生を滞在させて、諸科学と工業技術を一五年間学ばせる試みも行った。しかし士大夫の舎監が、これらの中国人青年が習慣でも考え方でも、いかにアメリカ化したかを恐怖感とともに報告し、一八八一年に廃校になった。以後、官費留学はヨーロッパで行うべしとされたのである。

旧来の教育

中国語で「教（キアオ）」は教育にも宗教にも用いられる。すなわち、勉学はひとつの「教え」を学ぶことなのだ★。息子が教育を受けられるよう両親が努力するのは、中華帝国の全住民が数千年にわたり認める原則である。すべての都市と村は学校をひとつはそなえねばならず、その教員は市町村や地区の費用でまかなわれ、どれに通学するかは家長の自由裁量とされる。富裕層は一人ないし複数の家庭教師を同居させるが、それ以外は日中は息子たちを学校に通わせる。謝礼はびっくりするほど質素である。大都市には夜学があり、日中は自らのため、あるいは両親のために稼がねばならぬ若者が通う。子供たちは天性勉強好きで、忍耐強く、行儀もよい。彼らは日常の商いに必要な数百語の読み方を習うが、辞書にあるような深い知識を獲得する時間はなく、そのため至宝の古典からは締め出されている。とはいえ、簡単な文字でも、読めさえすれば、それはひとつの概念を必然的に呼び起こすようになっており、ヨーロッパ人の児童が綴りを暗記するような意味を持たない音とは異なる。西洋の学校でしばしば行われる機械的な読解は、中国ではまったく不可能だろう。発音する前に意味を考えねばならないからだ。このため、多くの字を知っていることに対する尊敬は、庶民に深く浸透している。室内や家屋、公共建造物を飾る著名な書家の碑文や、文章を一種の崇拝の念をもって眺めるし、それは中国全体をひとつの巨大な図書館たらしめてもいる★★。中国人は書がまるでひとつの科学でもあるかのよう

★ Edkins, *Religion in China, op.cit.*
★★ Huc, *L'Empire Chinois, op.cit.*

に尊宗するのであって、散逸した手稿や落丁した書籍が冒涜されぬよう、それらを恭しく焼却するための団体さえ結成する。

権威の動揺

士大夫と、彼らが代表する政府もまた、迷信的な畏敬の対象だった。書の奥義に達する幸運をえた者は、庶民にはほとんど半神に映ったからである。だが近年の出来事は、士大夫に対する一般大衆の伝統的な尊敬の減退をもたらさずにはおかなかった。自国の科学水準がお粗末なこと、「五経」を学んだこともない外国人が、孔子の言のあれこれの注釈よりも、別の意味で貴重な諸発明に成功したことを知ったからである。これは精神上の一大革命であって、政治的影響なしにはすまないだろう。当局の権威は縮小しており、士大夫たちがそれを維持しようとしても無益である。三度にわたり跪拝する「叩頭」をめぐる激論と外交問題がどれほど重大だったか、よく知られているからだ。これは玉体の御前に進み出る外国使臣が行うべしとされた儀礼で★、中国が海外列強の同等待遇に合意せず、西洋および新世界に対する正式な自国大使が信任状を携えるようになる以前の事件［一七九三］である。けっきょくヨーロッパ諸国の使節たちは、北京宮廷と関係断絶のうえ敵国として再来すると威嚇し、この屈辱的な儀礼を免れたのだが、外見的には瑣末な事柄であっても、臣民からみた皇帝陛下の威光が殺がれるに違いない重大事だと士大夫がみなすのは、故なきことではなかった。だからこそ彼らは躍起になって事実を否定したのである。士大夫たちの手により発行された小冊子では、外国使節は天子の姿を見て雷に打たれたようになり、寛仁広大なる陛下が畏れ多くも彼らを正気づかせたことになっている。しかし、西洋人のせいで士大夫が忍ばねばならなかった屈辱に比べれば、跪拝の件を削除したことなど二次的なものに過ぎない。天賦の才を書に打ち込むことのなかった、しがない農民や荷担ぎも、士大夫階級との距離が縮まったと感じたからだ。つまり、帝国の重心が権力から大衆の方向に移動したのであり、近年のいくつかの政治革命の試み［白蓮教徒の乱、太平天国や回民蜂起］は、精神面における

★ Jean Pierre Guillaume Pauthier, *Histoire des relations politiques de la Chine avec les puissances occidentales*, Paris: Firmin Didot, 1859.

挿画 LIX　パリ公使ツェン氏。一葉の写真をもとに、ロンジャ筆

変化の必然的な結果なのである。

今なお中華帝国の不動性について語るのはまったく不当で、これほど革命が多かった国も、また多くの政体制が試みられた国も他にない★。変化は孔子が引用する古代の賢人〔湯王〕の原則にもかなうのである。すなわち「苟《つつし》みて日《ひ》に新《あら》たに、日日《ひび》に新《あら》たに、又日《またひ》に新《あら》たなり、と」〔『大学　中庸』前掲書、六一頁〕。今日さまざまな変容が中国ではなぜ他の国々よりも遅いのか、理解は容易である。住民は長きにわたり文字通りの開化の民だった自覚をそなえ、何世紀ものあいだ自分たちに匹敵する文明度の人種は皆無だった。周囲はすべて蕃夷か、あるいは自分たちが全てを教え込んだ相手だった。時のかなたにさかのぼる年代記をそなえるのも彼らだけで、最古の優位性も持っていたのである。ところが帝国を囲繞する海や沙漠、高原の向こうからやってきた他民族は、ろくな長さの歴史もないのに、科学で産業も上回るではないか。世界は中国人にとって大きくなり、しかも外側には人々がいる。古代の地図ではかくも弱々しく描かれた外界が実像を現し、それが自国の十倍の面積と、倍の住民をそなえるとなると、悦に入った優越は決定的に喪失された。この誇り高い民族が、世界における自らの役割の相対的縮小を認めるのは、当然に苦々しいことだったが、海外の諸民族とともに学ぶうえで、それは避けられぬ代償なのである。中国人はその代償を支払ったが、自尊心は失わなかった。ヨーロッパの諸科学や産業を学ぶさいも、生徒としてではなく競争相手としてであって、相手の資源を自家のものとし、打倒するためなのだ。

外界からの衝撃が到来し、中国が自らを刷新すべく強制されたのは、もはやかなり以前である。今や科学は、優美な筆法でもって古典的な諸形式を再現する技芸ではなくなった。表意文字による真に普遍的な言語の保持を誇る士大夫たちは、まさにそれによって国民の主人でもあるため、ついには読み書き、すなわち科学を獲得する単なる道具をもって、科学それ自体とみなすに至った。そうなると、書を読むことに人生を費やしても良いとなる。長い学習の人生の果てに、書かれた秘密のすべてに悟入するのが最高の栄誉なのだ。しかし、古来

★ Henri Cordier, *Annales de musée Guim et, Revue de l'Histoire des Religions*, mai, juin 1880.

の典籍を読破するには人生は短かく、士大夫は独自の研究をする時間がなくなる。現在の事柄に疎くなり、将来には目を向けず、過去にのみ拘泥する。何でも伝統に結びつけ、古典に見出される先例にかこつけるようになって、統治の諸規則も過去に求めるのだ。公用文書を作成したり理解したり、社会的、政治的な営みに関する主要法令のすべてから、従うべき礼法を探し出したりするのが、現実には士大夫の所以になっていないだろうか。自らの威厳の存在理由として、服従を要求できる唯一の口実になってはいはしないのか。

第十二節　中国の政府と行政

統治原理

理論上は、中華帝国はひとつの大家族である。皇帝は臣民の「父にして母」であって、臣下は二重に孝を尽くさねばならない。命令には直ちに従わねばならず、皇帝が誰かの財産あるいは生命を召し上げるとなれば、該当者はそのどちらでも有難く差し出さねばならないのである。君主は大地や水、大気にさえ命令できるのであって、地や空気の精がそれを執行する。彼は「天の子」であり、「四海」と「万民」の君主なのだ。神祇官にして中国の大家族の家長という資格のもと、天地に犠牲を捧げる特権を有する。自身を語るさいには謙遜し、完全ならざる人物を意味する「寡人」と呼ぶ。宮廷の大官たちよりも簡素な衣服をまといさえするが、彼に向けられる敬愛に欠けるところはない。出御しようが不在だろうが、臣民からは神様扱いを受け、顕臣でさえ、徳の象徴である五爪の龍と、権力の紋章である亀の装飾がほどこされた空の玉座や黄簾の前に叩頭する。地方の省では、公文書の受領にあたり香を焚き、役人は北京の方角に向かって額を土に打ち付ける。皇帝の実名はあまりに神聖なので、同一漢字の使用は許されなくなり、一画が変更される〔避諱〕★。彼の名にもとづく布告の末尾は常におなじ形式で「恐懼して従うべし〔誠恐誠惶〕」である。彼よりも下位のものはすべて奴隷で、ユックやガベが中国を訪れていたころ〔十九世紀半ば〕に皇帝がチベットに送った代理人は罪人向けの鎖をつけていた。つまり衣服の下に隠して金の首飾りをまとい、もって陛下の御不興のしるしとしたのである★★。

「父にして母」たる皇帝への崇拝は、いささかも政治的虚構ではない。息子の義務と、臣民の義務のあいだの厳密な相似を強化する形で、すべての社会制度が制御されるからだ。中国人は幼少から、自分が属する

★ Lockhart, *op.cit.*: Fryers, *op.cit.*
★★ Campbell; von Klöden, *Osterreichische Monatsschrift für den Orient*, 15 déc. 1880.

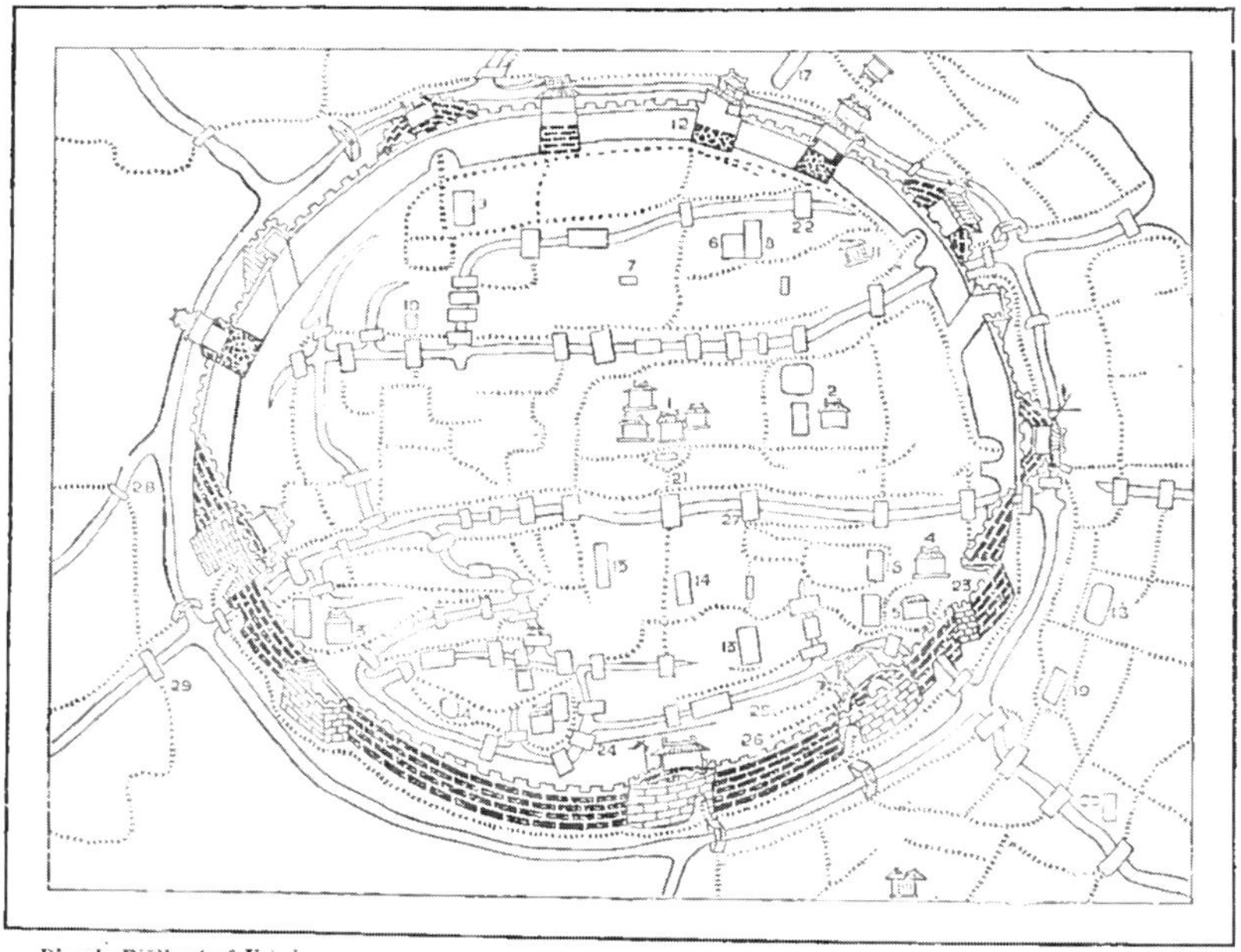

D'-près Wüllerstorf-Urbair.

1. Maison des magistrats.
2. Université.
3. Résidence du commandant militaire.
4. Entrepôt des blés.
5. Entrepôt du riz à destination de Peking.
6. Institut littéraire.
7. Temple du défenseur de la Ville.
8. Temple du dieu de la Guerre.
9. Temple de l'Esprit protecteur des biens terrestres.
10. Temple d s Bénédictions.
11. Palais du gouvernement.
12. Tour de la déesse Kouan yin.
13. Maison des Bienfaisances réunies.
14. — des Enfants trouvés.
15. — des Vertus réunies.
16. Temple de l'Esprit protecteur du feu
17. Palais de la Reine du ciel.
18. Salle du Brouillard bleu.
19. — des Neuf Fleurs.
20. Butte du petit Soleil sans éclat.
21. Rue de la Paix.
22. Rue des Éminences c lestes.
23. Chemin de la maison des discours.
24. Chemin de la tête qui regarde en arrière.
25. Chemin de la tête approbative.
26. — — jaune.
27. Canal de l'excellence du point de départ.
28. Sanctuaire serein des Ancêtres.
29. Pont des Dix mille Ages.

図 118　上海の漢城

小さな家族と同様に、中国という大家族の首長に父権が属することを学ぶし、学校にも「孝」の字が書かれた棺が置かれ、両親の祖霊を安んじるのが第一の義務であることを子供たちに思い起こさせる。「日常の行い整わざれば不孝、君に仕えて忠ならざれば不孝、亭長にして慎重ならざれば不孝、交友において真率ならざれば不孝、戦いにおいて勇ならざれば不孝〔不忠不孝不仁不義〕」なのだ。父親は家庭内では常に皇帝の代理人とみなされ、彼に反抗すれば不敬罪とおなじやり方で罰せられる。この基本原理を維持するために歴代政権がどれだけ気を配ったか、年代記は幾多の例で満ちている。両親に暴力を振るった息

子は死罪に処せられ、家屋は破却される。地区の長は失職し、同地出身者に対する科挙の道は閉ざされる。虐待事件の起きた場所は忌むべき地とされ、住民も移動させられる。この理由で旧来の場所から遠く離れた地に再建された都市のひとつが、揚子江上流の瀘州で、ある父殺しの事件により、空気も土地も汚れているとされたためである★。大都会ではいっこうに遵守されないが、法律により、七〇歳以上の老人は誰からも祖先としてみなされねばならず、子として孝養を尽くすべしとされ、歳を重ねるとともに待遇や敬意も増さねばならない。いかなる犠牲を払っても帝国は「孝」であらねばならぬと詔は宣言する。定期的に読み上げられる一六カ条の聖諭の冒頭のくだりは、孝の義務を民に想起させる★★。都市や宮殿、広場や街路の公式名でさえ、家庭内での美徳を想起させるもので、いわば倫理学の一連の講義になっている。各都市に一二宇を建立すべしと法定された寺院のひとつは、必ず祖霊を祀る。街路は汚れて不衛生だし、立地する地場産業も上品とは限らないが、道端の碑文は大家族の種々の義務、敬老の精神、同胞への友愛、子供への気配りを呼び掛ける。あらゆる店舗や宿屋の看板に正義や徳、天地の調和が謳われている。

帝位

「百姓」の民の精神においては、息子が父に対してもつ自然な関係が、皇帝への服従についての諸関係と混交する。幾多の国内革命や、外国からの侵入や、王朝の交代にもかかわらず、中国という国家が持続したのはこれが理由である。この統治原理に手をつけることに思い至った革命勢力はなかったようで、最も熱心な社会主義者たちでさえ、父にして母たる皇帝という聖性を常に承認した。だが近年に至り、あきらかに海外の思潮の影響を受けた自由な思考をそなえる人々が、おそらくどれほど重大な結果をもたらすかを意識せぬまま、初めて至高の君主を嘲弄するに至った。彼らは皇帝の実名に宛て、壁にひどい文言を書き付け、それを読んだ通行人は愕然としたのである★★★。古来からの理論では、天の名

★ De Carné, *Revue des Deux Mondes,* juin 1870.
★★ John Francis Davis, *The Chinese: A General Description of China and Its Inhabitants*, new ed., London: Charles Knight & Co., 1840, *pp.*96-97.［康熙帝による聖諭16条（1670）、のち聖諭広訓（1724）。宮崎市定『科挙』東洋文庫、平凡社、1987、90頁に原文がある］
★★★ Rousset, *op.cit.*

のもとに玉座に上った君主は、その美徳や悪徳にかかわらず敬愛すべきとされるからだ。「冠《かんむり》は敝《やぶ》ると雖《いへど》も、必《かなら》ず首《かしら》に加《くは》ふ。履《くつ》は新《あたら》しと雖《いへど》も、必《かなら》ず足《あし》に闘《つらぬ》く。何《なん》となれば、上下《しやうか》の分《ぶん》なればなり。今桀《いまけつ》・紂《ちう》は道《みち》を失《うしな》ふと雖《いへど》も、然《しか》れども君上《くんじやう》なり。湯《たう》・武《ぶ》は聖《せい》なりと雖《いへど》も、臣下《しんか》なり★」。

大清帝国の皇帝は神性の本質をそなえるとされるので、原理的には絶対君主だが、現実にはいささかも絶対的ではない。どの省にも慣習法にもとづく慣行がいくつもあり、積年の権威をそなえるため、政府はそれに手をつけようとしない。また世論は、抑圧されはするものの、炯眼であって、彼らから見れば「法を破れば皇帝も臣民も同罪」であり、「衆《しゆう》を得《う》れば、則《すなは》ち國《くに》を得《え》、衆《しゆう》を失《うしな》へば、則《すなは》ち國《くに》を失《うしな》ふ〔『大学 中庸』前掲書、九〇頁〕」が巷の格言だ。君主には一切が法文化されている。孔子が定めた九原則〔九経〕は、「君主がわが身を正しく修めることであり、賢者を尊ぶことであり、親しいものを親愛することであり、大臣を敬うことであり、多くの臣下を鄭重に待遇することであり、もろもろの民をいつくしむことであり、つかさつかさの工人たちをねぎらいはげますことであり、遠い外国から来服する君をなつけることであり、国内の諸侯を安心させることである〔同、二六八頁、なお原文は引用ではなく、またやや意味の違う箇所があるが、赤塚訳に従う〕」。これらの訓戒に留意させる職務の側近に指導され、二〇〇巻に充満する礼式の硬直的な決まりでがんじがらめにされたうえ、彼の日々の言動と命令を記録し、後世に伝えるべく付き従う二二人の記録官を引き連れて歩くのだから、皇帝が自分の独自性や率先性を失い、誰か、ないし何らかの党派の道具に過ぎなくなるのは、ほとんど避けられないだろう。だが、自らの行動に責任を負うのを停止しても、民の禍福への責任という統治上の仮構による責任が、減るわけではない。一般に君主というものは、国民が繁栄する理由を自分に帰すのが大好きで、何であれ好都合な出来事では、民が感謝の念を王冠に捧げることを期待する。だが国を襲う不幸の責めを負うことはめったになく、君主も廷臣も、いわれのない悪運としか考えない。しかし中国皇帝の倫理はもっと首尾一貫している。帝堯は「一人でも飢えた者がいると、『わたしが飢えさせたの

★ 書経［原著の出典表記は誤りで、史記儒林列伝の記述である。青木五郎『史記十二（列伝5）』新釈漢文大系、明治書院、2007、541頁より］

挿画 LX　夏宮。帝威のしるし、金銅の獅子像
トムソンの写真をもとに、バークレイ筆

だ』と言った。一人でも凍えた者がいると、『わたしが凍えさせたのだ』と言った。一人でも罪をおかした者がいると、『わたしがそこへ落とし入れたのだ』と言った〔戸川芳郎・飯倉照平訳『淮南子・説苑（抄）』中国古典文学大系、平凡社、一九七四、三五一頁、飯倉訳〕」。おなじく禹も民の災禍は自分の責任だとして曰く「堯・舜の世の人々は、みな堯・舜の心を自分の心としていた。いま、わたしが君主であるからには、人民はみなわたしの心を自分の心としている。それだから〔罪人に会うと〕悲しくてならないのだ〔同前、三五二頁〕」と。また湯王〔ママ、武王〕も帝国の災厄について語って曰く「百姓《ひやくせい》過《あやまち》有《あ》らば、予《よ》一人《いちにん》にあり〔小野沢精一『書経（下）』新釈漢文大系、一九八五、四六二頁〕」と。だからこそ孟子は「義《ぎ》を賊《そこな》ふ〔『孟子』前掲書、六六頁〕」君主の弑逆さえ認める

のである。すなわち「刃《やいば》を以《もっ》てする〔民を殺す〕と政《まつりごと》と、以《もっ》て異《こと》なる有《あ》るか、と。曰《いは》く、以《もっ》て異《こと》なる無《な》きなり、と〔同前、二〇頁〕」。

統治機構が家族をモデルとするため、君主の母后と皇后は貴紳顕官の中で最高の栄誉を受ける権利をもつ。最近まで皇帝は毎年その宮殿の土地で三畝を耕すことになっていたが、皇后も同様に、養蚕に関する諸儀式に出御していた。そのさいは夫と同様に至高の権力の表象として、金の手桶と翡翠を携えたのである。皇后のしるしとされる動物は、ヨーロッパ人の不死鳥にあたる鳳（フォン）である。皇帝じしんも后に礼儀正しくあらねばならず、五日ごとに彼女を公式訪問し、膝を曲げねばならない。ほかに正式の夫人が三人いるが、典礼書により一三〇人に定められた後宮の住人すべてと同様、皇后には絶対服従である。特別な大臣〔内務府総管〕が帝室の家政と、太子たちの教育を担当する。太子は通常は満州人部隊の階級しかもたない。後継者はその中から君主が選ぶが、ほぼ常に皇后の子である。皇帝が崩御すると社会生活はすべて中断し、重要人物は喪を表わす白服を一年間着用する。庶民は百日間でよいが、大喪中は婚姻やお祭りを祝ってはならないし、派手な衣服も禁じられる。誰もが髪の伸びるままにしておかねばならないので、床屋は打撃を受けるため、この期間に限り国庫金を受領する。

中央政府機構

天子は「その偉大さの中にお隠れ」なので、「孤独な人間〔孤王〕」とも呼ばれるが、おそらく誰ひとりとして彼の友人になる権利がないせいだろう。彼が権限を移譲するのは、満州人と中国人が半々の内閣（ネイコ）で、法案の作成や勅令の発布、その実施を監督する。教育と科挙合格をもって栄達の源とする原理のいたすところ、内閣の二名の筆頭閣僚〔尚書〕、すなわち帝国の宰相たちは翰林院の長でもある〔内閣大学士〕。御前の大会議で法案を提示するのも、布告の形式を決定し、公文書を皇帝に提出して朱筆を求めるのも、最後に官報、すなわち京報により詔書を発行するのも、この両人だ。京報は千年以上の歴史があり、外国人には「ペキン・ガゼット」の名で知られる。内閣での討議に先立ち、もろもろの事案は都察院や大理院、内閣国璽尚書、六部（ルプ）といった顕官集団の念いりな検討を経る。

六部は財務〔戸部〕、民事行政〔吏部〕、公共事業〔工部〕、軍事〔兵部〕、典礼〔礼部〕、刑罰〔刑部〕で構成される。植民地行政、すなわち十八省の外にある領土については、六部から独立した官庁〔理藩院〕が担当する。外交担当の官庁は一八六一年に設置され、対ヨーロッパ貿易が拡大して沿岸諸都市に外国人が定着するに及び、最も重要になったが、正式の存在ではなく、種々の役所からの混成になっており、総理衙門（ツィンリ・ヤメン）と呼ばれる。

皇帝は、望めば討議いっさいの手順を省略し、彼個人の側近に諮問し、秘密の意見を徴することができる。伝統のいたすところ、都察院が皇帝の行動を制約し得るのは本当である。これは建言を行なう権利があるが、その内容が正当でなかったり、不当なことが明らかになった場合には、斬首もしくは八つ裂きの刑に処するよう、願い出なければならない。何世紀もの間には、じっさいに直諌した例が残っている。側近は君主を難じる文書を奉呈するに先立ち、生きては戻らぬ覚悟のもと、自分の柩を城門に置かせて伺候した★。だが通常は都察院は、役人や臣民の公私いずれの行動についても、監察官〔御史など〕を通じ監視させている。あらゆる慣習の改善を司掌するので、査察権は無限定であり、監察官は津々浦々を絶えず訪れる。だがこうした「綱紀粛正活動」がもたらす結果はおなじみのところで、富める地域では地元役人と監察官が仲良くなりがちだ。役人は相変わらず人民を搾り上げ、自分と、自分を監視する役人の懐に入れるのである。

科挙

中国には公教育をとくに担当する官庁がない。政府全体の目的が人民の教導にほかならないからである。読み書きの初歩を修め、五経ほかの古典を読めるようになった生徒には、名誉と栄達により両親を喜ばせる道が開かれる。中華帝国の基礎原理のひとつは、能力に応じ官位が与えられることであり、種々の試験と合格証によってこの原理を担保する。北京にある学術の殿閣の戸〔集賢門〕には「ここは国の治め方を学ぶ場所」という文字が刻みつけられている。資格を上げるには試験を受け続けなければならないため、行政組織の全

★ *Lettres édifiantes*, tome I.［本註は原文に該当番号が見当たらず、訳者の推定によりこの箇所に挿入する］

体がひとつの大きな学校のような階層性をそなえる。ただし国庫が空だと、政府がしばしば原則から逸脱し、売官の罪を犯すのは本当である。かなりの役人は自らの学習や天賦の才ではなく、金銭によってその地位を得ている。とはいえ支配される側も、誰がどのようにして官位を得たのか知っており、折に触れてそれを咎める。武官は満州族の子孫で、大半は試験を経ることなく、民族的理由により指揮官になっている。だが他の大半の諸国とは逆に、彼らは文官の下位とみなされ、文武百官が参集する毎年の儀式において文官が東側、つまり栄誉の席を占めるのに対し、武官は西側に座する。孔子廟で催す天地を結ぶ祭事にも全く参列しない。征服者の子孫ではあっても、彼らは被征服民たる中国人の先祖を尊重し、軍事よりも平和の技術の優位性を認めているのである。「以文治国、国泰民安」という格言は、寺院でも家屋の外壁や内部でも、至る所で繰り返し見られる。

大都会で大型建築のひとつは試験場だ〔貢院〕。いくつもの部屋と小さな房〔号舎〕が囲む中庭からなり、受験生は白紙と墨壺、筆を与えられてその房に入る〔答案用紙は購入せねばならぬが、文房具は自弁だったようである。宮崎前掲書、一三一―一四二頁〕。番兵が配置され、受験生どうしの接触はいっさいできない。一万～一万二千人が同時に受験するときもあり、数日間にわたり外に出られぬまま、道徳やまつりごとに関する論文の作成や、古典から選ばれた文章の注解、散文および韻文による作文や格言を書く。精根尽き果てた受験生が房内で死亡する例もある。そのときには外側の壁に穴を開け、他の受験生の目に触れぬように遺体を運び出す。賤視される階層に属する個人、すなわち捕吏や芸人、床屋、輿夫、船頭、蛋家、物乞い、汚名のもとにある反逆者の子孫を除けば、誰でも受験資格がある。住所不定でさえなければ、試験官も受験生の第一印象には目をつむるのである★。神童であろうとよぼよぼだろうと平等に受験できるが、はなはだ厳しい試験で、フランスの大学入学資格者に相当する「秀才（シウツァイ）」の称号を獲得するのは一〇〇人に一人もいない〔院試〕。これに至ればもはや凡俗の一般人とは別扱いで、長衣〔長衫〕をまとい、編み上げ靴を履いて、特別な形の帽子をかぶる権利がある。まだ任官してはいないが、ほぼ地方当局から独立した存在になり、国家における特別な一階級を

★ *China Review,* July and Aug. 1880.

形成する。だが人数がかなり多いため、社会的落後者の拡大に最も寄与しているのが彼らである。というのも、その先の試験に備え、数年にわたり生活し教育を受ける資金を工面できなくなるためだ。下級の勤め人や、料亭で史上の劇的事件を語る朗読者になったり、格言を書き付けた色紙の束を売り歩いたり、無学な金持ちの代理受験を何度も請け負い、士大夫の資格［生員］を得てやったりする人々は、とくにこの層に多い。だが貧しい秀才は学校教師や医者になる道もあり、聡明で自由な精神をそなえ、勉学好きな人々を最も多く見出すのもこの層である。彼らは独自性をそなえ、国民の革新という不断の営為に、最も貢献している。

翰林院を代表する高官は、前年の合格者を振り分ける試験を毎年行い、格下げする権限さえ有する。学士号に相当する上位資格である「挙人（キウジェン）」の試験［郷試］は三年ごとで、各省都で行われ、翰林院から二名が臨席する［正考官］。このときも受験生は閉じ込められ、哲学や歴史、政治に関する論考を作成する。合格者は中国全土で一三〇〇人ほどと極めて少なく、資格を得た者は官僚たちから祝福を受け、栄誉を称えてどんちゃん騒ぎが行われる。さらにその三年後、挙人たちは博士号に相当する「進士（ツィンセ）」を受験できる［殿試］。そうなると特別の衣服を身にまとい、種々の儀式でも上席が当てられ、帝国のお偉方の御臨席という栄誉が仕来たりだ。翰林院に入るには別の試験があり、皇帝じきじきのご臨席か、あるいは少なくとも、最高官職の居並ぶなか、紫禁城内で試問が行われる。受験生はそれら高官の仲間入りを目指すわけだ。

こうして政府に階層構造ができあがる。この士大夫組合はすでに三二〇〇年にわたり維持されてきたものだが、八世紀よりも以前には、まだ人民が役人を指名していた［この記述は誤りで、地方豪族の意向が反映する選抜方式だった「選挙」を筆記試験のみによる「科挙」が代替した］。唐代のある君侯はこうした変動常ない公選制度に不信感をいだき、官職は以後単一の長所に即すべきだと考えた。これが秀才と挙人からなる政府の淵源で、ヨーロッパ人著述家は諸民族に対する理想の統治形態だと称賛してきた。だがこの制度は、従来言われてきたほど輝かしい絵柄ではない。権力が厳正な競争試験の結果にもとづいて常に分散し、官職の配分にあたり金銭が全く介在しないのは本当だが、士大夫がそなえ

る古典の深い知識と、幸福な古代への讃仰が、知性と政策的明敏さを保証するのか、疑問だからだ。逆に、将来の国家を担うべき人物が、二千年以上も昔の孔子の時代に学習範囲を限定すれば、物事の発展という概念が停止し、現下の事柄を理解できなくなるのではないか、懸念される。科挙にあたり最初に求められるのが優美な筆法だが、官僚が能書家だからといって、職務上でさらされる恣意や金銭の誘惑に、直面しないわけではない。大衆的な演劇や歌、小冊子も、また旅行家たちが口をそろえて証言するところでも、民を抑圧し汚職する技術において、士大夫は無学な満州人にいささかも劣らない。一般に、人々は科挙によって地位を得た官僚よりも、官位を金で買った役人のほうを恐れない。後者はそれだけ金持ちなので、前者ほど貪欲ではないからだ。たしかに美しい格言はそれほど知らないが、もっとあけっぴろげで、頼まれた仕事も手早くこなすのである★。

士大夫

文官と武官の全体はしばしば集合名詞である「百官（ペ・クワン）」と呼ばれるが、語源は「官府（クワン・フ）」で、ヨーロッパ言語では「マンダリン」と訳される［本訳では士大夫、役人、官僚、高官など文脈に応じ訳出する］。これはゴアの地元民のヒンドゥー教法官［マントリ］の称号を、ポルトガル人が自国語風に発音したものだ★★。官位は九段階で、鳩の卵ほどの珠の色と材質で見分ける。この珠は円錐形か縁のまくれ上がった官帽にねじ止めされている。帽子のほうは編み上げ笠や絹、フェルト製である。職位はヨーロッパの言語で対応する肩書に訳されているが、いずれも本人限りで、子供が引き継ぐことはできない。栄達によって名誉を施すのは先祖に限られるので、子孫が祭祀する際には、常に目下として行うのだ。文官は、役所に自分の父を連れてくることも禁じられている。もしも父親が本人の職務遂行について逆の意向をもつばあい、上司への服従と、孝道の板挟みになるためである。官僚の息子は庶民のままに留まり、政府機構の階梯を登るには、おなじく一連の試験に合格せねばならない。称号を世襲できるのは孔子の子孫と皇帝の子孫に限られ

★ D'Escayrac de Lauture, *op.cit.*
★★ Yule, *The Book of ser Marco Polo, op.cit.*

るが、帝室の血筋であっても、定期的な試験を経なければ公職には就けない。皇帝の血縁者の唯一の特典は、わずかな年金を受領し、赤または黄色の帯を締め、クジャク〔孔雀〕の羽根でもって帽子を飾り、八人ないし一二人のかつぐ輿に乗ることだけである。国事に対する何の権限もなく、特別な官吏が彼らをこの隷属状態に置く任務を負い、不行跡があれば鞭打ちにすら処せられる。借り物の権威しかもたないので、一般の尊敬を受ける権利もない彼らは、だんだんと国民の平等主義的な民主制のなかに消えてゆく。貴族層に最も近く、正真正銘の貴人階層を形成するとみなせる家系とは、何世紀にもわたり父から子へと帝国に知識人を供給してきた家柄だ。こうした家系に属する官僚は、自分の実力とともに先祖の功によっても引き立てられ、法体系を超越した一種の聖性を獲得している。かつては「大夫（タイフ）」の称号は個人の実力にもとづくもので、誰も手を下せぬ存在だった。罪が明らかになっても懲罰を下すことができないため、大夫は法官のもとに出頭し、自死の許可を求めることになっていた。それから彼は喪服にあらため、生贄を捧げる水盆で清めた刀を携えて城門に赴き、法官たちの前にひざまづいて許可を待つ。「よきに計らうべし」という言葉が発せられると、刃に身を投げるのである★。

士大夫は皇帝の光輝を反射するので、管轄下の人民にとっては皇帝同様に「父にして母」である。かつては「行く先々の田園に慈雨をもたらす」というので「雲」とも呼ばれた。彼はさまざまな次元の地方権力をすべて掌握し、徴税し、道路を建設し、民兵を組織する。担当区域では皇帝のようなものだが、罷免の心配がつきまとう点だけが本物の君主との違いだ。父親が子供の過失について責任を負うのとおなじく、彼も民のあらゆる犯罪に責任があるとされる。省内で殺人とか、もめごととか、反乱が発生すれば、監察官は彼の身柄を拘束する。このため、皇帝宛てに毎年奉呈する特別報告で自身の過誤を陳述することになってはいても、担当区域の治安悪化を何としても隠蔽しようとする。だが事実が日の目を見て、法が厳格に適用されれば、自らの血でもって悪政を償わねばならない。死刑に処せられた罪人の大半が士大夫階級であることもしばしばだった★★。た

★ Amiot, *op.cit.*
★★ *Lettres édifianctes*, tome I.

だし今日では満州北部とか、四川省チベット地域、貴州省、雲南省、ジュンガル地方、海南島、台湾島への追放刑がふつうだ。近年に至り、海外列強の使節たちが士大夫の権力に対し、それと意図せずに、大打撃を与えた。つまり省の巡撫や総督と交渉して話を付けるのを拒否し、何でも北京の宮廷に持ち込んだので、中央集権化に貢献する結果になったのである。

司法

士大夫は軍司令官であり、行政の首長でもあり、判事でもあるため、買収を防ごうとするあらゆる措置にもかかわらず、とりわけ判事としての資格が脅威である。初期には官僚の俸給は、労務者として得られたであろう所得に即して算定されていたため、原告が金を積めば、その足しになるからだ。古来の勅令では「不公平な判決を下す判事は死罪に処す」と宣言しているが、現実には、判事職について背任が訴えられることは皆無である。かつて康熙帝は曰く「裁判所を怖がるのは良いことである。判事に訴えるものは容赦なく扱われると聞く。それは出頭する者全てを恐懼させせんがためである。善良な民は老人たちや地区の長の裁定にゆだね、兄弟同士として物事を決めればよい。争いを好む者や頑固者、手に負えぬ不良は判事が轢き潰すがよい。それが彼らには相応しい」と。多くの紛争はいまも慣習に沿って家長たちによる決着が図られる。反座法〔目には目を〕は現在も尊重され、自殺による私讐も行われている。すなわち、債鬼に追われる債務者とか、地主に強奪された小作人とか、主人から傷害をうけた労働者、姑に虐待された嫁などが、正義を求めて〔相手の家の門前で〕縊死すると、世間はこぞってその訴えに感じ、復讐を行なう。隣近所が駆け付け、死者の手に一本の箒をもたせて左右に振り回すが、罪人の家から富や繁栄、一族を掃き出すという象徴である★。

中国の刑法は簡明で論理的だが、おそろしく酷烈で、法を犯した者のみならず、その「精神」をないがしろにする者に対しても、判事が懲罰を科す裁量権を前もって公布している。判決の大半は、簡単な公開審問を一回行ったのちに下される。弁護人はいっさいいなく、士大夫が被告側の近親者や友人に弁論を許すのは、単に寛

★ Giles, *op.cit.*; Huc, *L'Empire Chinois, op.cit.*

大の表れにすぎない。ただし士大夫が望めば、判事役を他所者に譲ることもできるし、自分が下した刑罰の減免を客人たちに許すという繊細な気配りを見せるのもしばしばだ★。判事の数はヨーロッパよりも相対的に僅少で、審理も略式である。判事は被疑者を拷問にかける職権があり、つい最近までのヨーロッパの裁判官と同様の酷薄さでそれを命じる。自白や共犯の名を引き出すため、鞭打ったり、爪を剥いだり、くるぶしや指を潰したり、腋の下から吊るしたり、あらゆる工夫が犠牲者に加えられる。有罪宣告を受けた者への刑罰はひどいもので、斬首や窒息死、締め棒による絞首刑が課される場合には、それだけでなく囚人が「緩慢に死ぬ」ことが定められている。かつてキリスト教の殉教では、何日にもわたり、犠牲者はまず額の皮膚をはがれ、執行人がそれを目の上に下ろして、見えないようにした★★。しかし現在では、斬首する前にまず顔と手に傷を付けるに留まるようになった★★★。幸いなことに、中国人の神経系はヨーロッパ人よりもかなり鈍感で、香港や上海の医師たちは、最も辛い手術のあいだでも患者が平静であることの驚きを異口同音に語る［痛みに対する反応が違うからといって、痛覚神経に人種差があることにはならない］★★★★。

単なる軽罪のばあい、最も一般的なのは藤杖による笞刑と枷刑である。木製のぞっとするような首枷は平均の重さが三〇キロもあり、受刑者はそれを土の上に支え、眠れる体勢を探すが無駄なのだ。日中の暑さと、夜の寒気や露など、風雨にさらされて、彼は重さに打ちひしがれてしまい、いっそ殺してくれと通行人に嘆願する。牢獄は陰惨な狭さに、不運な人々が積み重なるようにして暮らし、獄吏の思うままだが、獄吏じたいも罪人の中から選ばれることがある。近親者や慈善団体から食物の差し入れがないと、餓死に直面する★★★★★。女性が厳罰に処せられるのはまれで、彼女の犯した重罪、ないし軽罪については、夫もしくは息子に責任があるとみなされる。首枷の刑を受ける例は皆無で、通常は薄い革紐の束でもって頬か口を叩くだけである。血縁者や召使は内輪の重罪、あるいは軽罪

★ Simon, *Récit d'un Voyage en Chine, op.cit.*

★★ *Lettres édifiantes*; J. Gauthier, *Les Peuples étrangers.*

★★★ Giles, *op.cit.*

★★★★ Lockhart; Wernich.

★★★★★ D'Escayrac de Lauture, *op.cit.*

挿画 LXI　物乞い［細民］。トムソンの写真をもとに、プラニシュニコフ筆

を隠蔽するよう世論は促すし、法律さえもそうなっているが、しばしば連帯責任を問われる。身代わりを立てることは法制度上で完全に認められており、父親の代わりに息子が出頭するどころか、軽犯罪の犯人に代わり、まったくの部外者が金をもらって受刑することもある。償いがなされれば、刑の犠牲者が誰であろうと、正義はなされたとされるからだ。拷問や死刑にさえ身代わりを申し出る者が見出される。彼らは自分の家族への何がしかの報酬と引き換えに命を差し出すのだ。英仏軍が北直隷省に侵入したさい、死刑を言い渡された中国人殺人犯たちの身代わりが申し出られたことがあるが、それを拒絶したところ、不当だとの抗議が巻き起こった。まして単なる笞刑だと、身代わりを申し出る者が群れをなす。中国では「棒で叩かれるしか生きる道のない者は無数★」なのだ。

判事は「反乱または外夷の侵略により国家の大権が脅かされるとき」以外には、大理院の許可なく死刑を宣告できない。だが彼が命じるもろもろの懲罰は、もし彼が望めば受刑者を死に至らしめるのに十分である。死刑判決はすべて皇帝の親裁下にあるため、皇帝が最終決定する秋まで持ち越される。助命者の氏名を朱筆で丸囲いするのだが、この恩赦の専権を誰かに委譲することもある。だが革命騒ぎが起きると、省の巡撫に全権がゆだねられるので、死刑執行人の一団が随行し、遅滞なく血なまぐさい仕事をこなす。イギリスが広州を攻撃した一八五五年には、総督は七カ月のうちに七万人の自国民を処分したことを誇ったのであり、一日に八〇〇人が処刑されたことさえあった★★。今日では、上海ほかの開港場のヨーロッパ租借地に所在する中国法廷は外国人居留者が補佐しており、一般に「混合法廷」と呼ばれる。混合法廷で拷問は全く行われないか、少なくともヨーロッパ人判事の眼前では一度も起きていない。科される首枷も単なる板切れの寄せ集めで、重さは二～四キロほどしかなく、日陰で毎日六～八時間を過ごせばよい［挿画LXXXVIII］。通常は夜間の帰宅も許される★★★。植民地である香港のイギリス人司法官は、母国の刑法から抹消された体罰をすべて中国人向けにも撤廃した。外国人住民は「治外法権」の特権のもと、管轄権は

★ Louis Le Comte, *Nouveaux mémoires sur l'état présent de la Chine,* Paris: Impr. royale, 1696.
★★ Neumann, *Ostasiatische Geschichte.*
★★★ Clement Allen, *Report on the mixed court at Shangae.*

自国領事のみにあるが、清国政府は、この権利のせいで外国人が地元の法を無視し、犯しても罰せられない点に苦情を申し立てている。外国人に対する司法権を取り戻そうと、自国民に対する刑罰をだんだん緩和さえしたところを見れば、遠からず中国法廷での拷問も廃止されるかもしれない。

民衆による罷免

士大夫は理論上は皇帝の人格を代理し、権力は無制限だが、世論を一顧だにせぬままで済むには程遠い。彼らは人数が少なく、市民の不平不満に太刀打ちできるほど統制された軍事力をそなえるわけでもないからだ。とくに、独立の気風が強い福建省ではそうである。たしかに大半の省では、「聖徳を均霑する」住民は服従に慣れ、喜んで従うが、抑圧が耐えられなくなるまでのことだ。我慢の限界に至れば立ち上がり、大群衆になるので、士大夫による抵抗は不可能になる。「全市の命により〔罷市〕」という宣言文が貼り出されると、たちまち呼応して随所で大衆集会が発生し、長官の追放を決定する。主だった住民からなる代表団が士大夫のもとに送られ、うやうやしく出立を促す。立派な行列の随行する輿が待っており、士大夫が多少とも面子を保つには、一揖して喜んで従うしかない。遠ざかってゆく士大夫の振る舞いに民衆が満足すると、彼らは賛辞を送り届けるのだが、そのさいには記念に履物を呉れと要求し、それを城門に吊るす★。じっさい中国人は、西洋の大半の国民にはない伝統的な自由をいくつか享受する。帝国内のどこでも自由に旅行できるし、官憲が身分証の提示を求めることもない。営業免許や許可証、認可などはいっさいなしに好みの生業に従事する。出版や張り紙の自由は普遍的に尊重され、屋外での集会も官憲に届け出る必要はない。民衆の蠢動が常ない広州でさえ、「自由討論の殿閣」を意味する民論堂（ミンルン・タン）の扉を政府があえて閉鎖しようとしたことは一度もない。ただし討論に加わる演説者をそこに送り込み、当局に都合のよい議論の展開になるよう試みることは怠らないが。

地方自治

★ Davis, *The Chinese, op.cit.*; Huc, *L'Empire Chinois, op.cit.*

社会全体が家族の概念にもとづくという国家の基礎原理は、何世紀にもわたり市町村の古代的な自治を保持してきた。どの村でも家長（キアチャン）は自分たちの代表者を選び出すが、ほぼ常に農民である。選ばれた者は、法律の遵守を監視する首長の職務に加え、売買や交易に関する契約書を作成する公証人、かつ簿記係であり、収税吏でもあり、家族同士の紛糾を裁定する治安判事でもあり、畑を放置する者や、不良な農法を行なう者を通報する耕地管理者、かつ道路管理者でもあり、墓地に適した場所を示すことで、祭祀を統括しさえする。これらの職務は無給で、田園監視員や測量士、物書きなどが補佐する。彼らもおなじく村の家長が選挙する。都会でも同様に家族集団が単位を構成し、六〇〜一〇〇家族ほどの区域の家長たちがひとつの委員会をもち、首長として保長（パオチン）を選ぶが、当地の士大夫がその職責を有効と認定するわけではない。彼以外にも役員が選任されて、地区の利害や公共秩序の監視、委員会が投票で決定する歳入や支出の決済を担当するほか、必要な事態なら軍事的措置や、自衛のための義勇軍［団練や郷勇］の編成さえ行う。地区どうしの共通利害については、首長たちの互選で行政区画の代表を選ぶ。したがって、行政階層のどの次元においても、当局側の選抜した官僚が、中国人地区［漢城］においては家族の代表と、家族集団の代表に向き合う形になる★。ただし、内側の城壁が囲む満州人地区［満城］は政府に直属する★★。

軍隊

こうして民間では「百姓」の古来の組織が保持されてきたが、軍事組織はそうではない。かつては外敵と内乱に対し十分だった軍隊も、侵略と解体に直面する現在の中華帝国では、再編成のやむなきに至っている。ただし、ヨーロッパを範とする軍事力の再構築を、清国政府が急ぐわけではなく、漸進的な変化により国土防衛を確実にするのを望んでいる。世論は軍隊の拡充をほとんど歓迎しないからだ。「働かざる者一人あれば、餓える者一人あり」という孔子の金言は、中国において常に繰り返されるところだ。一般

★ Anatole Robin, “Les institutions de la Chine”, *Exploration,* 1879.

★★ Georges Auguste Morache, “Chine (géographie médicale) ”, in Dechambre A. , *Dictionnaire Encyclopédique des Sciences Médicales*, Paris: P. Asselin, 1864, Tome XVI.

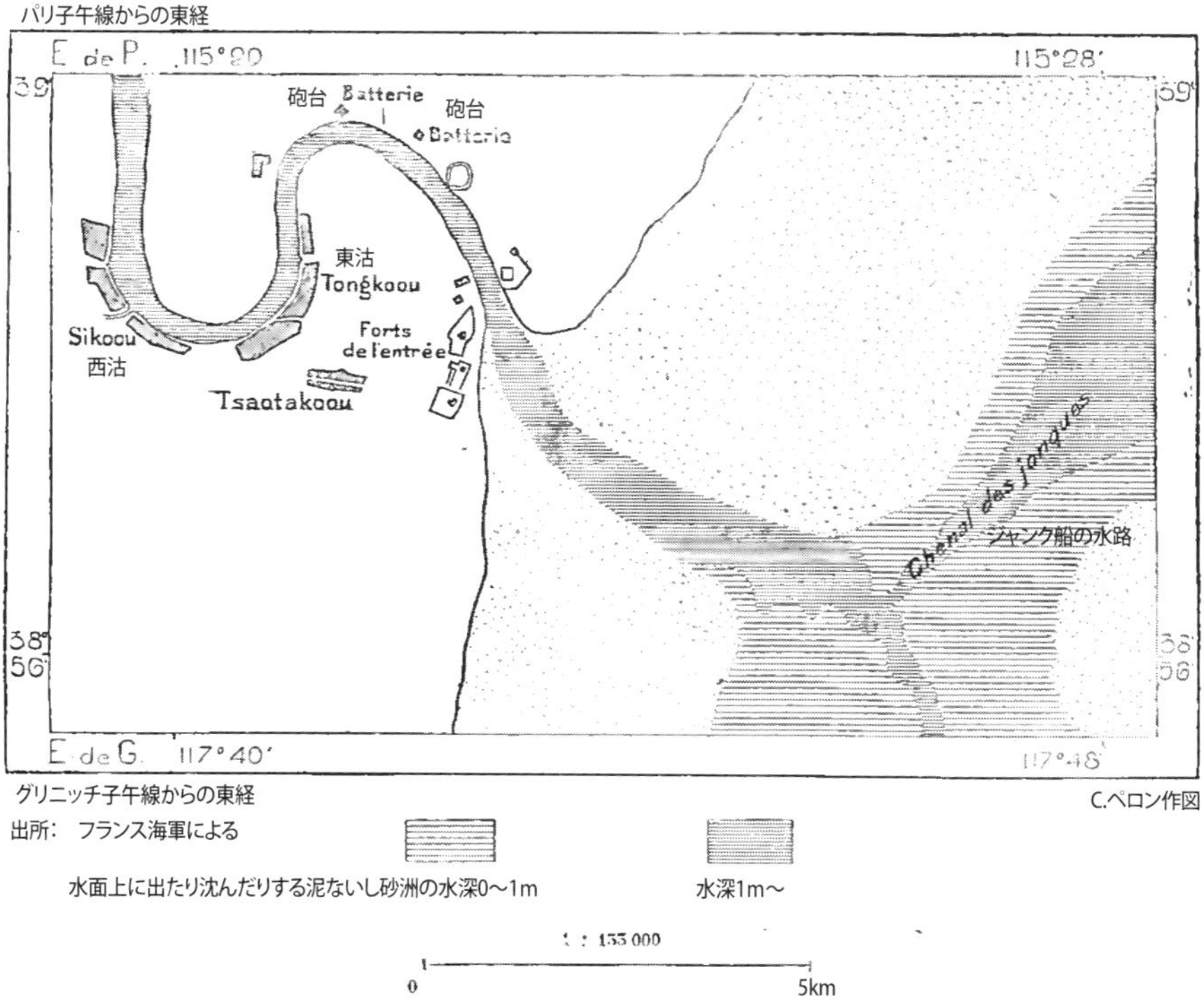

図 119　白河の防衛施設

に軍人はほとんど尊敬されず、巷の諺では「好《よ》き鉄は釘に打たず、好《よ》き人は兵に当たらず」という。今までのところ再編されたのはふたつの部隊だけである。ひとつは兵力五万人で、天山北路を取り戻したのち、帝国の西部、ロシア国境地帯に駐屯する。もうひとつの軍団は天津に駐留し、白河沿岸の大沽と北塘の防備に任じる。こうした再編成がどれほど真剣なものか、また規律を重んじ危険を顧みない中国人兵士が、果たしてヨーロッパの軍隊との紛争に際し、自軍の士官の率先を期待できるか、それは将来の問題である★。現在は、白河の部隊は本質的に平和な事業に動員されており、河川の堤防工事と北直隷省の水路修復にあたっている。

西洋モデルにのっとり組織されたこれらの部隊以外は、一八六〇年に北京

★ William Gill, “The Chinese Army” , *Journal of Royal United Services Institution*, vol.XXIV, 1881, *pp*.358-377.

前方で連合軍が壊乱させたのと同様の烏合の衆に過ぎない。かつて清朝の主力部隊だった「八旗」は古来の編制を保持している。満州人とモンゴル人既婚者からなるが、各自が田畑を有し、兵士というより屯田兵である。二三万人と推定される大人数にもかかわらず、外国からの侵略に対する備えとしては、ほとんど当てにならず、帝国の安全保障に有用というよりは、むしろ危険であろう。中国都市のまん中に城壁をめぐらせた彼らの居住地区、すなわち満城は、被征服民族にその記憶を常にかきたてさせるもので、満州族の権力に対する反抗心を養うからだ★。正真正銘の軍隊と呼べそうな満州族の軍は、首都とその近郊に配備された驍騎営（ヒアオキイン）で、兵力三万六千、候補生二万六千からなる。しかし、注意深く外国人の立ち入りを禁じた王宮区画の内部で行動するため、正確な情報を得るのは非常に困難である。軍の最高位は将軍（シアンキウン）で、日本のショーグンと同様である。これは満州族しか就任できず、中国人は提台（ティタイ）が最高位だ。

緑営（リュティイン）すなわち「緑の旗の軍勢」は一八省に対応する一八の軍団に分かれる。士官たちの報告を多少とも信頼できるとすれば六〇万人の兵力で、全員が中国人志願兵である〔漢軍八旗〕。主に警察機能や穀物の輸送〔漕運〕、土手や堤防、隘路の保守、道路修理にたずさわり、担当する省の外に出ることはないため、例外的な事態において総督が担当区域外に展開させようとすれば、困難にぶつかる。指揮官である撫台（フタイ）、すなわち巡撫〔省の長官〕は、トーガ〔古代ローマの長衣〕は常に武人に優越するという全国共通の原則にのっとり、文官である。このほか、多くの地区では地元の費用で民兵が組織されており、国家財政の負担にはならない。戦時になって非常事態が発令されれば、巡撫は一人前の男子全員を管理下に置くことができる。だが経験上、事前に調練されていないこうした部隊は、しっかりした軍に遭遇すると烏合の衆に化すだけであることが知られている。

海軍力

中国の海軍力は陸軍と比較して大きく、国土防衛上の必要性も高い。一八八〇年の海軍は蒸気船四〇隻からな

★ *Ibid.*

り、戦闘力はさまざまだが、総トン数は二万トン近く、合計一三八門の砲をそなえる。水兵の大半は、広東省や福建省など南部の出身者で、練達の水夫である。ヨーロッパ列強との紛争にあたり侮るべからざる敵であることを何度も証明した。河口の城砦群も広州〔珠江〕、福州〔閩江〕、上海〔揚子江、長江口〕、北京〔白河〕の諸川に設けられた。これらの城砦ほかの防衛施設用に、一八七九年末までにクルップ社が供給した大砲は四〇〇門を越え、うち一五〇門が白河の防衛線に配備されている。これに加え、もろもろの兵器廠ではヨーロッパ式の軍事資材の大量生産に取り組んでいる。火薬は中国の発明だが、最近まで火力といえば、鉄環で束ねた木筒や、イエズス会士の与えた情報による鋳造砲しかなかった。六億二五〇〇万フランと推定される帝国の歳入の過半が、こうした軍備に振り向けられている。上海や香港の銀行家たちの仲介により、一八七四年以降さまざまな外債で調達した資金も、城砦の建設や装甲艦の建造に当てられている。ニューカッスルで建造された一一隻の木造艦は速度、機関の回転数、砲力において無双という点でイギリス海軍関係者は一致しており、沿岸防備に最適な兵器である。

財政

帝国財政に最大の寄与をなすのは海関である★。清国政府は、税収の浪費を避けるには、大規模な財政運営に通暁した外国人管理官に委ねるほうがよいと理解するのにやぶさかではなかった〔総税務司制度〕。航路標識や灯台の運営とともに★★、海関業務は西洋の色々な国籍のヨーロッパ人が所管し、国籍構成はほぼ貿易額に比例する★★★。この機関〔海関を統括する税務司〕の公用語は英語で、外交を所管する総理

★ 1876 年における清国の歳入（Hippesley による。単位フラン）。

地租（地丁）	1 億 4076 万
穀物や藁の現物納（漕米ほか）	1 億 0244 万 2000
釐金（内国通過税）	1 億 5640 万
海関税（外国人税務司所管分）	9384 万
常関税（清国当局所管分）	2346 万
塩税	3910 万
捐納（売官収入）	5454 万
雑収入	1094 万 8000

★★ 1880 年における灯台職員はヨーロッパ人 58 人、中国人 278 人。
★★★ 1880 年における海関職員はヨーロッパ人 464 人、中国人 1756 人（ほぼ全員が広州出身者）。

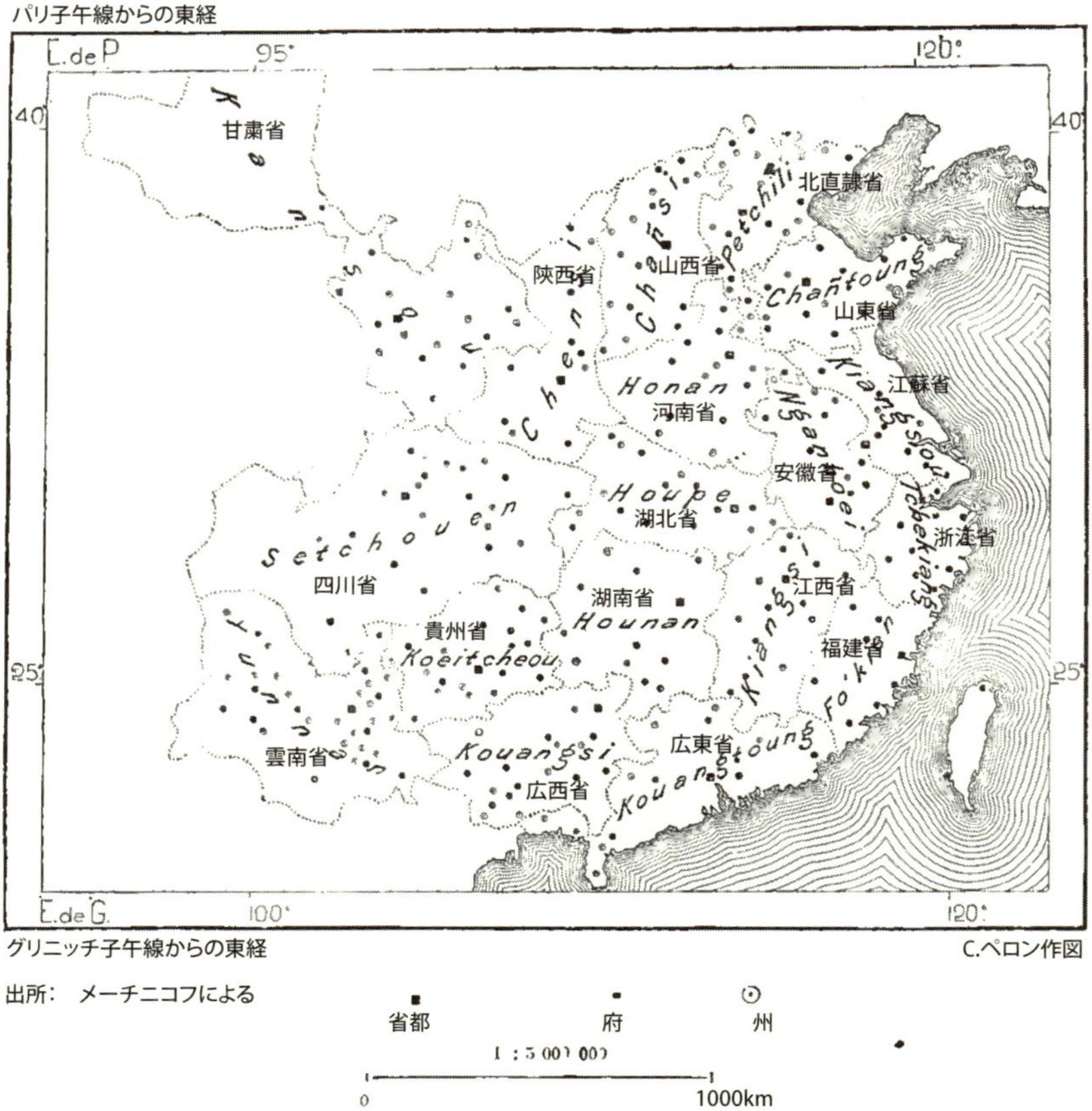

図120　省、府、州の首府

衙門のもとにあり、国内で建造されたジャンク船の交易には関知せず、一般対外交易に開放された区域以外は管轄しない［のちに拡大した］。沿岸諸港よりも内陸、または揚子江河畔よりも内陸では、内国税である釐金（リキン）が課されるが、これは役人の貪欲さ次第の代物で、物品の価格はこのせいで二倍、三倍、さらには一〇倍にも達する。諸条約に盛り込まれた一条項により、輸入税五パーセントと関税二・五パーセント［いずれも従価］を納めた物品は追加課税されないことになっている。しかし城門でも路上でも、水路でも橋上でも、通行税を納めねばならない。徴収人は、この税は仏塔の修繕のため、こちらの税は雨乞いだの好天を祈願するためのもの、

そしてこれは民兵の分だの、こちらは皇女の結婚式の分だのと要求する。外国産品が正常に流通する上で障碍になっているのが、こうした内陸部での運送である。中国人は自分用であれ、祭りに用いるためであれ、外国産品を買うのにやぶさかではない。饗宴の日には見栄を張り、絨毯や豪華な壁掛け〔幔幕か〕、花火を愛好し、大金を費消する。だが沿岸都市から内陸都市まで輸送するあいだに、輸入品の価格は一〇倍以上になってしまう。

貨幣制度

利便性の高い貨幣が欠如しているのも、港湾と内陸都市が直結することが少ない大きな原因のひとつである。古来の貨幣体系は金、銀、銅を含んでいたが、歴代政権がさまざまな偽鋳を許したために廃絶し、現在では政府が鋳造するのは銅と錫の合金製の「銭（チェン）」すなわち銭貨のみである。孔のあいた円形で、紐を通して千枚を一束にすると四キロほどの重さになるが、それをもって「短陌（ティアオ）」という貨幣単位とする。現在の価値は五フランほどだ。だが十、百、千は正確な価値を示す呼び方ではなく、地域により変化する。都市により九九枚だったり、九八枚だったり、九六枚だったりの束を百と称するからだ。天津の束では、短陌は千枚の代わりに三三三枚しかない。銀オンスを指す「両（テール、ラン〔銀両〕）」は、平均で約一五〇〇枚分を指す仮想的な貨幣単位だが、これも市場により違うため、両替商や銀行〔銭屋、銭荘、銀号など〕に裁定取引の利益機会を提供している。この利益が年利三割、月利三分の貸付金利に上乗せされるからだ。国際貿易により大量の外貨が流入して価値が下落する以前には、銀両はいくつかの省では三〇〇〇枚に相当するばあいさえあった。海関が内部の会計用に設定する「海関両（ハイクワン・テール）」は約七フランの公定価値をもつ。ただし納税は「細絲（サイシ〔銀錠〕）」で受け付ける。これは価値が型押しされた銀塊だ。最も使用される貨幣はメキシコのピアストル貨〔いわゆるメキシコドル〕で、対中貿易用に特別に鋳造されたものだ。決済通貨としての金（ゴールド）はまったく用いられない。紙幣はかつて「飛銭」と呼ばれ、中国では千年にわたり一般流通している〔交鈔〕。北直隷省の北部にある平泉州（ピンチュワン・チュウ）を除き、城壁から二〇キロ以遠で通用する手形を商人が一般取引で発行する都市は皆無であり、北京さえ例外ではない★。銀錠のほうが純

★ Gill, *The River of Golden Sand, op.cit.*

度のせいで好まれ、鋳出した形から「万里の長城の沓」とも呼ばれる★。

冊封関係

皇帝が中華帝国のはるか先までその権力を及ぼすことはよく知られている。彼の軍事部隊はアムール河畔にも、イリ川の河谷にも、パミール山脈の麓、さらにはヒマラヤ山脈の峡谷地帯の出口にも駐屯する。それに加え、古来からの仮想的関係として、毎年使節と贈り物を送る関係にある国々はすべて属国であると主張することもできる。外国の政府が中国の暦を受け取るだけで朝貢国とみなされ、ネパールやブータン、コーチシナが天子の属国とされるのはこれである。また中国がさまざまな時期において、これらの国々の内政に介入しえたのも本当だ。今世紀には安南の王全員が「ヒマワリ［向日葵］が太陽に向くごとく陛下を仰ぎ見て」清国政府の公認を求め、朝貢した★★。一八八〇年でさえ使節が北京に贈り物を届けており★★★、総理衙門はフランスが安南の対外関係に介入したことに対し、最近抗議を行なった★★★★。同様に朝鮮も二五〇年間にわたり属国関係を維持している。

行政区画

狭義の中国は一八省からなるが、満州南部の遼東［奉天将軍］、すなわち興京庁（シンキン）を加えると一九である。これらは八つの総督府に括られている。各省はフランスの県に相当する「府（フ）」と呼ばれる区域に分割され、さらに下位は郡に相当する「州（チュウ）」がある。州は地区に相当する「県（ヒェン）」に分かれる。通常はそれぞれの首府に選ばれた都市名のあとにこれらの語が付加される。狭義の共同体である保（パオ）や都（トゥ）は、県あたり平均で五〇～七〇個ほどだ。ほかに省の行政府に直属する直隷州（チリ・チュウ）が一定数存在するため、都市の行政階層をややこしくしている。軍管区を示す「鎮（ティン）」は、住民構成が混在する地方に多い。

★ Cooper, *op.cit.*

★★ Gabriel Devéria, *Histoire des relations de la Chine avec l'Annam-Vietnam du XVIe au XIXe siecle*, Paris: Ernest Leroux, 1880.

★★★ George Périn, *Chambre des Députés,* 21 juillet 1881; *London and China Express,* 14 Oct. 1881; *China Review,* May, June 1881.

★★★★ *Gazette de Peking*［京報か］, 24 décembre 1880.

中央に直属する鎮は直隷鎮（チリ・ティン）と呼ばれる。服属している先住民部族のいくつかは共同体の自治を許され、土府（トゥ・フ［土知府］）、土州（トゥ・チュウ［土知州］）、土司（トゥ・セ）に分かれる。北京は郊外数キロまで特別な軍政下にある。軍司令部は総督府のばあいには総督（ツォントゥ）、州ならば撫台、府あるいは府の集合体については撫軍（フツン）あるいは道台（トータイ）の隷下にある。特別なコミッショナーは欽差官（キンチャイ）と呼ばれる。

次表は中国の一九の省とその府および州の数である。

「一八行省」すなわち狭義の中国（太字は開港場）

満州の一部も狭義の中国に含まれると考えてよく、興京庁は一九番目の省である。

表　18 行省すなわち狭義の中国（太字は開港場）

	省名	面積 人口（1842 年調査） 人口密度	府名	それ以外の 行政区画
1	北直隷省	14 万 8357km^2 3687 万 9838 人 249 人／ km^2	順天（北京）、保定、直定（シュント）、河間（ホキアン）、広平（クワンピン）、宣化、大名、**天津**、承徳（ジュホル、熱河）、正定、永平	9 直隷州、3 鎮、16 州、124 県、通州
2	山東省	13 万 9282km^2 2952 万 9877 人 212 人／ km^2	済南、莱州、武定（ウティン）、泰安、登州、東昌、曹州（ツァオチュウ）、青州、兗州、沂州［臨沂］	2 直隷州、9 州、96 県、**芝罘県**
3	山西省	17 万 0853km^2 1705 万 0693 人 100 人／ km^2	太原、汾州（フンチュウ）、潞安（ルンガン［長治］）、寧武（ニンウ）、平陽、蒲州、朔平（ソ［シュオ］ピン）、大同、沢州（ツェチュウ）	10 直隷州、10 鎮、5 州、88 県
4	河南省	17 万 3350km^2 2906 万 9771 人 168 人／ km^2	開封、河南、懐慶、汝寧（ジュニン）、帰徳［商邱］、南陽（ナンヤン）、衛輝、彰徳、陳州（チンチュウ）	3 直隷州、3 鎮、5 州、98 県
5	江蘇省	10 万 3959km^2 3964 万 6924 人 381 人／ km^2	江寧（南京）、淮安（ホワイニャン）、松江、蘇州、徐州（スチュウ）、常州（チャンチュウ）、**鎮江**、揚州［江都］	3 直隷州、2 鎮、4 州、62 県、**上海県**
	安徽省、江西省とともに江南総督の下にある。総督衙門は江寧府。			
6	安徽省	13 万 9875km^2 3659 万 6988 人 262 人／ km^2	安慶、鳳陽（フェンヤン）、徽州（ホエイチュウ）、廬州（ルチュウ）、寧国（ニンクオ）、太平（タイピン）、池州（チチュウ）、揚州	5 直隷州、1 鎮、4 州、52 県、**蕪湖県**
7	江西省	17 万 7656km^2 2651 万 3889 人 149 人／ km^2	南昌、撫州（フチュウ）、饒州、瑞州（スイチュウ）、贛州（カンチュウ）、建昌（キエンチャン）、吉安、九江、広信（クワンシン）、臨江（リンキアン）、南安（ナンガン）、南康（ナンカン）、袁州（ユエンチュウ）	1 直隷州、3 鎮、1 州、74 県

8	浙江省	9 万 2383km^2 810 万人 88 人／ km^2	杭州、紹興、湖州、嘉興、金華、衢州、**寧波**、**温州**、台州、処州（チュチュウ）、厳州（イェンチュウ）	2 直隷州、1 鎮、？［欠落］州、75 県
	福建省とともに閩浙総督の下にある。			
9	福建省	11 万 8517km^2 2279 万 9556 人 192 人／ km^2	福州、邵武（シャオウ）、興化（ヒンホア）、建寧（キエンニン）、台北（台湾島）、**台湾**［台南］、漳州、泉州、汀州（ティンチュウ）、延平	2 直隷州、5 鎮、66 県、**厦門県**（アモイ）、打狗（台湾島［高雄］）、**淡水**（台湾島）、**基隆**（台湾島）
10	湖北省	17 万 9946km^2 2858 万 4564 人 159 人／ km^2	武昌、漢陽、施南（シナン）、黄州（ホアンチュウ）、襄陽、安陸（ニアンル）、荊州、徳安（テニアン）、**宜昌**、鄖陽（ユンヤン）	1 直隷州、3 鎮、7 州、60 県、**漢口**
	湖南省とともに両湖総督の下にある。総督府は武昌府在。			
11	湖南省	21 万 5555km^2 2004 万 8969 人 93 人／ km^2	長沙、衡州（ヘンチュウ）、宝慶（パオキン）、常徳、辰州（チェンチュウ）、岳州、永州（ユアンチュウ）、沅州（ユンチュウ）、永順（ユンシャン）	4 直隷州、4 直隷鎮、3 州、4 鎮、64 県
12	広東省	23 万 3728km^2 2015 万 2603 人 86 人／ km^2	**広州**（カントン）、韶州、恵州（フイチュウ）、高州（カオチュウ）、雷州、廉州（リエンチュウ）、肇慶、潮州、瓊州（海南島）	4 直隷州、2 直隷鎮、7 州、9 鎮、78 県、仏山、汕頭（澄海県鮀浦水寨地区）、**海口**（瓊州）
	広西省とともに両広総督の下にある。総督衙門は広州府。			
13	広西省	20 万 1640km^2 812 万 1327 人 40 人／ km^2	桂林、慶遠（キンユアン）、柳州（リウチュウ）、南寧（ナンニン）、梧州、平楽（ピンロ）、泗城（ソチェン）、潯州（スンチュウ）、思恩（スウェン）、太平、鎮安（チェンニアン）	2 直隷州、1 直隷鎮、16 州、6 鎮、49 県、29 土州［先住民地区］
	広東省とともに両広総督の下にある。			
14	雲南省	31 万 7162km^2 582 万 3670 人 18 人／ km^2	雲南、順寧、開化、曲靖、広南（クワンナン）、麗江、臨安、普洱、大理、昭通、澂江（チンキアン）、楚雄（チュヒウン）、東川、永昌	3 直隷州、4 直隷鎮、27 州、13 鎮、43 県、9 自治区（3 土府、6 土州）
	貴州省とともに雲貴総督の下にある。総督府は雲南府在。			
15	貴州省	17 万 2898km^2 567 万 9128 人 33 人／ km^2	貴陽、石阡（シキエン）、平越（ヒンイ）、黎平（リピン）、安順、思州（スチュウ）、思南（スナン）、大定（タティン）、鎮遠（チェンユアン）、銅仁（トゥンジェン）、都匀（トゥユン）、遵義（ツンイ）	1 直隷州、4 直隷鎮、13 州、10 鎮、34 県
16	四川省	47 万 9268km^2 3500 万人 73 人／ km^2	成都、順慶（シュンキン）、嘉定、？夔州、龍安（ルンガン）、寧遠、保寧（パオニン）、綏定、叙州、重慶、潼川（トゥンチュエン）、雅州、	8 直隷州、6 直隷鎮、11 州、8 鎮、113 県
	四川総督の下にある。総督衙門は成都府。			
17	陝西省	21 万 0340km^2 1030 万 9769 人 49 人／ km^2	西安、鳳翔（フェンヒアン）、漢中、興安（ヒンガン）、通州、延安、楡林	5 直隷州、8 鎮、5 州、73 県
	甘粛省とともに陝甘総督の下にある。			

18	甘粛省	67 万 4923km² 1951 万 2716 人 29 人／ km²	蘭州、甘州［張掖］、慶陽（キンヤン）、鞏昌（クンチャン［隴西］）、涼州［武威］、寧夏［銀川］、平涼、西寧	6 直隷州、2 直隷鎮、7 州、13 鎮、53 県
計［合計値合わないがママ］		402 万 4690km² 4 億 494 万 6514 人 100 人／ km²	185 府、68 直隷州、141 州、23 直隷鎮、103 鎮、1312 県、35 土州、3 土府	

表　満州［東三省総督］

	省名	面積 人口 人口密度	府名	それ以外の行政区画
1	興京庁 （遼東［奉天将軍］）	不明	奉天（ムクデン［盛京、瀋陽］）、錦州	四鎮、四州、七県、営口（牛庄）
2	吉林［吉林将軍］	不明	首府である吉林烏拉（ギリン・オラ）は府ではない。他の四地区は寧古塔（ニングダ）、伯都訥（プトナ）、三姓（サンシン）、アジュホ。	
3	黒竜江 ［黒流江将軍］	不明	将軍の任地はチチハル。ほかにメルゲンと黒竜江（瑷琿）に総督府。	
計		95 万 km² 1200 万人 13 人／ km²	2 府、23 地区	

第六章　朝鮮

第一節　総説および自然

位置

黄海と日本海のあいだで、日本列島南部の島々につながるかのように突き出す半島は、完全に大陸から区分される。この半島は広さといい、山系の構成といい、イタリアによく似ており★、アルプス山脈に相当する満州の太白《テベク》山脈［ママ、長白《チャンパイ》山脈の誤り］によって大陸塊から隔てられる。アペニン山脈に相当する脊梁山脈［太白山脈］が半島の北から南に走り、イタリアと同様に、その西側斜面の中部から南部が最も活発な地方だ。そこに発達するのが漢江《ハンガン》で、これはティベレ川に対応し、半島の現在の首府であるソウル［京城、漢陽］もこの地域にある。東側の海岸線もイタリア同様にほぼ出入りがないのに対し、西海岸は湾や浦が深く刻み、島嶼や小さな諸島が多い。海運が盛んなのもこちら側であり、朝鮮がイタリアに対応するのと同様に、東シナ海はティレニア海に対応する。ただし、こうした全般的な相似が細部にも及ぶわけではない。北東の満州ロシア領方面の国境地帯はすこぶる山がちで、両国間の交通が困難なのに対し、北西側の鴨緑江《アムノッカン》（ヤールー・キアン）の河谷の田園地帯は、朝鮮内陸と遼東の省［奉天将軍］を楽々と結ぶ天然の通路を提供する。しかし両国は相互に防衛用の国境警備地帯を設置すべきだと考え、鴨緑江の北西の広い地帯の耕作を禁じている。最近まで、この立ち入り禁止地区に定着して農耕すれば死罪とされたが、盗賊は宿営したので、中立地帯を通って鳳凰山の都市近

★ Ritter, *Asien, op.cit.*; Kohl, etc.

くの「高麗門」、すなわち「黄色い風の城」を意味する鳳凰城［フェンホアン・チェン鳳城。「黄色い風」は同対音による誤解か］に向かう商人にとって、危険なしに済まなかった。一八六六年でさえ、若い国王の婚儀［李氏朝鮮二六代高宗（一八五二―一九一九）と閔妃の婚儀］に祝意を表するため朝鮮に向かった清国使節団は、この地帯では地面の溝に横たわり、莫蓙をかぶって暖をとるしかなかった★。虎狼の襲撃を避けるため、宿営場所を火線で囲まねばならなかったのである。ベームとワグナーはこの区域の面積を一万四〇〇〇平方キロ近くと推定するが、最新の旅行記などによると、作付が始まっているらしい。満州南部のほぼ全域を耕地化した中国人入植者がここに足を踏み入れ、少しづつ犂を入れているようだ。また朝鮮人も境界線を越え、いくつかの村を設置している★★。日本で最近発行された中国の地図によると、この中間地帯には鴨緑江沿いにふたつの人口中心地があり、「長いバザール」と「短いバザール」と呼ばれる［いずれも不詳］。

名称

極東の大半の国と同じく、朝鮮も、地元住民が通常は用いない名前で外国人に知られている。それはかつて小さな公国に冠せられた名称を、日本人と中国人が半島全体に当てはめたもので、「高雅な麗しさ」を意味する高句麗《コグリョ》（カオキウリ）、ないし高麗《コリョ》（カオリ、こうらい）である［原文は中国語および日本語での発音に沿う表記が混在し、朝鮮語の対音と思われる表記はきわめて少ない。ルビは朝鮮語に沿ったもので、（ ）は中国語や日本語を対音したと思われる原文表記の音写である］。十四世紀末に数カ国が単一の王国に統一されたさい、一帯は中国［明代］皇帝の宗主権のもとにあったので、帝国の東という地理的位置のゆえに「朝の静けさ」を意味する朝鮮《チョソン》（チャオシアン、ちょうせん）の国号を得たのである★★★。だがすでに十三世紀には馬端臨［中国人歴史家、朱子学者、一二五四―一三二三］が半島の一国としてこの名前を挙げるところをみると、統一前から名称自体はすでに知られていた★★★★。つまりこの国は、

★ Koeiling［魁齡］, “Journal d’une Mission en Corée”, trad. par Shcerzer, in *Recueil d’Itinéraires et de Voyages dans l’Asie centrale et Extrême Orient,* Paris: Ernest Leroux, 1878, *pp.*3-39.

★★ Ratzel, *Mittheilungen von Petermann*, II, 1881.

★★★ Julius Klaproth, *Asia Polyglotta*, Paris: Bei A. Schubart, 1823.

★★★★ Ma-Tuan-lin［馬端臨］, *op.cit.*

挿画 LXII　漢江の河口部。江華の遠景。ズベール氏をもとに、ラングロワ筆

中国と日本のあいだの位置を示す詩的な用語で呼ばれており、大陸住民にとって日本が「日出ずる国」なのに対し、朝鮮は朝の光が照らす「静けさ」の国なのである。

沿岸測量

毎年数千人の航海者が往来するふたつの海に挟まれ、遠望されてはいるが、朝鮮は最も探査されていない地域のひとつである。航海の安全からみて、最も丁寧な調査が必要と思われる沿岸でさえ、精密には知られておらず、海図類も、陸地の輪郭の大半は仮置きである。十七世紀までヨーロッパの地理学者は朝鮮を島だと信じていたし、メルカトル〔フランドル人地図製作者、地理学者 Gerard de Kremer（Gerardus Mercator）一五一二—一五九四〕、オルテリウス〔フランドル人地図製作者、地理学者 Abraham Ortelius 一五二七—一五九八〕、サンソン〔フランス人地図製作者 Nicolas Sanson 一六〇〇—一六六七〕の地図もそう表記した。半島であることが判明したのは、宣教師たちが朝鮮や中国の資料をもとに北京から送った地図によるもので、ダン

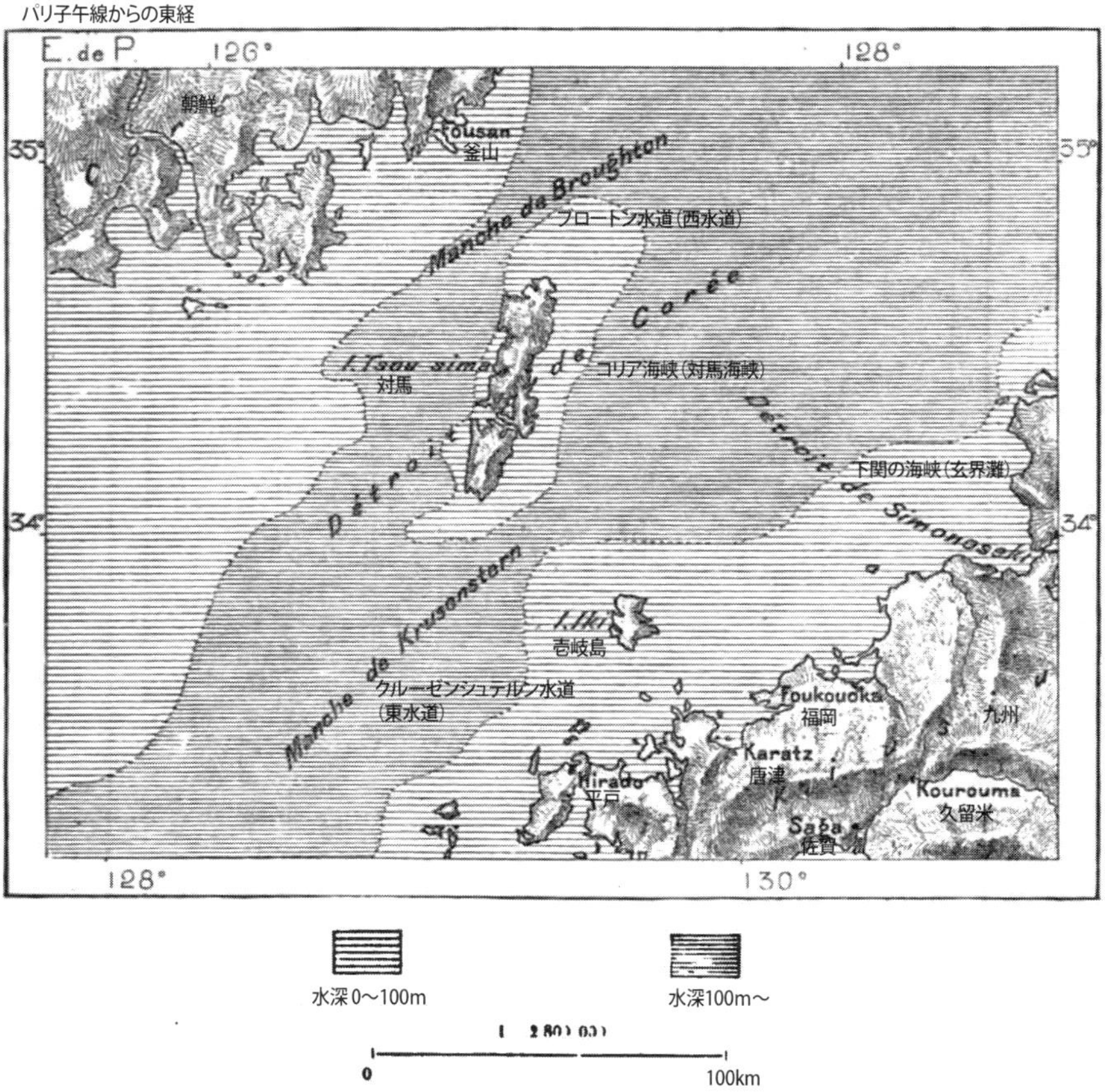

図 121　コリア海峡［対馬海峡］

ヴィルが複製したのがこれである。ヨーロッパ人航海者による最初の精密測量が行われたのは十八世紀末で、中国人がタンロ（耽羅）、日本人が「たむろ」と呼ぶ大型のケルパエルト島［以下、済州島］の位置をラ＝ペルーズ［フランス海軍軍人、探険家 Jean François de Galaup, comte de La Pérouse 一七四一—一七八八行方不明］が確定できたのは、ようやく一七八七年のことにすぎない。また彼は東シナ海と日本海のあいだのコリア海峡［対馬海峡］の水域情報ももたらした。その一〇年後には、ブロートン［イギリス海軍士官、探検家 William Robert Broughton 一七六二—一八二一］が、双子島を意味する対馬と朝鮮のあいだ、彼

の名を冠した水道〔ブロートン水道、のち西水道〕を通って、半島を南から回り込み、東海岸の数地点を視認した。のちになると、クルーゼンシュテルン〔エストニア生まれロシア海軍軍人、探険家 Adam Johann von Krusenstern 一七七〇―一八四六〕が九州沖の水道（クルーゼンシュテルン水道〔東水道〕）を通過し、沿岸の詳細をいくつか追加した。今世紀になると

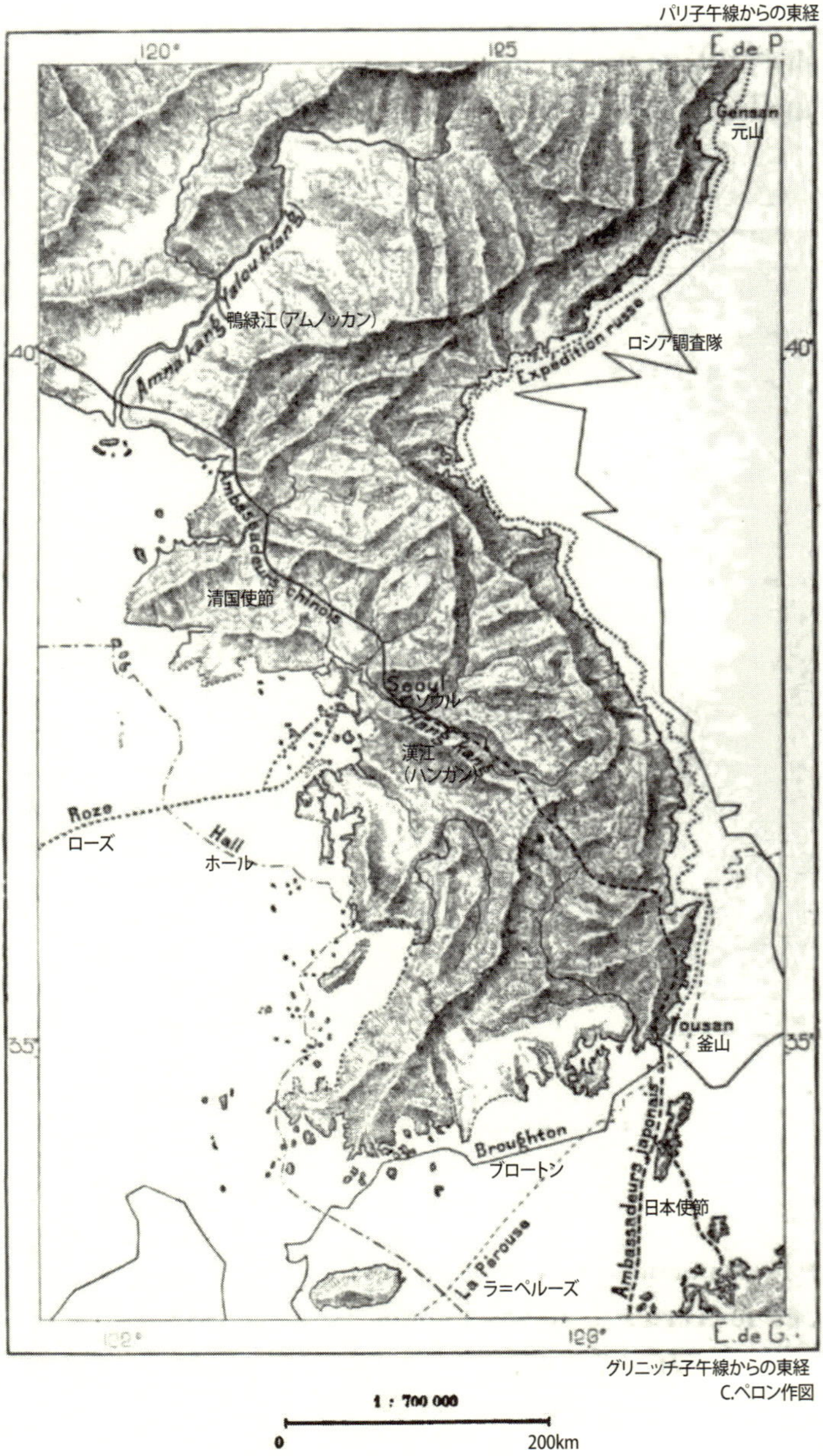

図 122　朝鮮と近海の探査

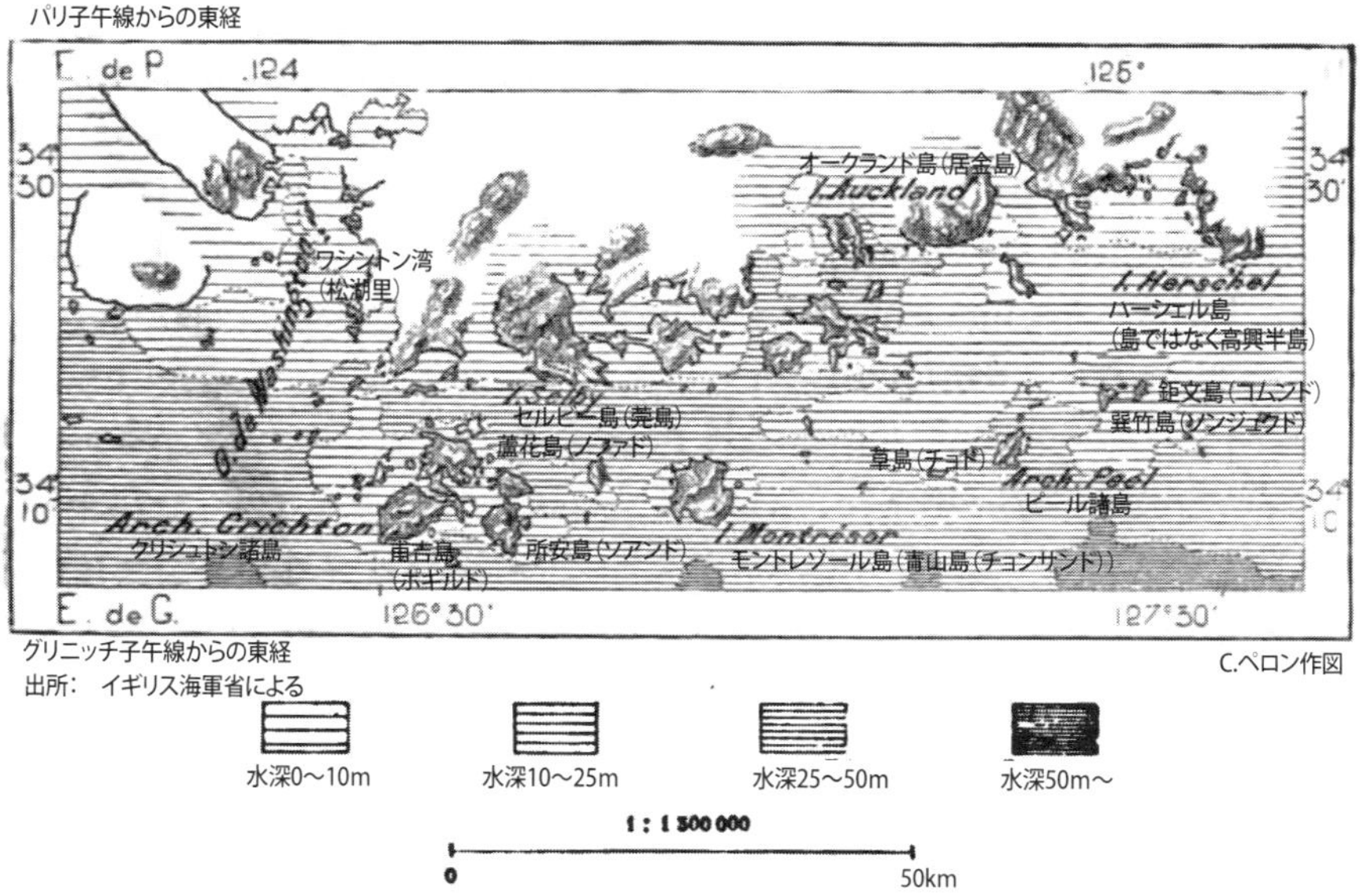

図 123　南西の群島

ナポレオン戦争［一八〇三―一八一五］の後にマクスウェル［イギリス海軍軍人Murray Maxwell 一七七五―一八三一］やバジル＝ホール［スコットランド人イギリス海軍軍人、著述家Basil Hall 一七八八―一八四四］が水域調査を再開したのに続き、イギリス、フランス、アメリカ、ロシアの軍艦がつぎつぎと沿岸各地の詳細を調査した。最近も一隻のイタリア海軍フリゲート艦が多くの地点を確認しているほか、フランス、アメリカそれぞれの軍事測量により、首都に向かう川［漢江］の河口付近の測量調査もたらされている。現在、朝鮮沿岸を最も綿密に調査しているのは日本海軍だ。小島や危険な岩礁が散在する半島南西は、中国の古文書では陸続きと表示されたが、その膨大な水路の大半はすでに日本が測深を終え、これらの島々や半島も少しずつ未知の空間から姿を現しつつある。こうした調査のおかげで朝鮮の面積も推定できるようになっており、およそ二三万七〇〇〇平方キロ、すなわちフランスの半分ほどとみられる。

内陸の知見

朝鮮半島の内陸がまったく知られていないと述べるのは正しくない。沿岸から山々が見えるし、谷や平地

も望見される。また、ほぼ誰もが複製するダンヴィルの地図も、現地の資料をもとに作成されている。だが山脈や川の流れる方向、都市の位置は何ら精確ではなく、現在のところ、これらの古書を検証し補正した狭義の探険家も皆無である。一六五三年にオランダ人著述家ハメル［オランダ東インド会社従業員 Hendrick Hamel 一六三〇―一六九二］が済州島沿岸で難破し、三五人の同僚とともに捕えられて首都に送致され、一三年間を虜囚として過ごしたさい、住民の習俗を調べることができた。だが捕虜だったため、同国を地理学的な観点から知ることはできなかったし、路程も西海岸沿いに限られ、内陸には入り込まなかった。一八三五年以降にはキリスト教宣教師たちが、満州国境からの陸路や、山東省からの海路を経て布教のためにあいついで入国し、西側斜面のほぼ全域を踏破している。だが官憲の目を避けながらの生活だったため、正確な観察を多く行うことはできなかった。大半は夜しか旅行できず、草根で命をつなぎ、沼地を這ったり、藪地を抜けたりの難路を辿らざるを得なかった。何人かは宗教的熱情の犠牲になったが、朝鮮の地理について最も包括的な情報の集合は、これらの宣教師に負うものである★。

対日関係

中国大陸に付属するいっぽう、日本に最も近いこととて、朝鮮は両国の争奪から免れなかった。種々の公国がひとつの王国に統合される以前の半島は、はっきりといくつかの国家に分かれていたが、境界線はひんぱんに変動した。北にあったのが狭義のコリア、すなわち高句麗で、まん中に朝鮮［古朝鮮］および中国系を基盤とする「七十八国」があり、日本人と中国人は三韓（サンハン、さんかん）と呼んだ★★。南には、中国人がシンロ、日本人は「しらぎ」と呼ぶ新羅と、百済があった。百済は中国語ではペツィ、日本語では「ひゃくさい」、あるいは「くだら」である。南東の朝鮮湾［釜山の湾］をめぐる土地には任那（カラ［加羅］、ジンナ、みまな）の小国があった。このうち北方の諸国は中国に隣接するため、自然にそちらに重心が動いたし、歴代の中国皇帝も様々な時期に内政に干渉した。南方の住民は

★ Charles Dallet, *Histoire de l'Eglise de Corée*, Paris: Victor Palmé, 1874.［ダレ『朝鮮事情　朝鮮教会史序論』金容権訳、東洋文庫、平凡社、1979］

★★ Ma-Tuan-lin, *op.cit.*; August Pfizmaier, *Nachrichten von den alten Bewohnern des heutigen Corea*, Wien: K. K. Hof- und Staatsdr., 1868.

日本の歴史では「熊襲」と呼ばれ、日本の諸島による支配を長期にわたって受けたが、逆に九州や本州［原文 Hondo］へもしばしば侵攻し、定着さえした［新羅の入寇を指すか。なおクマソを朝鮮半島の住民の呼称とするのは誤り］。三世紀には摂政神功皇后の軍勢による最初の征服が行われた。十六世紀末ころ、一般に「太閤様」の通称で知られる有名な独裁者［以下豊臣秀吉、一五三六／三七―一五九八］が、長い出世街道を経て日本の封建領主たち全員を支配下に収めたのち、中国征服事業を思い立つに至った。狭小な国土にもかかわらず、インド帝国の併合に成功したポルトガルを賛美した秀吉は、この西洋の小国の王に見劣りする企図に留まる積りは皆無だった。朝鮮国王［李朝第一四代宣祖、一五五二―一六〇八］を味方に引き入れようと試みたが無駄に終わったので、彼は熊襲の国に対する日本古来の権利を口実に、半島の征服を開始せざるを得なかった。秀吉は田野を荒らし、朝鮮国王に朝貢を認めさせ、朝鮮国内に恒常的な守備隊を残すことさえ呑ませたのである［この記述は誤りで、文禄の役の和平交渉中に一部が駐留し続けた］。あらたな派兵［慶長の役］は秀吉の死により中断したが、軍事的には勝利し、対馬ははっきりと日本側の領域になった。そして朝鮮は日本の封臣となり、対馬領主の仲介のもと、書簡と礼物を毎年欠かさず送り届け、それは今世紀半ばまで続いたのである［この記述は誤りである。日本側は朝貢とみなす傾向もあったが、対馬藩が答礼を代行し、明確な上下関係はなかった。また朝鮮通信使は毎年来日したわけでもない］。キリスト教宣教師たちの証言によると、当初は朝鮮からの毎年の朝貢に三〇枚の人間の皮が含まれ、後に銀や米、布地、薬草が取って代わったというが★、往古の伝説を書きとったに過ぎないと思われる。そもそも日本側の年代記にこれを裏付ける資料は皆無だ★★。

対中関係

中国との関係はもっと懇ろだった。それは現在の王朝が半島の他の諸王国と戦ったさいや、日本への抵抗を明朝が支援したからである。歴代の国王は中国文明を賛美し、「天子」による公認を栄誉と考えていた。だが、満州族が中国を征服したさい、朝鮮は明朝に忠誠だったので、中国の新たな支配者は、半島の君主に対する

★ Léon Metchnikov, *Notes manuscrites*. ［『朝鮮事情』前掲書、33 頁にも記述がある］
★★ Imbert, *Annales de la Propagation de la Fois*, mars 1841.

宗主権を押しつける必要があった。一六三七年〔作戦開始は前年十二月〕に清国は半島北部を寇掠して条約を押しつけ、朝鮮は北京宮廷に毎年黄金百両、白銀千両のほか、定めた量の天然の産物や工芸品、美術品、すなわち毛皮や草根、種々の布地、縁取りし彩色した敷物などを納める義務を負った〔一六三七年一月の三田渡の盟約〕。この貢納品を納める使節は、返礼に中国の暦〔正朔〕を受け取るのであり、朝鮮国王がそなえる名称そのものが「臣下」の意味をもつ〔権知朝鮮国事〕。だがこの呼称にもかかわらず、清国政府は朝鮮の国土に何ら現実の宗主権を及ぼしていない★。法律により、中国人移民が朝鮮に定着することはできない。北京からの使節でさえ、市外に供回りを待たせてから首都に入っており、ソウルの宮殿における滞在中も、主人の代理というよりは、鄭重に扱われる捕虜の待遇に近い。つまり、二〇〇年以上にわたり朝鮮は二重の属国関係にあったわけだが、転じては、同国に隣接する両帝国ともいわば気遣いをみせ、自治が存続したのである。しかし、目立たぬように身を処すのに汲々としたため、朝鮮はアジア史に何ら重きをなさなかった。広大で豊かなこの半島の土地は空白だったとさえ言えるかもしれない。

対露関係

だが第三の帝国が隣人となるに及び、朝鮮に介入し、その力を感じさせるに至っている。すでに露朝間にはいくつか小さな紛争が発生し、ペテルブルグ政府が朝鮮半島のいずれかの港を奪取すると宣言するのではないかと考えられたことも、一再ならずあった。商業的、軍事的観点からみたとき、ウラジオストクの「ボスフォラス海峡」が結氷して閉塞することを考えれば、東洋のイタリアたるこの半島の南岸に、ロシア艦隊がうまくかくまわれ、冬季を通じ利用できる港を保持するのは、甚大な利益だからだ。ロシアがそうした港を入手すれば、東シナ海と日本海を同時に監視し、諸海峡を扼して、東洋の海域における支配勢力になるだろう。だがそのような大規模施設を確立するとなれば、膨大な資金が必要だし、おとなしい朝鮮国王に対し、攻撃を仕掛ける口実も見つかっていない。同様にイギリス海軍関係者も、しばしば済州島の奪取を本国政府に提案し、黄海

★ Koeïling, *op.cit.*

と日本海を結ぶ海峡［対馬海峡］の支配をねらった。以上の三国のうち、今日の朝鮮国民の運命に対する影響を率先しているのは日本である。半島住民と外界の橋渡しになる沿岸の諸寄港地に、日本による租借が認められたからだ［一八七六年の日朝修好条規による開港地を指す］。

歴史、地理文献

朝鮮に関する日中の書籍は、茫漠とした不整合な絵柄しかもたらさない。また朝鮮政府も、国情はもっぱら隠蔽と沈黙の方針だ。朝鮮史のいろいろな概説書はエピソードを集めたものに過ぎず、それも真偽とりまぜで、まともな知識人の引用できるものではない★。そもそもこれら雑多な著作群は古代史を素描するだけであり、近現代の出来事に関連する回想記を出版、あるいは執筆し、現王朝の君主の名に言及するのは厳禁されている。大半の貴族層の家庭では、世相の事件を秘密帳簿に記録する習慣があるが、大臣たちの行動はおろか、木っ端役人のそれに対してさえ、いっさい評価を下さぬよう綿密な注意が払われる。うっかりした事を書けば命が無いのを重々承知しているからである。地理関係の文献は歴史書よりもさらに少なく、康熙帝の使節が国勢地図を送るよう求めたところ、渡されたのは茫漠とした素描だけだったことも、その証左だ。自国に関し、外国人を完全に無知にしておく伝統があるのは間違いない。しかし山岳の威容といい、美しい谷間といい、豊かな産物といい、もっと知られてよいものは少なくないだろう。

山脈群

ダレ［フランス人司祭、宣教師 Claude-Charles Dallet 一八二九―一八七八］によれば、朝鮮の主山脈は太白山脈から白頭山《ペクトゥサン》の山塊［長白山脈］へと連なる。後者は北東に流れて豆満江に至る水流群と、南西に下って鴨緑江に向かう水流群との分水界を形成する。この山塊の南東部は非服属民の居住地で★★、大きな窪地が口を開き、国内唯一の大型湖である大池［天池《チョンジ》］が水を湛える。人々の言うところでは東西四〇キロほどの幅がある湖だ［直径四キロほどである］。この山頂よりも上［ママ、白頭山が最高峰］に立ちあがる諸峰はいろいろな名称

★ Dallet, *op.cit.*［『朝鮮事情』前掲書、30 頁］
★★ Williamson, *Journeys in North China, Manchuria and Mongolia, op.cit.*

で呼ばれるが、そのひとつが白山《ペクサン》［小白山か］で、満州からブロートン湾［以下、金野湾《クミャワン》］に至る山脈全体も、同じ名称で呼び得るかもしれない［狼林山脈《ラムリン》］★。この地方はすこぶる高く、おそらく半島の最高峰群もここに存在すると思われるが、まだ全く未踏の地であり、標高を測定できたのは、外洋から視認できる沿岸部の山地に限られる。金野湾の北方、海岸から近い内陸にピラミッド状に立ちあがるヒエンフン［咸興《ハムフン》か］は二四七〇メートル以上の高さがあり、他のいくつかの山頂も二〇〇〇メートルに達する。

東西の斜面

宣教師たちが異口同音に証言するところによると、内陸が山がちなのは間違いない。どの地方でも、目にするのは山々で、あるものは禿山だし、あるものは鬱蒼として、人の入り込めぬ森に覆われ、稜線や高峰、円頂や尖峰が地平線をなす。平野は小さく、沿岸近くにしか存在しない。船員たちの描写により、東海岸では斜面がかなり海寄りにあることが知られている。急湛が日本海に注ぎ、沿岸の階崖を洗う海は深い。海岸線はなだらかで出入りがほとんどなく、金野湾から半島南端にかけて長い弧状に張り出す。いっぽう、黄海を望む斜面は、東側よりもかなり傾斜が緩やかで、段状をなし、浅い海に向かって下ってゆく。こちらの海岸線は島嶼や小島が房飾りのようになっており、水位の上下にともない変化する。細かい情報から判断できる限りでは、東海岸の南部に伸びる一本の山脈に、中国大陸の山岳体系に属する稜線群が横から交差し、迷路のような山系をなしているらしい。西海岸の出入りの激しい輪郭じたい、朝鮮国内の突起群が、隣接する大陸と同じ方向であることを示しているように見える。ひとつの山がちな舌状の土地が、山東半島につながろうとするかのように黄海にかなり突き出て、渤海湾を画する。おなじく黄海に張り出し、前面に群島をそなえる半島の南西端は、中国沿岸の寧波の半島および舟山諸島と対をなす。少なくともふたつの稜線は、中国大陸の満州、モンゴル、北直隷省、山西省の山々や段状地とまったく同方向で、南西から北東に向かって発達する。ひとつは山東省の山地が黄海をはさんで延長するもので、白山の山脈［狼林山脈］と交差したのち、ポシェト湾まで東海岸沿いに伸び

★ Léon Metchnikov, *Notes manuscrites.*

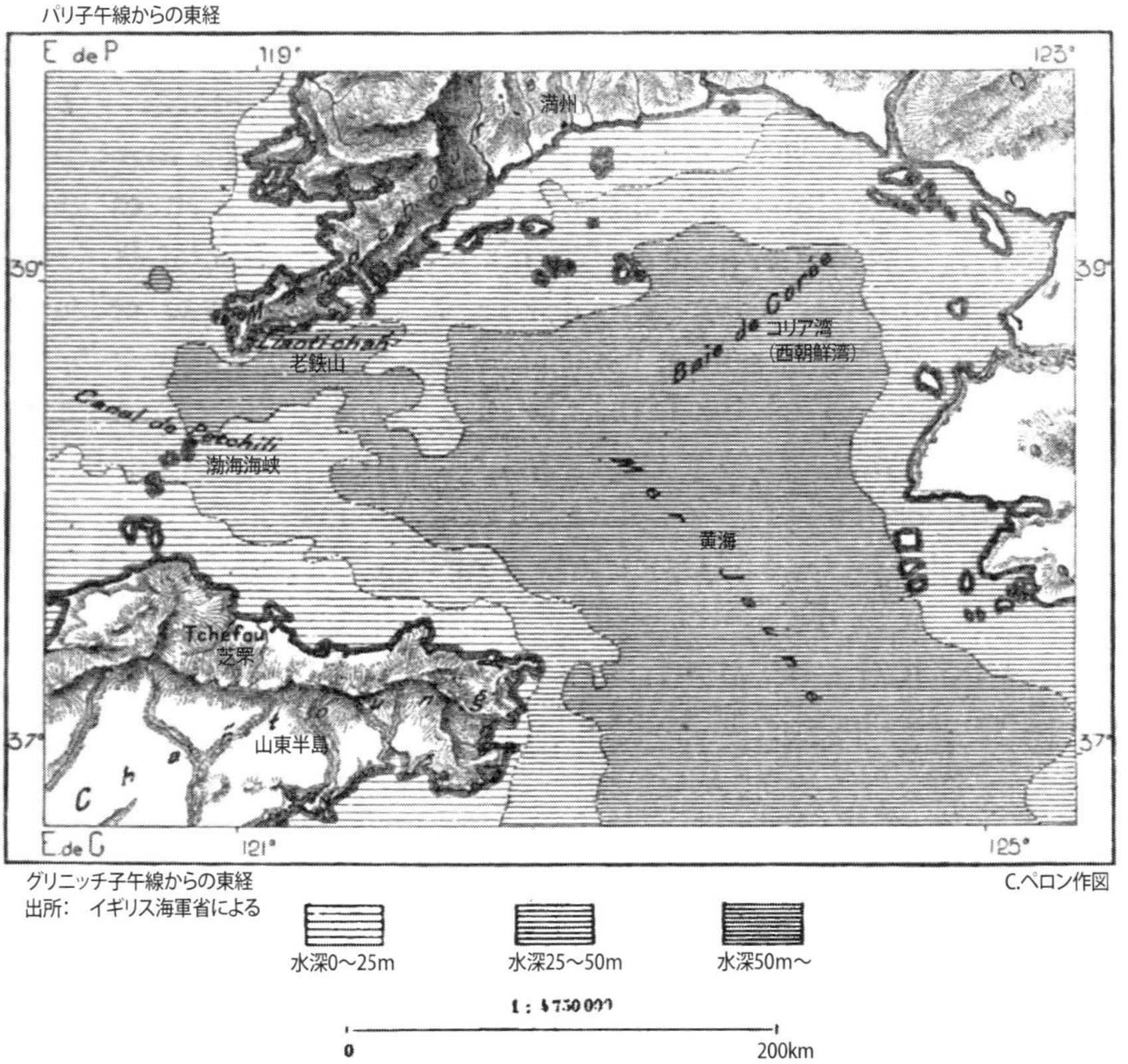

図 124　渤海湾への進入路

る［滅悪《ミョラク》山脈から彦真《オンジン》山脈を経て咸鏡《カンギョン》山脈に至る山系］。もうひとつは、国士の南端から始まって、チウンヤン・サン、チュンニャン・サン［不詳。あるいは清涼山か］、すなわちロシア人船員たちのいうポポフ山が睥睨する東海岸の弧状山脈にまぎれてゆくものだ［小白《ソベク》山脈］。この山脈に連なる小島群はかなり高く、切り立った海崖が海面から五〇〇メートル、さらには六〇〇～六五〇メートルの高さに立ちあがる。朝鮮政府が流刑先とする済州島も、南西から北東に走る稜線をそなえ、遠くからも漢拏山《ハルラサン》（アウラ・サン、ハウカ・サン）の白い岩肌でそれと知られる。同峰は標高二〇二九メートル［一九五〇メートル］で、イギリス人船員はオークランド山と呼ぶ。また沿岸諸島のいくつかは火山性で、鬱陵島《ウルルント》（日本名

は松島、ヨーロッパ名はダゲレ島）は円頂の高さが一二〇〇メートルあり、水深七〇〇メートル以上の海底まで急斜面が続く。朝鮮の説話では、この日本海の孤島の動植物と人間は巨大だとされ、馬端臨は同島の岸辺に「女護が島」や「双顔人の国」があるとした★。ソウル政府は同島への上陸を禁じているが、巨人に遭遇する危険を顧みず、河谷へ耕作しに赴く肝の太い入植者もいる★★。同島の森林は、日本人が朝鮮沿岸の元山津《ウォンサンジン》に家屋を建設するための木材の大半をもたらした。

鉱産物と植物

もろもろの宣教師たちの記述は、朝鮮半島の山々の地質学的な組成に関する情報を何ら提供せず、単に見出される金属類を語るのみである。王国の随所で金はすこぶる豊富だが、採掘は禁じられている。銀も同様に厳罰をもって禁じられているが、その理由は、鉱夫の集団を監視するのが困難になることと、隣接諸国の強欲を刺激することへの懸念である。鉛と銅の鉱床も存在するが、銅製品や青銅品は日本から輸入される。鉄鉱石は全山まるごとが鉱床のばあいもあり、大雨の後には斜面から大量に転がり落ちるので、鉄工場に供給するには拾い上げるだけでよい★★★。山岳植生は満州と同じ樹種が構成し、ニレ［楡］の若木やヤナギ［柳］、シラカバ［白樺］、マツ［松］、モミ［樅］類からなる。日本の森林と同様にスギ［杉］属とウルシ［漆］もあるが、ブナ［橅］やコナラ［小楢］は見られない★★★★。中国北部と北京で利用される建材はほぼ全量が朝鮮産である。荷車の車軸も朝鮮産のトネリコ［梣］かニレ材だ。

野生動物と家畜

野生動物にはクマ［熊］、キツネ［狐］、イノシシ［猪］、トラ［虎］、ヒョウ［豹］が含まれ、獣皮は最大の交易品目のひとつだ。いくつかの地区ではトラが村内で住民を襲う。家屋の近くをうろつき、藁屋根に飛び移って壊し、侵入することもある。猟期は冬で、トラは四肢が抜かっても、人間の体重

★ Ma-Tuan-lin, *op.cit*.

★★ Ernest Oppert, *A Forbidden Land: Voyages to the Corea*, London: Sampson Low, Martson, Searle, and Rivington, 1880.

★★★ Dallet, *op.cit*.［『朝鮮事情』前掲書、18-19 頁］

★★★★ Robert, *Annales de la Propagation de la Foi*, 1879.

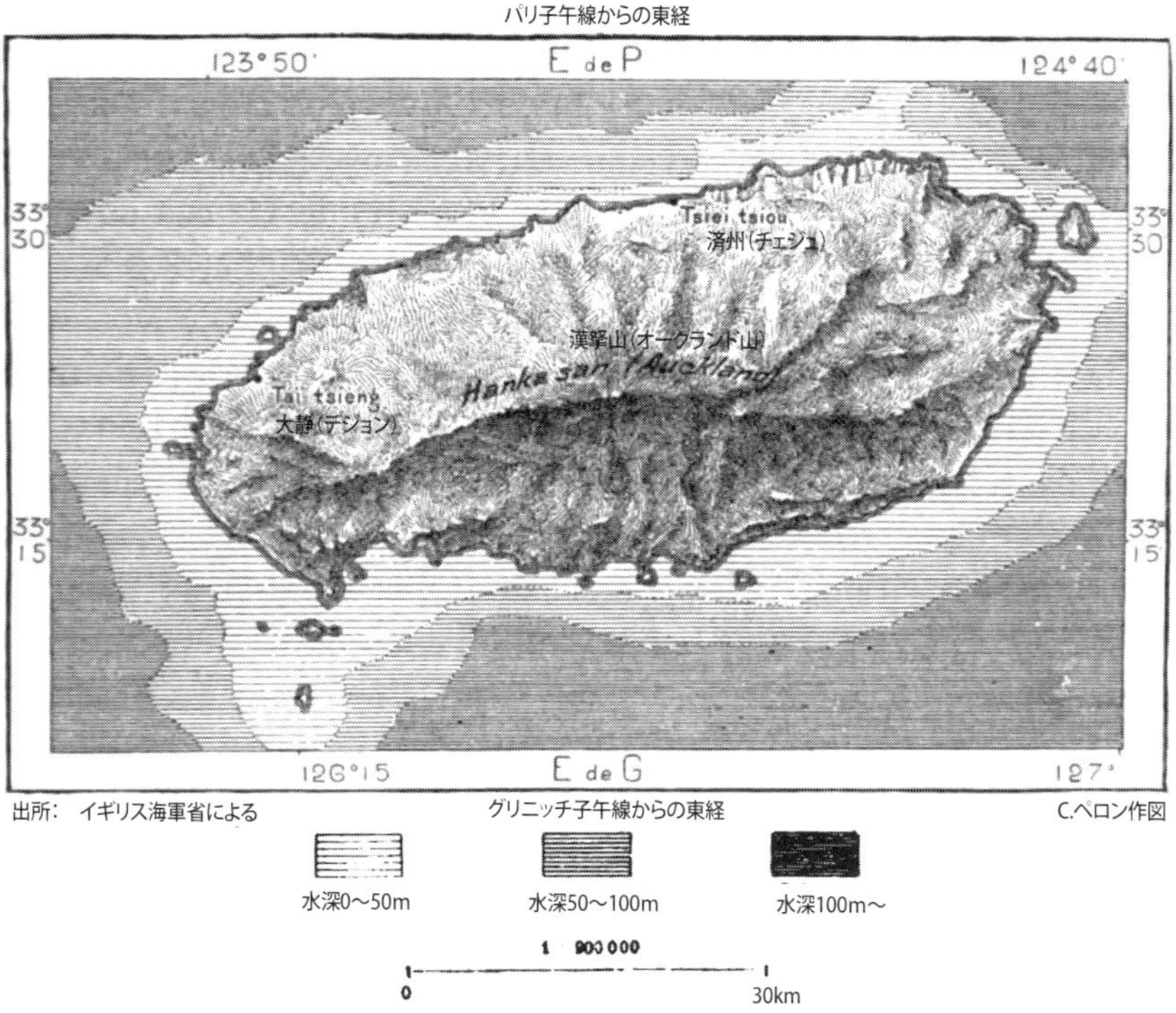

図125　ケルパエルト島［済州島］

ならば支えられる固雪になる時期に行われる。抜けだそうともがくトラに猟師が素早く近づき、槍や短刀で仕留めるのだ。ウマ［馬］はとくに済州島産が多く、スコットランド地方のポニー種のようにすこぶる小柄である。だがウシ［牛］は強健で、乗り物に用いる。ブタ［豚］とイヌ［犬］は非常に多いが、イヌを猟犬や番犬、牧畜に利用することはまったくない。極端なほど臆病なので、イヌは食肉用以外にはほとんど役に立たないのだ。中国で一般の食卓に狗肉が上るのは例外的だが、朝鮮人には珍味のひとつである★。半島沿岸は海産物が極度に豊富で、「鮫皮」の鞘の材料になるエイ［鱏］も獲れる★★。

気候

朝鮮は海に洗われるとはいえ、気候面では中国や満州の大陸気候に属する。原因は黄海と渤海湾の浅い水深で、これら内奥の水域は季節に応じ熱しやすく、冷

★ Dallet, *op.cit.*［『朝鮮事情』前掲書、24頁］
★★ Ma-Tuan-lin, *op.cit.*

めやすいためぃ大陸気候の平準化にほとんど寄与しないからだ。アジア大陸と同様、等温線はアドリア海沿岸部の同緯度地点よりも数度ほど南下する。すなわち、フランスの平均気温に相当する線は半島よりも南にあり、赤道からジブラルタルやマウレタニア［マグリブ地方の古称］との距離と同じくらいまで南下せねばならない。朝鮮の気候はヨーロッパよりも平均気温が低いだけでなく、ヨーロッパよりもかなり極端である。原因は、冬に卓越する北東の寒風と、夏に吹く南西モンスーンのせいだ。南部でさえ冬季には氷点下に達するし、中央部だと零下二五度にもなる。年降水量はインド洋［ママ、南シナ海］のモンスーンのおかげで非常に潤沢である。山間の谷には必ず水流がみられ、沿岸平野には河川がそなわる。しかし半島両側の幅が狭いため、航行可能な水路を形成するには至らない。河川は幅の狭い急流で、岩場がせき止める箇所も多く、河口の洲付近でしか船舶を受け入れない。国内最大の河川群は国土が最も広くなる箇所、すなわち半島の根元にある。ひとつが鴨緑江、もうひとつは豆満江《トゥマンガン》（ミ・キアン）で、両河とも国境の一部をなす。鴨緑江のばあい外洋船は河口から五〇キロまで遡上可能で、上流にも航行可能区間が二〇〇キロほどある★。西側沿岸部では潮汐の遡上が激しく、ソウルの川である漢江は一〇メートル以上の水位上昇がみられ★★、潮目の逆転もほとんど瞬間的である。半島南東にある釜山《プサン》の干満差も一〇メートルほどに達する★★★。

第二節　住民と物産

人口

宣教師ダヴリュイ［パリ外国宣教会所属 Marie Nicolas Antoine Daveluy 一八一八―一八六六］が伝える一七九三年の人口調査によると、朝鮮には家屋一七三万七三二五軒、住民七三四万二三六一人（男性

★ *Ibid.*
★★ 1866 年［仏朝戦争、丙寅洋擾］のタルディフ号［フランス海軍護衛艦］およびデルレード号［同砲艦］の作戦。
★★★ Tamaï, *Exploration*, 31 mars 1881.

三三九万六八八〇人、女性三七四万三四八一人）がいた〔合計が一致しないがママ〕。近年の公式統計も人口はほぼ同じ七五〇万人とするが、地元民の一致した証言によると、実情からかなり離れている。臣民は賦課を免れるため人口調査から逃れようとするからだ。ダレは一〇〇〇万人以上とみるし、オッペルト〔ドイツ人実業家 Ernst Jakob Oppert 一八三二―一九〇三〕は一五〇〇～一六〇〇万人と推定する。いずれにせよ、人口分布はかなり不均等で、北方の山岳地帯がほぼ無人なのに対し、南の沃地は随所がよく耕作された豊かなコメどころで、住民がひしめく。新たな村が立ち上がり、古い家並みに新しい家並みが加わってゆく市邑をみない州〔道〕はほとんどない。荒地や森林はたえまなく耕作地がとってかわり、入植者を前にした野生動物は退却している。寒冷かつ不毛な岩がちの東海岸でさえ人口は稠密で、場所によっては村と村が接し、連続した市街の形成に至る。沿岸各地で漁業や海運の船舶交通が盛んである★。だが高出生率とならんで死亡率も高く、食料不足な農村地帯では多くの疾病がみられる。なかでも宣教師たちがペラグラ〔ビタミンB３欠乏症〕と症状が似ていると記すスイト（水土病）が猛威をふるう。天然痘は中華帝国よりも被害が深刻で、子供の半数以上がこの熱病で死亡する。ほぼ普遍的にみられる中絶も、人口の自然増加を抑制している★★。ただし朝鮮の気候は全体としては健康的で、百歳以上の老人もかなり多く、国庫による老人向け基金の公式名簿に名を連ねる★★★。

住民の身体的特徴

朝鮮人は中国人や日本人よりも少し背が高い。頑健で疲れ知らずであり、日本との交易に開かれた港〔開港地〕やロシア領満州地域の農業入植地で優良な労働者とみなされている。だが頭骨と顔の輪郭に卓越する典型に関しては、旅行家や宣教師の印象は相反するものがあり、明確な像にまとめるのは不可能である。粗っぽくモンゴル系の名称で指すタイプから、ヨーロッパ人やマレー人のような印象を与えるタイプまで、かなり多くが存在するのは間違いない。極端な例としてはアジア大陸系があり、頭が大きくて頬骨が突き

★ 1854 年におけるパラス号の航海。
★★ *Annales de la Propagation de la Fois*, juillet 1848.
★★★ Palladius, *Izv'estiya Roussk. Geogr. Obchtchestva*, avril 1866.

出し、目がつり上がっている。鼻は小さく、肉付きのよい頬のあいだに埋め込まれたようになっている。唇は厚く、髭は薄く、赤銅色の肌だ。もうひとつの極端なタイプは、琉球列島の地元民が純粋な形態をしめすと思われる「島嶼系」で★、瓜実顔と高い鼻梁をそなえ、前方に突き出た歯列のせいで口が半開きになる。髭はかなり濃く、肌は、マレー人のやや緑がかったような色合いに似たくすみをそなえる。明るい栗色の毛髪と、青い目をそなえる朝鮮人も多く、極東で同じ特徴を示す家族に出会うのは、中国南部の南嶺山脈における先住民に限られる。地区によっては、周囲の人々をヨーロッパ人と思いかねないが、服装や言葉により、太平洋沿岸にいることを思い出す★★。中国人のように纏足する女性は皆無だ。馬端臨の時代には、漢族系の一部族では石でもって子供の頭を平らにする習慣があった。いっぽう日本人との交渉があった沿岸住民は、刺青の風習を日本から導入していた。

住民の起源

相互に溶け合い、朝鮮の住民を形成するに至った種々の民族の起源はどのようなものだろうか。クラプロートは東シベリアのトゥングート系部族群に結びつける★★★。だが秦朝末期の四~五世紀にかけ半島の大宗に冠せられた「三韓」は、北直隷省や山東省地域から移住してきた中国人の末裔で、その人種的要素が広くみられることもよく知られている★★★★。ただし地元にそうした伝承は皆無で、日本海の岸辺で草を食んでいた一頭の牝牛の子孫を称する者もいれば、もっと高貴な出自を誇る貴族層もいる。彼ら貴族層が自称する高麗人は、中国人と日本人が意味を改変し、現在の半島全体に拡大して用いるが、太陽を祖先としたと言うのである★★★★★。方言は多いが違いは小さいので、かなり以前に民族的要素が溶け合い、ひとつの民族になったと考えてよい。

言語

朝鮮語は中国語とも日本語とも本質的な違いがあり、複音節の膠着語である。日本語と同様に「l [eu, ŏ]」

★ Léon Metchnikov, *Notes manuscrites*.
★★ Oppert, *op.cit*.
★★★ Klaproth, *Asia Polyglotta, op.cit*.
★★★★ Ma-Tuan-lin, *op.cit*.
★★★★★ du Halde, *op.cit*.

の音が欠如するが、日本語が単純かつ明晰な六つの母音で判別されるのに対し、朝鮮語の母音は一四種以上あり、ほぼすべて二重母音である。朝鮮語の多くの言葉は、日本語に見当たらないシュー音や気音をそなえる。子音の発音はつねに無声の長音なので、プーチロは彼の辞書で少しでも近く表記するため、もう使われていないロシア文字の組み合わせに訴えざるを得なかった。それに加え、各文が終止するさいの喉音は、長いあいだこの言語に親しんだ者でなければ絶対に再現できぬものだ。文法体系はウラル、トゥングート系の諸語に似る★。ただし話す相手の性別や立場〔目上や目下など〕に応じ、動詞の語尾が変化する点では、バスク語に似た特徴をそなえる★★。二千年以上の歴史があるといわれる朝鮮語の文字〔ハングル文字は一四四四～四六年にかけてつくられた〕は、字母と音節を示す記号をそなえ、二百強の文字数がある。中国語の文字にくらべ単純だが、優美さははるかに及ばず、教養人は自国の文字を用いるのをいさぎよしとしない。最近までは、以上が朝鮮語について知られる全部だった。さまざまな迫害〔一八六六年三月の丙寅教獄など〕で焚刑に処せられた宣教師たちが準備した極めて不十分な語彙と文法書、用語集くらいしかなかったのである。だが虐殺を免れた司祭のひとりが、決定版となる書物の発刊に必要な素材を収集していたので、東アジアの諸言語に朝鮮語が占める特別な位置も、これから明らかになるだろう★★★。つい最近には一冊の文法書も横浜で刊行された。

中国語の影響

北方では中国語、南方では日本語の大量な外国語が入り込んだため、市場町ではいろいろな特殊用語が生まれた。半島南部の諸港で話される日本語混じりの符牒はかなり普及している。中国語は文明の言葉で、すべての教養人が心得るべきものだ。中世ヨーロッパにおけるラテン語が、話し言葉とともに、廷臣の言語として存続したのと同様に、中国語の書き言葉が保持されている。だが発音が違うため、漢族は通訳なしには理解できない。このため、あらゆる地名や人名、事物がふたつの違う名前をそなえる。

★ Dallet, *op.cit.*［『朝鮮事情』前掲書、185 頁］
★★ Pacific Ly, *Annales de la Propagation de la Foi,* 1836.
★★★ Société des missions étrangères de Paris, *Dictionnaire coréen-français par les missionnaires de la Corée*, Yokohama: C. Lévy, 1880.

挿画 LXIII　典型と衣服。朝鮮の両班。一葉の写真をもとに、E. ロンジャ筆

ひとつは地元の発音によって多少とも変形した中国語の名前で、もうひとつは朝鮮語の名前だ。この二要素は種々の階層の言語のなかに多様なやり方で入り込む。公式の場では中国語が卓越し、自国語の要素は主にいろいろな古来の迷信に保持されている。庶民は教養の度合いと、話し相手の身分に応じ、どちらかの言語を用いる。宣教師ダヴリュイによると、多くの場所で中国語だけからなる言葉が話されるが、語尾は朝鮮語になるという。

社会階層

国内の文化に対する中国の影響は甚大である。朝鮮半島が日中を仲介していた時代には、中華帝国の習慣や組織が模範とされた。行政や官界の仕来たりは中国に盲従しており、その意味では政治的というより、知的な側面における属国なのだ。だが住民は自らの習慣を保持し、いくつかの点で画然とした対照をみせる。大清帝国の国民は、ある程度の社会的落後者を除き、全員がひとつの大家族を形成し、国家の重職に上りつめることもできる。しかし朝鮮では種々の階層があり、正真正銘の身分制だ。国王とその一族の下に、古代の族長の子孫である貴族層［両班《ヤンバン》］があり、富と権力を享受するが、その度合いはどの集団に属するかによりさまざまである。ひとつが文官の貴族で、中国の科学と文芸の深奥に通じ、高位を独占する。武官の貴族は二線級の位階しか占めないが、受爵した「根無し」の家門よりは上位にある。両班に対する尊敬はたいへんなもので、庶民はその前では下馬せねばならない。目さえ合わせようとしないのも、何か下問されるのを恐れるからだ。両班は納税の義務も兵役もなく、住居は不可侵で、彼らが庇護する者の避難先になる。また半貴族的な一階層があり、司書や翻訳官、通訳官などの副次的な官職に就き、大官とブルジョワジーの間に位置する［中人《チュンイン》］。ブルジョワジー［常民］は商工業者と大半の職人を含む。もうひとつ、農民や牧畜民、猟師および漁師からなる別の身分があり、これが民衆の大半を占める。その下に「蔑視」の対象とされるもろもろの身分があり、内部はお互い距離を保ついくつかの集団に分かれる。食肉処理や皮革業者、鍛冶屋、仏僧がこうした不可触民である。だが優遇される身分の人々に不可欠の役務にたずさわることとて、創意工夫にあふれ、どのような事にもたじろがぬ男たちを最も頻繁に目にするのも、この階層である。最後に、社会の底辺として奴婢層がある。奴婢

には王室に仕える者もあれば、両班や常民に仕える者もいる。彼らは自由身分を買い戻す権利があり、自由民の女性と結婚し、子供を自由民の階層にすることもできる。一般に奴婢はていねいに扱われ、他の肉体労働者と見分けがつかない。どの身分でも同業者の組合組織があって、連帯心は強く、他集団に尊重させるすべも心得ている。とりわけ行商人［褓負商《ポブサン》］は、内輪の規則や規範をそなえた一種の独立国を形成しており、役人に訴えて正義を求めることは絶対にない。自分たちで正義を行なうのであり、不当な扱いや侮辱を受けたと感じれば、全員がその地方から立ち去ってしまう。そうなると商業は止まるので、彼らを戻ってこさせるには、その条件を呑まねばならない★。

在来信仰

公式宗教である仏教は、四世紀末に到来した★★。それに加えて知識人は中国の士大夫を模倣し、孔子の合理主義を信奉する。だが古来の精霊信仰はみじんも消え去っておらず、火を崇める信仰の残滓がいくつかみられる。これは朝鮮半島の住民をシベリアの未開諸部族に結びつけるもので、どの家でも灰の中に燠火を保つようにしており、消えると家産もなくなると信じられている。季節の変わり目や一年の大事な時期には、木片と木片をこすり合わせて新しい火を熾し、燠火を更新せねばならない★★★。仏教行事はほぼ完全に無視されており、僧侶への蔑視がその宗教にも及んでいる。僧は何か縁起のよいことを言わせるために質問されるに過ぎない。多くの町や村には全く仏寺がなく、家庭内にも仏壇はない。人口の多い市邑でも、聖域はみじめなあばら家しかない。道端に立てられた仏像や聖人の像は、形態のあやふやな木片にすぎず、近寄って粗放な刻み目が人間の顔を表わすのに気付かなければ、単なる道標と見間違いかねない。細工物としてはポリネシアの偶像のほうがはるかに優れているし、道行く人々もほとんど尊宗の念を示さないため、村人たちがどうしてわざわざ建立したのかといぶかしむほどだ。こうした木像が腐ったり、風で倒れたりすると、子供たちはそれを転がして遊ぶが、周囲は笑ってけしかけるのである★★★★。

★ Dallet, *op.cit*.［『朝鮮事情』前掲書、208 頁］
★★ H. Cordier, *Annales du musée Guimet*, mai, juin 1880.
★★★ Léon Metchnikov, *Notes manuscrites*.［『朝鮮事情』前掲書、257 頁にも記載がある］
★★★★ Oppert, *op.cit.*

キリスト教

キリスト教は朝鮮国内に信徒を有する。秀吉による半島征服〔文禄の役〕の先鋒を担った小西行長〔一五五八―一六〇〇〕は、ドン＝アゴスティーノというポルトガル名をもつキリシタン大名だった。以来、かなり多くの地元民がこの外国の宗教に帰依し、その宗礼を行なうようになった。これらの新信徒は中国人宣教師が世話したが、今世紀になるとフランス人司祭たちが密入国し、あらたな共同体を設置した。勢力が頂点に達する時期の信徒は一〇万人近くに上り、何人か王統に連なる者もいて、迫害から宣教師たちを守ったのである。だがけっきょくフランス人宣教師たちは殉教をもって教えを説くことになる。一八三九年には三人が死刑になり〔己亥教獄〕、一八六六年には九人が命を落とし、残った司祭を逃がすため信徒たちは甚大な犠牲を払った。棄教しないキリスト教徒は死刑とされたので、いくつかの村では健康な住民のほぼ全員を失い、一万人以上が虐殺された。宣教師たちの死について賠償を求めるため派遣されたフランス軍は漢江を遡上し、江華府を破壊したものの、朝鮮国王からは何の得るところもなく芝罘〔山東半島〕に帰還した。いまも朝鮮半島では、この外来宗教の実践は反逆罪に等しい。

女性の地位

中国と同様に一夫多妻が許されるので、富者はそれを享受し、所帯の切り盛りは第一婦人に任せる。庶民が複数の妻をもつのはまれだ。婚儀は中国のように象徴的な儀式が長々と続くことはなく、身代金の支払い〔結納〕が済むと、夫はさっさと自分の財産になった妻を連れてゆき、あとは望みのままに扱う。朝鮮人の女性には名前がなく〔この記述は誤りで、命名されないのではなく、近親者以外が本名で呼ぶのは馴れ馴れしいとされる〕、法的存在でさえない。責任が無いため、女性が法律で裁かれたり罰せられるのは、反乱期以外には行われない。夫に虐待される例はまれだが、中国人女性にくらべ享受できる自由は少ない。野良仕事にたずさわる農民女性や、戸口から戸口へと食料品を売り歩く行商女を別にすると、朝鮮人女性は捕吏さえ踏みこめない一室〔内房《アンバン》〕に閉じこもって暮らす。日中に外出することは絶対になく、日の入り前に街路に身をさらすのは恥辱とされる。だがこうした隠遁生活が健康に悪影響を及ぼさぬよう、男たちが

一日の仕事を終えて帰宅した後の夜間は散歩できる。夏なら九時、冬はもっと早い時刻に、街路が女性のものになることを知らせる合図が発せられ、男たちは急いで自宅に向かう。それよりも遅く帰宅する者は、女性に出会うと扇で顔を隠し、道の反対側を通ることになっており、遵守しなければ恥知らずとされる★。こうしたわけで、朝鮮沿岸に上陸した旅行家たちの大半は、顔をさらす女性を目にする機会がなかった。人々の言によると、女性は一般に美しい顔立ちで、優美な体格である。ダレは他所者が指で触ったことを理由に自殺した女性たちの例を挙げている〔『朝鮮事情』前掲書、二一四頁〕。

葬礼

通常、葬儀の礼式は結婚ほど盛大ではない。庶民は遺骸を棺に納めるか、あるいは単に経帷子を着せたのち、仰々しい葬式もないままに埋葬する。だが中国の儀礼にのっとる富裕層や両班は、あまりに厳格なため中国では廃れてしまった周代の儀式をいまも遵守する。親の喪に服する期間は三年で、服喪中の息子は世間に対し、自分が死んだのと同様に心得ねばならず、通常の職務や仕事を放棄する。話しかけられても返事しないのが礼儀で、白服をまとい、大きな笠をかぶって顔を隠し、扇か一枚の長い布を携行して、傍らを通る子供たちとの間にかざし、目を合わせないようにする★★。この秘密めいた服装をすると役人の無遠慮な質問から免れるので、フランス人宣教師はしばしば旅行に利用し、「霊魂の密輸」に役立てた。ただし一日に三度、定められた刻限になると息子は慟哭せねばならない。上流層の未亡人が再婚するのはまれで、三年の喪が過ぎる前に再婚すると、役人が公金横領の廉でこうむるのと同じ刑罰に処せられる。そして再婚によりもうけられた子供は私生児とみなされ、科挙から恒常的に締め出される。

娯楽など

このように中国の諸礼式は、民族的な習慣の基盤の上にいわば接ぎ木されているのだが、住民の気性がそれにより変化することはほとんどない。朝鮮人には漢族のような狡猾さがなく、勇敢さでは中国人をしのぐ。

★ *Ibid.*
★★ Pourthié; Dallet〔『朝鮮事情』前掲書、242 頁〕; Féron; Daveluy; Pichon.

客人を歓待する念は際限がないし、正直で純朴であり、情に厚い。人なつこく、人を信用しやすいが、恥辱には非常に激しく反応する。外国人の前では重々しく、近寄りがたい体裁を繕うが、友人同士だといつもの荘重さをさっさと脱ぎ棄てる。踊るのも好きだし、中国人ならば未開の民にしか許されないと考える気晴らしにも身をまかせる。両班は貴族的で優美な作法において中国に匹敵すべく、いろいろと努力するが、いつもそれに成功するわけではなく、公式の儀礼が終わるとすぐに野生的な礼儀知らずの本性を表わすことも多い。中国や日本では舞台演劇が大人気だが、文芸作品の相対的な貧弱さのせいか、朝鮮人には知られていない。だが音曲は大好きで、弓奏楽器［奚琴《ヘグム》か］の音色に聞き惚れる★。和声を知らぬ中国人が鑑賞できるようになるまでかなり時間がかかるヨーロッパの旋律も、朝鮮人は喜んで耳を傾ける。

農産物

朝鮮はほぼ全面的に対外貿易に閉ざされており、産出する食料品は自給にかつかつである。中国と同様に米穀を主食とするので、とりわけ稲作が多く、急流や河川を流れる潤沢な水が、稲田の形成に寄与している。コムギ［小麦］、アワ［粟］、コーリャン［高粱］などの穀類のほか、さまざまな野菜も栽培されるし、村々を囲む果樹園では温帯ヨーロッパおよび温帯アジアの果樹の大半がみられる。最も一般的なのはカキ［柿］で、「カム」と呼ばれるが、雨が多すぎるため、花の香りも果実の風味も微弱である★★。園芸作物としてはワタ［棉］が最大だ。五〇〇年前には、まだこの貴重な作物は朝鮮では知られておらず、綿を独占していた北京の政府は厳罰をもってその種子の国外持ち出しを禁じていた。だが天子に対する例年の朝貢使節団のひとりが三粒の種を盗むのに成功し、竹筆の柄に隠して持ち帰ったのである★★★。いっぽう朝鮮の歴代国王も高麗ニンジン［ジンセン］の輸出を厳禁してきた。同国の栽培品は満州の森林地帯で獲れる天然物よりもかなり値が落ちるが、それでも重要な密輸品目である。半島南部には茶の木が自生するが、喫茶の習慣は上流階級にしか普及していないため、ほとんど栽培されない。ブドウ［葡萄］はすばらしいレー

★ Oppert, *op.cit*.

★★ Dallet, *op.cit*.［『朝鮮事情』前掲書、22 頁］; Léon Metchnikov, *Empire japonais*, Genève:Imprimerie orientale de L'Atsume Gusa, 1881.

★★★ Daveluy, *Annales de la Propagation de la Foi*, juillet 1848.［『朝鮮事情』前掲書、21 頁］

ズンをもたらすが、それを原料とする酒作りはまったく知られていない。ジャガイモ栽培は違法で、司祭に差し上げるために現地キリスト教徒だけが植えつける★。かつては平地だけが耕作されたが、迫害を受けたキリスト教徒は、逃げ込んだ山中の上部斜面を耕作せねばならず、けっきょく新たな耕作法と、よそでは見向きもされないこの作物の栽培に成功した。現在では高地の主な作物はタバコだが、アワ〔粟〕やアサ〔麻〕も作付けされている。

工芸

紀元初期の朝鮮は工芸品の大半において日本の師匠だったが、今日ではだいぶ生徒に追い抜かれてしまった。日本製を凌ぐのは、いくつかの武具や、カジノキ〔梶の木〕のパルプをもとにした紙くらいである。麻布や綿布は染め織りされるが、羊毛地を作らないので、寒気には大いに役立つはずの布地をなしに済ませねばならず、二〜三枚を重ね着するにとどまる。大官や両班の絹衣は中国からの輸入品だ。役人たちは径が一メートル近くに達する円頂形のつばの広い帽子〔冠《カツ》〕を非常に誇る。これは国産で、済州島に主産地があり、島民は竹の繊維を黄色く染めたり、もっと頻繁には黒漆で塗る。最高級品になると、鶴などの鳥をかたどった銀の模様をほどこす★★。家屋は宮殿とされるものも含め、一般に土壁と支柱のあばら家で、藁屋根をそなえる。市内の最も美麗な大型建築は、工法といい室内装飾といい、日本のものに似ている。窓はガラスがはめられているが、ほとんど国内に導入されていない贅沢品だ。床には莫蓙が敷かれ、日本と同様に家の中に入るさいには履物を脱ぐ★★★。労働を不面目とみなすため、貧困が普遍的にみられる。上位階層にとって生活の道は、暴利と、あらゆるたぐいの横領しかない。

対外交易

今世紀半ばから近年まで、中国、日本、ロシアといった隣国との直接貿易は非常に困難になり、ほぼすべての交易が密輸になった。たいした成果もないまま一八六六年にフランス人が漢江で行った軍事的散歩

★ Féron, *Annales de la Propagation de la Foi*, juillet 1848; Dallet, *op.cit.*［『朝鮮事情』前掲書、21頁］
★★ Oppert, *op.cit.*
★★★ Koeïling, Scherzer, *op.cit.*

や、一八七一年のアメリカの示威行動により、それまで外国人が到達できなかったソウル宮廷も、外界を警戒するようになり、対外的な諸関係のいっさいを断絶すべきではないかと考えるに至った。一八六七年には鳳凰城近くの「高麗門」、すなわち辺門《ピョンムン》で毎年開催される大型市〔柵門後市〕が禁じられるとともに、満州ロシア領内、豆満江の朝鮮側の岸辺にある琿春《フンチョン》に近いキヨングワン〔慶源か〕で数日間にわたり開催されてきた市も廃止された。だが朝鮮政府はロシアという気になる隣国の存在を認めたがらず、ツァーリの帝国との境界線の画定交渉を避け続けた。朝鮮国王は宗主国と手を切ることも厭わず、慣習的に朝鮮水域で漁を行なってきた中国のジャンク船さえ拿捕に踏み切ったのであって、幾艘かは焼却され、乗組員は死刑に処せられた★。一八七五年には日本の使節が洋服を着用していたため国王への謁見が叶わず、ソウル政府は先にフランス、アメリカ両国がこうむったのと同じ罰を天皇にも下すぞと威嚇した★★。これで日朝間には開戦の危機が高まったが、交渉により何とか回避されたのである。ヨーロッパ人により、通商に必要な港を開港させられた経験でもって鍛えられた日本は、一八七六年、半島南端の釜山に昔からあった在外公館〔草梁倭館〕内での在留権を認めさせた。朝鮮湾の浜辺にあったこの小集落はだんだん小規模な都市に成長し、一八七八年にはすでに三〇〇〇人が滞在し、規則正しい街路と公共建造物がそなえられた。なかでも昔の日本の征服者たちを称える堂宇が建立されたのである★★★。これは長崎の海を越えた郭外町で、外国人住民は二つの社会に分かれる。ひとつが富裕な商人層で、租借地の東部にある結構な区画に暮らす。西の区画に居住するライ・シウ〔乱廛か〕と呼ばれる貧民は、多少のコメ〔米〕交易にたずさわる。コメは輸出の過半を占めるが、釜山からは生糸も輸出され、かなりの金額に上る。三年で同市の貿易額は八倍近くに達し★★★★、港はすこぶる賑わっている。一隻の蒸気船が一五日ごとに長崎

★ Dallet, *op.cit*.［『朝鮮事情』前掲書、322 頁］

★★ Léon Metchnikov, *Notes manuscrites*.

★★★ 釜山における人口は、1878 年が朝鮮人 2500 人、日本人 400 人だったが（*Moniteur des Consulats*）、1880 年の日本人は 1700 人（*Revue de Géographie*）。

★★★★ 日本との貿易量は以下の通り（単位万フラン）。

年	輸入額	輸出額	合計
1876	41	42	83
1879	285	382	667

から来航し、沿岸住民は、なお多くの船乗りが用いるジャンク船よりも安全な船舶の使用を学びつつある。こうした平底船の大半は板を粗雑に組み合わせただけで、填隙もされておらず、藁編みの帆や索しかない。隙間からの浸水が多いため、ひょうたんを手にした乗組員がひとり、もっぱら船底の水の掻い出しに専念せねばならないほどだ。東海岸では、カヌーというよりも飼葉桶に似た丸木舟が用いられるにすぎない★。このため航路は沿岸の港伝いに限られ、少しでも危険のきざしがあれば直近の湾に難を避ける★★。

開港地

対日通商に門戸を開いた一八七六年条約〔日朝修好条規〕は朝鮮の政治的、商業的な孤立を終わらせる大事件である。以前に日本が自発的にせよ力ずくにせよ、「諸国の協調」の仲間になったのと同様に、朝鮮も日本との関係に身を置かざるを得なくなり、転じては、日本を通じ、世界につながったからだ。釜山港の開放からわずか四年で日本外交はもうひとつの居留地、元山津を獲得した。これはラザレフ港〔金野湾、当時はブロートン湾とも〕から二〇キロほど南で、ロシア船がひんぱんに来航し、しばしば地図上にロシア属領として表記されたものだ。朝鮮半島の北東部に位置する元山の市場の獲得は非常に重要で、釜山とは別の産品、とりわけ毛皮やタバコ、砂金、昆布がもたらされる。ひとつの金融機関がさっそく家屋や桟橋を建築し、この新たな港と長崎のあいだに蒸気船の定期便が運航している。元山は釜山よりも水深が大きく、うまくかくまわれている。こうした当初の成功に気を良くした日本は他の港の開港を要求しているが、そのひとつはソウルのすぐそばである。ただし現在のところ、日本は自国の通商権益に限って推進するよう気を配っている。それ以外の列強が朝鮮半島に足を踏み入れようとする試みはすべて押し戻されてきたが、すでに数千人の朝鮮人移民を受け入れている隣国ロシアの要求に対し、ソウル政府がなお長きにわたり抵抗するのは不可能だろう。朝鮮はいまや決定的な歴史的転換点を迎えており、古来からの鎖国は終わろうとしている。朝鮮は避けられぬ変化を予想してか、日本国内を渉猟し、その制度や工業を研究するための視察官を派遣した。

★ 1854年におけるパラス号の航海。
★★ Ferréol; Pourthié, *Annales de la Propagation de la Fois*, mai 1847, juillet 1859.

第三節　行政と軍事

朝鮮国王

朝鮮国王は臣民の絶対的な主人で、正真正銘の宗教的崇拝の対象だ。前国王から継承した彼の実名を口にするのは不敬罪であり、わずかに体に触れるのも罪になる。国王が死んだばあい、廷臣たちは自分の手が玉体に触れぬよう気をつけて埋葬する。逆に国王に触れてもらうのは無上の栄誉で、それに浴した者は、王が指で触った衣服の箇所に絹帛をつけて装飾する。国王が手を一振りするだけで、寵を失った大臣は毒を仰いで自殺する★。中国皇帝が創始した制度により、側近には公式の監査官がいるものの、主君その人を非難するなど思いもよらず、単に顕彰の言葉を並べる役目にすぎない。首都には御聖顔のみを描く絵師の専門学校がある。だが、法律上は無制限のこうした絶対権力は、貴族層にとっては建前にすぎない。かつて日本では大名が国事を牛耳ったのと同様に、実権は貴族［両班］にあり、国王は彼らが一致団結して歯向かうのを恐れ、そのうち誰ひとりの特権にも手を出さない。

公式には統治組織は中国の複製で、ソウルが常に目を向けるのも北京である。中国皇帝の誕生日や新年、夏至や冬至には、朝鮮国王はその子供たちや高官に囲まれて北京の方角に向かい平伏する。天子の宮廷に使節を送るにあたり四度にわたり跪拝し、薫香を焚く。敬意を表する書簡は、黄色い緞子で覆った儀礼用の輿により運ばれるが、国王自身も首都の城外までそれに随行する。使節が帰国すれば同様の儀礼をもって出迎えるし、北京からの使者に応接する際は、臣下の礼をとるのである。中国皇帝と同様に、朝鮮国王も、収穫物を公式な供犠に用いるための特別な畑で犂を引く。王妃は北京の正式な認可を得てからでないと后の称号を用いないが★★、彼女も養蚕の神に対する供犠の司祭職を務める。朝鮮では養蚕の占める位置はかなり小

★ Daveluy; Pourthié, *Annales de la Propagation de la Fois*, juillet 1849, mars 1860.
★★ *Annales de la Propagation de la Fois*, juillet 1859.

さいが、それでも王宮内で蚕を飼い、養蚕農家のため天の恵みを願うのだ。祖霊ならびに孔子を称える公式の祭儀は、北京と同様にソウルの宮廷でも行われ、供犠用のヒツジ〔羊〕やヤギ〔山羊〕の群れがソウルで育てられる。これらの聖なる動物は庶民による飼育が禁じられている★。国王が逝去すると、社会生活は二七カ月にわたり中断し、祭儀や婚儀、埋葬が禁じられ、法廷の手続きも停止する。すべての人間と動物の生命が尊重されねばならぬからだ。中国皇帝のばあいと同様に、朝鮮国王の子孫も世代を経るごとに貴族性を失ってゆき、奴婢階層に属する者さえいる。

政府機構、司法

国王の次に主要な人物は、貴族や大臣から選ばれるひとりの「寵臣」で、寛厳いずれの君徳も彼を経由するし、重大な決定は必ずその意見が徴される。最高会議〔議政府〕は九名で構成され、三名が正一品で、領議政〔首班〕、右議政、左議政である。残りはその下位〔正二品〕にある六曹で、官品をつかさどる吏曹、財政担当の戸曹、儀礼担当の礼曹、兵事担当の兵曹、司法担当の刑曹、公共工事担当の工曹からなる〔この記述は誤りで、六曹は議政府の下にある判書と呼ばれる組織だった〕★★。法律により役人は両班階層の出身に限られ、隣接する帝国と同様に、官位を登るには三つの試験〔科挙〕を経ねばならない。試験は漢文で行われるが、科挙関連の諸規定はだいぶ以前から死文化し、外形的な形式さえ遵守されなくなっている。官位や称号は最も高値をつける者に売られ、不正行為を摘発する職責を担う監督官たちは金銭とひきかえに口をつぐむ。全政府機構と同様に、刑法も中国を範とするが、朝鮮人生来の優しさのおかげで、だいぶ緩やかなものに改変された。囚人は家族の祝い事とか新年に参加するため一時的に解き放たれる。中国とおなじく、老人への尊敬は公的に制度化されており、古稀を越えた老人は、何らかの時期に、国王の供する宴会に参席する。また王妃も、貞操堅固な未亡人や美徳を示した娘たちの代表団を私宅に招待する。飢饉のさい貧窮者に役立てるため、すべての村は余剰の穀物を保管する倉を設置せねばならない。慣習により、両班は囚人の世話をする

★ Ferréol, *loc.cit.*, nov. 1847.
★★ Oppert, *op.cit.*

ことになっており、その待遇に気を配り、王宮で供する料理を持ち帰って差し入れるべしとさえされる。だがこれらのうるわしい決まりは古典の格言ほどにも遵守されず、人々は抑圧され、重税に打ちひしがれ、貧窮と飢餓に直面している。巷の言では、一八七七年から翌年の飢饉の死者は百万人、すなわち全人口の八分の一に達し、王宮の衛兵さえ一部が栄養失調で死んだとされる。

軍隊

原理的には、軍隊は壮丁すべてにより構成されるので、兵力は百万人以上のはずだが、じっさいには戦闘員の小集団にすぎない。釜山が対日通商に開港される以前、朝鮮軍の武装は槍と剣、そして昔の日本のものを見本に製造された火縄銃だけだった。日本の火縄銃じたい、十六世紀のポルトガル人の小銃を真似たものにすぎない★。いまは日本人教官がソウルの衛兵を調練しており★★、新造の砲艦も日本から買いつけられた。重大な局面に至れば、ソウル政府はトラ猟の狩人達を義勇軍に編成する。一八六六年にフランス軍の上陸部隊と戦ったのが彼らで、昔のメキシコ人と同様に、分厚い綿入れの帷子を最近まで着用した★★★。

第四節　都市と行政区分

ソウル

行政の首都は国王の御座所でもある漢陽《ハニャン》ないし漢城府《ハンソンブ》で、単に「首都」の意味であるソウルの名称のほうがよく知られている。全周九キロの城壁が囲む大都市だが、家屋は雑然としている。ダヴリュイが再録した一七九三年の人口調査では一九万人という数字が挙げられているが、近年の著述家たちは一〇～一五万人程度とみる。崋山［北漢山《ブッカンサン》］の南麓、クワン・リン［広嶺、すなわち広岳山《クァナックサン》か］の山脈の北西にあって北東からの寒風から守られる好適地にあり、南は漢江の蛇行部が画す。漢江には一本の石橋が架けられ

★ Akino, *Exploration*, 1880.
★★ *loc.cit.*, 25 avril 1881.
★★★ *Diplomatic correspondence of the United States*, 1868, 1870.

パリ子午線からの東経

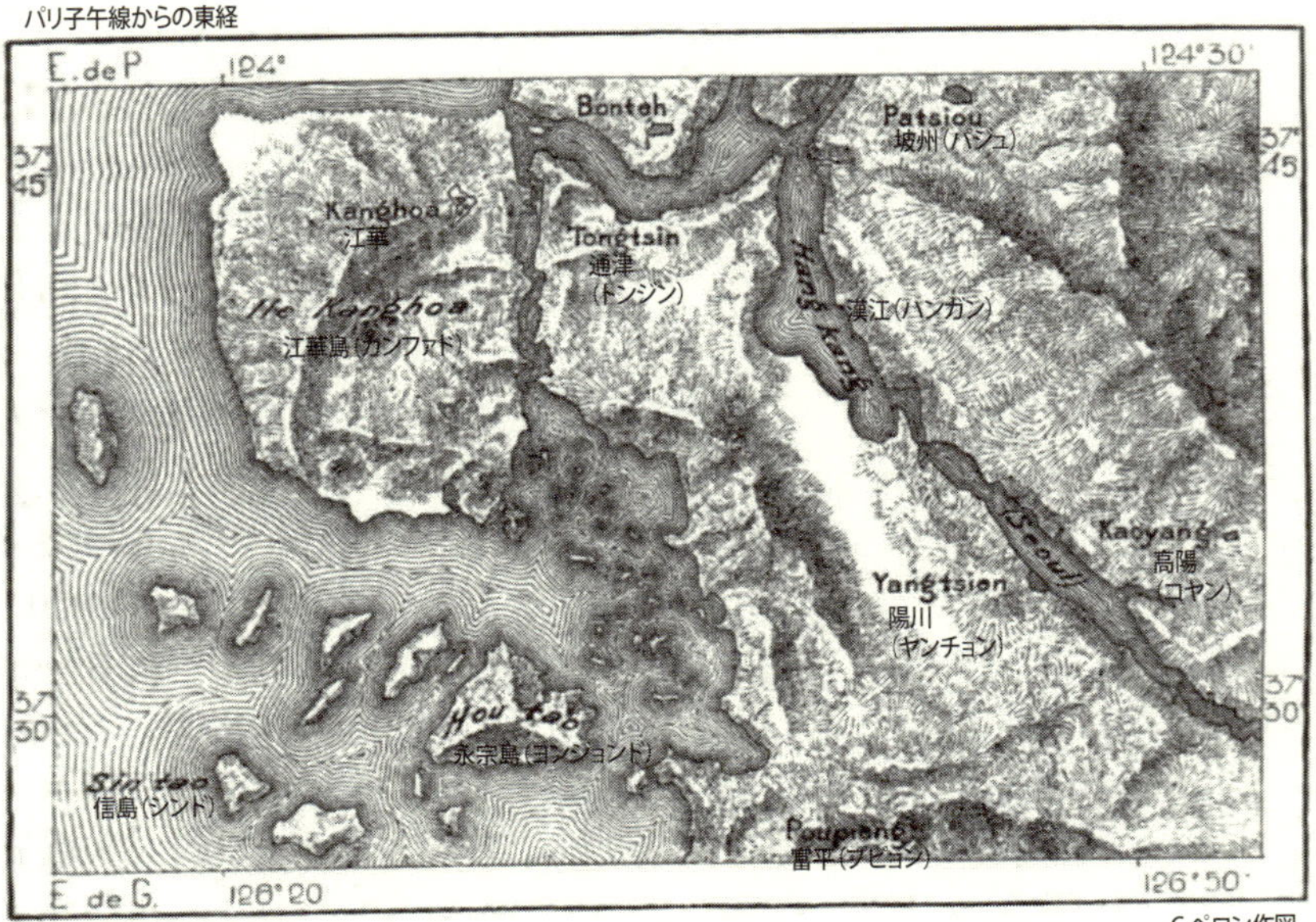

グリニッチ子午線からの東経
出所：　オッペルトおよびフランス海軍海図より

C.ペロン作図

1：600 000

20km

図 126　漢江

ている。漢江は北西に向かうにつれ、少しずつ幅が広がり、急に曲がったのち、渤海に面する河口部に至り、同湾の水と混じり合ってゆく。大型の島である江華島に沿った南北ふたつの連絡水路により、ソウルは外洋とつながる。だがこれらの水路は満潮時しか利用できない。水先案内人によると、ソウルの手前二〇キロの地点が遡上の限界である。首都にある注目すべき大建築は広大な宮殿と、五〇〇人がつどう翰林院である★。

東九陵

ソウルへの上陸地点には江華府を含め、人口一・五万～二万人の四つの防備都市がある。ソウル近郊には水踰《スユ》という王室の邑があり、朝鮮のヴェルサイユ宮殿にしてサン＝ドニ大聖堂［フランス歴代国王の墓所］だ。巷の噂によると、「金の柩」に収められた歴代君主が埋葬されている。一八六八年、密入国した米独の冒険家たちがこの墓所に手をつけようとしたが、からくも村人たちがそれに気付き、彼

★ Palladius, *Izv'estiya Roussk. Geogr. Obchtchestva,* 14 avril 1868

らを追い払った［オッペルト事件。ただしあばこうとしたのは水踰ではなく、忠清南道の徳山郡伽耶洞にあった南延君の墓］。この小競り合いの結果、米国は漢江に艦船を派遣し、城壁をいくつか砲撃せねばならぬと考えたのである★。

主な地方都市

古都である松都《ソンド》ないし開城《ケソン》は十六世紀末に日本により破壊されたが、交通の要所として復活した。ソウルよりも海に近く、通商関係者が到達しやすいからだ。同市そのものも首都としては、北西の州［平安道］の主要都市のひとつ、平壌《ピョンヤン》の後継である。平壌は現在もかなりの商都で、鴨緑江の河口近くに設けられた義州《ウィジュ》も同様だ。

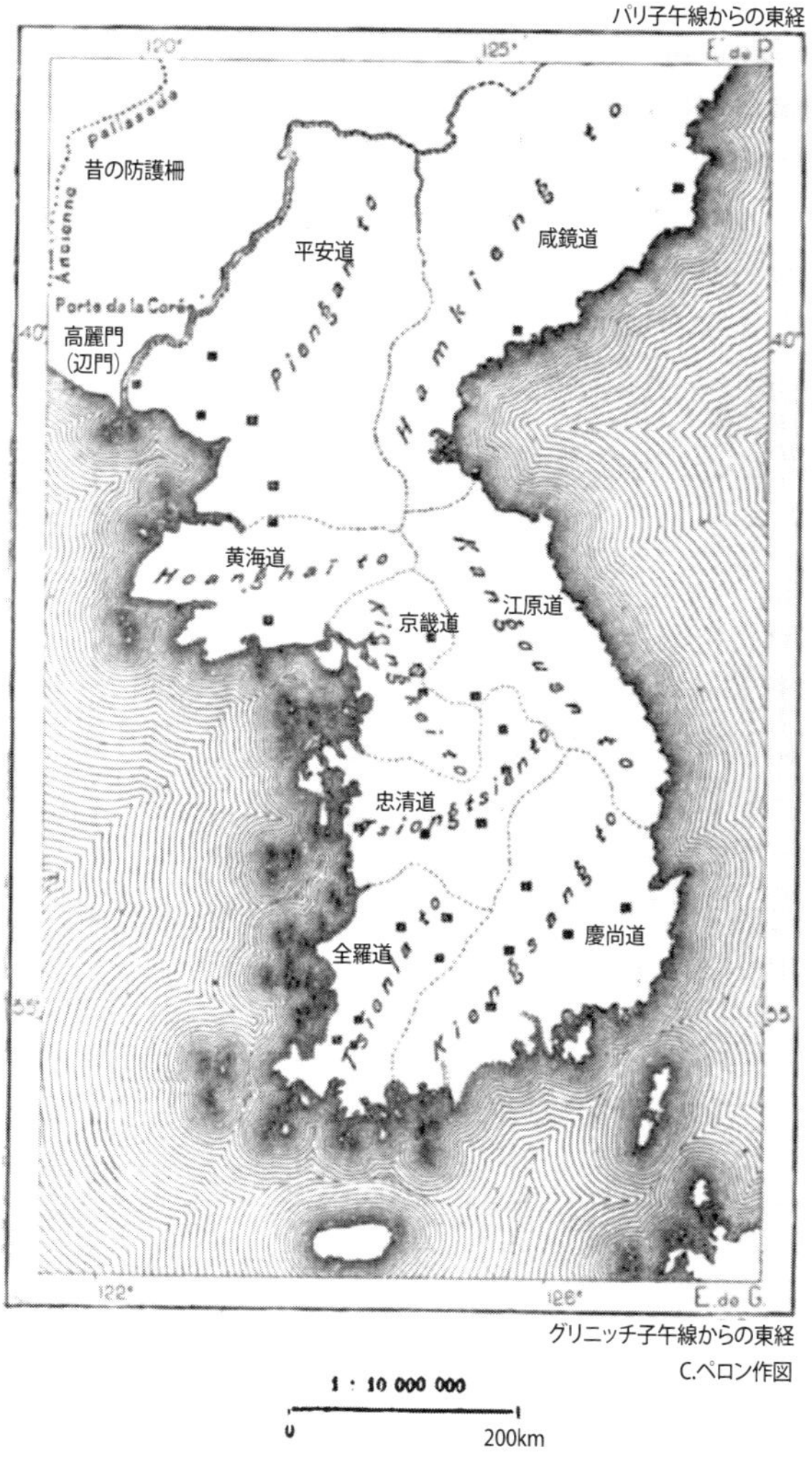

図 127　朝鮮の行政区分

★ *Diplomatic correspondence of the United States*, 1870.

半島〔原文 l'île（島）とあるが誤り〕南部では大邱《テグ》が最大の市場で、年に二回大きな市が開かれ、食料品や釜山の日本人が持ち込む商品が交換される。

朝鮮の公式な地理書の一部をダレが翻訳しているが、それによると、国内には一〇六の城郭都市がある〔『朝鮮事情』前掲書、七五頁以下〕。

行政区分

朝鮮は八道に分かれ、それぞれ漢字名が冠せられる。道は邑に、邑は地区〔牧・府・郡・県〕に分割され、一連の行政官の体系に沿う。地元の利害を代表するのは老人からなる会議で、遠隔の村は一定の独立性を享受する。

下の表は八道とその首府である。

表　朝鮮の行政区分（太字は対日貿易における開港地）

道	家屋数（軒）	首府	邑	主要都市
平安道［ピョンアン・ド］	23 万 9400	平壌［ピョンヤン］	42	
咸鏡道［ハムギョン・ド］	10 万 3200	咸興［ハムフン］	24	**元山津**
黄海道［ファンヘ・ド］	13 万 8000	海州［ヘジュ］	23	
江原道［カンウォン・ド］	9 万 3000	原州［ウォンジュ］	26	
京畿道［キョンギ・ド］	18 万 6600	漢陽［ハニャン］★	36	江華
忠清道［チュンチョン・ド］	24 万 4080	公州［コンジュ］	54	忠州
慶尚道［キョンサン・ド］	42 万 1500	大邱［テグ］	71	**釜山**
全羅道［チョルラ・ド］	29 万 0550	全州［チョンジュ］	56	済州
計	156 万 6330		332	

★漢陽（ソウル）は道から独立した別個の区域を形成する。

第七章　日本

第一節　総説

西洋文明への反応と位置

日本は数千の島嶼からなるが、広大な中華帝国にくらべ国土は微々たるもので、地理的には単なる属地にも映りかねない。だが、地球の一三〇〇分の一の面積にも満たぬこの小国は、自然といい、住民といい、歴史上の出来事といい、地球上で最も興味深い国のひとつである。ヨーロッパ、新世界、オーストラリアの外側に暮らすすべての民族のうち、日本人だけは進んで西洋文明を受け入れ、物質面でも精神面でもその成果を適用することを欲している。かくも多くの他の国民が喪失した独立を失わなかったし、征服民の風習が押しつけられることもなかった。また、外来の宗教により、改宗させる側の法律のもと、家畜の群れのようにまとめられることもなかったのである。つまり日本人は政治、宗教の面で自由だったのであり、ヨーロッパ世界に進み入るのも、従属民としてではなく、その思潮と習慣を借用する自発的な信奉者としてである。古来の文明を誇り、自らの力量を信じる中国人が、自分たちの都市を砲撃し、王宮を焼き払う「西夷」に不信の念を抱くのはまったく当然で、西洋人の説くところを受け入れるのは、長い躊躇とさまざまな出来事の圧力があった後である。ところが日本人は、かつて中国人になろうとした際と同様に、ヨーロッパ人になろうと試みている。その成否はともかく、科学的地知識や産業面の進歩の点では、日本はいわゆる「西洋」ないし「アーリア系」の文明に浴する諸国の仲間入りを果たしたと言ってよい。今世紀の初頭、ヨーロッパ文化の世界

挿画 LXIV　富士山。南西からの眺望。一葉の写真をもとに、F. シュレーダー筆
［もとになった写真はフェリーチェ＝ベアトが須走登山道から撮影したもので、
横浜開港資料館編『F. ベアト写真集 1』明石書店、2006、41 頁図版 57］

は一億五〇〇〇万人だったが、現在はヨーロッパや新世界のみならず、アフリカ、オーストラリア、アジアを含む五億人の個人から構成される。この新たな併合において、日本の地理的位置は特別な重要性をもっている。サンフランシスコからロンドンまで、太平洋とロシアを経由する中間点にある「日出ずる国」は、北半球のヨーロッパ文明に属する地帯を完結するものだからである。同国は東洋を西洋世界に統合し、マレー諸島、オーストラリア、インドシナ、太平洋沿岸諸国、インド洋沿岸諸国に至る海路をすべて扼する。加えて住民は人数といい、働きぶりといい、世界の交易と文明の歴史に大きな役割をたちまち果たすようになるのに十分である★。すでに多くの著述家は「東洋のイギリス」として日本に言及する。

★ 日本の国土面積は 37 万 9711km^2、1880 年の人口は 3592 万 5300 人、人口密度は 95 人／km^2。

輪郭と近海

日本列島は一八七五年にロシアがクリル列島［以下、千島列島］と引き換えに獲得したサハリン島［樺太］を含めると、完全に境界が明瞭な地理的集合体である。細かな差異を別にすると、サハリン島は蝦夷地［原著は地域名として蝦夷地、行政区画名として北海道を用いており、江戸と東京も同様だが、本訳では多く北海道および東京と訳出する］から本土［以下、本州］、そして島々を経て小笠原諸島、すなわちボニン群島に至る長い陸地の列の北端であることが知られている。この軸はほぼ子午線に並走する三〇〇〇キロの直線をなし、その北東部に千島列島の軽く湾曲した軸が接する。これはカムチャツカから北海道に伸びる火山帯を接続するものだ。ただし東アジアでは、大陸の海岸線も、島々の並び方も、すべての陸地が一様にこの曲線的な配置になることが知られている。日本の最大の島である本州も千島

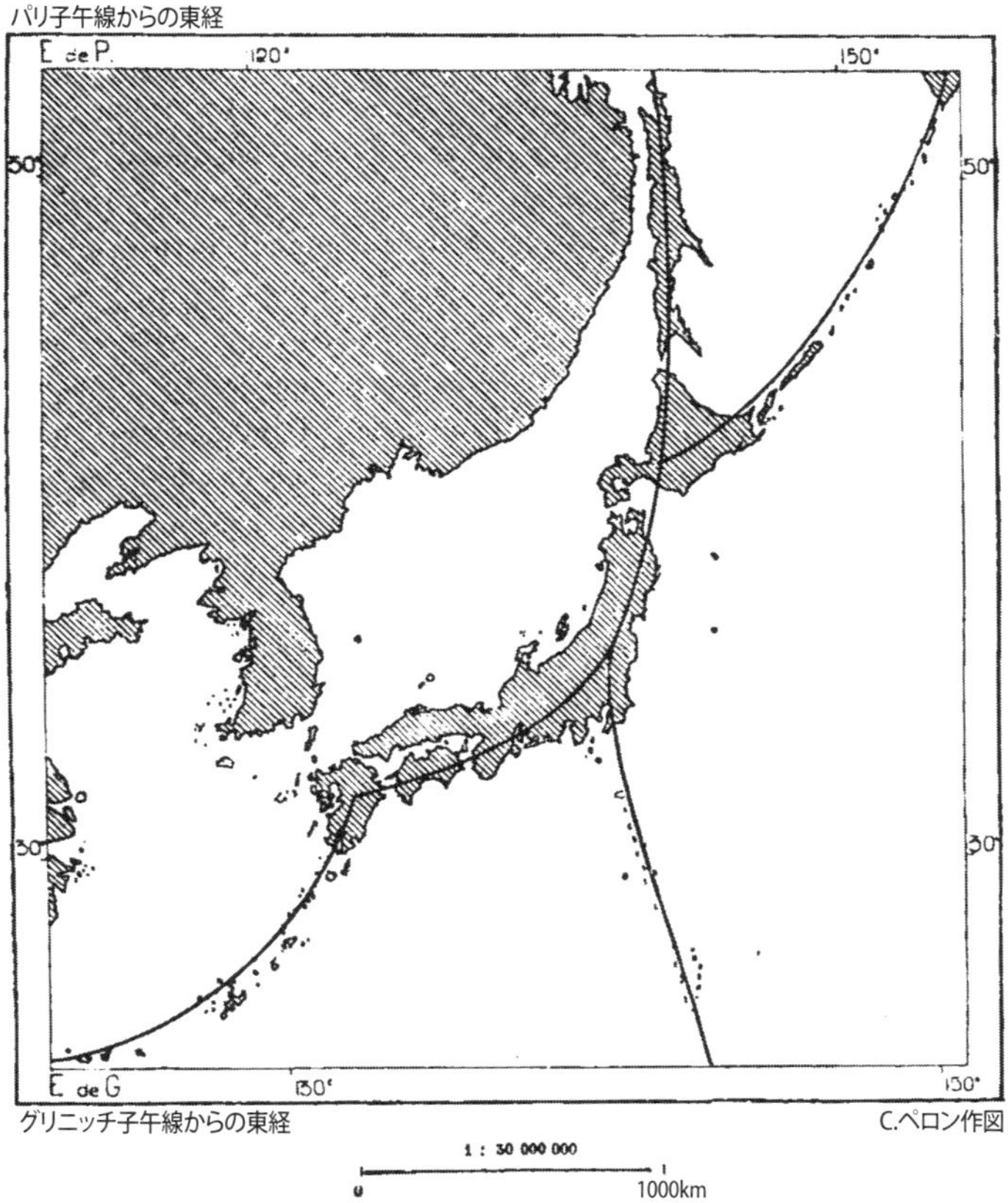

図 128　日本列島の円弧群

列島の円弧と同じく外洋に膨らんだ曲線を描き、朝鮮半島南端の諸島めがけて南西に伸びる。本土の南には一般に琉球の名で知られる多様な群島の集合があり、これまた九州と台湾のあいだで円弧上に配置する。つまり日本は全体として、一本の子午線の軸と、北東から南西に連なる三本の円弧から構成される。北海道南部の噴火湾〔内浦湾〕の一帯と、本州の日光の山々、そして九州の中央高地における山岳集団〔九州山地〕がこれらの線の交差する結節点で、まさに最も活発な火山群が見出される場所だ。千島列島、本土、琉球の三つの孤は、人類の知る最も深い海溝の浜辺を形成するが、西を大陸から隔てるのは、軽度な表層の侵蝕にすぎない。サハリン島により日本はいわば大陸に接続するほか、九州および対馬によって朝鮮にも接近しており、水道〔対馬海峡〕の測深は一〇〇〜一二〇メートルしかない。わずかに、タタール海峡〔間宮海峡〕と対馬のふたつの海峡のあいだにある日本海は、かなり深くなる。すなわち朝鮮半島の北東、コザコフ岬から遠くない沖合で二六九〇メートルの深海が発見されている。この海盆の中央付近はもっと深いかもしれない。

　千島と琉球の首飾りのような列島をのぞいた狭義の日本は四つの大きな島で構成される。それは北海道、本州、四国、九州で、海底の地峡でもって近くの海岸に連結した無数の島々や、深海から立ち上がって海面上に突き出た火山島がつらなる。日本の地理学者たちはしばしば三八五〇の島嶼があると述べるが、どの程度の面積があれば島とみなすのかを示さないので、およそ陸地という陸地や岩礁まで含めれば、数はさらに増えるだろう。日本人は日本海にある佐渡、対馬、隠岐、壱岐のほか、瀬戸内海の淡路島も主な陸地と考え、国土を「大八洲《おおやしま》」と呼ぶが、この名称は、かつて外地だった北海道を全く除外する★。日

★ 読者［フランス人］が通常の読み方をすれば、日本語の発音は、ほぼ正確にフランス語のアルファベットで再現できる。ヘボン［アメリカ人長老派教会系宣教師、医師、明治学院創立者 James Curtis Hepburn, 1815-1911］やサトウ［イギリス外交官 Ernest Mason Satow, 1843-1929。ルクリュは書名を示していないが、*A Handbook for Travellers in Central and Northern Japan*, London: Johon Murray, 1881, ではないかと思われる。その改訂第2版（1884年）の邦訳アーネスト・サトウ『明治日本旅行案内』庄田元男訳、全3巻、平凡社、1996、では上巻、17-18頁に類似の言及がある］が提案する表記法はほぼ一般化している。ただし「ou」音は話し言葉ではほぼ完全に消えるので、語尾から抹消するのが適切と考えた。日本の南部で用いられる軽い帯気音には「s」の文字を残してある。イギリス人著述家は「sh」と表記するもので、このためレオン＝ド＝ロニー氏およびテュレティーニ氏の表記法に倣い、「*Kouro shivo*［黒潮］」ではなく、「*Kouro sivo*」と表記する。

本人自身が「本土」ないし「本地」、「中土」、「内地」と呼ぶ最大の島を外国人はしばしば「日本」と呼ぶが、こちらは列島全体を指す名称である。「日出ずる国」を意味するこの名称は、中華帝国と旧世界全体の東に位置するためだ。船乗りの通常の用例では「極東」は日本と中国沿岸を指し、太平洋対岸のカリフォルニアがファー・ウェスト、すなわち「極西」である。エル・イエロ島［カナリア諸島］からにせよ、あるいはパリやグリニッチからにせよ、東西一八〇度で世界を二分する慣習的な線は太平洋の真ん中にあるからだ。東京の一日はパリよりも九時間先行し、サンフランシスコよりも六～七時間しか遅れないが、それでも日本と西ヨーロッパの日付は同一である。だから太平洋を旧世界から新世界に向けて横断すれば、同じ日を二度数えることになるし、逆方向なら一日飛び越える。

名称

日本列島の詩的な呼称は多い。「太平洋の岸辺」、「武の土地」、「名誉と儀礼の土地」というのもあれば「固まった水のしずく」や「あめつちの間の国」とも言われる［古事記］。日本の学識者や詩人たちは、世界の東にあって驚異に溢れると古代中国の著述家たちが記述する神秘の国、扶桑国の名を冠することもある。ヨーロッパ人よりも一五〇〇～二〇〇〇年前に東洋人が新世界の存在を知っていたかどうかはともかく★、扶桑国に育つ樹木は高さ一万尺に達するものもあり、九千年ごとに果実をみのらせるとされる。中国から東に進み、果てしない大海を前にした日本人が、中国人との関係を断ち切ったのち、古代の年代記が言及する扶桑国こそ自分たちのものにほかならないと信じることは可能だったであろう。そもそも「扶桑」という名称じたい、材質がどんどん固くなり、ついには不滅になるという想像上の桑の一種で、あらゆる危難を克服し、勝利を収める自国という考えに比すのを日本人は好むのである★★。

西洋側の地理認識

★ Joseph de Guigne, *Rechereches sur les navigations des Chinois du côte de l'Amérique*, s.d. (seconde moitié du XVIIIe siècle); Charles G. Leland, *Fusang, or Discovery of America*, London: Trübner, 1875; Newmann, *Zeitschrift für allgemeine Erdkunde*, 1864: Ma-Tuan-lin［馬端臨］, *op.cit.*

★★ C. Pfoundes, *Fu-so mimi Bukuro; a budget of Japanese notes*, [Reprinted from the *Japan Mail*, Yokohama: Japan Mail Office, 1875]; Metchnikov, *op.cit.*

マルコ＝ポーロが日出ずる国についてもたらした情報といえば、「チパング」という名称くらいのもので、中国人はこれを「ジプン・クエ」、マレー人は「ジパング」、ヨーロッパ人は「ジャポン〔仏語〕」に変形した。だがマルコ＝ポーロは同国の素晴らしい富や、黄金が敷きつめられ、同じく黄金の瓦屋根をもつ宮殿についても語った〔『東方見聞録2』前掲書、一三〇頁〕。キューバに上陸したコロンブスがこの楽土を発見したと信じたこともよく知られている。だが九州の南にある種子島に、難破したポルトガル人航海者のメンデス＝ピント〔ポルトガル人商人、著述家 Fernam Mendez Pinto 一五〇九頃―一五八三〕、ディエゴ＝ザマイト、ボラリョが上陸したのは、マゼランの世界一周から二〇年以上経った一五四三年だった。彼らは大歓迎を受け、マラッカと日本とのあいだに交易関係が樹立され、裕福な日本人の娘が外国人と結婚する例もみられるに至った。宣教師たちも船乗りたちに踵を接して入り込んだが、この世紀は、すでに勃発していた宗教上の戦乱なしにはすまなかった。キリスト教徒は国外追放、あるいは虐殺され、わずかにオランダ人商人だけは、十字架に唾を吐きかけて踏みつけるのを条件に、長崎に近い出島の中で日本との交易を許されたが、それは商館というよりもゲットーで、日本列島の最南西にある小さな流刑地のようなものだった。それでもオランダ人は日本の自然史と、警戒心に満ちて彼らに応接する日本人の習慣を学ぶことはできたので、ケンペル〔ドイツ生まれの医師、博物学者 Engelbert Kaempfer 一六五一―一七一六〕とシーボルト〔ドイツ人医師、博物学者 Philipp Franz Balthasar von Siebold 一七九六―一八六六〕の偉大な著作群は、日本について我々が所有する最も貴重な記録であり続けるだろう。

日本人による地理研究

幕府は出島のオランダ商館における滞在を容認し、その影響が及ばぬよう細心の注意を払ったが、にもかかわらずオランダ人に学ぶ工夫を見出す日本人はいたし、十八世紀に公刊されたいくつもの地理書には、ヨーロッパの知識に学んだ痕跡が歴然としている。一七七八年には全土の測量作業が開始され、一八〇七年までかかった。その測量をもとに知識人、伊能〔忠敬、一七四五―一八一八〕が作成した五〇万分の一の全国地図〔大日本沿海輿地全図〕は、オランダの海図から借用した海岸線の形状と、日本側の測量結果をできる限り合致させたものだった。また狭義の日本の

外側にある諸地方の探検にたずさわる知識人もいた。前世紀末にはすでに最上徳内〔幕府普請役、探検家一七五四—一八三六〕が千島列島を渉猟して記録し、シモダニ兄弟も日本列島の南西に隣接する諸島を訪ねていた★〔一六七五年に幕命により小笠原諸島を探査した島谷市左衛門と島谷太郎左衛門か。ならば南西ではなく南東である〕。最後に間宮林蔵〔幕府役人、探検家一七八〇—一八四四〕が満州沿岸を航行し、サハリンとシベリアのあいだを通過した。以後この海峡は彼の名を冠する〔間宮海峡〕。彼はこの探検行により、ラ゠ペルーズやブロートン、クルーゼンシュテルンの探検の目的でありながら、完全には解明できなかった問題に最終決着をつけた。クルーゼンシュテルンは「日本人にしてやられた」と嘆いたのである★★。一八一一年にロシア人ゴロヴニン〔帝政ロシア海軍軍人、探検家 Vassilii Mikhailovitch Golovnine 一七七六—一八三一〕が徳川幕府の捕虜となったさい、間宮林蔵ほかの知識人はすでに太陽高度をもとに緯度を、そして時間差により経度を知る技術をそなえ、天測による緯度の決定技法をゴロヴニンから教わりたがったのである。

諸港をヨーロッパ交易に開港して以後、外国人と地元民は日本の探査に積極的に協働している。沿岸海域について、日本海軍はアメリカほか多くのヨーロッパ列強の海軍と協力し、港湾の特別な海図用の測量作業を一部担当している。地質学者や鉱山技師は各地の地形と岩石を調査し、すでに日本の一般図はアルバニアやマケドニア、スペインの一部など、多くのヨーロッパ国家よりも精密な輪郭をそなえるに至った。日本の用語法は地図作成者に特別な困難をもたらすもので、都市ほかの漢字名は、表意だったり表音だったり、種々の読み方がある。したがって、それぞれの地名を正しく読むには、前もってその地点を知っている必要がある。このため、現地製でさえ日本の地図にはしばしば誤りがみられるため、漢字に読み仮名を付すしかない。だが日本人が地理研究にみせる驚くべき情熱をみれば、こうしたことは一時的な困難に過ぎず、まもなく解消するに違いない。行商人にせよ職人にせよ、商用や物見遊山の旅に出かけるさい、現地に関する地図をたずさえない者は非常に少ない。旅程や観光地を記したさまざ

★ Léon Metchnikov, *Notes manuscrites.*

★★ Philipp von Siebold, *Geographical and Ethnographical Elucidations to the discource of Maerten Gerrits Vries A.D. 1643 in the east and north of Japan*, 1859.［シーボルト『日本』中井昌夫訳、第 1 巻、雄松堂書店、1977、259 頁にも記述がある。］

まな縮尺の案内書、すなわち名所図会は西洋諸国よりもはるかに普及している。

第二節　山系

千島列島

千島列島を構成する山脈は一部が水没しているが、長さ六五〇キロにわたり驚くほど規則正しく発達する。カムチャツカ半島のロパートカ岬、すなわち「肩甲骨の岬」からわずか幅一三キロ、深さ一八メートルの海峡［千島海峡、占守海峡］により分離する千島列島は、占守島（シムシュ）の火山から始まり、その南に細長い山がちの幌筵島（パラムシロ）が連続する。カムチャツカ半島が地理的に終止するのが幌筵島である。というのも、いわゆるクリル海峡［占守海峡］と小クリル海峡［占守島と幌筵島間］のふたつの水道は、いわば単なる溝にすぎないからだ。だが幌筵島の南にある広い水域は太平洋とオホーツク海を連絡する［温禰古丹海峡］。以南に連なる温禰古丹（オンネコタン）、春牟古丹（ハルマコタン）、捨子古丹（シャシコタン）、松輪（マツワ）、羅処和（ラショワ）、新知（シムシル）、およびもっと小さな島々は、深い大洋底に根を下ろし、水没している山岳の頂部にほかならない。連続する山脈を形成し、わずかに狭い水道が間を隔てるにすぎない島々が再び始まるのが得撫（ウルップ）島で、一六四五年にオランダ人水先案内人ゲルリッツエン＝フリース［オランダ東インド会社職員、探検家 Maarten Gerritszoon Vries 一五八九—一六四七］が訪れ、東インド会社の所有地として「コンパニース・ラント」と命名したものである★。それに続くのが択捉（エトロフ）島で、千島列島の総面積の半分近くを占め、最大である★★。明確な山塊や山系、半島などをそなえ、小型の大陸並みだ。北海道に最も近い国後（クナシリ）島も大きな陸地で、北海道東岸の二本の角に挟まれた湾の外側に向け突き出している。北海道とつながる浅い海底の屋根からは、兜の前立ての形に広がる長い砂堆が伸びる。色丹島（シコタン）はこの高緯度地点でも生育する大理石模様の幹をもつ竹の一種にちなんで名付けられたも

★ *Ibid.*
★★ 千島列島の総面積は 1 万 4826km^2、うち択捉島が 6883km^2。

ので［シコ・タンはアイヌ語で大邑を指す］、同島と択捉、国後の三島は、千島列島全体を日本領とした条約［一八七五年の樺太・千島交換条約］よりも前から、行政は日本に属していた。このほとんど無住の列島の行政首府は、国後島の南部にある泊（トマリ）の小村である。千島列島は航行と漁業用にいくつかの沖合が探査されたにすぎず、周辺は今なお最も知られていない海域のひとつだ。カムチャツカ半島の火山性の裂開が、千島列島の火山群を経て、北海道の噴煙を上げる山々に連なることはよく知られているが、活火山の数は不明で、現在のところそれを知るのも不可能だ。というのも、島の明確な定義が確立しておらず、ふたつの島を航海者たちが同名で呼ぶこともあるせいである。ミルン［イギリス人地震学者、人類学者、考古学者 John Milne 一八五〇―一九一三］は千島列島に五二の火山があるという。アレクシス＝ペレー［フランス人火山史学者 Alexis Perrey 一八〇七―一八八二］が自らの研究に常に施す綿密さをもって構築した統計では、千島列島の発見以後の短期間で少なくとも一三の火山が溶岩を噴出している★。その最高峰である阿頼度山（アライド）はほぼ常時冠雪し、標高は三三〇〇メートルから四四八〇メートル（？）まで種々の推定がある［二三三九メートル］が★★、千島列島の列線から少し外れて幌筵島の北西に立ち上がる［阿頼度島］。カムチャツカの住民は、おそらく何らかの大型火山活動の記憶と思われるが、同山はかつてカムチャツカ半島南部にあったと語る。他の噴火山といさかいのすえ、海に飛び込んだのだが、その「心臓」をかつての場所に残してゆき、それが深い湖の中にある小島であるという★★★。活火山がある島は幌筵、春牟古丹、捨子古丹、越渇磨（エカルマ）、知林古丹（チリンコタン）、雷公計（ライコケ）、松輪、知理保以島（チリホイ／チェルポイ）、国後で、択捉にはおそらく二つの火山が存在する。温禰古丹島には三つの噴口がみられるが、それ以外にも溶岩が流出した火口が千島列島内にあることは疑いない★★★★。列島内にはひんぱんに地震が発生し、ロシア船が難破する原因になる。一八四九年のある揺れでは新知島の湧泉すべてが涸れ、住民は居所を移さねばならなかった★★★★★。千島列島が太平

★ *Annales des sciences physiques et naturelles de Lyon,* tome VIII, 1864.

★★ Gustav Adolf Landgrebe, *Naturgeschichte der Vulkane*, 1855.

★★★ George Guillaume Steller; Stephan Krachéninnikov, *Histoire du Kamtchotka.*

★★★★ *Géographie japonaise*; Landgrebe; Metchnikov, *op.cit*.

★★★★★ *Mittheilungen von Petermann,* 1858.

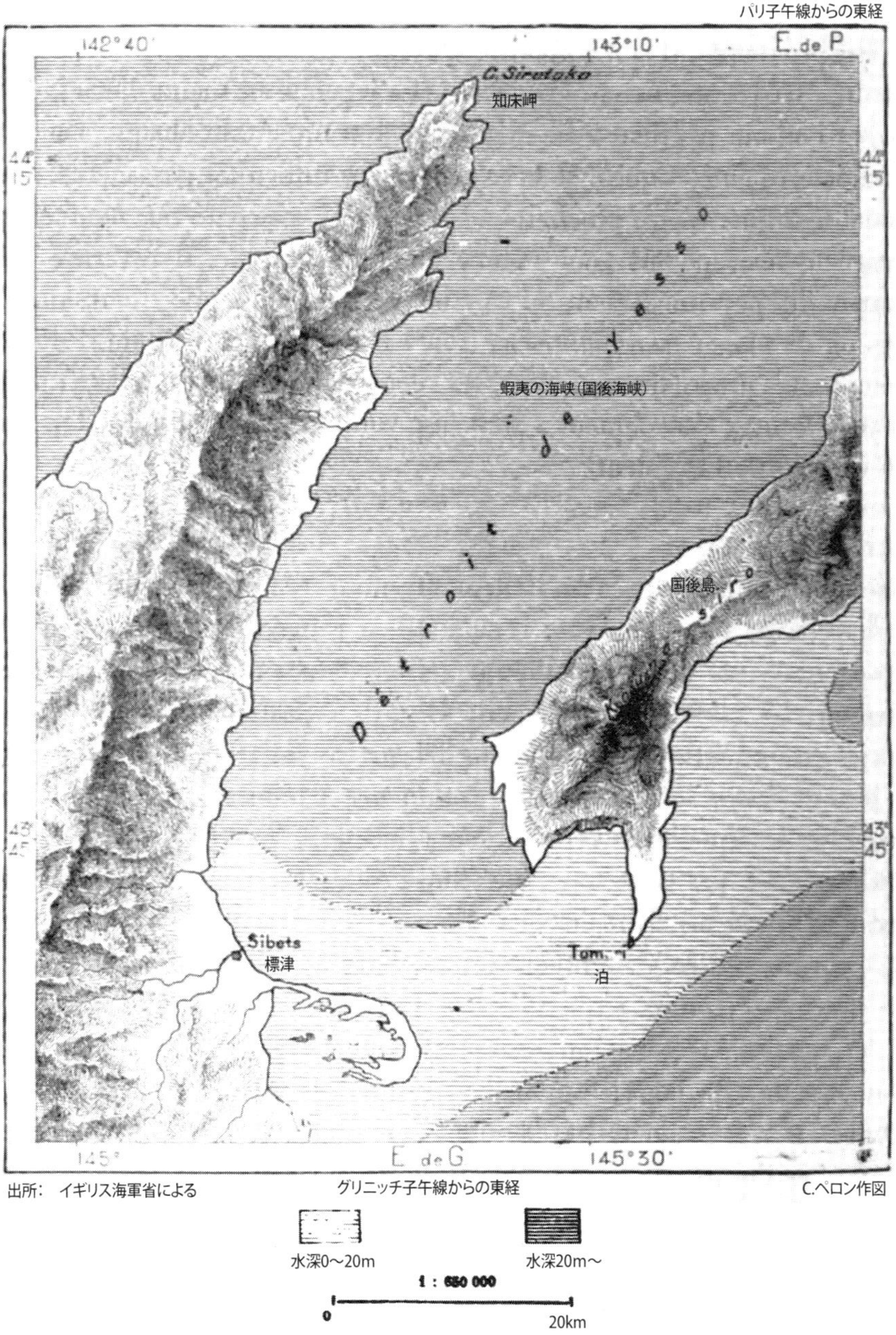

図 129　北海道と国後島のあいだ、標津の海峡［根室海峡］

挿画 LXV　幌筵島の遠望。クルーゼンシュテルンをもとに、P. ラングロワ筆

洋の海溝〔千島海溝〕に沿うのは注目すべき事実であって、この火山性山脈のすぐ東を測深したところ、二〇〇〇、二五〇〇、三〇〇〇メートル、さらには四〇〇〇メートルや六〇〇〇メートルの水深が得られている。それに対し、西側のオホーツク海では八〇〇メートルを超える窪地はない。力強い山容をそなえる阿頼度山のほか、いくつかの山頂が航海者により測量されている。そのひとつ、国後島のものは九二〇メートル、松輪島のそれは一三七七メートルだ〔芙蓉山、ないしサリチェフ山、標高一四九六メートル〕。

北海道の山系

北海道は全体として、ふたつの山系が交差して形成されたものとみられるが、全体的な地質構造はその通りであるにせよ、詳細な地形では当てはまらぬ点も多い。サハリン島の南方に伸びる稜線と、千島列島の南西に続く稜線は、北海道の四角い陸塊のなかに混じり込み、大小さまざまな山塊や山脈を形成しており、その分水嶺はあちこち河川に侵蝕されつつ、長い皺の群れになって蛇行す

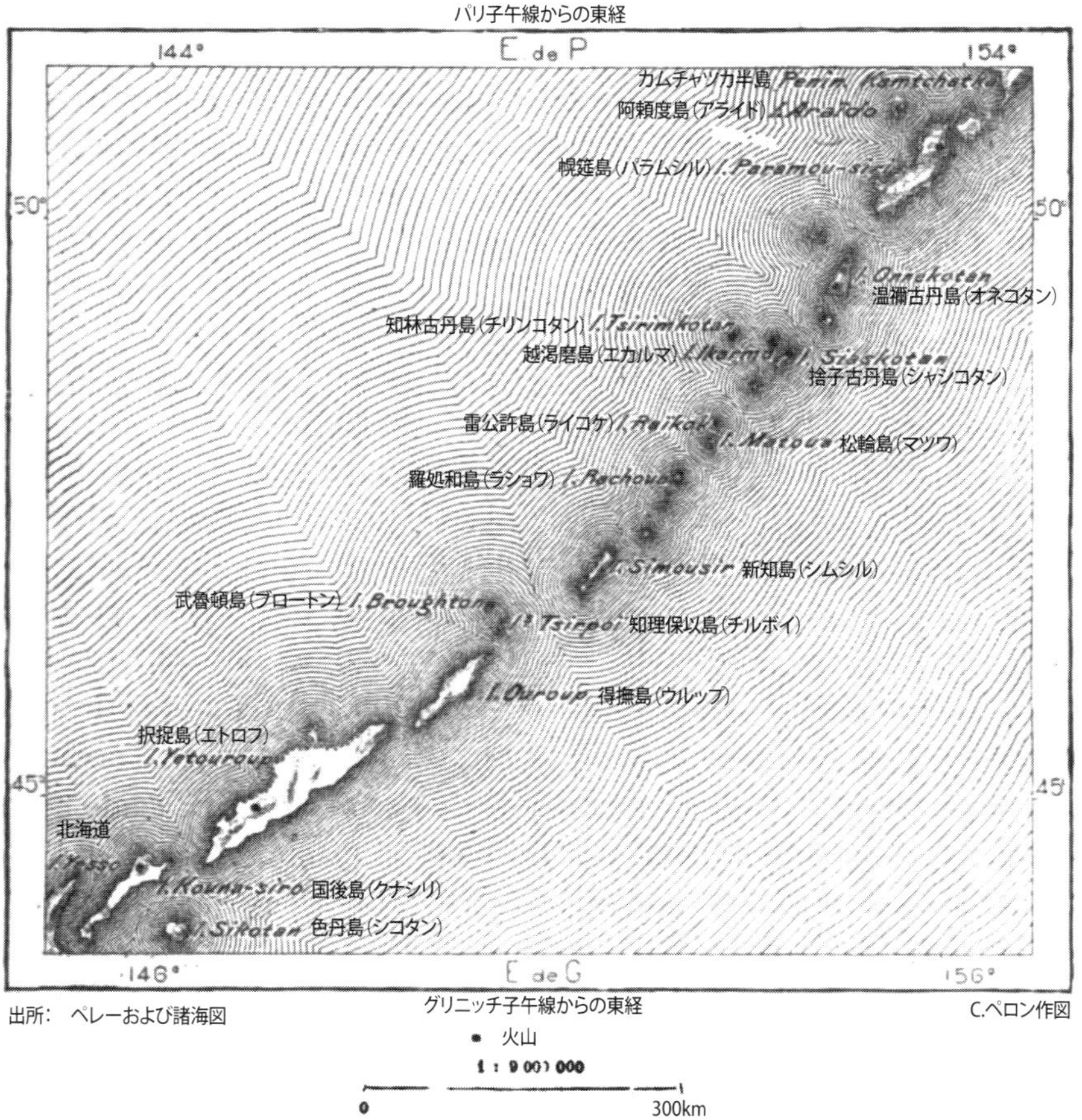

図 130　千島列島

る。最も正則な山脈は千島列島の南部と平行に発達し、槍の穂先のような半島の先端にある知床岬で終止する。岬からほど近い知床半島の一峰は高さ一六四六メートルを下らない［羅臼岳、標高一六六一メートルか］。その南、イタシベの硫黄坑、別名「悪魔の山イタシベ・オニ」はさらに千メートルほど高いが、山頂は内陸方向にすこしづつ下がっている［知床硫黄山、一五六二メートル］。道内の高峰群はラ＝ペルーズ海峡［宗谷海峡］に面する宗谷岬の岸辺に始まる山嶺に属する。これは北海道東岸と平行に、南東に向かい発達する。十勝岳［標高二〇七七メートル］ほか、二五〇〇メート

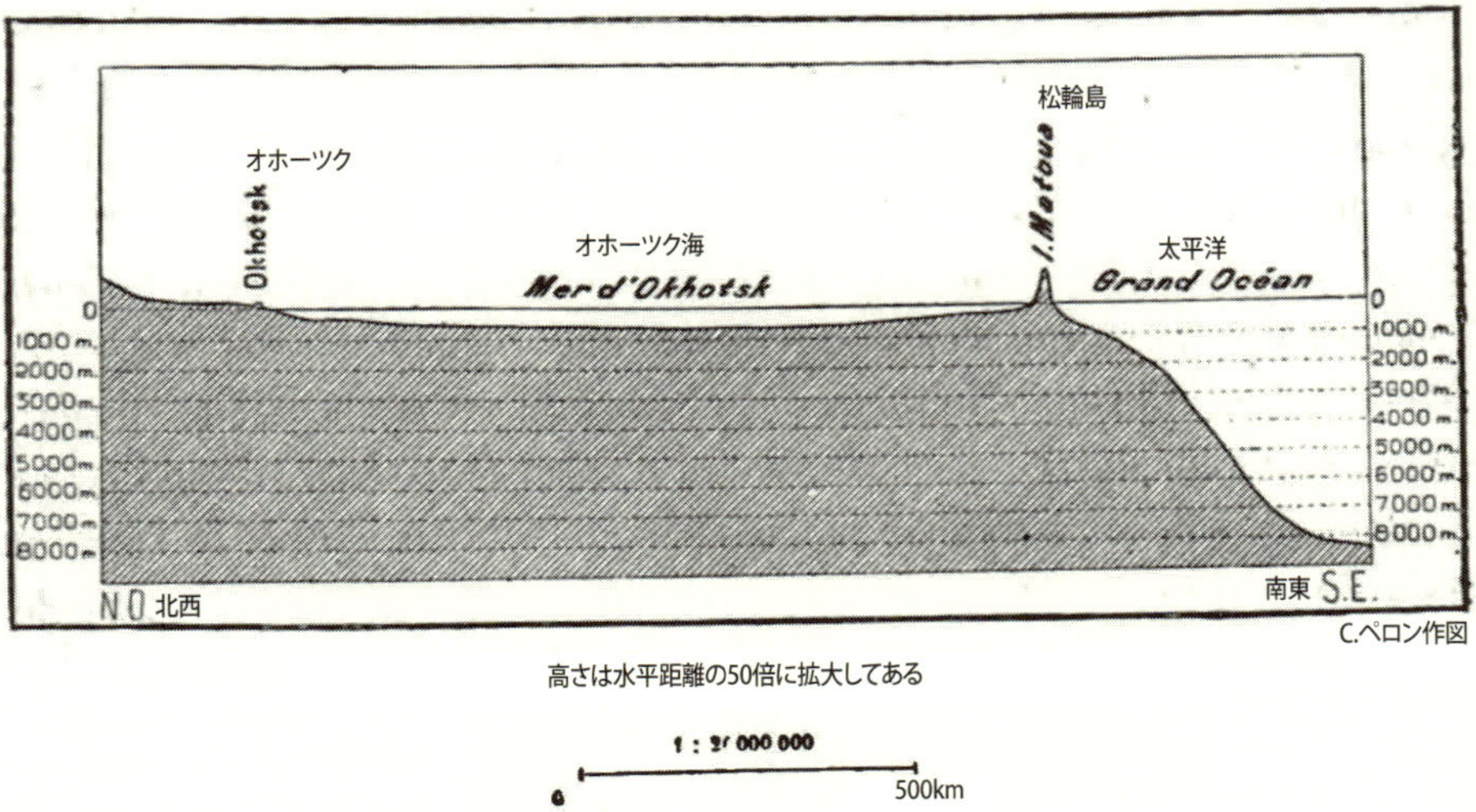

C.ペロン作図
高さは水平距離の50倍に拡大してある

図 131　オホーツク海の縦断面

ル級の道内最高峰群はオホーツク海の岸辺からわずか五〇キロの内陸にあり、そこから北西、南西に、南に「別（べつ）」と呼ばれる大型河川、すなわち天塩川、中川〔天塩中川〕、石狩川、十勝川が枝分かれする。ひとつの大型山脈がこの核、石狩岳と十勝岳のあいだから南西方向へ複数の稜線群に分岐し、夕張山地を形成する。夕張山地の主峰〔夕張岳、一六八六メートル〕は十勝岳に及ばない。道内中央部から少し離れたところにある第二の核からは、尖った襟裳岬で南端が終止する山脈が始まる〔日高山脈〕。

北海道の地質年代

北海道が非常に古い時代以後に水没した陸地に分類されるべきことは明白である。というのも、スカンジナビアやフィンランド、ニューファウンドランドのような湖沼群がみられず、いわば全域が河川の作用による彫琢を受けているからで、交差する山脈群が形成する平野のほぼすべては、侵蝕作用で削り取られたものか、あるいはその堆積物で埋まっている。多少とも広い湖面は海際にしかみられず、火山に近い沿岸の砂州に隠れたようになっている。近傍の火山は何度も噴火し、一帯のもともとの起伏をすっかり変えた。道内の湖沼地帯は東部と、南西の噴火湾〔内浦湾〕を囲む広大な円形劇場をなす山地の中にある。

湾が深く入り込む内陸のうち、とくに石狩川下流が蛇行する場所は沖積平野になっているが［石狩平野］、とくに北岸沿いの平地は沿岸砂州によって海から隔てられ、北海道の大きな台形がもつ不思議に幾何学的な正則さを強めている。沿岸の輪郭が変化するうえで、海岸の隆起が寄与したのは間違いない。北海道および千島列島南部の沿岸では、現在の海面よりも高いところでは三〇メートルに達する旧海岸線の存在が確認されているからだ★。

道内の火山

こうした沿岸の隆起はおそらく火山性の揺れに起因する。日本列島は、固い地表に閉じ込められた種々の蒸気の作用による揺動が、地球上でもっとも激しい土地のひとつであり、かつ北海道の最も高い山々のいくつかは火山であるからだ。北西角の近くにある山、すなわちドラングル峰は一七八四メートルの高さがある［一七二〇メートル］。サハリンの軸をなす山脈にも活火山が存在するかもしれないが、その山岳地帯は主に花崗岩と頁岩で構成される。粗面岩や玄武岩、新しい溶岩といった火成岩がみられるのは千島列島沿いで、火山が並ぶのもまさにその方向、すなわち北東から南西にかけてである。いっぽう東部ではイタシベの火山をそなえる半島［知床半島］の南に、雄阿寒岳と雌阿寒岳が、ひとつの大きな湖［阿寒湖］の横にそびえる。おそらく両峰の岩滓による土手で水がせき止められたものだ。これと同様に、噴火湾［内浦湾］北方の樽前山および有珠山も、湖性盆地の水面に噴煙を映す。さらに北西の内陸に立ち上がる後方羊蹄山（シリベシヤマ）は噴口の正則な形状において利尻山に匹敵するが、内地からの入植がはじまって以後は休火山のまま推移している★★。日本の地理学者たちはほかに道北の山中にある斜里岳（シャリ［知床半島］）と、西岸にある岩内岳（イワナイ、イワノボリ）について言及する。岩内岳は同名の湾の近くにある。沼沢地や湖、海面にはさまれた半島状の陸塊を形成する内浦（ウチウラ）ないし駒ヶ岳は★★★、噴煙たなびく山々

★ J. Milne, *Evidences of the glacial period in Japan,* — Benjamin Smith Lyman, *General report on the geology of Yeso*.[Geological survey of Hokkaido : report of progress of the Yesso geological surveys for 1875, and seven coal survey reports, Tokei [Tokyo]: Kaitakusi[開拓使]]

★★ Lymann, *op.cit.*

★★★ 日本語の音便上の規則では、いくつかの言葉の発音は、それに先立つ言葉によって定められる。このため山頂は「take」だったり「dake」だったりする。また山は「san」､「zan」､「zen」に、川は「kava」や「gawa」という正書法になる。

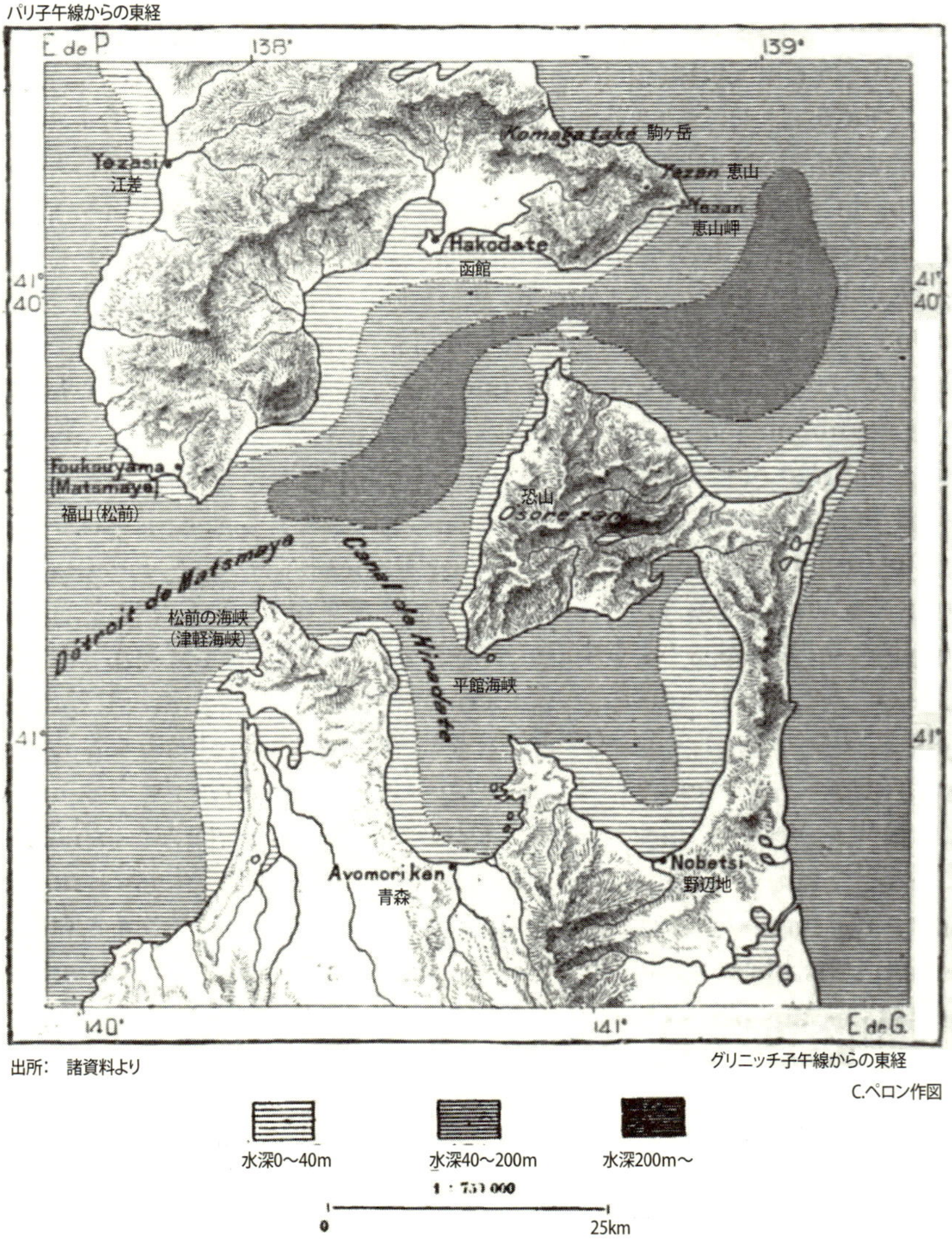
パリ子午線からの東経
E de P
138°
139°
Komaga take 駒ヶ岳
Yezasi 江差
Yezan 恵山
Yezan 恵山岬
Hakodate 函館
41°
40'
Foukouyama (Matsmaye) 福山（松前）
恐山
Osore zan
Détroit de Matsmaya
松前の海峡（津軽海峡）
Canal de Hinodate
平館海峡
Avomori ken 青森
Nobetsi 野辺地
41°
140°
141°
E de G.
出所：　諸資料より
グリニッチ子午線からの東経
C.ペロン作図
水深0～40m
水深40～200m
水深200m～
1 : 750 000
0
25km

図 132　津軽海峡

にその名を負う噴火湾の入り口に、灯台のようにそびえる。これに対し、蝦夷地の端にある恵山（エサン）の頂上はぎざぎざの火口が大きく口を開け、函館の上陸地点を船乗りたちに示す。函館の北東にある牛岳は「牡牛の角のように★」二股に分かれた山頂をそなえる火山だが、太古の昔から休眠しており、溶岩流の跡や岩滓の斜面はすっかり植生に覆われている。最後に、松前海峡、ないし津軽海峡の西側入り口の北方には、溶岩でできた大島（オーシマ）と小島（コシマ）がピラミッド形に立ち上がり、黒々とした松林に覆われる★★。北海道で最新の噴火は一八五二年と一八五六年の駒ヶ岳、一八六七年と一八七四年の樽前山のものだ。一八五二年の噴火以前の駒ヶ岳は今よりもはるかに高かったと言われるが、その上層部が吹き飛び、火砕岩の灰は、最も近い地点でも北東四三〇キロにある千島列島まで風に運ばれた★★★。恵山はいつとも知れぬ太古の時代から狭義の噴火をみせていないが、今なお硫黄の泥を噴き出し、火口内の膿疱のような隆起群から大きな岩塊が押し出されることもある。一帯の地面は振動し、亀裂という亀裂からは蒸気が立ち昇る。巨大な火口の内壁は色とりどりで、酸化硫黄の混じる蒸気が絶えず侵蝕するため、分解されて崩落する。この結果、噴口は日々別の様相を見せ、硫黄を採取する坑夫がそこに登攀してゆく。硫黄の含有量は四分の一から半分に達する★★★★。

★ Georges Bousquet, *Le Japon de nos jours et les échelles de l'extrême Orient*, Paris: Hachette, 1877.［ブスケ『日本見聞記』野田良之・久野桂一郎共訳、第1巻、みすず書房、1977、328頁］

★★ 北海道の主な山の標高（m）

イタシベ・オニ［知床硫黄山］	2593［1562］
十勝岳	2500［2077］
夕張岳	2440［1668］
札幌岳	1982［1293］
後方羊蹄山	1830［1898］
烏帽子岳	1818［1109］
駒ヶ岳（内浦）	1291［1131］
恵山	1277［ 618］
樽前山	920［1041］
雄阿寒岳	606［1370］

★★★ Raphael Pumpelly, *Across America and Asia: Notes of a Five Years' Journey Around the World and of Residence in Arizona, Japan and China,* 5th ed., New York: Leypoldt & Holt, 1871.

★★★★ Raphael Pumpelly, *Geological Researches in China, Mongolia and Japan*, Washington: Smithonian Institute, 1866.

本州の山地

本州の山岳の大半は北北東から南南西の方向に平行して走るが、長さは色々で、ところどころで支脈に分枝したり、横からの小さな山脈になったり、火山の列になったりする。最高峰群はほぼすべて二〇〇〇メートルを超える火山で、さまざまな時代に溶岩を噴出し、列島の背骨を構成する花崗岩と片岩の上に流れ出た。噴き上がった火山灰は風に運ばれて本州全域に広がり、沖積土とあいまって平地となり、それを河川が刻み直してきた。全体として国土は起伏が激しく、高峰と谷間が互い違いに続き、平地は国土面積の八分の一程度にすぎないと推定される。ただし峰々の大半は穏やかな山容で、山腹への接近は容易だ。ヨーロッパ・アルプス地方に見られるような峻嶮な急崖は日本の山にはまったくない。垂直の石塊になって崩落する砂岩や石灰岩がほぼ皆無であること、豊富な雨季が何度も訪れること、そして自然植生が豊かなため、日本の風景は優美にたゆたうような地平線がほどこされる。山間地は緩斜面で、河谷は大きく開き、河川がゆったりと蛇行する。あちこちの高峰には雪渓が残る。ミルンの証言によれば、かなりの箇所で万年雪が結晶化し、氷河のミニチュアを形成する★。

太平洋側の山系、北上山地、松島

本州の北東にある最初の山脈〔北上山脈〕は片岩質で標高は低く、主な脊梁山脈〔奥羽山脈〕を形成する高い稜線とは北上川の深い谷間によって隔てられる。言わば外壁のようなもので、仙台湾の北に終止するが、湾内には「八百八島」が散在し、松島の名で知られる。浅海に散らばる凝灰岩の島々を小木やマツ〔松〕が覆うのが名の由来で、日本人はこの水上庭園を「日本三景」のひとつとする。海蝕によって島の基部が洞窟や天然のアーチになっており、最も急峻な島々には岩窟が掘りぬかれているほか、ひとつの島の頂部は仏像の形に削られている★★。

阿武隈山地、太平洋沿岸の隆起

★ Milne, *op.cit.*
★★ Lyman, *op.cit.*; Saint John; Rein, etc.

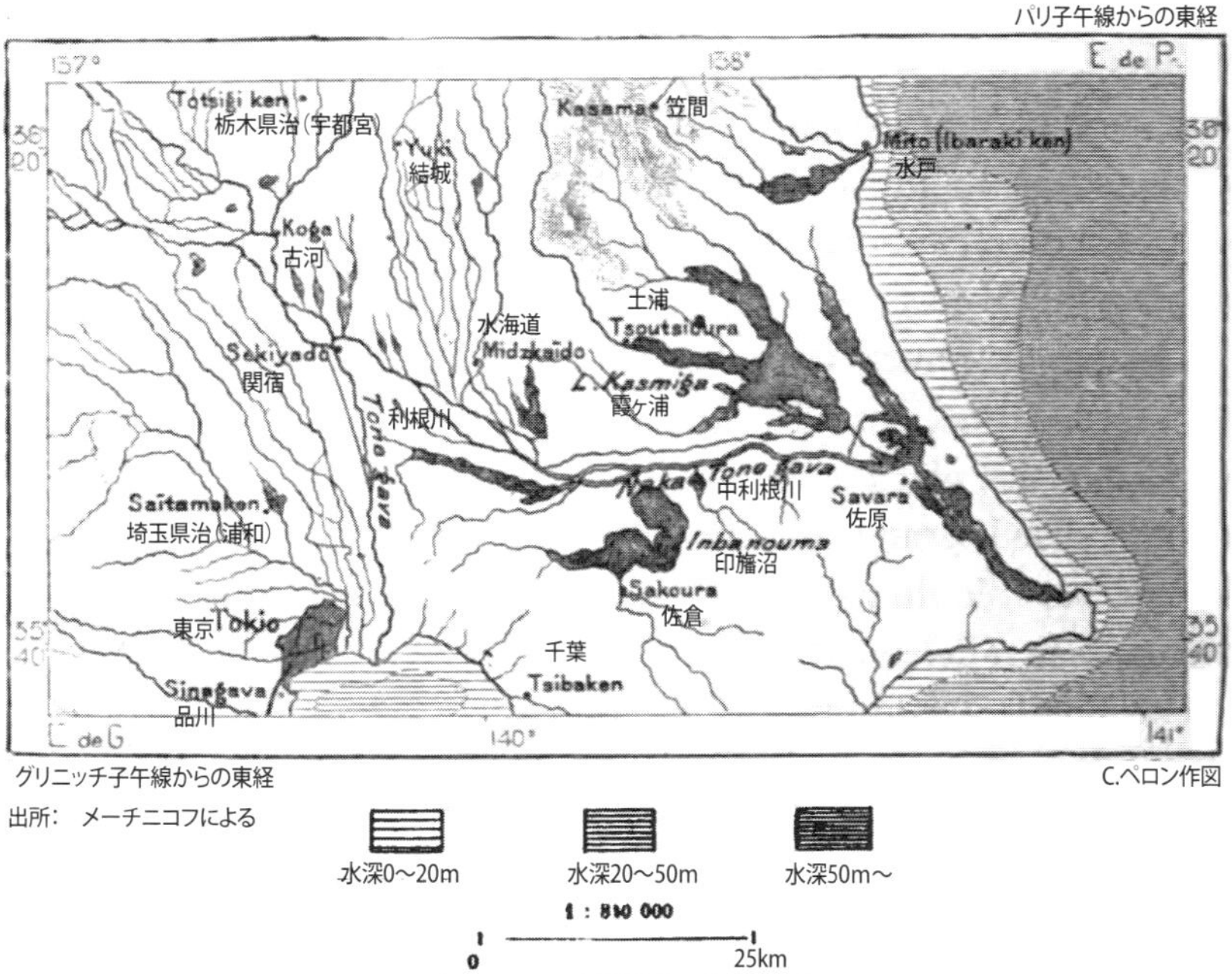

図 133　利根川の河口部

仙台の湾と平野の南で、山脈はもとの方向を維持しつつ再び立ち上がるが、内陸の山々とは広い河谷で相変わらず完全に切り離されている〔阿武隈山地〕。かつてこの山脈も南にあった三日月状に切れ込む湾で終止していたが、利根川の運搬する土砂で埋まった。利根川はこの平野〔関東平野〕で無数の水路に分流し、それから東京湾〔原文江戸湾〕の東にある山がちの土地をその遊水池群で取り囲んでいる。この川の沖積土が同時に両側から前進して古代の内海を消滅させ、島状だった土地を沼地の多い田園部でもって大地に連結し、田園のほうはおいおい固まってきた。こうして「外壁」だった東部山脈の三つの断片は日本の「大陸」に重なったが、火山がないという点で、他の国内の稜線とははっきり異なる。これら片岩質の山々に噴火口は皆無だが、隆起の証左が最も明確なのも、この東岸部である。仙台湾の北にある小さな気仙沼港は、今世紀半ばまで大いに賑わったが、だんだんと水路が干上がったため放棄のやむなきに至った。だが同地に堆積物を運び込む河川はなく、

波浪が砂州を形成したわけでもないのである。その一方、同地の近くにある半島をめぐって最近建設された道路は、ある高い石灰質の海岸線近くを通るが、そこは貝類が掘った穴が縦横に開いており、貝殻は完壁に保存されている。現在の地質年代において、気仙沼近くの海岸は少なくとも一・五メートル上昇したものと推定されている。今日では利根川の支流が走る関東平野〔原文「江戸の平野」〕と古代の内海が干上がったのは、利根川が運ぶ沖積土だけが原因ではなく、主因は地下からの上昇に違いない★。

日本海側の山系、男鹿半島

西側にも本州の軸と平行に一本の山脈が縦に走るが、全長の大半は海中にあり、ばらばらな山塊から構成される。その最初のものは本州北端にある〔津軽半島〕。その南に立ち上がる第二の山塊が岩木山だ。男鹿島〔男鹿半島〕になると、その名の通りの島状地で、標高七六九メートルの寒風山〔三五五メートル〕がそびえる。ただしこの島は長い砂嘴で本土に連結し、帆掛け船が航行可能な浅い湾を外洋から隔てる。これが大潟、八郎潟、あるいは琴乃湖で、船川を経由して外洋と連絡する。船川は喫水五メートルの船舶なら接岸可能だ。男鹿半島の南には飛島や粟島といった小島を経て、大型島嶼である佐渡がある。これは二列の山地が基部でつながっている。富山湾を囲んで釣り針のような輪郭をもつ能登半島も、この縦の山脈に属する。そこから三〇〇キロ離れた隠岐諸島もおそらく同様だ。これら島状の山頂の連なりは古い岩石だけから構成されるわけではなく、男鹿島〔寒風山〕はかつて溶岩を噴出した。

奥羽山脈

本州中央の山脈は、恐山という標高九七六メートル〔八二八メートル〕の壮大な火山に始まる。これは津軽海峡と青森湾のあいだにあり、北海道の近くに正対する孤峰で、噴火山にしばしば冠せられる焼山という特別な名称も与えられている★★。青森湾の対岸ですぐに稜線は再び立ち上がり、本州中部まで途切れずに連続する。大半は死火山で、ほぼ一五〇〇メートルの平均標高をそなえ、尾根を越える鞍部は六〇〇

★ Naumann, *Mittheilungen von Petermann*, 1879, IV.［『日本地質の研究—ナウマン論文集』山下昇訳、東海大学出版会、1996、91-111 頁「江戸平野について」］

★★ Serrurier, *Notes manuscrites.*

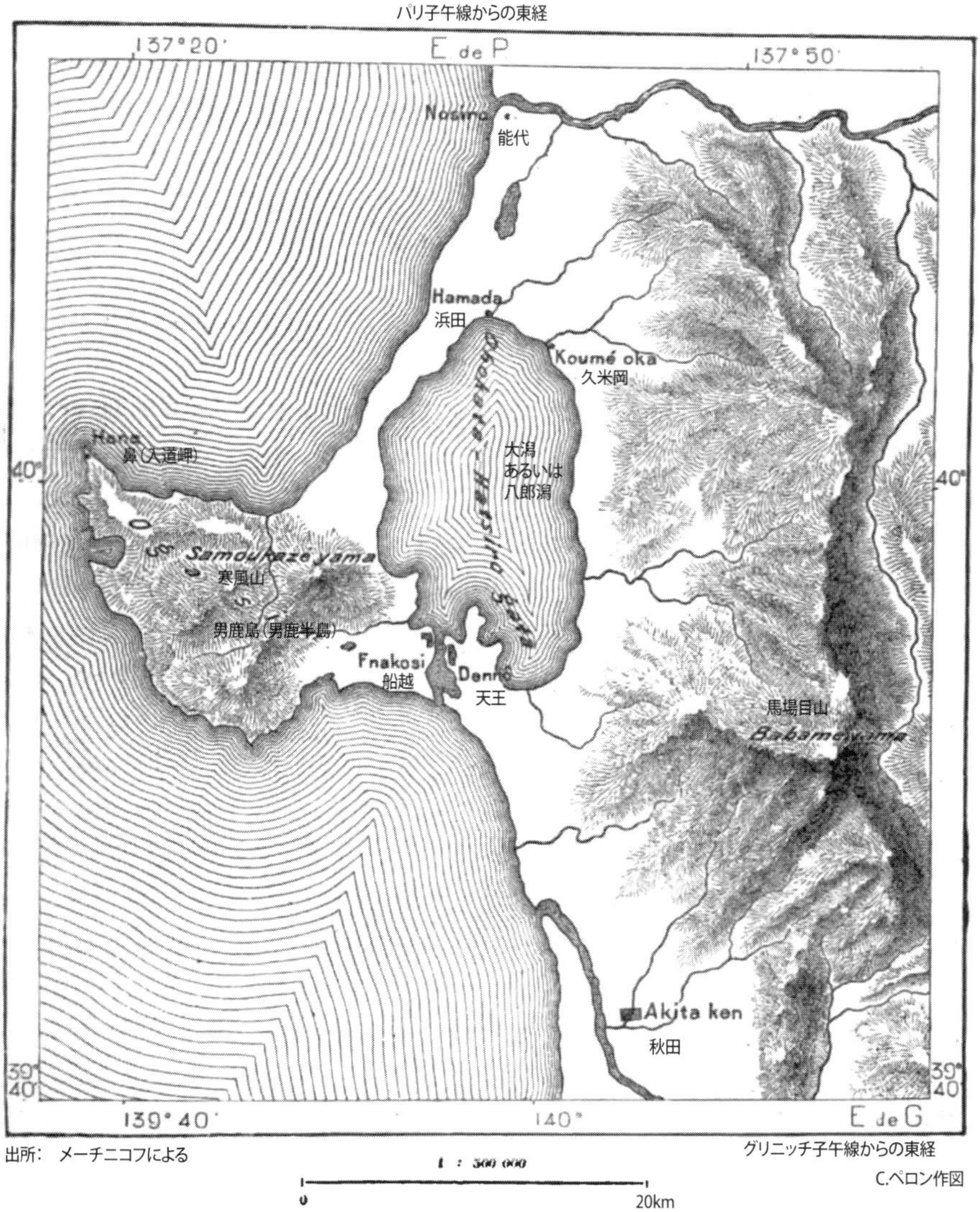

図 134　男鹿［半］島と琴乃湖［八郎潟］

〜一〇〇〇メートルの高さにある。だが、なだらかな山腹の左右には、威圧的な火山群が孤立して高くそびえる。秋田と盛岡の両都市のあいだで東西に連なる多くの火山もそうで、主山脈と直交する。その南、西側海岸のほど近くにある鳥海山は壮大な円錐形で、二四〇〇メートル［二二三〇メートル］に立ち上がり、一年のうち九か月は冠雪して白い山容をみせる。もうひとつの火山である磐梯山は標高一八五〇メートル［一八一九メートル］で、森の山肌が猪苗代湖に映る。その山頂からは深い会津平、すなわち会津盆地を、巨大な円形劇場の形に取り囲む山々が一望され、わずかに西側だけが狭く開いている。磐梯山の溶岩と火山灰の堆積物が堰堤をなして猪苗代湖の水をせきとめているため、その一部を除去するだけでこの湖性盆地を干拓し、優良な農地にすることができたのだ。

日光

ここまでの中央山脈［奥羽山脈］は日本海と太平洋の分水嶺だが、ここで西に曲がり、並走する山脈に連結する。そして今度はその山脈が分水嶺を形成する。東は利根川と天竜川のさまざまな支流の流域で、西斜面は、全国でも最大の水量をそなえる千曲川、あるいは信濃川の流域だ。中央山脈からはこの連結部の稜線の南に、単純な形状の支脈群が伸び、関東平野の北で姿を消してゆく。この連結部の稜線が支点になっている火山性の山塊は、森林と清水をもって国内に著名だ［日光連山］。すなわち日光山で、僧侶たちが「二荒山」の漢字を変えたものである。この山塊の高峰のひとつ、二五四〇メートルの男体山［二四八六メートル］は霊山で、かつては下手の谷間にある寺社［日光二荒山神社］で厳しい断食修行を受けたのち、夏場の一週間だけ登山が許された。この火山のふもとにある深い円形の窪みに静謐な水をたたえるのが中禅寺湖で、岸辺は巨木で鬱蒼としており、排水は溶岩の岩場を滝から滝になって下る。近くの松柏の林内には、十六世紀と十七世紀のふたりの将軍の壮麗な墓廟の回廊がある［日光東照宮］。長さ七〇キロにおよぶ森林がこの聖地から利根川まで続いており、この寺社の地帯における素晴らしい参道に匹敵する小道はおそらく存在しないだろう［一九九九年に世界遺産登録］。地元には「日光を見ずして美を語るなかれ［日光見ずして結構と言うなかれ］」という諺がある。東京に近いことから、この聖なる緑陰の地には群衆が毎年訪れるが、一八七〇年以降は何人かの外

挿画 LXVI　日光の門［陽明門か］。一葉の写真をもとに、バークレイ筆

国人も混じるようになった。五月から十月にかけて、日光はスイスの最も賑わう観光地並みの人出になり、山や森、清水が愛でられる。だが冬場は峡谷が雪に覆われ、ふたたび無人になる。中禅寺湖の北には、荒々しい山中に湧き出す湯元の硫黄泉がある〔日光湯元温泉〕。

白根山、吾妻山

信濃川の河谷の東に立ち上がる分水嶺も、火山性の峰々をそなえる。とりわけ南方の白根山と吾妻山がそうで、前者は一八七一年に噴火し、墳丘が幅一・六キロ以上の火口のまん中に立ち上がる。付近の亀裂からは熱湯が湧き出して松林を流れるが、赤茶けた木々にはまだ冠水の跡が残る★。ただしこの地方が日本で最も火山活動の活発な地帯であるようには見えない。これらの山々の西斜面にあたる越後国〔新潟県〕にあるガスの噴出孔や「火井」は、しばしば言われたような地中の熱源の現れではないと思われる。同じ河谷に見出される石炭層や油層は四川省のものと似ており、それと同様に、これらの可燃性ガスも、堆積土の岩層内に含まれる有機物が浸出した結果である。いくつかの場所ではガスは寺社の調理場や、風呂の燃料や、種々の工業用途に利用されている。主な努力は石油の採取に向けられているが、量は非常に少ない。ひとつの油井は深さ二二二メートルまで掘削されていた★★。

浅間山

本州北部で一連の火山が中央山脈を直角に横切るのと同様に、中央部でも、日本全体の軸と直交して北北西から南南東へ向かう火山の列が、信濃川が麓を流れる山脈の南を急に横切る。この直交軸には著名なふたつの火山、すなわち浅間山と富士山が属する。浅間山は二五二五メートル〔二五六八メートル〕しかなく、高さは他の諸峰に及ばぬものの、噴火の威力に関する証言の多さと、山麓の住民に恐れられる点では、他のいかなる活火山をもしのぐ。今も恐怖とともに記憶されている一七八三年の大噴火では、我妻川の河谷を溶岩流が下り、一帯は軽石の層で埋まった。雨のように降り注ぐ火山滓が四八か村を呑み込み、数千

★ Ernest Satow, *Notes manuscrites*.［アーネスト・サトウ『日本旅行日記』庄田元男訳、第 2 巻、東洋文庫、平凡社、1992、303 頁か］
★★ Benjamin S. Lyman, *Report on the progress of the Oil Surveys,* 1877.

人が落命したのである。巨大な噴口からは以後も火山灰がときおり噴出した。ここは本州の幅が最も大きくなる地方だが、立ち昇る噴煙は東西両側の海岸からも望見できる。この最新の噴火で吐き出された軽石により、浅間山の山腹は今も灰色で、火口の周囲には溶岩しか見えない。直径一キロもない主な火口のそばにある割れ目の岩壁には数千羽のツバメ〔燕〕が営巣するが、噴火口付近に社殿はまったくなく、この恐れられる山に登攀する参詣人も少数である★。浅間山の南には他の火山群が金峰山まで連続する。これは中央山塊で、そこからいくつか花崗岩の山列が放射状に発する。最大級かつ最も透明度の高い水晶の産地であり、日本人はそれを材料に器や鏡を製作する。

富士山

富士山は霊峰の筆頭で、国家鎮護の山であり、詩文では「不二」の表記が用いられることもある〔二〇一三年に世界遺産登録〕。通常あてられる漢字は「富士」だが、この表記が用いられるようになるかなり以前から、大和言葉のフジ（*wysteria japonensis*〔藤〕）の名で呼ばれていた。これはからまった枝でもって山腹を覆い、白紫色の花が房状に垂れ下がる小木である★★。「ふじさん」、「ふじやま」、「ふじのやま」はかつて山伏からなる仏教教派〔修験道か〕の尊宗を受けたが★★★、現在は日本産のほとんどあらゆる置物や書物、扇子、漆器、布地、陶器、掛け軸、家具に描かれる。工芸家は、その姿を描いたり筋彫りするにあたり、大きさを示すために山腹を急傾斜にし、尖った頂部をそなえる定型的な形を用いる。だがこの霊峰は非常になだらかな山容で、頂部までたおやかに立ち上がり、山麓と異なる気候帯に達するほどの高さはない。ただし山腹は、季節が段状に遷移するのが見られる。低地の田野は豊かな耕作地で、次が森林、その上に灌木の帯がある。ここはかつてサル〔猿〕の生息地で、伝承によれば、精霊たちにより、この山の警護を仰せつかったと言われた。頂上は一年のうち一〇か月は雪に覆われ、青空にくっきりと山容をみせたり、灰色の雲に隠れて輪郭が茫洋としたりする。富士山は国内の他の大半の火山よりも千メートルほど高く、火口の縁から眺めた周囲の山々

★ Rein, *Der Nakasendô, Ergänzungsheft zu den Mittheilungen von Petermann*, no.59.
★★ Metchnikov, *Notes manuscrites.*
★★★ Serrurier, *Notes manuscrites.*

はお供のようだ。ほぼ円形の基部は全周一五〇キロ以上にわたる。その西半分は富士川の広い河谷がめぐる。おそらく大噴火に関すると思われる伝承によると、富士山は紀元前二八五年に一夜で盛り上がったのだが、それと同時に琵琶湖が形成されたという。こうした誇張された出っ張りと陥没の物語はともかく、同山は何度も噴火の兆しのあとで、長い休止期間を繰り返している。七九九年以後の蠢動は六度にすぎない。最後の噴火は一七〇七年と伝えられ、二か月に及んだ。南斜面に亀裂が生じ、その上に宝永山（二八六五メートル〔二六九三メートル〕）という側火山が形成された。このとき一帯の田野は厚さ三メートルの火山灰に覆われ、いくつもの村が姿を消した。九六キロ離れた江戸でも空が暗くなり、風が運んだ塵埃の黒雲は、湾を越えて太平洋岸にも至ったのである★。この大災害の年以後、村や町は再建され、麓には新たな建築が首飾りのように立ち並んだ。かつての寺社は新築され、推定一・五～二万人の巡礼が、霊峰の基部に建てられた社殿に毎年詣でる。登山に先立って参詣人は白装束をまとうが、暗い色の服装だとワシ〔鷲〕に襲われると言う★★。火口近くに着くと参詣人たちはまず「金明水」、ついで「銀明水」の水を飲み、先達人の合図とともに持参した鈴を鳴らし、太陽〔浅間大神か〕をたたえて礼拝する。下山すると、衣服をある寺社の神主に証印してもらい、富士詣での記念として父子相伝の家宝にする★★★。ヨーロッパ人で最初に登攀したのはイギリス人、ラザフォード＝オールコック〔イギリス外交官、初代駐日総領事 Rutherford Alcock 一八〇九―一八九七〕で、一八六〇年だった。その後は数百人の外国人が彼の後に続き、一八七三年には博物学者クニッピング〔ドイツ生まれお雇い外国人 Erwin Knipping 一八四四―一九二二〕が火口の縁で二週間を過ごし、地質調査を行った。火口の平均直径は八二五メートルほどで、はっきり弁別できる二つの漏斗が内部にあり、赤っぽい溶岩や、黄色や灰色の石灰華が覆う崩落面を辿り、落下物で覆われた中段まで降りてゆける★★★★。

伊豆半島

★ Rein, *op.cit.*
★★ Metchnikov, *Empire Japonais, op.cit.*
★★★ Joseph Alexandre de Hübner, *Promenade autour du Monde*, Paris: Hachette, 1873.
★★★★ Rein, *Mittheilungen von Petermann*, 1879, no.10.

挿画 LXVII　箱根の湖。一葉の写真をもとに、G. ヴイエ筆
［横浜開港資料館編『F. ベアト写真集 1』明石書店、2006、85 頁、図版 89「芦ノ湖」］

多くの火山と同様に富士山もその属する山脈、すなわち南に長く伸び、同じく火山性である伊豆半島から少し離れて位置する。伊豆半島の根元にある相模地方は非常に起伏が激しいが、交通は容易で、国内きっての行楽地であり、最も魅力的な土地のひとつである。湾に隔てられた緑の岬や、波浪の洗う散在する岩礁、鬱蒼たる森林、泉や清流、緑の中に咲き誇る花々の上にある丘陵地の稜線を見下ろす霊峰の白い山頂のおかげで、心躍る滞在地である。七つの温泉街があるが、優美な芦ノ湖のほとりにある箱根の町は逗留地のひとつになった。市街の東には東京―京都間の街道［東海道］が箱根の峠（八五五メートル）を越えてゆく。ここはかつて関所で、国内最大の「カン（関）」であり、その子午線よりも以東の本州全域を「関東」、同じく以西を「関西」と呼ぶ。伊豆半島の最高峰は天城山で、もうひとつの峰が半島の南端を画し、下田の市街と湾を見下ろす。ほど近くには岩礁群が

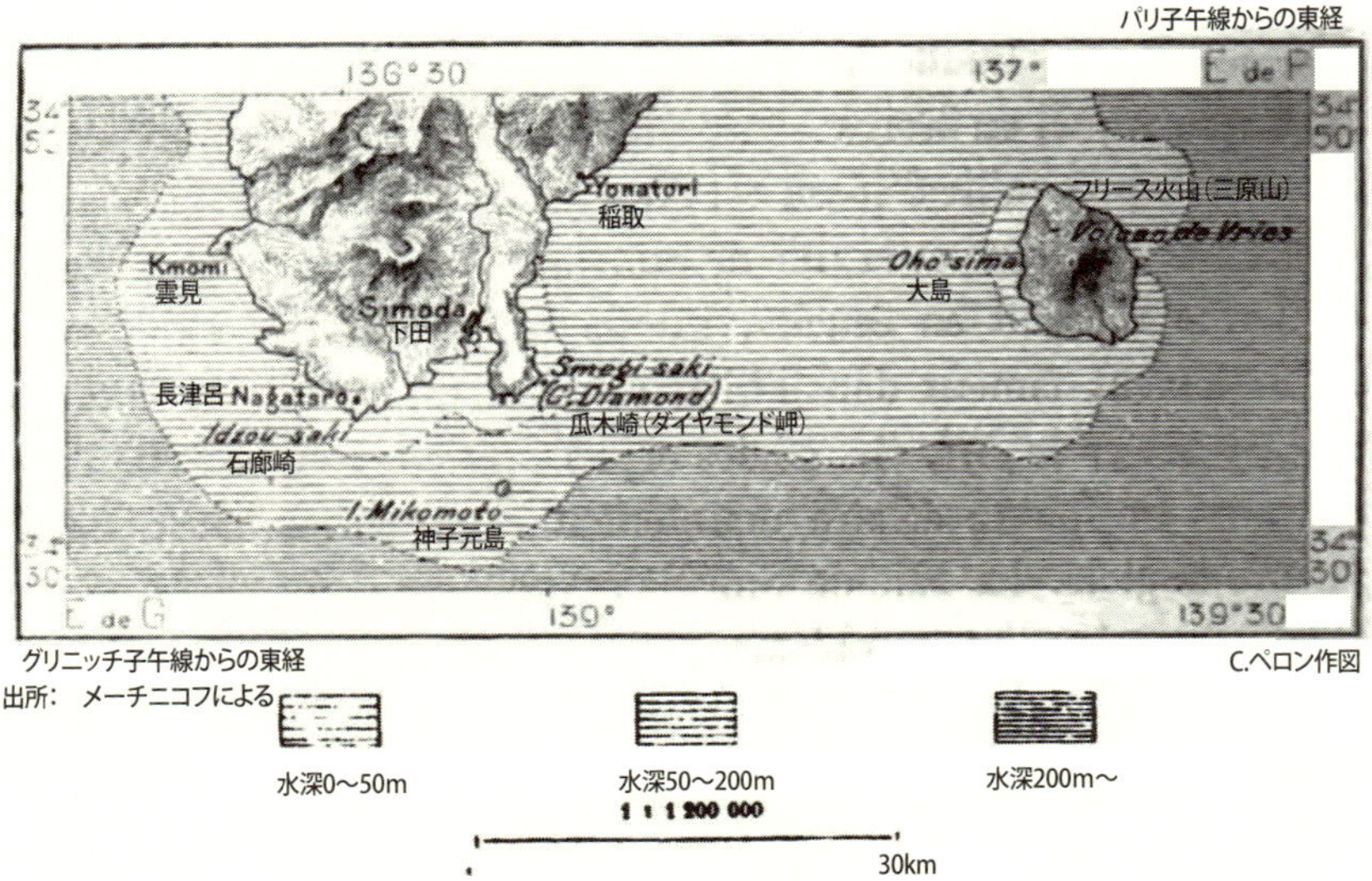

図 135　下田湾と大島

あって、山脈の連続を示すが、その岩礁のひとつ神子元島は難船悲話により有名になった。一八六七年にパリ万国博への貴重な出品物を持ち帰りつつあったナイル号が難破したからで、イギリス人が「ロック・アイランド」と呼ぶこの岩礁を、今は一基の灯台が照らしている。下田湾は一八五四年の災害にあたり、海底の地震現象が最も詳細に観測された地点である。外洋からとつぜん高波が押し寄せて湾内に充満し、岸辺を襲ったのである。数瞬のうちに港内の帆掛け船はお互い衝突して破壊され、家屋や寺社がなぎ倒されて、停泊地は一面に残骸が浮かんだ。流れ込んだ水流がぶつかり合い、波頭が逆巻いた。ロシア船ディアナ号は三〇分で四三回も自転し、間もなく海没することになるが、舷側の水深は海波の上下動のため一日中変わり続け、二・五メートルから一二メートルまで変動した。

伊豆諸島

伊豆半島の北東には孤峰である大山が高さ一三二四メートル［一二四六メートル］に立ち上がり、東と南東には伊豆七島が高さ七〇〇～八六〇メートルのなだらかな円錐形をみせる。これらは海底火山帯の頂部で、ほぼどれもが活火山であり、南に伸びて八丈島まで連続する。八丈島はほぼ寸土の余地なく居住されているが、かつて歴代将軍の勘気をこうむって罰を受け、引き

上げ装置でもって船から急崖の上まで吊り上げられた人々である。ヨーロッパ人船員が「フリース火山〔三原山〕」と呼ぶ大島はこの水域の山々のうち最大かつ最も著名だ〔伊豆大島〕。というのも、東京湾に進入する船舶が通過する入り口を睥睨するからで、一七五七年にブロートンがこの海域を訪れた際には噴火中だった。農耕はすぐに再開され、一八七〇年には山腹も耕地に覆われたが、大島はふたたび噴火し、溶岩でもって畑地を消滅させたのである★。一本の溶岩流が橋の残余のように海中まで伸びている。伊豆諸島の南端は、一八七〇年に北緯三四度と三二度の間の地点で深海から突き出した新たな島が画するが、他にも、水深二〇〇〇メートル以上の深淵から海上に姿を現す火山の山頂がある。

飛騨山脈

富士山の北西には、金峰山が属する高山地帯から離れた花崗岩の山脈〔赤石山脈〕があり、主峰のひとつ駒ヶ岳は高さ二七一三メートル〔二九六七メートル〕で、日本の地理学者が何十もの山に付けた名称だ。その向こうには本州を海から海へと縦断する溝〔糸魚川静岡構造線〕がある。その屋根は魅力的な諏訪湖で、南が天竜川、北が信濃川の河谷である。この溝の向こう側もすぐに山地が立ち上がるが、その最初のものは北北東から南南西に走り、天竜川と木曽川の谷を隔てる〔木曽山脈〕。同方向に向かう別の稜線が日本海沿岸に発し、木曽川下流で消えてゆく。これが飛騨山脈で、本州で最も急峻かつ荒々しい山容をそなえ、冠雪や雪渓が最も長期にわたりみられるため、ライン〔ドイツ人地理学者、日本研究者 Johannes Justus Rein 一八五三―一九一八〕は同山脈を日本の「雪山山脈」と命名している。この山壁を東から西に横断するには、針ノ木峠〔標高二四五一メートル〕にせよ飛騨峠〔飛騨乗越峠か〕にせよ、標高二四〇〇メートルまで登らねばならない。ただし山頂そのものは、壮大な台座からそれほど高くは立ち上がらない。立山は標高二八二〇メートルだが〔三〇一五メートル〕、霊峰である御嶽（おんたけ、みたけ）は三〇〇〇メートルを超える〔三〇六七メートル〕。頂部に沿って八つの火口が並び、そのいくつかは小さな湖になっているほか、小規模な開口部が連続する。年間五～六千人の巡礼が登攀し、皇

★ Léon Metchnikov, *L'Extrême Orient,* juin 1877.

祖神イザナギ（伊弉諾）とイザナミ（伊弉冉）の像に礼拝する［御嶽神社か］。これらの講社に混じって登ったヨーロッパ人の語るところでは、同山頂は本州の両側、日本海と太平洋を一望する絶景という。御嶽山は有史に噴火したことがないが、硫黄ガスをふんだんに吐き出し続けている★。飛騨山脈は北方でもうひとつの火山列と連結する。こちらは海岸線に平行に立ち上がっており、主たる火山は焼山で、地質学者フォン＝ドラシェが梯子を用いて登攀した。

白山

「雪山山脈［飛騨山脈］」の西でも一二五九年と一五五四年に噴火があった。すなわち白山で、湿度の高い風がもたらす豊富な積雪が名の由来だ。富士山よりも千メートルほど低い［二七〇二メートル］が、本州の両斜面がもつ不思議な対称性のゆえに、はるかに雪量が多く、夏場にも上部には雪渓が残る。伝承によると二百年このかた雪が消えなかったと言われる★★。麓の一ノ瀬温泉は標高八〇〇メートルに過ぎないが、積雪量はときに六メートルに達する。植物学者たちが白山で発見した植物種の多さは他のいかなる日本の山をもしのぐもので、小さな空間にこれほど多くの植物が保存されてきた理由は、独特な気候風土に帰せられている。

琵琶湖

白山から離れて延びる一本の稜線は、琵琶湖が水を湛える広く深い盆地を挟んで、南と南西に分岐する。この大型の内陸水塊は富士山と同時に形成されたと伝えられるが、それよりもはるかに以前から淡海の名で存在していた。これが短縮され、同湖をとりまく地方の「近江」になったのである。国内で最も尊宗される神道神社がある竹生島が湖面の北に出現したのは紀元八二年だが、ウ［鵜］の群れが飛び回る他の小島も、起源は同様らしい★★★。湖面は海面よりも一〇〇メートルほど高く、最深部で八五メートルの水深である。湖面の広さはほぼレマン湖［スイス・フランス国境］と同じなので、よく比較されるが、水量はレ

★ Johannes Justus Rein, *Ergänzungsheft zu den Mittheilungen von Petermann*, no.59.
★★ Metchnikov, *Notes manuscrites.*
★★★ Metchnikov, *L'Empire Japonais, op.cit.*

パリ子午線からの東経

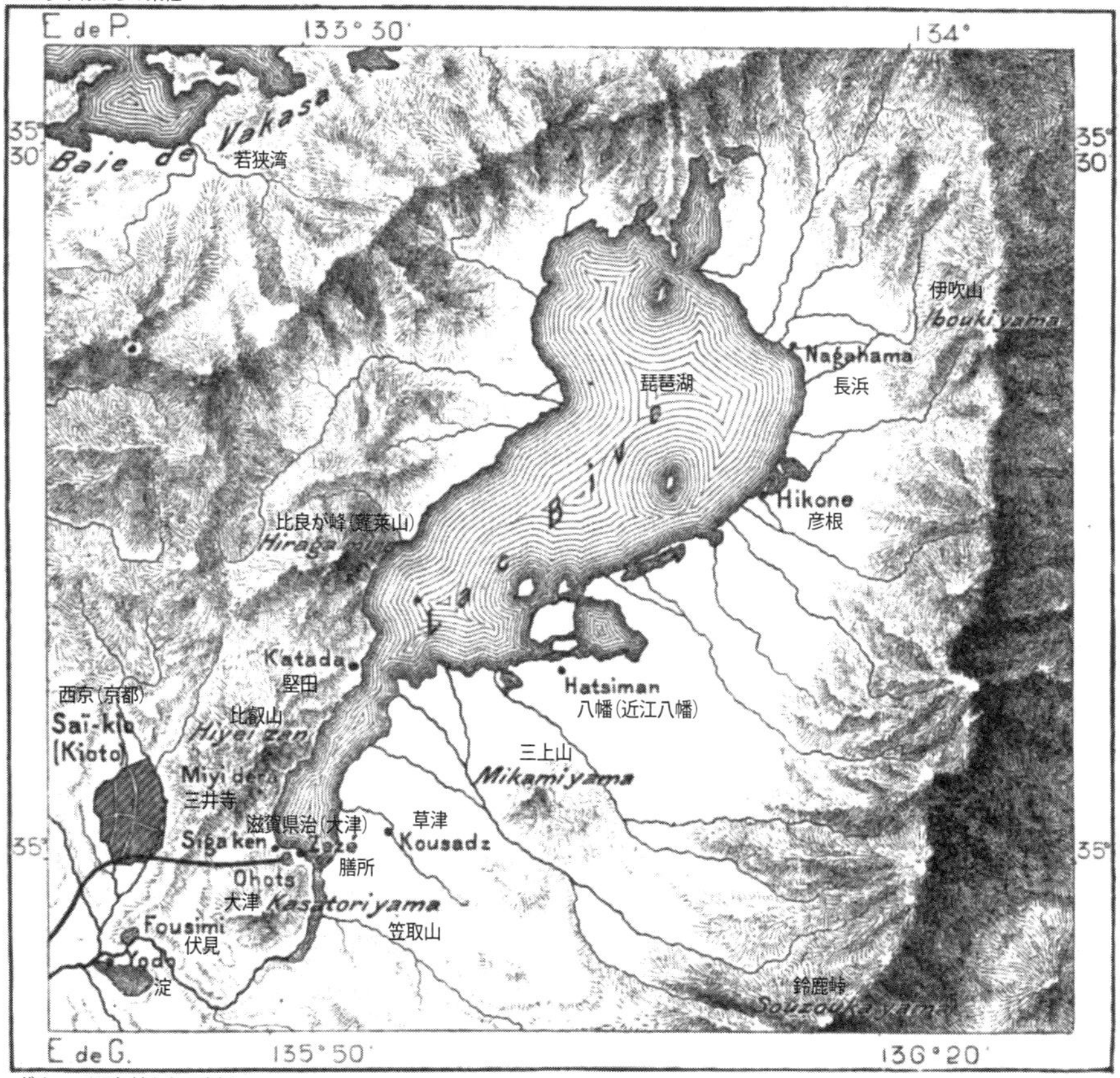

グリニッチ子午線からの東経

C.ペロン作図

出所：　メーチニコフによる

1 : 750 000

0　　30km

図 136　琵琶湖

マン湖よりかなり少ない。だがレマン湖と同様に琵琶湖も山に囲まれる。耕作されたり森に覆われたり、優美な山容のものもあれば峻嶮な峰もあって、岬をめぐるたび、新たな景観が開ける。秋になって北風が重苦しいモンスーンの雲を追い払うと、山々は前景から後景にかけ、緑や青、紫、バラ色の調和を見せて、光と影が織りなし寸刻もとどまらぬ美麗さをみせる。湖面の東には、巨大な円形をなす伊吹山が立ち上がる。「膽を吹く山」の意で、かつては悪霊の棲家と信じられた。その西には、著名な比叡山がある。同山は十六世紀半ばまで仏僧三千人が暮らす僧院群を擁し、一帯の押しも押されもせぬ君主だった〔延暦寺〕。僧たちはこの鬼門の寺院に集結し、昼夜を問わず祈りを捧げ、銅鑼を打ち鳴らし、鐘を撞いて伊吹山が送り込む邪気を払い、比叡山南麓にある京都の市街を鎮護したのである★。琵琶湖と、そこから流れる淀川付近は日本という国家の揺籃の地であり、歴史上の大事件も多く、訪れる者の興趣はいっそう尽きない。西方の茜雲は、数々の戦さで死んだ人々の、血が煮えたぎる地獄の釜が映えているのだという伝承がある。

紀伊半島、中国山地

琵琶湖の南に伸びる半島と本州の西端は、「内地」とは狭い柄でつながるのみで、ほぼ別箇の陸地である。だが両者とも山がちで、国内の他の土地に似ている。南の大峰山の山塊〔紀伊山地〕は火山性の峰が発見されておらず、日本には珍しい山岳集団である★★。西の大山は旧噴火山で、それが睥睨する山並みは低く、日本海側の斜面と瀬戸内海側の斜面を隔てる屋根は標高三〇〇メートルに過ぎない★★★。

瀬戸内海

本州と南の島々は曲がりくねった細長い水域で隔てられるが、これは東西四〇〇キロほどの広大な内海で、フィヨルド〔沈降谷〕や「灘」と呼ばれる完結しない水盆の連続にほかならない。瀬戸内というこの内海には大小の島々が散在し、どちらを向いても水平線がさえぎられる。遠い山々の地平線を見え隠れさせる緑の島々のあいだの穏やかな海を抜けてゆくと、景色は万華鏡のように移り変わる。目にする沿岸地形はノルウェ

★ Rein, *op.cit.*; Metchnikov, *op.cit.*
★★ Knipping; Rein.
★★★次頁の表。

*** 本州の主要な山岳［火山］。

緯度	名称	地質特性	標高（m）	出典
41° 19′	恐山	活火山	976［878］	諸海図
40° 04′	岩木山	火山	1524［1625］	Milne
39° 50′	岩鷲山［岩手山］	〃	2154［2038］	Rein
39° 07′	鳥海山	〃	1829［2236］	Milne
			1959	日本人地理学者
			2073	Gowland
38° 31′	月山	〃（？）	1829［1984］	Milne
			1859	Gowland
37° 54′	飯豊山	〃（？）	1217［2105］	日本人地理学者
37° 40′	吾妻山	〃（？）	1360［2035］	〃
37° 37′	磐梯山	〃（？）	1554［1816］	Peterm. Mitth.
37° 08′	那須山（茶臼岳）	活火山	943［1917］	日本人地理学者
			641	〃
36° 55′	焼山［燧岳］	火山	2316［2356］	Gowland
			2133	Drasche
36° 46′	男体山（日光）	〃（？）	2541［2484］	Rein
36° 35′	立山	〃（？）	2896［3015］	Gowland
36° 30′	針ノ木岳	〃（？）	2400［2821］	Satow
36° 22′	浅間山	活火山	2591［2542］	Milne
			2525	Rein
36° 15′	槍ヶ岳	火山（？）	3139［3180］	Gowland
36° 08′	白山	〃（？）	2618［2702］	Rein
			2720	Peterm. Mitth.
36° 07′	乗鞍岳	〃（？）	2987［3026］	Gowland
35° 52′	御嶽山	〃（？）	3027［3067］	〃
			3004	Rein
35° 43′	駒ヶ岳［甲斐］	〃（？）	2723［2967］	〃
35° 28′	伊吹山	〃（？）	1250［1377］	〃
35° 20′	大山	〃（？）	1640［1729］	Neumann
			1702	Kempermann
35° 18′	富士山	〃（？）	3769［3776］	Stewart
			3745	Rein
35° 08′	比叡山	〃（？）	756［848］	日本人地理学者
			825	Rein
35° 03′	駒ヶ岳（箱根山）	〃（？）	1345［1438］	〃
34° 03′	大峰山	花崗岩、片岩	1882［1915］	Knipping

イにも比すべきものだが、太陽はイタリアのようで、岸辺や島の植生はマレーシアを思わせる。歴史の曙にあたり、二人の神イザナギとイザナミは、雲の柱が支える天の橋に座し、下界に渦巻く波浪を眺めて楽しんだのが、瀬戸内海の上空だとされる。雲の上に悠然と寝そべったイザナギは矛の先から大洋のなかに真紅のしずくを垂らし、その一滴一滴が今日われわれの目にする緑なす島々なのだという。波浪の中から最初に出現した陸地のひとつが美しい淡路島で、瀬戸内の東口の扉のようだ。

鳴門の渦潮

この日本の地中海は、地理学的には単なる侵蝕谷とみる以外にほとんど考えられない。海底の窪地のいくつかは水深五〇メートルをかろうじて超えるが、平均水深はその半分しかない。下関の名称で知られる西の入り口も、深さ一〇メートルと、大型船の航行にぎりぎりである。だが河川並みに狭いこの水路は両側が岩場で、潮流が剣呑なため、大型船も蒸気の助け［当時は機帆船も多かった］のもとで慎重に往来する。瀬戸内にはほかに三つの水路が至る。ひとつが九州四国間の豊後水道で、二つは淡路島の南北のそれである。通常は、兵庫港と大阪港に近い北［東］の友が島の水道［紀淡海峡］が利用され、潮も穏やかだ。これに対し、淡路島と四国間の鳴門の水道［鳴門海峡］は日本の水道のうち最も恐れられている。内海に流れ込む潮流が自由を失い、海底の階崖が岬状になっている深みの上部で速度を落とすため、大洋で奔放に広がってきた流れは水位の違う内海の水にぶつかり、急に渦潮になるからだ。通常の帆掛け船がこれに立ち向かうのは極めて危険である。日本の水夫による描写は、かつて北欧の船乗りがメルストロムの渦について述べたのと同様である。彼らの話を確認したヨーロッパ人航海者は皆無だが、こちらも回転する深淵で、幅数キロに及ぶ。巻き込まれれば何であろうと飛ぶように加速してゆき、中心の深い穴から逃れることはできないという。

四国の山容

瀬戸内海の全長の過半にわたり南をさえぎる四国の島は、東から西に規則正しく発達する片岩質の山地である。島内最大の河川である吉野川は「四国の長男」を意味する「四国三郎」とも呼ばれ、古い片岩質の稜線に沿って流れ

パリ子午線からの東経

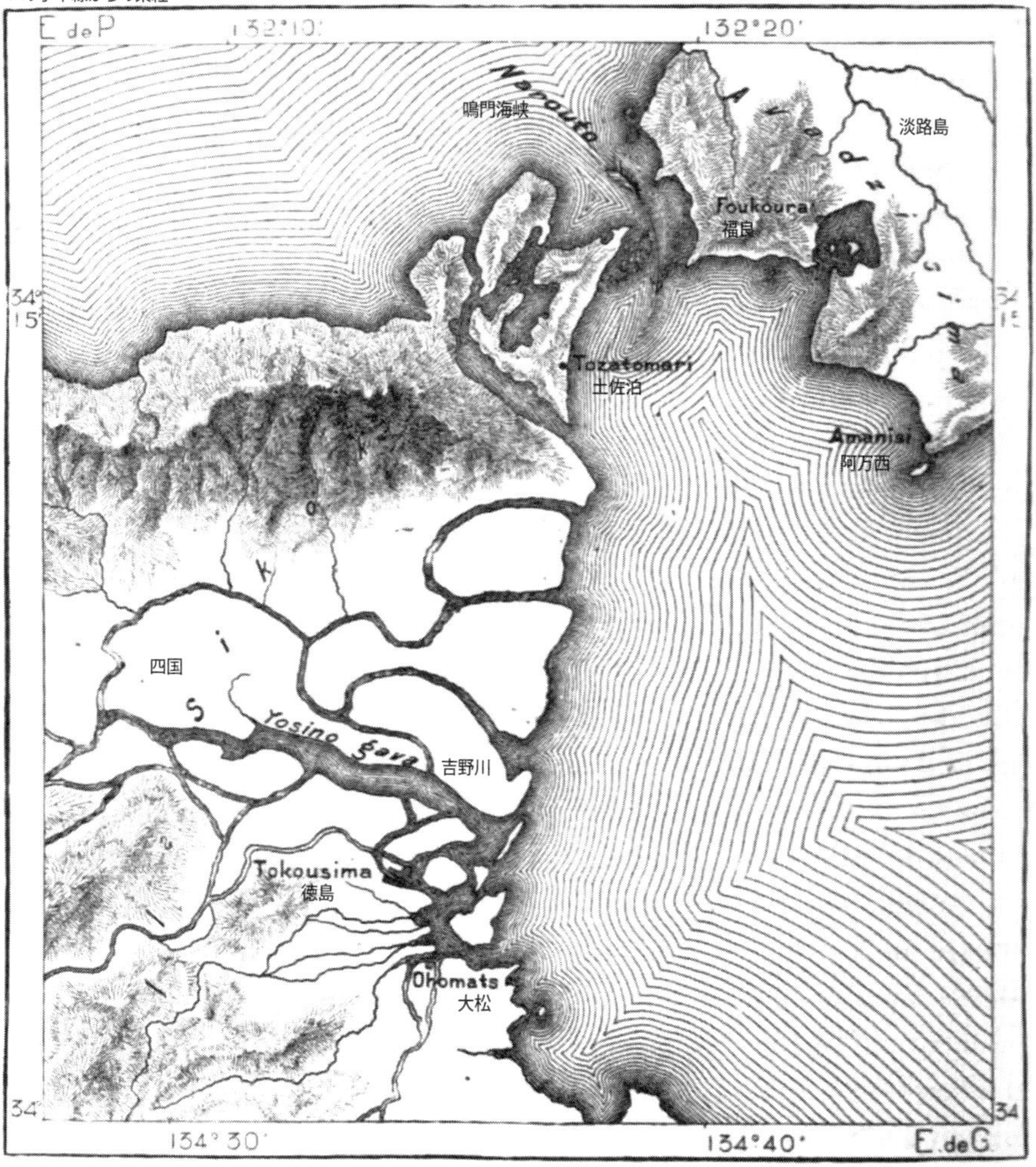

出所：　メーチニコフによる

グリニッチ子午線からの東経

1 : 300 000

0　10km

C.ペロン作図

図 137　鳴門海峡

る。その方向はまた、西端で九州の半島〔佐賀岬半島〕に正対して伸びる細い砂嘴〔佐多岬半島〕と同じでもある。このため四国と九州のあいだの入り口はすこぶる狭い〔豊予海峡〕。四国の主山系は最高地点でも一四〇〇メートルほどで、日本国内では相対的に低いが、両斜面を結ぶ峠のいくつかは一〇〇〇メートルを超えるため、通行が容易なわけではない。片岩の台座上には、火山性の起源をもつ峰がいくつかそびえる。森林の植物種は非常に豊富で、河流近くではほとんど熱帯性の外観をそなえて山腹を覆う。ただし地区によっては、ワラビ〔蕨〕の生える空地を作るため、後先も考えぬ乱暴な耕作者が火を放っている。ワラビは根茎や新芽が食用になるからだ★。

阿蘇山、雲仙岳

九州は南北に伸びるが、その岩山群も北から南に並んでいる。主成分は多様な結晶性片岩で、凝灰岩や亜炭層とともに、粗面岩がその上を覆う。火山の開口部は九州にもみられ、岩滓や火山灰の火口丘が立ち上がるが、定期的あるいは恒常的に活動中のものもある。島の中央部にある阿蘇山は活火山で、山腹では硫黄や明礬が採取されるほか、一帯の住民が食用にする白色で脂っぽい物質を含む黄土質の結核体も見出される★★。しかしこの物質は未分析だ。一八七四年の爆発では、山肌を流れる河川群が軽石により乳白色の流れに変わった★★★。山肌で最大の河川が「白川」の名をもつことからみて、こうした現象はひんぱんだと思われる★★★★。狭義の阿蘇山の頂部はあまり高くないが、中央火口は巨大な寸法で、月面のクレーターと似た形に立ち上がる。直径は一六〜二四キロを下らず、ほぼ垂直な内壁は二〇〇〜五〇〇メートルの高さをそなえる。この広大な平地には、火口内に村があることにほとんど思い至らぬまま、一万人以上の住民が暮らしている★★★★★。長崎の東にある島原半島はただひとつの山からなり、長大な山裾がなだらかに海に下る。これが有名な温泉山（うんぜんさん）、あるいは温泉が岳（うんぜんがたけ）〔以下雲仙岳〕で、一六三八年には、

★ Rein, *Japan, nach reisen und studien im auftrage der königlich preussischen regierung dargestellt,* 2 Bände, Leipzig:W. Engelmann, 1881-1886.
★★ Friedrich von Richthofen, *Geologie der Insel Kiousiu*, Mittheilungen von Petermann, 1862, no.5.
★★★ Rein, *op.cit.*
★★★★ Metchnikov, *Notes manuscrites.*
★★★★★ Milne, Seismic science in Japan, *Transactions of the seismological Soc. of Japan*, part I, 1880.

当時この地方に非常に多かったカトリック改宗者による反乱［島原の乱。ただし反徒を火口に投げ込んだという以下の記述は不正確］がたちまち鎮圧されたさい、数千人のキリスト教徒を呑み込んだ巨大火口をそなえる。ここ一世紀以上は火山活動が休止しているが、軽い噴煙が頂上からたなびくのが見える。ケンペルの時代には硫黄の蒸気が厚い雲となって火口から立ち上り、鳥も数マイル離れて飛ぶほどだった。当時は無数の亀裂からガスや泥［火砕流か］が流れ出ており、雨が降ると山肌全体が液体のように沸騰した★。隣接する火山である眉山の噴火は大洪水を引き起こし、五万人以上の死者をもたらしたことがある［一七九二年の島原大変肥後迷惑と呼ばれる災害］。

霧島

九州南部には、硫黄ガスが噴き出すことから霧島の名を与えられた火山集団がある。一帯の岩石や凝灰岩、粗面岩、軽石はすべて噴火に由来し、双子の頂部をもつ霧島の基部をなす平地は、火山灰や赤っぽい岩滓の覆う荒地だ。そこここにいじけたマツ［松］などの小木が生えているが、家畜の番人が野焼きするために、年々赤茶けてゆく。クリ［栗］やカシワ［柏］、アンズ［杏］の林は、野焼きの火が届かない深い侵蝕谷の中にしかみられない。南側にある火山である高千穂峰の火口は頂部ではなく西斜面にあり、その下には栄尾の硫黄泉がある。東にある尖頂は溶岩からなり、昔の戦さを記念する石積みがある。北側の頂上［韓国岳］には小さな火口湖があると言われる。ラインによると、霧島山と高千穂峰が九州の最高峰で、中央部にある阿蘇山も、南東にある小松山も及ばないのは確実である［九州の最高峰は中岳である］。

開聞岳

絵のように美しい鹿児島湾の西を画する半島［薩摩半島］は、日本列島きっての興味深く、また美しい地方のひとつだ。湾の前面に回り込む長い先端には「海の門［対音上の誤解か］」を意味する壮麗な開聞岳、ヨーロッパの地図ではホーナー岬がそびえたつ。姿の美しさといい、正則さといい、同山をしのぐ火山は日本にない。富士山の四分の三ほどの高さだが、山肌はもっと急で、誇り高く、山麓に人口稠密な都市さえあれば著名になる

★ Landgrebe, *op.cit.*

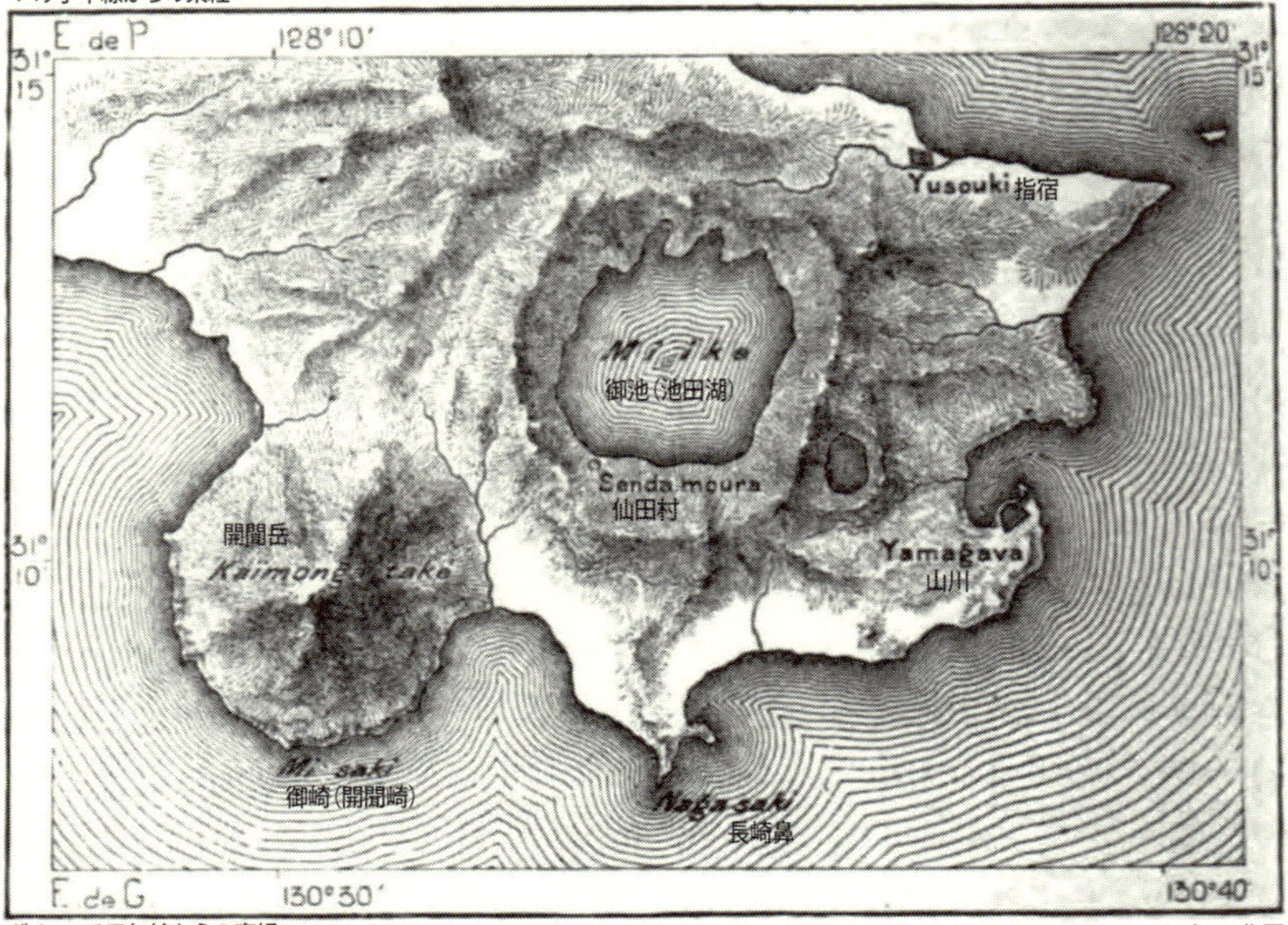

図 138　山川と開聞岳

だろう。円錐形の噴火口の北には、かつてもっと大きな火山が存在したが、今は記憶も失われた昔の爆発により、その頂部は吹き飛び、御池［池田湖］の水が湛えられている。山川の泊地と市街を見下ろすもうひとつの水盆［鰻池］は、副次的に形成された火口湖である。

桜島

開聞岳の東に開口する鹿児島湾にも、御岳という注目すべき火山があり、そのぎざぎざの火口丘だけで桜島という一島を形成する。対岸からは、山麓の腰板に相当する段々畑に生育するハゼ［櫨］やミカン［蜜柑］の緑地帯を、深く刻まれた灰色の斜面が見下ろし、一〇〇年このかた続く水蒸気がたなびくのが望まれる★次頁に。

南西諸島

日本の陸地が南西に伸びて切れ切れに続く諸島も、片岩質の岩からなり、深い海から押し出された物質がところどころを覆う。打ち寄せる波浪が凝灰岩の台地を鋭く切り分けた島もあれば、緑の山腹の上部にある雨谷が、縁飾りのような白い溝

パリ子午線からの東経

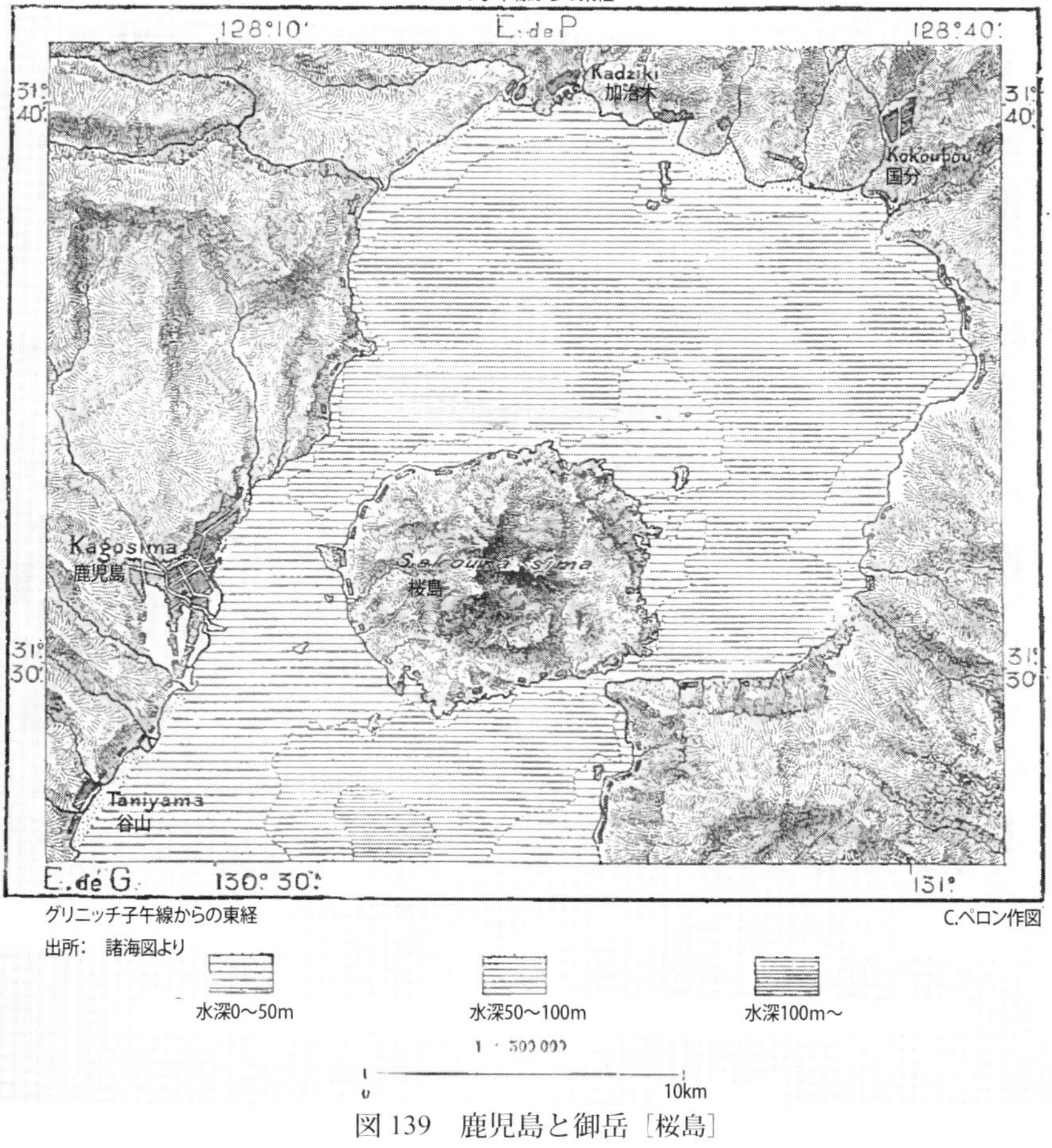

グリニッチ子午線からの東経

C.ペロン作図

出所：諸海図より

水深0〜50m　水深50〜100m　水深100m〜

1 : 500 000

0　10km

図 139　鹿児島と御岳［桜島］

★ 九州の主要な山岳［火山］

名称	地質特性	標高（m）	出典
阿蘇山	活火山	1600［1592］	Richthofen,Rein
高千穂峰（霧島）	火山	1672［1573］	Rein
小松山	〃	1280［ 989］	〃
温泉岳［雲仙岳］	〃	1250［1483］	Richthofen
開聞岳（ホーナー岬）	〃	1000［ 924］	Rein
御岳（桜島）	〃	1000［1118］	〃

になった火山岩滓の噴火丘の島もある。そうした島のひとつが、非常に峻嶮な硫黄が島〔薩摩硫黄島〕で、日本近海のストロンボリ島というべきものだ。火口と、横に切れた亀裂群から立ち上る噴煙は、日中は白く、夜は赤く見える。高さは七二二メートル〔七〇四メートル〕と、「ティレニア海の灯台〔ストロンボリ島〕」よりもやや低い。かつて日本の船乗りは、この燃える山を悪霊の息吹きであるとして近寄らなかったが、ある勇敢な男が探査に乗り出し、大量の硫黄の鉱床を見出して、これが薩摩藩主の最大の財源のひとつになったのである★。一帯の水域では、複数の小さな火山島がさまざまな時期に海面から突き出した★★。この島嶼集団〔大隅諸島〕で最大級なのは種子島と屋久島だが、もはや両島とも火山灰や噴煙を立ち昇らせはしない。だが琉球諸島に平行して南西に伸びる諸島〔吐噶喇列島〕は、なお活動期にある。中之島、すなわちピナクル島や諏訪之瀬島、すなわちアルキメデス島、横当島、すなわちクレオパトラ諸島を形成する二島のうちオグル島は、活火山である。同様に、朝鮮や山東省から琉球の主島〔沖縄島〕方面に向かう船舶にとって天然の灯台になっている硫黄島〔硫黄鳥島〕(鳥島、硫磺山(ルンホアン・シャン)、スフリエール島)も火山島である。こうした溶岩の小島に続き、おそらく火山性と思われる岩礁群が台湾北端まで点在する。

琉球諸島

九州に隣接する州南諸島〔薩南諸島〕とセシル〔大隅諸島〕、ピナクル〔吐噶喇列島〕ないしリンスホーテンの諸島は、いずれも地理学的にはすでに琉球の諸島に属する。琉球の諸島とはすなわち福建人の呼ぶ「ルウチュウ」で、地元の島民は「ドゥキウ」と呼び、「貴石の国」あるいは「透明な珊瑚」の意味である★★★。九州から台湾にかけてなだらかな弧状に配置しており、本州と同一の放射線を描く。中国人の言う「東海〔東シナ海〕」の外縁を画し、おそらくアジア大陸に日本をつないでいた山がちな陸地の残余である。琉球諸島はさらにいくつかの二次的な群島に分かれるが、九州と台湾のほぼ中ほどにあ

★ Friedrich von Richthofen, *Zeitschrift der deutschen Geologischen Gesellschaft*, vol. XIII.〔『リヒトホーフェン日本滞在記』上村直己訳、九州大学出版会、2013、122 頁にも言及がある〕

★★ Maget, *La Nature*, 7 fév. 1879.

★★★ Klaproth; L. Serrurier, *De Lioe-Kioe Archipel*, Amsterdam-Utrecht: C.L.Brinkman, J.J.Beijers, 1880.

挿画 LXVIII　鹿児島湾の入り口から見たホーナー岬［開聞岳］
L. メーチニコフの素描をもとに、Th. ウェーベル筆

るふたつの主要集団［奄美諸島と沖縄諸島］が狭義の「琉球王国」で、日本の県にすぎなくなった。「三山」すなわち三つの山がちな島嶼集団を南山、あるいは「先鋒の島」を意味する先島と呼び、日本が清国政府に割譲する意向を示しているものだ［三山は沖縄本島の古王国群を指し、南山は南端にあった。先島諸島を南山とするのは誤解で、「山南」が正しい］。

琉球王国

朝鮮とおなじく琉球も、中国と日本という隣の帝国に服属する王国だった。中国は何度もこの列島に侵入し、十四世紀末には「天子」の朝貢国たることを沖縄王に宣言させるに至った。それから半世紀もたたぬうちに日本人も到来し、贈り物を受けるようになったが、それは少しづつ朝貢に変化していった。一六〇九年、薩摩藩主が遠征軍を派遣し、日本は公式に宗主権を獲得したのである。琉球島民は人種的、言語的には日本人の類縁だが、迷惑な隣人である薩摩藩主が代表する天皇よ

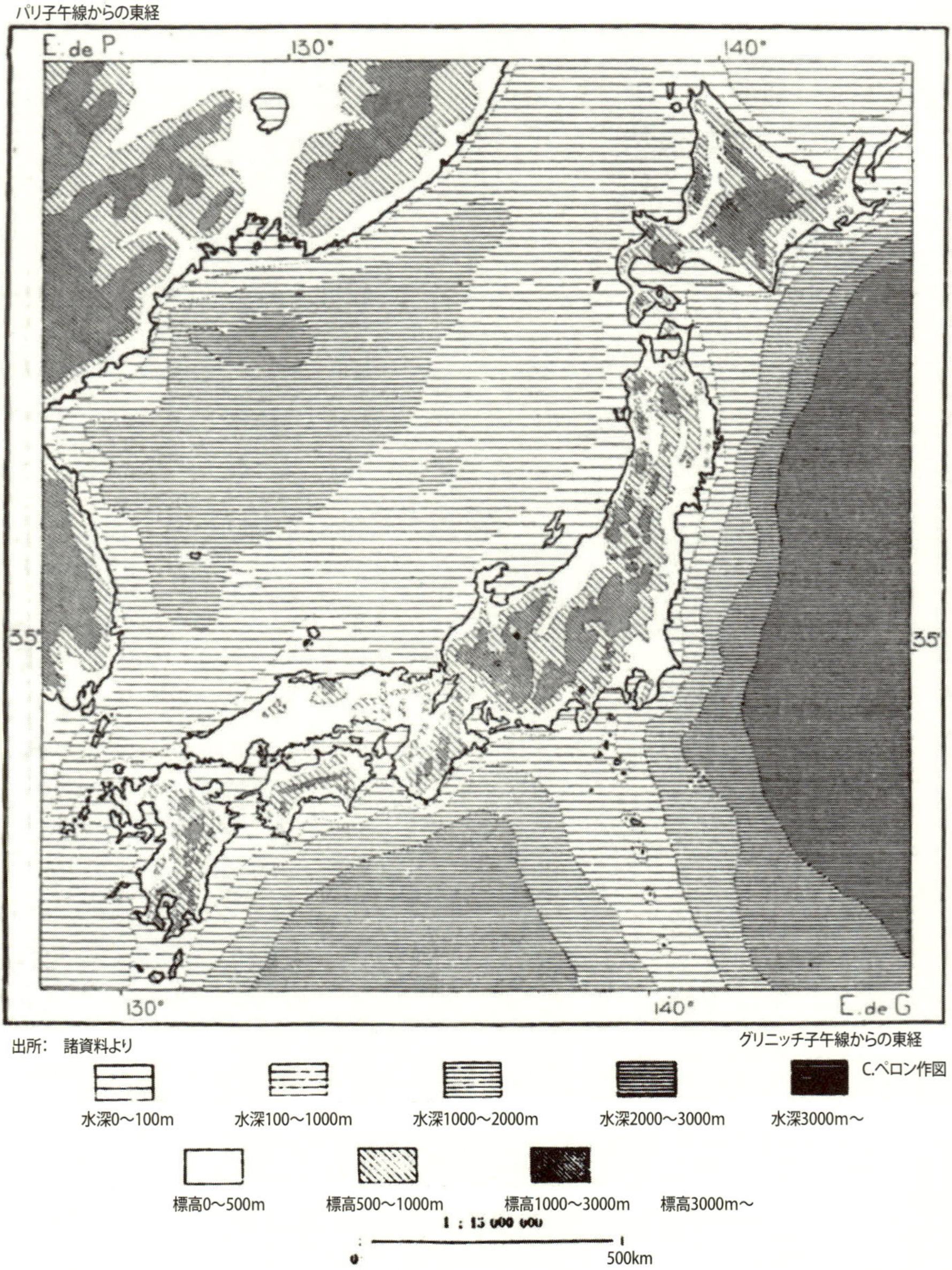

図 140　日本の標高と近海の水深

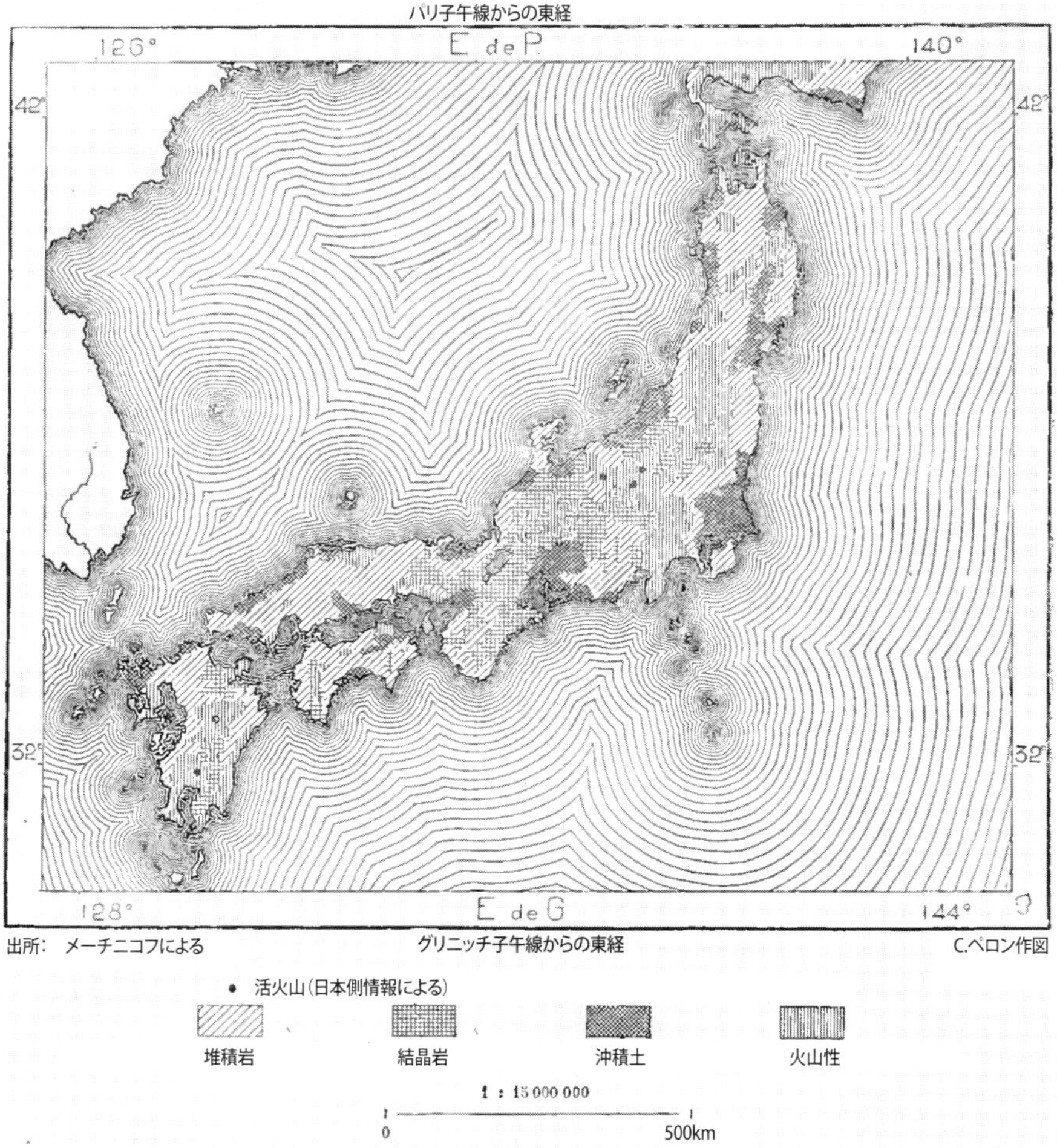

図 141　日本の地質構造の概況

りは中国人のほうを好んだ。贈答の付き合いしかない遠方の主人のほうが、天皇よりも仕えやすいように思われたからだが★、結局は望まぬ主人のほうを選ばざるを得なくなる。幕府を倒壊させた革命［明治維新］ののち、何人かの日本人が諸島を直接統治するため送り込まれ、北京とのいっさいの関係の断絶を琉球国王［尚泰王、一八四三―一九〇一］に迫った。この悲運の君主の抗議もむなしかった。「われらは五百年にわたり中国皇帝の庇護を享受してきたものであり、父とも仰いでいる。日本は母とも仰いでいる……孔子は忠節を死よりも尊しとはしなかったか……われらは不実たることを微塵も望まず、われらの名誉にもとることも望まない★★」。結局彼は譲歩せざるを得ず、一八七四年に日本が台湾出兵で勝利を収めたのち、この小国の王はその座を失い、琉球諸島は日本の不可分の一部として、単なる県として承認されることが確定したのである。

琉球諸島に関する知識

康熙帝が一七一九年に沖縄諸島に派遣した士大夫、徐葆光［清朝冊封副使、一六七一―一七二三］の旅行記［原田禹雄訳注『中山傳信録』、榕樹書林、一九九九］は、今世紀初頭まで「透明な珊瑚」の王国に関し一定の重要性をもつ唯一の文献だった。だが以後は一七九七年にブロートン、一八一六年にマクスウェルとバジル＝ホールが探査したのち、ジュリアン＝ド＝ラ＝グラヴィエール［フランス海軍軍人 Jean Pierre Edmond Jurien de La Gravière 一八一二―一八九二］、ビーチー［イギリス海軍軍人、探検家 Frederick William Beechey 一七九六―一八五六］、ベルチャー［イギリス海軍軍人、探検家 Edward Belcher 一七九九―一八七七］、ペリー［アメリカ海軍軍人 Matthew Calbraith Perry 一七九四―一八五八。浦賀来航に先立ち琉球方面を踏査］といったあらゆる国籍の航海者が主島の那覇港を訪れ、旅行記を出版した。カトリック、プロテスタント両派の宣教師も琉球に滞在し、日本人や横浜に本拠を構えるヨーロッパ人も、中央日本よりも温暖な「三山」の諸島へ越冬に訪れた★★★。ところがこうした種々の探査により、琉球の地名系統は康熙帝時代よりも錯綜し、現地の呼称に日中両

★ *Forcade, Annales de la Propagation de la Foi,* juillet 1846.

★★ Serrurier, *op.cit.*［1875（明治 8）年 8 月 31 日付の尚泰王書簡（第 37 号）か。明治文化資料叢書刊行会編『明治文化資料叢書』第 4 巻外交編、風間書房、1962、131-132 頁］

★★★ Gubbins, *Proceedings of the Geographical Society of London*, Oct. 1881.

国の名称や、あらゆる国籍の航海者が海図に書き込んだ名称が付け加わった。五つの名前をそなえる島さえあり、完璧な精度でその位置が固定されない限り、別々の陸地が存在するのかどうかもはっきりしない。このため、航海者たちは海図の示すあれこれの岩礁や暗礁を無駄に探したのである★。琉球と台湾を隔てる水域は、日本海軍が最大の綿密さで探査することが大事だ。

沖縄島の地形

ふたつの島嶼集団はいずれも北東から南西、すなわち中国および日本の山系と並走する★★。属するさまざまな島も花崗岩、片岩、砂岩、石灰岩の小山脈で、標高は五〇〇メートルに足りないが、そこで生まれる清水の河流は最後の一滴まで水田に利用され、狭義の沼沢地はまったく見られない。北側の集団〔奄美諸島〕の主島は「大島」の名をもつが、大琉球と呼ばれる沖縄本島ほどの広さはない。沖縄は前世紀のフランス人著作家たちが「ウクニアの王国」と呼んだ由来である。本島だけで沖縄県の人口の三分の二近くが居住する。火山性の岩石はみられぬようだが、いくつかの丘陵地が石灰質の頂部をそなえるため、突出した様子と小胞のような形状が岩滓に似ているせいで、しばしば溶岩と考えられた。あらゆる方向に刻まれた尖った岩のため、歩行は不可能に違いない。他の石灰岩の塊も多面に切り分けられているが、頂部に樹木が生えるため、乗り越えられぬ深い谷に隔てられ孤絶した林地が列をなすのが見られる★★★。

琉球諸島を洗う暖流のおかげで、どの島も沿岸は南洋に似た緑石の暗礁が縁どり、淡水では生育できぬサンゴ礁が河口に向かって開いている。沖縄島の那覇港および運天港、すなわちバジル゠ホールが発見したメルヴィル港はこうして形成された。岸辺近くの数か所では暗礁が海面上に突き出ており、おそらく隆起が原因である。那覇の沖合数キロには緑石の卓状地が水面下にあるが、だしぬけに落ち込んでいるため、測深により危険を察知することができない★★★★。サンゴ〔珊瑚〕の破片は波に転が

★ *Annales Hydrographiques.*

★★ Pumpelly; von Richthofen.

★★★ Matthew Calbraith Perry, Lambert Lilly, *Narrative of the expedition of an American squadron to the China seas and Japan*, New York: D. Appleton and Co., 1856.［『ペリー艦隊日本遠征記』第 1 巻、栄光教育研究所、1997、第 8 章および同第 2 巻、53-56 頁の記述によるか］

★★★★ Edmond Jurien de La Gravière, *Voyage en Chine,* Paris: Charpentier, 1854.

されて砂や貝殻と混じり合い、そこここに固い岩を形成してゆく。フランス領アンティル諸島の「マソンヌ・オー・ディユー」［直訳すると「神の石細工」］と同様に、毎年大きくなるのがはっきりと分かる★。

対馬

歴代政権がしばしば流刑地とした五島列島は九州のすぐ近くにあり、岩礁が散在する細い水道で隔てられる。パンペリーは、同列島が平戸島とともに中国の山岳体系の一部をなし、舟山諸島および寧波の山地へと連続するのではないかと考えている。九州の北西にある壱岐も地理学的に九州に付随するものだ。だが朝鮮海峡

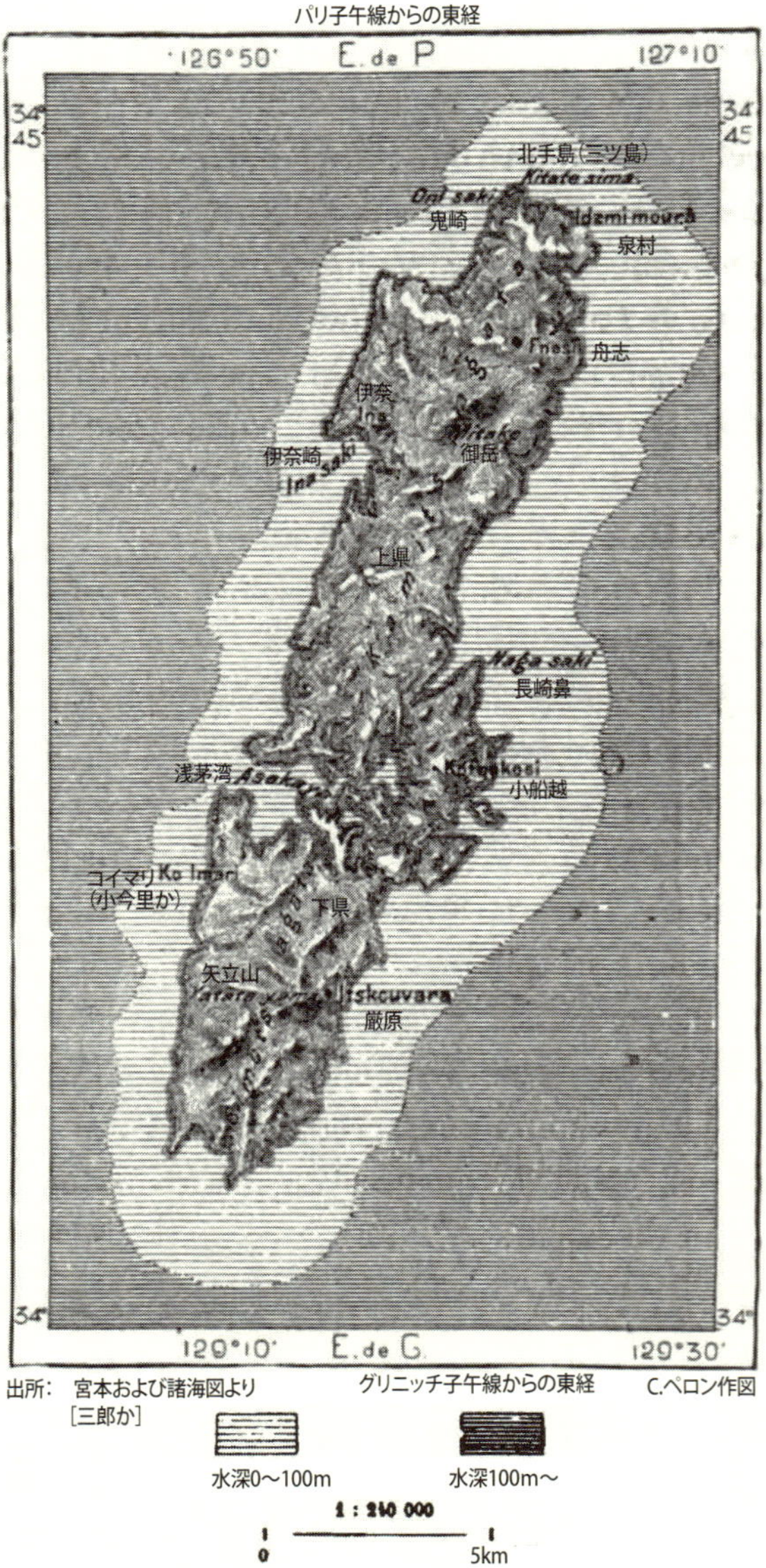

図 142　対馬

★ Perry, *op.cit.* ［『ペリー艦隊日本遠征記』前掲書、第 1 巻、186 頁か］

のまん中、ブロートン水道〔西水道〕とクルーゼンシュテルン水道〔東水道〕が挟む対馬は、日本というよりは朝鮮に付随するように見えるし、何種かの動植物は満州の圏域に属する★。対馬は長きにわたり両国の通商を仲介し、その藩主は半独立の専制君主で、釜山が日本船に直接開港する以前は、交易を独占した。両国の難破した船員が帰国するさいも同島を経由したのである★★。一八六一年、ロシア士官が自国船の修理基地を島内に設けたさい、ふたつの海とふたつの帝国のあいだにかくも好適な位置を占めるこの陸地を、ロシア皇帝の土地に併合する積りではないかと疑われた。だがイギリスとの外交的紛糾のすえ、彼らは基地を放棄したのである。ロシア士官たちが選定したのは首府である府中〔厳原〕の近くで、西岸に大きく開口し対馬を二分する湾〔浅茅湾〕の岸辺だった。この湾から東シナ海に通じる水道は狭く、満潮時でも船舶航行には浅すぎるもので★★★、干潮時には砂嘴が現れて南北の島を結ぶ。

地震

図抜けた火山地帯である本州と、それに付随する諸島ではひんぱんな地震がある。おそらく地表の下に押し込められた蒸気の圧力が原因であろう。有史における最大級の振動は、最大の噴火口が存在する国々で発生しているが、激震があったのも、まさに富士山に隣接し、浅間山からの水流が涵養する関東平野においてであった。一八五四年に江戸の大半を倒壊させた地震〔安政の大地震〕では一〇万人が死亡したと言われる。頑健に作られた大型建造物は、軽い家屋よりも揺れに対する抵抗力が小さいが、日本のもうひとつの災禍である大暴風雨に吹き飛ばされる心配は少ない。

★ Lawrence Oliphant, "On the Bayanos River, Isthmus of Panama", *Journal of the* [*Royal*] *Geographical Society,* 1865, *pp.*,142-147.

★★ Philipp Franz von Siebold, *Voyage au Japon,* Paris, 1938.［シーボルト『日本』前掲書第 4 巻か］

★★★ R. Lindau, *Revue des Deux Mondes*, 1er août 1863; Oliphant, *op.cit.*

第三節　気候と動植物

黒潮と親潮

日本は四囲を海に洗われ、大洋の水蒸気でいっぱいの大気のもとにあることとて、朝鮮海峡が隔てる大陸側のように極端な気候は皆無である。海から遠い内陸にある北京の冬がウプサラ［スウェーデン］並み、夏はカイロ並みなのに対し、東京の寒暑ははるかに穏やかだ。日本人が黒潮と呼び、数あるヨーロッパ人航海者のなかでオランダ人フリースが一六四五年に認めた潮流は、その流れ方といい、気候への影響といい、北大西洋におけるメキシコ湾流に匹敵する。マレーシアやフィリピンの水道を通過して温められたのち、本州東岸に非常に近く流れるため、中国大陸よりも温暖な空気を運んでくるからだ。平均水温はメキシコ湾流よりも二～五度ほど低く、摂氏二三～二七度だが、同緯度の海流が通常そなえる水温を六度上回る★。夏季には南西モンスーンが波を前方に押しやるので、黒潮は九州、四国、本州南岸に直接に打ち寄せる。冬季には極地風が押し戻すので沿岸から離れ、まっすぐ北東へと流れを変える。潮速は風向により非常に不均等で、シュレンク［ロシアのドイツ系動物学者、地理学者 Leopold von Schrenck 一八二六－一八九四］によれば日速五五～七五キロだ。幅はチャレンジャー号［イギリス軍艦。一八七二年から七六年にかけて世界各地の海域を調査した］の乗組員らによると、東京湾沖合の平均で七五キロである。測深により、深さ九〇〇メートル以上の箇所も流れていることが認められている。北方では、極地からの海流である親潮が、オホーツクの水盆から出てくると、津軽海峡に一部が入り込む黒潮［対馬海流、現在は分けて呼ぶ］とぶつかる。大西洋とおなじく、両海流とも平行する数条の帯のように進み、色の違う流れが逆方向に並ぶ。両者が出会う場所では横方向の流れが発生し、短いが危険な波を引き起こす。これら大洋の両川の上に重なる大気の流れも、お互い出会うことで頻繁に霧を発生させ、一帯の空を暗くする。冬に

★ Dall, *Mittheilungen von Petermann,* 1881.

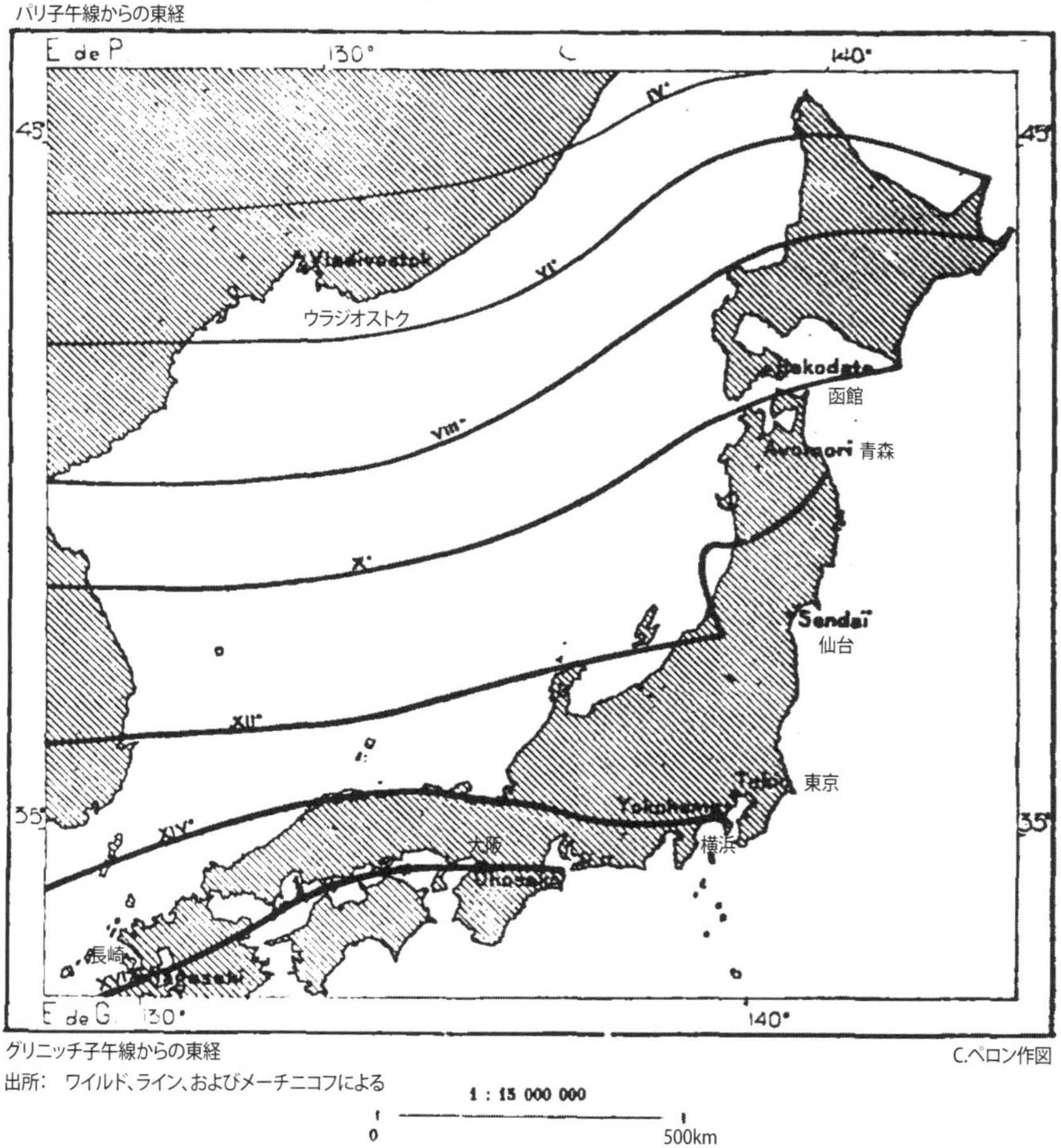
パリ子午線からの東経
E de P
130°
140°
45°
IV°
VI°
VIII°
X°
XII°
XIV°
Vladivostok
ウラジオストク
函館
青森
Sendaï
仙台
東京
横浜
大阪
長崎
35°
E de G
グリニッチ子午線からの東経
C.ペロン作図
出所： ワイルド、ライン、およびメーチニコフによる
1 : 15 000 000
0
500km

図 143　日本の等温線

なると親潮は北海道東岸に氷の縁どりをほどこすが、四季を通じ北方水域のクジラ〔鯨〕や魚類、軟体動物を運んでくるので、日本人の食事に大きな役割を占める。北太平洋の二海流が出会う北海道沿岸は、大西洋におけるニューファウンドランド島の浅瀬に対応するものだ。

対馬海流、等温線

日本列島の西には、シュレンクが「対馬海流」と命名した黒潮の分流があり、黒潮同様に日本の気温を上昇させるのに貢献している。名称のゆえんは、この海流が挟み込んで流れる双子島〔対馬〕だ。対馬海流の作用はとくに本州北部に明瞭で、岸辺に打ち寄せる波の平均水温は一九～二〇度である。ただし南から北への方向が一定なわけではなく、冬には極地風の影響のもと、少なくとも表層の海水は南に押されるため、琉球諸島の狭い水道群に戻ってゆき、そこで黒潮の水塊に加わる。黒潮よりもかなり勢いが弱いため、夏には隣接する陸地に冷やされたり温められたりするので、気候の季節変化に果たす役割は副次的である。日本列島の両斜面における対照性はきわめて大きく、東西に横切る等温線はほとんど緯度に一致しない。赤道からの距離は同一でも、太平洋側の平均気温は日本海側よりも高く、日本海側の山々は、太平洋側の山と同じ標高であっても、はるかに長期間の冠雪を見る。日本の気象台は数が不十分で、精確な等温線を引けるほど長期にわたる観測も「まだ」なされていない。おおざっぱに言えることは、北上するにつれ等温線が北に曲がるという点に限られる。日本中部と、それに対応する緯度の中国沿岸との気温差は摂氏二度だが、北海道とロシア領満州になると五度以上の差がある★。夏冬を穏やかにする海の影響のおかげで、大寒は二月まで遅れるし、猛暑も八月までで、九月は七月よりも暑い。

冬の気候

中国の大陸性気候にくらべ日本は得をしているが、大陸の東側が西側よりも冷却されるという一般的な影響からまぬかれているわけではない。日本の同緯度地点はヨーロッパよりも四～六度ほど冷涼だし、九州に至る

★ Rein, *Japan, nach reisen und studien, op.cit.*

列島の全域で降雪や結氷がみられる。本州中部でも一メートル以上の積雪が何日にもわたり田野を覆うのがみられ、北海道は氷点下一六度まで低下する。極東全域と同様に日本でも冬季には北風、主には北西風が卓越する。これは極地風で、通常は北東から南西に向かって吹くが、太平洋の吸引源によって南東に曲げられるものだ。冬の風は西側沿岸部では強烈なため、この危険な時期にその水域に乗り出す船乗りは少ない。新潟から函館に至る蒸気船さえ運休する。海沿いの町のなかには、初冬に板囲いをほどこし、すきまに小枝やコケ［苔］を詰めて家屋の風よけにする土地もある★。

夏の気候、台風

極地風は海岸線や山岳の起伏、気圧、気温の変動により多少とも流れが逸らされるが、四～五月になると南西の穏やかなモンスーンがその後を引き継ぐ。これが夏場の風だが、冬の大気の流れのような強さや定常性はなく、しばしば無風状態が中断する。大気の均衡が最も不安定になるのがこの時期だ。主には九月に訪れる晩夏には、海水温が最大になって大気は水蒸気が充満するため、ちょっとした大気の崩れでも旋転する風を引き起こし、ときには勢力を強めて台風になる。この空気の渦はとりわけ琉球と日本南部に被害をもたらすが、本州東岸の仙台湾を越えることはない。台風は海流と平行して動くため、ほぼ常に黒潮の上に位置する。夏の終わりを告げるこの剣呑な季節の後は、年間で最も美しい季節が訪れる。それは清澄な秋で、けだるい夏の疲れをいやすものだ。一年のうちに風向が逆転するため、日本の四季は温暖な西ヨーロッパよりもはるかに規則正しい。このため、季節と気温をあらたまった言い方で述べるさまざまな表現が日本語に導入された。かつては書簡の冒頭に、規則正しい四季の変化に言及する長い文章を盛り込むのが礼儀にかなうとされたのである。「氷溶け芽吹きの候にあたり、ますますご清栄ご健勝の段お慶び申し上げ、一筆啓上仕り候……」が、春先の手紙にお定まりの冒頭だった★★。

降水

★ *Ibid.*
★★ Alcock; Metchnikov, *op.cit.*

モンスーンの交替は気温と同じくらい降雨を規則正しくする。北海道および本州西側を除けば、冬には列島全域が非常に乾燥する。この対照性を説明するのは容易だ。ロシア領満州沿岸に恒常的な好天をもたらす北西風が、日本海を横断するさいに水蒸気で充填され、日本の丘陵や山地にぶつかると、すぐに湿気を雪片として落とすのである。山岳地方にある豪雪地の住民のなかには、一階を放棄して二階に難を避けねばならぬ例もある。カナダと同様に、雪道を歩くには輪カンジキを利用せねばならない★。ところが稜線を越え、東斜面の平野や海が見えるようになるや、西斜面に低く垂れこめた雲から抜け出す。大気は晴れ渡り、田野にさんさんと陽光が降り注ぐ。夏のモンスーンの初期［梅雨］には降雨が両斜面で一般的だが、膨大な量で、何日も大雨が続く。九月中旬の横浜で三時間に一七六ミリが降ったこともある。このとき河川の幅は三～五メートルほど広がり、随所で湖沼のようになった。雨季はまた暑気と、国土の非常に多くを占める水田から蒸散する時期でもあり、国土は厚いもやに覆われる。植物は我先に繁茂するが、動物と人間は息詰まる大気のなかで疲労困憊する。降水量は熱帯にほとんど劣らず、西ヨーロッパの倍近くだ。東京湾は雲が積みあがる漏斗のようなもので、年間降水量は一五〇〇ミリを超える★★。日本海の海水はこれらの雨のため太平洋よりはるかに塩分が薄く、同一の温度でも早く氷結する★★★。日本海はほぼ閉じており、潮汐は非常に小さい。佐渡島沿岸で六〇センチしかないのである。

植物相

★ Rein, *op.cit.*

★★　各地の気温（℃）と降水量は以下の通り。*Ibid.*

観測地	緯度	平均気温	冬	春	夏	秋	降水日数	年間降水量（ミリ）
那覇（琉球）	26° 13′	22.4	16.7	20.8	27.5	24.5	—	—
出島（長崎）	32° 44′	16.0	6.5	14.7	25.1	18.3	122	1212
大阪	34° 20′	16.0	6.2	13.7	25.3	19.0	121	1054
横浜	35° 17′	14.3	5.4	12.9	25.2	16.2	100	1794
東京	35° 41′	13.8	3.6	12.5	24.0	14.6	137	1671
新潟	37° 55′	13.1	1.9	10.8	24.0	15.8	—	99
函館	41° 46′	− 8.9	1.3	6.6	18.5	11.7	147	1318
札幌	43° 04′	− 8.3	1.8	5.6	19.7	9.8	201	1053

★★★ Venukov; Metchnikov, *L'Extrême Orient,* juin 1877.

雨が豊富で冬が比較的穏やかなこと、そして夏場の高温高湿は、日本の植物相に驚異的な豊かさと活力を与えている。最も太い樹木でさえ、根の周りの土をほとんど付けぬまま、枝もばっさり切り取って、移植できる★。中国では存続できなかった第三紀以後の多くの植物が、日本では生存し、繁栄し続けた。マレー諸島やインドシナ、ヒマラヤの峡谷、朝鮮、満州、さらには北米由来の数千の植物種が、現在は水没した陸地を経由し、あるいは種子が鳥や潮流に運ばれて伝播したが、日本列島はそうした植物に適した風土を提供したのだ。有史時代に中国やヨーロッパから導入されたことが知られている植物を除外しても、フランシェ〔フランス人植物学者 Adrien René Franchet 一八三四―一九〇〇〕とサバティエ〔フランス人医師、植物学者 Paul Amédée Ludovic Savatier 一八三〇―一八九一〕は一五四科、一〇三五属にわたる二七四三種を発見した。日本列島を訪れた植物学者は多いが、地元民も、花の鑑賞や薬効を求めて研究しているため、日本の植物は比較的よく知られている。北海道および遠隔地の将来的探査は同定される種をさらに増やすだろう。現時点で日本の植物全体は三〇〇〇種と推定される。うち四四属が「日出ずる国」の外で未発見だ。

樹木の水平分布

さまざまな特徴的植物の北限は琉球から千島にかけて不均等に並んでおり、等温線と一致するものもあれば、風や雨ほかの気候作用によって南に引き下げられたり、逆に北に押し上げられるものもある。千島列島でも、よく海風からかくまわれた谷間なら、どこでもカバ〔樺〕、ポプラ、ヤナギ〔柳〕ほかの樹木が生育する。国後島にもカシワ〔柏〕の樹林があるが、小谷以外ではめったに六メートルの丈にならない。樹林の平均的な高さを越える枝は風で折り取られてしまうからだ★★。千島列島の住民が小屋の建材や薪にするのは流木だ。クワ〔桑〕と茶の木は本州で津軽海峡まで栽培され★★★、秋田県でさえ養蚕の主産地のひとつだ。ただし新潟県は、南洋の暖流が沿岸に達しないため、もっと南に位置するにもかかわらず、この作物には寒冷に過ぎる★★★★。関東平野まで、列島南部における植生の全般的な相貌は温暖地帯の植

★ Brauns, *Mittheilungen des Vereins für Erdkunde,* Halle, 1880.
★★ Saint-John, *Journal of the* [*Royal*] *Geographical Society,* 1872.
★★★ Voyeikov, *Mittheilungen von Petermann,* 1878, no.5.
★★★★ Metchnikov, *op.cit.*

挿画 LXIX　日本の風景。藤沢の眺め。一葉の写真をもとに、G. ヴイエ筆

物だが、それにインドやマレーシアの種が混在する。ただし熱帯植物の典型的な種のいくつかは、園芸家の世話するものでない限り、日本では生きてゆけない。サトウキビ〔砂糖黍〕は本州南岸を越えないし、背丈が二〇メートルに達する大型のタケ〔竹〕も、野生では皆無だ。シュロ〔棕櫚〕も、庭園の小木を見下ろす花茎をそなえるものがあちこちにあるが、まだ完全には適応していない外来種である。ソテツ〔蘇鉄〕は冬の寒さに耐えさせるため幹に薦を巻くし、バナナはまったく実が成らない。等温線の位置からみて、一年のうち六～九か月も南洋植物の樹液が止まる以上、無理からぬところである。ただし日本の植物相を際立たせるのは、さまざまな植物区に属ずる種の混在よりも、その森林に群生する温帯植物の極度な多様性だ。同国では狭義の草原（プレイリー）を目にしないのであって、「はら（原）」は草と木質植物、およびシダ〔羊歯〕類からなる。耕作によって植生が一様な場所以外は、どこも高木や低木、木質植物が、草や蔓植物と混じって樹陰をなす。まっ

たく違う数百もの植物種を視野に収めることができるのであって、日本の田舎における天然の樹園ほど咲き乱れるものはない。無数の花々のなかでも、とりわけ輝くのは白椿だが、ヨーロッパの種々のキンポウゲやカーネーションは見られない。また西洋人が温暖な草原ならどこでも見出すマメ科植物やキク科植物も、その多くは探しても無駄だ。日本の植物はもっとあでやかだが、香りは少ない★。森の中における種の多様性は、熱帯を含め、他のいかなる国をもしのぎ、植物学者ならば小道を散歩するだけで一〇〇に上る樹種に出会うことができる。中国と同様、日本も植物種における樹木の構成比がヨーロッパよりもはるかに大きい。あらゆる植物区のうち、日本は落葉樹も針葉樹も面積当たりの本数が最大である★★。六月から七月にかけての樹木の花々は、西洋人の全く知らぬ眺めだ。また冬が近くなって紅葉になると、まばゆい錦のようになり、まるで二度目の開花時期のようだ。日本の森林の秋は、かなり色とりどりになる北米のそれをしのぐ装いである。だが多くの山地で森林は破壊され、低木や蔓植物の藪が取って代わりつつある。

樹木の垂直分布

日本の山地では、標高五〇〇～一〇〇〇メートルの斜面に群生する森林の樹木が最も美しく、かつ貴重である。ただし同国が誇る荘重なスギ〔杉〕は、北海道北部には自生しない。東山道の北と北海道の寺院に緑陰を落とす杉並木は植林されたものだ。寺社の建材や種々の神具に利用されるヒノキ〔檜 *chamæcyparis obtusa*〕は、かつては木片をこすり合わせて火を起こすのにも利用された樹木で、寒さに強く、東山道沿いの山中では標高一六〇〇メートルでもぽつりぽつりと生育する。落葉樹が標高一五〇〇メートルを越えることはめったにないが、モミ〔樅〕やカラマツ〔落葉松〕は二〇〇〇メートル以上まで達するし、海抜二四〇〇メートルでも針葉樹が繁茂する。さらに一〇〇〇メートルほど上にも、半ば苔むし、節くれだった幹がはい回る〔這松か〕。富士山の樹木の限界は二一二五メートル、藪の限界

★ Metchnikov, *op.cit.*［メーチニコフ『回想の明治維新』渡辺雅司訳、岩波文庫、岩波書店、1987 年、99 頁にも言及がある］; Aimé Humbert, *Le Japon illustré,* Paris: Hachette,1870. 2vols.［『アンベール幕末日本図絵』高橋邦太郎訳、上巻、雄松堂書店、1969、72 頁］
★★ Alfred R. Wallace, *Fortnightly Review*, nov. 1878.

挿画 LXX　イタチ〔鼬〕
日本の素描の複製

が二四五〇メートルである★。蔓植物の圏を越える山頂は裸地か、薄い緑を帯びる。永久雪線に達するのは白山のみである。

園芸作物

日本列島の栽培植物は、タバコとジャガイモを除き、東方から到来したものだ。農業そのものはともかく、日本人が農法の洗練を学んだのは、書や技芸と同じく、アジアからだった。コメ〔米〕、クワ〔桑〕、ワタ〔棉〕、茶の木はいずれも日本に適応し、温帯の果樹の大半も同様だった。核や種子を実とする果樹やカキ〔柿〕、ミカン〔蜜柑〕に加え、都市周辺にはクリ〔栗〕やトチ〔橡〕の木が混じる。だが湿気が高いため、果実は大きいが風味は乏しく、一般的に日本の園芸作物はヨーロッパや米国のものにかなり劣る★★。日本の植物は本質的に海洋性の風土のもとにあるので、フランスやイギリスをはじめ、海風にさらされる西ヨーロッパ諸地方ならばどこでも導入できるだろう。

動物相

谷間の奥まで耕作されているため、かつてそこに生息していた野生動物のうち、今も残るものは少ない。捕食動物の代表は二種類のクマ〔熊〕で、そのひとつは北海道にのみ生息し、カリフォルニアのクマ〔カリフォルニアハイイログマ、のち絶滅〕や、化石として見出されるホラアナグマ（*ursus spelæus*）に似ている〔エゾヒグマ〕。本州の山中で今も結構ひんぱんに出会う日本古来のクマ〔ツキノワグマ〕は口唇が垂れ下がっており、他のク

★ Rein, *Mittheilungen von Petermann,* 1879, no.10.
★★ Metchnikov, *op.cit.*［メーチニコフ前掲書、98-99 頁にも言及がある］

挿画 LXXI　鳥〔雀か〕。日本の素描の複製

マにはない特徴だ。オオカミ〔狼〕は減少して稀になっており、体つきが小さいことを除けばヨーロッパのものと変わらない。列島南部にはオーストラリアのディンゴ種に似た野生のイヌ〔犬〕もかつて生息した。キツネ〔狐〕は他の動物同様に大陸種にくらべかなり小型だが、頭数は多い。えらく大胆で、町なかに入り込んでニワトリ〔鶏〕を襲うほか、水田の神様である稲荷の祠に供えた食物を頂戴するのも忘れない。キツネはいわば神のお供で、社前に一対の木像、あるいは石像が必ずみられる★。民間の迷信ではキツネは女性に変身し、連れに遅れた旅人を若い娘の姿で誘惑するという。イタチ〔典拠となったアンベールの誤解で、狸〕は家具や料理器具に化けて家人をたぶらかすし、ネコ〔猫〕も妖力があるとされる★★。

ニホンザル（*macacus speciosus*）は尾が短く赤ら顔で、ベルベルの猿〔ベルベルマカク〕とほとんど違わない。本州の津軽海峡まで生息し、東アジア最北の霊長類だ。他の哺乳類としてはイノシシ〔猪〕、羚羊〔ニホンカモシカ〕、シカ〔鹿〕、数種の齧歯目、九種類のコウモリ〔蝙蝠〕、種々のクジラ〔鯨〕ですべてである。陸生哺乳類に限定すると、ウオレス〔イギリス人博物学者、探検家 Alfred Russel Wallace

★ *Ibid.*〔同前、100 頁〕; Bousquet〔ブスケ『日本見聞記』野田良之・久野桂一郎共訳、第 2 巻、みすず書房、1977、614-615 頁〕; Bird〔イザベラ・バード『完訳日本奥地紀行』金坂清則訳注、第 1 巻、東洋文庫、平凡社、2012、108 頁か〕, etc.

★★ C. Pfoundes, *Fu-So Mimi Bukuro; A Budget of Japanese Notes,* Yokohama: Japan Mail, 1875; Mitford, A.B. [Algernon Bertram Freeman-Mitford, Lord Redesdale], *Tales of Old Japan,* London: Macmillan, 1871; Metchnikov, *op.cit.*; Humbert, *op.cit.*〔アンベール前掲書、50-51 頁〕

一八二三―一九一三〕は三〇種を挙げ、その六分の五にあたる二五種が日本固有とする。ただし隣の大陸と同属なのは本当で、動物相全体の様相は満州や中国を思わせ、福建省沿岸と日本列島が古代に地続きだったことを物語る。また北米の動物種との類縁性もみられ、二つの北方大陸のあいだにも地峡があったせいとされる。だが近縁の種のあいだで現在みられる差異は、往来が水域のせいで途絶したのがかなり以前であることを証明する★。

鳥類

日本の鳥類は哺乳類よりも悉皆的に知られており、中国に隣接するわりに数は少ない。極東のこの地域では四〇〇種以上を数えるのに対し、日本には二五〇種しかいないのである。もちろん自由に飛び回ることとて、ほぼ全種類が大陸のものに似ている。夏にはサハリン島と千島列島を経由して大群が北上する。シーボーム〔イギリス人産業家、鳥類学者 Henry Seebohm 一八三二―一八九五〕によれば、議論の余地なく他のアジア地域や世界と異なると判別できる種は一一しかない。だが、日本列島と旧世界諸国の両方に代表種がみられる鳥の中には、生息区域が数千キロも離れているものがあるのは不思議である。日本のハトの一種〔シラコバトか〕は中国に全くみられず、同国のほかにはヒマラヤとジャワ島にしかいない。またカケス〔橿鳥、懸巣〕の一種は六〇〇〇キロも離れたヨーロッパでしか見出されない。明らかにこれらの種はかつて中間地帯全域に生息していたものが、環境変化により、旧来の縄張りの両端に遠く離れて隔離されたのである★★。鳥類の全体的な様相は温帯ヨーロッパと非常に類似し、各種とも対応する形態がみられる。なお、二〇〇〇フランもの値がつく鳴禽ホトトギス〔時鳥〕はナイチンゲールではなく、カッコウ〔郭公〕の仲間だ。

爬虫類、両生類、昆虫、魚類

古代の英雄が打ち倒す竜の説話はあるが、今日の日本には毒蛇がほとんどおらず、毒性動物は日本人が薬用に捕る一種類のマムシ〔蝮〕のほか★★★、ワラジムシに属する小さな甲殻類が一種だけである★★★★。最

★ Alfred R. Wallace, *Island Life*, London: Macmillan, 1880.
★★ *Ibid.*
★★★ Rein, *op.cit.*
★★★★ Metchnikov, *op.cit.*

も奇態な爬虫類としては巨大なヒクイトカゲで、魚や蛙、ミミズを餌とするサンショウウオ〔*sieboldia maxima* 山椒魚、両生類である〕がいる。現在ではかなり希少で、日本でも博物館の珍品扱いだ★。昆虫は非常に種類が多く、東京の近郊を少し歩き回るだけで、日本がしばしば比較されるイギリス全土よりも多くのチョウ〔蝶〕やコガネムシ〔黄金虫〕を採取できる。つまり、この極東の列島は、島国の動植物相は貧困だという共通法則の例外をなす★★。海生の動物相をみると、南部はフィリピンの種、北部はカムチャツカ半島の種まで含み、二つの区が中部と北海道の沖合で混合するため、これまた不思議な豊かさをそなえる。皮革用に狩猟の対象となった動物と同様に、何種類かのクジラは絶滅した。千島列島の浜にはアザラシ〔海豹〕、セイウチ〔海象〕、カイギュウ〔海牛〕といった大型海獣が群れるが、ベーリング島やプリビーロフ島〔セントジョージ島か〕の浜辺に営巣する *otaria marina*〔オットセイか〕の群れを家屋から見守るアメリカ人飼育者をまだ日本人は見習おうとしない。ビーバー〔海狸〕は千島列島の沿岸で非常に一般的だったが、新知島をはじめ、いくつかの島では絶滅した。ライマン〔アメリカ人鉱山学者、お雇い外国人 Benjamin Smith Lyman 一八三五―一九二〇〕は、津軽海峡で水中を遊泳する動物か魚か、あるいはクジラを遠望した。日本人水夫の言によれば呼称は「カミギリ〔アイヌ語で海神〕」といい、カミソリのように鋭利な三角形の背鰭をそなえてクジラと闘争するが、この背鰭のおかげで常に勝利するという★★★。

家畜

ヨーロッパの諸民族にくらべ日本人はごく少数の家畜しか保有しない。在来のウマ〔馬〕は東山道に最も多いが、朝鮮から輸入されたものだ。小柄で優美さはなく、陰険ですぐに噛みつくが、すこぶる頑健である。馬端臨が十四世紀に言及した薩摩種も存続しているが、個体数は少ない。横浜の馬場で走らせる馬は大半がモンゴルからの輸入である★★★★。耕作者は多くが小さな農地しかもたぬため、役畜の助けはほとんど要らない。田野にもウシ〔牛〕はまれで、ほぼ皆無の土地もある。そもそも牧草の質が

★ Metchnikov, *L'Extrême Orient,* juin 1877.
★★ Rein, *op.cit.*
★★★ Benj. S. Lyman, *Yesso Geological Reports for 1875.*
★★★★ Metchnikov, *Notes manuscrites.*

劣悪なので、こうした大型の家畜を飼育するのは非常に高くつくし、近年までその肉を食べることは全然なかった。八世紀以後、肉食は禁じられ、動物の肉や皮革を処理する業の人々は国家機構の名において貶められ、芸人や物乞いと並んで非人という階級に押し込められた。ヨーロッパ風の思潮の影響により、都市部の住民がだんだんと肉や乳を食事にとりいれ、畜産が田園部で大きく発展したのはごく最近にすぎない。ヒツジ〔羊〕とヤギ〔山羊〕の飼育も盛んだが、高湿な夏が適当でないため、うまく行っていない。ロバ〔驢馬〕も夏のモンスーンがもたらす長い雨季〔梅雨〕のせいで苦しむ。だがヨーロッパ種のブタ〔豚〕は繁殖がうまく行った。またヨーロッパ種のウサギ〔兎〕の導入は大繁盛で、何事にもつけ賭博に夢中になりやすい日本人の好みに応じた。繁殖力の強いつがいを求めて買いあさり、見事な個体なら数千フランで売買されたのである★。

★ Metchnikov, *op.cit.*

第四節　住民

民族的斉一性

今日の日本の住民は、千島列島や北海道、琉球など外地の島嶼をのぞけば、世界で最も均質なひとつだ。この点で日本人はいかなるヨーロッパ国民にもひけをとらないのであって、鹿児島湾から青森湾まで、緯度にして一〇度の幅にわたり、目にする人々は言語も習慣も同一で、共通の国民性に関する十全な意識をそなえる。だが現在の日本人がまったく単一の民族に融合しているにもせよ、彼らが単一の同じ人種に属するとは考えられないし、往古のさまざまな先住民族とは間接的にしか結びつかない。

蝦夷

年代記類や伝承がさかのぼる太古の昔には、本州北部に「えびす」、「えびし」、「えみし」、すなわち東の蛮族、あるいは毛の長い人々を意味する「毛人《もうじん》」が住んでいたとされ、これがアイヌ〔原文 Aïno（あいの）だが、慣用に従う〕の祖先である。ただし日本人がこれら北の蕃人の文明化した兄弟であるとみなせる直接的な証拠が皆無なのは本当である。おそらく唯一の近縁性は、隣接領域で何世紀も続いた通婚がもたらしたものだ。今日の本州北部で「えびす」を見出すことはできないが、十五世紀の日本人征服者により根絶させられたわけでもないことは確実である。「あづまえびす」の名の下に、彼らは北部の文明化した住民に混じり込んだのであって、それは住民の相貌に見て取れるだけでなく、これら先住民が用いた石の武器が土中から採取されることからも分かる。人種的特徴を保持する分子である女性は、男性よりもはるかに強くアイヌ人の特質を保っている。植民運動からほとんど隔絶していた男鹿半島の住民は、千島列島の先住民との類似が最も強い★。関東平野の住民さえアイヌ人の血が入っていると考えられているが、今日の純粋なアイヌ人は北海道や千島列島南部、そしてロ

★ Voyeikov, *op.cit.*

挿画 LXXII　アイヌ人の男女。一葉の写真をもとに、E. ロンジャ筆

シア領サハリン島の南端に押し込められている。一八七三年の人口調査では北海道在住のアイヌ人は一万二二八一人とされ、おそらく全体でも二万人に達しない。在来の千島列島住民はカムチャツカ半島近くの北部諸島に固まっており、カムチャツカ半島の住民と区別がつかない。アレウト人は新知島や得撫島にも居住する。

アイヌ人

ゴロヴニンによると、アイヌという名称は、大半の民族名と同じく単に「人間」の意味である。今はもう見る影もなく、軽侮される末裔しか残っていないこの気の毒な民族も、かつては世界の中心に住んでいると考えたし、また人間は自分たちだけだとも信じていた。古謡には「カミギリ［海神］よカミギリよ、その神の目を開けておくれ。あなたの眼差しの落ちるところには、どこでもアイヌの言葉が響く★」というものがある。アイヌ人がこうした誇り高い意味を

★ Aug Pfizmaier, *Abhandlungen über die Aino-Sprache*, 1852.

この名称に込める一方、日本人も自分たちの言葉でもって説明の理由づけをせずにはおかなかった。サトウはそのひとつを報告しているが、それによると「アイヌ」は「犬」の類義語だという。蝦夷の先祖は一匹の犬と一人の日本人の姫だという伝承があるからで、それ自体、両者の混交による類縁性を認めるものだ★。アイヌ人と同一の祖先をもつとされるアレウト人は、こうした系譜を非常に誇り、かつては長きにわたり、犬に似た尾と四肢をそなえていたのであって、尾を喪い、手を授かったのは罪業の報いだとさえ断言するのである★★。

アイヌ人の起源

アイヌ人の各氏族はさまざまな出自を伝えるが、一般に祖先に関する質問への答えを拒絶する。こうしたことを質すのは凶兆とみなすせいだ。精確な証拠がない以上、アイヌ人と最も良く似ているように見える民族のなかに位置付けるしかないが、著述家の大半によると、彼らは日本人や中国人、満州人の隣人として、ごく単純に東アジアのいわゆる「モンゴル系」住民に分類するべきだとされる。とりわけ日本人とは小柄な体格、明るい色の肌、毛髪と眼の色が似ており、頬骨が突き出している者もかなり多くみられる。デーニッツ［ドイツ人医師、博物学者 Friedrich Karl Wilhelm Dönitz 一八三八―一九一二］は、アイヌ人と日本人の差異は、ドイツ人と南欧人のあいだよりも小さいのではないかとするが、他の学者は両者の対照性に強く注目し、アイヌ人は特殊な人種であって、カムチャツカ人やコリャーク人、アレウト人ら北方住民に属するとみなす。エスキモー人の分枝とする見解もあるほどだ。北海道および千島列島の先住民はポリネシア系との類縁性もあったとされる。人類学者には、この極東の人々がいわゆる「コーカソイド」人種であって、分厚い旧世界が隔てた西洋人だという大胆な説を唱える者さえいる。

アイヌ人の身体的特徴

アイヌ人の通常の典型が、主人である日本人から明確に遠いことは確実である。肌はもっと白く、額は広

★ Lyman; Metchnikov; Blakiston, etc.
★★ Morskoï Sbornik, *Recueil de documents relatifs aux prosessions russes.*

く高いし、脳はあらゆる人種の大半よりもはるかに大型である★。鼻は高く、目は大きくて黒く、優しげだ。瞼はヨーロッパ人同様に開いており、眼差しはまっすぐ水平である。東アジアの隣人たちと大きく異なるのが毛髪の豊かさで、かつてはいくつかの氏族が居住する島名をとって「毛深いクリル［千島列島］人」とも呼ばれた。シーボルトや初期のロシア人航海者、すなわちクルーゼンシュテルンやゴロヴニンが用いた呼称である。日本側の古文書類は、四尺の蓬髪と髭をそなえた野獣のたぐいと描写しており、伝承では、最初のアイヌ人が雌クマから哺乳したため毛深くなり、子孫もそれを受け継いだのだという。だが肌の面積当たりの毛髪が日本人やヨーロッパ人にくらべ多いわけではなく、一本一本が三割ほど太いため★★、実際よりも毛が多く見えるのである。またかなりのアイヌ人は肩先をはじめ各所に冠毛があり、平均四センチの体毛によって肌が黒々として見える。長い髭はたいへん自慢で、他人と見分けるものであり、神聖なため、刃物を当てるなど思いもよらない★★★。この点ではロシアの農夫と似ており、相貌や体格からも容易に見間違えてしまう★★★★。アイヌ人の郷国を訪れた旅行家の大半は、女性は見苦しく、男性とはほとんど違う人種に見えると述べている。眼はもっと小さく唇はぽってりしている★★★★★。ただし山中の氏族のもとまで進み入ったバード嬢［イギリス人旅行家、著作家 Isabella Lucy Bird 一八三一―一九〇四］は、老女にさえ非の打ちどころのない美しさをそなえた女性に数多く出会ったと述べている。子供たちは両親に可愛がられ愛撫され、優美さと柔和さの見本である★★★★★★。

アイヌ人の言語と音楽

アイヌ人の言語はまだ短い言葉しか知られていないが、わずかな量とはいえ、日本語

★ デイヴィスによるアイヌ人の平均脳容積は 1470cm³ である。

★★ Hilgendorf, *Mittheilungen der deutschen Gesellschaft für die Kunde Ostasiens*, 1874.

★★★ Gustav Kreitner, *Im fernen Osten. Reisen des Grafen Bela Széchenyi in Indien, Japan, China, Tibet und Birma in den Jahren 1877-1880*, Wien: Hölder, 1881.

★★★★ Rein, *Japan nach Reisen und Studien, op.cit.*; Wernich, Geographisch-medicinische Studien [Albrecht Ludwig Agathon Wernich, U. Wernich, Geographisch - medicinische Studien nach den Erlebniffen einer Reise um die Erder, Berlin: August Hirschwald, 1878.]

★★★★★ Rimsky-Korsakov; Blakiston.

★★★★★★ Isabella L. Bird, *Unbeaten tracks in Japan: An Account of Travels in the Iterior, including Visits to the Aborigines of Yezo and the Shrines of Nikkô and Isé*, 2vols, London: Murray, 1880.［『日本奥地紀行３』前掲書、104-107 頁か］

とのあいだに全く類似性がないとみてよいものである。クラプロートはサモイェード語にある程度関連性があると考えたが、フィッツマイヤー〔オーストリア人東洋学者August Pfizmaier 一八〇八―一八八七〕は全然そうしたことはないと論じた。アイヌ語の語彙は大和言葉と違うし、発音には「r」音が非常に多く、しばしばスー音〔sやzなど〕で終わるため、日本語のような柔らかさはないが、音楽的ともいえる抑揚で緩和される。各地の住民の方言にほとんど違いはなく、国後や択捉など千島列島で捕縛されたアイヌ人も、松前の先住民の言葉を難なく理解する★。書物は皆無で、東京の教育機関に派遣された数人の若者を除き、読み書きできるアイヌ人はいない。ただし記憶力は抜群で、計算は非常に達者である。刻み目を入れた小さな棒と、ペルー〔インカ帝国〕のキープに比せられる結び目のついた細紐でもって十進法ほかの単位を数えるのであり、商人がごまかそうとしてもすぐに見破る。模様を施した木製の家財道具は、手技の優秀さと趣味の健全さを物語る。音感は非常に発達しており、良く通る声で哀歌を歌い上げる。用いる弦楽器は、岸辺に打ち上げられたクジラ類の腱を弦とする見事なものである〔トンコリ〕。

アイヌ人の信仰

アイヌ人は狩猟と漁労の民で、生活は厳しい。狩りの獲物はクマ〔熊〕やシカ〔鹿〕、キツネ〔狐〕のほか、大型のクジラ目だが、春になると湾内にニシン〔鰊〕を追い込んでくるもの〔シャチか〕は感謝の念を表わして捕獲しない。穴に隠れた子熊を見つけると、一族の乳母のもとに連れて来て自分の子供のように授乳させ、半年のあいだ家族同様に育て、晩秋の大掛かりな祭りの最後に、この動物を犠牲に供える〔イオマンテ。原著の記述は不正確な点もあると思われるが、原文通りに訳出する〕。屠る際には皆がこう叫ぶ。「我らはそなたを殺す。熊よ、アイヌになってすぐに戻ってこられよ〔『日本奥地紀行3』前掲書、二一八頁の訳にならう〕」。クマの頭部は小屋の前の杭〔叉木〕に据え付け、育てた家のお護りとされる。同様にシカの頭骨も、うやうやしく草にくるんで杭に載せるが、こちらはそのシカを打ち倒した森の中に立てられる。以上がアイヌ人の主な宗礼であるところをみ

★ Metchnikov, *L'Empire Japonais, op.cit.*

ると、彼らは似たような祭礼が観察された東シベリアの住民と同一の集団に属する。そしてウスリー川のゴルド人と同じく、アイヌ人も動物と一緒に住むのを好み、ほぼどの村も葦の家屋のそばに大きな檻をそなえ、クマやワシ〔鷲〕を押しこめて★、同族崇拝的な対象とする。日本人の諸宗教の影響も感触されており、部分的には同じ基盤から由来していることもあり得る。アイヌ人は太陽や月、惑星、「恵んでくださる海と護ってくださる森」と自然のすべての諸力、すなわち天地の諸精霊を「カムイ」と呼んで崇拝する。これらは古代日本や東シベリアの宇宙論にも見出されるものだ★★。彼らはまた先祖を征服した日本人である義経〔源義経、一一五九―一一八九〕の加護を祈念するが、伝承によれば、敗者に対し寛仁だったからだという★★★。外国人が歓待される際も、カムイの尊称をもって遇される★★★★。日本の神道信者とおなじくアイヌ人も祖霊を深く崇拝する。故人の住まいを打ち壊して燃やしたり、干し草のようにしてしまったのち、生前の住居に似た新たな家屋を建ててやる。こうした墓所の前には銛ほかの器物を立て並べてうやうやしくその世話をするのであって、先祖の頭骨を売るよう提案する外国人に対し、恐怖の念をもって拒絶する。宗礼はすこぶる簡明で、舞踊や日本酒の献酬くらいしかなく、自ら執り行うので、祈祷者階層を上に立てることは全くない。

女性の地位

アイヌ人の共同体における首長は、一般に最も多くの武具とクマの頭骨を所有する氏族の一員だが、もめごとを裁決する以外に権限はない。世論が何らかの不正義をもって非難するや、すぐに免職される。そしてその不正の被害者が新たな裁決者に選ばれる★★★★★。一夫多妻は許容されており、通常の婚姻は兄弟姉妹間とはいわずとも、かなり近親のあいだで行われる。女性は男性よりも働くが、いささかも劣った存在とはみなされない。女性は家事に任じ、非常に清潔に家事をこなすが、

★ T. Blakiston, "Journey Round the Island of Yezo", *Proceedings of the* [*Royal*] *Geographical Society*, *Vol*. 16, *No*. 3, 1872, *pp*. 188-203.

★★ von Middendorf, Ost-Sibirishce Reise.

★★★ Bird, *op.cit*.［『日本奥地紀行３』前掲書、97-98 頁ほか］

★★★★ Scheure, *Exploration*, 6 Oct. 1881.

★★★★★ Kreitner, *op.cit.*

共通利害の運営に関しても夫と同等の発言権をもち、彼女の意見を徴することなく物事が決められることはない。アイヌ人が見れば、それぞれの女性がそなえる貴種性や権利は、母親が施した刺青の記号として明白に記されているのである。最初の模様は五〜六歳に施され、刺青が完成するのは結婚適齢期に達する時期である。肌に切り傷をつけて煤を擦り込むやり方でもって、一種の口髭模様を描くほか、唇にも小さな髭模様をつけ、両手と前膊はアラベスク模様の縁取りで装飾する。アイヌの刺青は古代的な象徴性から脱却しておらず、たとえばポリネシア諸島のいくつかの住民のように、の好みで自由に描かれることはなく、礼法による厳しい決まりのもとにある。アイヌ人はことのほか儀礼を尊ぶのである。

和人との関係

十六世紀にはアイヌ人はまだ和人にすこぶる恐れられ、本州北部に独立性を保っており、秋田市内で南方の隣人と出会い、物産を交易していた★。だがかなり昔に津軽海峡以南からはいなくなり、北海道南岸でもほとんど見られなくなっている。つまり追い追い北方に駆逐されたのであって、トリカブト〔鳥兜〕の毒矢や、樹皮あるいは木製の小札の鎧は★★、まったく和人に対抗できなかった。アイヌ人は政府というものに対する迷信的な恐怖感をみせるが★★★、個人的には正直で親切、かつ活動的で非常に勇敢である。だが残念なことに、侵入者たちに対する生存闘争に必要な精神力や物的資源をもっていない。狩りの獲物は、木を刈り倒す斧の音で森の奥深くに逃げ込んでしまうし、アイヌ人がそれを狩れるようになるかもしれない火器の所有は政府が禁じている。彼らの茅屋のすぐ前で和人の漁師が魚を捕えてゆくというのに、アイヌ人には、もっと広く深い漁場を活用するためのしっかりした漁網も、蒸気船もない。一緒に住むのは橇につないだり舟を引いたりする黄色い犬だけで、畜産に携わることもできない。彼らが学んだ農耕は、家屋の周囲にいくばくかの野菜を植えることだけであ

★ L. Froes [Luís Fróis], *Epistolæ Japonicæ*.［ルイス＝フロイス『日本史』総説か］

★★ De Angelis; Pierre-François-Xavier de Charlevoix, *Histoire du Japon* [Rouen: 1715, and various posthumous editions].

★★★ R. G. Watson, " Notes of a Journey in the Island of Yezo in 1873; And on the Progress of Geography in Japan", *Journal of the* [*Royal*] *Geographical Society*, 1874, *pp*.132-145.

る。衣服は女性が作る樹皮の頑丈な粗衣で★、寒季には縫い合わせた皮革や毛皮をその上に羽織る。侵入者［和人］が彼らを直接に迫害することはないが、常にだまされている。政府［蝦夷開拓史］は些細な貢納物と引き換えにもっと高価な品々を贈って現実に保護を及ぼしてはいるが、貧窮と飲酒、およびそれが引き起こす害悪による精神面の衰弱は覆うべくもない。船主への借財のせいで、アイヌ人は正真正銘の奴隷状態にある。日本人入植者の何人かは彼らの習俗を取り入れ、彼らと同様に刺青さえ施すが★★、和人化する現地住民のほうがはるかに多い。和人の娘と結婚する者もあるし★★★、誰もが多少なりとも日本語を操る。こうして「毛人」民族の残りは、その言語や習俗、さらには名称も失ってゆくだろうが、高死亡率により消滅するとは考えにくい。子供たちは数が多く、よく面倒を見てもらっている。かつて村々を襲った天然痘は終息し、いったん激減した諸部族は再び拡大中である★★★★。部族民としての存在を脅かすのは文明で、今なお保持する自由を間もなく喪うと気付けば、アイヌ人はほとんど生に執着しない。彼らは陽気で良く笑うが、わずかな厄介事でも意気消沈し、自殺もひんぱんである。嬰児殺しは皆無だが、双生児だけは凶兆とされ、片方は処分される。

日本人の起源

日本列島の全域を今日占めている日本民族は明らかに人種的に混交しているが、アイヌ人の影響はごく一部に過ぎない。観察者たちはそれぞれ印象の強かった特徴に従い、日本の住民をさまざまな基層に結びつけている。ホイットニー［アメリカ人言語学者、東洋学者 William Dwight Whitney 一八二七―一八九四か］やミュラー［ドイツ生まれサンスクリット学者、比較言語学者 Friedrich Max Müller 一八二三―一九〇〇］、モートン［アメリカ人博物学者 Samuel George Morton 一七九九―一八五一］は大括りなインド・ヨーロッパ語族に結びつけるが、人類学者の大半は「モンゴル系」に分類し、シベリアや東アジアの諸国民と同一の先祖をもつとする。倭国すなわち文字を知る以前の日本の歴史を語る中国の諸年代記は、誕生しつつある民族に、中

★ Blakiston, *mémoire cité.*
★★ Kreitner, *op.cit.*
★★★ Watson, *mémoire cité.*
★★★★ Bird, *op.cit.*［『日本奥地紀行３』前掲書、70 頁か］

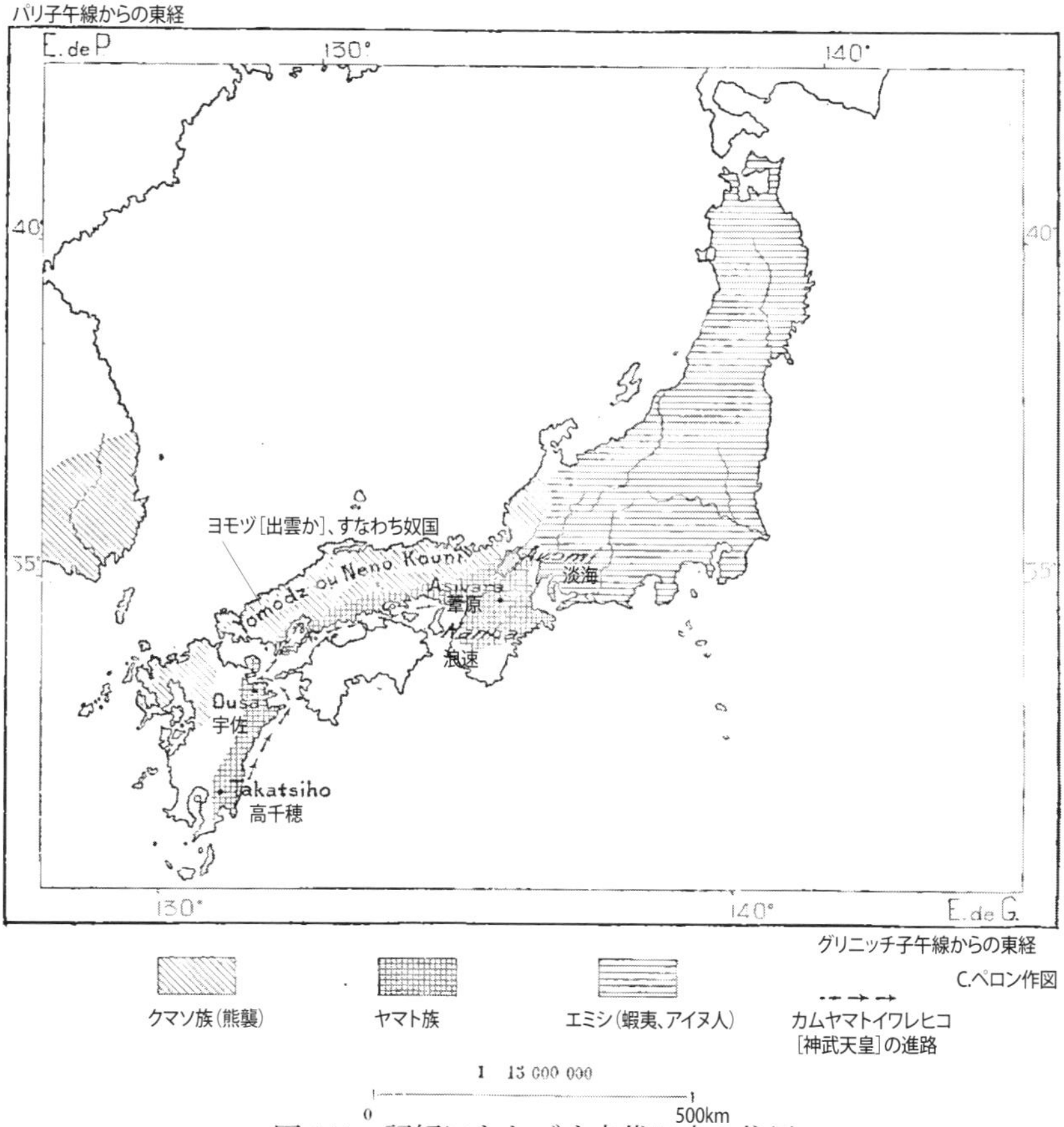

図 144　記紀にもとづく古代日本の住民

国文明が支配的影響を及ぼしていた事実を述べている。揚子江の岸辺から日出る国の島々へと移住が行われたに違いない。秦の始皇帝が「不老不死の花〔薬〕」を欲して東海に送った三〇〇人の童子と、同数の童女が日本人の祖先だとする伝承もある★。マレー系が見出されるとした説もあり★★、シーボルトは日本南部でよく見かける縮れ毛で色黒な人々をアルフール系、メラネシア系、カロリン系の混交に帰しさえした★★★。迷子になった船舶が太

★ Du Halde; 馬端臨［司馬遷『史記』淮南衡山列伝では各 3 千人］
★★ Siebold; Prichard; Dönitz.
★★★ *Nippon Archiev,* I.［シーボルト前掲書、第 1 巻、37 頁。なおルクリュが参照した版は同上 ii 頁（I）と思われる］

平洋の赤道海流と黒潮に運ばれて来ることが何度もあったのは確実で、南シナ海やマレーの海域から島々を経由して、日本が植民された可能性もある。ただしヨーロッパ船が到来する以前には、この方角に向け達成された航海に関する歴史文書は皆無である。諸年代記は日本と近隣の島嶼や大陸との関係しか述べておらず、交通もそのほうが容易だった。本州から九州へ、九州から壱岐へ、壱岐から対馬の双子島、そして対馬から朝鮮付近の群島さらには朝鮮本国までのあいだ、漁師は常に陸地を目にできるのであり、小舟は季節風のままにあるときはこちらの岸辺、あるときは向こう岸へと吹き寄せられる。クマソ（熊襲）が朝鮮の南東端と、西日本にあるヨモヅ族〔原文 Yomodz だが、あるいは出雲か〕の国、すなわち奴国〔原文 Neno Koumi だが Koumi の誤植とみる〕に同時に植民しえたのもこの故だった。彼らが「平定」すなわち服属したのは紀元二世紀になってからである。日本人の起源として伝えられるヤマト族は列島南岸、太平洋沿いに暮らした。ただし諸年代記がアイヌやクマソ、ヤマトに言及する以前から日本列島は居住されており、関東平野ほか国内各地に、デンマークのショッケンムーディンガー〔貝塚〕と似た貝塚が見出されている。素焼きの陶片や、現在の動物相には必ずしも属さない貝殻とともに、サル〔猿〕やシカ〔鹿〕、イノシシ〔猪〕、オオカミ〔狼〕、イヌ〔犬〕の骨に混じって人骨も埋まっている。骨片の損傷状態からみると、当時は食人習慣があったようだ★。

日本人の類型

人類学者たちは日本人の典型を描写しようと試みてきた。外国人は初めのうち住民の外観や顔つきの違いをほとんど見分けられないが、暮らすようになると、二つの社会階層と部分的に対応する類型を区別できるようになるし、また絵師はその特徴を常に誇張する。それは農民と上流階層の類型で★★、前者は日本画においても、現実にも、東アジアの農民と似ている。顔面は広くて平たく、獅子鼻で、額は狭く、頬骨が突き出し、口は半開きである。両目はほぼ水平だ。この類型を最も強くそなえる人々は本州の北半分、利根川の下流平野、京都の西に立ちあがる山間部にみられる★★★。純血の貴族層は生まれつき肌がもっと白く、柔軟

★ Morse, *Nature*, 15 April 1880.
★★ Walter G. Dickson, *Japan*, London: William Blackwood, 1869; Metchnikov; Rein, *op.cit.*
★★★ Voyeikov, *Mittheilungen von Petermann*, 1879, no.2.

な体つきをしており、庶民ほど頑健ではなく、まったく相貌が異なる。頭部はもっと縦長で、秀でた額をそなえ、瓜実顔だ。頬骨はわずかしか突き出ておらず、鷲鼻で、唇は薄い。眼は非常に小さく、吊り上がっており、長い眉の下で一重まぶたに埋もれたようになっている。御用絵師たちはこの類型［いわゆる鈎目鷲鼻］を美の典型と認め、神仏や英雄はかならずこのように描かれる。女性向けにはいっそう特徴が強調される。こうしたイメージは定型的だが、価値がないわけではなく、この国民を構成する二つの要素の差異の大きさを示している。貴族的な類型は主に京都のほか、太平洋側に見られるので、東洋の島々から到来した征服民の末裔と推論され、外見的に「ポリネシア系」の名称がある程度まで妥当する。それ以外の住民は、ふたつの典型を両端とするあらゆる中間段階があり、氏族の混交や有為転変の致すところ、大立者に庶民的な類型があったり、多くの人夫のあいだにも瓜実顔で鷲鼻の者を見出す。全般に日本人の相貌は、西洋人が美しいとする観念には対応しない。くすんだ肌、角ばった顔、剃りあげて後方に傾斜した額は、大半の外国人が醜いと感じる。ただし女性の顔は輪郭が整っており、優美な微笑と優しい眼差しがあいまった魅力をそなえ、ヨーロッパ人女性とまったく変わらない外見をもつ女性さえいる。京都と本州南部が美人の産地であるとする点で、日本人も外国人も一致する★。

沖縄の住民

琉球諸島の住民は、日本本土の「ポリネシア系」の類型と、ほぼマレー系の顔立ちをそなえる台湾住民との遷移相を形成する。目はほんのわずかしか吊り上がっておらず、日本の貴族層のような厚ぼったい瞼はそなえない。肌はくすんでおり、頭頂に髷を結う。顎鬚は内地人よりも濃く、この点では漢族に近い。あらゆる日本人のうち、最も優美な肢体と魅力的な眼差しや微笑、そして所作が優しいのは、おそらく琉球の住民である。マクスウェルやバジル＝ホールら、最初に彼らに受け入れられた旅行家はこの小さな人々をほめちぎり、自由の行使が与える力強さと誇り高い威厳のほか、欠ける美徳はないとする。琉球諸島では貴人［按

★ Kaempfer［エンゲルベルト・ケンペル『新版 改訂・増補日本誌 — 日本の歴史と紀行』今井正編訳、霞ヶ関出版、2001、第5分冊、502頁］; Mohnicke; Metchnikov; Hübner.

挿画 LXXIII　典型と衣服。日本の農民。一葉の写真をもとに、A. シルイ筆

挿画 LXXIV　日本の婦人
一葉の写真をもとに、E. ロンジャ筆

司部」とその下の貴族階層［士族］だけが姓を有する特権をもち、日本人と同じく平民階層とされる庶民には上流階層の服装が許されず、銀のかんざしや日傘、厚底の履物は着用が禁じられている★。

日本人の身体的特徴

起源は多様でも、日本人男性はほぼ全員が小柄で、身長一五〇～一五五センチであり、女性もそれに比例してさらに小さく、はなはだ繊細な手足である。庶民階層の男性の大半は頑健で、広い肩幅をもち、すこぶる器用で、疲労に対する不思議な抵抗力をそなえる。何時間もぶっ通しで重荷をかついで走り続け、肩を替える際でさえ立ち止まらない。強力が山道を登るときも、息を整えたり鼓動を鎮めるため歩みを緩める必要はないのである。馬丁［別当］は主人が騎乗して平地でギャロップさせても馬から離れず、騎兵士官が閲兵するさいには、従卒が付き添い、どんな馬の動きにも付いてゆく。日本の大道芸人の身の柔らかさと体力は西洋のそれに劣らない。一種の遺伝的特性により、モンゴル系の類型が驚異的な発達をとげる例は、力士以外にほとんど見られない★★。職人や農民は一般に均整のとれた肢体をそなえるが、膝がやや内向き［ママ］になっている。これは母親が嬰児を背負うさい、子供の脚を外に出すせいだが、母親自身もこの習慣のせいで、非常に早くから腰が曲がってしまう。貴族階層のあいだでは胸部が扁平なことが多く、結核症も主にこの人々のあいだで流行する

★ Gubbins, *Proceedings of the* [*Royal*] *Geographical Society of London*, Aug. 1881.
★★ Wernich, *Geographisch-medicinische Studien.*

のであって、人類学者が類縁の人種とみるマレー人やポリネシア人と同様だ。胸郭は平均してヨーロッパ人よりもかなり貧弱で、腹部は常にわずかに横腹が突き出ている。老化は非常に急速なことが観察されており、三〇歳ともなれば大抵は皺だらけで、眼の輝きと白い歯だけが若さの名残りだ。熱い風呂に入浴する習慣が過剰なためかもしれない。

疾病

国内における疾病の筆頭は貧血症で、とくに男性に多い。言ってみれば、頼りにされるのは貧血に悩まない男なのであって、若年層を除けば八割以上が貧血気味とされる。主な原因とされるのは米飯に偏った食事で、タンパク質と脂が少なすぎると言われる。この食生活はまた灼熱の地方に多いベリベリ病、日本では脚気と呼ばれる疾病の原因でもあろう。脚気の流行は、南西季節風が列島を一時的に南洋地帯とする時期に限られ、ヒンドスタン地方ほど猛威は振るわないが、それでも七人に一人以上の死亡率になる。天然痘も最も恐れられる疾病のひとつだ。昔から中国式の種痘［人痘法ないし経鼻伝痘法］が知られており、かつ今世紀初めにはシーボルトがワクチン接種を紹介したにもかかわらず、最近でも国民の三分の二はあばた面で、十二月から一月にかけては、途切れることのない葬列がその猛威を見せつけた。日本人は極度に清潔だが、ハンセン病は国内各地にみられ、とくに東京湾沿岸に多い。結核の犠牲者はヨーロッパに劣らず多く、とりわけ肺結核が一般的だ。ヨーロッパの疾病のいくつかは日本では知られていない。丹毒は非常にまれだし、西洋から来日した家族も猩紅熱は持ち込んでいない。また日本の女性が産褥熱に罹った例もない［この文は不正確］。

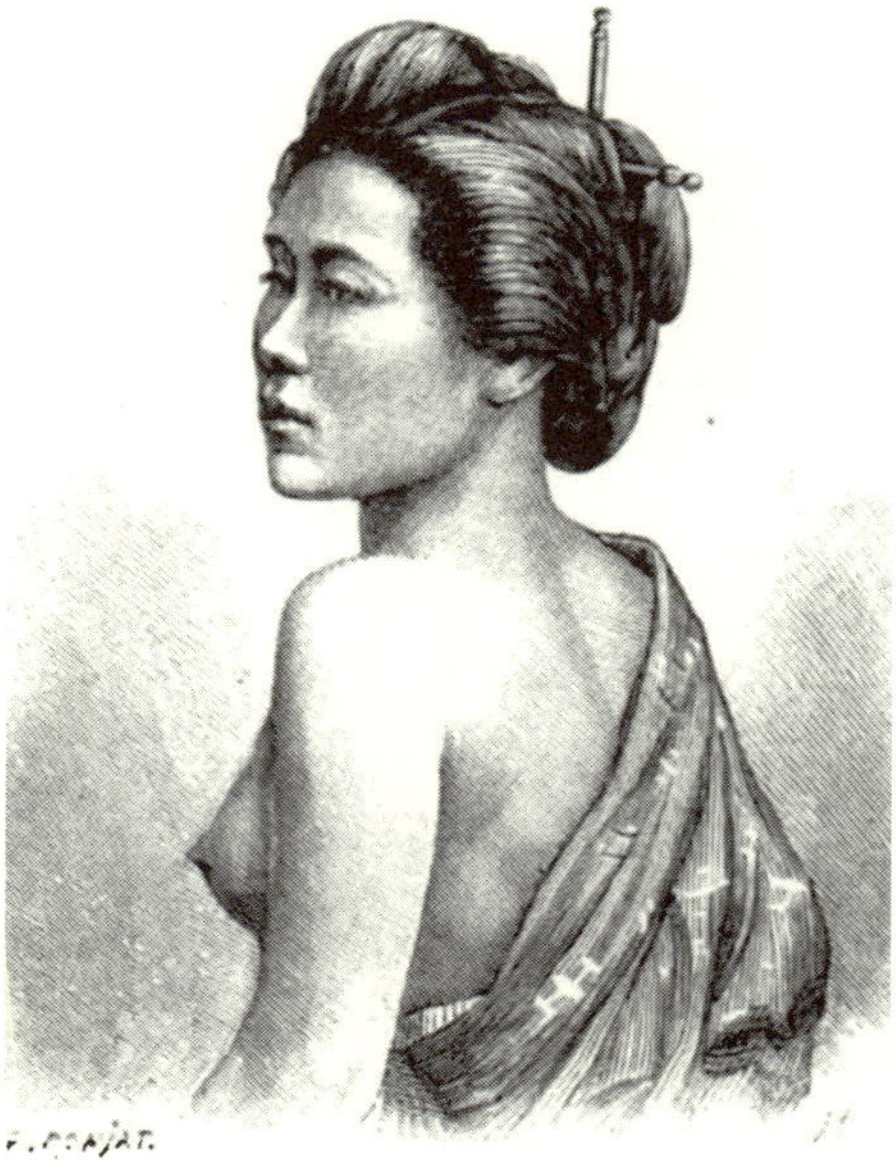

挿画 LXXV　日本の娘
一葉の写真をもとに、E. ロンジャ筆

挿画 LXXVI　典型と衣服。女楽師と商人。一葉の写真をもとに、E. ロンジャ筆
［原著の説明は不正確で、二葉の写真をもとにしている。三味線弾きの二人は『F. ベアト写真集 1』、157 頁、図版 211。商人は『F. ベアト写真集 2』、57 頁、図版 84。］

外国人との混交

港町に居を構える中国人と日本人女性との通婚はほとんどないが、ヨーロッパ人を父親とする混血の子供は、相対的にかなり多い。医師ウェルニヒ〔ドイツ人医師、お雇い外国人 Albrecht Ludwig Agathon Wernich 一八四三—一八九六〕によると、イギリス人あるいはドイツ人を父親とする子供は極めて生存率が低く、無事に産まれても虚弱である。これとは逆に、フランス人男性と日本人女性のあいだの子供は、大半が理想的な状態で誕生し、生育も急速で、日本人同士の子供よりも快活、開けっぴろげで活発だという。南方の島々の女性と通婚したキリスト教徒ポルトガル人の子孫はヨーロッパ人を自称し、今なおルシタニア地方出身の先祖の姓をもち、英語を話すのを名誉と心得る。だがほぼ全員が日本人女性と結婚するため、原初の特質として保持するのは、軽く巻き毛になった頭髪と、目の吊り上がりが小さいこと、額が秀で、顎がそれほど突き出ていないこと、といった程度である。

衣服と履物

和服の着用はもはや義務ではなくなっている。それどころか、知識人階層や商人は模倣に熱心なあまり、ヨーロッパ風の衣服を着るべきだという奇妙な観念を抱いた。彼らにはまったく似合わないのだが、少なくとも平等主義的な習慣を導入するには有益だ。ヨーロッパの衣服は富貴を問わずだいたい同じなのに対し、日本人の階層は布地や模様、色合いが完全に別個だからである。かつては男女とも、階層や地位に応じ、着用すべき衣服の仕立てや色が非常に厳しく定められていた。ただし着物は万人に同じ形状なので、この規則はもっぱら細部に関するものだった。一般の着物は綿布とされ、庶民やプチブルが絹を着用するのは大きな祝い事に限られた。女性用の着物も、丈と色どりの華やかさを除けば、男性用と変わらない。広い袖はポケットの役目を果たし、ハンカチやナプキンの代わりに用いる懐紙を入れる。小型本は「袖珍本★」として知られる。上流階層ならば袴、貧しい人々なら股引きで着付けが完成する。雨天では農民や職人は藁でできた外衣〔蓑〕あるいは蠟引きの紙衣を羽織る〔桐油紙の合羽〕。通常のかぶりものは油紙ないし渋紙を貼った笠か、竹を籠状に編んだ編笠で、顎の下に緒で留める。

★ Metchnikov, *l'Empire Japonais, op. cit.* ［メーチニコフ前掲書、79 頁にも言及がある］

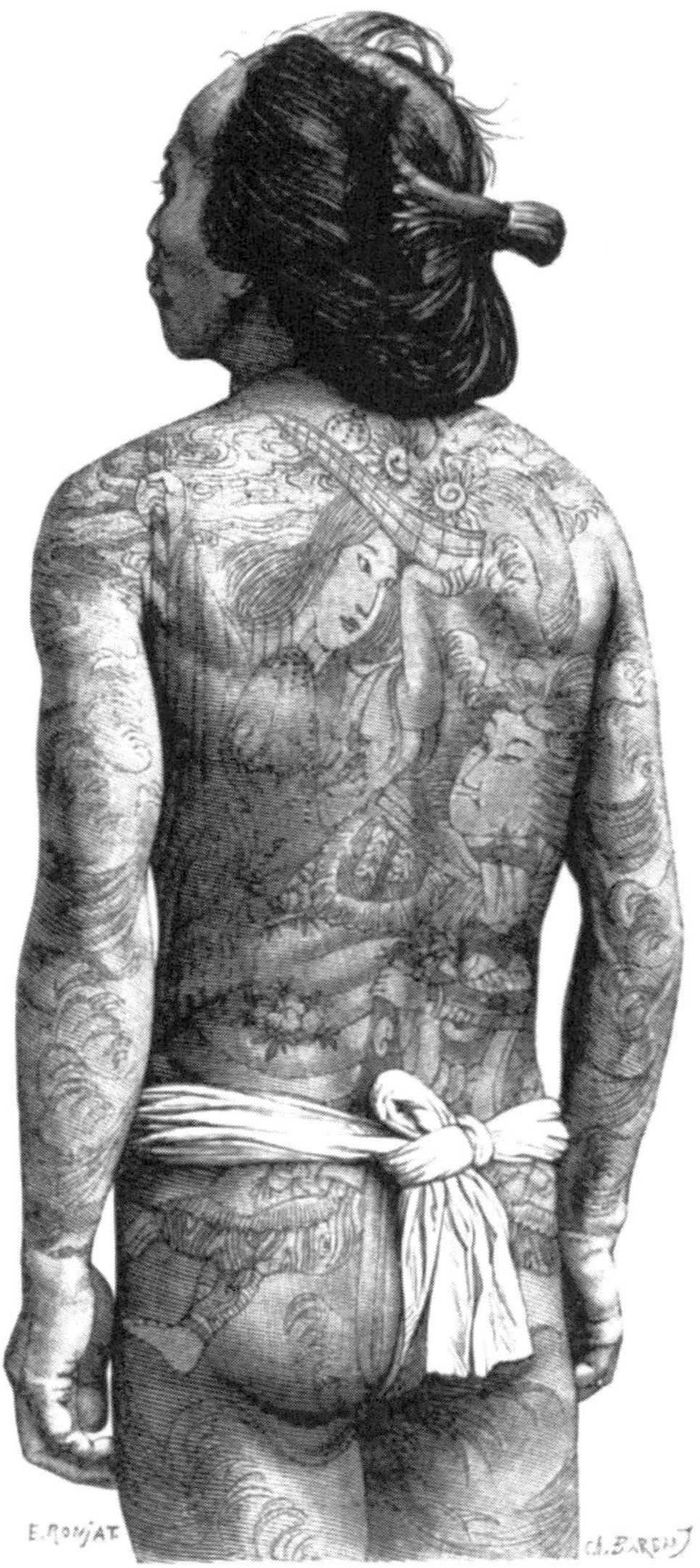

挿画 LXXVII　刺青を施した日本人男性
一葉の写真をもとに、E. ロンジャ筆

人足や飛脚は草鞋ばきだが、それ以外の人々は下駄〔原文 *hata*〕と呼ぶ木靴の一種、というか足台を履く。このため足を大きく外方に回すようにして歩かねばならず、腱を痛めることさえある。道の泥濘のせいで、欧風の長靴は洒落者も敬遠する。屋内で畳を歩くさいには履物を脱ぐ。

髪型と刺青

日本人の髪型は男性でさえ長い辛抱を必要とする。頭頂を剃りあげ、糊などを引いた元結で髷を結って載せる。女性のほうは額の上に小さく髪を盛り上げ〔前髪〕、残りは両脇へ張り出すほか〔鬢《びん》〕、髢《かもじ》を入れて後頭部で大きく巻き上げ〔髱《たぼ》〕、鼈甲の櫛や布地のリボン〔鹿の子など〕、珊瑚珠の簪などで留める。この美しい造作には半日以上を要するため、労働せねばならない女性が髪を結うのは週に一度か二度にとどまり、髪型が崩れないよう、うなじを一種の架

挿画 LXXVIII　典型と衣服。日本の婦人。一葉の写真をもとに、E. ロンジャ筆

台〔木枕〕に載せ、敷布や布団に頭がつかぬようにして眠らねばならない。顔面と頸部には鉱物質の白色〔白粉〕を、頬には紅を差し、眉は黒くする〔黛〕。そして唇に金の薄片〔ママ〕、歯に褐色の顔料〔お歯黒〕と、原始的な野蛮の時代に一般的だった色とりどりの塗装の名残りをもって、日本人女性の化粧が完成する。刺青は貴族階層の女性はおろか、庶民の女性のあいだでも、ほぼ完全に消滅した。外国人の意向を迎えるのに汲々とする日本政府は、日本人男性に洋装を押しつけ、さらにこの昔からの身体装飾も排除せねばならぬと考えた。かつて日本の族長たちは、一般庶民よりも豊かな刺青を施していたと馬端臨は述べているが、今日では、職業上人前でほとんど裸体にならねばならぬ人足や荷車曳きが、最も刺青に覆われている人々だ。大半の刺青は朱、藍、白の三色からなる。図像には全く対称性がないが美麗なもので、有名な人物や花鳥、龍がバランスよく配されている。ある刺青文様では一本の樹木の根が右足を覆い、幹が左脚を伸びて、背中と胸板に回って花咲く枝をみせ、それを鳥たちがついばむ。左脚の木陰には一羽のコウノトリ〔鶴か〕が描かれるといった具合だ。ただ惜しいことに日本

人男性は、ほぼ誰もが民間療法であるモグサ［艾］による灸の痕をもつ★。

気質

外国人は日本人を批判検討するので、転じては彼らも外国人を批判検討するはずだが、すこぶる多様な民族的要素が混交しているため、日本民族にその意識があるか、判断は難しい。日本人は流行遅れの洋風の身なりでヨーロッパ人の外観を得ようとするだけでなく、文明の民に相応しい思潮や方式を獲得しようと欲している。また自制心が強く、生来の性格を押し隠すべも心得ているので★★、復讐を決意すると非常に危険である。いかなる状況でも泰然としている新世界のいくつかの部族民を除けば、日本人ほど喜怒哀楽を外に見せぬ人間はいない。恐ろしく控えめで、他人の意見をすこぶる気にするため、言葉の軽重を考えてからでないと発話しない。ヨーロッパ人の前では自分たちの所作や眼差しを相互に監視するし、多くの官吏が青ガラスや黒色の眼鏡を掛け、考えを読みとられないようにする。日本人同士でさえ所作はすこぶる荘重で、憤激や怒り、嫌悪の動作も、西洋人にくらべ不思議な節度がある。絶望して手をくねらせることも、天を仰いで両手を差し上げ、神に訴えることもしない。友好のしるしに手を差し出すことを学びはしたが、一向に握りしめようとはしない。母親の慈愛は甚大だが、それでも子供を抱き締めるのさえまれである。こうした外見上の慎み深さは心を病んだ人々のあいだにさえ見出されるのであって、狂人が危険になった例はほとんど聞かれない。

ヨーロッパ人に対し日本人が愛想よく見せようとする努力も、不思議に彼らに優位に働くのであり、生来の善良さが基礎になっている。社会的地位を誇り、周囲の人々を傲慢に扱う人物ほど、日本でまれなものはない。逆に、権力をもつ者は、気遣いと愛想の良さでもって、そのことを大目に見てもらおうと努める。西洋ではかくも多くの勤め人が地位の上下を問わず、偉そうにすることを自分の職務の最も大事な属性と心得るが、日本では、どれだけ権勢をもっていても、そうした態度をとる者は皆無だ。丁

★ Siebold; Hübner; Bird［『日本奥地紀行１』前掲書、184 頁］; Anna Brassey, *A Voyage in the 'Sunbeam': Our Home on fhe Ocean for Eleven Months,* Chicago: Belford, Clarke & Co., 1881; Metchnikov［メーチニコフ前掲書、47 頁および 83 頁にも言及がある］, etc.

★★ Wernich, *op.cit.*

寧にお辞儀をする習慣は、生来の謙譲さを表わす仕種のように見えるし、相貌も日常的な善良さを反映する。極度の病苦のもとにある病人でさえ、優しい眼差しと穏やかな話し方なのだ。生得的な気配りの良さはとくに女性に顕著だが、それに加え、生真面目さや整理整頓、勤倹、常識性といった家庭内の美徳もある。ヨーロッパ人は日本人の娘と一時的な婚姻関係を結ぶ習慣があるが、女性はかいがいしく世話し、几帳面に家事をこなし、住まいを清潔に保つので、ほぼ常に相手を引きとめてしまう。過酷な労働に従事する貧困層の労働者にさえ見出される静かな諦念は、ヨーロッパ人旅行者を驚かせるものである。日本人はどのような状況にも適応し、あらゆる労苦や不自由を忍ぶさいも楽しげだが、しかしこうした全面的な諦念が、より高次の理想の欠如に由来するとは言えない。ヨーロッパの技術と科学を受容する熱心さは、万事における進歩への渇望が、どれほど住民のあいだに強いかを示すからだ。

切腹と名誉

名誉の尊重は民族的長所のひとつで、日本人は今もそれを学び、かつ発展させつつある。名誉の観念は牢乎としており、それ自身が完結的で、求められればその例証を見せるであろう。記憶のかなたの時代から武士［ルクリュは武家と公家を区別せずに「貴族 nobles」と記述しているが、文脈に応じ訳出する］が保持していたハラキリ、ないし切腹の習慣は、自己の尊厳を要求するにあたり、強い意志を示すことを物語る。この英雄的な自殺の風習を日本で自然発生したものとみなす向きが多いが、中国の諸年代記にはひんぱんに事例が述べられている。だが、日本のようにひとつの全国的制度になった国はほかにない。不名誉な死を免じて腹をかっさばくよう命じる場合でも、死罪を避けられぬ者が進んで自死する場合でも、あるいは仇敵の死を引き換えに求める場合でも、切腹はこの上なく端正な作法によって行われた。集まった友人たちを前に、これらの誇り高い自殺者たちが最期の瞬間に見苦しい叫び声を上げた例はまったく聞かれない。それどころか、割腹後に、自らの血でもって辞世の句やいまわの望みを書きつけた多くの英雄を、諸年代記は称揚している。だが、彼らは決して死を軽々しくもてあそんだわけではない。名誉をどう理解したかの差はあっても、名誉以外の理由で自死する例は日本では極めてまれである。そして不幸のゆえをもって命を断とうとする場合

には、ひっそりと目立たぬように努めるのである。だがひとたび勇気の証を立てねばならぬとなったとき、日本人は男女とも他のいかなる民族をも凌ぐ。四十七人の浪人〔赤穂浪士〕の逸話は、殺された主君の恨みを報じた忠義といい、切腹に際しての雄々しさといい、日本で最もよく知られており、首都の住民はうやうやしく彼らの墓に詣でる★。近代の戦乱や革命も、日本人が祖先の勇気を損じていない証拠である。もしもロシアなり、何らかの西洋国家なりが日本と紛争に至れば、恐るべき敵を相手にすることになるのは間違いない。現在までのところ、ヨーロッパの軍隊は外国人種に対しほぼ常に容易に勝利してきたが、それは規律と、武器の面での優越性のおかげである。だが日本民族は、戦わずして征服されることは絶対にない国民のひとつだ。彼らの文明は、四千万人が屈辱的な隷属状態を嘆くに留まるようなものでは金輪際ないのである。

自然観

日本人は科学と工業におけるヨーロッパの優越を全面的に承認しているものの、いくつかの側面では海外の先生たちよりも文明度は高い。沈着さ、自己の尊厳、名誉の感情、お互いの尊敬と善意において、大衆は明らかに大半の西洋人の道徳水準を上回る。自然の美に対する理解も同様であり、しがない農民でさえ景観の魅力と壮大さに瞠目する。小屋掛けする際にも、小川のほとりで木立に近く、見事な地平線を望む場所を選び、周囲には趣味の良い花々を植える。自然の眺望を損なう場所に旅館を建てるのは禁じられてさえいる。季節の良い時分には、著名な景勝地に出かける庶民の群れに出会うが、参詣というよりも観光の意味合いが強い★★。以前は女性が巡礼することは禁じられていたが、今では白装束に身を固め、旅人の集団に立ち混じる。

短所

日本人に対する最大の非難は、彼ら自身が欠点を述べている文章にも見られるが、根気の無さだ。しかしこの厳しい判断は、かくも活動的で働き者の大衆には当てはまらないだろう。それが真実なのは、あまりに早くヨーロッパ風に「開化」した若年世代の洒落者だけである。半可通は物事を半分しか聞かずに呑みこんでしま

★ Mitford, *op.cit.*
★★ Rein, *Ergünzungsheft zu den Mittheilungen von Petermann*, no.59.

い、持続的な学習という苦労に身をゆだねるとは限らず、すぐに別の事柄に取りかかり、最初の仕事が何だったかさえ忘却してしまう。そのいっぽう、近い将来に恐るべき回帰が起きると予言する者にも事欠かない。彼らは、日本人の土着的性格はその気候と同様に穏和だが、天候と同様に俄かに暴力的になることもあり★、ヨーロッパの影響を突然に放擲して、過去に回帰する気になりかねないという。だが、現実の科学的発展にもとづいて前進をとげた国民が、その前進を撤回するなど、可能だろうか。滑稽なほどヨーロッパ人を真似ようとする馬鹿げた振る舞いを捨て、厚化粧で英語を話すのを止め、模倣者としてではなく、対等な者として、独自のやり方で自らの発展に努めるなら、それに越した事はない。そうなっても科学はヨーロッパ人、東洋人にとって異なるものにはならず、両者はどちらも科学法則を考究せねばならないだろう。

言語

日本の学芸や科学的知識、さまざまな制度と同様に、日本語も、海外の要素と混じり合っている。独自の言語である大和言葉は、中国語とは無関係である。それは多音節の膠着語で、今のところ文の配列にも語彙の全体にも、ほんのわずかしかウラル・アルタイ諸語との類似性は見出されていないが、それでも著述家の大半は関連性を求めようとしている★★。現代の日本語がもつイタリア語、およびポリネシアの多くの言語に比すべき調和のとれた響きと、朗々とした音節、音調上の規則、統辞法の全体は、この古い日本語から受け継いでいる。形容詞は必ず名詞の前にあり、被制辞は動詞に先立つ。定冠詞は皆無で、名詞の格は接尾辞により示される。動詞の時制と叙法も同様である。日本語の原初的基底をなす大和言葉を話すのは宮中と、かつては神道の巫女だったかもしれない高級娼妓の階層においてのみである★★★。都鄙を問わず和漢混交語が話されているが、漢語は官話とはまったく違った発音になる。ヨーロッパには、このようにふたつの言語が浸透した例は皆目見られない。英語にはチュートン語とラテン語の要素が溶け込んでいるが、和漢混交語では大和言葉と漢語が、いわば並置される。大和言葉と中国語〔漢文〕を両端として多くの遷移的段階があ

★ Bousquet, *op.cit.*［ブスケ前掲書、第 1 巻、106 頁か］
★★ Boller, *Sitzungen der Akademie*, Wien, Band XXIII, 1857.
★★★ Metchnikov, *Notes manuscrites.*［メーチニコフ前掲書、52 頁にも言及がある］

るが、相違が大きいため、学習を積んだ者でなければその全ては理解できない。なお琉球語は別個の言語と考えられているが、日本語に非常に近く、同一の音節文字で書かれる★。また知識人階層が導入した漢語も多く含まれる。宣教師ベッテルハイム〔スロヴァキア生まれのプロテスタント伝道師 Bernard Jean Bettelheim 一八一一―一八七〇〕は聖書の一部を琉球語に翻訳した★★。

文字

日本人は自国語を書き表すのにふたつの体系をもっている。かつて文明の基礎とともに教わった中国の表意文字〔漢字〕の使用により、中国語も自国語と同様に読めるという大きな有利がある。だが漢字世界の全体を学ぶとなると一生かかるので、日本の初等学校ではおよそ三千字を学ぶものとされている。教育を受けたと称するには八千～一万の漢字を心得ねばならず、それでも字典の三～四分の一にすぎない★★★。したがって、その文明の当初から日本人が読み書きの作業を単純化しようと努めたのは自然である。朝鮮の音節文字はすでに漢字以前から知られており、後には独自の表音文字を発明したが、これは「真字」と呼ばれる朝鮮文字と混同されている〔日本語で真字ないし真名は漢字を意味しており、朝鮮の音節文字云々も含め、著者の誤解と思われる〕。今日の日本人がもつ音節文字は七種類を下らず、うち六つが自らの発明にかかる〔江戸文字や草書体を指すか〕。知識人が最も頻繁に用いるのがカタカナ（片仮名）、すなわち「横の仮名」で、漢字の正しい読みを表わすために付加されるのが名称の由来だ。加えて、「平明にした」書体を意味する草書体のヒラガナ（平仮名）があり、私信や歌謡〔浄瑠璃などか〕、戯曲、大衆文学に用いられる。しかし片仮名も平仮名も、抽象概念や科学的事象を表わすのに利用する漢字の代用にはならない。和漢混交語における精神面の事柄に関する語は、もとになった中国語と同じく単音節なため、同形異義語が何十もあり、個別の字を用いないと判別が困難だからだ。現在の日本語は、中国語から借用した漢字と片仮名なしには済まされないが、膠着語と単音節語がひとつの言語に奇妙に融合しているせ

★ Léon de Rosny, *Introduction à l'Étude de la langue japonaise*, Paris: Maisonneuve et cie., 1856.
★★ Serrurier, *De Lioe-Kioe Archipel, op.cit.*
★★★ フィラデルフィア万国博覧会［1876］における日本の公式紹介 ; Metchnikov, *l'Empire Japonais, op.cit.*

いである。これが自分の考えを表わす道具として不便なことは日本人も承知しているが、だからといって英語学習の必修化は、現在話している込み入った言語を、将来の世代にはもっと簡便なものに代替するためだと考えるのは、全く不正確である。ただし、今日の日本語に増えつつある技術用語や、抽象概念の大半はヨーロッパ諸語からの借用だし、同国が必要とする新たな表現を日本語に供給する役割は、主に英語が中国語に取って代わっている。ラテン文字のアルファベットは全ての学校で教えられており、日本語を全面的にアルファベットで音写しようとする種々の試みも行われた★。したがって東洋人と西洋人は、思潮の面で絶えず接近しているだけでなく、その表現方法も、ある程度は接近しつつあると言える。

文芸

価値はともかく、量的には八世紀以後の日本の文芸運動は膨大で、詩［和歌］、正劇［能楽か］、喜劇［歌舞伎などか］、歴史書、自然科学など、あらゆるジャンルが含まれており、日本の知的発展は完全に西洋と平行したと言ってよい。僧院では往古の写本を筆写し、年代記を収集し、宗教理論や形而上学の著作が校訂されてきた。十二〜十三世紀にかけ、貴族の大邸宅では「愛の宮廷」が営まれたし、文字の素養のある武士や琵琶法師は軍記物語を著したり、連歌を催した。日本における文芸ルネッサンスは十七世紀で、百科全書派［本草学］の世紀がそれに続いた。今日では、一連の著作のほか、新聞と政治パンフレットもある。ヨーロッパの書物も、蘭書の翻訳を行なう秘密結社が形成された十八世紀半ばに流入が始まった★★。

信仰

他のすべての側面と同様に、日本の住民は宗教でも明確な変化の時期を通過しつつある。教育を受けた者だけでなく、都市の最も貧しい住民でさえ、自国や海外を起源とする種々の宗教に対し、全面的な無関心を見せるか、あるいは無関心を装う。だが何らかの宗礼を全く行わない例はまれで、家庭教育を通じ女性が社会全体に及ぼす影響が感じられる。

★ *Chrysanthemum,* July 1881.
★★ Metchnikov, *l'Empire Japonais, op. cit.*

中国と同様に日本でも三つの宗教が共存しており、同一人物がそれらの宗礼に従うのに何の問題もない。最古のものが民族的な宗教である神道で、かつて中国の思潮や習慣、漢語の使用に直面した復古派はこの宗教に逃避した。聖典は古事記といい、日本文学最古にして、最も注目される著作である。儒教はほとんど道徳律以上のものではないが、仏教は形而上学にして感情の宗教であり、現世の困苦を慰め、彼岸での幸せと安楽を語る。時代や場所、人々は違っても、これらの要素は矛盾なく多種多様に混交したのであり、宗教戦争は、政治的な出来事のあおりを受けて例外的に勃発したに過ぎない。

神道

原始時代の日本人は中国人、朝鮮人、シベリアの諸民族と同様に、自然の諸力以外に神々をもたなかった。それは死者の霊魂や八百万の神々に結び付けられ、大気中を飛び回り、地を這うとされた。こうした無数の霊と平和に暮らすには、ひっきりなしの呪文と供物しかないと考えられたし、目に見えぬこれらの神霊を家長が説得し、悪霊を遠ざけ、善霊を味方にするには、生者に対すると同様に話しかけ、食物や祭儀でもって称える以外にないとも考えられたのである。これらの神霊、すなわちカミ（神）や自然の事物と結びついた古い先祖の宗教は、現在も日本に広く普及しており、漢語で神道と呼ばれる。神事はすこぶる簡素なもので、信者に求めるのは精神と魂の清浄さだけであり、通例は荘重な敷地の野外で宗礼が執行される。神霊に捧げられた敷地にはミヤ（宮）ないしヤシロ（社）が建てられており、清浄さと吉兆の占いの象徴である水晶の鏡〔神鏡〕が収められている。神事の執行は、かつての家長から世襲制の神職に代わった。神主は参詣者を代表して神霊を呼び出し、彼らが差し出す供物を捧げ、マツリ、すなわち無言劇や劇〔神楽など〕によって神霊を称える。歴史上ひんぱんに見られる干渉現象のひとつだが、日本をヨーロッパ文明の中に引き入れた一八六七年の維新は、民族意識の覚醒と軌を一にするものだった。科学や産業では西洋人に接近するいっぽうで、古代の精霊信仰である神道は、公式の国家宗教に返り咲いた〔国家神道〕。だが、かつて大きな重要性を占めた葬儀の伝統的様式は、だんだん衰えている。君侯や重要人物の土葬にあたり、殉死者が供をした時代には、妻妾や

パリ子午線からの東経

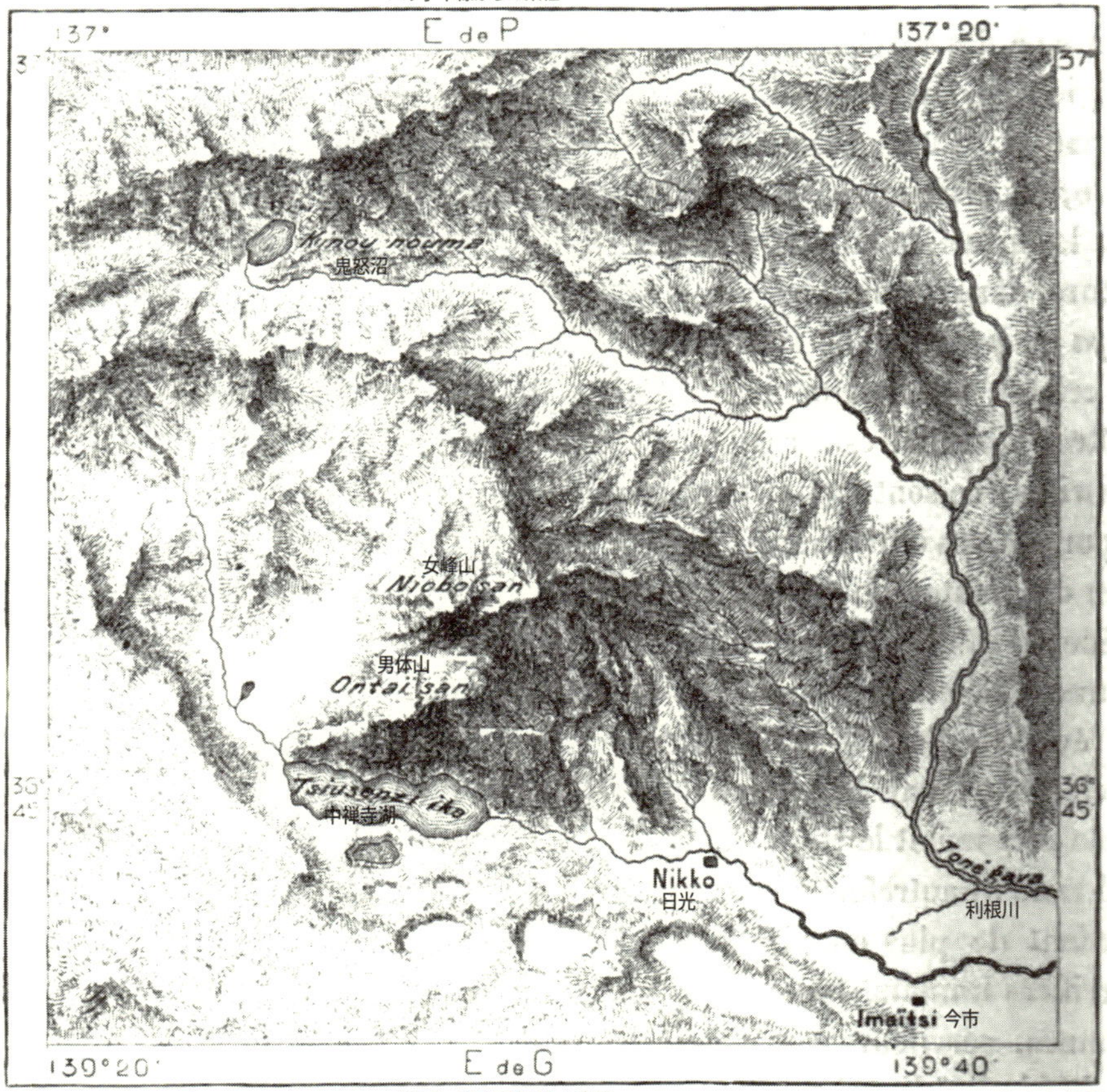

出所：　メーチニコフによる　　グリニッチ子午線からの東経　　C.ペロン作図

1 : 330 000

0　10km

図 145　日光と利根川上流

使用人、馬も主人とともに埋葬された。一六四四年に至ってさえ、主君の死に際し追い腹を切ることを禁じねばならぬほどだったのである★。中国と同様に、玄室や骨壷に納める土製の人形〔埴輪〕が殉死者の代わりになったが、遺体を埋葬したり、遺骨を安置したりするのに、荘厳な場所や優美な場所を選ぶ習慣は保持された。家康〔徳川幕府初代将軍、一五四三―一六一六〕と彼の後継者のひとり〔第三代将軍家光、一六〇四―一六五一〕が、壮麗な霊廟を建立させたのも、日光のすばらしい森のまん中である。

儒教と仏教

孔子の教えである儒教は、その典礼一切とともに紀元六世紀ごろに導入され、中国と同様に政治や行政、社会制度に強い影響を及ぼしたが、厳密な意味の宗教的性格はまったく提供しない。「聖堂」は正真正銘の寺院ではまったくなく、文人の集まる広間の集成にすぎない。東京駿河台の大聖堂〔湯島聖堂〕は和漢の典籍や洋書を収蔵する図書館に改築されている。仏教のほうは、いくつかの僧院が接収され、銅銭を鋳造するため梵鐘を売却したり、相当数の寺院が神道の神社に強制的に変えられたりしたにもかかわらず、住民のかなりに対する宗教帝国を保持した。六世紀半ばとやや遅く到来したものの、仏陀（大和言葉では釈迦）の教えは、文字や科学、芸術を持ち込んだという点で、西洋文明と同一視されやすい有利さがあったとする著述家もいる★★。加えて仏教はその荘厳な典礼や、輪廻と解脱の教義、人々の尊宗する大人物の祖霊を無数の様々な仏の中に入れ込むことによって、衆生を魅惑した。以後、日本の仏教は誕生の地から遠く離れ、また大陸の仏教世界との通信もまれなまま、多くの宗派に分裂していった。古来の信仰の純粋さを保持していると称する宗派もあれば、新たな悟りにもとづく変貌を遂げる宗派もあったが、いずれも聖典が当初に書かれた言語の記憶を失っていった。マックス＝ミュラーの度重なる要請のおかげで、亡失したと東洋学者たちが信じてきたサンスクリットの原典を、西洋で修行した僧たちが日本国内の仏寺群でとうとう見出したのは、ごく最近である★★★。ヒンドゥー教系の偶像のいくつかも、宣教師の時代そのま

★ Otto Gottlieb Johann Mohnike, *Die Japaner - Eine ethnographische Monographie*, Münster: Aschendorff'sche Buchhandlung, 1872.
★★ D'Hervey de Saint-Denis, *op.cit.*（馬端臨）
★★★ Max Müller, *Séances de l'Académie des Inscriptions et Belles-Lettres de Paris,* 23 sept 1881.

挿画 LXXIX　日光の仏塔［五重塔］。一葉の写真をもとに、バークレイ筆

まの姿が保たれている。仏師も鋳造工も、伝統的な形状を改変するのは許されないからだ★。庶民に人気があるのは何と言っても三三の御姿で顕現する「大慈大悲の観音様」を崇める宗派〔観音信仰〕である。一八七五年の調査では、国内の主要七宗派の寺院は八万八〇〇〇宇を下らず、神道神社も一二万社以上を数える。ただしこれには、ふたつの祭壇〔仏教では須弥壇〕が一枚の簡素な簾で分けられているだけの、神仏習合の寺社も含まれる★★。チベットの仏教徒のあいだで頻繁に用いられる転輪蔵は、日本の仏寺ではまれだが、日本の篤信者もひっきりなしに仏の御名をとなえる。祈りの文句を書いた紙をつぶてに丸め、くっつくことで願いが叶うよう、仏像に投げつける。こうした願文を仏像の内部に収めたり、願文を入れて「一万回の祈り」と蓋に記した木箱を振ったりする〔不詳〕。また、すこぶる簡単な仕掛けでもって小川に「流灌頂」を設けることもある★★★。

キリスト教

キリスト教はかつて南日本に多くの信者がいたが、今日ではごく少数が信仰を続けているに過ぎない。当初は仏教の一宗派とも見なされたが、一五四九年にフランシスコ＝ザビエルが九州に上陸したのち、「耶蘇」すなわちキリストの教えは急拡大する。このときイエズス会士たちは府内〔大分市〕にセミナリオを建設中だったが、最初の改宗活動から三〇年後には、二〇〇宇の教会堂の周囲に形成された信者の共同体は一五万人以上に達した。この新宗教に熱狂したひとりの大名は、領内で三千宇の仏寺や僧院を焼き払ってそれを誇り、「全世界の偉大にして遍き聖なる父である教皇睨下★★★★」に崇敬の念を伝える使節を派遣したのである〔大友宗麟、一五三〇―一五八七、および一五八二年の天正遣欧少年使節を指すか〕。だが日本沿岸に漂着したひとりのスペイン人航海長の不用意な応答が、独裁者秀吉をして再考させるに至った。「汝の主君はどのようにしてかくも多くの国々を手中にしたのか」という奉行の問いに対し、つぎのように答えたからである。「それは武器と宗教によってである。司祭たちが諸国民をキリスト教に改宗させて地ならしす

★ Mohnike, *op.cit.*
★★ Griffis; Satow［サトウ前掲書、上巻、115 頁にも言及がある］; Rein.
★★★ Bird, *op.cit.*［『日本奥地紀行２』前掲書、83-84 頁］
★★★★ Charlevoix, *op.cit.*

れば、我々の権威のもとに服属させるのは容易である★」［サン・フェリペ号事件の際のエピソードとされるが、入港は一五九六年で、次文との前後関係は不正確］。自らの膝元に新たな勢力が勃興するのを恐れた秀吉は、イエズス会士の追放令［伴天連追放令］を一五八七年に発したが、一向に実行しようとはしなかった。それから一〇年後には、外交使節に変装したフランチェスコ会士たちが競争相手にそれを暴露されて、十字架上で死刑に処せられた［日本二十六聖人の殉教］が、キリスト教自体は大目に見られ続けたのである。だが一六一四年になると、西洋の宗教に関する情報収集のためヨーロッパに派遣された密使が帰国したのち、内戦の影響でキリスト教徒の居住地指定が定められ、宗礼の執行は決定的に禁じられた［全国禁教令と大阪夏の陣を指すか。なお慶長遣欧使節支倉常長の帰国は一六二〇年で、この文における原著の時系列と、因果関係は不正確］。背教を迫られた九州の信徒は一六三八年に蜂起したが、敗れて情け容赦なく殺された［島原の乱、勃発は一六三七年暮］。このときには、数千人が長崎に近い雲仙岳の火口や海に投げ落とされた［乱が勃発する前の弾圧時の行為であり、人数も誇大］。一六四〇年には、マカオから来航した四人のポルトガル使節が従者たちとともに、キリスト教徒のゆえをもって死刑に処せられた。一三人の水夫だけが助命され、次のような警告とともに追い返されたのである。「太陽が大地を温める限り、来日を企てる不逞のキリスト教徒のなからんことを！たとえスペイン王自身、あるいはキリスト教徒の神、さらには偉大なる釈迦でさえ、この禁を犯せば首が落ちると心得るべし」。

にもかかわらず、ある程度のカトリック教徒は人里離れた村々で信仰を保ち続けた。一八六七年の維新に際しては、そうした人々のうち四千人が天皇を称える宗教儀式への参加を拒んだため、五島列島など沿岸の島々に流され、棄教したにもかかわらず、ようやく郷里に帰ったのはヨーロッパの公使たちによる懇請後のことだった。ただし、キリスト教の宣伝はいまや開港場では自由に行われており、政府は仏教寺院をカトリックやプロテスタントの礼拝堂に改装するのも許している。最も勧誘に熱心なのは百人以上を数える英米の宣教師だが、一〇年間にわたる努力にもかかわらず、成果は微々たるものだ★★。その一方では、

★ *Annales de la propagation de la Foi*, 1868.

★★ Christlieb, *Missions Évangéliques* によると、1879 年における日本人キリスト教徒は、ローマカトリックの信者が 4000 人、ギリシャ正教の信者が 3000 人（Kasatkin によると 5000 人）、プロテスタント他の諸派が 7500 人。［本註は原著本文に該当番号がなく、訳者の推定でこの箇所に挿入する］

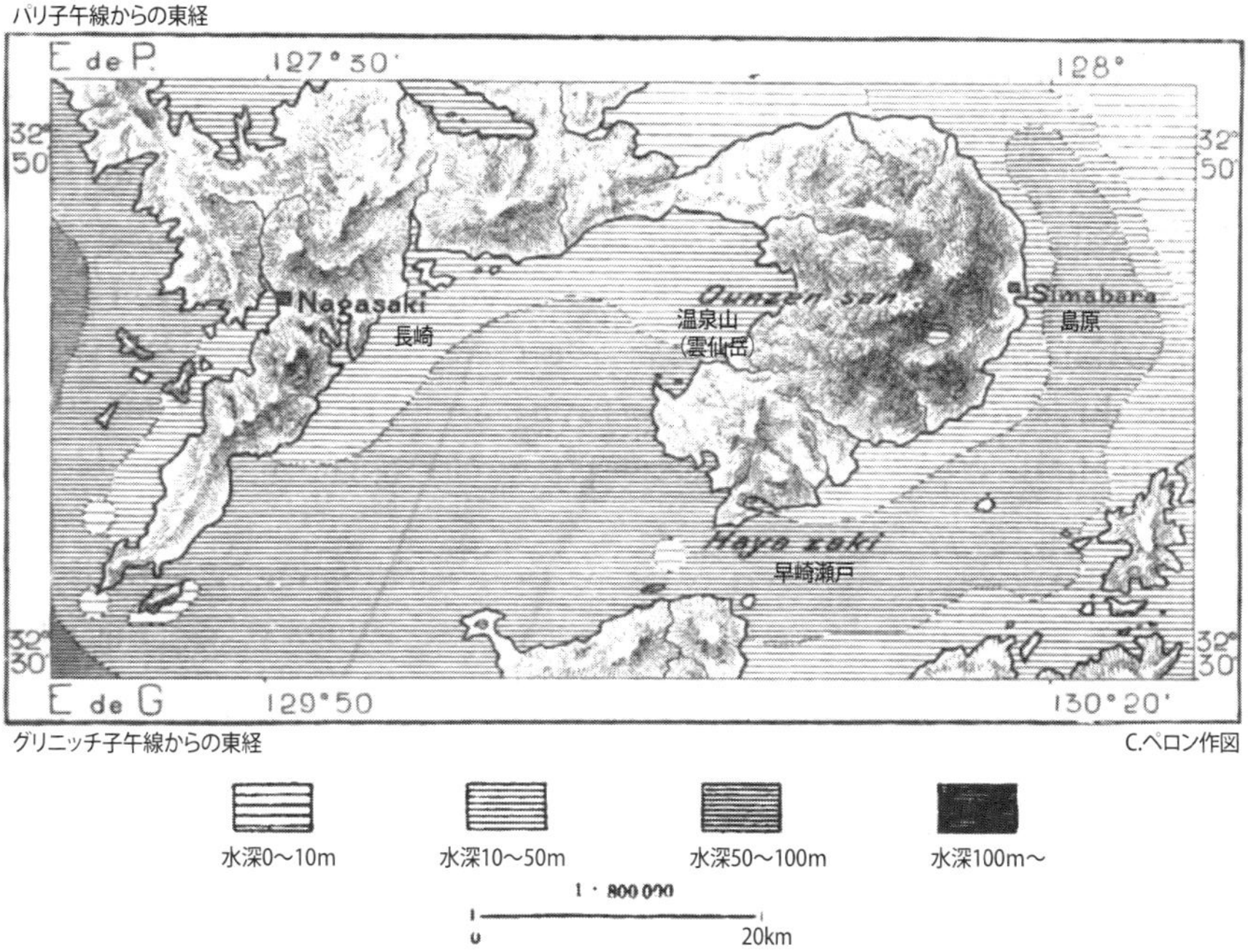

図 146　長崎と雲仙岳

日本のプロテスタントに相当し、妻帯の禁止と苦行を拒否する「門徒」の宗派〔浄土真宗〕を大半とする仏僧たちがヨーロッパに赴き、キリスト教に対抗する言説を見出して、それを宣教師たちに投げ返している。日本では数多の新たな宗派が形成中だが、「貧しき兄弟会〔soc. de Frères Pauvres 以下、正確な団体名は不詳〕」や「結盟会〔Unis〕」、「不満者の会〔Mécontents〕」、「海藻会〔Algues Marines〕」ほかは、ヨーロッパの影響を間接的にしか受けておらず、宗教を変えようというよりも、より強く社会改革に傾斜している。港町に上陸する胡散臭い連中を目にする日本人は、相手の宗教を尊重する気にはまったくならない。「果実を見れば木は知れる」と彼らは言うのである〔新約聖書ルカ伝六章四四節〕。

第五節　都市と集落

千島列島、宗谷、標津、根室

厳しい気候、とりわけ霧の多いことと陽光の少ないことは、千島列島や蝦夷地の北半分を占める大きな四角形の土地に農耕者が根付くのを許さなかったし、多くの入植者を引きつけるほどの特別な産業が発展することもなかった。一八七五年における千島列島の全人口は四五三人に過ぎないが、これには国後および択捉に、日本人が所有する漁業や狩猟用の一時的な滞在地の住民を含まない。それよりも北方の諸島は、ロシア企業フィリペウス商会が一帯の水域から住民を立ち退かせたため、日本に割譲される以前にすでに無人になっていた。わずかに占守島、温禰古丹島、捨子古丹島に数軒の茅屋があるのみで、三島合わせても一八七五年の人口は七二人である。北海道も内陸部はほぼ無住の地で、ラ＝ペルーズ海峡〔宗谷海峡〕を挟んで樺太に面する沿岸にある宗谷や、国後島を望む標津と根室は、都市と呼ばれてはいても、漁村にすぎない。都市人口比率は全国平均をはるかに上回るが、気温がもっと穏やかで、北部よりも種々の資源がはるかに多い南西部に集中する。

札幌、石狩

北海道の首府である札幌は、石狩川とその支流が流れる広い沖積平野の中央にある都市で、ごく最近に米国に範をとって建設され、入植を所管する北海道開拓使の本庁舎もそなえる。また米国の教授陣は農学校〔札幌農学校〕を創設したほか、いくつか育苗所や模範農場を設置した。札幌周辺の土地は家族とともに入植した千人の兵士〔屯田兵〕に配分された。だが札幌は、規模の点では漁民の町である石狩に及ばない。これは石狩川河口に建設された都市で、サケ〔鮭〕が押し合いへしあいして遡上する。一八六〇年のサケの漁獲は一二〇万尾である。砂洲の水深は季節により二～三メートルと、大型船が乗り越えられないので、水路を深くするために堤防群が建設されたが、効果はなかった。

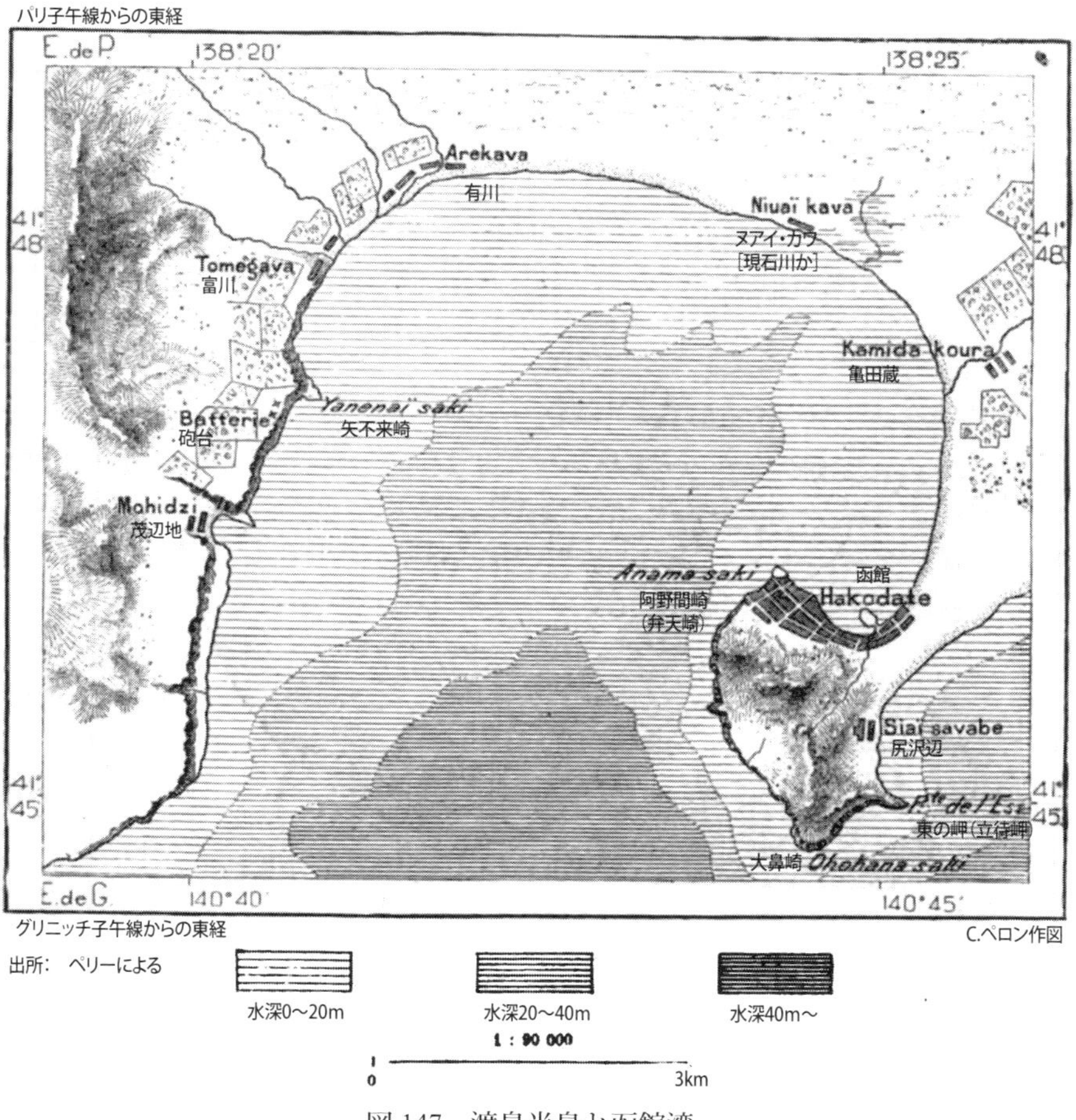

図 147　渡島半島と函館湾

小樽、岩内、勇払、室蘭

石狩の西に張り出す海岸にある小樽（小樽内）は札幌の外港で、鉄道で札幌と結ばれており、遠くは中国まで魚類を輸出する。年間およそ六千トンの干し鮭［塩鮭］を製するほか、数万トンのニシン［鰊］が肥料の原料になる★。南西にある別の入江に面する岩内は、近傍の石炭の積出港である。南に開いた沿岸部［胆振方面］は札幌の南にある山塊を回り込む道路とつながっており、はるかに人口が多い。炭坑がある佐瑠［沙流］や、日本人漁民の集合地点である勇払［現苫小牧市内］のほか、絵鞆（エンデルモ）の深い湾［室蘭港］の北にある邑である室蘭がそれである。絵鞆湾は引き潮でも砂洲の屋根が水深八メートル以上だ。室蘭は、本島部から噴火湾［内浦湾］を横断して渡島半島や函館に向かう旅客の乗船口である。函館は、世界で最も広く、かつ安全な泊地のひとつをめぐる砂地の地峡に、半円形に建てられた都市である。

函館

函館は一八五四年に対外貿易に開放された港で、好天ならば本島部の山々も見える。今世紀半ば以降に急成長し、人口は五倍になり、和人やアイヌ人とともに、百名ほどのヨーロッパ人も定着した。オホーツク海を往来する捕鯨船の集合場所であるほか、泊地には日本海軍の小艦隊が毎年訪れる。だが、日本の汽船がほとんどの取引を外国船から奪ったため、厳密な意味での国際貿易はかなり少ない★★。函館で積み出す最大の輸出品目のひとつが昆布だ。これは食用の海藻で、長さ六〜一二メートルの帯状のものを採取し、砂利の上で乾燥したのち、本州や中国南部の港に仕向ける★★★。泊地と地峡への入り口を扼する高さ三五〇メートルの丘の斜面には、美しい別荘が立ち並ぶ。日本海沿岸では江差も人口が多いが、津軽海峡に面し道内最南端の市邑である松前、ないし福山は、封建時代の賑わいはない。今は小さな役所があるだけで、諸条約が函館に保証する交易上の優位性からも締め出されている。そもそも投錨地として良くないのであって、南風が吹くと船体の疲労がはげしい★★★★。

★ Saint-John, *Journal of the* [*Royal*] *Geographical Society*, 1872［見当たらない］
★★ 1878年の函館における対外貿易額は640万8000フラン。
★★★ Blakiston, "Journey Round the Island of Yezo", *op. cit.*
★★★★ 北海道の主な都市と人口［単位万人。鉤括弧内は日本地誌提要による1873年の数字］は以下。函館（2.88［〃］）、沙流（1.8）、江差（1.73［0.91］）、松前（1.6［〃］）、小樽（小樽内、0.54［0.39］）、札幌（0.8［0.18］）。

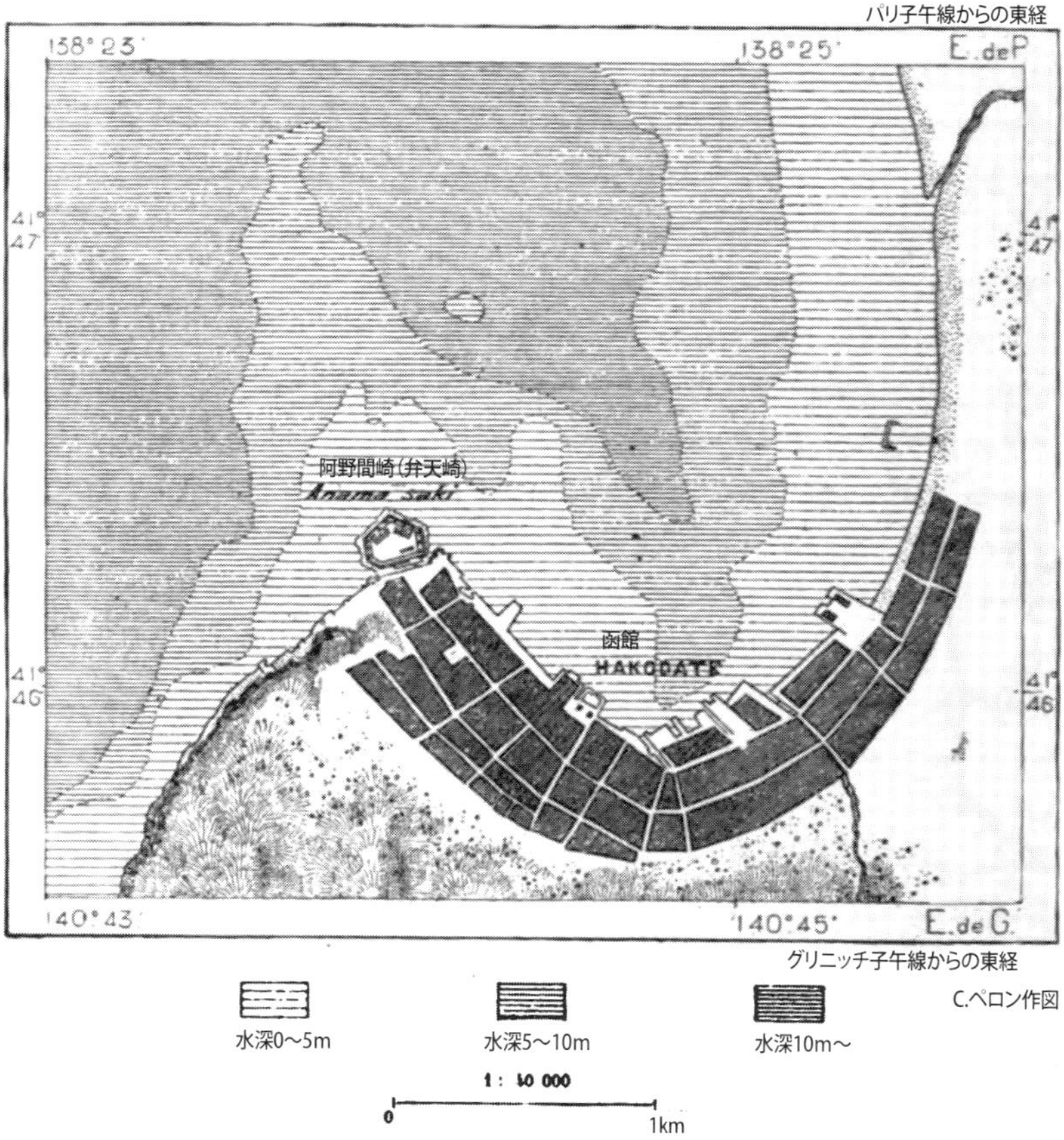
パリ子午線からの東経
138°23'
138°25'
E.deP
41°
47
41°
46
阿野間崎(弁天崎)
Anama saki
函館
HAKODATE
140°43'
140°45'
E.deG.
グリニッチ子午線からの東経
C.ペロン作図
水深0〜5m
水深5〜10m
水深10m〜
1 : 40 000
0
1km

図 148　函館

本州北端

本州北端の人口は小さい。北海道と同様に水田は皆無で、食糧の一部は南から持ち込まれるため、都市もまばらだ。多数の住民が集住するようになるのは北上川の河谷〔北上盆地〕からで、これはすでに米作地帯である。

青森、弘前、秋田、盛岡、石巻、仙台、塩竈

本州の北端をすくい取ったように切れ込む大きな湾〔陸奥湾〕の南岸にある青森は本州の終着港で、函館に向かうためにやってくる旅客の移動により、一定の重要性を得ている。かつて大藩の首府だった弘前は、青森よりも大きな都市だが、活気があるほかの人口中心地群までは南西、または南東に一二〇キロ以上離れている。久保田、すなわち秋田は、日本海に注ぐ御物川（みものがわ〔雄物川〕）の河口にある。盛岡は北上川上流にある。この流域では豊富な銅鉱が採掘され、島々がちらばる仙台湾の河口にある石巻港まで、弁財船で運送される。河口部の水深は三〜四メートルだ。仙台は水田が囲む大都市で、切れ込んだ湾にもその名を冠するが、内陸一五キロの地点にある。その保養地である塩竈は、マツ〔松〕やスギ〔杉〕の茂る小島からなる群島に面し、最も優美な入江のひとつ〔松島湾〕を望む場所にある。仙台の商人が積み出す品々は、松島にあるイサバマ島〔桂島石浜か〕に停泊する船に、平底舟から積み込まれる。

二本松、福島、米沢、山形、鶴岡、酒田、会津若松、新発田、松本、小千谷、長岡

仙台の南には、養蚕で豊かな阿武隈川の河谷に二本松や福島などの都市が連続する。だが最も人口の多い都市が見出されるのは西の日本海側で、最上川が蛇行する「宝の山」の地域だ〔庄内地方〕。米沢や、丘の上から田園を見下ろす山形、庄内藩のあった鶴が岡〔鶴岡〕、酒田がそれである。あらたな県都となった若松〔会津若松、一八七六年まで若松県治〕も日本海側流域で、猪苗代湖と、火山性の裂開から湯が噴出する東山温泉の西にある。周囲の森林にはウルシノキ〔漆の木〕が豊富で、漆器製造に利用されている。近傍の製陶は国内屈指の規模だ〔会津本郷焼か〕。この地区を流れる川〔日橋川・阿賀川〕は、新発田から流れてくる川や、信濃川と新潟平野で合流する。信濃川は千曲川、すなわち「千の熊の

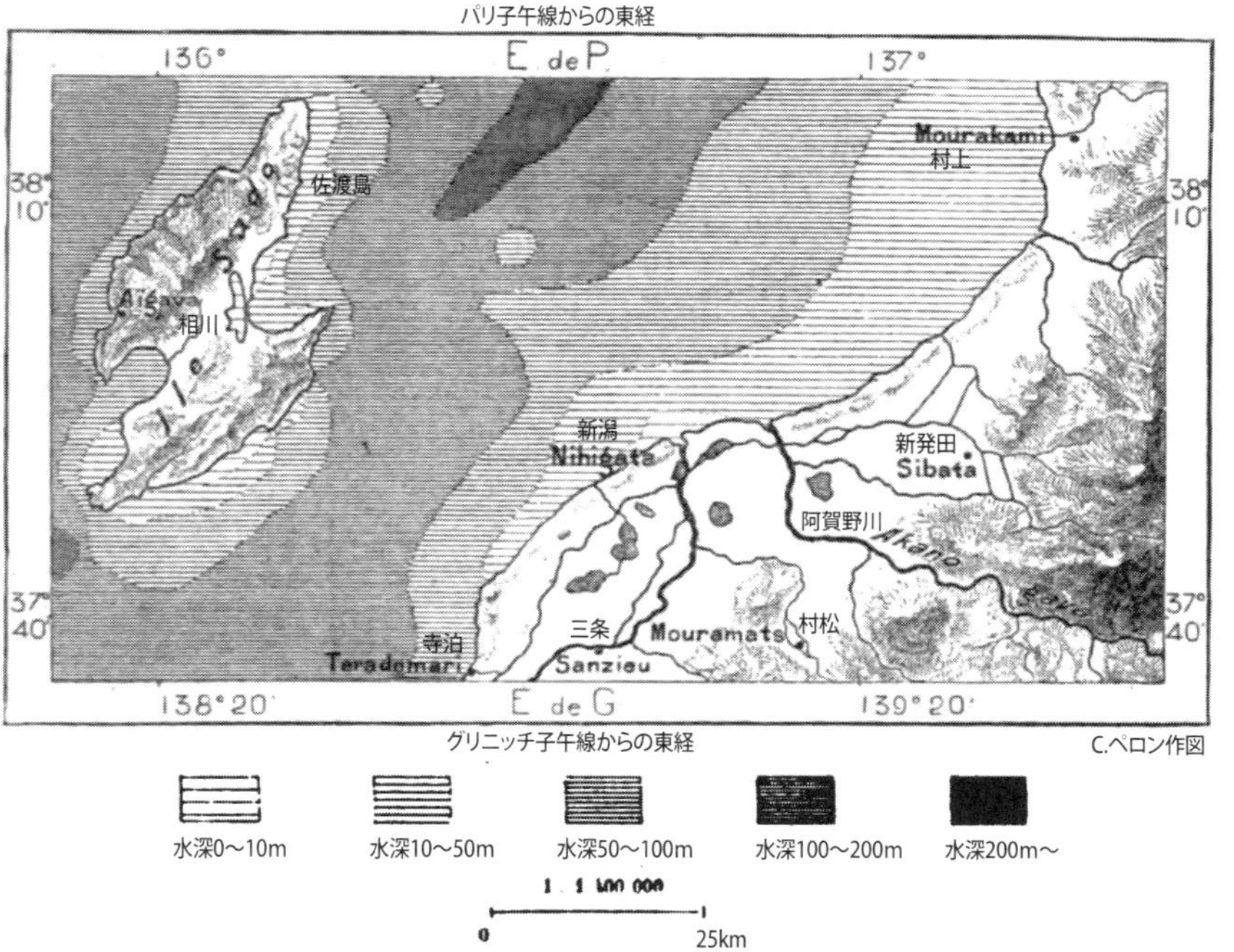

図 149　新潟と佐渡島

川〔筑摩が語源であり、対音上の誤解か〕」ともいい、水量は豊富で、ほぼ南北に走る峡谷を下る。一帯はカイコガ〔蚕蛾、家蚕〕やヤママユ〔山繭、天蚕〕による一大養蚕地帯であるほか、薬用植物も栽培される。河谷の上流部には松本、下流の田園部には小千谷や長岡など、繁多な商業都市がいくつかある。

新潟、寺泊、佐渡島、村上、柏崎、高田、今町（直江津）

新潟では、ふたつの河谷から収束する諸道が、行政区分と同名の北陸道に合しており、蒸気船が遡上できる河川の岸辺に、これらの商業路が合流することで、大きな重要性を獲得している。オランダの都市のように並木道が囲み、水路が走る市街は、国内で最も整然としたもののひとつで、学校も多い。本州の寒い側〔日本海側〕の大型都市の大半と同じく、幅の広い雁木をそなえる点で、東側や南の都市とは違う。雁木により歩行者は夏季には陽光や雨、冬季には雪から身を避けるのである。新潟は開港場のひとつだが、海上交易は少

量だ。河口を閉塞する砂洲と、冬場のひんぱんな暴風のせいで接岸は非常に危険なため、砂洲の沖合、陸地から二キロほどに投錨せねばならないが、そこの海底は砂地で条件が悪い。岸辺とは平底船で往来するしかない。新潟平野は漆器やコメ〔米〕、絹、茶葉、アサ〔麻〕、高麗ニンジン、藍、石炭、土瀝青と、物産は豊富だが、ほぼ全品目が山中の悪路を通って東京に仕向けられる。市街を流れる最大の河川である信濃川、ないし千曲川を除去することで、五〇キロほど南西にある寺泊を新潟に代わり積出港にする計画が立てられた。これはわずかに隆起した屋根部の反対側、一〇キロ東の地点を通すもので、寺泊から海に直接排水する水路の開削計画である〔大河津分水路〕。溝渠は屋根部での深さが九〇メートル以上に達するもので、ほぼ完工しており、急傾斜を水が過度に速く流れぬよう、間隔を置いて閘門を建設する工事だけが残っているが、この貴重な掘削路は使われないままである★。このため、沿岸で最良の港はいまも新潟だが、それには佐渡島が部分的に風波から遮蔽することもあずかって力がある。そこでイギリス、オランダ、アメリカ、日本の技術者が政府に招かれ、突堤を平行させたり収束させる方式により、深い水路を作り上げる案について意見を求められた★★。沿岸には北の村上のほか、南の寺泊、柏崎、高田〔上越市〕の港町である今町〔直江津〕がある。今町からは絹や縄、和紙、とりわけ高麗ニンジンが積み出されるが、泊地は新潟よりもなお不安なものだ。新潟を海から隔てる砂丘には植林された松林があり、高い場所からは好天時に佐渡島が望見される。同島はかつて金銀の大鉱山で、島の首府である相川の近くで何世紀にもわたり採掘が行われた。

魚津、新湊、富山、高岡、金沢、小松、美川、高山、高松、坂井、大野、丸岡、福井

長大な能登半島が西を防護する大きな湾〔富山湾〕の沿岸には、魚津、新湊、富山、そして青銅器で豊かな高岡といった商業都市がいくつか集まる。南西には、海岸から八キロの内陸、豊かな田園部の中央に石川県都〔県治〕である金沢の大きな町がある。これも工芸の都市で、青銅の彫金や絵付けした漆器、布地が著名である。蒸気動力による糸繰り工場が最近いくつか設置された。ほかにも小松や美川といった産業都市が、

★ Lyman, *Report on the Oil Surveys*, 1877［1875 年にいったん中止され、竣工は 1922 年］
★★ 1878 年における新潟の対外交易額は 242 万フラン。

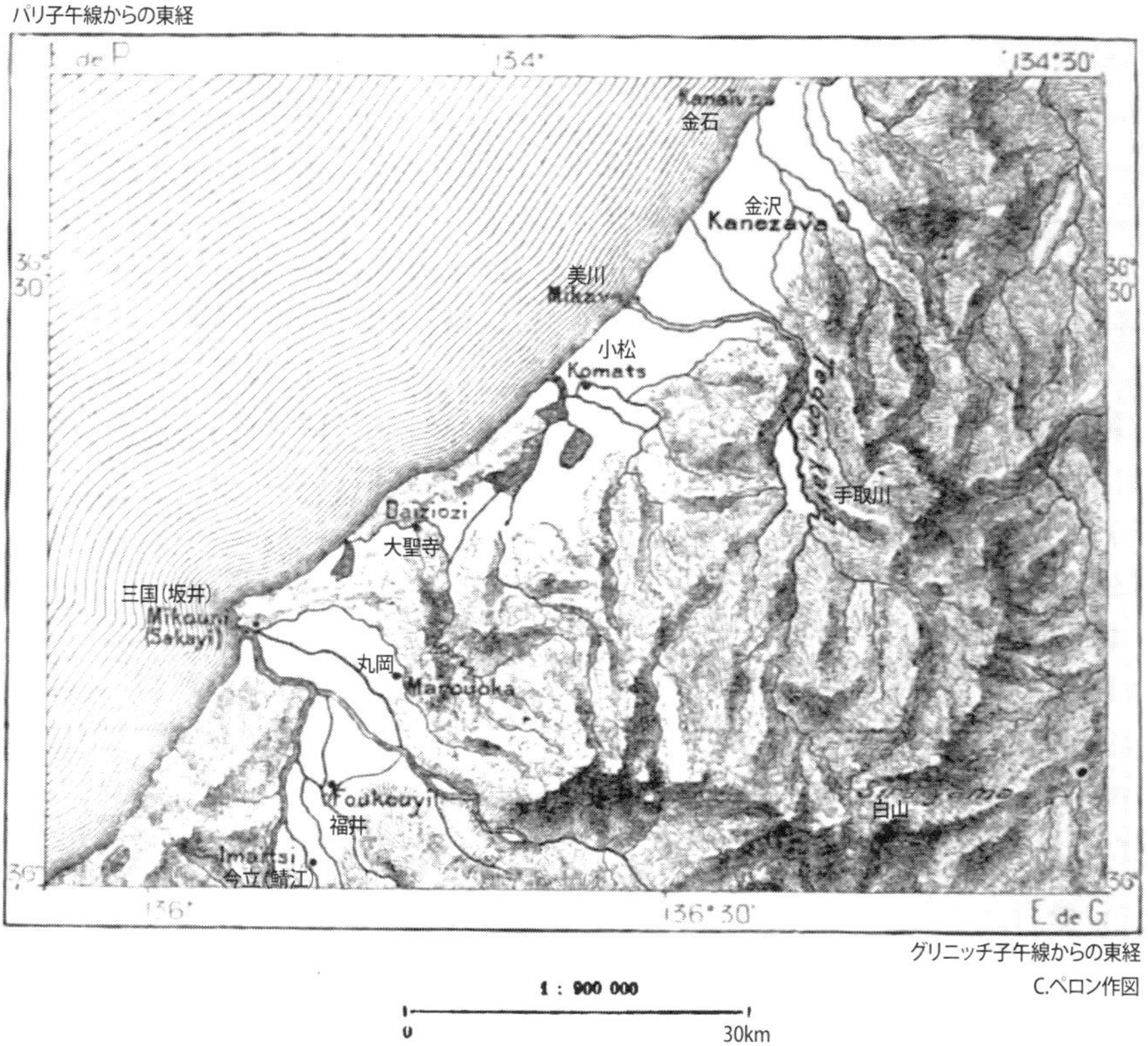

図 150　金沢と白山

いわば金沢に付随する。高山ほかの内陸都市は、とくに農産物市場として重要である。高松の市邑は金沢と、南を白山の雪肌が見下ろす周囲の工芸地帯の港である。南にある坂井の港は、大野、丸岡、福井ら近隣の都市の物産を積み出す。

水戸、高崎、前橋、富岡、草津、銚子、船橋

豊かな仙台平野の南は岩がちの沿岸で、大きな街道筋〔東山道〕は西に迂回せねばならなかったため、繁多な都市は皆無である。この沿岸で見られる最大の都市は水戸で、現在は湖〔千波湖か〕になっている古代湾の河口に、那珂川が堆積した沖積土のまん中に位置し、大理石産業があるが、現在は衰退している。住民は利根川とその支流が涵養する肥沃な平野部、すなわち東京の北西の各所に密集する。ここは

挿画 LXXX　典型と衣服。日本の都市住民。複数の写真をもとに、A. シルイ筆
［『F. ベアト写真集 1』147 頁、図版 193 がもとではないかと思われる］

国内最良の絹の産地だ。高崎と前橋は養蚕で著名である。日本政府は前橋近傍の市邑のひとつ、富岡に模範となる製糸工場を設置し、立ち上げをリヨンの工員に指導させた［富岡製糸場］。政府補助金のおかげで、同工場は国内最大の規模だ。一本の支流［吾妻川］の峡谷には、火山である白根山の山腹に、草津の硫黄温泉があって四三度〜七二度の湯が噴出し、皮膚病に悩む人々が大挙して押し寄せる。利根川下流の湖沼や半冠水地の一帯［水郷地帯］は、日光の峡谷からスギ林を通って下る支流［鬼怒川］の水を受け取ったのち、瘴気が強くなるため、上流の田園部ほどの人口はない。一帯で最大の都市は、河口近くの銚子である。東京湾北端にある船橋の港も活気がある。船橋はかつて博打宿が集まる日本のモナコだった。

東京の人口

東京は現在の首都で、かつ最大の人口を擁する。かつては「湾の戸口」を意味する江戸と呼ばれた。現呼称は中国のトンキンと同じく「東の都」で、ミカド［御門、以下「天皇」］の御座所になった一八六九年から用いられている。十六世紀末にはまだ漁村や農村しかない地帯だったが、最後の幕府を開いた徳川家康がやって来て城を築いた。彼の後継者の一人［家光］の治下には、全ての大名が半年を江戸で過ごし、また家族と近臣の大半を江戸に残すべしという命令を受けた。このため武士、足軽、小者や奉公人の大人数が、将軍の居城がある丘の周りに蝟集し、同時に、以前から活発だった江戸湾沿岸の交易も、この新たな都市に集中した。繁栄の絶頂期である十七世紀中葉の市中人口が一〇〇万人を突破したのは確実で、おそらく一五〇万人に達したと思われる。うち八〇万人が在勤の武士とその奉公人だった★。著述家のなかには、二五〇万人がこの将軍の都に集住したとする者もいる★★。だが内戦や、諸侯の多くが奉公人に付き添われて出て行ったこと、火事や殺戮事件の影響で商業が大被害を受けたことにより、東京の一部は無人になった。しかし平和が戻るとすこしづつ再定着が進んだので、現在は幕藩体制下にほぼ劣らぬ規模に戻っているかもしれない。首都の座は、商工業の両面にわたる卓越を保証しているからだ。

★ Rudolf Lindau, *Handelsbericht über Japan , Dem Kaufmännischen Direktorium in St. Gallen erstattet im März 1862*.

★★ Masana Maeda[前田正名], *Revue scientifique*, 10 août 1878.

丸の内、日本橋、銀座、日本家屋

東京は、パリのうち城塞群に囲まれた区域とだいたい同面積で、東京湾の北西および隅田川の河口部にある泥土の浜辺に位置する。隅田川の河口は、利根川の支流である江戸川の水も排水する。市街の南、西、北には低い丘陵地がめぐり、林になっている。市街の中心にはひとつの卓状地があり、全長六キロにわたる灰色の石垣と濠が囲む「御城〔旧江戸城、以下皇居〕」を載せている。これは代々将軍家の居館だったが、天皇の居所になったものだ。皇居を囲む諸大名の旧屋敷の大半は、省庁や役所、学校に改築された。この中心部も壁や水路のベルトに取り囲まれており、その外側に狭義の意味の市街が発達する。商業が最も活発な界隈は東側、皇居と隅田川河口のあいだで、日本橋は国内交通路の中心点と考えられている。国内の諸道の距離は日本橋を起点として数えられる。このうち、狭い区域に瀟洒な煉瓦館が建ち並ぶ銀座の通りは、早々とヨーロッパ都市を思わせる装いだ。それ以外のあちこちの界隈は、野菜畑や茶畑、桑畑、杉林などで隔てられている。市内には二五万軒の家屋があるが、大半は今なお古来の日本建築の様式である。すなわち、まず縁の白い黒瓦〔軒瓦か。以下の工法順は不正確で、瓦葺きは最終工程〕でもって屋根部を立ち上げ、頑丈な柱群の上に設置する。柱と柱のあいだは紙を貼ったサッシ〔障子〕やパネル〔襖〕で仕切り、それを開け閉てする。小家屋はどれも似たような作りで、日中は通りに向けて開かれ、神棚が見える。これは神仏の像や先祖の位牌を安置した棚である。日本のように地震がすこぶる頻繁な国では、竹と厚紙、障子からなるこうした家屋のほうが石造よりもはるかに危険が小さいのだが、火災には御誂え向きの住居であり、ほんの小さな火でもあっという間に炎上する。平均寿命はわずかに六年とも言われ、「火事は江戸の華」という地元の諺もあるほどだ。火事だという叫び声を聞くや否や、住民は大急ぎで大事な品々を土蔵に運び込む。これは練り土と防火扉でできた建物で、いざという場合にそなえて近くに建てられている。一八七九年には一回の火事で一万軒が焼失した。

浅草、芝、上野

東京は百ほどの市邑と村から構成され、それが四方八方に伸びてひとつの都市になったと言ってよいが、あちこち

挿画 LXXXI　東京芝の大鐘
一葉の写真をもとに、E. ロンジャ筆

に空隙があり、それを畑地や木立、野原が占めている。目立つ公共記念建造物は市内に皆無だが、巨岩でもって建てられた皇居の石垣には、間を置いて展望台風の櫓がそびえ、幅広で深い壕から三〇メートルもの高さに達し、心底から威圧的な眺めを見せるものもある。旧大名屋敷は塀に囲まれた低い建物で、木彫りの装飾をほどこした玄関口［屋敷門］をそなえる。最も興味深く、かつ華美に装飾されているのは市内の千宇以上の仏教寺院で、とくに浅草界隈の金龍山がそうである。これは観音を祭ってあり、市内で最も賑わう聖域だ。浅草は江戸の最初期に、湾や沼沢地の上に建築物が建ち並んだ島で、最も由緒ある土地でもある。市街の南にある芝や、北の上野といった高台は、海原のような家並みや寺社を見下ろすが、こうした高台そのものにも、寺社や墓地が王冠のように建ち並び、鬱蒼とした木立や、精妙な装飾、山門や鳥居、巨大な梵鐘で際立つ。これらの高台に設置された博物館は、自然史の標本を収蔵するもの［教育博物館］や、日本美術の名品のほか、蝦夷地および千島列島の未開民研究に対し、最大の価値を提供する民族学的コレクションを収蔵するものがある［東京帝室博物館］。その周囲の樹林は十六世紀末の植林にかかり、荘厳な巨木の多さでもって国内屈指の美しさだ。どの寺院の周りにも

挿画 LXXXII　人力車。一葉の写真をもとに、A. シルイ筆

カエデ〔楓〕やイチョウ〔公孫樹〕があって、マツ〔松〕やスギ〔杉〕といった針葉樹と葉を重ねる。細身の竹林のまわりには、ツツジ〔躑躅〕やツバキ〔椿〕が花壇のように広がる。芝に近い墓地〔泉岳寺赤穂義士墓所〕には四十七士の墓と木像があり、力強さと劇的効果によって人の心をつかむが、これまた葉陰と花々が彩る散策路であり、他の墓地も同様だ。東京の周囲には園芸作物施設が取り巻くが、ヨーロッパ都市を模倣して熱帯植物園を一か所設置せずにはおかなかった。だがこれは現存するうちでは最も興味深い植物園のひとつである〔帝室植物御苑（新宿御苑）か〕。東京に歓楽街は多いが、群衆が集まれる公共広場はひとつもない。かつて政治生活は大名とその家臣に限定され、住民は締め出されていたため、日本の都市には人々が集まる場所というものが一切なかった。市民というもの〔都市の政治主体という西洋的な意味〕が皆無ならば、公共広場は無用だからである★次頁に。だが近

年の諸変革の結果、日本は都市計画を変更せざるを得なくなるだろう。

本所、品川、築地

東京に定着したヨーロッパ人商人は微々たるものだが、市街は活気がある。二万五〇〇〇台以上の人力車、あるいは「俥（くるま）」、すなわち腕で曳く乗り物が、皇居と浜辺のあいだの大通り群をひっきりなしに行き交う。下町を縦横に横切る水路は、岸辺の蔵に荷を下ろす舟が埋め尽くす。隅田川には五本の橋が架かり、大きな郭外町である本所と市内を結ぶが、弁財船やゴンドラ［渡し船か］や屋形船など、風や潮のままに動くあらゆる種類の舟がひしめき、随所で川面が見えないほどだ。東京湾には城砦をそなえる人工島［お台場］が設けられたが、岸近くは非常に浅く、弁財船か浅い喫水の伝馬船でないと操船できない。狭義の港は、郭外町の品川に面した南にある。しかし、蒸気による大型商船や軍艦は、横浜までしか入り込めない。市街の南に建設された品川駅では、西ヨーロッパの鉄道駅並みの群衆が押し合いへしあいする。近くには築地の「ヨーロッパ人居留地」が立ち上がり、少数の外国人商人が居住する。お台場と同様、鉄道も一部は海に突き出した突堤上を走っており、「埋立地」を意味する築地の由来だ。そもそも東京の半分は、十一世紀半ばにはまだ海面だった土地に建設されている。隅田川の運搬する土砂は少量なので、デルタが湾内に大きく発達したのは、ナウマン［ドイツ人地質学者、御雇い外国人 Heinrich Edmund Naumann 一八五四―一九二七］の計測によれば、一〇〇年当たり二七センチという緩慢な隆起によるところが大きい★★。

東京の物産と教育研究機関

東京は細工物の都市でもあり、工芸の中心地だが、その多くは旧都である京都に及ばない。絹布ほか布地を製し、漆器や絵付けした陶器、磁器、七宝の工房、巨大な造船所、機械製造工房があり、琵琶湖以東の諸都市へのあらゆる商品や物資の供給元だ。東京はまた知識産業の全国的首都でもある。最高学府である東京大学は、一八七九年現在で一二人の外国人教授、四〇人の日本人教授を擁し、一五〇人近くの学生が様々な

★ Bousquet, *op.cit.*［ブスケ前掲書、第 1 巻、200 頁］
★★ Naumann, *op.cit.*［ナウマン前掲書、98 頁］

科学を学んでいる。加えて二〇人以上の若者がヨーロッパや新世界で、校費により留学している。工部大学校の建物はフランス人の設計にかかり、市内で最も優美かつ洗練された大型建築であるだけでなく、その収蔵品と学習設備は世界屈指である。最大の図書館〔東京図書館か〕は種々の稀少書を収蔵し、なかには紀元六〇九年の日付をもつ世界最古のサンスクリット語の手稿もある★。また別の図書館は、すでに二万冊の洋書をそなえる。学術団体も多く、東京地学協会〔一八七九年設立〕が調査研究の成果を定期刊行物として発刊している。最近にはフランス語の普及を目的とする団体も設立された。

横浜、横須賀、佐倉

横浜は、諸条約によりヨーロッパ人が寄港地としたさいには漁村にすぎなかったが、わずか三〇キロの鉄道路線により、首都の郭外町に変貌した。沿岸の沼沢や水田を突っ切って新たな街路が引かれたのである。当初に国際取引の町として選ばれたのは一〇キロほど北、東海道が内陸に曲がってゆく神奈川宿だった。しかし大名行列がひんぱんに通過する道すがらのため、外人居留地の安全の観点から危ういと思われたし、水深が小さく、大型船は着岸できなかった。反対に横浜は水深が大きく、最大級の蒸気船でも桟橋から乗船できる。新市街はすでに広大な面積に達し、ヨーロッパやアメリカ★★、中国からの商人が茶葉だの、絹布だの、米穀、樟脳、漆器といった産物を、主には西洋の工業製品と交換する★★★。横浜の南にあるもうひとつの湾である横須賀は、日本海軍の全艦艇を受け入れる。沿岸に立ちあがる工廠〔横須賀製鉄所〕の建物は、かつてフランス人技師たちが指導したものだ。植物学者サバティエが日本の植生に関する重要な研究を行なったのもここである。首都近郊で最大の駐屯地は、広大な郊外の反対側にある。それは城砦化された都市〔佐倉城か〕である佐倉の近く、利根川デルタと隅田川デルタのあいだで、安房上総の半島〔房総半島〕の付け根付近だ。射撃演習場の設定や、兵舎と弾薬庫の建設を指導したのもフランス人士官である。近くの台地は東京新田と命名された農業入植地で、東京の浮

★ Max Müller, *Académie des Inscriptions et Belles-Lettres*, 23 sept. 1881.

★★ 1880 年における横浜の欧米人は 2950 人。

★★★ 1880 年における横浜の貿易概況は、輸入額が 1 億 3500 万フラン、輸出額が 9660 万フラン、合計 2 億 3160 万フラン。船舶交通量は外国船が 297 隻、うち 150 隻が蒸気船、そして日本船が 1225 隻である。

浪の徒や密売人に政府が家屋と土地をあてがい、定住を図ったものだが、大半が逃亡してしまった★。

金沢、鎌倉、江の島

横浜と横須賀のあいだに切れ込むのが金沢の湾で、浜辺の素晴らしい場所に立地する市邑であり、十四世紀には国内最高の図書館を擁した〔金沢文庫〕。横浜から二四キロ南西には、相模湾の東岸近くに、鎌倉の址がみられる。伝承によれば鎌倉は古代湖の場所に創建され、十二世紀末から十三世紀初頭にかけて日本の首府だった。しかし戦乱により一三三三年に破壊されたのち、一向に再興されず、隣の江戸が拡大するなか、単なる村にとどまった。しかし周囲の土地には、いにしえの壮麗さをしのばせる遺跡が随所にある。それは一〇〇宇以上の寺院や、多くの邸宅や、墓地の址で、そのひとつは同時に切腹した伝説的な八三〇〇人の英雄を称える〔東勝寺合戦か〕。また鎌倉の近くにある有名な大仏は、日本の鋳造工たちが、優しい静けさと、威厳のすばらしい表現をインドの像に与えたものだ。この青銅仏は高さ一三メートルを下らず、内部に小さな厨子がある。頭髪〔肉髻〕はカタツムリ〔蝸牛〕を表わしており、伝説によると、仏陀の剃りあげた頭頂を烈しい陽光から守ろうと登ったものだという。鎌倉のほど近くにある江の島は聖地で、引き潮には砂洲により陸地とつながる。ここも国内きっての参詣先であり、海と砂浜、雪化粧した富士山が織りなす絵のような美しさをもって、外国人を最も惹きつける場所のひとつだ。

小田原、沼津、箱根、熱海、下田、甲府、静岡、浜松、豊橋

伊豆半島の東西には、東海道沿いに小田原と沼津があり、どちらも富士山周辺の肥沃な地帯の産物を積み出す内国海運の港として、一定の重要性をそなえる。箱根とその湖や、にぎわうその温泉地の南にある熱海は、入江の岸辺にあって、これまた温泉があり、間欠泉もみられる。伊豆半島の突端にある下田は、一時期は世界に著名だったが、一八五四年の海底地震〔安政東海地震〕で市街が倒壊し、開港場の座を横浜がとってかわって以後は、いっさいの貿易上の役割を失った。富士山の北には豊かな平野〔甲府盆地〕があり、現在は山梨県都〔県治〕である甲府が、市場町として生糸相場を管制し、フランスの工場を範にとった製糸工場をもつ。富士山の先〔西〕には、遠江灘〔遠

★ Bousquet, *op.cit.*［ブスケ前掲書、第1巻、168-169頁］

挿画 LXXXIII　小田原。東海道の眺め。一葉の写真をもとに、ヴイエ筆
［『F. ベアト写真集 1』62 頁、図版 60「神奈川台町の関門」がもとと思われる］

州灘］と呼ばれる湾沿いに静岡、浜松、豊橋（吉田）といった都市が連続する。

名古屋、桑名、熱田、稲置（犬山）、笠松、岐阜、大垣、津、山田（伊勢神宮）

現在は愛知県都［県治］である名古屋は織田信長［一五三四―一五八二］の創建した都市で、尾張湾［以下伊勢湾］を埋め立てて前進してきた諸河川が伸びる美しい平野［濃尾平野］のなかに、完璧な碁盤の目状に家屋がならぶ。国内では人口第四位の都市であり、住民の進取と工芸をもって名高い。綿布や絹布、七宝、磁器の製造が盛んで、最近ひとつの医学校が設置された。桑名と熱田は全国から参拝者が訪れる有名な神域で、名古屋のほか、稲置［犬山］、笠松、岐阜（今泉）、大垣といった、平野部の都市の外港として機能する。伊勢湾西岸にある津（安濃津）も多くの弁財船が訪れる海運都市だ。積み出される旧国名にちなんで「尾張焼」と呼ばれる青磁は、国内で最も一般に用いられる。伊勢湾の南に曲がり込む

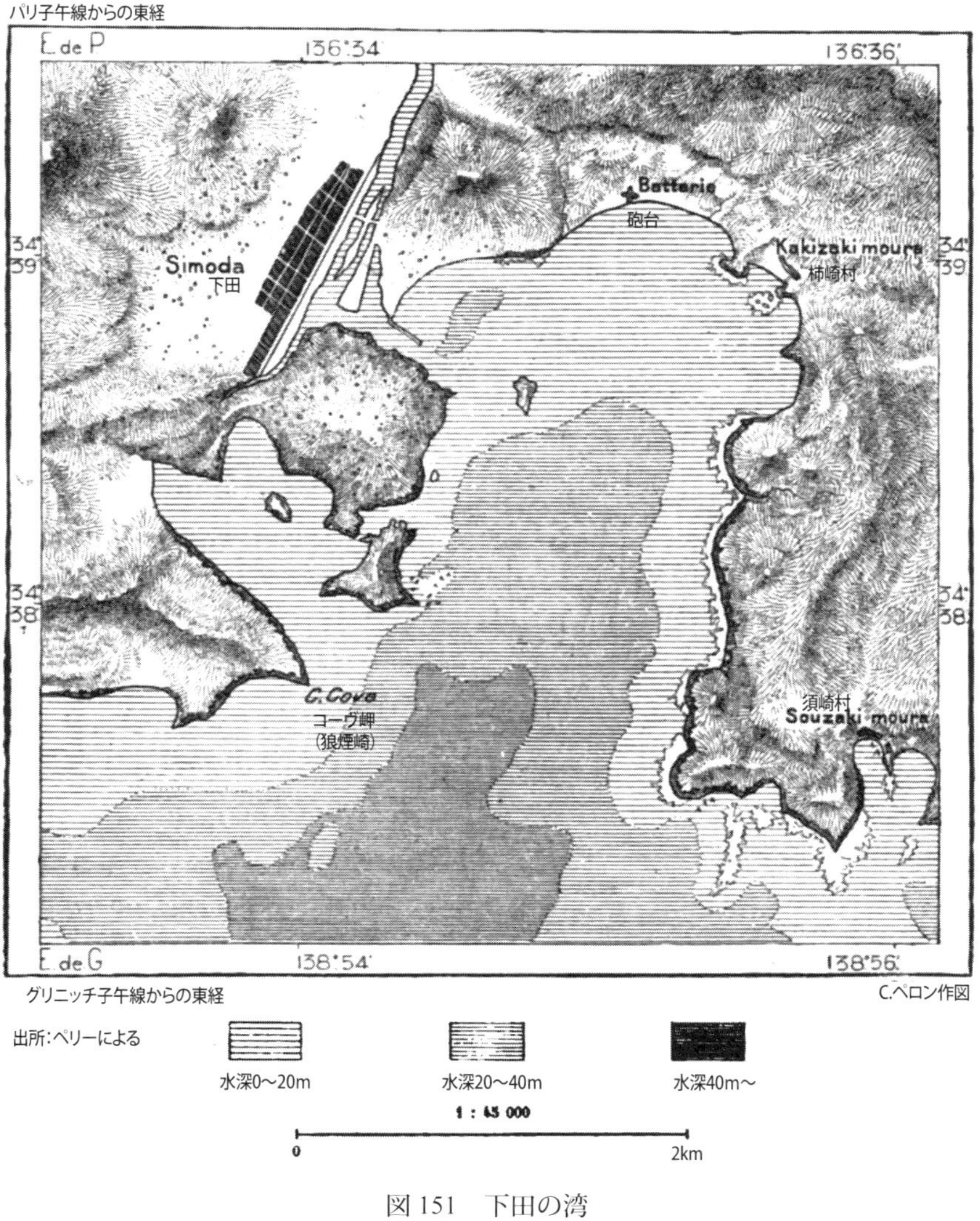
パリ子午線からの東経
E. de P
136°34'
136°36'
Batterie
砲台
34° 39'
Simoda
下田
Kakizaki moura
柿崎村
34° 38'
G. Cove
コーヴ岬
(狼煙崎)
須崎村
Souzaki moura
E. de G
138°54'
138°56'
グリニッチ子午線からの東経
C.ペロン作図
出所：ペリーによる
水深0〜20m
水深20〜40m
水深40m〜
1 : 45 000
0
2km

図 151　下田の湾

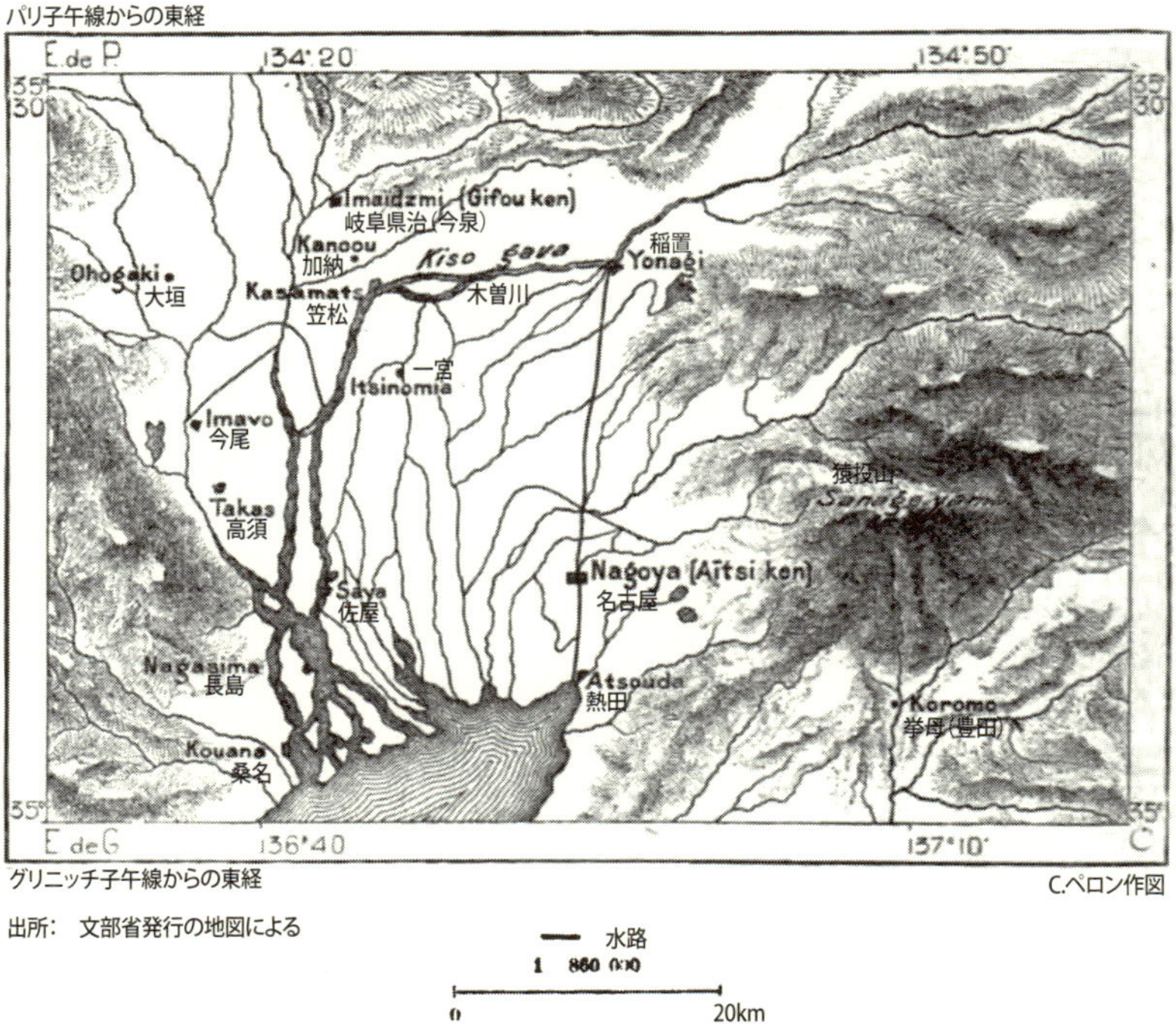

図 152　名古屋と木曽川デルタ

伊勢国の半島［志摩半島］にある山田［伊勢市］は大きな都市で、近傍には神道で最も名高い神域である外宮と内宮がそびえ、毎年無数の参拝客が詣でる。伝承は創建を三千年前とするが、少なくとも西暦紀元の初めである。ただし現在の社殿は、古代のそれを正確に再現したものにほかならない。毎二一年目に建物は造替され、同じ樹種［檜］の木材と茅葺き屋根が用いられる［式年遷宮］。間取りや室内の構成物はまったく変更されず、ほかの寺社によく見られる仏教風の要素が雰囲気を損なうことも、この尊宗される神道建築には一切ない★。伊勢神宮の「神札」すなわち祈りの言葉を記した小さな紙片や木札のない家はほぼ皆無である★★。

和歌山、高野山

瀬戸内の東側の入り口に重要な都市が生まれるのは必然だった。オランダ

★ Voyeikov, *Mittheilungen von Petermann*, 1879, no.2.
★★ Satow［サトウ前掲書、上巻、114-115 頁にも言及がある］; Bird［『日本奥地紀行 2』前掲書、227-228 頁か］; Metchnikov, etc.

人が「リンスホーテン海峡」と命名した海峡〔紀伊水道〕の北、吉野川の河口に位置する和歌山は、じっさい大型の商都である。和歌山はまた周囲の美しい景観と肥沃な田野、豊富な果物でも名高い。同じ河谷には僧院の都市である高野山〔金剛峯寺〕があり、三七〇以上の仏教寺院や僧院を擁する〔二〇〇四年に一部が世界遺産登録〕。かつては全国津々浦々から罪人や被疑者が逃げ込む駆け込み寺だった。その木彫や絵画、漆器類は日本美術の偉大な時期に属する。建造物の周囲の聖なる森は荘厳なもので、国内で最も見事な針葉樹の一種は「高野山の木」の名称を得たほどだ〔高野杉か〕。

彦根、関ヶ原、大津、比叡山、三井寺、膳所

琵琶湖沿岸には「千八百か村」があると言われるが、同じ淀川の流域には京都、奈良、大阪もあって、日本の歴史地域として随一である。琵琶湖岸の彦根にしてからがすでに人口の多い都市で、幼ない徳川将軍の摂政権〔大老職〕をもつ大名の居城だった。彦根の東にある関ヶ原址は、十六世紀末の戦国時代に有名で、キリスト教徒の与した敵勢を家康が一六〇〇年に撃滅し、徳川幕府の礎を築いた場所だ。湖の排水路近くにある滋賀県治〔五別所村〕と大津は両者合わせてひとつの都市を形成しており、権力を狙う者にとって何度も必争の地になった。それを北から見下ろす比叡山には名だたる神社も多いが、三井寺をはじめ、仏寺はさらに著名だ。同山〔延暦寺〕の僧たちは、フランシスコ＝ザビエルを庇護した独裁者、織田信長と敵対関係にあった。大津は膳所の細長い郭外町と連続し、最近開通した鉄道の延長区間が京都と結び、今や商業都市であるだけでなく、京都の前哨的な一区画のようにもなっている。大津の蒸気船群は琵琶湖の水運を独占し、今やほとんど帆船は見られない。特産品は計算器具であるそろばんだ。

京都

京都は首都の意味で、ご座所を表わす「みやこ」のほか、「西京」、「平安城」とも呼ばれるが、国内都市の筆頭の地位を失った。現在は三府のひとつに過ぎず、人口も第三位である。一一〇〇年近くにわたり帝国の首都だったが、政体と行政機構、外交政策、さらには国民の習俗も変えた一八六八年の維新に際し、江戸にその座を奪われた。人口は半分以上も減少し、あちこちの界隈がほぼ無人になったが、今も歴史の都として美と洗練、行儀作法の都市である。

パリ子午線からの東経

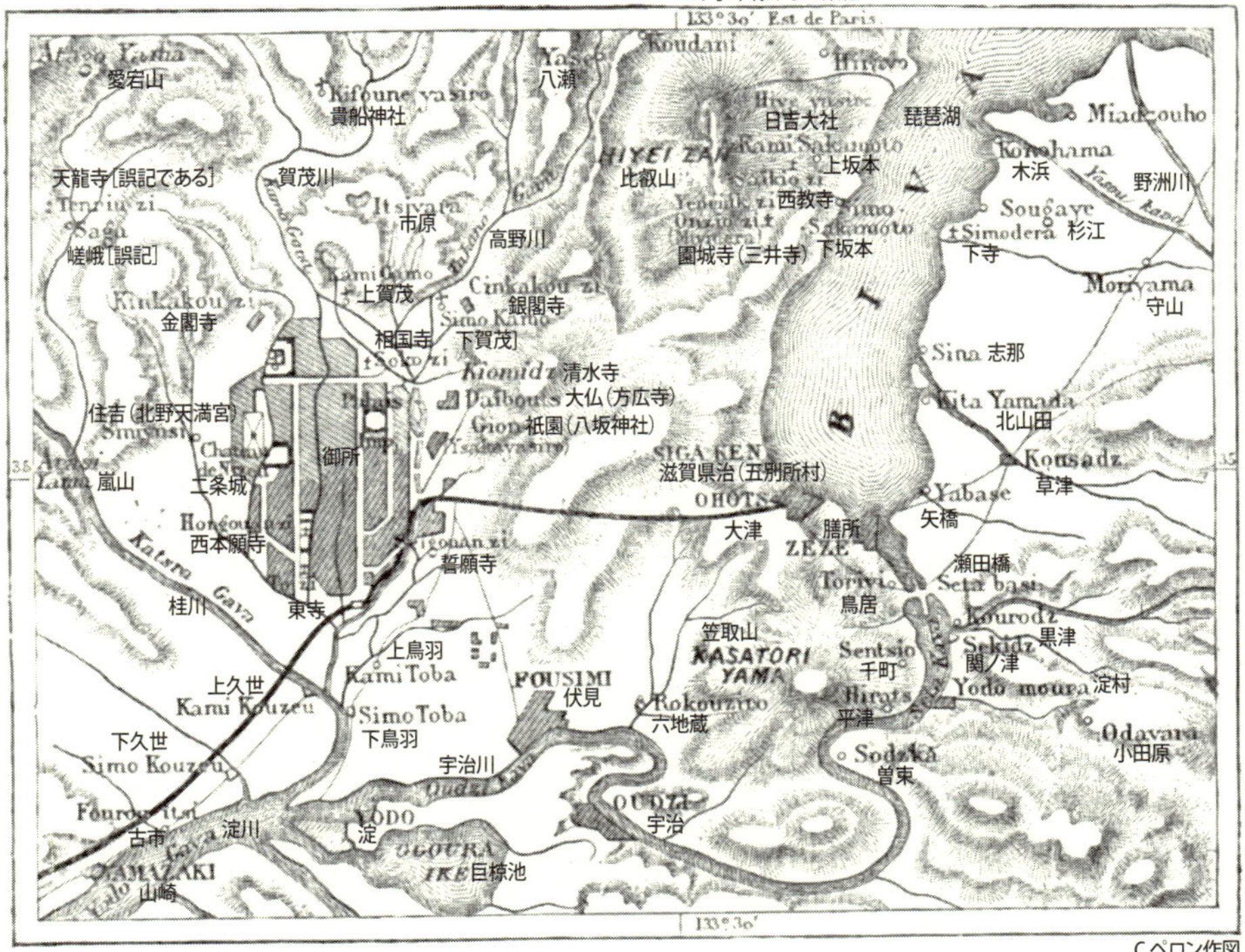

出所：　メーチニコフによる　　　　C.ペロン作図

1 : 320 000

0　5　10km

図 153　京都

工芸においても、量はともかく、美しさでは東京をしのぐのであって、絹布、錦織り、あらゆる種類の刺繍、七宝、磁器、銅ほかの金属細工の最高の職人は京都に見出される。市街の東にある粟田の郭外町は、朝鮮半島を出自とする陶工の家系により、何世紀もの名声を得ている。彼らは出来あいの仕事はせず、自ら土を練り、形を作り、色付けも焼成も自ら行なって、独自性と完成度を追求する。作品は正真正銘の美術品だ★。市街の規則正しさと清潔さで京都の右に出る都市は日本にほとんどない。街路は完璧にまっすぐで、新世界の都市のように直交する。東には賀茂川が半円形の清流をなし、無秩序に建てられた家屋からなる郭外町を市街から隔てている。夏場

★ ギメ東洋美術館カタログ。

になると川辺や多くの橋、さらには水位が低いと散在する中洲にまで、多くの人が〔涼を求めて〕集まる。天皇のご座所だった禁裏は市街の北東隅にあって、荒れた庭に囲まれている。いっぽう本当の君主だった将軍家の軍事拠点である二条城は、市街の西中央を扼する。ここは現在は府知事の官舎だ。いくつかの寺院は素晴らしい建築物で、とくに山門の木彫の組物〔柱の上部で屋根部を支える木組み〕が際立つ。市内の墓地は国内で最も美しい。公式統計によれば仏教建築は九四五棟あり、九世紀や十世紀のものも存在する。

伏見、奈良、柏原、郡山（大和郡山）

京都が位置する広大な平野はきわめて肥沃で、国内最高の茶葉〔宇治茶か〕をはじめ多くの産物がある。平野には商工業の面で京都を保管する都市群があり、そのひとつ伏見は、京都の郭外町とみなしてよい。伏見は宇治川に面して京都の主な港であり、蒸気船の定期便がある。下流にも、木津川、宇治川、そして一支流の水を受け取った賀茂川が合流して淀川を形成する合流点にある淀が、同じく京都の港である。ここで琵琶湖の排水を受け取る木津川は、かつて天皇家最初のご座所だった古都のひとつ、奈良を通ってきたものだ。奈良には見事な森林の神域がいくつもあるが、千年にわたり参拝客が餌付けしてきたシカ〔鹿〕の群がる公園〔奈良公園〕はとりわけ素晴らしい。これらのシカの角はさまざまな小物に加工され、聖性をもつとされる。富裕な寺院のひとつは高さ一六メートル、重さ四五〇トンの大仏を収める。これは国内最大にして、最古の仏像のひとつであり、八世紀にかかる。奈良の郭外町のひとつである柏原は古代の葦原で、天皇家の創設者である神武天皇の国の首都だった。日本が長きにわたり「豊葦原の〔瑞穂の〕国」と呼ばれたのは、この村名が由来である★。奈良の近くには別の大きな都市である郡山がある。

大阪、堺

京都はその外港である大阪と一本の鉄道路線で連絡する。大阪は他の二府とともに「府」すなわち帝国政府の直轄都市で、人口では国内二位であるとともに、日本海側との交易流動では第一級だ。これが「日出ずる国」

★ Léon Metchnikov, *Studies on Japan.*

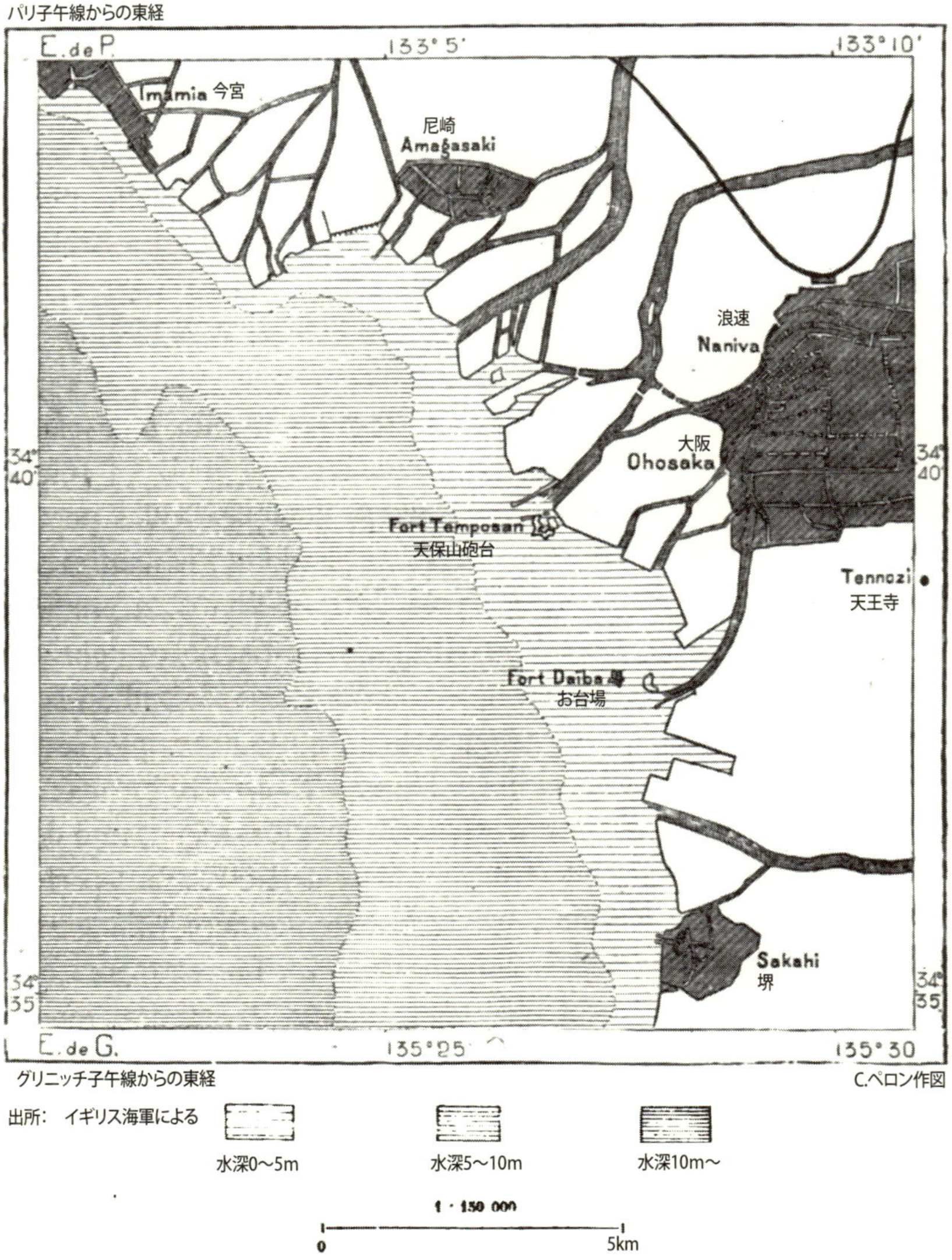
パリ子午線からの東経
E. de P.
133°5'
133°10'
Imamia 今宮
尼崎
Amagasaki
浪速
Naniva
大阪
Ohosaka
34° 40'
34° 40'
Fort Temposan
天保山砲台
Tennozi
天王寺
Fort Daiba
お台場
Sakahi
堺
34° 35'
34° 35'
E. de G.
135°25'
135°30'
グリニッチ子午線からの東経
C.ペロン作図
出所：イギリス海軍による
水深0〜5m
水深5〜10m
水深10m〜
1 : 150 000
0
5km

図 154　大阪

の都市のなかで甚大な役割を得るのは自然だった。日本列島を俯瞰すると、国内で最も好適な位置にあるのが本州の瀬戸内海沿岸であることはすぐに看取される。本州西岸［日本海沿岸］は寒風や荒波にさらされ、無住の満州沿岸に対するし、東岸［太平洋沿岸］は果てしなき大洋に面する。中国からの船は南部の岸辺に接岸したに違いない。ここは最も温暖な気候を享受し、最良の港湾もあって、古代の文明国家群に最も近接する地方だった。加えて、瀬戸内海の諸港は多くの経路が収束する中心部にあり、その点では、海から遠く離れた市場群と同様の利点をそなえる。瀬戸内海の東の入り口から近く、堺の北にある大阪は、大型港の座を堺から引き継いだもので、本州の南部全域と、すこぶる肥沃で人口の多い平野の産物を運ぶ舟運路として機能する河川のあいだに、中心となる位置を占める。日本をはさむふたつの海のあいだで、最も低い屋根は大阪の北方にあり、日本海から太平洋側に至る経路として、ここ以上に容易な道程はない。大阪の臨海部に暴風雨はまれで、卓越する南西風と北西風は、国内海運用の風とは何カ月も逆に吹くが、朝夕には微風がそれに取って代わり、弁財船の進行を助ける★。つまり、大阪の市場に向かう甚大な交通量を保証するすべてが揃っていた。喫水の深い船舶が「浪速」の湾に錨泊できないのは本当で、市街を縦横に走る泥水の水路から、遠く離れた沖合に留まらざるを得ない。しかし大阪の商人は、対外関係を保持するすべも、そして他の諸港経由で商売を管理するやり方も、心得ていた。また浅い喫水の蒸気船を数多く利用することで、彼らはコメ［米］、魚介類、昆布、材木を、日本の南部全域に流通させる大阪の役割を維持することもできたのである。大阪は最上級の日本酒の産地であるだけでなく、かつて日本人がヨーロッパに求めていた多くの品々を製造する工業都市にもなったのであり、今やそれらは国産である。「大阪もの」は大量に輸出されており、一八七七年には四〇〇万個の扇子が輸出され、その額は約六五万フランだ。最近では、スイスで修行したひとりの若い職人が市内に時計産業を導入した。

四天王寺、尼崎、西宮

大阪の少なくとも下町は「日本のヴェネツィア」であって、あらゆる方向に走る川や水路を数百の橋がまた

★ Kaempfer; Voyeïkov; Rein, etc.

ぐが、ひとつの区画は城［大阪城］に向かって北東にゆるく立ちあがる。城の石垣は花崗岩製で、半壊しているが、巨大さは今も見る者を威圧する。石垣からは、水路が銀色の筋になって四方八方に伸びる市街を一望できる。造幣寮の本局は西洋や、新世界の同種の機関に劣らぬ全工程をそなえた模範だ。市内の寺院は国内で最も見事な部類で、そのひとつ、ヒンドゥー教のマハラジャに相当する四天王寺は南にあり、郭外町もその名で呼ばれるが、統計上は独立した市になっている。大阪に従属する工芸の町である堺への沿道、浜辺近くにある古来からの神社は、とくに漁師が多く詣で、境内の蓮池に亀や魚が泳ぎ回り、参拝者から餌をもらう［住吉大社］。だが現在では群衆が向かうのは市街の反対側で、京都や兵庫と結ぶ鉄道駅がそびえ、日本南部の貨客流動の中心だ。兵庫までは三六キロ区間で、尼崎や西宮など、大阪湾に近い繁多な都市をいくつか通過する。

兵庫、神戸、有馬温泉

兵庫は古い町で、半島の付け根にあり、しばしば新市街である神戸も兵庫と呼ばれるが、両者のあいだには一本の涸れ川がある。兵庫を見下ろす岬［和田岬］は神戸港の南西を防護する。神戸港は岸近くに投錨するのに十分な水深をそなえており、一八七四年には四〇〇人近くのヨーロッパ人が居住し、横浜に次ぐ居留地だった。一帯の泊地は大阪の外港とみなしてよく、大阪の対外交易はほぼ全量が神戸港を経由する★。神戸の外国人は夏になると、北の山間にある著名な温泉地である有馬をよく訪れる。

敦賀、小浜

本州北岸では、若狭湾にある敦賀と小浜が、本州地峡部の北側の港として、大阪、兵庫に相当する。だが荒れる日本海に面し、丘陵の麓の狭い傾斜地しか耕地がないため、南岸の商業都市群に匹敵する重要性は望めなかった。ただし、荷車の通れる道、そしてまもなく鉄道により、南日本の物産が北岸にも運送できるようになるだろうし、蒸気船は日本海の風波に打ち勝つ。敦賀の港はあまり広くないが、水深は一〇～二〇メートルと最大級の船舶でも受け入れられるし、円形劇場のように囲む丘陵地が、北西風をのぞく全方向の風から防護す

★ 神戸経由による大阪および兵庫の貿易額は、1870 年が 1254 万 600 フラン、1880 年が 7580 万フラン。

るため、日本海側では最良の港である。おそらく朝鮮や満州ロシア地域の諸港と結ぶ商船にとって、最大の会合点になるだろう。敦賀は函館から積み出す昆布と干魚の中継地のひとつで、毎年数百隻が往復する。同港をヨーロッパ船に開放するか否かはしばしば問題になった。

由良、天橋立、鳥取、米子、松江

琵琶湖が中央を占める本州地峡部の西では、ほとんどの都市が瀬戸内海沿岸か、少なくとも半島［中国地方］の南

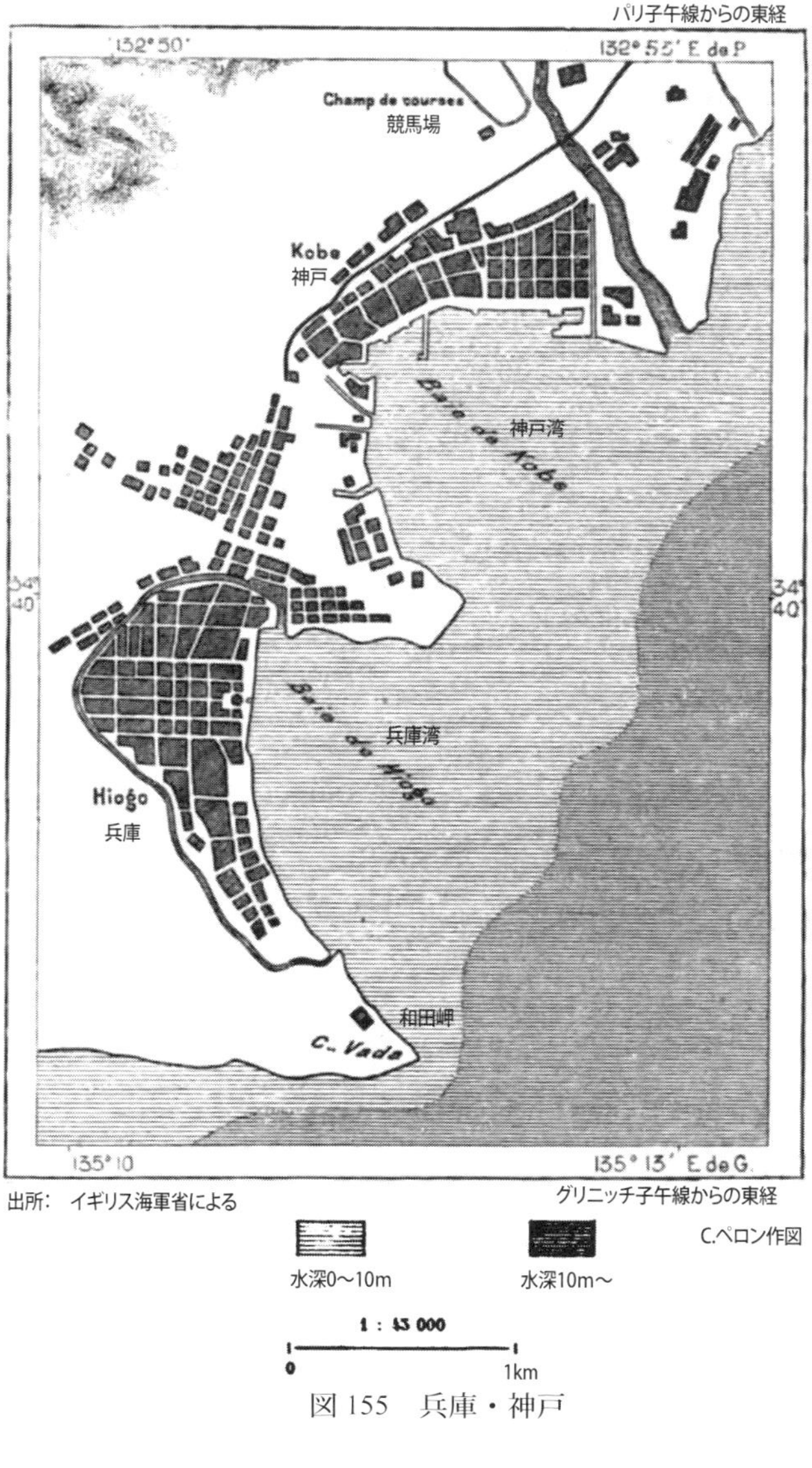

図 155　兵庫・神戸

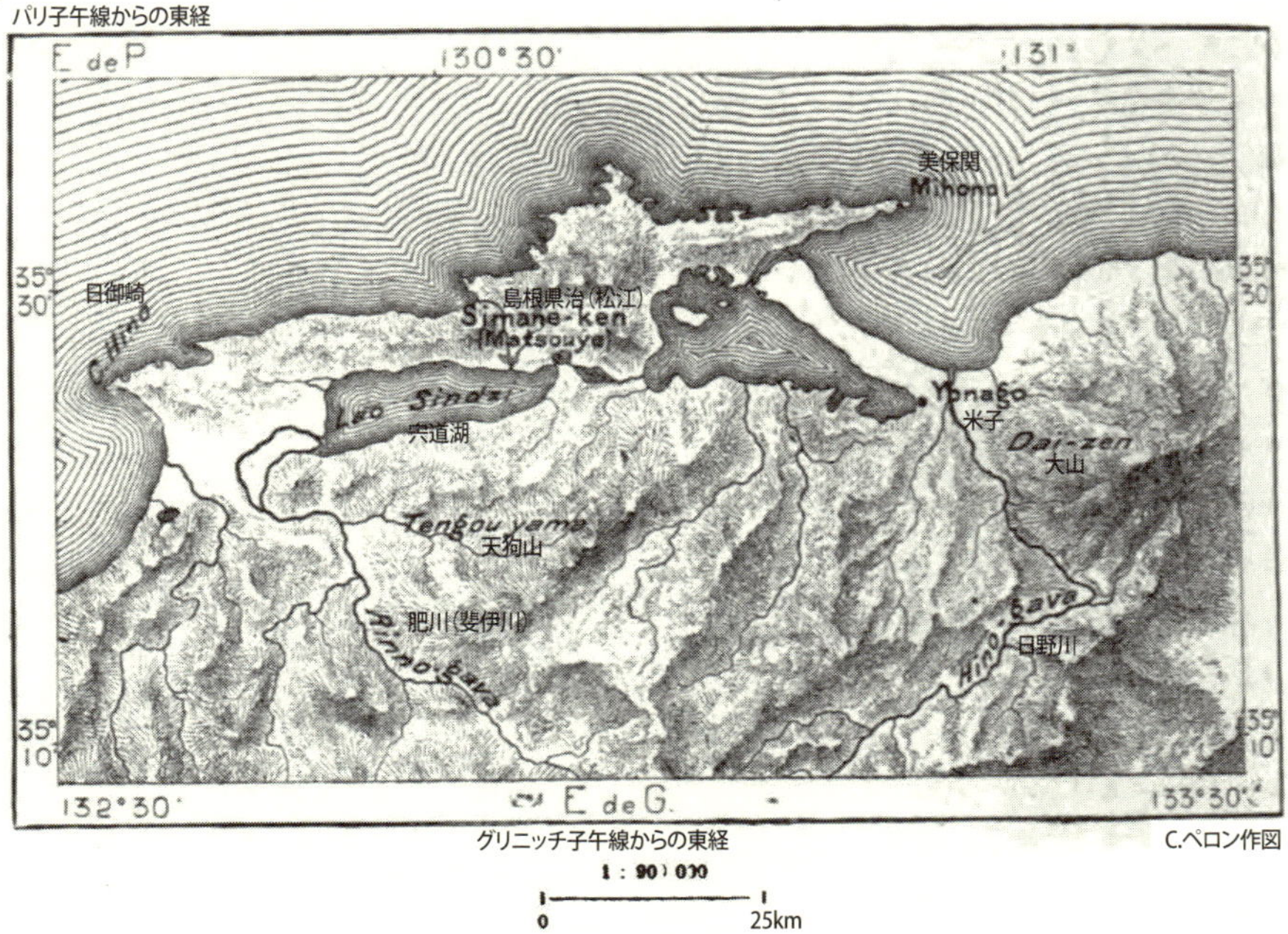

図 156　松江

側斜面にある。南側のほうがはるかに肥沃で人口も多いが、北側斜面にもいくつか活気を呈する都市はある。若狭湾の西端にある由良を囲むミカン［蜜柑］林は国内最良の果実を産する。この近くには天橋立という岩でできた天然の橋が遠く沖合まで伸びており、「日本三景」のひとつである。その先［西］で海沿いの道は鳥取、ついで米子を通る。島根県都［県治］である松江は美しい町で、曲がりくねる塩水の潟湖である宍道湖の浜辺にある。宍道湖は細い水路でもって外海に通じる。

明石、淡路島、姫路、津山、岡山、福山、尾道

南岸では、兵庫以西で初めて目にする都市が明石で、瀬戸内海の海岸線にほど近く、淡路島の壮大な展望とともに、同島をはさむ二つの大きな湾［播磨灘と大阪湾］を管制する。その先にある姫路は秀吉ゆかりの地で、極めて肥沃な河谷の出口に位置し、いくつかの街道が交差する。そのひとつは日本人技術者たちの建設によるもので、国内最大規模の掘削設備をそなえる生野の大鉱山へと、内陸に至る。生野ではフランス人技師が金銀の採掘を監督し、大阪

の造幣寮に輸送しているが、その豊富な銅鉱は未開発だ。姫路の主産業は皮革製品で、いまも日本古来の手法でなめされており、昔のコルドヴァの皮革に劣らぬ美しさと耐久性をそなえる［白鞣］★。内陸では津山が、わけても製糸と布地染め、製鉄に従事する。深く切れ込んだ沈降湾に面する岡山と、別の入江に面する福山は、いずれも大大名の城下町だったが、現在では商業港としての重要性を尾道に譲った。尾道は、まがりくねる瀬戸内海の両岸を結ぶ沿岸航行の蒸気船にとって最大の寄港地のひとつだ。

広島、厳島

大阪および兵庫・神戸以東［ママ、以西］では、本州と四国、九州を隔てる瀬戸内海の最も賑わう港が広島だ。半円形の湾の北端、沃野を蛇行する河川の河口部に位置し、市内を曲がりくねって流れる水路や橋、湾内をあらゆる方向に馳駆する船舶をもって、大阪と同じく「日本のヴェネツィア」と呼んでもよいだろう。湾内に散在する島のひとつは広島と正対し、「日本三景」のひとつとして参拝者が訪れる厳島神社である。厳島は風の神［スサノオノミコト］の折れた剣［物実か］から生まれ出た三人の処女神［宗像三女神］をまつる「光の島」である★★。神域には非常に興味深い古格な木彫がいくつかあるが、最も美しいのは、絶えて斧が入らなかったその森である［一九九六年に世界遺産登録］。一八六八年の維新まで、島内では肉食も死者の埋葬も禁じられていた。住民は僧侶や参詣人、宿の亭主、漁師だけで、仲間の一人が死ぬと遺骸を対岸の陸地に運んだ。運んだ者は五〇日を経てからでないと島に戻れず、戻っても再び五〇日間は一種の隔離状態に置かれたのである。今も島内での耕作は禁じられ、住民の食料は毎朝陸地から運ばれてくる。こうした補給船が浜に接近すると、数百頭のシカ［鹿］が森の奥から駈け出してくる。人に馴れており、餌を分けてもらうのだ★★★。

岩国、下関、萩、山口

広島の先の湾の西には工芸の都市岩国があり、和紙や莫蓙、布地の生産で著名である。以西は下関（赤

★ Ernest Desjardins, *Notes manuscrites.*
★★ Metchnikov, *l'Empire japonais, op.cit.*
★★★ Voyeikov, *Mittheilungen von Petermann*, 1879, no.2.

間が関）の水路［関門海峡］まで、湾から湾へと小都市が連続する★。海峡の北には同名の下関の市街が、丘陵地の林と海にはさまれて長く伸びる。これは日本におけるボスフォラス海峡のコンスタンチノープルというべきものだが、国内では二線級の都市にすぎない。近傍では海藻が採取される［テングサ漁か］。本州西端にあった長門国の首府だった萩は、大小の島々が散らばる泊地の沿岸に建つ大都会だった。だが行政府としての座は、瀬戸内海への小さな流域の内陸にある山口が最近取って代わった。山口の近くには賑わう温泉場がある［湯田温泉］。

徳島、高松、丸亀、今治、松山、宇和島

四国の大型都市はすべて海際か、その近くにある。都市を生んだ交易が人口も急増させたからだ。大半は本州に面し、数時間で連絡する。とくに京都と大阪の吸引力が住民を四国北岸に引き寄せたのであり、東から西へ徳島、高松、丸亀、今治、松山と連続する。四国と九州を隔てる海峡［豊後水道］に面する都市は宇和島だけである。外洋に

★　1873年における本州の主な都市とその人口［単位万人、人口順］。

東山道		能代	1	東海道		伏見	2.3
仙台	5.2	八戸	1	東京（1880年）	103.7	奈良	2.1
秋田	3.8	北陸道		名古屋	13	郡山	1.5
弘前	3.29	金沢	11	横浜	6.5	山陰道	
庄内（鶴岡）	2.5	富山	4.5	静岡	3.2	松江	3.7
米沢	2.5	福井	3.9	山田	2.8	鳥取	2.08
彦根	2.44	新潟	3.4	津	2.3	米子	1.025
盛岡	2.2	高田	2.75	水戸	2	山陽道	
若松	2.15	長岡	2.4	銚子	1.8	広島	7.5
高崎	2	高岡	2.4	桑名	1.8	萩	4.54
酒田	1.86	新湊	1.89	甲府	1.6	岡山	3.3
山形	1.8	新発田	1.83	沼津	1.6	姫路	2.5
大津	1.793	小千谷	1.5	熱田	1.52	下関（赤間関）	1.87
鹿沼	1.506	柏崎	1.4	岡崎	1.3	福山	1.77
前橋	1.5	相川	1.3	小田原	1.3	津山	1.55
宇都宮	1.5	敦賀	1.15	上野	1.25	尾道	1.5
松本	1.43	村上	1	浜松	1.1	明石	1.45
高山	1.3	魚津	1	船橋	0.95	山口	1.16
二本松	1.1	小松	1	畿内		岩国	1
青森	1.1	大野	1	大阪	29	南海道	
岐阜（今泉）	1.1	坂井	1	京都	24	和歌山	6.2
石巻	1.04			兵庫・神戸	4.1		
大垣	1.02			堺	3.9		

面する南岸にも市邑は高知のみで、これは雄藩土佐の首府だった。住民の知性と勤勉により、高知は四国で最も活発な都市になり、製紙業の全国的な中心地である★。

宮崎、臼杵、中津、府内（大分）、小倉

「九つの国」を意味する九州で最も活気があるのは、南と西に向いた部分である。九州は横に中国［清国］をにらむとともに、ヨーロッパ船舶が到来した南海にも面する。東側にある唯一の大型都市が宮崎である。また瀬戸内海に面する北東沿岸には、臼杵と中津のふたつが大きな都市域をなす。大分県都［県治］すなわち府内は、カトリック宣教師が最初の信徒共同体を樹立した都市だが、現在は衰退した。同様に、瀬戸内への入り口の南側にあって下関に正対する小倉も、かつての重要性を失った。泊地への土砂の堆積により、大型船が接岸できないからである。かつて長崎から東京までの道程は、貨物にせよ旅客にせよ、ほぼ全面的に海岸沿いに移動したため、小倉の渡し船を利用せざるを得なかった。現在では蒸気船が同市に立ち寄ることなく、その前を通過してゆく。この箇所の水道は幅一六〇〇メートルなので、たぶん海底に鉄道トンネルが建設されるだろう［関門鉄道トンネルの開業は一九四二年］。

福岡、博多、久留米、佐賀、有田、平戸

福岡と博多は双子都市で、絵のように美しい湾に注ぐ小さな川によって隔てられるが、両者合わせて九州北西岸の全交易が集中する。南にある福岡が行政と武家の区域なのに対し、博多は荷動きと工芸の界隈で、綿布や美しい絹布を産する。両市街の近郊にみられる寺院群や平屋根の家屋は、最近の維新以前には国内唯一の石造の記念建造物だった［不詳］。この二重都市からはすこぶる交通量の多い街道群が延び、南の島原湾［有明海］に近い久留米と、佐賀という人口の多いふたつの都市と結んでいる。南西にある肥前の半島では、石炭とカオリンが採取されている。透けるように薄手な貝殻形の小鉢［菊割小鉢か］をはじめ、最も美しい日本の磁器が製造されるのがこの一帯で、とくに有田の近くだ。その周辺では常時二〇〇を超える窯が火入れさ

★ 四国の主な都市は以下［単位万人、人口順］。
徳島（4.89）　高知（3.98）　高松（3.28）　松山（2.615）　丸亀（1.4）　宇和島（1.22）　今治（1.2）

れている。オランダ人が長きにわたり模倣してきたこれらの製品は、国名のヒゼン（肥前）とか、作陶地の名であるアリタ（有田）とか、積出港の名であるイマリ（伊万里）といった名称がごちゃごちゃに与えられてきた。半島の突端にある平戸は、同名の島にある都市で、沿岸航行用の蒸気船の寄港地だ。十七世紀には、一六一三年から一六二三年までの一〇年間にわたり、オランダとイギリスの商人に指定された市場だった。

長崎、深堀、高鉾、出島、稲佐、高島

長崎は、一六二三年にポルトガル人が追放されたのち、幕府が外国貿易に半開きのままにした唯一の都市として、西洋に名高いものとなった。だが現在は最大級の都市ではない。その港、というより沈降谷は、二〇～三〇メートルの水深をそなえる良港で、周囲の丘陵地にうまくかくまわれているが、細い半島の突端にあるため、交易活動に産物を供給できる沃野をそなえない。交通量は著増したものの、もっぱら日本の船舶によるもので、貿易量はほぼ横ばいにとどまった★。農産物の輸出は僅少だが、漆器や真珠細工、有線七宝の陶器など、市内の工芸品を積み出す。深掘など、近傍のいくつかの都市は、域内取引の一部を長崎から奪っている。長崎はその歴史のゆえに、ヨーロッパ人旅行者が格別の関心をもって眺める町である。あちこちの岬に立ちあがる城塞群にもかかわらず、湾の眺望は国内屈指の優美な海岸線だ。三〇〇メートルの高さにある丘陵の麓はよく耕された段々になっており、頂部は森林が覆い、緑の円形劇場のように湾を取り巻く。湾の入り口には多くの島があるが、そのひとつである高鉾のお台場は、一六二二年にその崖から海に投げ落とされた宣教師たちと日本人信徒のよすがとして、オランダ人がパーペンベルクすなわち「司祭島」と呼んだものだ。市街の高台には、一五九七年に二六人の司祭が磔刑に処せられた場所もある。扇形の小さな人工島である出島は、オランダ人商人がまるでペスト患者でもあるかのように隔離された場所だが、現在は陸続きになっており、一六三九年から一八五九年まで外国人を閉じ込めた建物群も、火事で失われた。長崎市内には、中国人商人が押し込められていた区画もある。近傍の稲佐の邑にはいくつかの造船所があり、艦船の

★ 長崎の貿易額は 1868 年が 2032 万 1200 フラン、1880 年が 2073 万 8800 万フラン。1874 年の船舶取扱量は 592 隻、総トン数 52 万 2000 トンである。

挿画 LXXXIV　長崎の遠景。一葉の写真をもとに、テイラー筆

修理用に不承不承ロシア政府に認められたものだ［一八五五年二月の日露和親条約］★。湾外の南にはいくつかの島があり、そのひとつ高島ではヨーロッパの方式による採炭が行われている。一八八一年の出炭量は日産一〇〇〇トンで、全国の半分に達する。

島原、熊本、出水、阿久根、川内、加世田、鹿篭（枕崎）、宮之城、山川、鹿児島、加治木、国分

一七九二年に雲仙岳が噴火して破壊された島原は、同山の東麓に位置し、豊富な温泉をそなえて、同名の大きな湾の西側入り口を防御する。その対岸の少し内陸にあるのが熊本の市街で、家並みの中心にある古城は、傾斜した石垣の上に優美な屋根の櫓をそなえ、クスノキ［樟］の緑陰のもとにある［熊本城］。熊本は九州の中心にあり、かつ最大の人口をそなえる都市だが、それを囲む諸邑はいずれ

★ Maget, *Revue de Géographie*, fév. 1879.

も小さく、港もない。産物は川岸から弁財船で長崎へと運送される。それと反対に九州南部、「知と武勇の男たちの国」として有名な薩摩藩の地域に大都市は皆無だが、活気のある都市がほど近く連続する。沿岸やお互いの近傍に並ぶのが出水、阿久根、川内、加世田、鹿篭、宮之城、山川、同名の湾に面する鹿児島、加治木、国分である。有名な鹿児島は一八六四年〔ママ、一八六三年の薩英戦争〕にイギリスが城下を砲撃したもので、桜島の美しい「御岳」を正面に望む。交易都市とは言えず、目立つ産業は「古薩摩」の色々な領域を模倣する彩釉陶器や軟磁器くらいだが、日本人企業家の設置した綿紡績工場と武器製造工場がひとつづつある。湾の北西角にある加治木は、鹿児島よりも貿易都市の好適地にある。その港は嵐からかくまわれ、北方の田野も肥沃で、産物を港に運搬するのも容易だ。ヴォエイコフ〔ロシア人気象学者、地理学者 Aleksandr Ivanovich Voeikov 一八四二―一九一六〕によると、ヨーロッパ船に開放されれば、最大の貿易量に達するに違いない港のひとつである★。すでに加治木の煙草葉はキューバに仕向けられており、そこで「ハバナ葉巻」に加工して世界中に再輸出される★★。

那覇、首里

琉球の住民は多数の島々に分散し、大多数は入江に面した小村に暮らす。都市と呼べるものは、中央の島嶼集団のうち最大である沖縄島、中国人のいう「チュンチン・タオ」でしか見いだせない。那覇（なは、なふぁ）は、泊地の岸辺に散在するサンゴ礁にもかかわらず、沖縄諸島で最も賑わう港で、あらゆる方向の風から完璧に防護された湾にある。主な積出品目は砂糖、綿布、絹布で、北の内地に向け日本の船舶が積み込む。年間輸出額〔ママ、註参照〕は一〇〇万フラン以上だ★★★。那覇からは緑の丘にはさまれた優美な谷を、日

★ Voyeïkov, *op.cit.*

★★ 九州の主な都市は以下［単位は万人、人口順］。

熊本	4.5	鹿児島	2.73	臼杵	1.886	国分	1.715	平戸	1.06
福岡・博多	4.2	鹿篭	2.49	島原	1.87	宮崎	1.2	加治木	1
加世田	3.6	佐賀	2.17	出水	1.86	中津	1.16		
長崎	3	久留米	2.1	深堀	1.78	阿久根	1.06		

★★★ 1880 年の沖縄諸島の貿易額は、輸入が 131 万 9900 フラン、輸出が 66 万 250 フラン、合計 198 万 6150 フラン。

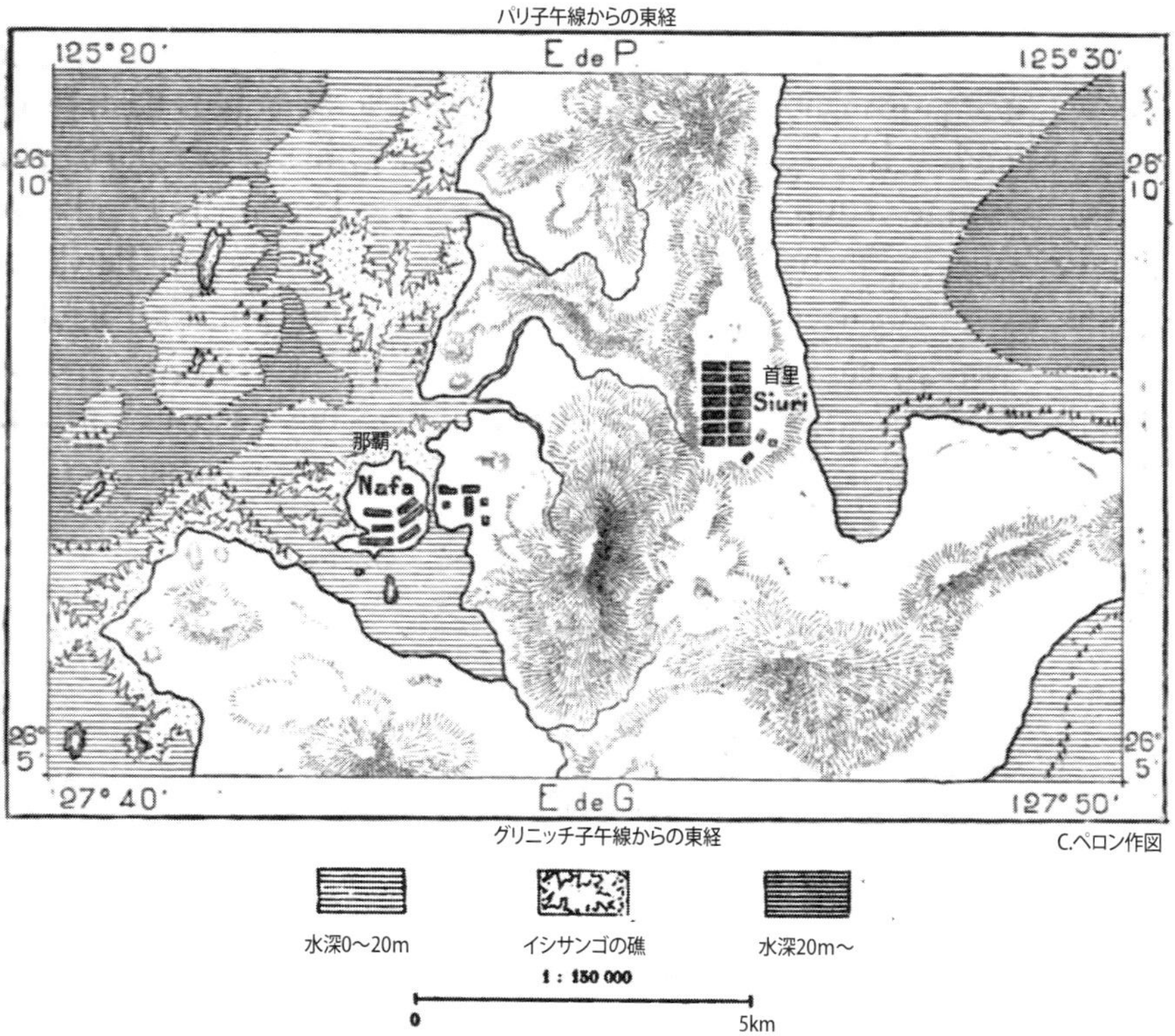

図 157　沖縄島の那覇と首里

本で最も美しい敷石の道が蛇行し、首都の首里（しゅり、しゅい、キンチン〔金城の中国語読みか〕）へと登ってゆく。これはふたつの海を見下ろす台地に建設された都市で、名称は「主邑」を意味し、ラタニアヤシ、ビンロウ〔檳榔〕、アダン〔阿檀〕といった美しい樹木が囲む〔首里城跡は二〇〇〇年に世界遺産登録〕。建物のひとつは「大学」の名を冠する。

タマウ、クマイ

沖縄島にはほかにトマウ〔泊〕と久米《くまい》の二つの都市がある。沖縄島の都市人口は六万人で、島内人口の半分に達するが、ほぼ全員が士族である。農民はすべて平民で★、帽子につける青銅のかんざしで見分けられる〔こ

★ Gubbins, *Proceedings of the* [*Royal*] *Geographical Society of London*, Oct. 1881; Auguste Théodore Furet, *Lettres à M. Léon de Rosny sur l'Archipel japonais et la Tartarie orientale*, Paris: Maisonneuve, 1860 [*p*.10?].

の文は誤りで、平民は真鍮製を用いた」。

小笠原諸島の発見史

日本列島本体に対する自然的な従属地である島々と沖縄のほかに、日本政府は日出ずる帝国の一部として、京都の南南東、直線距離で一〇〇〇キロの絶海に位置する島嶼集団の領有を主張している。この遠く離れた陸地は、ヨーロッパ人にはムニン・トオ（無人島）がなまったボニン諸島として知られる。しかし今日では居住されているので、十六世紀末に貞頼公〔小笠原貞頼〕が嵐に吹き寄せられ、家名をつけて自領としたときの呼称を再び用いるのが正しい。当時すでにこの諸島はヨーロッパ人航海者が望見していた。それはスペイン人ビリャロボス〔スペイン人航海者 Ruy López de Villalobos 一五〇〇頃―一五四四〕で、一五四三年にこの海域を遊弋している★。百年後にはオランダ人船長マティウス＝クアスト〔Matthijs Quast 生年不詳―一六四二〕が、随伴した著名な航海技術者であるアベル＝タスマン〔オランダ人探検家 Abel Janszoon Tasman 一六〇三―一六五九〕とともに、小笠原諸島の南側の島々を確認した。当時のいろいろな海図にも、太平洋のこの海域における島々が示されている。だが、一八二三年にアメリカ捕鯨船のコフィン船長が南側の島々に、そして翌年には同じくエベット船長が中央部の島々に上陸したときには、これらの発見は忘れ去られていた。一八二七年になるとイギリス海軍提督ビーチーが諸島を奪取したので、イギリス人は一八六一年まで領有を主張したが、この問題は日本に有利な形で最終的に決着した〔一八六二年〕。

小笠原諸島の位置

小笠原諸島はビーチーやリュトケ〔ドイツ系ロシア人探検家、地理学者 Fyodor Petrovich Litke (Friedrich Benjamin Lütke) 一七九七―一八八二〕、コリンソン〔イギリス海軍軍人 Richard Collinson 一八一一―一八八三〕、ペリーらによる水路調査ののち、捕鯨船や商船がしばしば訪れたが、詳細はよく分からないままで、天文測量された地点もひとにぎりに過ぎなかった。ペリーの地図と、日本人航海者たちの描いた地図にはふたつの島嶼集団、すなわち

★ Oscar Peschel, *Gechischte de Erdkunde*, München: J. G. Cotta, 1865.

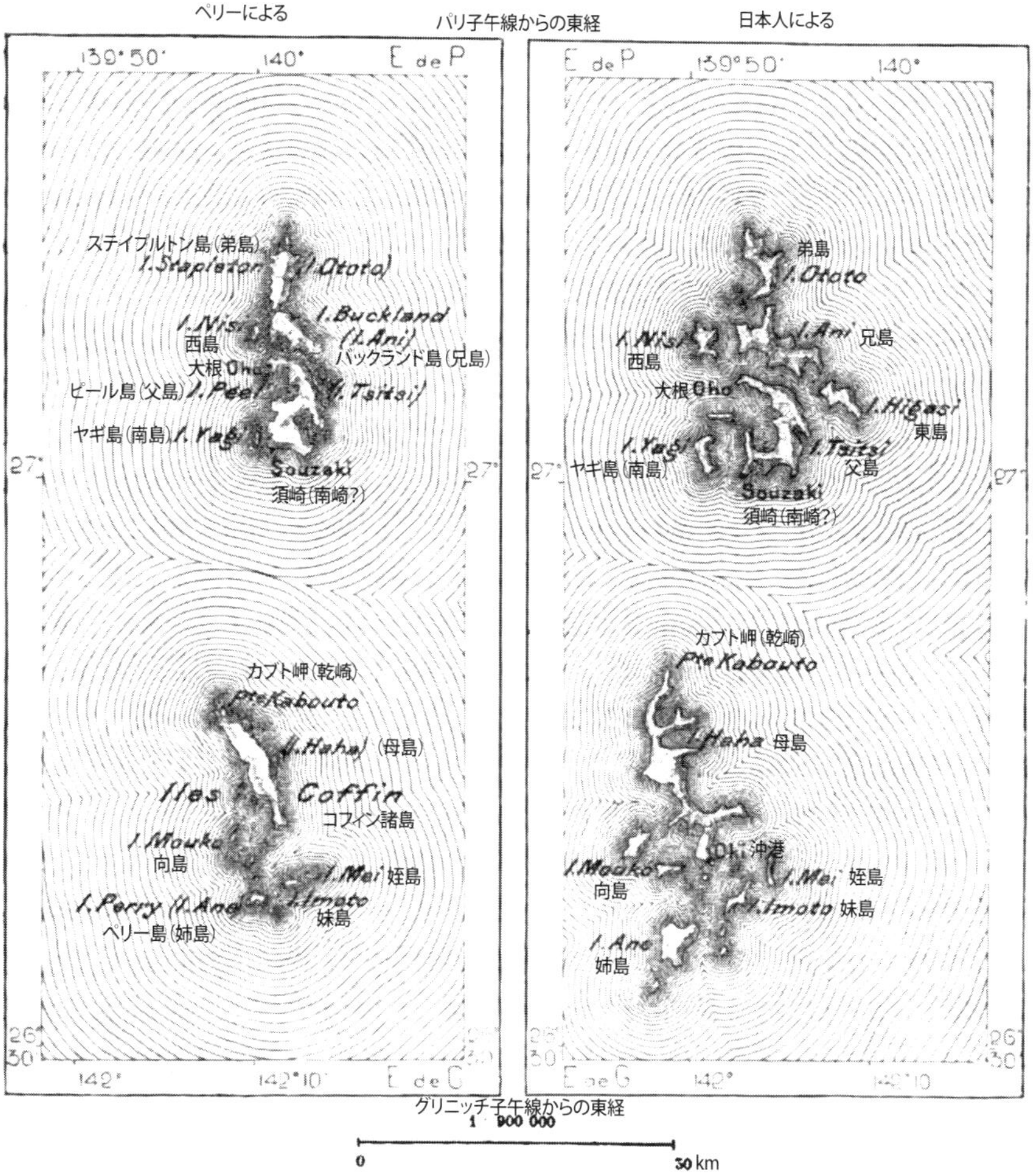

図 158　小笠原諸島、すなわちボニン諸島

ピール群島〔父島列島〕とコフィン群島〔母島列島〕があったが、地形や島名の一覧となると、両者はほとんど符合しなかった。ヨーロッパの地図では、かなり小さな北方の二集団〔聟島列島か〕はケイターとパリーと名付けられている。全体では八九島、合計面積は八五平方キロで、長さは一四〇キロに達しない。南北に並んでおり、東京湾の南にある伊豆七島の火山脈の南方延長部とみてよいだろう。八丈島からパリー諸島までは六五〇キロの距離だが、あいだの海域には他の小島が突き出し、火山活動による一時的な陸地の出現も知られている。小笠原諸島の丘陵地のいくつかは標高四〇〇メートルに達するが、同じく大半は火山性の形成である。溶岩や凝灰岩、玄武岩柱が見られるし、墳丘頂部のあちこちに噴火口が開いている。ただし頁岩や結晶岩も見出されており、ペリーの遠征に同行した地質学者たちは、近年の火山活動の痕跡をいっさい観察しなかった。

小笠原諸島の気候と動植物

小笠原諸島は北緯二六〜二八度のあいだ、寒流の外側にあって熱帯気候を享受し、もっと赤道に近い琉球諸島よりも暑い。森林を構成する樹種は、酷暑の諸国における植物区に属する。大半がヤシノキ〔椰子の木〕、チャボトウジュロ〔矮鶏唐棕櫚〕、タコノキ〔蛸の木〕、ビンロウ〔檳榔〕、サゴヤシ、そしてココヤシに似た樹種からなる。木生シダ〔羊歯〕類も多いが、クスノキ〔樟〕は見出されていない。いちばん大木になるのはクワの一種で、幹の円周が四メートルを超える〔小笠原桑〕。土壌は火山灰が分解したもので、はなはだ肥沃であり、内地と同様の穀類のほか、サトウキビ〔砂糖黍〕、バナナ、パイナップル、ハゼ〔櫨〕、ヤマモモ〔楊梅〕が栽培される。谷間には食用のキノコ〔茸〕が群生する。原生の四足動物は見出されておらず、野生で暮らすヒツジ〔羊〕やヤギ〔山羊〕、ブタ〔豚〕、ネコ〔猫〕、イヌ〔犬〕は、初期の航海者たちが解き放った家畜の子孫だ。岩のあいだには何種類かの爬虫類が滑るように動くが、害はない。森には鳥類も営巣するが、至って少ない。初期の航海者たちが上陸した時分にはまだ人間を恐れなかったので、手で捕まえることができた。湾内には海生動物が豊富で、クジラ〔鯨〕や魚類、ウミガメ〔海亀〕、甲殻類がみられる。

小笠原諸島の住民

小笠原諸島に住民が初めて定着するのは一八三〇年で、捕鯨船との交易が目的だった。アメリカ艦隊〔ペリー艦隊〕による踏査時点でのピール島、すなわち父島の人口は三一人で、アメリカ人、イギリス人、ポルトガル人、カナク人だった。一八八〇年時点も居住されている島は父島だけだが、家屋は一六〇軒と、人口が著増している。うち一三〇軒は日本人が住んでいる。居住地の中心は良港であるポート・ロイド、日本語では大湊〔二見港〕が、縁の欠けた火口の形で内陸に向かって開き、水深四九メートルの優良な泊地になっている。

第六節　物産

人口

日本は大半が山岳に覆われ、北部は大量の人間が集住するには寒すぎるかもしれないが、それでも人口はフランスや、大抵の西ヨーロッパ諸国よりも稠密である。狭義の日本、すなわち「大八洲」では平方キロ当たり一〇〇人を超える★。初の正則な人口調査が実施されたのは一八六八年の維新後だが、以後の人口増加はめざましい。一八七一年に登記された人口は三三一一万〇八二五人だったが、一八八〇年には三五九二万五〇〇〇人に達した。すなわち九年間にわたり年当たり三〇万人づつ増加している。年間出生数がどれほど死亡数を上回るかでは、日本はほぼ同人口のイギリスにわずかに及ばないが、国内の治安が維持されれば、今世紀末にフランスを上回るのは疑いない。種々のセンサス［日本帝国民籍戸口表などか］が綿密に実施されているので、全般的な結果はかなり実情に近いとみるべきであり、すでに昔の年代記も記す通り★★、男性人口が女性を上回るという注目すべき事象も、疑いの余地はないだろう。男性の数的優勢は三パーセントだが、ヨーロッパ諸国およびヨーロッパ型文明［北米］でこれまで実施されたまともなセンサスでは、平均すると女性のほうが三パーセント多いのである★★★。

農作物と土地利用

相対的にこれほど多い人口を同国がどのように養うかは、日本人の生活類型により理解される。民族伝承ではコメ［米］、コムギ［小麦］、オオムギ［大麦］、アワ［粟、原文

★表　日本の国土面積と人口は以下の通り。

	面積（km^2）	人口（1880 年）	人／ km^2
日本［本州、九州、四国、淡路島、壱岐島、対馬、隠岐島、佐渡島ほか］	28 万 4283	3545 万 1413	125
北海道、千島列島	9 万 3968	16 万 3355	2
琉球諸島	2420	31 万 0545	128
計	38 万 0671	3592 万 5313	94

★★ 馬端臨、*op.cit.*

★★★ 1880 年の調査では男が 1821 万 0500 人、女が 1771 万 4823 人。

sarazin］、アズキ［小豆］が尊い五穀で、天照大神の弟である風の神［スサノオノミコト］が大気の女神［オオゲツヒメ］の体から抜き取り、日本南部の土に植えたものとされる★。五穀のうち文句なく筆頭の座を占めるのがコメであり、日本人の主食であって、一人一日当たり一・二キロを摂取する★★。だが日常の食事に添える野菜や麺類、果物は平均三〇〇グラムにすぎない。貧困層が肉を口にすることはまずない。可耕地はかつて四万四二二〇平方キロと、相対的にかなり少ないと見積もられ、全面的に食用作物の生産に利用されている。稲作が可能な場所はすべて米作に当てられ、大規模な工事によってようやく水を確保できる山や丘の斜面さえ、水田になっている。他の穀物はコメの収穫を見込めない土地でしか栽培されず、稲の直播は皆無であって、平行した列に手植えされる。この大事な作物には動物性肥料や下水［屎尿か］も注意深く施肥される。ただし農地の一部はクワ［桑］やハゼ［櫨］、ウルシ［漆］、コウゾ［楮 arbre à papier］、アイ［藍］、高麗ニンジンといった工芸用作物に振り向けられる。茶の灌木は入念に世話され、アメリカ人買い手が非常に珍重する。日本茶は風味がきついにもかかわらず、アメリカ人は漢口や上海からの茶よりも日本産を好む。九州や四国のいくつかの郡では、輸出向けに穀類よりも蜜柑類の栽培が重要になった★★★。シーボルトは日本で食用あるいは装飾用、工芸用に利用される植物を約五〇〇種と数え、うち半分以上が外来種としている。

日本人は農耕者というよりは優秀な園芸家であり、ヨーロッパの野菜農家が鋤やつるはしでもって畝を世話するのと同じやり方で作付する。悪草をすべて抜きとり、肥料になるなら何でも丁寧に利用する。肥料以外の用途をもたぬ魚肥が大量に北海道から移入されることを考えれば、肥料として用いられる動物性物質［蛋白質］は、食事により摂取する量よりも多いと思われる。それでも土地は人口増加に応じきれず、平地はすでに全て耕作され、冠水した沖積地や山岳部の傾斜地の開拓

★ 古事記 *Koziki*［ルクリュがどの訳書を参照したかは不明で、五穀の内訳も不正確だが、原文通り訳出する］; Pfizmaier, *Ueber einige alterthümliche Gegenstände Japans* [Nachrichten von einigen alterthümliclien Gegenständen Japans?]; Metchnikov, *l'Empire Japonais, op.cit.*; Pfoundes, *op.cit*.

★★ Wernich, *Geographisch-medicinische Studien.*

★★★ Masana Maeda[前田正名], *L'Agriculture au Japon, Réforme économique*, 15 mai 1878.

しか残っていない。北海道が広大な開拓地を日本人に提供するのは本当だ。アイルランドよりも広く、同じ作物を産することで、数百万人の人口を養うに足るだろう。だが稲作には寒冷に過ぎるし、入植者は、故郷よりも寒冷で陽光の弱い土地にめったに移住しないものだ。開拓使が北海道に呼び入れた日本人は、ほぼ誰もが自分を流刑囚のように考え、機会さえあれば帰郷したいと望んでいる。だが北海道が一大農業地帯になるのに長い時間はかからないだろうし、膨大な木材資源をもとに、産業人が活発に開発せぬはずもない。北海道は全域がひとつの大森林だとも言えるのであって、木組みや家具の材料になる三六の樹種のほか、多様な樹木からなる。小道をそれれば、大木の下生えになっている蔓や笹の藪に行く手を遮られてしまう。林間の空き地でさえ通り抜けるのは困難で、生い茂るススキ〔薄〕は騎乗した人物の背丈を超える★。

漁業

道路建設が進まぬかぎり、北海道〔原文 Yedo だが誤植〕は、ほぼ沿岸漁業にのみ重要性を負い続けるだろう。豊富な魚群が沿岸に押し寄せる点では、太平洋対岸のオレゴン州に似ている。サケ〔鮭〕漁に用いられる漁網は長さ一・二キロのものもあり、操るには七〇人以上の人手が雇用される。一日に三度の網入れを行なえば、漁獲量は二万尾に達することもある。だが不漁年だと一二〇万尾、三〇〇〇トンにしかならない〔石狩川河口付近の漁獲量〕★★。日本内地および琉球諸島の沿岸全域にわたり漁業はさかんに行われており、住民の食事においては肉よりもはるかに魚の占める割合が高い。近年では、中部日本の多くの水流に養殖施設も設置された★★★。琉球諸島では素潜りの真珠漁も行われる。それ以外にも、勇敢な漁師は外洋でマッコウクジラ〔抹香鯨〕、ナガスクジラ〔長須鯨〕、シロナガスクジラ〔白長須鯨〕ほかのクジラを追跡する。この大型動物を追いかけて銛を打ち込み、太綱で作った目の粗い網に引き寄せる漁船団の様子は、多くの版画に描かれる★★★★。

★ Bird, *op.cit.*〔『日本奥地紀行３』前掲書、20 頁〕
★★ Blakiston, “Journey Around the Island of Yezo”, *op.cit.*
★★★ *Oesterreichische Monatsschrift für den Orient*, 1880, no.12.
★★★★ Paul Gervais, *Nature*, 8 déc. 1877.

土地制度

かつて土地は国有であり、農民は世襲の小作人だった。耕作権が父から息子へと継承されたおかげで、耕作者は一定の独立性を帯びるに至り、階級としては武家のすぐ下に位置した。商人や職人はいかに富裕であろうと、農民よりも下位とみなされたのである［士農工商］。年貢は作物の種類や収穫の良否、そして領主の気持ち次第で、収穫量の一割に過ぎぬ地区もあれば、三分の一、さらには半分とか六割に達する地方もあった。近年の諸改革は日本の社会的序列をまったく変えたので、土地所有制度に手をつけるのも必然だった。農民は二・五パーセントの地租と引き換えに、事実の上からも土地所有者になっており、一般的には日本の土地所有制度はローマのそれに近くなったと言ってよい。すでに北海道や本州北部、さらに中部のいくつかの地区など、未墾地が多かった場所にはどこも大土地所有が形成された。こうした最近の大型地所は、アイルランドやロシアの大農園並みの面積をもつ。新潟市近くのある地所は水田だけからなっており、面積は四八平方キロ以上、地主は約四〇万フランを収受する。それでも千戸の自作農の収穫高にくらべれば微々たるものだ★。相続関連の諸法には母権制の名残りがみられる。土地を引き継ぐ長男がそれを放棄することはできず、妻は彼の姓に改名して当該地所に同居せねばならない。だが父親に男子がなく、女子が継承するばあいには、彼女が父親の所有地に留まり、婿が彼女の家屋に入り、姓を改名する。新所帯の家屋を義父が提供するならば、婿は妻の姓になるのである★★。

鉱業

日本の鉱業はかつての重要性を減じている。言われるところでは、十七世紀のポルトガル人は毎年六〇〇バレル（?）の純金、二〇〇〇万フラン近くを輸出していたとされる。金は相対的に豊富で、銀の一二倍の価値しかなかったからだ★★★。多くの鉱山で、銅の鉱脈にはかなりの量の金が含有され、オランダ人にとり最も利幅の大きな輸出品目のひとつだった。国内最古の鉱山である佐渡島は数百年にわ

★ Lyman, *Report on the progress of the Oil Surveys*, 1877, *op.cit.*.

★★ Lewis Henry Morgan, *Systems of Consanguinity and Affinity of the Human Family*, Washington DC: Smithsonian Institute,1870.

★★★ Léon Metchnikov, *l'Extrême Orient*, juin 1877; Bousquet, *op.cit.*

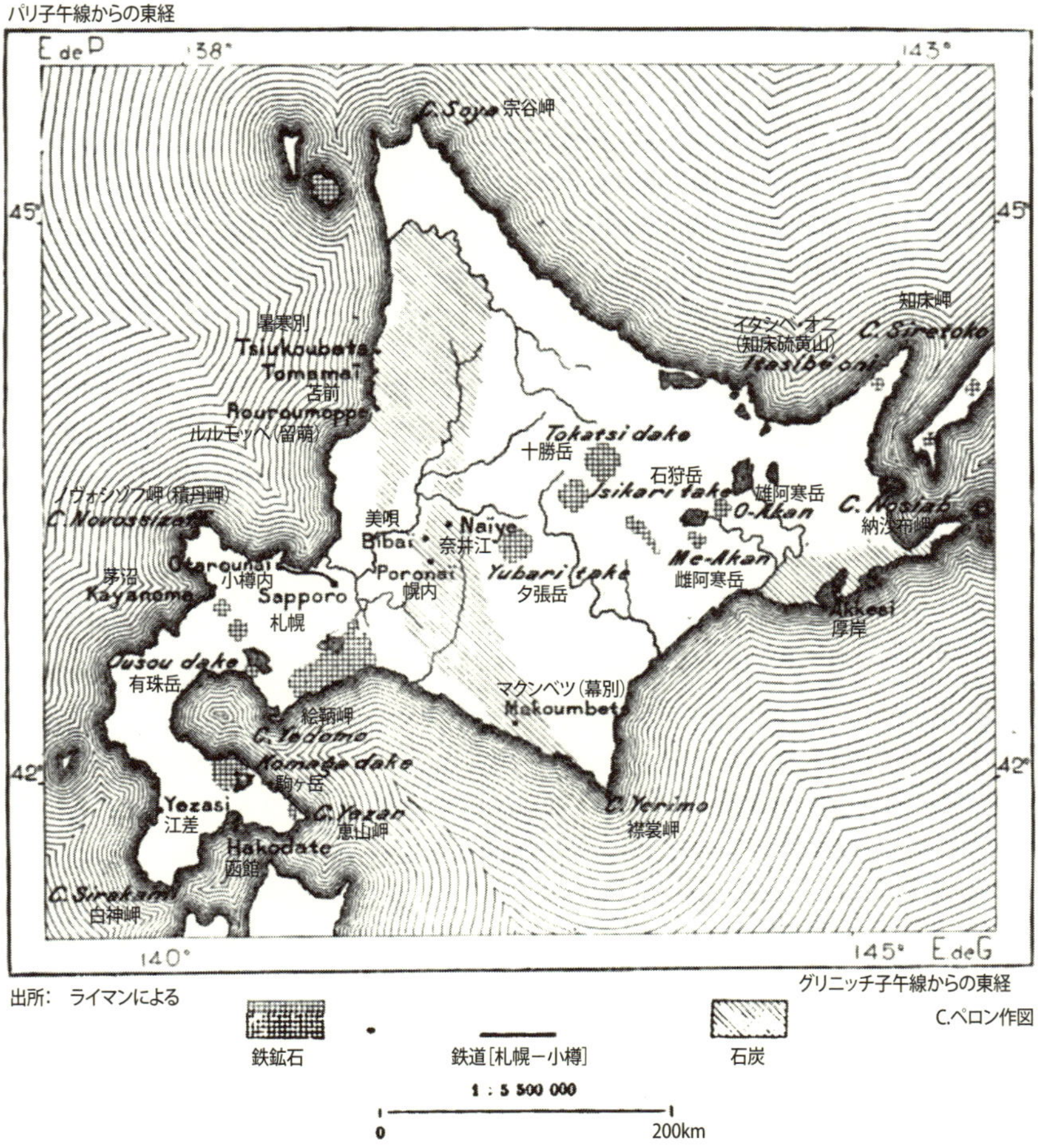

パリ子午線からの東経
E de P
138°
143°
45°
42°
C. Soya 宗谷岬
暑寒別
Tsiukoubats
Tomamaï
苫前
Rouroumoppe
ルルモッペ(留萌)
ノヴォシゾフ岬(積丹岬)
C. Novossizaki
Otarounaï
小樽内
茅沼
Kayanoma
Sapporo
札幌
美唄
Bibaï
Naïye
奈井江
Poronaï
幌内
Tokatsi dake
十勝岳
石狩岳
Isikari take
Yubari take
夕張岳
イタシベ・オニ
(知床硫黄山)
Itasibe oni
知床岬
C. Siretoko
雄阿寒岳
O-Akan
Me-Akan
雌阿寒岳
C. Nosiab
納沙布岬
Akkesi
厚岸
マクンベツ(幕別)
Makoumbets
Ousou dake
有珠岳
絵鞆岬
C. Yedomo
Komaga dake
駒ヶ岳
Yezasi
江差
C. Yegan
恵山岬
Hakodate
函館
C. Sirakami
白神岬
C. Yerimo
襟裳岬
140°
145°
E de G
グリニッチ子午線からの東経
出所：　ライマンによる
C.ペロン作図
鉄鉱石
鉄道［札幌－小樽］
石炭
1 : 5 500 000
0
200km

図 159　北海道の鉱脈

たり採掘されているが、坑道の大半は作業を続けられるほど豊富ではなくなっている。現在活発に採掘される金属は銀、銅、鉄に限られる★。このうち鉄鉱石は列島各地でかなりの量が見出されており、千島列島のひとつ得撫（ウルップ）島には純度八〇パーセントの巨大な埋蔵地がある。仙台の近傍ではいくつかの鉱山が溶鉱炉群に鉄鉱石を供給し、生産量は日産五〇トンに達する。だが鉛、錫、コバルト、水銀の産出量は少なく、国内工業の需要に応じられない。石油は、ペンシルヴェニア州の「オイル・クリーク〔アレゲイニー川支流〕」と似たものが日本でも見つかるに違いないと考えた山師たちの思惑を裏切ったが、石炭層は極めて豊富である。とりわけ北海道の埋蔵量は、ライマンの推定によると四〇〇〇億トン、すなわち現在の世界消費量の二〇年分にあたる。だが採炭量は少なく、一八七九年で三五万トンに過ぎない。また、かつては硬さのゆえに見向きもされなかった大理石の鉱脈開発も始まっている。なお日本の鉱山は大半が官有である★★。

陶磁器

日本人にとって最大の産業は地場消費用の農業であるが、日出ずる国はアジア全域でみても手工業が最も活発な国であり、その工房の生産品は全世界に仕向けられる。日本人は素晴らしい陶芸家だ。モース〔アメリカ人動物学者、東京大学法理文学部教授 Edward Sylvester Morse 一八三八―一九二五〕が発見した食人種の墓跡〔大森貝塚か〕では極度に装飾的な壺類が発見されている。同じ文様は有史時代の絵付け陶器にも見られ、以後どの時期の墳墓にあっても、焼いた粘土製の像〔土偶〕が墓の周囲に円をなして配置されるのを、調査者たちは見出してきた。だが、日本の陶芸の進歩に最大の貢献をなしたのは中国人と朝鮮人である。日本史上で最も著名であり続けた陶工たちは、薩摩侯〔島津義弘、一五三五―一六一九〕が一五九二年に朝鮮に遠征〔文禄の役〕して連行し、領内の苗代川に住まわせた渡来人で、彼らが作った美麗な彩釉陶器は、「古薩摩」の名で知られる稀代の名品となった。十六世紀の京都に定着し、狭義の磁器〔硬磁器〕を同地に導入

★ 1877年における金の採掘量は415キロ（130万フラン）、銀は2万9166キロ（583万フラン）、銅は3800トン（550万フラン）である。

★★ Voyeïkov, *Mittheilungen von Petermann,* 1878, no.5.

したのも朝鮮からの渡来人である。近年は窯が著増しており、従来はまったく作陶しなかった地区でも、花鳥文様の華やかな色合いと、独自性が珍重されるこの製品の取引に参入している。だが最も有名な陶工たちの村も、国内のふつうの村と何ら見分けはつかない。窯元は一族だけで構成され、共同体が所有するへんてつもない窯の火具合を、一人づつ交替で見守る。銅細工も同様に個人の作で、職人は溶融、彫琢、錆つけから、貴金属や螺鈿、珊瑚、真珠などの象嵌まで、一人でこなす。

織物、漆器、和紙、神鏡ほか

日本の職工は、丈夫な麻布や絹布を織り出す技術を何世紀も前から心得ていたし、金糸や銀糸をまぜこんだ刺繍〔錦織〕は素晴らしい幔幕や華麗な衣装になる。奈良のある寺〔東大寺〕には、紀元三世紀に由来するとされる漆塗りの箱がいくつか保存されており★、日本人が一七〇〇年前から保持するこの工芸の優位性を示す。日本古来の漆塗りは銅や、もっとひんぱんにはヒノキ〔檜〕の板に固着され、金銀や螺鈿で装飾されたもので〔蒔絵〕、われわれの博物館における最も貴重な収蔵品のひとつだ。いちばん珍重されるのは西洋ルネッサンスと同時期の十六世紀の品である。漆塗りの美品は金属性の光沢をもち、ほとんど不滅性をそなえる。一八七四年に下田近くの神子元島で沈没したナイル号には、ウィーン万国博覧会に出品された宝物が積まれており、それは一八カ月にわたり海水にさらされたが、ようやく潜水夫が引き揚げてみると、漆塗りはまったく損なわれておらず、滑らかな光沢はそのままだった。日本人はまた数種の紙において工芸面での優越をそなえる。原料はクワ〔桑〕のパルプに、コウゾ〔楮〕やフヨウ属〔ミツマタ（三椏）か〕などの樹木のパルプを加えたものだ。かつて言われたように、紙の消費量で文明度を測れるとするなら、日本人は筆頭の座を誇れるかもしれない。印刷用や画仙紙の消費量が最大級であることに加え、じつにさまざまな用途に紙を利用する。懐紙はハンカチやナプキンの代わりだし、クッションに用いる足台〔脇息か〕も紙でカバーされる。窓にはガラス板の代わりに方形の紙が貼られ、襖も唐紙だ。植物性樹脂を引いた紙〔桐油紙〕の雨合羽

★ Masana Maeda[前田正名], *Revue scientifique*, 15 juin 1878; *Le Japon artistique et littéraire*. Paris: Alphonse Lemerre, 1879, *p*.6.

挿画 LXXXV　仕事の情景。絵草紙の複写
［北斎漫画初編、四丁（碇と童子）、五丁（船大工）、
七丁（弓職人および車輪職人）、十丁（大道芸人）］

を用いるし、人力車の幌さえ革の代用として紙がつかわれる★。和紙のうちいくつかはまだ西洋では作ることができずにいるが、色の白さという点では英仏の製紙業者がなお優勢で、和紙は少し黄ばんでいる。日本人はまたイグサ［藺草］やヤナギ［柳］の編み細工や藁で作る工芸品においても、ヨーロッパ人に対する先生であり、外衣［蓑］をはじめ、あらゆる大きさと形の人形まで、驚くほど多種のものを作り上げる★★。革製品はいくつかの都市でみられ、素晴らしい品だが、なめし職の身分が賤視されるため、贅沢品にはほとんど用いられない。皮革処理にたずさわる人々はエタ（穢多）と呼ばれる階層

★ *Annales de l'Extrême Orient*, 1881; *Graphic*, 8 oct. 1881.
★★ Metchnikov, *l'Empire japonais, op.cit.*

挿画 LXXXVI　通りの情景。絵草紙の複写［北斎漫画、十三編、十丁（荷車）］

に追いやられている。注目すべき工芸のひとつが神鏡で、伝承によると、天照大神はこれに興味と嫉みを抱いたがゆえに、身を隠した洞穴から出てきたとされる。この鏡を光線と輻射熱の束に当てると、壁にさまざまな絵柄を映す。鏡の各部により厚みや構成物質が違うため、熱すると鏡はゆがむので、いわば内部に隠した文様や図像が映し出されるように、溝や浮彫りがほどこされているのだ★。

絵画

日本と海外との貿易が自由に行われるようになってから、日本の工芸は一時的な停滞を経験した。大量に輸出するために、日本の職人たちは主に安上がりな製造に注力し、彼らの仕事の本当の価値が減じたのである。また海外産品との競合で多くの工芸が壊滅した。だが、銅細工や漆器、陶器、絹布、

★ Champion, Person, Maillard, Govi, Ayrton, Perry, Bertin, Duboscq による実験。

挿画 LXXXVII　神々。絵草紙の複写
［説話上の人物群である。北斎漫画初編、一丁（浦島太郎）、二丁（布袋）］

画仙紙、型押しした紙といった技能の伝統は保持されている。絵師の作品は色彩の調和と、節度のある装飾性、優美さと自然さ、そして素描の多様さにおいて、一線を画すものだ。自然のあらゆる事物や花々、木の葉、小枝、昆虫、魚、鳥、小型の四足動物などが、表現する喜びと、練達した省略化と、自由な筆遣いにより、すばらしい様相をみせる。日本の絵師は膨大な装飾文様をあっという間に描き上げるが、全体のバランスは完璧だ。それも同一形態を反復して均衡させるようなことは一切ないのである★。描画を業としない市井の人物でも、板にさまざまな色合いの砂を敷き、びっくりするほど多様な絵柄を作り上げて

★ *Le Japon artistique et littéraire, op.cit.*; Thomas W. Cutler, *A grammar of Japanese Ornament and Design*.

挿画 LXXXVIII　ネズミの米商人。絵草紙の複写

［北斎漫画十編、二八一二九丁。「北斎の素描はひねくれているが、愉快で、米倉でもっとも恐るべき敵、鼠どもにもっとも貴重な穀物を台なしにされている有様を描いている。この傑作な場面に欠けているものは何もない。算盤で計算している会計係もいれば、たった一スー〔一文〕の金でも負けさせようとする買い手にその余地のないのを見せようと、帳面をめくる帳場の主任もいる。米倉の小僧たちは、買い手に渡す俵を肩に担いでいる。金は藁の袋に入れ、天秤棒の両端に下げて用意されている。すべて、大きな家にふさわしい秩序と静けさをもって行なわれ、もっとも細かい点までも、整然とした構図で、細心の心遣いで描かれている。こうしたおかしく、軽妙で、かつ無邪気に、また、ある場合には英雄喜劇的に、日本人は非常な気楽さと独創性を発揮するのである。」アンベール前掲書、下巻、267-268 頁］

装飾を楽しむ〔砂絵〕★。描画は日常の教育に組み込まれており、男性は何かというと筆を用いる。絵師は非常に洗練された観察者で、個人の特徴的な顔つきや姿勢を把握する並はずれた才能をもっている。彼らの諧謔は生臭坊主にとどまらず、権力者にも向けられ、ほぼ常にキツネだの、サルだの、イノシシの姿で表現される★★。日本が最初に画技を習ったのは中国からだが、早々とその盲従から脱し、方法論と技法こそ維持したものの、画題は自分で選ぶようになり、もっと自由で、楽しげで、想像力にあふれた筆使いになった。仏寺における伝統的絵画においてさえ、宗教的主題こそお仕着せだったものの、細部は驚異的に多様である。だが日本絵画の人物像は、躍動感と綿密な表情、そして特徴や性格についての玄妙な理解を表わしても、グロテスクに至ることはまれで、戯画に堕することもない。日本美術はすでにヨーロッパの好事家のあいだでは長きにわたり知られていたが、一八六七年と一八七八年の万国博覧会〔いずれもパリ開催〕で中国美術に対する文句なしの優位によって入場者を驚かせ、布地や絵付け陶器、絵画に甚大な影響を及ぼした★★★。日本美術は一派を形成し〔ジャポニスム〕、西洋での模倣者を輩出する力を見せたが、それは日本美術が営利に傾き、粗製乱造により頽廃した時代においてさえ、そうだったのである。

貿易

ポルトガル人の放逐と日本人帰依者の虐殺後、一六八五年に日本の対ヨーロッパ交易額が三〇万両、すなわち二〇〇万フラン強に制限されたことは良く知られている。長崎奉行は輸入額がこの枠に収まるよう、非常な注意を払った★★★★。中国人商人はその二倍の額まで商品を長崎で販売してよいとされたが、十字架やカトリックの書籍を密輸しようとした罰として、オランダ人に劣らぬ監視下に置かれた。こうしたわけで、工芸の盛んな日出ずる国による外界と

★ De Hübner, *op.cit.*

★★ Humbert, *op.cit.*［アンベール前掲書、下巻、268 頁］; *Le Japon artistique et littéraire, op.cit*

★★★ Ch. Schiffer, *Notes manuscrites.*

★★★★ Carl Peter Thunberg, *Voyage au Japon*, 2vols, tr. par L. Langlès, Paris: 1796［『ツンベルグ日本紀行』山田珠樹訳注、異国叢書第十巻、雄松堂書店、1928、オンデマンド版 2005、67-68 頁］; Kaempfer, *Histoire du Japon, op.cit*.［ケンペル前掲書、第 5 分冊、第 8 章、とくに 651-652 頁。なお次文については同書 680 頁に言及があるが、十字架を持ち込もうとしたという記述はない］; Siebold, *Nippon Archiev.*

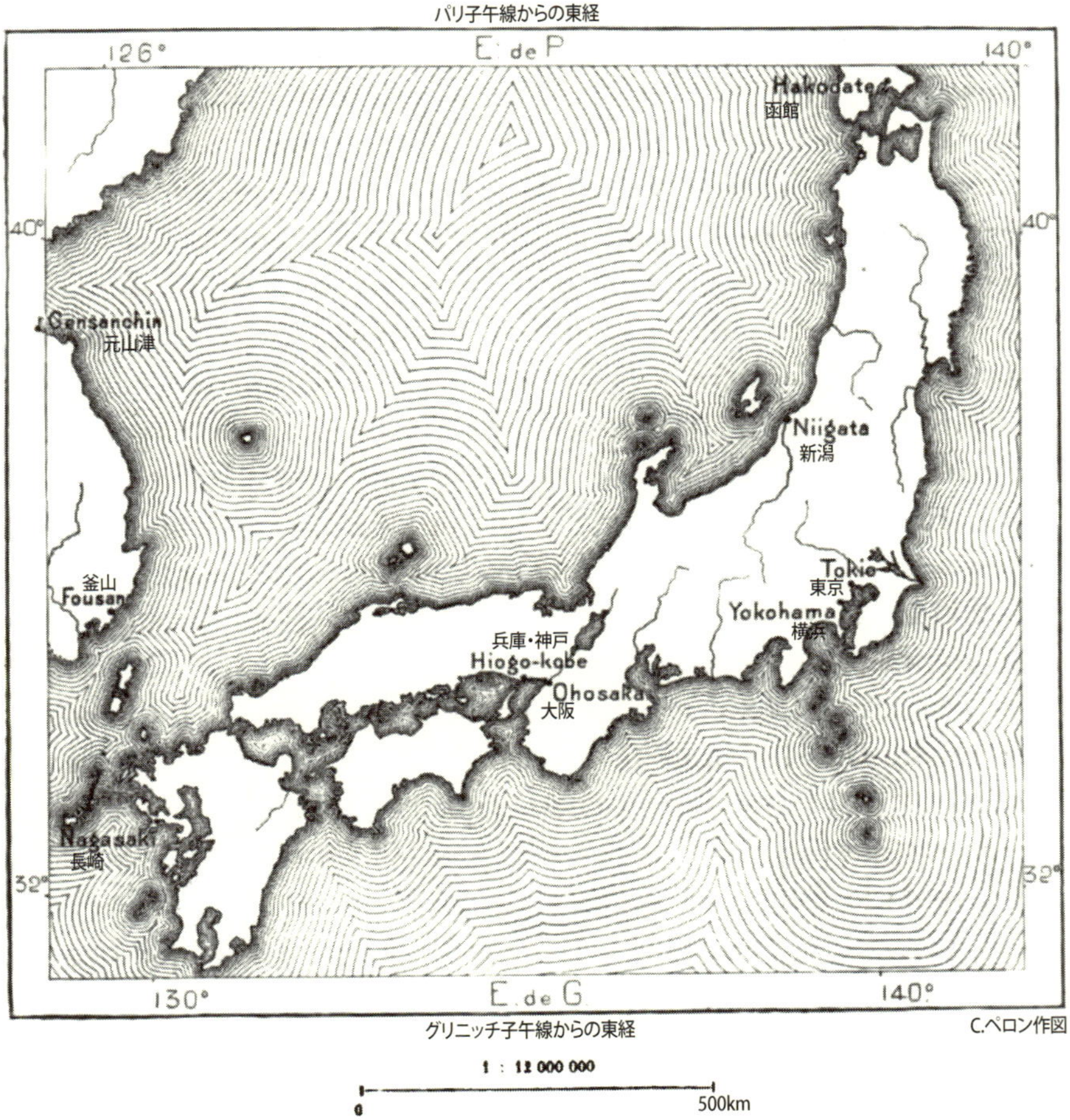
パリ子午線からの東経
126°
E. de P
140°
Hakodate
函館
40°
Gensanchin
元山津
Niigata
新潟
Tokio
東京
釜山
Fousan
Yokohama
横浜
兵庫・神戸
Hiogo-kobe
Ohosaka
大阪
Nagasaki
長崎
32°
130°
E. de G
140°
グリニッチ子午線からの東経
C.ペロン作図
1 : 12 000 000
0
500km

図 160　開港場

の交易額は、六〇〇万フランほどに抑制されたのである。弁財船や漁船がひそかに積荷を下ろせる島や小島が取り囲むにもかかわらず、密貿易はほぼ皆無に留まった。台湾や福建省沿岸部でみられた勇猛な日本人航海者たちが従事したのは掠奪であって、物資の運送ではなかった。彼らは、紀元初期の数世紀にわたりメナム川〔チャオプラヤー川〕の河口の前方水域や、マレーシア方面まで出没し、シャム王〔アユタヤ王朝〕に最良の兵士を供給した海賊たちの模倣者である。十七世紀末に至っても、シャム王国首都アユタヤの近傍には日本人居留地が保持されていた★。だが外洋に乗り出す気にならぬよう、羅針盤を禁じられた日本の航海者たちは、過去三世紀にわたり列島沿岸から離れようとはしなかったし、難破した外国人と話そうとさえしなかった。下田の海底地震〔一八六七年〕では、ヨーロッパ船への乗船を禁じるお触れを守って百人ほどの日本人が落命し、ロシア軍艦ディアナ号の水夫が投げる綱を受け入れたのは、わずかに二人だった。

一八五四年に開港が始まると、貿易量は一〇年刻みでは伸び続けたが、毎年増加したわけではない。一八六八年の内戦〔戊辰戦争〕や、紙幣の価値下落、狭隘な市場といった要因により、貿易量は一時伸び悩んだ。一八六七年から一八八〇年にかけての一二年間で、六か所の開港場（長崎、兵庫・神戸、大阪、横浜、新潟、函館）における貿易取引は二倍を大きく超過した★★。だがヨーロッパ諸国の対外交易にくらべるとまだ僅少で、国民一人当たり一〇フランにも達しない。このため、黄金郷に向かうような気持ちで日出ずる国に殺到した多くの外国人商人の目論見が挫折した。日本人は消費に必要な物資や製品類が国内で見出されるのに慣れており、自国では見つけられないものしか外国人に求めない。茶葉や生糸★★★、樟脳、扇子、蚕繭および蚕種と交換に、彼らがヨーロッパおよび新世界から購入するのは、毛織物、綿布、諸金属と多

★ *Ibid.*; Kusunoki, Knipping, *Mittheilungen von Petermann*, 1878, no.11.

★★ 日本の貿易額（単位フラン、1円＝5フラン47サンチームで換算）

年次	輸入額	輸出額	計
1867	8710万	6620万	1億5330万
1880	1億9860万	1億5050万	3億4900万

★★★ 日本の生糸輸出は1878年に925トンで、輸出額は5444万5000フラン。1877年の茶葉輸出額は2204万6600フラン。

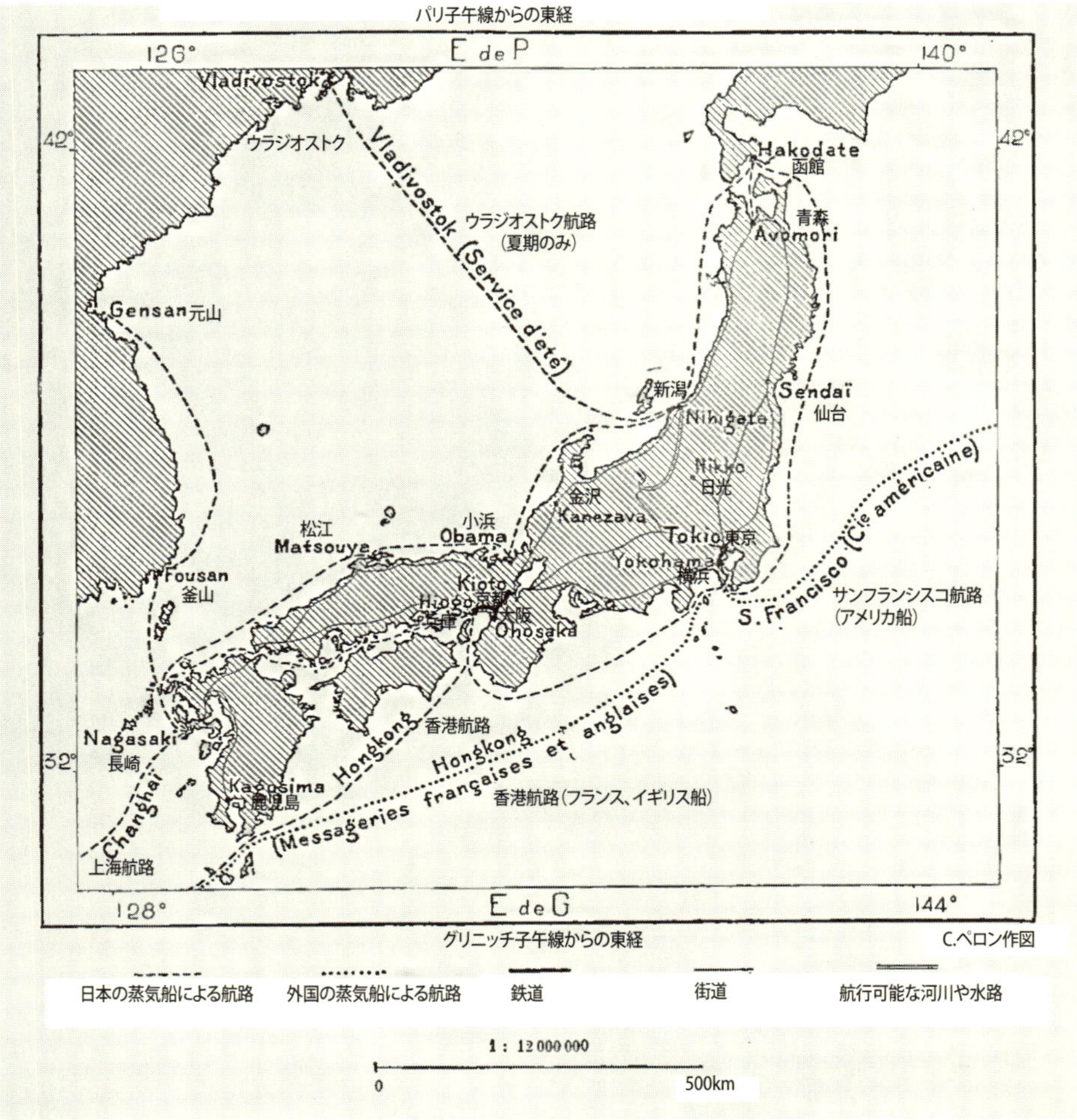
パリ子午線からの東経
E de P
126°
140°
42°
32°
Vladivostok
ウラジオストク
Vladivostok (Service d'été)
ウラジオストク航路
(夏期のみ)
Hakodate
函館
青森
Avomori
Gensan 元山
新潟
Sendaï
仙台
Nihigata
Nikko
日光
金沢
Kanezava
小浜
Obama
松江
Matsouye
Tokio 東京
Yokohama
横浜
Fousan
釜山
Kioto
京都
Hiogo
兵庫
大阪
Ohosaka
S. Francisco (Cie américaine)
サンフランシスコ航路
(アメリカ船)
Nagasaki
長崎
Changhai
香港航路
Hongkong
Kagosima
鹿児島
Hongkong
(Messageries françaises et anglaises)
香港航路（フランス、イギリス船）
上海航路
128°
E de G
144°
グリニッチ子午線からの東経
C.ペロン作図
日本の蒸気船による航路
外国の蒸気船による航路
鉄道
街道
航行可能な河川や水路
1 : 12 000 000
0
500km

図 161　日本の航路

挿画 LXXXIX　東海道の眺め。一葉の写真をもとに、P. ラングロワ筆
［『F. ベアト写真集 1』、61 頁、図版 59「生麦事件の現場」がもとと思われる］

少の工業製品くらいなものだ。日本人は阿片の輸入を阻止し、この薬物を輸入すれば誰であろうと死刑である。清国からは砂糖とコメ［米］を輸入するが、その支払いは、中国南部ですこぶる珍重される昆布と、信濃川上流で採れる高麗ニンジンが多い。近年は日本の輸入業者は大量の綿糸を求めるようになっているが、マサチューセッツ州やランカシャーから到来する遠国向けの布地よりも、現地の好みに合い、かつ丈夫な綿布を家庭内で織るためだ。内陸部のいくつかの地区では、男性が田畑で仕事するあいだ、妻は家で内職するからである。イギリス製の生糸や布地を購買せずとも済むように、大型の製糸工場群に加え、更紗や毛布の工場群も最近設置された。ガラス工場や時計工房の開設をめざしたり、マッチを国産化したのも、貿易面でのヨーロッパ依存から脱却するためである。ヨーロッパ製品で彼らが模倣できぬものはほとんどない。大阪の建築業者たちは耐火性の大箱

を提供するが、至らざるはない代物で、ヨーロッパでの工業特許さえそなえる。ある日本の商会はすでにミラノ支店をもち、蚕種をイタリア人に直販することで、外国人仲介業者のピンはねを許さなくなった。イギリスですら、日本から船積みされた煉瓦を輸入したことがある。

海運

日本列島が細長く伸びていること、また内陸の山岳が交通の障壁になること、しかし沿岸の無数の入江が、少なくとも本州東岸と南部全域にわたり船便を容易にすることは、列島住民が漁民や水夫として育つのに十分だった。入江の外には出られない小型の平底船は数十万艘もあり、沿岸の村々では各屋に持ち舟がある。船体の長さが六メートル以上で沖合を航行できる頑丈な船舶は、一八七二年時点で三万隻を超えると推定された。それ以前、イギリス海軍提督ホープ［James Hope 一八〇八―一八八一］が瀬戸内海を航行したさいには、平底舟を除き一五〇〇隻以上の弁財船と出あっている。一八六八年の維新の時点では、ヨーロッパ船に匹敵するような竜骨構造の船舶は皆無で、幕府が課した図面をもとに建造される弁財船しかなかった★。ただしそのいくつかは排水量二〇〇トンを超え、列島近海の全域を結んだ。外国との直接交易はいっさい禁じられていたこととて、琉球諸島や台湾、清国への使節が乗り込んだ大型船はすべて幕府の所有だった。だがヨーロッパ人商人に条約港が開かれると、たちまち日本の商船隊は急成長し、現在ではフランスと肩を並べており、蒸気船の排水量合計でも、船舶数でも、いくつかのヨーロッパ国家を上回る★★。日本の港に初めて進入したのはバラクータ号だが［一八五四年九月八日］、長崎の水域に入るや否や、人々は機械の仕組みを教えてくれと頼み込む有様で、機関将校に同船の平面図と断面図を描かせたのである★★★。

★ Kaempfer, *Histoire du Japon, op.cit.*; Perry, *Expedition of an American squadron*［『ペリー艦隊日本遠征記』前掲書、第1巻、448-449頁か］

★★ 1879年の日本商船隊は以下。

		排水量（t）
ヨーロッパで建造された帆船	714隻	2万7550
蒸気船	166 〃	4万2760
弁財船（平均31トン）	1万8174 〃	74万5134
計（漁船を除く）	1万9054 〃	81万5444

★★★ John M. Tronson, *Personal Narrative of a Voyage to Japan, Kamtschatka, Siberia, Tartary, and various parts of Coast of China; in H.M.S. Barracouta*, London: Smith, Elder & Co., 1859, *Ch.*2.

諸大名は外国と通交しはじめると、急いで蒸気船を買い入れ、臣下に対する威勢を強めようとした。こうした無用の長物である二〇〇隻ほどの船舶は、間もなく大名の居館の前にある湾にぷかぷかと浮く次第となったが、大半は高値で売りつけられた廃船同様の代物で、乗組員も未経験だったため、すぐに浮き桟橋の役にも立たなくなった。本格的な航海時代はまだ先だった★。

　早々と一八七二年には一隻の日本船がサンフランシスコに向けて大洋を横断中だったが、それ以後「日出ずる国」の国旗は西洋の港にも表れるようになった。政府の補助を受けた蒸気船会社である三菱［郵便汽船三菱会社］は、すでに一八七六年には四〇隻、総計二〇〇〇〇トンの船舶を保有し、日本各地の港に加え、香港、上海、ウラジオストクにも航路を伸ばしつつあった。同社は少しづつ海運を独占していったので、外国船の運航は最近一〇年でかなり減少している。日本勢との競合で痛手を受けなかったのはイギリスだけである★★。「南京さん」すなわち中国人は対日貿易の利益のかなりを手中にしており、開港場における仲介業者として、少しづつ欧米人にとって代わっている。どの商会でも、コンプラドール、すなわち買弁は例外なく中国人である★★★。

陸運

日本の近海は今では灯台が照らしており★★★★、海路は最も容易な経路だが、にもかかわらず日本人は道路建設もないがしろにしなかった。牛車が用いられたのは、古都である京都の近傍以外ほとんどなかった。牛車が通る道は補修と整備が進められたが、大半が険阻なそれ以外の細道もおいおい拡張され、人力

★ Oesterreichische Monatsschrift für den Orient, 15 märz 1876.

★★表　対日貿易における外国船の状況は以下。

1870 年	イギリス船	661 隻	31 万 9471 トン
	それ以外の外国船	962 〃	84 万 1704 〃
	（合計	1523 〃	116 万 1175 〃）
1878 年	イギリス船	487 〃	41 万 7691 〃
	それ以外の外国船	351 〃	33 万 1181 〃
	（合計	838 〃	74 万 8872 〃）

★★★表　開港場における外国人居留民の人数は以下（単位人）。

年次	イギリス人	他のヨーロッパ人およびアメリカ人	中国人	計
1874 年	1170	1238	2723	4313［ママ］
1878 年	1067	1410	3028	5505

★★★★ 1881 年の日本の灯台は 45 基（港の篝火を除く）。

車が通れるようになった。四本の街道は、それぞれが通る地方名と同名で呼ばれる。東海道と中山道はいずれも東京と京都を結ぶもので、前者は海岸沿い、後者は山岳を通る。北陸道は西岸［日本海沿岸］をたどる。北に向かう東山道は、だんだんヨーロッパの道路の様相に近付いている。鉄道では、はじめは日本人は東京—横浜と京都—大阪—神戸の二区間を建設し、もって中国に範を示すだけで満足した。両区間はヨーロッパで最も繁多な路線並みの混雑だが、その後の鉄道建設は長期にわたり停頓し、小規模な鉱山鉄道の建設にとどまった。大津が京都と結ばれ、北海道では首府札幌が小樽内の港に連絡したのは、ごく最近である★。また本州を南北に、仙台から東京、名古屋、京都とつなぎ、支線をもって西岸の大型都市と結ぶ大事業にも取り掛かっている。この鉄道網で最初に開通するのは大津—敦賀間と、東京—高崎間に違いない。蒸気機関車はアメリカからの輸入だが、これらの新区間の全資材は国産になる見込みだ。

電信、郵便、出版

電信と郵便の発達は鉄道よりもはるかに急速だった。最初の電信線が開設されたのは一八六九年だが、一八八〇年の電信網は、上海とウラジオストク経由で隣の大陸の電信線に連絡する数本の海底電線を含め、延長一万三〇〇〇キロに達する。郵便路も全長五万八〇〇〇キロである。郵便業務の組織化においては、日本は万国郵便連合への加盟に最も熱心な国のひとつで、西ヨーロッパの郵便制度にまったく引けをとらない。郵便制度でいえば、日本はすでにヨーロッパ文明諸国の多くよりもはるかに高位を占めると言ってよい★★。新聞の発行部数は驚異的な伸びで、この種の最初の刊行物が出現したのは一八七一年［横浜毎日新聞］だが、一八七八年央では日本語新聞が二六六紙、外国語新聞が九紙を数え、全体で二九〇〇万部に達する。同年の新刊書は五三一七点、九九六七巻だった。日本は書籍商数で世界第三位であり、刊行点数はイギリスさえしのぐ★★★。近年には、非

★ 1881年の鉄道延長は138キロで、1879年の鉄道旅客は300万人。

★★ 1879年の封書取扱量は2887万通、はがきは1350万通、新聞・書籍が1185万通、総計5577万5206通である。電報は104万5442通で、うち2万3000通は国際電報。

★★★ 1878年1月から1879年7月までの出版物は、政治法律分野が543点、教育分野が470点、地理分野が454点、文献学分野が313点、数学分野が225点、歴史分野が180点、宗教分野が107点、小説、詩［歌集や句集か］、その他が2925点。

良心的な出版業者が英文書籍の海賊版に乗り出し、ヨーロッパの出版社と競合に至っている★。ヨーロッパで価値ある科学書のうち、和訳されていないものはほとんど見当たらず、ダーウィン［イギリス人地質学者、生物学者 Charles Robert Darwin 一八〇九―一八八二］やハーバート＝スペンサー［イギリス人哲学者、社会学者 Herbert Spencer 一八二〇―一九〇三］といった名を知らぬ知識人はいない。

教育

こうした文芸上の動きは、日出ずる国において公教育がどれほど真剣に捉えられているかを示すものだ。教育は民主化され、出身階層を問わず誰もが公的な機関で文理の両分野を平等に学ぶことができる。法律によれば、人口六〇〇人ごとに小学校を設けねばならない［明治六年文部省布達第一三号「第六章ノ末ニ人口大約六百人ヲ以テ一小学区ノ目的トスノ註ヲ加フ」と思われるが、学制は一八七九年に廃止］。これに加え、中学校、専門学校、いくつかの美術学院や工芸学校、東京大学ほか、理系の高等学院群により、教育体系が構成されている。最も古いのは、一八二九年に長崎に設けられた医学校だ［不詳。あるいはシーボルトが一八二四年に開設した鳴滝塾と医学伝習所を混同か］。牢獄でさえ正規の学校に衣替えし、政治犯が指導にあたるのも通例だ★★。文部省に当てられる予算は主な歳出項目のひとつだが、政府の埒外でも日本国民は学校への気前の良さで際立っている。一八七五年から七九年までの五年間に、公教育への義捐金は四二〇〇万フラン以上に達したが、それ以外にも、土地や校舎、図書、器材、あらゆる種類の現物寄付があった。最近は多くの団体が創立しているが、そのひとつは全国に三〇〇〇人を超える会員を擁し、もっぱら学習の発展をめざしている。まだ男子児童の四割、女子の八割は公立学校に在学しないが★★★、多くの子供が家庭で手習いを覚える。日本の教育体系に対する大きな批判としては、

★ *Athenœum*; *London and China Express*, 4 Nov. 1881.
★★ *Nature, journal of science*, 13 Oct. 1881.
★★★ 1879 年の学校は以下。

小学校	2 万 5459 校	男女教員 5 万 9825 人	男子児童 159 万 4792 人 女子児童 56 万 8220 人	216 万 3012 人
中学校	389 校	教授 910 人	生徒 2 万 552 人（うち女子生徒 1112 人）	
専門学校	52 校	教授 14 人［ママ］	生徒 3361 人	
師範学校	96 校		男子学生 7222 人、女子学生 727 人	

初等および中等教育の課程があまりに広範囲で、せっかく広く学んでも、深みが欠けるため、広く学ぶ効果も失われるという点だ。また若い士族による乱暴な鍛錬に取って代わった体操は、まったく不十分なものでしかなく、このため生徒の健康にも大きな影響が出ている。

外国人教師

日本政府が国民を世界の科学や芸術、技能に触れさせるため、欧米から招聘した外国人教師は、年々減少している★。新任者への報酬もだんだん低下し、このためドイツ人の教授が少しづつ英米人に取って代わっている。道路や鉄道を建設したり、船舶の建造や運航に携わる技術者、病院の運営を任される医者、建軍のため呼び入れられた軍人、法律改正のために選抜された法律顧問、国庫の運用を期待された理財家は、誰もが変わらぬ愛想の良さでもって招かれ、各自の専門により独自の教授職に振り向けられた★★。だが依頼されたのは、自身の名声を高めるために才幹を振るうのではなく、自分に取って代わることができる生徒を育て上げて早くご用済みになり、なるべくさっささと帰国することだった。新生日本は自力で生まれ変わるのを熱望しているのであって、不作法で厄介な外国人を接待はしても、かつて敵だったことは忘れない。ある日本人著述家が豪語するように、「鷲が卵中に在るごとく、民族の将来はその民族の内部にある」からだ。

★ 政府お雇いの外国人教師は 1875 年で 705 人。
★★ Bousquet, *op.cit.*［ブスケ前掲書、第 2 巻、11 章 3 節か］

第七節　行政

天皇家の起源

伝承によると、現在の皇統はイザナミの息子で、天照大神の曾孫である神武天皇の子孫である［この記述は誤りで、神武天皇の母はタマヨリヒメとされ、アマテラスからは五代目になる］。現在の天皇［明治天皇睦仁、一八五二―一九一二］は三種の神器、すなわち鏡と剣と玉爾［勾玉］を所持する一二三代目［ママ、第一二二代］にあたるとされる。光に囲まれて輝く地球を思わせる菊花の紋をもつこの王朝は二五五〇年間、すなわちネブカドネザル［二世、バビロニア王 Nabuchodonosor II 在位前六〇五―前五六二］やトゥッルス＝ホスティリウス［王政ローマ第三代国王 Tullus Hostilius 在位前六七一頃―前六四一とされるが、実在性は疑問］の時代から、途切れなく続いているとされる。ただし、歴代天皇の最初の九〇〇年間は伝説によって知られるにすぎず、厳密な歴史が始まるのは、漢字が導入された紀元三世紀末からである★。

開港まで

政体を変化させた近年の維新以前には、天皇が掌握する権力は名目に過ぎなかった。十二世紀末以降の天皇は、言ってみれば神々のなかでも等閑された存在で、その権力は、正真の帝王である幕府将軍が仲介して振るうものだった。一八五三年にアメリカ人、ついでロシア人が姿を現し、「日出ずる国」に通商条約の締結を要求したとき、天皇［孝明天皇、一八三一―一八六七］が行ったことといえば、「朝から晩まで神々と祖霊に熱烈な祈りを捧げる」ことに過ぎず、まったく討議には関わらなかったのである。天皇は、宮廷というよりも社殿に閉じ込められ、礼法にがんじがらめになっており、地面を踏むことも、外気に当たることも、頭上が太陽に照らされることも許されなかった。だが将軍職のほうも、江戸幕府の創立者である有名な家康が、十六世紀末に

★ 馬端臨、*op.cit.*

一族に遺した君主の力を喪失していた。封建領主たち、すなわち一八の大大名家と三四四の小大名家は、徹底した監視のもとに置かれ、公式の権力受託者〔幕府将軍〕に匹敵する合議体の形成には至らなかった。しかし、ペリー提督麾下のフリゲート艦隊来航に恐怖した将軍〔徳川家定、一八二四—一八五八〕が父祖伝来の政策を放棄せねばならなくなり、外国人と日本人が直接に交易するのみか、外国人の居留も許すにいたっては、諸大名と多数の武家の輿論を紛糾させずにはおかなかった。動揺は非常に激しくなり、外界から隔てられた「禁裏」にも、数百年来はじめて世情の喧騒が及び、公家たちに促された天皇が介入し、将軍にいくつかの勅命を発せざるを得なかった。佐幕派と勤皇派、さらにはどちらにも与せず、その時々の気分やら怨恨やらに運をまかせる独自派まで、諸侯間の政治闘争が勃発した。一八六三年には、外国人の自由な受け入れに反対する薩摩、土佐、長門〔長州〕の三藩連合が廟議を制し、通商条約の破棄を将軍〔徳川家茂、一八四六—一八六六〕に命じる勅語を発出させる。だがこれらの大名自身の軍勢にはヨーロッパ人の軍事教官がいたし、屋敷内には西洋や、新世界出身の医者や教師を抱えていた。小銃と火薬を供給するのも外国人だった。こうしたもろもろの既成事実をくつがえすのは不可能で、日本は最終的に開国したため、革命の進行は不可避になったのである。

明治改元まで

内外の諸問題の解決に向け、大名の国会としてガクジゥイン〔Gakziuyin 不詳。一五代将軍徳川慶喜による諸侯会議（議事院）構想を指すか〕の開催に努力が向けられる一方では、西日本に天誅組が結成された〔一八六三年八月挙兵〕。また瀬戸内海に進入しようとした外国の船舶は海峡で砲撃された〔一八六三年五月十日の下関事件〕。だが外国人はおとなしく退去するのを拒否し、艦隊でもって再来して下関海峡を押し通り、戦費賠償金と、少し後には種々の特権の拡大を要求した〔一八六四年八月五日勃発の四国艦隊下関砲撃事件〕。これらの要求には全面的に譲歩せざるを得ず、屈辱の責任を負った将軍〔徳川慶喜、一八三七—一九一三〕は辞任のやむなきに至った〔一八六七年十一月九日の大政奉還〕。反乱の企て〔一八六八年一月の鳥羽伏見の戦〕が徒労に終わったのち、彼は一切の栄誉を剥奪され、権力はまるごと天皇に返還された。諸大名

も、みずからの特権の廃止を願い出たのであり、ある大名は居城を破却して農地にする栄誉を志願するほどだった★。封建制度と身分制度は撤廃され、教育の権利が万民に認められたほか、身分を超えた通婚が許可され、平民すら官職を得るに至った。賤視されてきたエタは他の臣民と同等に位置づけられ、武家は二刀差しでもって大衆と一線を画するのを止めさせられた〔一八七六年の廃刀令〕。ただし戸口調査は今も士族と平民の出自を区別している★★。これらの変革に後戻りはないこと、そして新時代「明治」が決定的に開始されたことを示すため、天皇は聖都である京都を離れ、もっと広大な東京へと動座した。皇居は、まさに新生日本が進歩しつつある社会のど真ん中にある。彼が打ち勝たねばならなかった最後の反乱は〔旧幕府の〕海軍士官たちによるもので、函館を奪取し、そこにアメリカ合衆国に範をとった独立共和国を設置していた〔一八六八年末から翌年六月にかけての函館戦争〕。

政体

立ちふさがるすべての競争相手を革命派が打倒した一年後の一八六九年〔ママ〕、天皇は世論というあらたな権力にみずから賛辞を贈った〔一八六八年四月七日の五箇条の御誓文〕。日本ではかつて耳にすることのなかった言葉遣いにより、参議たちを前に、彼が荘重に誓ったのは、万機を公論に決し、天地の公道に基づき、官武一途庶民に至るまで各其の志を遂げることだった。「朕、躬を以て衆に先んじ天地神明に誓」ったこの明朗な即位宣言は、しかし、あまりに多くの君主たちの宣誓という前例を超えるほどは遵守されなかった。現在も日本は国会が開設されぬまま、その要求が行われている。諸国の政体を学ぶため派遣された外交使節団〔岩倉使節団〕は、君主の個人的影響力が最大になる体制に好意を表明し、権力は絶対主義的な諸形式を保持した。新聞は外国人が所有するものでさえ、一八七八年に強化されたすこぶる厳しい法規類に統制されており、君主の行為を称揚することしか許されず、論評はできない。民衆の集会はいっさい許されず、密偵は政府の大きな手段であり続けている。唯一の代議機関は、ロシアに範をとった郡会で、ゼム

★ De Hübner, *op.cit.*
★★ 1875 年の日本の上層階級は、皇族が 31 人、公家および大名〔華族〕が 2829 人、士族が 154 万 8568 人、卒族が 34 万 3881 人、地士が 3330 人。

ストヴォと多少は類似する。だが選挙人は地主階層で、かつ二五フラン以上の地租を納める者に限られ、被選挙権は、年間納税額五〇フランで、かつ区内に三年以上の居住歴がある者に限定される。こうした納税有権者により選出された議会の審議事項は、地方的な租税とその支出に関する事柄に限定され、会期は一か月以内に制約される。

政府機構

政府の審議機構は議会制の国々を範にとっている。最高機関［太政官］は首相［太政大臣］が主宰し、それを一名の副首相［右大臣、左大臣職もあったが空席］が補佐する。内務、外務、大蔵、陸軍、海軍、文部、工部、司法、宮内といった大型省庁の長官［卿、太政官では参議］も太政官に含まれる。最近は農商務省も設置された［一八八一年四月］。太政官の下に立法府［元老院］があり、皇族議長の運営下に法律を審査するが、結果を諸卿に提出するだけで、発議権はない。政府は例外的に、地方官が構成する議会［下院］を招集し、租税について諮問することが何度かあった。ただし県令は下院の審議に対する拒否権をそなえる。行政機構は極めて強力に構成されており、郡長は戸主により選出されるが、地方自治は幻想である。官制は一七の官位からなり、勅任官、奏任官、判任官の三類型に分かれる。最近まで神社は国家予算を割り当てられて政府と結びついていた。一八七九年には六七万五〇〇〇フランが振り向けられていたが、現在では全面的に信者の寄付により運営される［この記述は誤りで、官費の支給は戦前まで続いた］。蝦夷地と千島の植民地を所管するために特設した開拓使は最近廃止され［一八八二年二月八日］、商業独占権を付与された会社が取って代わった［官営幌内鉄道か］。

司法

古来の日本の法令は、明代や清代の中国の法体系を模倣したもので、それと家康が定めた百箇条［家康公御遺訓百箇条］の条文は、どちらも維新以後はずいぶんと緩和して法典化された。ただしその一方では、かつては処罰されなかったいくつかの行為が、今日では刑法犯罪になっている。子供に対する家長の絶対権は撤回され、かつて広汎にみられた娘の売却も、厳罰の対象とされる。女性は、父または夫が擁護する気がないばあい、何の権利もないと古法は想定

挿画 XC　維新前の枷刑。一葉の写真をもとに、E. ロンジャ筆
［明らかに清国の情景で、第五章十二節にあるべき］

していたが、法人格をそなえるに至った。手枷足枷の刑と拷問は廃止されたが、外国人の証言によると、枷刑よりは軽い笞刑の形で科されることがあるようだ。断首または絞首による死刑は殺人、国家反逆、街道での窃盗、阿片取引に適用される。だが西洋にくらべると、日本の牢屋はほとんど空っぽといってよい。一八七三年に収監されていたのはわずかに六四六五人で、うち女性は五〇〇人に満たない★。比率では西ヨーロッパ諸国の一〇分の一以下だ。法律を検討して作り直すため日本に招聘されたフランス人法律顧問たちが作成した民法と刑法は、一八八〇年に施行されたが、刺青の習慣や、人目をはばからぬ入浴［露天風呂や混浴］といった、日本人にとって全く非難されるべきものではなかった行為を違法とすることで、彼らの正義の観念に動揺

★ Bousquet, *op.cit.*［ブスケ前掲書、第 1 巻、113 頁］

挿画 XCI　典型と衣服。渡し舟に乗る日本人たち。写真をもとに、プラニシュニコフ筆［『F. ベアト写真集 1』、45 頁、図版 41「金沢の渡し舟」がもとと思われる。なお同上第 2 巻、10 頁、図版 2 に彩色版がある］

を引き起こす結果になるのではないかと懸念される。日本政府が法体系の変更により期待する最大の結果は、諸列強に十分な保証を与えることで、列強が治外法権を放棄し、現地当局に自国民を委ねるところにある★。現在のところ、日本国内の外国人は全員が自国の大使や領事の管轄下にあるからだ。ただし内政への関与や、日本語新聞の刊行は禁じられており、違反者は領事の裁決による罰金や投獄、さらには強制労働も科せられる★★。全国は東京、仙台、大阪、長崎の四裁判区に分割されており、それぞれに高等裁判所がある。

医療機関

オランダ人医師たちが長崎

★ *Annales de l'Extrême Orient*, déc. 1880.
★★ *China and Japan Order in Council*, 1875.

に設置した医院を除き〔長崎養生所〕、諸条約を締結したころの日本には病人を処置する施設がなかった〔この記述は誤りで、小石川をはじめ複数の養生所があった〕。だがヨーロッパの制度を模倣する持ち前の情熱でもって、日本人は病院建設に乗り出し、一八七八年末で一五九院を数えるに至った。うち三五か所は建設費の全額を義捐によったのである★。またヨーロッパの大半の国と同様に、予防接種も義務化された。

財政

財政は豊かとは言えない状態である。ヨーロッパの会計制度を学んだ日本は、遅れじと公債の登録台帳を設けた。紙幣発行高★★を含む負債総額は一八億フランで、歳入の六~七年分に相当するが、海外金融機関に対する債務は六〇〇〇万フランが計上されているにすぎない。だが士族の諸特権を買い戻した金禄公債は負債総額のうち一〇億フランを超え、年間金利は八〇〇〇万フランに及ぶ。主な財源は地租で、三分の二を占める★★★。

陸軍

海に護られた日本に常備陸軍の必要はないかもしれないが、維新直後の政府にとって、旧士族の反乱に対し無防備なままにとどまるのは、あまりに危険だった。だが旧士族はその後は諸特権を剥奪され、少しづつ雇い人や警察官へと変貌していった。政府が目指したのは徴兵制の陸軍の創建で、フランス人士官が雇われ、ヨーロッパ型の装備や教育訓練に当たった。兵役はアイヌ人と琉球諸島の住民を除き、すべての男子の義務で、入営三年、さらに三年の予備役〔後備軍〕である。これに加え、兵役下にない二三才から四〇才までの男子全員が、自前の予備役を含め構成する在郷軍が

★ *Mittheilungen von Petermann*, II, 1881.

★★ 1881 年現在の紙幣流通量は 5 億 6500 万フラン。

★★★表 1880 年の政府予算は 3 億 0441 万 3000 フラン(単位フラン。1 円 = 5 フラン 47 サンチーム)。

歳入［上記の総額と合わないがママ］		歳出	
直接税	2 億 2686 万 7720	公債利払	1 億 1596 万 5530
間接税	4180 万 7587	皇室費・華族年金	1059 万 2212
関税	1193 万 1766	陸海軍費	5375 万 0398
雑収入	2379 万 6000	教育費	623 万 5089
		公共事業費	559 万 7809
		一般行政費他	1 億 1248 万 0000

ある［不詳］。合計で平時は三万五〇〇〇名、戦時には予備役を除き五万名の兵力を擁しており、中国、朝鮮への挑戦に、さらにはロシアに抵抗するのにも、十分な兵員数だ。だが、堅軍を誇る日本が、自分よりも弱い諸隣国に対する侵略政策に身をゆだねる心配がある。現在までのところ、日本の軍事部隊が国外に遠征したのは台湾への一度だけで［一八七四年］、完璧な軍律は称賛された。だが一八七七年に薩摩の強大な反乱を鎮圧した際には、三万人以上が死傷している［西南の役］。国内は東京、仙台、名古屋、大阪、広島、熊本の六軍管区［鎮台］に分割されている。東京にはふたつの士官学校［陸軍士官学校および陸軍幼年学校］が設置された。主な兵器廠は東京と大阪にある。

海軍

海軍艦艇はすべて蒸気船で、うちいくつかは装甲艦である。組織編成にはイギリス人の士官や技官が当たった。一八七九年の保有艦船は二九隻、一四九門の砲をそなえ、兵員四二四〇名である。主な根拠基地は東京に近い横須賀で、東海と西海のふたつの海域［鎮守府］に分けてある。

行政区分

旧来の行政区分は「道」と呼ばれ、今も日常会話で通用する。だが旧習を打破するべく、昔の国名は県が取って代わり、県はさらに郡に分かれる。かつて畿内は天皇の所有地で、その諸収入はすべて天皇のものだった。

次表は現代日本の行政区分である。

表　日本の行政区分（太字は開港場、人口は 1880 年の戸口調査による）

	府県名	行政首府	府県人口（人）	対応する旧国名や郡
	東京府	**東京**（武蔵国）	95 万 7121	東海道武蔵国の豊島郡、荏原郡、および葛飾、足立、多摩の 3 郡の一部
	西京府	京都（山城国）	82 万 2098	畿内山城国、山陰道丹後国、山陰道丹波国の 4 郡
	大阪府	**大阪**（摂津国）	58 万 2666	畿内摂津国の東部 7 郡
1	神奈川県	**横浜**（武蔵国）	75 万 7462	東海道相模国、都筑郡、橘樹郡、久良岐郡、武蔵国多摩郡の一部
2	兵庫県	**神戸**（摂津国）	139 万 1928	山陽道播磨国、山陰道但馬国、南海道淡路国、畿内摂津国の西部 5 郡、山陰道丹波国の 2 郡
3	長崎県	**長崎**（肥前国）	119 万 0335	西海道肥前国、壱岐国、対馬国
4	新潟県	**新潟**（越後国）	154 万 6338	北陸道越後国★、佐渡国
5	愛知県	名古屋（尾張国）	130 万 3812	東海道尾張国、三河国
6	石川県	金沢（加賀国）	183 万 3778	北陸道加賀国、能登国、越中国、および越前国の 7 郡
7	広島県	広島（安芸国）	121 万 3134	山陽道の安芸国、備後国
8	和歌山県	和歌山（紀伊国）	59 万 7728	南海道紀伊国
9	堺県	堺（和泉国）	95 万 7407	畿内和泉国、大和国、河内国
10	宮城県	仙台（陸前国）	61 万 9120	東山道陸前国の 13 郡、磐城国の 23 郡
11	高知県	高知（土佐国）	117 万 9247	南海道土佐国、四国阿波国
12	熊本県	熊本（肥後国）	98 万 6695	西海道肥後国、九州［ママ］
13	島根県	松江（出雲国）	103 万 7260	山陽道出雲国、伯耆国、因幡国、石見国、隠岐国
14	秋田県	秋田（羽後国）	61 万 8833	東山道羽後国の 7 郡、陸中国の 1 郡
15	埼玉県	浦和（武蔵国）	93 万 3955	東海道武蔵国の足立郡および葛飾郡の 14 郡とその一部
16	千葉県	千葉（下総国）	110 万 3292	東海道安房国、上総国、下総国の 4 郡および 2 郡の一部
17	茨城県	水戸（常陸国）	89 万 4376	東海道常陸国、下総国の 2 郡の一部
18	栃木県	栃木（下野国）	58 万 1358	東山道下野国
19	群馬県	前橋（上野国）	58 万 1556	東山道上野国
20	三重県	安濃津（伊勢国）	84 万 2112	東海道伊勢国、伊賀国、志摩国★★
21	静岡県	静岡（駿河国）	95 万 0022	東海道駿河国、遠江国、伊豆国、小笠原諸島
22	山梨県	甲府（甲斐国）	39 万 5447	東海道紀伊国
23	滋賀県	五別所★★★（近江国）	73 万 8211	東山道近江国、北陸道若狭国、越前国の 1 郡
24	岐阜県	今泉（美濃国）	83 万 9613	東山道美濃国、飛騨国
25	長野県	善光寺（信濃国）	100 万 0411	東山道信濃国
26	福島県	福島（岩代国）	80 万 8937	東山道岩代国、磐城国の 11 郡、北陸道越後国蒲原郡の一部
27	岩手県	盛岡（陸中国）	59 万 1881	東山道陸中国の 9 郡、陸前国の 1 郡、陸奥国の 1 郡
28	青森県	青森（陸奥国）	47 万 5413	東山道陸奥国の 3 郡
29	山形県	山形（羽前国）	68 万 2929	東山道羽前国、羽後国の 1 郡
30	岡山県	岡山（備前国）	100 万 0570	山陽道備前国、備中国、美作国
31	山口県	山口（周防国）	87 万 7614	山陽道周防国、長門国
32	愛媛県	松山（伊予国）	143 万 8895	南海道伊予国、四国讃岐国
33	福岡県	福岡（筑前国）	109 万 7215	西海道筑前国、筑後国
34	大分県	大分・府内（豊後国）	73 万 1964	西海道豊後国、豊前国の 2 郡
35	鹿児島県	鹿児島（薩摩国）	127 万 0463	西海道薩摩国、大隅国、日向国、薩南諸島大島までを含む南方諸島
36	沖縄県	首里（琉球諸島）	31 万 0545	琉球諸島中央部および南部

★ 越後国蒲原群の一部は福島県に属する。
★★ これに加え、南海道紀伊国の牟婁郡東部のいくつかの町村。
★★★ 滋賀県五別所村は大津北方の郭外町。

パリ子午線からの東経

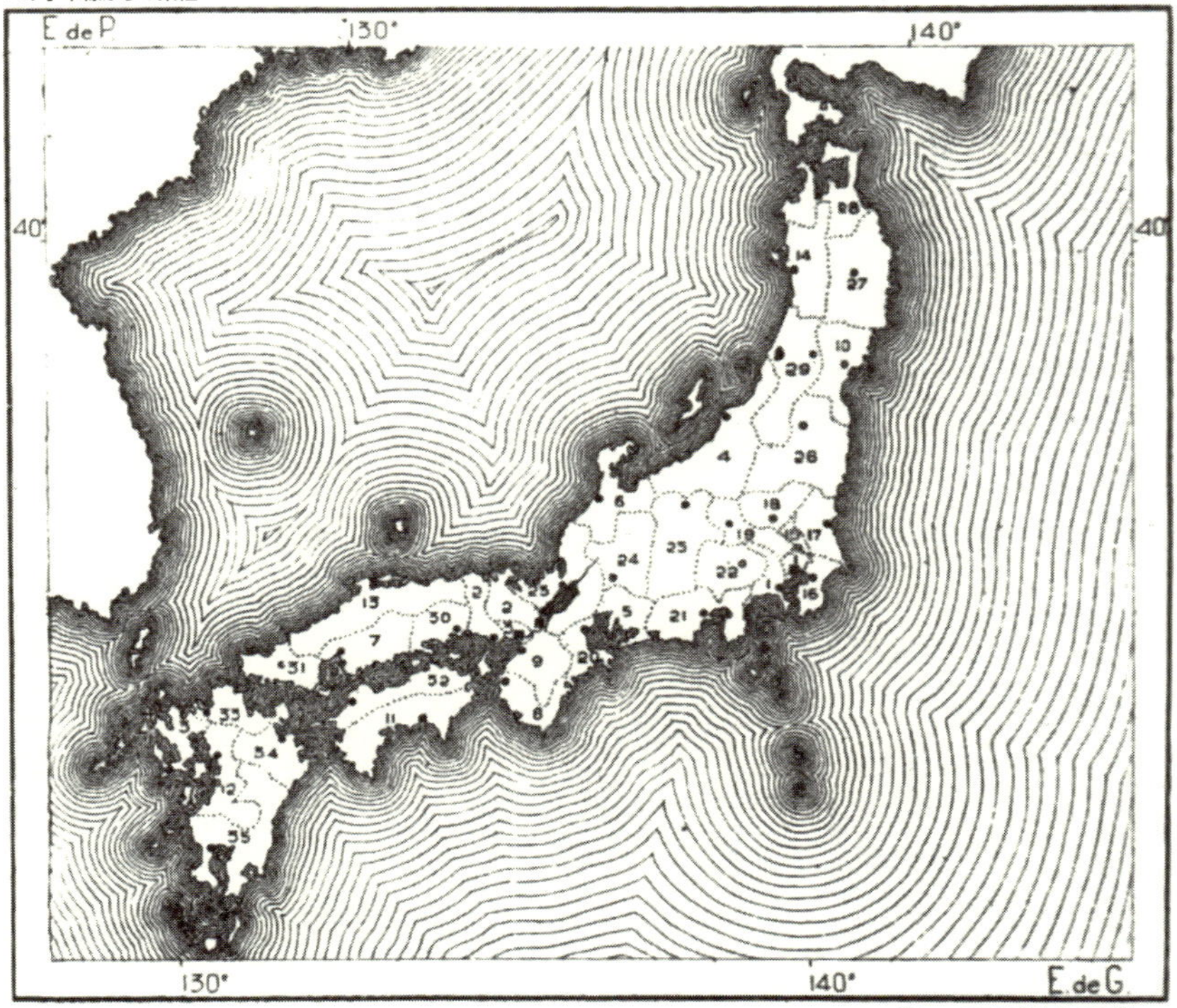

図中の番号は右頁の表に対応する

グリニッチ子午線からの東経

C.ペロン作図

1 : 16 000 000

0　500km

図 162　日本の行政区分

表　旧来の行政区分（傍点は開港場、人口は 1873 年現在［原典資料をもとに補正してある］）

道州名	面積（km^2）★	1873 年人口（人）	主要都市	それ以外の大きな都市と郡
畿内	9097.80	208 万 4470	（229.15 人／km^2）	5 カ国
山城国（城州）		44 万 3153	京都（西京府）	8 郡
大和国（和州）		42 万 2614	奈良	15 郡
河内国（河州）		24 万 0168	八尾	16 郡
和泉国（泉州）		21 万 4522	堺（堺県都）	4 郡
摂津国（摂州）		76 万 4311	大阪府	12 郡　兵庫・神戸
東海道	3 万 8980.68	755 万 3197	（193.76 人／km^2）	15 カ国
伊賀国（伊州）		9 万 7103	上野	4 郡
伊勢国（勢州）		57 万 9621	津	13 郡
志摩国（志州）		4 万 6765	鳥羽湊	2 郡
尾張国（尾州）		73 万 4255	名古屋	8 郡
三河国（三州）		48 万 7170	吉田、豊橋	8 郡
遠江国（遠州）		41 万 1921	浜松	12 郡
駿河国（駿州）		36 万 1167	静岡	7 郡
甲斐国（甲州）		36 万 3400	甲府	4 郡
伊豆国（豆州）		14 万 9000	三島	4 郡
相模国（相州）		35 万 9875	小田原	9 郡 箱根、横須賀
武蔵国（武州）		209 万 1260	江戸（東京府）	22 郡 横浜（神奈川県治）
安房国（房州）		15 万 2460	館山	4 郡
上総国（総州）		42 万 0591	木更津	9 郡
下総国（〃）		64 万 7614	千葉	12 郡
常陸国（常州）		65 万 1980	水戸	11 郡
東山道	9 万 1964.88	678 万 9178	（73.82 人／km^2）	13 カ国
近江国（江州）		57 万 4013	大津	12 郡　彦根
美濃国（濃州）		66 万 4200	今泉（岐阜県治）	21 郡
飛騨国（飛州）		9 万 8938	高山	3 郡
信濃国（信州）		92 万 5671	善光寺	10 郡　松本
上野国（上州）		52 万 6932	前橋	14 郡　高崎、富岡
下野国（野州）		51 万 0454	園部（栃木県治）	9 郡 宇都宮、日光
磐城国（奥州）		35 万 1265	太良	14 郡
岩代国（〃）		43 万 7174	福島	9 郡　若松（会津）
陸前国（〃）		54 万 0425	仙台	14 郡
陸中国（〃）		50 万 9153	盛岡	10 郡
陸奥国（〃）★★		46 万 6578	青森	4 郡
羽前国（羽州）		56 万 7369	山形	4 郡　鶴が岡
羽後国（〃）		62 万 8540	秋田	8 郡
北陸道	2 万 8989.60	318 万 6072	（109.90 人／km^2）	7 カ国
若狭国（若州）		8 万 3054	小浜	3 郡
越前国（越州）		44 万 5630	福井	8 郡　敦賀
加賀国（加州）		40 万 3581	金沢	4 郡
能登国（能州）		26 万 2689	七尾（所口）	4 郡
越中国（越州）		62 万 1322	富山	4 郡　高岡

越後国（〃）		135 万 6975	新潟	7 郡	
佐渡国（佐州）		10 万 2821	相川	3 郡	
山陰道	1 万 7625	178 万 4363（101.23 人／km^2）		8 カ国	
丹波国（丹州）		29 万 2527	亀岡（亀山）	6 郡	
丹後国（〃）		16 万 0888	宮津	5 郡	
但馬国（〃）		18 万 6769	豊岡	8 郡	
因幡国（因州）		16 万 2001	鳥取	8 郡	
伯耆国（伯州）		19 万 4341	米子	6 郡	美保関
出雲国（雲州）		33 万 9933	松江	10 郡	
石見国（石州）		26 万 1741	津和野	6 郡	
隠岐国（隠州）		2 万 8763	西郷村	4 郡	
山陽道	2 万 3994	355 万 2142（148.20 人／km^2）		8 カ国	
播磨国（播州）		63 万 8846	姫路	16 郡	
美作国（作州）		21 万 7283	津山	12 郡	
備前国（備州）		33 万 4445	岡山	8 郡	
備中国（〃）		39 万 8912	笠岡	11 郡	
備後国（〃）		45 万 8914	福山	14 郡	尾道
安芸国（芸州）		67 万 2225	広島	8 郡	
周防国（防州）		49 万 7951	山口	6 郡	
長門国（長州）		33 万 1566	萩	6 郡	赤間関
南海道	2 万 4522.50	324 万 1143（132.17 人／km^2）		6 カ国	
紀伊国（紀州）		61 万 5964	和歌山	7 郡	
淡路国（淡州）		16 万 4807	洲本	2 郡	
阿波国（阿州）		58 万 9023	徳島	10 郡	
讃岐国（讃州）		56 万 5118	高松	11 郡	
伊予国（予州）		78 万 0154	松山	14 郡	
土佐国（土州）		52 万 6077	高知	7 郡	
西海道	2 万 4256.61	510 万 7192（123.80 人／km^2）		11 カ国	
筑前国（筑州）		44 万 5898	福岡	15 郡	春日
筑後国（〃）		39 万 3782	久留米	10 郡	
豊前国（豊州）		30 万 7635	小倉	8 郡	中津
豊後国（〃）		56 万 5666	府内（大分）	8 郡	臼杵
肥前国（肥州）		108 万 5053	長崎	11 郡	佐賀、島原
肥後国（〃）		95 万 1460	熊本	15 郡	
日向国（日州）		38 万 3761	宮崎	5 郡	
大隅国（隅州）		22 万 0411	国分	8 郡	種子島
薩摩国（薩州）		58 万 1850	鹿児島	13 郡	加世田、鹿篭
壱岐国（壱州）		3 万 2949	勝本	2 郡	
対馬国（対州）		3 万 0300	厳原、国分	2 郡	
北海道	9 万 3968.40	13 万 6275（1.45 人／km^2）		11 カ国	
渡島国		9 万 9909	函館	7 郡	松前（福山）
後志国		2 万 8388	小樽（小樽内）	17 郡	
石狩国		1 万 1123	札幌	9 郡	
天塩国		3543	ルルモッペ［留萌］	6 郡	
北見国		2770	宗谷	8 郡	

胆振国		8421	有珠、勇払	8 郡	室蘭
日高国		6137	静内	7 郡	浦河
十勝国		1505	美幌	7 郡	
釧路国		2994	厚岸	7 郡	
根室国		2270	根室	5 郡	
千島国（クリル諸島）		928	泊（国後島）	5 郡	
琉球諸島	2417.55	16 万 6789	首里	39 間切	那覇
計	37 万 2818.62	3368 万 3473	（90 人／ km^2）	717 郡	39 間切
9 道 84 カ国		［3342 万 3715『日本地誌提要』巻一、12 頁］			

★ 本地、本土、内地あるいは誤って日本と呼ばれる主島［本州］の 6 地域の面積は、明治 10 年（1877 年）に文部省が発行した宮本三平氏による 43 万分の 1 地図から算出してある。本州全土の面積は日本人地理学者らによる算出結果 1 万 4494.4 平方里ではなく、1 万 4054 平方里と算出した（1 里＝ 3926 メートル 88 センチ）。それ以外のデータは内務省刊『日本地誌提要』、7 巻、東京、1874-78 年、から採ってある。［日本地誌提要は北海道を扱った第 8 冊（1879 年刊）まで発行された。ルクリュは北海道に関する限り、べつの資料（不詳）を参照しており、概数を示すにすぎない。本訳では第 8 冊の数値を記載するとともに、各国の人口と郡数における誤記（はなはだ多い）を補正してある。ただし道別の合計値は日本地誌提要に記載がなく、著者の計算結果かと思われるが、原著のママとした］

★★ 1867 年以前の磐城、岩代、陸前、陸中、陸奥は陸奥国ないし奥州と呼ばれる 1 個の国を形成していた。

謝辞

善意をもって協力してくれた人々に感謝を捧げる。なかでも *l'Empire japonais* の著者レオン＝メーチニコフ氏〔ロシア人革命家、地理学者 Léon Metchnikov 一八三八—一八八八。明治政府お雇い外国人教師（東京外国語学校魯語科）として一八七四年から一年半滞日し、帰欧後ルクリュの助手として研究・執筆活動にたずさわった〕には最大の感謝を述べねばならない。氏はご自分の旅行の思い出と熱心な研究によって筆者を補佐し、豊富な蔵書を開示し、ヨーロッパやアジアの中国学者および日本学者との長期にわたる通信を引き受けてくれた。北京在のフォン＝リヒトホーフェン氏、セリュリエ氏、ブレトシュネイデル氏、東京在のバジル＝ホール＝チェンバレン氏〔イギリス人日本研究家、お雇い外国人教師 Basil Hall Chamberlain 一八五〇—一九三五。海軍軍人バジル＝ホールの孫〕は、貴重な資料をご恵投くださった。筆者の長大な質問に対し、清国代表団随行員のヤン氏はいささかの弛みもなくご回答の労をおとり下さり、同国人が作成した種々の地図を預託して下さったが、これらは西洋では未知のものである。従前の諸巻と同じく、エミール＝デジャルダン氏、わが兄エリー＝ルクリュ、シャルル＝シファー氏、ルフランセ氏は筆者の原稿に注記する大事な仕事を引き受けて下さったし、ポルゲール氏には引き続き校正の労をいただいた。地図作成に当たったのはペロン氏、スロムジンスキー氏、メーチニコフ氏である。シュレーダー、テイラー、プラニシュニコフ、バークレイ、ロンジャ、ラングロワの各氏は、本巻の価値と、読者の楽しみに対し多大な貢献をなす挿画を描いてくれた。

訳者あとがき

本書はエリゼ・ルクリュの代表的著作とされる『新世界地理―大地と人間』の第七巻、東アジアの全訳です。原著が『新世界地理（*Nouvelle Gèographie Universelle*）』と銘打った所以は、コンラート・マルトブラン（Conrad Malte-Brun 一七七五―一八二六）による『世界地理概要（*Précis de Géographie Universelle ou Description de toutes les parties du monde*, 1820-1829）』からほぼ半世紀を経た世界地誌の第二弾であることを意図してのものです。以後、半世紀ごとに世界地誌の編纂に挑戦するのはフランス地理学の伝統になり、ヴィダル＝ド＝ラ＝ブラーシュの遺志を継いだ地誌（*Géographie Universelle*, 1927-1946, 15 vols.）ののち、一九九〇年から九六年にかけては、ロジェ・ブリュネ編によるベラン・ルクリュ版が出版されました。その邦訳は朝倉書店から刊行中です。

したがって本シリーズは最新版の祖父にあたり、十九世紀最後の四半世紀の著作です。二〇年間にわたり一九巻が上梓されましたが、各巻千頁ほどのすべてがまったくの独筆で、その後に類を見ない分量と言ってよいでしょう。また第一巻南ヨーロッパ（一八七五）から最終巻南米アマゾン、ラプラタ流域（一八九四）まで、きわめて順序よく脱稿しています。この第一期セレクションでは五巻を選びましたが、原著の第一巻ではなく第七巻を最初としたのには三つの理由があります。

第一に、著者のいわば「目の確かさ」を読者が判定するには、わが国に関する記述が大きな材料になるであろうと思われたこと、第二に、原著のスタイルが確立するのが第四巻以降と思われること、そして第三には、訳者の気力、体力にわずかな余裕のあるうちに、いわば「難物」を訳了しておきたいと考えたためです。

本書でいう「中国」は十八行省を指し、「中国人」は漢族とほぼ同義ですが、清帝国や朝鮮に関する固有名詞は、アルファベットによる表記法が確立する以前のため、やや不統一のようです。括弧内に仏語表記の音写を示しましたが、当時のフランス人ならばこう発音したであろうというもので、現在の表記とは異なる場合が多いことにご留意い

ただければ幸いです。閻小妹信州大学教授による照査により、多くの地名や人名、文献を特定することができました。朝鮮については、金早雪信州大学教授に多面的にご教示いただきました。しかしいっさいの責任はかかって訳者にあります。誤読や誤訳も多いと思われ、識者のご叱正を頂戴できれば幸いです。なお日本の地名に関しては、原義説明で同語反復になる箇所を省略しました。たとえば「白い山を意味する白山」などです。ただし、原著の説明に疑義がある場合には訳出し、訳注を付しました。ルクリュは英独仏語に堪能だったようですが、日本に関してはメーチニコフの協力が大きかったと推定されます。また脚注に「手稿（*Notes manuscrites*）」とあるのは書簡による通信と思われ、恐ろしく筆まめだったことが窺われます。

章建ては原著の通りですが、節番号が付されているのは第四章だけで、第五章は番号がないまま節に分かれています。各章の記述順はほぼ同一で、節を立てずに行間を空けてある場合もあり、節番号とタイトルを付しました。また奇数ページの上部に小見出しがあるので、それを参考に小見出しを付してあります。原著の文献表記はいたって簡略なため、できる限り書誌情報を追加しました。文献資料の複写には信州大学経営大学院高相栄美助手のご協力をいただきました。

ルクリュの人となりや人生については、石川三四郎『アナキスト地人論―エリゼ・ルクリュの思想と生涯』書肆心水、二〇一三年、があります。石川はルクリュの没後に甥ポールの家で七年を過ごし、著者の青年時代の書簡ほか、多くの資料を目にしたものと思われます。彼はブリュッセルにあったルクリュの旧蔵図書六万冊を譲り受け、日本に届いたのですが、東京芝の倉庫に保管中、関東大震災ですべて失われました（同前書、１４６頁、また望月百合子「二人の真人について」石川三四郎選集第五巻、黒色戦線社、一九八三、18頁）。その中にはフロイスの日本史総説（本書７１４頁脚注）が含まれていたかもしれず、残っていればわが国がルクリュ研究のメッカになっていたかもしれません。

西川治東京大学名誉教授のご教示によれば、ルクリュと実際に会った日本人としては、地理学者（湖沼学）田中阿歌麿がブリュッセル自由大学で謦咳に接し、本書にも言及がある東京地学協会の機関誌、地学雑誌に追悼文を寄せています（「仏国の地理学者エリゼ・ルクリュ先生逝く」地学雑誌第17巻第２００号、一九〇五）。また、その子息田中薫が「東

京地学協会と父と私」（同前、第28巻第3号、一九六九）においてその影響を語っています。ルクリュの思想に関しては野澤秀樹九州大学名誉教授による研究があります（「エリゼ・ルクリュの地理学体系とその思想」地理学評論59巻（Ser.A）11号、一九九六。「エリゼ・ルクリュの地理学とアナーキズムの思想」空間・社会・地理思想10号、二〇〇六ほか）。

アナキストとしてはかなりの急進派であり、青年期の実践ののちも活発な言論活動に携わりましたが、『新世界地理』では政治思想の表白を抑制しているようです。たとえば「竹槍でどんと突き出す二分五厘」の流行語を生んだ明治初期の地租改正反対運動には全く言及がない（本書780頁）のですが、ルクリュおよび協力者メーチニコフの思想傾向や、最新情報への注目という執筆態度からみて、知らなかった、あるいは知っていて評価しなかったとは考えにくいように思われます。文献表記などで「王立」「帝立」といった言葉を意図的に排除し、死の床にあってポチョムキン号の反乱の報に接し「革命だ、ホラ革命だよ」が臨終の言葉になった筋金入りのアナキストではありますが、少なくとも本シリーズに見られる態度は、急進的な人権擁護派とでも言うべき程度に思われます。反語的隠喩も散見されますが（第一章末尾や第七章第四節末尾など）、べつだん思想表明というほどではなく、むしろ中庸さの発露のように見えます。換言すれば、こうした抑制が名著を生んだとも言えるかもしれません。

副題にある「大地と人間」のうち、「人間」はles Hommesと定冠詞付きの複数形ですので、すべての民族、ないし人々という意味合いがあります。あらゆる人々の記述を目指したからこそ、少数民族や虐げられた人々への目配りが充実しているのではないかと思われます。その根幹にあるのは、人種や民族の壁は越えられる、それには友愛の念を抱く自由、かつ平等な個人でありさえすればよい、というメッセージかもしれません。

本書が日の目をみるに至ったのは古今書院のご決断によります。とくに同社編集部関田伸雄氏は膨大な編集作業をお引き受け下さり、読みやすさを第一の眼目に、明治十五年の古書を二十一世紀のわが国読者向けに蘇らせていただきました。

二〇一四年十一月　若里の研究室にて　訳　者

蘆台（ルタイ）Loutaï, 323.
鹵池（ルツン）Loutswoun, 372.
ロック・アイランド Rock island（神子元島）, 675.
ロックハート Lockhart, William, 294, 403.
濾定（ルティン）Louting tchao, 414.
ロニー　→　レオン＝ド＝ロニー
ロパートカ岬 Lopatka, 656.
ロヒト川 Lohit, 48, 58, 496.
ロプ・ノール（羅布泊）Lob nor, 24, 27, 103, 107, 109-113, 116-118, 126, 133-134, 136-137, 140, 148, 152.
ロプラ・コ・チュ Lopra ko tchou, 53.
ロロ人（倮倮，羅羅，彝族）Lolo, 70, 240, 389, 398-399, 414, 498-499, 501, 503.
ロン・カン Lon kan, 383.　→　牛肝
ロンジュモー Longjumel, André de Longjumeau, 209.

わ

淮河 Hoaï（ホアイ・ホ）, 248, 347, 351, 374, 375, 389.
涠洲島（ウェイチュウ）Weï tcheou, 490.
淮安（ホワイニャン）Hoaïngan, 612.
若狭湾 baie de Vakasa, 763, 765.
我妻川 Vagatzma, 671.
若松（会津若松）Vakamats, 743, 767, 808.
和歌山 Vakayama, 758, 767, 806, 809.
ワグナー Wagner, Hermann, 83, 171, 616.
倭寇 , 336, 387, 448.
倭国 pays de Ouo, 715.
ワリハーノフ Valikhanov, Tchokan, 101.
ワリー＝ハン Wali Khan, 100.
ワンラグ Wanlagou, 229.

ん

ンチュン・ミアオ Ngntchoung Miao, 403.

龍門口（ルンメン・クウ）Loungmen kou, 346.
リュトケ Litke, Fyodor Petrovich, 773.
リュブリキ Rubruk (Guillaume de Rubrouck), 9, 112, 209.
遼河（リャオ・ホ）Liao ho, 217-220, 233-237, 305, 566.
涼州（リアンチュー）Liangtcheou, 151, 614.
遼東 Liantoung, 214-217, 227, 235, 238, 611.
遼東将軍 Liantoung (province), 214, 219.
遼陽（リャオヤン）Liaoyang, 234.
緑営（リュティイン）Lutying, 607.
緑膏（ロ・カオ）lo kao, 441.
廬山（ルー・シャン）Lou chañ, 329.
臨安府（リンニャン・フ）Lingan fou, 511.
臨高（リンカオ）Linkao, 518.
臨江（リンキアン）Linkiang, 612.
リンスホーテン島 île Linschoten, 687.
リンスホーテン海峡（紀伊水道）détroit de Linschoten, 758.
リンゼー Lindsay, 388.
臨清（リンツィン）Lintsing, 332.
林則徐 Lin, 563.

る

ルイ九世 Louis IX, Saint Louis, 191.
ルー・キアン Lou kiang, 57.
ルース（黄土）Löss, 357.
ルーツェ・キアン Loutze kiang, 57, 80, 137, 380, 499, 503, 504.　→怒江，サルウィン川
ルーツェ人 Loutz, 80, 498, 499.
ルッジェーリ Ruggieri, Michele, 284.
ルドク Radokh（ルト，日土）, 41, 85.
ルフア・ホ（黒水河か）Louhoa ho, 397.
ルムプ人 Remepou, 69.

れ

レー（列）Leh, 39, 90, 94.
礼 li, 297.
麗江府（リキアン・フ）Likiang fou, 508.
荔波県 Lipo（リポ）, 405.
黎平（リピン）Liping, 613.
黎民（リミン）Limin, 240.
レオン＝ド＝ロニー Léon-Louis-Lucien Prunel de Rosny, 260.
レーゲル Regel, Johann A., 101, 112, 121, 155, 158, 168.
レジス Régis, Jean-Baptiste, 47, 246.
レーツェ・キン Lehtze-kin, 277.
レプシンスク Lepsinsk, 160.
レマ Lema（担桿列島）, 470.
レミュザ　→　アベル＝レミュザ
連江（リアンキアン）Lian kiang, Lien kong, 457, 473, 489.
連州（リエンチュウ）Lientcheou, 473, 489, 490.
廉州（リエンチュウ）Lientcheou, 613.
レンツ Lenz, Oscar, 114.
レンネル Rennell, James, 48, 52, 55.

ろ

潞安（ルンガン）Loungan, 612.
ロイ人 Loï　→　リー人, 515.
老河口（ラオホコウ）Laoho koou, 429.
琅璚（ルンキアオ）Loung kiao, 533.
老虁灘（ラオワンタン）Laouan t'an, 510.
嶗山（ロ・シャン）Lo chañ, 329.
老子 Lao-tze, 5-6, 271.
老鉄山（ラオティ・シャン）Laoti chañ, 217, 235.
老爺（ラオイェ）Laoyeh, 227.
六字真言, 75.
潞江（ルー・キアン）Lou kiang, 57, 500, 503.
盧溝橋 Lukou kiao（ルコウ・キアオ）, 316.
ロシア, 10-12, 160-162, 166, 167, 207, 220, 229, 232, 234, 321, 325, 429, 461, 565, 573, 623, 640, 641, 694, 728, 805.
ロシェ Rocher, Émile, 506.
瀘州（ルチュウ）Loutcheou, 418, 591.
廬州（ルチュウ）Lutcheou, 612.
ロスタム Roustan, Rostam, 106, 118, 132.

128, 225, 267, 275.
雷公計島（ライコケ）Raïkok, 697.
ライ・シウ Raï-siu, 640.
雷州（リエチュウ）Liétcheou, 490, 613; 雷州半島 492, 513, 518.
萊州（ライチュウ）Laïtcheou, 335, 612.
ライマン Lyman, Benjamin S., 706, 782.
萊陽（ライヤン）Laïyang, 337.
耒陽（ルイヤン）Louiyang, 425.
ライリー Riley, 393.
ライン Rein, Johannes J., 676, 684.
ラオカイ（労開）Laokaï, 512.
ラオリュ・クワン Laolu kouan, 511.
ラガル・アウル Lagar aoul, 216.
洛河（ロ・ホ）Lo ho, 353,370, 373.
楽会（ロフイ Lohoui, ロホイ Lokhoï）, 518.
洛口（ルオクウ）Lokao, Luokou, 333.
ラクシャス・タル湖 Rakus-tal, 39.
洛陽（ロヤン）Loyang, 373.
洛陽（ロヤン，乳源瑶族自治県洛陽鎮）Loyang, 466.
ラグルング・ラ Lagouloung la, 35.
ラサ Lassa, 20, 21, 27, 29, 30, 32, 46, 71, 74, 78, 82, 87-90, 93-98, 145, 163, 392, 413, 504.
ラザレフ港（金野湾）port Lazarev, 641.
ラシード＝ウッディーン Râchid eddin, 559.
羅処和島（ラショワ）Rachoua, 656.
ラダック Ladak, 18, 97.
ラッセル＝キルー Russell-Killough, Henry, 179.
羅店鎮（ルティエン）Loutien, 441.
ラドロネス諸島 îles des Ladrones（万山群島）, 470.
ラナグ・ランカ（ランガ・コ，拉昂錯）Lanag ou Lanka (Rakus-tal), 40.
羅浮山（ロフ）Lofou, 467.
ラプチャ laptchas, 76.
ラ＝ペルーズ Jean François de Galaup, comte de La Pérouse, 618, 654.
ラ＝ペルーズ海峡（宗谷海峡）détroit de la Pérouse, 660, 739.
喇嘛廟（ラマ・ミャオ）Lama miao, 211.
→ ドロン・ノール
ラリン（拉林）Lalin, 231.
灤河（ロアン・ホ）Laomou ho, 305.
ラングル langour, 35.
蘭谿（ランキ）Lanki, Lantchi, Nantchi）, 448.
ラン・シャン（涼山か）Lan chañ, 402.
蘭州府（ランチュウ・フ）Lantcheou fou, 149, 161, 341, 354, 365-366.
瀾滄江（ランツァン・キアン Lantzan kiang, Lantze kiang）, 57, 58, 60, 90, 136, 380, 499, 504, 505, 508.

り

リー人（黎族）Li, 515-516.
利尻島 Risiri, 662.
リス人（傈僳族）Lisou, 70, 498, 499-500, 505.
リッター Ritter, Cral, 2, 138, 342, 409.
リタン（理塘）Litang, 97, 394, 413.
リッチ Ricci, Matteo, 284, 319, 583.
リトル・ホンコン Little Hongkong, 485, 490. → アバディーン
リービッヒ Liebig, Justus F.von, 543.
リヒトホーフェン Richthofen, Paul Wilhelm Ferdinand von, 16, 24, 32, 56, 60, 110, 247, 283, 316, 352, 357, 363, 402, 407, 408, 412, 418, 425, 448, 466.
李鳳苞 Li fong pao, 346, 389, 391.
リミン Limin（江北別称）, 421.
龍安（ルンガン）Loungan, 613.
硫安山（ルユアン・シャン）Louyouan chañ, 216.
硫磺山（ルンホアン・シャン）Loumhoang chañ（硫黄鳥島）, 687.
龍華塔 tour de Long-houa, 441.
琉球 Riukiu, Liou-Kieou, Loutcheou, 525, 631, 651, 687-692, 697, 708, 718, 771-773, 777, 779, 804, 806, 810.
龍渓（ロンキ）Longki, 510.
龍口（ルンクウ）Loungkeou, 335.
柳州（リウチュウ）Liutcheou, 613.
劉備 Liupi, 417.

677, 680.
ヤクサルテス川（薬殺河）Yaxartes, 100.
→　シル・ダリヤ
屋久島 Yakouno sima, 687.
ヤクブ＝ベク Yakoub, Ya`qūb Beg, 99, 101, 120, 121, 122, 123, 129, 132, 156.
ヤサ yassak, 194.
ヤシケ Jäschke, Heinrich A., 69.
ヤシル・クル Yachil koul, 105.
ヤチ Yachi（昆明古称）, 496.
ヤバゲレ yabagere, 63.
ヤブローノヴィ・クレベト Yablonovîy Khrebet, 176.
山形 Yamagata, 743, 767, 806, 808.
山川 Yamagava, 685, 771.
山口 Yamagoutsi, 767, 806, 809.
山田（宇治山田）Yamada, 757, 767.
ヤマト Yamoto, 717.
ヤムドク湖（羊卓雍錯，パルティ湖）Yamdok, 45, 74.
ヤマンダガ Yamandaga（大威徳明王）, 197.
槍ヶ岳 Yariga take, 680.
耶律突欲，耶律倍（イェンフワン）Yenhouang, 218.
ヤルカンディー（ヤルカンド人）Yarkandî, 121.
ヤルカンド Yarkand, 101, 106, 113, 116, 120, 122-126, 131, 132, 135.
ヤルカンド・ダリヤ（葉爾羌河）Yarkand-daria, 26, 106-108, 120, 133.
ヤルンツァンポ川（雅魯蔵布江）19.　→　ツァンポ川
ヤンギ・シャル Yangi char, 132.
ヤンギ・ヒッサル Yangi hissar, 132, 135.
ヤンジュー Yanju（揚州）, 434.

ゆ

涌泉寺 , 461.
夕張山地 monts de Youvari, 661.
勇払 Youbouts, 741, 810.
ユダヤ教徒（中国）Juifs chinois, 277, 374.
ユ・ティアン（于竇）Yu thian, 128.
ユック Huc, Évariste, 32, 57, 61, 62, 79, 82, 210, 365, 467, 589.
湯元（日光湯元温泉）Yumoto, 671.
由良 Youra, 765.
楡林府（ユリン・フ）Yulin fou, 370.
ユール Yule, Henry, 48, 57, 463.
ユルドゥズ Youldouz, 108.
ユルン・カシュ川（玉龍喀什河）Ouroung kach, 103, 131.
ユンド地方 Hundes, 84.

よ

甬江（ユン・キアン）Yung kiang, 446, 448.
揚州（ヤンチュウ）Yangtcheou, 434.
榕城（ユンチェン，福州別称）Yung tcheng, 457.
揚子江 Yangtze kiang, 2, 5, 32, 56, 136, 142, 239, 247-249, 300, 338, 349-350, 368, 376-452（五章五節）, 453, 468, 476, 496, 501, 508, 510, 549, 563, 565, 566, 573, 609, 716.
雍正帝 empereur Yungtching, 455, 473.
漾濞江（ヤンピ・キアン）Yangpi kiang, 506.
横当島 Yoko sima, 687.
横須賀 Yokoska, 753, 805, 808.
横浜 Yokohama, 632, 691, 699, 706, 752, 753-754, 767, 790, 795, 806, 808.
吉野川 Yosino gava, 681.
淀 Yodo, 760.
余姚（ユーヤオ）Yuyao, 445, 448, 450; 余姚江 448.
淀川 Yodo gava, 679, 758, 760.
米子 Yonago, 765, 767, 809.
与那国島 Yonakouni, 537.
米沢 Yonezava. 743, 767.
嫁島　→　ケイター諸島
ヨモヅ Yomodz（出雲か）, 717.

ら

ライアル Ryall, 22.
耒河（ルイ・ホ）Loui ho, 425.
礼記 Livre sacré de Rites, livre des cérémonies,

457-462, 543, 608.
岷山（ミン・シャン）Min chañ, 381.
民論堂（ミンルン・タン）Mingloun tang, 604.

む

ムーアクロフト Moorcroft, William, 39.
ムクデン Moukden（盛京）, 220, 233, 238, 614.
聟島列島 → パリー諸島 , 775.
ムシュケトフ Mushketov, Ivan V., 101.
ムスリム（チベット）123;（東トルキスタン）150, 155, 166, 169;（モンゴル）194, 209;（満州）225, 226:（中国）278-282, 312, 332, 334, 337, 366, 369, 405, 414, 416, 433, 445, 494, 502, 510, 582.
無人島 Mounin to（小笠原諸島）, 773.
ムモ moumos, 80.
ムラヴィヨフ Muraviyov-Amurskii, Nikolai N., 21.
村上 Mourakami, 745.
ムル Mourou, 89.
ムルイ・ウス Mourou oussou, Mourui oussou（通天河）, 62, 136, 142, 379-380.
ムル山 Merou, 36.
ムルミ mourmis, 80.
室蘭 Mororan, 741, 810.
ムンクー・サルディク Mounkou sardîk, 172, 175.

め

雌阿寒岳 Me Akan, 662.
メコン川 Mekong, 19, 56, 57, 90, 136, 248, 468, 493, 495, 499, 506, 508.
メドハースト Medhurst, Walter H., 258, 260, 454.
メラム語 mélam, 69.
メルヴィル港 port Melville（運天港）, 692.
メルカトル Gerard de Kremer（Gerardus Mercator）, 617.
メルゲン（墨爾根）Mergen, 215, 216, 229-230.
メンデス＝ピント Mendez Pint, Fernam, 653.

も

蒙化県（メンホア・ヒェン）Menghoa hien, 508.
孟姜女 , 247.
孟子　Mengtze, Mencius, 334, 538, 593.
毛人 Mo zin（アイヌ人）, 708, 715.
艋舺（バンカ）Banca, 535.
最上川 Mogami gava, 743.
最上徳内 Mogami Tokoudaï, 654.
モグナラリ湖 Mognalari（パンゴン湖）, 85.
モス Moss, 468.
モース Morse, Edward S., 782.
モソ人 Moso, 499, 504.
モートン Morton, Samuel G., 715.
モメイン Momeïn（騰衝鎮）, 496, 503-504.
盛岡 Morioka, 669, 743, 767, 806, 808.
モリソン Morrison, Robert, 260, 403, 488.
モルケ・ジョ Morke-djot（ラサ）, 87.
文甲（モンキア）Mongkia, 535.
汶河（ワン・ホ）Wan ho, Wun ho, 333, 349, 381.
モンキー・マウンテン mont des Singes, 533.
モンゴル人 Mongols, 9, 11, 15, 25, 27, 67, 74, 87, 97, 120, 130, 136, 141-145, 150, 157, 160, 162-164, 167, 177, 179, 183, 186-214, 254-266, 280, 303, 326, 343, 354, 357, 364, 365, 553, 607.
モン人　255.　→　ミャオ人
モンタンハ島 Montanha（横琴島）, 470.
モンテコルヴィーノ Montecorvino, Giovanni di, 244, 284.
モントゴメリー Montgomerie, Thomas G., 24, 27.

や

ヤオ人（瑶族）Yao, 405, 473.
焼山 Yake yama,（奥羽山脈）667;（飛騨山脈）

松江 Matsouye, 765, 767, 806, 809.
マッカートニー Macartney, George, 328, 329.
松島 Matsou sima, 665, 743.
松島 Matsou sima（鬱陵島）, 627.
松前 Matsmaï, 712, 741; 松前海峡（津軽海峡）, 664.
松本 Matsoumoto, 744, 808.
松山 Matsouyama, 767, 768.
松輪島 Matoua, 656, 657, 659.
マナサロヴァル湖（瑪蒡雍湖）Mansaraour, 38-40, 66, 94.
マナス（瑪納斯）Manas, 167, 168, 170.
マニング Manning, Thomas, 46.
マネ mané, 75.
マネグル人 Manègres, 223.
マハーデーヴァ Mahadeo（シヴァ神）, 36.
マプ・チュ Map tchou, 84.
間宮林蔵 Mamiya Rinzo, 654; 間宮海峡 détroit de Mamiya, 651, 654.
マラルバシ Maralbachi, 133, 135.
マリアム・ラ山 Mariam la, 35, 41, 44.
マリニョーリ Marignolli, Giovanni di, 244, 462.
丸岡 Marouoka, 746.
マルカム Merkam, Markham, 90, 91.
丸亀 Marougame, 767, 768.
マルギラン Marghilan, 121.
マルクス＝アウレリウス＝アントニヌス帝 Marcus Aurelius Antoninus, 7.
マルコ＝ポーロ Marco Polo, 7, 9-10, 100, 101, 126, 128, 152, 153, 209, 211, 212, 244, 283, 294, 308, 314, 316, 332, 343, 349, 378, 381, 415, 418, 434, 441, 443, 446, 462, 496, 498, 504, 506, 571, 633.
マルティノ＝マルティニ Martino Martini, 244, 443, 466.
万華（メンカ）Mengka, 535, 537.
マンジ Mandzî, 227, 228, 554.
万州（ワンチュウ）Wantcheou, 518.
万寿山（ワンチュー・シャン）Wanchou chañ, 317.
満州族，満州人 Mandchoux, 200, 223-226, 294, 311, 448, 479, 546, 571, 596, 607, 622.
万寿橋（ウェンチュ・キアオ）Wentcheou kiao, 460-461.
マンダータ山 Mandhata, 37.
マンダリン mandarin, 146, 257, 258, 598. → 官話
マンツェ Mantzé, 70, 389, 397-399, 405, 414, 498, 510.
マンナン寺 monastère de Mangnang, 63.
マンハオ（蛮耗）Manhao, Manghao, Mang ko, 497, 512.

み

ミアオ・セン（苗僧）Miao Seng, 405.
御池（池田湖）Mi ike, 685.
三井寺 Miyidera, 758.
美川 Mikava, 745.
神子元島 Mikomoto, 675, 783.
ミシュミ人 Michmi, 48, 69.
御岳 Mi take, 685, 686, 771.
彌灘（ミ・タン）Mi tan, 5, 384.
水戸 Mito, 746, 767, 806, 808.
源義経 Yositsune, 713.
三原山, 676.
任那（じんな，みまな）Zinna, Mimana, 621.
御物川（みものがわ）Mimono gava, 743.
ミャオ人（苗族，ミャオツェ）Miaotze, 255, 280, 382, 395, 403-407, 421, 424, 467, 473, 498, 515, 516.
宮崎 Miyasaki, 768, 771, 809.
宮之城 Miyanoziô, 771.
眉山 Miyi yama, 684.
ミュラー Müller, Friedrich M., 715, 734.
妙峰山（ミアオフェン・シャン）Miaofeng chañ, 318.
ミルン Milne, John, 657, 665.
ミロシュニチェンコ Mirochnitchenko, 163, 172.
閩 Min, 455.
閩安（ミンガン）Mingan, 458.
岷江（ミン・キアン）Min, 247, 381-382, 395, 397, 399, 402, 408, 413-418.
閩江（ミン・キアン）Min, 274, 453, 454,

ホータニー Khotanî（ホータン人）, 121.
ポターニン Potanin, Grigory N., 173.
ボダ・ラ Bouddha-la（補陀落山）, 87.
ポタラ宮（布達拉宮）Potala, 87-89, 144, 163, 213, 450.
ホータン（和闐，和田）Khotan, 6, 27, 99, 103, 112-118, 125-131, 135, 152, 176.
牡丹江（ムタン・ホ）Moutan ho, 219, 232.
ホータン・ダリヤ Khotan-daria, 27, 103, 108, 112.
保長（パオチン）paotching, 605.
渤海 Po haï, 235, 305, 351, 645.
北海鎮（パクホイ Pakhoï，ペイハイ Peï haï），489-490.
北海道 Yeso, 650, 651, 656, 659-664, 697, 698, 702, 708, 739-742, 778-779, 782, 809.
渤海湾 golfe de Petchili, 182, 201, 306, 324, 328-329, 331, 334, 346, 348, 349, 351, 626, 628.
ボッカ・ティグリス Bocca Tigris, 470.
ホッグ峡谷 défilé de Hogg, 59.
保定府（パオティン・フ）Paoting fou, 326.
ボテル・トバゴ（蘭嶼）Betel Tobago, 537.
ポート・アダムス Port Adams（ポート・アーサー Port Arthur か）, 235.
ポート・ロイド port Lloyd（大湊）, 776.
蒲東（プントゥン）Pountoung, 439, 440.
保徳（パオテ）Paoté, 339, 367.
ホーナー岬 cap Horner（開聞岳），684, 686, 688.
ボニン諸島 Bonin（小笠原諸島），650, 773, 774.
保寧（パオニン）Paoning, 613.
ボヒー山脈（武夷山脈）Bohea, 462.
蒲縹鎮（ピュピアオ）Pupiao, 504.
ホープ Hope, James, 793.
ホブド Kobdo, 161, 166, 172-175, 204-205, 207, 210, 213, 565.
ポポフ山 Popov, 626.
ポミ王国 Pomi, 79, 92, 97.
ホ・ラオ・ロ・キア Ho-lao-lo-kia, 114.
ボラリョ Borrallo, 653.
ホラン Holin, 209.
ホル Hor, 27, 67.
ホール Hall, Basil, 620, 691, 692, 718.
ホル・ソク Hor-Sok, 28.
ホルチン部 Kortsin, 204.
ポルデノーネ Pordenone, Odorico da, 20, 244, 443, 448.
ボールドウィン Baldwin, Caleb C., 258.
ボロ・コロ山地（婆羅科努山脈）Borokhoro, 160, 162.
ボンガ Bonga, 79.
ホン川（紅河，ソンコイ川）fleuve Rouge, 248, 468, 493-495, 497, 511-512.
香港 Hongkong, Hiang Kiang, Hionkong, 251, 270, 461, 473, 482-488, 490, 516, 518, 563, 565, 579, 603, 608, 794.
本所 Hondjo, 752.
ボン信仰 Bon, 71, 79-80.
本州 Hondo, Hontsi, 408, 622, 650, 651, 665-679.
本地人（プンティ・ジェン）Pounti jen, 300, 412, 475-476, 516.

ま

前橋 Mayebasi, 748, 767, 808.
マウント・シルヴィア mount Sylvia（雪山）, 519.
マウント・モリソン mount Morrison（玉山）, 519.
マカオ（澳門）Macao, 258, 284, 472, 486-490, 518, 565, 737.
マーカム Markham, Clements R., 34, 94, 332, 333.
マーガリー Margary, Augustus R., 496, 565.
マックスウェル Maxwell, Murray, 620, 691, 718.
マクレイ Maclay, Robert S., 258.
マクレヴァーティ MacCleverty, James, 477.
馬公（マクン）Makoung, 537.
マザール Mazar, 155.
マゼラン Magellan, 10, 653.

ベドゥネ Bedouné　→　プトナ
ベヌト＝デ＝ゴエス Bent de Goes, 101, 126, 152.
ヘボン Hepburn, James C., 651.
ベーム Behm, Ernst, 83, 171, 616.
ペリー Perry, Matthew C., 691, 773, 799.
ベリベリ病 beriberi（脚気）, 721.
ベリュー Bellew, Henry W., 101.
ベルチャー Belcher, Edward, 691.
ベルーハ山 Beloukha, 173.
ヘルレン（克魯倫）Kerulen, Kherulen, 209, 210; ヘルレン川（克魯倫河）, 176, 178, 210.
ペレー Perrey, Alexis, 657.
ペロショー Pérocheau, Jacques-Léonard?, 285.
ヘロドトス Hérodote, 85.
ヘンダーソン Henderson, George, 26, 43, 101, 104, 105, 113.
ヘンテイ山地 Kenteï, 1, 172, 176.
汴河（ピエン・ホ）Pien ho, 374.
辺門（ピョンムン）Pienmien, 640.
汴梁（ピエンリアン，開封府）Pien leang, 374.

ほ

ホイットニー Whitney, William Dwight?, 715.
宝永山 Hoyeï zan, 673.
鳳凰山（フングワン・シャン）Foungouang chañ, Fenghoang tcheng, 236-237, 615.
鳳凰城（フェンホアン・チェン）Fenghoan tcheng, 616, 640.
宝慶（パオキン）Paoking, 613.
法顕 Fahian, 179.
澎湖群島（パンフウ）Panghou, 519, 526, 536, 537.
法庫門（ファク・ミン）Fakou miñ, 237, 238.
房山（ファンシャン）Fangchañ, 320.
鳳翔県（フチャン・ヒェン）Foutchang hien, 368.
鳳翔府（フェンヒアン・フ）Fenghiang fou, 613.
彭水（ペン・シュイ）Pen choui, 421.　→　烏江
豊台（フェンハイ）Fenghaï, 316.
奉天（フンティエン）Foungtien, 220, 233.
奉天将軍 province de Moukden, 214, 238, 611, 614, 615.
包頭（バオトウ Baotou，ビチュカイ Bitchoukhaï）, 367.
望都県（ホアントゥ・ヒェン）Hoangtou hien, 326.
鳳陽（フェンヤン）Fengyang, 612.
北関（ペクワン）Pekouan, 233.
墨玉河 rivière du Jade noir, 103. →　カラ・カシュ川
北江（ペ・キアン）Pe kiang, 467-469, 478, 479.
ボグダ・オラ（博格達山，搏格多鄂拉）Bogdo ola, 158.
北直隷省 Petchili, 188, 201, 210, 303-327（五章二節）, 357, 363, 556, 603, 606, 612, 625, 631.
北直隷湾 baie de Petchili, 306.　→ 渤海湾
ボグド・クレン（ウルガ）Bogdo Koureñ, 206.
北塘（ペイタン）Peïtang, 323, 324, 327, 606.
北塘河（プタン・ホ）Petang ho, 305.
穆坪（ムピン）Moupin, 394.
北門江（ペイメン・キアン）Peïmen kiang, 514.
ボグラ・ノール（バグラシ湖）Bogla nor, 109.
北陸道 Hokrokou do, 744, 767, 795, 806, 808.
ホクロ（福佬）Hoklo, 474-475.
ポシェト湾 Baie de Possiet, 233, 234, 236, 625.
ホジソン Hodgson, Brian H., 34.
蒲州府（プチュウ・フ）Poutcheou fou, 372.
ポスカム Posgam, Poskam, 131.
ボステン・ノール（バグラシ湖）Bostan nor, 109.
蒲台（プタイ）Poutaï, 348.

プル poulou, 91.
プルジェーヴァルスキー Prjevalski, Nikolaï M., 21, 24, 32, 61, 81, 101, 108, 116-118, 126, 131, 133, 134, 138-139, 140, 141, 143, 145, 148, 151, 178, 181, 185, 339, 364, 379, 397.
ブル・ツォ Boul tso, 31.
ブルト人 Bourout, 166. → カラ・キルギス人
フルハ川（瑚爾哈）Khourkha, 219, 232. → 牡丹江
ブルハン Bourkhan（活仏）, 197.
ブルハン・ブダイ山脈（布爾汗布達山）Bourkhan Bouddha, Burhan Budai Shan, 140, 142.
プルブン寺 Preboung, 89.
ブルルトカイ（福海）Bouloun tokhoï, 166, 170.
フレイレ Freyre, Manoel, 20.
ブレーキストン Blakiston, Thomas W., 247, 377, 382, 418, 421, 426.
プレスター・ジョン prêtre Jean, 157, 283-284.
ブレトシュネイデル Bretschneider, Emil, 305, 310.
プレマール de Prémare, Joseph-Henri M., 562.
プロテスタント（中国）, 285-286, 293.
ブロートン Broughton, William R., 618, 654, 676, 691.
ブロートン湾（金野湾）golfe de Broughton, 625, 641.
フン族 Huns, 9, 160.
汾河（フェン・ホ）Fouen ho, Fen ho, 370, 372.
噴火湾（内浦湾）baie des Volcans, 651, 661, 662-664, 741.
ブンゲ von Bunge, Alexander G., 178.
豊後水道 chenal de Boungo, 681, 767.
汾州（フンチュウ）Fontcheou, 612.
邠州（キンチュウ）Kingtcheou, 367.
分水龍王廟 temple du "Roi des Dragons du Partage,"349.
プン・ボ信仰 Pön bo, 71.
フンボルト von Humboldt, Friedrich H. A., 138.

へ

平安城 Heianzio, 758.
平夷山（ピンイ・シャン）Ping’y chañ, 466.
平越（ヒンイ）Hingyi, 613.
平壌 Pinyan, Pieng’an, 646, 647.
ペイ人 Peï, 501-502.
平泉県（ピンチュアン・ヒェン）Pingtchouen hien, 213.
平泉州（ピンチュワン・チュウ）Pingtchouan tcheou, 610.
平定州（ピンディン・チュウ）Pinding tcheou, 371, 375.
平度（ピントゥ）Pingtou, 335.
ベイバー Baber, Edward C., 92, 497.
平埔蕃（ペポ・ホアン）Pepo hoan, 531.
平遥県（ピンヤオ・ヒェン）Pingyao hien, 371.
平陽府（ピンヤン・フ）Pingyang fou, 372.
平楽（ピンロ）Pinglo, 613.
平涼府（ピンリアン・フ）Pingliang fou, 367.
ペイ・リン Peï ling(白陵すなわち巫山峡か), 368.
ヘイワード Hayward, George J. W., 100, 101.
ペヴツォフ Pevtzov, 173, 174.
碧玉河 rivière du Jade vert, 103.
北京 Peking, Peting, Betzing, 9-12, 161, 182, 189, 207, 208, 248, 251, 253, 277, 294, 303, 307-320, 327, 405, 421, 431, 440, 539, 560, 565, 571, 573, 574, 583, 589, 600, 608, 610, 612, 627, 642, 695.
ペゴロッティ Pegolotti, Francesco B., 244.
ペスカドーレス諸島 Pescadores, 519, 537. → 澎湖群島
ペチャ山地 Petcha, 181. → 大興安嶺
ベッテルハイム Bettelheim, Bernard J., 730.
ベデル峠 col de Badal (Bedel pass), 133.
ペーテルマン Petermann, Augustus H., 34, 57, 58.

福井 Foukouyi, 746, 767, 808.
福岡 Foukouoka, 768, 771, 806, 809.
伏牛山脈（フニウ・シャン）Founiou chañ, 353.
ブグク・ゴル Bougouk gol, 145.
福建省 Fo'kien, , 255, 258, 260, 285, 416, 453-465（五章六節）, 467, 476, 516, 519, 538, 579, 604, 608, 613, 705.
福島 Foukousima, 743, 806, 808.
福州（フーチュウ）Foutcheou, Hoktchiou 258,454, 455, 457-461, 539, 561, 563, 573, 582, 608.
ブグトゥ山 Bongoutou, 185.
福寧府（フニン・フ）Founing fou, 457.
福山（松前）Foukouyama, 741, 809.
福山 Foukouyama, 766, 767, 809.
ブグル Bougour, 133.
福佬（フォー・ロ）Fo'lo, 475.
蕪湖（ウフ）Wouhou, 389, 431.
フーコー Foucaux, Philippe É., 69.
武功山（ウクン・シャン）Woukoung chañ, 408.
釜山 Fousan, 629, 640, 641, 647, 694.
フシエン Hsiyne, 109.
富士川 Fouzi kava, 673.
富士山 Fouzi san, Fouji no yama, 671-674, 676, 677, 680, 694, 702, 754.
普洱府（プーウル・フ）Pou ör fou, Pou öl fou, Pou ehr fou, 511.
フシュー khochoun（旗）, 145, 192, 204.
富州（フチュウ，鄜州）Foutcheou, 370.
撫州（フチュウ）Foutcheou, 612.
富順川（フスン，沱江）Fousoung, 418.
武昌府（ウチャン・フ）Outchang fou, 378, 426.
扶桑国 Fousang, Fousang koué, Fousan kok, 652.
伏見 Fousimi, 760, 767.
普陀山（プト）Pouto, Poutou, 450-451.
ブタン人（牡丹社）Boutan, 529, 533, 537.
ブータン人 Bhoutanais, 71, 81.
府中（厳原）, 694.
プーチロ Poutzillo, 632.
仏教 6;（チベット）71-79;（東トルキスタン）118, 129;（モンゴル）144, 196-199;（中国）264, 271-275;（朝鮮）635;（日本）734.
仏山（ファチャン Fatchan, フォシャン Fo'chañ, フシャン Fou chañ）, 478, 479, 490, 555, 613.
ブッダ（仏陀）Bouddha, 7, 80, 96, 273, 275.
武定（ウティン）Outing, 612.
プトナ（伯都訥）Petouna, Badouné, 230-231, 238, 614.
ブトハ（布特哈）Boutkha, 230.
ブトハン人 Boutkhanes, 230.
府内（大分）Founaï, 768, 806, 809.
船川 Fna gava , Founa gava, 667.
船橋 Fnabasi, Founabasi, 748, 767.
プナン・チュ Penang-tchou, 86.
ブハイン・ゴル（布哈河）Boukhaïn gol, 140.
ブハラ Bokhara, 99, 119, 122, 123, 502.
ブハラ人 Boukhare, 167.
フビライ＝ハン Koublaï khan, 212, 349, 399, 415, 502, 504.
ブフイ（卜奎）Poukouhé, 230.
フブスグル湖 Koso gol, 175.
フフホト（呼和浩特，厚和豪特）Koukou khoto, 197, 210-211, 213.
ブヤント川 Bouyantou, Buyant gol, 174.
ブー・ユル Bod-youl（チベット）, 23, 68, 69, 92, 136, 396, 504.
ブラキストン　→　ブレーキストン .
ブラゴヴェシチェンスク Błagovechtchensk, 229.
プラノ＝カルピニ Plano Carpini, Iohannes de, 9, 193.
ブラフマプトラ川 Brahmapoutra, 36, 47, 48, 51-55, 57, 58, 148, 495.
プラン（普蘭）Pouling, 84.
フランシェ Franchet, Adrien R., 700.
フリース Vries, Maarten G., 656, 695.
フリース火山 volcan de Vries（三原山）, 676.
ブリッジマン Bridgman, Elijah C., 403.
フリッチェ Fritsche, Hermann, 178, 181, 247.
ブリヤート人 Bouriates, 189, 191, 192, 196, 197, 207.

ひ

ヒアオロ（福佬）Hiaolo, 474.
ピアセツキー Piasetskiy, 158.
ヒアルガス・ヌール 174. → キルギス・ノール
ピアルマ（皮亜勒瑪）Pialma, 131.
ビイスク Biisk, 173.
ヒウカオ Hieoukao, 371, 375.
比叡山 Hiyeï zan, 679, 680, 758.
ヒエンフン Hien foung (mont). 625.
ヒオロ（福佬）Hiolo, 474.
東ゴビ Gobi oriental, 218, 221, 231, 237.
東シナ海 408, 615, 622, 687.
東トルキスタン Turkestan oriental, 100.
東山温泉 Higasi-yama, 743.
ビクモア Bickmore, Albert S., 521.
彦根 Hikone, 758, 767.
貔子窩（ピツェ・ワ）Pitze woa, 235.
避暑山庄 palais d'été, 212.
ビシュバリク（別失八里）Bichbalik, 157. → ウルムチ
ピジン・イングリッシュ pidgin English, 482, 574-576.
肥前 Hizen, 768, 806, 809.
飛騨山脈 Hida, 676-677.
ビーチー Beechey, Frederick W., 691, 773.
ピーチャン（闢展，善鄯）Pidjan, Pichan, Pidchan, 149, 155, 157.
ビッダルフ Biddulph, John, 42, 101.
ピナクル諸島 Pinnacle（吐噶喇列島）, 687.
非人 hi nin, 707.
ヒマラヤ山脈 Himalaya, 1, 19, 23, 25, 26, 34-35, 60, 61, 63-64, 92, 611, 705.
姫路 Himedzi, 765, 767, 809.
百姓（ひゃくせい）"Cent Familles", 255, 289, 550, 591, 605.
百花山（ポホア・シャン）Pohoa chañ, 316, 319.
ピュアフォイ Purefoy, James, 514.
ピュエ・コアシム Pué-koachim, 60.
兵庫 Hiogo, 681, 763, 790, 806, 808.
兵庫・神戸 Hiogo-Kobe, 763, 790.
屏山（ピンシャン）Pingchañ, 382, 418.
廟島（ミアオ・タオ）Miao tao, 328.
屏東（ピタオ）Pitao, 533.
ピョートル大帝湾 golfe de Pierre le Grand, 11, 220, 232.
ピョンヤン（平壌）, 647.
平戸 Hirado, Firando, 769.
ビリャロボス de Villalobos, Ruy L., 773.
ピール群島（父島列島）îles de Peel, 775, 776.
弘前 Hirosaki, 743, 767.
広島 Hirosima, 766, 767, 805, 806, 809.
琵琶湖 lac de Biva, 673, 677-679, 758, 760, 764.
ヒンアン・アリン Khinan alin, 216. → 小興安嶺山脈
ヒンガン Khingan, 216. → 小興安嶺山脈
ヒンキン Hingking, 234.
彬州（ピンチュウ）Pintcheou, 367.
ヒンドゥー教 125.

ふ

ブー人 Bod, 22, 79, 396, 504. → チベット人
ファイザバード（伽師）Faïzabad, 132.
ファーガソン Fergusson, James, 51.
ファス Fuss, 178.
ファンザ（坊子）fanzas, 223.
武夷山脈（ウイ・シャン）Oui chañ, 461-462.
フィッツマイヤー Pfizmaier, August, 712.
フィリペウス商会 Philippeus, 739.
ブーヴェ Bouvet, Joachim, 246, 468, 478.
風水（フェン・シュイ）feng-choui, 268-270, 457, 573.
フェルビースト Verbiest, Ferdinand, 181, 319.
武王（ウ・ワン）Wou wang, 332, 593.
フォーサイス Forsyth, Thomas D., 61, 101, 102, 132.
フォーチュン Fortune, Robert, 251, 462.
深掘 Foukabori, 769.
伏羲（フ・ヒ）Fu hi, 256, 268, 295, 373, 546.

八達嶺（パタ・リン）Pata ling, 324.
バード Bird, Isabella L., 704, 711.
馬徳新（マ＝テシン）Ma Tehsing, 279.
パドーリン Paderin, 209.
ハナト khanats, 204.
ババ・クル Baba koul, 108, 112.
バーブル Bābur, Žahīr al-Dīn Muhammad, 190.
パペ人 Papé, 406, 502.
パーペンベルク Papenberg（高鉾島），769.
浜松 Hamamatz, 755, 767, 808.
ハーマン Harman, 46, 47.
ハミ（哈密）Hami, Khami, Khamil, 118, 125, 146, 149, 152-153, 155, 156, 157, 160, 161, 163.
パミール 高原 Pamir, 4, 19, 23, 26-28, 100, 107, 113, 118, 122, 188.
パミール（牧草地）pamir, 27.
バム・ミャオ人 Bam Miaou, 515.
ハメル Hamel, Hendrick, 621.
バモー Bhamo, 53, 279, 496, 497, 504, 506.
バヤン・インギル峠 col de Bayan Ingir, 173.
バヤン・ゴル Bayan gol, 140, 141.
バヤン・ハル山脈（巴顔喀拉山脈，バインハル山脈）Bayan khara, Bayan Har Shan, 142, 148.
バヤンダイ Bayandaï, 169.
パユ人 Payu, 501. → ペイ人
バラクシ Balakchi, 129.
バラクータ号 Barracouta, 793.
ハラチン部 Kartsin, 204.
幌筵島（パラムシロ）Paramouchir, 656, 657.
バラン・トラ Baran-tola, 19.
パリー諸島 îles de Parry（智島列島），775.
針ノ木岳 Harinoki yama, 680.
針ノ木峠 col de Harinoki, 676.
バーリン部 Barin, 204.
ハル・ウス湖 Kara sou, 174, 175.
パルグ・ツォ Palgou tso, 35.
バルクル（巴里坤，巴爾庫勒，バルコール，バリクル）Barkoul, 156, 204.
バールトン Burlton, 51, 53.
ハルハ Khalkha, 208.
バルハシ湖 Balkhach, 160, 163.
ハルハ人 Khalkha, 189, 191-192, 196, 204.
漢拏山（ハルラ・サン）Aoula san, Hauka san, 626.
パルラディ＝カファロフ Piotr Kafarov “Palladius”, 215, 226, 230.
パルティ湖（ヤムドク湖）Palti, 35, 45, 74.
春牟古丹島（ハルマコタン）Haramoukotan, 656, 657.
バルリク山 Barlik, 160.
バロウ Barrow, John, 351.
番禺城（ナンウ・チェン）Nanwou tcheng, 479.
ハン・オラ Khan ola, 206.
ハンカ湖（興凱湖）Khankha, 234.
瀚海（ハン・ハイ）Han haï, 110.
ハンガイ山脈（杭愛）Khangaï, 161, 174.
漢江（ハンガン）rivière de Seoul, Hankiang, 615, 620, 629, 636, 639, 644-646.
班恵班（パンホエイパン）Panhoeïpan, 296.
パンゴン湖（班公錯，澎公湖）Pangkong, 41-42, 85.
蕃子（ファンツェ）Fantze , 364.
樊城（ファン・チェン）Fang tcheng, 430.
パンゼー人 Panté, Panthés, 278, 280-281, 493, 502, 505, 506.
パンゼー人の乱（回民蜂起）, 493, 502.
磐梯山 Bantaï san, 669, 680.
パンチェン＝リンポチェ Pantchen-rimbotché, 86. → タシ＝ラマ
ハン・テングリ峰（汗騰格里峰）Khan tengri, 170.
パント pantes, 133
ハン・バリク（北京）Khan balik, 308.
パンペリー Pumpelly, Raphael, 179, 339, 407, 693.
鄱陽湖（ポヤン・フ）Poyang hou, 386, 403, 430.
万里の長城 Wen li tchang tching, Grande Muraille, 9, 149, 168, 172, 186-189, 201, 207, 217, 226, 237, 238, 240, 324, 325, 354, 365-367, 370, 371, 553, 554, 576.

の

ノー湖 Noh, 42.
ノヴァラ号 Novara, 525.
能代 Nosiro, 767.
能登半島 presqu'île de Noto, 667, 745.
ノマカン nomakhan(ヌムシェン noumchen か), 95.
乗鞍岳 Norikoura yama, 680.
嫩江 Nonni, 215-219, 223, 229-231.

は

バイ（拜城）Baï, 133.
バイカル湖 Baïkal, 206.
パイ人（白族）Pa-i, Paï, Payi, 69, 406, 501-502, 503.
梅関古道 passage de Meï ling, 409, 453, 468.
梅江（メイ・キアン）Meï kiang, 467.
煤山（メイ・シャン）Meï chañ, 312.
涪州（フチュウ）Foutcheou, 421.
ハイディン・クワ（孔雀河）Khaïdîn koua, 109.
売買城（マイマ・チェン）maïma tcheñ, 205, 207, 209.
買弁 comprador, 755, 794.
ハイラル（海拉爾）Khaïlar, 210; ハイラル川, 176, 210, 213.
梅嶺（メイ・リン）Meï ling, 409, 424, 453, 467, 468, 479.
バインハル山脈 380, 381, 383, 392, 393. → バヤン・ハル山脈
パオ（保）pao, 611.
巴河（パ・ホ）Pa ho, 420. → 嘉陵江
博多 Hakata, 768, 771.
バガラシュ・クル（バグラシ湖）Bagarach koul, Bagrach koul, バグルチ・クル Bagurtch koul, 109.
馬寒山（マハ・シャン）Maha chañ, 365.
萩 Hagi, Haki, Hogi, 767, 809.
白彝 Lolo blancs, 498.
白雲山（ペイユン・シャン Peïyun chañ, パクワン・シャン Pak wan chañ）, 467.
白河（ペイ・ホ）Peï ho, 10, 248, 300-327（五章二節）, 339, 341, 344, 347, 349, 350, 430, 565, 606, 608.
白玉河 rivière du Jade blanc, 103, 131. → ユルン・カシュ川
白蜡（ペイ・ラ）peï la, 402, 414, 515.
白山 Siro yama, Hakou san, 677, 680, 703, 746.
白山（ペク・サン）Païksan, 625.
博山（ポシャン）Pochañ, 334, 337.
白水（ペイ・シュイ）Peï choui, 402.
白水江（ペシュイ・キアン）Pechoui kiang, 380.
白帝 Pei ti, 370.
バクティ Bakti, 167.
白頭山（ペクトゥ・サン）Païktou san, 624.
白馬湖（ペイマ・フ）Peïma hou, 329.
バクナク峠 col de Baknak, 35.
バクハ・ナムール湖 Bakha Namour, 28.
バグラシ湖 Bagaratch koul, 109, 112.
白蓮教, 272.
白話（ペ・ホア）pe hoa, 475.
パコウ（八溝）, 213.
函館 Hakodate, 664, 698, 699, 741-743, 790, 800.
箱根 Hakone, 674, 754, 808.
パシュム pachm, 66.
パスキエヴィッチ Paskievitch, 21.
ハズレ・シカンデル（アレクサンドロス大王）Hazret Sikander, 119.
ハタウ川 Hataou（嘉陵江）, 420.
バダウレト・ハン bedaoulet khan, 99.
バタン（巴塘）Batang, 97, 392, 395, 413, 452.
馬端臨 Matouanlin, 519, 616, 627, 631, 706, 725.
八丈島 Hatsizeo, Fatsizio, 675, 775.
八戸 Hatsinoye, 767.
八蕃（パ・ファン）Pa Fan, 406.
八里橋（パリ・キアオ Palikiao, パリ・カオ Pali kao）, 212, 315, 317.
八郎潟 Hatziro, 667, 668.
客家（ハッカ Hakka, ク・キア Ke kia）, 300, 474-476, 492, 527, 579.
八旗 Paki, 191, 204, 225, 554, 607.

568, 612.
南京江（ナンキェン・キアン）Nankien kiang, 514.
南口（ナン・クウ）Nan koou, 324, 325.
南康（ナンカン）Nank'ang, 612.
南山 Nan san (île), 688.　→　山南
南山山脈（ナン・シャン）Nan chañ, 403, 408.　→　南嶺山脈
南翔（ナンシアン）Nansiang, 441.
南昌（ナンチャン）Nantchang, 430.
南潯（ナンツィン）Nantsin, 441.
南台（ナンタイ）Nantaï, 460, 461.
南台錦綉峰 Nanting, la “Montagne Brodée”, 357.
男体山 Nantaï san, 669, 680.
ナンチュウ Nantcheou, 374.
南寧（ナンニン）Nanning, 613.
南蛮（ナン・マン）Nan man, 403.　→　ミャオ人
南雄（ナンヒウン）Nanhioung, 479.
南陽（ナンヤン）Nanyang, 612.
南流江 489-490.
南嶺山脈（ナンリン）Nan ling, 4, 403, 405, 407-412, 453-465（五章六節），466, 467, 631.

に

ニア Nia（民豊）, 126.
ニア・チュ Niatchou, Ngya-tchou, 381.
ニアリン・ツォ Nyaring tso（Ngangla Ringco?）, 34.
新潟 Nihigata, 698, 699, 700, 744, 780, 790.
ニェン・キオ（サルウィン川）Ngen kio, 57.
ニエンチェン・タンラ山脈 Nindjin tang la, 31-34, 56, 392.
西宮 Nisinomiya, 763.
日光山 Nikko zan, 669.
日照沙（ヒテイ・シャ）Hiteï cha, 388.
日本 Nippon, Ni hon, 1, 408, 411, 440, 463, 488, 525, 529, 532, 536, 557, 558, 567, 580, 616, 617, 620, 621-622, 624, 627, 630, 631, 639, 640-641, 644, 648-810（七章）.
日本橋 Nippon basi, 749.
日本人 Japonais, 12, 214, 225, 228, 450, 532, 582, 616, 630, 646, 648, 652, 653, 654, 697, 707, 708-738（七章四節）738, 778-783, 788, 790, 794, 799, 804.
二本松 Nihonmats, 743, 767.
ニム nimou, 447.
ニムロッド湾 baie de Nimrod, 456.
ニャラム Nilam, 86.
ニャリ Ngari, 84.
ニンハイ（寧海か）Ninghaï, 237.
寧波（ニンポー）Ningp'o, 258, 277, 300, 408, 445, 448-450, 521, 563, 582, 613, 625.

ぬ

ヌー・キアン（怒江）Nou kiang, 57.
奴国 Neno Koumi, 717.
奴婢 , 293, 552, 634, 643.
沼津 Noumadz, 754, 767.
ヌモル川（訥漠爾河）Nemer, Nemor he, 215.

ね

寧遠（ニンユアン，興城）Ningyuen, 237.
寧遠（ニンユエン，西昌）Ningyuen, 399, 402, 414, 418, 506.
寧遠（ニンユアン，旧クルジャ）Nin Yuan, 169.
寧夏（ニンヒア）Ninghia, 366.
寧国（ニンクオ）Ningkouo, 612.
寧古塔（ニングダ）Ningouta, 232, 614.
寧州（ニンチュウ）Ningtcheou, 511.
寧波　→　ニンポー
寧武（ニンウ）Ningwou, 612.
ネストリウス派 155, 226.
熱河（ジュホル）211.
ネパール人 Népaliens, 71, 84.
ネム＝シン Nem Singh　→　N-m-g, 46.
根室 Nemoro, 739, 810.
ネンダ山 Nenda, 392.
捻匪（ニエンフェイ）Nienfeï, 300.

Mi kiang, 161, 232, 236, 624, 629, 640.
富岡 Tomioka, 748, 808.
トメト部 Toumet, 204.
友が島 Tomoga sima, 681.
富山 Toyama, 745, 767, 808; 富山湾 , 667.
豊臣秀吉 Taïkosama, 622, 636, 736, 737, 765.
豊橋 Toyobasi（吉田）, 755, 808.
トーラ川（土拉河）Tola, 178, 206, 207.
トライ川 Tolaï, 148, 152.
ドラシェ von Drasche, 677.
ドラポルト Delaporte, Louis, 496.
ドラングル峰 Delangle（利尻山）, 662.
トランスアライ山脈 Trans-Ałaï, 107.
トランスオルドス Trans-Ordos, 186, 354.
トランスヒマラヤ Trans-Himalaya, 33, 34, 45, 53, 60.
鳥島 Tori sima（硫黄鳥島）, 687.
ドルー Drew, Frederic, 61.
ドルヴィル d'Orville, Albert, 20.
ドルキア Dorkia, 31.
ドルハト人 Dorkhat, 192.
トルファーニー（トルファン人）Tourfanî,121.
トルファン（吐魯番）Tourfan, 118, 153, 155, 157, 158, 565.
トロッター Trotter, Henry, 42, 101.
ドロレス＝ウガルテ号 Dolores-Ugarte, 578.
ドロン・ノール（多倫爾諾）Dolon nor,179, 211, 213.
ドンヴォ人 Donva（ウリヤンハイ人）, 192.
ドンガン人（東干族）Dounganes, 10, 130, 132, 138, 141, 143, 145, 151, 152, 155, 157, 161, 165-167, 169, 184, 193, 205, 278, 282, 284, 365, 366.
ドンガン人の乱，回民蜂起 , 130, 138, 141, 145, 151, 161, 165-167, 205, 282, 366.
ドンキル Donkir（甘孜）, 142, 145, 364.
トンキン（東京，開封古称）Toungking, 374.
トンキン地方 466, 467, 514, 518.
嫩江（シ・キアン）Si kiang, 215-219, 223, 229-231.
ドンラン Donlanes, 121.

な

内宮 Naikou, 757.
ナイマン部 Naïman, 204.
ナイン＝シン Nain Singh Rawat, 28, 34, 42, 46, 47, 57, 64, 66, 80, 86, 90.
ナウマン Naumann, Heinrich E., 752.
ナオトン Naoutong, 515.
長岡 Nagaoka, 744, 767.
中川（天塩中川）Nakagava, 661.
那珂川 Naka gava, 746.
中津 Nakats, 768, 771, 809.
中之島 Naka sima, 687.
長崎 Nagasaki, 640, 641, 653, 738, 769-771, 788, 790, 793, 796, 803, 806, 809.
鳴き砂 , 114.
名古屋 Nagoya, 755, 767, 795, 806, 808.
ナシャ nacha, 123.
那須山（茶臼岳）Nasou yama, 680.
「七本の釘の山」mont de Sept Clous, 393.
浪速 "Flots rapides", 762.
那覇 Nafa, Nava, 692, 699, 771-772, 810.
ナプ・チュ Nap tchou, ナク・チュ Nak tchou, 57, 136.
泪橋 Pont des Larmes, 311.
ナム・ツォ（納木錯，ナム湖）Nam tso, 31, 35. → テングリ・ノール
ナムリン（南木林）Namling, 86.
ナムリン川 Namling, 45.
ナムール Namour, 28.
ナメイトゥ Nameïtou, 379.
ナヤ Naya，ニア Nia（民豊）, 126.
奈良 Nara, 758, 760, 767, 783, 808.
ナリ地方 Nari, 63, 84, 97.
ナリーン Narîn, 125.
鳴門海峡 détroit de Narouto, 681, 682.
苗代川 Naesivo gava, 782.
南安（ナンガン）Nangan, 612.
南澳島（ナモア Namoa, ナンガオ Nangao）, 476.
南海子（ナンハイ・ツェ）Nanhaï tze, 317.
南京（ナンキン）Nanking, 303, 307, 375, 386, 425, 431-433, 452, 476, 504, 563, 565,

東河（トゥン・ホ）Toung ho, 414.
東海（トゥン・ハイ）Toung haï, 408, 687, 716. → 東シナ海
東海道 Tokaï do, 674, 754, 755, 792, 808.
董家渡（トンカトウ）Tongkatou, 439.
潼関（トンクワン）Toungkouan, 369-370, 373, 375.
東莞 Toungkoung, 490.
銅官（トゥンクワン）Toungkouan, 425.
ドゥキウ Doukiou（琉球）, 687.
東京 Tokio, Tokiyo, Tokeï, 529, 652, 695, 706, 745, 748-753.
道教（タオ・キアオ）tao kiao, 263, 271, 277.
東京新田 Tokio-sinde, 753.
東京大学 L'université de Tokio, 752.
東京地学協会 Société de Géographie de Tokio, 753.
東京湾 baie de Yedo, 666, 676, 695, 699, 721, 752.
トゥグズ・ダヴァン Tougouz davan, 24.
ドゥク・パ Duk-pa（赤帽派）, 73.
トゥグラク tougrak, 115.
東江（トゥン・キアン）Toung kiang, 467, 469, 479.
東港（タンカン）Tangkang, 533, 537.
東山道 Tosan do, 702, 706, 746, 767, 795, 808.
トゥシェート部（土謝図汗部）Touchetou, Touchiyeton, 204.
登州（テンチュウ）Tengtcheou, 335.
東昌（トゥンチャン）Toungtchang, 332.
騰衝鎮（テンフエ・ティン）Tenghueh ting, 496, 503.
銅仁（トゥンジェン）Toungjen, 613.
東川（トゥンチュワン）Toungtchouan, 510, 613.
潼川（トゥンチュエン）Toungchouen, 613.
東韃子（トゥン・ダーツ）Toung tatze, 223.
ドゥダール＝ド＝ラグレ Doudart de Lagrée, Ernest, 496.
洞庭湖（トゥンティン・ホ）Toungting ho, 383-385, 403, 408, 421, 423, 426.
遠江灘（遠州灘）Tohotomi nada, 755.
道徳経 Taote' king, 271.
東蕃（トゥン・ファン）Toung Fan, 526.
同文館（トンウェンクワン）Toungwen kouan, 314, 583.
トゥマン Touman, 403.
東陵（トゥンリン）Toungling, 320.
トゥルグ・アルト Touroug art, 125.
トゥルグート人 Tourgout, 165.
トゥルタ Toulta, トゥルトゥ Toultou, 166.
ドゥルバン部（ドルベン・フーヘト部）Dourban, 204.
トゥン Toung, 403.
ドゥンフ川 Dumphu, 34.
トゥンルング・ラ Toungloung la, 35.
十勝川 rivière de Tokatsi, 661.
十勝岳 Tokatsi take, 660, 661, 664.
吐噶喇列島 687. → ピナクル諸島
ド＝ギーニュ de Guignes, Joseph, 260.
都匀（トゥユン）Touyun, 613.
徳安（テニアン）Tengan, 613.
徳川家康 Tokougava Yeyas, 532, 734, 748, 758, 798.
徳島 Tokousima, 767, 768, 809.
涿州（ツォチュウ）Tsotcheou, 326, 327.
トクスン Taksoun, 156.
トク・ダウラクパ Tok-daourakpa, 86.
トクトナイ Toktonaï, 379.
ドグトル Dogthol, 86.
トク・ヤルン Tok-yaloung, Thok yaloung, 35, 85.
ドグラ人 Dogra, 39.
トグルク togrouk, 115.
ド＝ケルガラデク de Kergaradec, Alexandre Camille Jules Marie Le Jumeau?, 512.
ドケル・ラ山 Doker la, 505.
怒江 Noukiang, 57.
鳥取 Tottori, 765-767, 809.
利根川 Tone gava, 666-667, 669, 717, 746, 748, 749, 753.
吐蕃（トゥ・ファン）Tou Fan, 18.
飛島（とびしま）Tobi sima, 667.
杜文秀 Tuwhenhsia, 506.
泊（とまう，沖縄島）Tomaou, 772.
泊（トマリ，国後島）Tomari, 657.
豆満江 Tiumen ola, Tumeñ ola,Touman kang,

1, 107.

て

ディアナ号 Diana, 675, 790.
定安（ティンガン）Tingan, 514.
定海（ティンハイ）Tinghaï, 450.
鄭家口（チュンキア・クウ）Tchoungkia keou, 332.
ディガルチ Digartchi, 86.　→　シガツェ
汀州（ティンチュウ）Tingtcheou, 613.
鄭州府（チンチュウ・フ）Tchintcheou fou, 375.
ティセ山 Tise, 35, 36.　→　カイラス山
鄭成功 Tchingtching Koung, 532.
ディ・チュ Ditchou, ブリ・チュ Britcbou, 379.
提台（ティタイ）titaï, 607.
ディハン川（ディホン川）Dihong, 48, 51-53, 57.
ディバン川 Dibeng, 48.
ディボン川 Dibong, 57.
ティムール Tamerlan, 132, 166, 190, 280, 284.
ディリス dirisou, 179.
ティングリ（定日）Tingri, Dingri, 86, 87, 91, 98.
デーヴァナーガリー文字 lettres devanagari, 69.
迪化城（ティフア・チュウ）Tihoa tcheou, Dihua, 157.　→　ウルムチ
デギュベル d’Aiguebelle, Paul, 459.
テグ（大邱）Taïkou, Daïkio, 647.
テケス川（特克斯河）Tekes, 163, 170.
デゴダン Desgodins, Auguste, 57, 413.
天塩川 Tesiho, 661.
デシデッリ Desideri, Ippolito, 20.
出島 De sima, 653, 769.
鉄道（中国）12, 125, 161, 270, 316, 323, 335, 429, 440, 453, 503, 533, 573-574;（日本）741, 752, 753, 758, 760, 763, 795.
鉄門，鉄門関（ティエメン・クワン）Tiémen kouan, porte de fer, 109, 348.
鉄嶺（ティーリン）Ti’ling, 233, 238.
デーニッツ Dönitz, Friedrich K. W., 710.
デプン寺（哲蚌寺）Debang, 89, 96.
デュピュイ Dupuis, Jean, 493, 497.
寺泊 Teradomari, 745.
テル人 Télou, 69.
テレク・ダヴァン Terek-davan, 101, 125, 132.
テレクティー峠 Terektî, 125.
デンギス（バグラシ湖）Denghiz, 109.
テンギュル（丹珠爾）Tandjour, 78, 197.
天京 Tienking（南京）, 300.
テングリ・ノール Tengri nor, 30-34, 37, 45, 57, 65, 66.　→ナム・ツォ
テンゲル沙漠（騰格里）Tengger Shamo, 186.
天山山脈 Thian chañ, 1, 4, 19, 99-101, 108, 112, 116, 118, 121, 125, 128, 132, 133, 147, 149, 153, 155-158, 160, 162-168, 188, 191, 282.
天山南路 Thian chañ Nan lou, 99, 101, 109, 111, 112, 122, 133, 135, 149, 153.
天山北路 Thian chan Pe lou, 99, 111, 149, 153, 157, 160, 606.
天竺（ティエンチュウ）Tientcheou, 278.
天寿山（ティエンシュ・シャン）Tienchou chañ, 319.
田庄台（ティエンチュアン・タイ）Tientchouang taï, 234, 238.
天津 Tientsin, 207, 210, 300, 305, 320-323, 326, 327, 370, 374, 375, 429, 485, 539, 561, 565, 566, 582, 606, 610, 612.
纏足 , 294, 498, 631.
天壇 temple du Ciel, 310, 312.
滇池（ティエン・チ）mer de Tien, 508.
碾伯県（チュンペ・ヒェン）Tchoungpé hien, 365.
天竜川 Tenriu gava, 669, 676.

と

トイ thoï, 194.
同安（トゥンガン）Toungan, 465.
唐河（タン・ホ）Tang ho, 430.
洮河（タオ・ホ）Tao ho, 352.

中条山（フンティアオ・シャン）Foungtiao chañ, 353, 373.
中禅寺湖 Tsiusenzi, 669, 671.
チュク・クル Tchök koul, 109.
チュグチャク Tchougoutchak, 157, 160, 166-167, 170, 565.
チュクル・ゴビ Tchoukour Gobi, 153.
チュル tchrou, 91.
チュン・ミアオ Tchoung Miao, 403.
長安 Changan, 279, 283.　→　西安
鳥海山 Tiökaï san, 669, 680.
張家口（チャンキア・クウ）Tchangkia koou, 張西口（チャンツェ・クウ）Tchantze koou, 207, 211, 325-327.
挑筋教（タウキン・ケドゥ）Taoukin-kedou, 277.
張九齢 Tchangkouling, 409.
長江　142.→　揚子江
澂江（チンキアン）Tchingkiang, 613.
長沙（チャンシャ）Tchangcha, 425.
銚子 Diösi, Tchochi, Chosi, 748, 767.
丁字（ティンツィ）Tingtsi, 337.
潮州府（チャオチュウ・フ）Tchaotcheou fou, 477.
朝鮮 Tchaosian, Tchaosien, 1, 2, 16, 214, 233, 236, 337, 551, 558, 611, 615-647(第六章).
朝鮮人 Coréens, 628, 629-641（六章二節）, 732,782.
長白山脈（チャンペイ・シャン）Tchanpeï chan, 216, 217, 218, 221, 232, 615.
長毛（チャンマオ）Tchangmao, 300.
張蘭鎮（チャンラン・チン）Tchanglan tchin, 371.
直定（シュント）Chunte, 612.
チョナ・ジョング Tchona-djong, 90, 91.
チョムト・ドング Tchomto dong, 35.
チョンロン tchonglong, 96.
チラ（策勒）Tchira,126.
知理保以島（チリホイ，チェルポイ）Tsirpoï, 657.
知林古丹島（チリンコタン）Tsirimkotan, 657.
鎮安（チェンニアン）Tchengan, 613.
鎮遠（チェンユアン）Tchenyuan, 613.
鎮海（ツィンハイ）Tsinhaï, 446, 448.
沈家門（チンキンメン）Tchingkin men, 450.
チンギス＝ハン Djenghis khan, 9, 16, 183-185, 188-190, 192, 194, 200, 203, 209, 283, 324, 343, 366.
鎮江（チンキアン）Tchingkiang, 433, 563.
陳州（チンチュウ）Tchintcheou, 612.
鎮西府（チンシ・フ）Tchinsi fou, 156.　→　バルクル
チンチャ・ホジ Tchintcha hodzi, 169.
チンパンジ Tchimpanzi, 169.
チンプオ人　→　カキエン人 500.

つ

津（安濃津）Tsou, 755, 806.
ツァイダム Tsaïdam, 136, 138, 140, 145.
ツァイダム川 140.　→　バヤン・ゴル
ツァオティ（草地，モンゴル）Tsaoti, 171.
ツァガンホト Tsagan khoto, 211.
ツァパラン Tsaprang, 84.
ツァン地方 Tsang, 18, 43, 84, 86, 97.
ツァンポ川 Tsangbo, Tsanpou, Tsambo, Dzangbo, Sampo, Sambo, Yarou-Tsangbo, 19, 23, 28, 33-36, 43-56, 80, 84, 86, 88, 90, 136.
ツィガン人 Tsiganes, 143.
通海（トゥンハイ）Tounghaï, 511.
通州（トゥンチュウ）Toungtcheou, 315, 321, 325, 565, 613.
ツォ・ゴンポ tso Goumboum, 139.　→　クク・ノール，青海湖
ツォ・モグナラリ tso Mognalari, 42, 66.
ツォンカパ Tsong-kha-pa, 73, 90, 364.
津軽海峡 détroit de Tsougar, 663, 664, 667, 695, 700, 704, 706, 714, 741.
築地 Tski-dzi, 752
対馬 Tsou sima, 618, 622, 651, 693-694, 697, 717, 809.
対馬海流 courant de Tsousima, 695, 697.
津山 Tsouyama, 766, 767, 809.
敦賀 Tsourouga, 763, 764, 767, 795, 808.
鶴が岡（鶴岡）Tsourougaoka, 743, 767.
ツン・リン Tsoung ling（コングール山脈），

タンクセ Tanksé, 42.
タングート人 Tangoutes, 18, 138, 143-145, 150, 197, 255, 278, 280, 364.
ダングラ・ユム湖（唐古拉悠穆錯，当惹雍錯）Dangra-yum, 28-30, 34, 35, 37, 64, 79.
タング・ラ山地 Tang la (monts), 32.
儋州（タンチュウ）Tantcheou, 518.
淡水（タムシュイ Tamchoui, タムスイ Tamsui, タンシュイ Tangchoui）535, 536, 537.
淡水河（タムシュイ・ホ）Tamchoui ho, 526.
潭柘寺（ツィエタイ・ゼ）Tsietaï tze, 318.
タンヌ・オラ山脈（唐努山脈）Tannou ola, 1, 173-176.
短陌（ティアオ）tiao, 610.
耽羅（済州島）Tanglo, Tamouro (Quelpaert), 618.

ち

チウンヤン・サン，チュンニャン・サン Tiönyang san, 626.
チェイブサン Tcheïbsen, Tchöbsen, 145.
チェトリ・シャン Tchetri chañ, 138.
チェルチェン（且末）Tchertchen , 126, 152.
チェルチェン・ダリヤ Tchertchen-daria, 24, 27, 103, 117.
竹塹（チュクシャン Tukchan, テクサン Teksan）→ 新竹 535.
竹生島 Tsikoubou sima, 677.
千曲川 Tzikouma gava,Tsikouma, 669, 743, 745.
竹林（チュクリン）Tzekhoulin, 321.
千島列島 Tsi sima, Kouriles, 650, 651, 654, 656-660, 662, 664, 700, 705, 706, 708-710, 739, 750, 777.
池州（チチュウ）Tchi'tcheou, 612.
父島 775, 776.
チチハル（斉斉哈爾）Tsitsikhar, 215, 219, 226, 229, 230, 238, 614.
チーナ（斯邦）Tchina, 239.
チベット仏教 71-80, 90, 196-199, 223, 280, 364.
チベット人（ブー人）Tibétains, 67-83（二章三節）, 392, 395-397, 406, 413, 414, 504.
茶啊沖（カリチュン，長春古称）Kalitchoung, 233.
チャイダム Tchaïdam, 140.
茶臼岳 Tsiaous take, 680.
チャガン・クレン Tchagan kouren, 367.
チャガン・ノール Tchagan nor, 211.
チャタン（扎囊）Tchetang, 46, 47, 52, 90, 91.
チャップマン Chapman, R. A., 101.
チャトチャン Tchatochan（チェルチェン）, 126.
チャハル人 Tsakhar, 191, 202, 204.
チャハル・ツィン（察哈爾鎮）Tsakhar tsin, 205.
チャムド（昌都）Chamdo, Tsiamdo, Tchamouto, 90, 91.
チャメン・タグ Tchamen-tagh, 136.
チャルカリク Tcharkhalik, 133.
チャルグート・ツォ Tchargut tso, 30, 31.
チャルチャン Tchartchan, チャルチャンド Tchartchand（チェルチェン）, 126.
チャレンジャー号 Challenger, 695.
チャンチェグム Tchangtchegmou, 63.
チャンリ Chinangli, Changli, 332.
中衛（チョンウェイ）Tchongweï, 366.
チュウキア・クウ Tchooukia koou, 375.
肇慶（シュヒン）Chuhing,（シャオヒン）Chaohing, 478.
中国 Tchoung kouó, 239.（第五章）
中国人 Chinois, 3, 6, 12-16, 68, 95, 101, 120, 122, 130-132, 141, 143, 149-152, 160, 168, 188-189, 201-203, 207, 210, 222, 226-228, 232, 233, 237, 240, 254-302, 365, 367, 381, 382, 396-398, 403, 405, 473, 476, 499, 510, 515, 516, 526-527, 531, 538-588（五章十二節）, 623, 631, 648, 788.
中国トルキスタン Turkestan chinois, 99, 364（第三章）.
中洲（チュンチュウ）Tchoungtcheou, 460, 461.

高岡 Takaoka, 745, 767, 808.
高崎 Takasaki, 748, 767, 795, 808.
高島 Taka sima, 770.
高田（越後高田）Takata, 745, 767.
高千穂峰 Takatsiho, 684, 686.
高鉾 Takaboko, 769.
高松 Takamats, 746（石川県）, 767.
高山 Takayama, 745, 808.
タガルマ峰（塔合曼）Tagharma, 107.
タク Tak, 131.
打狗（タクウ，高雄）Takoou, 521, 533, 613.
沢州（ツェチュウ）Tsetcheou, 612.
涿州（ツォチュウ）Tsotcheou, 326.
タクラ・カル Takla khar, 84.
ダグラス Douglas, Carstairs, 258, 454.
タクラマカン（タクラ·マカン, 多克拉馬干）Takla makan, 112-114, 146, 147, 170, 176.
タ・クレン Ta koureñ（ウルガ）, 206.
ダゲレ島 Dagelet（鬱陵島）, 626.
沱江（ト・キアン）To kiang, 402, 418.
タシケント Tachkent, 100, 122.
タシュ・クルガン Tach kourgan, 133, 135.
タシュバリク Tachbalik（タシュマリク）, 132.
タシ＝ラマ Tachi lama（パンチェン＝ラマ）, 73, 86.
ダージリン Dardjiling, 87.
タシ・ルンポ（扎什伦布寺）Tachi loumpo, 72-74, 86, 91, 95, 213.
タスマン Tasman, Abel J., 773.
タタール海峡（間宮海峡）manche de Tartarie, 651.
タタール人 Tartars, Tata, 190-191.
タタール・クルジャ Kouldja tartare, 169.
タチンド Tatchindo, 413.　→　タツィエンルウ
タツィエンルウ（打箭爐）Tatsenlou, 93, 392, 413, 414.
韃子棺材（ターヅェクワンツァエ）Tadzé-kouan-tsaé, 200.
ダッチ・フォリー Dutch Folly（海珠）, 469.
立山 Tate yama, 676, 680.
タドゥム Tadoum, 86, 94.
タトゥン・ゴル Tatoung gol（大通河）, 138, 142, 364.
ターナー Turner, 60.
種子島 Tanega sima, 653, 687, 809.
ダバ（達巴）Daba, 40, 84.
ダバンシャン Dabanchan, 158.
タピン川 Taping, 496.
ダプサン Dapsang（チョゴリ，Ｋ２）, 106.
ダブスン・ノール（達布遜湖）Dabsoun nor, Dabsan Hu, 140, 184.
ダブル・アイランド Double Island, 476, 477.
ダボヴィル d'Aboville, Eugène-Auguste, 477.
魂（ホン）houen, 269, 290.
タモ・シャン Tamo chañ, 329.
タヤル語 tayal, 528.
ダライ（フルン・ノール）, 176; 揚子江, 379.
ダライ＝ラマ Dalaï-lama, 74, 87, 89, 94-97, 136, 144, 145, 197.
タラナス＝ラマ taranath-lama, 197, .
タランチ人 Tarantchi, 120, 164, 166.
タリム川（塔里木河）Tarim gol, 19, 100, 103, 106-112, 116, 122, 125, 133, 134, 136, 137, 146, 147, 162.
タリムツィー（タリム人）Tarimtzî, 121, 134.
タルキ Tałki, 159, 160, 162, 168.
タルゴット・ヤプ山 Targot yap, 28-29.
タルゴット・レー山脈 Targot leh, 34.
タルタル人 Tartares, 223. タタ人 Tata, タタール人 Tatars, 190.　→　モンゴル人
タルツン tartsoun, 98.
ダルデス人 Daldes, 143.
タルバガタイ山脈 Tarbagataï, 160, 165, 167.
樽前山 Taroumaï, 662, 664.
ダ　レ Dallet, Claude-Charles, 621, 624, 630, 637, 647.
ダンヴィル d'Anville, Jean Baptiste B., 21, 39, 45, 48, 53, 209, 233, 246, 618, 621.
ダンヴィル湾 baie de d'Anville, 233.　→　ポシェト湾
蛋家 Tankia, 455, 596
タンガラン Tangalan, 528.

434. → 運河
戴雲嶺（タユ・リン，戴雲山脈）Tayu ling, 409.
タイガ taïga. 175.
大関（ヒアクワン）Hia kouan, 506.
大関河（タクワン・ホ）Takouan ho, 510.
大寒嶺（タハン・リン）Tahang ling, 319.
大邱（テグ）Taïkou, Daïkio, 647.
太極（タイキ）taïki, taiji, 268.
太原府（タイユアン・フ）Taïyuan fou, 370, 372, 375.
太湖（ウルングル湖）lac de la Grande Tranquillité, 162.
太湖（タ・フ，ハンカ湖）Ta hou, 234.
大湖（タ・フ，太湖）Ta hou, 389, 443.
大沽（タクー）Takoou, 324, 375, 565, 606.
大江（タ・キアン，揚子江）Ta kiang, 376, 383, 434. → 揚子江
大江（タ・キアン，海南島京江）Ta kiang, 514.
大興安嶺山脈 Grand Khingan, Khingan alin, 1, 181-182, 211, 214-219, 221.
太閤様 Taïkosama, 622. → 豊臣秀吉
太行山（タルヒン・シャン）Tarhing chañ, 319.
太行山脈（タイシャン・シャン）Taïchang chañ, 328, 375.
太谷県（タイク・ヒェン）Taïkou hien, 371.
大孤山（鄱陽湖内）, 386.
大孤山（満州）Takouchañ, 233, 236.
大沽鎮 Tankoou tcheñ, 375.
大沙河（タチャン・ホ）Tatchang ho, 235.
泰山（タ・シャン Ta chañ，タイ・シャン Taï chañ）, 330.
大山（タ・シャン）Ta chañ（台湾中央山脈）, 519.
タイジ（太子，台吉）taïtsi, 192.
台州（タイチュウ）Taïtcheou, 453, 456.
大嶼山（ランタオ）Lantao, 470, 472.
大鐘寺 temple de la Grande Cloche, 318.
大清河（タツィン・ホ）Tatsing ho, 332, 346.
大清国（タイツィン・クオ）Taïtsing kouó, 239.
大山 Daïzen, 675（伊豆半島），679, 680.
太倉（タイツァン）Taïtsang, 441.
大澤山（タツェ・シャン）Tatze chañ, 329.
大池（タイティ，白頭山天池）Taï ti, 624.
大定（タティン）Tating, 613.
大通（タトゥン）431, 565.
大稲埕（トアテュティア）Toatutia, 535.
大同府（タトゥン・フ）Tattong fou, Tatoung fou, 326.
大渡河（タトゥ・ホ）Tatou ho, 414.
太白山（タペイ・シャン）Tapeï chañ, 352.
太白山脈（テベク・サンメク）Taïpeï chañ, 615, 624.
颱風（タ・フン ta foung, 台風），250;（日本）698.
太平（タイピン）Taïping, 612.
太平口（タイピンコウ）Taïping koou, 423.
太平天国 Taïping, 15, 283, 298-300, 332, 334, 372, 375, 379, 400, 405, 411, 412, 414, 424, 426, 431, 433, 437, 442, 445, 466, 478, 565.
大名（タイミン）Taïming, 326.
大汶河（タワン・ホ）Tawan ho, 333, 349.
大洋河（タヤン・ホ）Tayang ho, 235.
大理府（タリ・フ）Tali fou, 281, 504, 505-508, 512.
大琉球 Grande Loutcheou（台湾）, 519, 526, 536.
大涼山脈（レアン・シャン）Leang chañ, 403, 510-511.
台　湾 Taïwan, Thaïouan, Formose, 440, 465, 519-537（五章十節），556, 566, 600; 台湾海峡 canal des Jonques, 456, 519.
ダヴィッド David, Armand, 16, 253, 314, 317, 352, 393, 395, 396, 402.
ダーウィン Darwin, Charles R., 796.
タウシュカン・ダリヤ Taouchkan-daria, 108.
ダウセ・アリン Daousé alin, 216. → 小興安嶺山脈
タウリ人 Tahouri, 230. → ダウール人
ダヴリュイ Daveluy, Marie N. A., 629, 634, 644.
ダウール人（達斡爾族）Daoures, 223, 225, 229, 230.

393.
石屏（シピン）Chiping, 511.
石浦（シプ）Chipou, 456.
赤峰県（シーフォン・ヒェン）Tchifeng hien, 213.
石宝寨（シーパオチャイ）Chipoutchaï, 383.
石羊（シーヤン）Chiyang, 502.
石龍（シールン）Chihloung, 479, 490.
膳所 Zeze, 758.
セシル諸島 îles Cécille（大隅諸島）, 687.
セーチェニー Széchenyi Béla I. M., 21, 365.
セツェン（車臣汗部）Tsetien, Setyen, 204.
浙江省 Tchekiang, 263, 376, 411, 412, 448, 449, 453, 456, 465, 543, 549, 557, 613.
雪山（シュエ・シャン）Sioue chañ, 354, 356　→　大雪山脈
折嶺（チェ・リン）Tche ling, 424, 479.
瀬戸内海 Seto outsi, mer Intérieure, 679-681, 762, 766, 793, 799.
施南（シナン）Chi'nan, 613.
セミパラチンスク Semipalatinsk, 167.
ゼムストヴォ zemstvo, 801.
セラ寺（色拉寺）Sera, 89.
ゼーランディア城 fort Zelandia, 532.
セレンゲ川 Selenga, 174-176, 206, 208.
宣化（シワンホア）Siouan hoa, 326, 327, 612.
センゲ・カバド（インダス川）Senge khabad, 41.
センゲリンチン（僧格林沁）Sangkolinsin,565.
尖山（キアイ・シャン）Kiaï chañ, 521.
泉州（ツワンチュウ）Tsouantcheou, 462-463, 613.
船廠（チュアンチャン）Tchouantchang, 230.　→　吉林
仙　台 Sendaï, 743, 767, 782, 795, 803, 805, 806, 808; 仙台湾 baie de Sendaï, 665, 666, 698, 743.
川内 Sendaï, 771.
仙城（シェンチェン，広東別称）Chentcheng, 479.
ゼンディ（羌地）Zendi,413.
汕頭（スワトウ）Swateou, Swatow, Chantoou, 258, 453, 455, 476-477, 490, 613.
銭塘江 Tsientang, 447-448, 453.
先農壇 temple de l'Agriculture, 310, 312.

そ

ゾー dzo, 66.
蒼山（コアン・シャン）Koang chañ, 511.
曹州（ツァオチュウ）Tsaotcheou, 612.
双城堡（スアンチャン・プ）Souantchang pou, 232, 238.
宗谷 Soya, 739; 宗谷岬 , 660.
総理衙門（ツィンリ・ヤメン）tsingli yamen, 595, 608, 611.
ソウル（京城，漢陽）Seoul, 615, 629, 644-647.
蘇澳（スアオ）Suao, 532.
ソク人 Sok, 28, 67.
俗文（ソー・ウェン）sô-ouen, 262.
即墨（ツィミ）Tsimi, Jimo, 337.
ソゴ・ノール Sogok nor, 148.
蘇州（スチュウ）Soutcheou, Suju, 435, 441-443, 612.
ソスノフスキー Sosnovskiy, 159, 172, 247.
外モンゴル Mongolie extréieure, 171, 204.
ソボ・ノール Sobo nor, 149.
楚雄（チュヒウン）Tchu'hiung, 613.
素龍山（シュエルン・シャン）Sioueloung chañ, 393.
ソロン人（索倫族）Solons, 166, 223, 225, 230.
ソレル Thorel, Clovis, 399, 496.
ソンコイ川 Song koï, 248, 493, 498.　→　ホン川，紅河
ソンド（松都）Sounto, Siongto, 646.
ゾンポン dzongpon, 94.

た

泰安（タイアン）Taïngan, Tai'an, Taïngan fou, 331, 333.
大隠（タイイン）石山 Taying, 445.
大運河 Grand Canal, 323, 349-350, 389, 433,

綏芬河 Souifoun, 229, 232.
水踰（スユ）Soou, 645.
崇安（ツォンガン）Tsongan, 462.
スウィンホー Swinhoe, Robert, 253, 463, 525, 526, 527, 529.
鄒県（ツィウ・ヒェン）Tsiou hien, 334, 337.
嵩山（スン・シャン）Soung chañ, 374.
崇明島（ツンミン）Tsounming, 387, 441.
スオク Souok, 125.
スカチュコフ Skatchkov, 278.
スス Sousou, 232.
スタノヴォイ山脈 Stanovoï, 181.
ストリチカ Stoliczka, Ferdinand, 25, 101.
ストーントン Staunton, George L., 341, 350, 351.
スナルグロフ Sounargoułov, 133.
スニウート部（スニト部）Souniout, 204.
スバンシリ川 Soubansiri, 48, 52.
スフリエール島 la Soufrière（硫黄鳥島）, 687.
スペンサー Spencer, Herbert., 796.
隅田川 Soumida gava, 749, 752, 753.
スム族 Soumou, 397.
スルキル soulkhir, 186.
スレイデン Sladen, Edward B., 256, 496.
諏訪湖 Souva, 676.
諏訪之瀬島 Souva sima, 687
スンガリ川 Soungari, 216.　→　松花江
スンニ派 Sunnite, 280.
ズンブル山 Dzoumbour, 185.

せ

西安府（シンガン・フ）Singan fou, 279, 282, 283, 360, 368-369, 375, 539, 541.
正音（シン・イン）ching yin, 264, 476.
青河 Fleuve Bleu, 247, 287, 338, 347, 376, 377, 379, 387, 408, 453　→　揚子江
青海湖（ツィン・ハイ）Tsing haï, 139, 142, 143.　→　クク・ノール
清化鎮（チングワ・チェン）Tchingoua tchen, 375.
盛京 233-234.
西傾山（シキン・シャン）Siking chañ, 352.
西湖（シ・フ）Si hou, 443-445.
西江（シ・キアン）Si kiang, 248, 403, 408, 409, 421, 426, 466-492（五章七節）
青州山 Tsing chañ, 486.
青州府（ツィンチュウ・フ）Tsingtcheou fou, 334, 375.
星宿海（シンスー・ハイ）Sinsou haï, 138, 141-142, 338.
清水河（ツィンシュイ・ホ）Tsingchoui ho, 316, 319.
清水鎮（ツィンシュイ・ツィエン）Tsingchoui tsien, 319.
西蔵（シー・ツァン）Si-tsang, 18.
西韃子（シー・ダーツ）Si tatze, 223.
正定（チンティン）Tchingting, 326, 327, 371, 612.
成都府（チント・フ）Tchingtou fou, 381, 382, 413-417, 452, 613.
西寧（シーニン）Sining, 139, 145, 364, 365, 614.
西寧河（シーニン・ホ）Sining ho, 364, 365.
西蕃 Si Fan, 18, 70, 143, 240, 255, 364, 365, 397, 399, 406.
生蕃（ソン・ファン）Song Fan, 528-531.
西陵（シリン）Siling, 320.
生黎 Song Li, Chang Li, Tchouang Li, 515.
関ヶ原 Sekigahara, 758.
石景山（シキン・シャン）Chiking chañ, 308.
石阡（シキエン）Chi'kien, 613.
石炭（東トルキスタン）, 130;（ジュンガル）167, 168, 170;（モンゴル）210;（満州）229, 234, 235;（中国）316, 326, 331, 333, 334, 337, 348, 363, 370, 375, 382, 400, 418, 423, 425, 440, 479, 495, 521, 536, 555, 574;（日本）671, 741, 745, 768, 782.
石島（シタウ）Chitaou, 337.
石板峰（シーパンファン）Chi'panfang,

fou, 510.
上帝 Changti, 265.
松都（ソンド）Sounto, Siongto, 646.
上都（シャンドゥ）Changtou, Shàngdū, Xanadu, 212.
上都（シャントゥ，寛城子）Changtou, 231.
彰徳府（チャント・フ）Tchangte fou, 375.
承徳府（チェント・フ）Tchengte fou, 201, 212.
常徳府（チャント・フ）Tchante fou, 424.
庄内 Sionaï, 743, 767.
松藩鎮（スンパン・ティン）Soungp'an ting, 416.
邵武（シャオウ）Chaowou, 613.
小ブハラ Petite Boukharie, 99, 167.
襄陽府（シャンヤン・フ）Siangyang fou, 430.
松羅山（スンロ・シャン）Sönglo chañ, 431.
女誡 Sept articles, 296.
徐家滙（ジカウェイ）Zikaveï, Sukiahoeï, 250, 441.
書経 Chouking, 242, 257, 268, 297, 330, 403, 592, 593.
職方氏（チファン・シ）tchifang chi, 243.
処州（チュチュウ）Tchutcheou, 613.
叙州（シュチュウ）Sutcheou, Souetcheou, Soui fou, 418, 452, 510, 613.
徐州（スチュウ）Sutcheou, 613.
諸城（チョンツン）Tcheontsoun, 335.
女真族（ヌーチェ）Niutchi, 222, 226.
汝寧（ジュニン）Juning, 612.
徐葆光 Soupao kouang, 691.
ジョンソン Johnson, William H., 24, 100, 114, 126, 130, 131.
白川 Sira kava, 683.
新羅 Sinlo, 621.
白根山 Sirane yama, 671, 748.
シラムレン川（西拉木倫河）Chara mouren, 213, 214, 218, 221, 237.
シリベシヤマ Siribetz take（後方羊蹄山）, 662.
自流井（ツリウ・チェン Tsouliou tcheng, ツェリウ・チン Tselieiu tsing）, 418.
シルクロード route de la Soie, 6, 100.
シル・ダリヤ Sirdarya, 100, 122.
知床岬 cap de Siretoko, 660.
清化鎮（チングワ・チェン）Tchingoua tcheñ, 375.
新客（シンカイ）sinkaï, 578.
シンギ・チュ（インダス川）Singi tchou, 41.
新クルジャ Nouvelle Kouldja, Mandchou Kouldja（満州クルジャ）, 169.
神功皇后 régente Zingou, 622.
宍道湖 Sinzino ike, 765.
辰州（チェンチュウ）Tchentcheou, 613.
蓁州（ツィンチュウ）Tsingtcheou, 368.
潯州（スンチュウ）Suntcheou, 613.
新城（シンチェン）Sin tcheng, 231, 324. → プトナ
神宗 empereur Tchentsoung, 552.
新竹（シンチュウ）Sintchou, 535, 537.
新津県（シンツィン・ヒェン）Sintsin hien, 382.
シンド川 Scind（インダス川）, 41.
神道 729, 732-734, 736, 757.
シンプオ人 Singpo → カキエン人
ジンホー（精河）Djinho, 168.
申報（シュンパオ）Chunpao, 583.
申浦湾（シンプ・ワン）Sinpou wan, 429.
新湊 Sin minato, 745, 767.
新民屯（シンミントゥン）Singmintön, 237, 238.
神武天皇 Zinmu Tenno, 760, 798.
瀋陽（シンヤン）Chinyang, 233.
蓁嶺（ツィン・リン）Tsing ling, 352-353, 429.

す

水口（シュイコウ）Choui koou, 462.
瑞州（スイチュウ）Souitcheou, 612.
綏定（スイディン）Souïdoun, 169, 613.
スイト（水土病）suito, 630.

ジャルケント Djarkent, ザルケント Zharkent, 169.
ジャルート部 Djarot, 204.
ジャルトゥ Jartoux, Pierre, 246.
シャン人（爨）Chan, 498, 500-501, 503.
シャン・アリン Chan alin, 217. → 長白山脈
ジャングラチェ Djanglatché, 86.
上海（シャンハイ）Changhaï, 161, 248, 258, 300, 315, 389, 433-440, 441, 450, 461, 481, 485, 542, 549, 560, 563, 566, 569, 573, 574, 582, 583, 603, 608, 612, 794, 795.
シャンヤン・アリン Chanyan alin, Chanyen, 1, 217. → 長白山脈.
蚩尤（シ・ユ）Chi yu, Chiyou, 256.
州河（ツ・ホ）Tsou ho, 305.
周家嘴（チチアティエン）Tchitchiatien, 429.
重慶（チュンチェン Tchoung tcheng, チュンキン Tchoung king）, 420-421, 424, 566, 592.
舟山群島（チュウシャン）Tchousan, 251, 389, 408, 410, 450-451, 455, 563.
十三陵（シサン・リン）Chisan ling, 319.
州南諸島 Siounangouto（薩南諸島）, 687.
十八省（シパ・シャン）Chipa chang, 239.
シユエン Siuyen, 236.
シュガ山地 Chouga（修溝か）, 142.
儒教（ジュ・キアオ）ju kiao, 264, 277;（日本）734.
粛州（スーチュウ）Soutcheou, Suju, 148, 151-152, 365, 565.
熟黎（シュウ・リー）Chouh Li, 515.
珠江（チュ・キアン）Tchou kiang, 469-470, 475, 478, 482, 486.
朱仙鎮（チュシェン・シェン）Tchuchen cheñ, 374.
ジュベール Joubert, Lucien, 496.
ジュホル（承徳府）Djehol, Jehol, 201, 212, 305, 324, 612.
シュラーギントワイト（アドルフ）von Schlagintweit, Adolf, 100;（ヘルマン）Hermann, 18, 21, 34, 42, 57, 64, 66, 82;（ロベルト）Robert, 21.
シュラマナ Sramana, 199.
首里 Siuli, Choui, Kintching, 772.
ジュリアン Julien, Stanislas A., 240, 554.
ジュリアン＝ド＝ラ＝グラヴィエール Jurien de La Gravière, Jean P. E., 691.
シュレンク von Schrenck, Leopold, 695, 697.
舜 Chun, 330, 353, 372, 450, 593.
ジュンガル Dzoungarie, 19, 158-170（四章三節）, 190, 278, 280, 282, 364, 554.
ジュンガル人 Dzoungares, 27, 87, 163-165, 189.
遵義（ツンイ）Tsounyi, 613.
順慶（シュンキン）Chunking, 613.
順天（シュンティエン，北京）Chuntien, 307, 612.
順寧府（シュウニン・フ）Chounning fou, 508.
ショー Shaw, Robert B., 100, 107, 118, 120, 123, 132.
湘陰（シアンイン）Siangyin, 426.
彰化（チャンホア）Tchanghoa, 535, 537.
松花江 Soungari, 216, 218-221, 230-232.
上関（シャンクワン）Chang kouan, 506.
松江（スンキアン）Soungkiang, 441.
昌江（チャン・キアン）Tchang kiang, 430.
紹興（シャオヒン）Chaohing, 445-446.
小興安嶺山脈 Dousse alin, Petit Khingan, 1, 216, 218, 221, 229.
小孤山, 386.
小五台山（シアオ・ウタイ・シャン）Siao Outaï chañ, 305, 356.
漳州（チャンチュウ）Tchangtchéou, 258, 465, 613.
韶州（シャオチュウ）Chaotcheou, 479.
常州（チャンチュウ）Tchangtcheou, 612.
饒州（ヤオチュウ）Yaotcheou, 430, 612.
常勝軍 Armée des Braves et toujours Victorieux, 12, 120.
湘水（シアン・シュイ Sian choui, 湘江 Siang hé）, 385, 408, 424, 477.
上川島（チャンチュエン Tchangtchouen, サンシアン Sancian）, 488.
湘潭（シアンタン）Siangt'an, 424.
昭通府（チャオトゥン・フ）Tchaotoung

207.
ジェルビヨン Gerbillon, Jean-François, 181, 244, 319.
塩竃 Sihogame, Sivo kama, 743.
思恩（スウェン）Souen, 613.
滋賀 Siga, 758, 806.
四海（ス・ハイ）Se haï, 239, 288.
洱海（エル・ハイ）Erh haï, 506.
シガツェ（日喀則）Chigatzé, 86, 87, 94, 98.
紫金山 montagne de la Porte d'Or, 433.
紫禁城 312.
慈渓（ツキェ）Tsekyé, Zkiyu, 450.
ジケル Giquel, Prosper M., 459.
始皇帝 Chi Hoangti, 7, 188, 238, 266, 268, 716.
四国 Sikok, 651, 681-683, 695, 767-768.
四国三郎 Sikokno Sabourô（吉野川）, 681.
色丹島 Sikotan, Skotan, 656.
思州（スチュウ）Soutcheou, 613.
シシュマレフ Chichmarev, 174.
泗城（ソチェン）Sotcheng, 613.
資水（ス・シュイ）Sou choui, 385.
静岡 Sidzouoka, 755, 767, 806, 808.
四声 chen, 258.
四川省 Setchouen, 97, 294, 376, 381-389, 392-402, 413-422, 425, 482, 493, 494, 503, 538, 549, 555, 557, 566, 569, 571, 600, 613.
ジダ djida, 115.
士大夫，大夫（タイフ）taï-fou, mandarins, 298, 326, 334, 445, 454, 571, 582, 584-588, 597-604, 635.
ジタイ・シャール Djitì char, 99, 135.
シー・ツァン（西蔵）Si-tsang, 18.
四天王寺 Si Tennozi, 763.
シトリン・ゴンパ Sitling gonpa（シャンブリン・ゴンパ）84.
品川 Sinagava, 752.
信濃川 Sinano gava, 669, 671, 676, 743, 745, 792.
思南（スナン）Sounan, 613.
芝 Siba, 749.
新発田 Sibata, 743, 767.
ジパング，チパング Zipangu, Zipang, 10, 653.
芝罘（チュフー）Tchefou, 329, 335-336, 612, 636.
シー・ファン　→　西蕃 18, 70, 143.
シーフナー Schiefner, Franz A., 69.
ジプン・クエ Ji' pön koueh（日本国）, 653.
標津 Sibetz, 739.
シーホー（石河子）Chikho, 168.
思茅（スマオ）Semao, 508.
シホテ・アリン山脈 Sikhote alin, 217.
シーボーム Seebohm, Henry, 705.
シーボルト von Siebold, Philipp Franz B., 653, 711, 716, 721, 778.
島原 Simabara, 684, 737, 770; 島原半島, 683.
ジムサル（吉木薩爾）Zimsa, Zimsar, 157.
占守島（シムシュ）Soumchou, 656, 739.
新知島（シムシル）Simousi, 656, 657.
下田 Simoda, 674, 754, 756, 783, 790.
シモダニ兄弟 frères de Simodani, 654.
下関 Simono seki, 681, 767-768, 799.
シャイドゥラ（賽圖拉）Chah-i-doulah, 103, 129.
ジャイル山 Djaïr, 160.
シャカムニ Chakya mouni, 71, 90. →　ブッダ
シャキア・ジョング（甲措雄郷か）Chakia-djong, 87, 91.
シャクルン Chäkloung, 479.　→　石龍
捨子古丹島（シャシコタン）Siaskotan, 656, 657, 739.
沙汕頭（シャシャントゥ）Chachañtoou, 汕頭（シャントゥ）Chatoou, 476.
シャヒヤル Chahyar, 133.
シャフィエ派　Chafié, 280.
シャマル派 Chamar, 73.
沙面（シャミン）Chamin, 481.
沙門（シャマン）Cha-men, 199.
シャモ（ゴビ沙漠）Chamo, 176.
シャヨク川 Chayok, 42.
ジャラ山（雀児山）Jara, 393.
ジャラタイ・ダバス（吉蘭泰塩池）Djarataï-dabasou, 186.
斜里岳 Siari yama, 662.
ジャリン・ノール（札陵湖）Djaring nor, 141.

Saïnoïn, 204.
サウル山 Saourou, 160.
佐賀 Saga, 768, 771, 809.
堺 Sakahi, 762, 763, 767, 808.
坂井 Sakayi, 745, 767.
酒田 Sakata, 743, 767.
相模 Sagami, 674; 相模湾 baie de Sagami, 754, 808.
サガン＝セチェン（薩嚢徹辰）Saγang Sečen, 73.
先島 Sak sima, 536, 688.
サクサウル saksaoul, 186.
朔平（ソピン）Soping, 612.
乍浦（チャプ）Tchapou, 448.
佐倉 Sakoura, 753.
桜島 Sakoura sima, 685, 771.
沙市（シャジ）Chazi, 423-424, 427, 565.
沙汕頭（シャシャントゥ）Chachañtoou, 476.
沙州（シャチュウ，敦煌）Chatcheou, 152.
薩南諸島（州南諸島）, 687, 806.
札幌 Sapporo, Sats'poro, 699, 739, 741, 809.
札幌岳 Sappouro take, 664.
薩摩藩 principauté de Satzma, 687, 688, 771.
サトウ Satow, Earnest M., 651, 710.
佐渡島 Sado, 651, 667, 699, 745, 780.
サトレジ川 Satledj, Satradu, Satadrou, 22, 23, 35-37, 39-41, 84.
サバティエ Savatier, Paul A. L., 700, 753.
サハリン島 Sakhalin, 650, 651, 654, 659, 709.
サハリン村 Sakhalin, 229.
ザビエル Xavier, François de, 488, 736, 758.
ザブハン川（匝盆河）Dsabgan, 174.
ザマイト Zamaito, Diego, 653.
サマナ Samanéens, 199.
サムイェー寺（桑耶寺）Samayé, Samyé, 90.
サモイェード人 Samoyèdes, 197.
サヤン山脈 Sayan, 172, 175, 177.
沙洋城（シャヤン・チェン）Chayang tcheñ, 430.
撒拉族 Sah la', 366.
サラチ（薩拉斉）Sartchi, 210,
ザラフシャン川 Zarafchan, 106.
サラル（撒拉爾，河州）Salar, 280, 366.
サリー・カミーシュ Sarî kamîch, 108, 112.
サリコル川 Sarikol, 120, 135.
佐瑠（沙流）Sarou, 741.
サルウィン川（薩爾温，薩倫河）Salouen, 19, 39, 56, 57, 79, 80, 137, 142, 493, 495, 496, 500, 501, 504.
サルタ人（撒爾塔）Sarte, 120, 121, 134.
サルトラル人 Sartlar, 125.
サルトル Sarthol, 85.
サルリータム Sarlîtam, 167.
沙魯里山脈（スルン）Souroung, 392.
サロン人 Salons, 223. → ソロン人
三河（サン・ホ）San ho, 305.
山海関（シャンハイ・クワン）Chañhaï kouan, 237.
三韓 San kan, 621, 631.
サング（牧草地）sang, 27, 64.
サンジュ Sandjou, Sanju, 106, 120, 131, 135.
三水（サンシュイ）Sanchoui, 478.
三姓（サンシン）Sansing, 219, 222, 232, 238, 614.
山西省 Chañsi, 188, 201, 210, 211, 227, 326, 339, 354-357, 361, 363-364, 367, 370-373, 400, 413, 421, 425, 538, 556, 612.
サンソン Sanson, Nicolas, 617.
山東省 Chañtoung, 227, 328-337（五章三節）, 351, 363, 457, 495, 543, 571, 612, 631.
山東半島 péninsule de Chañtoung, 235, 328, 625.
山南 San nan（先島諸島）, 536, 688.
サンパン（三板）sampan, 460.
三黎（サムリー）samli, 547.

し

シヴァンツェ Sivantzé, 176, 178, 211.
シウェン・シャン Siouen chañ（祁連山脈）, 138.
ジェグン・トラ Dzegoun-tola, 19.
ジェサクト（札薩克圖汗部）Djesaktou, 204.
シュテリク Schetelig, 528, 529.
ジェプツォン＝ダンバ Djetson-tampa, 197,

Henry H., 63.
五島列島 Goto, 693, 737.
琴乃湖（八郎潟）Kotono oumi, 667, 668.
ゴードン Gordon, Thomas E., 51, 54, 101.
湖南省 Hounan, 348, 376, 385, 407, 410, 412, 424-246, 547, 556, 613.
小西行長 Konisi Yukinaga, 636.
ゴビ沙漠 Gobi（戈壁）, 107, 136, 146, 149, 161, 165, 170, 172, 176-180, 209.
ゴービル Gaubil, Antoine, 319, 468.
コフィン群島（母島列島）îles de Coffin, 775.
コフィン船長 Coffin, 773.
古北口（クペイ・クウ）Koupeï koou, 324.
湖北省 Houpé, 376, 382, 392, 412, 430, 543, 549, 613.
駒ヶ岳（北海道）Komaga take, 662, 664; 駒ヶ岳（赤石山脈）, 676, 680.
小松 Komats, 745, 767.
小松山 Komats yama, 684, 686.
ゴミ Gomi（貴徳）, 364.
ゴミ山 Ngomi chañ（貢嘎山，ミニヤコンカ）, 393.
コモラン山脈 Khomorang, 44.
コモラング・ラ Khomorang la, 35.
虎門（フウメン）Houmen, 470.
コラン Khorin, 209.
呼蘭城（クラン・チャン）Khoulan tcheñ, 232.
ゴリド人 Goldes, 222, 232, 713.
コリャーク人 Koriaks, 710.
コリンソン Collinson, Richard, 773.
コルゴス（霍爾果斯）Khorgos, 169.
コルチン部 Kortzin, 237.
コルテン khorten, 76.
コルラ kora, 29-30.
コルラ（庫爾勒）Korla, Kourla, Kourlia, 126, 133, 135.
コルロ korlo（マニコロ，マニ車）, 76.
コルロ部 Korlo, 237.
コロ人 Kolo → ロロ人
鼓浪嶼（クウランス）Koulang sou, 463.
ゴロヴニン Golovnine, Vassilii M., 654, 709, 711.
賈魯河（クル・ホ）Koulou ho, 347.
コロ・ラ Khoro la, 35.
コロンブス Colombo, 10, 653.
渾河 305 → 永定河
コンキオ・ツォ Kongkio tso, 39.
コンキル山 Konkir, 138.
コングール山脈（ツン・リン）, 1, 4, 107, 128.
コンゴル・アジガン山地 Kongor adzigan, 157.
琿春（フンチョン）Hountchouen, Houngtchoung, 232, 640.
昆崳山（クアンユ・シャン）Kouanyou chañ, 329.
ゴンパ gonpa, 88-89.
コンプラドール compradores, 455. → 買弁
崑崙山脈 Kouenlun, Koulkun, Kourkun, 4, 19, 23-27, 32, 99, 101, 105, 113, 121, 126, 128, 247, 352, 353.

さ

済河（ツィ・ホ）Tsi ho, 347.
西海（シー・ハイ）Si haï, 110.
西京 Saïkio, 758.
ザイサン（齋桑）Zaïsan, 161.
細絲（サイシ）saïsi, 610.
済州島 621, 623, 626, 639.
財神（ツァイキン）Tsaïkin, 227, 567.
斎堂（チャイタン）Tchaïtang, 316.
ザイトゥン Zayton, Çayton, Zaïtoun, 462, 463. → 泉州
西南鎮（サイナン）Saïnan, 478.
済南（ツィナン）Tsinan, 332, 375.
サイラム（賽里木）Saïram, 133.
サイラム・ノール（賽里木湖）Saïram nor, 162, 168.
蔡倫 Tsaïloun, 558.
サイン・ノヤン（賽音諾顔部）khanat de

605, 635, 643, 691, 734.
江嘴（キアンシュ）Kiangche, 387.
黄寺（ホアン・ゼ）Hoang sze, 318.
広州（カントン）Canton, 広州府（クワンチュウ・フ）Kouangtcheou fou, 250, 251, 258, 279, 424, 467, 468, 470, 472, 479-482, 485, 490, 555, 562, 563, 566, 603, 608, 613.
杭州（ハンチュー）Hangtcheou, 244, 389, 440, 443-445, 452, 573, 613; 杭州湾 , 389, 408, 441, 445-448, 456.
高州（カオチュウ）Kaotcheou, 613.
膠州（キアオチュウ）Kiaotcheou, 337.
衡州（ヘンチュウ）Hengtcheou, 613.
黄州（ホアンチュウ）Hoangtcheou, 613.
硤州府（チャチュウ・フ）Tchatcheou fou, 424.
広信（クワンシン）Kuangsin, 612.
紅水河（ホンシュイ）Houng choui, 467, 510.
江西省 Kiangsi, 288, 376, 400, 403, 407, 409, 410, 412, 421, 430, 448, 473, 493, 516, 612.
広西省 Kouangsi, 300, 400, 403, 468, 473, 477, 493, 613.
江川（キアンチュエン）Kiangtchouen, 511.
江蘇省 Kiangsou, 303, 376, 388, 412, 431, 433, 441, 445, 446, 452, 612.
洪沢湖（ハンヅー・フ）Hangtzö hou, 343, 347, 351.
高知 Kotsi, 768, 806, 809.
黄帝（ホアン・ティ）Hoang ti, 357.
黄土 Hoang tou, 2, 218, 255, 357-362, 373.
広南（クワンナン）Kouangnan, 613.
江寧府（キアンニン・フ，南京）Kiangning fou, 307, 433, 612.
広寧（クアンニン）Kouangning, 218, 238; 広寧山脈 , 217.
紅廟子（フンミアオ）Houn Miao, 157. → ウルムチ
甲府 Kôfou, 754, 767, 806, 808.
工部大学校 Le collège des ingénieurs, 753.
神戸 Kobe, 763, 764, 767, 790,795, 806, 808.
広平（クワンピン）Kouanping, 612.
黄埔（ホアンプ Hoang pou, ホワンポア Whampoa）, 470, 482, 488.
後方羊蹄山 Siribetz take, 662.
江北（キアンペ）Kiangpé, 421.
黄浦江（ホアンプ）Hoang pou, 435.
高密（カオミ）Kaomi, Gaomi, 337.
高野山 Koya san, 758.
高麗 Kaoli, Koraï, Korié, 616.
高麗ニンジン ginseng, 228, 638, 745, 778, 792.
郡山（大和郡山）Kôriyama, 760, 767.
コーカンド Kokan, Kokand, 122.
コク・スー Kok sou, 108.
黒彝 Lolo noirs, 498.
黒旗軍 Pavillons Noirs, 512.
コクシンガ（国姓爺）Koxinga, 532.
黒水（ヘ・シュイ，黒水河）He choui, 402.
国分 Kokoubou, 771, 809.
小倉 Kokoura, 768, 809.
コクペクティ Kokpektî, 167.
黒竜江（ヘルン・キアン）Heloung kiang, 214, 218. → アムール川
湖口（フクウ）Houkoou, 430, 452.
コザコフ岬 Kozakov, 651.
鼓山（ク・シャン）Kou chañ, 461.
呉三桂 Ousankoueï, 510.
古事記 Koziki, 652, 732.
五指山（ウシ・シャン）Wouchih chañ, 513.
小島 Ko sima, 664.
湖州（フチュウ）Houtcheou, 441, 445, 452, 613.
梧州（ウチュウ）Woutcheou, Ngtcheou, 477, 613.
コシュティ・ダヴァン峠 col de Kocheti-davan, 156.
呉淞（ウスン），呉淞江 Wousoung, 387, 437, 439, 440, 533, 573.
呉城（ウチン）Woutching, 430.
梧棲（ゴチ）Gotchi, 535.
五台山（ウタイ・シャン，小五台山）Outaï chañ, 305, 356-357, 371.
五大連池 , 215.
滹沱河（フト・ホ）Houto ho, Pontou, 305, 371.
ゴダール Goddard, 258.
ゴッドウィン＝オーステン Godwin-Austen,

イリ
慶遠（キンユアン）Kingyuan, 613.
涇河（キン・ホ）King ho, 354, 367.
桂江（コエイ・キアン）Koeï kiang, 424, 468, 477.
景山（キン・シャン）King chañ, 312.
恵州（フイチュウ）Houitcheou, 613.
荊州（キンチュウ）Kintcheou, 424.
瓊州府（キウンチュウ・フ）Kioungtcheou fou, 514, 516.
京城　→　ソウル
ケイター諸島（嫁島諸島）îles de Kater, 775.
景徳鎮（キント・チェン）Kingte tcheñ, Tchingte tcheng, 430, 510.
雞鳴（キミン）Kiming, 326.
慶陽（キンヤン）Kinyang, 614.
桂林（コエイリン）Koeïling, 424, 477.
下営（キアイン）Kyaying, 334.
化外 Koou-veï, 201, 202, 204.
外宮 Gekou, 757.
ゲゲン・スマ gegen-souma, 213.
ケシ（罌粟）栽培 , 169, 201-202, 228, 423, 495, 509, 549, 570.
気仙沼 Kisenouma, 666.
ケソン（開城）Kaïseng, Kaetchang, 646.
ケツィ Ketsi, 379.
結社（中国）, 292, 298, 300, 561, 580.
ケム kem, 175.
ゲラン Guérin, 529.
ケリヤ（克里雅，拘彌，于田）Kiria, Keriya, 114, 126, 130, 135.
ケリヤ川 Kiria, 27.
ゲルク・パ Geluk-pa（黄帽派）, 73, 79.
ケルシュ＝ショーマ Kőrösi Csoma Sándor, 68.
ケルパエルト島 Quelpaert（済州島）, 618, 628.
元江（ユエン・キアン）Yuen kiang, 511.
沅江（ユエン・キアン）Yuen kiang, 385, 421, 424.
元山津 Genzan sin, 627, 641, 647.
沅州（ユンチュウ）Yungtcheou, 613.
厳州（イェンチュウ）Yentcheou, 613.
建昌，江西省（キエンチャン）Kientchang, 612.
建昌，四川省（キエンチャン）Kientchang, 402.
玄奘三蔵 Hiouen-thsang, 7, 8.
沅水（ユエン・シュイ）Yuen choui, 385.
建寧（キエンニン）Kienning, 613.
ケンペル Kaempfer, Engelbert, 653, 684.
乾隆帝 empereur Kienlong, 95, 164, 165, 217, 233, 317, 318, 320, 343, 447.

こ

江 Kiang, 378, 381.　→　揚子江
炕（カン）kang, 354.
興安（ヒンガン）Hingan, 216, 613.
興化（ヒンホア）Hinghoa, 613.
江華 Kanghoa, 636, 645, 617, 647.
黄河（ホアン・ホ）Hoang ho, 2, 111, 137, 138, 140, 141, 149, 172, 182-186, 210, 247, 328-332, 337-375（五章四節），376, 378, 380, 381, 389, 544, 553.
紅河 Houng kiang, 248, 497.
黄海 Huang haï, 2, 182, 351, 387, 615, 623, 625, 628.
康熙字典 dictionnaire de Kanghi, 261.
康熙帝 empereur Kanghi, 21, 47, 87, 95, 197, 211, 212, 214, 226, 227, 246, 316, 320, 343, 491, 560, 600, 691.
興京（シンキン）Chinking, 611.
孝経 Hiaoking, 289.
高句麗（カオキウリ）Kaokiuli, 616, 621.
黄県（ホアン・ヒェン）Hoang hien, 335.
黄江（ホアン・キアン）Hoang kiang, 510.
贛江（キア・キアン Kia kiang，チャン・キアン Thcang kiang）, 386, 408, 410, 430.
興江（チンキアン）Tchingkiang, 510, 511.
紅胡子（フンフーヅ）Hounhoutzé, 226.
恒山（ヘン・シャン）Heng chañ, 357.
香山（ヒアン・シャン，北京）Hiang chañ, 318.
香山（ホンサン，台湾）Hongsang, 535.
孔子 Confucius, 6, 128, 254, 263, 267-268, 289, 297, 298, 330, 333, 403, 424, 585, 587, 592,

く

け

 →

驍騎営（ヒアオキイン）Hiaokiying, 607.
京江（キェン・キアン）Kien kiang, 514.
邛州（キウン・チュウ）Kioung tcheou, 416.
鞏昌（クンチャン）Koungtchang, 614.
陜西省 Chensi, 279, 282, 326, 339, 354, 357, 363, 367, 370, 371, 372, 399, 400, 416, 421, 426, 429.
龔灘（クンタン）Koungt'an, 421. → 烏江
京都 Kioto, Miako, 674, 679, 717, 718, 752, 758-760.
京都（キントゥ，北京）Kingtou, 307.
匈奴 Hioungnou, 188.
京報 Gazette de Peking (Peking gazette), 286, 594.
教民（キアオ・ムン）Kiao-mun, 278. → ムスリム（中国）
玉, 128.
玉河 rivières du Jade（白玉河，碧玉河，墨玉河）103, 131.
極西 Extrême-Occident, 652.
曲靖府（チュンチン・フ Tchoungtching fou，キウツィン・フ Kiutsing fou）, 510.
極東 Extrême-Orient, 1, 13, 14, 192, 282, 298, 484, 488, 500, 554, 557, 574, 652, 698, 705, 706.
曲阜（キウファオ）Kioufao, 333-334, 337.
玉門関 porte du Jade, Youiminsian, 152, 160.
玉林（ユリン）Yulin, 490.
魚皮韃子（ユイピー・ダーツ）youpi tatze, 222.
ギヨーム Guillaume Bouchier, 209.
キヨングワン Kiengouen, 640.
居庸関 324.
キラオ Kilao, 403.
キリアン（克里陽）Kilian, 131.
霧島 Kiri sima, 684, 686.
キリスト教，キリスト教徒 8;（チベット）77-79;（東トルキスタン）123;（モンゴル）169, 194, 200, 211, 283-286, 300;（中国）319, 414, 490, 601;（朝鮮）621, 636, 639;（日本）653, 684, 736-738, 758.
キリチャイ kiritchaï, 95.
ギリン・ウラ（吉林烏拉）Girin oula, 230-231. → 松花江
ギル Gill, William J., 392, 393, 397, 418, 420, 497, 505, 506, 508.
キルギス人 Kirghiz, 76, 120, 121, 144, 167, 200.
キルギス・カザク人 Kirghiz-Kazaks, 166.
キルギス・ノール（奇爾吉玆泊）Kirghiz nor, 174.
基隆（キールン）Keloung, 523, 527, 535, 536, 537, 613.
祁連山脈（チーリェン・シャン）Kilien chañ. 138, 140, 146-149, 172, 352.
ギロン（吉隆）Kirong, 86.
金華（キンホア）Kinhoa, 448, 613.
金牛道（キンニウ・タオ）Kinniu tao, 416-417.
黔江（キエン・キアン）Kien kiang, 421. → 烏江
黔江（ピュエ・キアン）Pué kiang, 467. → 西江
キンサイ（行在）Qinsay, Quinsay, Kintze, 443, 446. → 杭州
銀座 Ginza, 749.
金沙江（キンシャ・キアン）Kincha kiang, Fleuve aux Sables d'Or, 60, 91, 136, 380-382, 389, 392, 396, 398, 413, 417, 418, 494, 508, 510.
金州（キンチュウ）Kintcheou, 235.
錦州府（キンチュウ・フ）Kingtcheou fou, 237.
禁城（キンチェン）Kingtcheng, 307.
金積堡（キンキパオ）Kinkipao, 280, 366.
キンツェ（行在）Kingtze, 443. → 杭州
金牌砲台（キンパイ）Kin paï, Kin pao, 458.
金峰山 Kimpo san, 672, 676.
金野湾 625, 641.
キンロン・キアン Kinlong kiang（九龍江か）, 57.

カントン Canton　→　広州 .
広東省 Kouangtoung, 255, 258, 408, 454, 466, 467, 468, 473, 475, 481, 490, 513, 516, 527, 579, 608, 613.
観音信仰（クワンイン Kouanyin）, 272, 736.
カンバ・ラ Khamba la, 46.
カンバルク Cambaluc（北京）, 308, 314.
澉浦（カンプ，ガンフー）Kanp'ou, Ganfou, 446.
カンプ川 Kampou, 48.　→　ガクポ川
寒風山 Samoukaze yama, 667.
雁門関（イエメン・クワン）Yemen kouan, 371.
漢陽（ハニャン）Hanyan　→　ソウル
漢陽府（ハンヤン・フ）Hañyang fou, 426, 427, 452.
カン・リンポチェ　→　カイラス山
官話（クワン・ホア）kwan hoa, 146, 257-258, 262, 410, 412, 454, 473, 476, 729.
官報（クワン・ホア）kouan hoa, 580.

き

キアリン湖 Kyaring, 66.
キアンカ Kiangka（芒康）, 83, 91.
キエワ kiéoua, 62.
ギオン人 Ghion（パイ人）, 69.
帰化城（クェイフワ・チェン）Koueïhoua tchen, 210.　→　フフホト
祁県（チ・ヒェン）Tchi hien, 371, 375.
沂州（イチュウ）Yitcheou, 337, 612.
義州（ウィジュ）Itchou, 646.
徽州（ホエイチュウ）Hoeïtcheou, 612.
貴州省 Koeïtcheou, 376, 389, 402-403, 412, 421-424, 467, 468, 493, 600, 613.
夔州府（コエイチュウ・フ）Koeïtcheou fou, 422.
宜昌（イチャン）Itchang, Yitchang, 383, 389, 422-423, 452, 566, 613.
キジル・アルト Kizîl art, 107.
キジル・スー Kizîl sou, 107.
キジル・タグ Kizîl-tagh, 107.
キジル・バシュ Kizîl bach, 159, 163　→　ウルングル湖 .
旗人 Tsi jen, Ki jen, 225.
木曽川 Kiso gava, 676, 757.
キタイ Kitaï, 9, 161.
キタオ Kitao, 403.
北上川 Kitakami, 665, 743.
キ・チュ（ラサ川，拉薩河）Kitchou, 46, 88, 413.
吉安（キンガン）Kingan, 410, 612.
木津川 Kitzou, 760.
吉林（ギリン），吉林将軍 Girin, 214, 219, 228, 230, 233, 238, 614.
貴徳　→　ゴミ , 364.
帰徳府（コエイテ）Koeïte, 375.
ギトン＝タンバ giton-tamba, 197.
岐阜 Gifou, 755, 767, 806, 808.
キーペルト Kiepert, Heinrich, 58.
ギャカルマ山地 Gyakharma, 34.
逆河（ニー・ホ，黄河別称）Nih ho, 343.
キャフタ（恰克圖）Kiakhta, 161, 207, 321, 325, 429, 565, 567, 573.
ギャルパ＝リンポチェ Gyalba-rempotché, 94.
ギャルポ gyalbo（ギャルチュ gyaltchoup?）, 95.
ギャルン Gyaroung, 70.
ギャンツェ（江孜）Gyanzé, Gyangtse, 87.
キャンベル Campbell, Archibald or Arthur, 98.
牛肝 Lon kan, 383.
九曲渓 rivière des "Neuf Méandres", 462.
旧クルジャ Vieille Kouldja, Kouldja tartare（タタール・クルジャ）, 169, 170.
九江（キウキアン）Kiou Kiang, Kiukiang, 256, 430, 431, 452, 612.
九州（中国）neuf provinces, 241, 242, 333;（日本）Kiusiu, 619, 622, 651, 683-685, 686, 695, 697, 717, 768, 770-771.
牛庄（ニューチュアン）Niutchouang, 219, 234, 614.
旧スス，スス Païen·Sousou (Sousou), 232.
ギュツラフ Gützlaff, Karl Friedrich A., 300.
貴陽（コエイヤン）Koeïyang, 421, 613.
堯 Yao, 326, 372, 373, 592, 593.

カーライル Carlyle, Thomas, 194.
カラコテン Karakoten, 305.
カラコルム Karakoroum（喀喇和林）, 9, 208-209.
カラコルム峠 col de Karakoroum, 106.
カラコルム山脈 Karakoroum, 17, 26, 44, 100, 105, 106.
カラシャル（焉耆）Karachar, 101, 133, 135.
カラシャル・クル（バグラシ湖）Karachar koul, 109.
カラジャン，カラヤン（大理）Carajan, Karayang, 506.
カラ・タングート人 Khara-Tangoute, 143, 145.
カラホト Khara khoto, 211.
カラヤン Karayang, 506.　→　大理府
カラングイ・タグ Karangoui tagh（崑崙山脈）, 24.
賀蘭山脈 185, 339.
カランバ・ラ山 Khalamba la, 45.
カリーム kalîm, 144.
嘉陵江（キアリン・キアン）Kialing, 247, 420, 421.
カルカラ・ウス（庫爾喀喇烏蘇）Karkara oussou, 168, 170.
カルガン Kałgan（張家口）, 179, 207, 211, 325, 327, 429, 565, 573.
カルギリク Kargalik, 131, 135.
ガルグンザ Gargounza, 85.
ガルチャ人 Galtcha, 119, 120.
ガルトゥング川 Gartoung, 41, 84.
ガルトク Gartok, 41, 84, 86, 93, 94, 98.
カルナリ川（格爾納利河）Karnali, 36, 84.
ガルニエ Garnier, Marie J. François (Francis), 47, 57, 287, 496, 510, 512.
カルピニ Plan Carpin, Jean du, 9, 193.
ガルプン garpön, 93.
カルマ・カギュ派 73, 79.
カルムイク人 Kalmouks, 120-123, 150, 164-165, 189, 191, 354.
ガロ・ヒルズ Garro Hills, 53.
瀚海（ハンハイ）Han haï, 110, 158, 186.
カンギュル（甘珠爾）Kandjour, 78, 197, 212.
ガング・ディス・リ山脈 Gang-dis-ri, 34.
　→　ガンディセ山脈
ガングリ Gangri, 34.
灌県（クワン・ヒェン）Kouan hien, 416.
漢江（ハンガン）Han kiang, 615, 620, 629, 636, 639, 644-646.
漢江（ハン・キアン）Hañ kiang, 211, 247, 352, 374, 377, 385, 402, 416, 426, 429-430.
韓江（ハン・キアン）Han kiang, 467, 473, 476, 477.
漢口（ハンカウ）Hañkoou, Hankeou,161, 211, 321, 385, 423, 426-430, 452, 485, 495, 497, 549, 560, 565, 566, 613.
関口（クワン・クウ，居庸関）Kouan koou, 324, 325.
関西 Kouan saï, 674.
行在（カンサイ）Cansaï, 244, 443.　→　杭州
ガンジス川 Gange, 36, 39.
甘州（カンチュウ）Kantcheou, 151, 614.
乾州（クンチュウ）Kountcheou, 368, 375.
贛州（カンチュウ）Kantcheou, 612.
甘粛省 Kansou, 18, 136, 138, 146-158（四章二節），160, 205, 207, 278-280, 282, 357, 363-366, 372, 375, 416, 538, 554, 565, 571, 576, 614.
甘粛省モンゴル地域 Kansou mongol, 146-158（四章二節），161, 186, 565.
カンシュタット von Cannstadt, Schilling, 75.
寛城子（クアンチェン・ツェ）Kouangtcheng tze, 231.
韓信嶺（ハンシン・リン）Hansin ling, 371-372.
カンゼ（甘孜）　→　ドンキル
カンチェンジュンガ峰 Kintchindjinga, 63.
漢中府（ハンチュン・フ）Hañtchoung fou, 352, 385, 402, 417, 429.
ガンディセ山脈 33-34, 36, 37, 41, 45.
ガンデン寺（甘丹寺）Galdan, 90.
冠頭（クワンタオ）Kouan-taou, 490.
関東 Kouan to, 666, 667, 674.
関東平野 plaine de Yedo, 669, 694, 700, 708, 717.
漢拏山（ハルラサン），626.

河州（ホチュウ，四川省）Ho tcheou, 421.
河州（ホチュウ，臨夏，サラル）Hotcheou, 280, 366, 369.
華州（ホアチュウ）Hoatcheou, 282.
瓜洲（コアチュウ，江蘇省）Koatcheou, 433.
瓜州（クアチュウ，甘粛省）Kouatcheou, 152.
雅州府（ヤチュウ・フ）Yatcheou fou, 414.
カシュガーリー（カシュガル人）Kachgarî, 121, 125.
カシュガル Kachgar, 26, 100, 101, 115, 120, 123-125, 132-133, 135, 162, 163, 184.
カシュガル王国 royaume de Kachgarie, 99.
カシュガル・ダリヤ（喀什噶爾河）Kashgar-daria, 107, 108, 125, 133.
カシュミール Kachmir, 17, 19, 22, 24, 26, 33, 39, 42, 61, 69, 71, 92, 97, 103, 122, 125, 132.
カシュ・レン Khach-len, 28.
柏崎 Kasivazaki, 745, 767.
柏原 Kasiva hara, 760.
河水（ヘ・シュイ）Hé choui, 385. → 湘水
カスタク kastaks, カロン kalons, 95.
加世田 Kaseda, 771, 809.
花地（ファティ Fàti, ホアティ Hoathi）, 481.
家長（キアチャン）kiatchang, 290, 293, 553, 579, 584, 589, 600, 605.
カチン人 → カキエン人 , 500.
脚気 kakke, 721.
月山 Getz san, Tsouki yama, 680.
カッチ高原（蔵北高原）plateau de Khatchi, 28, 30-33, 37, 55, 60, 67, 84, 379, 395.
カッチ人 Katchi, 71.
噶瑪蘭（ケマラン Kemalañ, カバラン Kabaran）, 532.
河底江（ホティキアン，元江別称）Hotikiang, 511.
嘉定府（キアティン・フ）Kiating fou, 402, 414, 441, 445.
神奈川宿 Kanagava, 753.
金沢 Kanazawa（石川県）, 745, 746, 767, 808;（神奈川県）, 754.
河南（ホナン，広州郭外）Honan, 481.
河南省 Honan, 353, 357, 363, 372, 374, 412, 430, 571, 612.
河南府（ホナン・フ）Honan fou, 373-374.
鹿沼 Kanouma, 767.
カバラス峠 col de Khabarassou, 167.
カファロフ → パルラディ＝カファロフ
禍風（クワ・フン）koua foung, 307.
ガベ Gabet, Joseph, 32, 79, 467, 589.
鎌倉 Kamakoura, 754.
カミギリ kamigiri, 706, 709.
カム地方 Kham, 18, 56, 63, 67, 68, 70, 83, 84, 90, 97, 148, 381, 396.
カムイ kamoui, 713.
カムティ人 Khamti, 501.
カムチャツカ Kamtchatka, 650, 656, 657, 706, 709, 710.
カムパ人 Khampas, 68.
カムバ人 Khambas, 68.
カムール（ハミ）Camul, 153.
カモインス Camões, Luís Vaz de, 488.
賀茂川 Kamo gava, 759, 760.
厦門（ヒアメン Hiamen, ヒアムン Hiamoun）, 463.
衙門（ヤムン yamoun, ヤメン yamen）, 539.
嘉峪関（キアユ・クワン）Kiayou kouan, 149, 152.
加羅（から）, 621.
カラ・イルティーシュ川 Kara Irtîch, 163.
カラ・ウス Khara oussou, 57, 142, 204.
カラ・カシュ川（喀拉喀什河）Kara-kach, 25, 27, 103-106, 129, 131.
カラ・キルギス人 Kara-Kirghiz, 121, 125, 166. → ブリヤート人
カラ・クルチャン Kara kourtchin, 109, 110.
カラ・クレン Kara koureñ（カラコルム）, 209.
カラ・タングート人 Khara-Tangoutes, 143, 145.
カラ・ブラン Kara bouran, 109, 110.
カラ・ノール（喀喇諾爾）Khara nor, 148.
カラ・ムレン，カラモラン Kara mouren（黄河）, 343.

親潮 Oya sivo, 695, 697.
オラシオ＝デラ＝ペンナ Orazio Olivieri della Penna, Francesco, 20, 83.
オリヤスタイ　→　ウリアスタイ
オリン・ノール Oring nor（顎陵湖）, 141.
オールコック Alcock, Rutherford, 673.
オルテリウス Ortelius, Abraham, 617.
オルドス高原（顎爾多斯）Ordos , Ortous, 183-185, 188, 191, 339, 366.
オルドス人 Ordos, 172, 191.
オルホン川 Orkhon, 206, 209.
オルン・ダバ峠 col d'Olön daba, 173.
オレンブルグ Orenburg, 122.
オロタ orotha（高麗ニンジン）, 228.
オロチョン人（鄂倫春族）Orotchones, 223.
尾張湾（伊勢湾）baie d'Ovari, 755.
御嶽 On take, Mi take, 676-677, 680.
オンニュート部 Ouniot, 204.
温禰古丹島 Onnekotan, 656, 657, 739.
オン＝ハン Ount khan, 283.
オンボ Ombo, 64, 79.
オン・マニ・ペメ・フン Om mani padmé houn, 74-75, 80, 199.

か

海安所（ハイアンソ）Haï an so, 518.
海河（ハイ・ホ）Haï ho, 10, 305, 321.　→　白河
澥河（シャ・ホ）Cha ho, 347, 375.
回回（フイフイ）Hoï-hoï, 278, 280, 312, 368, 502.　→　ムスリム（中国）
開化府（カイホア・フ）Kaïhoa fou, 510.
海関両（ハイクワン・テール）haï kouan tael, 610.
海眼（ハイヤン）Haï yan, 440.
懐慶府（ホアイキン・フ）Hoaïking fou, 344, 375.
開原（カイユアン）Kaïyuen, 233, 238.
海口（ホイ・フウ Hoï hoou, ハイ・クウ , Haï koou）, 516-518, 613.
海珠（ハイチュ）Haï tchou, 469.
解州（キアイ・チュウ）Kiaï tcheou, 372-373.
崖州（アイチュウ）Aïtcheou, 518.
蓋州（カイチュウ）Kaïtcheou, 235.
海城（ハイチュン）Haïtchoung, 234.
開城（ケソン）Kaïseng, Kaetchang, 646.
開拓使 Kaïtakouzi, 739, 801.
カイドゥ・ゴル Khaïdou gol（开都河）, 108, 109.
海南島（ハイナン）Haïnan, 2, 17, 248, 489, 513-518（五章九節）, 519, 525, 566, 600.
開封府（カイフン・フ）Kaïfoung fou, 277, 342, 343, 345, 347, 363, 374, 375.
開平（カイピン）Kaïping, 323.
カイポン Kaïpong（担桿列島）, 470.
海門（ハイメン Haïmen）, 388.
開聞岳 Kaïmon ga take, 684.
カイラス山 Kaïlas（カイラーシャ・パルヴァタ）, 35-37.
カイレイ峠 col de Cayley, 61.
ガインドゥ Caindu（寧遠）, 418.
ガウリ・サンカル山 Gaourisankar, 86, 106.
下営（キアイン）Kiaying, 334.
火焔山（ホーイェンシャン）Hoyen chañ, 155.
河間（ホキアン）Hokian, 612.
カキエン人 Kakien, 498, 500-501.
ガクポ川 Gakpo, 48, 58.
カク・ミャオ Kac Miaou, 515.
嶽（ヨ）Yo, 354.
岳州（ヨチュウ）Yotcheou, 426, 613.
岳麓書院 collège de Yolo, 425.
鹿篭 Kago, 771, 809.
嘉興（キアヒン）Kiahing, 441, 613.
嘉慶帝 empereur Kiaking, 234.
華国（ホア・クオ）Hoa kouó, 161, 240, 252, 257.
鹿児島 Kagosima, 686, 771, 806, 809; 鹿児島湾 , 684-685, 708.
カサブランカ山 Casabranca（ツィン・シャン Tsing Chañ）, 486.
笠松 Kasamats, 755.
華山（ホア・シャン）Hoa chañ, 353, 370.
加治木 Kadziki, 771.
カシュ川（喀什河）Kach, 163, 169, 170.
火州（ホチュウ）Hotcheou, 155.

エドキンス Edkins, Joseph, 264, 398.
絵鞆 Yedomo, Endomo, 741.
択捉島（エトロフ）Yetouroup, Yetorofou, 656, 657, 739.
エネルカク enerkak（チベット語）, 196.
N-m-g（ネム＝シン）, 46, 47, 51, 55, 56.
江の島 Yeno sima, 754.
エビ・ノール（艾比湖）Ebi nor, 159, 162, 168.
えびす Yebis, Yebsis, Yemisi, 708.
エベット船長 Ebbet, 773.
烏帽子岳 Yebosi dake, 664.
エミル川（額敏河）Emil, 167.
エリアス Elias, Ney, 173, 174, 178.
エリス Ellis, 306.
襟裳岬 Yerimo, 661.
エルガク・タルガク Yergik targak, 175.
エルカーノ Elcano, Juan S., 10.
エルリツァ Erlitza, 202.
延安（ヤンガン）Yangan, 370, 613.
袁州（ユエンチュウ）Yuentcheou, 612.
兗州府（イェンチュウ・フ）Yentcheou fou, 333.
煙台（イェンタイ）Yentaï, 336.
エンデルモ Endermo, 741 → 絵鞆
延平（ユンピン）Yungping, 462, 465, 613.
円明園（ユアンミン・ユアン）Yuanming yuan, Palais d'été, 317.

お

雄阿寒岳 O Akan, 662, 664.
オイラト人 Elöt, 150, 163, 189, 191, 192, 196.
王安石 Wangantche, 552.
横断山脈 chaînes transversales, 392, 408.
横琴島（ウンクム）Woungkoum, 470.
応天（インティエン，南京）Yingtien, 307.
近江 Aomi, Omi, 677, 806, 808.
王莽 Wangmang, 552.
澳門 Ngaomen（ニャオメン）→ マカオ
鴨緑江（アムノッカン Amno kang，ヤールー・キアン Yalou kiang）, 615, 616, 624, 629, 646.
オエシャルデス河 Œchardes, 108. → タリム川
大垣 Ohogaki, Ogaki, 755, 767.
大潟 Ohokata（八郎潟）, 667.
大阪 Ohosaka, 681, 699, 758, 760-763, 790, 792, 795, 803, 805, 806.
大島 Oho sima（北海道）, 664;（伊豆大島）676;（奄美大島）, 692.
大隅諸島 → セシル諸島
大津 Ohotz, Odzou, 758, 767, 795, 806, 808.
大野 Ohono, 746, 767.
大湊 Oho minato（二見港）, 776.
大峰山 Oho mine, 679, 680.
大八洲 Oho ya sima, 651, 777.
大山 Oho yama, 680.
小笠原諸島 Ogasavara, 650, 773-776, 806.
岡崎 Okasaki, 767.
小笠原貞頼 prince Sadayori, 773.
男鹿島 Oga sima（男鹿半島）, 667, 708.
岡山 Okayama, 766, 767, 806, 809.
隠岐諸島 îles d'Oki, 651, 667.
沖縄島 Okinava sima, Oukinia, Tchoungtching tao, 692, 771-772.
オクセンハム Oxenham, 375.
オクソス川 Oxus, 6, 7, 100, 101, 107.
オークランド山 Auckland（漢挐山）, 626.
オグル島 Ogle（横当島）, 687.
オスチャーク人 Ostiak, 192.
オステン＝サッケン Osten-Sacken, Fyodor R.?, 101.
恐山 Ozore zan, 680.
織田信長 Ota Nobounaga, 755, 758.
小田原 Odovara, 754, 767, 808.
小樽 Otarou, 小樽内 Otarounaï, 741, 795, 809.
小千谷 Odziya, 744, 767.
オッペルト Oppert, Ernst J., 630, 646.
オドゥンタラ Odountala, 141, 142.
オドリコ＝ダ＝ポルデノーネ Odorico da Pordenone, 20, 244, 443, 448.
尾道 Onomitsi, 766, 767, 809.
オノン川 Onon, 176.
小浜 Obama, 763, 808.
オム・チュ Omtchou, 57.

222, 226, 228, 713.
ウスン人 Ousun, 150.
ウソルツェフ Ousoltzev, 219.
内浦湾 651,661, 662, 741.　→　噴火湾
内モンゴル Mongolie intérieure, 171, 201.
ウッドソープ Woodthorpe, [Robert Gosset ?], 52.
宇都宮 Outsnomia, 767, 808.
鬱陵島（ウルルン・ト）Ollonto, 626.
ウデリン Oudelin, 215.
ウブス湖，ウブス・ノール（烏布沙泊）Oubsa nor, 174.
ウユン・ホルドンジ Ouyoun kholdongi（五大連池）, 215.
ウラジオストク Vładivostok, 11, 221, 574, 623, 794, 795.
ウラン・ムレン（烏蘭木倫河，沱沱河）Oulan mouren, 379.
ウラン・ハダ Ulaan Hada, 213.
ウラン・ブー沙漠 Ulan Buh Shamo, 186.
ウランバートル　→　ウルガ
ウリアスタイ（烏里雅蘇台）Ouliasoutaï, 161, 174, 204, 205, 207, 210, 213, 565.
ウリヤンハイ人 Oulianhaï, Donva, 192.
ウルガ Ourga, 10, 74, 176, 178, 179, 195, 197, 203, 206-207, 211, 213, 565.
得撫島（ウルップ）Ouroup, 656, 782.
ウルムチ（烏魯木斉）Ouroumtsi, Oumroutsi, Oumritsi, 134, 157-158, 160.
ウルングル川（烏倫克河）Ouloungour, 159, 166, 173.
ウルングル湖 Ouloungour, 159, 162-163, 166.
宇和島 Ouvazima, 767, 768.
運河（ユン・ホ，大運河）Yun ho, 188, 305, 306, 323, 328, 331-332, 389, 433, 434.　→　大運河
温泉山（雲仙岳）Ounzen san, Ounzen ga take, 683, 686, 737, 738, 770.
温州（ウェンチュウ）Wentcheou, 452, 453, 456-457, 465.
雲州（ユン・チュウ）Yun tcheou, 508.
運城（ユエンチン）Yuentching, 372, 373.
運天港 Ounting, 692.
雲南省 Yunnan, 47, 80, 97, 227, 249, 261, 279-280, 288, 331, 380, 398, 405, 406, 418, 467, 468, 475, 477, 493-512（五章八節）538, 543, 549, 566, 600, 613.
雲南府 Yunnan fou, 281, 494, 496, 508-510, 512.
鄖陽（ユンヤン）Yunyang, 613.

え

衛河（ウェイ・ホ）Weï ho, 305, 306, 375.
衛輝府（ウェイフイ・フ）Weïhoui fou, Weïkui, Weïkiun, 375.
営子（インツェ）Yingtzé, 234.
営口（インコウ）Yinkoa, 219, 234, 238, 566, 614.
永州（ユアンチュウ）Youantcheou, 613.
永順（ユンシャン）Yungchan, 613.
永昌府（ユンチャン・フ）Youngtchang fou, 504.
栄成（ユンチン）Youngtching, 337.
永定河（ユンティン・ホ）Yungting ho, 305, 308, 316, 318, 325-326.
栄尾 Yenoyu, 684.
永平府（ユンピン・フ）Yungping fou, 324.
永楽帝 empereur Yungle, 319
エヴェンキ人（鄂温克族）Ewenkis, 166, 223.
越渇磨島（エカルマ）Ikarma, 657.
易経（イ・キン）Yiking, 268, 269.
易州（イ・チュウ）Yi tcheou, 320.
エク・ゴル Eke gol, 176.
エクタグ・アルタイ山脈（モンゴル・アルタイ山脈）Ektag Altaï, 1, 172-174.
江差 Yezasi, 741.
恵山（エサン）Yezan , Ezan, 664.
エジン川 Azsind, Edzin-gol, エジネイ川 Edsineï（額済納河）, 138, 148, 153, 167, 186.
蝦夷地（北海道）Yeso, 650, 664, 739, 750, 801.
穢多 Étas, 784, 800.
エチナ Etzina , 153.
江戸 Yedo, Yeddo, 673, 694, 748, 754, 758, 808.; 江戸川 Yedo gava, 749.

一ノ瀬温泉 Itsinose, 677.
厳島 Itskou sima, 766.
一妻多夫制 , 81, 144.
稲置 Yonagi, 755.
稲佐 Inasa, 769.
猪苗代湖 Inavasiro, 669, 743.
イーニン（伊寧） → クルジャ
伊能忠敬 Yino, 653.
伊吹山 Ibouki yama, 679, 680.
医巫閭山（ウリウ） Wouliu, Ouliu, 218.
イブン＝バットゥータ Ibn Batouta, 443, 462, 463.
イブン＝ハムサ Ibn Hamsa, 279.
今泉 Imaïdzmi（岐阜）, 755, 767, 806, 808.
今治 Imabar', 767, 768.
今町 Imamatsi（直江津）, 745.
伊万里 Imari, 769.
イラワディ川 Irraouaddi, 47, 48, 53-55, 57, 494-496, 503.
イラン・ハラ（三姓） Islan hala, 232.
イリ（伊犁） Ili, 162-163, 165, 166, 168-170.
イリ川（伊犁河） Ili, Iloï-Yuan, 160, 163, 165, 166, 168-170.
イリチ（伊里斉） Iltchi, 126.
イリュキ・アリン（伊勒呼裡山） Ilyoukhi alin, 216.
イール yirrh, 63.
イルティーシュ — オビ川 Irtîch-Ob, 159.
イレン・ハビルガン Iren Khabirgan（タルキ山脈）, 159.
岩木山 Ivaki yama, 667, 680.
岩国 Ivakouni, 766, 767.
岩内 Ivanaï, 741.
岩内岳 Ivanaï, Ivanobori, 662.
岩鷲山 Ivavasi yama（岩手山）, 680.
陰山山脈（インシャン） In chañ, 182, 186, 339.
インダス川 Indus, 36, 39, 41, 68, 84, 85, 103.
陰陽 yang-yin, 268.

う

禹 Yu, 242, 333, 446, 593.
ウー地方 province d'U, d'Ou, 18. → ウイ地方
ヴァシリエフ Vasilyev, Vasily P., 16.
ヴァレンティン Valentijn, François, 529.
ヴァン＝デル＝プッテ van der Putte, Samuel, 21.
ヴィクトリア市 Victoria, 484, 485, 490.
ウイグル人 Ouïgour, 150, 155, 157, 160, 196, 278, 280, 284.
ウイ地方 province d'Oui, (Oueï), 18, 43, 84, 97.
ウイ・ツァン Oui-tsang（ウェイ・ツァン Weï-Tsang）, 18.
ウィリアムズ Williams, Samuel W., 258.
ウィリアムソン Williamson, Alexander, 283, 332, 334, 341, 349.
ウィルコックス Wilcox, 51-53, 55.
ウェード Wade, Thomas F., 258.
上野 Ouyeno, 750.
ウェーバー Wäber, 308.
ウェルニヒ Wernich, Albrecht L. A., 723.
汶（ウェン）川 Wen, 381. → 岷江
ウェン河 Wen ho（永定河，盧溝）, 305, 308, 316.
ヴォエイコフ Voeikov, Aleksandr I., 771.
ウオーカー Walker, James T., 51, 52.
ヴォチャン Vochan, Vontchan, Voncian, 504. → 永昌
魚津 Ouvots, 745, 767.
ウオレス Wallace, Alfred R., 704
ウクニア王国 royaume Oukinien（琉球王国）, 692.
烏江（ウ・キアン） Wou kiang, 403, 421.
右江（ユ・キアン） Yu kiang, 466.
ウゲデイ＝ハン Oktaï-khan, 209.
禹貢 Yukoung, 242, 381.
宇治川 Oudzi gava, 760.
牛岳 Ousino yama, 664.
ウシュ・トルファン Ouch-Tourfan（烏什）, 133, 135.
ウジュムチン部 Outchoumsin, 204.
有珠山 Yusou dake, 662.
ウス峠，ウス嶺 Ousou ling, 149.
臼杵 Ousouki, 768, 771, 809.
ウスリー川（烏蘇里江） Ousouri, 214, 217,

アルグン川 Argouñ, 179, 181.
アルキメデス島 île Archimède（諏訪之瀬島）, 687.
アルゴル argol, 180.
アルタイ山脈（阿爾泰）Altaï, 4, 117, 138, 158, 160, 161, 162, 165, 172-174, 191, 204.
アルタイ・シャール Alti char, 99.
アルタイ・ヌル（ゴビ・アルタイ山脈）Altaï nourou, 173, 174.
アルティン・タグ（アルチン（阿爾金）山脈）Altîn tagh, 24, 101, 103, 112, 136, 138.
アルティン・ツィツィク Altîn-tsitsik, 173.
アルトゥシュ（アルツシ（阿図什））Artouch, 132.
アレウト人 Aléoutes, 709, 710.
アルブズ・オラ Arbouz ola, 185.
アレクサンドロス大王 Alexandre le Macédonien, 119.
鴉礱江（ヤルン・キアン）Yaloung, Yarloung, 381, 392, 393, 418.
アロプン（阿羅本）Olopönn, 283.
安房上総半島（房総半島）péninsule d'Ava-Kidzousa, 753.
淡海 Avo oumi（琵琶湖）, 677.
淡路島 Avadzi, 651, 681, 765.
粟島 Avo sima, 667.
粟田 Avata, 759.
安海鎮（ニアンハイ）Nganhaï, 463.
安徽省 Nganhoeï, 303, 376, 411, 412, 431, 612.
安慶（ニャンキン Nganking, アンキン Anking）, 452, 431, 613.
安順（ニアンシュン）Nganchoun, 421, 613.
安西（アンシー）Ngansi, 148, 152.
アンディジャニー（アンディジャン人）Andidjanî, 122, 125.
アンディジャン Andidjan, 122, 124.
アンドラーデ de Andrade, António, 20.
安敦（マルクス＝アウレリウス＝アントニヌス）An-toun, 7.
安南 Annam, 611.
アンバン amban（昂邦，駐蔵大臣）, 95, 229, 397.
安平（アンピン）Anping, 533.
安邑県（ニャンイ・ヒェン）Nganyi hien, 372.
安陸（ニアンル）Nganlou, 613.

い

濰　→　濰県
飯豊山 Ihitoyo yama, 680.
イェニセイ川 Yeniseï, 175, 183, 191.
イェルカロ Yerkalo, 58, 505.
イェンギサル（英吉沙）Yengisar, 132.　→　ヤンギ・ヒッサル
イウ人 Yiu, 473.　→　ヤオ人
硫黄が島（薩摩硫黄島）Ivoga sima, 687.
硫黄島（硫黄鳥島）Ivo sima, 687.
渭河（ウェイ・ホ）Weï ho, 282, 341, 352-354.
威海衛（ウェイハイ・ウェイ）Weïhaï weï, 337.
壱岐島 Iki, 651, 693.
イギリス東インド会社 la compagnie des Indes, 563, 570.
イク・ナムール湖 Ike Namour, 28.
郁江（ユ・キアン）Yu kiang, 467, 490.
生野 Ikouno, 765.
濰県（ウェイヒェン）Weï hien, 334-335, 337.
イザナギ（伊弉諾）Isanagi, 677, 681.
イザナミ（伊弉冉）Isanami, 677, 681, 798.
イサバマ島 île Isabama, 743.
夷人（イジェン）I jen, 397, 510, 583.
石狩 Isikari, 739; 石狩川, 661, 662, 739, 779; 石狩岳, 661.
イシク湖，イスシク・クル湖（伊斯色克庫爾）Issik-koul, 132.
石巻 Isinomaki, 743, 767.
出水 Idzmi, 771.
伊勢国 Ise, 757, 806, 808.
伊豆大島 Oho sima, 676.
伊豆七島 Nana sima d'Idzou, 675, 775.
伊豆半島 péninsule d'Idzou, 673-675, 754.
維西府（ウェイシ・フ）Weïsi fou, Ouisi fou, 499, 505.
イタシベ・オニ Itasibe oni（知床硫黄山）, 660, 662, 664.

索 引

あ

相川 Aïgava, 745, 767, 809.
アイグン（瑷琿）Aïgoun, Aïkhoun, 216, 229.
会津平 Aïdzou taïra, 669.
アイヌ人 Aïnos, 708-715, 741, 804.
アイマク aïmak, 204, 210.
青森 Avomori, Aomori, 743, 767; 青森湾 baie d'Avomori, 667, 708.
青モンゴル Mongols bleus, 191.
明石 Akasi, 765, 767.
赤盆地 Bassin rouge, Rothe Becken, 402, 403, 429.
赤間が関 Akamaga seki（下関）, 767.
秋田 Akita, 669, 700, 714, 743, 767, 806, 808.
アククーム Ak koum, 176.
アクス（阿克蘇）Ak sou, 118, 133, 135.
アクス・ダリヤ（阿克蘇河）Aksou-daria, 108.
阿久根 Akoune, 771.
浅草 Asakousa, 750.
浅間山 Asama yama, 671-672, 680.
芦ノ湖 Asino oumi, 674.
葦原（柏原）Asivara, 760.
アジュ川，アジュ・ホ（阿什河）Aje ho, Ache ho, Acher ho, 232.
アゼ Azé, 441.
アゼミ派　Azemi, 280.
阿蘇山 Aso yama, 683, 684, 686.
熱海 Atami, 754.
アッケント Akkent, 169.
アッサム地方 Assam, 48, 57, 80, 92, 496, 569.
熱田 Atsouda, 755, 767.
あづまえびす Adzma Yebis, 708.
吾妻山 Adzma yama, 671, 680.
阿墩子（アテンツェ Atentzé, アトゥンヅ Atuntzu）58, 97, 504-505.
アナヴァタプタ Anavatapta（崑崙山脈）, 24.
アネウタ Aneouta（崑崙山脈）, 24.
安濃津 Ano-tsou, 755, 806.
アノン人 Anong, 499.　→　ルーツェ人
アバガナル部 Abkhanar, 204.
アバディーン Aberdeen, 485, 490.
阿武隈川 Aboukma, 743.
アブダリ Abdallì, 109.
アフラースィヤーブ Afrasiab, 118.
アベル＝レミュザ Abel-Rémusat, Jean-Pierre, 107, 209, 240, 260. 264.
阿片戦争 guerre de l'opium, 314, 448, 458, 563.
アボル人（アディ人）Abor, 55, 69.
天城山 Amagi san, 674.
アマラル Amaral, João Maria Ferreira do, 486.
アミオ Amiot, Jean Joseph M., 226, 319.
アム川（アム・ダリヤ，オクソス川）Amou, 5, 6.
アムドアン人 Amdoans, 69, 397.
アムヌ amne, 138.
アムハースト Amherst, William, 481.
アムール川（黒竜江）Amour, Amur, 11, 176, 181, 214, 216, 217, 218, 219, 229, 565.
厦門（アモイ）Amoï, 251, 293, 453, 454, 463-465, 475, 549, 563, 582, 613.
アヤル・ノール Ayar nor, 159, 162.
アライ山脈 Ałaï, 1, 107, 125.
阿頼度山（アライド）Alaïd, Araïdo, 657, 659.
アラクナンダ川 Alaknanda, 36.
アラ・クル（アラコリ湖）Ala koul, 160, 167.
アラシャン（阿拉善）Ala chañ, 182, 204.
アラシャン山脈 Ala chañ　→　賀蘭山脈
アラ・タウ峠 Ala taou, 160.
有田 Arita, 768.
有馬 Arima, 763.
アリム・トゥ Alim-tou, 169.
アルー人 Arrou, 69.

著者紹介
エリゼ・ルクリュ Élisée Reclus （1830-1905）はフランスの地理学者で、アナーキズム思想家としても著名。近代地理学の祖のひとりカール・リッターの直弟子。若くしてドイツ、イギリス、アメリカ合衆国などを遍歴し、語学を磨きながら見聞を広めた。人種や宗教上の偏見と先入観から驚くほど自由なコスモポリタンで、世界共通語、環境問題など多面的、かつ先進的な問題関心をそなえ、国際教養人のロールモデルとも言うべき現代性をもつ。

訳者紹介
柴田匡平（しばた きょうへい）
信州大学学術研究院社会科学系教授、1955年秋田県生まれ。
1979年東京大学教養学部（人文地理学教室）卒業後、1年ほど川崎重工業㈱アルジェリア国営エル・ハジャル製鉄所第2製鋼工場建設サイト事務所勤務。ロンドン・スクール・オブ・エコノミクス大学院研究生を経て1981年東京大学教養学部助手、84年信州大学経済学部講師、助教授。92年ヨーロッパ大学研究所客員研究員、93年ポートランド州立大学客員教授、97年信州大学教授。日仏地理学会、日本地理学会会員。主な訳書にハーバート・ファイス『帝国主義外交と国際金融 1870-1914』（1992年筑摩書房）『オックスフォード地理学辞典』（田辺裕監訳、共同編集2003年朝倉書店）ポール・クラーク『買うべき旅客機とは』（2013年イカロス出版）ほか。

シリーズ名　**ルクリュの19世紀世界地理　第1期セレクション1**
書　名　**東アジア—清帝国、朝鮮、日本—**
コード　ISBN978-4-7722-9006-7　C3325
発行日　2015（平成27）年1月20日　初版第1刷発行
訳　者　**柴田匡平**

発行者　株式会社古今書院　橋本寿資
印刷所　三美印刷株式会社
製本所　渡辺製本株式会社
発行所　**古今書院**
〒101-0062　東京都千代田区神田駿河台2-10
電　話　03-3291-2757
ＦＡＸ　03-3233-0303
振　替　00100-8-35340
ホームページ　http://www.kokon.co.jp/